Gerd Wegers Krypto-Kompendium
Gerd Weger

Gerd Wegers

KRYPTO KOMPENDIUM

Bitcoin und Co: Alles über Bewertung, Handel und Steueroptimierung

Börsenbuchverlag

Gestaltung Cover: Daniela Freitag
Gestaltung, Satz und Herstellung: Timo Boethelt
Lektorat: Elke Sabat, Sebastian Politz
Druck: AALEXX Druck Produktion, Großburgwedel

ISBN 978-3-86470-957-9

Bibliografische Information der Deutschen Nationalbibliothek:
Die Deutsche Nationalbibliothek verzeichnet diese Publikation in der Deutschen Nationalbibliografie; detaillierte bibliografische Daten sind im Internet über <http://dnb.d-nb.de> abrufbar.

BÖRSEN MEDIEN
AKTIENGESELLSCHAFT

Postfach 1449 • 95305 Kulmbach
Tel: +49 9221 9051-0 • Fax: +49 9221 9051-4444
E-Mail: info@plassen-buchverlage.de
www.boersenbuchverlag.de
www.facebook.com/plassenverlag
www.instagram.com/plassen_buchverlage

Für Suse

meine erfrischend unkryptische
viel zu früh verstorbene Frau

Kryptisch (griechisch *kryptikós* – verborgen): nicht zu entschlüsseln, rätselhaft, undurchsichtig, schwer zu verstehen.
Antonyme: offen, verständlich, erhellend, deutlich

INHALT

Hinweis: Zu diesem Buch existiert die ergänzende Internetseite www.bitcoin-und-krypto.de. Die Website kann auch direkt mit dem nebenstehenden QR-Code aufgerufen werden. Auf der Website finden sich unter anderem alle Abbildungen sowie alle Links der Quellen, die dadurch unkompliziert direkt aufgerufen werden können. Außerdem können aktive Leser hier auch Hinweise zum Buch und Anregungen für Erweiterungen bei einer späteren Neuauflage geben. Allerdings können Fragen nur in seltenen Ausnahmefällen beantwortet werden.

VORWORT

Unsere Welt ist in Bewegung. Ständig geformt und neu gestaltet durch den Fortschritt in Technologie und Innovation, wandelt sich fortwährend sowohl unsere Art zu leben, zu arbeiten und miteinander zu kommunizieren als auch die Art, wie wir bezahlen und Werte aufbewahren. Diese dynamischen Veränderungen durchziehen viele Facetten unseres Daseins. Oft bekommen wir es als Endnutzer gar nicht mit, wenn sich eine Technologie im Hintergrund verändert. In den letzten Jahren jedoch hat ein neuer Akteur auf der Bühne des globalen Finanzsystems das Licht der Welt erblickt und so lautstark für Furore gesorgt, dass man es gar nicht überhören konnte: Bitcoin. Und die neue Technologie, die dahintersteckt, lief als Schlagwort gleich mit in den Headlines der diversen Zeitungen, die nicht müde wurden, entweder über die stark steigenden oder fallenden Kurse zu berichten: Blockchain. Sie hat das Potenzial, viele Bereiche unseres Lebens zu verändern, und zwar auf solch eine Weise, dass, vorausgesetzt sie wird richtig implementiert, der Endnutzer nichts davon mitbekommt, es sei denn, er bemüht sich aktiv darum. Im Gegensatz zum teils lauten Getöse um den Bitcoin könnte sie ganz leise ihrer disruptiven Arbeit nachgehen.

Die Blockchain-Technologie kann weit mehr, als nur den Finanzbereich zu revolutionieren – sie kann langfristig helfen, die Strukturen unserer Gesellschaft tiefgehend und dauerhaft neu zu formen. Ein Zeitalter, in dem Vertrauen durch Technologie garantiert wird, könnte eine Ära ohne die Abhängigkeiten und damit verbundenen Hindernisse durch Mittelsmänner darstellen.

Sie haben sicherlich schon von Bitcoin und Ethereum gehört und sind vielleicht sogar schon in das aufregende Krypto-Universum eingetaucht. Mit ihrem unaufhaltsamen Aufstieg und ihrer zunehmenden Beliebtheit erobern Bitcoin und andere digitale Assets die Welt im Sturm und werden unbestreitbar zu einem Bestandteil der finanziellen Zukunft. Als interessierter Leser stehen Sie jedoch vor der Herausforderung, diese neue Technologie vollständig zu verstehen. Fest steht, dass die Meinungen über Krypto-Assets wie Bitcoin weit auseinandergehen. Um sich aber seine eigene Meinung bilden zu können und eine klar definierte Perspektive zu haben, ist es unabdingbar, sich mit dem Thema Blockchain einmal intensiv auseinanderzusetzen.

Dieses Buch dient als herausragender Leitfaden, dem es ein Anliegen ist, dem Leser die Schlüsselelemente der Kryptowelt in einer einfachen und zugänglichen Weise zu erläutern. Es stellt die Möglichkeiten und Chancen dar und warnt gleichzeitig vor den potenziellen Gefahren und Risiken. Als Einstieg ist eine sachliche Auseinandersetzung mit dem Themenbereich Blockchain dienlicher als reißerische Versprechungen und wilde Kursprognosen.

Was als Reaktion auf die Finanzkrise im Jahr 2008 begann, hat sich mittlerweile zu einer etablierten Kraft entwickelt. Mit der Geburt von Bitcoin wurde eine völlig neue Ära eingeläutet. All diese Aspekte und Entwicklungen werden systematisch aufbereitet und erläutert, sodass es dem Leser am Ende möglich ist, sich selbst sein nun mit Fakten untermauertes Bild zu machen. Was seinen Ursprung als revolutionäres, dezentrales elektronisches Zahlungssystem hat, bewährt sich inzwischen als digitales Asset, das selbst in Krisenzeiten standhält. Manche sagen digitales Gold dazu. Fakt ist, dass Bitcoin eine bemerkenswerte Erfolgsgeschichte hat.

Seit ihrer Einführung haben Bitcoin und andere Krypto-Assets einen bemerkenswerten Aufstieg erlebt, der das Interesse und die Fantasie von Millionen Menschen weltweit geweckt hat. Mit ihrem Potenzial, die finanzielle Autonomie in die Hände des Einzelnen zu legen, bieten diese digitalen Assets eine aufregende, wenn auch herausfordernde Alternative zu den traditionellen Finanzsystemen.

Inmitten dieser begeisternden Möglichkeiten und zwangsläufig auftretenden Schwierigkeiten findet dieses Buch seinen entscheidenden und notwendigen Platz. Der Verfasser führt seine Leser auf eine ausgedehnte Expedition durch die Welt der Krypto-Assets – von der Historie und Entwicklung, über die technischen Grundlagen, die ihren Betrieb und Wert stützen, bis hin zu den Chancen und Risiken, die mit der Investition und dem Handel einhergehen.

Mit bewundernswerter Kompetenz zerlegt er die Vielschichtigkeit des Themas und macht sie verständlich. Dabei verliert er nie das Wesentliche aus den Augen: Bitcoin und andere Krypto-Assets sind mehr als nur technologische Spielzeuge für Technikbegeisterte oder spekulative Werkzeuge für risikobereite Investoren. Sie sind vielmehr Vorreiter einer neuen Ära der finanziellen Autonomie und Unabhängigkeit. Sie entwerfen eine Vision einer Zukunft, in der jede Person die vollständige Kontrolle über ihre eigenen Finanzen hat – unbeeinflusst von Regierungen, Banken und sonstigen Mittelsmännern.

Dieses Buch ist nicht nur eine fundierte Informationsquelle für alle, die tiefer in die Welt von Bitcoin und anderen Krypto-Assets eintauchen wollen. Es ist auch ein Wegweiser für jene, die bereit sind, sich auf eine Entdeckungsreise zu begeben, die das Potenzial hat, ihre Wahrnehmung von dem, was Geld ist und sein kann, radikal zu verändern. Die Krypto-Assets, die hier so detailliert und mit Begeisterung beschrieben werden, sind mehr als nur eine technologische Neuerung. Sie sind eine Einladung, die Zukunft der Finanzen neu zu gestalten – und jeder von uns hat die Möglichkeit, Teil dieser Reise zu sein. „Gerd Wegers Krypto-Kompendium" ist aber mehr als nur eine allgemeine Einführung in die Blockchain-Technologie. Es taucht mutig in die komplexen Details und Fachbegriffe ein, die in der Kryptowelt verwendet werden. Sie fragen sich, was DEX, kurz für Decentralized Exchange, bedeutet? Kein Problem, dieses Buch behandelt solche Konzepte und stellt deren Vor- und Nachteile ihren zentralisierten Pendants gegenüber.

Doch damit nicht genug. Haben Sie sich schon immer gefragt, was genau unter „Wallets" zu verstehen ist? Dieses Buch bringt Licht ins Dunkel und erklärt, wie Sie Ihre digitalen Schätze sicher aufbewahren können.

Der eigentliche Schwerpunkt ist die Preisbildung und Bewertung von Krypto-Assets. Es werden die Ähnlichkeiten und Unterschiede zu herkömmlichen Vermögenswerten erläutert. Sie lernen, warum der US-Dollar oft als Referenzwährung für Analysen herangezogen wird und wie die Preisnotierungen von Altcoins in Bitcoin oder anderen Krypto-Assets funktionieren. Auch komplexere Konzepte wie Satoshi-Werte und Dollarwerte bei Altcoin-Notierungen in BTC oder anderen Krypto-Assets werden anschaulich erläutert. Themen wie Bid-Ask-Spreads und Liquidität bleiben ebenfalls nicht unberührt.

Neben der Diskussion von Volatilität und Preisunterschieden zwischen verschiedenen Kryptobörsen und Ländern bietet dieses Buch einen tiefen Einblick in die Eigenheiten des Kryptomarktes. Es behandelt die Auswirkungen des 24/7-Handels, saisonale Effekte, Flash Crashs und Crashs sowie den Einfluss von Futures- und Optionsgeschäften. Ein weiterer Fokus liegt auf Altcoins und der Preisbildung von Stablecoins.

Dieses Buch ist weit mehr als nur ein einfacher Wegweiser. Es stellt eine wahre Schatztruhe des Wissens dar. Mit seiner Hilfe taucht der Leser in die Tiefen des Krypto-Universums ein und lernt es von Grund auf kennen, begleitet von klaren Erläuterungen und hilfreichen Informationen. Am Ende dieser Lektüre wird man nicht nur mit den Grundlagen vertraut sein. Man wird vielmehr ein fundiertes Verständnis für die vielen Facetten und Nuancen des Kryptomarktes entwickelt haben.

Eines ist sicher: Die Reise in die Welt der Krypto-Assets ist keine einfache. Sie ist gespickt mit technischen Details. Aber sie ist vor allem auch eine spannende Reise voller Entdeckungen, Inspirationen und, vielleicht am wichtigsten, voller Möglichkeiten.

Lassen Sie uns gemeinsam diese Reise antreten, angetrieben von der Neugier und der Hoffnung auf eine bessere finanzielle Zukunft für alle. Dieses Buch wird Ihnen dabei ein zuverlässiger Begleiter sein.

Viel Spaß und Erkenntnisgewinn beim Lesen wünscht Ihnen

Philipp Sandner
Blockchain-Experte, Professor an der Frankfurt School of Finance & Management

In Erinnerung an einen sympathischen Visionär

Ganz am Schluss des Lektorats zu diesem Buch erreichte mich eine schreckliche Nachricht: Philipp Sandner ist gestorben, im Alter von nur 43 Jahren. Er hinterlässt mit einer Frau und zwei Kindern eine junge Familie mit vielen Plänen für die Zukunft. Wer Philipps Vorwort für dieses Buch liest, kann sich ein Bild von ihm machen. Er konnte sich für das Thema Blockchain, Bitcoin und andere Krypto-Assets begeistern. In zahlreichen Medien und Veranstaltungen setzte er sich dafür ein, das Verständnis für diese neue Technologie und ihre Auswirkungen auf uns alle zu fördern: in Büchern, Fachzeitschriften, Magazinen oder Podcasts und auf Konferenzen, wie der von ihm ins Leben gerufenen Crypto Assets Conference. Er gründete das Blockchain Center an der Frankfurt School of Finance & Management. Er vernetzte die Journalisten, die über Bitcoin & Co berichteten, über eine WhatsApp-Gruppe. Oder er unterstützte andere Projekte, die er für gut fand. Wie dieses Buch.

In Deutschland gehörte Philipp zweifellos zu den einflussreichsten Treibern der Entwicklung und hinterlässt eine unersetzliche Lücke. Bei aller Umtriebigkeit blieb er aber vor allem eines: sympathisch und hilfsbereit. Ich kann mich nicht erinnern, bei einem so vielbeschäftigten Menschen wie ihm jemals so schnelle Antworten auf Anfragen bekommen zu haben. Allen, die ihn kannten, wird er unvergessen bleiben.

Vielen Dank für alles

Gerd Weger

1 EINFÜHRUNG

Viele meinen, dass die Datensammler im Internet doch ihre Daten und ihr Nutzerverhalten scannen sollen, sie hätten ja schließlich nichts zu verbergen. Dagegen könnte man etwas provokativ einwenden: Wer nichts zu verbergen hat, *ist nichts*. Das meint die amerikanische Ökonomin Shoshana Zuboff, die in ihrem Buch „Das Zeitalter des Überwachungskapitalismus" die Gefahren der digitalen Wirtschaft sehr kritisch hinterfragt.[1] Die Bedrohungen für die menschliche Autonomie und die Demokratie sind bereits sehr groß und werden weiter wachsen. Die digitale Infrastruktur wird von einem „Etwas, das wir haben, zu einem Etwas, das uns hat".

Der Bitcoin ist anders. Er ist etwas, das wir haben, ohne dass er uns hat. Denn er ist kein Unternehmen und hat deshalb keinen Antrieb, uns auszunutzen. Er gibt den Menschen ihre finanzielle Autonomie zurück und verlangt dafür nichts. Die Nutzer können und müssen allerdings für ihre Sicherheit selbst sorgen. Verlieren sie den Zugang zu ihren Bitcoin, dann hilft kein Fundbüro und keine Hotline. Er ist im besten Sinne des Wortes basisdemokratisch. Die Entscheidungsfindung und Konsenserreichung in dieser Basisdemokratie wird durch einen ausgeklügelten Konsensmechanismus erreicht.

Wozu dient eigentlich der Bitcoin? Im Ursprung war er als digitales Zahlungsmittel gedacht, das ohne die Einschaltung von Banken oder anderen Dienstleistern einfach zwischen Sender und Empfänger funktioniert. Im Laufe der Zeit hat sich seine hauptsächliche Anwendung aber gewandelt. Heute wird er primär als Wertaufbewahrungsmittel und Fluchtmöglichkeit aus den von Inflation bedrohten traditionellen Währungen verstanden. Da es dafür in den vergangenen Jahren ein immer größeres Bedürfnis gab, erhöhte sich die Nachfrage enorm, während das Angebot streng limitiert blieb (und bleiben wird). Die Folge sind zwangsläufig sehr stark steigende Bitcoin-Preise. Diese ließen das am Anfang noch spärliche Publikum, welches das Geschehen zunächst weitgehend von der Seitenlinie beobachtete, erst einmal ungläubig staunen. Mittlerweile sind aber immer mehr Menschen von der Nachhaltigkeit dieser Entwicklung überzeugt und sehen den Bitcoin zumindest als sinnvolle Beimischung ihrer Vermögensanlagen. Die große Nachfrage mit teilweise exorbitant steigenden Preisen machte den Bitcoin auch zu einem bevorzugten Spekulationsobjekt mit sehr hoher Volatilität. Von diesen sehr großen, kurzfristigen Kursschwankungen sollten sich Anleger aber nicht übermäßig irritieren lassen. Die langfristige Entwicklung ging in Zyklen immer nach oben. Es ist nicht zu erwarten, dass sich das in den nächsten Jahren ändern wird. Deshalb gehört der Bitcoin zu einem modernen Anlagemix.

Zum Schluss dieser Einführung möchte ich den ersten Absatz aus meinem vor 38 Jahren erschienenen Buch „Optionsscheine als Anlagealternative“[2] zitieren:

„Zu Beginn ein paar Sätze dazu, *was das Buch (nicht) sein kann und (nicht) sein will.* Es soll weder als Leitfaden für halsbrecherische Spekulationen dazu verführen, „Haus und Hof“ aufs Spiel zu setzen, noch gehört es ins Genre von Büchern wie „In 30 Tagen zum Millionär“. Auch nach Lektüre dieses Buches wird der geneigte Leser nicht in der Lage sein, garantiert sichere Gewinne durch Transaktionen mit Optionsscheinen zu erzielen. Vielmehr sollen dem flexiblen Anleger die Bewertungszusammenhänge bei Optionsscheinen offengelegt sowie die Wirkung verschiedener Einflussgrößen auf den Optionsscheinpreis und deren Stärke untersucht werden.“

Wenn man Optionsschein durch Kryptowährung ersetzt, ist dem oben Gesagten wenig hinzuzufügen. Bezüglich der Einflussgrößen auf die Kryptowährungspreise ist festzustellen, dass diese nicht mathematisch exakt definiert werden können, wie das teilweise bei Optionsscheinen der Fall ist. Trotzdem soll hier versucht werden, mögliche Einflussfaktoren auf die Krytowährungspreise systematisch darzustellen, um dadurch die Entscheidungsgrundlage von Anlegern in diesem Bereich auf eine rationalere Grundlage zu stellen.

2 BITCOIN

2.1 Historische Entwicklung

Der Bitcoin ist die Mutter aller Kryptowährungen. In einem gerade einmal acht Seiten langen **Whitepaper** beschreibt sein Schöpfer Satoshi Nakamoto, dessen wahre Identität unbekannt ist, die technische Grundlage für den Bitcoin und die Blockchain-Technologie.[1] Mit dieser Technologie wird ein neuartiges digitales Bargeld geschaffen, das in seiner dezentralen Funktionsweise völlig ohne Vertrauenspersonen oder -institutionen wie Banken auskommt. Ein weiteres wesentliches Merkmal ist seine mathematisch absolut begrenzte Angebotsmenge, womit er sich bewusst gegen beliebig inflationierbare Fiatwährungen wie Dollar oder Euro abgrenzt. **Geburtsdatum** des Bitcoin-Netzwerks ist der 3. Januar 2009. Der Geburtsakt war die Schöpfung der ersten 50 Bitcoin mit dem „Block 0", der als **Genesis-Block** des Netzwerks bezeichnet wird. Als Geburtshelfer fungierten die um sich greifende Finanzkrise ab dem Jahr 2008 und der allgemeine Vertrauensverlust in das weltweite Finanzsystem. Bemerkenswert ist deshalb, dass als einzige Transaktion die Nachricht kodiert wurde: „The Times 03/Jan/2009 Chancellor on brink of second bailout for banks".

Einen feststellbaren Wert hatte der Bitcoin 2009 noch nicht. 2010 gab es den ersten aufgezeichneten Preis. In diesem Jahr überschritt er kein einziges Mal die Marke von einem Dollar, sein Jahreshöchstkurs lag bei 0,39 Dollar. Lange wurde über die neue Alternativwährung die Nase gerümpft – auch der Autor dieser Zeilen kann sich davon nicht freisprechen. **Kritikpunkte** gab es zuhauf: Die Bitcoin-Nutzung sei primär für Kriminelle interessant, der absurde Energieverbrauch schädige die Umwelt, der anonyme Erfinder Satoshi Nakamoto sei dubios, die Chinesen beherrschten die Technologie, die wilden Kursschwankungen seien nur etwas für Zocker, die Verwendung des Bitcoin sei zu umständlich und langsam und andere Kritikpunkte mehr. Noch vor wenigen Jahren konnte man den Entwicklungsstand von Blockchain-Technologie und Kryptowährungen mit dem des Internets Ende der 1980er- und Anfang der 1990er-Jahre vergleichen. Das Internet damals ist mit dem heutigen nicht zu vergleichen, das Leben ohne dieses Medium für heutige Generationen kaum mehr vorstellbar. Die Entwicklung im Bereich Blockchain und Kryptowährungen ist ähnlich.

Im Laufe der Jahre gab es bereits sehr viele **Untergangsprognosen für den Bitcoin**.[2] Ihren Höhepunkt fanden diese Prognosen in den extremen Hausse- und Baisse-Jahren 2017 und 2018 mit einer Anzahl von 124 beziehungsweise 93. Dagegen gab es im Jahr 2020 nur noch 14, 2022 nur 27. Dies dürfte mit der zunehmenden Regulierung und Vernetzung zur traditionellen Finanzwelt ebenso zu tun haben wie mit seinem Use Case als nicht-inflationierbares Geld. Im Jahr 2022 ist die Inflation in den westlichen Ländern angekommen. Der Bitcoin wird nun auch dort als Fluchtmöglichkeit aus den durch die Geldschwemmen bedrohten traditionellen Währungen verstärkt wahrgenommen. Die Untergangsprognosen sind meist mit der Begründung verbunden, dass der Bitcoin keinen inneren Wert hat und nutzlos ist. In diesem Buch findet sich eine Vielzahl von Belegen, dass dem nicht so ist. Man könnte als Gegenargument aber auch einfach ein aus der Volkswirtschaftslehre bekanntes **Gesetz** anführen:

Alles, was einen (tatsächlich realisierbaren) Preis hat, hat auch eine Nachfrage und deshalb einen Nutzen.

Triviale Überlegungen lassen deshalb die Untergangsprognosen von Bitcoin absurd erscheinen und zeigen, dass die Bitcoin-Preise langfristig nur steigen können. Die weltweite Nachfrage steigt. Sie trifft auf ein nicht vermehrbares Angebot aufgrund der limitierten Stückzahl und treibt dadurch den Preis. Der Preis steigt nicht nur in Zeiten von Spekulationswellen, sondern trotz der großen kurzfristigen Schwankungen kontinuierlich. Letztlich ist das seinem einzigartigen Use Case geschuldet, durch den sein Nutzen wächst und immer evidenter wird. Der Bitcoin ist nicht-inflationierbar und bietet als Wertaufbewahrungsmittel eine Fluchtmöglichkeit aus den in ihrer Werthaltigkeit bedrohten Fiatwährungen wie Dollar oder Euro. Zwar wären dafür auch andere Kryptowährungen geeignet wie zum Beispiel Litecoin oder Bitcoin Cash. Allein schon der historische Track Record ist aber von keiner anderen Kryptowährung mehr zu toppen. Deshalb hat Bitcoin sich als **First Mover** mit weitem und kaum einholbarem Abstand als Nummer 1 etabliert und sich den weltweiten Konsens als das vertrauenswürdigste digitale Geld erarbeitet.

Vor dem Bitcoin gab es zwei **Zahlungsmethoden**:[3] zum einen die *Barzahlung* zwischen zwei Parteien. Diese kann sofort und endgültig erfolgen, kein Dritter kann die Zahlung stoppen. Der Nachteil ist die Notwendigkeit der physischen Präsenz beider Parteien. Zum anderen *Zahlungen durch Vermittlung von Intermediären* wie Banken, Kreditkartenunternehmen oder Geldtransferdiensten. Die Zahlungen erfordern also einen vertrauenswürdigen Dritten. Neben dem notwendigen Vertrauen der beteiligten

Parteien benötigen solche Transaktionen Zeit zur Abwicklung und es entstehen Kosten für die Dienstleistungen des Intermediärs. Der Vorteil ist, dass beide Parteien nicht gleichzeitig am selben Ort sein müssen.

Mit dem **Bitcoin** gibt es erstmals eine **dritte Möglichkeit**, die die Vorteile beider Zahlungsalternativen kombiniert. Denn der Bitcoin wurde als *Zahlungsmöglichkeit ohne die Notwendigkeit eines vertrauenswürdigen Dritten* konzipiert. Dieses alternative Zahlungsmittel kann sehr schnell und mit sehr geringen Kosten übertragen werden. Durch seine Knappheit ist der Bitcoin als digitales Bargeld geeignet. Durch das technologische Design wurde die digitale Knappheit erfunden. Beim Senden von E-Mails oder anderen digitalen Übertragungen verbleibt das digitale Objekt beim Absender und ist damit auch unbegrenzt reproduzierbar. Dagegen ist der Bitcoin das erste digitale Gut, bei dessen Übertragung der Absender zwingend den Besitz über das übertragene Gut (Bitcoin) verliert.

Der Bitcoin hat in den rund 15 Jahren seines Bestehens praktisch fehlerfrei funktioniert. Davon kann man auch in Zukunft ausgehen. Er gibt den Menschen eine völlig neue Freiheit über ihr Geld, ist resistent gegen staatliche Inflationierungen, grenzenlos handelbar und leicht transportierbar. Mit dem Bitcoin wurde eine **Peer-to-Peer-Form von elektronischem Geld**[4] geschaffen, das bei Transaktionen kein Vertrauen von Dritten erfordert und dessen Übertragung von keiner externen Partei gestoppt werden kann. Außerdem kann das Geld nicht von Zentralbanken oder Regierungen manipuliert und inflationiert werden.

Bitcoin ist zwar als alternatives Zahlungsmittel gestartet. Dieser Anwendungsfall ist aber im Laufe der Jahre immer mehr in den Hintergrund getreten und wird teilweise fast schon als Gag verstanden. Vielmehr wird der Bitcoin als Wertgegenstand und Wertspeicher wahrgenommen, der sich aufgrund seines völlig neuen Konzepts des Werterhalts und Inflationierungsschutzes zu einem weltweiten **Spekulationsobjekt** entwickelt hat. Das ist aber nicht tragisch. Ideen entwickeln und Anwendungsfälle erweitern sich. Beim Start von Amazon erschien die Fantasie doch äußerst begrenzt. Ein Onlinebuchhändler als Börsenstar? Kaum einer nahm das riesige Potenzial wahr – vielleicht nicht einmal Jeff Bezos. Beim Start von Bitcoin als nicht von zentralen Instanzen gängelbares Zahlungsinstrument nahm ebenfalls kaum einer das riesige Potenzial wahr – vielleicht nicht einmal Satoshi Nakamoto.

2.2 Rahmendaten

Die **Bitcoin-Blockchain** ist ein *digitales Kontenbuch (Ledger)*, das die Zahlungsein- und -ausgänge der Nutzer und damit die jeweiligen Nutzerguthaben erfasst. Sie ist also eine Datenbank, die die Zahlungsströme ihrer nativen Währung Bitcoin aufzeichnet. Die wichtigsten Merkmale dieser Datenbank sind, dass sie dezentralisiert, zensurresistent, kryptografisch und unveränderlich ist. Das Kontenbuch ist eine lange Liste aller Blöcke und wird deshalb auch Blockchain genannt. Durch einen Einblick in die öffentlich zugängliche Blockchain ist es jedermann möglich, alle jemals getätigten Transaktionen einer Wallet-Adresse zu sehen. Dadurch sind die Bitcoin-Transaktionen maximal transparent und nachvollziehbar. Andererseits kann man aber ohne weitere Informationen nicht erkennen, welche Person oder Organisation hinter einer Bitcoin-Adresse steht, die diese Transaktion tätigt. Deshalb sind diese Transaktionen zwar nicht anonym, aber pseudonym.

Eine Wallet-Adresse kann zunächst nicht mit dem Namen des Berechtigten in Verbindung gebracht werden. Selbst wenn dieser aber nur eine kleine Menge von Bitcoin an die Wallet-Adresse einer Kryptobörse oder eines Unternehmens sendet, bei denen die Daten des Nutzers hinterlegt sind, kann letztlich die Zuordnung des Nutzers zu der Wallet-Adresse erfolgen. Damit können dann auch alle Transaktionen dieses Nutzers, die mit der Wallet-Adresse in Verbindung stehen, diesem Nutzer zugeordnet werden.

Die **Stückzahl von 21 Millionen** ist die absolute Obergrenze, mehr Bitcoin kann es nicht geben. Diese maximale Obergrenze konstituiert eine ganz wesentliche Eigenschaft von Bitcoin, die Nicht-Inflationierbarkeit. Die maximale Stückzahl ist zwar nicht explizit im Bitcoin-Quellcode festgelegt und findet sich nicht im Whitepaper.[5] Sie ergibt sich vielmehr aus den festgelegten Block Rewards und den regelmäßigen Bitcoin-Halvings. Explizit genannt wurde die Zahl aber in der Veröffentlichungsmail von Nakamoto am 08.01.2009. Ungefähr im Jahr 2140 fällt der Block Reward dann auf null, sodass die bis zu diesem Zeitpunkt geminten Coins die Obergrenze bilden. Diese ist dann übrigens geringfügig niedriger als 21 Millionen aufgrund von Rundungsfehlern bei der Halbierung der Block Rewards. Grundsätzlich könnte der Code aber geändert und ein Coin mit einer mehr oder weniger großen Obergrenze geschaffen werden. Um sich durchzusetzen, müsste aber der soziale Konsens der Bitcoiner dieses unterstützen. Ansonsten käme es durch eine solche Hard Fork zu einer Abspaltung, die dann eher ein Nischendasein fristen würde.

Bei **aktuell rund 19,6 Millionen Bitcoin (Stand Februar 2024)** können also nur noch weniger als 1,4 Millionen Stück neu erzeugt werden. Von daher ist die weitere Inflationierung in ihrer absoluten Größenordnung und in ihrem zeitlichen Verlauf genau bekannt. Sie ist äußerst gering und beträgt aktuell (Stand Anfang 2024) etwas weniger als 1,7 Prozent. Sie wird ständig geringer und fällt alle vier Jahre bei den **Bitcoin-Halvings** sprunghaft. Zum einen, weil sich die Belohnung der Bitcoin-Miner dann halbiert, und zum anderen, weil die Bezugsbasis (Gesamtzahl der dann jeweils existierenden Bitcoin) im Laufe der Zeit immer größer wird. Im **Jahr 2140** werden die letzten Bitcoin geschürft und die Maximalzahl von 21 Millionen Stück erzeugt sein. Erzeugt heißt aber nicht unbedingt, dass diese dann auch dem Markt zur Verfügung stehen. Im Laufe der Zeit dürfte nämlich eine beträchtliche Anzahl an Bitcoin schlichtweg verloren gegangen sein. Analysefirmen wie Chainalysis schätzen, dass rund 20 Prozent aller bisher geminten 19,6 Millionen Stück **verlorene Bitcoin** sind.

2.3 Bitcoin – die größte Blase aller Zeiten?

„Bankers say "Bubble"
Technologists say "Disruption"
Students of history say "Dawn of the Digital Age" [6]

Eine mutige Aussage des Bitcoin-Optimisten und -Traders Willy Woo. Er meint, in einem digitalen Zeitalter würden wir eine digitale Währung wollen und der Bitcoin sei die erste native digitale Währung. Nicht nur Banker haben in der Vergangenheit den Bitcoin als die größte Blase aller Zeiten bezeichnet.[7] Vor allem nach dem Ende des Höhenflugs 2017 wurde diese Einschätzung von vielen Beobachtern an den Finanzmärkten geteilt und vielfach sein Ende prophezeit. Auch bei dem Einbruch im Jahr 2022 wurden die Stimmen wieder lauter.

Die **heftigen Schwankungen von Bitcoin** in den Jahren seines Bestehens haben schon immer verunsichert. Während des Hypes zum Jahresende 2017 fragten sich auch viele traditionelle Anleger, die den Bitcoin bis dahin als Modeerscheinung, Fake oder Blase abgetan hatten, ob sie nicht gerade einen gravierenden Fehler machten. Manche fielen um und investierten zu Höchstpreisen. Andere zögerten und viele blieben einfach bei ihrer Meinung. Nach dem **Crash 2018** waren sich dann alle diese Anleger einig: Sie hatten mit ihrer ursprünglichen Meinung recht. Der Bitcoin-Preis fiel von einem Höchststand von fast 20.000 USD im Dezember 2017 bis auf etwas mehr als 3.000 USD. Ein veritabler Crash. Aber hatten sie wirklich recht?

Die erneute Mega-Hausse in den Jahren 2020/21 belegt das Gegenteil. Auch weiter zurückliegend gab es in der Vergangenheit Phasen von riesigen Kursgewinnen, denen solche mit enormen Kursverlusten folgten. In Abbildung 2.1 sehen die Kursrückgänge aufgrund der logarithmischen Skala vergleichsweise harmlos aus. Aber der Rückgang im Anschluss an die Mega-Hausse vor und nach dem 1. Halving betrug vom November 2013 bis zum Januar 2015 rund 86 Prozent. Danach folgte die zweite Mega-Hausse vor und nach dem 2. Halving vom Juli 2016. Auch danach korrigierte der Bitcoin um rund 84 Prozent. Vor und nach dem 3. Halving startete erneut eine fulminante Aufwärtsbewegung. Bei Betrachtung der prozentualen Verluste lag das Ausmaß der Korrektur ab Ende 2021 in einer ähnlichen Größenordnung wie bei den beiden vorherigen Halvings. Deshalb würde es wenig verwundern, wenn es vor und besonders nach dem 4. Halving, das im Frühjahr 2024 stattfindet, zu einer weiteren Himmelfahrt kommt.

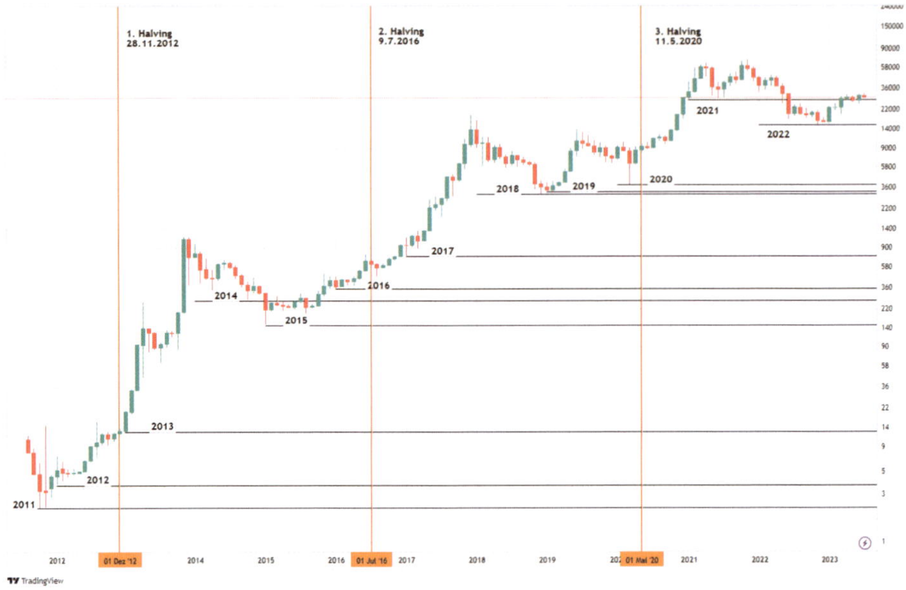

***Abb. 2.1:** Bitcoin-Jahrestiefstkurse seit Handelsbeginn auf Bitstamp 2011 (logarithmische Darstellung)*

Wie sind diese **zyklischen Kursaufschwünge und -abschwünge** zu erklären? In späteren Kapiteln wird auf verschiedene Einflussfaktoren ausführlich Bezug genommen. An dieser Stelle soll der Hinweis genügen, dass die *Zyklik offenbar wesentlich durch die Halving-Termine alle vier Jahre beeinflusst wird*, wie in obiger Abbildung zu sehen ist.[8] Außerdem kann man generell sagen, dass *große Kurseinbrüche nach großen Kursanstiegen nichts Besonderes* sind, man kennt sie auch von den traditionellen Finanzmärkten. Grundsätzlich locken stark steigende Preise von Aktien, Rohstoffen oder auch Kryptowährungen immer mehr Anleger an, die ja ständig auf der Suche nach lukrativen Anlagemöglichkeiten sind. Dadurch strömen neue Anleger und neues Geld in diese boomenden Märkte, oft genug ohne deren Kenntnis.[9] Da die Preise an Börsen aller Art durch Angebot und Nachfrage getrieben werden, steigen durch den Zufluss neuen Kapitals zwangsläufig die Preise. Der bekannte Spruch „Die Hausse nährt die Hausse" beschreibt das am besten. Beim Bitcoin war das im Jahr 2017 der Fall. Dazu kamen ständig neue ICOs, also neu emittierte Token, die fantastische Kurssteigerungen in kürzester Zeit erzielten. ICO-Ankündigungen mit rückläufiger Uhr bis zum Closing setzten Anleger und Spekulanten unter Druck, noch rechtzeitig die neuen Token zu zeichnen. Diese Auswüchse erinnerten an die wilden Zeiten am deutschen Aktienmarkt Ende der 90er-Jahre. Auch dort hetzten die Anleger von einer Neuemission am Neuen Markt zur nächsten. Die Aktien erlebten zunächst einen an den deutschen Aktienmärkten vorher noch nicht gesehenen Höhenflug, stürzten danach aber völlig ab und verschwanden bis auf ganz wenige Ausnahmen in der Versenkung.

Der Kursverlauf zeigt, dass es bisher nach den riesigen Aufwärtsbewegungen von Bitcoin am Schluss immer zu einer kurzfristigen Blasenbildung gekommen ist. Darauf folgen dann kräftige mittelfristige Korrekturen oder, um es etwas drastischer zu formulieren, ein **mittelfristiger Crash**. Der ist in seinem Ausmaß erschreckend, aber *überschaubarer als ein Aktiencrash*. Denn der **wesentliche Unterschied zu Aktien** ist: Der Bitcoin ist kein Unternehmen. Er kann nicht pleitegehen. Es kann keine Einbrüche aufgrund von Umsatz- oder Gewinnwarnungen oder Ähnlichem geben. Der *Bitcoin ist viel vorhersehbarer*. Wenn sich nichts an der Grundüberzeugung ändert, dass der Bitcoin ein nicht-inflationierbares, weltweit zugängliches und hochliquides Asset ist und der Bedarf für ein solches Asset aufgrund tatsächlicher oder erwarteter inflationärer Tendenzen bestehen bleibt, kann der Bitcoin schon allein aufgrund seiner absoluten Limitierung langfristig nur steigen. Die Nachhaltigkeit der langfristigen Aufwärtsbewegung zeigt sich in Abbildung 2.1 auch an der Tatsache, dass die Jahrestiefststände von Bitcoin in allen Jahren mit Ausnahme von 2015 und 2022 immer über denen der Vorjahre lagen. Wirkliche Blasen haben dagegen die Eigenschaft, dass sich der entsprechende Markt über viele Jahre oder gar Jahrzehnte oder überhaupt nicht mehr erholt.

Fazit: Die Aussage, Bitcoin sei die größte Blase aller Zeiten, entpuppt sich als eine der größten Phrasen aller Zeiten.

2.4 Bitcoin – das beste Investment aller Zeiten?

Von der Grundidee her war der Bitcoin nicht als Vermögensanlage oder Instrument zum Reichwerden gedacht. Vielmehr sollte er ursprünglich sichere Onlinezahlungen ermöglichen, ohne dass dabei Vermittler wie die Banken in Anspruch genommen werden müssen.[10] Wenn man die Bitcoin-Spekulation der vergangenen Jahre betrachtet, dann ist diese Idee fast schon pervertiert worden. Den Bitcoin irgendwo als Zahlungsmittel zu verwenden wird eher als Gag verstanden. Vielmehr wird der Bitcoin als Wertgegenstand wahrgenommen, der sich aufgrund seines völlig neuen Konzepts des Werterhalts und Inflationsschutzes zu einem weltweiten Spekulationsobjekt entwickelt hat. Die Weiterentwicklung der Anwendungen ist aber bei einem völlig innovativen Produkt wie dem Bitcoin normal und vergleichbar mit der Weiterentwicklung beim als Onlinebuchhändler gestarteten Amazon. Der Unterschied: Bei einem Unternehmen wie Amazon bestimmen einer oder mehrere Unternehmenslenker die Geschicke. Beim dezentralisierten Bitcoin kann grundsätzlich jeder zur Fortentwicklung beitragen.

Ist Bitcoin nun das beste Investment aller Zeiten? Wer ihn 2009 oder 2010 für wenige Cent erworben hat, wird das zweifellos bestätigen. Im Oktober 2009 verkaufte ein finnischer Informatikstudent 5.050 Bitcoin zu einem durchschnittlichen Preis von 0,0009 US-Dollar.[11] Der gesamte Verkaufserlös von etwas mehr als 4,50 Dollar wäre zwölf Jahre später beim bisherigen Allzeithoch rund 350 Millionen Dollar wert gewesen. Selbst bei einem Kurs von 10.000 Dollar wären aus dem Einsatz von knapp fünf Dollar immer noch 50 Millionen Dollar geworden. Von daher könnte sich der Bitcoin problemlos als bestes Investment aller Zeiten bewerben. Die bekannten Preise im Jahr 2010 lagen nicht höher als 0,39 Dollar. Die erste Real-World-Transaktion fand am 22. Mai 2010 auf einem Bitcoin-Forum statt, als zwei Pizzas für 10.000 Bitcoin gekauft wurden. Die Bitcoin Community feiert diesen Tag jährlich als Bitcoin Pizza Day. Bezogen auf den Preis der Pizzas hatte der Bitcoin einen Wert von etwa 0,004 Dollar. Erst im Februar 2011 stieg der Bitcoin erstmals über einen Dollar. Bereits Ende 2013 knackte der Bitcoin dann die Marke von 1.000 Dollar, bevor es danach im Jahr 2014 zum ersten großen Kryptowinter kam.

Hier soll nur die jüngere Vergangenheit etwas genauer betrachtet werden. Der Bitcoin rückte seit dem Jahr 2016 immer stärker ins Bewusstsein breiterer Anlegerkreise, als er seine zweite Mega-Hausse startete. Die Tabelle 2.1 zeigt einen **Vergleich von Bitcoin mit der Performance von DAX, S&P 500 TR (Total Return Index) und Gold**. Beim S&P 500 wird der Total Return Index zum Vergleich herangezogen, da hier nicht nur die Kursveränderungen, sondern auch die Erträge aus Dividenden berücksichtigt werden. Außerdem werden der S&P 500 und das Gold jeweils in Euro umgerechnet betrachtet. Der Blick auf die Jahresperformances seit 2016 zeigt, dass der Bitcoin in fast jedem Jahr die Performance aller traditionellen Anlagen um ein Vielfaches übertrifft. Auffallend ist das bisher alle vier Jahre auftretende Annus horribilis beim Bitcoin. Wie schon erwähnt, war 2014 ein Horrorjahr, danach 2018 und zuletzt 2022. Diese vierjährigen Abstände stützen die These eines regelmäßig auftretenden vierjährigen Bit-

Performance von – bis	01.01.16 – 20.12.22	01.01.17 – 20.12.22	01.01.18 – 20.12.22	01.01.19 – 20.12.22	01.01.20 – 20.12.22	01.01.21 – 20.12.22	01.01.22 – 20.12.22
Bitcoin	3.910%	1.632%	36%	386%	147%	-34%	-61%
DAX	29%	21%	8%	32%	5%	1%	-13%
S&P 500	92%	70%	63%	66%	26%	19%	-16%
S6P 500 TR	118%	89%	77%	77%	32%	22%	15%
Gold	61%	50%	31%	34%	28%	-10%	-6%

Tab. 2.1 Vergleich der Jahresperformances von Bitcoin mit Aktien und Gold

coin-Zyklus rund um die alle vier Jahre stattfindenden Bitcoin-Halvings. Allerdings sollte man dabei nicht vergessen, dass aufgrund der noch sehr jungen Historie von Bitcoin der Kurseinbruch von 2022 erst der dritte derartige war. In den anderen Jahren zeigt sich eine teilweise riesige Outperformance von Bitcoin gegenüber Aktien und Gold.

Betrachtet man die Performance seit den Anfangsjahren, dürfte der Bitcoin wohl das am besten performende Asset aller Zeiten sein. Zumindest gilt das im Vergleich zu Assets, die für jedermann zugänglich und handelbar sind. Vielleicht könnte man aus irgendeiner Ecke noch einen Pennystock hervorzaubern, der eine bessere Performance hat. Ein solcher Vergleich hätte aber keine Relevanz, denn er ist nur mit hoch kapitalisierten Assets statthaft – wie ein Vergleich mit **Apple**, die Ende 1980 an die Börse gingen. Der Emissionspreis betrug damals splitbereinigt knapp zehn Cent. Aktueller Preis: 130 Dollar (Stand Dezember 2022). Die Performance beträgt seither in 42 Jahren rund 130.000 Prozent. Aus rund 770 Dollar wären in mehr als 40 Jahren eine Million Dollar geworden. Bei **Amazon** wäre die splitbereinigte Performance seit dem IPO 1997 rund 110.000 Prozent. Aus rund 910 Dollar wären in 25 Jahren eine Million Dollar geworden.

Beim **Bitcoin** ist ein Performance-Vergleich mit Bezug auf den Start etwas schwieriger. Einen IPO- oder ICO-Preis gab es nicht. Eigentlich war nach dem im Januar 2009 erfolgten Start des Netzwerks überhaupt kein in anderen Währungen bezifferbarer Preis feststellbar. In der zweiten Hälfte 2010 lag der Wert dann noch unter 0,10 Dollar. Das entspräche bei einem Bitcoin-Preis von 17.000 Dollar (Stand Dezember 2022) trotz des Kurseinbruchs im Jahr 2022 einer Performance von 17.000.000 Prozent in zwölf Jahren. Aus etwas weniger als sechs Dollar wären in zwölf Jahren eine Million Dollar geworden. Nimmt man die ersten Börsenpreise (um die elf Dollar) der am längsten in Betrieb befindlichen Kryptobörse Bitstamp von Mitte 2011, ist die Performance immer noch rund 154.500 Prozent in über elf Jahren. Hier hätte es dann bis zum Dollarmillionär immerhin etwas weniger als 650 Dollar gebraucht. Unter den Top-Werten liegt Amazon also deutlich vor Apple und Bitcoin deutlich vor Amazon. The Winner is: Bitcoin.

Fazit: Im Gegensatz zur Titulierung von Bitcoin als größte Blase aller Zeiten kommt die als **bestes Investment aller Zeiten der Wahrheit näher**. Bitcoin war das absolute Top-Investment des vergangenen Jahrzehnts. Trotz der Kursverluste im Jahr 2022 sind die Chancen sehr gut, erneut das Top-Investment des laufenden Jahrzehnts zu werden. Im Gegensatz zu seiner kurzfristigen Unvorhersehbarkeit ist die **langfristige Entwicklung viel besser vorhersehbar als bei Aktien**. Wegen der weltweiten Verschuldung und Inflationsgefahren wird der Bitcoin auf lange Sicht weiter vom **TINA-Effekt** in Bezug auf den Wertverfall der Fiatwährungen profitieren: **T**here **I**s **N**o **A**lternative.

2.5 Bitcoin als seriöse Geldanlage

Vielfach herrscht gegenüber dem Bitcoin und anderen Kryptowährungen ein verbreitetes Misstrauen, da man diese nicht physisch in der Hand halten kann und sie nicht greifbar quasi irgendwo in der Cloud schweben. Dabei muss sich der Anleger fragen, wie es sich eigentlich mit seinem Geld auf der Bank verhält. Dieses hat er der Bank anvertraut, die aber pleitegehen oder das Geld durch Spekulationen verlieren kann. Davon ist der Bankkunde mit den Einlagen auf seinen Giro-, Tagesgeld- oder Festgeldkonten und seinen Sparbüchern als Gläubiger direkt betroffen. Denn diese Einlagen werden von der Bank weiterverliehen, sodass sie diese bei einer Schieflage eventuell nicht mehr zurückzahlen kann. Von diesen Einlagen sind durch die gesetzliche Sicherung 100.000 Euro je Einleger und Bank geschützt. Darüber hinaus greifen noch Einlagensicherungsfonds der Banken. Nur seine Anlagen auf Wertpapierdepots sind geschützt. Diese werden der Bank nicht verliehen, sondern nur von ihr verwahrt. Deshalb darf sie diese Werte auch nicht verkaufen oder verpfänden. Allerdings können von einer Bank emittierte Wertpapiere wie Zertifikate bei einer Pleite dieser Bank an Wert verlieren oder im Extremfall wertlos werden, da es sich dabei um von der Bank emittierte Schuldverschreibungen handelt. Dagegen sind Aktienfonds oder ETFs als Sondervermögen nicht von einer Insolvenz der Kapitalanlagegesellschaft betroffen.

Im Gegensatz zu einer Bank kann der Bitcoin nicht pleitegehen. Beim Bitcoin stellt sich die **Vertrauensfrage** in Banken oder Finanzdienstleister deshalb grundsätzlich nicht. Denn man kann jederzeit die alleinige und volle Kontrolle über seine erworbenen Bitcoin haben, zumindest wenn man diese auf private Wallets transferiert hat. Keine Bank, kein Staat, kein Gläubiger kann diese konfiszieren, wenn man ein paar Grundzüge der sicheren Verwahrung beachtet. Ein Restrisiko bleibt aber, wenn man Bitcoin oder andere Kryptowährungen über zentrale Kryptobörsen kauft. Dies hat die Pleite der Kryptobörse FTX im November 2022 noch einmal drastisch verdeutlicht. Solange Geld oder Kryptowährungen auf Konten bei einer Kryptobörse liegen, sind diese Werte im Insolvenzfall gefährdet. Unter diesem Aspekt ist der Bitcoin mindestens eine ebenso sichere und damit seriöse Geldanlage wie andere Anlageformen. Macht sich der Anleger mit den Grundzügen der eigenen Verwahrung vertraut, kann der Bitcoin sogar als sicherer als traditionelle Anlageformen betrachtet werden.

Aufgrund der Dezentralität gibt es keine zentralen Kontostände einzelner Marktteilnehmer. Der einzelne Anleger kann natürlich jederzeit die Zahl seiner Bitcoin auf seiner Wallet feststellen. Die Marktteilnehmer sehen im Bitcoin-Netzwerk aber nur die einzelnen Transaktionen zwischen allen Bitcoin-Adressen, diese jedoch vom Start 2009 an. So könnte man seit diesem Zeitpunkt für jede Adresse zu jedem Zeitpunkt durch Berücksichtigung aller Transaktionen den jeweiligen Stand sehen. Damit ist das System auch resistent gegen Betrug, weil nachträglich weggelassene oder hinzugefügte Transaktionen sofort ersichtlich wären. Bei einer Bank wäre es für Zugangsberechtigte dagegen theoretisch kein Problem, Transaktionen oder Kontostände zu manipulieren und zu verändern.

Ein Megatrend beim Bitcoin war in den letzten Jahren die **zunehmende Benutzerfreundlichkeit**. Dieser Trend dürfte zu einem nicht unbeträchtlichen Teil zu den Wertsteigerungen in den vergangenen Jahren beigetragen haben. In den Jahren 2017 und 2018 war es noch sehr schwierig, in die Kryptowelt einzutreten. An die meisten Kryptobörsen konnte man nicht einfach Geld überweisen, auch war das Misstrauen aufgrund einiger Hacks von Kryptobörsen sehr groß. Schließlich scheuten viele potenzielle Interessenten, ihre Coins selbst zu verwahren. Durch viele neue, einfache und sichere Zugangsmöglichkeiten wie die Anfang 2019 gestartete BISON App der Stuttgarter Börse können nun auch traditionelle Anleger die wichtigsten Kryptowährungen so leicht kaufen wie Aktien. Sie müssen sich dann auch nicht um deren Verwahrung kümmern, wenn sie sich damit überfordert fühlen. Allerdings genießen sie bei einer Fremdverwahrung dann auch nicht die Vorteile der Dezentralität, in diesem Zusammenhang also den Schutz vor Konfiszierbarkeit oder vor der Pleite der zentralen Verwahrinstitution.

Kritiker begründen den Wertzuwachs von Bitcoin mit der **Greater-Fool-Theorie**. Demnach wird der Bitcoin nur so lange steigen, wie man ihn an einen noch größeren Idioten zu einem höheren Preis verkaufen kann. Grundsätzlich könnte man diese Theorie auf alle möglichen Anlagen beziehen. Außerdem bleibt festzustellen, dass zumindest bis hier und heute die Verfechter dieser Theorie in Bezug auf den Bitcoin selbst die mit Abstand Greatest Fools wären. Die Kurse sind trotz der riesigen Kursfluktuationen innerhalb der vierjährigen Bitcoin-Zyklen immer wieder auf neue Höchststände gestiegen. Außerdem wird damit unterstellt, dass der Bitcoin überhaupt keinen Nutzen hat. Das ist natürlich völlig falsch. Der Bitcoin funktioniert als **dezentrales Zahlungsmittel**, das völlig ohne Intermediäre wie Banken übertragen werden kann. Insbesondere in den vielen Ländern mit mehr oder weniger dysfunktionalen Währungs- und Banksystemen liegt dieser Nutzen trotz der großen Kursschwankungen auf der Hand. In den westlichen Ländern steht dagegen der Nutzen als Wertaufbewahrungs- und auch Wertsteigerungsinstrument im Vordergrund. Denn Bitcoin ist die **einzige große Währung mit unveränderlich eingebautem Inflationsschutz**, wenn man einmal von deutlich unbedeutenderen und unsichereren Kryptowährungen wie den Bitcoin-Klonen Litecoin oder Bitcoin Cash absieht. Das Narrativ des gegen Inflation abgesicherten Bitcoin macht diesen in Zeiten der Geldschwemme immer attraktiver. Noch nie wurde in so kurzer Zeit die Geldmenge so massiv erhöht wie in der Coronakrise 2020. Die weit geöffneten Geldschleusen lassen die Notwendigkeit einer zumindest teilweisen Flucht aus den manipulierten Währungen für viele Anleger immer klarer werden. Menschen in Ländern mit sehr schwachen Währungen wie der Türkei, Venezuela oder Argentinien ist dies schon lange vertrauter als hierzulande. Dies ist auch ein Grund, warum der Bitcoin schon viele Monate vor den neuen Höchstständen gegen Dollar oder Euro neue Hochs gegen

Währungen wie die Türkische Lira markierte. Spätestens seit dem Jahr 2022 wurde aber auch in den westlichen Industrieländern den Anlegern durch die sprunghaft gestiegene Inflation der potenzielle Inflationsschutz von Bitcoin deutlich ins Bewusstsein gerufen. Trotz dieses nachhaltigen Grundes für die langfristige Wertsteigerung von Bitcoin ist es aber erneut zu großen Kursschwankungen gekommen. Das wird auch in Zukunft so sein und einige Gründe dafür werden in späteren Kapiteln verdeutlicht. Ein Argument gegen den Bitcoin als seriöse Anlage sind derartige Kursschwankungen aber nicht, wie unten am Beispiel von Amazon gezeigt wird.

Ein einzigartiger Vorteil beim Bitcoin als Instrument der Geldanlage für Privatanleger in Deutschland ist die **Steuerfreiheit** nach einer Haltedauer von mehr als einem Jahr, so wie man das früher bei Aktien kannte. Zwar gibt es dieses Privileg noch bei einigen anderen Wertgegenständen wie Kunstwerken oder auch Gold. Diese sind aber entweder für Privatanleger nicht erschwinglich, wenig fungibel oder haben nur vergleichsweise geringe Kursschwankungen. Verzehnfachungen in kurzen Zeiträumen oder noch mehr wie beim Bitcoin kennt man bei anderen Anlagen kaum. Der Bitcoin ist das einzige seriöse Anlageinstrument, bei dem die bisher immer möglichen riesigen Kursgewinne noch dazu steuerfrei vereinnahmt werden konnten.

Trotzdem werden viele Anleger aufgrund der enormen **Kursschwankungen** der Vergangenheit weiter die durchaus berechtigte Frage stellen, ob denn der Bitcoin wirklich eine seriöse Geldanlage sein kann. Diese riesigen Kursschwankungen werden von traditionellen Anlageexperten auch immer wieder als Beleg dafür angeführt, dass mit dem Bitcoin eben gerade kein seriöses Anlegen möglich ist. Das werden dann die gleichen Anlageexperten sein, die eine Amazon-Aktie jetzt zum Kauf empfehlen. Dazu ein Blick auf die historische Entwicklung der bereits in Kapitel 2.4 kurz erwähnten Amazon-Aktie.[12]

Zur besseren Darstellung wird in Abbildung 2.2 der Amazon-Chart in logarithmischer Darstellung gezeigt. Bei dieser Darstellung entspricht eine gleiche prozentuale Veränderung unabhängig vom absoluten Kursniveau immer einem gleichen prozentualen Zuwachs. Ein Kursanstieg von 1 auf 2 entspricht deshalb dem gleichen Abstand auf der vertikalen y-Achse wie ein Anstieg von 10 auf 20, von 100 auf 200 und so weiter. Wer am ersten Handelstag Amazon-Aktien zum Preis von splitbereinigt 0,075 Dollar erworben hat, kann diese heute (Stand Dezember 2022) zu Preisen von 85 Dollar verkaufen. Dabei war dieser Kursanstieg beileibe keine Einbahnstraße. Nachdem sich der Kurs von 1997 bis 1999 auf 5,60 Dollar mehr als versiebzigfacht hatte, stürzte er danach innerhalb von eineinhalb Jahren wieder auf 0,28 Dollar ab und verlor damit rund 95 Prozent seines Wertes. Nach der folgenden Verzehnfachung gab es wieder eine Halbierung und so ging es auch in den Folgejahren weiter. Erst nach rund zwölf Jahren kam es dann zum Durchbruch zu neuen Höchstkursen und dem enormen Lauf im vergangenen Jahrzehnt bis heute. Konnten seriöse Anlageexperten vor 20 Jahren eine solche Aktie zum Kauf empfehlen? Keinesfalls! Können sie das heute? Auf jeden Fall! Beim Bitcoin gilt das Gleiche.

Man könnte sogar den **Bitcoin als Amazon der Kryptowährungen** bezeichnen. Das betrifft zum einen die Dominanz von Amazon und Bitcoin auf ihrem Gebiet. Zum anderen sind die Kursentwicklung und -schwankungen der Amazon-Aktie denen von Bitcoin doch erstaunlich ähnlich. Von daher könnte der Bitcoin mit den über 14 Jahren seiner Existenz und der etwa 12-jährigen Börsenhistorie aktuell da stehen, wo Amazon zwölf Jahre nach seinem Börsenstart stand. Die ganz wilden Schwankungen könnten dann bald der Vergangenheit angehören. Das ist bei neuen Märkten nach ihren wilden Anfangsjahren häufig zu beobachten, wenn sie eine gewisse Marktreife erreicht haben. Übrigens gab es auch bei Amazon trotz des nett anzuschauenden kontinuierlichen langfristigen Anstiegs seit 2010 immer wieder Korrekturen um die 30 Prozent. Diese fallen aufgrund der großen absoluten Kursveränderungen und der logarithmischen Darstellung nur nicht so auf. Jedenfalls sind die Parallelen der Kursentwicklungen von Amazon und Bitcoin zumindest in Bezug auf die extremen Kursschwankungen nicht von der Hand zu weisen. Wer mit diesem Argument den Bitcoin als unseriöse Kapitalanlage bezeichnet, hätte das mindestens in den ersten zwölf Jahren auch bei Amazon tun müssen. Bei Amazon wäre das ein kardinaler Fehler gewesen. Beim Bitcoin ist es das auch.

Abb. 2.2 *Vergleich von Amazon und Bitcoin seit Börsenstart*

2.6 Bitcoin im Anlagespektrum eine kleine Nummer – noch

Die Kurssteigerungen von Bitcoin sehen absolut und prozentual gigantisch aus. Zuletzt beeindruckte der Bullrun von 2020 bis 2021 das staunende Publikum. Auch die zwischenzeitliche Marktkapitalisierung von über einer Billion Dollar erschien vielen enorm. Das relativiert sich bei einem Vergleich mit anderen Assets.[13] In der Abbildung 2.3 unten wird die Kapitalisierung der 100 größten börsennotierten Unternehmen weltweit mit rund 31 Billionen Dollar ausgewiesen. Auch die wertvollsten Unternehmen der Welt werden mit einem Vielfachen von Bitcoin bewertet. Die Geldmenge M3 in der Eurozone dient der EZB als zentrale Steuergröße und als Indikator zu Beurteilung der monetären Entwicklung. Sie belief sich auf 16 Billionen Euro. Selbst das Vermögen der beiden reichsten Menschen der Welt beträgt 26 bis 33 Prozent des Wertes von Bitcoin.

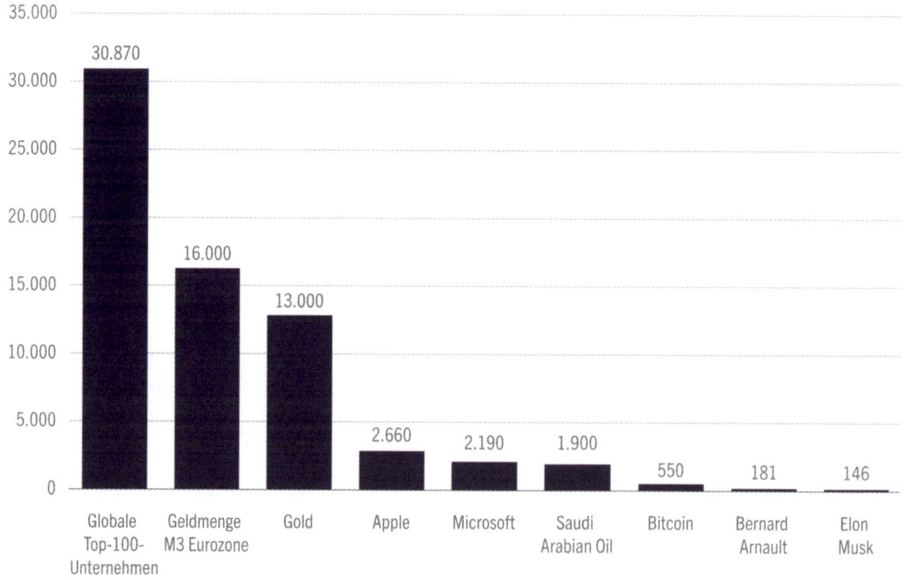

Abb. 2.3 *Wertvergleich von Bitcoin (Stand März 2023)*

Im Vergleich dazu erscheint die Kapitalisierung von Bitcoin gering. Das digitale Gold Bitcoin wird nur mit etwas mehr als vier Prozent der Gesamtkapitalisierung von Gold bewertet. Aufgrund der absoluten Begrenztheit von Bitcoin ist es eigentlich unvermeidlich, dass der Preis immer weiter steigt und sich auch das Verhältnis zu den anderen Assets zu seinen Gunsten verbessert. Ein Treiber dafür ist das durch den Inflationsschub neu erwachte Bewusstsein für die Entwertung des herkömmlichen

Fiatgeldes wie Dollar oder Euro. Beim Bitcoin kann es nicht zu einer Inflationierung der Geldmenge kommen, sondern wegen seiner absoluten Limitierung nur zu einer Potenzierung des Wertes. Beim Fiatgeld ist es genau umgekehrt. Eine Potenzierung der Geldmenge geht auf Sicht einher mit einer Inflationierung des Geldwertes. Bleibt der weltweite Konsens bestehen oder verstärkt sich weiter, dass Bitcoin die vertrauenswürdigste und dezentralste Kryptowährung ist, hat der Bitcoin in diesem Jahrzehnt und darüber hinaus noch ein enormes Wertsteigerungspotenzial. Dafür spricht auch, dass allein schon wegen der demografischen Entwicklung die Tendenz zu einer Umverteilung der Vermögensanlagen in Zukunft stark steigen dürfte.[14] Die neue Erbengeneration setzt tendenziell andere Anlageprioritäten und steht Anlagen in Kryptowährungen viel aufgeschlossener gegenüber als die Erblasser. Deshalb dürfte das aktuell noch verschwindende Gewicht von Bitcoin im Diagramm unten sukzessive zunehmen, sowohl absolut wie relativ.

2.7 Bitcoin versus Gold

Gold hat sich seit Jahrhunderten als Absicherung gegen alle möglichen Krisen etabliert. Der Bitcoin wird auch als digitales Gold bezeichnet. Er kann als Wertsicherungsinstrument aufgrund seiner kurzen Historie aber bei Weitem noch nicht das gleiche Vertrauen aufgebaut haben. Einige **Gemeinsamkeiten und Unterschiede von Gold und Bitcoin** sind:

- Gold kann als seltenes Metall nicht wie Fiatgeld plötzlich beliebig vermehrt werden. Beide Assets werden geschürft, das Gold analog und der Bitcoin digital. Beim Bitcoin ist die Gesamtmenge von vornherein limitiert auf 21 Millionen Stück. Beide funktionieren deshalb als **Wertaufbewahrungsspeicher** und können nicht wie Fiatgeld beliebig inflationiert werden. Beim Bitcoin ist diese Funktion aufgrund seiner absoluten Limitierung sogar noch besser erfüllt. Dagegen ist die Menge an Gold, die noch gefördert werden kann, letztlich nicht genau bekannt. Gold hat allerdings seine Werterhaltungsfunktion über Jahrhunderte und viele Krisen erwiesen. Bitcoin hat hier noch keine wirkliche Historie.
- Die natürlichen Goldvorräte werden mit zunehmender Förderung immer mehr abnehmen. Wann und in welchem Umfang dieser Effekt eintritt, weiß man aber nicht. Dagegen ist beim Bitcoin klar, dass sich die zusätzliche Menge alle vier Jahre halbiert und der letzte Bitcoin um das Jahr 2140 geschürft werden wird. Durch diese **absolute Limitierung** ist der Bitcoin kalkulierbarer als Gold.
- Gold ist wie der Bitcoin als **internationales Tauschmittel** verwendbar und der Handel nicht auf einen Staat begrenzt.

- Der Bitcoin ist vollkommen **dezentralisiert**, über das Internet verifizierbar und nicht oder nur schwer zu konfiszieren. Dagegen gibt es beim Gold **Zentralisierungsrisiken** und es ist leicht zu konfiszieren.
- Das Fälschen von Gold ist möglich. Die Reinheit muss aufwendig überprüft werden. Auch Regierungen könnten den Goldanteil der Münzen reduzieren, um mehr Münzen ausgeben zu können. Dieses Fälschen entspräche beim Bitcoin einer Double-Spending-Attacke. Bei dieser würden im Rahmen einer 51-Prozent-Attacke Bitcoin transferiert, die es überhaupt nicht gibt. Eine solche Attacke ist aber durch die hohe Sicherheit des Netzwerks so gut wie unmöglich. Der Bitcoin ist also **fälschungssicherer**.
- Sowohl bei Gold wie beim Bitcoin sind **größere Anteile in den Händen weniger**. Beim Gold sind das vor allem die Zentralbanken, beim Bitcoin sind das die Bitcoin-Wale und Kryptobörsen.
- Gold wie Bitcoin kann man **anonym** kaufen. Privatpersonen müssen beim Goldkauf unter 2.000 Euro keine persönlichen Daten hinterlassen.
- Die **Übertragbarkeit** von Gold ist aufgrund seiner physischen Eigenschaften nicht so einfach. Bitcoin kann dagegen ohne Probleme schnell und kostengünstig verkauft oder übertragen werden.
- In Bezug auf die **Handelbarkeit** hat sich in der Coronakrise 2020 gezeigt, dass der Bitcoin seine Vorteile als jederzeit handelbares Instrument ausspielen kann. Gold ist nur zu bestimmten Zeiten handelbar, der Bitcoin an allen Tagen rund um die Uhr (24/7).
- Beim Bitcoin fallen im Gegensatz zum Gold keine **Lagerkosten** an.
- Die **Teilbarkeit** beim Bitcoin ist besser, denn im Gegensatz zum Gold ist er leicht bis in sehr kleine Einheiten teilbar.
- Als **Tauschmittel** ist der Bitcoin allein schon wegen der leichteren Übertragbarkeit dem Gold überlegen. Gold wird kaum noch als Zahlungsmittel verwendet.
- Beim Bitcoin gilt wie beim Gold, dass **Besitz und Verfügungsgewalt** durch den Nutzer direkt gegeben sein sollte. „Not your Keys, not your Bitcoin" kann man in Bezug auf Gold übersetzen in „Nicht dein physisches Gold, nicht dein Gold". Als die Coronakrise im Februar und März 2020 ausbrach und hohe Wellen schlug, gab es Lieferengpässe beim physischen Gold und es mussten teilweise erhebliche Aufschläge bezahlt werden.
- Gold hat einen hohen **intrinsischen Wert**. Dieser resultiert aus seiner Verwendung als Schmuck und in vielen industriellen Anwendungen. Beim Bitcoin gehen die Meinungen diesbezüglich auseinander. Allerdings kann ihm aufgrund der Herstellungskosten (Mining) und seiner Knappheit ebenfalls ein innerer Wert zugewiesen werden.
- Gold hat mit rund 13 Billionen Dollar die rund 24-fache **Marktkapitalisierung** von Bitcoin (Stand März 2023).

Gern wird in **Mondanalysen** der Bitcoin-Preis mit der Marktkapitalisierung von Gold verglichen und unterstellt, dass der Bitcoin die gleiche Marktkapitalisierung wie Gold erreichen könnte.[15] Dies würde dann einen Bitcoin-Preis um die 500.000 Dollar implizieren. Für den nächsten Bullenzyklus ist das unrealistisch. Bis Ende des Jahrzehnts sind solche Preise aber nicht völlig auszuschließen. In einer langfristigen Betrachtung könnte das anders aussehen. Dafür sprechen verschiedene Gründe. So wird nach dem Halving 2024 der Bitcoin den **Härtegrad** von Gold deutlich übersteigen und damit das härteste Geld der Welt werden. Außerdem hat seit 2022 die **Inflation** die westlichen Industrienationen und damit auch in Deutschland voll erwischt. Eine solche Entwicklung spielt dem Bitcoin stark in die Karten.

Und schließlich äußern sich seit dem Jahr 2020 auch viele **Traditionalisten an der Wall Street** dahingehend, dass der Bitcoin das Gold zumindest teilweise ablösen wird. Der Chefinvestor von BlackRock sieht den Bitcoin als ernsthaften Ersatz für Gold.[16] Bei BlackRock handelt es sich immerhin um den weltgrößten Vermögensverwalter. Die Citibank bezeichnet Bitcoin als das neue Gold und nennt ein Kursziel von 318.000 Dollar. Auch andere Analysten (zum Beispiel von JPMorgan oder der Deutschen Bank) erwarten, dass der Bitcoin dem Gold den Rang abläuft. Nach einer Analyse von JPMorgan kam es seit Oktober 2020 vermehrt zu Mittelabflüssen aus Goldanlagen in den Bitcoin. So sind Milliarden an Dollar aus Gold-ETFs abgeflossen, während im gleichen Zeitraum Milliarden in den Grayscale Bitcoin Trust geflossen sind. Beide Instrumente werden bevorzugt von institutionellen Investoren genutzt. Interessant dabei ist die Überlegung, dass bei den Profi-Anlegern das Gold ein schon lange genutztes Asset ist, die Nutzung von Bitcoin durch diese Anleger dagegen noch in den Kinderschuhen steckt. Wenn nur ein Teil der Goldanlagen in den Bitcoin umgeschichtet würde, hätte das erhebliche Auswirkungen sowohl auf den Gold- wie auf den Bitcoin-Preis. Für die Gold-Bullen wären das keine guten Nachrichten, für die Bitcoin-Bullen schon.

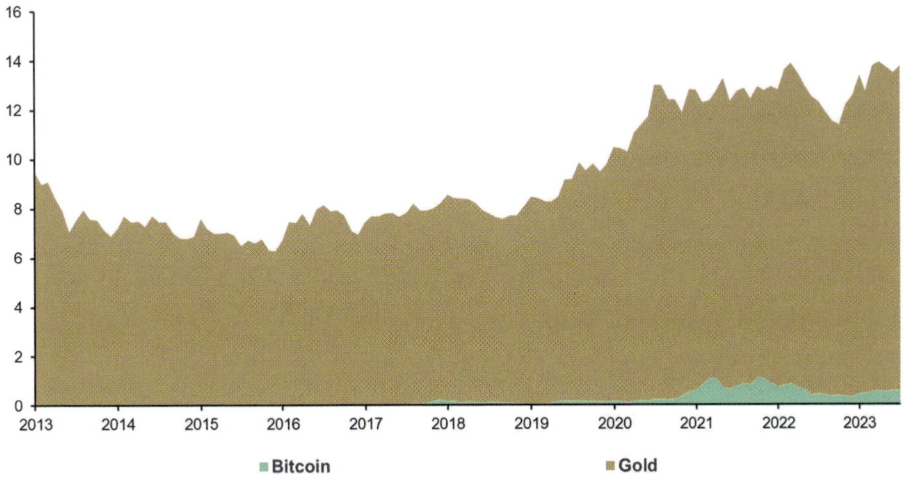

__Abb. 2.4__ Entwicklung der Marktkapitalisierungen von Bitcoin und Gold in Billionen US-Dollar (Quelle: Incrementum AG)

Abbildung 2.4 zeigt die Entwicklung der Marktkapitalisierungen von Gold und Bitcoin. Die Relation hat insbesondere in den Jahren 2020 bis Mitte 2023 erheblich zugenommen. Ähnlich dürfte der Verlauf bei der nächsten großen Hausse von Bitcoin sein, die nach dem vierten Halving im April 2024 erwartet wird. Die Abbildung zeigt aber den immer noch bestehenden enormen Unterschied des Gesamtwertes von Gold im Vergleich zum Bitcoin. Allein unter diesem Aspekt kann dem Bitcoin noch erhebliches Potenzial attestiert werden.

2.8 Bitcoin als digitale Weltleitwährung

Bis zur Einführung in El Salvador im September 2021 war der Bitcoin in keinem Land als **gesetzliches Zahlungsmittel** anerkannt. Von einem gesetzlichen Zahlungsmittel spricht man, wenn in einem bestimmten Land ein Zahlungsverpflichteter seine Geldschuld damit rechtswirksam tilgen kann. Von daher wurde die Einführung in El Salvador als so etwas wie ein Ritterschlag für den Bitcoin gesehen. Nachdem die Staatswährung Colon bereits seit 2001 de facto durch den US-Dollar ersetzt wurde, versucht sich das Land dadurch aus der Abhängigkeit vom US-Dollar zu befreien. Auch für andere – vor allem lateinamerikanische – Länder mit einer hohen Dollarabhängigkeit oder einer von großer Inflation bedrohten Heimatwährung könnte dieser Schritt eine Art Blaupause sein und nachgeahmt werden. In westlichen Ländern mit einer harten Währung ist eine derartige Entwicklung aber kaum zu erwarten. Allerdings steht es dort den Wirtschaftssubjekten frei, sich auf den Bitcoin als Mittel zur Zahlung und Schuldentilgung zu einigen.

Der Bitcoin mit seiner Anwendung als **weltweit zugängliches Wertaufbewahrungsmittel und digitales Gold** ist zwar nicht einzigartig. Grundsätzlich erfüllen auch Kryptowährungen wie Litecoin oder Bitcoin Cash dieselbe Funktion. Allerdings ist und bleibt der *Bitcoin mit seinem Vorteil als First Mover* das Maß aller Dinge. Dies zeigt schon ein Blick auf die Marktkapitalisierungen. Der Bitcoin hat im Vergleich zu den nächstplatzierten Coins mit dem gleichen Use Case ein Vielfaches an Wert. Gegenüber dem Zweitplatzierten und Drittplatzierten unter den Unpegged Payment Token (vergleiche Kapitel 5.4.1.1), Litecoin und Bitcoin Cash, hat der Bitcoin jeweils eine rund 160-fach höhere Kapitalisierung (Stand Januar 2024). Der Status von **Bitcoin als digitale Weltleitwährung** wird also erhalten bleiben. Dieser Status resultiert aus dem uneinholbaren Track Record von Bitcoin als älteste und sicherste Kryptowährung.

Eine **Leitwährung** ist die Währung eines Staates, der aufgrund seiner Wirtschaftskraft den Handel innerhalb eines Wirtschaftsraums dominiert und dort auch eine führende politische Rolle spielt. Sie fungiert dann als international wichtigste Transaktions-, Anlage- und Reservewährung in diesem Raum.[17] Sie muss uneingeschränkt konvertierbar und global verfügbar sein und deshalb über offene und gut entwickelte Finanzmärkte verfügen. Die Leitwährung muss aufgrund der soliden Geld- und Finanzpolitik wertstabil sein. Im internationalen Handel in diesem Wirtschaftsraum ist die Leitwährung das primäre Zahlungsmittel, obwohl für die Waren und Dienstleistungen grundsätzlich auch die Zahlung in den Inlandswährungen der anderen Staaten dieses Wirtschaftsraums möglich wäre. Die wichtigste Weltleitwährung ist seit etwa 1920 der US-Dollar. Experten erwarten aber, dass die Stellung des Dollar in den nächsten Jahren und Jahrzehnten eher erodieren wird. Nachdem der Dollar vor rund 100 Jahren das Britische Pfund als Handelswährung Nummer 1 abgelöst und seither die Finanzmärkte dominiert hat, baut aktuell China den Status des Yuan als Leitwährung sukzessive aus. Dies erfolgt typisch chinesisch mit generalstabsmäßiger Planung. Auf dem Weg zur Leitwährung muss sie sich dazu zunächst im internationalen Güterhandel etablieren, danach auch im Kapitalverkehr und für Finanzgeschäfte.

Seit dem Jahr 1450 gab es sechs führende Weltleitwährungen. Dabei dominierten die Währungen von Portugal, Spanien, den Niederlanden, Frankreich, Großbritannien und aktuell den USA. Die Dominanz der jeweiligen Währungen dauerte zwischen 80 und 110 Jahren. Historisch gesehen würde der US-Dollar deshalb auf das Ende seiner Dominanz hinlaufen. Neben den Vorteilen als führende Weltleitwährung wie geringeres Wechselkursrisiko und Stärkung der Kaufkraft gibt es auch Nachteile. So führt die Entwicklung zu künstlich niedrigen Zinsen, weil das Ausland Kapital importiert. Dadurch wird die Gefahr von Asset Bubbles groß. Das Ende der Dominanz einer Leitwährung wurde dann meist durch Kriege oder große Krisen eingeleitet.

Fraglich ist, ob der Bitcoin die Fiat-Weltleitwährung Dollar ablösen kann. Solange er den starken Kursschwankungen wie in den vergangenen Jahren unterliegt, wird der **Bitcoin als Weltleitwährung** kaum fungieren können. Die Kursschwankungen dürften zwar im Zeitverlauf geringer werden, aber immer noch im Vergleich zu den herkömmlichen Währungen sehr groß sein. Erst recht wird eine Etablierung von **Bitcoin als Weltwährung** nicht stattfinden. Fiatwährungen wie Dollar oder Euro werden nicht durch den Bitcoin ersetzt werden. Die Nicht-Inflationierbarkeit würde eine geldpolitische Steuerung durch Regierungen und Zentralbanken unmöglich machen und Wirtschaftskrisen könnten sich dadurch verschärfen. Die Staaten werden ihr Währungsmonopol auch deshalb nicht aus der Hand geben. Trotzdem wird der Bitcoin auch ohne die offizielle staatliche Anerkennung faktisch seinen Status als digitale Weltreservewährung weiter ausbauen. Die Adoption von Bitcoin schreitet unablässig weiter voran und kennt keine Grenzen wie die Fiatwährungen.

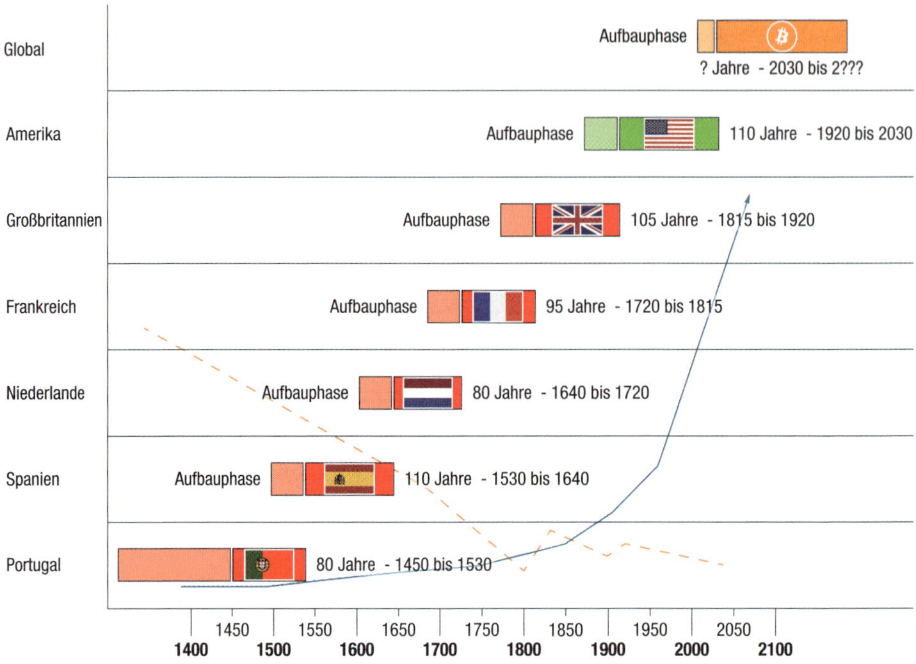

Abb. 2.5 *Geschichte der Weltleitwährungen (Quelle: Cryptocharlie, ergänzt mit Bitcoin)*

Als **Weltreservewährungen** werden die von den Zentralbanken als Währungsreserven genutzten Währungen bezeichnet. Die weltweit wichtigsten Weltreservewährungen sind der US-Dollar mit einem Anteil von über 60 Prozent und der Euro mit rund 20 Prozent. Der Internationale Weltwährungsfonds IWF hat vor fünf Jahren neben dem Dollar, dem Euro, dem Britischen Pfund und dem Japanischen Yen den Chinesischen Yuan durch die Aufnahme in den Korb der Sonderziehungsrechte des IWF zur fünften Weltreservewährung geadelt. Denkbar wäre auf Sicht durchaus, dass sich auch der Bitcoin als Weltreservewährung etablieren könnte. So wurde bereits darüber spekuliert, dass die Zentralbanken Gold zumindest teilweise durch den Bitcoin ersetzen könnten.

Als Statusbeschreibung dürfte **Bitcoin als führendes digitales weltweites und nicht-inflationierbares Wertaufbewahrungsmittel** zutreffend sein. Die Staaten werden mit dem Monopol auf die Geldschöpfung die schuldenbasierte Staatsfinanzierung am Laufen halten und so zur Inflationierung ihrer Währungen beitragen. Gerade die Abwertung der Währungen macht diese Form der Finanzierung auf längere Sicht möglich. Denn bei einem abnehmenden Wert der Landeswährung reduziert sich auch der reale Wert der ausstehenden Schulden. Der **Staat** als die Regeln bestimmende zentrale Instanz hat als größter Gläubiger deshalb ein **natürliches Interesse an einer Inflationierung**. Der Bitcoin setzt dagegen als nicht-inflationierbare Währung einen völligen Kontrapunkt. Hier gibt es keine zentrale Instanz, die aus welchen Gründen auch immer die Zahl von maximal möglichen 21 Millionen Bitcoin erhöhen könnte.

Dadurch konnte Bitcoin auch eine starke Position als Fluchtmittel aus schwachen oder restriktiven Währungen erlangen. Dies sah und sieht man sehr ungern in vielen Ländern mit schwachen Währungen wie Simbabwe, Venezuela, Argentinien, der Türkei oder dem Iran, um nur einige zu nennen. Kapitalkontrollen der Staaten verhindern zum großen Teil eine Flucht der Menschen aus diesen Ländern in wertstabile Fiatwährungen wie den Euro oder Dollar oder in Gold. Selbst wenn es keine Restriktionen im Kapitalverkehr gibt, bieten Banken den Umtausch solcher Junk-Währungen entweder gar nicht an oder nur zu prohibitiven Ziehharmonika-Spreads zwischen An- und Verkaufskursen. Gegen den Bitcoin sind Kapitalkontrollen kaum effektiv umsetzbar, auch eine Beschlagnahmung ist schwer möglich. Anleger, die mit ihrem Private Key ihre Kryptobestände kontrollieren, sind hier auf der sicheren Seite. Von daher liegen insbesondere für von Schwachwährungen geplagte Menschen die Vorteile eines Bitcoin-Standards auf der Hand, da er weltweit blitzschnell mit minimalen Kosten transferierbar ist. Für Menschen in den westlichen Ländern scheint das Problem weniger drängend. Der Inflationsschub im Jahr 2022 könnte das Vertrauen in die Wertstabilität aber nachhaltig erschüttert haben. In diesem Zusammenhang sollten die langfristigen Folgen in Erinnerung gerufen werden: Die Weltleitwährung US-Dollar hat seit dem Jahr 1913 einen Kaufkraftverlust von über 96 Prozent erlitten. Bei der Welt-Kryptowährung Bitcoin wird das nicht passieren. Denn keine zentrale Instanz kann den Bitcoin inflationieren. Es gibt keine Zentralbank und keine Regierung im Bitcoin-Ökosystem.

2.9 Bitcoin- und Krypto-Risiken

2.9.1 Technische Risiken

Das **Risiko eines absichtlichen oder unabsichtlichen Fehlers im Bitcoin-Code** ist völlig unwahrscheinlich. Da dieser Open Source ist, haben im Laufe der Jahre Zehntausende von Fachleuten den Code auf Fehler überprüft, zumal der Code im Vergleich zu anderen sehr einfach und überschaubar ist. Mit der zunehmenden Werthaltigkeit wurde der Bitcoin und seine Technologie auch immer stärker ein potenzielles Multi-Milliarden-Dollar-Angriffsziel von Hackern und anderen Angreifern. Obwohl Heerscharen von Codern nach Fehlern gesucht haben, konnte keine gravierende Schwachstelle gefunden werden.

Immer wieder einmal ist von einem **Hacking von Bitcoin** die Rede. Daraus wird dann die Folgerung gezogen, dass der Bitcoin eben nicht sicher sei. Das ist aber ein grundsätzliches Missverständnis. Es gab schon einige Hacks, bei denen Bitcoin entwendet wurden. Diese Hacks richteten sich aber meist gegen Kryptobörsen, von denen dann Coins entwendet wurden. Dies ist bekanntermaßen schon häufiger geschehen. Das hat aber immer nur mit der mangelnden Sicherheit bei der Verwahrung zu tun, nicht mit der Sicherheit des verwahrten Gutes Bitcoin. Wenn große Summen Euros bei einem Überfall auf eine Bank oder einen Geldtransport erbeutet werden, schlussfolgert man schließlich auch nicht, der Euro sei nicht sicher. Tatsache ist im Gegenteil, dass die Widerstandsfähigkeit von Bitcoin gegen Hacking gerade ein wesentlicher Punkt für seinen Markterfolg ist. Wie oben schon erwähnt, konnte der Bitcoin trotz seines großen Reizes für Hacker noch nie gehackt werden.

Fraglich ist, ob ein **Hack des kryptografischen Hash-Algorithmus** möglich sein könnte. Der Algorithmus könnte durch neue Supercomputer wie die in der Entwicklung befindlichen Quantencomputer zu knacken sein. So können Quantencomputer Aufgaben lösen, für die herkömmliche Supercomputer Jahrmillionen oder gar -milliarden benötigen würden. Wegen dieser potenziellen Bedrohung, bei der der Bitcoin nur eine Randerscheinung wäre, wird bereits an einer Post-Quanten-Kryptografie gearbeitet. Diese nutzt dann mathematische Methoden, die auch von Quantencomputern kaum zu knacken wären. Das Problem liegt noch weit in der Zukunft. Experten erwarten einsetzbare **Quantencomputer** nach dem Jahr 2030, wenn es auf diesem Gebiet überhaupt einen Durchbruch geben sollte. Allerdings: Wenn der Bitcoin eine stärkere Form der Kryptografie nutzen wollte, müsste es bei einem Update eine Hard Fork geben, ein durchaus disruptives Ereignis.

Wie bei allen technischen Errungenschaften besteht auch beim Bitcoin und anderen Kryptowährungen ein **Veralterungsrisiko**. In den Anfangsjahren des Internets wurden die First Mover Netscape Navigator durch den Microsoft Explorer, Yahoo durch Google und MySpace durch Facebook ersetzt. Der Unterschied ist, dass Bitcoin gar nicht der First Mover bei digitalem Geld ist. Vorgänger, die aber nicht auf dem Markt eingeführt wurden, waren Bit Gold und B Money. DigiCash und E-Gold wurden zwar am Markt eingeführt, scheiterten aber. Von daher ist Bitcoin die Technologie, die die gescheiterten alten ersetzt hat. Außerdem war bei den erwähnten Internet-Dinosauriern kein solches Vertrauensniveau nötig, wie es bei Geld der Fall ist. Von daher hatten Konkurrenten der First Mover ein leichteres Spiel. Der Bitcoin hat sich nach den Anfangsjahren schnell als wertvolles Asset etabliert. Der bisherige Beweis der Nicht-Angreifbarkeit ist im sensiblen Bereich der Geldaufbewahrung und -übertragung von unschätzbarem Wert. Wegen des uneinholbaren Track Records ist es deshalb derzeit kaum denkbar, dass die unangefochtene Marktführerschaft von Bitcoin noch anzugreifen ist. Der Bitcoin bleibt die Leitwährung im Kryptobereich.

Kritischer könnte die **Abhängigkeit vom Internet** sein. Die Aufrechterhaltung des Bitcoin-Netzwerks erfordert eine Kommunikation zwischen dem weltweit verteilten Netzwerk von Computern und ist deshalb auf ein funktionierendes Internet angewiesen. Eine Zerstörung des Internets wäre deshalb gleichbedeutend mit einem Ende des

Bitcoin. Zwar gibt es seit Beginn des Internetzeitalters genug Kritik wie die Zerstörung der Privatsphäre oder der Datenklau durch große Internetkonzerne. Die Abhängigkeit der modernen Gesellschaften macht es aber extrem unwahrscheinlich, dass das Internet von den Regierungen weltweit geschlossen oder zerstört werden könnte. Zumal es dann auch zu einem globalen Wirtschafts- und Aktien-GAU kommen würde. Ebenfalls unwahrscheinlich erscheinen Szenarien einer Spaltung des Internets, zum Beispiel zwischen China und dem Westen.[18] Dann wäre der Bitcoin nicht mehr gleichermaßen zugänglich und es könnte zu einer Fork in einen West- und einen China-Bitcoin kommen. Allerdings ist eine völlige Abschottung des Zugangs zu Bitcoin für chinesische Bürger kaum möglich.

Ein böswillig eingebauter **Fehler in der Bitcoin-Mining-Hardware** könnte ebenfalls eine Hintertür in das Bitcoin-Netzwerk öffnen. So könnte Bitmain oder ein anderer großer Hersteller versteckt eine Möglichkeit in den ASIC-Rechnern eingebaut haben, um Zugriff auf die Rechner zu bekommen. Dies macht aus Sicht der Hersteller aber keinen Sinn, da das Geschäft mit den Rechnern dann zum Erliegen kommen würde.

Die Unangreifbarkeit von Bitcoin beruht wesentlich auf seiner Dezentralität. Von daher könnten **Gefahren durch Zentralisierung der Netzwerkbeteiligten** entstehen. Das betrifft Miner und Mining-Pools, Hersteller von Mining-Hardware, Betreiber von Nodes, Eigentümer von Bitcoin, Software-Entwickler, Kryptobörsen oder Internetdienstleister.

Böswillige Miner-Attacken können in verschiedenen Formen auftreten. Ein Miner könnte die Validierung legitimer Transaktionen verweigern oder über eine 51-Prozent-Attacke ein Double Spending tätigen oder Transaktionen rückgängig machen. Mehr dazu in Kapitel 4.5.

2.9.2 Politische Risiken

Aus staatlicher Sicht werfen Kryptowährungen verschiedene Probleme auf. Sie können kriminelle Aktivitäten befördern und zur Terrorismusfinanzierung dienen, den Geldschöpfungsgewinn der Zentralbanken (Seigniorage) verringern oder generell zu einem Kontrollverlust führen. Von daher könnte über **staatliche Verbote** versucht werden, mithilfe eines *totalen Verbots* den Handel und Besitz von Bitcoin zu unterbinden. Gelingen könnte dies nur in einer konzertierten Aktion aller Staaten. Aufgrund der geopolitischen Situation ist dies derzeit kaum vorstellbar. Bei Verboten in einzelnen Staaten hätte der Bitcoin in den verbleibenden Staaten genügend Möglichkeiten, um zu überleben. Neben solchen totalen Verboten wären auch *partielle Verbote* denkbar. So könnte zwar ein Besitz von Bitcoin erlaubt sein, aber keine Handelsplattform im Inland dürfte diesen handeln. Auch könnte die Verwendung als Zahlungsmittel untersagt werden.

Außerdem sind die **Argumente** für staatliche Verbote schwer vermittelbar. Oft wird wegen der großen Kursschwankungen mit dem Anlegerschutz argumentiert. Das ist aber nur ein Scheinargument, um den währungspolitisch unerwünschten Störenfried Bitcoin zu diskreditieren. Mit dem gleichen Argument müssten dann auch Tech-Aktien verboten werden. Auch der Vorwurf gegen Bitcoin als Finanzierungsmedium für kriminelle oder terroristische Aktivitäten ist vorgeschoben. Hier war und ist der US-Dollar immer noch mit weitem Abstand führend. Nach Schätzungen zirkulieren drei Viertel der ausgegebenen 100-Dollar-Noten im Ausland, ein Gegenwert von über einer Billion Dollar. Zwar wird ein Teil als Wertaufbewahrungsmittel in Ländern mit großer Inflation genutzt. Ein wesentlicher Teil wird aber zur Finanzierung krimineller Aktivitäten verwendet. Ein Verbot von Banknoten mit hohem Nominalbetrag – wie in Indien 2016 gesehen – oder gar von Bargeld überhaupt – wie von Harvard-Professor Ken Rogoff vorgeschlagen – würde die Freiheitsrechte erheblich einschränken, da nunmehr jede finanzielle Transaktion nachzuvollziehen wäre. Die Geschichte hat gezeigt, dass Verbote wie auch in der Vergangenheit schon beim Goldbesitz nicht zum von den Regierungen gewünschten Erfolg geführt haben.

Es gibt auch andere Gründe, die staatliche Verbote unwahrscheinlich machen. Die Krypto-Industrie bringt sehr viel Innovation in das Web und greift die Monopole der Internet-Giganten an, die die Daten der Kunden monetarisieren. Mit neuen sozialen Netzwerken und neuen Internet-Tools würde den Nutzern die Entscheidungshoheit über ihre Daten zurückgegeben werden. Verbote würden deshalb die Entwickler des Web 3.0 in andere Staaten treiben, die diese Verbote nicht haben. Damit würden dem Land wesentliche Innovationstreiber entzogen. Und es gibt noch einen anderen Grund: Je mehr Bürger eines Landes Eigentümer von Bitcoin sind, desto mehr wären von einem Verbot und einem Wertverlust ihres Investments betroffen. Von daher könnte die Regierung einen starken Gegenwind bekommen, da es keinen vernünftigen Grund für ein Verbot gibt.

Allerdings könnte die Politik bestimmte Bitcoin-Adressen stigmatisieren, sodass die dort befindlichen Bitcoin nicht auf normalem Wege ausgegeben werden können. Diese **Einschränkung der Fungibilität** bestimmter Bitcoin-Bestände könnte auf politischen Druck erfolgen, wenn die entsprechende Bitcoin-Adresse klar mit einer kriminellen Handlung in Verbindung gebracht werden kann. So könnten staatliche Stellen eine in dem Land befindliche Kryptobörse verpflichten, solcherart inkriminierte Coins zu handeln oder weiterzuleiten. Dies wäre ähnlich zu sehen wie nummerierte Geldscheine, die in einem Entführungsfall als Lösegeld gezahlt wurden.

Der Bitcoin war nie illegal. Selbst die US-Behörden haben seine Legalität anerkannt. Sonst könnten nicht an der staatlich regulierten Terminbörse CME Bitcoin-Futures gehandelt werden. Außerdem werden von den US-Behörden beschlagnahmte Bitcoin nicht vernichtet, wie das bei beschlagnahmten Drogen der Fall ist. Vielmehr werden diese dann zugunsten des Staates in Auktionen verkauft. Ein staatliches Verbot in den demokratischen westlichen Ländern wird es deshalb nicht geben. Außerdem hat die Geschichte der **Prohibition** von Gütern durch Staaten gezeigt, dass sie weiter genutzt werden, wenn die Menschen sie nutzen wollen. Vielmehr wird der Handel solcher Güter dann vom organisierten Verbrechen übernommen, ein Vorgang, der keinesfalls im staatlichen Interesse sein kann. Beim Bitcoin kommt hinzu, dass er kein Gut ist, das Menschen schädigen kann wie Drogen oder Waffen. Eine faktische Prohibition könnte von staatlicher Seite eventuell über eine **exzessive Besteuerung** von Krypto-Transaktionen versucht werden. Allerdings dürfte sich gegen eine willkürlich hohe Besteuerung ebenso wie gegen ein Totalverbot erheblicher Widerstand bilden und es wären solche Maßnahmen in demokratischen Systemen kaum vermittelbar.

Abgesehen von diesen Überlegungen ist die **technische Umsetzung** von staatlichen Totalverboten sehr schwierig bis unmöglich. Die Organisation des Bitcoin-Netzwerks ist dezentral über die ganze Welt verteilt. Würde ein Staat den Bitcoin verbieten, würden die dort ansässigen Validatoren auf andere Länder ausweichen. Wie schnell sich solche Ausweichbewegungen vollziehen können, hat sich nach den Bitcoin-Verboten in China gezeigt.[19] Das System hat keinen zentralen Angriffspunkt und kann sich dadurch staatlichen Angriffen entziehen. Interessant ist in diesem Zusammenhang, dass Satoshi Nakamoto, der Erfinder von Bitcoin, bis heute nicht bekannt und von daher ebenfalls nicht greifbar ist.

2.9.3 Wirtschaftliche Risiken

Jeder Bitcoin-Investor ist wirtschaftlichen Risiken durch die große **Volatilität** des Bitcoin ausgesetzt. Diese Kursrisiken sind bei jedem Asset gegeben. Zwar sind die Schwankungen beim Bitcoin tatsächlich außergewöhnlich, relativieren sich aber mit Blick auf viele Tech-Aktien. Wie an traditionellen Börsen gibt es auch an den Kryptobörsen verschiedene Formen von **Marktmanipulationen**. Diese und andere Preisrisiken werden in Kapitel 11 behandelt. Ein außergewöhnliches Risiko ergibt sich aus Besonderheiten bei der **Aufbewahrung**. Wie zuletzt beim FTX-Crash gesehen, sollte man größere und langfristig gehaltene Bestände nicht bei den Kryptobörsen belassen. Vielmehr sollte der Anleger selbst die alleinige Verfügungsgewalt über seine Private Keys und damit die volle Kontrolle haben. Während der Anleger Aktien beruhigt in seinem Depot belassen kann, muss er deshalb bei Bitcoin und anderen Kryptowährungen selbst tätig werden. Sonst können seine Kryptowerte bei einer Insolvenz seines Verwahrers verloren gehen.

Ein außerordentliches Preisrisiko könnten die **Bestände von Satoshi Nakamoto** sein, dem/den geheimnisvollen Erschaffer/n von Bitcoin. Zu Beginn des Netzwerks war er der einzige Unterstützer und dürfte deshalb im ersten Jahr nach verschiedenen Schätzungen rund eine Million Bitcoin abgebaut haben. Laut Daten von Glassnode wurden ziemlich genau zehn Prozent aller im Umlauf befindlichen Bitcoin seit zwölf Jahren nicht mehr bewegt. Wenn diese zu niedrigsten Einstandspreisen erzeugten Bitcoin plötzlich an den Markt kämen, könnte es kurzfristig zu einem Kurssturz kommen. Es würde auch schon genügen, wenn plötzlich aus diesen alten Adressen heraus Stücke an den Markt kämen, weil dann über einen großen Abverkauf spekuliert würde. Dies erscheint aber unrealistisch.

Eine Gefahr für den Bitcoin könnte eine **von einem Internet-Monopolisten ausgegebene Kryptowährung** sein. Der geplante, weltweit auf Widerstand gestoßene und deshalb nicht weiter entwickelte Facebook-Coin wäre aber genauso wenig eine Bitcoin-Konkurrenz gewesen, wie es die geplanten digitalen Zentralbankwährungen (CBDCs) sein werden. Denn solche Währungen sind nur digitale Abbildungen der zugrunde liegenden Fiatwährungen und würden deshalb genauso inflationiert. Fraglich ist aber, ob eine Bitcoin-ähnliche Währung von einem Giganten wie Amazon etabliert werden könnte. Aber selbst mit einer Marktpower wie bei Amazon wäre es extrem schwierig, die mittlerweile rund 15-jährige Dominanz des Bitcoin zu brechen. Amazon würde es hier ähnlich gehen wie Google, die mit einem eigenen sozialen Netzwerk Facebook angreifen wollten.

Das **Recht des Stärkeren** wird auch in der Kryptowelt nicht außer Kraft gesetzt. Auch in der von den Bitcoinisten erträumten freien Geldwelt ohne Mittler und Manipulatoren wie Banken und Zentralbanken wird das Recht des/der Stärkeren nicht außer Kraft gesetzt. In der Kryptowelt soll es zwar keine offiziellen Herrscher geben. Trotzdem gibt es auch dort zentralisierte Entscheidungsstrukturen. Dagegen haben idealtypische Kryptowährungen wie der Bitcoin keinen CEO oder Zentralbankchef. Aber auch dort können die Entscheidungen im Rahmen der demokratischen Governance ähnlich wie bei Großaktionären nicht unwesentlich beeinflusst werden. Finanzstarke Personen oder Gruppen könnten deshalb den Markt durchaus manipulieren oder missbrauchen. Im Gegensatz zu Aktiengesellschaften können diese sich in der Kryptowelt sogar eher in der Anonymität verstecken. Deshalb wäre eine gute Regulierung, zunächst ein Schrecken der sich eher anarchisch sehenden Krypto-Community, ein guter Nährboden für deren weitere Fortentwicklung.

Das größte Risiko wäre aber eine **Nutzlosigkeit des Bitcoin.**[20] Wird der Bitcoin nutzlos und überflüssig, will ihn niemand mehr benutzen und natürlich wird niemand mehr dafür bezahlen. Dann will ihn auch keiner mehr hosten und mit dem Einsatz von Ressourcen am Leben erhalten. Das Netzwerk würde absterben. Der Eintritt eines derartigen Bitcoin-GAUs ist aber nicht zu sehen, auch wenn die Bitcoin-Gegner immer wieder eine Nutzlosigkeit von Bitcoin propagieren. Der Bitcoin wird von Nutzern weltweit in immer stärkerem Maße verwendet. In Hoch-Inflationsländern liegt der

Nutzen auf der Hand. Aber auch in den westlichen Ländern hat die sprunghaft gestiegene Inflation den Primärnutzen von Bitcoin als nicht-inflationierbaren Wertspeicher offensichtlich gemacht.

2.9.4 Soziologische und psychologische Risiken

Es gibt eine lange Liste von prominenten Persönlichkeiten, die dem Bitcoin den Untergang voraussagen wie der Star-Ökonom Nouriel Roubini oder ihn als Rattengift bezeichnen wie der Star-Investor Warren Buffett. Meist sollte man genauer auf die Motivation der Person schauen, die hinter diesen Aussagen steht. Oft steckt die Angst dahinter, dass der Bitcoin und auch andere Kryptowährungen das traditionelle Bankgeschäft weitgehend ersetzen können. Denn der **Netzwerkeffekt** schlägt beim Bitcoin im Laufe der Zeit immer stärker durch: Je mehr Leute ihn annehmen, desto mehr Leute wollen ihn haben.

Während die Angebotsseite streng limitiert ist, unterliegt die Bitcoin-Nachfrage großen Schwankungen. Von daher ist das **Risiko einer rückläufigen Bitcoin-Nachfrage** ein entscheidender Risikofaktor. Lässt das Interesse nach, dann wird deshalb auch der Preis fallen. Das ist aber nicht zu erwarten, denn das Interesse wird in den kommenden Jahren stark zunehmen. Die Millenials stehen dem Bitcoin viel aufgeschlossener gegenüber als die ältere Generation. Dies resultiert auch aus einer zunehmend ablehnenden Haltung gegenüber dem traditionellen Bank- und Finanzsystem. Der Anteil der jüngeren Jahrgänge bei Investitionen in Vermögensanlagen und damit ihr Einfluss wachsen aber immer mehr. Dagegen löst die Rentnergeneration ihre überwiegend traditionellen Anlagen eher auf. Dabei wird eine entscheidende Rolle spielen, dass in den nächsten Jahren und Jahrzehnten sehr hohe Beträge an die jüngere Generation weitervererbt werden, die dann verstärkt den Bitcoin als Alternative in ihren Anlagemix einbeziehen werden.

Klimaschützer könnten argumentieren, dass der Bitcoin einen ungeheuren Energieverbrauch hat und so die Umwelt schädigt. Bei genauerer Betrachtung relativiert sich dieser aber. Der Energieverbrauch geht nur auf die tatsächliche Nachfrage zurück. Hat der Bitcoin für die Menschen keinen Wert, werden die Miner ihre Aktivitäten einstellen und der Energieverbrauch verschwindet. Außerdem muss der Verbrauch im Vergleich zum Energieverbrauch des herkömmlichen Geldsystems gesehen werden durch den Druck der Scheine, deren Verteilung, dem Aufrechterhalten der Bankfilialen und so weiter. Schließlich können die Mining-Aktivitäten an abgelegenen Orten konzentriert werden, die einen sonst nicht zu verwendenden Überschuss an Energie produzieren. Von daher wird der größte Teil des Energieverbrauchs für den Bitcoin grüner sein als der für die meisten anderen Industrien und Technologien.

2.10 Was macht den Bitcoin einzigartig?

Es gibt einige **einzigartige Eigenschaften des Bitcoin-Netzwerks**:

- **Dezentralisiert (decentralized)**: Aufgrund des Zusammenspiels der Nodes und Miner kann keine Entität[21] die Kontrolle über das Netzwerk erlangen. Durch die vielen Netzwerkknoten ist die Blockchain an vielen unterschiedlichen Orten gespeichert. Niemand hat also auch nur über einen Teilbereich die volle Kontrolle. Der Bitcoin wird von niemandem und gleichzeitig von allen kontrolliert. Dieses Grundprinzip sorgt für das Vertrauen in den Bitcoin und verhindert Manipulationen. Der Bitcoin ist ein Gegenentwurf zum bestehenden Geldsystem mit Währungen, die von Zentralbanken herausgegeben, kontrolliert und manipuliert werden können.
- **Öffentlich (public)**: Der Bitcoin-Quellcode ist öffentlich und völlig transparent.
- **Zugang für jedermann (permissionless)**: Die meisten Datenbanken kontrollieren streng, wer Zugriff auf die Informationen nehmen darf, die Nutzer brauchen dann eine Erlaubnis. Auf die Bitcoin-Blockchain mit allen enthaltenen Informationen kann jeder Computer zugreifen.
- **Zensurresistent (censorship resistant)**: Das Bitcoin-Netzwerk ist stets neutral. Es gibt keine Diskriminierung unter den Teilnehmern. Das Peer-to-Peer-System beruht auf Transaktionen unter Gleichberechtigten. Ein Haircut – oder schlicht die Enteignung – von Bankguthaben wie auf Zypern im Jahr 2013 ist nicht möglich. Auch die Konfiszierung durch staatliche Stellen wie bei den Ukraine-Sanktionen ist bei einer eigenständigen Verwahrung nicht möglich.
- **Vertrauenswürdig (trustless)**: Die Möglichkeit des uneingeschränkten Zugriffs auf alle Informationen der Blockchain schafft ein globales Vertrauenssystem. Das völlig transparente Hauptbuch erfasst alle jemals getätigten Transaktionen und verhindert Doppelbuchungen. Die uneingeschränkte Transparenz schafft für alle die gleichen Bedingungen. Jeder Teilnehmer im Blockchain-Netz verfügt über die gleichen Informationen, die deshalb im Nachhinein nicht mehr verändert werden können.
- **Grenzenlos (borderless)**: Die Zugriffsmöglichkeit ist nicht an bestimmte Länder oder dergleichen gebunden. Weltweit kann jeder Zugriff nehmen, der freien Zugang zum Internet hat. Der Bitcoin ist weltweit handel- und tauschbar.
- **Digitale Knappheit**: Die Erfindung der digitalen Knappheit beim Bitcoin ist revolutionär.[22] Erstmals konnten digitale Güter nicht unendlich reproduziert werden. Denn das Versenden von digitalen Objekten wie einer SMS, E-Mail oder einer Datei kann eher als Kopieren bezeichnet werden. Das originale Objekt bleibt beim Absender. Dagegen ist der Bitcoin das erste digitale Gut, dessen Übertragung gleichzeitig den Verbleib beim Absender beendet.

Durch den Bitcoin können miteinander nicht bekannte Parteien direkt Transaktionen abschließen. Sie benötigen dazu nicht die Hilfe von Banken oder anderen Institutionen, weshalb diese Transaktionen auch nicht kontrolliert oder verhindert werden können. Der Bitcoin bedient den **Peer-to-Peer-Trend** und damit die Kommunikation unter Gleichen. Ähnlich wie bei bekannten Unternehmen wie Airbnb oder Uber können Menschen global über eine Plattform direkt miteinander in Verbindung treten. Bei den genannten Unternehmen erschließt sich der Zweck direkt über die angebotenen Dienstleistungen, die schneller und günstiger erbracht werden können. Beim Bitcoin als dezentralisierter Währung braucht es dagegen eine allgemeine Akzeptanz, um diesen als Geld für Zahlungen und Wertaufbewahrung zu etablieren. Denn im Gegensatz zu den herkömmlichen **Fiatwährungen**[23] wie Dollar oder Euro garantieren und stabilisieren keine zentralen Instanzen (Zentralbanken, Aufsichtsbehörden, Regierungen) den Bitcoin und dessen Wert. Das ist beim Gold allerdings auch nicht der Fall. Außerdem kann man im Zuge der Entwicklungen seit der Finanzkrise 2008 und gerade wieder bei den Krisen wegen der Coronapandemie und des Ukraine-Kriegs verstärkt infrage stellen, ob diesen Garantien und Stabilisierungen wirklich zu trauen ist. Die Werthaltigkeit von Bitcoin wird ebenso wie die von Fiatwährungen stark durch das Vertrauen bestimmt. Beim Bitcoin ist unveränderlich festgelegt, dass es nur eine bestimmte Maximalmenge (21 Millionen Stück) geben kann. Zentralbanken können dagegen Dollar, Euro und Co im Zweifel unbegrenzt drucken und die Währungen dadurch inflationieren und entwerten. Grundsätzlich leben sowohl Fiat- wie auch Kryptowährungen von einer **Wertillusion**. Bei Fiatwährungen ist staatlich festgelegt, dass sie zur Erfüllung finanzieller Verpflichtungen akzeptiert werden müssen. Beim überstaatlichen Bitcoin ist das nicht der Fall. Er lebt von der impliziten globalen Übereinkunft der Marktteilnehmer, dass er Wert hat. Der tatsächliche Wert (Preis) zu einem bestimmten Zeitpunkt wird wie beim normalen Devisenhandel durch Angebot und Nachfrage bestimmt.

Das große **Masseninteresse am Bitcoin** hängt vor allem mit den spektakulären Kurssteigerungen in der Vergangenheit zusammen. Das kann man durchaus verstehen, wenn man bedenkt, mit welchem geringen Einsatz man Millionär hätte werden können (vergleiche dazu Kapitel 2.4). Aber unabhängig von „Hätte, hätte, Blockchainkette“: Es ist verständlich, dass diese wundersame Geldvermehrung die Fantasie anregt. Der Bitcoin wurde aber nicht als Instrument zum Reichwerden geschaffen, sondern vielmehr als Alternative zu unserem traditionellen Finanzsystem. Dieses sehen immer mehr Menschen insbesondere seit der Finanzkrise sehr kritisch. Nicht umsonst liegt das Geburtsjahr von Bitcoin ein Jahr nach deren Ausbruch im Jahr 2008. Der Ursprungsgedanke von Bitcoin als global handelbarem Asset mit geringen Transaktionskosten und nahe bei null liegenden Lagerkosten war (und ist) als Alternative zur monetären Willkür von Staaten und Banken gedacht.

Welcher Altcoin ist der nächste Bitcoin? In der Vergangenheit wurde diese Frage immer wieder gestellt. Der bekannte Buchautor Andreas Antonopolous hat diese beantwortet: **Der nächste Bitcoin ist: Bitcoin.** Bitcoin profitiert vom First-Mover-Effekt als weltweit erste Kryptowährung. Diese führende Marktstellung erkennt man sofort an Marktkapitalisierung und Marktdominanz. Das Netzwerk hat einen fehlerfreien Track Record von rund 15 Jahren. Das daraus resultierende Vertrauen kann kein Altcoin auf die Schnelle aufbauen. Außerdem ist der Bitcoin weltweit schon zu etabliert. Deswegen haben sich auch Altcoins mit besserer Skalierbarkeit, schnelleren Transaktionszeiten und niedrigeren Gebühren nicht durchgesetzt. Dies genügt nicht, an der Einmaligkeit von Bitcoin als eine Art digitaler Weltwährung, Wertaufbewahrungsmittel und Fluchtwährung aus manipulierten oder maroden Fiatwährungen zu kratzen. Im Bereich der Unpegged Payment Token (vergleiche dazu Kapitel 5.4.1.1) ist und bleibt der Bitcoin ohne Konkurrenz. Altcoins mit ganz anderen sinnvollen Use Cases als der Bitcoin können sich natürlich trotzdem daneben etablieren. Wie Start-ups oder Wachstumsaktien können sie größere Kurschancen bei gleichzeitig aber auch erheblich größeren Kursrisiken haben.

Allerdings gibt es auch Analysten, die darauf hinweisen, dass der **First-Mover-Status kein Freifahrtschein** ist. Neue und bessere Lösungen könnten diesen scheinbar manifestierten Vorsprung schmelzen lassen. Verwiesen wird auf die Ablösung von Pionieren im Tech-Bereich. Als Beispiele werden MySpace versus Facebook genannt oder Blackberry und Nokia versus Apple. Die Technologiepioniere haben hier verloren und wurden abgelöst. Dagegen sprechen aber einige Argumente. So ist das Vertrauen in den Bitcoin nach nunmehr 15 Jahren fehlerfreien Funktionierens groß und kann nicht so schnell von einem Newcomer egalisiert werden. Der anonyme Gründer Nakamoto würde heute zu den reichsten Menschen der Welt zählen, hat aber bis heute keinerlei Bitcoin verkauft. Im Gegensatz zu Tech-Start-ups ist hier kein Venture-Capital beteiligt. Weltweit ist es jedermann freigestellt, am Netzwerk zu partizipieren. Es ist hier weniger die Technologie, die den Vorsprung verteidigt, als die Sicherheit des Netzwerks und der Grad der Dezentralisierung. Aus aktueller Sicht wäre zwar vorstellbar, dass ein Netzwerk wie Ethereum als weltweite Werkbank für dezentralisierte Anwendungen eine höhere Marktkapitalisierung als der Bitcoin erreicht. Für zum Bitcoin konkurrierende Payment Token, deren primärer Zweck die Wertaufbewahrung ist, erscheint der Vorsprung aber auf lange Zeit unüberwindbar.

Karl Marx sah die Religion als Opium für das Volk, die ausgebeutete Arbeiter mit der Verheißung auf ein besseres Jenseits vertrösten und ruhigstellen sollte. Analog könnte man den Bitcoin als **Hopeium** für ausgebeutete Anleger und Sparer sehen. Der Unterschied: Die Lehren der Religion sind nicht beweisbar, sie beruhen auf dem Glauben. Der Bitcoin ist dagegen ein mathematisch festgelegtes Konstrukt, dessen zukünftige Entwicklung genau bestimmbar ist. Er bietet den durch reale (teilweise sogar nominale) Minuszinsen unter stiller Enteignung leidenden Anlegern und Sparern weltweit zwar nicht die Verheißung des Paradieses, immerhin aber den Weg aus der Entwertung ihres Vermögens. Zwar sind dafür auch andere Realwerte wie Aktien, Immobilien, Gold et cetera geeignet. Diese leiden aber unter spezifischen Risiken wie Gewinneinbrüchen oder Pleiten bei Unternehmen mit entsprechenden Auswirkungen auf die Aktienkurse. Auch beim Betongold Immobilien gibt es eine ganze Reihe von oft unterschätzten Risiken. Dies fängt beim Liquiditätsrisiko an, wenn eine Immobilie verkauft werden muss, und setzt sich fort über Risiken in Bezug auf steuerliche oder gesetzliche Änderungen bis hin zu extern verursachten Veränderungen der Werthaltigkeit des Standorts.

Derartige unvorhersehbare Ereignisse gibt es beim Bitcoin nicht. Bisher verstellten die riesigen Kursschwankungen den Blick für den absoluten Inflationsschutz des Bitcoin, den dieser allen Anlegern dieser Welt bietet. Deswegen wird sich der Bitcoin in Zukunft noch stärker als bisher als digitale Weltleitwährung und weltweiter Wertspeicher im Bewusstsein der Menschen festsetzen, mit dem Effekt: In Bitcoin we trust. Dagegen wird das Vertrauen in die immer stärker manipulierten Weltwährungen weiter abnehmen. Die Schwankungen beim Bitcoin dürften in Zukunft kurzfristig betrachtet zwar immer noch groß bleiben, in ihrem relativen Ausmaß mit zunehmender Reife aber abnehmen. Die langfristige Wertentwicklung wird wie im vergangenen Jahrzehnt kontinuierlich weiter nach oben gehen. Dies spiegelt sich auch in den Erwartungen vieler Marktbeobachter und Analysten wider. Diese positive Wertentwicklung könnte nur gefährdet werden durch eine im Vergleich zum Bitcoin bessere dezentrale Alternative, die aber nicht zu sehen ist. Auch die oft befürchteten weltweiten Verbote sind dagegen kaum vorstellbar und noch weniger durchführbar. Schließlich sollte in einer freiheitlichen Gesellschaftsordnung jeder mit seinem auf legale Weise verdienten Geld machen können, was er will. Ob er nun Gold kauft, Tulpenzwiebeln oder Bitcoin.

2.11 Repliken auf Bitcoin-Kritiken

Der Wirtschaftsnobelpreisträger Robert Shiller hat einst gescherzt, dass der Bitcoin so lange keinen Wert hat, bis die Menschen glauben, er hätte einen. Dabei gilt das natürlich für alle Währungen. Für Menschen in Simbabwe waren Dollar oder Euro im Zuge der Hyperinflation noch viel größere Highflyer, als es der Bitcoin aus unserer Sicht ist. Auch der Euro bleibt aber nur so lange – zumindest halbwegs – werthaltig, wie die Menschen an ihn glauben. Selbst der als stabile Fluchtwährung geltende US-Dollar leidet unter einer heftigen historischen Entwertung. Seit dem Jahr 1900 ist die Kaufkraft eines Dollar um rund 97 Prozent gesunken. Würden die Kritiker der Kryptowährungen die gleichen Maßstäbe bei Fiatwährungen anlegen, müssten sie den US-Dollar unter die Shitcoins subsummieren.

Man wird in Zukunft sehen, ob das Vertrauen in den Wert der führenden Währungen nach den riesigen Ausweitungen der Geldmengen weltweit im Zuge zunächst der Finanzkrise und der folgenden Krisen erhalten bleibt. Von Kritikern wird immer wieder vorgebracht, der Bitcoin sei kein Anlagevehikel, sondern ein reines Narrativ. Das stimmt so nicht. Geht man davon aus, dass Fiatwährungen wie Euro oder Dollar durch Inflationierung weniger wert werden, ist der Bitcoin sogar ein ideales Anlagevehikel. Denn im Gegensatz zu Aktien oder Anleihen gibt es hier **keine negativen Überraschungen**. Der Bitcoin leidet nicht unter Gewinnwarnungen oder Pleiten wie Unternehmen mit entsprechenden Auswirkungen auf den Aktienkurs. Pleiten von Unternehmen oder sogar Staaten können auch Anleihen wertlos machen.

Hier noch einige **Repliken auf Bitcoin-Kritiken**:

Der Bitcoin leidet unter sehr starken Kursschwankungen. Ja, das stimmt und ist auch nachvollziehbar. Denn der Preis richtet sich schließlich ausschließlich nach Angebot und Nachfrage. Ein Blick auf die sehr starken Kursschwankungen bei der Amazon-Aktie seit dem Börsengang 1997 relativiert diese Aussage völlig.[24] Wenn Bitcoin wegen der enormen Kursschwankungen keine seriöse Anlage wäre, hätte das auch für die Amazon-Aktie und andere heute hochgelobte Tech-Aktien gegolten.

Der Bitcoin ist wegen der wilden Kursschwankungen nur etwas für Zocker. Kurzfristig könnte man dem zustimmen, bei einer langfristigen Betrachtung auf keinen Fall. Im Kapitel 2.4 zeigt ein langfristiger Vergleich mit wichtigen Anlagealternativen wie Aktien oder Gold die überragende Performance. Diese langfristige Aufwärtsbewegung wird wegen der begrenzten Stückzahl nachhaltig sein und weitergehen.

Die Anleger müssen vor den Risiken geschützt werden. Diese Forderung von Regierungen und Notenbänkern ist vordergründig. Letztlich geht es ihnen vor allem darum, ihr eigenes Geldmonopol zu schützen. Der neue Geldwettbewerb durch den Bitcoin, der als nicht-inflationierbare Währung ein Gegengewicht zu Dollar und Euro ist, ist für diese Institutionen naturgemäß eine Störung. Die Anleger müssen nicht vor den Risiken von Bitcoin geschützt werden. Vielmehr können sie sich umgekehrt durch den Bitcoin vor den Risiken einer exzessiven Geldpolitik schützen, die im Zweifel wenig Rücksicht auf deren Ersparnisse nimmt.

Der Bitcoin gefährdet die Stabilität der traditionellen Finanzmärkte. Im Zusammenhang mit den tatsächlich oft sehr heftigen Kurseinbrüchen an den Kryptomärkten wird manchmal befürchtet, dass ein solcher Crash die Stabilität des internationalen Finanzsystems gefährden könnte. Dies hat sich in der Vergangenheit aber nicht bewahrheitet. Im Corona-Crash im März 2020 fielen der Bitcoin und die Aktien in einem ähnlichen Ausmaß. Eher könnte eine Kettenreaktion auf dem unüberschaubaren Derivatemarkt auf traditionelle Finanzanlegen den großen Crash auslösen. Denn der Bitcoin und der gesamte Kryptomarkt ist im Vergleich zur Kapitalisierung der traditionellen Finanzmärkte immer noch eine kleine Nummer.

Der Bitcoin hat keinen inneren Wert. Diese Kritik des Ökonomen und langjährigen Wirtschaftsweisen Peter Bofinger führt in die Irre.[25] Ja, er hat eigentlich keinen inneren Wert, genauso wenig wie der Dollar oder Euro. Zwar sollen die Währungen die Wirtschaftskraft des Landes widerspiegeln und profitieren von ihrer Stellung als gesetzliches Zahlungsmittel. Letztlich beruht der Wert der Währungen aber auf einem Konsens, der sich jederzeit ändern kann. Bei Aktien kann man dagegen aufgrund des realen Geschäfts von einem tatsächlichen inneren Wert sprechen. Betrachtet man den Bitcoin als Rohstoff, könnten die Produktionskosten (Hardware, Strom) einen inneren Wert bestimmen.

Der Bitcoin kann pleitegehen und der Wert auf null fallen. Nein, der Bitcoin kann nicht pleitegehen. Er ist kein gewinnorientiertes Unternehmen. Ja, der Wert kann theoretisch auf null fallen, dies kann bei Aktien aber auch geschehen (schöner Gruß vom ehemaligen DAX-Unternehmen Wirecard). Es ist nicht vorstellbar, dass der Bitcoin wertlos wird. Eher kommt die große Inflation bei Euro oder Dollar.

Bei einem Ausbleiben der Inflation ist der Bitcoin-Run vorbei. Fehlt die Inflationsfantasie, könnte der extreme Bullrun vorbei sein, der Bitcoin würde aber trotzdem nicht verschwinden. Außerdem wird das nicht so sein. Wenn sich die Wirtschaft wieder erholt, werden auch die Zinsen steigen. Die Schuldenberge sind zukünftig nur noch durch Inflationierung abzubauen. Alles andere ist eine Illusion. Der Bitcoin steht dabei wie ein Fels in der Brandung.

Bitcoin ist Geld der Vergangenheit, nicht der Zukunft. Der deutsche Ökonom Hagen Krämer machte diese Aussage im Zusammenhang mit dem Hinweis, dass künstliche Verknappung früher ein Signum von Währungen gewesen und heute jedoch ein Hindernis ist.[26] Eine zweifelhafte Aussage. Wie jedermann weiß, ist im privaten Bereich zu wenig Geld immer ein ärgerliches Hindernis, eine Geldschwemme dagegen ganz nett (wenn denn das Geld einen Wert hat). Kann aber der Staat unbegrenzt das Geld vermehren, entwertet er die Kaufkraft des Geldes. Er bedient sich damit am Vermögen seiner Bürger. Wenn unbegrenztes Gelddrucken ein Prädikat von modernem Geld sein soll, dann lieber: Bitte ein Bit(coin)!

Der Bitcoin ist manipulationsanfällig. Nein, nur der Preis ist manipulationsanfällig. Wie bei anderen Assets kann der Bitcoin-Preis sich durch Käufe oder Verkäufe von sehr finanzstarken Akteuren deutlich verändern. Das ist bei Aktien nicht anders, dazu kommt dort noch die Insiderproblematik. Er kann aber als völlig dezentrales Anlagemedium nicht zentral von Regierungen oder Zentralbanken gesteuert – oder genauer gesagt manipuliert – werden.

Chinesische Miner beherrschen die Technologie und könnten das Netzwerk angreifen. Mittlerweile ist das eine Befürchtung aus der Vergangenheit. Ja, die chinesischen Miner hatten eine Art Monopolstellung. Diese hätte sich auch dadurch auflösen können, dass verstärkt andere Länder günstigen Strom angeboten hätten. Durch die Mining-Verbote in China im Jahr 2021 hatte sich das Problem erledigt. Aber selbst bei der damaligen klaren Monopolstellung von China hätte keine Gefahr eines längeren Angriffs bestanden, da das Bitcoin-Netzwerk mittlerweile zu groß für eine unbemerkte Machtübernahme ist und ein Angriff selbst bei immensem Aufwand und Kosten nur für kurze Zeit aufrechtzuerhalten wäre. Außerdem würden bei einem konzertierten Angriff einer Miner-Mehrheit zunächst nur die Abwicklung von Transaktionen auf dem Netzwerk verhindert oder verzögert.

Der Bitcoin kann gehackt werden. Nein. Gehackt werden können Kryptobörsen. Dabei werden dort dann schlecht gesicherte Kryptobestände entwendet. Nach Banküberfällen oder Ähnlichem mit einer Millionenbeute an Euro wird auch nicht gesagt, der Euro sei nicht sicher.

Der Bitcoin leistet kriminellen Aktivitäten Vorschub. Nein. Man hat schon häufig von Erpressungsfällen gehört, bei denen Bitcoin oder andere Kryptowährungen gezahlt werden sollen. Zwar lösen Kriminelle dadurch zunächst das Problem der Geldübergabe. Letztlich sind aber alle Transaktionen auf der Blockchain bis in alle Ewigkeit nachzuvollziehen. Bargeld in Form von Dollar oder Euro sind noch immer das bevorzugte Zahlungsmittel bei kriminellen Aktivitäten. Es würde deswegen niemand auf die Idee kommen, den Dollar oder den Euro zu verbieten.

Der Bitcoin ist ein Energieverschwender und damit ein Umweltsünder. Absolut betrachtet, trifft dies zu. Andererseits braucht es für den Betrieb und die Sicherung eines Zahlungssystems immer Energie und andere Ressourcen. Der Energie- und Ressourcenverbrauch von traditionellen Finanzsystemen (Banken, Kreditkarten, Geldscheinen et cetera) ist ebenfalls beträchtlich, aber schwerer messbar als beim Bitcoin. Experten schätzen, dass der gesamte Bankensektor mehr als das 50-Fache an Energie als der Bitcoin verbraucht. Außerdem beziffern die Experten den CO_2-

Verbrauch von Bitcoin auf weniger als ein Hundertstel des weltweiten CO_2-Ausstoßes.

2.12 Summary

2.1 Anfang 2009 und damit kurz nach Ausbruch der Finanzkrise startete mit dem Genesis-Block die **Historie** des Bitcoin-Netzwerks. Einen feststellbaren Wert hatte der Bitcoin damals noch nicht.

Mit dem Bitcoin kam neben den beiden traditionellen Zahlungsmethoden Barzahlung und Zahlung durch Vermittlung eines vertrauenswürdigen Dritten (Bank) eine dritte Möglichkeit hinzu: die Zahlungsmöglichkeit ohne die Notwendigkeit eines vertrauenswürdigen Dritten als Intermediär.

Der Bitcoin war das erste digitale Gut, bei dessen Übertragung der Absender auch zwingend den Besitz über dieses Gut verliert.

Die Zahlungsmittelfunktion von Bitcoin ist in den Hintergrund getreten. Heute wird er primär als Wertspeicher und Spekulationsobjekt gesehen.

2.2 Die **Bitcoin-Blockchain** ist ein digitales Kontenbuch (Ledger). Dieses erfasst dezentral, zensurresistent, kryptografisch und unveränderlich die Zahlungsein- und ausgänge der Nutzer.

Die Transaktionen aller Bitcoin-Adressen sind für jedermann zugänglich und transparent. Wer hinter einer Adresse steht, ist aber grundsätzlich nicht bekannt. Die Transaktionen bei Bitcoin sind deshalb nicht anonym, sondern pseudonym.

Die Inflationierung von Bitcoin ist mit aktuell rund 1,7 Prozent sehr niedrig. Sie fällt mit jedem Halving sprunghaft nach unten.

Die gesamte bisher geschürfte Anzahl von Bitcoin ist nur eine Obergrenze. Die tatsächlich dem Markt zur Verfügung stehende Zahl ist deutlich geringer. So vermuten Analysten, dass bei rund 20 Prozent aller bisher geminten Bitcoin die Verfügungsgewalt durch Verlust der Zugangsdaten verloren gegangen ist.

2.3 Taktgeber der starken zyklischen Auf- und Abschwünge beim Bitcoin waren bisher die etwa alle vier Jahre stattfindenden Halvings.

Der Bitcoin ist kein Unternehmen mit Ertragsschwankungen oder sogar Insolvenzgefahr. Die Entwicklung ist deshalb viel vorhersehbarer als bei Aktien. Die Aufwärtsbewegung ist trotz der sehr großen kurzfristigen Kursschwankungen nachhaltig. Die Aussage, der Bitcoin sei die **größte Blase aller Zeiten**, ist eine der größten Phrasen aller Zeiten.

2.4 Bei einem Vergleich der aktuellen mit den Preisen kurz nach dem Start von Bitcoin kommt die Bezeichnung als **bestes Investment aller Zeiten** der Wahrheit nahe. Auch im Vergleich zu den Top-Performern unter den Tech-Aktien liegt Bitcoin weit vorn.

Im Abstand von vier Jahren gab es bisher jeweils große Kurseinbrüche beim Bitcoin.

2.5 Die dezentralste Kryptowährung Bitcoin will die Vertrauensfrage überflüssig machen. Diesem Anspruch wird sie weitestgehend gerecht. Der Bitcoin kann nicht pleitegehen wie Banken oder andere Finanzdienstleister. Der Bitcoin ist eine **seriöse Geldanlage**.

Die in Bezug auf den Bitcoin geäußerte Greater-Fool-Theorie kann auf alle möglichen Anlagen angewendet werden. Sie geht deshalb ins Leere und wird auch durch die bisherige Entwicklung eindrucksvoll widerlegt.

Die großen kurzfristigen Kursschwankungen sind kein Beleg dafür, dass Bitcoin eine unseriöse Geldanlage ist. Dazu genügt ein Blick auf die Entwicklung der Amazon-Aktie.

2.6 Im Kapitalisierungsvergleich von Bitcoin mit anderen Assets wie Aktien oder Gold oder mit den reichsten Menschen zeigt sich der Bitcoin trotz der großen Kurssteigerungen seit Bestehen immer noch als relativ **kleine Nummer**.

2.7 Nach dem nächsten Bitcoin-Halving im Jahr 2024 wird der Bitcoin deutlich härter als das **Gold** und damit die härteste Währung der Welt sein. Auch die Traditionalisten an der Wall Street haben den Bitcoin deshalb verstärkt als Ersatz für Gold entdeckt.

Die Knappheit ist beim Bitcoin wegen der absoluten Begrenztheit noch größer als beim Gold. Auch bei verschiedenen anderen Merkmalen ist der Bitcoin dem Gold überlegen.

Die Marktkapitalisierung von Bitcoin beträgt derzeit maximal vier Prozent vom Gold (Stand Januar 2023). Ersetzt der Bitcoin das Gold als Wertspeicher immer mehr, ist das Potenzial riesig.

2.8 In unterentwickelten Ländern mit maroden Währungssystemen wie El Salvador könnte der Bitcoin verstärkt als Ersatzwährung zum Einsatz kommen.

Der Bitcoin hat den unangefochtenen **Status als digitale Weltleitwährung** und wird diesen behalten.

Eine Etablierung als Weltleitwährung oder sogar als Weltwährung ist dagegen wenig wahrscheinlich.

Eine Aufnahme in den Kreis der Weltreservewährungen ist zwar denkbar, derzeit aber nicht zu sehen.

2.9 **Technische Risiken** sind eher theoretischer Natur. So gilt ein Fehler im Bitcoin-Code und damit dessen Angreifbarkeit mittlerweile als ausgeschlossen. Berichte über Hackings von Bitcoin beziehen sich auf Mängel bei dessen Verwahrung, nicht auf den Bitcoin selbst. Bedrohungen durch eine neue Computergeneration wie den Quantencomputer, die den kryptografischen Hash-Algorithmus knacken könnte, sind ebenfalls derzeit nicht zu erkennen.

Politische Risiken wie Bitcoin-Verbote sind in totalitären Staaten möglich. Tatsächlich umgesetzte Verbote haben aber selbst in einem sehr wichtigen Land wie China nur kurzfristig einen negativen Einfluss gezeigt, da sich der weltumspannende Markt dann andere Kanäle sucht. In demokratischen Ländern sind solche Verbote argumentativ kaum vermittelbar.

Daneben ist eine technische Umsetzung solcher Totalverbote schwierig bis unmöglich.

Die **wirtschaftlichen Risiken** unterscheiden sich nicht wesentlich von den Risiken an den Aktienmärkten. Das größte wirtschaftliche Risiko wäre die Erkenntnis der Nutzlosigkeit von Bitcoin. Obwohl diese von den Bitcoin-Gegnern immer wieder propagiert wird, zeigt der faktische Gebrauch weltweit das Gegenteil.

Soziologische Risiken stellen sich wegen des demografischen Wandels eher als Chancen dar. Die jüngeren Generationen stehen dem Bitcoin aufgeschlossener gegenüber.

2.10 Die **Einzigartigkeit** von Bitcoin speist sich aus verschiedenen Eigenschaften wie Dezentralität, Zensurresistenz, Vertrauenswürdigkeit oder Grenzenlosigkeit.

2.11 Viele **Bitcoin-Kritiken** sind plakativ und erscheinen häufig intuitiv richtig. Sie halten aber regelmäßig einer genaueren Betrachtung nicht stand.

3 KRYPTOWÄHRUNGEN

3.1 Kryptowährungen als neue Assetklasse

Als Anlageuniversum bezeichnet man alle möglichen Finanzprodukte und Investitionsmöglichkeiten, in die Anleger ihr Kapital investieren können. Dabei teilt man die Vielzahl der Produkte in **unterschiedliche Assetklassen** ein wie Aktien, Anleihen, Rohstoffe oder Immobilien. Gold beziehungsweise Edelmetalle sind zwar Rohstoffe, aber eher als Sonderfall zu betrachten. Alternative Anlagen wie Kunst, Oldtimer et cetera bilden eine sehr diffuse Anlageklasse. Die Anlageklassen können sich in Bezug auf ihre verschiedenen Eigenschaften unterscheiden, wie Risikograd, Investitionshorizont, Mindestinvestitionsbetrag, Liquidität oder Mitbestimmungsrechte. Vertreter der gleichen Anlageklasse weisen grundlegende wirtschaftliche Gemeinsamkeiten und spezifische Merkmale auf. Dabei korrelieren größere Renditechancen mit einem größeren Risiko.

Mit den **Kryptowährungen** ist eine *völlig neue Assetklasse* dazugekommen. Nach anfänglicher Ignoranz und Ablehnung aus der traditionellen Finanzwelt hat sich diese neue Assetklasse in den vergangenen Jahren und insbesondere seit dem Jahr 2020, als die Wall Street in ihrer ablehnenden Haltung umgefallen ist, zunehmend etabliert. Denn aufgrund des Performancedrucks und der Nachfrage der Anleger können die Vermögensverwalter und Banken nicht mehr wie bisher einen großen Bogen um Kryptowährungen und insbesondere den Bitcoin machen. Zumal Portfoliotheoretiker schon länger auf die positiven Auswirkungen einer Bitcoin-Beimischung in ein diversifiziertes Portfolio hinweisen. Aufgrund der sehr geringen Korrelation zu traditionellen Assets wie Aktien oder Anleihen und selbst zu Gold verbessert sich das Chance-Risiko-Profil eines Gesamtportfolios erheblich.

Dabei können die **Eigenschaften innerhalb der Assetklasse** stark variieren. So sind die Aktien führender weltweiter Konzerne (Blue Chips) erheblich weniger risikobehaftet und viel liquider als Aktien von Wachstumsunternehmen oder gar Start-ups. In der neuen Assetklasse Kryptowährungen ist das ähnlich. Der Bitcoin und andere hoch kapitalisierte Top-Coins werden deshalb weniger volatil sein als manipulationsanfällige Coins mit geringer Kapitalisierung, die sich in den Untiefen des Krypto-Universums befinden. Allerdings gibt es immer wieder Coins, die sich aus diesen Untiefen nach oben arbeiten und plötzlich unter den Top-Coins auftauchen. Sie fallen dann mit einer herausragenden Performance innerhalb kurzer Zeit auf. Diese im Vorhinein zu identifizieren ist aber sehr schwierig.

Assetklasse	Mindest-investitions-volumen	Anlagehorizont	Risiko
Bank- und Spareinlagen	niedrig	kurz- bis langfristig	sehr niedrig (bei Einlagensicherung)
Anleihen	mittel	mittel- bis langfristig	niedrig (Staatsanleihen) bis mittel (Unternehmensanleihen)
Aktien	niedrig	mittel- bis langfristig	mittel (Blue Chips) bis hoch (Wachstumswerte)
Immobilien	hoch	langfristig	mittel
Rohstoffe	hoch	mittel- bis langfristig	hoch
Gold (Sonderfall Rohstoffe)	mittel	mittel- bis langfristig	mittel
Venture-Capital	hoch	langfristig	sehr hoch
Alternative Anlagen (Kunst etc.)	hoch	langfristig	hoch
Krypto-währungen	niedrig	kurz- bis mittelfristig	hoch (Bitcoin) bis sehr hoch

Tab. 3.1 *Vergleich unterschiedlicher Assetklassen*

Abbildung 3.2 unterteilt die Assets in sogenannte Superklassen.[1] Kapitalanlagen (Capital Assets) wie Aktien oder Anleihen sind letztlich Beteiligungen an zukünftigen Zahlungsströmen. Ihren Wert kann man durch Abdiskontierungen der erwarteten zukünftigen Zahlungen bestimmen. Verbrauchbare und umwandelbare Güter (Consumable/Transformable Assets) generieren keinen zukünftigen Zahlungsstrom, sondern können konsumiert oder für andere Anwendungen transformiert werden. Beispiele sind Rohstoffe aller Art, von Getreide über Metalle bis hin zu Energie. Eine Bewertung dieser Assets ist nur auf Basis der aktuellen Angebots- und Nachfragesituation möglich. Die Wertaufbewahrungsgüter (Store of Value Assets) generieren weder einen Zahlungsstrom, noch können sie konsumiert oder transformiert werden. Währungen sind das klassische Beispiel für diese Gruppe, es können aber auch Alternativanlagen wie Kunst sein.

Die Adoption von kryptografischen Gütern (Cryptographic Assets) als eine vierte Superklasse hat nicht nur akademische Auswirkungen. Vielmehr würde dadurch konsequenterweise das Gesamtgewicht von Kryptowährungen in einem modernen Portfoliomix steigen. Auch für Assetmanager hat diese Einteilung Vorteile. Denn dadurch würde die Asset-Allokation deutlicher und transparenter, als wenn die Kryptowährungen in die anderen drei Superklassen eingereiht würden.

	Kapitalanlagen	verbrauchbare und umwandelbare Güter	Wertaufbewahrungsgüter	Kryptografische Güter
Aktien	x			
Anleihen	x			
Ertragbringende Immobilien	x			
Rohstoffe		x		
Edelmetalle		x	x	
Währungen			x	
Kunst			x	
Payment Token	x	x	x	x
Platform Token	x	x	x	x
Sidechain Token	x	x		x
Application Token	x	x		x

Tab. 3.2 Unterteilung der Assets in Superklassen

3.2 Bitcoin versus Altcoins

Der Bitcoin wird nicht das Schicksal der ausgestorbenen Dinosaurier des Internetzeitalters erleiden. Großartig gestartete Unternehmen aus der Frühzeit des Internets wie Netscape, AOL oder MySpace sind heute aus verschiedenen Gründen in Vergessenheit geraten. Dieses Schicksal werden andere, heute noch hoch gehandelte Kryptowährungen erleiden, nicht aber der Bitcoin. Der **First-Mover-Effekt** hat weltweit zu einem Konsens geführt, der den Bitcoin als die führende Krypto-Leitwährung etabliert hat. Das dadurch aufgebaute Vertrauen wird sich nicht so einfach auf eine neue Kryptowährung übertragen lassen, selbst wenn diese teilweise mit besseren Funktionalitäten wie schnelleren Transaktionszeiten punkten kann. Dies allein zeigt schon, dass die Bitcoin-Klone und -Forks wie Litecoin oder Bitcoin Cash im Laufe der Jahre im Vergleich zu Bitcoin immer mehr an Gewicht verloren haben. Die herausgehobene Position von Bitcoin resultiert schon aus der größeren Sicherheit des Bitcoin-Netzwerks. Deshalb ist und bleibt der Bitcoin im Kryptobereich die unangefochten führende Alternativanlage zu den herkömmlichen Assetklassen wie Aktien, Anleihen, Immobilien oder Gold. In der neuen Assetklasse Kryptowährungen ist der Bitcoin ein Solitär. Das spiegelt sich auch in der **Dominanz** gegenüber dem Altcoinmarkt, wenngleich diese im Laufe der Jahre abgenommen hat.[2] Die Abnahme der Dominanz ist schon aus der Vielzahl der neu hinzugekommenen Coins zu erklären. Darüber hinaus verzerrt vor allem das Gewicht der Stablecoins die Marktdominanz von Bitcoin. Trotzdem ist die Marktdominanz auch nach dem Rückgang von 85 Prozent Anfang 2017 auf rund 52 Prozent (Stand Januar 2024) immer noch sehr stark. Ethereum als zweitgrößte Kryptowährung hat eine Dominanz von knapp 18 Prozent.

Dennoch sollten Krypto-Anleger keinen **Bitcoin-Maximalismus** betreiben und die Altcoins links liegen lassen. Es ist nicht sicher, dass der Bitcoin auch noch in zehn Jahren seine führende Position innehat. Andere Coins wie Litecoin mit dem gleichen Use Case und teilweise besseren Eigenschaften kamen zwar bisher nicht ansatzweise an den Marktführer heran und werden das auch nicht mehr schaffen. Allerdings ist auch in einem Kryptoportfolio eine gewisse **Diversifikation** sinnvoll. Mit der zweitgrößten Kryptowährung Ethereum hat man neben dem digitalen Gold Bitcoin gewissermaßen das Industriemetall der Kryptowelt im Portfolio. Denn auf der Blockchain von Ethereum laufen über die Smart Contracts eine Unmenge an Anwendungen. Aber auch die auf diesem Gebiet unangefochtene Position von Ethereum muss nicht in Stein gemeißelt sein. So wurde aufgrund der Skalierungsprobleme bei Ethereum immer wieder von potenziellen Ethereum-Killern gesprochen, neben großen wie Cardano, Polkadot und Solana auch etliche kleinere. Daher sollte man neue Entwicklungen und Trends auf jeden Fall im Auge behalten. Trotzdem sind derzeit **Bitcoin und Ethereum das Basisinvestment eines ausgewogenen Kryptoportfolios**. Dadurch ist man an der Entwicklung der zwei wichtigsten Krypto-Coins beteiligt. Diese machen zusammen rund 67 Prozent der Kapitalisierung des Kryptomarktes (Stand Januar 2024) aus und haben zwei völlig unterschiedliche Use Cases.

Der etwas aktivere Krypto-Anleger sollte aber über diesen Tellerrand hinausblicken. Allerdings kann man schnell den Überblick im **Universum der Altcoins** verlieren, denn dieses ist mittlerweile riesig. Im Jahr 2022 existierten bereits Zigtausende Altcoins.

Eine seriöse beziehungsweise sinnvolle Schätzung ist kaum möglich. Von daher ist hier eine ähnlich explosive Entwicklung wie im Derivatebereich an den traditionellen Börsen zu beobachten. Die meisten von ihnen sind aber Shitcoins und haben keinen Nutzen, außer für die Initiatoren, denen das Geld von leichtgläubigen Anlegern zufließt. Man sollte sich ohnehin nur auf die größeren Altcoins konzentrieren. Je nach Aktivitätsgrad des Anlegers könnte man die Top 20, 50 oder 100 beobachten. In Tab. 3.3 ist die Entwicklung der 20 größten Altcoins nach Marktkapitalisierung seit Anfang 2014 dargestellt. Klar ersichtlich ist die unangefochten marktbeherrschende Stellung von Bitcoin. Nur Anfang 2018 kamen Ripples XRP und Ethereum dem Marktführer in der Kapitalisierung relativ nah. Weiter ist auffallend, dass sich Ripples XRP und Litecoin über alle Jahre hinweg in der Spitzengruppe halten konnten. Ethereum ist seit seiner Börsennotiz im Jahr 2015 in der Spitzengruppe. Es wird aber auch die Fluktuation deutlich. Viele Top-20-Coins der früheren Jahre sind in der Tiefe des Raums verschwunden und fristen ein vergleichsweise bedeutungsloses Dasein. Der aktive Anleger kann trotzdem vielleicht zehn Prozent seines Portfolios in kleineren Coins anlegen. Denn es wird immer wieder einmal neue Bereiche geben, die besonders trendy sind und eine außergewöhnliche Performance versprechen. So zeigten fast alle Token aus dem DeFi-Bereich im Jahr 2020 und auch Anfang 2021 ganz außergewöhnliche Kursanstiege bis zu mehreren 1.000 Prozent. Bei solchen Kurssteigerungen können selbst kleine Positionen im Portfolio die Performance erheblich verbessern.

29.12.2013		27.12.2014		26.12.2015		25.12.2016		31.12.2017	
Bitcoin	9.082	Bitcoin	4.333	Bitcoin	6.348	Bitcoin	14.396	Bitcoin	237.467
Litecoin	587	XRP	736	XRP	213	Ethereum	626	XRP	89.122
XRP	213	PayCoin	152	Litecoin	152	XRP	232	Ethereum	73.170
Omni	112	Litecoin	96	Ethereum	65	Litecoin	213	Bitcoin Cash	42.774
Peercoin	90	BitShares	41	Dash	16	Monero	133	Cardano	18.660
Nxt	56	MaidSafeCoin	24	Dogecoin	15	Ethereum Classic	94	Litecoin	12.663
Namecoin	38	Stellar	21	Peercoin	10	Dash	70	IOTA	9.870
Quark	27	Dogecoin	18	BitShares	9	MaidSafeCoin	45	NEM	9.306
BitShares PTS	25	Nxt	16	Stellar	8	NEM	33	Dash	8.189
WorldCoin	20	Peercoin	13	MaidSafeCoin	7	Steem	31	Stellar	6.443
Megacoin	18	Counterparty	11	Nxt	6	Augur	30	Monero	5.426
Primecoin	10	Dash	10	Bytecoin	6	Iconomi	30	EOS	5.042
Infinitecoin	10	Namecoin	8	Namecoin	6	Dogecoin	25	NEO	4.937
Feathercoin	10	Fuelcoin	5	Monero	5	Factom	22	Qtum	4.603
Dogecoin	8	NuShares	4	Factom	4	Waves	20	Bitcoin Gold	4.381
Novacoin	7	SuperNET	4	GridCoin	3	Stellar	18	Verge	3.208
Zetacoin	6	YbCoin	3	Rubycoin	3	DigixDAO	17	TRON	2.942
Devcoin	4	Monero	3	Emercoin	3	Lisk	14	Nano	2.886
Anoncoin	3	Banx	3	Clams	2	Zcash	14	Ethereum Classic	2.766
Digitalcoin	3	NuBits	2	BlackCoin	2	Swiscoin	13	BitConnect	2.593

30.12.2018		29.12.2019		27.12.2020		19.12.2021		25.12.2022	
Bitcoin	67.476	Bitcoin	135.571	Bitcoin	488.213	Bitcoin	883.011	Bitcoin	324.093
XRP	15.077	Ethereum	14.698	Ethereum	77.828	Ethereum	466.037	Ethereum	149.169
Ethereum	14.560	XRP	8.536	Tether	20.729	BNB	88.400	Tether	66.244
Bitcoin Cash	2.870	Tether	4.125	XRP	12.851	Tether	76.289	USD Coin	44.349
EOS	2.430	Bitcoin Cash	3.875	Litecoin	8.439	Solana	55.491	BNB	38.894
Stellar	2.250	Litecoin	2.784	Bitcoin Cash	6.290	Cardano	42.517	XRP	17.439
Litecoin	1.912	EOS	2.548	BNB	4.839	USD Coin	42.062	Binance USD	17.393
Tether	1.894	BNB	2.201	Chainlink	4.833	XRP	39.453	Dogecoin	10.077
Bitcoin SV	1.553	Bitcoin SV	1.813	Cardano	4.804	Terra	29.260	Cardano	8.946
TRON	1.329	Stellar	927	Polkadot	4.592	Avalanche	26.185	Polygon	6.945
Cardano	1.122	TRON	916	USD Coin	3.583	Polkadot	24.483	Dai	5.848
IOTA	1.003	Tezos	911	Stellar	3.170	Dogecoin	22.484	Polkadot	5.168
Monero	807	Cardano	889	Bitcoin SV	3.113	Shiba Inu	16.906	Tron	5.042
BNB	784	Unus Sed Leo	824	Wrapped Bitcoin	3.036	Polygon	15.737	Litecoin	4.977
Dash	698	Cosmos	814	Monero	2.799	Binance USD	14.377	Shiba Inu	4.552
NEM	619	Monero	814	EOS	2.549	Crypto.com	12.989	Solana	4.180
Ethereum Classic	569	Huobi Token	679	NEM	2,123	Wrapped Bitcoin	12.066	Uniswap	3.930
NEO	528	Chainlink	666	TRON	2.067	Litecoin	10.597	Avalanche	3.638
Maker	347	NEO	653	Tezos	1.510	Uniswap	9.392	Unus Sed Leo	3.448
Zcash	332	MINDOL	639	Unus Sed Leo	1.355	Dai	9.221	Wrapped Bitcoin	3.101

Tab. 3.3 *Entwicklung von Ranking und Marktkapitalisierung der Top-20-Kryptowährungen seit 2014 (Daten: Coinmarketcap)*

3.3 Alles neu am Kryptomarkt?

Vieles ist neu und disruptiv bei Kryptoprojekten und Kryptowährungen. Eine grundlegend neue Eigenschaft von Kryptowährungen ist, dass sie ein Tauschmittel zur Verfügung stellen, ohne dass zentrale vertrauenswürdige Vermittler eingeschaltet werden müssen. Transaktionen mit Kryptowährungen benötigen deshalb keine Dienstleistungen von Banken oder anderen vertrauenswürdigen Intermediären. Durch genau festgelegte Konsensmechanismen kann eine völlig transparente und dezentrale Blockchain wie der Bitcoin ein globales Vertrauenssystem schaffen, das nicht der Kontrolle einer zentralen Instanz wie einer Bank bedarf. Dies kann zu erheblichen Effizienzgewinnen und Kosteneinsparungen führen. Außerdem können dadurch zentrale und manipulative Eingriffe verhindert werden, wie sie in traditionellen Finanzsystemen beobachtet werden können. So gibt es beim Bitcoin keine Zentralbank, die die Geldmenge verändern könnte, nur weil es – aus welchen Gründen auch immer – gerade opportun erscheint.

Umso erstaunlicher erscheint deshalb, dass es beim **Börsenhandel** von Kryptowährungen kaum Unterschiede zum Handel an den traditionellen Finanzmärkten gibt.

Anfänglich wurden die Coins Peer-to-Peer ausgetauscht. Das ist zwar weiterhin möglich. Die großen Umsätze finden aber schon lange an den vielen zentralen Kryptobörsen statt. Wie auch an traditionellen Börsen sammeln sich dort Angebot und Nachfrage und führen so zu einer großen Liquidität der gehandelten Coins. Vorteile dieser Zentralisierung sind die Handelbarkeit großer Mengen an Coins und kleine Spreads zwischen An- und Verkaufskursen. Der Nachteil ist, dass dadurch das Credo der Dezentralität ad absurdum geführt wird. Neben anderen Pleiten haben dies die Zusammenbrüche der Kryptobörsen Mt.Gox im Jahr 2014 und FTX im Jahr 2022 drastisch vor Augen geführt. Im Bereich des Börsenhandels von Kryptowährungen wird – abgesehen von den dezentralen Kryptobörsen – die Welt trotz der disruptiven Veränderungen eben gerade nicht neu erfunden. Auch die Einflussfaktoren auf die Preisbildung der Coins sind ähnlich. Die Anlegerpsychologie spielt eine entscheidende Rolle. An den Krypto- wie an den Aktienmärkten handeln die Anleger nicht (nur) rational, sondern werden stark von ihren Gefühlen gesteuert. FUD und FOMO bestimmen die Kursentwicklung. Allerdings agieren in großem Ausmaß auch gefühlsneutrale Bots. Dies ist an den traditionellen Finanzmärkten aber nicht anders.

Ein paar Unterschiede gibt es beim Börsenhandel aber doch. Ein wesentlicher Unterschied ist der **24/7-Handel**. Während an den Aktienmärkten nur zu bestimmten Handelszeiten gehandelt wird, läuft der Handel an den Kryptomärkten ununterbrochen, rund um die Uhr und selbst an Feiertagen wie Weihnachten oder Neujahr. Ein weiterer Unterschied zu den Aktienbörsen ist die größere Vielfalt bei den **Kurswährungen**.[3] An den traditionellen Börsen werden die Anlagetitel immer gegen die Währung des Landes gehandelt, in dem die Börse ihren Sitz hat. An den Börsen in Deutschland ist die Handelswährung der Euro. So werden ausländische Aktien, die in ihrem angestammten Heimatmarkt in der dortigen Landeswährung notiert werden, in Deutschland gegen Euro gehandelt. Dagegen werden Kryptowerte an der gleichen Kryptobörse oft gegen verschiedene Kurswährungen gleichzeitig gehandelt. Unabhängig vom Sitz der Kryptobörse ist die verbreitetste Kurswährung der US-Dollar. Neben oder statt des direkten Handels in US-Dollar gibt es oft auch Handelspaare gegen dollarbasierte Stablecoins wie dem Tether (USDT). Daneben kann es parallel weitere Kurswährungen geben wie den Euro oder den Japanischen Yen. Sehr verbreitet ist auch die Notiz vieler Altcoins mit dem Bitcoin als Kurswährung. Anleger sollten darauf achten, dass sie bevorzugt im liquidesten Marktsegment und an der liquidesten Kryptobörse handeln.

Die meisten Handelsplattformen bieten eher bessere **Funktionalitäten** als die Onlinebanken. Ein Trend bei vielen Kryptobörsen war in den vergangenen Jahren, dass immer mehr **Hebel- und Shortselling-Möglichkeiten** angeboten wurden. Teilweise ist diese Entwicklung bedenklich, da die sehr großen Hebel die ohnehin sehr große Volatilität bei den Kryptowährungen noch erheblich verstärken können. Dies zeigt sich insbesondere bei Flash Crashs, wenn es aufgrund von Margin Calls zu einer Kaskade von Zwangsliquidierungen von Hebelpositionen kommt.

An den Kryptobörsen können von den Coins auch **Bruchteile** gehandelt werden. Im Gegensatz zum Handel von Aktien an den Börsen muss also nicht ein ganzes Stück erworben werden. Insbesondere bei sehr teuren Coins wie dem Bitcoin ist das ein Vorteil, da sonst ein großer Teil der Anleger wegen dieser Hürde ausgeschlossen wäre. Allerdings könnte das in Zukunft auch in den traditionellen Märkten verstärkt möglich sein. So hat Trade Republic im Jahr 2022 seinen Kunden als erster europäischer Broker erstmals auch den Handel in jeder Aktie und jedem ETF für einen beliebigen Eurobetrag ermöglicht. Dabei werden Bruchteile dieser Wertpapiere erworben, die im Wesentlichen die gleichen Rechte beinhalten. Die Kunden besitzen dann einen Bruchteil der Aktie und bekommen bei Dividendenausschüttungen ihren bruchteiligen Anteil. Auch der Spread ändert sich nicht im Vergleich zum Kauf eines ganzen Anteils. Bei Kryptowährungen ist der bruchteilige Kauf dagegen keine Besonderheit.

Für den Anleger ist eher ungewöhnlich, dass er an den Börsen selbst ein Konto eröffnet. Im herkömmlichen Finanzsystem eröffnet er ein **Konto** bei einer Bank und leitet mit deren Hilfe seine Aufträge an die jeweiligen Börsen weiter. Grundsätzlich macht es aber keinen Unterschied, ob er bei einer Onlinebank Aktien handelt oder an einer Kryptobörse Coins.

3.4 Thesen zu Krypto- und Fiatwährungen

Geld in der jetzigen Form wird nicht ewig existieren.
Vor dem Tauschhandel gab es kein Geld. Geld wird primär als Recheneinheit genutzt, das den Austausch von Gütern vereinfacht sowie die Gewährung von Krediten und den Ausgleich von Schulden ermöglicht. Daneben spielt die Funktion von Geld als Wertaufbewahrungsmittel eine wesentliche Rolle, um damit später und eventuell anderswo Konsum zu ermöglichen oder für größere Anschaffungen zu sparen. Die Erscheinungsformen des Geldes haben sich im Laufe der Zeit verändert.[4] Von Warengeld wie Salzbarren, Felle oder Steinscheiben über Gold und Silber ging man über zu einheitlich genormten Stücken (Münzgeld) und Papiergeld, das kaum mehr einen Warenwert hat. War die Ausgabe durch staatliche Stellen zunächst noch durch entsprechende Gegenwerte in Edelmetallen gedeckt, haben die heutigen Fiatwährungen wie Dollar oder Euro keine Edelmetalldeckung mehr. Der lateinische Name „fiat" bedeutet „es werde" und sagt eigentlich alles. Fiatgeld entsteht quasi aus dem Nichts durch Beschluss der gesetzgebenden Organe von Staaten, deren Zentralbanken unbegrenzt Banknoten drucken können.

Die Zeit der geldlosen Gesellschaft wird aber schneller kommen, als die meisten Leute sich vorstellen können. Wenn Geld in der heutigen Form als allgemein akzeptiertes Tauschmittel seine Vorteile gegenüber einem anderen Medium verliert, wird es schnell verschwinden. Der Siegeszug der Bank- und Kreditkarten hat schon zu einem Großteil das Bargeld verdrängt.

Fiatwährungen sind nicht mehr an irgendwelche realen Werte wie Gold gebunden. Deshalb sind deren Bewertungen nur noch ein Ausfluss der kollektiven Einschätzungen des Wertes. Ein innerer Wert über eine Deckung des Nominalbetrags durch ein werthaltiges Gut wie Gold liegt dem nicht mehr zugrunde. Bis auf die staatlich garantierte Funktion als Zahlungsmittel gibt es also kaum einen Unterschied zu den Kryptowährungen. Selbst die Deutsche Bundesbank sagt in dem zitierten Beitrag: „Geld ist, was letztlich als Geld allgemein akzeptiert wird." Wenn immer mehr Menschen den Glauben an den Wert der Fiatwährungen verlieren, werden diese im Wert abstürzen. Sie sind beliebig inflationierbar, im Gegensatz zum Bitcoin. Das kollektive Vertrauen in Regierungen und Zentralbanken ist in den vergangenen Jahren immer mehr gesunken, es befindet sich vielleicht sogar auf einem historischen Tiefststand. Die nächste Finanzkrise wird das Vertrauen noch mehr erschüttern und eine Fluchtbewegung auslösen. Mangels Alternativen wird dann ein beträchtlicher Teil auch in nicht-inflationierbare Kryptowährungen fließen. Bei den Kryptowährungen genießt der Bitcoin weltweit und mit weitem Abstand das größte Vertrauen. Er wird deshalb die Fiatwährungen in ihrer Funktion als Wertaufbewahrungsmittel trotz der starken kurzfristigen Kursschwankungen zumindest teilweise ablösen.

Kryptowährungen sind das nächste Betriebssystem des Kapitalismus.
Klingt ein bisschen heftig, könnte aber schneller kommen als erwartet. Der Tauschhandel war eine wesentliche Errungenschaft in der menschlichen Entwicklung. Danach lief die Entwicklung vor allem in die Vereinfachung des Transaktionsmechanismus: Goldmünzen, Papiergeld, Banküberweisungen, Kreditkarten. In der heutigen sowohl dezentralisierten wie globalisierten Welt ist die Wahrscheinlichkeit groß, dass Kryptowährungen als effizientestes Transaktionsmedium das nächste Betriebssystem des Kapitalismus werden. Zumal der Kapitalismus dringend ein Upgrade nötig hat.

Allerdings sind auch die selbst ernannten nicht-kapitalistischen Staaten auf ein solches Betriebssystem angewiesen, sonst hätten sie keine eigenen Währungen. Letztendlich wäre die effizienteste Lösung ein weltweit anerkanntes Transaktionsmedium, so wie es Gold als weltweit anerkanntes Wertaufbewahrungsmedium ist. Insbesondere Menschen in Ländern mit schwachen Währungssystemen leiden unter sehr großen Nachteilen beim internationalen Austausch von Waren und Dienstleistungen. Am deutlichsten wird das an den extrem schlechten Umtauschkursen mit riesigen Spannen, wenn eine schwache Devise in eine starke oder in eine andere schwache um- oder rückgetauscht werden soll. Diese damit verbundenen großen Verluste könnten mit einer digitalen Weltwährung, die auch problemlos und sofort transferierbar ist, vermieden werden.

Wird das der Bitcoin sein? Die Chancen für den Bitcoin – zumindest als Parallelwährung – sind nicht schlecht. Wenigstens für die nächsten Jahre, vielleicht sogar Jahrzehnte. Die internationalen Konflikte und Handelskriege werden wohl in absehbarer Zukunft verhindern, dass sich die Staaten auf eine Art digitaler Weltwährung einigen. Zwar gibt es seit 1969 mit den Sonderziehungsrechten (SZR) eine künstliche Währung. Diese besteht aus einem Währungskorb aus US-Dollar, Euro, Pfund Sterling, Yen und Yuan.[5] Der ursprünglich geplante Facebook-Coin Libra wäre dem sehr nahegekommen. Warum also nicht eine Kryptowährung auf die SZR ziehen? Weil die Wertaufbewahrungsfunktion auch bei diesem Konstrukt aufgeweicht ist. Wenn die Notenbanken kräftig neues Geld drucken, wird deshalb auch der Gegenwert der SZR sinken. Die in den SZR enthaltenen Währungen und damit die SZR sind beliebig inflationierbar, der Bitcoin nicht.

Der Bitcoin bleibt auf absehbare Zeit die führende Kryptowährung, die Leitwährung. So wie das der US-Dollar lange Zeit bei den Fiatwährungen war und noch ist, aber nicht unbedingt bleiben wird. Der Bitcoin ist ein sehr günstiges Tauschmittel in der heutigen dezentralisierten und globalisierten Welt. Er ist ein nicht-inflationierbares Wertaufbewahrungsmittel, das den Menschen die Kontrolle über ihr Vermögen zurückgeben kann. Der Bitcoin kann nicht im Wert manipuliert und inflationiert werden wie die Fiatwährungen. Er ist eine Fluchtmöglichkeit gegen staatliche Eingriffe, seien es indirekte wie die Entwertung der heimischen Währung durch eine expansive Geldpolitik oder direkte wie Enteignungen.

Bitcoin bleibt die Nummer 1 der Kryptowährungen.

Wenn ein System besser als das andere ist, wird es das alte ersetzen. Innovationen führen zu Disruption, bei der veraltete Geschäftsmodelle oder Technologien durch neue ersetzt werden. Bei der Umsetzung von disruptiven Technologien gibt es dann die mehr oder minder Erfolgreichen. So wie Google Yahoo oder Facebook MySpace an den Rand gedrängt haben, kann das auch bei den Kryptowährungen sein. Bitcoin ist derzeit unangefochten der Leader. Das muss nicht ewig so bleiben. Für die nächsten Jahre ist aber keine Ablösung des Bitcoin in Sicht. Digitalwährungen von zentralisierten Institutionen wie Zentralbanken (CBDCs) oder auch dem IWF wären keine Konkurrenz. Bitcoin als dezentralisiertes und nicht manipulierbares Wertaufbewahrungsmittel bleibt einzigartig.

Ein kleiner Einschub: Natürlich ist auch der Preis des Bitcoin manipulierbar. Schließlich bildet sich der Preis wie alle Börsenpreise ausschließlich durch Angebot und Nachfrage. Große Kauf- oder Verkaufsorders bewegen die Preise. Die berühmten Bitcoin-Wale könnten deshalb durchaus geneigt sein, den Preis in ihrem Sinne zu manipulieren. Das kann zwar kurzfristig durchaus erhebliche Ausmaße haben. Entscheidend ist aber, dass aufgrund des Bitcoin-Codes keine Möglichkeit besteht, Bitcoin wie Dollar oder Euro beliebig zu drucken. Zentrale Manipulationen durch Regierungen oder Zentralbanken sind also nicht möglich.

Kryptowährungen sind ein Hedge im Crash.
Es muss ja nicht gleich der Zusammenbruch von allem sein. Dann bräuchte man sich auch um den Wert von Bitcoin keine Gedanken mehr zu machen. Aber die nächste internationale Finanzkrise könnte erheblich größere Ausmaße haben als die letzte im Jahr 2008. Der Bitcoin und andere Kryptowährungen sind eine neue Assetklasse. Diese ist mit den traditionellen Assetklassen wie Aktien, Bonds, Immobilien, Rohstoffen und Fiatwährungen oft nicht oder oder nur gering korreliert. Fast alle Anleger sind mit 100 Prozent im traditionellen Finanzsystem investiert. Selbst wenn man alle Aktien und Bonds verkauft, steckt man immer noch darin fest – oder sogar noch mehr als vor dem Verkauf. In schweren Krisenzeiten haben Regierungen immer wieder Zugriff auf die Vermögenswerte ihrer Bürger genommen. Sei es implizit durch Steuererhöhungen oder eine Entwertung des Geldes durch expansive Geldpolitik. Sei es explizit durch Enteignungen von Vermögenswerten oder zum Beispiel das Verbot des Goldbesitzes.

Bitcoin ist dagegen nicht so einfach zu konfiszieren. Bei anderen Coins wie den Privacy Coins ist das noch schwieriger. Beim nächsten Crash an den Finanzmärkten wird deshalb die Funktion als Hedge und Fluchtmöglichkeit erheblich an Bedeutung gewinnen. Wenn man sich an den aus 12 oder 24 Wörtern bestehenden Schlüssel (Seed Phrase) erinnert, kann man mit beliebig Vermögen ein im Chaos versinkendes Land verlassen. Kapitalverkehrskontrollen können das nicht verhindern.

3.5 Begriffe und Kryptosprech

Kryptowährungen werden im allgemeinen Sprachgebrauch als Sammelbegriff für alle Arten von Coins und Token verwendet, eine wirkliche Definition gibt es aber nicht. Von daher werden **Kryptowährungen, Kryptowerte, Coins und Token** häufig einfach synonym verwendet. In diesem Buch wird deshalb der Einfachheit halber oft synonym von **Coins, Token** oder **Kryptos** gesprochen, auch wenn es nach der korrekten Klassifizierung entweder Coins oder Token wären.[6]

Fiatwährungen sind Währungen, die von einer zentralen staatlichen Institution (staatliche Zentralbank oder Regierung) ausgegeben werden. Als gesetzliche Zahlungsmittel erfüllen sie alle Geldfunktionen wie Tausch-, Zahlungsmittel-, Rechen- und Wertaufbewahrungsfunktion. Fiatwährungen haben aber keinen intrinsischen Wert, denn sie sind nicht durch Assets wie Gold gedeckt. Der Wert von Fiatwährungen beruht auf dem Vertrauen in die jeweiligen staatlichen Institutionen wie Regierung und Zentralbank. Der US-Dollar, der Euro oder der Japanische Yen sind bekannte Beispiele für Fiatwährungen. Der Name kommt aus dem Lateinischen und heißt etwa „es werde, es geschehe“. **Fiatgeld** (übersetzt etwa „es werde Geld“) hat keinen inneren Wert. Dagegen hat **Warengeld** einen inneren Wert aufgrund der Materialien wie Gold und Silber, aus denen es hergestellt wurde oder mit denen es gedeckt ist.

In der Kryptowelt haben sich wie in fast jedem Spezialbereich einige Begriffe eingebürgert, die im allgemeinen Sprachgebrauch unbekannt sind. Unter Kryptosprech werden hier aber nicht Fachtermini wie Blockchain, Nodes et cetera verstanden. Vielmehr geht es oft um Bezeichnungen, die mit dem Handel und dem Verhalten der Krypto-Anleger zu tun haben. Bei genauerer Betrachtung handelt es sich dann meist um Phänomene, die man von den traditionellen Anlagemärkten kennt.

FUD und FOMO sind die beiden Gegenpole, die als Begründung für stark schwankende Märkte herhalten müssen. **FUD** (Fear, Uncertainty and Doubt – Furcht, Ungewissheit und Zweifel) ist schnell die eigentlich nichtssagende Begründung, wenn die Kurse stark fallen. Der neue Kryptosprech ist aber nichts anderes als die allgemeine Verunsicherung, die man zum Beispiel auch von anderen Märkten wie dem Aktienmarkt nach starken Preiseinbrüchen kennt. FUD kommt eigentlich aus der Werbebranche und bezieht sich auf eine bösartige Marketingstrategie durch das Verbreiten negativer Informationen über Wettbewerber. Shortseller könnten deshalb geneigt sein, böswillig oder nicht möglichst viel FUD unter die Marktteilnehmer zu streuen, in der Hoffnung, dass die Kurse fallen.

In der **FOMO**-Phase (Fear of missing out – Angst, etwas zu verpassen) kaufen Anleger Kryptowährungen aus der Angst heraus, Kursanstiege zu verpassen. Durch rasante Kursanstiege lassen sich dann auch zunächst zögerliche Anleger dazu verleiten, doch noch zu kaufen. Oft gibt es in dieser Phase schnelle Favoritenwechsel und eine Flut von heißen Tipps zum nächsten Highflyer. FOMO kommt aus dem Bereich Social Media und beschreibt die Angst, ein wichtiges Ereignis zu verpassen oder nicht mehr auf dem Laufenden zu bleiben. Die zwanghafte Angst, etwas zu verpassen, ist auch an den Kryptomärkten kein guter Ratgeber.

HODL ist ein geflügeltes Wort in der Kryptoszene, das auf einen Tippfehler von Hold zurückgeht. HODLer sind Krypto-Enthusiasten, die ihre Coins langfristig halten und weder bei Kurseinbrüchen noch -anstiegen verkaufen, weil sie langfristig von den Coins überzeugt sind. HODLer sind auch immun gegen FUD.

DYOR ist die Abkürzung für Do Your Own Research. DYOR ist die Aufforderung, sich nicht einfach auf die Meinung anderer zu verlassen, sondern selbst zu recherchieren. Grundsätzlich gilt dies natürlich auch für andere Vermögensanlagen wie Aktien.

KYC (Know Your Customer) bezieht sich auf die gesetzliche Verpflichtung der Banken und hier der Kryptobörsen, ihre Kunden durch einen Identifikationsprozess genau zu verifizieren. KYC ist ein Teil von **AML** (Anti-Money Laundering), also der Vorschriften zur Bekämpfung der Geldwäsche.

Unter einem **Wal** versteht man einen Krypto-Investor, der einen besonders großen Anteil an einem Coin hat. Meist wird im Zusammenhang mit dem Bitcoin von Walen gesprochen. Dabei gehen die Definitionen weit auseinander. Glassnode bezeichnet eine Adresse mit mindestens 1.000 Bitcoin schon als Wal, intotheblock dagegen eine Adresse mit mehr als einem Prozent Anteil an der umlaufenden Menge an Coins.

Hinter vielen Token steht kein reales Projekt. Es handelt sich dann meist um einen **Scam** (Betrug), die Investoren verlieren ihr Geld.

Nocoiner haben keine Kryptowährungen in ihrem Anlageportfolio und glauben fest an ein Scheitern von Bitcoin und Co.

Unter **Mooning** versteht man einen außerordentlich starken Kursanstieg eines Coins.

Mit **x** ist der Vervielfachungsfaktor gemeint, der einem Coin zugeschrieben wird. 10x heißt dann, dass man dem Coin eine Verzehnfachung beim Preis zutraut. Wenn Kryptofans das x im Gespräch inflationär gebrauchen, könnte dies generell ein Indikator für einen guten Verkaufszeitpunkt sein.

3.6 Summary

3.1 Kryptowährungen haben neben den bisherigen traditionellen eine **neue Anlageklasse** begründet.

3.2 Der Anteil von Bitcoin am Gesamtmarkt **(Dominanz)** ist zwar im Laufe der Jahre zurückgegangen. Bitcoin bleibt aber die Leitwährung am Kryptomarkt. Das Altcoin-Universum ist zunehmend unübersichtlich geworden. Es gibt nur wenige Konstanten wie Ethereum oder XRP.

3.3 Der **Börsenhandel** an den Kryptobörsen läuft ähnlich wie an den Aktienbörsen ab. Es gibt aber auch einige Unterschiede wie den 24/7-Handel oder den bruchteiligen Handel eines ganzen Coins.

3.4 Kryptowährungen werden gegenüber den Fiatwährungen an Gewicht und Einfluss gewinnen. Der Bitcoin wird als **digitale Weltleitwährung** seine Führungsrolle behalten. Für den Fall eines Finanz-Crashs bleiben Kryptowährungen ein Hedge.

3.5 Einige Begriffe wie **Coins und Token** werden oft nicht exakt abgegrenzt verwendet. Der typische Kryptosprech bezeichnet oft Phänomene, die auch in der traditionellen Finanzwelt bekannt sind.

4 GRUNDLAGEN

4.1 Distributed-Ledger-Technologie (DLT), Blockchain und Kryptowährungen

Die BaFin definiert eine **Blockchain** wie folgt: „Bei Blockchain handelt es sich typischerweise um fälschungssichere, verteilte Datenstrukturen, in denen Transaktionen in der Zeitfolge protokolliert, nachvollziehbar, unveränderlich und ohne zentrale Instanz abgebildet sind. Die Blockchain kann auch als das Hauptbuch aller Transaktionen bezeichnet werden, die in Blöcken dezentral zusammengefasst sind. Dieses Hauptbuch wird grundsätzlich nicht von einer zentralen Institution kontrolliert und die Eintragungen sind weder löschbar noch fälschbar, sondern nur durch Anhängen neuer Blöcke mit kryptografischen Verknüpfungen sequenziell erweiterbar."[1]

Blockchains und andere Distributed Ledger können die Basis für **Kryptowährungen** sein, haben aber noch viele andere Anwendungsgebiete wie zum Beispiel die dezentrale Steuerung von Eigentum oder Identifikation. Jeder Kryptowährung liegt ein Distributed Ledger zugrunde. Eine Kryptowährung ist eine digitale Währung auf einem Distributed Ledger, die durch Kryptografie dezentral gesichert ist. In zentralen Systemen erfolgt die Sicherung dagegen durch eine zentrale Instanz, so bei Fiatwährungen wie Euro oder Dollar durch die jeweiligen Zentralbanken.

Die **Distributed Ledger Technology (DLT)** ist dabei die technologische Grundlage für den Einsatz verteilter Kontenbücher (Distributed Ledger).[2] Mit DLT werden Datenbanken geführt, bei denen die Informationen über die Daten und deren Transfer automatisch geregelt sind und die so für einen verteilten und gemeinsamen Besitz aller Daten sorgen. Ein wesentliches Merkmal der DLT-Technologie ist ihre *Dezentralität. Die Datenbank ist auf viele Standorte, Regionen oder Teilnehmer verteilt*, wobei die Teilnehmer des Netzwerks gemeinsame Schreib- und Leseberechtigungen haben. Durch ständig laufende Aktualisierungsprozesse verfügen alle Teilnehmer jeweils über den neuesten Stand der Datenbank. Über die Neuaufnahme und Anordnung der Daten einigen sich die Teilnehmer des dezentralen Netzwerks über verschiedene Konsensverfahren. Das Gegenstück dazu ist eine zentrale Datenbank, wie sie Unternehmen oder Organisationen verwenden. Hier kann nur eine zentrale Instanz Einträge in die Datenbank vornehmen.

Distributed Ledgers können weiter nach der Zugangsberechtigung unterschieden werden:[3]

- *Unpermissioned*: Der Zugang ist ähnlich wie beim Internet für jedermann offen, wie zum Beispiel die Blockchain im Bitcoin-Netzwerk. Bei diesen *öffentlichen Blockchains (Public Blockchains)* kann jeder mit einer Internetverbindung Beiträge zu der Blockchain leisten, mit ihr interagieren und eigene Knoten betreiben. Dadurch entsteht ein globales dezentrales Netzwerk aus unabhängigen Knoten. Die Teilnehmer an dem öffentlichen Netzwerk bleiben grundsätzlich anonym. Der Konsensus wird durch Konsensmechanismen wie Proof of Work oder Proof of Stake gefunden. Dadurch können Individuen weltweit untereinander sichere Transaktionen ohne die Einschaltung von Mittelsmännern wie Banken tätigen. Als Nachteile gelten längere Transaktionszeiten, höhere Kosten oder die Sichtbarkeit aller Transaktionen.
- *Permissioned*: Der Zugang zum Kontenbuch ist reguliert. Die Teilnehmer des Netzwerks sind meist registriert und daher bekannt und müssen für den Zugang bestimmte Voraussetzungen erfüllen. Bei diesen *privaten Blockchains (Private Blockchains)* wird die Vertrauensbasis bereits durch die Zulassung der Teilnehmer zum Netzwerk geschaffen. Der Betrieb von Knoten in einer privaten Blockchain ist auf diese zugelassenen Teilnehmer beschränkt. Der Konsens der privaten Blockchains wird durch Abstimmung der zentralen Verantwortlichen gebildet. Die vielleicht bekannteste private Blockchain ist Ripple. Die Vorteile sind eine viel größere Skalierbarkeit und schnellere Transaktionszeiten bei geringeren Kosten. Sie gelten aber als anfälliger für Betrug und für Attacken auf das Netzwerk, da es durch die Zentralisierung einen Single Point of Attack gibt.
- *Federated*: Bei den *federated Blockchains (Consortium Blockchains)* gibt es viele Ähnlichkeiten zu den Private Blockchains. Durch die viel größere Zahl der Teilnehmer wird das System aber dezentralisierter. Da sie von mehreren autorisierten Entitäten[4] verwaltet werden, gelten sie wegen des fehlenden Single Point of Attack auch als sicherer. Da alle Nodes des Netzwerks bekannt sind, verringert sich auch das Risiko von Betrug. Der geringe Energieverbrauch minimiert die Wahrscheinlichkeit, von staatlichen Regulierungen betroffen zu werden.
- *Hybrid*: Die *hybriden Blockchains (Hybrid Blockchains)* kombinieren Merkmale von öffentlichen und privaten Blockchains und werden von einer zentralen Entität verwaltet.

Jede Blockchain ist ein Distributed Ledger, aber nicht jeder Distributed Ledger ist eine Blockchain, da die Einträge nicht unbedingt in einer Kette von Blöcken abgebildet werden müssen. Neben anderen Ansätzen sind auch Tangle und Hashgraph Ausprägungen der DLT. Diese anderen Ansätze wollen das wesentliche Problem der Skalierbarkeit bei Blockchains lösen. Denn mit zunehmender Zahl der zu verarbeitenden Transaktionen kann die Verarbeitungsgeschwindigkeit bei den Blockchains zu langsam werden.

Ein **Tangle** (Wirrwarr) ist wie die Blockchain ein Peer-to-Peer-Netzwerk und wird ebenfalls von gleichberechtigten Akteuren betrieben. So erfasst IOTA die Transaktionen statt in einer Blockchain in einem direktionalen azyklischen Graphen (DAG). Das Tangle wächst nicht wie die Blockchain in eine Richtung. Es ist ein Gewirr aus Knoten. Das Knotennetz wächst mit jeder Transaktion, wodurch die Skalierbarkeit theoretisch nach oben offen ist. Jede neue Transaktion überprüft zwei vorhandene, die per Algorithmus zufällig ausgewählt werden. Voraussetzung für eine Bestätigung ist, dass genügend Token vorhanden sind und die Transaktion vom rechtmäßigen Besitzer signiert wird. Das Netzwerk wird theoretisch mit jeder Transaktion sicherer, da jede Transaktion für zwei bereits validierte Transaktionen steht. Beim Tangle kommen aber Zweifel an der Autonomie auf, da es zumindest bei der ersten Transaktion (Genesis) eines Koordinators bedarf.

Auch Netzwerke mit der Nutzung von **Hashgraph** haben nicht die gleichen Skalierungsprobleme wie Blockchains. Sie basieren ebenfalls auf gerichteten azyklischen Graphen. Die erzeugten Datenstrukturen und -flüsse können niemals in frühere Zustände versetzt werden und das Netzwerk ist sehr schnell und sicher. Verwendet wird dieses Konzept von Hedera Hashgraph.

Die **Blockchain** ist die *am meisten verbreitete Ausprägung eines Distributed Ledger*. Sie zeichnet sich dadurch aus, dass die Einträge in der dezentralen Datenbank in Blöcken zusammengefasst sind. Der erste Block einer Blockchain heißt Genesis-Block. Bei der Auslösung einer *Transaktion* wird diese von den Transaktionsparteien kryptografisch signiert. Anschließend muss das Netzwerk überprüfen und bestätigen, dass genügend Mittel für die Ausführung der Transaktion zur Verfügung stehen (*Verifikation*). Neue Transaktionen oder auch andere Daten werden in Blöcken zusammengefasst und nach Verifikation an die Kette von bereits verifizierten Blöcken angehängt. Jede bestätigte Transaktion erhält dann einen *Zeitstempel* und wird dadurch unveränderbar. Wie bei allen Distributed Ledgers liegen die Informationen im Netzwerk auf einer Vielzahl von Rechnern *gespiegelt* vor und werden dort gespeichert. Dadurch wird die gesamte Transaktionshistorie einer dezentralen Community vollständig, unveränderlich, transparent und immer aktuell auf der Blockchain abgebildet. Eigentumsverhältnisse werden in einer blockchainbasierten Datenbank durch kryptografische Methoden abgebildet und gesichert. Letztlich garantiert die Blockchain technisch hergestelltes Vertrauen.

Wesentliche Eigenschaften der Blockchain mit ihren disruptiven Auswirkungen sind:

- Größtmögliche Transparenz – jeder kann Einblick in die gesamte Transaktionshistorie nehmen. Das System ist damit fälschungs- und manipulationssicher.
- Ausschaltung von Intermediären bei Transaktionen – dies führt zu erheblichen Effizienzgewinnen und Kosteneinsparungen.
- Idealtypisch gibt es keine Kontrolle einer übergeordneten Instanz.
- Sehr schnelle Transaktionen durch hohen Grad an Automatisierung.

Die Blockchains sind zwar *von ihrer Technologie her dezentral.* Allerdings stecken meist ein *Unternehmen oder eine Organisation hinter dem Projekt* und geben dem ganzen Konstrukt deshalb auch eine *zentrale Note.* Beim Bitcoin ist das nicht der Fall. Er ist deshalb ein Paradebeispiel einer wirklich dezentralen Kryptowährung.

Die **Infrastruktur der Bitcoin-Blockchain** besteht aus:

- allen Nutzern mit ihren Wallets.
- den unterschiedlichen Benutzeroberflächen der Nutzer (*User Interfaces*), also die Schnittstellen, mit denen der Nutzer Befehle und Daten in den Computer eingibt. Sie werden von dem Betriebssystem des Computers und den Anwendungsprogrammen bereitgestellt.
- den Minern: Deren Aufgabe ist es, Transaktionen zu Blöcken zusammenzufassen und diese an die Blockchain anzuhängen.
- den Nodes: Diese halten das Netzwerk aufrecht und verwalten den Transaktionsverkehr. Sie garantieren, dass alle Transaktionen regelkonform sind.

4.2 Kryptografie, Hash-Funktionen und Difficulty

Mittels **Kryptografie** werden Informationen so verschlüsselt, dass nur der vorgesehene Empfänger diese Informationen entschlüsseln und damit lesen und für den beabsichtigten Zweck nutzen kann. Die kryptografischen Methoden bedienen sich komplexer mathematischer Verfahren. Die Transaktionen auf der Blockchain wie die Ein- und Auszahlungen müssen kryptografisch **verifiziert** sein. So wird sichergestellt, dass der Versender einer bestimmten Menge einer Kryptowährung diese auch tatsächlich besitzt, und damit die Gefahr eines Double Spending vermieden. Ein **Double Spending** läge vor, wenn man eine bestimmte Menge an Coins mehr als einmal ausgeben könnte. So wenig, wie das für Geldscheine möglich ist, soll dies auch bei Kryptowährungen der Fall sein. Da Double Spending mittels Blockchain erstmals automatisiert verhindert werden kann, ist diese als sichere Basis für Währungssysteme geeignet. Die Kryptografie bestimmt auch die Art und Weise, wie die Transaktionen in die Blockchain eingefügt werden. Dabei werden Gruppen von Transaktionen in Blöcken (Blocks) zusammengefasst, die dann miteinander verkettet (chained) werden, womit sich auch der Begriff Blockchain erschließt.

Wesentlicher Bestandteil moderner Kryptografie sind **Hash-Funktionen**. Der englische Begriff „to hash" beschreibt ganz gut Zweck und Funktion der Hash-Funktionen: Informationen werden zerhackt und in einer anderen Form abgebildet, die dann als **Hash-Wert oder Hash** bezeichnet wird. Dabei wird eine beliebig große Datenmenge (die Schlüssel) auf einer kleineren Zielmenge (den Hash-Werten) abgebildet. Hash-Werte werden mit Fingerabdrücken verglichen, da sie eine nahezu eindeutige Kennzeichnung einer größeren Datenmenge ermöglichen. Für eine bestimmte Eingabe liefert eine Hash-Funktion immer das gleiche Ergebnis. Die Hash-Funktion ist also deterministisch. Wird die Eingabe nur geringfügig verändert, ist der Hash als Ergebnis völlig anders. Die Hash-Funktion ist aber nicht invertierbar. Trotz bekannter eingesetzter Hash-Funktion ist es deshalb nicht möglich, vom berechneten Hash-Wert wieder zurück auf den Ursprungswert (die ursprünglich eingegebenen Daten) zu rechnen. Aus den Schlüsseln lassen sich einfach die Hash-Werte berechnen. Es ist aber unmöglich, aus den Hash-Werten die zugehörigen Schlüssel zu berechnen.

Die **Umwandlung der Transaktionen eines Blocks in Hashes** übernehmen die Miner. Der Block wird über die Hash-Funktion in etwas viel Kürzeres umgewandelt, nämlich eine Aneinanderreihung von Buchstaben und Zahlen. Dieser Hash wird am Ende des jeweiligen Blocks der Blockchain aufbewahrt. Um diesen Hash zu erzeugen, nutzen die Miner neben den Transaktionsdaten des aktuellen Blocks auch den Hash des vorhergehenden Blocks der Blockchain. Wollte jemand versuchen, eine Transaktion zu manipulieren, müsste er den bereits in der Blockchain befindlichen Block und dessen Hash ebenfalls verändern. Dies ist aber wegen der Nicht-Invertierbarkeit der Hash-Funktion nicht möglich. Bei der Überprüfung der Echtheit des Blocks mit der Hash-Funktion würde der Block sofort als Fälschung auffallen und dann abgelehnt.

Über Hash-Funktionen sind Verschlüsselungen und digitale Signaturen möglich. Sie sind integraler Bestandteil für die sichere Kommunikation auch in unsicheren Kanälen wie dem Internet. Sie überprüfen die verschlüsselten Daten auf Integrität, also ihre Vollständigkeit und richtige Reihenfolge. Die bekanntesten kryptografischen Hash-Funktionen sind SHA-256, die beim Bitcoin-Mining eingesetzt wird, und SHA-3, die ein wesentlicher Bestandteil des Proof-of-Work-Algorithmus Ethash von Ethereum ist und auch unter dem Namen Keccak bekannt ist. SHA steht dabei für Secure Hash Algorithm und bildet eine Familie von Hash-Algorithmen. Eine beliebige Datenmenge wird dabei auf einen Hash-Wert mit einer festen Länge reduziert. Der Unterschied der verschiedenen SHAs liegt vor allem in der Länge der resultierenden Hashes, die in Bit angegeben wird.

Eine **Kollision bei einer Hash-Funktion** bedeutet, dass zwei unterschiedliche Inputs denselben Output erzeugen. Die Zahl der durch Hash-Funktionen erzeugbaren Outputs ist zwar unvorstellbar groß, aber trotzdem endlich. Dagegen ist die Zahl der möglichen Inputs unendlich. Eine Kollision ist zwar äußerst unwahrscheinlich, aber nicht ausgeschlossen. Wurde bei einer Hash-Funktion eine Kollision bewiesen, gilt sie nicht mehr als sicher und muss von einer anderen Hash-Funktion abgelöst werden, bei der es noch keine Kollisionen gab.

Die **Hash-Rate** oder **Hash Power** gibt die Geschwindigkeit an, mit der die Hash-Funktion läuft, also die komplexen Rechenoperationen bei der Erschließung eines neuen Blocks durchgeführt werden. Diese Bezeichnung bezieht sich sowohl auf die Leistungsfähigkeit des Computers wie die Geschwindigkeit bei der Datenverarbeitung im Blockchain-Netzwerk. Die Hash-Rate im Netzwerk ist die Geschwindigkeit aller Computer im Netzwerk zusammengerechnet. Gemessen wird die Hash-Rate in Hashes pro Sekunde (H/s). Ein Terahash pro Sekunde (1 TH/s) sind eine Billion Hashes pro Sekunde. Dabei sehen die Protokolle der Kryptowährungen meist bestimmte Zeiten für das Hashing eines neuen Blocks vor.

Grundsätzlich ist es sehr einfach, aus einer beliebigen Datensammlung einen Hash zu erzeugen. Von daher muss eine zusätzliche Bedingung dafür sorgen, dass nicht alle Bitcoin innerhalb von ein paar Stunden oder Tagen geschürft werden können. Deshalb wird im Protokoll regelmäßig auch der **Schwierigkeitsgrad (Difficulty)** bei der Lösung der mathematischen Aufgabe zur Erschließung eines neuen Blocks festgelegt. Außerdem wird in die Protokolle eine *Korrelation zwischen Hash-Rate und Difficulty integriert*, um so die gewünschte Blockerkennungszeit von zehn Minuten beim Bitcoin zu erreichen. Denn wenn sich viele neue Miner dem Netzwerk anschließen, würde sich die Hash Power deutlich erhöhen und neue Blöcke könnten bei gleichbleibender Difficulty schneller als vorgesehen gemint werden. Bei steigender Hash-Rate und dadurch weniger als zehn Minuten betragender Blockerkennungszeit wird deshalb die Schwierigkeit zum Erschließen eines neuen Blocks erhöht. Umgekehrt wird sie bei fallender Hash-Rate vermindert. Durch diesen Effekt wird eine gleichbleibende durchschnittliche Mining-Zeit von etwa zehn Minuten erzielt. Allerdings schwankt die Zeit und bewegt sich meist in einem Spektrum zwischen acht und zwölf Minuten. Diese Schwankungen sind auch der Grund dafür, dass die zukünftigen Halving-Termine nicht ganz genau bekannt sind. Das *Bitcoin-Netzwerk passt alle 2.016 Blöcke die Difficulty an* und gewährleistet so einen ziemlich konstanten Output.

Die Hash-Rate ist seit dem Start von Bitcoin unaufhörlich gestiegen. Noch 2010 lag sie unter 0,01 TH/s. Im Folgejahr wurde dann bereits 1 TH/s (10^{12} Hashes pro Sekunde) überschritten, im Jahr 2016 1 EH/s (10^{18} Hashes pro Sekunde). Im Sommer 2023 lag sie um 400 EH/s. Einen großen Einbruch gab es nach den chinesischen Mining-Verboten von über 180 Millionen EH/s im Mai 2021 auf 70 Millionen EH/s im Juli 2021. Die Robustheit und Flexibilität des Bitcoin-Netzwerks zeigt sich auch daran, dass bereits ein halbes Jahr später die Hash-Rate neue Höchststände erreicht hat. Der Anstieg der Difficulty verläuft synchron, aber zeitversetzt etwas später. Bei einer Blockzeit von zehn Minuten und einer Anpassung des Netzwerks alle 2.016 Blöcke wird die Difficulty etwa alle 14 Tage angepasst. Zum Bitcoin-Start im Jahr 2009 schwankten die Blockerkennungszeiten viel stärker und betrugen bis zu 360 Minuten. Ab 2010 pendelte sich dieser Prozess dann auf die gewünschten zehn Minuten ein.

Miner müssen die Daten verändern, um einen Hash zu erzeugen, ohne dabei an den im Block enthaltenen Transaktionen etwas zu ändern. Dies erfolgt durch die Nutzung eines zusätzlichen Datensatzes, der **Nonce (number used once)** genannt wird. Der Nonce wird zusammen mit der Transaktion zur Erzeugung des Hashes verwendet. Hat der Hash nicht das verlangte Format, muss deshalb der Nonce so lange geändert werden, bis der Hash das gewünschte Format hat. Dazu sind sehr viele Versuche notwendig.

4.3 Governance

Mit **Governance** wird allgemein die Ordnung bei der Leitung und Überwachung von Unternehmen oder Organisationen bezeichnet. Das sind meist Richtlinien und Handlungsempfehlungen für die ausführenden Organe, die dem Wohle aller relevanten Anspruchsgruppen (Stakeholder) dienen sollen. Hauptziele sind die möglichst effiziente Erfüllung der Nutzerbedürfnisse im Rahmen der verfügbaren Ressourcen sowie die langfristige Nachhaltigkeit der Struktur. Es gibt grundsätzlich die *direkte Governance*, bei der jeder Teilnehmer über jede Entscheidung abstimmen kann, und die *repräsentative Governance*, bei der alle Benutzer ihre Vertreter wählen, die bei Entscheidungen für die Gesamtheit der Nutzer abstimmen. Beide Systeme haben bekanntlich Vor- und Nachteile.

Unter der **Blockchain Governance** versteht man die *Mechanismen, mit denen sich eine Blockchain an sich ändernde Zeiten und Anforderungen anpasst*. Nur so können solche dezentralen Netzwerke sich weiterentwickeln und wettbewerbsfähig bleiben. Diese Blockchain Governance betrifft meist **vier zentrale Gruppen**, deren Bedeutung und Einflussnahme aber je nach Blockchain variieren kann:

- Die *Kernentwickler*: Sie sind verantwortlich für den Hauptcode der Blockchain. Sie können Code ergänzen und entfernen und ihn damit ändern. Allerdings können sie ihn nicht eigenmächtig im Netzwerk durchsetzen.

- Die *Knotenoperatoren*: Diese haben immer eine komplette Kopie des Blockchain-Ledgers auf ihren Computern und können entscheiden, ob Änderungen der Entwickler auf ihren Knoten implementiert werden sollen oder nicht.
- Das *Blockchain-Team*: Dabei kann es sich um eine Firma oder eine Non-Profit-Organisation wie eine Stiftung handeln. Sie steuern im Wesentlichen die Projektentwicklung und bestimmen über die Verwendung der durch den Token-Verkauf eingenommenen Gelder.
- Die *Token-Halter*: Das ist die Gesamtheit der Personen oder Entitäten, die den jeweiligen Blockchain-Token halten. Sie haben je nach Blockchain unterschiedliche Stimmrechte. Die Token-Halter können die Kryptos zu Investitionszwecken halten oder um die zugrunde liegende Blockchain-Infrastruktur zu nutzen.

Dezentralisierte Netzwerke sind normalerweise konsensgetrieben und ermöglichen den Teilnehmern eine aktive Teilhabe an den Entscheidungsprozessen im Netzwerk. Meist gibt es aber eine Kerngruppe mit starkem Einfluss auf die Entwicklung des Netzwerks.[5] Problematisch bei der Blockchain Governance ist dabei, dass ein solcher zentraler Einfluss für Außenstehende selten offensichtlich ist. Trotz dieses zentralen Elements gibt es aber keine klare **Betreiberverantwortung**, wie man das von zentralen Netzwerken kennt.

Je nach Ort, an dem die Entscheidungsprozesse ablaufen, unterscheidet man in:

On-Chain Blockchain Governance: Diese Methode zur Verwaltung und Implementierung von Änderungen in Blockchains findet direkt über das Blockchain-Protokoll statt. Die Entscheidungsprozesse und vorgeschlagenen Änderungen müssen direkt in den Netzwerkcode eingebettet sein. Diese Art von Governance ermächtigt die Projektentwickler oder Knoten-Controller, die treibende Kraft bei den Entscheidungen zu sein.

Off-Chain Governance: Diese Art von Governance ähnelt der traditionellen und ist leichter zu greifen. Der Ansatz ist viel zentralisierter und die Entscheidungsgewalt konzentriert sich auf wenige Ausgewählte, oft Community Leaders, Kernentwickler oder große Mining-Firmen. Die Entscheidungsprozesse laufen außerhalb der Blockchain oder des Codes ab. Erst nach einer Entscheidung werden die Auswirkungen in eine On-Chain-Aktion überführt, wie zum Beispiel eine Soft Fork oder eine Investment-Allokation.

4.4 Nodes und Masternodes

Unter einem **Node (Knotenpunkt)** versteht man einen *Computer, der mit anderen Computern im Netzwerk verbunden ist, Regeln befolgt und Informationen teilt.*[6] Nodes sind für das Betreiben eines dezentral organisierten Peer-to-Peer-Netzwerks notwendig. Das Bitcoin-Netzwerk besteht aus vielen Rechnern weltweit mit installierter Bitcoin-Software, die die gesamte Bitcoin-Blockchain enthält.

Die Nodes können weiter unterschieden werden in:

- **User (Light Nodes)**: Darunter versteht man normale Nutzer, die in dem dezentralen Netzwerk meist nur Zahlungen leisten oder empfangen wollen. Deswegen werden sie auch SPV-Nodes genannt (Simple Payment Verification). Die Light Nodes speichern nicht die gesamte Blockchain auf dem Computer und sind nicht Teil der Konsensfindung, sondern fragen nur den aktuellen Status ab. Bei einer gewünschten Zahlung schickt der Light Node (Nutzer) den Transaktionswunsch an Nodes und Miner. Diese leiten die Informationen weiter und sorgen so für den Konsens. Dafür zahlt der Nutzer eine Mining-Gebühr.
- **Nodes (Full Nodes)**: Die Full Nodes sind für das Netzwerk und dessen Sicherheit unerlässlich. Sie sind am Prozess der Überprüfung von Transaktionen und Blocks gemäß den Konsensregeln beteiligt und werden deshalb auch als voll validierende Knoten bezeichnet. Full Nodes speichern die gesamte Blockchain und erzeugen durch Mining neue Hash-Blöcke. Sie erhalten Informationen von anderen Nodes und Nutzern, überprüfen diese und leiten sie weiter. Sie bestätigen Transaktionen und Blöcke und lehnen ungültige ab. Je mehr Full Nodes in einem Netzwerk sind, desto sicherer ist das System und desto schwieriger ist ein Angriff auf dieses Netzwerk.
- **Masternodes**: Ein Masternode ist ein Knoten im Netzwerk mit mehr Rechten als andere Knoten. Zur Ausübung dieser Rechte müssen Pflichten erfüllt werden, für die es Belohnungen gibt. Für das Betreiben eines Masternodes ist gleichzeitig eine Mindest- und Maximalanzahl von Coins nötig und der Betrieb des Nodes muss 24/7 online aufrechterhalten werden, zum Beispiel durch einen Virtual Private Server (VPS). Es kann auch beim PoW-System Masternodes geben, beispielsweise bei Dash. Je nach Plattform kann die Definition und der Anwendungsbereich unterschiedlich ausfallen.

Hauptaufgabe der Nodes ist das Verhindern von Double Spending, also der doppelten Ausgabe bereits anderweitig ausgegebener Coins. Einzelne Nodes können zwar durch eine Cyberattacke lahmgelegt werden, nicht aber das gesamte Netzwerk. Es gibt in einem dezentralen Netzwerk wie beim Bitcoin also keinen Single Point of Failure. Durch das erfolgreiche Lahmlegen eines oder auch mehrerer Knotenpunkte bleibt das Netzwerk weiter intakt. Bei einem klassischen Client-Server-Modell mit einem zentralen Webserver könnten Hacker dagegen durch eine DDoS-Attacke das gesamte System lahmlegen.

Bei einem **Client-Server-Modell** haben die Clients und Server unterschiedliche Rechte. Die Dienste im Netzwerk werden von Servern bereitgestellt und können von den Clients genutzt werden. Typische Anwendungen sind der Zugriff auf Webseiten oder die Abwicklung von E-Mails. Dagegen sind in einem **Peer-to-Peer-Netz** die Teilnehmer (Computer) gleichberechtigt bei der Inanspruchnahme und Zurverfügungstellung von Diensten. Die beteiligten Kommunikationspartner werden Peers genannt. Sie kommunizieren direkt miteinander und können Transaktionen ohne die Hilfe einer Zwischen-instanz durchführen. Das Peer-to-Peer-Netzwerk hat eine dezentrale Struktur und organisiert sich selbst.

Cloudbasierte Node-Services werden für eine wachsende Zentralisierung verantwortlich gemacht. Diese wachsende Zentralisierung wiederum gilt als potenzielle Gefahr für das Netzwerk. Denn große Akteure könnten versuchen, es zu übernehmen oder teilweise lahmzulegen. Diese Diskussionen verstärkten sich im Zusammenhang mit dem Merge von Ethereum. Bei der größten Smart-Contract-Plattform laufen zwei Drittel des Netzwerks über große Hosting-Anbieter und nur ein Drittel der Nodes werden von Privatpersonen betrieben.

Der große Cloud-Anbieter Hetzner Online hat den Betrieb von Blockchain Nodes als Verstoß gegen seine allgemeinen Geschäftsbedingungen verboten. Ein Großteil der Nodes läuft über drei große Cloud-Anbieter: Amazon Web Services, Hetzner Online und OVH. So hat Hetzner alle Solana-Transaktionen auf seinen Servern blockiert.

4.5 Gefahr durch 51-Prozent-Attacke

Die 51-Prozent-Attacke wird auch Mehrheitsattacke genannt. **Voraussetzung** für eine solche Attacke ist, dass ein Angreifer oder eine Gruppe von Angreifern die Kontrolle über mindestens 51 Prozent der Rechenleistung in einem Proof-of-Work-basierten Netzwerk erlangt.[7] Je größer dabei der Anteil an der Rechenleistung aller minenden Computer ist, desto sicherer gelingt die Attacke. Dabei könnte der Angreifer zunächst den zuletzt generierten Block angreifen oder auflösen. Würde dieser erfolgreich angegriffen, könnte anschließend der vorherige Block attackiert werden. Dabei wird der Angriff immer schwieriger und damit teurer, je mehr Blöcke der Angreifer auflösen will. Eine Manipulation des gesamten Netzwerks ist auch bei einem solchen Angriff nicht möglich.

Mit der Mehrheit bei der Hash-Rate des Netzwerks könnte der Angreifer **Double Spendings** tätigen, also doppelte Ausgaben der gleichen Einheiten einer Währung, Transaktionen rückgängig machen oder zensieren. Insbesondere die Möglichkeit eines Double Spendings würde eine Kryptowährung wie Bitcoin entwerten. Denn diese basiert gerade auf der absoluten Knappheit des Geldes. Mit Bitcoin wurde das Prinzip der digitalen Knappheit erfunden. Während normale digitale Objekte beim Versenden letztlich nur kopiert werden und beim Absender verbleiben, erlischt beim Versenden von Bitcoin der Besitz beim Absender. Könnte eine Person dasselbe Geld mehrfach ausgeben, wäre dieser entscheidende Werterhaltungsfaktor konterkariert. Die Möglichkeit eines Double Spendings wäre für einen Angreifer wirtschaftlich am interessantesten. Ein Angreifer könnte dann im Extremfall Transaktionen generieren, ohne über die entsprechende Menge an Coins zu verfügen. Außerdem könnte er Transaktionen anderer Teilnehmer verhindern, indem sie nicht bestätigt werden, sowie bestätigte und damit eigentlich unabänderliche Transaktionen doch noch im Nachhinein revidieren.

Trotzdem bleiben selbst bei einer erfolgreichen 51-Prozent-Attacke die Möglichkeiten eines Angreifers begrenzt. Selbst mit 100 Prozent der Hash-Rate können die Regeln im Netzwerk nicht geändert werden. Der Mehrheits-Miner kann sich nicht plötzlich 1.000 Bitcoin pro gemintem Block zuschreiben lassen statt der aktuell 6,25 Bitcoin. Natürlich ist damit auch kein Zugriff auf die Kryptobestände von anderen Teilnehmern im Netzwerk möglich. Durch die Transparenz im Netzwerk würde ein Double Spending schnell auffallen. Die anderen Teilnehmer im Netzwerk könnten dann aktive Maßnahmen gegen den Angriff einleiten und den ersten bösartig veränderten Block für ungültig erklären. Dadurch wären automatisch auch die folgenden Blöcke ungültig. Ökonomisch macht ein derartiger Angriff wegen der enormen Kosten vor allem für Energie für den Angreifer keinen Sinn. Von daher wäre ein Angriff nur wegen andersartig gelagerter Interessen vorstellbar. So könnte ein Staat aus machtpolitischen Motiven den Sinn des Netzwerks dadurch zerstören wollen oder ein anderes Kryptoprojekt die Kontrolle über den Konkurrenten zu erlangen versuchen. Aber selbst für diese äußerst unwahrscheinlichen Fälle gäbe es dann immer noch die Notlösung einer Hard Fork.

Das Aufbrechen der dezentralen Struktur wäre letztlich für alle Teilnehmer nachteilig. Der Angreifer müsste gewaltige Mittel zum Einsatz bringen, um die Kontrolle zu übernehmen. Er würde dadurch erhebliche Verluste erleiden. Außerdem wäre ein solches Vorgehen aufgrund der Transparenz des Netzwerks nicht unbemerkt möglich. Im Bitcoin-Netzwerk gab es noch keine 51-Prozent-Attacke. Durch die Größe des Netzwerks wäre der nötige Einsatz an Energie riesig und der Angriff unverhältnismäßig teuer. Kleinere Kryptowährungen sind dagegen durchaus gefährdet, auch wenn ein Großteil dieser Angriffe fehlschlägt. So gab es bei kleineren Altcoins mit Proof-of-Work-Konsensmechanismus in der Vergangenheit schon derartige Attacken.

Dies war 2018 bei Verge und ZENcash (heute HoriZEN) zu beobachten. Bei Letzteren musste die Blockchain mehrmals reorganisiert werden (Chain-Reorg). Dem Angreifer gelang es, bei geschätzten Kosten von 30.000 Dollar das Netzwerk um mehr als eine halbe Million Dollar zu betrügen. Bitcoin Gold wurde nach 2018 auch 2020 Opfer einer 51-Prozent-Attacke, wobei es ein Double Spending im Wert von 72.000 Dollar gab. Auch Ethereum Classic (ETC) war 2020 mehrfach von einer 51-Prozent-Attacke betroffen.[8] Bei einer Attacke soll der Angreifer dabei über 800.000 ETC mit einem damaligen Gegenwert von 5,6 Millionen Dollar entwendet haben. Der Aufwand des Angriffs durch Kauf und Miete von Hash-Leistung war dabei nur rund 200.000 Dollar. Nach Schätzungen von Experten würde ein derartiger Angriff auf das Bitcoin-Netzwerk Kosten im zweistelligen Milliardenbereich verursachen. Möglich sind diese Attacken durch die niedrige Hash-Rate aber in kleineren Netzwerken und durch neue Dienste, bei denen man genügend Rechenleistung und damit Hash-Rate mieten kann.

Da große Mining-Pools beträchtliche Teile der Rechenleistung eines Netzwerks bereitstellen, kann trotzdem eine 51-Prozent-Attacke auf den Bitcoin nicht als völlig hypothetisch verworfen werden. So hatten die chinesischen Miner vor den Mining-Verboten in China eine Art Monopolstellung. Aber auch bei der damaligen klaren Monopolstellung von China bestand keine Gefahr eines längeren Angriffs, da das Bitcoin-Netzwerk damals schon zu groß für eine unbemerkte Machtübernahme war. Außerdem würde im schlimmsten Fall die Abwicklung von Transaktionen auf dem Netzwerk verhindert werden. Um dieses Gefahrenpotenzial am Markt generell zu minimieren, legen seriöse Mining-Pools Obergrenzen fest, welchen Anteil an der gesamten Rechenleistung des Netzwerks sie maximal erreichen dürfen.

Trotzdem sollte es das Bestreben von dezentralen Assets sein, möglichst viele dezentrale Miner oder Validatoren zu haben.[9] Denn wenn ein Großteil der Hash-Rate von einer einzelnen Entität oder einem Oligopol dargestellt wird, ist die Gefahr von Manipulationen potenziell vorhanden. Ein Maß zur Messung der Dezentralisierung bietet der Herfindahl-Hirschman-Index (HHI). Diese Kennzahl zur Messung von Wettbewerb und Marktkonzentration wird bei der Prüfung von Fusionen und Übernahmen verwendet. Dabei wird der prozentuale Marktanteil jeder Entität quadriert, alle Quadratzahlen dann addiert und schließlich mit 10.000 multipliziert. Bei einem Wert unter 1.500 handelt es sich um einen wettbewerbsfähigen Markt, bei Werten zwischen 1.500 und 2.500 um einen mäßig konzentrierten Markt und bei Werten über 2.500 um eine hohe Marktkonzentration. Dezentrale Blockchain-Netzwerke sollten naturgemäß möglichst Wettbewerbsmärkte sein, keinesfalls ein hoch konzentrierter Markt. Auch könnte eine Konzentration der Miner in einem bestimmten Land bedenklich sein. Denn dann könnte das Netzwerk letztlich der Willkür der Regierung dieses Landes ausgeliefert sein.

4.6 Proof of …: Konsensfindung in dezentralen Netzen

4.6.1 Notwendigkeit einer Konsensfindung

Das **Protokoll** eines Blockchain-Netzwerks definiert, wie das System funktionieren soll und was die Regeln sind. Beim Bitcoin-Protokoll wird festgelegt, wie die Knoten interagieren und die Daten zwischen ihnen übertragen werden sollen und welche Voraussetzungen für eine erfolgreiche Blockvalidierung notwendig sind. Alle Teilnehmer des Netzwerks und die verschiedenen Teile des Systems selbst müssen die im Protokoll festgelegten Regeln befolgen, um die vom Protokoll gewünschten Ergebnisse zu erzielen. Vom Protokoll zu unterschieden ist der **Algorithmus** als der Mechanismus, der zur Befolgung dieser Regeln führt. Der Algorithmus gibt dem System vor, welche Schritte zur Einhaltung der Regeln zu unternehmen sind. So sind zum Beispiel Bitcoin und Ethereum Protokolle, der Proof of Work oder der Proof of Stake sind dagegen Algorithmen.

Der **Konsensalgorithmus** stellt die Einhaltung der Protokollregeln sicher und bestimmt bei einer Blockchain die Gültigkeit von Transaktionen und Blöcken. Er überprüft die Salden und Signaturen, bestätigt die Transaktionen und validiert die Blöcke und führt so zu einer Einigung über den Status des Netzwerks. Es wird dadurch also eine Übereinstimmung aller Parteien (Konsens) erzielt, was in dem dezentralen System passiert und deshalb wahr ist.

Ein digitales und dezentrales Kassenbuch wie beim Bitcoin braucht einen stabilen Konsensmechanismus, um ausreichend Sicherheit zu bieten und Double Spending auszuschließen. Die Konsensmechanismen sind gewissermaßen das Herzstück von dezentralen Kryptowährungen. Dadurch haben alle Netzwerkteilnehmer immer den neuesten Stand der Besitzverhältnisse auf der Blockchain, ohne sich gegenseitig vertrauen oder eine zentrale Koordinationsstelle einsetzen zu müssen. Deshalb ist es so wichtig, dass der Konsensalgorithmus keine Programmfehler (Bugs) hat, denn diese würden das gesamte Projekt gefährden.

Es gibt eine Fülle von möglichen Konsensverfahren, wobei hier nur auf die beiden wichtigsten eingegangen werden soll.[10] Teilweise gibt es auch Hybridlösungen, die die Vorteile unterschiedlicher Systeme kombinieren. Das Konsensverfahren hat sehr starken Einfluss auf wesentliche Eigenschaften des Blockchain-Netzwerks wie Transaktionsgeschwindigkeit, Skalierbarkeit oder den Grad der Dezentralisierung.

4.6.2 Proof of Work (PoW)

Der Proof of Work (PoW) ist der erste entwickelte Konsensalgorithmus und wird beim Bitcoin und vielen anderen Kryptowährungen eingesetzt. Dabei sind die **Miner** die Validatoren und müssen komplexe Rechenaufgaben lösen, um Blöcke im Netzwerk zu finden und diese anschließend validieren zu können. Der Miner bekommt bei Erfolg einen Block Reward.[11] Mit dem PoW-Konsensalgorithmus wird sichergestellt, dass Miner nur dann einen Transaktionsblock validieren und in die Blockchain aufnehmen können, wenn die dezentralen Knoten einen Konsens erreichen und sich darauf einigen, dass der vom Miner bereitgestellte Blockhash ein gültiger Proof of Work ist.

Die Wahl von PoW als Konsensmechanismus für den Bitcoin durch Satoshi Nakamoto kann auch als Kritik am existierenden Geldsystem verstanden werden. Seit Währungen nicht mehr durch Werte wie Gold gedeckt sind, können Zentralbanken elektronisches Geld quasi umsonst und Banknoten mit vergleichsweise geringen Kosten im Vergleich zum Nennwert herstellen. Dagegen erfordern die im Rahmen des PoW-Verfahrens geschaffenen Bitcoin einen großen Aufwand, der allerdings immer wieder auch zum Vorwurf der Energieverschwendung führt. Grundsätzlich ist bei diesem Konsensmechanismus die Möglichkeit einer 51-Prozent-Attacke gegeben. Bei dem Bitcoin-Netzwerk wären wegen der Größe die Kosten eines solchen Angriffs aber enorm. Dagegen würden die Kosten bei kleineren PoW-Netzwerken wie Bitcoin Cash oder Litecoin nur einen sehr kleinen Bruchteil von denen bei Bitcoin betragen.

Das Problem des sehr hohen Energieverbrauchs hat den Bitcoin in jüngerer Vergangenheit verstärkt der Kritik ausgesetzt. Der PoW wurde von Satoshi Nakamoto im Jahr 2008 als geniale Idee für einen Konsensmechanismus beim Bitcoin implementiert. Zu dieser Zeit gab es zwar bereits intensive Diskussionen über zunehmende Umweltbelastungen und Klimawandel, die aber zuletzt immer stärker an Gewicht gewannen. Von daher erscheint das PoW-Verfahren tatsächlich eher aus der Zeit gefallen. Trotzdem sind Bestrebungen, PoW-getriebene Kryptowährungen zum Schutz der Umwelt zu verbieten, völlig überzogen.[12] Zwar ist der Proof-of-Stake-Mechanismus eine gute und weitverbreitete Alternative und verbraucht nur einen Bruchteil an Energie, gilt aber unter den Aspekten Sicherheit und Dezentralität als minderwertiger. PoW-Coins garantieren, dass diese hartes Geld bleiben und nicht von zentralisierten Instanzen korrumpiert werden, zumal der Stromverbrauch von Bitcoin mit 0,05 Prozent des weltweiten Stroms marginal bleibt und der Anteil am CO_2-Ausstoß rund 0,08 Prozent beträgt. Das mag zwar verbesserungswürdig sein, bleibt aber in Anbetracht des damit verbundenen Betriebs des größten dezentralen Geldnetzwerks der Welt verhältnismäßig. Denn auch der Betrieb des traditionellen Geldsystems hat in Gänze betrachtet einen erheblichen Energieverbrauch zur Folge.

4.6.3 Proof of Stake (PoS)

Der Konsensalgorithmus Proof of Stake (PoS) wurde 2011 entwickelt und soll Probleme des Proof-of-Work-Algorithmus lösen, zum Beispiel den sehr großen Energieverbrauch beim Mining. Anstelle der Miner sind hier die **Staker** die Validatoren, wobei ein Staker eine bestimmte Anzahl des Coins in seiner Wallet haben muss. Die Staker können ihre Coins dann sperren, wodurch ihnen das Protokoll des Blockchain-Netzwerks in bestimmten Abständen nach dem Zufallsprinzip das Recht zuweist, den nächsten Block zu validieren. Beim PoW nennt man den Validierungsvorgang Mining, beim PoS heißt er Minting oder Forging.

Statt eines **Arbeitsnachweises beim PoW** muss im Unterschied dazu **beim PoS ein Besitznachweis für die Coins** erbracht werden. Es wird ein Knoten (Node) als Validierer für den nächsten Block ausgewählt. Die Auswahl erfolgt durch einen pseudozufälligen Wahlprozess, bei dem neben einem Zufallsfaktor verschiedene Kriterien wie Staking-Alter und das Vermögen des Knotens eine Rolle spielen können. Der PoS beruht auf der Annahme, dass die validierenden Teilnehmer durch ihr Eigentum an dem zum Netzwerk übertragenen Wert (ihren Stake) einen sehr großen Anreiz besitzen, das System stabil zu halten und keine Manipulation zuzulassen. Betrügerische Aktionen wie eine 51-Prozent-Attacke sind auch in PoS-Systemen möglich. Dazu müsste der Betrüger aber die Mehrheit der zirkulierenden Coins erwerben. Dies ist sehr schwierig und teuer. Da im Protokoll vorgesehen ist, dass betrügerische Transaktionen mit dem Verlust des Staking-Einsatzes bestraft werden können, macht ein Betrugsversuch selbst dann keinen Sinn. Denn dazu müssten die Entlohnungen höher sein als sein Einsatz.

Beim PoW werden neue Coins im Rahmen des Minings geschaffen, um die Miner zu entlohnen, beim PoS meist Transaktionsgebühren als Belohnung verwendet. Dabei kann die Höhe der Ausschüttungen (**Staking Rewards**) je nach Blockchain sehr unterschiedlich sein. Die Protokolle von großen Blockchain-Netzwerken gewähren deutlich geringere Entlohnungen als weniger etablierte Blockchains. Neben anderen Faktoren sind die Staking Rewards auch von der Anzahl der Staking-Teilnehmer abhängig. Je größer die Anzahl der Staker, desto geringer werden die Staking Rewards sein. Kryptowährungen mit PoS beginnen häufig mit dem Verkauf von Coins, die bereits vorher gemint wurden (pre-mined Coins). Sie können auch mit dem PoW-Algorithmus beginnen und erst später zu PoS wechseln, wie das bei Ethereum durch den Merge der Fall war.

PoS wurde bereits 2013 bei Peercoin als Konsensmethode eingeführt. In der Folge wurden viele weitere PoS-Blockchains eingeführt, deren Konsensmechanismen weiterentwickelt wurden und die sich teilweise deutlich unterscheiden. Die bekannteste Variante ist der **Delegated Proof-of-Stake-Konsensmechanismus (DPoS)**. Die Benutzer bekommen proportional zur Anzahl ihrer gehaltenen Coins Stimmrechte zugewiesen, um eine Reihe von Delegierten zu wählen. Diese verwalten dann die Blockchain im Namen ihrer Wähler und gewährleisten Sicherheit und Konsens. Durch die geringere Anzahl validierender Nodes wird einerseits die Netzwerkleistung verbessert. Andererseits führt das aber auch zu einem geringeren Grad an Dezentralisierung. Denn die ausgewählte Gruppe validierender Nodes übernimmt den Betrieb und die gesamte Governance der Blockchain. Die Staking Rewards werden an die Delegierten ausgeschüttet, die davon dann einen Teil an ihre Wähler weiterverteilen.

4.6.4 Vor- und Nachteile von PoW und PoS

Die Vorteile von PoS gegenüber PoW:

- PoS-Systeme sind viel energie- und damit kosteneffizienter als PoW.
- Die Einstiegshürden sind geringer, da jeder im Besitz von ausreichend Coins die Teilnahmemöglichkeit erhält. Dagegen ist die Teilnahme am PoW-System wegen der teuren Hardware nur finanzstärkeren Investoren möglich. Beim PoW ist die Rechenkapazität (Hashing Power) für das Finden des Blocks entscheidend, beim PoS der Anteil der Coins.
- Wegen der deutlich größeren Skalierbarkeit können Transaktionen schneller bestätigt werden.

Die Nachteile von PoS gegenüber PoW:

- Während des Stakings sind die Coins oft weggesperrt (gelockt), man hat in dieser Zeit dann keinen Zugriff, kann also zum Beispiel nicht verkaufen. Von daher ist Staking insbesondere bei langfristig angelegten Investments geeignet.
- Eine größere Hacking-Gefahr resultiert aus dem 24/7 online zu erbringenden Besitznachweis. Die Coins sind in einer Hot Wallet sichtbar und daher eher angreifbar.
- Bei fehlerhafter Validierung oder wenn man nicht 24/7 online ist, gibt es einen Sanktionsmechanismus (Slashing). Dann wird ein Teil der gesperrten Coins nicht mehr zurückerstattet.
- Hohe Stake Rewards locken auch viele Scams an. Man sollte sich deshalb ausführlich mit dem Blockchain-Projekt befassen.
- Ein allgemeiner Kritikpunkt beim PoS ist eine Zementierung bestehender Machtverhältnisse. Wer viele Coins besitzt, hat viel größere Chancen, einen Block zu produzieren und mit dem Staking Reward belohnt zu werden. Auch der Einfluss bei Entscheidungen über die Weiterentwicklung des Protokolls ist entsprechend größer.

Der wesentliche Unterschied des PoW gegenüber dem PoS ist der große Energieaufwand. Dies wird in Anbetracht von Energieknappheit und -krise durchaus zu Recht kritisiert. Allerdings ist der PoW-Konsensmechanismus gerade das wesentliche Element, das den Bitcoin gegenüber Coins mit PoS auszeichnet. Neue Coins können nur durch Einsatz von Energie erzeugt werden, nicht durch den Besitz von Coins wie beim PoS. Beim PoS werden den Inhabern von Coins immer neue Coins zugeteilt, wodurch deren Stake tendenziell immer größer wird. Der Bitcoin-Miner muss dagegen immer wieder Energie einsetzen, um neue Coins zu erhalten. Diese Tatsache wird auch nicht dadurch entwertet, dass nur noch große Mining-Farmen profitabel Bitcoin schürfen können. Stellt eine Mining-Farm den Betrieb ein, erhält sie keine neuen Coins mehr. Im Zuge der sprunghaft gestiegenen Energiepreise bei gleichzeitig niedrigen Bitcoin-Kursen sind sogar etliche große Mining-Unternehmen in Konkurs gegangen. Dagegen bekommt der große Staker ständig weitere neue Coins ohne aktives Zutun. Von daher ist in Bezug auf den Energieverbrauch die Kardinalfrage, welcher (Energie-)Aufwand bei einem wirklich dezentralen Geldsystem wie dem Bitcoin gerechtfertigt ist. Abgesehen davon, dass die zentralen nationalen Geldsysteme global betrachtet deutlich mehr Energie verbrauchen, sind auch viele Gebrauchsgüter große Energieschlucker und verbrauchen oft weit mehr Energie als der Bitcoin. Trotzdem wird bei solchen oft leicht verzichtbaren Gütern nicht die Forderung von Verboten erhoben, wie das beim Bitcoin wegen des großen Energieverbrauchs immer wieder der Fall ist. Diese Inkonsequenz hat nicht nur, aber auch damit zu tun, dass für Regierungen und Zentralbanken generell ein unabhängiges und nicht manipulierbares Geldsystem außerhalb ihrer Reichweite ein Dorn im Auge ist.

4.7 Skalierbarkeit

Bei der **Skalierbarkeit** geht es um die *Fähigkeit eines Systems, mit einer steigenden Nachfrage zu wachsen*. Bei Blockchains geht es bei der Skalierbarkeit um die Fähigkeit, eine wachsende Zahl von Transaktionen verarbeiten zu können. In zentralen Systemen kann die Skalierbarkeit durch Aufrüstung der gesamten Computerleistung des Systems erhöht werden. Bei dezentralen Datenbanken wie dem Bitcoin ist dies nicht so einfach umzusetzen. Der Ethereum-Gründer Vitalik Buterin sieht ein **Skalierbarkeitstrilemma**. Die Protokolle müssen einen *Kompromiss zwischen Skalierbarkeit, Sicherheit und Dezentralisierung* finden. Eine stärkere Gewichtung von zwei Eigenschaften ist dann immer mit einer Beeinträchtigung der dritten Eigenschaft verbunden.

Die eigentliche Blockchain wie Bitcoin oder Ethereum bezeichnet man als **Layer-1**. Die Protokolle der Layer-1-Blockchains sind schwerfälliger im Hinblick auf Änderungen. Nimmt der Traffic auf der Blockchain stark zu, kommt es wegen des Skalierbarkeitstrilemmas zu Problemen in Bezug auf Transaktionsgeschwindigkeiten und -gebühren. Zu beobachten waren diese Schwierigkeiten vor dem Merge von Ethereum mit der Umstellung von Ethereum auf Ethereum 2.0. Layer-1-Lösungen zur Verbesserung der Skalierung können durch Sharding, verbesserte Algorithmen oder auch eine Heraufsetzung der Blockgröße erfolgen. Beim Sharding, das auch traditionelle Datenbanken anwenden, wird eine große Datenbank in kleinere Einheiten geteilt. Durch Sharding wird eine Blockchain deshalb in kleinere und flexiblere Blockchains aufgeteilt, wodurch dann mehr Transaktionen verarbeitet werden können. Aufgrund der größeren Schwierigkeiten auf der Layer-1-Ebene werden vielfach **Off-Chain-Skalierbarkeitslösungen** vorgeschlagen. Diese finden auf einem **Layer-2** statt, wodurch keine Änderung am Basiscode der eigentlichen Blockchain nötig ist. Layer-2 sind Blockchain-Protokolle, die auf einer Layer-1-Blockchain aufbauen. Das sind Ansätze, um Transaktionen außerhalb der eigentlichen Blockchain auszuführen. Die Transaktionen erscheinen dann nicht in der Mainchain. Beispiele für solche Lösungen sind Sidechains und Zahlungskanäle. Tendenziell könnte die Mainchain dann nur noch zur Abwicklung von hochwertigen Transaktionen, zum Ein- und Aushängen von Sidechains und zum Öffnen und Schließen von Zahlungskanälen verwendet werden.

Eine **Sidechain** ist eine separate Blockchain, die mit der Mainchain verbunden ist. Main- und Sidechain sind interoperabel, die Assets können hin und her übertragen werden. Sidechains sind nicht an die gleichen Regeln wie die Mainchain gebunden. Sie können jeden beliebigen Konsensmechanismus verwenden, beispielsweise auch nur einem einzelnen Validator vertrauen. Sinn dieser Maßnahmen ist eine schnellere Abwicklung von Transaktionen, als dies auf der Mainchain möglich wäre. Auf den Sidechains können dann unzählige Transaktionen stattfinden. Ihren Niederschlag auf der Mainchain finden diese nur beim Betreten und Verlassen der Sidechain.

Zahlungskanäle (State Channels) dienen zwar dem gleichen Zweck wie Sidechains, nämlich beschleunigten Transaktionen. Sie verschieben die Transaktionen ebenfalls von der Mainchain, benötigen aber keine separate Blockchain. Vielmehr verwenden sie Smart Contracts, um Transaktionen ohne Veröffentlichung auf der Blockchain durchzuführen. Auf dem Zahlungskanal können wieder wie auf einer Sidechain unzählige Transaktionen stattfinden. Auf der Mainchain finden sich dann aber nur zwei On-Chain-Transaktionen: eine anfängliche für die Finanzierung des Zahlungskanals und eine bei Beendigung, wenn die Salden des Kanals zurückfließen. Die Transaktionen auf dem Zahlungskanal sind kostenlos und werden sofort umgesetzt, denn es gibt keine Mining-Gebühren und kein Warten auf Blockbestätigungen. Sie sind dadurch für automatisierte Mikrozahlungen gut geeignet.

Das bekannteste Zahlungskanal-Modell ist das **Lightning Network**. Damit soll das Skalierungsproblem der Bitcoin-Blockchain gelöst werden, es ist aber auch auf andere Kryptowährungen anwendbar. Dabei zahlen zwei Parteien in eine Adresse ein, die sie gemeinsam besitzen, also eine *Multisignatur-Adresse*. Bei dieser können die Gelder nur ausgegeben werden, wenn beide beteiligte Parteien die Transaktion signieren. Die beliebig vielen Transaktionen werden auf dem Lightning Network bilanziert. Wird der Zahlungskanal am Ende geschlossen, stellt der Smart Contract des Lightning Networks sicher, dass die Beteiligten ihre Bitcoin gemäß der letzten Bilanz wieder auf der Bitcoin-Blockchain besitzen. Das Lightning Network hat einige Nachteile: So können Zahlungen nur durchgeführt werden, wenn der Empfänger online ist. Die Zahlungskanäle müssen auch regelmäßig überwacht und geschützt werden.

4.8 Smart Contracts, Oracles und dApps

Smart Contracts sind *Programme oder Anwendungen, die auf einer Blockchain laufen.*[13] Damit werden digitale Vereinbarungen festgelegt, die über ein durch einen Computercode festgelegtes Regelwerk durchgesetzt werden. Es handelt sich also um bedingte Transaktionen, die logische Wenn-Dann-Bedingungen festlegen.[14] Der Computercode wird von allen Nodes im Netzwerk repliziert und ausgeführt. Durch Smart Contracts können Trustless Protocols erstellt werden. Zwei Parteien können dadurch unumstößliche Verpflichtungen eingehen, ohne sich gegenseitig kennen oder vertrauen zu müssen. Es braucht dazu keinen Vermittler wie einen Notar oder eine Bank, sodass die Kosten von Transaktionen reduziert werden können. Trotzdem können sich die Vertragsparteien sicher sein, dass der zugrunde liegende Vertrag nur ausgeführt wird, wenn die Bedingungen wirklich erfüllt sind. Smart Contracts bestehen aus einem von Programmierern geschriebenen Programmcode, der Schwachstellen oder Fehler beinhalten kann. Probleme resultieren dann nicht aus der Blockchain als Basis, sondern aus den darauf aufgesetzten Smart Contracts. Die größte und bekannteste Plattform für Smart Contracts ist Ethereum.

Wichtige **Merkmale von Smart Contracts** sind:

- Verteilt: Die Smart Contracts werden repliziert und auf allen Knoten des Ethereum-Netzwerks verteilt.
- Deterministisch: Die festgelegten Aktionen werden nur ausgeführt, wenn die entsprechenden Bedingungen erfüllt sind. Das Ergebnis wird unabhängig vom Ausführenden immer gleich sein.
- Autonom: Als selbst ausführendes Programm können alle Arten von Aufgaben automatisiert werden.
- Unveränderlich: Smart Contracts haben einen manipulationssicheren Code. Sie können nach dem Bereitstellen nicht mehr geändert werden. Dies kann manchmal auch schlecht sein, wie beim DAO-Hack im Jahr 2016.
- Anpassbar: Vor der Bereitstellung können Smart Contracts völlig unterschiedlich programmiert werden. Dadurch kann eine Vielzahl von dezentralen Anwendungen (dApps) erstellt werden.
- Vertrauenslos: Die Interaktion über Smart Contracts zwischen zwei oder mehr Parteien funktioniert auch, wenn sich die Parteien nicht kennen oder vertrauen. Die Blockchain-Technologie sorgt dafür, dass die Daten immer korrekt sind.
- Transparent: Smart Contracts basieren auf einer öffentlichen Blockchain. Ihr Quellcode ist für jeden sichtbar und unveränderlich.

Die Smart Contracts lösen durch festgelegte Wenn-Dann-Bedingungen bestimmte Aktionen aus. Damit der Eintritt dieser Bedingungen überprüft werden kann, müssen meist externe Daten mit dem geschlossenen System Blockchain verknüpft werden. Eine Blockchain ist aber zunächst unfähig, sich mit der realen Welt zu verbinden. Sie kann nur die Daten und Informationen lesen, die auf ihr selbst vorhanden sind. Eine Lösung dieses Problems bieten die **Oracles.**[15] Sie verifizieren Off-Chain-Daten aus der realen Welt und bringen diese auf die Blockchain, also On-Chain. Dadurch können Smart Contracts und dApps auf sie zugreifen. Derartige *Off-Chain Oracles* verbinden als Middleware die Blockchains mit der Außenwelt. So liefert bei einem durch einen Smart Contract festgelegten Wettvertrag auf den Ausgang eines Fußballspiels das Oracle das Ergebnis aus der realen Welt. In diesem Beispiel gibt es ein Ergebnis, das durch ein statisches Oracle erfasst werden kann. Will man dagegen den Spielverlauf in Echtzeit erfassen, müsste dies über ein dynamisches Oracle erfolgen. Unter *On-Chain Oracles* versteht man Verbindungen zwischen verschiedenen Blockchains. So braucht ein DEX-Aggregator, der den Nutzern die besten Preise für einen bestimmten Coin anbieten will, Zugang zu den anderen DEXes, die auf verschiedenen Blockchains wie Ethereum, Binance Smart Chain oder Solana laufen.

Es gibt noch weitere Unterscheidungen. *Inbound Oracles* übertragen Informationen von außerhalb auf die Blockchain, während *Outbound Oracles* die Daten aus der Blockchain der Außenwelt zur Verfügung stellen. *Software Oracles* übertragen im Internet, auf anderen Blockchains oder dApps verfügbare Daten wie Flugverspätungen, Sportergebnisse et cetera. *Hardware Oracles* leiten Informationen aus der realen Welt weiter, zum Beispiel durch RFID-Sensoren gewonnene Daten eines Lieferprozesses.

Die zentralisierten Oracles stehen konträr zum Anspruch von dezentralen öffentlichen Blockchains, die frei von Angriffspunkten sein wollen. Dieses *Oracle-Problem* soll durch Rückgriff auf Daten mehrerer Quellen, die Bevorzugung der durch ein Scoring ermittelten zuverlässigsten Quellen, Konsensmechanismen (Consensus Based Oracles) und Belohnungen minimiert werden.

Dezentrale Anwendungen (dApps) laufen auf einer dezentralen Blockchain und die Daten werden dort gespeichert. Sie sind normalerweise Open Source (der Source Code ist öffentlich für jedermann), dezentralisiert (also nicht kontrolliert von einer einzelnen Autorität) und kryptografisch sicher (alle Daten werden aufgezeichnet und gepflegt in einer öffentlichen Blockchain). Bei einer dApp gibt es im Gegensatz zu einer traditionellen zentralen App keine einzelne Fehlerstelle durch technische Probleme oder bösartige Attacken (Single Point of Failure). Eine zentralisierte App wird von einem zentralen Server und einer einzelnen Entität verwaltet. Wird der zentrale Server angegriffen, kann das hinter der App liegende Netzwerk ganz oder zeitweise unbrauchbar gemacht werden. Außerdem kann es bei zentralen Apps Daten-Leaks oder -Diebstahl geben. Im Gegensatz zu den beliebten Apps auf Mobiltelefonen werden die Daten von dApps auf allen Computern in einem Blockchain-Netzwerk gespeichert. Deshalb kann eine dApp im Gegensatz zu herkömmlichen Apps auch nicht einfach abgeschaltet werden. Dadurch kann weder eine Einzelperson noch ein Unternehmen diese Daten kontrollieren oder missbrauchen. Im Gegensatz zu traditionellen Apps werden die dApps von ihren Nutzern beaufsichtigt und finanziert. dApp-Plattformen bieten ihre eigene Blockchain an, damit Entwickler darauf ihre Programme entwickeln können. Bekannte dApp-Plattformen sind Ethereum, Solana oder die BNB Chain.

Mit dApps werden viele unterschiedliche Anwendungsfälle abgedeckt. Bekannte Beispiele sind die dezentralisierten Finanzprodukte (DeFi) oder Krypto-Wallets. Die Transaktionen der dApps werden meist durch eigene Token getrieben. Die auf der Ethereum-Blockchain ausgegebenen Token folgen dem Standard ERC-20, sie können aber auch direkt den Coin der zugrunde liegenden Blockchain nutzen. So wurde Ether (ETH) im Fall der CryptoKitties benutzt.

Es gibt **drei Arten von dApps**:

- Typ-1-dApp: Die dezentrale Applikation läuft auf einer eigenen Blockchain. Das bekannteste Beispiel und gleichzeitig die erste dApp ist Bitcoin.
- Typ-2-dApp: Die dApp läuft auf einer anderen Blockchain vom Typ 1. So laufen rund 80 Prozent der dApps auf der Ethereum-Blockchain.
- Typ-3-dApp: Die dApp läuft auf einem Protokoll vom Typ 2. Beispiele sind MaidSafeCoin (MAID) oder Aragon (ANT).

In einer Analogie zu Computerprogrammen können die drei Typen zur Veranschaulichung wie folgt unterschieden werden: Typ 1 ist wie das Betriebssystem Windows. Typ 2 ist wie ein Office-Programm, das auf Windows läuft, also Word oder Excel. Typ 3 ist dann wie ein Plug-in, also eine eigens programmierte Software-Anwendung, die die Office-Anwendung erweitert und verändert.

4.9 Staking

Bei allen Blockchains müssen Transaktionen validiert werden. Beim Bitcoin und anderen Coins, die den Konsensmechanismus Proof of Work (PoW) benutzen, geschieht das durch Mining. Kryptowährungen mit dem Konsensmechanismus Proof of Stake (PoS) beginnen häufig mit dem Verkauf von Coins, die bereits vorher erzeugt wurden (pre-mined Coins). Sie können auch mit dem PoW-Algorithmus beginnen und erst später zu PoS wechseln, wie das bei Ethereum geschehen ist. Bei Coins mit PoS wird die Richtigkeit der Transaktionen durch Personen (**Staker**) bestätigt, die eine bestimmte Menge der Kryptowährung (**Stake**) im Protokoll halten. Der Anteil sorgt dann für entsprechende Stimmrechte im Konsensprotokoll. Bei manchen Blockchains benötigt man zur Teilnahme am Staking eine **Mindestanzahl** an Coins. Beim **Staking** werden also Coins der Staker zurückgehalten und in der Blockchain aufbewahrt. Sie können für den Zeitraum des Stakings für anderweitige Transaktionen des Stakers wie Verkäufe gesperrt sein. Die **Sperrfristen (Lock-up)** können unterschiedlich lang sein. Die gesperrten Coins werden zur Konsenserzielung verwendet. Dieser Konsens ist notwendig zur Sicherung des Netzwerks und zur Bestätigung jeder neuen Transaktion, die dann unwiderruflich in die Blockchain eingeschrieben wird. Die Staker sind dadurch in PoS-Netzwerken die **Validatoren**. Sie frieren ihre Coins ein und werden vom Protokoll in bestimmten Intervallen nach dem Zufallsprinzip ausgewählt, um einen Block zu erstellen. Die Chancen, als Validator ausgewählt zu werden, sind umso größer, je größer der gestakte Betrag ist.

Für die Beteiligung an der Aufrechterhaltung des Netzwerks erhalten die Staker dann ein passives Einkommen, die **Staking Rewards**. Beim PoS werden meist Transaktionsgebühren als Belohnung verwendet. Dabei kann die Höhe der Staking Rewards je nach Blockchain sehr unterschiedlich sein. Zu den Faktoren bei der Berechnung der Staking Rewards gehören die Zahl der Coins des Validators, wie lange der Validator das Staking betrieben hat, die Anzahl der im Netzwerk gestakten Coins, die Inflationsrate und andere Faktoren. Die Protokolle von großen Blockchain-Netzwerken gewähren deutlich kleinere Entlohnungen als weniger etablierte Blockchains. In einigen Netzwerken werden die Staking Rewards auch als fester Prozentsatz festgelegt und als Inflationsausgleich an die Validatoren verteilt. Die Staking Rewards können dabei durch die Ausschüttung von zusätzlichen Coins erfolgen oder auch von „Betriebs-Coins“ der jeweiligen Blockchain. Betriebs-Coins sind für den internen Betrieb der Blockchain nötig und können auch separat an Kryptobörsen gehandelt werden. Bei NEO heißen diese Betriebs-Coins GAS, bei Ontology ONG oder bei VeChain VTHO. Der **Staking-Anteil (Staking Ratio)** ist der Anteil von gestakten Coins bezogen auf alle umlaufenden. Staking Rewards und Staking Ratios können sehr unterschiedlich sein.[16] Der Staking-Anteil wird manchmal auch als Indikator für die Legitimität des Projekts betrachtet. Denn sind signifikante Anteile insbesondere für längere Perioden gelockt, ist die Wahrscheinlichkeit für einen Scam tendenziell geringer.

Um einen Validator-Knoten zu betreiben, muss sich der Betreiber für eine bestimmte Blockchain entscheiden und eine sichere und ständig verfügbare Infrastruktur bereitstellen. Verhält sich ein Validator böswillig oder nicht regelkonform, kann das mit dem teilweisen oder sogar ganzen Verlust des hinterlegten Stakes bestraft werden (**Slashing**). Der Validator muss das zugrunde liegende Regelwerk beachten. Dieses legt die technischen und finanziellen Anforderungen an den Validator, die Algorithmen zur Auswahl von Validatoren für die Durchführung einer tatsächlichen Validierungsaufgabe und die

Grundsätze der Verteilung der Staking Rewards unter den Validatoren fest. Abzüge vom Bestand des Stakers kann es durch verschiedene Versäumnisse oder Fehler geben: etwa wenn er sich längere Zeit nicht beteiligt und mehrere Blocks verpasst hat, bei doppelten Bestätigungen von Blöcken oder sich mehrfach widersprechenden Votes.

Der Begriff **Staking** wird also für das Validieren von Blocks in PoS-Blockchains verwendet und ist quasi das Äquivalent zum Begriff Mining in PoW-Blockchains. Allerdings wird Staking als Begriff auch einfach im DeFi-Bereich für den gewinnbringenden Einsatz von Coins in einem DeFi-Protokoll verwendet. Für den Zeitraum der Hinterlegung von Coins können Anleger dann direkt an Einnahmen des jeweiligen Protokolls beteiligt werden oder sogar an Abstimmungen teilnehmen. Allerdings sind die Anleger durch die direkte Beteiligung auch entsprechenden Risiken ausgesetzt.

Es gibt verschiedene **Möglichkeiten für die Teilnahme am Staking-Prozess**. Diese Möglichkeiten können unterschieden werden in *Custodial Staking* (die Coins unterliegen der Verfügungsgewalt eines Dritten) und *Non-Custodial Staking* (die Coins bleiben in der eigenen Verfügungsgewalt):[17]

- Manche *Kryptobörsen* bieten ohne weiteres Zutun Staking an. Dadurch erhält der Nutzer automatisch die Staking Rewards. Dies ist beispielsweise bei Binance und Bitfinex für verschiedene Coins der Fall.[18] Der Nachteil hier ist wie bei allen direkt auf Kryptobörsen gehaltenen Positionen, dass man nicht die Kontrolle über die Coins hat. In der Regel ist es aber jederzeit problemlos möglich, die Token wieder aus dem Staking herauszunehmen und so zum Beispiel verkaufen zu können. Da die Börsen meist nur einen Teil der Token staken, ist selbst bei einem im Protokoll des Token vorgesehenen Lockup beim Staken oft eine sofortige Verfügung möglich. Bei manchen Börsen gibt es je nach Coin ein *Locked Staking*, bei dem die Coins eine gewisse Zeit hinterlegt werden müssen, und ein *Soft Staking*. Bei diesem erfolgt das Staking durch Halten der Coins an der Börse automatisch und endet mit dem Verkauf.
- Kryptobörsen mit einem Staking-Angebot fungieren deshalb als *Staking Pools*. Es gibt aber auch professionelle Dienstleister, die diese Dienste anbieten. Generell legen bei Staking Pools die Besitzer eines Coins ihre Bestände zusammen, um ihre Chancen zu erhöhen, Blöcke für gültig zu erklären und so die Belohnungen zu bekommen. Wegen der Einrichtung und Wartung des Staking Pools verlangen diese von den Teilnehmern Gebühren für die Dienste.
- Blockchains mit dem Delegated Proof-of-Stake-Konsensmechanismus verfügen bereits über einen *integrierten Mechanismus*, mit dem die Coins an einen Validator im Netzwerk delegiert werden können. Der Delegierte erledigt die gesamte Arbeit und erhält dafür die Staking Rewards. Einen Teil davon verteilt er dann an die Delegierenden.
- Man benötigt eine *spezielle Wallet des Anbieters*, in der die Coins aufbewahrt und gestakt werden können (zum Beispiel bei Fantom oder Vite). Oder man nutzt eine *Multi-*

currency Wallet mit Staking-Angebot (wie Atomicwallet.io oder Trustwallet.io). Der Vorteil bei diesen beiden Methoden ist, dass der Staker die Wallet-Schlüssel und damit die volle Kontrolle über seine Coins behält. Durch dieses *Cold Staking* in einer nicht mit dem Internet verbundenen Wallet können die Coins sicher offline gehalten werden.

Die **Risiken beim Staking** liegen vor allem im *Kursrisiko des hinterlegten Coins.* Durch die große Volatilität kann der Kurs schnell und stark fallen. Selbst scheinbar hohe Staking Rewards können diese Verluste dann nicht auffangen. Auch beim Staking gibt es deshalb keinen Free Lunch. Ein weiteres Risiko ist das schon angesprochene *Slashing.* Die angegebenen Verzinsungen durch die *Staking Rewards können sich ändern.* Außerdem können die *Bestände angreifbar* sein, wenn die Coins online gehalten werden. Schließlich sorgen immer wieder *Scams* mit hohen Renditeversprechungen für Anlagebetrügereien.

Generell gilt wie bei anderen Investments in der traditionellen Finanzwelt: **Je höher die Renditen, desto höher das Risiko.** Grundsätzlich stehen die Renditen beim Staking auch mit den Renditen von anderen Finanzanlagen wie Anleihen in Konkurrenz. Höhere Renditen sind hier wie dort regelmäßig mit einem höheren Risiko korreliert. Zwar ist der Staking-Markt noch ein Nischenmarkt. Trotzdem liegt auf der Hand, dass hohe Renditen von fünf, zehn oder noch mehr Prozent in Zeiten von Null- oder sogar Negativzinsen nicht ohne Risiko daherkommen. Es sind in Zukunft auch Unfälle im Staking-Bereich zu erwarten, der Markt ist noch in einer Experimentierphase. Von daher sollte man Coins mit sehr hohen Staking Rewards genauer unter die Lupe nehmen. So können hohe Staking-Renditen von einem gleichzeitigen Kursverfall aufgefressen werden. Auch die Gesamtzahl an Staked Coins kann eine Rolle spielen. Je größer diese ist, desto mehr wird das Angebot verknappt und der Preis kann dadurch steigen. Dies wäre dann für den Staker aber ein zusätzlicher positiver Effekt.

4.10 Forks, Airdrops und Token Swaps

4.10.1 Ursachen für Forks

Die Ursachen für eine Fork (englisch für Gabelung) sind meist technischer Natur. Letztlich handelt es sich um eine Weiterentwicklung und Änderung der Software.[19] Da die einer Kryptowährung zugrunde liegende Software eine Open-Source-Software ist, ist sie grundsätzlich für alle Menschen offen und zugänglich. Jeder kann eine Kopie anfertigen und diese für eigene Zwecke modifizieren. Dadurch kommt es zu einer Abspaltung von der Originalsoftware. Es ist gerade der Sinn der quelloffenen Software, dass Programmierer weltweit diese fortentwickeln oder auch nur nach ihren Bedürfnissen anpassen können. Dabei ist es nicht so, dass hier böswillige oder versehentliche Veränderungen stattfinden können, da alle Teilnehmer den Änderungen zunächst zustimmen müssen.

Durch das Modifizieren des Quellcodes kann es also zu einer Abspaltung einer neuen Blockchain von der ursprünglichen kommen. Dabei können die Änderungen wie die Erhöhung der Blockgröße von allen Teilnehmern des Netzwerks befürwortet werden oder in der Community auf geteilte Meinungen stoßen. Befürwortet ein Teil der Miner die Änderungen, ein anderer jedoch nicht, teilt sich die Netzwerkstruktur in zwei Gruppen auf, die zwei verschiedene Blockchains verwenden.

4.10.2 Software Forks und Blockchain Forks

Bei einer **Software Fork** wird der bestehende Code der Blockchain kopiert und nach eventuellen Änderungen wieder neu eingespielt. Dadurch hat die neu entstehende Blockchain zum Zeitpunkt der Änderungen ihren Genesis-Block und damit ihren eigenen Anfang. Es gibt keine Überschneidungen zwischen dem alten und dem neuen Netzwerk. Beide existieren ab dem Zeitpunkt des Software Forks unabhängig nebeneinander. Software Forks erkennt man also am Genesis-Block und an der Blockchain. Die Besitzer der Coins der alten kopierten Blockchain bekommen keine Coins der neuen.

Litecoin ist das bekannteste Beispiel einer Software Fork mit seinem Genesis-Block 2011. Der Bitcoin-Code wurde kopiert und einige Parameter wie höhere Geldmenge und kürzere Blockzeiten verändert. Auch **Monero** stammt aus einer Software Fork. Grundlage war Bytecoin, das wegen einer mit 80 Prozent bereits im Umlauf befindlichen Geldmenge ein Betrugsversuch war. Mit dem kopierten Computercode startete Monero sein Netzwerk mit einer fairen Distribution.

Anders verhält es sich bei **Blockchain Forks**. Hier werden eine existierende Blockchain und damit das Netzwerk in zwei neue Blockchains gespalten. Im Gegensatz zur Software Fork haben diese aber denselben Genesis-Block. Nicht bei jeder Blockchain Fork muss es auch zu einem Chain Split kommen. Diese Abspaltung entsteht nur, wenn sich zwei Lager bilden und diese sich nicht komplett auf den aktuellen Zustand des Netzwerks und damit einen gemeinsamen Block einigen können. Wenn nur ein Teilnehmer auf der alten Chain verbleibt, kommt es deshalb zu einem Chain Split.

4.10.3 Hard Forks und Soft Forks

Grundsätzlich handelt es sich bei einer **Hard Fork** um ein signifikantes Protokoll-Update. Durch die Änderung wird etwas vorher Unerlaubtes nun erlaubt. Ereignisse, die vorher nicht gültig waren, sind nun gültig. Bei einer Hard Fork kann die ursprüngliche Blockchain in zwei miteinander inkompatible Blockchains gespalten werden. Die Änderung ist nicht abwärtskompatibel. Alle bisher getätigten Transaktionen behalten ihre Gültigkeit und sind bis zur Abspaltung in beiden Blockchains gleich. Alle Teilnehmer müssen die aktuelle Version der Software benutzen, damit die neuen Blöcke erkannt werden. Die Miner werden bei einer Hard Fork gezwungen, ihre Software upzugraden und unter Beachtung der geänderten Regeln weiterzuarbeiten, die diese neue Software dann automatisch beachtet. Die Miner der alten Version werden dann Blöcke minen, die nicht mit der aktuellen Version kompatibel sind und deshalb nicht in der neuen Blockchain verwendet werden können. Dies gilt auch umgekehrt, sodass die *ursprüngliche Blockchain dauerhaft in zwei neue getrennt* wird. Alle Investoren, die Coins der alten Blockchain besitzen, bekommen dann zusätzlich die entsprechende Zahl an Coins der neuen Blockchain. Die alte Blockchain existiert unter den alten Regeln weiter. Hard Forks werden immer ab einer bestimmten Blockhöhe aktiviert, also ab einem Block mit der Nummer X. Ab diesem Zeitpunkt trennen sich die Wege der beiden Netzwerke dauerhaft.

Die bekannteste Hard Fork ist die Bitcoin-Abspaltung **Bitcoin Cash** am 1. August 2017. Die Abspaltung resultierte aus der Skalierungsdebatte in der Community im Sommer 2017. Dabei bekamen die Besitzer von **Bitcoin** die gleiche Menge an dem neuen Coin Bitcoin Cash.

Die Blockchain von **Ethereum** spaltete sich nach dem DAO-Hack 2016, bei dem 150 Millionen Dollar verloren gingen.[20] Deshalb veränderte die Ethereum Foundation entgegen den Konsensregeln den aktuellen Status zurück auf die Zeit vor dem Hack, in der Kryptowelt eigentlich ein No-Go. Interessant dabei ist, dass die heute existierende Ethereum-Blockchain deshalb nicht mehr mit der alten Ethereum-Blockchain übereinstimmt, sondern eine neue Blockchain ist. Die alte Ethereum-Blockchain wird vielmehr seither als **Ethereum Classic** weitergeführt. Damit ist Ethereum Classic eigentlich die wahre Ethereum-Blockchain, die die Unveränderbarkeit von Transaktionen auf der Blockchain ohne Kompromisse vertritt. Denn Blockchains wurden eigentlich dafür geschaffen, jede menschliche Willkür auszuschließen.

Bei einer **Soft Fork** wird der Konsens nicht gebrochen, es handelt sich um eine rückwärts-kompatible Änderung der Konsensregeln. Etwas, was vorher erlaubt war, ist jetzt nicht mehr erlaubt. Die Soft Fork verengt zwar das Regelwerk. Es ist aber nicht notwendig, dass das ganze Netzwerk daran teilnimmt. Im Gegensatz zu einer Spaltung bei einer Hard Fork wird nach einer Soft Fork die gleiche Blockchain benutzt. Deswegen gibt es auch keine Pflicht der Nutzer, ihre Software upzugraden, und es gibt auch keine neuen Coins. Durch eine Soft Fork werden den Teilnehmern am Netzwerk meist Erweiterungen geboten. Es bleibt den Usern aber vorbehalten, ob sie diese wirklich nutzen wollen. Wer die Neuerung nutzen will, muss dann die aktualisierte Software benutzen.

Eines der bekanntesten Beispiele einer Soft Fork ist **Segregated Witness (SegWit)** im Bitcoin-Netzwerk. Dabei handelt es sich um eine Skalierungslösung, die auch von anderen Netzwerken wie Litecoin verwendet wird. Trotzdem können alle Bitcoin-Teilnehmer auch ohne das SegWit-Update am Konsens teilhaben und Blöcke verifizieren.

4.10.4 Airdrops und Bounties

Bei einem **Airdrop** erzielt das emittierende Unternehmen oder Projekt keine Erlöse, denn die Token werden gratis verteilt. Trotzdem kann ein Airdrop für das Unternehmen als *Marketinginstrument* interessant sein. So wird die Anzahl der Nutzer und dadurch die Verwendbarkeit des Token drastisch erhöht und Aufmerksamkeit in der Krypto-Community erzeugt. Es kann auch eine Art Dankeschön für die das Projekt unterstützende Community sein. Mit einer größeren Verwendung wird sich dann oft auch der Wert eines Token erhöhen. Dies kann insbesondere interessant sein, wenn das emittierende Unternehmen selbst noch viele Token im Bestand hat und diese an den Markt abgeben kann. Airdrops werden auch als *Alternative zu einem ICO* genutzt. Sie sind schneller umsetzbar und umgehen auch regulatorische Probleme, die bei einem ICO entstehen könnten. Bei Airdrops handelt es sich um eine *Gratisverteilung von Token*. Diese werden an Anleger verteilt, die bestimmte Voraussetzungen erfüllen. Diese Voraussetzungen können einfach, aber auch kompliziert sein:[21]

Airdrop durch Snapshot: Mit einem Snapshot wird der Ledger-Status einer bestehenden Blockchain zu einem bestimmten Zeitpunkt festgestellt und dadurch eine Momentaufnahme der Coin-Besitzer gemacht. Jeder, der zu diesem Zeitpunkt Coins besessen hat, bekommt durch den Airdrop dann die neuen Token zugeteilt. Berechtigt sind hier nur die Inhaber einer bestimmten Kryptowährung, die diese zu einem bestimmten Zeitpunkt besitzen. Dies kann Volatilität und Kurse der jeweiligen Kryptowährung vor dem Airdrop deutlich erhöhen. Vor dem Airdrop wird diese verstärkt gekauft, um in den Genuss der neuen Gratis-Token zu kommen, die Kurse werden dann häufig steigen. Direkt nach dem Snapshot wird die Kryptowährung dann eher wieder verkauft und die Kurse können fallen. Wichtig kann auch sein, ob man die zur Berechtigung benötigte Kryptowährung in einer privaten Wallet oder auf einer Trading-Plattform hält. Im Vorfeld signalisieren die Börsen meist, ob sie einen Airdrop unterstützen oder nicht.

Manchmal kann die Zuteilung eines Airdrops auch erheblich verspätet kommen. So führte **OmiseGo (OMG)**, die später in OMG Network umbenannt wurden, einen Airdrop an ETH-Halter durch. Dazu wurde am 07.07.2017 ein Snapshot von Ethereum (ETH) erstellt. Alle Halter von ETH hatten Anspruch auf kostenlose OMG-Token. Wer ETH auf Coinbase hielt, bekam allerdings keine Token, denn zu diesem Zeitpunkt unterstützte Coinbase noch nicht OMG. Erst nachdem Coinbase auch OMG zum

Handel zuließ, schrieb die Kryptobörse den ETH-Haltern zum Zeitpunkt des Snapshots die entsprechenden OMG-Stückzahlen gut, fast drei Jahre nachdem diese eigentlich verteilt wurden.

Auch der Airdrop von **Spark** an alle Halter von Ripples Kryptowährung **XRP** hat sich immer weiter verzögert. Dabei liegen die Gründe aber bei Spark. Am 12.12.2020 kam es zum Snapshot bei Ripple, bei dem alle XRP-Halter pro XRP etwas mehr als einen Spark (FLR) bekommen sollten. Die Ausgabe verzögerte sich wegen nötiger Upgrades bei Spark aber immer weiter.

Airdrop durch einfache Anmeldung: Hier ist einzige Bedingung, dass sich die Anleger auf der Website des Kryptoprojekts anmelden. Zur Teilnahme genügt eine einfache E-Mail-Adresse. Achtung: Wegen des Spam-Risikos sollte man nicht die Hauptadresse benutzen, sondern ein Junk-Postfach nur für diese Art von Airdrops einrichten.

Airdrop in der Wallet: Dabei wird neben der E-Mail-Adresse eine Wallet-Adresse benötigt. Bei der Registrierung wird dann die öffentliche Adresse der Wallet mitgeteilt. So benötigt man für die auf Ethereum basierenden ERC-20-Token eine Ethereum-Wallet. Achtung: Die Weitergabe einer öffentlichen Adresse ist völlig risikolos. Auf keinen Fall sollte man natürlich seinen Private Key weitergeben.

Die Verteilung von Polymath-Token (POLY) erfolgte ursprünglich als Airdrop. Berechtigt war, wer sich bis zum 10.01.2018 auf der Website anmeldete und bestimmte rechtlich vorgeschriebene Erfordernisse erfüllte. Außerdem war eine Ethereum-Adresse notwendig. Bei dem Airdrop wurden 240 Millionen der insgesamt existierenden eine Milliarde POLY verteilt.

Airdrop Bitcoin Talk: Hier erfolgt der Airdrop je nach Ranking in dem Forum Bitcoin Talk und einigen weiteren Aktionsvorgaben.

Community Airdrop: Hier kann es für den Bezug notwendig sein, in sozialen Netzwerken bestimmte Aktionen durchzuführen, zum Beispiel einem Twitter-Account zu folgen oder einer Gruppe auf Facebook oder Reddit beizutreten.

Eine *Teilnahme lohnt sich nur bei Airdrops durch Snapshot.*[22] Allerdings macht es oft auch keinen Sinn, die bezugsberechtigte Kryptowährung zu kaufen, wenn diese bei einem solchen Airdrop nach Bekanntgabe schon stark gestiegen ist.

Bounties sind den Airdrops sehr ähnlich. Auch bei Bounties werden neue Token gratis verteilt. Die Berechtigten müssen bestimmte Aufgaben erfüllen, etwa:

- Promotion in Social-Media-Kanälen
- Posts in Foren
- Content-Erstellung und Logo-Entwicklung
- Belohnung für das Finden von Fehlern im Code (bug bounties)
- Übersetzungsdienste

Es gibt einige wesentliche **Unterschiede zwischen Airdrops und Bounties**. So kann man bei einem Airdrop nur einmal zu einem bestimmten Zeitpunkt partizipieren, während Bounty-Kampagnen längere Zeit laufen. Airdrops fallen für die Besitzer von Coins quasi vom Himmel ohne eigenes Zutun. Dagegen müssen bei Bounties die Bezugsberechtigten aktiv werden und bestimmte Aufgaben erfüllen. Dafür sind dann manchmal auch bestimmte Fähigkeiten erforderlich, so beim Auffinden von Programmfehlern. Die Loyalität der Community dürfte bei Bounty-Programmen tendenziell größer sein als bei Airdrops, da sich die Berechtigten durch ihre zu erfüllenden Aufgaben intensiver mit dem neuen Token beschäftigen müssen.

4.10.5 Token Swaps

Bei einem Token Swap wird eine Kryptowährung gegen eine andere getauscht. Dabei geht es nicht wie bei einem Börsenkauf darum, einen Coin oder Token gegen einen anderen zu kaufen, zum Beispiel Ethereum gegen Bitcoin. Es geht auch nicht um ein Rebranding, bei dem der Token nur den Namen wechselt, sonst aber alles gleich bleibt. So wurde Matic Network Anfang 2021 in Polygon umbenannt, ohne dass sich etwas am Token oder am Ticker MATIC geändert hat. Vielmehr wechselt eine Kryptowährung bei einem Token Swap auf eine neue Blockchain oder unterliegt anderen technischen Veränderungen. Die Token müssen dann in einer bestimmten Frist gegen einen anderen getauscht werden, meist im Verhältnis 1:1. Gründe für einen Token Swap sind Weiterentwicklungen und der Umzug auf einen neues Mainnet. Für manche Projekte ist zur Beschaffung von Finanzmitteln ein ICO zunächst ohne eigenes Mainnet günstiger und schneller zu bewerkstelligen, meist werden Token auf Basis der Ethereum-Blockchain ausgegeben (ERC-20-Token). Etabliert sich dann das Projekt, kann der Umzug auf das eigene Mainnet vollzogen werden.

Die dezentrale Speicherlösung Storj vollzog 2017 einen Umzug von der Bitcoin- auf die Ethereum-Blockchain, da Storj mehr Skalierbarkeit benötigte. Den Umzug auf ein eigenes Mainnet gab es 2018 bei Tron und EOS. Zuvor basierten beide auf ERC-20-Token. Bei EOS war dies dem Umstand geschuldet, dass zu Beginn des ICOs die eigene Plattform mit den eigenen Token noch nicht entwickelt war, weshalb interimsmäßig ERC-20-Token ausgegeben wurden.

Die tatsächliche Durchführung des Token Swaps kann sehr unterschiedlich sein. Das Projekt hinter dem Token gibt entsprechende Anweisungen heraus, welche Schritte zu unternehmen sind. Diese richten sich auch danach, wo der Inhaber seine Token aufbewahrt. Liegen diese bei einer Kryptobörse, muss er meist nichts tun, da die Börse dies erledigt. Hat er sie dagegen auf einer eigenen Wallet, muss er selbst tätig werden. Der Nutzer muss eine Wallet herunterladen oder sich auf einer Website registrieren. Er bekommt zwei Wallet-Adressen, eine für die alten und eine für die neuen Token.

Der Nutzer muss dann seine alten Token an die entsprechende Wallet-Adresse schicken. Sind diese angekommen, bekommt er die neuen Token in der anderen Wallet gutgeschrieben. Anschließend vernichtet das Krypto-Unternehmen die alten Token. Ein Risiko für den Kunden ist, dass er die Sperrfrist verpasst. Denn danach sind die alten Token nicht mehr kompatibel und wertlos. Für Nachzügler kann es dann zwar eventuell noch Fallback-Fristen geben, aber auch diese gelten nur für einen bestimmten Zeitraum.

4.11 Adressen, private und öffentliche Schlüssel, Seeds und Wallets

Die gängigsten Kryptowährungen unterstützen **Adressen**, von denen Kryptowährungen versendet oder an die diese verschickt werden können.[23] Sie bestehen aus einer langen Abfolge von 26 bis 35 Buchstaben und Zahlen und dienen – wie im realen Leben eine Wohnadresse, E-Mail-Adresse oder auch ein Bankkonto – der genauen Identifizierung eines Ansprechpartners. Eine E-Mail-Adresse oder ein Bankkonto mit seiner zugeordneten IBAN werden nicht zweimal vergeben, sie sind einzigartig. Im Gegensatz zur zentralen Vergabe durch den E-Mail-Provider oder eine Bank existieren die Blockchain-Adressen als Ergebnis mathematischer Operationen bereits, bevor eine Wallet sie gefunden hat.

Im Gegensatz zur symmetrischen Kryptografie mit nur einem Schlüssel zum Ver- und Entschlüsseln gibt es bei der asymmetrischen Kryptografie zwei Schlüssel. Es liegt nahe, dass eine derartige Verschlüsselung dann viel sicherer ist. Adressen werden erzeugt aus einem Schlüsselpaar, dem privaten Schlüssel und dem öffentlichen Schlüssel. Abgeleitet wird die Adresse aus dem **öffentlichen Schlüssel (Public Key)**. Um die Adresse zu generieren, nimmt die Wallet den öffentlichen Schlüssel und bearbeitet ihn mit Krypto-Algorithmen. Diese **Hash-Operationen** sind Einmalfunktionen und *verwandeln einen beliebigen Input* (wie eine Datei) *immer in denselben Output*. Umgekehrt ist es aber *nicht möglich, vom Output zurück auf den Input zu kommen*. Letztlich repräsentiert die Adresse den öffentlichen Schlüssel, die besser zu lesen und weniger fehleranfällig ist. Die Adresse ist öffentlich, denn sie muss für Externe bekannt sein, damit diese eine Transaktion an die Adresse veranlassen können. Sie ist also zu vergleichen mit einer Kontonummer, die grundsätzlich auch jeder kennen darf.

Transaktionen von dieser Adresse müssen mit dem **privaten Schlüssel (Private Key)** als digitaler Signatur autorisiert werden. Ohne diese Signierung werden Transaktionen vom Blockchain-Netzwerk nicht akzeptiert. Der Private Key ist eine einzigartige Information und gewährleistet den Zugang zu den auf der Adresse eingegangenen Zahlungen. Nur der Besitzer des Private Keys kann also über die auf der Adresse angesammelten Coins verfügen, daher der oft zitierte Spruch *„Not your keys, not your coins"*. Deshalb sind die auf einer Kryptobörse gekauften und dort belassenen Coins eigentlich nicht im Besitz des Berechtigten. Zwar kann der Berechtigte über die Coins normalerweise problemlos verfügen. Geht die Börse allerdings pleite, sind sie in der Insolvenzmasse und damit seinem Zugriff entzogen.

Es gibt **Gemeinsamkeiten und Unterschiede von Krypto-Adressen im Vergleich zu Bankkonten**:

- Ähnlich wie die IBAN für Kontonummern besteht eine Krypto-Adresse aus einer langen Reihe von Zahlen und Buchstaben. Beide müssen *für Externe bekannt* sein, damit überhaupt Transaktionen möglich sind.
- *Kontonummern* werden *zentral von Banken vergeben* und von diesen verwaltet. Die *Krypto-Adressen* für Bitcoin, Ethereum und die anderen Kryptowährungen *existieren dagegen bereits*, bevor sie einer bestimmten Wallet zugewiesen werden. Denn die Blockchain-Adressen sind das Ergebnis bestimmter mathematischer Operationen.
- Bei einer *Kontonummer* ist der *Kontostand für Externe nicht einsehbar*. Bei den *Wallet-Adressen* ist dagegen der *Coinbestand einer bestimmten Kryptowährung meist ersichtlich*. Bei Privacy Coins wie Monero ist diese Information dagegen nicht verfügbar.
- Alle *Ein- und Auszahlungen einer Wallet sind öffentlich einsehbar* – nicht bei Privacy Coins – und können deshalb nachverfolgt werden.
- Bei einer *Kontonummer* ist der *Besitzer des Kontos bekannt*. Bei einer Wallet-Adresse kennt man dagegen den Eigentümer nicht. Die *Wallets* sind *pseudonym*, da man den dahinterstehenden Namen nicht kennt. Es kann aber sein, dass auch der zugehörige Name bekannt ist, insbesondere wenn der Eigentümer dies selbst veröffentlicht.
- Der Private Key ist als Zugangsberechtigung ähnlich wie eine *PIN* bei einem Bankkonto. Verliert man die PIN, kann man aber über eine erneute Identifizierung bei der Bank wieder die Zugangsberechtigung erlangen. Verliert man den *Private Key*, kann die Zugangsberechtigung nur über einen Seed wiederhergestellt werden. Ansonsten hat man endgültig den Zugang und die Verfügungsgewalt über seine Coins verloren.

Der Besitz der Coins kann also nur mit dem Schlüsselpaar von Public und Private Key ausgeübt werden. Meist wird nicht nur ein Paar genutzt, sondern sehr viele. Diese Paare generieren sich aus einem **Masterschlüssel (Master Key)**, auch **Seed** genannt. In gewisser Weise betreibt man dadurch seine eigene Bank. Kein Dritter kann Coins transferieren oder konfiszieren. Verliert man den Private Key, hat man keinen Zugang mehr zu seinen Coins. Ein Reset des Passwortes oder eine neue PIN von der Bank bekommt man hier nicht. Nur über einen Master Key können die Paare aus Public und Private Key wiederhergestellt werden. Dieser muss deshalb strengstens geheim gehalten werden. Er wird in einem **Seed Phrase (Mnemonic)** abgebildet. Der Master Key besteht dann aus einer Folge von bis zu 24 englischen Wörtern. Mit diesem Seed Phrase kann dann die gesamte Wallet wiederhergestellt werden, selbst wenn man die Hardware Wallet oder das Handy verloren hat. Für ein Back-up der Wallet muss man deshalb nur einmal den Seed Phrase notieren. Dazu reicht ein Stück Papier für die sichere Aufbewahrung, eine **Paper Wallet**. Oft wird man den Seed mehrmals kopiert an verschiedenen sicheren Orten lagern (zum Beispiel in einem Banktresor). Transaktionen kann man über eine derartige Paper Wallet natürlich nicht tätigen, dazu braucht es die Eingabe des Seeds in eine Wallet-App.

Die Private Keys sind in einer **Wallet** gespeichert. Diese Geldbörse hat die Aufgabe, die Private Keys zu verwahren und zu verwalten und mit diesen Transaktionen zu signieren, wenn Überweisungen getätigt werden. Am sichersten für die Aufbewahrung und praktikabelsten für die Durchführung von Transaktionen sind **Hardware Wallets**. Diese haben die Private Keys gespeichert und werden wie jeder USB-Stick mit dem Computer verbunden. Selbst eine an den Computer angeschlossene Hardware Wallet gibt die Private Keys nicht preis. Bei einer Transaktion wird diese von der Hardware Wallet signiert und nur die bereits signierte Transaktion dem Computer mitgeteilt. So hat selbst ein vireninfizierter Computer keinen Zugang zu den auf der Hardware Wallet gespeicherten Private Keys.

Entscheidend für das Verständnis von Bitcoin-Adressen ist, dass bei einer Transaktion immer der Gesamtbetrag der Quelle verteilt wird. Angenommen, Adresse A kontrolliert einen Bitcoin. Nun will die Person X, die den Zugang zu A hat, 0,2 Bitcoin an die Adresse B einer anderen Person schicken und signiert diese Transaktion. Diese Transaktion erfolgt, gleichzeitig wird aber der Restbetrag von 0,8 Bitcoin auf eine von der Software neu erzeugte Adresse C übertragen. Zu dieser Adresse C hat die Person X wieder den alleinigen Zugriff. Diese beiden neuen Adressen B und C nennt man dann **Unspent Transaction Outputs (UTXOs)**, und zwar so lange, bis von diesen Adressen eine neue Transaktion stattfindet. Dann würden diese Adressen wiederum aufgelöst und neue Adressen generiert und so weiter. Die Bitcoin-Adressen sind also Wegwerf-Adressen für den einmaligen Gebrauch. Das ist auch der wesentliche Unterschied zu einer Überweisung vom Bankkonto. Denn dieses als Quelle existiert natürlich nach einer Überweisung weiter und der Berechtigte hat damit wie vorher Zugriff darauf. Bei einer Bitcoin-Überweisung hört die Quelle, also die absendende Adresse, nach einer einzigen Transaktion auf zu existieren.

Durch diese kompliziert erscheinende Regelung kommt es nur zu einer **einmaligen Benutzung von Adressen**, die aber Sinn macht. Denn grundsätzlich sind die Transaktionen zwar pseudonym, da die Adressen zwar öffentlich sind, ihnen aber keine Namen der dahinterstehenden Personen oder Organisationen zugeordnet werden können. Würde eine Adresse nun mehrfach benutzt, könnten durch Querverbindungen eventuell Rückschlüsse auf die Identität des über die Adresse verfügenden Subjekts gezogen und seine sonstigen Transaktionen sichtbar werden. Da dies nicht gewünscht ist, verhindert das beschriebene Verfahren derartige Rückschlüsse.

In den Anfangstagen von Bitcoin war es noch möglich, diese direkt an eine IP-Adresse zu senden. Nachdem diese Methode wegen der leichten Angreifbarkeit aufgegeben wurde, führte man die P2PKH-Adressen (Pay To Public Key Hash) als Standardformat für Bitcoin-Adressen ein. Man zahlt also an die Hash einer öffentlichen Adresse. P2PKH-Adressen haben etwa 34 Zeichen und beginnen mit einer 1. Jede Wallet-Software kann eine P2PKH-Adresse oder beliebig viele generieren. Die Wallet nutzt einen privaten ECDSA-Schlüssel als asymmetrischen Signatur-Algorithmus. Von dem privaten Schlüssel kann die Wallet den öffentlichen Schlüssel ableiten, den man braucht, um Bitcoin zu versenden und zu empfangen. Dieser öffentliche Schlüssel wird durch Krypto-Algorithmen (Hash-Operationen) in die Bitcoin-Adresse überführt, die mit einer 1 beginnt. Durch Präfix und Prüfsumme sind diese Adressen besser zu handhaben, da Tippfehler durch deren Kontrolle auffallen und eine Transaktion dann unmöglich machen. Nur mit dem privaten Schlüssel kann eine mit dieser Adresse verbundene gültige Transaktion geschrieben werden.

Ein weiteres Adressformat bei Bitcoin sind die P2SH-Adressen (Pay To Script Hash). Dann wird nicht mehr an die Hash eines öffentlichen Schlüssels gezahlt, sondern an die Hash eines Scriptes. Dadurch sind flexiblere Methoden zur Bestimmung des Coin-Eigentümers möglich wie die Multi-Sig-Adressen, bei denen mehrere Parteien die Transaktion signieren müssen. Derartige Adressen erkennt man daran, dass sie mit 3 beginnen. Bei anderen Kryptowährungen wird zwar wegen derselben kryptografischen Generierung dasselbe Adressformat benutzt. Wegen der anderen Präfixe beginnen die Adressen der Altcoins aber mit anderen Zeichen, zum Beispiel L bei Litecoin, X bei Dash oder D bei Dogecoin. Bei P2SH-Adressen benutzt Litecoin dasselbe Präfix und fängt dann genau wie Multi-Sig-Adressen von Bitcoin mit einer 3 an. Ethereum-Adressen werden durch andere Algorithmen erzeugt. Die Adressen sind 42 Hex-String-Zeichen lang, nicht von Groß- und Kleinschreibung abhängig und beginnen mit 0x.

4.12 On-Chain- und Off-Chain-Transaktionen

On-Chain-Daten sind alle Daten, die direkt auf der Blockchain gespeichert sind. Beispiele für solche Daten sind Details zu jedem Block wie die Block Size, der Zeitstempel oder der Gaspreis, die Details zu jeder Transaktion wie der Transaktionsbetrag, die sendende und empfangende Adresse oder Daten im Zusammenhang mit dem Gebrauch von Smart Contracts. **On-Chain-Transaktionen (On-Chain Transactions)** finden *direkt auf der jeweiligen Blockchain* statt und werden dort aufgezeichnet. Diese

Transaktionen sind erst nach Bestätigung (*Verification*) und der entsprechenden Änderung auf der Blockchain gültig. Diese Validierung durch das Netzwerk führt dazu, dass die On-Chain-Transaktionen normalerweise eine längere Zeit benötigen als die Off-Chain-Transaktionen. Die Transaktionen führen dazu, dass der Blockchain immer neue Blöcke hinzugefügt werden. Dabei versteht man unter einer Transaktion die Übertragung einer bestimmten Menge eines Coins oder Token. Nach der Verifikation wird die Änderung an das ganze Blockchain-Netzwerk kommuniziert und ist *irreversibel*. Mit einer *Ausnahme*: Die Blockchain kann nachträglich geändert werden, wenn die Mehrheit der Hash Power des Netzwerks zur Übereinstimmung (Consensus) kommt, die Transaktion zu revidieren.

Für die sichere Durchführung von On-Chain-Transaktionen ist keine dritte Partei als Intermediär notwendig. Vielmehr basieren sie auf dem Prinzip der Dezentralität und werden nach den Regeln des Netzwerks ausgeführt. Im Gegensatz zu Transaktionen mit einer Kreditkarte braucht es bei Bitcoin-Transaktionen keine persönliche Identifizierung von Sender und Empfänger. Während Bitcoin-Transaktionen irreversibel sind, können solche mit Kreditkarten rückgängig gemacht werden, zum Beispiel bei betrügerischen Transaktionen. Die Übertragungsgebühren sind bei Bitcoin erheblich geringer als bei Kreditkarten.

Off-Chain-Transaktionen werden nicht auf, sondern außerhalb der Blockchain durchgeführt, so auf Sidechains, Zahlungskanälen wie beim Lightning Network von Bitcoin oder bei diversen Krypto-Dienstleistern. Die Order Books von Kryptobörsen sind ein Beispiel für Off-Chain-Daten und die dortigen Börsenumsätze ein Beispiel für Off-Chain-Transaktionen. Solche Off-Chain-Informationen können für Trader und Investoren sehr wichtig sein. Off-Chain-Lösungen umgehen die Limitierungen der Blockchain und sind deshalb viel besser skalierbar. Off-Chain-Transaktionen können im Gegensatz zu ihrem On-Chain-Pendant sofort ausgeführt werden und sind meist kostengünstiger. Auch kann eine größere Anonymität bei den Transaktionen erreicht werden, denn es gibt keine öffentliche Sichtbarkeit wie bei den Blockchains. Letztlich geht es bei solchen Off-Chain-Lösungen um eine Erweiterung der Funktionalität der Basis-Blockchain und eine Verbesserung des Nutzererlebnisses. Durch die Verbindung von Off-Chain mit On-Chain können Hybridlösungen geschaffen werden, die die Vorteile beider Systeme verbinden.

Bei den **Transaktionsgebühren** werden *Off-Chain-Gebühren* durch die jeweiligen Dienste bestimmt. So gibt es von den Kryptobörsen festgelegte Ordergebühren, die je nach Status (Maker oder Taker) unterschiedlich ausfallen können.[24] Diese werden von der Kryptobörse festgelegt, unabhängig von den aktuellen Umsatzvolumen an den Börsen, und sind für alle Coins gleich. Dagegen sind die *On-Chain-Gebühren*, die für auf der Blockchain bestätigte und eingetragene Transaktionen gezahlt werden müssen, variabel und von verschiedenen Faktoren abhängig. Diese Gebühren müssen für die bei der Bestätigung der Transaktionen durch die Validatoren eingesetzte Rechenleistung gezahlt werden.

Die *On-Chain-Gebühren* können je nach Blockchain, Transaktionsvolumen auf der Blockchain, Transaktionsgeschwindigkeit oder auch Transaktionsbetrag große Unterschiede aufweisen. So werden sich bei stark steigender Transaktionstätigkeit auf der Blockchain auch die Gebühren tendenziell erhöhen. Die Gebühren für On-Chain-Transaktionen könnten künftig tendenziell steigen. Im Gegensatz zu den Layer-1-Transaktionen werden die Kosten für Layer-2-Transaktionen auf Sidechains oder Zahlungskanälen wie dem Lightning Network eher fallen. Da letztlich die Layer-2-Lösungen, auf denen eine Vielzahl der Transaktionen stattfinden, an die Blockchain auf der Layer-1-Ebene andocken müssen, haben die Transaktionen auf Layer-1 einen größeren Wert.

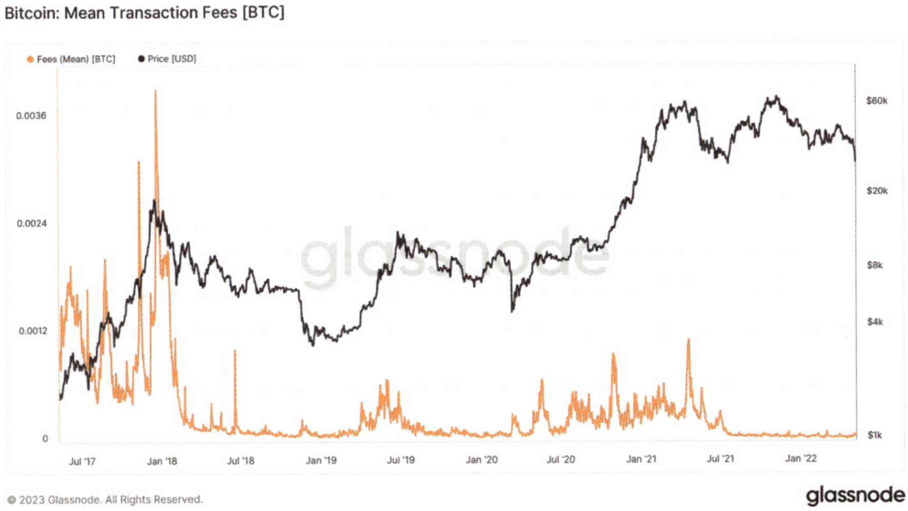

Abb. 4.1 *Gebühren- und Kursverlauf beim Bitcoin seit 2017 (Quelle: glassnode)*

Beim Bitcoin gab es im Laufe der letzten fünf Jahre immer wieder kurzfristig sprunghaft angestiegene On-Chain-Gebühren. Abb. 4.1 zeigt den Verlauf der durchschnittlichen Gebühren pro Transaktion, die in Bitcoin gerechnet werden. Eine Interpretation ist aber wenig eindeutig. Den großen Spitzen Ende 2017 und Anfang 2018 folgte der große Einbruch. Auch den Spitzen im April 2021 und Mai 2023 gingen starke Kursrückgänge voraus. Nach anderen Anstiegen wie im November 2020 war aber genau das Gegenteil der Fall. Plausibel wäre eigentlich, wenn ein leichter Anstieg der Gebühren mit Kursanstiegen korreliert wäre. Denn dieser Gebührenanstieg wäre ein Zeichen für die zunehmende Beliebtheit und Nutzung von Bitcoin. Ein zu starker Anstieg könnte dagegen eher ein Indikator für Probleme auf der Blockchain sein. Denn sprunghaft ansteigende Gebühren würden dann auf erhebliche Mängel bei der Skalierbarkeit hindeuten. Neben dem Anstieg als solchem hätte auch eine schnell wechselnde Folge der Gebührenhöhe Interpretationsbedarf. Während sich diese Variabilität beim Bitcoin zuletzt eher stabilisiert hat, kam es seit 2020 bei Ethereum zu sehr großen kurzfristigen Schwankungen. Diese Variabilität geht auf den sprunghaften Anstieg der auf Ethereum laufenden Anwendungen im Bereich DeFi, NFTs und Stablecoins zurück. Seit der Einführung von Ethereum 2.0 haben sich die Schwankungen bei den Gebühren aber deutlich geglättet.

Bei Ethereum müssen für Transaktionen auf der Blockchain Gebühren gezahlt werden. Diese Gasgebühren werden in Ether bezahlt, wobei die Gaspreise der besseren Lesbarkeit wegen in Gwei angegeben werden. Dabei entspricht ein Gwei einem Milliardstel Ether (ein Gwei = ein Nano-Ether = 0,000000001 ETH). Die Höhe der Gebühren hängt vom Gaslimit und vom Gaspreis ab. Das Gaslimit gibt die Anzahl der Schritte an, die zur Ausführung der Transaktion nötig sind. Dies können 21.000 Schritte oder auch deutlich mehr sein. Eine einfache Transaktion ist dabei wesentlich weniger aufwendig als die Ausführung eines Smart Contracts. Der Gaspreis ist der Preis für einen Schritt und wird in Gwei bemessen. Der Preis für die Transaktion ergibt sich dann durch Multiplikation von Gaslimit und Gaspreis.

Am 04.08.2021 wurde das Gebührensystem für Transaktionen bei Ethereum geändert. Die Base Fee ist der Minimumpreis für den Gaspreis und ändert sich je nach Netzwerkaktivität. Dabei wird die Base Fee verbrannt (Burning), wodurch bei Ethereum ein neues deflationäres Element eingebaut wurde. Von den Nutzern wird deshalb eine Art Trinkgeld (Tip) erwartet, damit die Transaktion bevorzugt behandelt wird (Priority Fee). Durch die Base Fee werden die Transaktionskosten besser prognostizierbar.

Es gibt auch Coins, bei denen dauerhaft keine On-Chain-Gebühren gezahlt werden müssen. Ein Beispiel dafür ist Nano, die mit Open Representative Voting einen völlig anderen Konsensmechanismus benutzen. Trotzdem ist die Bestätigungszeit von Transaktionen bei Nano mit unter einer Sekunde extrem schnell. Allerdings kann man auch infrage stellen, ob eine Gebührenfreiheit positiv zu werten ist. Denn normalerweise kostet jede Leistung etwas, die wirklich einen Wert hat.

4.13 Mining

Der **Zweck des Minings** von Kryptowährungen wird meist in der Schaffung neuer Coins gesehen und als reiner Produktionsprozess missverstanden. Das Mining ist aber primär der *Mechanismus, der die Sicherheit des dezentralen Netzwerks gewährleistet.* Die neuen Coins zur Entlohnung der Miner sind nur das Anreizsystem, damit die Miner überhaupt diese mit Kosten für Hardware und Energie verbundene Arbeit auf sich nehmen. Mining funktioniert über die weltweit verteilten Miner wie ein dezentrales Bitcoin-Rechenzentrum und ist ein Prozess, bei dem Rechenleistung zur Transaktionsverarbeitung, Absicherung und Synchronisierung aller Nutzer im Netzwerk zur Verfügung gestellt wird.[25] Dabei werden alle Transaktionen im Bitcoin-Netzwerk abgewickelt, indem sie für einen bestimmten Zeitraum gesammelt und in einer Liste zusammengefügt werden, dem sogenannten Block. Die Miner bestätigen als eine Art Wirtschaftsprüfer diese Transaktionen, tragen sie in ein Kontenbuch ein und werden dafür mit Bitcoin entlohnt. Das Kontobuch enthält jede bereits getätigte Transaktion mit den Informationen, welche Bitcoin-Adresse wie viel Bitcoin an welche Bitcoin-Adresse überwiesen hat.

Mit der **Blockbelohnung (Block Reward)** werden die Miner für ihren Aufwand bei der erfolgreichen Lösung eines neuen Transaktionsblocks entlohnt. Das Revolutionäre dabei ist, dass diese Entlohnung von keiner Person oder zentralen Instanz veranlasst wird, sondern vielmehr völlig dezentral funktioniert. Die Miner erhalten ihre Entlohnung vom Programm selbst. Keine zentrale Autorität ist hier involviert oder kann gar eingreifen. Der Block Reward besteht aus *zwei Komponenten*: dem *Blockanteil* und den *Transaktionsgebühren*. Der **Blockanteil (Block Subsidy, Coinbase Reward)** ist die in der Blockchain festgeschriebene Vergütung für die geleistete Arbeit des Miners beim Finden des Blocks, beim Bitcoin also aktuell (Stand Januar 2024) 6,25 Bitcoin (*Coinbase*). Diese Coins kommen zu den bisher geschaffenen und umlaufenden Coins neu hinzu. Die neu geschaffenen Coins entstehen durch eine *Coinbase-Transaktion*, die die Coins aus einem leeren Input gewissermaßen aus dem Nichts erzeugt. Diese durch Miner geschaffene Coinbase-Transaktion ist immer die erste Transaktion in einem Block. Alle 210.000 Blöcke wird dieser Blockanteil beim Bitcoin halbiert. Seit dem letzten Bitcoin-Halving vom Mai 2020 beträgt der Blockanteil 6,25 Bitcoin. Da die durchschnittliche Zeitdauer für die Generierung eines Bitcoin-Blocks zehn Minuten beträgt, gibt es *ungefähr alle vier Jahre eine Halbierung des Blockanteils* (**Halving**) beim Bitcoin. Bei anderen Blockchains kann es je nach Protokoll zu anderen Zeitspannen zwischen den Halvings kommen. Etwa im Jahr 2140 werden die letzten Bitcoin gemint und die maximal erzeugbare Menge von 21 Millionen Stück erreicht sein. Ab diesem Zeitpunkt bekommen die Bitcoin-Miner keinen Blockanteil mehr.

Zusätzlich zu dieser festen Entlohnung bekommt der Miner auch alle **Transaktionsgebühren (Transaction Fees)** in diesem Block. Diese Transaktionsgebühren werden von den Nutzern für ihre getätigten Transaktionen gezahlt und stammen deshalb aus den bereits umlaufenden alten Coins.

Im Zeitablauf bekommen die Miner also für ihre Tätigkeit zur Sicherung des Netzwerks eine immer geringere Bitcoin-Stückzahl als Blockanteil, bis er im Jahr 2140 sogar auf null fällt. Solange es noch Blockanteile gibt, können die Miner nur durch zwei Effekte das geringere Bitcoin-Einkommen kompensieren:

Der Bitcoin-Preis gerechnet in der Fiatwährung des Miners, die für ihn zur Bezahlung der Hardware, der Energiekosten und des Arbeitseinsatzes maßgeblich ist, muss steigen. So haben für den Miner die vor dem Halving 2020 gezahlten 12,5 Bitcoin pro Block bei einem Bitcoin-Preis von 10.000 Dollar den gleichen Wert wie die nach dem Halving halbierte Zahlung von 6,25 Bitcoin pro Block, wenn der Bitcoin dann beim doppelten Preis von 20.000 Dollar stehen würde.

Die andere Kompensation wären geringere Kosten beim Mining-Prozess durch geringere Energiekosten oder verbesserten Einsatz der Hardware. So ist Krypto-Mining eine globale Arbitrage auf die Strompreise.[26] Manche Stromerzeuger bezahlen Miner sogar für den Stromverbrauch in Nebenzeiten des Tages, um die Kapazität der Netze zu stabilisieren.

Wenn ab dem Jahr 2140 der Blockanteil völlig wegfällt, bleiben bei der Blockbelohnung nur noch die Transaktionsgebühren. Ohne diese Entlohnung hätten die Miner kein Interesse mehr, durch ihre Tätigkeit die Sicherheit des Netzwerks aufrechtzuerhalten. Bei zu wenigen Transaktionen und zu geringen Transaktionsgebühren könnte das Mining also unprofitabel werden. Bis zum Jahr 2140 ist es aber noch lange hin. Bisher wurde nach den Halvings die Halbierung der Bitcoin-Stückzahl als momentan immer noch sehr dominanter Anteil am gesamten Block Reward jeweils aufgefangen durch die stark steigenden Bitcoin-Preise. Diese Effekte sind auch in Zukunft bei den nächsten Halvings zu erwarten – unter der Voraussetzung, dass die Bitcoin-Nachfrage weiter so stark bleibt. Außerdem spielt der wachsende Anteil der Transaktionsgebühren am gesamten Block Reward eine größere Rolle. Eine höhere Gebühr für schnellere Transaktionen würde einen gewissen Ausgleich bieten. So könnte eine Art Auktionsmarkt für Transaktionen entstehen, bei dem schnellere Transaktionen durch höhere Gebote für Transaktionsgebühren von den Minern bevorzugt abgewickelt würden.

5 TAXONOMIE VON KRYPTO-ASSETS

5.1 Begriffsverwirrungen – Kryptowährungen, Krypto-Assets, Coins, Altcoins und Token

Der Begriff **Kryptowährungen (Cryptocurrencies)** wird fälschlicherweise oft für alle Arten von Coins und Token verwendet. Krypto*währung* beinhaltet aber, dass es sich um eine *Währung im Sinne von Geld* handeln muss. Geld ist das Konzept, eine Währung ist die Umsetzung dieses Konzepts. Geld dient als Zahlungsmittel (Medium of Exchange), zur Wertaufbewahrung (Store of Value) sowie als Recheneinheit (Unit of Account) zur Bewertung von Gütern und Dienstleistungen. Die meisten Coins und Token erfüllen diese Funktionen nicht, sie haben keine Währungsfunktion. Kryptowährungen sind also eigentlich nur digitale und virtuelle Währungen, die durch Kryptografie verschlüsselt und gesichert werden. Die kryptografischen Verschlüsselungstechniken werden benutzt, um sämtliche Transaktionen in diesen Kryptowährungen auf ihre Richtigkeit zu überprüfen und diese dann irreversibel und dezentral zu speichern. Die bekannteste Kryptowährung ist der Bitcoin, daneben gibt es noch andere wie Litecoin oder Monero.

Der Begriff der Kryptowährung resultiert aus dem ursprünglichen Geschäftsmodell von Bitcoin als dezentralem und zensurresistentem Zahlungsmittel. Andere Coins sind deshalb keine Kryptowährungen. Viele Utility Token wie der Ether der Smart-Contract-Plattform Ethereum haben zwar auch eine Zahlungsfunktion, ermöglichen vor allem aber bestimmte Nutzungsrechte auf der Plattform. So ist Ether eher als ein Rohstoff wie Öl zu betrachten und nicht als Währung. Im realen Leben würde niemand auf die Idee kommen, Öl wie eine Währung zu benutzen und damit zum Beispiel ein

Buch kaufen zu wollen. Nach den Prozessplattformen kamen weitere Geschäftsmodelle wie die ICOs als Finanzierungsform für Kryptoprojekte, die ähnlich wie Aktienemissionen zu sehen sind. Auch hier wird der Unterschied zu Währungen klar, denn mit Aktien würde ebenfalls niemand beim Bäcker bezahlen.

Von daher muss bei einer Gesamtbetrachtung des Kryptomarktes von **Krypto-Assets (Kryptowerte)** gesprochen werden. Dieser Oberbegriff umfasst alle Coins und Token. Denn alle haben letztlich eine Gemeinsamkeit: Sie sind kryptografisch verschlüsselt und gesichert und repräsentieren bestimmte Werte oder Rechte. Für Anleger ist die Beurteilung der Werthaltigkeit entscheidend und diese richtet sich vor allem am Potenzial der Krypto-Anwendungen aus. Krypto-Assets sind in ihrer Gesamtheit nicht unbedingt als neue Assetklasse zu begreifen. Teilbereiche von Krypto-Assets, insbesondere Asset Token wie die verschiedenen wertpapierähnlichen Token, können vielmehr auch einfach nur eine neue Darstellungsform von herkömmlichen Assetklassen wie Aktien, Anleihen oder Immobilien sein.

Die *BaFin* definiert Krypto-Assets wie folgt: „Als Krypto-Assets können ... alle Anlagen in digitaler Form verstanden werden, die keine Finanzinstrumente nach § 2 Abs. 4 WpHG sind, kein gesetzliches Zahlungsmittel darstellen, keine Rechte verbriefen und nicht von einer verantwortlichen (zentralen) Institution wie beispielsweise einer Zentralbank überwacht beziehungsweise ausgegeben werden. Krypto-Assets sind typischerweise durch Verschlüsselungstechnologien gesichert und dezentral nach der DLT organisiert. Nicht unter die Definition der Krypto-Assets fallen damit sogenannte Security Token, welche wertpapierähnliche Eigenschaften aufweisen ...“[1]

MiCAR (Markets in Crypto Assets Regulation), die im Jahr 2023 in Kraft getretene und ab Dezember 2024 voll anwendbare Verordnung zur Regulierung von Kryptowerten, definiert einen Kryptowert als „eine digitale Darstellung von Werten oder Rechten, die unter Verwendung der Distributed-Ledger-Technologie oder einer ähnlichen Technologie elektronisch übertragen und gespeichert werden können“.[2]

Eine ähnliche Definition findet sich im *KWG* (Kreditwesengesetz). Dort werden in § 1 Abs. 11 Satz 4 Kryptowerte definiert: „Kryptowerte im Sinne dieses Gesetzes sind digitale Darstellungen eines Wertes, der von keiner Zentralbank oder öffentlichen Stelle emittiert wurde oder garantiert wird und nicht den gesetzlichen Status einer Währung oder von Geld besitzt, aber von natürlichen oder juristischen Personen aufgrund einer Vereinbarung oder tatsächlichen Übung als Tausch- oder Zahlungsmittel akzeptiert wird oder Anlagezwecken dient und der auf elektronischem Wege übertragen, gespeichert und gehandelt werden kann.“

Die *Wissenschaft* lehnt sich weitgehend an diese KWG-Definition an. So definiert Phillip Sandner[3] Kryptowerte als

- digitale Vermögenswerte, die mit einer Distributed-Ledger-Technologie (DLT) aufgezeichnet und kryptografisch gesichert sind,
- hinter denen keine bestehende zentrale Instanz, etwa in Form einer staatlichen Behörde oder juristischen Person/Entität, steht
- und die keinen intrinsischen Wert haben und auch keine Absicherung durch Vermögenswerte mit intrinsischem Wert.

Coins können grundsätzlich unterschieden werden in *Bitcoin* und *Altcoins.* Alternative Kryptowährungen (Alternative Cryptocurrency Coins) werden **Altcoins** genannt. Im allgemeinen Sprachgebrauch werden häufig alle Coins und Token außer Bitcoin als Altcoins bezeichnet. Wirkliche *Altcoins* zeichnen sich aber dadurch aus, dass sie eine *eigene unabhängige Blockchain* besitzen, auf der alle Transaktionen ihrer Coins stattfinden. Sie sind die Enabler im Ökosystem des jeweiligen Blockchain-Netzwerks. Denn damit wird beim Bitcoin die Arbeit der Miner, die das Netzwerk aufrechterhalten, oder bei Ethereum die Gebühr für das Ausführen von Smart Contracts bezahlt. Man bezeichnet derartige Altcoins auch als **native Coins/Token.**[4] Kryptowährungen im engeren Sinn (Payment Token) sind aber nur eine Teilmenge davon.

Einige Altcoins versuchen Verbesserungen zum Bitcoin bei zumindest einem technologischen Charakteristikum zu bieten, wenn sie auf den gleichen Use Case wie Bitcoin abzielen. Dies kann die Transaktionsgeschwindigkeit, die Mining-Methode oder das Hashing betreffen. Teilweise sind sie Bitcoin-Forks, also eine Variante von Bitcoin. Diese verwenden das Open-Source-Originalprotokoll von Bitcoin und verändern den zugrunde liegenden Code, wodurch ein völlig neuer Coin mit anderen Funktionen geschaffen wird. Die Bitcoin-Forks laufen deshalb auf einer eigenen Blockchain, auch wenn diese aus einer Änderung der Bitcoin-Blockchain resultiert. Die bekannteste Bitcoin-Fork ist Bitcoin Cash, daneben gibt es aber noch einige andere. Neben diesen von Bitcoin abgeleiteten Altcoins gibt es etliche andere Altcoins mit eigener Blockchain. Diese haben dann meist einen ganz anderen Use Case als Bitcoin. Beispiele sind Ethereum, Cardano oder Solana.

Im Gegensatz zu Coins laufen **Token** *nicht auf einer eigenen Blockchain.* Diese werden auch **nicht-native Coins/Token** genannt und nutzen *eine andere vorhandene Blockchain,* die die Erstellung dezentraler Anwendungen (*dApps*) erleichtert.[5] Auf diese fremde Blockchain werden die Token über Standardmodule aufgesetzt, ohne dass der Code dieser fremden Blockchain modifiziert werden muss. Die Funktionalität erfolgt durch die *Verwendung intelligenter Verträge (Smart Contracts).* Das sind programmierbare Computercodes, die sich selbst ausführen und für deren Betrieb keine dritte Partei mehr erforderlich ist. Die *führende Blockchain für die Generierung von Token ist Ethereum* mit den ERC-20-Token.[6] Die Token können dann ein bestimmtes

Asset repräsentieren (Asset Token) oder gewähren Zugang zu einer bestimmten Anwendung (Utility Token). Wegen der einfachen Erschaffung gibt es viel mehr Token als Coins. Denn es muss weder der Code einer bestehenden Blockchain geändert noch eine neue Blockchain erstellt werden.

Es gibt einige **Vorteile von nicht-nativen Token** gegenüber nativen Coins:

- Die Entwickler von Token müssen keine eigene Blockchain entwickeln. Sie können die Eigenschaften der etablierten Blockchain direkt nutzen.
- Die Nutzung der vorhandenen Blockchain spart Zeit, Geld und Ressourcen.
- Nicht-native Token profitieren vom Funktionsumfang und der Sicherheit der etablierten Basis-Blockchain. Es müssen keine Miner zur Verifikation der Transaktionen gefunden werden. Für eine starke und kaum angreifbare Blockchain wäre eine Vielzahl von Minern notwendig. Neben diesen sind für die Sicherheit auch eine starke Entwickler-Community und eine bewährte Governance nötig.

Es gibt weitere Unterscheidungen und Bezeichnungen bei den Coins und Token, die sich vom Use Case oder anderen Merkmalen ableiten und in den folgenden Kapiteln näher behandelt werden. So kennt man Currency oder Payment Token wie Bitcoin oder Litecoin, Platform Token wie Ethereum oder Exchange Token wie BNB oder Huobi Token. Mit zunehmender Reife des Kryptomarktes hat sich ein differenzierteres Verständnis der unterschiedlichen Kategorien entwickelt und schlägt sich auch in der Bewertung der Token nieder.

Die oben genannten Bezeichnungen werden oft als **synonyme Begriffe** verwendet. So werden im allgemeinen Sprachgebrauch unter Altcoins meist alle Coins und auch Token außer Bitcoin verstanden. Andererseits wird in den folgenden Klassifizierungen der BaFin und der ITSA nur von Token gesprochen. Auch in dieser Publikation werden deshalb die Begriffe **Coins** und **Token** nicht unbedingt immer nur wie oben definiert benutzt. Dies wäre ähnlich wie die korrekte gendergerechte Sprache etwas umständlich, da sonst im Text meist von Coins und Token gesprochen werden müsste. Wenn also im Text von Coins gesprochen wird, kann dies auch die wie oben definierten Token betreffen und umgekehrt.

Eine weitere Unsauberkeit ist die häufig fehlende **Differenzierung zwischen dem Namen des Kryptoprojekts und der zugehörigen Kryptowährung**. Vielfach wird der Name des Projekts beziehungsweise der Technologie gleichgesetzt mit dem Namen des Coins. So spricht man von *Ethereum* als Kryptowährung. Ethereum ist aber der Name der Blockchain und *Ether (ETH)* der Name der dazugehörigen nativen Kryptowährung. Die Technologie muss auch nicht unbedingt auf einer Blockchain basieren. So verwendet das Ripple-Netzwerk keine Blockchain. Stattdessen werden die Transaktionen über Validierungsserver abgewickelt, die die erhaltenen und verarbeiteten Informationen ständig mit einer gemeinsamen Datenbank (Ledger) abgleichen. Auch hier wird meist von *Ripple* gesprochen, wenn die Kryptowährung gemeint ist. Die Kryptowährung von Ripple heißt aber *XRP*.

In der Tabelle 5.1 werden einige Namen von großen Coins und Coinkürzeln aufgeführt, deren Namen sich wesentlich vom zugehörigen Projekt unterscheiden. Allerdings werden selbst bei Coinmarketcap und anderen die Namen des Projekts oft als Coin-Namen verwendet. Meist spricht man von Ethereum, wenn der Coin Ether gemeint ist. Ebenso ist fast immer von Ripple zu lesen, wenn von deren Kryptowährung XRP gesprochen wird.

Projekt	Coin	Börsenkürzel
Ethereum	Ether	ETH
Ripple	XRP	XRP
Cardano	ADA	ADA
Terra	LUNA	LUNA
Polygon	Polygon	MATIC
Cosmos	Cosmos	ATOM
Stellar	Stellar Lumens	XLM
Decentraland	MANA	MANA
Dfinity	Internet Computer	ICP
Tezos	Tezos	XTZ
THORChain	THORChain	RUNE

Tab. 5.1 *Unterschiedliche Namen von Projekten und Coins beziehungsweise Coinkürzeln*

5.2 Taxonomie

Der **Begriff Taxonomie** hat seinen Ursprung in den Klassifizierungsverfahren der Naturwissenschaften. Dabei werden mit vereinheitlichten Verfahren Objekte klassifiziert und in Kategorien und Gruppen eingeordnet. Es ergibt sich eine hierarchische Klassifikation, die die Objekte in verzweigte Klassen und weiter in verschiedene Unterklassen einteilt. Dadurch soll es ermöglicht werden, Objekte mit einheitlichen Merkmalen zu identifizieren und diese dann besser untersuchen und vergleichen zu können.

Ein Beispiel dafür ist die Taxonomie in der Biologie, die die Lebewesen in Klassen und mehrere hierarchisch geordnete Unterklassen einteilt. Entscheidend bei solchen Klassifikationen sind sinnvolle Unterscheidungsmerkmale. Dabei richtet sich die Sinnhaftigkeit der Merkmale nach der Zielrichtung und dem Zweck der Untersuchung.

Auch bei den **Krypto-Assets** werden die Merkmale für die Gruppeneinteilungen nach dem Ziel der Einteilungen ausgewählt. So versuchen die Regulatoren in vielen Ländern, Kryptowährungen und andere Krypto-Assets mit den jeweiligen Vorschriften im Wertpapierhandel in Einklang zu bringen. In diesem Fall geht es dann darum, ob die Krypto-Assets aufgrund ihrer ähnlichen Eigenschaften wie Wertpapiere behandelt und deshalb den gleichen Vorschriften wie diese unterworfen werden.[7] Für diesen Zweck müssen dann Merkmale gefunden werden, die den wertpapierähnlichen Charakter belegen oder widerlegen. Auch für die Emittenten von Krypto-Assets sind solche Einteilungen wertvolle Entscheidungshilfen. Denn sie helfen ihnen, das richtige Design für ihre Coins und Token zu entwickeln und deren regulatorische Konsequenzen zu kennen. Beispielhaft werden im Folgenden drei Klassifizierungsansätze dargestellt.

5.3 Klassifizierungsansätze

5.3.1 Unterscheidungsansatz der BaFin

Im Zusammenhang mit einem Hinweisschreiben zu Prospekt- und Erlaubnispflichten bei der Ausgabe von Krypto-Token hat die BaFin diese auch in verschiedene Kategorien unterschieden:

1. **Utility Token (App Token, Nutzungstoken)**: Darunter werden Krypto-Token verstanden, „... die Zugriff auf bestimmte Dienstleistungen oder Produkte erlauben, ähnlich einer Eintrittskarte oder eines Gutscheins. In diese Kategorie fiel die Mehrzahl der hier bisher bekannten im Inland im Rahmen eines ICOs ausgegebenen Krypto-Token. Grundsätzlich stellen Utility-Token keine Wertpapiere iSd WpPG oder Vermögensanlagen iSd VermAnlG dar. Solche Token sind in vielen Fällen auch keine Finanzinstrumente nach dem KWG.“[8]
2. **Zahlungstoken (virtuelle Währung, Payment Token, Bare-Bone Token)**: Diese sind „... ähnlich wie Bitcoin ausgestaltet, eine Nutzung der Token als alternatives Zahlungsmittel ist vom Anbieter beabsichtigt. Grundsätzlich stellen Zahlungstoken keine Wertpapiere iSd WpPG oder Vermögensanlagen iSd VermAnlG dar, sie sind aber regelmäßig Finanzinstrumente nach dem KWG.“[8]
3. **Wertpapier(ähnliche)-Token (Equity Token, Security Token, Investment Token, Asset Token)**: „Inhabern solcher Token stehen mitgliedschaftliche Rechte oder schuldrecht-

liche Ansprüche vermögenswerten Inhalts zu, die denen eines Aktieninhabers oder Inhabers eines Schuldtitels vergleichbar sind (zum Beispiel Ansprüche auf dividendenähnliche Zahlungen, Mitbestimmung, Rückzahlungsansprüche, Verzinsung). Wertpapier(ähnliche)-Token stellen grundsätzlich Wertpapiere iSd ProspektVO, des WpPG und des WpHG dar und sind daneben auch Finanzinstrumente iSd KWG.“[8]

4. **Mischformen (hybride Token):** Viele Anbieter wollen künftig ihre Utility Token auch als Zahlungsmittel nutzen. In diesen Fällen ist für die BaFin-Einordnung entscheidend, auf welchen Funktionen der Schwerpunkt des Token liegt. In jedem Fall ist eine umfassende und verbindliche aufsichtsrechtliche Einordnung notwendig.

5.3.2 ITSA-Klassifizierung

Die ITSA (International Token Standardization Association) hat sich zum Ziel gesetzt, **Marktstandards für die Identifizierung, Klassifikation und Analyse von DLT- und blockchainbasierten kryptografischen Token** zu entwickeln und umzusetzen.[9] Die ITSA hat mehr als 100 renommierte Gründungsmitglieder: große Unternehmen, Start-ups, Token-Emittenten, Investoren, Börsen, Universitäten, Researchhäuser, Beratungsgesellschaften, Rechts- oder Steuerkanzleien, große Vereinigungen. Auch der Deutsche Fondsverband BVI und der Bundesverband deutscher Banken sind assoziierte Gründungsmitglieder. Die ITSA verfolgt gemäß ihrer Zielsetzung drei Standardisierungsprojekte: die Identifizierung über die Internation Token Identification Number (ITIN), die Klassifizierung über die International Token Classification (ITC) und die Analyse über die International Token Database (TOKENBASE).

5.3.2.1 Identifizierung: International Token Identification Number (ITIN)

Schon die **Identifizierung eines Token** kann *wegen manchmal ähnlicher Namen oder Tickersymbole verwirrend* sein. Manchmal ist diese Verwirrung im Rahmen von Betrügereien sogar gewollt. So benutzten Bitcoin Gold und das mittlerweile inaktive Projekt Bitgem beide das Symbol BTG. Selbst die Nummer 1 der Coins, Bitcoin, wurde bei der Kryptobörse Kraken mit XBT statt BTC geführt.[10] Daneben kann es auch zu einer *Änderung des Token-Namens bei gleichbleibendem Tickersymbol* kommen. Dies war 2021 bei der Umbenennung von Matic Network in Polygon der Fall, der Ticker blieb mit MATIC unverändert. Oder *der Token behält seinen alten Namen, bekommt aber ein neues Tickersymbol.* So war es zum Beispiel bei Bitcoin Cash, die zuerst unter BCC und dann unter BCH gelistet wurden, da das heute inaktive Projekt BitConnect schon BCC benutzte.

Dieses Durcheinander nahm die ITSA zum Anlass, für jeden Token eine eindeutige **Identifizierung über die International Token Identification Number (ITIN)** zu ermöglichen. Diese lehnt sich an die International Security Identification Number

(ISIN) an, durch die Wertpapiere weltweit eindeutig identifiziert werden können. Die ISIN wird auf Antrag des Emittenten des Wertpapiers von der National Numbering Agency zugewiesen. Dagegen wird die ITIN proaktiv, kostenlos und global von der ITSA jedem kryptografischen Token zugewiesen. Sie besteht aus einem 9-stelligen alphanumerischen Code, der sich aus einer Token-ID und einer Prüfsumme zusammensetzt. Die Token-ID wird aus zwei Blöcken mit jeweils vier alphanumerischen Zeichen und durch einen Bindestrich getrennt gebildet. Die ähnlichen Buchstaben I, L und O sowie die Zahlen 0 und 1 werden wegen Verwechslungsgefahr nicht benutzt. Die Generierung der tatsächlichen ISIN erfolgt dann zufällig. Token-IDs, die tatsächliche Wörter enthalten, werden eliminiert. Hinter der Token-ID folgt dann noch die Prüfsumme (Checksum) als einstelliges alphanumerisches Zeichen.

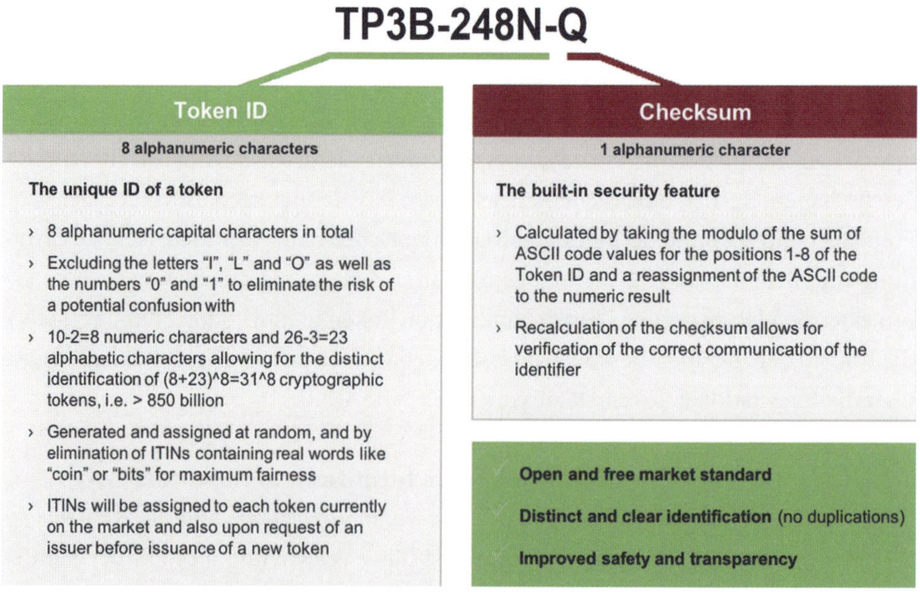

***Abb. 5.1** Bestandteile der ITIN (Quelle: ITSA)*

5.3.2.2 Klassifizierung: International Token Classification (ITC)

Die **International Token Classification (ITC)** wurde unter Leitung des Frankfurt School Blockchain Center unter Mitarbeit unabhängiger Wissenschaftler und Branchenexperten entwickelt. Mit dieser Klassifizierung wird Token-Emittenten, Investoren, Regulatoren und anderen Nutzern eine schnelle Einordnung von Token möglich. Es werden *wirtschaftliche, technologische und rechtliche Aspekte von DLT- und blockchainbasierten kryptografischen Token in vier Dimensionen* abgedeckt. Die Struktur der ITSA-Klassifizierung ist hierarchisch gegliedert in drei Dimensionsgruppen (Economic, Technological und Legal Dimension) mit verschiedenen Ausprägungen der

Dimensionen (wie Economic Purpose und Issuer Industry bei den Economic Dimensions). Danach wird weiter in Kategorien, Subkategorien, Klassen und so weiter unterteilt.[11]

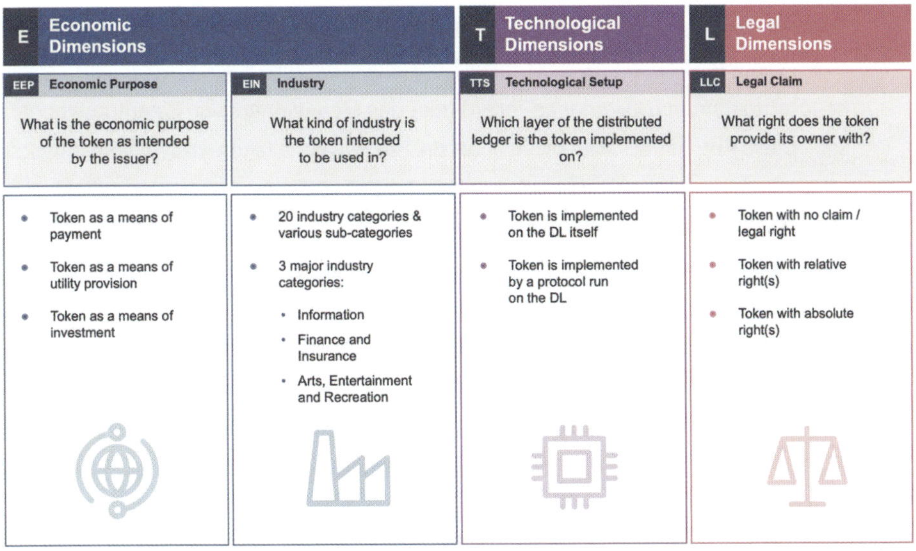

Abb. 5.2 *ITC – International Token Classification (Quelle: ITSA)*

Dimension 1: Economic Purpose (EEP)

Der Economic Purpose (EEP) oder wirtschaftliche Zweck fragt nach der **Existenzberechtigung des Token aus Sicht des Emittenten**. Diese Dimension umfasst drei Hauptkategorien:

1. **Payment Token** (EEP21): Hierunter fallen alle Token, die primär für die *Verwendung als digitale Währungen* konzipiert werden und die *dabei nicht beschränkt sind auf eine bestimmte Umgebung* wie eine bestimmte Plattform, einen bestimmten Onlineshop oder ein bestimmtes Ökosystem. Die Kategorie umfasst kryptografische Währungen wie Bitcoin, schließt andere wie Ethereum oder EOS – die allgemein auch als Kryptowährungen bezeichnet werden – aber aus, deren alleiniger Zweck eben nicht die Verwendung als digitales Zahlungsmittel ist.
   Die Payment Token können weiter unterteilt werden in:
   - **Unpegged Payment Token**: Deren *Wert bestimmt sich durch Angebot und Nachfrage am Markt*, deshalb kann der Preis sehr stark schwanken. Der bekannteste Vertreter dieser Kategorie ist natürlich der Bitcoin.
   - **Pegged Payment Token (Stablecoins)**: Deren *Wert bestimmt sich nach einer bestimmten Bezugsgröße*. Meist wird dies eine Fiatwährung sein (wie Euro oder US-Dollar), es können aber auch andere Assets sein wie Rohstoffe. Der bekann-

teste Stablecoin ist der Tether, dessen Wert sich normalerweise 1:1 nach dem Dollar richtet.

2. **Utility Token** (EEP22): Diese zweite nach dem wirtschaftlichen Zweck gebildete Kategorie umfasst alle Token, die *zur Bereitstellung eines bestimmten Nutzens in einer definierten Umgebung geschaffen* wurden. Dies kann der Zugriff auf bestimmte Services oder Produkte (*Access Token*), Transaktionsabwicklungen (*Settlement Token*), Governance-Funktionen (*Governance Token*) oder das Management von Eigentumsrechten sein. Diese Kategorie ist viel diverser als die der Payment Token, die Token beinhalten oft auch mehrere Nutzungsmöglichkeiten. Im Fall mehrerer Nutzungsmöglichkeiten wird der Token dann nach seiner Hauptfunktion klassifiziert. So werden beispielsweise Ethereum und EOS wegen ihrer Hauptfunktion Transaktionsabwicklung innerhalb des Ethereum- und EOS-Ökosystems als Utility Settlement Token bezeichnet.
3. **Investment Token** (EEP23): Die dritte nach dem wirtschaftlichen Zweck gebildete Kategorie sind die Investment Token. Diese sind für den Tokeninhaber ein Anlageinstrument wie Aktien, Anleihen oder Derivate. Im allgemeinen Sprachgebrauch findet sich als *Synonym für Investment Token* meist **Security Token**. Die ITSA sieht in dieser Dimension von dieser Bezeichnung ab, da diese weniger auf den wirtschaftlichen Zweck als auf den regulatorischen Status abzielt. Da die ITC weltweit anwendbar sein soll und der regulatorische Status in den verschiedenen Ländern stark voneinander abweicht, wird dieser bei dieser ersten Klassifizierung der ITSA überhaupt nicht berücksichtigt. Wenn später Klarheit über die internationale Regulierung der Token besteht, könnte dies bei einer späteren Neufassung berücksichtigt werden. Subkategorien bei den Investment Token sind zum Beispiel:
   - Asset-backed Token
   - Debt Token
   - Equity Token

Dimension 2: Issuer Industry (EIN)

In dieser Dimension geht es um die **Branche, in welcher der Token-Emittent tätig ist**. Dabei sind die Kategorien etwas breiter und allgemeiner, da sie auf dem North American Industry Classification System (NAICS) beruhen. Die drei Hauptkategorien sind hier Information, Finance and Insurance und Arts, Entertainment & Recreation. Die Hauptkategorien orientieren sich an Charakteristika der globalen Token-Ökonomie und erlauben eine bessere Unterscheidung in Bezug auf die spezifischen Verwendungsbereiche.

1. **Information** (EIN9): Als Beispiel wird hier EOS genannt. Subkategorien sind zum Beispiel:
   - Advertising, Marketing & PR

- Media & Social Media
- IT and Telecommunications

2. **Finance and Insurance** (EIN10): Als Beispiel für diese Kategorie wird Stellar genannt. Hier werden standardmäßig Payment und Investment Token eingeordnet in die Subkategorien Payment Services und Investment Services. Allerdings werden hier keine neuen Informationen hinzugefügt, die nicht bereits in Dimension 1 (Economic Purpose) abgedeckt wurden. Payment und Investment Token können aber auch anderen Branchen zugewiesen werden, zum Beispiel Payment Token im Bereich E-Sports. Diese könnten dann auch der Branchenkategorie Arts, Entertainment & Recreation zugeordnet werden. Investment Token (Equity oder Debt Token) werden der Branche des Unternehmens zugeordnet, das diese ausgibt.
3. **Arts, Entertainment & Recreation** (EIN17): Als Beispiel wird FunFair aufgeführt. Subkategorien sind hier zum Beispiel:
   - Arts and Culture
   - Recreation, Leisure and Travels
   - Betting and Gambling

Dimension 3: Technological Set-up (TTS)

Hier geht es um die technologischen Eigenschaften eines Token und den Stand seiner Implementierung. Zwei Hauptkategorien werden hier unterschieden:

1. **Ledger-Native Token** (TTS41): Das sind alle Token, die direkt in der Blockchain oder einem anderen verteilten Ledger implementiert sind und somit als integraler Bestandteil des jeweiligen Ledgers funktionieren. Als Beispiel wird hier XRP von Ripple aufgeführt. Die Subkategorien unterscheiden den Typ des Ledgers, auf dem der Token implementiert ist:
   - Blockchain
   - Tangle (Directed Acyclic Graph, DAG)
2. **Application Layer Token** (TTS42): Hier werden alle Token erfasst, die nicht auf der Ebene des Hauptbuchs, sondern auf der Protokollebene über einer vorhandenen Blockchain oder einem verteilten Hauptbuch erstellt werden. Beispiel ist hier der Basic Attention Token. Bei den Subkategorien wird nach der Art der Protokolle (zum Beispiel ERC-20-Token) unterschieden.

Dimension 4: Legal Claim (LLC)

Hier geht es um den Rechtsanspruch des Token-Eigentümers. Diese Dimension kann als Basis für neue Dimensionen in Bezug auf den regulatorischen Status gesehen werden. Denn die Rechte, die der Token seinem Besitzer verleiht, werden wesentlich für eine regulatorische Bewertung sein. Hier gibt es drei Hauptkategorien:

1. **No-Claim Token** (LLC31): Das Beispiel für Token ohne weiteren Rechtsanspruch als auf den Token selbst ist Bitcoin. Die meisten der derzeit am Markt befindlichen Token sind No-Claim Token. Deren Ökosysteme sind dezentralisiert und es können deswegen keine Ansprüche gegen einen Dritten erhoben werden.
2. **Relative Rights Token** (LLC32): Diese Token (wie der Binance Coin) beinhalten bestimmte Rechte gegenüber mindestens einer natürlichen oder juristischen Gegenpartei. Das kann zum Beispiel die Zahlung von Zinsen bei einem Debt Token sein oder das Zugangsrecht zu einer Plattform bei einem Access Token.
3. **Absolute Right Token** (LLC33): Hier wird dem Token-Inhaber ein eigenständig bestehendes Recht gewährt, das nicht von einem Dritten abhängig ist. So wären beispielsweise Eigentumsrechte an geistigem Eigentum ein solches absolutes Recht, das mit Absolute Right Token verwaltet und übertragen werden könnte. Ein Beispiel dafür gibt es aktuell nicht.

Dimension 5: Issuer Type (LIT)
Die folgenden zwei Dimensionen sind in Abbildung 5.2 noch nicht erfasst. Die Dimension Issuer Type gehört wie die vorherige zur Dimensionsgruppe Legal Dimension. Die Kategorien umfassen **rechtlich definierte Entitäten als Emittenten** (wie private und öffentliche Gesellschaften, Organisationen et cetera) und **nicht klar bestimmbare oder greifbare Emittenten**, die wie beim Bitcoin das autonom laufende Software-Protokoll unterstützen.

Dimension 6: Regulatory Status EU (REU)
Hier geht es um eine mögliche Einordnung der Token durch die Behörden in der EU, die auf der Regulation on Markets in Crypto Assets (MiCA) beruht. Mit den Unterteilungen in dieser Dimension soll dann eingeschätzt werden können, wie ein Token gemäß der MiCA-Regulierung eingestuft werden kann.

5.3.2.3 Analyse: International Token Database (TOKENBASE)

Diese Datenbank führt die qualitativen Daten ITIN und ITC zusammen mit quantitativen Marktdaten von Drittanbietern (aktuelle Marktpreise, Handelsvolumen, zirkulierendes und maximales Token-Angebot). Darüber hinaus gibt es zusätzliche Informationen wie Minability und Links zu relevanten Webquellen. Dies soll zu neuen und verbesserten Analysemöglichkeiten des Token-Universums führen.

5.3.3 Datonomy

Die Unternehmen MSCI, Coin Metrics und Goldman Sachs haben mit Datonomy ebenfalls eine Taxonomie digitaler Assets entwickelt.[12] Die Methodologie basiert auf den folgenden Prinzipien:

- Anwendungsbezogen: Die Krypto-Assets werden nach der Nutzung der Assets und des zugrunde liegenden Protokolls klassifiziert. Dabei geht es sowohl um die von den Entwicklern beabsichtigte Nutzung als auch um die im Markt zu beobachtende Nutzung. Assets innerhalb einer Klasse werden meist miteinander konkurrieren, wollen ähnliche Ziele erreichen oder ähnliche Dienstleistungen oder Operationen durchführen.
- Intuitiv: Die Namen und Bezeichnungen sollen die allgemeine Marktwahrnehmung in Bezug auf die Protokollabsicht und Nutzungsmuster reflektieren.
- Hierarchisch: Jedes Endsegment im Klassifikationsschema ist unabhängig und unterscheidet sich von anderen Endsegmenten. Ein Asset kann nicht zu mehr als einem Endsegment zugeordnet werden. Bei mehreren Anwendungsfällen wird das Asset dem Segment mit dem vorherrschenden Anwendungsfall oder einem Segment mit Plattformen für eine Vielzahl von Anwendungsfällen zugeordnet.
- Iterativ: Das digitale Ökosystem entwickelt sich und Datonomy passt sich dem an. Die Methodik zur Bewertung von Assets und deren Klassifizierung wird dann bei Bedarf angepasst.

Nach dieser Methodologie werden in Datonomy vier große Klassen ausgewiesen: Digital Currencies, Blockchain Infrastructure, Digital Asset Applications und On-Chain Derivatives. Damit ein einzelnes Asset in die Klassifikation aufgenommen wird, müssen noch einige Randbedingungen erfüllt sein. So muss das Asset weltweit für Investoren zugänglich sein und einen gewissen Minimumhandel an den Kryptobörsen aufweisen. Dabei müssen die Kryptobörsen gewisse Mindeststandards erfüllen. Durch das **Kriterium Handelbarkeit** unterscheidet sich die tatsächliche Kategorisierung vom ITSA-Ansatz. Kriterien wie die technische Architektur des Protokolls oder die Rechtsansprüche eines Coin-Inhabers spielen im Gegensatz zum ITSA-Ansatz keine Rolle.

Die Klassen, Sektoren und Sub-Sektoren werden durch Datonomy wie folgt unterteilt (Stand Februar 2023):

Digital Currencies: Darunter versteht man Blockchain-eigene digitale Währungen (native Kryptowährungen) zur Übertragung von Werten auf der Blockchain.

- Value Transfer Coins: Der Sektor hat keine weiteren Unterteilungen. Es handelt sich um Coins, die für die Wertübertragung bei allgemeinen On-Chain-Zahlungen genutzt werden.
- Specialized Coins
  - Meme Coins
  - Privacy Coins
  - Remittance Coins

Blockchain Infrastructure: Darunter werden Coins verstanden, die ihren grundlegenden Protokollen und Dienstprogrammen zugeordnet sind. Sie unterstützen die Entwicklung, Interoperabilität, Skalierung und das Wachstum der Blockchain-Technologie. Sie sind nativ für das Host-Protokoll oder ihre Anwendungen und unterstützen deren Betrieb.

- Smart Contract Platforms
- Blockchain Utilities
    - Network Scaling
    - Cross-Chain Interoperability
    - Blockchain Networks
- Application Utilities
    - Oracles
    - Digital Identity
    - Governance Tools
    - Software Development

Digital Asset Applications: Diese Kryptos sind für bestimmte On-Chain-Anwendungen entwickelt. Diese Anwendungen bieten den Blockchain-Nutzern bestimmte Services oder Produkte. Sie können auf einer zugrunde liegenden Allzweckplattform laufen oder auf einer eigenen App-spezifischen Blockchain.

- Decentralized Finance
    - Decentralized Exchanges
    - Derivatives Trading
    - Decentralized Lending
    - Stablecoin Issuers
    - Prediction Markets
    - Asset Management
    - Crowdfunding
    - Insurance
- Intermediated Finance
    - Intermediated Lending
    - Payment Platforms
    - Private Exchanges
- Business Services
    - Professional Services
    - Enterprise Solutions

- Information Technology
  - Data Services
  - Compute & Private Storage
  - Wallets & Messaging
  - Internet of Things
- Metaverse
  - Virtual Worlds
  - Gaming
  - NFT Ecosystems
- Media Services
  - Advertising
  - Content & Streaming

On-Chain Derivatives: Der Wert dieser Token bezieht sich auf bestimmte Vermögenswerte (Underlying Assets) oder Gruppen solcher Werte oder wird von diesen abgeleitet. Dabei können diese Assets sowohl On-Chain wie auch als reale Werte Off-Chain existieren.

- Stablecoins
  - Fiat-backed Stablecoins
  - Crypto-backed Stablecoins
  - Algorithmic Stablecoins
- Tokenized Assets
  - Asset-backed Token
  - Synthetic Token
- Claim Token
  - Liquidity Pool Token
  - Staked Token

5.4 Klassifizierung nach dem wirtschaftlichen Zweck

5.4.1 Payment Token

5.4.1.1 Mit und ohne Referenzgröße

Payment Token sind konzipiert zur *Verwendung als digitale Währung*. Von daher sollte diese Kryptokategorie die klassischen Geldfunktionen – zumindest teilweise – erfüllen: Ein Payment Token muss als Zahlungsmittel funktionieren, eine Wertaufbewahrung ermöglichen und als Recheneinheit einen Maßstab zur Bewertung von wirtschaftlichen Gütern liefern. Die Anwendung des Token als digitale Währung ist dabei nicht begrenzt auf einen bestimmten Anwendungsfall oder eine bestimmte Umgebung. Das analoge Äquivalent zu Payment Token sind die bekannten Fiatwährungen wie Euro oder Dollar sowie Edelmetalle wie Gold. Die Payment Token können weiter unterschieden werden in Unpegged und Pegged Payment Token.

Unpegged Payment Token: Der Wert dieser ungebundenen Token wird nicht von einer Referenzgröße beeinflusst. Vielmehr bestimmt sich der *Wert ausschließlich durch Angebot und Nachfrage* am Markt. Deshalb kann der Preis stark schwanken. Der bekannteste Vertreter dieser Kategorie ist natürlich der *Bitcoin*. Weitere Vertreter dieser Gruppe sind zum Beispiel Litecoin, Bitcoin Cash oder Bitcoin SV und die in Kapitel 5.4.1.2 behandelten *Privacy Coins* wie Monero, DASH und Zcash.

Pegged Payment Token (Stablecoins): Der Wert von Pegged Payment Token leitet sich von einer bestimmten Bezugsgröße ab. Sie *bilden den Wert eines Assets ab*. Dabei kann es sich sowohl um ein On-Chain-Asset wie eine Kryptowährung als auch um Off-Chain-Assets wie den Dollar oder Gold handeln. Bei den meisten Stablecoins ist das abgebildete Asset eine Fiatwährung wie der Euro oder der Dollar (*Fiat-Pegged Payment Token*). Aber auch alle möglichen anderen Assets wie Rohstoffe oder selbst andere Token als Bezugsgröße sind möglich (*Asset-Pegged Payment Token*). So sind die verbreiteten *Wrapped Token* einfach tokenisierte Versionen einer anderen Kryptowährung.

Im Idealfall bildet der Pegged Payment Token die Wertentwicklung eines Assets 1:1 ab. Abweichungen sind denkbar, wenn das Vertrauen in die Deckung durch das entsprechende Asset oder den Emittenten – ähnlich wie bei Zertifikaten – nicht vollumfänglich da ist. Im Idealfall sollte jederzeit überprüfbar sein, ob die ausgegebenen Pegged Payment Token durch die entsprechende Menge des abgebildeten Assets gedeckt sind. So gab es in der Vergangenheit immer wieder Zweifel an der Deckung des größten Stablecoins Tether durch einen entsprechenden Dollarbestand.

5.4.1.2 Privacy Coins

Teilweise herrscht immer noch das Missverständnis, dass Transaktionen von Bitcoin und anderen Kryptowährungen völlig anonym und nicht nachvollziehbar sind. Dabei ist das Gegenteil der Fall. Alle Transaktionen auf der Blockchain sind sichtbar, die Empfänger- und Senderadresse einer Transaktion ebenso wie die Menge an übertragenen Coins. Allerdings kann den Adressen kein Name des Berechtigten zugeordnet werden. Grundsätzlich ist dies bei einer Kontonummer einer Bank nicht anders. Jedoch kennt man bei einer Banküberweisung den Namen des Empfängers und der Empfänger sieht den Namen des Senders. Dies ist bei einer Transaktion mit Kryptowährungen meist nicht der Fall. Von daher sind diese Transaktionen zwar nicht anonym, aber immerhin pseudonym. Kann – aus welchen Gründen auch immer – aber einmal einer Adresse ein Name zugeordnet werden, können dann auch alle anderen Transaktionen der Person hinter dieser Adresse nachverfolgt werden.

Dagegen bieten Privacy Coins durch Verschleierung der Wallet-Adressen fast vollständige Anonymität. So werden bei Monero durch Verwendung von Stealth-Adressen und Ringsignaturen die Transaktionen nicht nachvollziehbar. Bei anderen Privacy Coins wie Dash und Zcash gibt es optionale Möglichkeiten, die Transaktionen anonym durchzuführen.

Privacy Coins kommen immer wieder ins Gerede, weil diese sich viel besser für kriminelle finanzielle Transaktionen eignen als „normale" Payment Token wie Bitcoin. Sie werden tatsächlich bei Erpressungen oder Käufen im Darknet benutzt. Andererseits können sie aber auch Schutz in autoritären Staaten bieten und so helfen, dem repressiven Druck zu entgehen. Daneben gibt es weitere sinnvolle Gründe für deren Verwendung. So wird immer wieder darüber nachgedacht, bestimmte Adressen auf eine schwarze Liste zu setzen und so die dort gelagerten Coins gewissermaßen zu sperren. Dies würde zwar nach einem Krypto-Hack Sinn machen. Allerdings könnten Aufsichtsbehörden auch Druck auf Kryptobörsen machen, wenn Coins irgendwann einmal im Zusammenhang mit einer kriminellen Transaktion aufgefallen sind. Dann könnten die im guten Glauben gekauften Coins trotzdem gesperrt werden. Bei Privacy Coins wäre das nicht so einfach möglich.

Die größten Privacy Coins nach Marktkapitalisierung sind Monero, Zcash und Dash (Stand Januar 2023). Auch Litecoin macht mit der Einführung von Mimblewimble einen Schritt in Richtung Privacy Coin, allerdings ist diese Einstellung dann optional.

5.4.1.3 Stablecoins

Stablecoins sind *digitale Abbildungen von traditionellen Vermögenswerten wie Fiatwährungen oder Gold oder auch Kryptowährungen.* Diese auf digitalen Wallets gehaltenen Abbilder von Fiatwährungen sind aber gerade keine gesetzlichen Zahlungsmittel und haben ein *Emittentenrisiko.* Wie in der analogen Welt bei Zertifikaten hängt der Wert eines Stablecoins vom abgebildeten Vermögenswert ab, er ist diesem gegenüber also wertstabil. Deswegen spricht man auch von wertreferenzierten Token. Ein dollarbasierter Stablecoin wird deshalb – bis auf kleine Differenzen – immer 1:1 den Dollarwert abbilden. Auch die Abbildungen von börsennotierten Aktien sind eigentlich diesen gegenüber Stablecoins. So hatte Bittrex nach den Exzessen bei GameStop und einigen anderen Aktien im Februar 2021 diese kurzerhand als digitale Abbildungen gehandelt. Es handelt sich dann um **Tokenized Stocks**, die hier aber unter die Investment Token subsumiert werden (vergleiche Kapitel 5.4.3.4).

Wrapped Token sind ebenfalls Stablecoins, denn sie bilden den Wert einer anderen Kryptowährung ab. Die wichtigsten Vertreter sind hier Wrapped Bitcoin und Wrapped

Ethereum, die jeweils die Kursentwicklung von Bitcoin und Ethereum 1:1 abbilden. Wrapped Token fungieren als Brücken zwischen verschiedenen Blockchains und ermöglichen es, auch nicht-native Token auf einer bestimmten Blockchain zu verwenden. Die den Wrapped Token zugrunde liegenden Kryptowährungen können so zwischen verschiedenen Blockchains übertragen werden. Der Nutzer kann den Wrapped Token auch jederzeit gegen die entsprechende Kryptowährung zurücktauschen. Durch die Wrapped Token wie WBTC und WETH schaffen dezentralisierte Kryptobörsen wie Uniswap neue Handelsmöglichkeiten. Bei einem Kauf von WBTC gegen Bitcoin generiert ein Treuhänder die WBTC per Minting und steckt die dafür erhaltenen Bitcoin in die Reserve. Bei einem Verkauf von WBTC gegen Bitcoin wird die entsprechende Menge Bitcoin aus den Reserven freigegeben und die korrespondierende Menge an WBTC dann verbrannt. Dieses Burning und Minting funktioniert ähnlich wie unten am Beispiel von Tether dargestellt. Von daher ist Vertrauen in den Treuhänder (Custodian) notwendig und es sind noch keine echten Cross-Chain-Transaktionen möglich. Wenn entsprechende dezentralere Optionen entwickelt sind, wird in Zukunft aber auch eine komplett vertrauenslose Erstellung und Einlösung von Wrapped Token möglich sein.

Stablecoins in ihrer wesentlichen Ausprägung ermöglichen dem Anleger den schnellen Tausch von Kryptowährungen wie Bitcoin in digitale Abbildungen von Fiatwährungen wie Dollar oder Euro. Es handelt sich dabei um *Krypto-Derivate*, die ähnlich wie Zertifikate im traditionellen Finanzsystem einen bestimmten Basiswert wie den Dollar abbilden. Stablecoins sind digitalisierte Versionen der Fiatwährungen. Sie werden von *zentralen Instanzen (Emittenten)* herausgegeben. Durch die Koppelung an eine Fiatwährung ist die Wertentwicklung solcher Stablecoins deshalb genauso von Entscheidungen der Politik und der Zentralbanken abhängig wie die Fiatwährung selbst. Die Funktion der Stablecoins sollte man trotzdem nicht unterschätzen. Denn diese digitalen Währungen eignen sich als Türöffner für eigentliche Kryptowährungen wie den Bitcoin. Sinn machen diese Produkte für Anleger, die schnell von schwankungsanfälligen Krypto-Anlagen wie Bitcoin in „sichere" Anlagen wie den Dollar wechseln wollen oder umgekehrt. Ohne diese Produkte wäre das nur über einen Tausch der Krypto-Anlagen in Fiatwährungen und eventuell anschließende schwerfällige und zeitaufwendige Überweisungen möglich. Mit einem dollar- oder eurobasierten Stablecoin kann der Anleger also von Kryptowährungen in Dollar oder Euro umschichten, ohne die Kryptowelt verlassen zu müssen. Umgekehrt ist er jederzeit für Neukäufe von Kryptowährungen gewappnet. Stablecoins eignen sich deshalb als ideale **On-Ramp-** (wenn Investoren Kryptos für Fiatgeld kaufen wollen) und **Off-Ramp-Vehikel** (wenn Investoren Kryptos gegen Fiatgeld verkaufen wollen). Außerdem können Überweisungen von Stablecoins weltweit sehr schnell und kostengünstig umgesetzt werden. Der bekannteste Stablecoin ist der im folgenden Kapitel behandelte dollarbasierte **Tether**.

Es gibt **Vor- und Nachteile von Stablecoins** in Bezug auf die Sicherheit im Vergleich zur abgebildeten Fiatwährung. Ein Vorteil von Stablecoins sind die Möglichkeiten der direkten und damit schnellen und kostengünstigen *Überweisungen zwischen verschiedenen Kryptobörsen*, die mit Fiatwährungen nicht umsetzbar sind. Ein weiterer Vorteil ist, dass sie auf *eigene Wallets* gezogen werden können. Damit werden sie dem Risiko entzogen, dass sie bei einem Hack der Kryptobörse gestohlen werden oder sie bei einer Pleite der Kryptobörse in der Insolvenzmasse untergehen. Dagegen gibt es diese Möglichkeit bei Fiatwährungen nicht. Diese müssten wieder zurück auf ein normales Bankkonto überwiesen werden, damit sie dem Insolvenzrisiko der Kryptobörse entzogen sind. Werden sie dann wieder für beabsichtigte neue Käufe an der Kryptobörse benötigt, müssten sie wieder vom Bankkonto zur Kryptobörse überwiesen werden. Dies kann kosten- und zeitintensiv sein. Das größte Sicherheitsrisiko bei Stablecoins ist das *Emittentenrisiko*. Bei einer Insolvenz des Emittenten des Stablecoins kann es wie bei Zertifikaten zu großen Verlusten bis hin zum Totalverlust kommen. Die Inhaber der Stablecoins haben in solchen Fällen als Gläubiger Ansprüche, die je nach der vorhandenen Insolvenzmasse nur zu einem Teil erfüllt werden können. Anleger parken nach Verkäufen von Kryptowährungen die Verkaufserlöse gern in Stablecoins, weil diese weitgehend als ebenso stabil angesehen werden wie die entsprechende Fiatwährung. Mit dem Emittentenrisiko gibt es hier aber ein zusätzliches Risiko, weshalb Stablecoins hier nicht die gleiche Sicherheit wie die Fiatwährung bieten.

Die Stablecoins können danach unterschieden werden, wie sie die **Garantie der Wertstabilität gegenüber dem Basiswert** gewährleisten. Dies kann durch eine Absicherung über klassische Assets, über Kryptowährungen und über eine algorithmische Absicherung erfolgen.[13]

Es gibt zwei Formen von **Collateral-backed Stablecoins**. Bei einer **Absicherung durch klassische Assets** muss für jeden Stablecoin die entsprechende Menge des Assets hinterlegt sein. Beispielsweise ist für einen USDT ein Dollar bei einem zentralen Emittenten oder einer Bank hinterlegt. Das Versprechen des Emittenten ist dann, dass ein dollarbasierter Stablecoin jederzeit gegen einen „echten" Dollar eingetauscht werden kann. Damit sind diese Token wie eine Art Schuldschein zu verstehen. Dem *Vorteil der direkten Wertverknüpfung mit einem regulierten traditionellen Asset* stehen auch Nachteile gegenüber. Denn es gibt keine Einlagensicherung bei einer Insolvenz der ausgebenden Instanz (wie Tether) und die Anleger müssen darauf vertrauen, dass die Basis-Assets auch tatsächlich in ausreichender Menge hinterlegt sind (*Kontrahentenrisiko*). Auch ist fraglich, wie man die tatsächliche Absicherung überprüfen kann. So gab es beim Tether immer wieder die Frage, ob und in welcher Größenordnung die ausgegebenen Tether tatsächlich durch hinterlegte Dollarbestände gedeckt sind. Eine vertrauensbildende Maßnahme wären hier in möglichst kurzen Abständen stattfindende regelmäßige Prüfungen einer externen Instanz. Schließlich gibt es noch eine

Art *Zentralbankrisiko.* Denn selbst wenn ein Stablecoin in voller Höhe durch entsprechende Dollarbeträge auf Bankkonten abgesichert ist, sind diese Reserven von Entscheidungen von Politik und Zentralbanken abhängig. Passen diesen Instanzen die Stablecoins nicht mehr, könnten sie den Banken die Aufrechterhaltung der entsprechenden Konten verbieten. Wie in diesem Fall dann die Absicherung gewährleistet werden könnte, ist unklar.

Bei einer **Absicherung durch Kryptowährungen** wird eigentlich das Prinzip des Stablecoins ein bisschen ad absurdum geführt. Denn bei dieser zweiten Form eines Collateral-backed Stablecoins ist der zur Garantie hinterlegte Wert erheblichen Schwankungen ausgesetzt. Kryptowährungen als Collateral (Sicherheit) haben zwar den *Vorteil einer größeren Dezentralität und Transparenz.* Wegen der vertraulichen Hinterlegung der Sicherheiten in einem Smart Contract kann auf ein zentrales ausgebendes Unternehmen mit dem damit verbundenen Kontrahentenrisiko verzichtet werden. Allerdings müsste wegen der hohen Volatilität der Kryptowährungen die *hinterlegte Sicherheitsleistung überproportional hoch* sein, damit auch bei Preisschwankungen der Wert der ausgegebenen Stablecoins garantiert werden kann. Ein Beispiel für diese Form von Stablecoins sind Dai von MakerDAO, deren Basiswert ein Dollar beträgt und deren Collateral Ether ist.

Ein dritter und zunehmend mehr verbreiterter Ansatz ist die **algorithmische Absicherung**. Hier werden zur Herstellung der Wertparität keine Sicherheiten hinterlegt. Vielmehr sollen automatisierte An- und Verkaufs-Algorithmen für einen stabilen Kurs sorgen. Das funktioniert prinzipiell ähnlich wie bei Zentralbanken (deswegen spricht man auch von Seignorage Shares), aber automatisch und *dezentral.* Steigt der Preis über den des angestrebten Basiswertes, erhöht der Algorithmus das Angebot, speist den Markt mit neuen Coins und drückt so wieder den Preis. Umgekehrt wird der Algorithmus Coins kaufen, wenn der Preis unter dem des Basiswerts liegt und so zu einem Kursanstieg führen. Den Vorteilen dieses Ansatzes (keine Einzahlung von Sicherheiten, transparent, dezentral ohne Intermediäre) stehen Nachteile gegenüber: Geringere Akzeptanz und Liquidität führen zu größerer Volatilität, der Algorithmus kann fehlbar sein. Es ist schwer zu prognostizieren, ob und wann das System bei außergewöhnlichen Marktsituationen zusammenbrechen würde.[14] In diesem Fall käme auch der schwerwiegendste Nachteil zum Tragen, nämlich dass es keinerlei hinterlegte Sicherheiten gibt.

Ein Beispiel für einen gescheiterten Coin aus dieser Kategorie sind die in Kapitel 10.14 erwähnten NuBits. Das bekannteste Beispiel ist aber der spektakulär gescheiterte UST von **Terra**. Hier gab es mit LUNA einen frei nach Angebot und Nachfrage schwankenden Coin, der zur Stabilisierung des UST verwendet wurde. Kurze Zeit nachdem die Marktkapitalisierung des zu sichernden Stablecoins UST größer wurde als die Kapitalisierung des zur Sicherung verwendeten LUNA, brach das System in einer Art Todesspirale zusammen. Dieser Aspekt wurde in der Diskussion um den Zusammenbruch kaum beachtet. Es kann aber nicht oder vielmehr sollte nicht sein, dass das zu sichernde Gut mehr wert ist als die Sicherheit.

Ein vierter Ansatz beruht auf einer **fraktional-algorithmischen Absicherung**. Der erste Coin, der diesen Ansatz verfolgt, ist Frax. Wie schon der Name suggeriert, ist dieser Stablecoin durch eine fraktionale Reserve an den US-Dollar gebunden. Mit diesem Mindestreserve-System soll die Kursstabilität gegenüber dem Dollar gewährleistet werden. Die Absicherung erfolgt teilweise durch Hinterlegung einer Sicherheit und teilweise durch Nutzung eines Algorithmus. Bei Frax wird das Verhältnis der hinterlegten Collaterals (Dollar) je nach dem Preis von Frax gegenüber dem Dollar angepasst. Liegt der Frax-Preis höher als der Dollarkurs, werden die Collaterals reduziert. Liegt der Frax-Preis niedriger als der Dollar, werden die hinterlegten Collaterals erhöht.

Das **Emittentenrisiko von Stablecoins und Wrapped Token** wurde im Jahr 2022 offensichtlich. Der Zusammenbruch des Terra-Ökosystems im Mai 2022 führte zu einem totalen Depegging des Terra-Stablecoins UST. Statt 1:1 zum Dollar zu notieren, brach der Kurs auf wenige Cent ein und wird sich auch nicht mehr erholen. Der FTX-Zusammenbruch hatte Folgen für die auf Solana basierenden Wrapped Bitcoin und Wrapped Ethereum Token, die eigentlich von den FTX-Reserven hätten gedeckt sein sollen. Mit dem FTX-Bankrott gab es auch ein Depegging dieser Wrapped Token, die um rund 90 Prozent unter ihren Referenzwert fielen.

5.4.1.4 Stablecoins am Beispiel von Tether

Tether ist der größte Stablecoin. Er wurde im Juli 2014 als Realcoin an den Markt gebracht. Bereits im November 2014 wurde er in Tether umbenannt, weil man vermeiden wollte, dass er als Alternative zum Bitcoin gesehen wird. Der digitale Token basiert auf den Blockchains von Bitcoin (Omni und Liquid Protocol), Ethereum, EOS und Tron. Der Tether unterstützt die Währungen US-Dollar, Euro und den chinesischen Offshore-Yuan. Die digital dargestellten Währungen sind 1:1 an diese Währungen gebunden (tethered, daher der Name) und werden dann als USDT, EURT und CNHT bezeichnet. Durch Tether werden Fiatwährungen problemlos für Blockchains verwendbar. Jeder Tether ist gemäß den Nutzungsbedingungen 1:1 mit der entsprechenden Fiatwährung gedeckt. Das ausgebende Unternehmen Tether Limited verspricht, täglich den Stand der entsprechenden Bankguthaben zu veröffentlichen.[15] Wollen interessierte Anleger US-Dollar in USDT umtauschen, dann überweisen sie die entsprechende Menge Dollar und Tether „druckt“ dann neue Token. Dieser Prozess wird als **Minting** bezeichnet. Die erzeugten Tether werden über die Börse Bitfinex in den Sekundärmarkt gebracht. Wollen die Anleger ihre USDT wieder in die „echten“ Dollar umtauschen, wird die entsprechende Tokenzahl an USDT vernichtet. Dieser Prozess heißt **Burning**. Sinn macht der Tether für Krypto-Anleger, die schnell von Dollar auf Bitcoin oder umgekehrt wechseln wollen. Gäbe es diesen nicht, müssten die Anleger dies durch zeit- und kostenaufwendige Banküberweisungen bewerkstelligen. Auf diese Weise können zum Beispiel Anleger ihre Bitcoin verkaufen, den Erlös im „sicheren" Dollar in Form von USDT parken, um bei Bedarf wieder schnell in den Markt einsteigen zu können.

Noch während der Betaphase im Jahr 2014 ging Tether eine Partnerschaft mit der großen Kryptobörse Bitfinex ein. Die Geschäftsführer von Tether Limited sind auch die von iFinex Inc., der Firma hinter Bitfinex. Diese enge Verbandelung und fehlende Transparenz hat in der Vergangenheit immer wieder für heftige Kritik und Misstrauen gesorgt. So gab es 2019 Ermittlungen der New Yorker Behörden wegen der Verschleierung des Verlustes von Geldern in Höhe von 850 Millionen Dollar. Die danach aufgetretenen Liquiditätsprobleme löste Bitfinex „elegant" mit der Herausgabe der eigenen Kryptowährung LEO. Auch wurden immer wieder Vermutungen geäußert, dass nicht alle USDT mit echten Dollars gedeckt sind und die USDT von der Schwesterfirma Bitfinex benutzt werden, um den Bitcoin-Preis nach oben zu manipulieren. So wird der Bullrun von Bitcoin Ende 2017 mit einem stark erhöhten Angebot an USDT in Verbindung gebracht.[16] Teilweise wurde in diesem Zusammenhang von der größten Blase der Menschheitsgeschichte gesprochen. Die zentral gesteuerte Ausgabe der Tether erinnert tatsächlich an die durch die Zentralbanken gesteuerte Ausgabe des klassischen Geldes. Sie widerspricht damit grundsätzlich dem Gedanken der Dezentralisierung in der Kryptowelt. Der Emittent Tether ist ein gewinnorientiertes Unternehmen – im Gegensatz zu Kryptowährungen wie Bitcoin – und kontrolliert Angebot und Verteilung der Stablecoins.

Allerdings kann man einen starken Anstieg der umlaufenden Tethermenge auch einfach als verstärkten Zustrom von Fiatgeld in den Kryptomarkt interpretieren, zumindest wenn die Tether auch tatsächlich 1:1 durch Fiatgeld gedeckt sind. Im Zuge der Untersuchungen 2019 hatte Tether aber bestätigt, dass der Stablecoin nur zu 74 Prozent durch den Dollar gedeckt ist. Der Manipulationsverdacht hat sich in Bezug auf den Beginn des Bitcoin-Futures-Handel an der CME im Dezember 2017 sogar noch erweitert. Denn theoretisch könnten die Beteiligten dann nicht nur an nach oben manipulierten Kursen verdienen, sondern bei massiven Verkäufen auch an vorher aufgebauten Short-Positionen an den Futures-Börsen. Allerdings konnten Bitfinex und Tether bisher alle Vorwürfe abwehren. Bitfinex ist eine komfortable und führende Handelsplattform und der Tether konnte sich neben seiner Verwendung an den Kryptobörsen auch als Zahlungsmittel bei spezielleren Online-Angeboten wie Gambling-Seiten oder Cannabis-Shops etablieren. Denn im Gegensatz zu Bitcoin oder Litecoin, die kurzfristig großen Preisschwankungen unterliegen können, bietet der Tether eine stabile Berechnungsgrundlage. Das Handelsvolumen von USDT konnte 2019 erstmals das von

Bitcoin deutlich übersteigen. Trotzdem bleibt der Bitcoin die Nummer 1 der Kryptowährungen, da Stablecoins keine Kryptowährungen im eigentlichen Sinn sind. Vielmehr haben sie eine Brückenfunktion zwischen Kryptowährungen und Fiatwährungen.

Die **Preisnotierung des USDT** müsste idealtypisch bei genau einem Dollar liegen. Es hat sich aber gezeigt, dass in einer Hausse-Phase der Wert des USDT meist etwas unter einem Dollar notiert. Ist der Markt dagegen sehr risikobehaftet, kann es auch zu Aufschlägen gegenüber dem Dollar kommen. Zuletzt war dies beim Corona-Crash im März 2020 zu beobachten.

Nach dem Corona-Crash kam es zu sprunghaften Anstiegen der Marktkapitalisierung beim USDT. Dies dürfte mit dem deutlich gestiegenen Interesse am Bitcoin im Zusammenhang mit Corona-Hilfspaketen und damit einhergehenden Inflationsängsten zu tun haben sowie mit positiven Erwartungen an die Bitcoin-Entwicklung nach dem dritten Halving im Mai 2020. Denn über USDT ist es Investoren schnell möglich, in Bitcoin zu investieren.

5.4.1.5 Digitales Zentralbankgeld (CBDC)

Bei einer **Central Bank Digital Currency (CBDC)** handelt es sich Gegensatz zu den bekannten Kryptowährungen um *digitales Zentralbankgeld mit den gleichen Tauscheigenschaften wie das korrespondierende Fiatgeld.* Ein digitaler Euro ist einfach die digitale Erscheinungsform einer Euromünze und entspricht deren Wert 1:1. Letztlich wird damit ein zusätzlicher Zahlungsstandard geschaffen. CBDCs sind deshalb idealtypische Ausprägungen von Payment Token. In puncto Sicherheit und Wertstabilität sind sie den aktuell vorhandenen Stablecoins überlegen und wären ein gesetzliches Zahlungsmittel.

Vorstellbar sind **unterschiedliche Varianten von CBDCs**. Bei einer *accountbasierten CBDC* sind die Konten der Individuen bei einer Zentralbank oder einer Geschäftsbank hinterlegt. Dies wäre allerdings mit einer Einschränkung der Anonymität der Nutzer verbunden. Bei einer *value- oder tokenbasierten CBDC* werden Wertgutscheine als Zahlungsmittel erstellt, die dann im realen Gebrauch eingesetzt werden. Die Nutzer hätten in diesem Fall eine dem Bargeld ähnelnde Anonymität. Bei einer *Wholesale CBDC* käme das digitale Geld nur für Transaktionen mit großen Volumina zwischen Banken und Finanzinstitutionen zum Einsatz. Dagegen wäre der Gebrauch einer *Retail CBDC* für alle möglich. Dies wäre dann die weitestgehende Alternative zum derzeit bestehenden Geldsystem.

Das digitale Zentralbankgeld wird im künftigen Wettstreit der Landeswährungen um die Position als Weltleitwährung eine wesentliche, wenn nicht gar entscheidende Rolle spielen. Die Zentralbanken wollen damit auch ihre Währungshoheit verteidigen und verhindern, dass die Geldversorgung zumindest zum Teil in die Hände mächtiger privater Unternehmen wie Facebook abwandert. Die Vorteile von CBDCs liegen auf der Hand:

- Sie machen das elektronische Bezahlen günstiger, sicherer und einfacher zu handhaben.
- Sie schützen die Verbraucher vor Bankpleiten. Während die Bankeinlagen der Anleger nur bis zu einem bestimmten Betrag gesichert sind (Einlagensicherung), wären die Eigentumsrechte bei einem digitalen Euro in Token gespeichert. Diese Token sind direkt den Verbrauchern zuzuordnen und damit von Bankpleiten nicht betroffen.
- Die Herstellung und der Gebrauch von CBDCs soll billiger und ökologisch nachhaltiger sein als von Bargeld.
- Zinszahlungen wären einfacher zu realisieren.
- Die Zentralbanken haben mit digitalem Geld noch bessere Steuerungsmöglichkeiten.
- Ein umfassender Einsatz im Internet of Things inklusive Micropayments ist machbar.

Diesen Vorteilen stehen auch einige Nachteile gegenüber:

- Die Anonymität der Verbraucher wird weiter eingeschränkt. Denn alle Transaktionen mit digitalem Geld sind nachvollziehbar, theoretisch sogar bis in alle Ewigkeit. Hier könnte und müsste es für kleinere Beträge auch die Möglichkeit von Offline-Zahlungen geben.
- Die Umstellung auf das digitale Geld hat disruptive Auswirkungen auf das Bankensystem sowie Kreditkartenunternehmen, Hersteller von Papiergeld und Geldautomaten und so weiter. Die Verbraucher würden ihr Geld nicht mehr von den Banken, sondern direkt von der Zentralbank beziehen. Während des Umstellungsprozesses könnte es hier zu einer Störung der Finanzstabilität kommen.
- Die besseren Steuerungsmöglichkeiten der Zentralbanken können auch dazu führen, dass zum Beispiel Minuszinsen leichter durchgesetzt und eingetrieben werden können. Kritiker sehen CBDCs als Gefahr für die finanzielle Unabhängigkeit der Bürger. Im Extremfall könnten Regierungen einzelne oder alle Bürger auf Knopfdruck enteignen.

Der bekannte Whistleblower Edward Snowden bezeichnet eine CBDC deshalb als Perversion und krypto-faschistische Währung, die den Nutzern die Verfügungsgewalt über ihr Geld entziehen kann. Eine solche Tendenz ist nicht nur hypothetischer Natur. Snowden verweist auf den Umgang der kanadischen Regierung mit den Trucker-Protesten gegen die Coronamaßnahmen im Februar 2022. Nach Verhängung des Kriegsrechts wurden Bankkonten eingefroren, Spenden an die Trucker konfisziert und auch Kryptobörsen wie Coinbase aufgefordert, Accounts von betroffenen Personen zu sperren.[17]

Kommt der digitale Euro? Die Antwort ist eigentlich klar, er kommt. Die Bedeutung des bargeldlosen Bezahlens nimmt schon lange zu, eine elektronische Währung ist letztlich nur ein weiterer Schritt. Viele sehen dies nicht zu Unrecht kritisch, zumal mit dem Bedeutungsverlust des Bargelds der Bürger noch gläserner wird als ohnehin schon. Nicht umsonst nimmt bei der Entwicklung einer CBDC gerade China eine Vorreiterrolle ein. Denn letztlich haben dadurch neben dem Finanzamt auch alle anderen Behörden ein ideales Instrument für eine nahezu lückenlose Überwachung der finanziellen Transaktionen ihrer Bürger und befriedigen damit den staatlichen Kontrollwahn. Die japanische Regierung hat schon mehrmals Bedenken wegen der schnellen Entwicklung der chinesischen Zentralbank-Digitalwährung geäußert. China könnte als erstes großes Land eine CBDC einführen und so von einem First-Mover-Effekt profitieren. Die Gefahr ist groß, dass bei einer breiten Einführung eines digitalen Yuan China dann Standards bei der Technologie und im Design setzt, an denen sich andere orientieren müssen, wenn sie Gebrauch von der CBDC machen wollen. Ein von der chinesischen Zentralbank herausgegebenes Magazin hat im Oktober 2020 prognostiziert, dass Zentralbank-Digitalwährungen zum neuen Schlachtfeld der Nationalstaaten werden könnten. Daneben wurden die westlichen Zentralbanken auch durch die geplante Einführung des Facebook-Coins Libra wachgerüttelt. Deshalb ist eigentlich nur noch die Frage, wann der digitale Euro kommt. Ein Pilotprojekt der EZB läuft seit 2021. Bei einer Entscheidung für einen digitalen Euro wird dessen tatsächliche Einführung nicht vor dem Jahr 2026 kommen.

CBDCs sind **keine Konkurrenz zum Bitcoin**. Die Ausgabe eines digitalen Euro wird genauso von der EZB gesteuert wie jetzt auch schon. Deswegen wäre ein digitaler Euro genauso von einer Inflationierung betroffen wie der analoge Euro. Dagegen gibt es bei Kryptowährungen wie dem Bitcoin keinen zentralen Akteur, der den Wert beeinflusst. Dieser wird ausschließlich durch Angebot und Nachfrage der Investoren bestimmt. Die Preisbildung ist also völlig von den Fiatwährungen losgelöst. Die Existenz von CBDCs würden die Akzeptanz des Bitcoin in Zukunft außerdem stärken, da die Hemmschwelle gegenüber Digitalwährungen dadurch weiter sinken würde. Überlegen wären CBDCs aber gegenüber Stablecoins, weil das zusätzliche Emittentenrisiko fehlt.

Außerdem sind bei CBDCs aber durchaus dystopische Entwicklungen vorstellbar. In totalitären Staaten könnten sie zur Komplettüberwachung der Bürger genutzt werden. Selbst in demokratischen Staaten wären dann Einschränkungen des Verfügungsrechts der Bürger über ihr Geld denkbar. In China gibt es Überlegungen, den digitalen Yuan mit einem Verfallsdatum auszustatten. Die Nutzer müssten diesen dann bis zu einem bestimmten Zeitpunkt ausgeben. Auch im Hinblick auf solche erschreckenden Möglichkeiten sind CBDCs keine Konkurrenz zum Bitcoin, vielmehr wären sie eher ein Werbemittel für ihn. Nicht umsonst ist der Bitcoin ein Dorn im Auge der Regierungen und Zentralbanken.

5.4.2 Utility Token

5.4.2.1 Grundsätzliches

Utility Token haben oft ähnliche Eigenschaften wie Gutscheine oder Rabattmarken.[18] Sie haben eine **Nutzungsfunktion** und ermöglichen dann die Nutzung einer Dienstleistung oder den Erwerb von Gütern (*Gutscheinfunktion*) oder auch nur die ermäßigte Nutzung (*Rabattfunktion*). Sie haben damit einen Zahlungszweck, der aber nur für die Produkte oder Leistungen innerhalb einer vom Token-Emittenten definierten Umgebung (*Ökosystem*) gilt. Utility Token können neben diesen direkten Nutzungsmöglichkeiten auch *Mitsprache- oder Stimmrechte* bei der Ausgestaltung oder weiteren Entwicklung des Geschäftsmodells gewähren, weshalb sie dann auch als *Governance Token* bezeichnet werden. Utility Token dienen als Treibstoff auf einer Blockchain. Deren Blockchains können auch als Infrastruktur-Blockchains begriffen werden, die bestimmte Leistungen und Möglichkeiten für individuelle Anpassungen und Erweiterungen bieten. Die Utility Token können verschiedene Funktionen haben. Die ITSA unterscheidet in Transactional Utility Token und Non-Transactional Utility Token.[19]

Die **Transactional Utility Token** können für die Abwicklung von Transaktionen innerhalb einer vom Token-Emittenten definierten Umgebung (Ökosystem) verwendet werden. In dieser – und nur in dieser – Umgebung fungieren sie wie Geld. Sie sind aber nicht wie Payment Token als generische digitale Währungen angelegt, die grundsätzlich überall Geldfunktionen haben können. Reine *Settlement Token* werden nur für die Abwicklung von Transaktionen in einem bestimmten Ökosystem benutzt. Viele Settlement Token werden aber auch um Funktionen der im nächsten Absatz aufgeführten Access und Governance Token erweitert, wodurch sich Transactional und Non-Transactional Utility Token vermischen.

Non-Transactional Utility Token gewähren bestimmte Rechte und sind grundsätzlich nicht dafür entwickelt, Transaktionen in der definierten Umgebung abzuwickeln. Durch *Access Token* bekommen die Nutzer Zugang zum System, zu bestimmten Services, Gütern oder Ressourcen in einem spezifischen Ökosystem. Über *Governance Token* können Abstimmungsrechte bezüglich der Entwicklung und Veränderung in einem dezentralen Netzwerk gewährt werden. Bei *Ownership Token* werden Beteiligungsrechte gewährt, die natürlich auch Access- und Governance-Rechte an den durch die Token repräsentierten materiellen und immateriellen Gütern enthalten. Von daher werden sich die Eigenschaften häufig vermischen.

Utility Token werden emittiert, um zukünftige Produkte oder Services zu entwickeln und den Zugang dazu zu gewährleisten. Grundsätzlich werden sie nicht als Investment geschaffen. Vielmehr schöpfen sie ihren Wert daraus, dass sie in einem besonderen Blockchain-Ökosystem verwendet werden können. Damit haben sie dann aber doch

Investment-Eigenschaften. Denn wenn das korrespondierende Blockchain-Ökosystem sich großer Nachfrage erfreut, steigt auch die Nachfrage nach den Token und damit deren Wert.

Probleme von Utility Token:[20]

- *Umständlich* im Erwerb und in der Aufbewahrung
- *Aufwendig*, wenn für verschiedene Services verschiedene Utility Token erworben werden müssen
- Referenzwert einer Blockchain-Dienstleistung ist die Heimatwährung. Bei Nutzung eines Utility Token muss für dessen Preis deshalb zur Beurteilung des Preises der Blockchain-Dienstleistung eine *Umrechnung* stattfinden, beispielsweise in Euro.
- Die starken *Preisschwankungen* bei den Utility Token erschweren eine Kostenplanung. Daraus resultieren ähnliche Probleme wie bei inflationären oder deflationären Fiatwährungen.
- Meist sind die Projekte stark *zentralisiert*. Eine dezentrale Entscheidungsfindung findet nicht statt. Vorteile aus der Dezentralisierung sind deshalb nur abgeschwächt vorhanden.
- Starke Preissteigerungen bei Utility Token verführen zur Spekulation und verringern die Bereitschaft, den Token für eine Dienstleistung auszugeben. Von daher gibt es ein *fehlgeleitetes Anreizsystem*. Der Token wird als Wertpapier und nicht als Bezahlmedium innerhalb der Blockchain-Infrastruktur genutzt.
- Eine Betrachtung der *Marktkapitalisierung der Utility Token ist irreführend*. Die Utility Token gewähren keinen Anteil am Unternehmen. Die Marktkapitalisierung gaukelt aber die Beteiligung am realen Unternehmenswert vor.
- Es ist ambitioniert, in eine immer noch zentralistisch organisierte Ökonomie dezentrale Gegenmodelle zu integrieren. Token-Modelle orientieren sich an freien Märkten ohne *inkonforme Markteingriffe*.
- Von der Vielzahl der Utility-Token-Projekte aus den Jahren 2017/18 können sich nur sehr wenige durchsetzen. Im ICO-Hype gab es viele *Pseudo-Use-Cases*.

5.4.2.2 Protocol Token und App-Token

Man unterscheidet Protocol Token und App-Token. Das **Protokoll** eines Blockchain-Netzwerks definiert die technische Grundlage dieses Netzwerks und legt die Regeln fest, nach denen es funktionieren soll. Das Protokoll bildet damit die Infrastruktur für vielfältige Anwendungen. So gilt die führende Smart-Contract-Plattform Ethereum als Weltcomputer, auf der die unterschiedlichsten Anwendungen laufen können. Mit den **Protocol Token** *zahlen die Nutzer der darauf laufenden Apps dann für die Aufrechterhaltung der damit verbundenen Dienstleistungen der Blockchain*, bei Ethereum also mit dem nativen Coin Ether (ETH). Protokolle gibt es auch im Internet. So legte das TCP/IP-Protokoll das Fundament für den Erfolg des Internets als weltweit verfügbares Kommunikationsnetz. Typische Protocol Token sind neben Ether die vielen tatsächlichen oder selbst ernannten potenziellen Ethereum-Killer. Darunter versteht man Blockchains, die als Plattformen für alle möglichen Apps viel schneller und kostengünstiger als Ethereum sein wollen. Hier geht es um Namen wie Cardano (ADA), Polkadot (DOT), Tron (TRX), Solana (SOL), Cosmos (ATOM) oder Neo (NEO).

Die Protokolle können auch als **Krypto-Rohstoffe** begriffen werden, über die dezentrale, nicht zensierte und global verfügbare Ressourcen zur Verfügung gestellt werden.[21] Die Benutzung und Bezahlung dieser digitalen Rohstoffe erfolgen dann über die Protocol Token wie dem Ether. Manchmal wird die Bezahlung des Rohstoffes aber auch auf Transaktions-Token ausgelagert, sodass im jeweiligen Ökosystem zwei verschiedene Token existieren (Dual Token). Dies ist zum Beispiel bei NEO der Fall. Dabei ist der NEO-Coin für die Governance zuständig, der GAS-Token für den Gebührenausgleich bei Transaktionen und Rechenoperationen. Diese dezentral zur Verfügung gestellten Rohstoffe können eine Art Weltcomputer wie bei Ethereum sein oder auch die Zurverfügungstellung von cloudbasierten Speichern, Rechenleistung, Bandbreite et cetera.

Die **App-Token (Nutzungs-Token)** sind meist keine Coins, denn sie haben keine eigene Blockchain. Vielmehr laufen diese als *Anwendungen auf einer fremden Blockchain.* Allerdings gibt es auch Anwendungen, die auf einer eigenen Blockchain laufen (wie Theta oder Filecoin). Sie dienen vielfältigen Verwendungen wie dem Zugriff auf bestimmte Dienstleistungen oder Produkte. Die App-Token sind dann als **fertige digitale Güter und Dienstleistungen** begreifbar, die auf Basis der Protokolle als Krypto-Rohstoffe laufen. Das können Medien, soziale Netzwerke, Spiele oder Finanzvermittlungen sein. Ähnlich wie in der physischen Welt, in der Währungen und Rohstoffe als Mittel eine Volkswirtschaft zur Produktion von Endprodukten und Dienstleistungen antreiben, ist das in der Kryptowelt. Hier dienen Kryptowährungen und Krypto-Rohstoffe zur Erzeugung von durch Endverbraucher nutzbaren digitalen Gütern und Dienstleistungen. Die bekanntesten App-Token sind die DeFi-Token. Die App-Token laufen überwiegend über Smart Contracts vor allem auf der Ethereum-Blockchain.

5.4.2.3 Arten von App-Token

Die im Folgenden aufgeführten Arten von Token beinhalten meist Kombinationen der Eigenschaften, die in den vorhergehenden Abschnitten angesprochen wurden. So können Exchange Token auf einer eigenen Blockchain laufen wie der Binance Coin (Protocol Token). Fast alle anderen laufen aber auf einer fremden Blockchain wie Ethereum (App-Token). Generell basiert die überwiegende Anzahl der den folgenden Kategorien zuzuordnenden Token auf einer fremden Blockchain und sind deshalb App-Token. Außerdem können sie Eigenschaften von Settlement, Access und Governance Token vermischen.

Exchange Token bieten den Nutzern einer Kryptobörse spezifische Vorteile bei verschiedenen Dienstleistungen der Börse wie geringere Handelsgebühren oder bevorzugte Behandlung bei IEOs (Initial Exchange Offerings). Die Exchange Token können vergleichsweise leicht überproportional an Wert gewinnen, wenn die dahinterstehende Kryptobörse diese mit tatsächlichen oder vermeintlichen Vorteilen aufbläst. Denn die Eintrittsbarriere für Anleger, die sich zum Handel sowieso schon auf dieser Börse aufhalten, ist entsprechend geringer. Die Tatsache, dass sie sich bereits bei der Börse angemeldet haben, ist schon ein Vertrauens-Statement der Anleger. Diese dann dazu zu bewegen, den hauseigenen Exchange Token zu kaufen, ist eine vergleichsweise niedrige Hürde. Von daher könnte die Vermutung nicht wirklichkeitsfremd sein, dass Exchange Token tendenziell eher überbewertet sind. Allerdings wird es auch hier wie in anderen Bereichen temporär besonderes Interesse mit stark steigenden Preisen geben. So waren Exchange Token Anfang 2021 durch den boomenden Kryptohandel begünstigt, aber auch durch den geplanten Börsengang von Coinbase, bei dem immer höhere Bewertungen für die Coinbase-Aktie herumgereicht wurden.

Auffallend bei Exchange Token ist der sehr hohe Anteile von Walen an der Gesamtkapitalisierung. Ein Grund dafür dürfte sein, dass Wale beim Handel auf Kryptobörsen diese Exchange Token wegen der damit verbundenen deutlich günstigeren Gebühren benutzen. In der Vergangenheit hatten viele Exchange Token von Kryptobörsen wie Binance, Huobi und der Pleitebörse FTX eine Wal-Konzentration von über 90 Prozent. Dabei dürften die Wale im Wesentlichen den Kryptobörsen selbst zuzurechnen sein. Token mit einer sehr hohen Wal-Konzentration gelten generell als sehr manipulationsanfällig.

Exchange Token gibt es bezogen auf *zentralisierte Kryptobörsen (Centralized Exchanges)* wie Binance, Huobi oder Bitfinex und auf *dezentralisierte Kryptobörsen (Decentralized Exchanges, abgekürzt DEXes)* wie Uniswap, PancakeSwap oder THORChain. In diesem Zusammenhang unterscheidet man auch zwischen CeFi- und DeFi-Token. Unter die **Centralized Finance Token (CeFi-Token)** werden neben den Exchange Token der zentralisierten Kryptobörsen auch andere zentralisierte Finanzangebote wie die Lending-Plattformen von Nexo oder der insolventen Celsius subsumiert. Hier gibt es zentrale Vermittler, ähnlich wie bei traditionellen Finanzgeschäften die Banken. Dagegen werden die Token der DEXes dem Bereich **Decentralized Finance Token (DeFi-Token)** zugeordnet. Hier kann keine zentrale Instanz das Projekt beeinflussen, vielmehr können die Teilnehmer an den Projekten selbst den Fortgang des Projekts nach festgelegten Regeln bestimmen. Mit diesen Token sollen traditionelle Bankprodukte und Finanzkonzepte auf die Blockchain übertragen und mit dieser disruptiven Technologie die Finanzwelt völlig umgekrempelt werden. Denn durch die Ausschaltung von Mittelsmännern wie Banken oder Versicherungen sollen Gebühren gespart und so die Finanzdienstleistungen viel effizienter und kostengünstiger angeboten werden können. Das Vertrauen in die Banken wird durch das Vertrauen in einen Computercode ersetzt.

Gaming und Virtual Reality Token sind ein weiter Bereich für App-Token. Die computeraffine Gaming-Szene hat naturgemäß eine viel geringere Hemmschwelle gegenüber der Kryptowelt. So kann man bei der Virtual-Reality-Plattform Decentraland über den hauseigenen Token MANA virtuelles Land und virtuelle Gegenstände wie ein Haus kaufen. Anschließend kann man diese virtuellen Assets, deren Besitz durch Non-Fungible Token (NFTs) dokumentiert wird, auch wieder weiterverkaufen. Als Handelswährung fungiert dann wieder MANA. Spötter mögen zwar über derartige Entwicklungen den Kopf schütteln und prognostizieren, dass die junge Generation zwar kein Dach über dem Kopf besitzen wird, dafür aber eine Menge an Digital Assets. Trotzdem wird dem Gaming-Bereich großes Potenzial attestiert. So könnte der E-Sports-Bereich ein breites Anwendungsfeld bieten.

Mit **Reward Token** können Nutzer von Internetplattformen und -browsern für die Nutzung bezahlt werden. So bezahlt der Brave Browser seine Nutzer mit dem Basic Attention Token (BAT), wenn sie die Werbung zulassen und nicht mit einem Ad-Blocker sperren. Bei Steem werden Nutzer für das Teilen von Content in sozialen Netzwerken belohnt. Deswegen wurde Steem schon als Krypto-Pendant von Facebook bezeichnet. Diese Analogie führte vor allem Anfang 2018 zu einer sehr ambitionierten Bewertung von STEEM, die der Preis auch in der letzten Boomphase noch nicht einmal annähernd mehr erreichen konnte. Interessant ist das Konzept trotzdem: Die Nutzer werden für etwas – das Teilen von Inhalten – bezahlt, was sie sowieso machen würden. Ein anderes Beispiel ist Revain. Hier handelt es sich um eine Review-Plattform, bei denen die Autoren für ihre Reviews zu Themen wie Krypto und Banking mit Token bezahlt werden. Auch hier gab es einen Boom Anfang 2018. Danach ist der Token in Vergessenheit geraten.

Social Token werden teilweise nach DeFi und NFT als das nächste große Ding am Kryptomarkt gesehen. Sie werden nicht von einem Unternehmen oder Kryptoprojekt herausgegeben, sondern von Einzelpersonen, Communities oder Social Platforms:

Personal Token von Einzelpersonen: Hier kann ein Künstler, Youtuber oder auch ein Start-up-Unternehmer über einen Smart Contract Token emittieren, deren Wert sich an seiner Reputation oder an seinen persönlichen Einnahmen orientiert. Emittiert werden diese Token über Plattformen wie Roll oder Rally. Die Holder können über die Token verschiedene Vorteile wie Discounts auf Merchandise-Artikel oder NFTs oder bevorzugten Zugang zu Events bekommen. Sie können für die Unterstützung des Künstlers oder Unternehmers auch Beteiligungen an dessen zukünftigen Erlösen bekommen. Auch ein Youtuber könnte so die Token-Holder an zukünftigen Werbeeinnahmen beteiligen. Oder ein erfolgreicher Aktien- oder Krypto-Trader könnte seinen Token-Holdern exklusiven Zugang zu seinen aktuellsten Trades geben, damit seine

Follower sie nachbilden können. Die Holder können auch an Status gewinnen, wenn sie sich frühzeitig bei späteren Berühmtheiten engagiert haben, ein nicht zu unterschätzender Wert in der heutigen Social-Media-Gesellschaft.

Community Token von größeren Gruppen, Vereinen oder Organisationen: Diese können die gleichen Vorteile wie die Personal Token bieten, zusätzlich aber auch Governance-Rechte. Daneben können sie eine Beteiligung an Einnahmen aus vermieteten Assets, angebotenen Services der Community et cetera bieten. So bietet der Whale Token eine Beteiligung an einem NFT-Portfolio. *Fan Token* von Fußballklubs wie der PSG-Fan-Token von Paris Saint-Germain unterstützen den jeweiligen Verein. Ähnlich sind entsprechende Token auf E-Sports-Teams.

Social Platform Token: Diese Token repräsentieren Netzwerke, die die Kreierung, den Gebrauch und den Handel von Personal und Community Token ermöglichen. So kann man sich an der Plattform Rally (RLY) beteiligen, die Personal Token kreiert. Socios ist die Plattform für Fan Token, mit deren Währung Chiliz (CHZ) die Fan Token erworben und gehandelt werden können. Fyooz (FYZ) bietet einen Marktplatz, um Personal Token von Stars zu handeln.

Ob Einzelperson oder Gemeinschaften, Ziel ist eine autonome Wertschöpfung, von der sowohl die Anbieter wie die Nutzer profitieren. Man kann das zum Teil als Generalangriff auf das Web2 und seine monopolistischen Medien von Facebook (nunmehr Meta), Instagram und Twitter (nunmehr X) bis hin zu Youtube und Spotify verstehen. Letztlich geht es darum, die Kontrolle über die eigenen Daten wieder zu erlangen, also um die eigenständige Nutzung und Vermarktung der Daten durch deren Erzeuger. Dieses neue Web3 würde Datenkraken wie Facebook, die fremde Daten monetarisieren, den wesentlichen Teil ihrer Geschäftsbasis entziehen. Denn bisher sind deren Nutzer gleichzeitig die Ersteller von deren Content, bekommen für diese Leistung bis auf die schicke Plattform aber nichts oder fast nichts. Bereits ab 2016 verfolgten Projekte wie Steemit den Aufbau von dezentralen Alternativen zu diesem System. Nach anfänglicher Euphorie hatten diese Projekte aber eher Nischencharakter. Dabei sollte man sich daran erinnern, dass es ebenfalls in den Jahren ab 2016 bereits erste DeFi- und NFT-Anwendungen gab, die sich ebenfalls nicht durchsetzen konnten. Diese Anwendungen haben mittlerweile ein funktionierendes Token-Ökosystem, auch wenn der gesamte Sektor immer noch in den Anfängen ist. Der Hype bei den NFTs könnte nun aber der Startschuss für eine entsprechende Entwicklung im Bereich Social Token sein, denn NFTs sind eng mit Social Token verbunden.

5.4.2.4 Dual Token

Dual Token sind **zwei verschiedene Token des gleichen Projekts**. Ein Token dient dabei zur Mittelbeschaffung für das Projekt und ist gewissermaßen dessen Store of Value. Der andere ist ein Token, mit dem Transaktionsgebühren im Netzwerk gezahlt werden. Zwar braucht es grundsätzlich keinen Extra-Token für Zahlungen wie das Beispiel Ethereum zeigt, wo die Gasgebühren einfach auch in Ether gezahlt werden. Aber es gibt durch die Trennung Vorteile, da die Gebühren besser gesteuert werden können. Die Trennung bei Dual Token in einen volatilen Investment-Coin und einen stabilen Transaktions-Token spiegelt sich aber nicht unbedingt im Verhalten der Kurse. So neigen auch die Transaktions-Token oft zu sehr volatilem Verhalten und schwanken häufig im Einklang mit dem Investment-Coin. Daneben gibt es auch Dual Token, die essenziell für die Funktionsweise des Systems sind und bei denen – wie bei MakerDAO – ein Token tatsächlich wertstabil ist. Beispiele für Dual Token sind:

MakerDAO: *Maker (MKR)* ist dabei der *Governance Token* und Preisstabilisator für den *Stablecoin DAI.*[22] Maker ermöglicht als dezentrale Finanzplattform die Aufnahme und Vergabe von Krediten. Die Nutzer können Kredite gegen hinterlegte Sicherheiten aufnehmen. Die Sicherheiten sind dabei im Gegensatz zu Fiatwährungen bei herkömmlichen Krediten verschiedene Krypto-Assets. Dabei akzeptiert das Protokoll alle Ethereum-basierten Assets, die von den MKR-Holdern zugelassen wurden. Ziel ist ein nutzergesteuertes dezentrales Finanzsystem, mit dem die Nutzer auch in Ländern mit hoher Inflation Kontrolle über ihr Vermögen haben. Das 2015 gestartete Projekt gab dabei die Kontrolle über das Maker-Protokoll, das als eine der größten dApps auf der Ethereum-Blockchain läuft und als erste DeFi-App signifikante Verbreitung erreichte, sukzessive ab und wurde eine dezentrale autonome Organisation (DAO). Die DAO setzt sich aus weltweit verteilten Einzelpersonen zusammen, die den Governance Token MKR besitzen und dadurch Änderungen im Netzwerk mitbestimmen können. So können durch Mehrheitsbeschluss neue Krypto-Assets als Sicherheiten akzeptiert und neue Risikoparameter eingeführt werden. Reichen die Sicherheiten zur Deckung der umlaufenden DAI nicht aus, werden MKR geschaffen und verkauft, um den Sicherheitsbestand wieder zu erhöhen. Damit dient MKR als Stabilisator des Stablecoins DAI.

Der DAI-Token ist als Stablecoin durch Angebot und Nachfrage an den US-Dollar gebunden. Nutzer bekommen für unterstützte Krypto-Assets als Sicherheit Kredite in DAI. Bei Rückzahlung werden die vorher generierten DAI-Token dann wieder automatisch vernichtet. Verlieren vorher die Sicherheiten an Wert, können aus dem Maker Vault, in dem die Sicherheiten verwahrt werden, Teile zur Sicherung des Darlehens liquidiert werden. Auf dem Maker-Protokoll und dem DAI Stablecoin basieren verschiedene andere DeFi-Protokolle. Anwendungen sind möglich bei Fundraising- und Spendenplattformen von gemeinnützigen Organisationen, in Ländern mit Hyperinflation, im Gaming- und Kunstbereich.

Neo: Das Neo-Ökosystem konzentriert sich wie Ethereum auf die Bereitstellung von Smart Contracts und wird deshalb auch als Ethereum Chinas bezeichnet wird. Dabei repräsentiert der *Neo-Coin (NEO)* Besitzanteile am Netzwerk mit entsprechenden Stimmrechten bei Protokolländerungen. Der ebenfalls an den Kryptobörsen notierte *Gas-Token (GAS)* wird dagegen für den Gebührenausgleich bei Transaktionen und Rechenoperationen im Rahmen der Smart Contracts verwendet. Auch bei Ethereum werden diese Gebühren als Gas bezeichnet, aber in Ether beglichen. Dagegen gibt es bei NEO mit GAS dafür einen eigenen Token. NEO-Holder bekommen eine Art GAS-Dividende. Sowohl NEO wie auch GAS ist auf 100 Millionen Stück limitiert. Während bei NEO bereits alle Stücke geschaffen sind, sind sie bei GAS an die Produktion von Blöcken gekoppelt. Schätzungen zufolge dauert es deshalb noch rund 20 Jahre, bis alle GAS geschaffen worden sind.

VeChain: Ähnlich wie NEO gibt es bei VeChain den zur Aufrechterhaltung des Netzwerks *nötigen VET-Coin (VET)* und daneben den separaten *Gas-Token VeThor (VTHO)*. Mit VTHO werden wieder Gebühren für Transaktionen im Netzwerk bezahlt. VET-Holder bekommen ein passives Einkommen an VTHO gezahlt. Bei jeder Transaktion werden 70 Prozent der gezahlten VTHO vernichtet, die restlichen 30 Prozent gehen an den Node, der den entsprechenden Block verifiziert hat. Im Gegensatz zu den über 86 Milliarden VET-Coins ist die Zahl der VTHO nicht begrenzt. Der VTHO-Token zur Bezahlung der Transaktionen soll verhindern, dass die Kosten bei starker Nutzung des VeChain-Netzwerks stark steigen.

Axie Infinity: Bei dem bisher meistverwendeten Blockchain-Computerspiel handelt es sich um eine Mischung aus Pokémon und Tamagotchi. Axie bedient auch das Trendthema Non-Fungible Token (NFTs). Denn jede der Axie genannten virtuellen Spielfiguren ist ein ERC-721-Token mit einem individuellen genetischen Code, sodass es keine zwei vollständig identische Axies geben kann. Diese Axies sind Fantasy-Tierkreaturen. Die Spieler können diese erschaffen, mit ihnen kämpfen und mit ihnen handeln. Es kann auch virtuelles Land erworben werden. Im November 2021 wurde ein Genesis-Grundstück für 550 Ether verkauft. Dies war ein Gegenwert von rund 2,5 Millionen Dollar und damit eine der teuersten bisher getätigten NFT-Transaktionen.

Es gibt zwei Token, die beide an den Kryptobörsen gehandelt werden: den *Governance Token Axie Infinity (AXS)* und den *Small Love Potion (SLP)* mit einer erheblich kleineren Marktkapitalisierung. Diesen benötigen die Spieler für die Erschaffung neuer Kreaturen. Im Gegensatz zu AXS ist SLP aber von der Menge her nicht begrenzt.

5.4.3 Asset Token (Investment Token)

5.4.3.1 Definition

Asset Token sind die *digitalen Vertreter jedes beliebigen Vermögensgegenstands (Assets)*.[23] Die Gesamtheit dieser kryptografischen Token repräsentiert also das digitale Gegenstück zum realen Vermögensgegenstand. Deshalb unterscheidet sich die fundamentale Bewertung solcher Token nicht von der herkömmlichen Bewertung. Die Verwaltung der Token erfolgt über ein verteiltes Hauptbuch (Distributed Ledger) auf einer

Blockchain. Im Gegensatz zu Utility Token haben Asset Token einen klaren *Investmentfokus*, weshalb sie auch als Investment Token bezeichnet werden können. Es erfolgt eine direkte Beteiligung an dem Emittenten oder an einem durch den Emittenten gesicherten Asset wie einer Immobilie, einem Kunstwerk oder einer Lizenz. Käufer von Asset Token sind deshalb unmittelbar an der Wertentwicklung des Emittenten oder des Underlyings beteiligt. Die Token repräsentieren damit Eigentums- oder Gläubigeransprüche wie Aktien, Bonds oder Derivate. Asset Token als digitale Vermögenswerte auf Blockchain-Basis unterliegen grundsätzlich wie ihre analogen traditionellen Pendants den Regularien der jeweiligen nationalen Aufsichtsbehörden wie der BaFin in Deutschland oder der SEC in den USA.

Bei den **Assets** sind alle möglichen werthaltigen Gegenstände denkbar: Aktien und andere Wertpapiere, Rohstoffe, Immobilien, Kunstgegenstände, Oldtimer oder andere Sammlerobjekte und so weiter. Während es sich bei in Aktien unterteilten Unternehmensbeteiligungen nicht sofort erschließt, warum Asset Token gegenüber diesen einen Vorteil haben sollen, liegt das bei anderen sehr wertvollen, aber bisher nicht teilbaren Assets wie einem sehr wertvollen Kunstwerk auf der Hand. Denn durch die Möglichkeit der bruchteiligen Beteiligung können für diese Assets ganz neue Anlegerkreise angesprochen werden. Diese Assets waren bisher illiquide Vermögenswerte und nur für wenige Anleger zugänglich. So wird sich der „normale" Anleger nicht ein Kunstwerk im Wert von zehn Millionen oder mehr Euro kaufen können. Wird dieses aber tokenisiert, der Wert also zum Beispiel durch eine Million Token abgebildet, können sich auch Anleger mit kleinem Budget durch Kauf einiger Token an der Wertentwicklung des Kunstwerks beteiligen. Die vorher nicht teilbare Wertanlage (wie ein bestimmtes Kunstwerk) wird durch die Tokenisierung teilbar. **Fractional Ownership (Bruchteilseigentum)** ist nichts Neues. Man kennt sie von Unternehmensbeteiligungen. Statt ein ganzes Unternehmen kaufen zu müssen, können über den Kauf von Unternehmensanteilen (Aktien) auch sehr kleine Beteiligungen an einem Unternehmen erworben werden. Durch die neuen Asset Token werden nun auch Markttiefe und Liquidität von Assetklassen mit sehr hohen Einstiegspreisen erheblich gesteigert. Beteiligungen an hochpreisigen Assets werden so für jedermann ermöglicht. Dies gilt übrigens auch für bereits börsennotierte Aktien. Haben diese einen sehr hohen Preis, ist ein Erwerb für kleinere Portfolios dann nicht möglich oder zumindest wegen des dann entstehenden Klumpenrisikos nicht angeraten. Werden die Aktien über Token abgebildet (Tokenized Stocks), können auch beliebige Bruchteile von Aktien über diese Token erworben werden (*Fractional Shares*). Diese Fractional Shares gewähren dann anteilig die gleichen Rechte wie Dividenden oder Bezugsrechte wie die Originale. Neben physischen Assets sind auch Beteiligungen an virtuellen Assets möglich. So könnten sich Asset Token auch auf bestimmte Indizes oder Lizenzen beziehen.

Unter der **Tokenisierung** wird der Prozess der Zuweisung eines digitalen Wertes für einen bestehenden physischen Vermögensgegenstand oder ein Finanzinstrument (wie Aktien oder Anleihen) verstanden. Die Blockchain fungiert als Hauptbuch für die Token und zeichnet alle Transaktionen auf. Ein Smart Contract definiert die *Tokenomics*. Der aus den Begriffen Token und Economics zusammengesetzte Begriff bezeichnet die Ökonomie hinter dem Token. Die Tokenomics legt fest, wann wie viele Token ausgegeben oder verbrannt werden und welche Nutzungs- und Partizipationsrechte ein Token gewährt. Der durch den Smart Contract generierte Token wird mit einem Wert verbunden, der den Wert des realen Assets beziehungsweise des Bruchteils des Assets, der einem Token entspricht, spiegelt. Durch die Tokenisierung kann jedes existierende Asset in beliebig kleine Teile geteilt werden. Die daraus entstehenden Asset Token können dann an entsprechenden Märkten wie Kryptobörsen beliebig ge- und verkauft werden. Nicht umsonst wird deshalb von den Asset Token in Zukunft eine Revolutionierung der Anlagemöglichkeiten erwartet. Asset Token könnten auf die Finanzmärkte ähnliche Auswirkungen haben wie Social Media, die die Medienindustrie veränderten, obwohl zu Beginn des Internetzeitalters noch keiner an Social Media dachte.

Bei den Assets muss noch unterschieden werden in **regulierte und nicht-regulierte Assets**. Wertpapiere sind bestimmten strengen Regulierungen unterworfen. Von daher sind bei **Security Token** die gleichen Bestimmungen wie bei Aktien oder Anleihen anzuwenden. Anders wird dies bei Token auf Kunstwerke sein. Hier wird sich die rechtliche und auch steuerliche Betrachtung noch entwickeln.

5.4.3.2 Vor- und Nachteile von Asset Token

Asset Token ermöglichen **Fractional Ownership**, also den Erwerb eines Assets auch in bruchteiligen Stücken. Dadurch werden für breitere Anlegerkreise Investitionen in teure und/oder vorher gar nicht oder kaum handelbare Vermögensgegenstände ermöglicht. So könnte ein sehr teures Kunstwerk durch Tokenisierung in eine Million handelbare Anteile geteilt werden. Ebenso könnten dadurch Bruchteile von sehr teuren Aktien erworben werden. Allerdings sind bruchteilige Investitionen in Aktien auch über Zertifikate möglich.

Asset Token haben Vorteile in Bezug auf die **Handelbarkeit**. Im Gegensatz zu herkömmlichen Wertpapieren gibt es grundsätzlich einen *24/7-Handel*. Asset Token können also – im Gegensatz zu an Aktienbörsen gehandelten Aktien – rund um die Uhr an allen Wochentagen inklusive der Wochenenden und Feiertage gehandelt werden. Es gibt *keine geografischen Einschränkungen*. So könnte ein australischer Investor sich problemlos an einer tokenisierten Ferienanlage in Portugal beteiligen oder ein Investor in Argentinien an einem Bürogebäude in Berlin. Durch den weltweiten Zugang für Investoren dürfte sich die Liquidität und Effizienz dieser neuen Anlagealternativen dadurch tendenziell erheblich verbessern.

Bei der **Übertragung** der Token gibt es klare Vorteile gegenüber den traditionellen Clearingstellen. Die Verbuchung und damit die tatsächliche Eigentumsübertragung findet dort erst zwei bis drei Tage nach dem Handel statt. Die Übertragung von Krypto-Assets erfolgt dagegen in Realtime.

Gegenüber herkömmlichen Wertpapierbörsen gibt es normalerweise an den Kryptobörsen **geringere Handelsgebühren**. Allerdings könnten diese im Einzelfall wie bei tokenisierten Aktien durch größere Spreads konterkariert werden, wenn die Liquidität der Aktie an der traditionellen Börse größer ist. Außerdem wird es ähnlich wie bei Zertifikaten bei tokenisierten Wertpapieren einen Emittenten geben, der sich seine Dienstleistung bezahlen lässt.

Große Nachteile sind derzeit noch die **mangelnde Liquidität und eine fehlende Transparenz**. So leiden die nachfolgend behandelten Security Token unter dem **Mangel an ausgereiften und regulierten Handelsplätzen**. Handelsplätze wie TZero, OpenFinance Network und Uniswap entsprechen nicht den Standards, die von guten Handelsplätzen erwartet werden können. Mit zunehmender Verbreitung und Akzeptanz kann sich das in Zukunft in einem regulierten Umfeld aber noch ändern. So will die Börse Stuttgart Digital Exchange (BSDEX) zukünftig auch Security Token handeln, wenn der entsprechende Rechtsrahmen geschaffen ist. Wegen dieser Unsicherheiten wurden bisher **primär Schuldverschreibungen, kaum Aktien** emittiert.

Ein weiteres Problem ist die **Verwahrung von Security Token**. Während sich bei einem Wertpapierdepot die Bank darum kümmert, müssen dies die Investoren ohne Erfahrung auf diesem Gebiet hier selbst machen. Allerdings gibt es mittlerweile auch die Möglichkeit, die Token von BaFin-lizenzierten Dienstleistern verwahren zu lassen. Durch solche Dienstleister wäre eine Verwahrung ähnlich unproblematisch wie die von Aktien.

5.4.3.3 Security Token

Security Token werden hier als eine **Unterform der Asset Token** klassifiziert. Sie sind eine *neue Form der Darstellung, des Managements und der Verteilung von Wertpapieren.* Die Verbriefung des Wertpapiers ändert sich von urkundlich zu digital. Letztlich handelt es sich inhaltlich um Instrumente zur Finanzierung von Unternehmen und zur Vermögensanlage von Investoren, die digitalisiert in Form von Token im Rahmen von Security Token Offerings (STOs) ausgegeben und handelbar gemacht werden. Sie werden deshalb aus Regulatorensicht den traditionellen Wertpapieren wie Aktien oder Anleihen gleichgestellt. Jeder als Security Token klassifizierte Token unterliegt deshalb der gleichen Regulierung durch die dafür zuständige nationale Behörde wie der BaFin in Deutschland.[24]

In den USA hängt die Einstufung eines Token als Security Token vom Ergebnis des **Howey-Tests** ab. Dieser wurde 1946 in den USA entwickelt und soll bestimmen, ob es sich bei Transaktionen um Kapitalanlageverträge (Investment Contracts) nach dem

Securities Act von 1933 beziehungsweise dem Securities Exchange Act von 1934 handelt. Wenn ein Token diesen Test nicht besteht, wird er regelmäßig nicht als Security Token klassifiziert. Eine Einstufung als Wertpapier erfolgt, wenn es sich um eine Geldanlage in ein gemeinschaftliches Unternehmen handelt, die Gewinne erwarten lässt, die ausschließlich von den Bemühungen einer Drittpartei abhängen.

Handelt es sich um Besitzrechte am Eigenkapital eines Unternehmens, spricht man von **Equity Token**. Diese werden ohne den Umweg einer Aktienemission direkt über ein Equity Token Offering (ETO) erstmals an den Markt gebracht und anschließend an einer Kryptobörse handelbar gemacht. Nimmt das Unternehmen dagegen Fremdkapital auf, spricht man von **Debt Token**. Diese verleihen dem Besitzer der Token den gleichen Gläubigerstatus wie dem Besitzer einer Schuldverschreibung.

Das erste STO in Deutschland mit entsprechendem Wertpapierprospekt war mit der Ausgabe der Bitbond Token im 1. Halbjahr 2019 ein Debt Token. Obwohl diese digitale Wertpapieremission für alle Anleger offen war, konnte statt des maximal geplanten Betrags von 100 Millionen Euro nur ein einstelliger Millionenbetrag platziert werden. Von daher war der Erfolg dieser Pionierleistung eher bescheiden.

Nach deutschem Recht ist eine echte Verkörperung von Eigenkapital durch Security Token bisher nicht möglich. Sachenrechtlich wird dafür immer noch eine Urkunde und damit ein physisch existierendes Schriftstück gefordert. Alle STOs in Deutschland waren deshalb bisher Emissionen von qualifiziert nachrangigen Inhaberschuldverschreibungen. Diese sind zivilrechtlich Vermögensanlagen und nur nach dem Wertpapierprospektgesetz Wertpapiere. Die **Schuldverschreibung** kann zwar wie Eigenkapital ausgestattet sein, direktes Eigentum gewährt sie aber nicht.

5.4.3.4 Tokenisierung bereits börsengehandelter Assets

Von Security Token, die im Rahmen von STOs an den Markt kommen, sind **Token auf bereits börsengehandelte Assets** zu unterscheiden. Dann sind die Token nur eine Art Derivat, dessen Wert sich 1:1 nach dem bereits an einer traditionellen Börse gehandelten Underlying richtet. Diese Underlyings können an Aktienbörsen gehandelte *Aktien*, an Bondmärkten gehandelte *Anleihen*, an Rohstoffbörsen gehandelte *Rohstoffe* oder an Devisenmärkten gehandelte *Währungen* sein. Letztlich gehören auch die Stablecoins zu dieser Gruppe, die eine Fiatwährung abbilden. Auch *Indexfonds* oder *Futures* können gehandelt werden. Sogar andere *Kryptowährungen* können weiter tokenisiert werden (Wrapped Token). Dann handelt es sich um nicht bereits an traditionellen Börsen gehandelte Assets, sondern um bereits an Kryptobörsen gehandelte. Bei einem **Wrapped Token** wird eine Kryptowährung wie der Bitcoin in einen digitalen Tresor verpackt (Wrapper). Dadurch kann eine Wrapped Version der ursprünglichen Kryptowährung auf einer anderen Blockchain erstellt werden, wie zum Beispiel der Wrapped Bitcoin (WBTC), eine tokenisierte Version von Bitcoin auf Ethereum.

Mit diesem Trick kann der Wrapped Token dann auf der anderen Blockchain verwendet werden, obwohl die beiden Blockchains (hier Bitcoin und Ethereum) gar nicht miteinander kommunizieren können. Mit Wrapped Token können also nicht-native Assets auf einer Blockchain verwendet werden.

Alle Token auf bereits börsengehandelte Assets sollten deren aktuelle Börsenpreise 1:1 spiegeln, von kleinen temporären Unterschieden abgesehen. Wie bei Stablecoins richtet sich der Preis nach dem zugrunde liegenden Vermögensgegenstand. Auf verstärktes Interesse stießen zuletzt tokenisierte Aktien. Diese **Tokenized Stocks** oder **Stock Token** machten Anfang 2021 Furore. Sie beteiligen ihre Besitzer an den Economics der jeweiligen Aktien (wie Dividenden, Aktiensplits), gewähren aber keine Mitbestimmungsrechte wie Stimmrechte bei Hauptversammlungen. Allerdings hatten maßgeblich an der Emission von Stock Token beteiligte Kryptobörsen wie Binance auch erhebliche Probleme mit den Aufsichtsbehörden, die die Emission genehmigungspflichtiger Finanzinstrumente unterstellten.

Nach dem Wirbel im Zusammenhang mit Aktien, die von der Reddit-Gruppe WallStreetBets hochgejubelt wurden, setzten Plattformen wie Robinhood kurzfristig den Handel mit Titeln wie GameStop aus. Die Kryptobörse Bittrex reagierte darauf mit dem Angebot tokenisierter Aktien auf GameStop, Nokia und anderen. Diese Stock Token ermöglichten daneben auch Anlegern in Ländern den Handel, in denen der Handel mit US-Aktien sonst nicht möglich ist.

Vor dem Börsengang von Coinbase hatte die Kryptobörse FTX schon ab dem 17.12.2020 Pre-IPO-Futures auf Coinbase gelistet. Damit konnte auf den beim Börsengang von Coinbase erzielbaren Kurs gewettet werden. Das Verfallsdatum war auf den ersten Handelstag festgelegt, spätestens auf den 01.06.2022. Margin-Trading mit einem bis zu fünffachen Hebel war ebenfalls möglich. Der Coinbase-Börsengang fand dann rund vier Monate später am 14.04.2021 statt.

Die **Vorteile von Stock Token** sind vor allem ihre jederzeitige Handelbarkeit. So sind Aktien nur zu den Handelszeiten des jeweiligen Landes handelbar. Selbst wenn die Aktie noch an anderen Märkten gehandelt wird, kann sie nicht einfach dort verkauft werden. So kann ein deutscher Anleger beispielsweise die Siemens-Aktie, die er in Deutschland gekauft hat, nicht einfach an der amerikanischen Börse verkaufen, auch wenn sie dort gehandelt wird. Grund sind Settlement-Probleme zwischen den Verwahrstellen unterschiedlicher Länder. Dieses Problem würde bei einer tokenisierten Siemens-Aktie entfallen. Sie hätte den Vorteil, *für alle Anleger weltweit und rund um die Uhr (24/7) problemlos handelbar* zu sein. An den Beispielen oben sieht man, dass Stock Token auch gehandelt werden können, wenn das Underlying vom Börsenhandel ausgesetzt ist oder wenn es erst später zum Börsenhandel zugelassen wird.

Selbst bei weltweit gehandelten Assets wie Gold bieten tokenisierte Versionen derartige Vorteile. Auch Gold wird nicht 24/7 gehandelt. Außerdem hat zum Beispiel ein

Anleger mit einem deutschen Bankkonto kaum eine Möglichkeit, mitten in der Nacht Gold zu kaufen. Man kann zwar infrage stellen, ob ein immerwährender Zugang überhaupt nötig und sinnvoll ist. Die tokenisierte Version – hier von Gold – kann ihn aber gewährleisten. Allerdings könnte es aufgrund dieser Entwicklungen nur eine Frage der Zeit sein, wann die traditionellen Börsen reagieren, um sich nicht das Wasser abgraben zu lassen. Grundsätzlich sollte es angesichts des vollelektronischen Handels kein Problem sein, dass diese ebenfalls einen 24/7-Handel anbieten. Eine Konkurrenz zum Bitcoin, der immer als digitales Gold bezeichnet wird, sind an das Gold angebundene Stablecoins aber nicht. Denn im Gegensatz zum Bitcoin werden diese Goldcoins von zentralisierten Organisationen oder Unternehmen ausgegeben und verwahrt. Der Bitcoin ist eben gerade nicht in der physischen Welt verankert und er unterliegt nicht der Willkür zentraler Instanzen.

Paxos, ein amerikanischer Anbieter verschiedener Stablecoins, brachte im September 2019 den PAX Gold (PAXG) an den Markt. Nachdem der Bitcoin immer als digitales Gold bezeichnet wurde, ist hier erstmals wirklich digitalisiertes Gold entstanden. Die Emission wurde von der New Yorker Finanzaufsicht genehmigt. Jeder der ERC-20-Token ist mit einer Feinunze London Good Delivery Gold besichert, das in professionellen Tresorräumen in London gelagert wird. Die Besonderheit gegenüber herkömmlichen börsengehandelten Goldderivaten ist, dass die Token gegen physisches Gold getauscht werden können, ähnlich wie bei dem an der Deutschen Börse gehandelten Xetra-Gold. PAXG ist also nicht einfach nur ein digitales Goldabbild, sondern ein tatsächlicher Rechtsanspruch darauf. Über das Partnerinstitut Bullion Exchange können Anleger ihre Token gegen physische Barren eintauschen. Bislang funktioniert das nur in New York und London, soll künftig aber weltweit ermöglicht werden. Seit März 2020 kann der PAXG auch an der Schweizer Kryptobörse Smart Valor gehandelt werden. Paxos plant, in Zukunft auch andere Vermögenswerte aus dem realen Leben auf die Blockchain zu bringen. Die Token sind aber – im Gegensatz zum Bitcoin – im Extremfall der Willkür zentraler Instanzen ausgesetzt. Kauft zum Beispiel ein chinesischer Anleger den PAXG und es gibt bei einem verschärften Handelskrieg zwischen den USA und China ein Embargo, so wären für die amerikanische Firma Paxos dann erhebliche Schwierigkeiten denkbar.[25] Beim Bitcoin dagegen würden staatliche Verbote ins Leere laufen.

5.4.3.5 Tokenisierung von illiquiden Assets und immateriellen Vermögenswerten

Illiquide Assets können einzigartige oder nur in sehr geringer Stückzahl verfügbare Vermögensgegenstände sein. Beispiele dafür wären neben kleineren Unternehmensbeteiligungen Kunstwerke, Oldtimer oder Immobilien. Durch die Tokenisierung können ursprünglich illiquide Vermögenswerte für breite Anlegerkreise geöffnet werden und sich eventuell einer höheren Liquidität erfreuen. Der Markt gilt als sehr groß, denn nach

Schätzungen sollen rund 40 Prozent aller Vermögenswerte nicht handelsfähig sein. Diese Non-Bankable Assets, von einer Juwelensammlung bis zu großen Ländereien, könnten durch Tokenisierung für Anleger weltweit zugänglich gemacht werden. In Deutschland bietet zum Beispiel die Plattform Finexity Investitionen und Handel in Token verschiedener Bereiche wie Immobilien, Kunst, Classic Cars, Diamanten oder Wein an.

Ein einzigartiger und nicht teilbarer Vermögensgegenstand wie ein **Kunstwerk** könnte zwar als nicht-fungibler Token (*NFT*) abgebildet und so als Ganzes gehandelt werden. Es wäre aber auch eine Aufteilung in viele gleichwertige Stücke und dadurch *Fractional Ownership* möglich. Durch die Aufteilung eines mit 100 Millionen Euro bewerteten Kunstwerks in eine Million handelbare Token könnten sich auch Kleinanleger an der Wertentwicklung dieses extrem hochpreisigen Assets beteiligen. Ein Token würde sich dann auf ein Millionstel des Kunstwerks beziehen. Experten können sich aufgrund dieser Entwicklungen revolutionäre Auswirkungen auf den Kunstmarkt vorstellen. So wurde schon von einer Demokratisierung von Kunst als Anlagegut gesprochen. Die Blockchain-Technologie erleichtert auch die Überprüfung der Echtheit und die Nachverfolgung der Besitzer des Werks. Außerdem könnten Künstler an der Wertsteigerung ihrer Werte beteiligt werden. So könnte via Smart Contract der Künstler bei jeder künftigen Transaktion des Werks finanziell am Verkaufserlös beteiligt werden.

Durch **Immobilien-Token (Real Estate Token)** sollen ähnlich wie bei Kunstwerken auch kleinere Anleger die Möglichkeit erhalten, sich an großen Projekten zu beteiligen. Letztlich hat das zwar Ähnlichkeiten mit Investitionen in Immobilienfonds. Grundsätzlich kann man hier aber durch digitale Verbriefungsprozesse Vermittler vermeiden und so nicht unbeträchtliche Kosten sparen. Gibt es vernünftige Handelsplätze für die Immobilien-Token, dann können diese Anteile jederzeit und weltweit übertragen werden. Durch diese neuen Möglichkeiten sollte sich auch die Markteffizienz verbessern.

Auch die **Tokenisierung immaterieller Vermögenswerte** ist möglich. Dabei könnten Patent- und Lizenzrechte oder sonstige Rechte an geistigem Eigentum tokenisiert werden. So würden für die Finanzierung von Filmen mit tokenisierten Filmrechten völlig neue Wege erschlossen.

5.4.3.6 Set Token

Die Set Token beruhen auf dem Ethereum-basierten Set Protocol.[26] Ähnliche Konzepte wären aber auch mit anderen Protokollen umsetzbar. Mit dem Protokoll wird die Erstellung, Verwaltung und der Handel von verschiedenen Token ermöglicht, die ein Portfolio oder einen Korb von Basiswerten darstellen. Dabei können regelmäßige Rebalancings erfolgen, deren Bedingungen in dem Smart Contract des Set Token festgelegt sind. Deshalb können diese Set Token zum Beispiel dafür verwendet werden, einen bestimmten Index abzubilden und handelbar zu machen.

Ein bekanntes Beispiel ist der **DeFi Pulse Index (DPI)**, der sich aus einem Korb von wichtigen Ethereum-basierten DeFi-Token zusammensetzt. Ein wirkliches automatisiertes Rebalancing gibt es hier aber nicht, vielmehr wird es vom Emittenten des Token (DeFi Pulse) durchgeführt. Dabei spielen neben der Marktkapitalisierung noch weitere Kriterien eine Rolle. Letztlich fungiert der DPI-Token wie Anteile an einem DeFi-Fonds. Durch den Kauf partizipieren die Anleger an der Wertentwicklung des darin enthaltenen Portfolios von DeFi-Token.

5.5 Weitere Klassifizierungen

5.5.1 Angebotsmenge

Der wesentliche Werttreiber von Bitcoin ist die unwiderruflich begrenzte Angebotsmenge an Coins. Auch viele andere Kryptowährungen haben eine begrenzte Anzahl von maximal möglichen Coins. Es gibt aber auch viele Coins ohne Begrenzung der Maximalzahl an Coins. In diesem Zusammenhang gibt es verschiedene Begriffe, die die aktuell und zukünftig verfügbaren Stücke definieren.[27]

Die **Zahl der umlaufenden Coins (Circulating Supply)** ist die *maximale Zahl der tatsächlich aktuell am Markt verfügbaren und handelbaren Stücke*. Sie wird durch die Zahl der bereits geminten oder anderweitig ausgegebenen Coins bestimmt, die keinerlei Handelsrestriktionen unterworfen sind. Der Circulating Supply ist *vergleichbar mit dem Streubesitz bei Aktien*. Der Circulating Supply kann im Laufe der Zeit steigen oder fallen:

- So steigt die Stückzahl von Bitcoin durch Mining sukzessive an, bis die Maximalzahl erreicht ist.
- Durch das Ende von Lock-up-Perioden kann sich der Circulating Supply erhöhen.
- Fallen kann die Zahl durch Verbrennen von Coins (Coin Burn). Durch einen solchen irreversiblen Vorgang wird der Circulating Supply dauerhaft reduziert.
- Der Circulating Supply kann sich auch durch unwiderruflich verloren gegangene Coins verringern.[28] Diese Größe wird letztlich aber meist nicht genau bekannt sein. Deshalb kann man sagen, dass der Circulating Supply eine Obergrenze bildet und die tatsächliche frei verfügbare und handelbare Umlaufmenge oft darunter liegt.

Coinmarketcap überprüft die Zahlen zum Circulating Supply durch Kommunikation mit dem Projektteam. Können die Zahlen verifiziert werden, werden diese in den Übersichten von Coinmarketcap als verifiziert ausgewiesen. Nicht verifizierte Daten werden dagegen als Self Reported Circulating Supply tituliert. Projekte, die ihre Angebotszahlen versuchen zu manipulieren oder künstlich aufzublasen, werden dauerhaft von den Rankings entfernt.

Die **Gesamtzahl der existierenden Coins (Total Supply)** sind *der Circulating Supply plus bereits erzeugte Coins, die noch nicht am Markt im Umlauf sind.* Es ist damit die Summe aller handelbaren Coins plus die bereits erzeugten, aber erst zu einem späteren Zeitpunkt am Markt handelbaren Coins. Der Grund dafür kann sein, dass eine gewisse Zahl an Stücken nicht an den öffentlichen Markt verkauft wurde und *zum Verkauf an den Börsen zumindest für einen gewissen Zeitraum gesperrt* sind oder *von dem Projekt in Reserve gehalten* wird wie bei Ripples XRP. Auch für *Staking Rewards* zurückgehaltene Stücke gehören zum Total Supply. Oft gibt es nach einer Privatplatzierung oder *nach einem ICO eine bestimmte Wartezeit oder Lock-up-Periode*, bevor die Coins am öffentlichen Markt verkauft werden dürfen. In der Regel werden diese Stücke später auch an den Markt kommen und erhöhen dann den Circulating Supply. Solange die Stücke aber noch unter Lock-up sind, können sie die Marktpreise nicht beeinflussen und werden deshalb nicht zur Berechnung der aktuellen Marktkapitalisierung herangezogen. Die durch Burning aus dem Verkehr gezogenen Stücke werden beim Total Supply nicht berücksichtigt, beim Circulating Supply dagegen abgezogen. Der Total Supply wird deshalb immer mindestens gleich groß sein wie der Circulating Supply.

Die **Maximalzahl der Coins (Maximum Supply)** ist die *maximale mögliche Zahl an geminten oder sonstwie erzeugten Coins.* Diese Zahl ist im Genesis Block gemäß dem Protokoll des Krypto-Assets festgelegt. Der Genesis Block ist der erste Block einer Blockchain. Da es vorher keinen Referenzblock gibt, wird dieser fest in die Software des Krypto-Assets programmiert. Diese Zahl beinhaltet also die aktuell bereits erzeugten Stücke, die in Zukunft noch erzeugbaren Stücke und auch die bereits verbrannten Stücke. Wenn der Maximum Supply erreicht ist, können keine zusätzlichen Stücke mehr gemint, gedruckt oder sonstwie erzeugt werden.

Daneben gibt es auch **Coins ohne Begrenzung des Coin-Angebots (Infinite Supply)**. Der bekannteste Coin mit Inifinite Supply ist die zweitgrößte Kryptowährung Ether. Da der relative Zuwachs bei Ether mit steigendem Total Supply immer geringer wird, verringert sich auch die Inflationsrate. Allerdings gab es Überlegungen zur Einführung einer maximalen Grenze, da es wegen der fehlenden Begrenzung immer wieder Diskussionen um die Werthaltigkeit von Ether gab. Andere große Coins mit Infinite Supply sind beispielsweise EOS, Tezos, Comos oder Dogecoin.[29]

Im Jahr 2016 prognostizierte Ethereum-Mitgründer Vitalik Buterin, dass die Gesamtmenge an Ether die Marke von 100 Millionen Stück in absehbarer Zukunft nicht überschreiten wird und dies mindestens bis zum nächsten Jahrhundert dauern wird. Bis zum nächsten Jahrhundert hat es dann nicht über 80, sondern nur zwei Jahre gedauert, dann hatte Ether diese Schwelle überschritten. Deswegen hatte Buterin bereits 2018 vorgeschlagen, eine Begrenzung auf 120 Millionen Stück einzuführen, die doppelte Menge des

Pre-Sales von Ether im Jahr 2014. Diese Stückzahl wäre nach jetzigem Stand schon nicht mehr umzusetzen. Die Diskussion um eine Ether-Begrenzung wird also weitergehen.

Auch die Stablecoins haben einen Infinite Supply. Diese sind mit einer Fiatwährung wie dem US-Dollar bei Tether hinterlegt. Erhöht sich die eingezahlte Fiatwährung, werden neue Coins durch Minting geschaffen. Wird Fiatwährung abgezogen, werden Coins durch Burning dauerhaft vernichtet.

Es gibt **inflationäre und deflationäre Coins**. Die meisten Coins haben einen inflationären Charakter. Der Circulating Supply nimmt also im Zeitverlauf so lange zu, bis der Maximum Supply erreicht ist. Auch der Bitcoin ist ein inflationärer Coin, wenngleich die Inflationsrate durch die Halvings immer kleiner wurde. Nach Erreichen des Maximum Supply in etwa 120 Jahren wird die Inflationsrate, die Anfang 2024 bei 1,7 Prozent lag, dann auf null fallen. Bei den deflationären Token nimmt der Circulating Supply im Zeitverlauf ab. Dabei sind verschiedene Prozesse möglich, die die zukünftig erreichbare Maximalzahl der Token dauerhaft reduzieren. Der bekannteste Prozess dabei ist das **Burning**, bei dem eine gewisse Zahl an Stücken verbrannt wird. Die Bedingungen dieser Burnings werden in Smart Contracts festgelegt. Wurde die Burning-Funktion dann entsprechend den Bedingungen ausgeführt, sind diese Coins für immer zerstört und der Maximum Supply hat sich entsprechend reduziert. Der Burning-Vorgang wird auf der Blockchain eingetragen und ist deshalb völlig transparent. Der Maximum Supply wird also im Zeitablauf geringer, weshalb hier die Bezeichnung als **Minimum Supply** aussagekräftiger wäre.

So wurden bei dem alten, auf der Ethereum-Blockchain laufenden Exchange Token Binance Coin (BNB) jedes Quartal in Abhängigkeit vom Trading-Volumen in diesem Quartal Token verbrannt. Dieser Prozess sollte so lange fortgeführt werden, bis von den ursprünglich emittierten 200 Millionen BNB insgesamt 100 Millionen verbrannt wurden. Beim Swap der alten ERC-20-Token in native Coins aufgrund des Launches der Binance Chain im Jahr 2019 wurden die bereits verbrannten BNB in der neuen Chain übernommen und der Prozess wird nun auf der Binance Chain entsprechend fortgeführt. Der Burn-Mechanismus bezieht sich seit 2022 auf die On-Chain-Aktivitäten und nicht mehr auf die Gewinne von Binance.

5.5.2 Marktkapitalisierung

Die aktuelle **Marktkapitalisierung auf Basis des Circulating Supply**, auch **Liquid Supply** genannt, wird kalkuliert durch *Multiplikation des Circulating Supply mit dem aktuellen Preis des Coins*. Ruft man bei den Portalen die Tabellen mit den Rankings der Kryptowährungen ab, so sind diese zunächst einmal meist nach Marktkapitalisierung auf Basis des Circulating Supply geordnet. Dies ist auch sinnvoll, denn die Marktkapitalisierung spiegelt den aktuellen Wert des Netzwerks wider, nicht der Absolutpreis eines Coins. Dabei gibt es sehr viel Fluktuation in der Rangfolge, da einzelne Kryptowährungen oft sehr kurzfristige eklatante Kurssprünge vollziehen.[30]

Am Aktienmarkt werden Aktien je nach ihrer Marktkapitalisierung als Large Caps, Mid Caps, Small Caps oder Micro Caps bezeichnet. Die Grenzen sind nicht genau definiert. Als Large Caps oder Blue Chips werden meist Aktien mit einer Marktkapitalisierung von zwei Milliarden Euro oder mehr bezeichnet. Ähnlich kann man auch die vielen Coins und Token nach ihrer Marktkapitalisierung unterscheiden. Auch hier gibt es keine festgelegten Grenzen, zumal die sehr hohe Volatilität die Marktkapitalisierungen in kurzer Zeit erheblich verändern kann. Hier sollen Coins mit einer Marktkapitalisierung von mehr als zehn Milliarden Dollar als **Large Cap Coins** bezeichnet werden, mit einer Marktkapitalisierung zwischen einer und zehn Milliarden Dollar als **Mid Cap Coins**, zwischen 100 Millionen und eine Milliarde Dollar als **Small Cap Coins** und unter 100 Millionen Dollar als **Micro Cap Coins**. Dies kann aber nur eine erste Einteilung sein, die durch eine genauere Betrachtung weiter differenziert werden muss. Generell gilt ähnlich wie am Aktienmarkt die Regel: Je geringer die Kapitalisierung, desto größer die Chancen und Risiken. Bei kleinen Coins können Kurse innerhalb kürzester Zeit hochschnellen oder abstürzen.

Eine Berechnung **der Marktkapitalisierung nach Total Supply** ist bei kleinen Coins *wenig sinnvoll.* Gibt es nur einen sehr kleinen Liquid Supply mit erratischer Preisbildung und kleinen Umsatzvolumina, kann die Berechnung der Marktkapitalisierung nach Total Supply zu völligen Verzerrungen führen.

Allerdings macht es Sinn, die Erhöhung des Circulating Supply nach Ablauf von **Lock-up-Fristen (Vesting Periods)** im Auge zu behalten. Denn oft werden – ähnlich wie beim Ablauf von Lock-up-Fristen bei Aktien – dann große Mengen an zusätzlichen Coins handelbar. Deren Besitzer wie Gründer oder Investoren früher Finanzierungsrunden haben die Coins zu sehr tiefen Preisen erworben. Werfen sie diese auf den Markt, kann das erhebliche Auswirkungen auf den Preis haben.

Interessant ist die **Marktkapitalisierung auf Basis des Maximum Supply (Fully Diluted Market Cap)**. Diese entspricht der Kapitalisierung auf Basis der aktuellen Kurse, wenn alle möglichen Coins bereits am Markt wären (voll verwässerte Marktkapitalisierung). Bei einem Vergleich mit dem Aktienmarkt würde dies dem voll verwässerten Aktienkapital entsprechen.[31] Diese maximale Marktkapitalisierung auf Basis der aktuellen Preise des Kryptos kann einen Eindruck vermitteln, ob der Coin eher über- oder unterbewertet ist.

Dabei kann es sehr große Unterschiede geben. So hatte der seit Anfang 2021 an verschiedenen Kryptobörsen notierte Coin FLOW einen Circulating Supply von nur 2,3 Prozent vom Maximum Supply. Die Marktkapitalisierung betrug deshalb Mitte März 2021 rund eine Milliarde Dollar. Die voll verwässerte Kapitalisierung belief sich auf dieser Basis dagegen auf 44 Milliarden Dollar.

Bei den meisten Kryptos liegt der Maximum Supply über dem Circulating Supply, die Zahl der Coins wird also mehr oder minder inflationiert. Dagegen gibt es bei deflationären Token eine **Marktkapitalisierung auf Basis des Minimum Supply**, die dann unter der aktuellen Kapitalisierung liegt.

Von einem **Flippening** spricht man, *wenn große Top-Kryptowährungen ihre Plätze hinsichtlich ihrer Marktkapitalisierung tauschen.* Flippening wird aber teilweise auch verwendet, wenn bei zwei unterschiedlichen Assets, die normalerweise nicht zusammen betrachtet werden, eines das andere in der Marktkapitalisierung überholt. So gibt es zum Beispiel Analysten, die ein Flippening von Gold und Bitcoin prognostizieren. Der Wert des Goldes liegt (Stand Januar 2024) bei über zwölf Billionen Dollar, der von Bitcoin bei 780 Milliarden Dollar. In diesem Fall ist ein Flippening also noch weit entfernt.

Bitcoin kann aufgrund seines Programmcodes nicht die maximal mögliche Menge von 21 Millionen Stück überschreiten. Bei Gold ist das nicht so genau bestimmbar, wenngleich normalerweise nicht mit einer plötzlichen Mengenexplosion zum Beispiel aufgrund neuer Funde gerechnet werden kann. Allerdings sorgte im Sommer 2019 eine *Bloomberg*-Kolumne[32] über einen aus Gold und anderen wertvollen Metallen bestehenden Asteroiden für Aufsehen. Angeblich soll die NASA Pläne haben, den riesigen Goldnugget namens 16 Psyche im Weltall zu besuchen und dort Metalle abzubauen. Die Metalle von 16 Psyche könnten dabei einen Wert von unvorstellbaren 700 Quintillionen Dollar haben. Allerdings wären diese Werte selbst bei einer Fördermöglichkeit natürlich nicht ansatzweise zu realisieren, denn der Preis des auch aufgrund seiner Seltenheit wertvollen Goldes würde ins Bodenlose stürzen. Trotzdem zeigt das Beispiel, dass der Bitcoin in Bezug auf Inflationierbarkeit dem Gold überlegen ist.

Die **gesamte Kapitalisierung des Kryptomarktes (Total Crypto Market Capitalization)** beschreibt die Kapitalisierung aller Coins und Token des Kryptomarktes inklusive Stablecoins auf Basis des Circulating Supply dieser Kryptos. Diese gilt als Indikation des Wertes der gesamten Kryptobranche und soll dessen Gewicht im Vergleich zu anderen Branchen und Märkten sichtbar machen. Auf diese Weise wird der Kryptomarkt häufig mit dem Goldmarkt oder dem Aktienmarkt verglichen.

Setzt man die Kapitalisierung eines Coins in Bezug mit der Gesamtmarktkapitalisierung, bekommt man die **Dominanz (Dominance)** eines Coins, also sein relatives Gewicht im Vergleich zum Gesamtmarkt. Sinn macht der Sprachgebrauch Dominanz aber nur bei den großen Coins.[33] Die Bitcoin-Dominanz lag 2013 noch bei 95 Prozent. Ihren Tiefststand erreichte sie Anfang 2018 mit rund 33 Prozent. Im Januar 2024 bewegte sie sich bei 52 Prozent.

5.5.3 Liquidität

Generell bestimmt die Liquidität eines Wirtschaftsguts (Assets), wie schnell man dieses kaufen und verkaufen kann und bis zu welchem Grad (Volumen) das möglich ist, ohne den Preis zu beeinflussen. Cash ist das liquideste Gut, da man normalerweise alles dafür sofort kaufen kann. Der Liquiditätsgrad ändert sich je nach Assetklasse und Größe in der jeweiligen Assetklasse. So sind Staatsanleihen hoch liquide und können jederzeit gehandelt werden, ohne dass sich bei „normalen" Orders die Preise ändern. Anders sieht es dagegen bei den Assetklassen Immobilien, Antiquitäten oder Kunst aus. Hier muss überhaupt erst einmal ein Käufer oder Verkäufer gefunden werden. Denn im Gegensatz zu Wertpapiermärkten gibt es hier keinen offenen und ständig zugänglichen Markt wie die Börse. Nicht liquide oder illiquide Assets können also nur privat gehandelt werden. Deswegen kann es bis zu einem Handelsabschluss in diesen Assets sehr lange dauern und die Preise können sich signifikant ändern (zum Beispiel bei Kunstauktionen). Zusammengefasst: **Die Liquidität eines Gutes ist umso größer, je schneller es zum aktuellen Marktpreis in Cash gewandelt werden kann.**

Das **Handelsvolumen** eines Coins an den Kryptobörsen gibt einen besseren Hinweis auf die Liquidität als dessen Marktkapitalisierung. Das Volumen kann temporär großen Veränderungen unterliegen und ändert sich schneller als die Marktkapitalisierung. Es ist zwar auch manipulationsanfällig, allerdings weniger als die Marktkapitalisierung. So ist ein Coin, dessen Free Float nur gering ist und der sich in den Händen von nur wenigen Eigentümern befindet, von diesen vergleichsweise leicht zu manipulieren. Bei dem Ausweis der Handelsvolumina verwenden viele Websites unbereinigte Daten.

Liquide Wertpapiere an der Börse wie zum Beispiel Aktien aus dem DAX lassen sich jederzeit kaufen und verkaufen. Allerdings sind hier die Börsenhandelszeiten und -tage zu beachten, zum Beispiel in Deutschland von 9:00 bis 17:30 Uhr (abgesehen vom weniger liquiden außerbörslichen Handel oder dem Handel an Regionalbörsen). Nach dem Kriterium der **Handelszeiten** sind deshalb die *Kryptobörsen liquider*, denn sie bieten einen Rund-um-die-Uhr-Handel an allen sieben Tagen an (24/7). Nach dem Kriterium der **Preisbeeinflussung** hängt die Liquidität wie am Aktienmarkt von der *Größe der Kryptowährung* ab. So können bei kleinen Aktien schon kleinere Orders für größere Preisänderungen sorgen. Dagegen wird die Order eines Kleinanlegers für die Siemens-Aktie den Preis nicht beeinflussen. Analog werden an den Kryptomärkten Orders von „Normalanlegern" für Bitcoin oder Ether keinen oder nur einen äußerst marginalen Einfluss auf die Preise haben. Bei einer Wal-Order würde das schon ganz anders aussehen. Liquidität kann sich auch plötzlich ändern, wenn das Wirtschaftsgut gewissermaßen einem schwarzen Schwan begegnet, der vorherige Sicherheiten über den Haufen wirft.

Ein Beispiel aus der jüngeren Geschichte ist die Beinahe-Pleite des Hedgefonds Long Term Capital Management (LTCM). Mit viel Fremdkapital, hochkomplexen mathematischen Modellen und beraten von zwei Nobelpreisträgern wurde auf steigende und sinkende Kurse von Aktien, Schuldverschreibungen und Staatsanleihen gewettet. Das lief bis zur Russland-Krise 1998 gut. In der Krise änderte sich die Liquidität schlagartig, was in den smarten Handelsmodellen so aber nicht berücksichtigt war. Um erhebliche negative Auswirkungen auf das weltweite Finanzsystem zu vermeiden, mussten große Banken wie Goldman Sachs oder die Deutsche Bank mit 3,6 Milliarden Dollar einspringen.

Theoretisch sind solche **Liquiditätssprünge** auch bei Kryptowährungen denkbar. Würde eine nicht-inflationierbare Kryptowährung zum Beispiel durch Fehler im Programmcode oder irgendwelcher Attacken plötzlich beliebig inflationierbar, würde diese keiner mehr haben wollen. Es gäbe keine Käufer mehr, die Liquidität würde zusammenbrechen und der Preis ins Bodenlose stürzen.

In Bezug auf die **Liquidität von Kryptowährungen** sollte man deshalb folgende Punkte beachten:

- Ein erster Indikator ist die *Marktkapitalisierung*. Je größer diese ist, desto größer ist in der Regel die Liquidität. Allerdings: Auch ein hoch kapitalisiertes Asset kann völlig illiquide sein, etwa wenn es zu 99 Prozent im Besitz eines Investors ist.
- Je größer die *Zahl der Kryptobörsen* ist, an denen der Coin gehandelt wird, desto größer ist tendenziell die Liquidität.
- Je größer das *Umsatzvolumen eines Coins an einer bestimmten Kryptobörse*, desto größer ist dort seine Liquidität. Trader sollten also die jeweiligen Coins möglichst an den Börsen handeln, welche die höchsten Umsätze aufweisen.[34]
- Je geringer der *Spread zwischen Geld- und Briefkursen*, desto größer ist die Liquidität.

Bei Coinmarketcap werden (Stand Februar 2023) rund 9.000 Krypto-Coins ausgewiesen. Davon können über 95 Prozent als illiquide bezeichnet werden. Die liquidesten Coins sind der führende Dollar-Stablecoin Tether, gefolgt von Bitcoin. Zur Einschätzung der Liquidität eines Coins an einer bestimmten Börse kann man bei Coinmarketcap den Coin aufrufen, geht dort auf Markets und bekommt dort den Liquidity Score für die verschiedenen Börsen und verschiedenen Handelspaare angezeigt. Die höchste erreichbare Liquidität beträgt dort 1.000, die niedrigste 0. Man kann bei Coinmarketcap auch die Liquidity Scores der Gesamtbörsen abfragen.[35]

Für Anleger macht es keinen Sinn, **Coins mit Mini-Umsätzen** zu kaufen. Deswegen sollte man sich auch *nicht von Kurssprüngen von mehreren 100 oder gar 1.000 Prozent am Tag blenden lassen*, die es jeden Tag oft bei Dutzenden von Mini-Coins gibt. Schaut man sich die Umsätze an, betragen diese meist nur wenige Dollar. Dabei kann die ausgewiesene Marktkapitalisierung des Coins manchmal sogar zig Millionen Dollar betragen. Von daher ist auch das Kapitalisierungs-Kriterium bei Kryptowährungen mit Vorsicht zu genießen. Diese Mini-Coins sind deshalb häufig ein *gefundenes Fressen für Pusher-Groups*, die unbedarfte Trader mit tollen Meldungen ins Boxhorn jagen und ihre Stücke bei diesen abladen.

5.5.4 Zentralitätsgrad von Kryptowährungen

Die meisten Kryptowährungen sind von Technik und faktischer Ausgestaltung her dezentral. Diese **dezentralen Kryptowährungen** zeichnen sich dadurch aus, dass sie *nicht von einem Akteur oder einer Gruppe kontrolliert* werden oder kontrolliert werden könnten. Dezentralisierte Netzwerke sind Protokolle, die sich über möglichst viele Computer (Knoten) verteilen. Die Knoten haben immer eine aktuelle Kopie der verfügbaren Daten auf ihren Computern und können ohne Überwachungsinstanz miteinander kommunizieren. Das Vertrauen ohne zentrale Vertrauenspersonen gelingt dabei über ausgeklügelte Konsensmechanismen. Es gibt aber kein Netzwerk, das völlig dezentral oder völlig zentral ist. Dies betrifft selbst die dezentralste Kryptowährung Bitcoin. Vielmehr läuft der Grad der Zentralisierung in einem Spektrum zwischen völliger Dezentralität und Zentralität. Von daher muss der Einzelfall betrachtet werden. Einigen Projekten wurde in der Vergangenheit vorgeworfen, ihre zentrale Struktur unter dem Deckmantel einer scheinbaren Dezentralität zu verstecken.

Die Zahl der Bitcoin-Knoten wird (Stand Februar 2023) auf über 15.000 geschätzt.[36] Der Bitcoin gilt als die dezentralste Kryptowährung, die mit Abstand am sichersten und am wenigsten manipulationsanfällig ist. Zum gleichen Zeitpunkt hatten die Bitcoin-Klone Litecoin 1.050 Knoten und Bitcoin Cash etwas mehr als 800. Bei Ethereum betrug die Zahl rund 5.500. Auch der Bitcoin ist nicht völlig dezentral. Dies gilt umso mehr, als viele Miner ihre Rechenpower an Mining Pools abgeben. Grundsätzlich gilt, dass die Dezentralität umso größer ist, je mehr unabhängige Miner es gibt. Im Vergleich gibt es immer wieder Diskussionen, ob Ethereum wegen seiner geringeren Eintrittsbarriere dezentraler ist, da nach der Umstellung vom Mining auf das Staking keine spezielle Ausrüstung mehr erforderlich ist. Andererseits wird auf eine Konzentration durch die umfangreiche Nutzung von Cloud-Services wie Amazon Web Services hingewiesen.

Zentralisierte Kryptowährungen werden dagegen stark von einem Akteur oder einer Gruppe kontrolliert, auch wenn sie von der Technik her dezentral organisiert sind. Das Paradebeispiel dafür ist Ripples Kryptowährung XRP, obwohl sich Ripple immer wieder gegen diesen Vorwurf wehrt. Ripple ist ein Unternehmen und hat noch immer die Verfügungsgewalt über einen Großteil der einmalig geschaffenen 100 Milliarden XRP, auch wenn diese in Treuhandkonten gebunden sind. Bei der Einführung der XRP-Token bekam von der Gesamtmenge Ripple selbst 80 Milliarden, den Rest bekamen die drei Gründer. Die Geldschöpfung hat also absolut zentralisiert stattgefunden. Neben dieser Zentralisierung von Anfang an gibt es auch einflussreiche Krypto-Wale, die durch große Käufe einen mehr oder minder großen Einfluss erreichen. Dies ist ähnlich zu sehen wie Großaktionäre bei börsennotierten Unternehmen.

Dezentralisiert oder zentralisiert ist zunächst nicht als gut oder schlecht zu klassifizieren. So zeichnet sich XRP durch seine sehr schnellen Transaktionen zu sehr geringen Gebühren aus. Es sollte aber ein Problembewusstsein geben für mögliche Nachteile und Missbrauch. Letztlich geht es um die Governance und damit die Machtbefugnisse. Bei dezentralen Kryptowährungen haben alle die gleichen Rechte, auch wenn es durch einen großen Anteil einzelner Entitäten an den Coins trotzdem zu Machtkonzentrationen kommen kann. Dagegen haben bei zentralisierten Kryptowährungen der oder die Hauptakteure von vorneherein das Sagen in Bezug auf bestimmte Entwicklungen oder Entscheidungen. Derartig zentralisierte Kryptowährungen verlieren deshalb zumindest teilweise den Anspruch, disruptiv und anders als die herkömmlichen Währungen zu sein.

Bei wirklich dezentralen Kryptowährungen wie dem Bitcoin wäre es auch nicht möglich wie bei Tron im Jahr 2019, dass das dahinterstehende Projekt ein Rückkaufprogramm an Coins ähnlich wie bei einem Aktienrückkaufprogramm verkündet. Derartige Eingriffe in den Preisbildungsmechanismus kennt man nur von den traditionellen Finanzmärkten, von denen man sich eigentlich gerade abgrenzen will. Auch haben die 27 Superrepräsentanten bei Tron, die die Blöcke validieren, mehr Stimmrechte als andere und verletzen dadurch den Gleichheitsanspruch aller. Sie werden aber regelmäßig gewählt, weswegen dieses System manchmal als eine Art On-Chain-Demokratie bezeichnet wird.

Grundsätzlich sollte ceteris paribus[37] eine Kryptowährung umso wertvoller sein, je dezentraler sie organisiert und verteilt ist. Das Netzwerk ist dann umso sicherer, je mehr Knoten es gibt und je verstreuter diese in möglichst vielen Weltregionen sind.

5.5.5 Fungibilität von Token

Fungible Token unterscheiden sich grundsätzlich durch nichts. Physisches Geld und Kryptowährungen wie Bitcoin sind fungibel (austauschbar). Eine Einheit ist immer genauso viel wert wie eine andere Einheit. Ein Euro hat genau den gleichen Wert wie ein anderer, beim Bitcoin ist das ebenso. Deshalb können diese Einheiten auch problemlos gegeneinander gehandelt und getauscht werden. Der Bitcoin ist sogar noch fungibler als das bekannteste fungible Gut, das Geld. Ein 10-Euro-Schein kann nicht geteilt werden, er muss erst in kleinere Einheiten gewechselt werden. Dagegen kann ein Bitcoin direkt in beliebig kleine Einheiten sogar bis auf die achte Stelle hinter dem Komma aufgeteilt werden. Auch bei anderen Kryptowährungen ist das ähnlich.

Nicht-fungible Güter wie ein Originalbild von Picasso sind dagegen einmalig und auch nicht teilbar. **Non-Fungible Token (NFTs)** sind deshalb *kryptografische Token, die nur einmalig vorkommen.*[38] Sie sind – wie der Name schon sagt – nicht austauschbar oder ersetzbar. Dagegen kann ein Bitcoin durch einen beliebigen anderen ausgetauscht und ein Bitcoin auch in sehr kleine Einheiten geteilt werden. Letztlich ist ein NFT nur ein Stück eines Programmcodes und repräsentiert einen bestimmten realen Gegenstand oder anderen Wert auf der Blockchain. Solche Gegenstände können Bilder, Musik, Texte oder digitale Sammelkarten sein. Mit einem NFT kann deshalb ein bestimmter Vermögenswert eindeutig digital repräsentiert und damit Echtheit und Besitz nachgewiesen werden. Dies können digitale Tickets, digitale Zertifizierungen, Sammlerstücke in digitalen Spielen, Kunstwerke oder Immobilien sein. Mithilfe verschiedener Plattformen kann nun sogar jedermann seine eigenen NFTs erstellen und zum Verkauf anbieten. Die NFTs können sowohl direkt unter den Nutzern getauscht wie auch auf zentralen oder dezentralen Plattformen gehandelt werden. Einige Marktplätze sind OpenSea, Rarible, Enjin Marketplace, SuperRare oder Nifty Gateway. Auf diesen Peer-to-Peer-Marktplätzen können alle möglichen NFTs gehandelt werden wie Spielgegenstände, Sammlerstücke, Kunstwerke oder Domain-Namen. Für den Kauf von NFTs muss man meist die Coins der Kryptowährung kaufen, auf deren Blockchain der NFT gespeichert ist.

NFTs sind meist Token, die auf einer fremden Blockchain aufgesetzt sind. Führend ist hier die Ethereum-Blockchain, auf der NFTs nach dem ERC-721- und ERC-1155-Standard geschaffen werden. Dabei ist ERC-1155 für **Semi-Fungible Token** geschaffen. So könnte ein Spieler zehn Schwerter in einem Spiel besitzen, von denen er drei verkaufen will. Für nach dem ERC-721-Standard geschaffene Token wären dafür drei Transaktionen notwendig. Bei nach dem ERC-1155 geschaffenen würde dagegen die Abwicklung mit einer einzigen Transaktion erfolgen. Auch auf den Blockchains von Binance Smart Chain, Solana, NEO und anderen können NFTs kreiert werden. Dagegen unterstützt die Flow-Blockchain NFTs auf ihrer eigenen Plattform.

Bei den oft hohen Preisen eines Kunstwerks ist es naheliegend, es in kleinen Stücken zu verkaufen, damit auch Kleinanleger daran partizipieren können. Dieses Konzept kann über **Fractional Non-Fungible Token (F-NFTs)** umgesetzt werden. So gibt es Anbieter, die es einem NFT-Besitzer erlauben, ihren NFT in beliebig kleine Stücke zu teilen und so Fractional Ownership zu ermöglichen. Allerdings haben hier die Aufsichtsbehörden schon darauf hingewiesen, dass es sich bei solchen Emissionen um die genehmigungspflichtige Emission von Wertpapieren handeln könnte.

In Bezug auf die Verwahrung von NFTs unterscheidet man Custodial und Non-Custodial NFTs. Bei **Custodial NFTs** besitzt ein Dienstleister die Private Keys der erworbenen NFTs.[39] Für den Nutzer ist der Vorteil, dass er sich nicht um die Verwahrung seiner NFTs kümmern muss. Er muss aber Vertrauen in die Zuverlässigkeit des Verwahrers haben. Das hat sich im Zusammenhang mit dem FTX-Crash gezeigt, als dort gelagerte NFTs zu Non-Accessible Token wurden.

Für das weltweit bekannte Musik- und Kunstfestival Coachella wurden im Jahr 2022 NFTs für Lifetime Tickets und VIP-Events verkauft. So konnte mit den NFTs für die Lifetime Tickets jeweils der jährliche Zugang zum Festival eingelöst werden. Die Ausgabe der NFTs erfolgte in Kooperation mit der FTX US, dem amerikanischen Ableger der im November 2022 zusammengebrochenen Kryptobörse FTX. Die Lifetime Tickets wurden für sechsstellige Summen verkauft. Wer nicht kurz vor dem Zusammenbruch schnell reagiert hat und die NFTs weg von FTX auf andere Plattformen transferiert hatte, verlor den Zugang zu den NFTs. Allerdings wollten die Coachella-Verantwortlichen an einer Lösung des Problems arbeiten. So lange können die Inhaber der Lifetime Tickets mit ihrem NFT den Einlöseprozess für die jeweiligen Jahrestickets aber nicht aktivieren.

Dagegen besitzen bei **Non-Custodial NFTs** die Nutzer ihre Private Keys und haben so die volle Kontrolle über ihre Wallets. Dadurch kann der Nutzer seine NFTs direkt aus seiner Wallet heraus handeln und braucht dafür keinen Intermediär wie eine Kryptobörse. Die Erschaffer der NFTs können diese auf der Blockchain prägen und eine direkte Verbindung mit ihren Fans und Interessenten frei von Plattformrisiken schaffen. Der Nachteil für die Nutzer ist, dass sie bei Verlust ihres Private Keys und ihrer Seed Phrase keinen Zugang mehr zu ihren Assets, hier ihren NFTs, haben.[40] Welche Wallet verwendet werden kann, richtet sich nach der Blockchain und dem dort verwendeten Token-Standard. Die gebräuchlichsten Standards sind ERC-721 auf der Ethereum-Blockchain und BEP-721 auf der Binance-Smart-Chain. Wallets wie MetaMask und Trust Wallet unterstützen die gebräuchlichsten NFTs.

Als NFT abgebildete digitale Sammelobjekte werden auch Nifties genannt.[41] Das bekannteste Beispiel waren vor einigen Jahren die CryptoKitties. Für diese digitalen Katzenbilder wurden teilweise – absurd – hohe Preise gezahlt, gerade weil sie einmalig waren. In jüngerer Vergangenheit sorgten die gelangweilten Affen vom Bored Ape Yacht Club für Furore. Grundsätzlich ist der Bezug zu allen möglichen Sachwerten wie Immobilien, Schmuck oder einem Kunstwerk möglich. Verstärkt werden NFTs bei Computerspielen eingesetzt. Die Spieler können durch NFTs virtuelle Gegenstände nicht nur besitzen, sondern auch allein und unabhängig darüber verfügen. Keine zentrale Instanz kann diese Gegenstände dann sperren. Auch das Fantasy-Football-Spiel Sorare, mit dem der FC Bayern München eine Partnerschaft eingegangen ist, bietet mit digitalisierten Spielerkarten Crypto Collectibles an – Panini goes Crypto. Pro Spieler und pro Saison wird eine digitale Tauschkarte herausgegeben. Dabei basiert Sorare auf der realen Leistung der Spieler. Sorare ist offizieller Lizenzpartner von 315 Klubs aus 50 Ligen weltweit, darunter die gesamte Erste und Zweite Bundesliga (Stand Februar 2023). Die Sammelkarten der Spieler werden als NFTs in Wallets abgelegt. Im Gaming-Bereich lösen NFTs das vorher bestehende Besitzerproblem von in einem Computerspiel verwendeten Gegenständen oder Fähigkeiten (In-Game Items). Wer bisher auf das Spiel keine Lust mehr hatte, konnte mit seinen gekauften digitalen Gütern nichts mehr anfangen, weil sie nur in dem Spiel verwendet wurden und man sie nicht verkaufen konnte. Sind die digitalen Güter dagegen durch NFTs gesichert, kann der Spieler sie verkaufen oder manchmal sogar in anderen Spielen des gleichen Herstellers verwenden. Ein großer Anwendungsbereich ist die Zertifizierung von digitaler Kunst als NFT. Der Käufer eines solchen NFTs ist durch das auf einer Blockchain festgeschriebene Zertifikat eindeutig als Besitzer der Originaldatei bestimmt, auch wenn diese grundsätzlich wie alle digitalen Dateien beliebig kopierbar ist.

5.5.6 Handelsbeschränkungen von Token

Nicht-gesperrte Token unterliegen keinen Beschränkungen bezüglich ihrer Handelbarkeit. Dagegen gibt es bei **gesperrten Token (Lock-up Token)** festgelegte Einschränkungen und sie können meist in einer bestimmten Periode nicht verkauft werden.[42]

Gesperrte Token resultieren vor allem aus einem **ICO**. Dabei werden alle oder größere Bestände an bereits bestehenden Coins für einen gewissen Zeitraum zum Verkauf gesperrt. Dies kann man analog zum IPO bei Aktien sehen, bei dem oft die Altaktionäre keine oder nur einen geringen Teil ihrer Aktien nach Beginn der Börsennotiz verkaufen können, obwohl sie ansonsten den neuen Aktien gleichgestellt sind. Bei einem Lock-up von Token gibt es eine oder mehrere festgelegte **Sperrfristen (Vesting Periods** oder **Lock-up Periods)**, nach deren Ablauf die Token dann frei verkäuflich und den bereits umlaufenden Token gleichgestellt sind. Durch ablaufende Sperrfristen erhöht sich die frei handelbare Stückzahl (Circulating Supply) des Coins. Grundsätzlich sprechen solche Sperrfristen ähnlich wie bei Aktien eher für eine Seriosität des Projekts. Dies gilt umso mehr, je länger diese Sperrfristen laufen. Denn dies wäre ein Indiz dafür, dass die ursprünglichen Gründer und sonstigen Investoren nicht nur schnell Kasse machen wollen, sondern weiter hinter dem Projekt stehen.

Daneben können gesperrte Token auch bei Konsensmechanismen wie dem Proof of Stake von den Validatoren hinterlegt und für einen gewissen Zeitraum gesperrt werden. Beim **Staking** können die Token unterschiedlich lange gesperrt sein. Dies können wenige Tage sein bis hin zu Monaten oder Jahren, wie bei der Umstellung von Ethereum auf Ethereum 2.0. Es gibt aber auch gestakte Token, die täglich verkauft werden können.

Durch ablaufende Lock-ups könnte fallweise Verkaufsdruck bei einem Coin entstehen. Denn die Inhaber dieser zuvor gesperrten Coins haben meist Pre-ICO-

Einstandspreise, die ganz erheblich unter den aktuellen Börsenpreisen liegen können. Von daher ist mit einer latent größeren Verkaufsbereitschaft dieser Investorengruppe zu rechnen. Im Gegensatz zum Aktienmarkt gibt es hier bei Inhabern großer Stückzahlen keine Meldepflichten bei Verkäufen. Dagegen gibt es bei Aktien verschiedene Meldeschwellen wie fünf oder zehn Prozent, bei deren Über- oder Unterschreiten Meldungen an die BaFin erfolgen müssen.

Da gesperrte Token nicht handelbar sind, ist ihr Wert geringer als der von nicht-gesperrten Token. Ansonsten kann der Einfluss von gesperrten Token auf die **Bewertung** der bereits umlaufenden Token ambivalent sein. So könnte es bei einem sehr großen Anteil von durch Staking gesperrten Coins durch die Verknappung der handelbaren Menge zu Preisanstiegen kommen. Allerdings dürfte bei größeren Verkäufen dann auch der Preisrückgang größer sein. Bei einem sehr großen Anteil von nach einem ICO gesperrten Coins könnte die Angst vor einer späteren Verwässerung zu einer Kursbremse werden. Andererseits sind – insbesondere langfristig – gesperrte Coins auch eine Art Vertrauensbeweis des Teams und der Investoren. Jedenfalls sollten Investoren bei einem Coin den Anteil von gesperrten und nicht-gesperrten Token sowie den Zeitplan bei der Freigabe von gesperrten Token beachten.

5.6 Summary

5.1 Bei **Kryptowährungen (Cryptocurrencies)** handelt es sich um eine Währung im Sinne von Geld. Diese **Coins** haben eine eigene unabhängige Blockchain. Sie werden unterschieden in *Bitcoin* und *Altcoins*. Nur solche Coins haben eine Währungsfunktion und sind dann Kryptowährungen im eigentlichen Sinn oder auch native Kryptowährungen.

Dagegen laufen **Token** nicht auf einer eigenen Blockchain. Sie werden auch nicht-native Kryptowährungen genannt und nutzen eine andere vorhandene Blockchain mit Smart-Contract-Funktionalitäten, auf der dApps (dezentrale Anwendungen) aufgesetzt werden können. Die Zahl der Token ist ungleich größer als die der Coins.

Die verschiedenen Bezeichnungen werden **im allgemeinen Sprachgebrauch oft als synonyme Begriffe** verwendet. Unter Altcoins werden häufig alle Coins und Token außer Bitcoin verstanden. Andererseits wird auch in der Wissenschaft oder von der BaFin oft nur von Token gesprochen, auch wenn Coins gemeint sind. Aus praktischen Gründen werden auch in diesem Buch die Begriffe nicht immer wie oben definiert verwendet. Wenn keine Gründe dagegensprechen, werden die Begriffe Coins, Token, Kryptos oder Krypto-Assets synonym verwendet.

Kryptoprojekte und die dazugehörigen Kryptowährungen können unterschiedliche **Namen** haben.

5.2 Eine sinnvolle **Taxonomie von Krypto-Assets** richtet sich nach deren Zweck. Die Unterscheidungsmerkmale für die Einteilung von Krypto-Assets in Gruppen werden deshalb nach dem Ziel der Einteilungen ausgewählt.

5.3 Als Beispiele für Taxonomien von Krypto-Assets werden die **Klassifizierungsansätze** der BaFin, der ITSA und von Datonomy vorgestellt.

5.4 Die Klassifizierungen nach dem wirtschaftlichen Zweck sind die bekanntesten.

Payment Token werden als digitale Währungen verwendet. Sie werden unterschieden in ungebundene Token (*Unpegged Payment Token*) und an einen Referenzwert gebundene Token (*Pegged Payment Token* oder *Stablecoins*). Die Preise bei der ersten Gruppe, deren bekanntester Vertreter der Bitcoin ist, richten sich ausschließlich nach Angebot und Nachfrage. Deshalb können diese Preise sehr stark schwanken. Die Preise der zweiten Gruppe, deren bekanntester Vertreter der dollarbasierte Stablecoin Tether (USDT) ist, sind stabil und bilden idealtypisch 1:1 den Referenzwert ab.

Kommen bei **Stablecoins** Zweifel an hinterlegten Sicherheiten oder dem Funktionieren des Stabilisierungsmechanismus auf, können sie ihre Bindung an den Referenzwert aber auch verlieren. Der Preis kann dann ebenfalls zu einem Spielball von Angebot und Nachfrage werden. Deshalb bietet das Parken von Cash in der Form von Stablecoins als eine Art Krypto-Fiatgeld nicht die gleiche Sicherheit wie das Parken in originalem Fiatgeld wie Euro oder Dollar.

Die künftige Einführung von **digitalem Zentralbankgeld (Central Bank Digital Currency, kurz CBDC)** ist keinesfalls eine Konkurrenz zu Bitcoin und anderen „echten" Kryptowährungen. Der Bitcoin hat mit seiner Nicht-Inflationierbarkeit ein Alleinstellungsmerkmal. Dagegen unterliegen die CBDCs der gleichen Inflation wie das analoge Fiatgeld. CBDCs wären aber in puncto Sicherheit den Stablecoins überlegen.

Utility Token gewähren Zugang zu Produkten oder Services. Sie können auch einen Zahlungszweck haben, der in der Regel aber auf das jeweilige Ökosystem beschränkt ist. Darüber hinaus können Utility Token ein sehr breites Anwendungsspektrum haben. Die bekannteste und mit Abstand größte Blockchain in diesem Bereich ist Ethereum mit ihrem Protocol Token Ether (ETH), der als eine Art Betriebsstoff fungiert.

Grundlage von Utility Token sind native *Protocol Token* wie Ether. Diese sind die Basis für vielfältige Anwendungen, die oft auf Smart Contracts basieren. Diese Rohstoff-Funktion der Protokolle nutzen die *App-Token*, die als Anwendungen auf der fremden Blockchain laufen. Einzelne App-Token können aber auch eigene Blockchains haben. Die Stückzahl der Utility Token ist meist limitiert. Die Kursentwicklung dieser Token wird von der Erwartung von Wertsteigerungen bestimmt. Der Wert steigt umso mehr, je breitere Anwendung das Ökosystem findet.

Asset Token sind digitale Abbilder von beliebigen Vermögensgegenständen (Assets). Die fundamentale Bewertung solcher Token unterscheidet sich nicht von der herkömmlichen Bewertung. Dies können anderweitig nicht notierte Unternehmensanteile, Aktien, Anleihen, Rohstoffe oder alternative Anlageobjekte wie Kunstgegenstände sein. Durch Fractional Ownership kann dabei ein hochpreisiges Objekt wie ein sehr teures Kunstwerk in viele kleine Teile „parzelliert" werden. Dadurch können neue Anlegerkreise erschlossen werden.

Bei der Unterform *Security Token* ändert sich die Verbriefung von urkundlich zu digital. Es handelt sich um Eigen- oder Fremdkapitalfinanzierungen aus Unternehmenssicht und um Beteiligungs- und Vermögensanlagen aus Anlegersicht. Regulatorisch müssen Security Token deshalb die gleichen Anforderungen erfüllen wie traditionelle Wertpapiere.

5.5 Die begrenzte oder unbegrenzte **Angebotsmenge** von Kryptowährungen ist ein ganz wesentlicher wertbestimmender Faktor. Neben Coins mit einer maximal möglichen Stückzahl wie Bitcoin gibt es auch solche ohne obere Begrenzung.

Auf Basis der umlaufenden Stückzahl (Circulating Supply) wird die **Marktkapitalisierung** berechnet. Auf Basis der maximal möglichen Stückzahl (Maximum Supply) wird die voll verwässerte Marktkapitalisierung auf Basis des aktuellen Kurses berechnet.

Die **Liquidität** eines Coins ist ein wesentlicher wertbestimmender Faktor. Coins mit einer geringen Marktkapitalisierung und/oder kleinem Handelsvolumen können sehr manipulationsanfällig sein und sind deshalb riskanter. Das kann selbst für vermeintlich hoch kapitalisierte Coins gelten, wenn der Großteil der verfügbaren Stücke bei einer oder wenigen Adressen liegt. Die Liquidität eines Coins kann an verschiedenen Kryptobörsen sehr unterschiedlich sein.

Der Zentralisierungsgrad von Kryptowährungen verläuft in einem Kontinuum zwischen einer völlig **dezentralen und zentralen Kryptowährung**. Dabei gibt es aber keine völlig dezentrale oder zentrale Kryptowährung. Der Bitcoin gilt als dezentralste Kryptowährung, ist aber ebenfalls nicht vollständig dezentral. Zwar hat jeder Teilnehmer am Netzwerk die gleichen Rechte. Durch einen großen Anteil an den ausgegebenen Coins können einzelne Entitäten aber einen erheblich größeren Einfluss haben. Eine Kryptowährung sollte ceteris paribus umso wertvoller sein, je dezentraler sie organisiert und je breiter sie verteilt ist.

Fungible Token unterscheiden sich untereinander nicht und sind deshalb austauschbar. Eine Einheit ist immer so viel wert wie eine andere Einheit. **Nicht-fungible Token (NFTs)** sind dagegen einzigartig, es gibt nur eine Einheit. Für jeden NFT kommt es deshalb zu einer Einzelbewertung.

Gesperrte Token können für einen festgelegten Zeitraum nicht verkauft werden. Nach einem ICO sollte deshalb der Freigabeplan dieser gesperrten Token beachtet werden.

6 EMISSION UND BÖRSENNOTIERUNG VON COINS UND TOKEN

6.1 Emission und Emittenten

Auch Krypto- und Blockchain-Projekte brauchen finanzielle Anreize für die Beteiligten wie die Entwickler. Zwar gibt es auch Projekte, die von vermögenden natürlichen oder juristischen Personen finanziert werden. Sind solche Finanzierungsquellen nicht gegeben, muss über andere Formen der Finanzierung nachgedacht werden. Die Initiatoren des Projekts könnten versuchen, von Risikokapitalgebern eine Finanzierung zu bekommen. Dies ist ein meist schwieriges und aufwendiges Unterfangen. Eine andere Möglichkeit wären verschiedene Formen der **Emission** von Coins ähnlich wie bei einem Aktienverkauf eines Unternehmens im Rahmen eines Börsengangs (IPO). Diese Emissionen können über verschiedene Wege wie die nachfolgend besprochenen *Initial Coin Offerings (ICO), Initial Exchange Offerings (IEO) oder andere Offering-Formen* erfolgen. Dabei wird meist ein Teil aller derzeit oder zukünftig existierenden Coins am Markt zur Zeichnung angeboten.

Es gibt aber auch die Form des **Pre-Mining**. Dann werden alle – wie bei Ripples XRP – oder ein großer Teil – wie beim Pre-Mining von Ether im Jahr 2014 – der Coins vor ihrer Markteinführung geschaffen und verteilt. In der Community wird Pre-Mining oft sehr kritisch gesehen. Denn die vorgeschürften Coins werden von einer zentralen Instanz ausgegeben, die dann auch die Kontrolle über die Verteilung hat. So ist das Unternehmen Ripple Labs, das das Ripple-Protokoll entwickelt hat, noch immer im Besitz eines Großteils der pre-geminten XRP-Coins, lagert diese in einer Art Schatzkammer und gibt sie nach einem festen Plan zur Finanzierung ihrer Aktivitäten in den Markt. Pre-Mining wird in der Community meist als unethisch eingestuft, da es bestimmte Beteiligte gegenüber anderen bevorzugt. Außerdem wird durch das Pre-Mining die Dezentralität konterkariert. Pre-Mining hat nach Meinung einiger Analysten auch den Charakter einer illegalen Verteilung von Wertpapieren und ein späteres ICO dieser Coins wäre dann ein nicht genehmigtes IPO.

Pre-Mining ist zwar ähnlich, aber nicht zu verwechseln mit **Instamine**. Beim Pre-Mining werden die Coins vor dem Launch erzeugt und verteilt. Beim Instamine wird ein großer Teil aller insgesamt erzeugbaren Coins eines Projekts in einem kurzen Zeitraum nach dem Launch abgebaut, im Gegensatz zu sehr langfristigen Mining-Plänen wie beim Bitcoin. Instamine kann absichtlich erfolgen, um eine große Nachfrage beim Projektstart zu befriedigen und den Finanzierungsbedarf zu decken. Es kann aber auch versehentlich aufgrund von Unzulänglichkeiten bei den Mining-Algorithmen stattfinden. In diesem Zusammenhang gibt es ähnlich wie beim Pre-Mining manchmal Vorwürfe, dass die durch Instamine erzeugten Coins bevorzugt an Entwickler und Initiatoren des Projekts verteilt werden.

Der bekannteste Fall von Instamining ist Dash.[1] Es gibt den Vorwurf, dass das Mining vor dem Going-public nur von einem kleinen Kreis von Gründern betrieben wurde und das Mining danach stark gedrosselt wurde. Durch das Instamining sollen die Gründer im Jahr 2014 in 24 Stunden rund 15 Prozent des gesamten möglichen Angebots gemint haben. Dies war möglich durch einen Bug im Mining-Code von Dash, die damals noch XCoin hießen. Die Dash-Entwickler führten den Bug auf einen Fehler in der Codebase von Litecoin zurück, die von Dash übernommen wurde. Seit die Entwickler diesen Fehler behoben haben, läuft das Mining planmäßig.

Bei einer Aktienemission gibt es eine genaue Offenlegung aller beteiligten Unternehmen und Personen. Insbesondere ist die Aktiengesellschaft als Emittent klar bestimmt. Auch der Erlös aus der Platzierung ist genau nachzuvollziehen. So kann der Emissionserlös der Gesellschaft und/oder den Großaktionären zufließen. Bei Krypto-Emissionen ist dagegen manchmal unklar, welche rechtliche Entität hinter einer Krypto-Emission steht. Als **Emittent** gilt dabei eine Entität, die einen Token verteilt oder kontrolliert.[2] Dabei werden zwei Gruppen von Emittenten unterschieden. Die erste Gruppe ist gekennzeichnet als *Entität mit eigener Rechtspersönlichkeit*. Diese kann eine natürliche Person sein (Privatperson), wird aber meistens eine juristische Person sein wie eine private oder öffentliche Gesellschaft, aber auch eine Stiftung, ein Verband oder eine sonstige Vereinigung. Diese Entität besitzt oder kontrolliert das Software-Protokoll, das den Token implementiert. Ein typisches Beispiel dafür ist die Kryptowährung XRP, die von Ripple Labs herausgegeben und kontrolliert wird, der Gesellschaft, die das Ripple-Protokoll entwickelt hat. Die zweite Gruppe sind *Emittenten ohne eigene Rechtspersönlichkeit*. Dabei kann es sich um nicht identifizierbare, veränderliche und/oder immaterielle Personen, Gruppen von Personen, Netzwerkknoten und/oder Interessengruppen handeln, die ein autonom laufendes Software-Protokoll betreiben oder aufrechterhalten, das die Token völlig dezentralisiert verteilt. In diesem Fall ist der Emittent eines Token dann ein autonom laufendes *Distributed Ledger Protocol* oder ein ebenso autonom laufendes *Application Layer Protocol.* Das bekannteste Beispiel dafür ist natürlich der Bitcoin, bei dem der Emittent nicht identifizierbar ist. Bis heute wird gerätselt, welche Einzelperson oder Gruppe hinter dem Pseudonym Satoshi Nakamoto steht.

6.2 Initial Coin Offerings (ICOs)

Es gibt verschiedene Formen, wie Coins und Token neu emittiert und handelbar gemacht werden.[3] Bei Aktien werden im Rahmen eines **Initial Public Offering (IPO)** erstmalig Aktien eines Unternehmens öffentlich an interessierte Anleger zum Kauf angeboten. In der Regel sind damit die Börsenzulassung des Aktienkapitals und die Aufnahme der Börsennotierung verbunden. Dadurch kann die Aktie als Finanzierungsinstrument für Unternehmen genutzt werden. Analog können Unternehmen oder Projekte durch Emission von Coins oder Krypto-Token finanziert werden. Entsprechend dem IPO spricht man dann von einem **Initial Coin Offering (ICO)**. Handelt es sich statt Coins um Token, wird eine solche Emission auch **Initial Token Offering (ITO)** genannt. Wie bei einem IPO werden zur Realisierung eines bestimmten Projekts Finanzmittel eingeworben im Austausch gegen Coins oder Token. Diese verkörpern bestimmte Eigenschaften, Funktionalitäten oder Rechte und dienten meist dazu, die Dienstleistungen und Angebote des jeweiligen Projektes zu nutzen. Nur selten repräsentierten diese Token eine Unternehmens- oder Gewinnbeteiligung. In der Vergangenheit gab es aber immer wieder Probleme mit den Aufsichtsbehörden, die diese Emissionen als unerlaubte Wertpapieremissionen klassifizierten. Daher sind manche Emittenten dazu übergegangen, diese Finanzierungskampagnen als **Token Generation Event** statt als ICO zu bezeichnen.[4]

Es können verschiedene **Emissionsgrenzen** festgelegt werden. Eine *Soft Cap* ist die Untergrenze, die über das ICO eingeworben werden soll. Die Soft Cap bestimmt sich nach der nötigen minimalen Finanzierung des Projekts. Allerdings gab es in der Vergangenheit auch Projekte, die das ICO trotz Emissionserlösen unterhalb der Soft Cap durchführten. Andere Projekte gaben in diesem Fall die Finanzmittel zurück. Die *Hard Cap* liegt dagegen normalerweise deutlich höher. Diese legt die maximal beim ICO emittierte Zahl der Token und damit das maximal erzielbare Finanzvolumen fest.

Im Gegensatz zu den ICOs gab es beim Bitcoin nie einen Coin-Verkauf wie bei einem ICO. Vielmehr entstanden und entstehen weitere Bitcoin nur im Zuge des Mining-Prozesses. Dagegen wird bei einem ICO eine bestimmte Stückzahl an Coins an Investoren emittiert, meist vor dem Projektstart. Die Emission kann bei Coins mit einer begrenzten Stückzahl die Gesamtzahl umfassen, meist wird aber nur ein Teil der maximal möglichen Stückzahl emittiert. Viele der frühen ICOs wurden ohne die Unterstützung durch Rechtsanwälte oder Finanzintermediäre und ohne Zustimmung der Regulatoren veranlasst. Oft verschwammen die Grenzen zwischen regulatorisch eher unbedenklicheren Utility Token und Investment Token.

Der erste Token Sale fand im Juli 2013 statt, als Mastercoin-Token gegen Bitcoin emittiert wurden. 2014 gab es bei Ethereum den Verkauf von Ether-Token im Wert von 18 Millionen Dollar und damit ein Rekord-Crowdfunding, mit dem das Projekt operabel gemacht werden konnte. Im ICO-Boom der Jahre 2016 und 2017 wurden dann mehr als 800 ICOs durchgeführt mit einem Gesamtvolumen von rund 20 Milliarden Dollar. Im Jahr 2018 gab es die ersten Unicorn-ICOs, bei denen über ein ICO Beträge von mehr als einer Milliarde Dollar eingeworben wurden: EOS mit mehr als vier Milliarden Dollar und Telegram mit 1,7 Milliarden Dollar.

Oft wird aus Zeitgründen ein ICO über einen entsprechenden Token auf einer anderen Blockchain stattfinden, meist Ethereum. Später findet dann ein Token-Swap statt, mit dem der ICO-Token in den endgültigen Projekt-Token getauscht wird, der auf einer eigenen Blockchain läuft und oft das Tickersymbol behält. Dies war beispielsweise bei EOS und TRON (TRX) der Fall.

Die neu geschaffenen Token können auf einer **fremden Blockchain** erstellt werden, meist auf der Ethereum-Blockchain als ERC-20-Token. Dieser einfachsten Lösung steht die Alternative gegenüber, eine **eigene Blockchain** mit einer nativen Kryptowährung zu kreieren. Manchmal werden die Coins vor dem ICO erstellt (**Premining**), wobei sich die Initiatoren einen mehr oder minder großen Anteil sichern. Deren Interesse, die restlichen Coins dann bestmöglich an die Anleger zu bringen, liegt auf der Hand.

Vor den öffentlichen ICOs, die vergleichbar mit einem IPO sind, gibt es oft mehrere Finanzierungsrunden für ausgewählte Investoren, bei denen die Token zu sehr niedrigen Preisen verkauft werden. Das können **Private Sales** und **ICO Presales** sein. Meist haben die Teilnehmer an derartigen Vorfinanzierungen dann nach dem öffentlichen ICO (**ICO Public Sales**) Sperrfristen für den Verkauf ihrer günstigen Token (**Lock-ups**) zu beachten, ähnlich wie man das vom Aktienmarkt kennt. Auch für die Mitarbeiter des Projektteams, die für ihre Tätigkeit Token zugeteilt bekommen, gibt es meist für ein oder zwei Jahre Lock-ups, in denen sie keine Verfügungsgewalt über ihre Token haben. Investoren in diese Token können dann eher von einer anhaltenden Motivation der Teammitglieder ausgehen. Gibt es dagegen keine Sperrfristen für die Alt-Investoren und/oder Teammitglieder, erscheint ein ICO meist weniger lukrativ.

6.3 Security Token Offerings (STOs)

Security Token entstehen durch Emission von Anteilen im Rahmen von **Security Token Offerings (STOs)**, die vergleichbar mit Aktienemissionen bei Börsengängen

(IPOs) sind. Sind die **Krypto-Token Wertpapiere** im Sinne des WpPG **oder Vermögensanlagen** im Sinne des VermAnlG, dann unterfallen sie den Regelungen dieser Gesetze wie andere Wertpapiere oder Vermögensanlagen. Dabei ist das VermAnlG subsidiär gegenüber dem WpPG. Ist der Token also ein Wertpapier gemäß dem WpPG, dann kann er keine Vermögensanlage gemäß dem VermAnlG mehr sein. Für weitere Ausführungen zu dieser Thematik sei auf die Ausführungen der BaFin verwiesen.[5] Die BaFin ist zuständig, sobald ein öffentliches Angebot in Deutschland erfolgt. Dies ist gegeben, wenn in der Bundesrepublik ansässige Anleger angesprochen werden. Ein unbeschränkt zugängliches öffentliches Angebot im Internet bedeutet, dass Anleger weltweit angesprochen werden. Da dies natürlich auch deutsche Anleger einschließt, besteht eine Prospektpflicht in Deutschland. Liegt keine Ansprache inländischer Anleger vor, können sich Prospektpflichten aufgrund ausländischer Gesetze ergeben.

Die Ausgabe von Security Token ist nicht nur für Aktiengesellschaften, sondern grundsätzlich auch für andere Gesellschaftsformen wie GmbHs möglich. STOs sind grundsätzlich den gleichen strengen Regulierungen unterworfen wie Wertpapiere. In Deutschland benötigt der Emittent deshalb einen Wertpapierprospekt. Die damit verbundenen Kosten stehen für kleine und junge Unternehmen oft nicht im Verhältnis zu dem möglichen Emissionserlös. Die STOs erfolgen darum meist nur als Private Sale ohne öffentlichen Verkauf. Es gibt aber seit 2020 die Möglichkeit, eine öffentlich zugängliche Wertpapieremission nur mit einem Wertpapierinformationsblatt (WIB) bei der BaFin zu beantragen. Diese deutlich günstigere und schnellere Variante ist quasi eine Wertpapierprospekt light. Durch diese Ausnahmeregel können Emittenten bis zu acht Millionen Euro einsammeln und dafür ein dreiseitiges WIB erstellen. Darin werden die wesentlichen Kerninformationen über den Emittenten, den Security Token, die Rechte und Pflichten und die wesentlichen Risiken dargestellt.[6]

Werden Besitzrechte am Eigenkapital eines Unternehmens emittiert, spricht man von einem **Equity Token Offering (ETO)**. ETOs haben einige Vorteile gegenüber IPOs. So gibt es Schätzungen, dass ein Unternehmen bei einem ETO rund 30 Prozent gegenüber einem IPO sparen kann. Für Anleger haben Equity Token gegenüber Aktien den Vorteil, dass sie teilbar sind und durch den 24/7-Handel rund um die Uhr gehandelt werden können. Werden bei Equity Token *neue Anteile* zur Unternehmensfinanzierung ausgegeben, fließen dem Unternehmen die entsprechenden Mittel direkt zu. Es können aber auch *bereits bestehende Anteile* im Besitz der Gründer ans breite Publikum gestreut werden und diese dann nur handelbar gemacht werden. In diesem Fall fließen dem Unternehmen keine neuen Mittel zu. Dies wäre dann eine Exit-Strategie der Alt-Eigentümer, die im Hinblick auf die Einschätzung der Chancen des Projekts im Regelfall bedenklich wäre.

6.4 Initial Exchange Offerings (IEOs)

Initial Exchange Offerings (IEOs) werden durch Kryptobörsen ermöglicht. Dabei können Investoren über die **Plattform einer Kryptobörse (Launchpad)** Token eines Projekts kaufen, bevor diese auf dem Markt gehandelt werden. So stellt die weltgrößte Kryptobörse Binance mit dem Binance Launchpad eine entsprechende Plattform für IEOs zur Verfügung. IEOs werden teilweise für Investoren als weniger riskant angesehen, da die jeweilige Börse den IEO-Antrag eines Projekts oder Unternehmens besonders intensiv prüft.[7] Über die Börse lancierte windige IEOs würden deren Ruf schaden. Deshalb wird die Börse das Geschäftsmodell, die Teammitglieder und den Anwendungsfall des Projekts genau prüfen. Für das Projekt wiederum kann ein IEO nützlich sein, weil es sich dadurch direkt an aktive Nutzer einer Kryptobörse wenden kann. Je nach Marktphase gibt es bei IEOs einen Run und oft einen schnellen Ausverkauf der neuen Token. Außerdem wurde diese neue Emissionsform dadurch begünstigt, dass in der ersten Jahreshälfte 2018 digitale Vermarktungsplattformen wie Facebook, Google, Twitter oder Reddit den Zugang von ICOs verboten hatten. Dieses Verbot wurde erst 2021 wieder aufgehoben. Die ersten IEOs gab es im April 2019.

Der Erfolg der IEOs ist auch aus den vielen unseriösen bis betrügerischen ICOs 2017/18 zu erklären. Da es kaum eine Instanz gab, die die Seriosität der Projekte überprüfte, kam es in dieser Zeit zu einer Menge von Shitcoin-Emissionen. So verstießen auch viele Emissionen gegen Wertpapiergesetze, was zu Gerichtsprozessen und im besten Fall zu Rückzahlungen führte. Bei IEOs senden die Anleger das Geld über Exchange Wallets, dagegen geht es bei ICOs direkt an das Projekt. Der Anleger konnte in der Vergangenheit nur hoffen, dass er für seine gesendeten Bitcoin oder Ether dann auch wirklich die versprochenen Token bekam. Ein Vorteil ergibt sich auch in Bezug auf das Börsenlisting. Denn die Kryptobörse, die das IEO durchführt, listet anschließend auch den Token auf ihrer Plattform. Trotz Prüfung durch die jeweilige Kryptobörse bleiben IEOs riskante Investments. Denn wie jedes Start-up kann natürlich auch jedes Kryptoprojekt trotz Finanzierung durch ein IEO daran scheitern, sein Geschäftsmodell und seine Vision zu verwirklichen.

6.5 Andere Offering-Formen

Weitere Emissionsformen und -kanäle sind denkbar oder schon umgesetzt. Um regulatorische Hürden im Zusammenhang mit Equity Token zu umgehen, wurde ein neues Finanzierungsinstrument namens **Continuous Security Offering (CSO)** geschaffen. Eigenkapital ist regulatorisch bisher schwer zu tokenisieren. Die STOs waren bisher rechtlich gesehen Anleiheemissionen, auch wenn es sich wirtschaftlich um Genussrechte mit Eigenkapitalcharakter gehandelt hat. Bei einem CSO wird deshalb auf die künftigen Einnahmen des Unternehmens abgestellt. Letztlich kann man dies mit dem *Handel von Dividendenansprüchen* vergleichen. Die Ertragsansprüche aus künftigen Dividenden werden separiert und als ERC-20-Token verbrieft. Das Unternehmen finanziert sich deshalb durch den Verkauf von Ertragsansprüchen, nicht von Unternehmensanteilen. Grundsätzlich dürften CSOs deshalb schon für eher etablierte Unternehmen oder Projekte durchführbar sein, die schon oder in naher Zukunft Erträge erzielen. Bei jungen Unternehmen oder Start-ups ist dies regelmäßig nicht der Fall. Auch dürften deren künftige Erträge meist sehr schwer einzuschätzen sein.

Bei einem **Initial Futures Offering (IFO)** handelt es sich um einen Verkauf von Token, die es noch gar nicht gibt. Es wird über derivative Finanzkontrakte ein Markt für Token kreiert, die erst später ausgegeben werden. Das Konzept wurde durch CoinFLEX bekannt, eine auf den Seychellen ansässige Kryptobörse. Das erste IFO gab es im Zusammenhang mit dem Polkadot-Token DOT. Die noch nicht existenten Token werden als Simple Agreement for Future Tokens (SAFTS) gehandelt. Ein ähnliches Konzept ist der Pre-IPO-Handel von Aktien. Die mittlerweile untergegangene Kryptobörse FTX hat dies vor dem Coinbase-Börsengang umgesetzt und Coinbase-Aktien dadurch vor dem Börsengang handelbar gemacht. Am ersten Handelstag wurden diese Pre-IPO-Kontrakte dann in tokenisierte Coinbase-Aktien umgewandelt. Als Vorteile von IFOs werden vorgezogene Handelsmöglichkeiten, Hebelmöglichkeiten, geringere Anforderungen an KYC und AML oder geringere Provisionen genannt.

Beim **Initial Liquidity Offering (ILO)** handelt es sich um einen Finanzierungsmechanismus, bei dem Projekte ihre Token auf DeFi-basierten dezentralisierten Börsen (DEXes) verkaufen. Ein ILO wird deshalb auch als **Initial DEX Offering (IDO)**, Initial AMM Offering oder Initial DeFi Offering bezeichnet. Letztlich ist ein IDO das Äquivalent zu einem IEO an einer zentralen Börse. Es gibt einige Vorteile eines IDO gegenüber einem IEO. So müssen die Emittenten keine Börsengebühren wie an einer zentralen Börse zahlen, die immer stärker gestiegen sind. Außerdem braucht man für ein IDO an einer DEX keinerlei Genehmigungen. Mit dieser völlig dezentralen Lösung wird die Überprüfung durch eine zentrale Instanz (Kryptobörse) ersetzt von der Zustimmung der Community-Mitglieder. Bei einem IDO wird auch das Pre-Mining vermieden, bei dem die Projektgründer gegenüber den Community-Mitgliedern bevorzugt werden. Es gilt deshalb als die fairere Emissionsmethode. Außerdem kann der Handel mit den Token unmittelbar beginnen und die Käufer können die Token in einer an die DEX angedockten eigenen sichereren Wallet verwahren.

Das erste IDO fand mit dem Listing von Raven Protocol (RAVEN) auf der Binance DEX im Juni 2019 statt. Um dort gelistet zu werden, braucht es die Zustimmung der Community. Bei RAVEN stimmten alle elf Validatoren der Binance Chain für das

Listing. Ein weiteres erfolgreiches IDO war der über die DEX Uniswap organisierte Verkauf von Token von Universal Market Access (UMA).

Das Mask Network hat im Jahr 2021 das **Initial Twitter Offering (ITO)** eingeführt. Dabei können die Twitter-Nutzer Token kaufen, ohne das soziale Netzwerk zu verlassen. Dazu muss die Mask-App als Browsererweiterung heruntergeladen werden. ITOs nutzen IDO-Mechanismen und können IDO-Interessenten einfacher ansprechen, da diese sich meist auf Twitter aufhalten. Insbesondere für die Emission von Personal Token und NFTs könnte sich ein ITO gut eignen.

Bei einem **Initial Bounty Offering (IBO)** bekommen die Nutzer für die Ausführung bestimmter Aufgaben wie Marketing, Übersetzungen oder das Auffinden von Bugs im System eine bestimmte Zuteilung von Token als Bounty (Prämie). Von daher investieren die Teilnehmer an einem IBO nicht Geld, sondern Zeit. Die Vorteile dabei sind, dass die Teilnehmer am Erfolg des Projekts mitarbeiten und es so leichter zu einem Community Building kommen kann. Selbst so bekannte Kryptowährungen wie Ethereum oder Zcash haben Bounty-Programme für die Mitarbeit bei der Entwicklung der Blockchain eingesetzt. Derartige Bounty-Programme können vor einem ICO (Pre-ICO) oder auch danach (Post-ICO) eingesetzt werden und sind in der Gaming-Industrie verbreitet. Ein wesentlicher Kritikpunkt der Bounty-Programme ist ihre mögliche Nähe zu Pump-and-Dump-Aktivitäten. So können Marketingaktivitäten ein Schneeballsystem auslösen ähnlich wie bei OTC-Aktien.

Bei einem **Strong Holder Offering (SHO)** sucht der Emittent beim Fundraising Investoren nach bestimmten On-Chain-Aktivitäten oder anderen Daten aus. So können Strong Holder des Coins oder auch eines Konkurrenzcoins bevorzugt werden. Andere Kriterien könnten sein, ob ein Investor ein aktiver Liquidity Provider auf einer dezentralisierten Börse ist oder ein hohes Transaktionsvolumen vorweisen kann. Dadurch kann das Projektteam versuchen, bestimmte gewünschte Investoreneigenschaften zu bevorzugen und so eine für das Projekt ideale Community aufzubauen.

So gab es vor dem Public Offering bei My Neighbor Alice (ALICE) ein SHO. Bei diesem wurden durch eine Lotterie 200 Investoren ausgewählt, die bestimmten Kriterien genügen mussten. Kriterien waren zum Beispiel die durchschnittliche Haltedauer von Coins in den Wallets der Investoren, der Wert ihrer Liquidity Provider Token bei Uniswap oder Balancer, die Haltedauer von Coins aus diesem Sektor wie SAND, MANA oder ENJ oder das aktive Engagement in DAO Maker Token auf Telegram oder anderen sozialen Medien.

Bei einem **Initial NFT Offering (INO)** handelt es sich um einen neuen Typ von Crowdfunding-Plattform, auf der Non-Fungible Token (NFTs) für eine gewisse Zeit verkauft werden. Eine Weiterentwicklung mit DeFi-Elementen ist ein **Initial Staking NFT Offering (ISNO)**. Es ist abzusehen, dass weitere neue Emissionsformen folgen werden. Bei einem **Initial Game Offering (IGO)** werden NFT-Sammlungen von führenden Gaming-Plattformen exklusiv über eine Börse versteigert. Dabei handelt es sich um In-Game-Assets wie bevorzugte Zugangspässe zum Spiel, Waffen, Fähigkeiten und mehr.[8]

Neben diesen Platzierungsformen gegen Zahlung eines Offering-Preises gibt es noch kostenlose Platzierungen durch **Airdrops**. Bei derartigen Emissionen werden die Token von den Projekten primär als Marketinginstrument genutzt und meist an die bisherigen Nutzer oder Unterstützer verteilt.[9] Nicht abgerufene Stücke aus dem Airdrop können dann in den Bestand der Projekte selbst zur freien Verwendung gehen.

6.6 Whitepaper

Ein ausführliches und stimmiges Whitepaper ist für eine erfolgreiche Kampagne bei ICOs oder anderen Emissionsformen von Coins eigentlich unerlässlich. Vorgeschrieben ist es in den unregulierten Märkten aber nicht. Bei IPOs an den Aktienmärkten gibt es dagegen sehr umfangreiche Vorschriften insbesondere für die Erstellung eines Wertpapierprospektes. Dieser muss alle wesentlichen Informationen über den Emittenten und die angebotenen Wertpapiere enthalten, die für eine fundierte Investitionsentscheidung eines Anlegers erforderlich sind. Eine ähnliche Funktion soll bei der Ausgabe von Krypto-Assets das Whitepaper erfüllen. Dieses enthält dann ebenfalls „Informationen zum geplanten Geschäftszweck, zu den handelnden Personen und der technischen Ausgestaltung der Token“.[10] Wegen der fehlenden Regulierung ist Form und Inhalt aber beliebig gestaltbar. Die Informationen sind häufig nicht umfassend genug und unpräzise. Manchmal werden die Inhalte im Whitepaper auch während der ICO-Laufzeit geändert, ein Verfahren, dass bei den streng regulierten IPOs undenkbar wäre.

Ein gutes Whitepaper sollte neben rechtlichen Hinweisen und einem Haftungsausschluss Informationen enthalten wie eine Beschreibung des Zielmarktes und des zu lösenden Problems, eine genaue Beschreibung des Kryptoprojektes inklusive eines Lösungsweges des Problems, eine exakte Festlegung der Tokenomics (Gesamtzahl der Token und deren Funktionsweise, Zeitpunkt von deren Ausgabe, Distributionskanäle, Begründung für den Zweck der Token et cetera) und eine Verwendung der durch das ICO oder IEO eingenommenen Gelder. Die Darstellung der Anwendungsfälle sollte auf die wichtigsten konzentriert sein. Da vielfach nicht allgemein verständliche Begriffe insbesondere technischer Natur verwendet werden, sollten diese in einem Anhang (Glossar) genau erläutert werden. Außerdem sollte das Team vorgestellt sowie der aktuelle Stand des Projekts und eine stringente Roadmap vorgelegt werden.

Oft werden die Whitepapers von den ausgebenden Unternehmen aber einfach als PR- und Vermarktungsinstrument genutzt. Dann liegt der Verdacht eines Shitcoins nahe. Manchmal ist dies schnell zu erkennen, wenn der Text des Whitepapers von

Marketingsprech und Buzzwords durchzogen ist. Dagegen strahlt ein formal abgefasster und eher akademisch anmutender Text Seriosität aus. Die Texte sind auf keinen Fall von einer Aufsichtsbehörde geprüft oder gar gebilligt worden. Ein hinreichender Schutz wie beim Wertpapierprospekt ist beim Whitepaper also keinesfalls gegeben.

6.7 Börsennotierung

Je mehr Anleger Zugang zu einem Coin haben, desto besser wird dieser tendenziell handelbar sein. Von daher steigert eine Notierung bei vielen Börsen den Wert des Coins. Wird er dagegen nur bei einer kleinen und unbekannten Börse gehandelt, dann dürfte die Handelbarkeit stark eingeschränkt sein und schon kleine Orders können den Kurs erheblich beeinflussen. Ist schon beim ICO klar, dass der neue Coin auf umsatzstarken Börsen gehandelt wird, dürfte sich dieser dann im Börsenhandel stärkerer Nachfrage erfreuen. Dies hat positive Effekte auf die Preisentwicklung nach dem ICO und könnte schnell zu deutlich über den ICO-Preisen liegenden Börsenkursen führen.

Auf verschiedenen Portalen werden die Börsen nach ihrer Umsatzstärke gerankt. So wird bei Coinmarketcap (Stand Januar 2024) von den zentralen Kryptobörsen Binance mit weitem Abstand als umsatzstärkste Spot-Börse ausgewiesen.[11] Danach folgen dann Coinbase, Kraken, Bybit und KuCoin. Bei den dezentralen Börsen (DEXes) war zu diesem Zeitpunkt Uniswap auf Platz 1 vor dYdX.

Oft werden Token nach einem ICO erst bei kleinen zentralen oder dezentralen Börsen gehandelt. Hier könnten dann später erfolgende Listings bei den großen Kryptobörsen für einen Kursschub sorgen. Ob das irgendwann der Fall sein wird, ist zum Zeitpunkt des ICOs aber schwer abzuschätzen.

Interessant ist auch die Betrachtung, ob die Listings nur oder primär bei Kryptobörsen stattfinden, die vor allem von Krypto-Anlegern einer bestimmten Region benutzt werden. So präferieren Anleger aus dem europäischen oder amerikanischen Raum meist andere Kryptobörsen als solche aus dem asiatischen Raum. Wird der Coin bei Kryptobörsen aus den wichtigsten Regionen gehandelt, wird die Gesamtnachfrage größer sein.

Kryptobörsen, die bei vielen Coins auch Futures- und Margin-Handel anbieten, sind tendenziell interessanter als solche ohne diese Optionen. Zwar gab es bei den Kryptobörsen in der Vergangenheit teilweise ein Wettrennen um immer höhere Hebel, die bei einer plötzlichen Stimmungsverschlechterung am Markt dann zu stärkeren Einbrüchen bei gehebelten Coins führten. Trotzdem sind die zusätzlichen Handelsmöglichkeiten eher positiv zu bewerten. Dies zeigte sich auch in der Vergangenheit, als neu in den Futures-Handel aufgenommene Coins stark anstiegen.[12]

6.8 Summary

6.1 Als **Emittent** gilt eine Entität, die einen Token verteilt oder kontrolliert. Diese Entität hat eine eigene Rechtspersönlichkeit als natürliche oder juristische Person. Daneben gibt es auch Entitäten ohne eigene Rechtspersönlichkeit als Emittenten. Das können nicht identifizierbare Personen oder autonom laufende Software-Protokolle wie beim Bitcoin sein.

6.2 Zur Vermeidung regulatorischer Probleme werden **Initial Coin Offerings (ICOs)** oft auch als Token Generation Event bezeichnet. Die Coins von Teilnehmern früherer Finanzierungsrunden haben nach dem ICO häufig eine bestimmte Sperrfrist (Lock-up), bis sie handelbar werden.

6.3 **Security Token Offerings (STOs)** unterliegen den gleichen Regularien wie entsprechende Wertpapieremissionen.

6.4 **Initial Exchange Offerings (IEOs)** werden als weniger riskant für Investoren eingestuft. Denn die jeweilige Börse, bei der das IEO stattfindet, wird den IEO-Antrag eines Kryptoprojekts besonders intensiv prüfen. Der Emittent hat den Vorteil, dass er sich direkt an aktive Nutzer einer Kryptobörse wenden kann.

6.5 Daneben gibt es noch einige **andere Offering-Formen**. Weit verbreitet sind Airdrops.

6.6 Das **Whitepaper** eines Kryptoprojekts wird nicht von Aufsichtsbehörden geprüft oder gebilligt. Ein formal abgefasster Text ist vertrauenswürdiger als ein von Marketingsprech und Buzzwords durchzogener Text.

6.7 Eine geplante **Börsennotierung** bei umsatzstarken Kryptobörsen ist vertrauenserweckend. Der gleichzeitige Handel bei Kryptobörsen, die wichtige Anlegergruppen in verschiedenen Regionen der Welt ansprechen, ist positiver als der Handel bei Kryptobörsen, die primär nur von Anlegern einer bestimmten Region genutzt werden.

7
HANDELSPLÄTZE UND HANDELSINSTRUMENTE FÜR KRYPTOWÄHRUNGEN

7.1 Systematisierung

7.1.1 Handelsplätze

Grundlegende Entscheidungen muss der Krypto-Investor in Bezug auf die **Auswahl des Handelsplatzes und der Verwahrmöglichkeiten** treffen. Zwar können beide Dienstleistungen, der Handel und die Verwahrung, auch von *einem* Anbieter wie einer **Kryptobörse (Cryptocurrency Exchange)** zur Verfügung gestellt werden. Der Nutzer kauft dann die Coins bei einer Kryptobörse und belässt sie dort. Dies ist aber insbesondere bei langfristig gehaltenen Beständen weniger sinnvoll. Denn der Nutzer ist dann vom Pleiterisiko einer Börse betroffen, wie der Fall FTX im November 2022 drastisch wieder in Erinnerung gerufen hat. Außerdem gab es in der Vergangenheit schon häufig Hacks bei Kryptobörsen, wobei große Mengen Coins von dort gestohlen wurden. Den bekanntesten Hack gab es bei der damals führenden Bitcoinbörse Mt. Gox, bei dem 850.000 Bitcoin verloren gingen und die Börse danach im Jahr 2014 Insolvenz anmelden musste. In den vergangenen Jahren wurden nach Hacks bei großen Kryptobörsen die entwendeten Beträge der Anleger meist wieder von den Kryptobörsen ersetzt. Bei einigen kleineren wie Cryptopia kam es dagegen nicht dazu. Im Laufe der Zeit wurden auch die Sicherheitsvorkehrungen bei den Börsen immer weiter verbessert. So verwahren die Kryptobörsen nur noch wenige Prozent der Bestände in den anfälligen Hot Wallets. Der Großteil der Coins wird dagegen in Cold Wallets verwahrt, auf die Hacker keinen Zugriff haben. Trotzdem ist klar, dass der Krypto-Investor eine sorgfältige Auswahl der Handelsplattform treffen muss, auf der er tätig ist. Das Gleiche gilt für die Entscheidung, wie und wo der Anleger seine Kryptobestände verwahrt.[1] Neben Direktinvestments bieten viele Kryptobörsen auch derivative Anlagen wie Futures und Optionen. Diese werden dann steuerlich als Derivate behandelt.

Wie Kryptobörsen bieten auch **Kryptomakler (Broker)** dem Krypto-Investor *direkte Kaufmöglichkeiten von Kryptowährungen.* Die Makler agieren als *Zwischenhändler zwischen der Börse und den Endkunden* (Käufern und Verkäufern der Kryptos), während Kryptobörsen direkt mit dem Endkunden interagieren. Ein Broker handelt im eigenen Namen mit Wertpapieren und anderen Finanzinstrumenten, aber im Auftrag und für Rechnung seiner Kunden. Da meist die Endkunden nicht direkt an der Börse handeln können, benötigen sie die Dienstleistung eines zugelassenen Brokers. Dieses Modell ist von den Aktienbörsen bekannt. Beim Handel mit Kryptowährungen können Makler wie BISON *Direktinvestments in Kryptowährungen* vermitteln. Der Kunde kauft also wie bei Kryptobörsen echte Coins. Die Makler kaufen und verkaufen direkt für die Kunden. Die Broker decken sich dabei über angeschlossene Kryptobörsen ein und bieten so mit Kryptobörsen nicht vertrauten Anlegern einfache und sichere Möglichkeiten zum Einstieg in den Kryptomarkt. Zwar können auf den Kryptobörsen die Privatanleger nach Anmeldung und Identifizierung fast durchgängig ohne eine derartige Vermittlung selbst handeln. Jedoch scheuen viele Anleger diese Vorgehensweise, weil es ihnen zu kompliziert oder unsicher erscheint. Außerdem übernehmen Makler wie BISON die professionelle Verwahrung der Coins, die der Anleger aber auch auf eigene Wallets transferieren kann. Makler bieten teilweise auch *indirekte Investments in Kryptowährungen* an. Das bekannteste Beispiel dafür sind die *CFD Broker*, die derivative Hebelinstrumente auf Kryptowährungen anbieten.

Entscheidungen zur Verwahrung von Krypto-Investments entfallen, wenn diese durch Vehikel wie Fonds und Derivate getätigt werden, die an **traditionellen Wertpapierbörsen** gehandelt werden. Dann bewegt sich der Anleger in dem von Wertpapier-Investments gewohnten Börsenrahmen mit der entsprechenden Sicherheit, setzt sich aber einem anderen Risiko aus, dem *Emittentenrisiko.* Denn diese Vehikel wie Zertifikate sind regelmäßig Schuldverschreibungen, die von der Bonität des Emittenten abhängen und bei dessen Insolvenz eventuell nicht mehr bedient werden können. Dieses Risiko könnte bei einer zukünftigen Genehmigung von Krypto-ETFs entfallen, da diese im Insolvenzfall als Sondervermögen nicht betroffen wären. Beispiele für indirekte Investments in Kryptowährungen über an traditionellen Wertpapier- oder Terminbörsen gehandelte Derivate sind die seit Dezember 2017 an der amerikanischen Terminbörse CME (Chicago Mercantile Exchange) gehandelten *Bitcoin-Futures.* Die seit 2019 geöffnete Terminbörse Bakkt handelt neben Bitcoin-Futures auch *Bitcoin-Optionen.* Die Bedeutung von Bakkt ging in den Folgejahren aber immer mehr zurück. Andere derivative Krypto-Instrumente wie *Zertifikate, ETNs, ETPs oder zukünftig ETFs* werden an Wertpapierbörsen wie der Frankfurter oder Stuttgarter Börse gehandelt. Hierbei handelt es sich immer um *indirekte Investments in Kryptowährungen.* Der Anleger handelt dann über sein normales Wertpapierdepot bei einer Bank und muss sich deshalb auch um die Verwahrung seiner Positionen keine Gedanken machen.

Daneben unterscheidet man **zentralisierte und dezentralisierte Handelsplätze.**[2] Bei einer zentralisierten Börse (Centralized Exchange, CEX) muss der Nutzer dort ein Konto eröffnen, um handeln zu können. Bei einer dezentralisierten Börse (Decentralized Exchange, DEX) muss er das nicht, sondern nur eine eigene Wallet mit der Börse verbinden. Letztlich bietet eine DEX Peer-to-Peer-Handel an, durch den direkte Transaktionen zwischen zwei Beteiligten aus deren Wallets heraus auf der Blockchain erfolgen. Die Handelsaktivitäten einer CEX finden im Gegensatz zu einer DEX nicht auf der Blockchain, sondern in der internen Datenbank der Börse statt. Die für CEXes vorgeschriebenen KYC-Regeln müssen auf einer DEX nicht beachtet werden.

Der **Peer-to-Peer-Handel (P2P)** wird aber nicht nur auf dezentralisierten Kryptobörsen angeboten. Das bekannteste Beispiel dafür ist die schon lange existierende deutsche Handelsplattform *bitcoin.de*, die nach dem Ebay-Prinzip eine direkte Abwicklung zwischen zwei Kunden ermöglicht. Auch zentrale internationale Kryptobörsen bieten einen derartigen Handel an. So bietet Binance die Möglichkeit des P2P-Handels in vielen Fiatwährungen.[3] Während diese Möglichkeit für deutsche Anleger eher weniger interessant ist, sieht das für solche in Ländern mit problematischeren Währungen anders aus. Die beiden beim P2P-Handel beteiligten Parteien können auch miteinander chatten, um Einzelheiten bei der Abwicklung der Transaktion zu besprechen. P2P bietet insbesondere für Nutzer in Ländern mit Währungsrestriktionen oft eine leichtere On- und Off-Ramp-Alternative.[4] Eine bekannte Handelsplattform über viele Jahre war https://localbitcoins.com/, die aber den Betrieb eingestellt haben.

7.1.2 Direkte und indirekte Investments in Kryptowährungen

Wie bei anderen Assetklassen wie Aktien oder Rohstoffe gibt es auch bei Kryptowährungen grundsätzlich zwei Möglichkeiten des Investments. Bei **Direktinvestments** wird das jeweilige Asset tatsächlich gekauft. Dies erfolgt meist über *Kryptobörsen*. Man kauft also *„echte" Bitcoin oder andere Coins und Token*. Diese Form des Investments ist meist die günstigste, da die Spreads zwischen Kauf- und Verkaufskursen am geringsten sind. Außerdem genießen Anleger in Deutschland bestimmte steuerliche Vorteile. Positionen mit einer Haltedauer von mehr als einem Jahr können steuerfrei realisiert werden. Unterjährige Verkäufe können dagegen je nach der persönlichen steuerlichen Situation benachteiligt sein. Denn sie werden mit dem persönlichen Einkommensteuersatz belastet, nicht mit der Abgeltungsteuer.

Bei **indirekten Investments über Krypto-Derivate** erwirbt man keine echten Coins. Vielmehr kauft man *Finanzinstrumente, deren Wertentwicklung den Preis der jeweiligen*

Kryptowährung nur abbildet. Derivate sind zum Beispiel Futures, Optionen, CFDs oder Zertifikate. Futures und Optionen werden sowohl an traditionellen Börsen wie auch an Kryptobörsen gehandelt. CFDs werden auf den Handelsplattformen der CFD-Broker angeboten. Derivate wie Zertifikate werden meist von Finanzinstituten herausgegeben und unterliegen dann einem *Emittentenrisiko.* Steuerlich werden diese Instrumente wie andere börsengehandelte Derivate behandelt und sind deshalb mit der *Abgeltungsteuer* belegt. Eine Steuerfreiheit nach einem Jahr gibt es nicht. Allerdings gibt es auch Finanzkontrakte, die bei Ausübung neben einem Barausgleich eine optionale Lieferung der jeweiligen Kryptowährung vorsehen. Diese werden nach herrschender Meinung steuerlich bei einem Verkauf einem Direktinvestment gleichgestellt. Ein Verkauf nach einem Jahr wäre dann ebenfalls steuerfrei.

7.1.3 Handelsformen

7.1.3.1 Normaler Spothandel

Der **Spotmarkt (Kassamarkt)** bildet das Gegenstück zu einem Terminmarkt. Auf einem Spotmarkt treffen Angebot und Nachfrage bei Handelsobjekten wie Aktien, Währungen oder Rohstoffe aufeinander mit einer sofortigen (englisch on the spot) Erfüllungsfrist aufeinander. Aufgrund der nötigen technischen Abwicklung bedeutet die *sofortige Erfüllung* in der Regel eine Lieferung und Zahlung innerhalb von zwei Tagen. Der Verkäufer muss das Handelsgut dann in zwei Tagen liefern, der Käufer dieses in der gleichen Frist bezahlen. Beim Spothandel kann ein Trader nur Positionen verkaufen, die auch tatsächlich in seinem Besitz sind. Gehandelt wird meist an regulierten Börsen. Es gibt aber auch direkte Handelsmöglichkeiten ohne eine dritte Partei im Rahmen von außerbörslichen OTC-Trades (Over the Counter). Krypto-Derivate werden ebenfalls an traditionellen Wertpapierbörsen und auf den Plattformen der Emittenten gehandelt und sind deshalb Kassageschäfte.

Short-Verkäufe (Shortselling) finden ebenfalls an Spotmärkten statt, bei denen ein Trader ein Asset erst verkauft, bevor er es dann zurückkauft. Dabei leiht sich der Trader die entsprechende Position und muss sie später wieder an den Verleiher zurückgeben. Auch *Margin-Käufe,* also Käufe von gehebelten Positionen durch die Inanspruchnahme von Krediten, finden an den Spotmärkten statt.

An den Krypto-Spotmärkten können die jeweiligen Coins und Token grundsätzlich sowohl gegen Fiatwährungen wie den Euro oder Dollar als auch gegen andere Kryptowährungen wie den Bitcoin oder Ethereum gehandelt werden. Beim Handel kann das aktuelle Orderbuch der jeweiligen Börse eingesehen werden, in dem alle gültigen Kauf- und Verkaufsaufträge der Marktteilnehmer aufgeführt werden. Die Marktpreise am Krypto-Spotmarkt beruhen ausschließlich auf Angebot und Nachfrage. Auf den Krypto-Terminmärkten kommen noch andere Faktoren wie der Mark Price oder die Funding Rate dazu. Das Risiko beim normalen Spothandel ist auf den eingesetzten Betrag beschränkt. Dagegen beträgt es beim Margin-Handel ähnlich wie an den Terminmärkten je nach eingesetztem Hebel ein Vielfaches davon. Beim normalen Spothandel gibt es auch kein Risiko einer Zwangsliquidation, denn der gesamte im Risiko stehende Betrag wurde beim Kauf ja bereits gezahlt. Dagegen kommt es bei Margin-Käufen wie bei gehebelten Terminkäufen schnell zu Nachforderungen bei gegenläufigen Kursbewegungen, die bei fehlenden Mitteln zu einer zwangsweisen Glattstellung der Position durch die Börse führen.

7.1.3.2 Margin-Handel

Viele Kryptobörsen bieten neben dem **Handel ohne Hebel (Spot Trading)** auch den **Margin-Handel (Margin Trading, Leveraged Trading)** mit Hebel an. Für den Margin-Handel bieten die Kryptobörsen den Nutzern neben den Exchange Wallets für den normalen Spothandel auch Margin Wallets für gehebelte Käufe. Um tatsächlich dann Margin-Käufe tätigen zu können, muss der Nutzer zunächst *Sicherheiten (Collaterals)* von der Exchange Wallet auf seine Margin Wallet transferieren, was jederzeit und sofort möglich ist. Diese Sicherheiten können sowohl aus Fiat- als auch aus Kryptowährungen bestehen. Besteht die Sicherheit aus der *Quote Currency*, also der Handelswährung des Coins, wird sie zu 100 Prozent angerechnet. Besteht sie dagegen aus einer Kryptowährung, gibt es bei der Anrechnung einen *Haircut* zwischen dem tatsächlichen Marktwert der Sicherheit und dem davon anrechenbaren Prozentsatz als Sicherheit. Ein Haircut von 70 Prozent bedeutet dann beispielsweise, dass nur 30 Prozent des aktuellen Marktwerts der Sicherheit als Wert für die Sicherheitsleistung angerechnet werden.

Die **Margin** ist die *Einlage, die vom Trader hinterlegt werden muss, um eine Position zu eröffnen und zu halten.* Beim Margin Trading handelt der Trader mit mehr Geld, als ihm eigentlich zur Verfügung steht. Dieses Geld leiht sich der Trader über die Börse, die den Margin-Handel anbietet. In traditionellen Märkten werden die geliehenen Mittel von einem Broker zur Verfügung gestellt. In den Kryptomärkten vermitteln die Kryptobörsen die Kredite über ihre Plattform. Die Mittel werden gegen eine Funding Fee meist direkt von Kryptobörsen bereitgestellt. Sie können aber auch direkt von anderen Händlern auf der Plattform kommen. Dann werden die Funding Fees für die Kredite variabel sein und über einen offenen Marktplatz ausgehandelt. Es handelt sich dabei dann um ein Peer-to-Peer-Lending-System. Es gibt zur Sicherstellung der Kredite zwei Limits:

- **Initial Margin Limit** (zum Beispiel 50 Prozent): Der Trader muss in diesem Fall als Anfangsinvestition bei Eröffnung der Position 25 Prozent des Wertes der Position hinterlegen. Für den Trader bedeutet das, dass er mit dem Zweifachen seines Einsatzes spekuliert.
- **Maintenance Margin Limit** (zum Beispiel 25 Prozent): Läuft der Trade entgegen den Erwartungen und die Position deshalb ins Minus, wird die hinterlegte Initial Margin

kleiner und das Margin-Level[5] fällt. Wird das Maintenance Margin Limit erreicht, gibt es einen Margin Call. Dieser erfolgt normalerweise per E-Mail und weist den Trader darauf hin, dass die Position Gefahr läuft, zwangsliquidiert zu werden. Der Trader sollte dann neue Mittel bereitstellen oder Positionen schließen. Bei außergewöhnlichen Marktumständen kann es aber auch keine E-Mail geben. Grundsätzlich ist der Trader immer in der Eigenverantwortung, dass genügend Mittel bereitstehen. Sinkt das Margin-Level weiter auf ein **Liquidierungs-Level**, das zum Beispiel 1,1 beträgt, weil der Trader keine weiteren Mittel zur Verfügung gestellt hat, werden die Margin-Positionen zwangsliquidiert.

Eine weitere wichtige Unterscheidung ist die in Isolated Margin und Cross Margin. Handelt man im Modus der **Isolated Margin**, betrifft die für ein Handelspaar hinterlegte Sicherheit nur dieses Handelspaar. Auf andere gleichzeitig laufende Margin-Positionen hat die Sicherheit keine Auswirkungen. Das Margin-Niveau in jedem isolierten Margin-Konto wird nur aufgrund des Vermögenswertes und der Schulden im isolierten Margin-Konto berechnet. Damit ist auch das Risiko isoliert. Reicht die Margin nicht mehr aus, wird die Position liquidiert, selbst wenn auf anderen Isolated-Margin-Konten noch Sicherheiten zur Deckung übrig wären. Diese Zwangsliquidation hätte dann aber keine Auswirkungen auf Margin-Positionen in anderen Isolated-Margin-Konten. Dagegen werden im Modus des **Cross Margin** die hinterlegten Sicherheiten im ganzen Margin-Konto geteilt. Das Margin-Level wird dann auf Basis des Vermögenswertes aller Margin-Positionen im Verhältnis zur Verschuldung berechnet. Fällt das Margin-Level auf das Liquidierungs-Level, werden alle Positionen des Cross-Margin-Kontos automatisch liquidiert. Jeder Benutzer kann nur ein Cross-Margin-Konto eröffnen, auf dem alle Handelspaare verfügbar sind.

Außerdem sollte man die **Kosten durch die Leihgebühren (Übernachtgebühren)** nicht unterschätzen, denn auf die geliehenen Beträge werden täglich Zinsen fällig.

Beispiel: Ein Trader hat 100 Euro zur Verfügung, die Kryptobörse erlaubt einen Hebel von 3 bei Margin-Käufen. Der Trader kauft also Kryptowährungen im Gegenwert von 300 Euro. Für die geliehenen 200 Euro zahlt der Trader beispielsweise *einen Zinssatz von einem Prozent pro Tag. Die Zinssätze sind variabel. Bei angenommenen einem Prozent pro Tag zahlt der Trader für seine aufgenommenen 200 Euro in zehn Tagen dann 20 Euro. Von daher können schon allein die Kosten für die Margin-Positionen schnell ruinös werden, insbesondere wenn die Kursentwicklung gegen die Erwartungen verläuft.*

Auch beim **Shortselling** kann im Margin-Handel mit entsprechenden Hebeln agiert werden. Shortselling ist gerade bei Kryptowährungen erheblich risikoreicher. Denn Kryptos steigen oft in kürzester Zeit um 100 und mehr Prozent, während sie wie alle Assets nur maximal 100 Prozent verlieren können. Von daher sind gehebelte Short-Positionen bei Kryptowährungen extrem risikoreich.

Vor- und Nachteile des Margin Trading: Allgemein bekannt ist die Wirkung des Leverage-Effekts (Hebelwirkung). Je größer dieser ist, desto größer die Gewinnchancen, aber auch das Verlustrisiko. Letzteres unterschätzen die Anleger oft. Es gibt aber noch einen Vorteil beim Margin Trading, der häufig übersehen wird: Die *Minimierung des Ausfallrisikos*. Ein Beispiel: Hält man einen Bitcoin in einer Wallet einer Kryptobörse und diese geht pleite, dann ist im Extremfall dieser Bitcoin weg. Hält man dagegen eine gehebelte Position und muss zum Beispiel zehn Prozent als Sicherheit hinterlegen, dann wären im Pleitefall nur diese zehn Prozent weg. Natürlich kann man – und sollte man in der Regel – den Bitcoin von der Kryptobörse in eine eigene Cold Wallet transferieren. Will man aber eine ständig verfügbare Trading-Position an der Kryptobörse aufrechterhalten, kann das durchaus Sinn machen. Denn dann hinterlegt man zum Beispiel 0,1 Bitcoin als Sicherheit, um damit auf Margin-Basis mit einem ganzen Bitcoin zu traden.

7.1.3.3 Handel mit anderen Hebelpositionen

Auch beim **Futures-Handel** können die Kryptowährungen mit Hebel gehandelt werden. Der *Vorteil* gegenüber dem Margin-Handel ist die *Kenntnis der genauen Kosten für die gesamte Laufzeit des Futures-Kontrakts*. Denn der Kontrakt wird mit einer Prämie oder einem Discount gehandelt. Die Kosten beim Futures-Handel sind normalerweise deutlich geringer als beim Margin-Handel. Neben dem regulierten Futures-Handel auf einer regulierten Terminbörse wie der CME bieten auch viele der großen Kryptobörsen Futures auf Kryptowährungen an. Der Handel mit diesen Instrumenten führt – insbesondere in Extremsituationen – noch zu einer wesentlichen Erhöhung der ohnehin schon sehr großen Volatilität bei Kryptowährungen. Denn wenn automatisch die Margin Calls ausgelöst werden, können diese eine starke Kursbewegung noch enorm beschleunigen und vergrößern. Deswegen kann der Futures-Handel auch sehr große Auswirkungen auf den Spothandel haben. Der **Optionshandel** hat dagegen geringere Auswirkungen.

Auch verschiedene Derivateformen wie Turbo-Zertifikate, Optionen oder CFDs werden mit Hebeln gehandelt.[6] Diese Instrumente werden entweder über die traditionellen Börsen oder über CFD-Broker gehandelt. Käufe und Verkäufe bei diesen Derivaten haben aber erheblich weniger Auswirkungen auf den Kurs des Underlying (also der Kryptowährung) als die Transaktionen in den Futures.

7.1.3.4 Großes Risiko gehebelter Positionen

Alle gehebelten Positionen, egal ob beim Margin-Handel, bei Futures, Optionen oder CFDs, sind höchst spekulativ. Entsprechendes gilt auch für gehebelte Zertifikate (Turbo-Zertifikate). Diese Instrumente sind eigentlich sinnvoll für Märkte mit geringer Volatilität wie den internationalen Devisenmärkten. Sie wurden aber im Laufe der

Zeit auch stark in Aktien- oder Rohstoffmärkten eingesetzt. Derartige Instrumente bei den ohnehin hochvolatilen Kryptowährungen einzusetzen erscheint zumindest bedenklich. Die Kryptobörsen haben sich teilweise einen Wettlauf mit hochhebeligen Angeboten geliefert. Dieses Überbieten mit immer größeren Hebeln bis zu über 100 hat das ganze System immer fragiler werden lassen. Dies war schon häufiger bei den Flash Crashs zu beobachten. Durch eine Kettenreaktion von Zwangsliquidationen werden vor allem bei einer Abwärtsbewegung die Kurse dann in kürzester Zeit nach unten getrieben. Auch ist die Gefahr groß, dass die Kryptobörsen durch die gegebene leichtere Manipulierbarkeit versuchen werden, ihre Transaktionsgebühren deutlich zu steigern.[7] Denn die Margin Calls beim Margin- und Futures-Handel bewirken durch die erzwungene Glattstellung von Positionen ein höheres Transaktionsvolumen und damit höhere Gebühren. Dies könnte ein wesentlicher Grund vieler Kryptobörsen gewesen sein, den Margin- und Futures-Handel einzuführen. Bei genauerer Betrachtung dürfte der Anreiz für die Kryptobörsen aber eher gering sein. Denn die Gebühren sind im Vergleich zum Aufwand, den Preis in eine bestimmte Richtung zu treiben, eigentlich zu gering. Interessanter dürften Manipulationen dieser Art eher für die Krypto-Wale sein.

Von diesen höchst spekulativen Anlageformen ist deshalb unerfahrenen Anlegern auf jeden Fall abzuraten. Auch erfahrene Trader können hier schnell in Schieflagen kommen. Denn Kryptowährungen sind per se schon sehr spekulativ und entsprechend volatil. Handelt man sie auch noch mit Hebeln, also mit mehr als dem zur Verfügung stehenden Kapital, kann das schnell zu einem Vabanquespiel ausarten. Hebelt man seinen Einsatz mit dem Faktor 100, ist bei einer anders als erwartet verlaufenden Änderung des Preises um ein Prozent der gesamte Einsatz weg. Beim Bitcoin und anderen Kryptowährungen geht das bekanntlich sehr schnell.

7.2 Zentralisierte internationale Kryptobörsen

7.2.1 Merkmale zentralisierter Kryptobörsen

Kryptobörsen sind Plattformen auf Webseiten, auf denen man Kryptowährungen kaufen und verkaufen oder diese gegen andere Kryptowährungen oder traditionelle Währungen wie Euro oder Dollar umtauschen kann. Eine **zentralisierte Kryptobörse (Centralized Exchange, CEX)** wie Binance oder Coinbase führt ein **eigenes Orderbuch**, das Angebot und Nachfrage der Nutzer widerspiegelt. Alle Orders der Kunden finden sich im Orderbuch wieder. Die Benutzeroberfläche ist meist sehr nutzerfreundlich und daher auch für weniger versierte Anleger bedienbar. Die Gebühren sind oft deutlich günstiger als bei anderen Handelsplattformen. Für den Handel auf einer CEX ist eine **Kontoeröffnung** des Kunden zwingend notwendig und eine anschließende Überweisung von Fiatgeld oder Kryptowährungen auf dieses Konto. Ein Nachteil der schnellen und einfachen Handelsplattformen der CEXes ist eine Verletzung des Prinzips „Not your keys, not your coins". Denn der Kunde übergibt mit dem Transfer seiner Coins die privaten Schlüssel und damit die **Verfügungsgewalt an die CEX**, die dann den tatsächlichen Besitz über die Coins ausübt. Allerdings kann man jederzeit die über eine CEX gehandelten oder an diese übertragenen Coins an eine private Wallet transferieren und so wieder in den tatsächlichen Besitz der Coins gelangen. Die **Handelsaktivitäten einer CEX** finden **nicht auf der Blockchain** statt und werden dort nicht aufgezeichnet, sondern in der Datenbank der Börse. Bei einer CEX erfolgt der Datenaustausch über eigene Server. Diese sind anfällig für Hacks, durch die in der Vergangenheit immer wieder größere Bestände an Kryptowährungen entwendet wurden. Außerdem steht eine zentralisierte Kryptobörse im **Widerspruch zum Gedanken der Dezentralisierung** in der Kryptowelt. Das Geschehen soll eben gerade nicht von Entscheidungen oder der Einflussnahme von einzelnen Personen oder Institutionen abhängig sein. Solche Nachteile zeigten sich in der Vergangenheit zum Beispiel, als plötzlich die CEOs von kleineren Börsen verschwunden waren, die teilweise allein den Zugang zu den Cold Wallets hatten.[8]

Mittlerweile beachten fast alle großen CEXes die **KYC- und AMM-Vorschriften** und stehen teilweise auch unter behördlicher Aufsicht. Diese Vorschriften dienen primär der Bekämpfung von Geldwäsche und sollen die Finanzierung von Terrorismus und sonstiger Kriminalität verhindern. Unter *Know Your Customer (KYC)* versteht man die Identifizierung und Überprüfung von Neu- und Bestandskunden, ähnlich wie bei der Eröffnung eines traditionellen Bankkontos. Zur genauen Identifizierung des wirtschaftlich Berechtigten eines Kontos bei einer Kryptobörse muss dieser ein amtliches Personalpapier, ein Selfie zum biometrischen Abgleich und ein Dokument zur Bestätigung seines aktuellen Wohnsitzes in das System hochladen. Die Überprüfung erfolgt dann von der Kryptobörse meist in relativ kurzer Zeit. Neben dieser Legitimitätsprüfung werden unter dem Begriff *Anti Money Laundering (AML)* verschiedene Gesetze und Vorschriften zur Verhinderung von Geldwäsche zusammengefasst. Da diese Gesetze sehr komplex und in unterschiedlichen Ländern verschieden sein können, werden zur Überprüfung der AML-Vorschriften entsprechende Software-Lösungen eingesetzt. Kritiker dieser Vorschriften sehen zwar ihre Privatsphäre verletzt, die ja gerade durch die Dezentralisierung geschützt werden soll. Allerdings sind diese zur Verhinderung von Missbrauch nachvollziehbar. Für Kryptobörsen, die in einem sicheren Rechtsrahmen agieren wollen, ist die Einhaltung dieser Vorschriften deshalb essenziell.

Die folgenden Komponenten sind wesentlicher Bestandteil zentralisierter Kryptobörsen. Eine Analyse der Transaktionen zwischen diesen Komponenten wäre interessant, ist aber schwierig. Deshalb bleiben die tatsächlichen Verhältnisse bei den Kryptobörsen zu einem wesentlichen Teil im Dunkeln, zumal die interne Struktur der Kryptobörsen sich aufgrund sehr unterschiedlicher Transaktionsvolumina noch zusätzlich unterscheiden kann.

Die **Hot Wallets** können als das *Bindeglied zwischen der Kryptobörse und den externen Händlern* begriffen werden. Auf den Hot Wallets findet sich eine bestimmte Menge der jeweiligen Coins, um diese überhaupt handelbar zu machen. Die Hot Wallets sind direkt mit dem Internet verbunden und damit naturgemäß besonders *anfällig für Hackerangriffe.*

Der größte Teil der Kundenbestände wird deshalb gebündelt und dann in die Main Wallets der Kryptobörse verschoben. Diese sind nicht mit dem Internet verbundene **Cold Wallets** und damit so etwas wie die *Banktresore der Kryptobörsen.* Die Coins in diesen Cold Wallets werden zunächst *nicht für das reguläre Handelsgeschäft genutzt.* Für die Beurteilung der Liquidität eines bestimmten Coins auf einer bestimmten Kryptobörse wäre der Bestand der in Cold Wallets gehaltenen Bestände dieses Coins ein guter Indikator.

Die **Ein- und Auszahlungsadressen** sind das Bindeglied zwischen den Kryptobörsen und der Außenwelt. Oft sind sie nur von temporärer Natur, können dann also nur einmal genutzt werden. Die **Deposit Addresses** werden *zum Einzahlen von Kryptowährungen* genutzt. Durch diese Adressen werden überhaupt erst Geldflüsse zu den Börsen möglich. Die **Withdrawal Addresses** werden *zur Übertragung von Kryptowährungen* genutzt. Dadurch werden Geldflüsse aus der Börse heraus möglich. Manchmal werden die gleichen Adressen als Deposit und Withdrawal Addresses benutzt. Das Verhältnis der in Deposit- und Withdrawal-Adressen eingezahlten Mengen gibt die realen Ein- und Auszahlungen eines bestimmten Coins wieder und könnte so als Stimmungsindikator interpretiert werden.

Neben dem normalen Börsenhandel mit dem offenen Orderbuch bieten zentralisierte Kryptobörsen teilweise auch einen Handel **„over the counter“ (OTC-Handel)** an.[9] Diese Möglichkeit nutzen Händler, die eine größere Stückzahl außerhalb des Orderbuchs handeln wollen. Dies hat den Vorteil, dass die Kurse im Orderbuch nicht durch eine Buy Wall bei einer großen Kauforder oder einer Sell Wall bei einer großen Verkaufsorder beeinflusst werden.

Mit dem Kollaps einer der größten zentralen Kryptobörsen, FTX, im November 2022 ist ein fast schon vergessenes Risiko wieder in den Vordergrund getreten, das **Kontrahentenrisiko (Counterparty Risk)**, also der mögliche Ausfall des Vertragspartners. Der Kontrahent ist der Geschäftspartner, mit dem der Kunde Rechtsgeschäfte tätigt. Im Zusammenhang mit dem Handel von Kryptowährungen ist eine Kryptobörse die Counterparty. Der Kunde muss sich darauf verlassen können, dass die Kryptobörse ihre vertraglichen Verpflichtungen erfüllt. Zwar ist ein wesentliches Merkmal von Kryptowährungen, dass sie dezentral und trustless funktionieren. Handelt der Nutzer aber auf zentralen Kryptobörsen, ist dann doch wieder wie in der traditionellen Finanzwelt ein Intermediär dazwischengeschaltet, auf dessen Vertrauenswürdigkeit er sich verlassen können muss. Das betrifft primär den Handel und die Aufbewahrung der Kryptowährungen und auch des Fiatgeldes des Kunden. Während bei Banken die strenge Regulierung für Sicherheit sorgt, ist das bei den unregulierten Kryptobörsen nicht der Fall. Nur durch diese fehlende Überwachung der Einlagen der Kryptobörsen konnte es zu einem Zusammenbruch wie bei FTX kommen. Die Nutzer von Kryptowährungen kommen nur in den Genuss der Vorteile der Dezentralität, wenn sie ihre Kryptowährungen selbst verwahren. Das Risiko ist ähnlich zu sehen wie das Emittentenrisiko bei Zertifikaten und ähnlichen Derivaten, die von Banken emittiert werden. Nicht umsonst wurde der FTX-Zusammenbruch mit Anspielung auf die Lehman-Pleite 2008 als Lehman 2.0 bezeichnet.

Nach der FTX-Pleite wuchs das Misstrauen gegen die zentralisierten Börsen. Dem versuchten die meisten großen Börsen mit einem **Proof of Reserves (PoR)** entgegenzuwirken. Darunter versteht man ein unabhängiges Prüfverfahren zur Feststellung der Vermögensreserven einer Kryptobörse. Diese Prüfung wird von einer unabhängigen dritten Partei durchgeführt. Der PoR soll dann einen Beleg für die Aussage der Börsen liefern, dass die Gelder der Kunden dort sicher sind. Der Nachweis überprüft, ob zum Beispiel keine Kundengelder verliehen oder anderswo geparkt sind oder die Börse mehr Geld ausgeliehen hat, als sie an Sicherheiten besitzt. Derartige PoRs können nicht nur Kryptobörsen betreffen, sondern auch Verwahrer und Stablecoin-Emittenten. Technisch funktioniert der PoR durch Verwendung eines sog. Merkle Tree (auch Hash Tree genannt).[10] Der Merkle Tree ist eine kryptografisch gesicherte Methode zur effizienten und sicheren Verifikation großer Datenmengen. Diese hashbasierte Datenstruktur reagiert auf die kleinste Datenänderung und verhindert deshalb Betrug und Manipulationen. Der Prüfer erstellt eine Momentaufnahme aller Benutzerguthaben und ordnet sie in einem Merkle Tree an. Dann wird die Übereinstimmung mit den digitalen Signaturen der Börse verglichen, die die Gesamtsalden anzeigen.

Letztlich gibt es nie vollumfängliche Sicherheit. Die Frage bleibt allerdings, ob mit PoR wirklich ausreichend Sicherheit geschaffen werden kann. Selbst wenn die Börse alle Fiat- und Kryptogelder der Kunden vorweisen kann, könnten die Verbindlichkeiten der Börsen gegenüber Dritten diese Beträge übersteigen. Von daher wären entsprechende Nachweise vonnöten, wie sie in den Geschäftsberichten börsennotierter Unternehmen zu finden sind. Börsennotiert ist bislang nur die amerikanische Kryptobörse Coinbase. Daneben sind natürlich auch Betrugsfälle denkbar. Die Kryptobörse könnte die Fakten manipulieren und der Prüfer mit der Börse kollaborieren. Natürlich muss der Prüfer die Kompetenz für ein solches Prüfverfahren haben, was nicht unbedingt eine Selbstverständlichkeit ist.

Die amerikanische Kryptobörse Kraken wirbt damit, als erster Marktteilnehmer schon seit dem Jahr 2014 zweimal im Jahr einen PoR zu erstellen. Auch die Nutzer selbst können überprüfen, ob ihre Bestände zum Zeitpunkt des Prüfverfahrens sicher bei der Börse lagen. Nach dem FTX-Desaster bemühten sich sofort auch andere große Kryptobörsen um ein PoR. Bei der weltgrößten Börse Binance erkannten unabhängige Prüfer auch Warnsignale.[11] Neben anderen spielt die völlig undurchsichtige Unternehmensstruktur eine Rolle. So war der CSO von Binance nicht in der Lage, die Muttergesellschaft oder einen Unternehmenssitz zu nennen. Bemängelt wurden auch die fehlende Effektivität der internen Finanzkontrollen und fehlende Stellungnahmen oder die Zusicherung von Binance zu dem Bericht. Im Gegensatz zu Kraken gab es auch keinen Nachweis der Verbindlichkeiten des Unternehmens.

7.2.2 Auswahlkriterien für Kryptobörsen

Letztlich hängt die Auswahl des Anlegers von seinem persönlichen Anlageverhalten ab. Es gibt einige **Kriterien**, auf die Anleger bei der Auswahl ihrer Kryptobörse(n) achten sollten:

- *Liquidität*[12]: Ein ganz wesentlicher Punkt ist die an der Börse vorhandene Liquidität beim Handel mit dem jeweiligen Coin. Sie kann zum Beispiel über größere oder kleinere Bid-Ask-Spreads die Profitabilität der Trades erheblich beeinflussen. Eine Börse, die bei einem Coin eine bessere Liquidität und damit Handelbarkeit als andere Börsen bietet, kann aber bei einem anderen Coin schlechter sein.
- *Handelsgebühren*: Neben dem Bid-Ask-Spread sind die Handelsgebühren wesentlich für die Kosten eines Trades. Deshalb sollte man sich auch einen Überblick über die Handelsgebühren der verschiedenen Börsen machen.[13]
- *Einzahlungs- und Auszahlungsgebühren*: Während Einzahlungen meist kostenfrei sind, können bei Auszahlungen teilweise höhere Gebühren fällig werden.
- *Ein- und Auszahlungsmöglichkeiten (On-Ramp und Off-Ramp)*: Zu manchen Börsen können nur Kryptowährungen überwiesen werden, zu anderen sind Banküberweisungen möglich. Börsen mit problemlosen Ein- und Auszahlungen von Fiatgeld sind zu bevorzugen. Zahlungen über Kreditkarten sind sehr teuer.
- *Lizenzierte und regulierte Kryptobörsen*: Je nach Jurisdiktion müssen Kryptobörsen strenge Lizenz- und Regulationsanforderungen erfüllen. Je strenger die Regulierungen, desto sicherer sind die Börsen für den Anleger. Allerdings steht jedem Anleger frei, auch mit nicht-lizenzierten Kryptobörsen in anderen Ländern zu handeln.

- *Betriebsdauer der Börsen*: Die Kryptowährungen und damit auch Kryptobörsen haben bisher nur eine kurze Historie von mehr als einem Jahrzehnt. Je länger eine Börse existiert und die oft sehr volatilen Zeiten überstanden hat, desto vertrauenswürdiger dürfte diese sein.
- *Customer Support*: Gute Börsen reagieren schnell auf Kundenanfragen.

Die Anleger sollten neben der Analyse der obigen Punkte auch sich selbst in ihren Absichten hinterfragen, da diese dann die letztendliche Entscheidung für eine oder mehrere Kryptobörsen beeinflussen wird:

Anlagehorizont

Sind nur wenige **langfristig angelegte Investitionen** beabsichtigt? Dann spielen die Höhe der Gebühren oder umfangreiche Funktionalitäten der Handelsplattform eher eine nachgelagerte Rolle. Vielmehr dürfte dann die Sicherheit der Kryptobörse die wesentliche Rolle spielen. Eine SSL-Verschlüsselung und eine Zwei-Faktor-Authentifizierung (2FA) sind heute Standard. Wichtig könnten dann Faktoren wie die *sichere Verwahrung* sein. Diese wird bei regulierten Plattformen größer als bei unregulierten sein.

Will der Anleger dagegen meist **kurzfristige Tradings** umsetzen, sind *niedrige Gebühren, eine gute Handelsplattform und die Stabilität des Handels* wichtig. Die Kryptobörsen unterscheiden zwischen Maker- und Taker-Orders, deren Gebühren differieren können.[14]

Auswahl an Coins

Möchte man sich auf **Bitcoin und einige große Altcoins** beschränken oder möchte man Zugang zu einem möglichst **breiten Spektrum an Coins**? Die verschiedenen Kryptobörsen bieten *eine sehr unterschiedliche Zahl der handelbaren Kryptowährungen und Währungspaare* an. Für Anleger aus dem Euroraum könnte es interessant sein, wenn die Coins auch in Euro notiert werden. So werden bei der amerikanischen Kryptobörse Kraken alle gehandelten Coins auch direkt gegen Euro gehandelt. Will man den Zugang zu möglichst vielen verschiedenen Altcoins haben, sollte man Kryptobörsen mit einem entsprechend großen Angebot wählen.[15]

Ein- und Ausstiegsmöglichkeiten und Gebühren

Kann der **Einstieg in die Welt der Kryptowährungen mit Fiatgeld** leicht umgesetzt werden? Kann man also problemlos *Euro oder Dollar an die Kryptobörse überweisen* und damit direkt Kryptowährungen kaufen? Oder muss man *erst anderweitig zum Beispiel Bitcoin kaufen* und diesen dann für Käufe anderer Kryptowährungen an die Kryptobörse transferieren? Werden für die Fiat-Überweisung *Gebühren* erhoben? Viele Kryptobörsen verlangen bei Überweisungen keine Gebühren, andere dagegen schon. Sehr teuer sind meistens Einzahlungen über Kreditkarten. Werden von der Börse bestimmte Mindesteinzahlungen verlangt?[16] Gibt es eine Inaktivitätsgebühr? Manche Börsen erheben diese, wenn man längere Zeit keinen Trade mehr gemacht hat. Ähnliche Überlegungen gelten für den **Ausstieg aus der Kryptowelt**: Kann man nach dem Verkauf von Kryptowährungen gegen Fiatgeld dieses auch wieder problemlos und ohne große Kosten (zum Beispiel via *SEPA-Überweisung*) an das eigene Bankkonto senden? Hier gab es in der Vergangenheit durchaus Probleme. So kamen 2019 bei Bitfinex selbst Blitzüberweisungen, die eigentlich am nächsten Tag ausgeführt sein sollten, wochenlang nicht an. Welche *Gebühren* fallen bei Rücküberweisungen an? Bei vielen Kryptobörsen haben oder hatten Anleger Schwierigkeiten oder oft auch gar keine Möglichkeit bei der **Überweisung oder Rücküberweisung von Fiatgeldern**. Ein Grund dafür war in der Vergangenheit, dass in vielen Ländern die Zentralbanken ihre Geschäftsbanken angewiesen haben, den Kryptobörsen keine Bankservices anzubieten. Dies hat sich zwar in jüngerer Vergangenheit deutlich verbessert. Probleme können trotzdem auftreten. So hat 2021 die weltweit führende Kryptobörse Binance plötzlich die Möglichkeit von Ein- und Auszahlungen via SEPA-Überweisungen ohne Angabe von Gründen zumindest vorübergehend eingestellt. Kunden mussten dann den Weg über teure Kreditkartentransaktionen wählen. Bei den CFD-Brokern ist dieser Punkt dagegen kein Problem. Dies resultiert daher, dass CFD Broker bereits lange CFDs auf herkömmliche Finanzinstrumente wie Aktien anbieten und entsprechende Überweisungskanäle etabliert haben.

Umsatzvolumen und Spreads an der Kryptobörse

Man sollte sich auf die großen Börsen mit dem entsprechenden Umsatzvolumen konzentrieren. Selbst wenn man nur kleine Mengen handelt, kann das allein schon durch die Spreads zwischen Geld- und Briefkursen einen großen Unterschied machen. Im Vergleich zu den Handelsgebühren kann dies sogar ein viel größerer Kostenfaktor werden. Denn es macht schon einen Unterschied, ob der Bitcoin mit einem Spread von einem Prozent oder von 0,001 Prozent gehandelt wird. Bei kleineren Altcoins hat oft auch eine große Börse nur eine geringe Liquidität und einen großen Spread bei den Preisen, während eine andere kleinere Börse beim gleichen Altcoin eventuell besser aufgestellt ist.

Handelsunterbrechungen

Gab es bei der Börse in der Vergangenheit öfter Handelsunterbrechungen? Diese können sehr unangenehm sein, insbesondere bei starken Kursrückgängen. Dann kann es nämlich passieren, dass man ein Stopplimit bei einem Coin zum Beispiel bei zehn Euro gelegt hat. Wenn der Coin vor der Unterbrechung bei 10,50 Euro notiert hat und nach der Unterbrechung bei sieben Euro wieder eröffnet, erfolgt die Ausführung des Stopplimits bei sieben Euro und nicht bei zehn Euro. Das ist dann sicher nicht im Sinne des Erfinders. Insbesondere für kurzfristig orientierte Trader können häufige Handelsunterbrechungen ein großes Ärgernis sein.

So kam es am 13.03.2020 beim Markteinbruch im Zusammenhang mit der Coronakrise zwischen 02:16 und 02:40 UTC zu einem Hardware-Problem bei BitMEX. Dabei gab es Spekulationen, dass diese Hardware-Probleme nur vorgetäuscht waren und BitMEX Probleme mit den extremen Marktbedingungen hatte. Jedenfalls sackte in dieser Zeitspanne der Markt auf seinen Tiefststand. Honi soit qui mal y pense …

Sicherheit und Regulierung der Plattform

Die Login-Prozedur sollte gewissen Sicherheitsstandards genügen. Gab es in der Vergangenheit bereits Hacks der Plattform? Wenn ja, wurden die Betroffenen voll und schnell entschädigt? Hat die Kryptobörse in einem Land mit einem vertrauenswürdigen Rechtssystem ihren Sitz und ist dort reguliert?

Viele Kryptobörsen sind noch immer unreguliert, unterstehen also keiner Finanzaufsicht. Dies birgt Gefahren wie Auszahlungsverweigerungen ohne Grund oder sogar Diebstahl von Geld oder Kryptowährungen. Vor allem asiatische Kryptobörsen entziehen sich häufig den Regulierungen. Zwar sitzen ihre Büros in Hongkong oder Singapur. Der Handel findet aber auf den Seychellen oder den Cayman Islands statt, also dort, wo es keine Regulierungen gibt. Eine Legitimationsprüfung findet nicht statt, zur Kontoeröffnung genügt eine E-Mail-Adresse. Dagegen sind ein Standort und Gerichtsstand in Deutschland oder der EU tendenziell positiv.

Volle Rechte oder Trade-Only-Modus

Die Ausübung der Rechte, die mit einem Krypto verbunden sind, kann bei verschiedenen Kryptobörsen oder -plattformen unterschiedlich sein. So hatten in der Vergangenheit die bei Bitpanda gehaltenen DeFi-Token nur einen Trade-Only-Modus. Das heißt, dass verschiedene mit diesen Token verbundene Rechte wie Stimmrechte oder Staking nicht über Bitpanda umsetzbar waren. Diese DeFi-Token konnten dort also nur gehandelt werden.

Demo-Konto

Gerade für Anleger ohne große Erfahrung bei der Anlage in Kryptowährungen kann ein Demo-Konto, auf dem man ohne echten Kapitaleinsatz seine ersten Erfahrungen sammeln kann, von Nutzen sein. Allerdings sollte man sich durch erfolgreiche Trades auf Demo-Konten nicht überschätzen. Beim Echtgeldhandel ist die emotionale Belastung eine ganz andere, wenn man echtes Geld verliert.

Kundensupport
Gerade Anfänger werden immer wieder einmal Probleme mit dem System, mit Überweisungen et cetera haben. Von daher ist ein zeitnah antwortender Kundensupport sehr hilfreich. Vor einigen Jahren war dieser Service noch wenig ausgeprägt. Mittlerweile hat sich das gebessert, wenngleich deutsche Anleger im Regelfall die Kommunikation auf Englisch bestreiten müssen.

7.2.3 Sinnvolle Kryptobörsen für deutsche Anleger

Unabhängig von der tatsächlichen Auswahl einer Kryptobörse könnte es für einen aktiven Anleger sinnvoll sein, ein **Konto bei mehreren Kryptobörsen** zu eröffnen. Da die Konten keine Kosten verursachen, hat man nur den Aufwand mit der Verifizierung bei der Eröffnung, die aufgrund der KYC-Vorschriften (Know Your Customer) vorgeschrieben sind. Allerdings ist diese Verifizierung sogar schneller gemacht als das Video-Ident-Verfahren bei der Kontoeröffnung bei deutschen Handelsplattformen. Zwar ist die Verifizierung zur direkten Kontoeröffnung bei den Kryptobörsen nicht notwendig, aber dennoch sinnvoll, weil sonst die Möglichkeiten für Ein- und Auszahlungen zu beschränkt oder überhaupt nicht möglich sind. Für die Verifizierung sind meist nur ein Bild der Vor- und Rückseite des Personalausweises, ein Selfie und eine Abrechnung wie eine aktuelle Telefonrechnung als Nachweis des Wohnsitzes nötig. Dies kann dann auf der Plattform hochgeladen werden.

Die Eröffnung von mehreren Konten mag zwar ein bisschen lästig sein, macht aber aus unterschiedlichen Gründen dennoch Sinn. So sah man in der Vergangenheit durchaus große *Preisunterschiede* bei den verschiedenen Kryptobörsen, die sich erst nach einigen Wochen wieder angeglichen haben. Selbst beim Bitcoin gab es in der Vergangenheit temporäre Preisunterschiede von mehreren Prozent. Auch kann es zu zeitweiligen *Handelsunterbrechungen* bei einer Börse kommen. Dann ist es durchaus hilfreich, wenn man in einem volatilen Markt auf einer anderen Börse agieren kann. Die *Auswahl der Coins*, die bei den Börsen gehandelt werden, wird durch Zugang zu mehreren Kryptobörsen entsprechend größer. Schließlich könnte man langfristige Positionen in einem bestimmten Coin bei einer Börse kaufen und kurzfristige Trading-Positionen bei einer anderen, um bessere *Steuerstrategien* umsetzen zu können.

Wichtig sind die **Möglichkeiten des On-Ramp und Off-Ramp**. Letztlich geht es hier um die Verbindung des traditionellen und fiatdominierten Finanzmarktes mit den Marktplätzen für Kryptowährungen. Damit ein Anleger Kryptowährungen bei einer Kryptobörse handeln kann, muss er zunächst einmal Fiatgeld oder Kryptowährungen zum Handel dorthin transferieren. Bei praktisch allen Kryptobörsen ist der Transfer von großen Kryptowährungen wie dem Bitcoin problemlos möglich.

Schwieriger wird es, Fiatwährungen wie den Euro dorthin zu überweisen und dafür dann Kryptowährungen zu kaufen. Ein entsprechender On-Ramp-Service wird von den meisten Kryptobörsen über die Nutzung von Kreditkarten ermöglicht. Allerdings sind dafür sehr hohe Gebühren zu zahlen. Am einfachsten und billigsten ist es deshalb, Euro durch eine SEPA-Überweisung zu der jeweiligen Kryptobörse zu transferieren. Diesen Service bietet aber nur ein Bruchteil der internationalen Kryptobörsen. Entsprechend verhält es sich mit den Auszahlungen, wenn der Anleger seine durch Kryptoverkäufe realisierten Euro wieder auf sein Bankkonto zurücküberweisen will. In der Regel ist die Einzahlung kostenfrei, bei der Auszahlung könnte eine geringfügige Überweisungsgebühr fällig werden.

Welche Kryptobörse der Anleger benutzen will, wird immer eine individuelle Entscheidung sein. Neben den unten aufgeführten Alternativen gibt es noch eine Vielzahl anderer. Tendenziell dürften die großen und bekannten regulierten Kryptobörsen aber auch die verlässlichsten sein. So bekam im Sommer 2021 **Coinbase** als erste Kryptobörse eine BaFin-Lizenz für den Handel und die Verwahrung von Kryptowährungen. Die Handelsplattform ist auch auf Deutsch verfügbar. Coinbase wirbt damit, die sicherste und transparenteste globale Plattform zu sein. Dabei wird der rechtliche Schutz der Kundengelder hervorgehoben, die 1:1 in segregierten, extern geführten und damit explizit als Kundeneigentum erkennbaren Konten gehalten werden. Dadurch sind auch die digitalen Vermögenswerte, die Coinbase für ihre Kunden hält, kein Eigentum von Coinbase. Die Gläubiger hätten im Insolvenzfall keinen Zugriff auf diese Werte. Coinbase hat mittlerweile eine große Auswahl an handelbaren Coins. Allerdings sind die Transaktionsgebühren mit 1,49 Prozent sehr hoch, wozu auch noch der Spread kommt.

Die bereits 2011 gegründete amerikanische Kryptobörse **Kraken** ist aus mehreren Gründen für deutsche Anleger interessant. Insbesondere die SEPA-Überweisung von Euro sowohl zu Kraken wie auch wieder zurück auf das Bankkonto funktioniert schon viele Jahre sehr gut. Deswegen ist Kraken auch die Nummer 1 im Bereich des Euro-Tauschvolumens in Kryptowährungen. Auch in kritischen Situationen im Jahr 2018 und 2019 klappten die Rücküberweisungen hervorragend. Die Zahl der gehandelten Coins ist begrenzt, aber ausreichend. Kraken bietet neben dem Spothandel auch den Margin-Handel und Futures an. Alle bei Kraken notierten Kryptowährungen sind auch direkt gegen Euro handelbar. Die Gebühren sind erheblich günstiger als bei Coinbase und abhängig vom monatlichen Transaktionsvolumen. Der höchste Gebührensatz beim Spothandel ist 0,16 Prozent für eine Maker-Order und 0,26 Prozent für eine Taker-Order und reduziert sich mit steigendem monatlichen Umsatzvolumen.

Für Trader, die Wert auf eine möglichst große Anzahl von Altcoins legen, ist **Binance** interessant. Die weltweit führende und umsatzstärkste Kryptobörse hat sich

2017 mit einem ICO finanziert und den eigenen Binance Coin auf der Plattform integriert. Binance bietet viele Handelsalternativen wie Perpetual Futures, die sich aber meist nur für sehr erfahrene und risikobereite Anleger eignen. Binance listet etablierte Coins, meist nach einem Listing-Antrag des entsprechenden Projekts. Dieser Listing-Antrag wird typischerweise von den Gründern dieses Projekts eingereicht. Bei vielen DeFi-Projekten gibt es diese expliziten Gründer gar nicht mehr. Vielmehr haben diese oft dezentralisierte Teams. Um deshalb auch diese Token schneller in den Handel aufnehmen zu können, hat Binance die *Innovation Zone* geschaffen. Dort werden neue und entsprechend riskantere und volatilere Token gehandelt. Die Innovation Zone erinnert in ihrer Abgrenzung an den Neuen Markt, den die Deutsche Börse Ende der 90er-Jahre für den Handel von Aktien junger Wachstumsunternehmen gründete. Zur Kennzeichnung steht bei Binance dann neben dem Währungspaar „Innovationsbereich". Zugelassen zum Handel wird jeder Binance-Kunde, der zwei recht banale Fragen zum Risikoverständnis beantworten kann, also praktisch jeder. Auch bei Binance reduzieren sich die Gebühren mit steigendem monatlichen Umsatzvolumen. Sie sind noch deutlich niedriger als bei Kraken und betragen beim Spothandel in der höchsten Gebührenstaffel 0,1 Prozent sowohl für Maker- als auch Taker-Orders. Bei der Verwendung des Binance Coins ergeben sich weitere Reduktionen. Daneben punktet Binance mit großer Liquidität und geringen Spreads. Binance hat zwar die Möglichkeit zu kostengünstigen SEPA-Überweisungen, hatte diese in der Vergangenheit aber auch schon einmal über längere Zeit ausgesetzt. Außerdem gab es Fälle, bei denen Kundenkonten über einen längeren Zeitraum blockiert wurden.

Bei **Bitfinex** gab es in der Vergangenheit immer wieder Probleme bei Rücküberweisungen. Einzahlungen sind teilweise kostenpflichtig. Bitfinex hat eine sehr gute und übersichtliche Handelsplattform. Außerdem bietet Bitfinex die Möglichkeit, ein Master Account mit bis zu 100 Sub-Accounts anzulegen. Dadurch können Kryptobestände sauber getrennt geführt und in den Unterkonten unterschiedliche Trading-Strategien umgesetzt werden. Die Gebühren betragen in der höchsten Stufe 0,1 Prozent für Maker- und 0,20 Prozent für Taker-Orders. Bitfinex bietet neben dem Spothandel den Margin- und Derivatehandel an.

Daneben gibt es noch andere empfehlenswerte Kryptobörsen. **KuCoin** ist nach Gate.io die Kryptobörse mit den meisten handelbaren Coins. **Bitstamp** ist die am längsten existierende Kryptobörse. Sie hat ihren Sitz in Luxemburg und London. Sie hat einen guten Ruf, gilt aber für Anfänger als nicht besonders geeignet. Die Kryptobestände in den Cold Wallets sind voll versichert.

7.3 Handelsplattformen in Deutschland

In Deutschland haben sich Handelsplattformen entwickelt, über die Anleger direkt einige Kryptowährungen handeln können. Generell ist ein wesentlicher Vorteil der deutschen Kryptoplattformen die **Sicherheit**. Bei Streitigkeiten ist der *deutsche Gerichtsstand* nicht zu unterschätzen. Ein wesentlicher Vorteil bei diesen Handelsplattformen ist für die deutschen Anleger das korrespondierende Bankkonto. Dort unterliegen wie bei jedem Bankkonto 100.000 Euro dem Schutz der deutschen *Einlagensicherung*. Dagegen liegen bei den meisten ausländischen und oft unregulierten Kryptobörsen die persönlichen Fiat-Geldbestände (meist Euro oder Dollar) ohne Sicherheit auf dem Bankkonto des Börsenbetreibers. Die Guthaben werden im Fall einer Insolvenz der Börse – durchaus nicht nur ein hypothetisches Szenario – als Teil des Firmenvermögens betrachtet. Von daher droht Anlegern in diesem Fall der Totalverlust ihrer Guthaben. Der Kunde muss sich bei den deutschen Plattformen auch nicht um die Verwahrung der Kryptobestände kümmern. Vielmehr wird die **Kryptoverwahrung** durch eigene Verwahrgesellschaften dieser Plattformen übernommen. Die Kryptobestände sind zwar nicht durch eine Einlagensicherung geschützt. Allerdings dürfte sich der Anleger auf die professionelle Verwahrung des Anbieters verlassen können. Dieser Rundum-sorglos-Service hat aber seinen Preis, denn an den Kryptobörsen sind die **Gebühren** meist deutlich geringer. Außerdem kann es **Beschränkungen** geben. Manchmal sind die Coins von den deutschen Plattformen nicht auf eigene Wallets übertragbar. Teilweise sind auch die Rechte der Anleger eingeschränkt und sie haben nur das Recht zum Handel. Zusatzrechte wie die Beteiligung an Airdrops können entfallen.[17] Zur **Kontoeröffnung** muss ein einfacher Verifikationsprozess durchlaufen werden. Dieser erfolgt durch ein Video-Ident-Verfahren über das Smartphone. Benötigt wird nur der gültige Personalausweis und teilweise ein Dokument zum Wohnsitznachweis. Grundvoraussetzungen sind: Mindestalter 18 Jahre, Smartphone, ein eigenes SEPA-fähiges Bankkonto, Wohnsitz und Staatsangehörigkeit im Europäischen Wirtschaftsraum, Nutzung nur zu privaten Zwecken, keine Steuerpflicht in den USA.

Für Heavy Trader sind die Angebote deutscher Handelsplattformen wegen der hohen Gebühren in der Regel nicht geeignet. Aber auch für versierte Trader können diese **Alternativen in Ausnahmesituationen** interessant sein. Wenn Kryptobörsen – wie schon öfter geschehen und mit der FTX-Pleite im November 2022 wieder drastisch vor Augen geführt – als unsicher eingestuft werden und man generell aus dem Kryptomarkt schnell raus will, kann es Sinn machen, die Bitcoin an eine der deutschen Plattformen zu transferieren und diese dort zu verkaufen. Denn bei einem Verkauf an der Kryptobörse kann es in Krisensituationen schwierig sein, das erlöste Fiatgeld auf sein eigenes Bankkonto zu transferieren. Dagegen wird der Eurobetrag bei Bitcoin-

Verkäufen auf den deutschen Handelsplattformen sofort auf dem korrespondierenden Bankkonto gutgeschrieben. Sie sind deshalb *interessante On-Ramp- und Off-Ramp-Alternativen.*

Marktführer unter den deutschen Krypto-Handelsplattformen ist die **BISON App**. Am 31.01.2019 startete dort der Kryptohandel ausschließlich über das *Smartphone*. Dazu muss der Kunde die kostenlose App herunterladen. Er kann dann auch sofort ein Demokonto zur Übung benutzen, ohne sich zu verifizieren. Für den Handel mit echtem Geld ist eine *Verifikation* nötig. Seit Mitte 2021 gibt es zusätzlich auch den Zugang über die Website. Hinter BISON steht mit der *Stuttgarter Börse* eine traditionelle Wertpapierbörse, die immerhin zu den zehn größten unter den europäischen Börsen gehört. Mit der Anmeldung bei BISON bekommt der Kunde automatisch ein *Korrespondenzkonto* bei der Solarisbank zugewiesen, auf die er das Geld überweisen kann und das dort durch die deutsche *Einlagensicherung* gesichert ist. Sobald das Geld auf dem Konto eingegangen ist, kann der Kunde die von BISON angebotenen Kryptowährungen kaufen. Neben Bitcoin und Ethereum können noch 27 Altcoins dort gehandelt werden (Stand Januar 2024).[18] Bei einem Kauf wird dann automatisch der entsprechende Eurobetrag vom Korrespondenzkonto abgebucht. Umgekehrt wird bei einem Verkauf sofort der Verkaufsbetrag auf dem Konto gutgeschrieben. Der Kunde braucht *keine eigene Wallet*. Denn Blocknox, ebenfalls eine 100-prozentige Tochter der Stuttgarter Börse, übernimmt die kostenlose treuhänderische Verwahrung der Coins. Durch ein mehrstufiges Sicherheitskonzept ist die Verwahrung der gekauften Kryptowährungen maximal gesichert. Der BISON-Nutzer braucht sich deshalb um den komplizierteren technischen Teil bei Krypto-Transaktionen nicht zu kümmern. Trotzdem kann er seine bei BISON erworbenen Coins aber auch jederzeit über die App auf eine eigene private Wallet ziehen. Der Handel ist wie an den Kryptobörsen rund um die Uhr möglich, an allen Tagen der Woche (*24/7-Handel*). Der eigentliche *Handelspartner* des Kunden bei den Kryptowährungen ist die Euwax AG, eine 84-prozentige Tochter der Stuttgarter Börse. Der Kunde kauft und verkauft die jeweiligen Kryptowährungen also an die Euwax. Diese wiederum greift auf Referenzpreise anderer Krypto-Handelsplattformen zurück. Wie von anderen Kryptobörsen gewöhnt, können die Kunden auch Bruchteile der jeweiligen Kryptowährungen handeln. Nachdem in den ersten beiden Jahren keine Limit-Einstellung möglich war, können seit Mitte 2021 auch Limit-Orders erteilt werden. Kauf- und Verkaufsaufträge bei BISON sind auf 50.000 Euro begrenzt. Will man mehr handeln, muss dies über mehrere Aufträge erfolgen.

BISON verlangt keine *Handelsgebühren*. Der Kunde bekommt exakt den in der App jeweils angezeigten Preis. Bei einem Kauf ist der angezeigte Preis wegen des Spreads aber rund 2,5 Prozent höher als bei einem Verkauf. Denn BISON verdient ausschließlich über den Spread zwischen An- und Verkaufskursen. Der Anleger zahlt deshalb implizit beim Kauf 1,25 Prozent auf den Kaufbetrag und beim Verkauf 1,25 Prozent auf den Verkaufsbetrag. Heavy Trader werden deshalb eher auf die kostengünstigeren internationalen Kryptobörsen ausweichen. BISON ist für den schnellen und unkomplizierten Handel von Bitcoin und einigen wichtigen Altcoins geeignet. Der User muss keine Kenntnisse in Bezug auf Kryptohandel, Wallets et cetera mitbringen. Mit dem in die App integrierten Cryptoradar hat der Anleger ein smartes Tool zur Verfügung. Im Cryptoradar wertet eine künstliche Intelligenz Marktstimmungen und Marktmeinungen auf Twitter aus und stellt diese in Echtzeit zur Verfügung. BISON unterstützt die Nutzer mit einem *Info-Report für die Steuererklärung.* Dieser steht zum Jahresanfang zur Verfügung und weist alle realisierten Gewinne und Verluste nach dem FIFO-Verfahren aus. Im *Info-Report* werden auch die nicht steuerpflichtigen Gewinne und Verluste von Kryptowährungen ausgewiesen, die mehr als ein Jahr im Bestand gehalten wurden. Die *Zielgruppe* von BISON sind primär langfristig orientierte deutsche Anleger mit wenig Krypto-Erfahrung, die ihrem Gesamtportfolio auch etwas aus der neuen Assetklasse Kryptowährungen beimischen wollen. Im Gegensatz zu CFDs und Zertifikaten erfolgt ein *Direktinvestment* in die jeweilige Kryptowährung.

Die Börse Stuttgart hat sich zum Ziel gesetzt, Deutschlands führender regulierter Handelsplatz für digitale Vermögenswerte zu werden. Neben der BISON App hat sie deshalb im September 2019 die **Börse Stuttgart Digital Exchange (BSDEX)** gestartet. Im Unterschied zu BISON sorgen offene Orderbücher wie an den bekannten Kryptobörsen bei der BSDEX für maximale Transparenz. Laut Börse Stuttgart ist die BSDEX aber keine Börse, sondern ein regulierter Handelsplatz für Kryptowährungen. Der Unterschied erschließt sich nicht auf den ersten Blick. Denn die BSDEX ist ein multilateraler Handelsplatz für Privatkunden und institutionelle Kunden, auf der Handelsteilnehmer Kryptowährungen kaufen und verkaufen können. Dies entspricht dem herkömmlichen Verständnis einer Börse. Allerdings wird der Begriff seitens der Betreibergesellschaft „Börse Stuttgart Digital Exchange GmbH“ vermieden, weil er vom deutschen Recht klar definiert ist im Hinblick auf den Handel mit verschiedenen Arten von Wertpapieren wie Aktien, Anleihen oder ETFs.[19] Abgesehen von der Begriffsklauberei ist und funktioniert die BSDEX wie eine der internationalen Kryptobörsen und hat für deutsche Anleger im Hinblick auf den rechtlichen Rahmen nur Vorteile: Der Handelsplatz profitiert vom Börsen-Know-how der Börse Stuttgart und untersteht der Aufsicht der Bundesanstalt für Finanzdienstleistungsaufsicht (BaFin). So erfüllt die BSDEX nicht nur die regulatorischen Anforderungen gemäß § 2 Abs. 12 KWG, sondern zusätzlich noch die eigene Marktordnung der Baden-Württembergischen Wertpapierbörse GmbH. Folgerichtig sieht das Bundesfinanzministerium die BSDEX auch als Börse und nicht nur als Handelsplattform.[20]

Die ursprüngliche Zielrichtung soll über den Handel mit Bitcoin und anderen Kryptowährungen hinausgehen in Richtung Security Token. Dann könnten zum Beispiel Anleihen auf Blockchain-Basis oder digitalisierte Immobilienbeteiligungen gehandelt werden. Allerdings hat sich diesbezüglich noch nichts konkretisiert. Interessant ist auch, dass es sich bei der der Betreibergesellschaft „Börse Stuttgart Digital Exchange GmbH" um ein Gemeinschaftsunternehmen der Börse Stuttgart GmbH, des Axel Springer Verlags und des größten deutschen Finanzportals finanzen.net handelt. Viele Einzelheiten wie das korrespondierende Bankkonto, die Identifizierung, die Handelszeiten und Verwahrung der Kryptowerte sind wie oben schon bei BISON beschrieben. Gehandelt werden gegen Euro Bitcoin, Ethereum und acht Altcoins (Stand Januar 2024). Die Handelsgebühren betragen 0,20 Prozent für eine Maker- und 0,35 Prozent für eine Taker-Order. Dazu kommt noch ein Spread von deutlich über 0,10 Prozent. Außerdem sind die Stückzahlen für die besten Geld- und Briefkurse meist im Vergleich zu den großen Kryptobörsen sehr gering. Von daher ergeben sich insgesamt doch wieder fühlbar höhere Handelskosten gegenüber vielen großen Kryptobörsen. Wegen dieses Wettbewerbsnachteils werden Vieltrader die BSDEX eher nicht benutzen. Für Anleger, die ihre Kryptodepots nur selten umschichten, ist die BSDEX wegen der größeren Sicherheit und Einfachheit dagegen eine gute Alternative.

Seit 2019 ist der Onlinebroker **justTRADE** aus Frankfurt am Markt und bietet den Handel in Aktien, Derivaten und ETFs an. Der Handel ist über Smartphone und Desktop möglich. Dabei wirbt der Broker mit Ordergebühren von null Euro zuzüglich marktüblicher Spreads bei einem Mindestordervolumen von 500 Euro. Seit Ende 2020 bietet justTRADE auch den Handel in verschiedenen Kryptowährungen an, mit einem Mindestordervolumen von 50 Euro. Aktuell (Stand Januar 2024) sind 20 Coins im Angebot. Auch beim Kryptohandel fallen keine Gebühren an. Vielmehr verdient justTRADE hier am Spread, der bei minimal 0,3 Prozent des Ordervolumens liegt. Es handelt sich um direkte Investments in Kryptowährungen. Der Kunde braucht keine Wallet. Vielmehr erfolgt die Verwahrung der Kryptowerte automatisch über das Bankhaus von der Heydt, während das Verrechnungskonto bei der deutschen Sutor Bank geführt wird. Ein Nachteil bei justTRADE ist, dass der Nutzer weder vorhandene Kryptowerte dorthin übertragen noch bei justTRADE gekaufte Kryptos auf eine eigene Wallet übertragen kann. Sollte es bei einem der Kryptowerte eine Hard Fork geben, kann sich der Kunde nicht daran beteiligen. Gleiches gilt für Airdrops. Von daher ist der Kryptohandel bei justTRADE eher eingeschränkt empfehlenswert. Interessant ist der Handel für beide Assetklassen aus einem Depot heraus für Anleger, die sich gleichzeitig in der Wertpapier- und der Kryptowelt bewegen wollen. Dadurch können Erlöse aus dem Verkauf von Aktien sofort in Kryptowerte investiert werden und umgekehrt.

Mit **Coindex** gibt es seit Juni 2021 einen weiteren deutschen Anbieter, der vor allem für Einsteiger und eher passiv orientierte Anleger interessant sein könnte. Das junge Unternehmen aus Bielefeld bietet (Stand August 2023) den Handel mit 22 Coins an und möchte das Investieren möglichst einsteigerfreundlich und sicher gestalten. Neben normalem Kauf und Verkauf der Assets kann man auf der Plattform auch per monatlichem

Sparplan anlegen. Das Geld wird dann vom angegebenen Bankkonto automatisch per SEPA-Lastschrift eingezogen und investiert. Zudem können Anleger auf der Plattform in einen Krypto-Index investieren. Dieser gruppiert die 22 auf der Plattform verfügbaren Kryptowährungen zu einem Portfolio, das anhand von Marktdaten wie Marktkapitalisierung, Handelsvolumen, Liquidität, Stabilität und Performance regelmäßig automatisch neu gewichtet wird. Der Index verfolgt das Ziel, den gesamten Kryptomarkt bestmöglich und fortlaufend abzubilden. Der Ansatz ist vergleichbar mit dem indexbasierten Investment in einen Aktienindex wie zum Beispiel den DAX. Das Mindestinvestment liegt bei Coindex bei nur einem Euro. Das Maximalvolumen für einen Kauf liegt bei 50.000 Euro.

Der Kunde kauft bei Coindex die Kryptos immer direkt. Genau wie bei justTRADE erfolgt die Verwahrung der Kryptowerte automatisch über das Bankhaus von der Heydt, während das Verrechnungskonto bei der deutschen Sutor Bank geführt wird. Ein Vorteil gegenüber justTRADE ist die Übertragbarkeit der bei Coindex gekauften Kryptos auf eine eigene Wallet. Es lässt sich allerdings nur der komplette Bestand übertragen – eine anteilige Übertragung ist nicht möglich. Außerdem führt die Übertragung dazu, dass das Kundenkonto geschlossen wird und der Kunde sich ein neues erstellen muss, sofern er weiterhin über Coindex anlegen möchte. Bei der Nutzung von Coindex fällt eine Nutzungsgebühr in Höhe von 1,0 Prozent pro Jahr an, die monatlich auf Grundlage des Portfoliowertes berechnet wird. Außerdem zahlt der Kunde eine Transaktionsgebühr von 0,5 Prozent auf jede Transaktion. Aufgrund dieser Merkmale ist die Plattform für Vieltrader und Profi-Anleger eher nicht geeignet. Der Fokus liegt hier eher auf Einsteigern und Passivinvestoren, die Kryptowährungen zum Vermögensaufbau nutzen wollen, ohne dabei täglich die Preise zu verfolgen. Leider wurde Coindex im Herbst 2023 insolvent.

Auch **Trade Republic**, einer der größten sogenannten Neobroker Europas, bietet den Wertpapierhandel per Smartphone neben zwei anderen Handelsplätzen über den Börsenplatz LS Exchange an, der von 07:30 bis 23:00 Uhr geöffnet ist. Trade Republic hat eine Lizenz als Wertpapierhandelsbank, wird von der BaFin kontrolliert und führt die Depots der Anleger. Die Verrechnungskonten für die Ein- und Auszahlungen sind aber wieder ausgelagert und werden bei der Solarisbank geführt. Seit 2021 wird auch der Handel mit Kryptowährungen angeboten, der im Gegensatz zum Aktienhandel rund um die Uhr stattfindet. Der Handel ist provisionsfrei. Für die Ausführung der Order entstehen lediglich Fremdkosten von pauschal einem Euro. Beim Spread wird nur darauf hingewiesen, dass er vom Market Maker gestellt wird. Stichproben ergaben einen Spread von einem Prozent pro Transaktion, weshalb Krypto-Transaktionen vergleichsweise teuer sind. Bei Trade Republic lassen sich die gekauften Kryptowerte wie bei justTRADE nicht auf eine externe Wallet transferieren, sie können dort nur gehandelt werden.

Der Broker **finanzen net zero** ist ein Broker, der an das führende deutsche Finanzportal finanzen.net angelagert ist. Hier können neben einem umfangreichen Aktien-

und Derivate-Angebot ebenfalls echte Coins erworben werden. Die Plattform wirbt, wie der Name schon suggeriert, mit Gebühren von null Euro, wenn der Orderwert über 500 Euro liegt. Bei geringeren Beträgen wird ein Euro verlangt. Das gilt auch bei Sparplänen. Gehandelt werden 33 Coins (Stand Januar 2024). Verwahrt werden die Coins bei dem lizenzierten Kryptoverwahrer Tangany.

Der älteste und bekannteste Marktplatz für den Handel von Bitcoin in Deutschland ist die von der Bitcoin Group SE betriebene Plattform **bitcoin.de**. 2011 startete die Plattform wenige Wochen nach dem Start der ältesten derzeit existierenden Kryptobörse Bitstamp. Hier stellen die angemeldeten Nutzer nach dem Ebay-Prinzip ihre Kauf- und Verkaufsangebote ein und handeln so direkt miteinander. Die Preise und Mengen sind auf der Plattform in einem offenen Orderbuch zu sehen. Im Gegensatz zu den Kryptobörsen kann es bei bitcoin.de passieren, dass Geldkurse auch einmal über den Briefkursen liegen, man also billiger kaufen und teurer verkaufen könnte. Dies sieht dann zwar etwas seltsam aus, resultiert aber aus dem Ebay-Prinzip. Derartige Verwerfungen haben meist nicht lange Bestand und wegen der hohen Gebühren kann man diese auch nicht ausnutzen. Die normalen *Handelsgebühren* für eine Transaktion betragen *0,5 Prozent,* bei Nutzung des *Expresshandels 0,4 Prozent* und bei Nutzung der *Trading API 0,3 Prozent.* Handelbar sind die Kryptowährungen Bitcoin und acht Altcoins. 98 Prozent der von bitcoin.de verwalteten Kryptowährungen liegen in sicheren Cold Wallets. Die Kundenguthaben werden einmal jährlich *durch eine öffentlich-rechtlich bestellte deutsche Wirtschaftsprüfungsgesellschaft geprüft.*

Die Bitcoin Group SE hat 2018 die futurum bank GmbH übernommen. Im Zusammenhang mit der aufkommenden Konkurrenz durch die BSDEX überlegt sich bitcoin.de auch Kooperationen mit anderen Regionalbörsen. Wie bei den internationalen Kryptobörsen und den konkurrierenden Plattformen in Deutschland BISON App und BSDEX werden bei bitcoin.de *echte Coins* gekauft, die nach dem Kauf auch auf private Wallets transferiert werden können. Im Zuge des Terra-Zusammenbruchs im Mai 2022 gab es auch eine Pleite der deutschen Neobank **Nuri** aus Berlin, die unter dem Namen Bitwala startete. Diese war nicht das typische Krypto-Trading-Tool, vielmehr ein internationales Zahlungstool, das auch Kryptowährungen benutzt. Über den Partner Celsius Network erzielten die Nutzer dann einige Prozent an Rendite. Diese änderte sich je nach der Marktnachfrage. Celsius ging als Folge des Terra-Crashs pleite und mit zeitlicher Verzögerung dann auch Nuri.

Im deutschsprachigen Ausland gibt es die österreichische Plattform von **Bitpanda**. Das Unternehmen wurde 2014 gegründet und richtet sich sowohl an neue wie erfahrene Nutzer. Seit 2022 verfügt Bitpanda über eine BaFin-Lizenz. Über Bitpanda können neben Aktien, ETFs und Edelmetallen eine ganze Reihe von Kryptowährungen gehandelt werden. Es werden keine Krypto-Derivate gehandelt, sondern echte Coins, die sich auch auf eine eigene Wallet übertragen lassen. Der Handel ist hier im Vergleich zu den Kryptobörsen aber wieder sehr teuer. Die Handelsgebühr resultiert aus dem Spread und liegt je nach Coin pro Transaktion zwischen 1,49 und 2,49 Prozent. Allerdings werden die genauen Kosten nicht wirklich ausgewiesen und scheinen eher im Ermessen von Bitpanda zu liegen. Neben den Krypto-Einzelwerten werden auch mehrere investierbare Krypto-Indizes angeboten. Der Handel wird differenziert zwischen Bitpanda und Bitpanda Pro. Bitpanda ist ein Kryptobroker, der Anleger handelt also mit der Plattform. Dabei wird der Handelspreis jeweils für 60 Sekunden garantiert. Bitpanda Pro ist dagegen eine Kryptobörse, bei der man mit anderen Nutzern handelt. Hier sind die Gebühren zwar sehr günstig, dazu kommt dann aber der Spread je nach Angebots- und Nachfragelage. Bei Bitpanda sind 200 Kryptowährungen im Angebot, bei Pro nur 50.

Als **sonstige Erwerbsmöglichkeiten** ist grundsätzlich auch jederzeit ein *direkter Handel* möglich. Diese Möglichkeit ist aber wenig praktikabel und nicht zu empfehlen. Lokal nach einem Tauschpartner zu suchen ist sehr umständlich, obwohl es dafür spezielle Webseiten gibt. Aufgrund des nicht möglichen Stornos einer Bitcoin-Überweisung ist dabei auch ein Treffen von Käufer und Verkäufer aus Sicherheitsgründen notwendig. Die bekannteste Vermittlungsseite für diese heute sehr antiquierte Form einer Bitcoin-Transaktion ist *Bitcoin-Treff.de*. Länderübergreifend war die Seite localbitcoins.com bekannt, die allerdings ihre Tätigkeit beendet hat.

Die **Kostentransparenz bei den Handelsplattformen** lässt sehr zu wünschen übrig.[21] Denn die Kosten für den Nutzer werden oft nicht als solche ausgewiesen. Dies gilt für den Aktien- wie für den Kryptohandel. Plattformen wie justTRADE oder Trade Republic werben zwar bei Wertpapierorders mit Ordergebühren von null Euro oder einer Pauschalgebühr von einem Euro und erscheinen deshalb scheinbar sehr günstig gegenüber anderen Onlinebanken. Allerdings ist für den Anleger die Auswahl des Handelsplatzes beschränkt. Deswegen hat der Anleger nicht die Möglichkeit, auf einen anderen Handelsplatz wie Xetra auszuweichen, der für seine Order vielleicht gerade einen besseren Spread und damit Ausführungskurs anbieten kann. Diese Plattformen bekommen vom ausführenden Händler, an den sie ihre Orders weiterleiten, dann eine Rückvergütung (Kickback). Durch diese Vermittlungsprovisionen, die zum Beispiel 1 oder 1,50 Euro pro Order betragen können, zahlt der Anleger letztlich doch Handelsgebühren. Sie werden nur meist nicht so genannt und sind versteckt. Zwar gibt es bei allen Handelsplattformen Spreads, die durch die unterschiedlichen Preisvorstellungen von Käufern und Verkäufern entstehen. Bei einer Plattform wie Xetra im deutschen Aktienhandel ist das transparent, weil sich hier auf der Geld- und Briefseite direkt die Kauf- und Verkaufsorders der Marktteilnehmer finden. Ähnlich ist das bei den großen Kryptobörsen. Ein derartiger Spread impliziert für den Anleger zwar auch Kosten, diese sind aber nicht versteckt. Bei Plattformen ohne Orderbuch wie BISON, justTRADE oder Bitpanda ist diese Transparenz nicht gegeben. Vielmehr gibt es hier einen prozentual festgelegten Spread, der unabhängig von der Angebots- und Nachfragesituation und damit letztlich vergleichbar mit einer Ordergebühr ist. Wie viel vom Spread der Marktsituation geschuldet ist und wie viel einfach vom Anbieter noch aufgeschlagen wird, erschließt sich für den Anleger nicht. Von daher sind Aussagen wie keine Ordergebühren nahe der irreführenden Werbung. Auch die Test- und Vergleichsseiten im Internet sorgen hier kaum für Klarheit. Jedenfalls ist der gebührenfreie Handel keinesfalls kostenlos. Das ist kein Wunder. Die Anbieter handeln schließlich keinesfalls altruistisch, sondern verfolgen handfeste ökonomische Interessen. Vielmehr gibt es bei den Handelsplattformen einen latenten Interessenkonflikt: Handeln sie bei den Market Makern mit den besten Kursen für ihre Kunden oder mit dem besten Kickback für sich selbst?

7.4 Dezentrale internationale Kryptobörsen

7.4.1 Merkmale von dezentralen Kryptobörsen

Eine **dezentralisierte Börse (Decentralized Exchange, DEX)** bietet grundsätzlich ähnliche Funktionen wie eine CEX, die DEXes sind aber dezentralisiert. Auch hier gibt es Auftragsbücher oder das Konzept des Automated Market Makers, ein Matching-System und Sicherheitsfunktionen. Ein **Automated Market Maker (AMM)** hält als Ersatz für Orderbücher Liquiditätsreserven auf der Blockchain. Die Liquidität kommt dabei von den *Liquiditätsanbietern (Liquidity Providers)*, die ihre Kryptowährungen verleihen. Im Gegensatz zu traditionellen Market Makern bestimmt die Liquidität die Preisbildung durch Algorithmen, die auf einem Smart Contract festgelegt sind. Der Nutzer einer AMM handelt deshalb nicht mit einer anderen Person, sondern mit einem Smart Contract. Eine DEX hat keine eigene Infrastruktur mit internen Servern. Vielmehr funktioniert sie ohne zentrale Kontrollinstanz als dezentrale Anwendung (dApp) auf einer Blockchain. Die Nutzer vertrauen hier nicht einer Kryptobörse als zentraler Instanz, sondern einem **automatisierten Protokoll**. Diese Protokolle bieten den Nutzern die volle Kontrolle über ihre Assets und ein hohes Maß an Sicherheit, denn sie müssen keine Assets auf die DEX übertragen. Die DEXes bieten deshalb im Gegensatz zu den CEXes auch **keine integrierten Wallets**. Die Trader handeln aus ihren eigenen Wallets wie Metamask heraus, die an die DEX angebunden werden. Die Nutzer bleiben im Besitz ihrer Private Keys und behalten dadurch jederzeit die volle Kontrolle. Bei einer DEX müssen die Nutzer **keine Kontoeröffnung** vornehmen und deshalb keine KYC-Prozeduren durchlaufen, wodurch deren Anonymität geschützt ist. Aufgrund der Dezentralität gibt es auch **keine öffentlichen Überwachungen oder Regulierungen**.

Der Bitcoin wurde als dezentrales elektronisches Peer-to-Peer-Zahlungssystem geschaffen, ohne dass dafür Mittelsmänner benötigt werden. Der Handel und Austausch von Bitcoin und anderen Kryptowährungen findet aber zum mit Abstand größten Teil über Kryptobörsen statt. Dies widerspricht dem Bitcoin-Grundgedanken, denn diese Börsen sind zentralisiert. Eine DEX bietet im Gegensatz dazu diese **Peer-to-Peer-Dienste (P2P)** an, mit denen direkte Transaktionen zwischen zwei Beteiligten aus deren Wallets heraus auf der Blockchain erfolgen. Letztlich wird dadurch das Vertrauensproblem gelöst, das sich durch den Transfer der Coins des Nutzers an eine zentrale Kryptobörse immer ergibt. Bei einer dezentralisierten Kryptobörse haben die Nutzer keine Probleme damit, dass sie zeitweise (bei einem temporären Ausfall einer zentralisierten Kryptobörse) oder ganz (bei einem großen Hack und einer folgenden Insolvenz der Börse) keinen Zugang mehr zu ihren Coins haben. Vielmehr bleiben die User immer im Besitz ihrer Coins auf ihren eigenen Wallets und können jederzeit mit einer Vielzahl von dezentralen Börsen in Verbindung treten und die Coins dort direkt aus ihrer Wallet heraus handeln. Keine zentrale Instanz kann dann die Transaktion behindern, die uneingeschränkte Verfügungsgewalt bleibt beim Nutzer. Der Vertrauensschwund auch in den traditionellen Anlagemärkten könnte durchaus dazu führen, dass die Finanzmärkte von morgen alle Assets und nicht nur Kryptowährungen dezentral handeln werden. Dadurch könnten auch Probleme wie beispielsweise die Begrenzung der Einlagensicherung gelöst werden. Das Insolvenzrisiko bei einer Bankpleite würde dann an die Verursacher zurückgegeben werden.

Eine dezentralisierte Kryptobörse gilt gegenüber einer zentralisierten als die sicherere Variante. Denn bei zentralen Kryptobörsen bieten sich Angreifern zentrale Angriffspunkte (Single Point of Failures), über die sie von außen in das System eindringen und dann eingelagerte Kryptowährungen abziehen können. Immer wieder leiden auch bekannte und renommierte zentralisierte Kryptobörsen unter diesen Hackerangriffen. Dagegen gibt es bei dezentralen Kryptobörsen **keine zentrale Instanz**, denn dort treten die Nutzer direkt miteinander in Kontakt. Die Transaktionen werden über selbst ausführende Smart Contracts gemäß den vorcodierten Regeln umgesetzt. Das *Kontrahentenrisiko* ist wegen einiger zentraler Elemente auch bei DEXes zwar nicht null, aber doch *erheblich geringer als bei zentral gesteuerten Börsen.*[22] Die Transparenz ist sehr hoch, da alle Transaktionen auf einer Blockchain aufgezeichnet werden. Die Coins benötigen keine Genehmigung der DEX, um gehandelt werden zu können. Deshalb werden dort viele Coins gehandelt, die von zentralen Börsen aufgrund zu geringer Liquidität abgelehnt würden.

Es gibt **währungsorientierte DEXes**, die auf der Ethereum-Plattform basieren und Ether als zentrales Tauschmittel benutzen, und **währungsneutrale DEXes**. Diese basieren nicht auf einem bestimmten Ökosystem und nutzen nicht nur die Transferwährung einer Blockchain. Vielmehr ermöglichen **Atomic Swaps** einen schnellen

Austausch zwischen Kryptowährungen verschiedener Blockchains. Dieser Austausch wird durch Smart Contracts geregelt. Nutzer können durch Atomic Swaps zwei verschiedene Kryptowährungen auf direktem Wege tauschen, ohne auf Mittelsmänner zurückgreifen oder vertrauen zu müssen. Durch diese Interoperabilität verschiedener Blockchains können Nutzer Kryptowährungen direkt von ihren Adressen oder Wallets austauschen. Technisch basieren Atomic Swaps auf Hash Timelock Contracts (HTLCs), einer besonderen Form von Smart Contracts. In den HTLCs ist ein Timer integriert, der überwacht, dass die Transaktion innerhalb eines festgelegten Zeitraums abgeschlossen wird. Erfolgt dies nicht, wird die Transaktion automatisch abgebrochen. Dieser Mechanismus führt letztlich zum gleichen Ergebnis wie das von den traditionellen Börsen bekannte Zug-um-Zug-Prinzip, die Zahlung gegen Lieferung (Payment versus Delivery). Während dieses Procedere über zentralisierte Börsen läuft und zur Abwicklung meist zwei Tage nötig sind, läuft das hier über Atomic Swaps sofort, ohne Mittelsmänner und deshalb kostengünstiger ab. Die geringeren Kosten resultieren zum einen aus dem Wegfall von Handelsgebühren oder Ein-/Auszahlungsgebühren an den CEXes. Zum anderen wird hier durch den direkten Tausch zweier Kryptowährungen vermieden, dass man oft zunächst eine Kryptowährung in eine Handelswährung tauschen muss, mit der man dann die zweite Kryptowährung kaufen kann. Dieses umständliche Procedere könnte sogar mit noch höheren Gebühren und Handelsverlusten durch Spreads verbunden sein.

Trotz der Vorteile für den Nutzer gibt es auch etliche **Nachteile**. Eine DEX spricht nur erfahrene Krypto-Trader an, die sich mit komplexeren Transaktionen und unübersichtlichen grafischen Oberflächen auskennen. Der Funktionsumfang kann im Vergleich zu einer CEX eingeschränkt sein. Es sind auch keine Fiat-Transaktionen möglich. Die Liquidität auf einer DEX ist deutlich geringer als auf einer CEX. Dies gilt auch für die Schnelligkeit des Handels, wenn jede einzelne Transaktion erst von Minern bestätigt werden muss. Denn dies dauert dann erheblich länger als eine Transaktion auf einer CEX, die sofort ausgeführt wird. Dadurch wären schnelle Reaktionen auf plötzlich auftretende geänderte Marktsituationen auf DEXes schlecht möglich. Außerdem wird durch die fehlende Kontrolle bei der Zulassung zum Handel der Anteil an dubiosen und in betrügerischer Absicht emittierten Coins erheblich höher als an zentralen und regulierten Kryptobörsen sein.

7.4.2 Entwicklung der DEXes

Ähnlich wie bei den CEXes hat auch die Zahl der DEXes stark zugenommen.[23] Uniswap als umsatzstärkste DEX ging 2018 in Betrieb. Weitere bekannte DEXes sind dYdX, Pancake Swap, Sushiswap, dYdX, 1inch, Curve oder Bancor. Im Januar 2024 wurden bei Coinmarketcap 454 DEXes aufgeführt, wobei die meisten ein Nischendasein fristen. Auch führende CEXes sind auf den Zug aufgesprungen und haben eine DEX gegründet. Die führende Kryptobörse Binance startete über ihre Binance Chain im April 2019 die Binance DEX. In diesem Zusammenhang ist auch der Binance Coin (BNB) vom ERC-20-Standard auf den BEP-2-Binance-Chain-Standard gewechselt.

In der Vergangenheit gab es bei den DEXes einige Probleme wie schlechte Nutzerfreundlichkeit der Plattformen und mangelnde Liquidität. Diese Probleme sind mittlerweile weitgehend beseitigt. Trotzdem findet der Kryptohandel überwiegend auf den zentralisierten Kryptobörsen statt. Das **Handelsvolumen aller DEXes** betrug Ende 2022 ungefähr zehn Prozent der CEX-Umsätze.[24] Zunächst hatten es die DEXes schwer, sich gegen die schon viel länger etablierten und mit übersichtlicheren Handelsoberflächen ausgestatteten CEXes durchzusetzen. Denn viele hatten zu DEXes zunächst weniger Vertrauen als zu CEXes. Seit Mitte 2020 stieg dann das DEX-Volumen in der Spitze auf knapp 19 Prozent des CEX-Volumens. Zwar kamen die Umsätze wieder deutlich zurück. Sie pendelten sich auch aufgrund des großen Kursanstiegs am Kryptomarkt, durch den sich das Interesse stark auf führende Kryptowährungen wie Bitcoin und Ethereum verlagerte, im weiteren Verlauf wieder auf rund zehn Prozent ein. Trotzdem blieb das Niveau im Vergleich zu vorher hoch. Dies dürfte darauf zurückzuführen sein, dass einige Coins, die zunächst nur auf DEXes gehandelt wurden, später auch in den Handel führender CEXes aufgenommen wurden und spektakuläre Kurssteigerungen zeigten. Im Frühjahr 2023 bewegte sich der Anteil dann zwischen 15 und 20 Prozent.

Einige Experten sehen teilweise eine **falsche Klassifikation bei der Einordnung von Handelsplätzen als DEXes.**[25] Denn die sogenannten dezentralen Börsen sind in Wirklichkeit meist nur Börsen, die die Mittel der Kunden nicht aufbewahren. Sie haben aber immer noch die Kontrolle über das, was auf der Plattform geschieht. Eine wirklich dezentrale Börse würde im Idealfall gebührenfreie Transaktionen zwischen Menschen ohne KYC oder AML ermöglichen. Andererseits wäre der Betrieb einer solchen Börse trotzdem kostenintensiv und müsste finanziert werden. Sobald der Betreiber Gewinn aus dem Betrieb erzielt, müsste er wiederum KYC und AML sicherstellen. Von daher kann man sich den Begriff der dezentralisierten Kryptobörsen eher als Spektrum vorstellen. Nahe an der zentralisierten Variante wäre dann die Binance DEX. Andere Börsen wollen mit einer zentralisierten dezentralisierten Kryptobörse das Beste beider Welten verbinden. So hat Twitter-Gründer Dorsey Ende 2021 ein Whitepaper für eine entsprechende Börse mit dem Namen tbDEX veröffentlicht. Dort werden dann auch die KYC-Pflichten beachtet. Den Gegenpol zur zentralisierten Variante bilden Börsen wie Uniswap. Diese erfordert kein KYC, ist uneingeschränkt weltweit verfügbar und erledigt alles direkt in der Chain. Die AtomicDEX von Komodo wirbt damit, die einzig wahre dezentralisierte Börse mit der Möglichkeit des P2P-Handels per dApp zu sein. Hier gibt es keine zentrale Autorität und damit keine Zensurmöglichkeit. Durch

Auslösen des Smart Contracts wird der Tausch als zwei normale Transaktionen in die beiden Blockchains eingetragen.

Auch dezentrale Kryptobörsen können sich nicht völlig vom Marktumfeld abkoppeln. So hat die dänische Bitcoin-Börse CryptoBridge im Dezember 2019 ihren Betrieb eingestellt. Als Gründe gaben die Betreiber die Marktbedingungen, zunehmende Regulierung und die fehlende Finanzierung der Weiterentwicklung an. Für Nutzer von CryptoBridge hatte dies die unangenehme Folge, dass diese innerhalb kürzester Zeit ihre Einlagen von dort abziehen mussten.

7.4.3 Vor- und Nachteile gegenüber zentralisierten Kryptobörsen

Als **Vorteile** der DEX sind zu nennen:

- Die Transaktionen laufen immer direkt zwischen den Handelspartnern ab und die Kontrolle über die Coins bleibt beim Kunden. Daraus resultiert eine viel größere Sicherheit gegen Hacks und Betrug, denn der Nutzer bleibt Eigentümer seiner Coins und Private Keys.
- Teilweise günstigere Transaktionsgebühren
- Gewährleistung der Anonymität durch minimale oder fehlende Anforderungen bezüglich KYC (Know Your Customer) und AML (Anti Money Laundering)
- Eine DEX läuft meist autonom und kann deshalb nicht so leicht von staatlichen Behörden verboten und abgeschaltet werden.
- Auf einer DEX können viele nicht an zentralisierten Börsen notierte Token gehandelt werden.

Natürlich gibt es bei den DEXes auch **Nachteile**:

- Die Trading-Geschwindigkeit ist oft geringer als bei den zentralisierten Anbietern.
- Die Liquidität beim Handel ist regelmäßig deutlich geringer als auf einer CEX.
- Nutzer können auf einer DEX keine Ein- und Auszahlungen in Fiatwährung vornehmen.
- Bei einer DEX kann jedermann einen Token listen, sodass Betrügereien wie der Verkauf von Shitcoins hier viel leichter möglich sind.
- Ein plötzlicher Shutdown wie bei CrpytoBridge kann zu unerwarteten Problemen führen.
- Bei den DEXes soll es teilweise ein Problem mit Frontrunning geben.
- Die Verwendung einer DEX zum Kryptohandel erfordert vom Nutzer ein größeres Verständnis als bei der Nutzung einer zentralisierten Kryptobörse.
- Komplexere Ordertypen wie „Immediate or Cancel“ oder „Fill or Kill“ sind oft nicht möglich.

- Ob man fehlende KYC oder AML-Vorschriften als Vor- oder Nachteil einstuft, kommt auf die Sichtweise an. Kriminelle dürften dies begrüßen, staatliche Behörden dagegen nicht. Allerdings befolgen die DEXes von bekannten Kryptobörsen wie Binance inzwischen die gleichen KYC- und AML-Standards wie die zentralisierten Kryptobörsen.

Bei einer wirklichen DEX gibt es keine Überwachungsinstanz, die einen fairen Handel gewährleistet. Deswegen stehen teilweise auch die Betreiber von DEXes unter Verdacht, unfaire Handelspraktiken auszunutzen. Gerade das **Frontrunning** könnte ein großes Problem bei den DEXes sein.[26] Das Frontrunning – also das Ausnutzen von Wissensvorsprüngen beim Börsenhandel – läuft dabei über automatisierte Programme (Trading Bots). Beim Handel auf einer DEX werden meist Transaktionen bevorzugt, bei denen der Händler etwas höhere Gebühren zu zahlen bereit ist als andere. Die Bots zahlen immer etwas mehr Gebühren als die anderen Handelsteilnehmer und nutzen die Informationen, wohin sich der Kurs bei Abwicklung der Orders mit den niedrigeren Gebühren entwickeln wird. Die Untersuchungen haben gezeigt, dass sich trotz der etwas höheren Gebühren daraus deutliche Gewinne erzielen lassen. Es wurde auch schon der Verdacht geäußert, dass die DEX-Betreiber selbst die Bots laufen lassen und den Gewinn einstreichen. Teilweise wurde versucht, durch Festsetzung von Höchstgrenzen für Transaktionsgebühren diesem Dilemma Grenzen zu setzen.

Allerdings gibt es auch genau die gegenteilige Meinung zum Frontrunning. Diese beruht auf der Tatsache, dass eine DEX letztlich nur ein Code ist. Von daher arbeitet eine DEX für niemanden und kann kein Frontrunning betreiben. Dagegen sind kostenlose Trading-Apps wie Robinhood kritisch zu sehen. Denn diese verkaufen ihre Daten an Hedgefonds und High-Frequency Trader, wodurch diese minimale Zeitvorteile erlangen und so bessere Preise als die Trader über die App erzielen. Auf diese versteckten Kosten wurde im Zusammenhang mit den Turbulenzen um die GameStop-Aktie Anfang 2021 hingewiesen. Außerdem kann es an einer DEX nicht zum zeitweisen Handelsstopp kommen, wie bei GameStop und einigen Aktien zu sehen war. Von daher ist für Kleinanleger an einer DEX zumindest theoretisch eher eine Waffengleichheit zu den großen Finanzakteuren gegeben.

7.5 Krypto-Derivate

7.5.1 Begriffsabgrenzung

Der Begriff **Derivate** (vom Lateinischen derivare = ableiten) bezeichnet *Finanzinstrumente, deren Wert und damit deren Preis sich aus dem Preis eines bestimmten Basiswertes (Underlying) ableiten.* Die Inhaber des Derivates haben

- das *Wahlrecht (Optionsgeschäft)* oder die *Pflicht (Festgeschäft),*
- das derivative Instrument während (*amerikanische Option*) oder am Ende (*europäische Option*) der Laufzeit
- in einem bestimmten Verhältnis (*Bezugsverhältnis*) bei einem *Long-Derivat* in den Basiswert umzutauschen (*physisches Settlement*), also diesen zu beziehen, oder bei einem *Short-Derivat* diesen Basiswert zu liefern
- oder einen Barausgleich (*Cash Settlement*) zu erhalten, der sich bei einem Long-Derivat aus der Differenz zwischen dem aktuellen Wert des Basiswertes (meist der Börsenkurs) und dem im Derivat festgelegten Basispreis beziehungsweise bei einem Short-Derivat aus der Differenz von Basispreis und aktuellem Wert (Börsenkurs) ergibt.
- Daneben gibt es auch *Derivate ohne Ausübungsrecht* wie ETFs, die einfach die Preisentwicklung des Basiswertes abbilden.

Basiswerte können Vermögensgegenstände wie Aktien, Anleihen, Devisen oder Gold sein oder auch Körbe bestimmter Vermögensgegenstände oder ein Aktienindex. Bei den Krypto-Derivaten sind die Basiswerte **Krypto-Assets**. Nach der Definition der Europäischen Wertpapier- und Marktaufsichtsbehörde (ESMA) werden darunter *sowohl durch ICOs ausgegebene digitale Token als auch Kryptowährungen* subsumiert. Die BaFin sieht „… Krypto-Assets als alle Anlagen in digitaler Form definiert, die keine Finanzinstrumente nach § 2 Abs. 4 Wertpapierhandelsgesetz (WpHG) sind, kein gesetzliches Zahlungsmittel darstellen, keine Rechte verbriefen und nicht von einer verantwortlichen (zentralen) Institution wie beispielsweise einer Zentralbank überwacht beziehungsweise ausgegeben werden. Krypto-Assets sind typischerweise durch Verschlüsselungstechnologien gesichert und dezentral nach der DLT organisiert. Nicht unter die Definition der Krypto-Assets fallen damit sogenannte „Beteiligungstoken“ (Security Token), welche wertpapierähnliche Eigenschaften aufweisen. Hingegen sind sogenannte „Kryptowährungen“ (Payment Token) wie beispielsweise *Bitcoin*, *Ether*, *Litecoin* oder *Ripple* als Krypto-Assets zu definieren.“[27]

Krypto-Derivate beziehen sich also auf eine bestimmte Kryptowährung oder auch auf einen Korb von Kryptowährungen wie einen bestimmten Krypto-Index. Auch hier ist grundsätzlich sowohl eine *physische Lieferung* als auch ein *Cash Settlement* möglich. Bei der physischen Lieferung wie zum Beispiel bei den Bitcoin-Futures an der Terminbörse Bakkt muss der Inhaber der Futures-Position am Fälligkeitstag also die entsprechende Menge an Bitcoin abnehmen (bei einer Long-Position) oder liefern (bei einer Short-Position). Bei einem Cash Settlement wird dagegen der Preis der Kryptowährung an einer oder mehreren Kryptobörsen festgestellt und die Differenz zum Basispreis ermittelt. Der Differenzbetrag wird dann durch eine Zahlung ausgeglichen.

7.5.2 Futures-Handel auf Kryptowährungen

7.5.2.1 Futures-Handel an regulierten Terminbörsen

Im Dezember 2017 startete an zwei amerikanischen Terminbörsen der Handel mit Bitcoin-Futures. Dies war für breite Anlegerkreise die erste Möglichkeit zum Bitcoin-Handel, ohne diesen tatsächlich zu besitzen. Außerdem versprach der Handel auf einer regulierten Terminbörse mehr Sicherheit als der bei den vielfach unregulierten Kryptobörsen. Als erste begann die Chicago Board Options Exchange (CBOE) – nach ihrer Ankündigung am 04.10.2017 – am 10.12.2017 mit dem Futures-Handel. Teilweise brach die CBOE-Website am ersten Handelstag zusammen, zumal der Bitcoin an diesem Tag um zehn Prozent stieg. Eine Woche später startete am 18.12.2017 der Bitcoin-Futures-Handel an der Chicago Mercantile Exchange (CME), der bereits am 31.10.2017 angekündigt worden war.[28] Am Vortag wurde dabei der Bitcoin zum damaligen Höchstkurs von knapp 20.000 Dollar gehandelt. In den vier folgenden Tagen nach Handelsbeginn der CME-Futures crashte der Preis des Bitcoin um bis zu 40 Prozent. Man kennt zwar von anderen Märkten wie den Aktienbörsen den Effekt, dass die Kurse vor einem als positiv eingestuften Event steigen und dann oft am Tag des Events wieder fallen (Buy the rumor, sell the fact). Ob dieser extreme Einbruch nur mit ebensolchen überzogenen Erwartungen im Vorfeld zusammenhing, sei dahingestellt. Fakt ist, dass sich die Bitcoin-Preise in den drei Monaten vor der Futures-Einführung mehr als versechsfacht hatten und ein derartiger parabelförmiger Kursanstieg natürlich nach einer drastischen Korrektur schrie.

Interessant sind in diesem Zusammenhang Spekulationen, dass die **Bitcoin-Blase Ende 2017 durch die kurz zuvor eingeführten Bitcoin-Futures zum Platzen gebracht** wurde. Denn dadurch wurde es möglich, im großen Stil auch auf fallende Kurse zu spekulieren. Immerhin gilt die Bitcoin-Blase als erste große Blase nach der Finanzkrise 2008. Dies ging aus Äußerungen des Vorstandsvorsitzenden der Commodity Futures Trading Commission (CFTC), Christopher Giancarlo, auf dem Pantera Summit in San Francisco im November 2019 hervor. Demnach hätten Verantwortliche der CFTC, des Finanzministeriums und der SEC darauf gesetzt, dass Bitcoin-Futures die Blase zum Platzen bringen könnten. Die zeitliche Abfolge ist frappierend: Am 12.12.2017 startete der Handel an der CBOE, am 18.12.2017 an der CME. Am 17.12.2017 erreichte der Bitcoin seinen Höchstwert bei knapp 20.000 Dollar. In den folgenden vier Tagen crashte der Markt um 40 Prozent (vergleiche Abbildung 7.1). Wenn dahinter wirklich – wie spekuliert wurde – die Trump-Administration steckt, dann müsste *Pump and Dump neu geschrieben* werden: *Pump and Trump*.

***Abb. 7.1** Beginn des Bitcoin-Futures-Handels im Dezember 2017*

Im März 2019 kündigte die **CBOE** an, dass der *Handel mit Bitcoin-Futures wieder eingestellt* wird. Grund war das gegenüber den CME-Futures viel geringere Volumen. Die **CME-Bitcoin-Futures** zeichnen sich durch folgende Spezifikationen aus:[29]

- Ein Kontrakt bezieht sich auf fünf Bitcoin.
- Der Preis wird definiert durch die CME CF Bitcoin Reference Rate (BRR).[30] Zur Bestimmung werden volumengewichtete Umsätze verschiedener Kryptobörsen herangezogen, deren Umsätze mehr als 50 Prozent des gesamten Bitcoin-Handelsvolumens ausmachen. Nach Angaben der CME wird der BRR aus den Kursen der Börsen Bitstamp, Coinbase, Gemini, itBIT, Kraken und LMAX Digital errechnet. Diese Zusammensetzung wird regelmäßig auf Stimmigkeit überprüft.
- Handelszeiten: Sonntag bis Freitag jeweils von 18:00 bis 17:00 Uhr Central Time (gegenüber der MEZ zwischen minus sechs und minus sieben Stunden). Es gibt also täglich eine Handelsunterbrechung von 60 Minuten.
- Laufzeiten: Die nächsten zwei Monate im Quartalszyklus März, Juni, September und Dezember plus die nächsten zwei Monate.
- Handelsende: 16:00 Uhr Londoner Zeit am letzten Freitag des Kontraktmonats. Wenn an diesem Tag sowohl in Großbritannien als auch in den USA kein Geschäftstag ist, endet der Handel am vorherigen Tag, der in beiden Ländern Geschäftstag ist.[31]
- Settlement: Cash Settlement (Barausgleich)

Neben den Bitcoin Futures wurde später mit **Micro Bitcoin Futures** auch ein Kontrakt mit Bezug auf 0,1 Bitcoin eingeführt. Außerdem gibt es (Stand Januar 2022) zwei Produkte auf Ethereum: **Ether Futures** mit einer Kontraktgröße von 50 Ether und **Micro Ether Futures**, die sich auf 0,1 Ether beziehen.

Im September 2019 startete die neue Terminbörse **Bakkt** mit dem Handel von Bitcoin-Futures.[32] Bei der Bakkt handelt es sich um eine Tochtergesellschaft der Intercontinental Exchange (ICE). Diese ist spezialisiert auf den elektronischen Handel von Futures und Optionen und betreibt mit der New York Stock Exchange (NYSE) auch die größte Wertpapierbörse der Welt. Die Besonderheit bei den Bakkt-Futures war die physische Deckung und damit auch die physischen Lieferungen am Tag des Settlements statt des Barausgleichs (Cash Settlement). Viele Bitcoin-Fans fieberten dem Handelsbeginn an der Bakkt entgegen, da mehr institutionelle Investoren erwartet wurden und mit der physischen Belieferung auch mehr Nachfrage nach „echten" Bitcoin. Dieser Effekt konnte nach Beginn des Futures-Handels aber nicht festgestellt werden. Die Futures litten in der Folge unter immer geringeren Umsätzen.

7.5.2.2 Futures-Handel an Kryptobörsen

An den hochregulierten Terminbörsen wie der CME oder der Bakkt agieren vor allem die professionellen Investoren. An den weniger oder gar nicht regulierten Kryptobörsen sind dagegen eher die Privatanleger aktiv. Dabei macht das Umsatzvolumen im Futures-Handel oft ein Mehrfaches des Spothandels aus. Im Gegensatz zum Margin-Handel an den Kryptobörsen erfolgt beim **Futures-Handel an den Kryptobörsen** *kein Leihgeschäft, sondern die Börse vermittelt direkt Käufer und Verkäufer der jeweiligen Futures-Position.* Wie bei den regulierten Börsen kommen die Geschäfte also nur zustande, wenn es zum jeweiligen Preis einen Käufer und Verkäufer gibt. Analog zum Margin-Handel gibt es aber die gleichen Mechanismen, die durch die Initial Margin und die Maintenance Margin bestimmt werden. In diesem Fall dient dies nicht zum Schutz des Kreditgebers wie bei den Margin Trades, sondern dem Schutz der Futures-Börse. Diese würde ja sonst beim Ausfall des Inhabers der Futures-Position Verluste erleiden.

BitMEX war die bekannteste und umsatzstärkste Krypto-Futures-Börse und ein Pionier in der Einführung von Margin- und Futures-Trading auf Kryptowährungen mit Riesenhebeln bis 100. Sie war in der Kritik wegen fehlender KYC-Erfordernisse und führte deshalb KYC ab August 2020 und verpflichtend für alle Nutzer seit Februar 2021 ein. Trotzdem gab es immer wieder Vorwürfe in Bezug auf Marktmanipulationen. Dies soll im Zusammenhang mit der KYC-Einführung und Maßnahmen zur Verhinderung von Geldwäsche wie einem externen Überwachungssystem deutlich entschärft sein. Außerdem gab es in außergewöhnlichen Marktsituationen Verbindungs- oder Login-Probleme. Dadurch konnten Trader in diesen heiklen Situationen nicht agieren und wurden teilweise zwangsliquidiert. Allerdings gab es solche Probleme in der Vergangenheit auch in traditionellen Finanzmärkten bei außergewöhnlichen Marktbewegungen. So waren Hebel-Zertifikate deutscher Großbanken selbst auf das liquideste Produkt DAX in Extremsituationen manchmal eine Stunde oder mehr nicht handelbar. Auch andere Kryptobörsen wie **Binance**, **Kraken**, **Huobi**, **KuCoin** oder **OKEx** haben Futures-Plattformen integriert.[33] Zur Vermeidung von Marktmanipulationen wird der den Futures zugrunde liegende Spotpreis dabei durch gewichtete Preise von mehreren führenden Kryptobörsen ermittelt. Bei den Krypto-Futures war in der Vergangenheit ein Wettrennen um immer größere Hebel von bis zu 100 oder sogar darüber zu beobachten. Dies ist bei den ohnehin schon extrem volatilen Kryptowährungen eine bedenkliche bis gefährliche Entwicklung. Denn bei einem Hebel von 100 genügt schon eine Bewegung von weniger als einem Prozent beim Underlying, damit die Sicherheitsmargin aufgebraucht und die Position zwangsliquidiert wird. Durch diese hochhebeligen Instrumente kann es deshalb leicht zu extremen kurzfristigen Marktinstabilitäten kommen oder können diese zumindest erheblich verstärkt werden, wie sich an den häufigen **Flash Crashs** gezeigt hat. Auch würde es nicht verwundern, wenn es dadurch in Extremsituationen zu einer Art Lehman-Effekt und einem Totalausfall einer Kryptobörse mit einer entsprechenden Kettenreaktion käme. Von daher wäre eine Beschränkung der maximal möglichen Hebel auf ein erträgliches Maß segensreich. Der Trend zu immer größeren Hebeln hat sich im Jahr 2021 dann auch eher umgekehrt.

Bei **traditionellen Futures-Kontrakten** gibt es einen Verfallstag, an dem die Futures-Kontrakte durch ein Settlement (Cash Settlement oder Lieferung des Underlyings) ausgeübt werden. Dabei differieren die Futures-Preise meist umso mehr vom Spotpreis des Underlyings, je weiter die Verfallstage in der Zukunft liegen. Dies resultiert bei traditionellen Gütern wie Weizen oder Öl allein schon aus den Lagerkosten. Bereits im Jahr 2016 führte BitMEX als erste Krypto-Terminbörse mit dem Perpetual Swap einen innovativen Futures-Kontrakt ein, der nie ausläuft und bei dem es deshalb kein Settlement gibt. Nach einiger Zeit griffen andere Kryptobörsen diese Idee auf und boten ebenfalls **fortlaufende Futures-Kontrakte (Perpetual Futures Contracts)** an. Im Gegensatz zu traditionellen Futures-Kontrakten gibt es kein Auslaufen dieser Kontrakte nach einer bestimmten Zeitspanne und damit auch keine Abwicklung und Lieferung. Mit Perpetual Futures soll der Futures-Preis im Gegensatz zu traditionellen Futures immer nahe am Spotpreis liegen. Die den Kontrakten zugrunde liegenden **Referenzpreise** bestimmen sich ähnlich wie bei den traditionellen Futures-Kontrakten: Es wird ein *Indexpreis* ermittelt, der auf Basis der aktuellen Spotpreise verschiedener Kryptobörsen wie Binance, Huobi oder Bittrex gewichtet mit den dortigen Volumina ermittelt wird. Unterschiedliche Kryptobörsen haben teilweise andere Kryptobörsen zur Ermittlung des Indexpreises angebunden. Dabei werden auch außerordentliche Abweichungen einzelner Preise (Spikes) oder Konnektivitätsprobleme berücksichtigt.

Dieser Indexpreis wird quasi als Spotpreis des betreffenden Coins angenommen. Auf dieser Basis wird dann der sogenannte *Mark Price* ermittelt unter Einbezug der Funding Rate. Er soll den „wahren" Wert der Perpetual Futures ausdrücken. Die *Funding Rate* bezieht sich auf die periodischen Zahlungen an die Long- und Short-Trader je nach Wertentwicklung des Kontrakts.[34] Bei einem Hebel von 125 wird die Funding Rate also auf den 125-fachen Wert des hinterlegten Collaterals berechnet. Wenn diese Funding Rate positiv ist, bezahlen die Inhaber der Long-Positionen die Inhaber der Short-Positionen. Ist die Funding Rate negativ, verhält sich das genau umgekehrt. Daraus wird dann unter Berücksichtigung unrealisierter Gewinne und Verluste der Position der Wert des hinterlegten Collaterals wie Tether bestimmt. Diesen im Blick zu haben ist wichtig, um teure Zwangsliquidierungen wegen Unterschreiten der Maintenance Margin zu vermeiden.

7.5.3 Optionen auf Kryptowährungen

Bei den Futures-Kontrakten besteht für Käufer und Verkäufer die Pflicht, das entsprechende Asset zu kaufen oder zu verkaufen beziehungsweise bei Cash Settlement den Differenzbetrag auszugleichen. Dagegen haben die Käufer von Optionen das Wahlrecht, den Basiswert zu kaufen oder zu verkaufen beziehungsweise den Differenzbetrag einzulösen. Im Dezember 2019 nahm die **Bakkt** den Handel mit Optionen auf den Bitcoin-Bakkt-Futures-Kontrakt auf. Es handelt sich dabei wie bei den CME-Optionen um den europäischen Optionstyp (Ausübung nur am Ende der Laufzeit). Die Kontrakte werden am zweiten Geschäftstag vor dem letzten Handelstag des betreffenden Futures-Kontrakts letztmals gehandelt. Die verschiedenen Basispreise staffeln sich in Schritten von 500 Dollar. Im Januar 2020 startete die **CME** ebenfalls den *Handel mit Optionen auf den Bitcoin-Future*. Es gelten die gleichen Handelszeiten und Kontraktspezifikationen wie beim Bitcoin-Future.[35]

Neben diesen regulierten Terminbörsen gibt es auch Angebote von Kryptobörsen. So bietet die holländische **Deribit** Bitcoin- und Ether-Optionen an.[36] Dabei handelt es sich um den europäischen Optionstyp, die Optionen können also nur am letzten Tag der Laufzeit ausgeübt werden. Die Referenzpreise der Optionen werden durch einen Index aus dem Preisen von sechs führenden Kryptobörsen (Bitfinex, Gemini, Bitstamp, GDAX, Kraken und Itbit) gebildet. Dabei werden die tiefsten und höchsten Werte aus der Berechnung eliminiert, um das Risiko eines verfälschenden Einflusses von kurzfristigen starken Kursschwankungen durch Flash Crashs oder Short-Squeezes zu vermeiden. Verfalldatum ist an jedem Freitag um 08:00 UTC (09:00 MEZ).

Der Markt für Krypto-Optionen ist im Vergleich zum Futures-Markt noch wenig entwickelt. Das könnte sich in Zukunft aber ändern. Nach einer Einschätzung von Goldman Sachs im Dezember 2021 könnte die Weiterentwicklung des Optionenmarktes der nächste große Schritt bei der Krypto-Adoption durch institutionelle Anleger sein. Wegen der vielfältigeren Einsetzbarkeit von Optionen beim Hedging besteht von dieser Seite eine große Nachfrage.

7.5.4 CFDs (Contracts for Difference)

7.5.4.1 Grundsätzliches

Bei **CFDs (Contracts for Difference, Differenzkontrakte)** handelt es sich um finanzielle Differenzgeschäfte nach § 2 Abs. 3 Nr. 3 WpHG, die meist sehr kurzfristigen Spekulationen auf eine bestimmte Preisentwicklung dienen. Es sind *indirekte Beteiligungen an einem Basiswert.* Der Anleger besitzt also den Basiswert nicht, sondern ist nur an seiner Kursentwicklung beteiligt. Grundsätzlich sind alle möglichen Basiswerte wie Aktien, Indizes oder hier eben Kryptowährungen denkbar. Sie zeichnen sich dadurch aus, dass mit einem geringen Kapitaleinsatz deutlich größere Handelspositionen aufgebaut werden können. Der Kaufpreis eines CFDs entspricht einer *Sicherheitsleistung (Margin)* wie bei Futures.

Aufgrund der daraus resultierenden *Hebelwirkung* können – bezogen auf den Kapitaleinsatz – erheblich größere Gewinne erzielt werden als bei einem Direktinvestment in den Basiswert. Die Kehrseite der Medaille sind die entsprechend größeren Verluste, wenn der Basiswert in die falsche Richtung läuft. Von daher kann ähnlich wie bei Futures oder Turbo-Zertifikaten schnell der gesamte eingesetzte Betrag verloren sein. Die Verluste sind aber auf das verfügbare Guthaben begrenzt, eine *Nachschusspflicht besteht nicht.*[37] Die CFD-Kontrakte sind OTC-Produkte. Sie werden nicht an Börsen, sondern außerbörslich *über spezialisierte CFD-Broker gehandelt.* Im Gegensatz zu den Preisen an den Kryptobörsen, die durch Angebot und Nachfrage aller Marktteilnehmer zustande kommen, werden die Preise hier vom jeweiligen CFD-Anbieter gestellt. Die *Handelszeiten* sind meist wie beim Direkthandel der Kryptos, also sieben Tage in der Woche und 24 Stunden am Tag (24/7). Die *Laufzeiten* sind nicht begrenzt und es gibt keinen Zeitwertverlust wie bei Optionen. Durch den fehlenden Zeitwertverlust lässt sich die Kursentwicklung von CFDs in Abhängigkeit von der Entwicklung des Basiswertes leichter abschätzen, als dies bei Optionen der Fall ist. Allerdings gibt es *bei CFDs auf Kryptowährungen begrenzte Laufzeiten.* CFDs sind deshalb nicht für längere Anlagefristen geeignet. Es gibt *Long- und Short-CFDs,* man kann also an steigenden und fallenden Kursen partizipieren.

7.5.4.2 Auswahlkriterien für CFD-Broker

Die wesentlichen Auswahlkriterien für eine seriöse und vertrauenswürdige CFD-Plattform sind:

- Der CFD-Broker sollte von der staatlichen Finanzaufsichtsbehörde **reguliert** und lizenziert sein.
- Die Höhe der **Einlagensicherung** hängt vom Standort des Brokers ab. Bei CFD-Brokern mit Sitz in Deutschland sind die Einlagen bis 100.000 Euro abgesichert.
- Bietet die Plattform gute **Funktionalitäten** wie Realtime-Kurse, Trading direkt auf dem Chart? Werden Gebühren für die Bereitstellung von Realtime-Kursen verlangt?
- Die Zahl der verfügbaren **Basiswerte** sollte den Anforderungen des Kunden entsprechen.
- Günstige **Gebühren** pro Transaktion und bei den Haltekosten
- Der entscheidende Kostenfaktor beim CFD-Handel sind die **Spreads** zwischen An- und Verkaufskursen. Zu den höheren Briefkursen (Bid) können Anleger kaufen, zu den niedrigeren Geldkursen (Ask) verkaufen. Der Spread ist auch ein Indikator für die Liquidität und Volatilität des Basiswertes. Je geringer der Spread, desto größer die Liquidität und desto kleiner die Volatilität.
- Gerade bei den hochvolatilen CFDs sind **Ordertypen** wie Limit-Orders, Stop-Loss-Orders oder Trailing-Stops unerlässlich für ein vernünftiges Risiko- und Money-Management.
- Eine schnelle **Ein- und Auszahlung** von Kundengeldern sollte gewährleistet sein.

7.5.4.3 Vor- und Nachteile von Krypto-CFDs

Wie bei den anderen Hebelinstrumenten sind auch die **Chancen und Risiken** von Krypto-CFDs *umso größer, je größer der im Instrument angelegte Hebel ist.* Es handelt sich um hochspekulative Finanzderivate, die nur für sehr erfahrene und risikofreudige Anleger geeignet sind. Nicht von ungefähr finden sich bei den CFD-Anbietern die obligatorischen Hinweise, dass der überwiegende Teil der Kleinanleger damit Geld verliert.[38] Ähnlich wie bei Zertifikaten hat man auch hier zusätzlich zum Preisänderungsrisiko des Basiswertes noch das *Emittentenrisiko.* Gerät der CFD-Broker in eine Schieflage, kann selbst bei einem positiven Kursverlauf des Basiswertes das Geld weg sein.

Bei den **Kosten** werden manchmal CFDs als günstiger dargestellt. Das ist aber zweifelhaft und schwieriger zu überprüfen. Handelsgebühren werden zwar nicht verlangt, die Kosten beschränken sich auf die *Spanne zwischen Geld- und Briefkursen.* Von daher sollte ein Vergleich dieser prozentualen Spanne mit den Gesamtkosten anderer Anlageformen verglichen werden.

Die **Zugangshürden für Privatanleger** sind *niedriger* als bei anderen Finanzprodukten wie Futures an den Terminbörsen. Schnelle Kontoeröffnungen bei den CFD-Anbietern und die im Vergleich zum Handel auf Kryptobörsen *unkomplizierten Ein- und Auszahlungsmöglichkeiten* können vorteilhaft sein. Einzahlungen sind meist auf verschiedenen Wegen wie Kreditkarte, PayPal oder Überweisung möglich. Bei Auszahlungen ist dies noch evidenter. Bei vielen Kryptobörsen gibt es tägliche Auszahlungslimits, außerdem blieben in der Vergangenheit Rücküberweisungen oft in der Warteschleife hängen oder wurden gar nicht ausgeführt. Dagegen kann das Geld bei einem CFD-Verkauf schnell wieder zurücküberwiesen werden. Für viele Anleger ist ein weiteres Plus, dass sie sich nicht um die *Aufbewahrung* der gekauften Kryptos kümmern müssen.

Ein **steuerlicher Vergleich** von CFDs mit Direktengagements kann sich nur auf kurzfristige Tradings beziehen. Denn Krypto-CFDs sind aufgrund der begrenzten Laufzeit nicht für langfristige Engagements geeignet. Steuerlich gelten CFDs als Termingeschäfte.[39] Auf CFD-Gewinne ist die *Abgeltungsteuer* von 25 Prozent fällig sowie der Solidaritätszuschlag von 5,5 Prozent auf die Abgeltungsteuer. Steuerlich ergeben sich meist Nachteile für deutsche Anleger. Es können keine steuerfreien Gewinne nach einer Haltedauer von mehr als einem Jahr erzielt werden. Die Verlustverrechnungsmöglichkeiten sind bei CFDs wie bei anderen Termingeschäften stark eingeschränkt worden. Bei kurzfristigen Tradings könnten Gewinne mit der Abgeltungsteuer aber auch niedriger besteuert sein als bei Direktanlagen, wenn man einen hohen Einkommensteuersatz hat.

7.5.5 Zertifikate

Die Zertifikate-Industrie hat sich bisher nur vergleichsweise behutsam den Kryptowährungen genähert, obwohl das Angebot in den vergangenen Jahren stark gewachsen ist. Zertifikate sind **Inhaberschuldverschreibungen** nach § 2 Abs. 1 Nr. 3 WpHG und damit eigentlich identisch mit den im nächsten Kapitel behandelten ETPs. Bei solchen Wertpapieren handelt es sich um Derivate, *welche die Wertentwicklung eines Basiswerts abbilden*. Ein Zertifikat verbrieft die Zahlung beziehungsweise Rückzahlung eines Geldbetrags. Dadurch wird der Anleger zum Gläubiger des Emittenten. Jedoch ist die Wertentwicklung eines Zertifikates nicht ausschließlich von der Wertentwicklung des Basiswerts abhängig, sondern auch von anderen Faktoren wie der Volatilität des Basiswerts, dem Ausfallrisiko des Emittenten oder dem Zeitwert des Zertifikats. Aufgrund ihrer Eigenschaft als Wertpapiere sind Zertifikate an regulierten Märkten handelbar. Allerdings ergibt sich der Kurs eines Zertifikates im Gegensatz zur Aktie in der Regel nicht aus Angebot und Nachfrage, sondern wird durch einen Market-Maker auf Basis von internen Preisbildungsmodellen der Emittenten bestimmt.

Es gibt gehebelte und ungehebelte Zertifikate**. Ungehebelte Zertifikate** werden die *Wertentwicklung des Basiswertes 1:1* nachvollziehen. Dagegen wird sich bei **gehebelten Zertifikaten** die *Wertentwicklung des Basiswertes überproportional* auswirken. Hat ein Zertifikat beispielsweise einen Hebel von 5, dann steigt und fällt das Zertifikat um das Fünffache im Vergleich zum Basiswert. Steigt der Basiswert zehn Prozent, dann steigt das Zertifikat in diesem Fall um 50 Prozent. Fällt der Basiswert um zehn Prozent, dann fällt das Zertifikat um 50 Prozent. Gehebelte Zertifikate haben also sowohl größere Chancen als auch größere Risiken als der Basiswert. Je nach Emittent gibt es unterschiedliche Bezeichnungen für Hebel-Zertifikate: Turbo-Zertifikate, Mini-Futures, Knock-out-Zertifikate. **Long- oder Call-Zertifikate** nutzt man für eine *Spekulation auf steigende Kurse des Basiswertes*. Dagegen sind **Short- oder Put-Zertifikate** eine *Spekulation auf fallende Kurse des Basiswertes*. Bei allen Formen gibt es **Zertifikate mit und ohne Laufzeitbegrenzung**. Gehebelte Zertifikate haben oft zwar keine Laufzeitbegrenzung. Sie verfallen aber wertlos, wenn der Preis des Basiswertes unter den Basispreis fällt (bei Long-Zertifikaten) oder über den Basispreis steigt (bei Short-Zertifikaten). Oft haben diese **Knock-out-Zertifikate** eine *Knock-out-Schwelle (auch Stop-Loss genannt)*, die über dem Basispreis (bei Long-Zertifikaten) oder unter dem Basispreis (bei Short-Zertifikaten) liegt. Wird diese unter- oder überschritten, wird das Zertifikat automatisch ausgeknockt. Es ergibt sich dann in der Regel noch ein Restwert, der vom Emittenten an den Anleger ausgezahlt wird.

Vontobel hat als erster Emittent **Partizipations-Zertifikate** auf Bitcoin emittiert. Das erste Bitcoin-Tracker-Zertifikat wurde am 25.10.2017 emittiert. Die Partizipations-Zertifikate bilden die Kursentwicklung der jeweiligen Kryptowährung 1:1 ab, wobei zehn Partizipations-Zertifikate zum Bezug von einer Einheit der Kryptowährung berechtigen (Bezugsverhältnis 0,1). Sie haben im Gegensatz zu den Mini-Futures also keinen Hebel. Im Laufe der Jahre 2018 und 2019 wurden weitere Open-End-Partizipations-Zertifikate auf die größten Altcoins Ether (ETH), Bitcoin Cash (BCH), Ripples XRP (XRP) und Litecoin (LTC) aufgelegt. Alle Partizipations-Zertifikate bilden die Wertentwicklung der zugrunde liegenden Kryptowährungen 1:1 ab. Die Managementgebühr beträgt jeweils 1,5 Prozent pro anno. Die Referenzpreise der Kryptowährungen für die Preisermittlung der Zertifikate werden durch die Preise an den bekannten großen Kryptobörsen Coinbase, BitStamp und Kraken bestimmt. Anfang 2020 emittierte Vontobel dann mit dem Crypto Portfolio ein Partizipations-Zertifikat auf die fünf großen Kryptowährungen Bitcoin, Bitcoin Cash, Ether, Ripple und Litecoin, die mit jeweils 20 Prozent zum Emissionszeitpunkt gewichtet waren. Damit sollen Anleger die Möglichkeit haben, in einen Korb der fünf großen Kryptos direkt zu investieren. Die Managementgebühr beträgt hier zwei Prozent pro anno.

Auch die **Mini-Futures auf den Bitcoin und Ethereum** sind Inhaberschuldverschreibungen und haben einen mehr oder minder großen Hebel auf den Bitcoin-Preis.[40] Sie zeichnen sich durch einen Basispreis und einen Stop-Loss-Preis aus. Allerdings hatte Vontobel im Laufe des Jahres 2020 offensichtlich Probleme mit dem Underlying, sodass keine Zertifikate mehr gekauft werden konnten. Ende 2020 stellte Vontobel dann als Underlying auf den Bitcoin-Future um.

Vontobel hat 2021 alte Krypto-Zertifikate gekündigt, da diese aufgrund veränderter Eigenmittelanforderungen für Schweizer Banken nicht mehr ökonomisch sinnvoll bewirtschaftet werden konnten. Außerdem wurde das bereits 2017 bei einem Bitcoin-Preis von 5.500 Dollar aufgelegte Partizipations-Zertifikat durch die riesigen Kurssteigerungen für Privatanleger, die nur kleinere Summen anlegen wollen, zu teuer. Daraufhin wurden neue Zertifikate aufgelegt, deren Bedingungen aber ebenfalls eine Kündigung erlauben.

Grundsätzlich sind die **Chancen und Risiken** von Krypto-Zertifikaten in Bezug auf das Markt- beziehungsweise Preisänderungsrisiko und das Währungsrisiko (Basiswert des Zertifikats ist der Kurs von Bitcoin in US-Dollar, der zusätzlich gegenüber dem Euro schwankt) identisch. Bei Zertifikaten kommt aber noch das *Emittentenrisiko* dazu. Denn die Zertifikate sind Inhaberschuldverschreibungen und bei einer Insolvenz des Emittenten sind die Zertifikate-Inhaber dann Gläubiger. Das Produkt unterliegt keiner Einlagensicherung oder sonstigen Gläubigerabsicherung. Außerdem gibt es bei den Zertifikaten auch einen **Tracking Error**. Dieser resultiert aus der Managementgebühr, die täglich in die Kursentwicklung einberechnet wird. Kurzfristig wirkt sich diese kaum aus, längerfristig schon. Beträgt die Managementgebühr 1,5 Prozent und steigt der Bitcoin im Jahr um zehn Prozent, wird die Performance des Bitcoin-Zertifikats nur 8,5 Prozent betragen. Wegen der enormen Schwankungen des Underlyings, also von Bitcoin, bleibt der Effekt in Anbetracht des Preisänderungsrisikos aber relativ gering.

Krypto-Zertifikate eignen sich für Anleger, die sich am Kryptomarkt engagieren, aber kein Konto bei einer Kryptobörse eröffnen wollen. Da sie dafür nur ein normales Wertpapierdepot bei einer Bank benötigen, dürften vor allem Anleger angesprochen sein, denen der Aufwand zu groß ist, zusätzlich noch ein Konto bei einer Kryptobörse zu eröffnen. Für diese Gruppe sind Krypto-Zertifikate eine einfache Möglichkeit eines Engagements bei Bitcoin und Co. Die Zertifikate können wie jedes andere Wertpapier im herkömmlichen Wertpapierhandel über jede Bank bezogen werden. Neben dem Direkthandel bei Emittenten wie Vontobel ist der Handel auch über verschiedene Börsen wie Frankfurt und Stuttgart und andere Handelsplätze möglich. Die **Vorteile** liegen auf der Hand: kein Risiko durch Hackerangriffe, technische Probleme oder mangelnde Kenntnisse beim Handling von Kryptowährungen. Das Währungsrisiko (die Zertifikate beziehen sich auf die Dollarnotierung der Kryptos) ist das gleiche wie bei der Direktanlage auf Kryptobörsen. Aber es gibt auch **Nachteile**: keine Möglichkeit der steuerfreien Realisierung wie beim Direktkauf, das Ausfallrisiko des Emittenten wie bei jedem anderen Zertifikat, kein 24/7-Handel (kein Handel am Wochenende, Handelszeiten Montag bis Freitag von 8:00 bis 22:00 Uhr) und der Tracking Error.

7.5.6 Andere Exchange Traded Products (ETPs)

Exchange Traded Products (ETPs) bilden den Oberbegriff für verschiedene börsengehandelte derivative Produkte, zu denen auch die Zertifikate gehören. Sie beziehen sich alle auf einen oder mehrere Basiswerte, von deren Wertentwicklung der Preis des ETPs abhängt. Auch die bei Privatanlegern sehr beliebten *Exchange Traded Funds (ETFs)* gehören grundsätzlich zu dieser Gruppe. Aufgrund ihrer rechtlichen Besonderheit werden sie aber im nächsten Kapitel separat behandelt. Zu den ETPs gehören die *Exchange Traded Commodities (ETCs)* und die *Exchange Traded Notes (ETNs)*. Diese beiden Produkte unterscheiden sich durch ihre Basiswerte. ETCs beziehen sich auf Rohstoffe (Commodities). Dies können sowohl Metalle wie auch alle möglichen sonstigen Rohstoffe wie tierische oder pflanzliche Rohstoffe oder Energieressourcen sein. ETCs beziehen sich auf Rohstoff-Futures. Bei ETNs handelt es sich um alle passiven Investitionen, die weder ETFs noch ETCs sind. Für alle diese Produkte gibt es wie bei den Zertifikaten Long- und Short-Varianten sowie solche mit und ohne Hebel.

Die **wichtigste Unterscheidung von ETFs zu ETCs und ETNs** ist, dass *ETFs* als *Sondervermögen* im Insolvenzfall des Emittenten geschützt sind und von einer Regulierungsbehörde genehmigt werden müssen. *ETCs und ETNs* sind dagegen *Schuldverschreibungen*. Diese können noch die Form von besicherten und unbesicherten Anleihen haben. Die Anleger sind bei der unbesicherten Form im Insolvenzfall nicht abgesichert und werden als nachrangige Gläubiger behandelt. Letztlich sind ETCs und ETNs eine *Sonderform der Zertifikate* und weisen die gleichen Merkmale wie diese in Bezug auf Konstruktion und Schutz bei Insolvenz des Emittenten (Emittentenrisiko) auf. Im Insolvenzfall des Emittenten kann deshalb ein Totalverlust eintreten. Die Krypto-ETPs sind ETNs. Für Anleger ergeben sich gegenüber den oben beschriebenen Krypto-Zertifikaten kaum Unterschiede.

Eine sehr interessante Variante sind **Krypto-ETPs mit physischer Lieferbarkeit**. Bei diesen Produkten hat der Anleger einen *Anspruch auf die physische Belieferung mit der jeweiligen Kryptowährung entsprechend seinen ETP-Anteilen*. Auch wenn es *steuerlich noch nicht endgültig geklärt* ist, könnte bei diesen Produkten ähnlich wie bei Xetra-Gold die *gleiche Besteuerung wie bei Direktanlagen in Kryptowährungen* zur Anwendung kommen. Dabei ist es für den Anleger unerheblich, ob er die Kryptowährungen tatsächlich bezieht oder die ETPs ganz normal an der Börse zum aktuellen Kurs verkauft. Derartige Produkte wären deshalb nicht mit der Abgeltungsteuer von 25 Prozent belegt, sondern bei einem unterjährigen Verkauf als private Veräußerungsgeschäfte mit dem persönlichen Einkommensteuersatz. Das kann durchaus negativ sein, wenn der Einkommensteuersatz höher ist. Allerdings hätte man hier aber den großen Vorteil, dass ein Verkauf nach mehr als einem Jahr im Gegensatz zu „normalen" Zertifikaten oder ETPs dann steuerfrei wäre.

Die **XBT-Provider**-ETPs von XBT Provider aus Schweden, einer Tochter von CoinShares, haben mehrere Krypto-ETPs auf Bitcoin und Ether auf den Markt gebracht. Diese vollziehen die prozentuale Wertentwicklung der jeweiligen Kryptos 1:1

nach. Die ETPs werden auch an deutschen Börsenplätzen wie der Börse Stuttgart oder Frankfurt gehandelt. Es gibt je zwei Produkte auf Bitcoin und Ether: Tracker One mit der Basiswährung Schwedische Kronen (SEK) und Tracker Euro mit der Basiswährung Euro. Neben den Trackern hat XBT weitere ETPs auch auf verschiedene andere Kryptowährungen emittiert. Diese beinhalten das Recht des Anlegers, bei Rückgabe des ETPs sich auch die entsprechende Menge der bezogenen Kryptowährung in seine Wallet ausliefern zu lassen. Dies könnte dann – ähnlich wie bei Xetra Gold – zu einer Steuerfreiheit nach einer Haltedauer von mehr als einem Jahr analog zum Direktinvestment in der entsprechenden Kryptowährung führen.[41] Außerdem partizipieren verschiedene ETPs von XBT auch von Staking-Erlösen. Dann wird die Managementgebühr von 1,5 Prozent von XBT meist auf null Prozent reduziert.[42]

Das umfangreichste Krypto-ETP-Angebot bietet **21Shares.**[43] Der Schweizer Emittent startete vor Jahren unter dem Namen Amun und machte Anfang 2020 ein Rebranding in 21Shares. Es werden viele ETPs auf verschiedene einzelne Kryptowährungen, Short-ETPs sowie ETPs auf verschiedene Baskets gehandelt. Neben der Schweizer Börse SIX werden die ETPs auch an verschiedenen deutschen Börsenplätzen inklusive Xetra gehandelt und sind deshalb für deutsche Anleger problemlos zu kaufen. Alle Produkte sind mit den jeweiligen Coins physisch hinterlegt, die bei einem institutionellen Verwahrer gelagert sind.

Im Gegensatz zu den ETPs auf einzelne Kryptowährungen werden diejenigen auf Krypto-Baskets regelmäßig angepasst. Dabei kann der Basket in jedem Quartal von der Bank Sygnum sowohl im Hinblick auf die enthaltenen Kryptos als auch auf deren Gewichtung neu an die Marktentwicklung angepasst werden (Rebalancing). Dabei werden Faktoren wie die Marktkapitalisierung, das Wachstum des Blockchain-Ökosystems und die Entwickleraktivität berücksichtigt.

Auch die Kryptoprodukte von **WisdomTree Bitcoin ETP** werden neben einigen anderen internationalen Börsenplätzen an verschiedenen Börsen in Deutschland inklusive Xetra notiert.[44] WisdomTree ist einer der größten ETF-Anbieter in den USA und verwaltet ein Vermögen von etwa 40 Milliarden Dollar. Die Verwahrung der Bitcoin erfolgt bei Coinbase Custody. Neben einem Bitcoin- und einem Ethereum-Produkt gibt es auch drei Krypto-Baskets sowie Cardano-, Polkadot- und Solana-ETPs.

Die **ETC Group** wirbt damit, das weltweit erste Bitcoin-ETP mit zentraler Abwicklung (Central Clearing) auf den Markt gebracht zu haben.[45] Außerdem wird herausgestellt, dass es sich bei der Emittentin um die erste in Deutschland ansässige Krypto-Wertpapier-Emittentin handelt. Im Sommer 2020 wurde mit dem **BTCetc (ETC Group Physical Bitcoin)** das erste physisch hinterlegte ETC emittiert, das auch auf Xetra gehandelt wird. Die zu 100 Prozent physisch hinterlegten Bitcoin werden auf einem Sicherheitenkonto eines Treuhänders verwahrt. Zusätzlich sind die gelagerten Bitcoin noch bis zu einem Wert von 100 Millionen Dollar versichert. Die Anleger haben die Möglichkeit einer physischen Auslieferung der Bitcoin. Dies ist wegen der anzunehmenden steuerlichen Gleichstellung mit dem Direktbesitz eine sehr interessante Alternative. Allerdings bleibt der Direktbesitz wegen der Gesamtkosten von zwei Prozent pro Jahr beim ETC weiterhin die etwas günstigere Variante. Trotzdem ist das mittlerweile auf neun Coins (Stand August 2023) ausgeweitete Angebot sehr interessant, da alle ETCs wegen der physischen Lieferbarkeit von dem möglichen Steuervorteil profitieren sollten.

Ein weiterer Anbieter ist **VanEck**, der mehrere ETNs auf einzelne Kryptowährungen sowie Multi-Krypto-ETNs anbietet.[46] Alle ETNs werden an deutschen Börsen gehandelt und sind zu 100 Prozent mit den entsprechenden Kryptowährungen physisch hinterlegt. **Deutsche Digital Assets** (früherer Name Iconic Holding) bietet ebenfalls mehrere Krypto-ETPs mit physischer Lieferbarkeit sowie zwei verschiedene Krypto-Indexfonds an.[47]

7.5.7 Exchange Traded Funds (ETFs)

ETF-Produkte sind wegen des fehlenden Emittentenrisikos für Anleger **erheblich attraktiver als Zertifikate oder ähnliche Produkte wie ETPs**, bei denen der Anleger im Insolvenzfall des Emittenten immer nur eine Gläubigerposition hat. Anders ist das bei ETFs, die als Sondervermögen selbst bei einer Insolvenz des Emittenten geschützt sind. Das Kapital der Anleger in einem ETF wird vom Vermögen der Kapitalverwaltungsgesellschaft getrennt und fällt – im Gegensatz zu den als Inhaberschuldverschreibungen ausgestalteten Zertifikaten – nicht in die Insolvenzmasse. Dies gilt aber nur bei den Full-Replication-ETFs, die den Index 1:1 über das entsprechende Underlying abbilden. Bei den Swap-ETFs gibt es dagegen ein Ausfallrisiko. Dieses ist auf maximal zehn Prozent des Fondsvermögens begrenzt, dem maximalen Swap-Wert des Fondsvermögens.

In den vergangenen Jahren scheiterte die Einführung von ETFs in den USA am Widerstand der amerikanischen Aufsichtsbehörde SEC. Nachdem in Kanada und anderen Ländern Bitcoin-ETFs eingeführt wurden, kam es in den USA im Oktober 2021 zur Genehmigung von Bitcoin-Futures-ETFs durch die SEC. Diese beziehen sich auf den an der CME gehandelten Bitcoin-Futures-Kontrakt. Am 10.01.2024 genehmigte die SEC dann doch die Bitcoin-Spot-ETFs, wodurch der Bitcoin endgültig im Mainstream der Anleger angekommen ist. Dies könnte einen ähnlich positiven Effekt auf den Bitcoin-Preis haben wie die Einführung der Gold-ETFs im Jahr 2003. In Deutschland und Europa scheiterte die Einführung von Bitcoin-ETFs bisher daran, dass in Europa keine ETFs mit nur einem einzigen Asset als Basiswert aufgelegt werden dürfen. Deshalb sind hier eher ETFs zu erwarten, die aus einem Kryptoportfolio bestehen.

7.5.8 Krypto-Indizes

Am Anfang war der Bitcoin. Bis 2013 gab es nur eine Handvoll Altcoins, bevor dann die Zahl durch immer mehr ICOs enorm anschwoll. Mittlerweile befindet sich die Zahl der bei Cryptorank ausgewiesenen Kryptos schon im fünfstelligen Bereich, wovon die meisten völlig nutzlos sind. Für den Anleger ergibt sich deshalb das Problem, wie er vernünftig in ein diversifiziertes Kryptoportfolio investieren soll. Ähnlich wie am Aktienmarkt bieten sich dafür investierbare Indizes in Form von ETFs an. Für Krypto-ETFs gibt es derzeit noch Zulassungsprobleme, sodass derartige Produkte nur als ETPs angeboten werden können.

Ein Krypto-Index kann nach verschiedenen Kriterien aufgebaut sein wie Marktkapitalisierung (wobei dann Stablecoins ausgeschlossen werden), Kursperformance oder Themen (wie DeFi, NFT, Smart Contracts). Die Krypto-Indizes werden regelmäßig, zum Beispiel jeden Monat oder jedes Quartal, an die aktuellen Marktentwicklungen angepasst. So könnte jeden Monat ein Krypto-Index, der die nach Marktkapitalisierung gewichteten Top 20 abbilden soll, entsprechend der jeweiligen Marktveränderungen neu in die Top 20 gekommene gegen aus den Top 20 gefallene Coins austauschen sowie deren Gewichtungen entsprechend der aktuellen Kapitalisierungen anpassen. Welcher Index am geeignetsten ist, hängt von dem Anlagebedürfnis des Investors ab. Letztlich will man mit derartigen Indizes ein diversifiziertes Kryptoportfolio darstellen. Es hat sich gezeigt, dass die meisten Indizes den jeweiligen Marktführern des Segments hinterherhinken. Deutlich zeigt sich das an dem bekannten Bloomberg Galaxy Crypto Index. Dieser soll die Performance der größten Kryptowährungen widerspiegeln und wird monatlich angepasst, wobei die maximal mögliche Gewichtung einer Kryptowährung durch einen Cap von 30 Prozent begrenzt ist.

Investierbare Indexfonds folgen meist einer passiven Anlagestrategie nach bestimmten Algorithmen. Diese passiven Indexfonds haben im traditionellen Finanzsektor die aktiv von Fondsmanagern betreuten Fonds an Bedeutung übertroffen. Im Kryptobereich dürfte sich dieser Trend ebenfalls etablieren. Der erste investierbare und tokenisierte Kryptofonds wurde im Dezember 2017 von Invictus Capital aufgelegt.[48] Der Crypto20 (C20) investiert in die Top 20 der Kryptowährungen nach Marktkapitalisierung (ohne Stablecoins). Die maximale Gewichtung einer Kryptowährung beträgt zehn Prozent. Es findet ein wöchentliches Rebalancing statt. Der C20-Token ist über dezentrale Börsen handelbar. Invictus hat noch andere handelbare Indexfonds wie den Crypto10 Hedged, der in die Top 10 der Kryptowährungen investiert. Er verfolgt zwar auch eine passive Strategie. Aufgrund von datenbasierten Algorithmen kann er aber in Abwärtsbewegungen des Marktes bis zu 100 Prozent auf Cash gehen und ähnelt deshalb mehr einem Kryptofonds als einem investierbaren Krypto-Index.

Ein weiteres Beispiel für einen investierbaren Krypto-Index ist der DeFi Pulse Index, der sich aus einem Korb von wichtigen DeFi-Token zusammensetzt.[49] Der Index ist über den DPI-Token direkt handelbar. Ein automatisiertes Rebalancing gibt es hier nicht, vielmehr wird es vom Emittenten des Token (DeFi Pulse) durchgeführt. Letztlich fungiert der DPI-Token wie Anteile an einem DeFi-Fonds. Durch den Kauf partizipieren die Anleger an der Wertentwicklung des darin enthaltenen Portfolios von DeFi-Token.

7.5.9 Kryptofonds

Bei den Kryptofonds ist zu unterscheiden in indexähnliche und gemanagte Fonds. **Indexähnliche Kryptofonds** bilden einfach nur eine Kryptowährung ab (Single-Asset-Indexfonds). Im Gegensatz zu Aktienfonds in Deutschland, die zum Net Asset Value (NAV) gehandelt werden, werden die Anteile dieser Fonds zum Teil wie Aktien an der Börse gehandelt. Die Preise bestimmen sich dann ausschließlich durch Angebot und Nachfrage. Deshalb kann ein solcher Fonds mit einer *Prämie zum NAV* gehandelt werden, wenn der Börsenpreis höher ist als der NAV pro Anteil. Umgekehrt kann es auch zu *Discounts* kommen, wenn der Börsenpreis niedriger ist als der NAV. Das bekannteste Beispiel ist der 2015 gegründete *Grayscale Bitcoin Trust (GBTC)*. Der Fonds erfreute sich großer Nachfrage institutioneller Investoren und wurde längere Zeit mit einer erheblichen Prämie zum Bitcoin selbst gehandelt. Denn der Preis des Fonds bestimmt sich durch Angebot und Nachfrage nach seinen Anteilen, nicht durch Angebot und Nachfrage nach dem Bitcoin selbst. Neue Anteile am GBTC sind zum öffentlichen Verkauf für sechs Monate gesperrt. Durch die ständig verbesserten Zugangsmöglichkeiten der Investoren in den Kryptomarkt hat sich die Prämie zum NAV der im Fonds enthaltenen Bitcoin-Bestände wieder abgebaut und schlug sogar ins Negative um, wurde also zum Discount.

Die Digital Currency Group (DCG) ist ein Unternehmen im Bereich Venture-Capital, deren Tochtergesellschaften neben anderen auch die im Bereich Kryptomedien und -Research tätige CoinDesk, die im Bereich Kryptohandel, -verleih und -verwahrung tätige Genesis und Grayscale Investments sind. Grayscale Investments hat sich auf die Auflegung und Verwaltung von Fonds für Kryptowährungen spezialisiert, die für institutionelle und akkreditierte Investoren offen sind. Mit ihrem Flagship Fonds Grayscale Bitcoin Trust (GBTC) starteten sie im Jahr 2013 den ersten Kryptofonds, der nur in Bitcoin investiert und seit 2015 auch öffentlich gehandelt ist. Dieser ist mit rund 630.000 Bitcoin (Stand März 2023) der größte Bitcoin-Holder weltweit. Auch der Grayscale Ethereum Trust hat mit rund drei Millionen Ethereum ein enormes Volumen. Daneben hat Grayscale noch verschiedene andere Trusts, die sich auf Altcoins wie Ethereum Classic, Litecoin oder Solana beziehen.

Im Hype 2017 stieg die Prämie des GBTC auf über 120 Prozent an. Erstaunlicherweise erfreute sich der Fonds einer sehr großen Nachfrage durch Institutionelle, obwohl beim Einstieg in den Fonds dadurch bis über 100 Prozent mehr als beim Direkteinstieg in den Bitcoin bezahlt werden musste. Die langfristige Performance war dann auch viel schlechter als beim Direkteinstieg. Im Laufe des Jahres 2021 schlug die Prämie sogar um zu einem Discount, der im weiteren Verlauf immer größer wurde. Dadurch konnte man in den Bitcoin 25 Prozent billiger einsteigen als beim direkten Kauf. Nach dem FTX-Crash erreichte der Discount Werte von fast 50 Prozent, nachdem Genesis alle Auszahlungen gestoppt hatte. Dadurch kamen Zweifel auf, wo das Underlying des GBTC nun tatsächlich ist. Der Lendingdienst Genesis, der wie Grayscale zur Digital Currency Group gehörte, musste schließlich im Januar Insolvenz anmelden. Auf längere Sicht ist beim GBTC aber zu erwarten, dass der Discount sich wieder abbauen wird. Schlagartig könnte das der Fall sein, wenn Grayscale den GBTC in einen ETF umwandeln könnte. Die jahrelangen diesbezüglichen Bemühungen wurden aber bisher von der SEC abgeblockt.

Bei **gemanagten Fonds** ist zu unterscheiden zwischen aktiv gemanagten und algorithmisch gemanagten Fonds. Das Ziel solcher Fonds ist es, die Performance des gesamten Kryptomarktes oder auch eines bestimmten Sektors davon langfristig zu übertreffen. *Aktiv gemanagte Fonds* werden wie im traditionellen Finanzsektor durch Fondsmanager verwaltet. Deren Anlagepolitik ist daher von den subjektiven Meinungen der Fondsmanager abhängig. Es hat sich im Aktienbereich gezeigt, dass die Performance solcher Fonds überwiegend schlechter ist als der Durchschnitt (Index) des Zielmarktes. Im Kryptobereich gibt es noch keine entsprechenden langfristigen Erfahrungswerte. Zudem passen *algorithmisch verwaltete Kryptofonds* besser zum Kryptomarkt. In solchen Fonds erfolgen die Investitionen und Umschichtungen nach bestimmten festgelegten Algorithmen. Diese können beispielsweise vorsehen, dass ein festgelegter prozentualer Anteil in Bitcoin und Ethereum als Basisinvestment angelegt und der restliche Anteil mit den trendstärksten Krypto-Assets bestückt wird. Diese könnten dann regelmäßig ausgetauscht werden, wenn deren Relative Stärke im Vergleich zu anderen unter ein bestimmtes Level gefallen ist.

Ähnlich wie bei exotischeren Aktienfonds sind auch bei Kryptofonds die Gebühren vergleichsweise hoch. So hat der Postera Fund Crpyto I eine Grundgebühr von 1,1 Prozent. Dazu kommen Administrationsgebühren von 0,2 Prozent und eine maximale Verwahrstellengebühr von 0,6 Prozent sowie eine Performance Fee von 20 Prozent, wobei die Hurdle Rate (Renditeschwelle, ab der eine Performancegebühr gezahlt werden muss) bei sechs Prozent liegt. Derartige Fonds wie die von Pantera Capital richten sich bisher nur an professionelle oder semiprofessionelle Anleger mit einem größeren Anlagevolumen.

7.5.10 Krypto-Aktien

Aktien, die sich auf Entwicklungen im Blockchain- und Kryptowährungsbereich beziehen, sind natürlich von der Systematik her keine Krypto-Derivate. Trotzdem sollen sie hier als Anlagealternativen kurz erwähnt werden. So verhält es sich zum Beispiel mit Aktien von Bitcoin-Mining-Farmen ähnlich wie mit Gold zu Goldminen-Aktien. So gibt es Zeiten, in denen Goldminen-Aktien deutlich besser performen als das Gold selbst und umgekehrt. Hier ist aber zu berücksichtigen, dass es bei Goldminen auch immer Spekulationen um neu erschlossene oder zu erschließende Goldminen geht, deren Abbau dann mehr oder minder Geld in die Kassen spielen wird. Beim Bitcoin gibt es in dem Sinne keine noch zu entdeckenden Abbaufelder. Die gesamte Fördermenge ist im Gegensatz zum Gold bekannt. Generell kann man sagen, dass sich Aktien eher weniger für Krypto-Engagements eignen. Denn man wird hier nur indirekt an der Entwicklung von digitalen Assets partizipieren. Eine Direktanlage über Coins in Erfolg versprechende Projekte erscheint hier aussichtsreicher.

Dagegen ist eine Aktie wie Microstrategy, deren Wert sich vom ursprünglichen Geschäftszweck losgelöst hat, tatsächlich eher wie ein Bitcoin-Fonds zu betrachten. Denn der ursprüngliche Geschäftszweck und dessen Erfolg wird hier völlig überlagert von der Kursentwicklung der im Unternehmen gelagerten Bitcoin, deren Wert größer als die Marktkapitalisierung der Aktien ist. Trotzdem erscheint auch hier ein Direkt-Engagement in Bitcoin sinnvoller als ein Kauf der Microstrategy-Aktie. Neben den Aktien von Bitcoin-Minern gibt es auch noch einige andere mit starkem Kryptobezug. So wird mit Coinbase eine der größten Kryptobörsen am Aktienmarkt gehandelt. In Deutschland ist die Bitcoin Group das größte börsennotierte Unternehmen mit Beteiligungen in den Bereichen Kryptowährungen und Blockchain.

7.6 Summary

7.1 Beim Direkthandel von Kryptowährungen wird in Bezug auf den **Handelsplatz** unterschieden in Kryptobörsen und Kryptomakler. Kryptobörsen bringen Angebot und Nachfrage ihrer Kunden direkt zusammen und interagieren mit dem Endkunden. Dagegen sind Kryptomakler Zwischenhändler zwischen der Börse und dem Endkunden.

Beim Kauf von Krypto-Derivaten an traditionellen Wertpapierbörsen entfallen Entscheidungen zur Verwahrung der Krypto-Investments. Dafür gibt es dann ein Emittentenrisiko.

Es gibt zentralisierte (CEX) und dezentralisierte (DEX) Handelsplätze.

Neben **Direktinvestments** in Kryptowährungen gibt es **indirekte Investments** über Krypto-Derivate.

Bei den **Handelsformen** unterscheidet man den Spotmarkt (Kassamarkt) und den Terminmarkt mit Futures und Optionen, bei dem die Kontrakte gegenüber den Basiswerten einen Hebel aufweisen. Auch im Margin-Handel kann mit Hebel gehandelt werden.

7.2 Belässt ein Nutzer seine bei einer **zentralisierten Kryptobörse** gekauften Coins, verletzt er das Prinzip „Not your keys, not your coins". Er unterliegt dann einem Kontrahentenrisiko, wenn die Börse insolvent oder gehackt wird. Der Proof of Reserve vieler Kryptobörsen soll für mehr Transparenz sorgen.

Die Auswahlkriterien für Kryptobörsen können je nach dem individuellen Anlageverhalten des Nutzers unterschiedlich gewichtet werden.

Aus verschiedenen Gründen kann es Sinn machen, Konten bei mehreren Kryptobörsen zu unterhalten.

7.3 **Handelsplattformen in Deutschland** punkten mit ihrer größeren Sicherheit. Cash-Einlagen in Fiatwährung unterliegen der deutschen Einlagensicherung. Die Kryptoverwahrung wird durch von den Plattformen getrennten Verwahrgesellschaften übernommen. Für den Rundum-sorglos-Service entstehen aber deutliche höhere Gebühren als an den Kryptobörsen. Im Einzelfall können Rechte aus den Coins beschnitten sein, so bei Airdrops. Manchmal sind auch die Coins nicht auf eigene Wallets übertragbar.

Die Plattformen eignen sich auch als On-Ramp- und Off-Ramp-Alternativen.

Die Kostentransparenz lässt bei den meisten Plattformen zu wünschen übrig.

7.4 **Dezentralisierte Kryptobörsen (DEXes)** sind weitgehend unreguliert. Die Nutzer müssen für den Handel dort kein Konto eröffnen, sondern handeln direkt aus ihren Wallets heraus.

Das Kontrahentenrisiko ist bei DEXes geringer als bei den zentralisierten Kryptobörsen. Allerdings ist auch die Liquidität bei den DEXes geringer.

7.5 Durch **Krypto-Derivate** partizipiert der Anleger an der Kursentwicklung von Kryptowährungen, besitzt diese aber nicht direkt. Damit können in Deutschland steuerliche Nachteile verbunden sein.

Der Futures-Handel an der regulierten amerikanischen Terminbörse CME zieht vor allem institutionelle Anleger an, die an unregulierten Kryptobörsen meist nicht agieren dürfen.

Neben CFDs auf Krypto-Assets gibt es auch eine wachsende Zahl von ETPs, die in Deutschland börsengehandelt werden. Diese sind rechtlich Schuldverschreibungen und unterliegen daher dem Emittentenrisiko.

Wegen des Bonitätsrisikos der Betreiber der Kryptobörsen haben die Anleger beim Handel und insbesondere bei der Verwahrung ihrer Coins dort ein Kontrahentenrisiko, wenn die Börse insolvent wird.

Krypto-ETPs mit physischer Lieferbarkeit der Krypto-Assets könnten steuerlich ähnlich behandelt werden wie Xetra-Gold.

ETFs auf Kryptowährungen wurden bisher in Deutschland noch nicht genehmigt. Diese hätten Vorteile im Insolvenzfall des Emittenten, da die eingelagerten Werte als Sondervermögen geschützt sind.

Im Gegensatz zu den Kryptobörsen gibt es bei den Krypto-Derivaten nur begrenzte Handelszeiten und keinen 24/7-Handel. Auch sonst sind Einschränkungen wie Handelsunterbrechungen bei Krypto-Derivaten möglich. Im Direkthandel an den Kryptobörsen kann es solche Unterbrechungen allerdings durch Systemausfälle ebenfalls geben.

Derivate sind grundsätzlich mit höheren Kosten belastet als die jeweiligen Basisinstrumente.

Krypto-Aktien sind suboptimal, wenn ein Anleger damit auf den Kursanstieg einer oder mehrerer Kryptowährungen setzen will.

8 HANDEL MIT KRYPTOWÄHRUNGEN

8.1 Orderbuch

Die Angebots- und Nachfragesituation an den Kryptobörsen ist durch das für jedermann offene **Orderbuch** transparent. Die wichtigsten Spalten im Orderbuch sind die Bid- und Ask-Preise mit den zugehörigen Volumina. Die verfügbaren Volumina werden einmal für den jeweiligen Kurs gezeigt. Es werden aber auch die kumulierten Volumina in einer separaten Spalte angezeigt. Diese gibt die kumuliert ausführbare Stückzahl bis zu dem entsprechenden Kurs an. Die grün angezeigten *Geldkurse (Bid Prices, Bids)* sind die Kaufangebote. Sie zeigen die von allen Marktteilnehmern eingegebenen Kauflimits mit den dazugehörigen Volumina und damit die Preise, die diese für eine bestimmte Stückzahl der Kryptowährung maximal bezahlen wollen. Die Gesamtheit dieser Geldkurse spiegelt also die Nachfrage nach einer Kryptowährung wider. Bei den rot angezeigten *Briefkursen (Ask Prices, Asks)* werden die Verkaufsangebote aufgeführt. Diese resultieren aus den von allen Marktteilnehmern eingegebenen Verkaufslimits mit den dazugehörigen Volumina und damit den Preisen, die diese für die jeweils angebotene Stückzahl der Kryptowährung minimal erzielen wollen. Die Gesamtheit dieser Briefkurse zeigt also das Angebot in einer Kryptowährung. Wollen verschiedene Marktteilnehmer zu den gleichen Bid- oder Ask-Kursen kaufen oder verkaufen, so werden deren nachgefragte oder angebotene Volumina bei dem entsprechenden Kurs kumuliert angezeigt. Allerdings werden diese Orders dann ähnlich wie bei Xetra nach Zeitpriorität abgearbeitet. Das heißt, die Order mit dem gleichen Preis wie andere, die zuerst eingestellt wurde, wird auch zuerst abgearbeitet, wenn ein entsprechendes Gegenangebot vorliegt. Werden die Bid- und Ask-Kurse auf der Bildschirmoberfläche untereinander angezeigt, dann steht auf der Bid-Seite das höchste Kaufangebot ganz oben und auf der Ask-Seite das höchste Verkaufsangebot ganz unten. Bei anderen Plattformen werden die beiden Seiten auch nebeneinander dargestellt. Dann stehen sowohl das höchste Kaufangebot wie das niedrigste Verkaufsangebot ganz oben. Der Unterschied zwischen dem höchsten Kaufangebot (höchsten Geldkurs) und dem niedrigsten Verkaufsangebot (niedrigsten Briefkurs) definiert den **Bid-Ask-Spread**.

Neben den Spalten mit den Bid- und Ask-Kursen gibt es eine weitere Spalte mit den tatsächlich ausgeführten Umsätzen. Dort werden alle *Trades* mit Ausführungskurs, ausgeführter Stückzahl und Uhrzeit der Ausführung angezeigt. Neben diesen Spalten wird noch der *Chart* der Kryptowährung mit den Umsätzen dargestellt.

Beim Orderbuch ist es rund um die Uhr an allen sieben Tagen der Woche möglich, die Angebots- und Nachfragepreise mit den zugehörigen Stückzahlen einzusehen. Alle an die Börse geleiteten Orders aller Marktteilnehmer finden sich im Orderbuch wieder. Will man sich vor Erteilung einer Order einen Überblick über die aktuelle Marktsituation machen, ist daher der erste Schritt die Einsicht in das Orderbuch. Man kann dort häufig erkennen, ob am Markt eher Angebots- oder Nachfragedruck herrscht. Meist stellen die Kryptobörsen die kumulierten Angebots- und Nachfragevolumina auch grafisch dar.

Ein Blick in das Orderbuch einer Kryptobörse für einen bestimmten Coin gibt schnell einen Eindruck der auf dem aktuellen Preisniveau vorhandenen Liquidität. Wichtig ist dabei ein Blick in die Spalte mit dem kumulierten Volumen (Total Quantity), das sich bei einem bestimmten Preis ergibt. So kann der Spread zwar zunächst als sehr gering erscheinen. Wenn die jeweiligen Stückzahlen aber bei den niedrigsten Verkaufsangeboten und/oder den höchsten Kaufangeboten sehr gering sind, hat der Spread wenig Aussagekraft. Es können bei der Total Quantity oder auch in der grafischen Darstellung leicht **Buy oder Sell Walls** erkannt werden. Solche Buy und Sell Walls können sich dann als Unterstützungs- oder Widerstandsbereiche (Support/Resistance Levels) auswirken. Buy und Sell Walls können dazu führen, dass die Liquidität sehr unterschiedlich sein kann, je nachdem, ob man auf der Käufer- oder Verkäuferseite steht. Die Buy und Sell Walls können sowohl durch die Order eines einzelnen Marktteilnehmers entstehen wie durch viele Orders verschiedener Marktteilnehmer.

8.2 Ordertypen

8.2.1 Market- versus Limit-Orders und Quote-Orders

Grundsätzlich sieht sich ein Trader **zwei Order-Risiken** gegenüber: Preisrisiko und Ausführungsrisiko. Das *Preisrisiko* beschreibt die Gefahr, dass die Order die Preise bewegt und die Ausführung aufgrund von Slippage zu ungünstigeren Preisen erfolgt als vom Trader erwartet. Das *Ausführungsrisiko* bezieht sich auf eine mögliche Nicht-

oder Teilausführung der Order, wenn die vom Trader gewünschten Preise nicht von Gegenangeboten des Marktes bedient werden. Deshalb gibt es sowohl an den Aktien- wie den Kryptobörsen mit der Market- und der Limit-Order zwei grundsätzlich verschiedene Ordertypen. Daneben gibt es für diese beiden Ordertypen noch einige andere Ordertypen und zusätzliche Orderoptionen, die in den nächsten Kapiteln behandelt werden und nicht bei allen Kryptobörsen verfügbar sind

Bei einer **Market-Order** leitet der Anleger seinen Auftrag an die Kryptobörse weiter, eine bestimmte Menge einer Kryptowährung sofort zum bestmöglichen Kurs zu kaufen oder zu verkaufen. Das Preisrisiko ist hier am höchsten, das Ausführungsrisiko am geringsten. Bei einem **Kauf** bedeutet bestmöglich, *sofort zu den tiefstmöglichen Kursen (billigst)* zu kaufen. Dabei kann es häufig sein, dass die Order zu verschiedenen Kursen ausgeführt wird, wenn zum tiefsten an der Börse angebotenen Briefkurs nur eine Teilmenge der vom Käufer gewünschten Stückzahl ausführbar ist. Dann kommt sofort der nächsttiefe Kurs zur Ausführung und so weiter, bis die nachgefragte Stückzahl komplett ausgeführt ist. Bei einem **Verkauf** will der Anleger *sofort zu den höchstmöglichen Kursen (bestens)* verkaufen. Dann wird zum höchsten im Orderbuch stehenden Geldkurs verkauft. Kann die gewünschte Stückzahl dabei nicht erreicht werden, kommt anschließend sofort der nächsthöchste Kurs im Orderbuch zur Ausführung und so weiter, bis die zum Verkauf angebotene Stückzahl komplett ausgeführt ist. Die Market-Orders werden also in der Reihenfolge der im Orderbuch stehenden Limit-Orders abgearbeitet.

Bei einer **Limit-Order** leitet der Anleger einen Auftrag mit einem festgelegten Preislimit an die Börse. Hier ist das Preisrisiko am geringsten, dafür das Ausführungsrisiko am höchsten. Dieses Preislimit bestimmt bei einem Kaufauftrag den *Höchstpreis*, zu dem der Anleger kaufen will. Bei einer Verkaufsorder bestimmt das Limit den *Mindestpreis*, den er beim Verkauf erzielen will. Dabei werden die Preislimits regelmäßig bei einem Kaufauftrag unter dem aktuellen Marktpreis und bei einem Verkaufsauftrag über dem aktuellen Marktpreis festgelegt. Allerdings könnte das Limit auch auf oder über/unter dem aktuellen Marktpreis gelegt werden, wenn der Anleger ähnlich wie bei einer Market-Order möglichst eine sofortige Ausführung will, aber trotzdem nicht zu jedem Preis kaufen oder verkaufen will. Während eine Market-Order regelmäßig immer ausgeführt wird, ist das bei einer Limit-Order ungewiss. Eine Limit-Order wird auch oft nur teilweise ausgeführt, wenn die Gegenseite nur eine kleinere Stückzahl kaufen oder verkaufen will. Auch wenn sie komplett ausgeführt wird, kann dies durch mehrere Teilausführungen erfolgen.

Beide Ordertypen haben **Vor- und Nachteile**. Market-Orders können in sehr liquiden Märkten Sinn machen, wenn man auf jeden Fall schnellstmöglich kaufen oder verkaufen will. Denn es kommt nicht selten zu großen Kursveränderungen an den Kryptomärkten innerhalb kürzester Zeit. Mit Limit-Orders würde man in solchen

Fällen dem Markt hinterherrennen, oft ohne dass es zu einer Ausführung kommt. Market-Orders werden im Gegensatz zu Limit-Orders immer und auch mit der vollen Stückzahl ausgeführt.[1] Andererseits läuft man mit Market-Orders aber Gefahr, sehr ungünstige Ausführungskurse zu bekommen. Es kommt bei Kryptowährungen manchmal in Minuten- oder sogar Sekundenschnelle zu Spikes, also sehr großen Kursausschlägen, die kurze Zeit später ganz oder teilweise wieder egalisiert sein können.[2] Der Ausführungskurs beim Erteilen einer Market-Order kann sich in Sekundenschnelle von dem zuletzt gehandelten oder den im Orderbuch angezeigten Kursen ändern, wobei es häufig zu sprunghaften Veränderungen kommen kann. Diesen Effekt nennt man **Slippage**, der durch die Liquidität des Coins und die Marktvolatilität hervorgerufen wird.[3] Die Wahrscheinlichkeit dieser Preissprünge ist bei geringer kapitalisierten Coins größer als bei hoch kapitalisierten Coins, obwohl man Spikes auch vom Bitcoin kennt. Von daher werden die meisten Trader mit Limit-Orders arbeiten, bei denen natürlich immer die Gefahr besteht, dass sie nie ausgeführt werden.

Neben diesen beiden an den Kryptobörsen üblichen Grundtypen gibt es noch **Quote-Orders**. Diese kennt man auch vom Derivatebereich an den Wertpapierbörsen. Dort kann im Direkthandel beim Derivate-Emittenten für eine gewünschte Stückzahl der aktuelle Kurs von einem Zertifikat oder Optionsschein abgefragt werden, der dann wenige Sekunden Bestand hat und gehandelt werden kann. Ähnlich ist das auch auf Kryptoplattformen wie Bison, die ja keine Kryptobörse mit einem offenen Orderbuch sind. Dort kann der aktuelle Kauf- oder Verkaufskurs über die App angefragt werden und durch Bestätigung die Transaktion ausgeführt werden. Allerdings wird dort im Gegensatz zum Derivatehandel, bei dem Geld- und Briefkurs gleichzeitig angezeigt werden, immer nur ein Kurs angezeigt, je nachdem ob der Kurs für einen Kauf oder Verkauf angefragt wird.

8.2.2 Take-Profit-Orders

Take-Profit-Orders kommen einer Limit-Order sehr nahe. Auch hier gibt es wieder die Buy- und Sell-Variante. Bei einer Kauforder wird der Preis unter dem höchsten Geldkurs liegen, bei einem Verkauf über dem niedrigsten Briefkurs. Wird dieser Kurs erreicht, wird eine Market-Order ausgelöst, also zu den dann nächstmöglichen Preisen gekauft oder verkauft. Der Vorteil von Take-Profit-Orders im Vergleich zu normalen Limit-Orders ist, dass durch das Auslösen einer Market-Order bei Erreichen eine komplette Ausführung der Order regelmäßig gewährleistet ist. Auch bei dieser Order gibt es noch als Unterform die **Take-Profit-Limit-Order**. Dann wird bei Erreichen des Take-Profit-Levels in der Buy-Variante eine limitierte Kauforder und in der Sell-Variante eine limitierte Verkaufsorder ausgelöst. Take-Profit-Orders sind wie Stop-Orders **nicht im Orderbuch ersichtlich**.

8.2.3 Stop-Orders und Stop-Limit-Orders

Mit einer **Stop-Order** soll das Risiko begrenzt werden, wenn der Markt gegen die eigenen Erwartungen läuft. Bei Erreichen des Stop-Limits wird ein Verkauf oder Kauf ausgelöst. Bei normalen Stop-Orders wird dabei sofort eine *Market-Order* ausgelöst, die Position also zu den nächstmöglichen Kursen verkauft oder gekauft. Ist das nicht gewünscht, so kann man eine **Stop-Limit-Order** festlegen. Dann wird nach Erreichen des Stop-Limits sofort die festgelegte *Limit-Order* in den Markt eingestellt. Das dort festgelegte Limit kann dabei der gleiche Kurs sein wie das Stop-Limit oder darüber oder darunter liegen. Im Gegensatz zu Limit-Orders sind Stop-Orders **im Orderbuch nicht ersichtlich**. Bei Stop-Limit-Orders ist erst die Limit-Order nach Erreichen des Stop-Limits im Orderbuch zu sehen.

Stop-Orders werden vor allem für Verlustbegrenzungen und Gewinnsicherungen verwendet. Meist werden diese **Stop-Sell-Orders** als **Stop-Loss-Orders** bezeichnet. Mit ihnen soll das maximale Verlustrisiko von vornherein begrenzt werden. Sie geben dadurch ein Gefühl der Sicherheit. Allerdings ist eine Stop-Loss-Order nur ein Unterbegriff einer Stop-Sell-Order (die wiederum häufig einfach nur als **Stop-Order** bezeichnet wird). Denn ein Stop-Limit kann natürlich auch gesetzt werden, wenn die Position im Gewinn ist und dadurch Gewinne gesichert werden sollen. Das Stop-Limit liegt immer unter dem aktuellen Kurs und könnte bei bestimmten als wichtig angesehenen Kursmarken gelegt werden. Oder es wird unabhängig davon einfach absolut oder prozentual mit einem bestimmten Betrag unter dem aktuellen Kurs festgesetzt. Sobald der Kurs unter dieses festgelegte Limit fällt, wird die Kryptowährung verkauft. Allerdings muss man genauer sagen, es wird bei Erreichen des Stop-Limits eine unlimitierte Verkaufsorder (bestens) ausgelöst. Ob das Asset dann verkauft wird, hängt zunächst einmal davon ab, ob es Kaufnachfrage gibt. Denn eine Verkaufsorder kann nur erfüllt werden, wenn es auf der Gegenseite auch einen entsprechenden Kaufauftrag gibt. Dies wird regelmäßig der Fall sein. Zum anderen wird die Order dann wie jede andere Market-Order zu den nach Erreichen des Stop-Limits höchsten vorliegenden Kaufangeboten ausgeführt. Deshalb kann der Ausführungskurs einer Stop-Order im günstigen Fall über dem Stop-Limit und im ungünstigen Fall wegen der oben angesprochenen Slippage auch deutlich darunter liegen. Denn entscheidend wird immer der nächste Umsatz sein, der nach Erreichen des Stop-Limits gehandelt wird. Bei einer **Stop-Limit-Sell-Order** wird statt einer Market-Order dann die festgelegte limitierte Verkaufsorder eingestellt. Im Gegensatz zur Stop-Sell-Order ist dann das Ausführungsrisiko entsprechend größer,

Eine **Stop-Buy-Order** wird oft bei einer Aufwärtsbewegung gelegt, wenn eine bestimmte höher gelegene Schwelle als signifikanter Indikator für weitere Kursgewinne gilt. Bekannte Beispiele für derartige signifikante Kursschwellen sind alte Höchstkurse oder runde Kursmarken wie ein Euro oder zehn Euro. Zum Zeitpunkt der Ordererteilung will man mit der Stop-Buy-Order erst das Erreichen dieser Kursmarken abwarten, um dann automatisch eine Market-Order zum Kauf einzustellen und zu kaufen. Ausgeführt wird die Order dann zum nächsten oder – wenn das dort angebotene Volumen zum Kauf nicht ausreicht – zu den nächsten Kursen im Orderbuch. Mit der Market-Order nach Erreichen des Stops sind dann wieder die gleichen Problematiken verbunden wie bei der Stop-Sell-Order. Die Ausführungskurse können dann zwar auch unter dem Stoppkurs liegen, werden aber meist darüber sein. Die Gefahr ist groß, dass es beim Erreichen einer von vielen Anlegern als wichtig eingestuften Schwelle zu einem Kurssprung nach oben kommt und die Stop-Buy-Order dann erst zu höheren Preisen ausgeführt wird. Dem kann wiederum mit einer **Stop-Limit-Buy-Order** entgegengewirkt werden. Dann wird nach Erreichen des Stop-Limits die festgelegte limitierte Kauforder ausgelöst. Dieser Ordertyp erhöht wieder das Ausführungsrisiko.

8.2.4 Trailing-Stop-Orders

Die normale Stop-Loss-Order ist statisch, der festgesetzte Preis bewegt sich nicht. Bei Märkten mit starken Bewegungen wie den Kryptomärkten können deshalb auch dynamische Stop-Orders sinnvoll sein. Eine **Trailing-Stop-Buy-Order** entspricht einer Stop-Buy-Order, bei der aber der Stoppkurs bei fallenden Kursen nach unten mitläuft. Erst bei steigenden Kursen bleibt er auf seinem letzten Stand stehen. Dabei wird dieser Abstand mit einem bestimmten absoluten oder prozentualen Betrag über dem aktuellen Kurs festgelegt. Dieser Abstand wird bei fallenden Kursen beibehalten. Dreht der Preis dann nach oben, bleibt das letzte festgestellte Stop-Buy-Limit bestehen.

Bei einer **Trailing-Stop-Sell-Order** wird der mit einem bestimmten Abstand unter den aktuellen Kursen festgelegte Stoppkurs entsprechend bei steigenden Kursen immer weiter nach oben nachgezogen. Fällt der Kurs dann, bleibt das Stop-Limit wieder auf dem letzten Stand stehen.

Eine Trailing-Stop-Order könnte gelegt werden, wenn man

- bei einer Sell-Order weiter an einen steigenden Markt glaubt, aber bei einer Trendumkehr trotzdem die Gewinne sichern oder die Verluste begrenzen will
- bei einer Buy-Order weiter an einen fallenden Markt glaubt, bei einer Trendumkehr aber einsteigen will.

Wenn das Stop-Limit erreicht wird, löst das eine entsprechende Market-Order aus. Von daher kann der Ausführungspreis dann über oder unter dem Stop-Limit liegen.

Um das zu vermeiden, könnte man auch **Trailing-Stop-Limit-Orders** legen. Dabei wird nach Erreichen des Stop-Limits eine Limit-Order ausgelöst wie bei den normalen Stop-Limit-Orders.

8.2.5 Conditional Orders (bedingte Orders)

Bei einer **One-cancels-the-other Order (OCO-Order)** werden eine Stop- und eine Limit-Order kombiniert. Dadurch kann einerseits eine *Limit-Order zur Gewinnrealisierung und gleichzeitig eine Stop-Order zur Verlustbegrenzung* gesetzt werden. Kommt es zu einer Ausführung, wird der jeweils verbleibende Teil der Order gestrichen. Bei einer *OCO-Kauforder* wird ein über dem aktuellen Kurs liegendes Stop-Buy-Limit zusammen mit einem unter dem aktuellen Kurs liegenden Kauflimit gelegt. Steigt der Kurs und das Stop-Buy-Limit wird erreicht, kommt es zum Kauf und das tiefere Kauflimit wird gelöscht. Fällt der Kurs nach Auftragserteilung und wird das tiefere Kauflimit erreicht, wird nach dem Kauf sofort das Stop-Buy-Limit gelöscht.

Bei einer *OCO-Verkaufsorder* wird ein unter dem aktuellen Kurs liegendes Stop-Sell-Limit zusammen mit einem über dem aktuellen Kurs liegenden Verkaufslimit gelegt. Auch hier wird wie bei der OCO-Kauforder nach Ausführung des Verkaufs der jeweilige andere Teil der Order gelöscht.

Bei einer **One-cancels-all-Order (OCA-Order)** können drei oder mehr unterschiedliche Orders in der Weise verknüpft werden, dass bei Ausführung einer Order automatisch alle damit verknüpften Orders gelöscht werden. Dabei müssen die Orders nicht wie bei einer OCO-Order miteinander in Verbindung stehen.

Bei einer **One-sends-the-other-Order (OSO-Order)** wird bei Ausführung der Order sofort eine zweite Order aktiviert. Dieser Ordertyp wird noch kaum angeboten, wäre aber für Trader sehr interessant. Denn er erlaubt, dass eine Order nach Ausführung eine völlig neue Order auslöst. So könnte ein Kauflimit nach Ausführung sofort ein Verkaufslimit der gleichen Position auslösen. Aufgrund der manchmal sehr großen Kursschwankungen der Coins könnte so ein Abstauberlimit gelegt werden. Bei Ausführung würde dann automatisch ein höheres Verkaufslimit in den Markt gelegt oder auch ein Stop-Loss-Limit.

8.2.6 Festlegung weiterer Orderoptionen

Mit bestimmten zusätzlichen Angaben können die Ausführungsbedingungen (Trigger Conditions) einer Order weiter eingeengt werden. So wird eine **Fill-or-Kill-Order (FOK-Order)** eingegeben, wenn der Händler bei einem Limitauftrag entweder eine vollständige Ausführung des Auftrags wünscht oder, wenn das nicht möglich ist, eine Löschung des Auftrags. Diese Orderoption wird auch als **All-or-None-Order (AON-**

Order) bezeichnet. Diese kann vor allem bei Käufen manchmal sinnvoll sein, wenn der Kauf einer geringen Stückzahl vermieden werden soll.

Eine **Immediate-or-Cancel-Order (IOC-Order)** muss sofort ausgeführt werden, wenn sie auf den Markt kommt. Dabei darf auch nur ein Teil der Gesamtorder ausgeführt werden. Die nicht ausgeführte Stückzahl wird dann sofort gelöscht und so wieder vom Markt genommen. Der Sinn einer solchen Order wird meist sein, durch die Löschung des Rests weniger Marktdruck zu erzeugen.

Sehr interessant beim Kauf oder Verkauf größerer Positionen sind die auch vom Aktienmarkt bekannten **Iceberg** oder **Hidden Orders**. Dabei wird die Gesamtmenge des Auftrags in verschiedene gleich große und deutlich kleinere Teilmengen geteilt. Dadurch wird nur ein kleiner Teil des Kauf- oder Verkaufsauftrags am Markt sichtbar und vermindert einen unerwünschten Marktdruck. Ins Orderbuch wird dann immer nur die Teilmenge eingestellt und dadurch quasi nur die Spitze des Eisbergs sichtbar. Sobald eine Teilmenge komplett ausgeführt ist, wird sofort die nächste Teilmenge zum gleichen Preis in das Orderbuch aufgenommen. Dieses Procedere erfolgt so lange, bis alle Teilmengen und damit die Gesamtmenge des Auftrags ausgeführt sind.

Von den Aktienmärkten kennt man verschiedene Orderzusätze, die die **Laufzeit einer Limit-Order** bestimmen. So kann diese tagesgültig (Good for Day, GFD) sein und läuft dann mit Ende des Handelstages aus. Daneben kann das Orderende bis zu einem bestimmten Handelstag (Good till Date, GTD) festgelegt werden und läuft dann mit diesem aus. Schließlich gibt es auch unbefristete Aufträge (Good till cancelled, GTC). Dann läuft die Limit-Order so lange, bis sie entweder ausgeführt oder gelöscht wird. Da die Kryptomärkte rund um die Uhr in verschiedenen Zeitzonen laufen, wäre eine tagesgültige Order nicht so trivial wie eine an der Deutschen Börse. Deswegen laufen die an den Kryptobörsen eingestellten Orders grundsätzlich immer *unbefristet (Good till cancelled)*. Will man das nicht, kann man ein bestimmtes Ablaufdatum und sogar die Uhrzeit eingeben. Diese Orderoption heißt *Time in Force (TIF)*.

8.3 Probleme und Kosten bei Handelsplattformen

8.3.1 Transferprobleme

Übertragungen von Kryptowährungen zwischen verschiedenen Kryptobörsen konnten vor allem in der Boomphase 2017/18 sehr lange dauern. Auch in anderen Phasen sehr starker Umsatztätigkeit konnte es hier immer wieder zu Verzögerungen kommen. Diese haben aber weniger mit der Handelsplattform als mit der jeweiligen Blockchain zu tun. Denn für gültige Transaktionen braucht es immer Bestätigungen im Netzwerk, die je nach dessen Auslastung mehr oder weniger Zeit brauchen.

Ein großes Problem war und ist es teilweise immer noch, **Fiatgeld** zu und von den Kryptobörsen zu überweisen. So bietet Bitfinex zwar SEPA-Überweisungen und sogar Express-Überweisungen an. Jedoch gab es hier in der Vergangenheit bei Rücküberweisungen von Bitfinex auf das eigene Bankkonto Probleme, die im Jahr 2019 nicht oder stark verzögert ausgeführt wurden. Die größte Kryptobörse Binance hatte SEPA-Überweisungen als Möglichkeit der Ein- und Auszahlungen auf das Konto im Angebot. Im Jahr 2021 wurde dieser Zahlungsweg dann plötzlich über Monate hinweg ausgesetzt, sodass die Kunden sich anderweitig behelfen mussten. Einen Schutz vor diesen Transferproblemen gibt es grundsätzlich nicht. Hier können Konten bei verschiedenen Kryptobörsen helfen. Dann könnte durch Überweisung einer Kryptowährung wie Tether auf eine andere Kryptobörse, von der Banküberweisungen möglich sind, über diesen Umweg doch eine Abhebung möglich sein. Analog wäre das, wenn man bei Binance einzahlen will, über eine Überweisung einer Kryptowährung von einer anderen Kryptobörse zu Binance möglich.

8.3.2 Transaktionskosten

Transaktionskosten sollen hier definiert werden als *Kosten im Zusammenhang mit An- oder Verkauf von Kryptowährungen sowie deren Übertragungen auf andere Konten (Wallets)*. Diese können die Rendite eines Investments entscheidend beeinflussen. Unter die Transaktionskosten werden subsumiert

- die von der Handelsplattform in Rechnung gestellten **Kauf- und Verkaufsgebühren (Trading Fees)**
- der **Spread zwischen An- und Verkaufspreisen** (Geld- und Briefkursen) der jeweiligen Kryptowährungen
- **Ordergebühren**, die aber bei Kryptobörsen unüblich sind
- **Depotgebühren** für die Verwahrung der Kryptowährungen, die bei Kryptobörsen ebenfalls nicht erhoben werden
- die **Übertragungskosten** für Coins von einer Wallet auf eine andere.

Während die Kosten bei den Kauf- und Verkaufsgebühren und bei den Übertragungskosten offensichtlich sind, kann man beim Spread eher von verdeckten Kosten sprechen. So kann eine Kryptobörse zwar sehr kleine oder gar keine Transaktionsgebühren erheben und so als sehr günstig erscheinen. Hat sie gleichzeitig aber deutlich größere Spreads als andere Kryptobörsen mit höheren Transaktionsgebühren, so kann sich diese scheinbar günstige Kryptobörse dann als sehr teuer erweisen. Im Gegensatz zu

Handelsplattformen wie Bison, die die Spreads selbst festlegen, kommen die Spreads an den Kryptobörsen meist ausschließlich durch die eingestellten Orders aller Marktteilnehmer zustande.[4] Kleinere Börsen mit weniger Liquidität können hier häufig deutlich größere Spreads haben. Insbesondere bei weniger liquiden Coins macht es deshalb Sinn, diese möglichst bei der Börse mit den kleinsten Spreads zu handeln. Aber selbst beim Bitcoin können die Unterschiede nicht unerheblich sein.

Bei den Kauf- und Verkaufsgebühren können Börsen zusätzlich auch verschiedene Abschläge gewähren. So werden sehr aktive Kunden mit hohem Umsatzvolumen belohnt mit niedrigeren prozentualen Gebühren. Außerdem gibt es teilweise Nachlässe, wenn Kunden den eigenen Exchange Token der jeweiligen Börse zur Bezahlung der Trading Fees benutzen.

Die **Relevanz der Transaktionskosten** in Bezug auf die erzielte Rendite ist abhängig von der Anlagestrategie. Bei einem langfristig angelegten Investment wird die Rendite nur minimal beeinflusst. Insbesondere bei einem Asset mit sehr großen Kursbewegungen wie den Kryptowährungen fallen die Transaktionskosten dann kaum ins Gewicht. Anders sieht das aus, wenn ein kurzfristiger Trading-Ansatz verfolgt wird, der auf kleinere Kursschwankungen setzt. Extreme Relevanz haben die Kosten beim Day-Trading, das meist sehr geringe Kursschwankungen auszunutzen versucht. Dann macht es schon einen großen Unterschied, ob die Kauf- und Verkaufsgebühren 0,1 Prozent, 0,5 Prozent oder 1,5 Prozent betragen.

8.3.3 Initialisierungs- und Finalisierungskosten

Als **Initialisierungskosten** werden hier *Kosten im Zusammenhang mit dem erstmaligen Übertrag von Fiatgeld (also Euro oder Dollar) auf eine Kryptoplattform* bezeichnet. Problematisch und auch teuer kann es sein, überhaupt mit dem Kryptohandel starten zu können. Denn hat man noch keine Kryptowährungen wie Bitcoin zur Verfügung, muss man zunächst einmal Fiatgeld (also zum Beispiel Euro oder Dollar) an eine Kryptohandelsplattform überweisen. Vielfach ist es so, dass das bei vielen dieser Handelsplattformen gar nicht möglich ist. Kryptobörsen, bei denen zum Beispiel eine SEPA-Überweisung angeboten wird, verlangen für deren Eingang normalerweise keine zusätzlichen Kosten. Ist bei der Börse keine SEPA-Überweisung möglich, kann man auch mit einer Kreditkarte Geld übertragen. Dies ist allerdings recht kostspielig.

Als **Finalisierungskosten** werden hier *Kosten im Zusammenhang mit der Rücküberweisung von Fiatgeld auf ein normales Bankkonto* bezeichnet. Im Gegensatz zu den Initialisierungskosten können diese beträchtlich sein. Deswegen sollten Anleger diese von vornherein mit ins Kalkül ziehen. Denn ob und wann Kryptowährungen wirklich vernünftig als Zahlungsmittel verwendet werden können, ist noch unklar. Daher werden Erlöse aus Kryptoverkäufen erst wieder in die traditionelle Bankumgebung transferiert, um von dort aus dann für Anschaffungen oder andere Investitionen verwendet zu werden.

8.3.4 Probleme durch Verbindungs- und Handelsunterbrechungen

Im Hype zum Jahreswechsel 2017/18 gab es häufig Probleme beim Login. Das kann sehr ärgerlich sein, wenn man kaufen oder verkaufen will. So hat es bei BitMEX immer wieder derartige Probleme gegeben, wenn die Kurse stark ansteigen oder einbrechen. Auch kam es bei BitMEX schon mehrfach zu Handelsunterbrechungen bei sehr starken Kursschwankungen. In diesem Zusammenhang wurden diverse Vorwürfe wegen möglicher Kursmanipulationen laut. Da BitMEX sehr hohe Hebel anbietet, können sich derartige Handelsunterbrechungen für den Trader in kürzester Zeit fatal auswirken. Allerdings gab es auch bei anderen Kryptobörsen temporäre Handelsunterbrechungen. Von daher ist die Stabilität und Konstanz der Kryptoplattform nicht unwesentlich.

8.4 Slippage

Von **Slippage (Schwund)** spricht man, wenn eine Order zu einem anderen als vom Trader erwarteten Preis ausgeführt wird. Slippage (manchmal auch **Gapping** genannt) kann sowohl bei Kauf- wie bei Verkaufsorders und sowohl bei Market-Orders wie auch bei Limit-Orders auftreten. So könnte auf Basis des aktuellen Orderbuchs bei einer Market-Order der Durchschnittspreis bei einem Kauf kleiner, bei einem Verkauf größer sein als dann bei der tatsächlichen Ausführung. Bei Slippage kommt es *genau zum Zeitpunkt der Absendung der Order zu einer Änderung der Geld- und/oder Briefkurse*. Dieser Effekt findet sich häufiger bei der Einstellung von Orders bei illiquiden Werten oder bei größeren Orders. Je nach Plattform gibt es durchaus schwarze Schafe, die in einem Wert eine größere Liquidität vorspiegeln wollen, als sie tatsächlich vorhanden ist. Nach Einstellung von Orders bei bestimmten Werten werden dann automatisch die selbst eingestellten Orders aus dem Orderbuch entfernt. Dadurch kann es zu Preissprüngen kommen, wenn sich die Kurse von einem Niveau zum anderen bewegen, ohne dass es im dazwischenliegenden Niveauband mangels echter Aufträge im Orderbuch zu Ausführungen kommt. Das Problem hat sich aber im Laufe der Zeit etwas entschärft und sollte insbesondere bei etablierten Plattformen nicht auftreten. Andererseits kann Slippage einfach dadurch entstehen, dass genau im Zeitpunkt des Abschickens der Order auch andere Marktteilnehmer mit neuen

Orders am Markt agieren oder alte Orders ändern. Market-Orders sind wegen des Slippage-Problems meist nicht ratsam. Bei einer Limit-Order wird die Gefahr des Slippings dagegen stark begrenzt. Manche Börsen erlauben dem Trader auch das Einstellen eines Slipping-Toleranzlevels.

Bei einer **negativen Slippage** wird der Gewinn geschmälert, weil die Ausführungskurse schlechter sind als vom Trader erwartet. Eine negative Slippage wird tendenziell vermieden durch Limit-Orders und die Aufteilung von größeren Orders in mehrere kleine. Es gibt aber auch den umgekehrten Fall einer **positiven Slippage**. Dann erfolgt die Ausführung zu einem besseren Preis, weil sich dieser gerade im Moment der Ordereingabe zugunsten des Traders verändert hat. Letztlich wirkt sich die Slippage wie Gebühren und Spreads bei den Börsen auf die gesamten Transaktionskosten aus. Tendenziell kann man sagen, dass Slippage umso weniger auftritt, je größer die Liquidität eines Coins bei einer bestimmten Börse ist. Dieses Problem kann bei einem Day-Trader sehr relevant sein. Bei Langfristinvestoren dürfte es zwar ärgerlich, aber meist vernachlässigbar sein.

Das Ausmaß der Slippage und die Liquidität am Markt sind eng korreliert. Nimmt die Liquidität am Markt ab, steigen neben der Volatilität und den Bid-Ask-Spreads auch die Slippage. Dies tritt häufig in akuten Krisensituationen aufgrund der damit verbundenen Verunsicherung an den Märkten auf, wie beim Corona-Crash im März 2020 oder beim Kriegsausbruch in der Ukraine nach dem 24.02.2022.

8.5 Besonderheiten bei Krypto-Orders

8.5.1 Maker- und Taker-Orders

Bei den Orders an den Kryptobörsen wird zwischen Maker- und Taker-Orders unterschieden. Eine **Taker-Order** wird sofort gegen eine bereits im Orderbuch befindliche Order ausgeführt. Eine Taker-Order ist entweder eine Market-Order oder das Limit liegt bei einer Kauforder über dem niedrigsten Ask-Kurs im Orderbuch oder unter dem niedrigsten Bid-Kurs bei einer Verkaufsorder. Eine **Maker-Order** wird dagegen ins Orderbuch eingestellt und ist immer eine Limit-Order, weil zum Zeitpunkt der Einstellung keine entsprechende gegenläufige Order vorhanden ist. Eine Maker-Order kann deshalb nur gegen später eintreffende Orders ausgeführt werden. Eventuell wird eine Maker-Order auch gar nicht ausgeführt, weil die Kurse in eine andere Richtung laufen.

Bei den meisten Börsen gibt es **unterschiedliche Gebühren für Maker- und Taker-Orders**. Dies wird damit begründet, dass Maker als Liquidity Provider dem Orderbuch zusätzliche Liquidität hinzufügen. Dadurch erhöht sich die Liquidität der jeweiligen Kryptobörse. Dagegen entziehen Taker dem Orderbuch Liquidität. Die Gebühren für

Taker-Orders sind meist deutlich höher. So verlangt Bitfinex bei Käufen und Verkäufen 0,1 Prozent Maker Fee und 0,2 Prozent Taker Fee. Es gibt aber auch Börsen, die hier keinen Unterschied machen. So berechnet Binance sowohl für Maker- wie Taker-Orders 0,1 Prozent Gebühren. Außerdem können sich die Gebühren bei den Börsen mit steigendem Umsatzvolumen des Kunden reduzieren. Weitere Reduzierungen können sich aus der Benutzung von nativen Exchange Token ergeben.

Bei der Eingabe einer Order kann sich der Preis währenddessen ändern, sodass eine ursprünglich als Maker gedachte Order zu einer Taker-Order wird und die höheren Gebühren fällig werden. Oder die Order wird teilweise als Taker und teilweise als Maker ausgeführt mit den entsprechend unterschiedlichen Gebühren. Dies kann man durch eine **Post-Only-Limit-Order** vermeiden. Diese wird nur ins Orderbuch eingefügt, wenn sie nicht durch eine bereits existierende Order ausgeführt würde. Kommt es zu einem Match mit einer existierenden Order, wird eine Post-Only-Limit-Order automatisch gelöscht. Dadurch wird sichergestellt, dass die Order immer eine Maker-Order mit den entsprechenden Gebühren ist.

8.5.2 Überlegungen bei Stop-Sell- und Stop-Buy-Limits

Bei den Stop-Limits besteht immer die Gefahr, dass nach Erreichen des Stop-Limits der oder die nächsten Kurse für den Trader ungünstiger ausfallen. Denn es wird nicht zum Stop-Limit verkauft, sondern vielmehr bei Erreichen des Stop-Limits eine Market-Order ausgelöst. Bei einer Stop-Sell-Order könnte zwar auch genau zum Stop-Limit verkauft werden. Oft sind die nächsten Umsätze aber mehr oder minder deutlich darunter. Analoges gilt bei Stop-Buy-Orders. Die Gefahr ist umso größer, je weniger der entsprechende Wert gehandelt wird (Liquidität) und je größer gerade die Panik ist bei einem Markt im Crashmodus oder die Euphorie in einer Hypephase. Von daher sollte man ein paar **Vorkehrungen beim Festsetzen des Stop-Limits** beachten:

- Je geringer der **Umsatz einer Kryptowährung** bei einer Kryptobörse ist, desto größer ist die Gefahr erratischer Preissprünge. Umsätze in der gleichen Kryptowährung können bei einer Kryptobörse sehr groß sein, bei einer anderen kommt es nur zu geringen Umsätzen. Man sollte möglichst schon beim Kauf eines bestimmten Coins die Börse wählen, welche die größte Umsatztätigkeit in dem Coin aufweist. Man wird regelmäßig feststellen, dass dort auch die Spreads, also der Unterschied zwischen Kauf- und Verkaufskursen, am geringsten sind.
- Andererseits kann es auch vorkommen, dass man einen Coin gerade wegen der geringen Umsatztätigkeit bei einer Kryptobörse aufgrund der Erratik besonders günstig erworben hat. Dann ist eventuell der **Transfer des Coins** zu einer Kryptobörse mit großen Umsätzen sinnvoll, wenn man eine Stop-Sell-Order legen will. Es sei denn, man ver-

sucht, den Coin an der ursprünglichen Börse mit den großen Spreads auch wieder höher als an besser funktionierenden Börsen zu verkaufen.

- Gibt es **signifikante Preisschwellen**, die viele Anleger beachten, zum Beispiel Widerstände bei der 200-Tage-Linie oder einem Retracement-Level? Dann könnte man den Stoppkurs etwas höher (bei Stop-Sell) oder tiefer (bei Stop-Buy) setzen. Denn man kann davon ausgehen, dass viele Trader genau dort ihre Stoppkurse gesetzt haben. Setzt man ihn bei einem Stop-Sell höher, dann kann sich aber eventuell genau dieser Widerstand als solcher erweisen und der Preis wieder nach oben drehen. Setzt man ihn tiefer, dann ist der Widerstand bereits gebrochen. Die Wahrscheinlichkeit einer Ausführung dürfte dann viel größer sein, weil viele Trader den Stop-Loss genau auf das Niveau des Widerstands gelegt haben. Allerdings kommt es direkt nach Über- oder Unterschreiten signifikanter Marken oft zu einer schnellen kurzfristigen Trendverstärkung.
- Schließlich gibt es noch das **Phänomen der runden Zahlen**. Viele Anleger bevorzugen eine runde Zahl wie 10 oder 1. Von daher kann bei einem Stop-Sell der Preis nach dem Erreichen einer runden Zahl schlagartig absacken, weil viele ihre Limits dort gelegt haben und deshalb auf diesem Niveau ein sehr großes Angebot in den Markt drängt. Man sollte deshalb solche Zahlen vermeiden und stattdessen beispielsweise 10,1 oder 1,02 als Limit setzen.

Manche Börsen erlauben neben dem Legen des *Stoppkurses* auch noch zusätzlich eine Festlegung, zu welchem *Mindestpreis* verkauft werden soll. Diesen Ordertyp nennt man **Stop-Limit-Order**. Dabei wird bei Erreichen des Stoppkurses bei einer Stop-Sell-Order automatisch eine limitierte Verkaufsorder zum Mindestpreis eingestellt. Diese wird dann zum oder oberhalb des Mindestpreises ausgeführt. Analog ist das bei Stop-Buy-Orders. Bei solchen Stop-Limit-Orders reduziert man zwar den negativen Effekt der Erratik. Man läuft jedoch bei einem veritablen Crash die Gefahr, gar nicht ausgeführt zu werden, wenn die Kurse sofort auch noch unter den Mindestpreis fallen. Insbesondere bei weniger liquiden Coins kann das leicht passieren.

Trailing-Stop-Orders, bei denen die Stoppkurse automatisch nach oben oder unten verschoben werden, sind interessant für

- potenzielle Käufer, die zwar einen weiteren Kursrückgang erwarten, aber bei einem Dreh nach oben unbedingt einsteigen wollen
- potenzielle Verkäufer, die zwar einen weiteren Kursanstieg erwarten, bei einem Dreh nach unten aber Verluste begrenzen oder Gewinne sichern wollen.

Wie bei den normalen Stop-Orders ist es aber sehr schwierig, das richtige Maß für die **Entfernung des Stop-Limits vom aktuellen Marktpreis** zu finden. Während bei Aktien eine Entfernung vom aktuellen Kurs von fünf oder zehn Prozent Sinn machen könnte, ist dies wegen der Volatilität und Erratik an den Kryptomärkten weniger opportun. So wäre es ärgerlich, eine steuerfreie Position mit guten Gewinnen zu verkaufen, die ihren Aufwärtstrend weiter fortsetzt und nur einen kurzen Rücksetzer erfährt. Insbesondere weniger liquide Altcoins können durch die berüchtigten Spikes in Sekunden- oder Minutenschnelle um 20 oder 30 Prozent nach unten absacken, um dann sofort wieder nach oben zu drehen. Deshalb kann es kein Generalrezept für das Setzen derartiger Limits geben. Generell kann man sagen, dass Stop-Orders und Trailing-Stop-Orders vor allem für liquide Coins Sinn machen können. Bei kleinen Altcoins, die zu erratischen Bewegungen neigen, machen diese weniger Sinn.

Abb. 8.1 *Entwicklung von Solana im Jahr 2021*

Als Beispiel ist unten die Entwicklung von Solana (SOL) im Jahr 2021 dargestellt. Wer den Coin im November 2020 bei Kursen von 1,50 Dollar gekauft hat, hätte natürlich bereits im März nach einer Kursverzehnfachung einen verständlichen Hang zur Gewinnrealisierung verspüren können. Wer hier Stop-Limits gelegt hat, wurde wegen der großen Kursschwankungen leicht ausgeführt. Im Chart unten ist zu beachten, dass die Kurse logarithmisch dargestellt sind und deswegen die prozentualen Kursschwankungen direkt vergleichbar sind. So gab es in der sagenhaften Aufwärtsbewegung Korrekturen von 50 Prozent und mehr und häufige Korrekturen von über 20 Prozent. Ein Jahr später hatten sich die Kurse in der Spitze mehr als verhundertfünfzigfacht und die Gewinne waren steuerfrei. Hier wären also auch Trailing-Stop-Limits völlig kontraproduktiv gewesen.

8.5.3 Keine Circuit Breakers oder andere Kursbremsen bei Kryptobörsen

Bei zentralen Aktienbörsen wie der New York Stock Exchange gibt es **Circuit Breakers (Sicherungen)** gegen plötzliche und zu heftige Kurseinbrüche.[5] Derartige Regularien kennt man an den Kryptobörsen nicht. Es wird auch auf absehbare Zeit aufgrund der vielen, in allen Teilen der Welt existierenden Kryptobörsen diesbezüglich keine einheitliche Regelung geben. Grundsätzlich müssten solche Sicherungen bei den Kryptobörsen selbst implementiert werden. Kritiker sehen solche Regelungen eher konterkarierend zum Anspruch der dezentralen Kryptowährungen. Auf die Dezentralität des Protokolls hätte dies aber keinen Einfluss, denn der Handel findet ja außerhalb des Protokolls statt.[6] Die dezentrale Übertragbarkeit, wie sie durch das Protokoll ermöglicht wird, würde dadurch also gar nicht betroffen. Coins könnten weiterhin sanktionsfrei übertragen werden.

Es kann aber in Einzelfällen freiwillige **börsenspezifische Regelungen** geben, die Märkte in illiquiden Phasen vor unbegründeten oder versehentlich (Stichwort Fat Finger) ausgelösten zu großen Kursbewegungen bewahren sollen. So könnten Limit-Orders, die zu weit vom aktuellen Preis entfernt liegen, nur zum Teil ausgeführt werden, wenn durch die komplette Ausführung der Preis sofort bis unter oder über eine bestimmte Schwelle geht. Bei Kaufaufträgen wären das Orders, deren Limit erheblich über dem aktuellen Preis liegt. Entsprechend wäre das bei Verkaufsaufträgen mit einem Limit weit unter den zuletzt gehandelten Preisen.

So hatte die untergegangene Kryptobörse FTX im Spot Market ein Limit von 25 Prozent. Deshalb konnte hier selbst eine Market-Order, die im Vergleich zu den im Orderbuch stehenden Angeboten sehr groß war, nur teilweise ausgeführt werden, wenn die Gesamtausführung zu einem Preis um 25 Prozent über/unter den letzten Ask/Bid Prices geführt hätte. Durch solche Limitierungen soll verhindert werden, dass bei einem im Vergleich zur Order illiquiden Orderbuch der Preis völlig nach oben oder unten springt, wie in der Vergangenheit häufig zu sehen war.

8.5.4 Abstauber- und Mondlimits

Aktienanleger arbeiten grundsätzlich mit den gleichen Ordertypen wie Krypto-Anleger. Allerdings ist die Volatilität von Kryptowährungen ungleich größer als bei Aktien. Deshalb kann es sinnvoll sein, sowohl beim Kauf wie beim Verkauf Limits zu setzen, die vergleichsweise weit vom aktuellen Kurs entfernt sind. Bei Käufen spricht man dann von Abstauberlimits, bei Verkäufen von Mondlimits. Ein Abstand von 20 bis 30 Prozent vom aktuellen Kurs ist dabei keinesfalls zu großzügig bemessen. Gerade bei den recht häufig auftretenden Spikes insbesondere bei kleineren Coins kann es innerhalb kürzester Zeit zu sehr großen Kursveränderungen kommen. Die Zahl der **Abstauberlimits** ist begrenzt von den auf der Kryptobörse verfügbaren liquiden Mitteln des Anlegers. Deswegen kann man nicht unbegrenzt Abstauberlimits für alle möglichen Coins legen. Dagegen können für alle Coins im Bestand **Mondlimits** gelegt werden, solange keine anderen Verkaufslimits für diese Coins parallel laufen.

8.6 Summary

8.1 Die Angebots- und Nachfragesituation ist durch **offene Orderbücher** der Kryptobörsen für jedermann transparent.
Orders verschiedener Marktteilnehmer mit den gleichen Bid- oder Ask-Kursen werden nach der Zeitpriorität abgearbeitet.
Buy und Sell Walls können sich kurzfristig als Unterstützungs- oder Widerstandsbereich auswirken.

8.2 Je nachdem, ob für den Trader das Preis- oder das Ausführungsrisiko im Vordergrund steht, wird er entweder eine **Limit-Order** oder eine **Market-Order** eingeben.

Market-Orders sollten nur in sehr liquiden Märkten eingestellt werden.

Je nach Liquidität und Volatilität des Coins kommt es bei der Orderausführung zu **Slippage**.

Man unterscheidet **im Orderbuch ersichtliche und nicht ersichtliche Orders**. Während eine einfache Limit-Order im Orderbuch erscheint, sind andere wie Stop-Orders oder Take-Profit-Orders dort nicht zu sehen. Bei Iceberg-Orders ist immer nur ein kleiner Teil der Gesamtorder ersichtlich.

Bedingte Orders können für eine Position verschiedene Limits festlegen. Wenn eine Bedingung eintritt, werden die anderen bedingten Orders automatisch gestrichen. So kann man eine Stop-Order mit einer Limit-Verkaufsorder kombinieren.

8.3 Bei der Auswahl der Handelsplattformen sollten neben den **Transaktionskosten** auch **Initialisierungskosten** wie der Übertrag von Fiatgeld auf die Plattform und

Finalisierungskosten wie die Überweisung von Fiatgeld zurück auf das Bankkonto des Kunden berücksichtigt werden.

Probleme bei den Plattformen in der Vergangenheit liefern Anhaltspunkte für deren Zuverlässigkeit. So gab es in Zeiten mit hohen Transaktionsvolumina Transferprobleme. Auch häufige Verbindungs- und Handelsunterbrechungen sind kein gutes Zeichen.

8.4 **Slippage** kann sowohl bei Market- wie bei Limit-Orders auftreten. Die Order wird dann zu einem anderen als vom Trader erwarteten Preis ausgeführt. Dabei kann es zu einer positiven wie negativen Slippage kommen.

8.5 Eine **Taker-Order** wird sofort gegen bereits im Orderbuch befindliche Orders ausgeführt. Eine **Maker-Order**, die immer eine Limit-Order sein muss, kann dagegen nicht sofort ausgeführt werden und erscheint deshalb im Orderbuch. Taker-Orders können je nach Kryptobörse mit höheren Transaktionsgebühren als Maker-Orders belegt sein.

Es kann sinnvoll sein, Orders nicht genau auf signifikanten Preisschwellen festzulegen.

Stop-Limits sollten wegen der großen Volatilität von Kryptowährungen im Vergleich zu Aktien meist prozentual weiter vom aktuellen Kurs entfernt sein.

Circuit Breakers wie an Aktienbörsen gibt es an Kryptobörsen meist nicht.

Wegen der großen Volatilität können **Abstauber- oder Mondlimits** sinnvoll sein.

9 VERWAHRUNG VON KRYPTOWÄHRUNGEN

9.1 Der Bitcoin ist sicher, die Kryptobörsen nicht

Für Verunsicherung sorgen immer wieder Berichte über Diebstähle. Der spektakulärste Fall war der Fall der japanischen Kryptobörse Mt.Gox, bei dem 850.000 Bitcoin entwendet wurden. Aber auch „kleinere" Hacks in jüngerer Vergangenheit sorgen immer wieder für Unruhe. Zuletzt gab es mit dem Zusammenbruch der ehemals drittgrößten Kryptobörse FTX im November 2022 erneut einen Mega-Crash.

Der Bitcoin und die dahinterstehende Technologie sind sicher. Die Kryptobörsen sind dagegen anfällig für Angriffe, wie sich immer wieder gezeigt hat. Auch können die Börsen als solche pleitegehen. Allerdings kann eine deutsche Bank ebenfalls in die Insolvenz gehen. Bareinlagen von Anlegern sind dann selbst nach dem Einlagenschutz nur bis 100.000 Euro absolut geschützt. Die Aktiendepots sind aber separiert und würden im Insolvenzfall der Bank gar nicht in die Konkursmasse fallen. Ähnliches könnte auch für die Kryptobestände von Anlegern, die diese bei Kryptobörsen oder Banken halten, eingeführt werden. Entsprechende allgemeingültige Regelungen gibt es in diesem Bereich aber noch nicht. Entscheidend bei Kryptowährungen ist, dass der Anleger die volle und alleinige Kontrolle über seine eigenen Private Keys haben kann. Diese sind der einzig garantierte Zugang zu allen auf der Blockchain gelagerten Kryptowährungen. Von daher ist der Private Key sogar sicherer als ein Bankschließfach, das theoretisch aufgebrochen werden kann. Entscheidend für die Sicherheit ist der alleinige Besitz der Schlüssel durch den Anleger selbst. Einige Wallet-Anbieter überlassen diese Drittparteien. Werden diese angegriffen, könnte es hier zum endgültigen Verlust der darauf gespeicherten Zugangsberechtigungen zu den Coins und damit letztendlich zum endgültigen Verlust der Coins kommen.

Bei schnellen Tradings ist oft keine Zeit, die gekauften Coins von der Börse abzuziehen, nur um sie kurz darauf wieder einzuzahlen und zu verkaufen. Von daher bevorzugen Trader für ihre kurzfristigen Engagements eine Depotlösung, belassen ihre Coins auf einer Kryptobörse und können sie dort jederzeit für Tradings oder Kreditvergaben nutzen. Dabei hält die Börse als Drittpartei die Private Keys zu den Kryptobeständen des Nutzers. Sicherheit und Bequemlichkeit bei der Verwahrung von Kryptowährungen stehen deshalb in einem Spannungsverhältnis. Mehr Bequemlichkeit geht mit weniger Sicherheit einher und umgekehrt. Generell kann man sagen, dass langfristige Krypto-Investments von den Kryptobörsen abgezogen werden und auf eigenen Wallets verwahrt werden sollten. Allerdings muss der Anleger dann selbst die gebotenen Sicherheitsstandards einhalten. Kurzfristige Trading-Positionen könnten dagegen auf großen und seriösen Börsen belassen werden.

9.2 Was sind Wallets?

Wallets sind Speichermedien, auf denen die Transaktionsdaten einer Blockchain gespeichert werden. Mit der Einrichtung einer Wallet wird ein privater und ein öffentlicher Schlüssel erstellt. Nur bei Kenntnis des privaten Schlüssels kann über eine Wallet eine Transaktion ausgelöst werden. Letztlich sind sie digitale oder analoge sichere Speicherorte für die Private Keys der Kryptowährungen. Die Private Keys sind kryptische Schlüssel und fungieren so ähnlich wie Passwörter. Sie ermöglichen die Zugangs- und Verfügungsberechtigung über das eigene Kryptovermögen. Über die Wallets können Kryptowährungen empfangen, versendet und ausgegeben werden. Die Wallet-Software kann auf Computern oder Mobiltelefonen laufen oder auf speziellen Hardwaregeräten ähnlich einem USB-Stick. Auf der Wallet werden nicht die Coins selbst, sondern Private Key, Public Key und Blockchain-Adresse gespeichert. Die Software übernimmt den Prozess, aus den 12 oder 24 Wörtern des Seed Phrase die Private Keys zu errechnen, aus denen dann wiederum die Public Keys und die Adressen abgeleitet werden. Selbst bei einem Verlust der Wallet kann über den **Seed Phrase als Back-up-Schlüssel** der Zugang zu den Kryptowährungen wiederhergestellt werden. Deshalb ist es enorm wichtig, den Seed Phrase absolut sicher zu verwahren. Er sollte nie auf einem Computer oder anderen Endgerät digital gespeichert sein, wenn diese Geräte Zugang zum Internet haben. Am besten kann man die Wörter des Seed Phrase auf einem Stück Papier aufschreiben oder auf ein Stück Metall gravieren und dieses dann sicher aufbewahren. Man benötigt den Seed Phrase aber nur bei Verlust der Wallet, er ist letztlich das Back-up. Hat man dieses Back-up nicht und verliert den Private Key der Wallet, sind die damit verknüpften Kryptowerte unwiderruflich verloren.

Die Coins selbst existieren nur auf der Blockchain, mit der die Wallets kommunizieren. Die Software erlaubt die sichere Nutzerauthentifizierung und das Coin-Management.[1] Immer wenn Coins von der Wallet an eine andere Adresse gesendet werden, muss diese Transaktion mit dem Private Key signiert werden.[2] Nach Beendigung der Transaktion wird der persönliche verbleibende Coinbestand adjustiert und auf allen Kopien des Ledgers der Blockchain veröffentlicht.

Die deutsche Übersetzung Brieftasche für Wallets trifft ihren Sinn und Zweck nur teilweise. Denn Brieftaschen können im realen Leben relativ leicht entwendet werden oder abhandenkommen. Wallets erfüllen aber eher den Zweck von Tresoren für die gekauften Kryptowährungen. Unter dem Aspekt der Sicherheit unterscheidet man Hot und Cold Wallets.[3] **Hot Wallets** sind ständig mit dem Internet verbunden und deshalb trotz Sicherungen leichter angreifbar. Die Kryptobörsen lagern auf ihnen einen kleinen Teil ihrer Coins, um diese überhaupt handelbar zu machen. **Cold Wallets** sind dagegen nicht oder nur kurz bei der Übertragung von Coins mit dem Internet verbunden und deswegen nicht von außen angreifbar. Die Cold Wallets erfüllen deshalb die gewünschte Wallet-Funktion als Banktresore für Kryptowährungen. Auch die Kryptobörsen lagern den größten Teil der Kundenbestände in solchen Cold Wallets, um vor verheerenden Hackerangriffen geschützt zu sein.

Kryptowährungen werden in Zukunft verstärkt im Zusammenhang mit der **Vererbung** an Bedeutung gewinnen. Sie gehören zum digitalen Erbe des Erblassers. Von daher sollte der Erblasser zu Lebzeiten dafür Sorge tragen, dass die Erben auch Zugang zu seinen Wallets bekommen können. So kann es sinnvoll sein, in einem Testament entsprechende Instruktionen zu hinterlassen. Dadurch können die Erben an mögliche Hardware Wallets und deren Back-ups kommen oder werden auf die Existenz von Konten bei verschiedenen Kryptobörsen und deren Zugangsdaten hingewiesen. Sonst kann es passieren, dass zwar ein großes Kryptovermögen vererbt wird, die Erben aber keinen Zugang dazu bekommen und das Vermögen letztlich verloren ist.

9.3 Custodial (Hosted) und Non-Custodial (Unhosted) Wallets

In einer Wallet werden die Private Keys zu den Coins aufbewahrt. Nur durch die Kenntnis der Private Keys kann der Zugang und die Verfügungsgewalt über die Coins erlangt werden. Bei **Custodial Wallets** (von engl. custodian – Aufseher, Treuhänder, Verwahrer) sagt schon der Name, dass man die Private Keys in treuhänderische Verwahrung abgibt. Man spricht dann auch von **Hosted Wallets**. Diese in der Regel staatlich geprüften Finanzdienstleister stellen also Verwahrdienstleistungen für Krypto-Assets zur Verfügung und empfangen, verwahren und senden die Kryptowährungen im Auftrag ihrer Nutzer. Dies entspricht der Übernahme bei der Verwahrung von Geld und Wertpapieren auf Konten und Depots durch Banken in der traditionellen Finanzwelt mit allen Vor- und Nachteilen des „Not your keys, not your coins". Bei Hacks der Börse können die Coins unwiderruflich weg sein, auch bei Hard Forks kann es Probleme geben. Außerdem könnte der Verwahrer durch Behörden gezwungen werden, Kryptoguthaben einzufrieren oder auszuzahlen. Der Vorteil ist dagegen die sofortige Verfügbarkeit der Coins, sobald man sich in seinen Account einloggt. Außerdem werden sich die Krypto-Verwahrdienstleister sukzessive an die Bankenstandards bei der Verwahrung von Wertpapieren annähern. Die Kunden profitieren hier von professionellen und sicheren IT-Strukturen, der KYC-Authentifizierung und dem damit einhergehenden Rechtsschutz. Diese Depotlösungen finden sich bei den internationalen Kryptobörsen, wenn der Nutzer die gekauften Coins dort belässt. Bei Problemfällen werden die Rechte der Anleger dort aber schwerer durchsetzbar sein. Bei deutschen Plattformen wie der BISON App der Stuttgarter Börse ist das einfacher. Diese übertragen die Verwahrung der Coins ihrer Nutzer an separate Dienstleister. Bei diesen Depotlösungen können die Nutzer ihre Coins aber auch jederzeit abziehen und auf eigene Hardware Wallets übertragen.

Institutionelle Anleger werden sich schon allein aus Rechtsgründen der professionellen Fremdverwahrung bedienen. Private Anleger nutzen dagegen **Non-Custodial Wallets**, bei denen der Anleger die volle Kontrolle über seine Private Keys behält. Diese privaten Wallets werden auch als **Unhosted Wallets** bezeichnet. Hier gibt es unterschiedliche Formen von Hardware Wallets, über Desktop Wallets und Web Wallets bis hin zu Paper Wallets. Als sicherste Variante gelten dabei Hardware Wallets. Grundsätzlich sind bei allen der im Folgenden aufgeführten Non-Custodial Wallets die Nutzer selbst in der Verantwortung für die Sicherheit der aufbewahrten Kryptowährungen. Bei einem Verlust der Wallets kann der Zugang und die Verfügungsberechtigung zu den eigenen Coins endgültig verloren gehen, wenn es kein Back-up oder keine Wiederherstellungsfunktion gibt.

Von staatlichen Regulierungsbehörden gab es in der Vergangenheit bereits Überlegungen, die **Selbstverwahrung (Self Custody)** der Anleger auf solchen Unhosted Wallets zu beschränken oder sogar zu verbieten. Allerdings ist die Durchsetzung eines solchen Verbotes technisch nicht möglich, ähnlich wie ein Verbot von Bitcoin. Mehr oder minder größere indirekte Restriktionen sind aber denkbar. So könnte den sog. VASPs (Virtual Asset Service Providers) verboten werden, Krypto-Assets von Unhosted Wallets entgegenzunehmen. VASPs sind solche Unternehmen, die Dienstleistungen im Zusammenhang mit dem Austausch, der Übertragung oder der Verwahrung von

Krypto-Assets erbringen. Eine subtilere Form der Restriktion wäre zwar kein Verbot, aber so hohe Auflagen für die VASPs bei der Entgegennahme von Kryptowerten von Unhosted Wallets, dass sich für diese die Erfüllung der Auflagen wegen des sehr großen damit verbundenen Aufwands nicht mehr lohnt. Letztlich könnte sich der Markt dann in einen mit Hosted Wallets und einen mit Unhosted Wallets aufspalten.

Im Rahmen der zunehmenden Regulierung von Krypto-Transaktionen sind deshalb die Unhosted Wallets im Visier der Behörden. Während bei Hosted Wallets die Verwahrunternehmen in fast allen Ländern dazu verpflichtet sind, die Identität der Nutzer zu verifizieren, bleiben die Nutzer von Unhosted Wallets anonym. Sie benötigen keine Finanzinstitutionen als Intermediäre und agieren selbstständig und unerkannt mit anderen Nutzern des Netzwerks. Aus Sicht der Behörden ist deshalb die Gefahr groß, dass über Unhosted Wallets Geldwäsche und andere illegale Aktivitäten betrieben werden könnten. Regulierungsentwürfe haben deshalb bereits zum Ziel, dass die Kryptobörsen Informationen zu den Besitzern von Unhosted Wallets sammeln müssen, wenn sie mit diesen interagieren. Sollten diese Entwürfe Wirklichkeit werden, könnte es wegen des damit verbundenen bürokratischen Aufwands dazu kommen, dass Kryptobörsen und andere Krypto-Dienstleister Transaktionen mit Unhosted Wallets künftig ablehnen oder mit erheblichen Gebühren belasten könnten.

9.4 Software Wallets

Software Wallets werden direkt über den Browser, den Computer oder das Smartphone bedient. **Web oder Online Wallets** sind für Einsteiger geeignet. Hier greift der Nutzer direkt über die Browseroberfläche auf die Wallet zu. Meist müssen hier keine Dateien heruntergeladen und installiert werden. Die Wallet wird direkt im Browser erstellt und mit einem Passwort geschützt. Der Nutzer muss sich wenig Gedanken um die Sicherheit machen, da die Verwaltung von einem Drittanbieter geregelt wird. Das ist aber gleichzeitig der Schwachpunkt dieser Wallets. Denn die Kryptowährungen sind dann nicht wirklich im Besitz des Nutzers, auch wenn normalerweise nichts passiert. Die Wallets sind nur so sicher wie der Anbieter, der diese Web Wallets hostet. Die Keys lagern jedoch in Hot Wallets und sind durch Hacks viel leichter angreifbar.

Die *Wallets auf den Kryptobörsen* sind solche Online Wallets, bei denen nur die Börse selbst über die konkreten Schlüssel verfügt. Im Gegensatz zu früher lagern seriöse Kryptobörsen den Großteil der für die Kunden verwahrten Coins in Cold Wallets. Nur ein geringer Prozentsatz findet sich den Hot Wallets, damit eine Handelbarkeit gewährleistet ist. Die Nutzer sind durch Einrichtung der Zwei-Faktor-Authentifizierung (2FA) zusätzlich gesichert.

Die bekannte *MetaMask* Wallet wird als dezentralisierte App (dApp) als Add-On auf dem Browser genutzt und ist eine kostenlose Open-Source Hot Wallet. Neben dem Zugang über verschiedene Browser unterstützt die Wallet auch mobile Geräte und ist für Android und IOS verfügbar. MetaMask ist eine Wallet exklusiv für die Ethereum-Blockchain und damit für die Ethereum-basierten Token. Dadurch werden verschiedene Anwendungen im DeFi-Bereich wie Staking, Yield Farming oder der Zugang zu dezentralen Börsen möglich.

Bei **Multi-Signature Wallets (Multisig Wallets)** werden mehr als ein Schlüssel gespeichert. Diese Schlüssel sind unter mehrere Parteien aufgeteilt, die sich die Wallet teilen. Während Single-Key Wallets durch Signatur mit einem einzelnen privaten Schlüssel Transaktionen auslösen können, müssen bei Multisig Wallets mehrere Personen mit ihren verschiedenen Private Keys unterschreiben. Durch den Einbau dieser zusätzlichen Sicherheitsebene eignen sie sich deshalb besonders für Organisationen und Unternehmen. Dadurch wird das Risiko vermieden, dass eine Person die Verfügungsgewalt über die Krypto-Assets eines Unternehmens hat.

Eine **Desktop Wallet** ist eine auf dem eigenen Rechner installierte Software mit meist großem Funktionsumfang zur Verwaltung der Coins auf dem Computer. Sie sind ähnlich wie Online Wallets, befinden sich aber auf dem eigenen Computer. Sie unterliegen damit der eigenen Kontrolle, da der private Schlüssel auf der eigenen Hardware aufbewahrt wird. Die Wallet muss mit einem Back-up gesichert sein, sonst geht der Zugang zu den Coins bei Verlust oder Beschädigung des Computers verloren. Eine solche Wallet ist genauso sicher wie der Computer, auf dem sie liegt. Von daher kann es bei größeren Coinbeständen sinnvoll sein, einen Computer nur für diesen Zweck zu benutzen. Eine Hardware Wallet kann entweder als Full Node oder als Light Client installiert werden. Diese Clients gehen über die Wallet-Funktion hinaus, denn sie verbinden die Nutzer mit dem entsprechenden Netzwerk. Bei einer *Full Node*-Software wird die gesamte Blockchain gespeichert und muss ständig aktualisiert werden. Dies erfordert einen entsprechend großen Speicherplatz auf dem Computer, oft Hunderte von Gigabytes. Außerdem muss der Computer ständig mit dem Internet verbunden sein, wodurch das Risiko von Hackerangriffen groß ist. Die Software von *Light Clients* lädt dagegen nicht die gesamte Blockchain herunter, sondern synchronisiert sich nur mit ihr.

Mobile Wallets funktionieren wie Apps auf dem Smartphone oder Tablet. Ein wesentlicher Vorteil ist die jederzeitige Griffbereitschaft und Aktionsfähigkeit. Sie sind nützlich, um unterwegs kleinere Kryptobeträge zu transferieren und eignen sich deshalb für das direkte Bezahlen mit Kryptowährungen in Geschäften. Sehr wichtig ist dabei ein vernünftiger Back-up-Mechanismus, um bei einem Verlust des Smartphones trotzdem wieder über die Kryptowährungen verfügen zu können.

9.5 Hardware Wallets

Hardware Wallets gelten als die sicherste Lösung zur Aufbewahrung von Kryptowährungen und eignen sich deshalb insbesondere zur Verwahrung von langfristig gehaltenen Positionen. Dabei werden die Schlüssel auf einem portablen Gerät meist ähnlich wie ein USB-Stick gespeichert. Es handelt sich nicht um ein einfaches Speichermedium, sondern einen leistungsstarken Minicomputer. Denn sie können die Schlüsselpaare und Adressen selbstständig algorithmisch berechnen. Diese Geräte sollten dann an einem sicheren Ort verwahrt werden. Da die Hardware Wallets nicht mit dem Internet verbunden sind, können sie nicht durch Hacker angegriffen werden. Sie werden nur mit dem Internet verbunden und sind dann kurzzeitig eine Hot Wallet, wenn man die darauf gespeicherten Kryptowährungen oder einen Teil davon verwenden will. Die Private Keys verlassen dabei die Hardware Wallet aber nie. Der Zugang zu den Geräten ist mit einer PIN gesichert. Verliert man die Hardware Wallet oder wird diese beschädigt, kann man den Zugang zu den Coins durch einen Seed Phrase wiederherstellen. Dieser Seed Phrase wird als Master Key bei der Ersteinrichtung der Wallet erstellt und besteht meist aus 24 Wörtern. Der Seed Phrase darf keinesfalls auf dem Computer gespeichert werden, sondern muss aufgeschrieben und sicher verwahrt werden. Auch eine weitere Kopie an einem anderen Ort kann sinnvoll sein. Im alltäglichen Gebrauch wird der Seed Phrase nicht benötigt, sondern nur, wenn die Hardware Wallet durch Verlust oder Beschädigung nicht mehr benutzt werden kann.

Es sollten nur zuverlässige Originalgeräte von bekannten Herstellern und nie gebrauchte Geräte gekauft werden. Die bekanntesten Hardware Wallets sind von Ledger, Trezor und KeepKey, die Anschaffungskosten bewegen sich auf einem Niveau zwischen 50 und 200 Euro. Sie unterscheiden sich vor allem bei der Anzahl der unterstützten Coins und bei der Software. Bei Ledger und Trezor bewegt sich die Zahl der unterstützten Coins im fünfstelligen Bereich. Im Gegensatz zu Ledger ist die Software bei Trezor und KeepKey Open Source. Bei Open Source ist der Quellcode transparent, sodass keine versteckten Hintertürchen eingebaut werden können. Neben der eigentlichen Hardware Wallet muss auch noch die korrespondierende Software dazu auf den Computer heruntergeladen werden. Bei Ledger ist das die Ledger Live App.

9.6 Paper Wallets

Bei Paper Wallets werden die Schlüssel auf ein physisches Trägermedium wie ein Stück Papier geschrieben und dieses an einem sicheren Ort verwahrt. Eventuell kann für die Paper Wallet statt Klarschrift auch ein QR-Code als Tarnung verwendet werden. Erstellt wird die Paper Wallet durch Generierung eines Private Keys. Dafür kann ein Zufallsgenerator genutzt werden, wie ihn verschiedene Webseiten anbieten. Auch Paper Wallets gehören zu den Cold Wallets, denn sie sind nicht mit dem Internet verbunden. Deshalb sollten auch keine digitalen Speicherungen oder eine Fotografie der Paper Wallet auf dem Computer vorhanden sein. Paper Wallets haben grundsätzlich den gleichen Schutz wie Hardware Wallets, aber auch die gleichen Nachteile. Denn Ihr Funktionsumfang ist beschränkt und es besteht die Gefahr des Verlustes oder der Zerstörung. Deshalb sollten Paper Wallets laminiert aufbewahrt oder die Schlüssel in Metall eingraviert werden. Sinnvoll kann auch die Hinterlegung einer Kopie in einem Banksafe oder bei einem Notar sein, da dann im Erbfall auf die Kopie Zugriff genommen werden kann. Sendet man Coins an eine Paper Wallet, ist das am einfachsten durch Scannen eines QR-Codes, wenn dieser vorhanden ist. Eine manuelle Eingabe ist sehr riskant. Vertippt man sich und die Coins werden an eine andere Adresse gesendet, könnten sie unwiederbringlich verloren sein. Die Aufbewahrung von Coins auf Paper Wallets wird manchmal mit dem unter dem Kopfkissen versteckten Bargeld verglichen. Bei einer Transaktion von einer Paper Wallet ist ein Nachteil, dass der betreffende Coinbestand immer ganz gesendet werden muss.

Am sichersten wäre eine Paper Wallet, wenn man sich nach deren Erstellung den geheimen Schlüssel einprägt und die Paper Wallet anschließend wieder zerstört. Bei einer solchen **Brain Wallet** wäre das größte Risiko dann das Vergessen des Schlüssels. Außerdem wäre es beim Versterben für die Erben nicht möglich, Zugang zu den Kryptobeständen zu bekommen.

9.7 Summary

9.1 Der Bitcoin selbst mit seiner dahinterstehenden Technologie ist sicher. Angreifbar sind dagegen zentrale Institutionen wie Kryptobörsen. Anleger sollten deshalb größere und langfristig gehaltene Bestände auf eigenen Wallets verwahren.

9.2 Selbst bei einem Verlust der **Wallet** kann über den Seed Phrase als Back-up-Schlüssel der Zugang zu den Kryptowährungen wiederhergestellt werden. Der Seed Phrase muss bei allen Wallet-Lösungen absolut sicher verwahrt werden.

Hot Wallets sind mit dem Internet verbunden und trotz Sicherungen angreifbar. Cold Wallets sind dagegen nicht von außen angreifbar.

9.3 In **Custodial Wallets (Hosted Wallets)** werden die Kryptowährungen von professionellen und von den Aufsichtsbehörden lizenzierten Verwahrern als Dienstleistung für ihre Kunden verwahrt. Bei **Non-Custodial Wallets (Unhosted Wallets)** halten die Anleger ihre Kryptowährungen selbst und eigenverantwortlich.

Bei Kryptowährungen auf Unhosted Wallets wären künftig Diskriminierungen durch Regulatoren denkbar.

9.4 **Software Wallets** laufen direkt über den Browser, den Computer oder das Smartphone. Web oder Online Wallets sind für Einsteiger gut geeignet. So sind aber nur so sicher wie der Anbieter, der diese Wallets hostet.

Bei Multisig Wallets sind die Schlüssel unter mehreren Personen aufgeteilt. Sie sind deshalb für Unternehmen und Organisationen geeignet.

Bei einer Desktop Wallet handelt es sich um eine auf dem eigenen Rechner installierte Software.

Mobile Wallets laufen wie eine App auf dem Smartphone oder Tablet.

Bei allen Lösungen ist ein vernünftiger Back-up-Mechanismus wichtig.

9.5 Bei **Hardware Wallets** werden die Schlüssel auf einem portablen Gerät ähnlich einem USB-Stick gespeichert. Sie gelten als sicherste Lösung zur Aufbewahrung von Kryptowährungen. Durch einen Seed Phrase kann man den Zugang zu den Coins selbst bei Verlust oder Beschädigung der Hardware Wallet wiederherstellen.

9.6 **Paper Wallets** haben grundsätzlich den gleichen Schutz wie Hardware Wallets. Der Private Key wird dabei durch einen Zufallsgenerator erzeugt. Er muss aufgeschrieben und wieder absolut sicher verwahrt werden.

10 PREISBILDUNG VON KRYPTOWÄHRUNGEN

10.1 Gemeinsamkeiten und Unterschiede zu traditionellen Assets

„Predictably unpredictable" ist eigentlich die perfekte Beschreibung der **kurzfristigen Kursbewegungen** von Bitcoin, denn diese sind wirklich vorhersehbar unvorhersehbar. Sie kommen manchmal scheinbar ohne Anlass und können sehr heftig sein. Diese enormen und erratischen Preisbewegungen oft innerhalb kürzester Zeit schrecken viele traditionelle Anleger ab und lassen die führende Kryptowährung in einem zweifelhaften Licht erscheinen, zumal solche Preisbewegungen dem herkömmlichen Investmentgedanken widersprechen und eher Assoziationen zu Glücksspielen wecken.

Dies ist aber ein Fehler. Denn im Gegensatz dazu stehen **langfristige Prognosen** auf viel solideren Beinen. Investment-Entscheidungen sind auf längere Zeiträume angelegt und langfristig schlägt sich die fundamentale Bewertung in den Preisen nieder. Wie bei Aktien auch, kann sich bei Kryptowährungen der Preis für eine gewisse Zeit erheblich vom Wert unterscheiden.[1] Längerfristig wird sich der Preis aber an dem Wert orientieren. Beim Bitcoin stehen langfristige Prognosen eigentlich auf festerem Fundament als Prognosen für Aktien und Währungen und sollten deshalb vorhersehbarer sein. Denn sowohl bei Aktien als auch bei Währungen kann das **Angebot** in Zukunft beliebig vergrößert werden. So können neue Aktien durch Kapitalerhöhungen begeben werden und die Altbestände verwässern. Oder Zentralbanken können theoretisch unbegrenzt Geld drucken und in Umlauf bringen. Dagegen gibt es beim Bitcoin eine mathematisch definierte und nicht veränderbare Obergrenze, nämlich 21 Millionen Stück. Auch die Annäherung an diese Obergrenze (Inflationierung) ist durch die alle vier Jahre stattfindenden Halvings genau definiert. Dadurch halbiert sich die Zahl der jährlich hinzukommenden neuen Coins alle vier Jahre, wodurch die Obergrenze dann etwa im Jahr 2140 erreicht werden wird. Die **Nachfrage** ist beim Bitcoin wie bei anderen Assets zwar unsicherer. Jedoch kann es nicht zu Schocks kommen wie bei Gewinnwarnungen oder Pleiten von Unternehmen oder Zahlungsunfähigkeiten von Staaten. Der Bitcoin ist kein Unternehmen. Er erzielt keine Gewinne und kann nicht pleitegehen.

Die **Preisbildung** von Kryptowährungen funktioniert genauso wie auf traditionellen Wertpapiermärkten: *Angebot und Nachfrage definieren den Preis.* In diesem Punkt sind die Kryptowährungen also nicht disruptiv. Allerdings ist die inelastische Angebotsfunktion von Bitcoin konstruktionsbedingt völlig gleichgültig gegenüber Angebots- und Nachfrageschocks. Diese werden ausschließlich über den Preis geregelt, woraus die im Vergleich zu anderen Assets deutlich erhöhte Volatilität resultiert. Dagegen kann das Angebot einer Aktie erhöht (durch Kapitalerhöhungen) oder vermindert werden (durch Kapitalherabsetzungen). Die Nachfrage nach Fiatwährungen wird durch die Politik der Notenbanken beeinflusst, bösere Zungen behaupten: manipuliert. Druckt die EZB neues Geld wie im Rahmen des Quantitative Easing, dann sollte dies auf den Wert des Euro aufgrund des erhöhten Angebots einen negativen Einfluss haben. *Diese externen Einflussfaktoren und Akteure/Manipulateure auf Angebot und Nachfrage gibt es beim Bitcoin nicht.* Das hat nichts damit zu tun, dass es natürlich durchaus einflussreiche Akteure und auch Manipulateure im Kryptohandel gibt. Das kann ein Bitcoin-Wal sein, der durch riesige Orders den Markt bewegt. Das kann aber auch ein einflussreicher Influencer sein, der mit seinen Aussagen für Aufregung am Markt sorgt. Derartige Akteure und Einflüsse kennt man aber auch von den Aktienmärkten. Es geht hier nur darum, dass an der maximal möglichen Gesamtmenge der verfügbaren Stücke bei den meisten Kryptowährungen durch Entscheidungen zentraler Instanzen nichts geändert werden kann. Auch mögliche Verringerungen wie beim Burning sind nicht auf solche Entscheidungen zurückzuführen, sondern von vornherein im Programmcode festgelegt.[2]

Bei der Preisbildung von dezentralisierten Kryptowährungen gibt es ein paar **grundlegende Unterschiede zu zentralisierten Assets** wie Aktien oder Anleihen. Wirklich dezentrale Kryptowährungen sind und bleiben im Regelfall völlig sich selbst überlassen. Es gibt im Idealfall keine zentralisierten Instanzen, die in das Eigenleben der Kryptos eingreifen. Deswegen wird es bei schlechten Entwicklungen *keine Rettungsaktion* geben, wie man sie in der traditionellen Finanzwelt bei Banken oder anderen für die Volkswirtschaft wichtigen Unternehmen schon häufig gesehen hat. Ebenso gibt es *keine Stimulierungsmaßnahmen von Staaten* zur Förderung bestimmter Branchen. Betrachtet man den reinen Kryptohandel an den Börsen, gibt es bei extremen Kursbewegungen *keine Sicherungen (Circuit Breakers)*[3]*, die zumindest kurzfristig rausfliegen und bei ungewöhnlich großen Kursschwankungen von Aktien eine Handelsunterbrechung auslösen.*

Von daher können Kryptowährungen in Minutenschnelle 50 oder noch mehr Prozent verlieren oder 100 und noch mehr Prozent steigen. Die Folge ist die im Vergleich zu traditionellen Assets ungleich größere Volatilität von Kryptowährungen. Diese hohe Volatilität wird auch durch die Angebote von sehr hochhebeligen Derivaten der Kryptobörsen zusätzlich befeuert, die bei Marktbewegungen dann oft im großen Stil zwangsliquidiert werden. Dadurch entsteht eine Art Dominoeffekt, der die Kursausschläge kurzfristig potenziert. Eine Besonderheit ist auch der *24/7-Handel*, denn Kryptowährungen werden rund um die Uhr auch an Sonn- und Feiertagen an den Kryptobörsen gehandelt.

10.2 Währungspaare

Für eine Kryptowährung kann es verschiedene **Währungspaare (Trading Pairs)** geben. Diese bestehen immer aus einer Kryptowährung und entweder einer Fiatwährung wie Dollar und Euro oder einer anderen Kryptowährung. So kann ein Coin wie Solana sowohl gegen Fiatwährungen (SOL/USD, SOL/EUR, SOL/KRW …) oder auch gegen andere Kryptowährungen (wie SOL/USDT, SOL/BTC, SOL/ETH) gehandelt werden. Dabei wird die erstgenannte Währung im Währungspaar *Basiswährung (Base Currency)* und die zweite *Kurswährung (Quote Currency)* genannt. Basiswährung kann jeder notierte Coin oder Token sein. Dagegen sind die Kurswährungen auf einige wenige limitiert. Das können Fiatwährungen wie der Dollar oder Euro sein, Stablecoins wie der USDT oder BUSD oder Kryptowährungen wie Bitcoin, Ether oder Exchange Token wie der Binance Coin. Der Krypto-Anleger wird regelmäßig vor allem die Notierung einer Kryptowährung gegenüber der Fiatwährung seines Landes betrachten. Denn der aus dieser Kursnotierung resultierende Wert seiner Kryptoposition symbolisiert die entsprechende Kaufkraft in dem Land des Anlegers. Für den deutschen Anleger wird deshalb die Notierung von Bitcoin und Co gegen den Euro die relevanteste sein, auch wenn die Betrachtung der Dollarnotierung für Analysen meist sinnvoller ist.[4]

Ähnlich wie bei den Fiatwährungen beinhalten die *Hauptwährungspaare (Majors)* fast immer den US-Dollar oder einen entsprechenden Stablecoin als Kurswährung. Betrachtet man also den Dollarpreis von Bitcoin (BTC/USD), dann ist der Bitcoin die Basiswährung und der USD die Kurswährung. Ein weiteres wichtiges Handelspaar ist die Notierung eines Coins gegen den Bitcoin. Hier zeigt sich auch direkt die **Relative Stärke des entsprechenden Coins zum Bitcoin**. Ein Chart mit der Notierung von Ethereum zum Bitcoin (ETH/BTC) zeigt dann, ob in bestimmten Zeiträumen Ethereum besser oder schlechter als der Bitcoin performt. Diese Relative Stärke oder Schwäche von Altcoins im Vergleich zum Bitcoin kann man auch gut in Performance-Übersichten oder Charts erkennen, wenn man die Basiswährung (den Altcoin) im Vergleich zur Kurswährung (dem Bitcoin) betrachtet.

So kann man auf verschiedenen Analyseseiten wie Coinmarketcap bei der Kurswährung zwischen US-Dollar, Euro und vielen anderen Fiatwährungen sowie zwischen BTC, ETH und einigen anderen Kryptowährungen auswählen. Wählt man als Kurswährung USD, wird die Performance aller Coins gegen den US-Dollar ausgewiesen. Wählt man als Kurswährung BTC, wird die prozentuale Veränderung der Coins gegen den Bitcoin für bestimmte Zeiträume ausgewiesen. Für den Bitcoin selbst ergibt sich dabei zwangsläufig immer null Prozent. Bei ETH gilt das gleiche für die prozentualen Wertveränderungen eines Coins gegen den Ether. Dabei müssen die Coins nicht zwangsläufig auch tatsächlich in den eingestellten Kurswährungen gehandelt werden. So könnte ein Coin zum Beispiel auf einer Kryptobörse nur gegen Bitcoin gehandelt werden. Bei der Wertveränderung gegen Dollar handelt es sich dann um eine kalkulatorische Wertveränderung, die wiederum von der aktuellen Dollarbewertung von Bitcoin abhängt.

Die Vielfalt der Währungspaare könnte auch einen Einfluss auf die **Korrelationen** an den Kryptomärkten haben. Bei Token, die nur gegen Bitcoin oder Ethereum handelbar sind, könnte eine größere Korrelation zwischen dem Altcoin und Bitcoin vorliegen, als wenn er direkt gegen den US-Dollar handelbar wäre. Bei Ausverkäufen an den Kryptomärkten wie beim Corona-Crash könnte es dann zu größeren Kursverlusten bei Altcoins kommen, die nur gegen den Bitcoin oder Ethereum handelbar sind.[5] Allerdings betrifft dies nur sehr kleine Token, da alle großen direkt gegen den Dollar gehandelt werden können.

10.3 US-Dollar als Bezugswährung für Analysen

Kryptowährungen wurden anfangs fast ausschließlich gegen US-Dollar (USD) gehandelt. Später kamen dann weitere Fiatwährungen dazu. Neben dem Dollar spielt der Euro eine wichtige Rolle. So gibt es bei der amerikanischen Kryptobörse Kraken für alle dort notierten Coins auch eine Notierung in Euro. Aus Sicht von Anlegern aus Deutschland oder generell aus dem Euroraum ist natürlich die Preisentwicklung gerechnet in Euro das entscheidende Kriterium. Der **Eurowert** kann sich durch Schwankungen des Dollarkurses verändern. Im Extrem kann das dazu führen, dass die Performance eines Kryptoportfolios auf USD-Basis positiv ist, auf Eurobasis negativ. Ein umgekehrter Effekt wäre natürlich auch denkbar. Generell kann man aber sagen, dass die Schwankungen des Fiat-Währungspaares EUR-USD natürlich im Vergleich zu den enormen Schwankungen der Kryptowährungen sehr gering und daher schon fast als Randnotiz erscheinen. Wird ein Coin bei einer Kryptobörse gegen verschiedene Fiat-

und/oder Kryptowährungen gehandelt, sollte man bevorzugt auf dem liquidesten Markt agieren.

Bei **Analysen** sollte nur das **Währungspaar Krypto/USD** betrachtet werden, also zum Beispiel BTC/USD. Der Grund dafür ist, dass das *Handelsvolumen in Dollar meist erheblich größer als in Euro oder anderen Fiatwährungen* ist und die Dollarnotierung *weltweit als Referenz* gilt. Der Dollar ist und bleibt also – zumindest in den nächsten Jahren – auch in der Kryptowelt die *Leitwährung*. Durch die Volumenkonzentration auf den Dollar werden sich deshalb auch alle statistischen und technischen Analysen auf die Dollar-Währungspaare beziehen. Denn der ungleich größere Datenpool führt zu genaueren Auswertungen und hat viel mehr Prognosekraft. Die Krypto-Anleger weltweit benutzen für ihre Analysen deshalb die Dollarcharts. In den Technischen Analysen werden Chartformationen, Widerstände, Unterstützungen et cetera immer in Bezug auf die Dollarnotierung diskutiert. Betrachtet man zum Beispiel die Euronotierung, kann der Chart durch den Einfluss der Entwicklung des Euro zum Dollar verfälscht werden. Eine Chartanalyse auf dieser Basis macht aber keinen Sinn, weil der *Euro-Chart für die Analysten nicht relevant* und deswegen keine Grundlage ihrer Betrachtungen ist.

10.4 Preisnotierungen von Altcoins in Bitcoin oder anderen Kryptowährungen

10.4.1 Satoshi-Werte

Die meisten Altcoins werden gegen den US-Dollar oder einen dollarbasierten Stablecoin gehandelt. Sehr häufig finden sich auch **Preisnotierungen von Altcoins gegen den Bitcoin**. Manchmal können Altcoins auch nur gegen Bitcoin und nicht gegen Fiatwährungen gehandelt werden. Etwas gewöhnungsbedürftig sind dann aufgrund der acht Nachkommastellen bei einer Bitcoin-Notierung die Preisangaben.

Die Nachkommastellen werden als **Satsohis (Sats)** bezeichnet, nach dem Bitcoin-Erfinder Satoshi Nakamoto. Ein Satoshi ist die kleinstmögliche Einheit eines Bitcoin, die auf der Bitcoin-Blockchain aufgezeichnet ist. Sie entspricht einer Dezimalzahl von sieben Nullen, gefolgt von einer Eins. Ein Bitcoin besteht aus 100 Millionen Satoshis.

Satoshi	Bitcoin
1	0,00000001
10	0,00000010
100	0,00000100
1.000	0,00001000
10.000	0,00010000
100.000	0,00100000
1.000.000	0,01000000
10.000.000	0,10000000
100.000.000	1.00000000

Tab. 10.1 *Satoshi-Werte in Bitcoin*

Die starken Kurssteigerungen beim Bitcoin werfen die Frage auf, ob seine **Teilbarkeit mit acht Stellen hinter dem Komma** auch in Zukunft ausreichend ist. Dazu ist es hilfreich, den Wert eines Satoshis bei einem Preis von 100.000 Dollar für einen Bitcoin zu betrachten. Dieser wäre dann mit 0,001 Dollar oder 0,1 Cent immer noch mikroskopisch klein. Selbst wenn der Wert eines Bitcoin auf zehn Millionen Dollar steigen würde, wäre ein Satoshi nur zehn Cent wert. Erst bei einem Bitcoin-Preis von 100 Millionen Dollar pro Stück würde ein Satoshi als kleinste Einheit dann einen Dollar kosten. Von daher besteht auf absehbare Zeit keine Notwendigkeit, die Teilbarkeit von Bitcoin in Zukunft zu erhöhen. Außerdem könnte diese Entscheidung aufgrund des demokratischen Systems von Bitcoin keine einzelne Autorität treffen. Wie jede Protokolländerung würde es dazu zunächst einen mehrheitlichen Konsens benötigen. Grundsätzlich könnte man aber die Zahl der Nachkommastellen beliebig erhöhen.

10.4.2 Dollarwerte einer Altcoin-Notierung in BTC oder anderen Kryptowährungen

Notiert zum Beispiel ein Altcoin bei einem Preis von 0,00024567 BTC (hat also einen Preis von 24.567 Satoshi) und der BTC wird bei einem Preis von 40.000 Dollar gehandelt, so errechnet sich der Preis des Altcoins in Dollar wie folgt:

$$0{,}00024567 \text{ BTC} = 24.567 \text{ Satoshi} \cdot \frac{40.000 \, \frac{Dollar}{Bitcoin}}{100.000.000 \, \frac{Satoshi}{Bitcoin}} = 9{,}8268 \text{ Dollar}$$

Da die letzte Nachkommastelle einem Hundertmillionstel entspricht, wird der Satoshi-Wert mit dem Quotienten des Dollar-Preises von Bitcoin dividiert durch 100 Millionen multipliziert, um den Dollar-Wert des Altcoins zu errechnen. Natürlich kann man auch einfach den dezimalen Bitcoin-Preis des Altcoins mit dem aktuellen Bitcoin-Kurs in Dollar multiplizieren.

Neben Notierungen gegen den Bitcoin kann es auch **Preisnotierungen von Altcoins gegen andere Altcoins** geben. Am häufigsten kommen Preise mit **Ether (ETH)** als Kurswährung vor. Die kleinste Einheit eines Ether ist ein *Wei*. Ein Wei entspricht 10^{-18} Ether. Ein Ether besteht deshalb aus einer Trillion Wei. Gebräuchlicher als der Wei ist der *Gwei* (Abkürzung für Gigawei). Ein Gwei entspricht 10^{-9} Ether. Ein Ether besteht also aus einer Milliarde Gwei. Die Maßeinheit Gwei wird für die Gasgebühren (Gas Fees) benutzt. Diese Gebühren müssen für die Ausführung von Transaktionen wie Smart Contracts auf der Ethereum-Blockchain bezahlt werden. Die Höhe dieser Gebühren ist neben anderen Faktoren abhängig von der Aktivität auf dem Netzwerk.

Eine Umrechnung der Ethernotierung eines Altcoins in Dollar erfolgt wie beim Bitcoin durch Multiplikation der dezimalen Preisnotierung mit dem aktuellen Ether-Kurs in Dollar. Wird etwa Cardano zu einem Kurs von 0,0002116 ETH gehandelt und ETH notiert bei 1.900 Dollar, so errechnet sich der Dollarkurs von Cardano wie folgt:

$$0{,}0002116 \text{ ETH} = 0{,}0002116 \text{ ETH} \cdot 1.900 \text{ Dollar/ETH} = 0{,}40204 \text{ Dollar}$$

In der Regel ist die Dollarnotierung eines Coins die liquideste. Deswegen wird meist auch der Spread zwischen Geld- und Briefkursen bei der Dollarnotierung am geringsten sein. Bei einer alternativen Notierung des Coins zum Beispiel gegen Ether könnte der Spread etwas größer sein. Von daher hätte ein Anleger, der einen Altcoin für Ether kaufen will, zwei Möglichkeiten. Er könnte erst Ether gegen Dollar verkaufen und davon anschließend den Altcoin für Dollar kaufen. Dann würden aber zweimal Transaktionsgebühren und auch zweimal ein Spread anfallen für einen eventuell geringeren Spread bei der Dollarnotierung des Altcoins. Oder er kauft den Altcoin direkt mit Ether.

10.5 Bid-Ask-Spreads und Liquidität

Unter dem **Bid-Ask-Spread** versteht man bei Kryptowährungen (wie bei Aktien oder Derivaten) den *Unterschied zwischen den dem höchsten Geldkurs (Bid) und dem niedrigsten Briefkurs (Ask).*[6] Der höchste Geldkurs ist das höchste Gebot eines Käufers, der ein Wertpapier oder hier einen Coin kaufen will. Der tiefste Briefkurs zeigt umgekehrt den niedrigsten Preis, zu dem ein Verkäufer bereit ist, zu verkaufen. Der höchste Geldkurs wird deshalb immer niedriger sein als der niedrigste Briefkurs. Da Absolutzahlen aufgrund der großen Unterschiede bei den Preisen verschiedener Kryptowährungen wenig Aussagekraft haben, ist ein *Vergleich des prozentualen Unterschieds zwischen Bid und Ask sinnvoll.* Dieser prozentuale Unterschied wird auf den Briefkurs bezogen und ergibt sich, wenn man Ask minus Bid durch Ask dividiert. Die Prozentzahl sagt nichts anderes aus als den Verlust, den ein Käufer erleiden würde, wenn er nach dem Kauf sofort wieder verkaufen würde. Natürlich macht das niemand, es sei denn, man hat versehentlich eine Order eingestellt und möchte diese wieder glattstellen. In Übersichten wird der Spread meist geringfügig anders berechnet als Ask minus Bid durch den Mittelkurs zwischen Ask und Bid.

$$\text{Spread in Prozent} = \frac{\textit{Briefkurs} - \textit{Geldkurs}}{\textit{Briefkurs}} \cdot 100$$

Letztlich drücken sich in diesem Spread die **impliziten Kosten beim Kauf eines Coins** aus. Denn irgendwann will man den Coin auch wieder verkaufen. Von daher ist der *Erwerb eines bestimmten Coins am besten bei der Börse zu tätigen, die die geringsten Spreads hat.* Hat eine Börse bei einem Coin immer deutlich höhere Spreads, wird man letztlich einen geringeren Gewinn erzielen oder einen größeren Verlust erleiden, als wenn man bei einer Börse mit kleinen Spreads gehandelt hätte. Anleger sollten deswegen bei der Auswahl der Kryptobörse nicht nur auf die direkten Transaktionskosten achten (Gebühren beim Kauf und Verkauf). Hat eine Kryptobörse nur sehr geringe oder sogar gar keine Fees, dafür über größere Spreads, können Transaktionen für den Anleger viel teurer werden als bei einer Börse mit etwas höheren Fees und geringerem Spread. Selbst beim hochliquiden Bitcoin können die Spreads nicht unbeträchtlich differieren. Es macht einen großen Unterschied, ob ein Spread 0,01 Prozent oder zwei bis drei Prozent beträgt. Das ist schon bei einem Trade fühlbar und wird zum Renditekiller bei vielen Trades.

Die **Größe des Spreads** muss im Zusammenhang mit dem *gewünschten Handelsvolumen* gesehen werden. Je größer das Handelsvolumen ist, das sofort gehandelt werden soll, desto größer wird tendenziell der anlegerspezifische Spread sein. Die *Liquidität des Coins* ist ein entscheidender Faktor. So hat der Bitcoin meist nur einen minimalen Spread von wenigen Zehnteln eines Dollars, das sind wenige Tausendstel Prozent. Bei wenig gehandelten Altcoins kann er dagegen auch einige Prozent betragen. Die Spreads können **je nach aktueller Marktverfassung größer oder kleiner** sein. Bei Crashs, Black-Swan-Ereignissen oder anderen großen Kursbewegungen können sich die Spreads kurzfristig stark vergrößern. Man kennt dieses Phänomen auch von den traditionellen Finanzmärkten.

Dazu ein Beispiel rund um die Coronakrise. Dabei werden die Spreads für eine 10-Millionen-Dollar-Order von Bitcoin untersucht.[7] Vor dem Corona-Crash lag der Spread am 07.03.2020 für eine solche Order bei 0,22 Prozent. Nach dem Crash war der Spread am 14.03.2020 auf 2,69 Prozent hochgesprungen und hatte sich somit mehr als verzehnfacht. Im Corona-Crash selbst stiegen die Spreads kurzfristig auf bis zu 700 Dollar.

Deutlich größer sind die **Spreads bei Altcoins**, insbesondere bei kleineren. Hier sollte man zunächst zum Beispiel bei Coinmarketcap überprüfen, auf welcher Börse die größten Umsätze beim jeweiligen Coin sind. Das wird bei der Vielzahl von Altcoins natürlich oft eine Börse sein, bei der der Anleger kein Konto hat. Von daher muss er abwägen, ob ihm der Coin die Mühe wert ist, bei dieser Börse ein weiteres Konto zu eröffnen. Zwar ist es generell sinnvoll, zumindest prophylaktisch bei mehreren Börsen ein Konto zu eröffnen. Bei zu vielen Konten parallel besteht aber die Gefahr, dass man die Übersicht verliert.

Zur **Suche nach den liquidesten Börsen für einen bestimmten Coin** kann man coinmarketcap.com benutzen: In die Suchfunktion den Namen des Coins eingeben und diesen aufrufen, dort auf den Reiter „Market Pairs" und „By Adjusted Volume" aufrufen. Dann werden die Notierungen eines Coins gegen alle möglichen Währungspaare nach tatsächlichem Umsatz gewichtet aufgeführt.

Beim Bid-Ask-Spread ist auch darauf zu achten, welches **Umsatzvolumen hinter dem höchsten Geld- und dem niedrigsten Briefkurs** steht. Sind zu diesen Kursen nur minimale Umsätze möglich, sollte man zusätzlich darauf achten, bei welchen Bid- und Ask-Preisen Umsätze in der gewünschten Größenordnung möglich sind. Man könnte dann zum Beispiel den Bid-Ask-Spread betrachten, der bei einem Kauf und gleichzeitigen Verkauf in einer Größenordnung von 10.000, 100.000 oder 1.000.000 Euro entstehen würde.

Letztlich bestimmt sich dadurch die **Liquidität** eines Handelsgutes, hier also von Krypto-Assets. Die Liquidität hängt von mehreren Faktoren ab. So ist zunächst die gesamte Marktkapitalisierung der umlaufenden Stücke (Circulating Supply) ein wichtiger Indikator. Dividiert man den täglichen Börsenumsatz durch den Circulating Supply, ist ein Coin umso liquider, je größer diese Prozentzahl ist.[8] Dabei ist auch zu untersuchen, ob sich diese Stücke weit verstreut bei sehr vielen Anlegern befinden oder bei einem oder wenigen Marktteilnehmern konzentriert sind. Ähnlich ist das bei der Betrachtung von Aktien, weswegen man dort von Streubesitz im Gegensatz zu den Anteilen von Großaktionären spricht. Von daher kann auch bei Kryptowährungen unterstellt werden, dass die Liquidität umso größer ist, je breiter verteilt die Stücke sind. In Bezug auf den Börsenhandel ist die Liquidität umso größer, je geringer der Bid-Ask-Spread und je größer die Anzahl der getätigten Börsenumsätze sind. Als Liquiditätsmaß wird manchmal angenommen, welcher Umsatz in einer bestimmten Bandbreite rund um den Mittelkurs zwischen Bid und Ask erzielt werden kann.[9] So könnte man beim Bitcoin als Liquiditätsmaß eine zweiprozentige Bandbreite ansetzen. Je höher dabei die erzielbaren Umsätze sind, desto liquider ist der Bitcoin dann. Diese so bestimmte Liquidität kann je nach Marktphase stark schwanken. Je geringer die Liquidität ist, desto größer fällt die Slippage aus.[10]

Kuriosum: Buy low, sell high. Die Kryptobörse Kraken erfüllte den Traum eines jeden Traders. Denn dort konnte man Bitcoin bei 8.000 US-Dollar kaufen und sofort wieder bei 12.000 Dollar verkaufen. Der Spread wurde also nicht nur enorm ausgeweitet, sondern war zusätzlich auch noch invers. Die Bid-Preise waren höher als die Ask-Preise. Am 14. September 2019 hatte Kraken einen neuen erweiterten Ordertyp getestet, der dazu führte, dass die Auftragspreise der Kunden mit der falschen Seite des Orderbuches verglichen wurden. Kraken wickelte die fälschlicherweise ausgeführten Aufträge ab, stornierte sie nicht nachträglich und übernahm damit auf eigene Kosten die entstandenen Verluste. In der Community kam aber die Frage auf, ob dadurch auch fälschlicherweise Stop-Loss-Orders von Kunden ausgelöst wurden. Kraken verneinte das und bestätigte, dass alle Stop-Orders zu den korrekten Marktpreisen ausgeführt wurden.

10.6 Volatilität

Volatilität ist ein in Prozent ausgedrücktes Maß dafür, wie sich der Preis eines Assets innerhalb bestimmter Zeiträume verändert. Sie ist deshalb ein Maß für das Risiko einer Kapitalanlage. Mathematisch wird sie als Standardabweichung der Kursschwankungen um die Kurve des errechneten gleitenden Mittelwertes bestimmt. Je größer die Schwankungsbreite ist, desto volatiler und damit risikoreicher ist die Kapitalanlage. Dabei bezieht sich die beobachtete *historische Volatilität* auf die Schwankungsbreite in der Vergangenheit. Daneben gibt es noch die *implizite Volatilität*. Diese wird aus den Optionspreisen am Terminmarkt abgeleitet und spiegelt die von den Marktteilnehmern zukünftig erwarteten Kursschwankungen wider. Sowohl unterschiedliche *Assetklassen* wie auch Unterklassen in einer Assetklasse können sehr unterschiedliche Volatilitäten haben. Außerdem kann die Volatilität je nach betrachtetem *Zeitraum* sehr unterschiedlich sein. Von daher ist eine Beurteilung, ob die Volatilität des analysierten Assets gerade hoch, niedrig oder normal ist, abhängig von der Assetklasse und dem betrachteten Zeitraum.

Immer wieder überraschend ist die **sehr hohe Volatilität von Bitcoin**. Kurzfristig kommt es hier im Vergleich zu traditionellen Anlagen wie Aktien unverhältnismäßig häufig zu heftigen Kursschwankungen, die auf viele Anleger erschreckend wirkt und sie von einem Investment in diesem Bereich abhält. Diese Volatilität zeigt sich sowohl in kurz- wie in langfristigen Beobachtungszeiträumen. So gibt es manchmal beim Bitcoin Spikes mit Kursveränderungen um 10 bis 20 Prozent, die innerhalb sehr kurzer Zeiträume bis hin zu Minuten stattfinden können.[11] Zum anderen gibt es Aufwärtsbewegungen von mehreren Hundert bis Tausend Prozent im Rahmen der längerfristigen Marktzyklen mit anschließenden Einbrüchen von 80 oder noch mehr Prozent. Bei vielen Altcoins ist sogar noch eine deutlich größere Volatilität als beim Bitcoin zu beobachten. Allerdings hat sich die Volatilität von Bitcoin im Laufe der Jahre deutlich verringert. Dies dürfte auf die zunehmende Marktreife sowie die Aufnahme dieser neuen Assetklasse in den Anlagemix von immer mehr Anlegern zurückzuführen sein.

In diesem Zusammenhang wird oft die Meinung vertreten, Bitcoin sei wegen der riesigen Volatilität kein seriöses Investment. Mit demselben Argument hätte man in den ersten zwölf Jahren nach dem Börsenstart auch die Amazon-Aktie als unseriöses Investment bezeichnen können.[12] Heute würde man bei Amazon diese Frage nicht mehr stellen. Ähnlich ist es beim Bitcoin, der ja noch lange nicht das Teenageralter hinter sich gelassen hat. Den Kryptomarkt kann man noch immer als Emerging Market sehen. Ein Wesensmerkmal von Emerging Markets ist, dass sie sich oft noch in einer Art **Preisfindungsphase** befinden. Werte aus diesem Bereich haben deswegen eine erheblich größere Volatilität als etablierte Werte, bei denen sich der Markt und die Analysten auf Bewertungsmethoden geeinigt haben. Experten erwarten, dass die Schwankungen beim Bitcoin weiter abnehmen werden und die Volatilität sich im Laufe des Jahrzehnts der von anderen Assetklassen annähern wird. Außerdem steckt die fundamentale Analyse von Kryptowerten im Vergleich zur Aktienanalyse eher noch in den Kinderschuhen. Auch diese **Bewertungsunsicherheiten** tragen zu einer Verstärkung der Volatilität bei.

Die Volatilität wird aber vor allem durch das strikt limitierte Angebot beim Bitcoin verstärkt. Nachfrageschocks schlagen hier voll durch, weil es **keine Ausgleichsmechanismen im Angebot** wie bei Währungen (Veränderungen der Geldmengen durch Zentralbanken), Aktien (Aktienrückkäufe oder Kapitalerhöhungen) oder Rohstoffen (Erhöhung oder Reduzierung der Fördermengen) gibt. So würden bei Rohstoffen anziehende Preise zu einer Erhöhung der Fördermengen führen, die dann wiederum rückläufige Preise zur Folge hat. Beim Bitcoin ist überhaupt keine Änderung des Gesamtangebots möglich. Es gibt deshalb keine Angebotsschocks, nur Nachfrageschocks. Erhöhte oder nachlassende Nachfrage schlägt sich ungebremst durch Angebotsveränderungen in den Preisen nieder und führt zu der ungewöhnlich großen Volatilität. Eine große Volatilität sagt nichts über die Eignung eines Assets als langfristiger Wertspeicher aus. So hat der Dollar im Gegensatz zum Bitcoin eine äußerst geringe Volatilität, verliert aber in der langfristigen Betrachtung erheblich an Kaufkraft. Dies wird sich auch in Zukunft nicht ändern. Beim Bitcoin wird zwangsläufig das Gegenteil der Fall sein, wenn man nicht von irgendwelchen Untergangsszenarien ausgeht. Aufgrund der Dezentralität gibt es auch sonst **wenig Einflussmaßnahmen zentraler Instanzen**. Regelmäßig wird zwar unterstellt, beim Bitcoin gäbe es überhaupt keine Einflussmaßnahmen zentraler Instanzen. Das stimmt so allerdings nicht ganz. Regulierungsmaßnahmen oder eine starke Besteuerung von Kryptowährungen haben durchaus Einfluss auf Preise und Volatilität. Trotzdem gibt es einen wesentlichen Unterschied. Der Bitcoin selbst hat keine zentrale Instanz, die wesentliche Eckpfeiler ändern kann. Es gibt keinen CEO oder Zentralbankchef, der das Angebot an Bitcoin ändern könnte.

Bei den in Bezug auf die Marktkapitalisierung erheblich kleineren Altcoins kommt noch der Faktor der leichteren **Manipulierbarkeit** hinzu. Selbst der Bitcoin ist – wie man das allerdings durchaus auch von größeren Aktien kennt – anfällig für Aktionen oder auch nur die Meinungsäußerung von wichtigen Marktteilnehmern oder Influencern. In jüngerer Vergangenheit hat man dies bei den erratischen Aktionen und Tweets von Elon Musk zum Bitcoin oder Dogecoin gesehen, mit den entsprechenden Folgen für die Kurse. Bei den Altcoins ist jedenfalls die Gefahr der Kursmanipulation durch alle möglichen legalen, halb legalen oder illegalen Einflussnahmen viel größer. Aber auch hier gibt es starke Analogien zu den Aktienmärkten, bei denen junge Wachstumsaktien ebenfalls ungleich stärker schwanken als Aktien von etablierten Unternehmen. Der Unterschied zu den Kryptomärkten ist – derzeit – nur dadurch gegeben, dass die Manipulation von Aktienkursen illegal ist, entsprechend sanktioniert wird und deshalb weniger häufig auftreten dürfte. Dagegen sind Kryptowährungen hier noch weitgehend unreguliert.

Eine weitere Verstärkung der Volatilität beim Bitcoin und am Kryptomarkt generell wird durch den **Handel mit sehr hohen Hebeln an den Terminmärkten** verursacht. Die Hebelangebote von bis zu 100 oder noch mehr auf die ohnehin schon sehr volatilen Kryptowährungen sind teilweise absurd und führen eher zu einer Destabilisierung der Kryptomärkte. Hier kommt es aufgrund der Zwangsliquidationen von Terminpositionen schnell zu Kettenreaktionen, die in Paniksituationen schon fast zu einer Kernschmelze der Kurse führen. Außerdem ist die Gefahr nicht gering, dass bei einer großen Kryptobörse das Risikomanagement außer Kontrolle gerät und diese dadurch in eine Schieflage kommt – bis hin zu einer Insolvenz (Lehman-Effekt).

10.7 Preisunterschiede zwischen Kryptobörsen und Ländern

10.7.1 Preisunterschiede zwischen Kryptobörsen

In der *Vergangenheit* waren für Kryptowährungen *riesige Preisunterschiede an verschiedenen Kryptobörsen* zu beobachten, selbst beim hochliquiden Bitcoin. Deshalb wurden Kryptowährungen und deren Handelsplätze oft als wenig vertrauenswürdig eingestuft, zumal die plötzlichen und erheblichen Kursschwankungen häufig Kursmanipulationen vermuten ließen. Preisunterschiede gibt es aber auch bei traditionellen Wertpapierbörsen. Diese waren früher erheblich größer. Mit dem elektronischen Handel und den daraus folgenden Arbitragemöglichkeiten sind diese auf ein Minimum geschrumpft. Die *Preisunterschiede zwischen verschiedenen Kryptobörsen resultieren meist aus den Zu- und Abgangsmöglichkeiten der Anleger* in das und aus dem **Krypto-Universum der einzelnen Kryptobörsen**. Denn zunächst muss erst einmal Fiatgeld auf das Konto der Kryptobörse gelangen, um überhaupt Kryptowährungen kaufen zu können. Oder man sendet bereits bei einer anderen Kryptobörse gekaufte Kryptowährungen an die Kryptobörse. Irgendwo muss natürlich der Anfang sein, bei dem Fiatgeld in die Kryptowelt überführt wurde. Die Schwierigkeiten der Vergangenheit haben sich mittlerweile erheblich vermindert, sind aber vereinzelt immer noch vorhanden.

Wird an der Kryptobörse A der Bitcoin immer deutlich tiefer gehandelt als an der Kryptobörse B, so liegt der Gedanke nahe, an beiden Börsen ein Konto zu eröffnen, um von diesen Preisunterschieden zu profitieren. Die Kontoeröffnung ist meist kein Problem. Allerdings könnte man Arbitragegewinne nur dann realisieren, wenn man den Verkaufserlös von B auch wieder zu A oder auf ein Fiatkonto zurücküberweisen könnte. Das *Problem* ist aber, dass man bei einem Verkauf auf B *in diesem Krypto-Universum gefangen* ist. Denn auf B werden dann alle Kryptowährungen höher gehandelt als auf A. Ein Kauf des Bitcoin auf A und Verkauf auf B würde zwar problemlos funktionieren, wenn man von der Transaktionszeit, also der Überweisung der Bitcoin von A nach B, absieht. Will man den Verkaufserlös aber wieder zurück nach A bekommen, müsste man von diesem eine andere Kryptowährung kaufen und diese nach A transferieren. Dies würde aber nichts bringen, da diese auf A zu tieferen Preisen gehandelt wird. Der prozentuale Verlust dürfte in der Regel ungefähr dem prozentualen Gewinn der ersten Transaktion entsprechen. Dadurch, dass die Preise aller Kryptowährungen auf B höher als auf A sind, ist B gegenüber A praktisch *abgeschottet*. Eine zweite Möglichkeit wäre deshalb, den Verkaufserlös als Fiatgeld zurück auf das Heimatkonto zu überweisen, von wo man es dann wieder weiter nach A leiten könnte. *Fiat-Überweisungen von Kryptobörsen* sind aber entweder *oft nicht möglich, sehr teuer oder dauern lange*. Selbst wenn diese Möglichkeiten von der Kryptobörse angeboten werden, heißt das noch nicht, dass es auch wirklich funktioniert. In der Vergangenheit wurden Überweisungen insbesondere in kritischen Phasen einfach nicht ausgeführt. Dies war bei Kryptobörsen in Phasen der Fall, in denen die Kryptopreise deutlich höher als bei anderen Kryptobörsen waren.

So gab es beispielsweise im Frühjahr 2019 für den Bitcoin erhebliche Preisunterschiede zwischen **Bitfinex** und anderen großen Kryptobörsen. Er betrug zwischen Bitfinex und Kraken und anderen Börsen teilweise deutlich über sechs Prozent.[13] Auch die anderen Kryptowährungen waren bei Bitfinex zu dieser Zeit mit ähnlichen Preisaufschlägen versehen. Grund für diese Preisunterschiede waren erhebliche Bedenken des Marktes gegenüber Bitfinex. So gab es eine Klage in New York wegen möglicher Bitcoin-Kursmanipulationen durch Käufe mit angeblich ungedeckten Tether-Beständen, dem führenden dollarbasierten Stablecoin. Der Verkauf von Bitcoin zu den hohen Preisen war natürlich problemlos möglich. Ein Rücktransfer zum Beispiel durch den Kauf von XRP schied wegen der ebenfalls höheren Preise aus. Bitfinex bietet aber auch die Möglichkeit der kostenfreien SEPA-Überweisung an. Für die ebenfalls zur Auswahl stehende Express-Überweisung mit dem Versprechen, dass das Fiatgeld innerhalb eines Tages auf dem Konto ist, wurde eine Gebühr von einem Prozent verlangt. In Anbetracht der riesigen Preisunterschiede beim Bitcoin wäre das immer noch ein gutes Geschäft gewesen. Allerdings führte Bitfinex selbst die Expressüberweisung einfach nicht aus. Selbst nach zwei Wochen war das Geld immer noch nicht da. Nachfragen gestalteten sich schwierig, schließlich wurde nach Wochen geraten, die Überweisung zu stornieren. Dieses völlig unseriöse Verhalten ließ damals erhebliche Zweifel an der Solvenz von Bitfinex aufkommen. Erst mit der Emission des Exchange Token UNUS SED LEO (LEO) konnte Bitfinex die Solvenzzweifel zerstreuen. In der Folge passten sich auch die Kryptopreise bei Bitfinex wieder den Preisen bei den anderen großen Kryptobörsen an.

Auch die **Spreads**, also die Preisstellung in Form von Bids und Asks (Angebots- und Nachfragekursen), können beim Vergleich zwischen verschiedenen Kryptobörsen *erhebliche Unterschiede* aufweisen. Während der Spread bei dubiosen Kryptobörsen beim Bitcoin schon einmal 100 oder mehr Dollar betragen kann, bewegt sich das bei den großen und etablierten Kryptobörsen im Centbereich. Generell gilt der Bitcoin als das Asset mit dem weltweit geringsten Spread beim Handel. Wie im vorherigen Kapitel 10.5 bereits erwähnt, sind die Spreads ein wichtiger Kostenbestandteil beim Handel mit Kryptowährungen. Oft sind diese Kosten viel größer als die eigentlichen Transaktionskosten, also die von der jeweiligen Börse erhobenen Kauf- und Verkaufsgebühren.

Neben dauerhaften Preisunterschieden bei Coins an verschiedenen Kryptobörsen kann es auch ganz kurzfristige und durchaus eklatante Preisausschläge geben, die bei einem bestimmten Coin nur an einer Kryptobörse stattfinden. Im Chart erkennt man dann einen **Spike**, der an anderen Kryptobörsen nicht auftritt.[14] Diese Spikes resultieren aus einem ganz kurzfristigen Ungleichgewicht von Angebot und Nachfrage nach dem Coin an dieser Börse. Sie haben oft nur Sekunden oder Minuten Bestand und unterscheiden sich von den Spikes, die bei einem bestimmten Coin oder auch beim Gesamtmarkt gleichzeitig an allen Kryptobörsen und oft zum Ende einer langfristigen Bewegung auftreten.

10.7.2 Preisunterschiede zwischen verschiedenen Ländern

Fiatgeld kann sich deutlich unterscheiden, je nachdem welches Land betrachtet wird. So gibt es bei Währungen wie dem US-Dollar oder dem Euro wenig *Beschränkungen in Bezug auf Übertragbarkeit oder Umtauschmöglichkeiten*. In – meist totalitären – Ländern mit einem strikten Währungsregime oder extrem schwachen Währungen ist das anders. Dies spiegelt sich allein schon in den Spreads der Fiatwährung zwischen An- und Verkaufskursen, die oft riesig sind. Dies war zum Beispiel ein Grund, warum auf der Kryptobörse in Simbabwe, das unter einer extremen *Inflation* litt und leidet, in der Vergangenheit der Bitcoin teilweise doppelt so teuer war wie an den großen etablierten Börsen. Eine Arbitrage war trotzdem praktisch unmöglich. Zwar konnte man Bitcoin zur Börse in Simbabwe transferieren. Aber die Erlöse dann wieder aus diesem System herauszulotsen war aus den in Kapitel 10.7.1 genannten Gründen praktisch unmöglich, man war in dem System gefangen. Außerdem: Ein Blick auf die Nachfragevolumina zeigte, dass die Preise nur für wenige Euro Gegenwert gestellt wurden.

Nach dem Verbot des Erwerbs ausländischer Währungen in Simbabwe im Sommer 2019 wurde auf der Peer-to-Peer-Handelsplattform LocalBitcoins der Bitcoin teilweise mit riesigen Aufschlägen von über 600 Prozent gehandelt.[15] Dies hatte auch damit zu tun, dass im Vorjahr alle im Land befindlichen Kryptobörsen schließen mussten. Das betraf Golix, die im Mai 2018 ihre Tätigkeit einstellte. Die Fluchtmöglichkeiten für Simbabwer, die ihr Geld vor der horrenden Geldentwertung von 100 Prozent pro Monat retten wollten, waren deshalb äußerst begrenzt. Aber auch als Golix noch in Betrieb war, wurde nach dem Sturz des Präsidenten Mugabe der Bitcoin 2017/2018 mit enormen Aufschlägen von rund 100 Prozent gehandelt.[16] Der Handel fand aber nur mit Kleinbeträgen statt, der Monatsumsatz betrug rund 100 Bitcoin. Nicht nur deswegen sind naheliegende Arbitrageüberlegungen nicht umzusetzen. Denn man konnte zwar Bitcoin zu Golix übertragen und dort teuer verkaufen, war dann aber mit dem Gegenwert auf einem Konto in Simbabwe gefangen. Auch in Südafrika wurde der Bitcoin an der dortigen Kryptobörse Luno mit zehn Prozent Aufschlag bei hohem Handelsvolumen gehandelt. Das hatte seinen Grund in eingeführten Kapitalkontrollen aufgrund der starken Abwertung des Südafrikanischen Rand.

In den Ländern Afrikas könnte es aber beim Bitcoin oder anderen Kryptowährungen als Zahlungsmittel eine ähnliche Entwicklung geben wie in der Telekommunikation. Dort übersprangen die Afrikaner die Kommunikation über Festnetzanschlüsse und nutzten sofort Mobiltelefone. Nun könnte die große Zahl von Menschen ohne Bankkonto die Banknutzung durch die Nutzung von Kryptowährungen überspringen.

Wegen Kapitalkontrollen und -restriktionen oder starken Inflationsraten kann es deswegen **teilweise enorme Preisunterschiede zwischen den Preisnotierungen von Kryptobörsen unterschiedlicher Länder** geben. Bekannte Beispiele sind Simbabwe, Venezuela, Argentinien, Iran oder die Türkei. Der Bitcoin wird dann in diesen Ländern mit mehr oder minder großen Aufschlägen gehandelt.

Selbst in eher westlich geprägten Ländern wie **Südkorea** – das einen wesentlichen Anteil am weltweiten Kryptohandel hat – wurde der Bitcoin über längere Zeiträume an Börsen wie Bithumb oder Coinone mit zweistelligen Prozentzahlen und bis zu 30

Prozent Aufschlag gegenüber den großen Kryptobörsen gehandelt. Dieser Aufschlag wird auch als *Kimchi Premium* bezeichnet.[17] Dabei ist Südkorea eines der wichtigsten Länder im internationalen Kryptohandel. Ein erheblicher Teil der Bevölkerung hat sich insbesondere in der Boomphase im Handel mit Kryptowährungen engagiert. Grund für die hohen Preise in Südkorea war, dass der Südkoreanische Won im Gegensatz zu Euro oder Dollar wegen verschiedener Regulierungen wie Kapitalverkehrskontrollen nicht einfach zu transferieren ist. Verkauft man dann Bitcoin an einer südkoreanischen Börse, ist man wieder in diesem System gefangen und kann nicht einfach den Erlös in die Heimat zurücküberweisen. Außerdem gab es *Restriktionen* für Ausländer. Diesen war es nicht gestattet, an den dortigen Kryptobörsen ein Konto zu eröffnen. Selbst durch die Kooperation mit einem Südkoreaner konnte eine Arbitrage kaum funktionieren, da es hier Hindernisse wegen der Steuern und des Währungstransfers gab. Dies führte übrigens dazu, dass die Plattform Coinmarketcap die Börsennotierungen der südkoreanischen Börsen wegen der Preisverzerrungen nicht mehr berücksichtigte. Das Kimchi Premium erreichte seinen Höchststand im Januar 2018 mit einem Aufschlag von 55 Prozent. Danach kam es sukzessive zurück und aus dem Premium wurde sogar ein Discount. Als Erklärung dafür wurde der erhebliche Rückgang des Interesses von südkoreanischen Retail-Investoren angeführt.

Preisunterschiede zwischen Ländern bilden sich manchmal auch nur **temporär aufgrund aktueller Ereignisse**. In der Coronakrise notierten die Preise auf chinesischen außerbörslichen Plattformen wie Huobi OTC teilweise mit bis zu 15 Prozent über den an Kryptobörsen in anderen Ländern gezahlten Preisen.[18]

10.7.3 Allzeithöchststände in unterschiedlichen Währungen

Nach den Allzeithöchstständen des Bitcoin Ende 2017 dauerte es genau drei Jahre, bis diese nach den zwischenzeitlichen Abstürzen wieder erreicht wurden. Allerdings bezog sich dies immer auf die Dollarnotierung. So dauerte es beim Europreis von Bitcoin ein paar Tage länger, bis das alte Allzeithoch wieder erreicht wurde. Denn der Bitcoin-Preis in anderen Währungen hängt natürlich auch von der Entwicklung der jeweiligen Währung gegenüber dem Dollar ab. Deswegen können Höchstkurse beim Bitcoin gerade bei kleinen oder weniger stabilen Währungen zu völlig anderen Zeitpunkten als beim Dollar erreicht werden.[19] Währungen, die gegenüber dem Dollar an Wert verlieren, werden deshalb schon früher alte Bitcoin-Höchststände erreichen als der Dollar. Umgekehrt erreicht der Bitcoin in Währungen, die sich gegenüber dem Dollar stärker entwickeln, die Höchststände dann später als bei der Dollarnotierung.

10.8 Effekte des Rund-um-die-Uhr-Handels (24/7)

The Market that never sleeps. Eine Besonderheit an den Kryptomärkten ist im Gegensatz zu anderen Handelsplätzen wie den Aktienbörsen der 24/7-Handel. Es wird an allen sieben Tagen gehandelt und das rund um die Uhr, also 24 Stunden lang. Genauso bleibt auch an allen Feiertagen der Handel an den Kryptobörsen offen, deswegen müsste man sogar genauer von einem **24/7/365-Handel** sprechen.

Durch den 24/7-Handel kommt es aufgrund der unterschiedlichen Tageszeiten in den verschiedenen Weltregionen zu einem interessanten Phänomen. Denn die Anleger aus bestimmten Weltregionen bestreiten das Gros der **Handelsaktivitäten zu bestimmten Uhrzeiten je nach Weltregion**. Dies ist auch an *plötzlichen Preisveränderungen* zu beobachten, die *oft zu Beginn der Haupthandelszeiten in einer bestimmten Weltregion* stattfinden. Es gibt manchmal **Perioden mit deutlicher Dominanz von einer dieser Anlegergruppen**. Die wichtigen Akteure an den Kryptomärkten sind drei verschiedenen Weltregionen zuzuordnen: Europa, Nordamerika und Asien. Asien erstreckt sich dabei über die meisten Zeitzonen. Die Kryptomärkte dort werden dominiert von Akteuren in Japan, Korea, China und Singapur. Die Handelszeiten in den jeweiligen Regionen kann man – auch in Anlehnung an die dortigen Handelszeiten an den Aktienbörsen – ungefähr wie folgt festlegen (Angaben in MEZ):

- Europa: 09:00 – 17:00
- Nordamerika: 15:00 – 22:00
- Asien: 00:00 – 09:00

So gingen zum Beispiel die größeren Kursanstiege von Bitcoin in der ersten Januarhälfte 2020 fast immer vom asiatischen Handel aus (vergleiche Abbildung 10.1 unten). Hier kann man erkennen, dass an sechs Tagen hintereinander der Kurs immer mit Beginn der Handelszeit in Asien bei großen Umsätzen getrieben wurde.

Abb. 10.1 *Starke Bitcoin-Kursanstiege zu den asiatischen Handelszeiten im Januar 2020*

In Abbildung 10.2 ist ein typischer Verlauf gezeigt. So sieht man beim Bitcoin-Tageschart vom 14.01.2020, dass kurz nach 01:00 Uhr mit Einsetzen des asiatischen Handels der Kurs stark nach oben getrieben wurde und sich bis Handelsende nach oben bewegte. Dagegen lief er dann mit Einsetzen des europäischen Handels seitwärts.

Abb. 10.2 *Bitcoin-Tageschart vom 14.01.2020*

Über einen längeren Zeitraum betrachtet waren die Kursanstiege im asiatischen Handel aber eher deutlich schwächer als in anderen Zeitzonen. Eine Untersuchung von Messari hat gezeigt, dass beim HODLn von Ether (ETH) vom Jahresanfang 2020 bis zum 12.09.2021 der Preis um den Faktor 26 gestiegen ist. Hätte ein Investor den ETH-Bestand nur zu den Handelszeiten am traditionellen Markt in Hongkong gehalten, wäre sogar eine negative Performance entstanden. Zu Londoner und New Yorker Handelszeiten hat sich ETH dagegen jeweils vervielfacht. Ein ähnliches Muster ist für diesen Zeitraum auch bei der Mehrheit der anderen großen Coins zu beobachten. Offensichtlich ist die Performance zu den asiatischen Handelszeiten in dem untersuchten Zeitraum also ganz wesentlich schlechter gewesen.

Es gibt nur wenige Ausnahmen. So hat der Binance Coin (BNB) den überwiegenden Teil seiner Gewinnzuwächse während der Handelszeit in Hongkong erzielt, dagegen einen sehr schlechten Return während des US-Handels. Ripples Kryptowährung XRP erzielte ihre Zuwächse während der US- und Asien-Handelszeiten und war während des europäischen Handels viel schwächer. Trotz dieser sehr unterschiedlichen Returns der Coins je nach betrachtetem Handelszeitraum waren die Korrelationen zwischen den Kryptos über alle drei Handelszeiten hinweg betrachtet stabil. Sie haben sich im gleichförmigen Trend nur zu unterschiedlichen Tageszeiten bewegt.

Auch hat der über verschiedene Stufen eingeführte Krypto-Bann in China im Jahr 2021 dazu geführt, dass der Handel in Asien tendenziell einen negativen Einfluss auf die Bitcoin-Preise hatte. Insbesondere die Ankündigung der Kryptobörse Huobi, im Dezember 2021 das Chinageschäft zu schließen, hat zu einem sehr negativen Einfluss während der asiatischen Haupthandelszeiten geführt.[20]

Bitcoin: Asia Month-over-Month Price Change

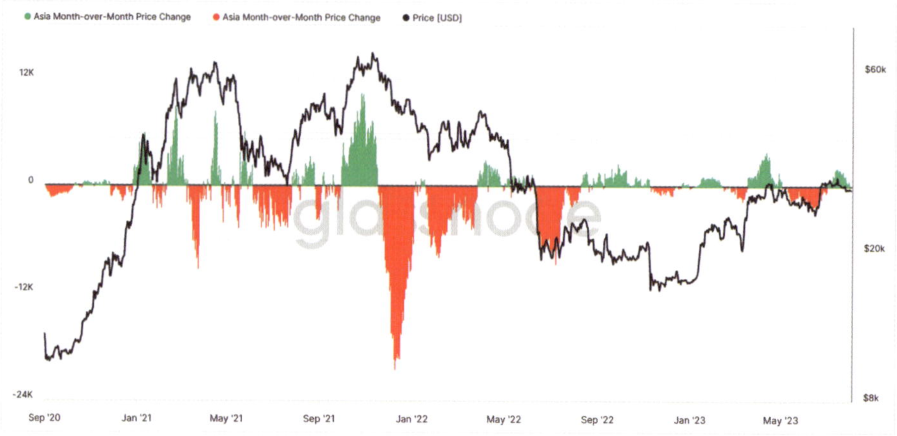

 glassnode

Bitcoin: US Month-over-Month Price Change

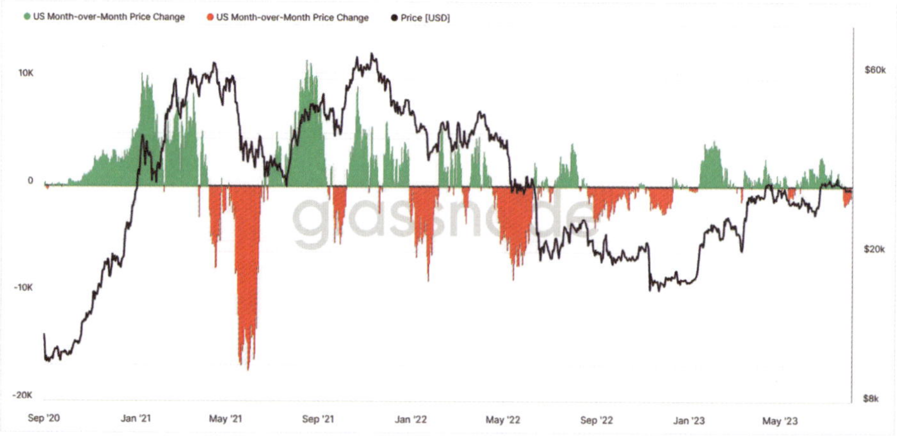

 glassnode

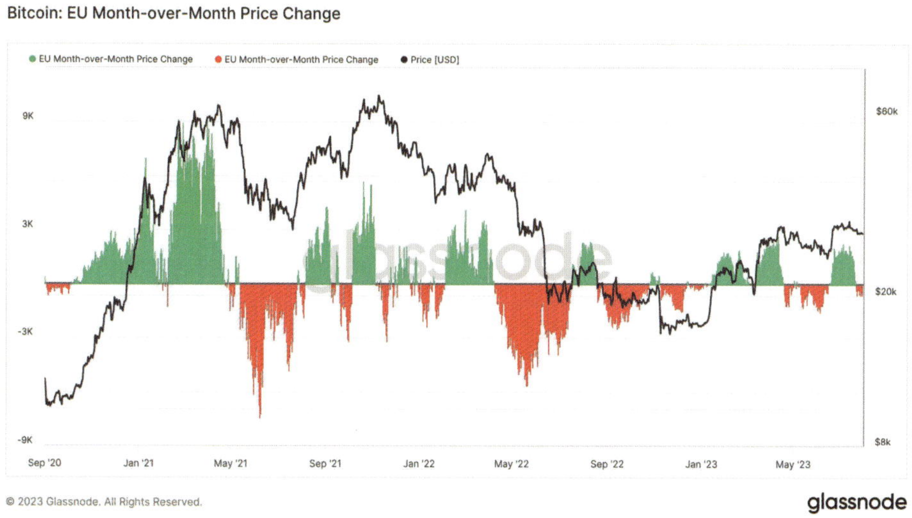

Abb. 10.3 *30-Tage-Veränderung beim Bitcoin-Preis während der Handelszeiten in Asien, den USA und Europa (Quelle: glassnode)*

Erklärungsversuche für diesen **Krypto-Tagesrhythmus (Crypto's Circadian Rhythm)** sind schwierig.[21] Eine plausible Erklärung dieser Marktanomalie könnten Verkäufe asiatischer Miner sein, da ein Großteil der Mining-Aktivitäten in diesem Zeitraum in dieser Region konzentriert war. Nachdem wegen des China-Banns viele Miner ihre Tätigkeit in andere Regionen verlegt haben, könnte sich dieser Rhythmus zukünftig wieder ändern.

Die Erfahrung zeigt, dass an den **Wochenenden** das *Umsatzvolumen beim Bitcoin tendenziell schwächer* ist. Die Aktienbörsen sind an den Wochenenden geschlossen, der tägliche Handel an Wochentagen findet nur zu bestimmten Handelszeiten statt. Die Forex-Handelsplätze sind zwar im Gegensatz zu den Aktienbörsen quasi rund um die Uhr aktiv. Aber auch dort kann nur von Sonntagnacht bis zum späten Freitagabend gehandelt werden. Außerdem ist für den „normalen" Anleger ein Handel nur zu den Handelszeiten seiner Zeitzone möglich. Damit sind die Kryptobörsen bisher der einzige Markt, an dem Privatanleger rund um die Uhr an allen sieben Tagen handeln können. Insbesondere an den Wochenenden könnte es deshalb bei außergewöhnlichen Ereignissen in der Welt dort zu Überreaktionen kommen. Dies könnte besonders ausgeprägt in Zeiten sein, in denen der Bitcoin eine starke Korrelation zu den Aktienbörsen hat wie zum Beginn der Coronakrise.

Trotz des 24/7-Handels kann es auch bei Kryptobörsen **Downtimes** geben, die mit einer Beschränkung oder dem Ausfall der Handelsmöglichkeiten verbunden sind. Das fängt bei den Zugangsmöglichkeiten der Nutzer an. So gab es in hektischen Handelsperioden bei einigen Börsen Schwierigkeiten beim Einloggen. Außerdem war es in solchen Phasen manchmal unmöglich oder nur verzögert möglich, Orders einzugeben.

Daneben müssen die Systeme der Kryptobörsen aber auch gewartet werden. Während dies bei Plattformen im traditionellen Wertpapierhandel meist in den Nachtzeiten erfolgt, wenn der Börsenhandel geschlossen ist, gibt es solche Zeiten bei einem 24/7-Handel nicht. Von daher müssen diese Wartungsarbeiten irgendwann im laufenden Handel stattfinden, der dann kurzfristig für eine gewisse Zeit nicht möglich ist. Die regulären Updates der Systeme werden von den Börsenbetreibern rechtzeitig angekündigt, damit sich die Nutzer darauf einstellen können, und dauern normalerweise nur ein paar Stunden.[22] Wie bei jedem System kann es aber auch zu plötzlichen Ausfällen kommen oder die Börse stoppt die Möglichkeit von Ein- und Auszahlungen wegen eines Hacks. Auch für solche Fälle kann es sinnvoll sein, noch bei anderen Kryptobörsen ein Konto zu haben.

10.9 Saisonale Effekte (Kalendereffekte)

Bei Saisonalität handelt es sich um statistische Wahrscheinlichkeiten, die innerhalb bestimmter Perioden eines Jahres verstärkt auftreten. Saisonale Effekte oder Kalendereffekte können als **Marktanomalien** betrachtet werden, **die mit bestimmten Kalendertagen oder -monaten** (bestimmte Wochentage, Monate, Jahresanfang und -ende) **oder saisonalen Ereignissen** (Feriensaison, chinesisches Neujahr) **zusammenhängen**. An den Aktienmärkten spricht man schon lange von diesen Effekten. Der prägnanteste Spruch – der sich letztlich auf die Feriensaison bezieht – in diesem Zusammenhang ist: Sell in May and go away – but remember to come back in September. Empirische Untersuchungen belegen saisonale Effekte an den Aktienbörsen. So spricht man zum Beispiel von einem *Halloween-Effekt* am deutschen Aktienmarkt.[23] Demnach werden in den Wintermonaten signifikant höhere Aktienrenditen erwirtschaftet als in den Sommermonaten. So gilt der Oktober als guter Einstiegszeitpunkt. Zum Jahresende wird vielfach unterstellt, dass Investmentfonds die Preise treiben, um eine möglichst gute Gesamtjahresperformance ausweisen zu können. Dies soll sich dann in der oft beschworenen *Jahresendrally* widerspiegeln.

Fraglich ist, ob ähnliche Effekte auch an den Kryptomärkten zu beobachten sind. Beim Bitcoin gibt es keine Berichtssaison wie bei Aktien, denn bei ihm gibt es keine Gewinne und somit keine Veröffentlichungen von Quartals- oder Jahresergebnissen. Außerdem ist zu berücksichtigen, dass der **Bitcoin** als älteste Kryptowährung gerade einmal Teenager ist. Wenn man das bisher schon sehr hysterische Verhalten betrachtet, kann die jetzt beginnende *Pubertät* eigentlich gar nicht nervenaufreibender werden. Saisonale Effekte sollten wie alle Marktanomalien besonders in sentimentgetriebenen Märkten auftreten, zu denen man die Kryptomärkte mit ihren erratischen und schnellen Kursausschlägen zählen kann. Der Kryptomarkt ist noch sehr jung und hat erst in den vergangenen Jahren eine weitverbreitete Aufmerksamkeit erlangt. Von daher dürfte insbesondere die Preisentwicklung in der ersten Hälfte des vergangenen Jahrzehnts kaum zu Rückschlüssen taugen.

Abb. 10.4 *Bitcoin-Kursverlauf an den Jahreswechseln (logarithmische Darstellung)*

Die bekanntesten Kalendereffekte sind die **Jahreswechsel-Effekte**, die hier für die Jahre ab 2015 betrachtet werden. An den Aktienmärkten kennt man den Effekt des Wiederanlagebedarfs zu Jahresbeginn. Zum Jahreswechsel frei gewordene Gelder werden dann neu angelegt, was häufig in steigenden Kursen resultiert. Außerdem sind dann die professionellen Händler aus ihrem Weihnachtsurlaub zurückgekehrt. Der Januar gilt historisch betrachtet als einer der Monate mit der besten Kursentwicklung. Beim

Bitcoin fielen oftmals am oder an den ersten Handelstagen im Jahr die Preise. Nach wenigen Tagen stiegen die Preise in fast jedem Jahr im weiteren Verlauf des Januars deutlich. Die große Ausnahme war nur der Jahresbeginn 2018, als die Preise weiter abrutschten und die große ganzjährige Korrektur einläuteten, sowie der Jahresbeginn 2022. Börsenkenner sehen den *Kursverlauf im Januar als starken Indikator für das Gesamtjahr.* Ein starker Januar spricht deshalb für ein starkes Gesamtjahr und umgekehrt gilt das für einen schwachen Januar.

Abb. 10.5 *Effekte am chinesischen Neujahr (logarithmische Darstellung)*

Die asiatischen und insbesondere die chinesischen beziehungsweise chinesischstämmigen Anleger haben einen beträchtlichen Einfluss auf die internationalen Kryptomärkte. Die spielfreudigen Chinesen setzen risikoreiche Investments wie Kryptowährungen häufig mit Glücksspiel gleich. Diese ersetzen dann die bis auf Macao in China verbotenen Glücksspiele. Es wird vermutet, dass trotz strikter Regulierungen ein beträchtlicher Teil von Bitcoin in chinesischen Händen ist. Von daher könnten durch das riesige Potenzial die chinesischen Spieler zu Beginn des neuen Jahres nach dem Motto „Neues Jahr, neues Glück" im größeren Stil neu einstiegen und die Kurse zum Laufen bringen. Es gibt keinen festen Termin für das **chinesische Neujahr**. Vielmehr schwankt dieser Termin zwischen dem 21. Januar und 21. Februar, wenn der zwölfte Mond wieder auf Neumond wechselt. Oft wird argumentiert, dass Chinesen zum Neujahr eher Bitcoin verkaufen, da sie für die Feiertage Fiatgeld benötigen. So werden zum chinesischen Neujahrsfest traditionell rote Umschläge mit Geldgeschenken verteilt. Auch über die chinesische Super-App WeChat verschicken insbesondere junge Chinesen rote Umschläge mit virtuellem Geld. Hier könnte tatsächlich in Zukunft verstärkt auf Bitcoin zurückgegriffen werden, wenngleich Chinesen auch die lokalen Kryptos wie NEO oder Conflux bevorzugen könnten. Ein Blick auf die vergangenen Jahre zeigt, dass es beim Bitcoin unmittelbar vor dem Neujahrsdatum zumindest kurzfristig zu Kursgewinnen gekommen ist. Dagegen waren 2018 und 2022 – die Jahre mit der schwächsten Gesamtjahres-Performance – kräftige Kursverluste zu verzeichnen. Auch 2019 fielen die Kurse unmittelbar vor dem Neujahrsfest.

Von Aktienmärkten kennt man das Phänomen, dass bestimmte **Wochentage** profitabler als andere sind. So gibt es den Wochenend-Effekt, demzufolge Aktien an Freitagen im Durchschnitt besser performen als am Montag. Dies soll auch darauf zurückzuführen sein, dass Unternehmen gern negative Nachrichten auf Freitag nach Börsenschluss schieben in der Hoffnung, dass diesen dann weniger Aufmerksamkeit geschenkt wird. Dagegen ist der Bitcoin kein Unternehmen und kann deshalb auch keine entsprechenden Zahlen wie Ergebniskorrekturen oder Umsatzerwartungen veröffentlichen. Von daher wird der Kurs eher auf allgemeine externe Entwicklungen reagieren. Statistische Untersuchungen haben gezeigt, dass am Montag die Wahrscheinlichkeit für den niedrigsten Bitcoin-Kurs in der gesamten Woche am größten ist.[24] Danach folgt der Sonntag. Von daher könnte für Trader der Montag als Einstiegszeitpunkt besonders interessant sein.

Am Aktienmarkt gilt der Oktober als historisch schlechter **Monat**. Zwar sprechen die meisten Statistiken gegen diese Annahme. Allerdings fallen besonders prägnante Crashs am Aktienmarkt in den Jahren 1929 und 1987 in diesen Monat. Bei den Kryptowerten haben sich bisher der September neben dem März als schlechte Monate erwiesen. Allerdings dürften die ersten Handelsjahre aufgrund des noch wenig entwickelten Handels nur eine geringe Aussagekraft haben. Betrachtet man den Bitcoin-Markt ab 2015, dann erscheinen die monatlichen Renditen in den Monaten Februar, April, Juli und Oktober am interessantesten.

Jahr/ Monat	Jan	Feb	Mär	Apr	Mai	Jun	Jul	Aug	Sep	Okt	Nov	Dez
2023	39,9	0	23,1	3,1	-7,1	11,9						
2022	-16,9	12,2	5,5	-17,2	-15,9	-37,9	17,7	-14	-3,1	5,6	-16,1	3,7
2021	14,3	36	30,1	-1,9	-35,4	-6,4	19,7	14	-7,3	40	-7,1	-18,9
2020	29,6	-8,2	-24,9	34,1	9,5	-3,2	24,2	2,5	8	28,1	42,9	47,8
2019	-8	10,9	6,1	32,4	58,5	27,1	-6,9	-4,7	-14	10,5	-17,4	-4,7
2018	-28,1	5,6	-35,1	34,4	-18,7	-15,4	21,1	-9,3	-5,8	-4,7	-36,4	-6,4
2017	0,7	21,5	-9,2	25,8	69,6	8,4	15,4	63,8	-7,7	49	58,9	38,8
2016	-14,4	18,5	-4,8	7,6	18,5	26,8	-7,1	-7,9	5,9	14,9	6,3	29,2
2015	-32,1	17,2	-4	-3,3	-2,4	14,3	8,1	-19,2	2,5	33,1	19,8	14,1
2014	9,9	-33,7	-16,9	-2,1	39,3	2,6	-8,6	-18,5	-19	-12,7	11,6	-15,3
2013				2,7	-7,2	-25	8,8	27,4	-1,6	53,8	453,9	-33,2

Tab. 10.2 *Monatliche Renditen beim Bitcoin (Quelle: cryptorank.io)*

Die **Quartale** mit der besten Performance sind das 2. und besonders das 4. Quartal. Das 1. Quartal weist die durchschnittlich schlechteste Performance aus. Im 3. Quartal ist vergleichsweise wenig los und die Schwankungen sind am geringsten.

Jahr	Q1	Q2	Q3	Q4
2023	+ 72,3 %	+ 5,3 %	–	–
2022	- 1,6 %	- 56,7 %	- 2,1 %	- 14,9 %
2021	+ 103,2 %	- 40,8 %	+ 25,5 %	+ 5,6 %
2020	- 10,4 %	+ 42,2 %	+ 17,8 %	+ 169,7 %
2019	+ 8,3 %	+ 166,7 %	- 23,5 %	- 13,2 %
2018	- 50,7 %	- 7,8 %	+ 3,4 %	- 43,1 %
2017	+ 11,2 %	+ 131,5 %	+ 74,1 %	+ 226,1 %
2016	- 3,3 %	+ 61,6 %	- 9,3 %	+ 58,0 %
2015	- 23,8 %	+ 7,7 %	- 10,4 %	+ 82,4 %
2014	- 39,5 %	+ 40,0 %	- 39,7 %	- 17,4 %
2013	–	- 28,6 %	+ 36,4 %	+ 468,3 %

Tab. 10.3 *Quartalsrenditen beim Bitcoin (Datenquelle: cryptorank.io)*

Wie bei vielen anderen Effekten kann es auch bei Kalendereffekten zu einem **Consensus Effect** kommen, der die vom Markt eigentlich erwartete Reaktion dann konterkariert. Dies passiert, wenn der Effekt zum Allgemeingut geworden ist und die Marktteilnehmer sich darauf entsprechend einstellen. Durch die Antizipation des Effekts kann sich dieser verlagern und zum eigentlichen Zeitpunkt des Auftretens dann sogar ins Gegenteil verkehren. Allerdings haben sich bei den Kalendereffekten noch keine wirklich prägnanten saisonalen Effekte ergeben.

Außerdem muss wie bei allen Ex-Post-Analysen – das gilt auch für Chartanalysen – gesagt werden, dass das Auftreten eines Effekts in der Vergangenheit nicht heißt, dass er in der Zukunft wieder so auftritt.[25] Dies zeigt sich bei der Betrachtung der **Bitcoin-Saisonalität**.[26] Diese beschreibt den Verlauf der Performance bezogen auf den Jahresanfangskurs von Bitcoin und wurde auf Basis des Medians der Jahre von 2011 bis 2020 berechnet. Dabei kann man erkennen, dass sich der Bitcoin im ersten Quartal kaum verändert. Ab April gewinnt er dann an Stärke. Von Mitte August bis Mitte Oktober beginnt seine schwächste Phase im Jahr, bevor er zum Jahresende noch einmal stark ansteigt. Die tatsächliche Entwicklung in den folgenden Jahren 2021 und 2022 lief aber konträr zur durchschnittlichen Entwicklung dieser Jahre. Grundsätzlich ist bei solchen Vergleichen auch zu beachten, dass die Kursentwicklung der ersten Jahre beim Bitcoin eher anarchisch verlief. Mit zunehmender Beteiligung breiter Anlegerschichten könnten sich künftig etabliertere Muster herausbilden.

Ein gutes Beispiel dafür ist die Entwicklung im Jahr 2021. Im Chart unten ist die YTD-Performance von Bitcoin dargestellt. Diese bezeichnete den Verlauf der Performance bezogen auf den Jahresanfangskurs von Bitcoin. Zum einen ist die **Saisonalität** als Median der vergangenen zehn Jahre dargestellt. Die tatsächliche Entwicklung im Jahr 2021 verlief dann aber völlig konträr.

10.10 Keine Circuit Breakers (Handelsstoppmechanismen)

Nach dem großen Aktiencrash 1987 wurden in den USA **Circuit Breakers (Handelsstoppmechanismen)** eingeführt und später noch einmal verschärft. Diese stoppen den Handel ganz oder teilweise, wenn der Markt plötzlich stark einbricht. Bei diesen auch Volatilitätsunterbrechungen genannten Handelsunterbrechungen wird an der Wall Street bei einem 7-prozentigen Kursverlust der gesamte Handel für 15 Minuten angehalten, bei einem Minus von 13 Prozent dann noch einmal für 15 Minuten und bei einem Minus von 20 Prozent für den Rest des Tages ausgesetzt. Dagegen fiel der Bitcoin beim Corona-Crash vom 12. auf den 13.03.2020 (Freitag, der Dreizehnte!) im Tief um 50 Prozent innerhalb von 24 Stunden, ungebremst von Circuit Breakern.

Seit dem Flash Crash vom 6. Mai 2010, bei dem es zu irrationalen Preisbildungen kam und einzelne Aktien an der Nasdaq um bis zu 99 Prozent verloren hatten, werden

Aktien dort für fünf Minuten vom Handel ausgesetzt, wenn sie zuvor in fünf Minuten mehr als zehn Prozent an Wert verloren haben. Die Nasdaq hatte für diesen Tag alle Transaktionen mit Kursen unter 50 Prozent des Vortageswertes für ungültig erklärt und rückabgewickelt. Bei entsprechenden Vorkommnissen an Kryptobörsen wird es solche Rückabwicklungen kaum geben. Einzelne Börsen können aber spezifische Regelungen einführen.

Man kann das auch positiv betrachten. Im Gegensatz zu den traditionellen Märkten gibt es an den Kryptomärkten einen Rund-um-die-Uhr-Handel. Der Anleger hat also jederzeit die Möglichkeit, zu kaufen und zu verkaufen. Allerdings hat man in der Vergangenheit auch schon vorübergehende Handelsunterbrechungen an Kryptobörsen aufgrund von technischen Schwierigkeiten gesehen. Jedenfalls kann der Markt, der aus vielen unabhängigen Kryptobörsen und sonstigen Handelsmöglichkeiten besteht, nicht so einfach geschlossen werden wie beispielsweise die amerikanischen Aktienbörsen, die nach 9/11 vier Tage geschlossen waren. Es gibt am Kryptomarkt also **keine verordneten Handelsunterbrechungen**. Dies kann man positiv oder negativ betrachten. So kann es bei Black-Swan-Events ohne Handelsunterbrechungen spontan zu völlig überzogenen Kursbewegungen kommen, die vielleicht bei einer Bedenkpause so nicht stattgefunden hätten. Allerdings ist die Freiheit, jederzeit tun zu können, was man für richtig hält, grundsätzlich höher zu bewerten.

Circuit Breakers sollen erhöhte Volatilitäten vermindern. Es ist aber fraglich, ob das wirklich gelingt. So könnte es durchaus sein, dass Circuit Breakers sogar die Volatilität erhöhen. Denn wenn die Schwellenwerte bekannt sind, bei denen es Handelsunterbrechungen gibt, könnten die Marktteilnehmer bei einer Annäherung versuchen, noch vor Erreichen der Schwelle zu verkaufen. Dies könnte dann den Kursverfall sogar noch beschleunigen.

Es hat sich in der Vergangenheit gezeigt, dass in spekulativen Märkten oder Phasen auch tägliche Preislimits nicht viel bringen. So gibt es an der japanischen Aktienbörse sehr großzügige tägliche Preislimits, die je nach Absolutpreisen der Aktien 20 oder noch mehr Prozent betragen können. Insbesondere in der zweiten Hälfte der 1980er-Jahre war der japanische Aktienmarkt extrem spekulativ getrieben, obwohl er zwischenzeitlich sogar der größte Aktienmarkt der Welt war. Von daher gab es sehr häufig Aktienbewegungen, die die täglichen Preislimits erreichten (Limit-up oder Limit-down). Der Effekt war, dass solche Aktien oft tagelang nur mit Limit-up eröffneten und nicht gehandelt werden konnten. Diese Nichthandelbarkeit könnte die Extrembewegungen noch verstärkt haben.

Derartige Handelsstoppmechanismen gibt es an den Kryptobörsen nicht und wird es auch auf absehbare Zeit aufgrund der vielen in allen Teilen der Welt existierenden Kryptobörsen zumindest generell nicht geben. Denn für Kryptobörsen wäre es aus Sicht der Verfechter eines freien Handels ein Wettbewerbsnachteil, wenn Handelsbeschränkungen eingeführt würden, die Wettbewerber nicht haben. Trotzdem gibt es aber in Einzelfällen freiwillige börsenspezifische Regelungen, denn grundsätzlich kann jede Kryptobörse **freiwillige Handelsstopps** in ihre Handelsbedingungen aufnehmen, die Märkte in illiquiden Phasen vor unbegründeten oder versehentlich (Stichwort Fat Finger) ausgelösten zu großen Kursbewegungen bewahren sollen. So hatte die untergegangene Kryptobörse FTX im Spot Market ein Limit von 25 Prozent. Deshalb konnte hier selbst eine Market-Order, die im Vergleich zu den im Orderbuch stehenden Angeboten sehr groß ist, nur teilweise ausgeführt werden, wenn die Gesamtausführung zu einer Preisveränderung von 25 Prozent über/unter den letzten Ask/Bid Prices geführt hätte. Damit soll verhindert werden, dass bei einem im Vergleich zur Order illiquiden Orderbuch der Preis völlig nach unten rauscht, wie in der Vergangenheit häufig zu sehen war.

10.11 Flash Crashs und Crashs

Das Phänomen Flash Crashs kennt man durchaus auch von etablierten Wertpapiermärkten. Auch aus diesem Grund wurden dort Circuit Breakers eingeführt. An den Kryptomärkten ist dieses Phänomen wegen fehlender Circuit Breakers aber viel häufiger zu beobachten und führt verständlicherweise kurzfristig zu sehr großer Unruhe. **Flash Crashs an einer einzelnen Kryptobörse** sind plötzliche extreme Kurseinbrüche innerhalb kürzester Zeit, die oft ohne einen ersichtlichen Grund nur an einer bestimmten Kryptobörse stattfinden. Parallele Notierungen des Coins an anderen Kryptobörsen zeigen dann nur minimale oder keine Kursschwankungen. Bei dieser Form von Flash Crashs jagen die Notierungen in kürzester Zeit auf das Ausgangsniveau zurück. Im Wesentlichen gibt es zwei **Auslöser** für Flash Crashs an einer einzelnen Kryptobörse. Einmal könnte der Grund eine *versehentliche große Verkaufsorder* sein, insbesondere eine Market-Order. Da diese Order nur das Orderbuch dieser speziellen Börse tangiert, kommt es auch nur dort zu dem Flash Crash. Bei einer solchen Fat-Finger-Order, die durch Tippfehler des Händlers auf der Tastatur entstehen kann, werden dann einfach alle Geldkurse nach unten gnadenlos bedient, da es an den Kryptobörsen keine Circuit Breakers gibt. Verstärkend wirkt dabei, dass im Markt liegende Stop-Orders bei Erreichen des Stop-Limits zu Market-Sell-Orders und damit unlimitiert zum nächsten Preis verkauft werden. Eine böswilligere Variante wäre *Manipulation*. Ein Trader sieht ein dünnes Orderbuch am Spotmarkt, eröffnet eine hochgehebelte Short-Position, jagt den Spotkurs nach unten und realisiert dabei die Gewinne aus den Hebel-Positionen. Bei entsprechender Konstellation könnten die Gewinne aus den hochgehebelten Positionen die Verluste am Spotmarkt erheblich übertreffen. In Anbetracht der Tatsache, dass immer mehr Kryptobörsen teilweise extrem hochhebelige Handelsmöglichkeiten auf einzelne Coins anbieten, könnte diese Variante an Bedeutung zunehmen. Im Folgenden ein paar Beispiele:

Flash Crashs können sich auch beim Handel der größten Kryptowährungen bei führenden Kryptobörsen ereignen. So geschehen bei der zweitgrößten Kryptowährung Ethereum. Am 22.02.2021 brach der Kurs in Sekundenschnelle von 1.700 auf 700 Dollar bei Kraken ein und erholte sich sofort wieder. Bei Binance gab es nur einen vergleichsweise moderaten Ausschlag nach unten. Auf Forderungen von Kraken-Kunden nach Wiedergutmachung wies die Börse darauf hin, dass es sehr unüblich ist, Trades rückgängig zu machen. Danach soll es aber zumindest zu Teilkompensationen bei einzelnen Kunden gekommen sein.

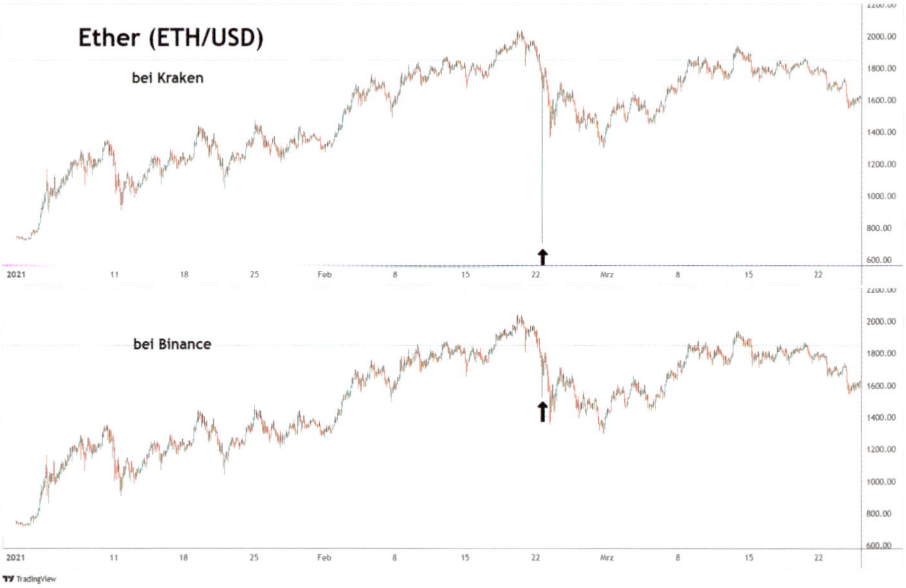

Abb 10.6 *Flash Crash von Ether bei Kraken am 22.02.2021*

Aber es geht noch schlimmer: der **Flash Crash von Waves bei Binance**. Waves, damals immerhin einer der Top-50-Coins, verlor innerhalb einer Minute praktisch seinen gesamten Wert.[27] Im Handel von Waves gegen Bitcoin (WAV/BTC) fiel der Preis am 17. April 2019 von 51.240 auf 10 Satoshi. Dabei wurden über 50.000 Waves gehandelt, was über einer Million USD entsprach. Danach schnellte der Preis sofort wieder auf das vorherige Level. Der Lucky One, der den Preis unten abgreifen konnte, hat dann innerhalb von Sekunden seinen Einsatz um den Faktor 5.100 vervielfacht, einer Performance von über 500.000 Prozent. Auch hier wird vermutet, dass bei einem größeren Verkauf statt einer Limit-Order versehentlich eine Market-Order eingestellt wurde, also ein unlimitierter Verkauf.

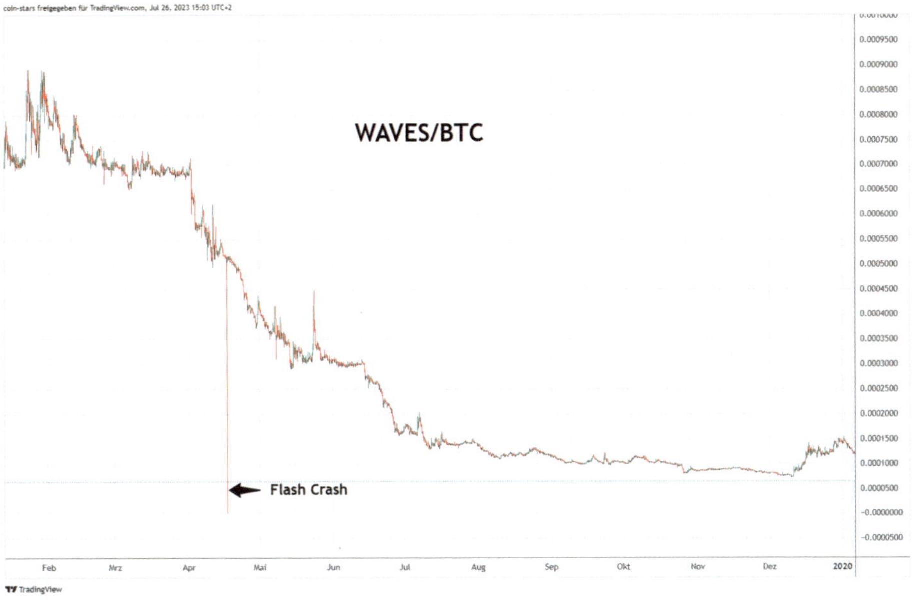

Abb. 10.7 *Flash Crash von Waves gegen den Bitcoin bei Binance am 17.04.2019*

Am 13. Februar 2020 gab es einen **Flash Crash bei Ripples XRP bei BitMEX.**[28] Dieser fand ausschließlich auf der Krypto-Derivate-Börse BitMEX statt, die schon öfter wegen vermuteter Manipulationen ins Gerede kam. Während es an den anderen Kryptobörsen keine Auffälligkeiten gab, rutschten die XRP Perpetual Futures innerhalb weniger Sekunden von 0,33 auf 0,13 Dollar um rund 60 Prozent ab. Der Flash Crash vollzog sich so schnell, dass viele Stop-Losses nicht ausgelöst wurden und dann die gesamten Positionen liquidiert wurden. Dagegen sollen andere Long-Positionen nicht von den Liquidierungen betroffen worden sein. Unabhängig davon zeigt das Beispiel die Gefahr hochhebeliger Positionen, die schnell ausgestoppt werden können. Bei den extrem hochhebeligen Kontrakten von BitMEX kann eine verringerte Liquidität zu solchen extremen Schwankungen führen. Deshalb müsste eine Börse mit derartigen Angeboten ihre Kunden bei solchen Ereignissen besser schützen. Denn wie bei dem Ripple-Beispiel finden sie tatsächlich nur auf dieser Plattform – hier BitMEX – statt und nicht an anderen Kryptobörsen. In den auf den Flash Crash folgenden vier Wochen fiel der XRP-Preis zwar dann tatsächlich an allen Börsen auf dieses Niveau. Dies hatte dann aber mit dem folgenden Corona-Crash zu tun.

Abb. 10.8 *Flash Crash von XRP bei BitMEX am 13.02.2020, kein Flash Crash an anderen Kryptobörsen*

Ein Beispiel für einen börsenspezifischen Flash Crash aufgrund vermuteter Derivatemanipulationen ist der Ethereum-Crash vom 14.07.2019. Die Preise brachen bei einem Flash Crash zur Mittagszeit auf allen Börsen um rund zehn Prozent ein. Bei Bitstamp kam es dabei für ganz kurze Zeit zu einem zusätzlichen Einbruch um weitere 20 Prozent, der dann sofort wieder aufgeholt wurde. Als Grund wurden Marktmanipulationen vermutet.[29] So soll ein Wal eine massive Verkaufsorder auf Bitstamp eingegeben haben. Im Zusammenhang mit der möglichen Manipulation wurde hier wieder einmal die Derivate-Kryptobörse BitMEX genannt. Die Referenzpreise für die Coins, die die Kunden mit sehr großen Hebeln von bis zu 100 handeln können, wurden dabei von drei Kryptobörsen herangezogen: Kraken, Bitstamp und Coinbase Pro. Die Preise bei Bitstamp galten dabei wegen geringerer Umsätze als besonders leicht zu manipulieren. In diesem Zusammenhang kann es für einen Trader auf BitMEX durchaus Sinn machen, den Spotpreis wie bei Ethereum auf Bitstamp kurzfristig zu dumpen, sodass es zu Liquidationen von hochgehebelten Positionen kommt (in diesem Fall Long-Positionen), die den Preisverfall schnell beschleunigen. Einen ähnlichen Fall gab es kurz zuvor am 17.05.2019.

Hier gab es beim Bitcoin eine verdächtige Verkaufsorder bei Bitstamp, die den Preis in einer halben Stunde um 20 Prozent einbrechen ließ. Dieser Einbruch beim BTC-Spotpreis auf Bitstamp führte zu einer Liquidation von Long-Positionen in Höhe von 250 Millionen Dollar bei BitMEX. Der als Dr. Doom bekannte amerikanische Wirtschaftsprofessor Nouriel Roubini beschuldigte BitMEX in diesem Zusammenhang mehrfach, gegen ihre eigenen Kunden zu handeln. BitMEX wies diese Vorwürfe zurück.

Ein Flash Crash kann auch bei Störungen an den Kryptobörsen zustande kommen. Unglaubliche Preise gab es am 23.08.2019 an asiatischen Kryptobörsen. Der Bitcoin fiel um fast 100 Prozent, andere Coins wie Ethereum lagen bis zu 95 Prozent im Minus. Grund waren ausgefallene Server von Amazon Web Services (AWS). Durch die Störung bei dem Cloud-Dienst von Amazon soll es einigen Tradern gelungen sein, den Bitcoin für weniger als einen Dollar kaufen. Dabei soll es nicht möglich gewesen sein, die Trades rückgängig zu machen, da die Nutzer die Coins schnell abgezogen hatten. Der Ausfall war auf einen Ausfall von Kühlsystemen in einem AWS-Serverraum in Tokio zurückzuführen. Die massive Preisinstabilität führte umgekehrt auch zu irrwitzigen Preisaufschlägen bei anderen Coins. So wurde XRP von Ripple an der chinesischen Kryptobörse BKEX für über 4.000 Dollar gehandelt.

Abb. 10.9 Bitcoin-Flash-Crash am 04.12.2021

In selteneren Fällen gibt es einen **Flash Crash am Gesamtmarkt oder einem bestimmten Coin**. Dieser steht meist im Zusammenhang mit einer wichtigen News, die vom Markt quasi in einer Blitzanalyse als *Gamechanger* eingestuft wird. Von einem derartigen Crash kann der *Gesamtmarkt* betroffen sein. Ein derartiger Crash dauert dann nicht nur Sekunden oder Minuten, sondern eher Stunden. Letztlich wird ein derartiger Flash Crash auch einfach als **Crash** bezeichnet, insbesondere wenn er sich über den ganzen Tag erstreckt. Eines der bekanntesten Beispiele dafür ist der Flash Crash bei der Zuspitzung der Coronakrise Mitte März 2020. Es kann aber auch nur einen *einzelnen Coin* betreffen, wenn es eine News gibt, die nur diesen Coin betrifft.

Ein Beispiel für einen Bitcoin Crash über einen halben Tag ist vom Nachmittag am 03.12.2021 bis zum Morgen des 04.12.2021 zu beobachten. Dabei rauschte der Kurs um bis zu 26 Prozent nach unten, wobei den Abschluss dann ein 10-prozentiger Flash Crash bildete. Crash und Flash Crash ereigneten sich nicht an einer einzelnen Börse, sondern am gesamten Markt.

Flash Crashs sind im Chartbild sofort als Spikes[30] mit einer extrem langen Spitze nach unten zu erkennen. Die obigen Beispiele lassen den Gedanken aufkommen, ob eine **Abstauberstrategie mit absurden Kauflimits** sinnvoll sein könnte. Man könnte sich dabei mit kleinen Beträgen auf eine bestimmte Anzahl von Coins konzentrieren, zum Beispiel die Top 20 oder Top 50 (ohne Stablecoins). Dabei ist allerdings zu bedenken, dass viele Coins an mehreren Börsen gehandelt werden und die Flash Crashs, wie oben gezeigt, oft nur an einer bestimmten Kryptobörse stattfinden. Konsequenterweise müsste bei der Umsetzung deshalb an allen Börsen, an denen der Coin gehandelt wird, ein Abstauberlimit gelegt werden. Voraussetzung wäre dann, an allen diesen Börsen ein Konto zu unterhalten. Von daher erscheint eine derartige Strategie als aufwendig und wenig praktikabel. Außerdem würde man dadurch Liquidität binden, da man Kauforders nur in Höhe des vorhandenen Kapitals einstellen könnte. Das könnte man eventuell mit den in Kapitel 8.2.5 angesprochenen OCA-Orders umgehen. Dabei würde für eine ganze Gruppe von Coins Abstauberlimits gelegt. Wenn eines davon ausgeführt wird, werden alle anderen gelöscht. Praktikabler könnte es eventuell bei einem Coin sein, der schon häufiger mit solchen schnellen Kurseinbrüchen aufgefallen ist.

10.12 Einfluss des Futures- und Optionenhandels

10.12.1 Futures

Die **Futures-Märkte** gelten als die liquidesten Kryptomärkte mit sehr hohen Umsatzvolumina. Zwar sind die Futures aufgrund der Hebelwirkung noch viel volatiler als der Bitcoin auf dem Spotmarkt. Trotzdem gelten die Futures-Märkte aufgrund ihrer größeren Liquidität in Bezug auf die jederzeitige Handelbarkeit sogar als weniger riskant als die korrespondierenden Spotmärkte. Wissenschaftliche Untersuchungen haben gezeigt, dass die Futures-Märkte die gesamte Preisbildung beim Bitcoin zumindest kurzfristig mehr beeinflussen als die Entwicklung der Spotpreise. Von daher sollten Trader immer auch die Entwicklung bei den Futures-Preisen im Blick haben. Meist werden die Futures-Preise über den Spotpreisen liegen, der Markt ist dann im **Contango**. Liegen die Futures-Preise unter den Spotpreisen, spricht man von **Backwardation**. Da institutionelle Anleger zumindest bisher häufig über Futures-Kontrakte an der CME investieren, könnte eine Backwardation-Situation für eine schwache Nachfrage dieser Anlegergruppe sprechen. Eine Phase mit Backwardation ist vergleichsweise selten. Meist sind diese Phasen gekennzeichnet von sehr hoher Volatilität und einer Dominanz von Short-Verkäufern wie beim FTX-Crash im November 2022.

Die Terminbörsen erstellen jeweils einen **Spotindex als Preisreferenz**, der sich *aus den Preisen an den liquidesten Spotmärkten für die jeweilige Kryptowährung* zusammensetzt. Nachdem anfänglich die Umsätze auf den Spotmärkten viel größer waren, hat sich das in den vergangenen Jahren völlig umgekehrt. In den Jahren seit 2020 lagen die Umsätze an den Futures-Börsen meist zwischen dem 2,5- bis 5-Fachen über denen an den Spotmärkten (vergleiche Abbildung 10.13). Von daher kann es für große Player durchaus verlockend sein, große Futures-Positionen zu kaufen und dann das Underlying an den Spotmärkten zu manipulieren.

Am 17. Mai 2019 kam es zu einem solchen Ereignis, das zeigt, dass selbst in einem hochliquiden Markt solche Vorkommnisse und Preisanomalien möglich sind. Eine relativ kleine Bitcoin-Order bei Bitstamp verursachte eine Liquidationswelle bei BitMEX und zog den ganzen Markt nach unten. Für den Flash Crash von Bitcoin um 15 Prozent gab es keinen aktuellen Anlass. Die Bitcoin-Preise bei Bitstamp gingen zu dieser Zeit mit 50 Prozent in den Bitcoin-Preisindex ein, der Grundlage der Perpetual Bitcoin-Futures bei BitMEX ist. Dieser Bitcoin-Futures-Kontrakt wiederum war der weltweit mit Abstand meistgehandelte. Durch den Kurssturz wurden dann bei den Kontrakten Verkaufsliquidationen im Wert von mehr als 200 Millionen Dollar ausgelöst. Gegenüber den 35 Millionen Umsatz am Spotmarkt bei Bitstamp ist das ein enormer Hebel und zeigt die Größenordnung möglicher Gewinne, die mit einer derartigen Manipulation zu erzielen wären. Im Chart unten sieht man, dass andere Kryptobörsen zwar auch einen erheblichen Einbruch hatten. Bei Bitstamp war er aber mit einem Tiefststand um 6.200 Dollar mit Abstand am tiefsten. Bei Coinbase ging der Preis bis etwa 6.600 Dollar, bei Bitfinex bis 7.000 Dollar. Die Gewichtungen bei BitMEX wurden später immer wieder verändert.[31] Außerdem ist der BitMEX-Anteil am Umsatzvolumen der Futures-Börsen völlig geschrumpft, weshalb Preisbeeinflussungen von dieser Seite kaum mehr zu beobachten sind.

Abb. 10.10 *Ausmaß des Flash Crashs von Bitcoin am 17.05.2019 bei drei verschiedenen Kryptobörsen*

Die Börsen haben auf die Manipulationsmöglichkeiten reagiert und versuchen diese zu minimieren. So werden bei der Berechnung des Index die tiefsten und höchsten Preise eliminiert, um Verfälschungen durch börsenspezifische Flash Crashs oder Short-Squeezes zu vermeiden.

Der Wettlauf verschiedener Kryptobörsen mit immer hochhebeligeren Futures-Produkten ist eine Gefahr für die Stabilität der Kryptobörsen.[32] Hebelinstrumente von 100 oder sogar noch mehr könnten am Kryptomarkt einen Lehman-Effekt auslösen, wenn Kryptobörsen deswegen in Schieflage kommen. Aber unabhängig davon führen diese **hohen Hebel auf Kryptowährungen** zu einer *deutlichen Erhöhung der Volatilität insbesondere in Paniksituationen* und können besonders bei einer Abwärtsbewegung *enorme kurzfristige Spikes* verursachen. Denn bei einem völlig unerwarteten Kurseinbruch werden automatisch die Long-Positionen bei nicht mehr ausreichender Deckung am Markt verkauft. Diese Liquidationen können dann den Kursdruck immens verstärken, zumal die emotionslos laufenden Ausführungsmaschinen in den Markt verkaufen, der – wenn überhaupt – dann manchmal erst bei absurd tiefen Niveaus die Verkäufe ausführen kann.

Ein Beispiel dafür ist der 12. und 13. März 2020, als die Preise im Zuge des Corona-Crashs abstürzten. Auch hier spielte BitMEX wieder einmal eine unrühmliche Rolle.[33] Dort wurden an den beiden Tagen 10 und 8,5 Milliarden Dollar bei den Futures umgesetzt. Dabei waren die Futures-Preise von Bitcoin deutlich unter dem Referenzpreis, der sich aus den Preisen von verschiedenen ausgewählten Spot-Kryptobörsen zusammensetzt. Bei der zweiten Liquidationswelle am 13. März hatte die Ausführungsmaschine wegen mangelnder Käufer wohl erhebliche Probleme, die Verkäufe auszuführen. Dadurch rauschte der Bitcoin-Preis von 6.000 bis auf 3.600 Dollar in die Tiefe. BitMEX unterbrach dann den Handel, wobei Hardware-Probleme beziehungsweise eine DOS-Attacke als Grund genannt wurden. Diese wirkten allerdings ähnlich wie die Circuit Breaker, die man von den Aktienbörsen kennt. Denn es kam umgehend zu einer Erleichterungs-Rally, die den Bitcoin-Preis wieder auf 6.000 Dollar katapultierte. Der Markt blieb aber noch einige Zeit in einer außerordentlichen Verfassung mit Spreads von 600 bis 700 Dollar und Preisen beim Bitcoin Perpetual Swap von BitMEX, der unter dem der Spotmärkte lag. Eine Folge des Corona-Crashs und des teilweisen Ausfalls war auch, dass BitMEX seine führende Stellung bei den Krypto-Futures verlor und Binance diese Position übernahm.

Beim Corona-Crash im März 2020 konnte man auch den Deleveraging-Effekt am Futures-Markt beobachten. Das Open Interest, das schon seit Mitte Februar rückläufig war, stürzte am Black Thursday um 50 Prozent ab. Anschließend kam es nur zu einer langsamen und zaghaften Erholung des Open Interest.

Neben diesen allgemeinen Auswirkungen des Futures-Handels auf die Spotpreise von Kryptowährungen gibt es auch noch besondere Effekte. Bekannt ist das **Bitcoin Futures Gap der CME**. Unter Gaps versteht man generell eine Lücke im Chart, die verschiedene Ursachen haben kann. So kann zwischen dem Schlusskurs des Vortages und dem Anfangskurs des nächsten Tages eine Lücke entstehen. Noch größer kann eine solche Lücke wegen des geschlossenen Handels am Wochenende werden. Es kann aber auch im laufenden Handel durch eine Breaking News ein sofortiger Kurssprung oder -rutsch ausgelöst werden, der eine Lücke im Chart hinterlässt. Am Kryptomarkt mit seinem permanenten 24/7-Handel kann es Gaps wegen geschlossenen Handels eigentlich nicht geben. Anders ist das bei Bitcoin- und anderen Krypto-Futures, die an einer traditionellen Terminbörse gehandelt werden. So findet an der amerikanischen Terminbörse CME der Handel mit den Bitcoin-Futures von Sonntag bis Freitag von 18:00 bis 17:00 Central Time statt, es gibt also täglich eine Handelsunterbrechung von 60 Minuten. Entscheidender als die tägliche Stunde Pause ist aber die von 17:00 am Freitag bis 18:00 am Sonntag. Am Wochenende findet also über zwei Tage kein Handel mit Bitcoin-Futures an der CME statt. Demgegenüber wird der Bitcoin an den Kryptobörsen rund um die Uhr an allen Tagen weitergehandelt. Steigen oder fallen in dieser Zeit an den Kryptobörsen die Preise für Bitcoin, entsteht eine mehr oder weniger große Lücke, das Bitcoin Futures Gap. Dieses Gap kann außer an den Wochenenden auch an Feiertagen entstehen, wenn der Handel an der CME ebenfalls geschlossen ist. Einige Analysen deuten insbesondere bei größeren CME Gaps darauf hin, dass sich dieses zunächst kurzfristig unabhängig vom weiteren Trend wieder schließt.

So gab es vom 08.05.2020 (Freitag) bis 10.05.2020 (Sonntag) eine starke Bitcoin-Korrektur von rund 10.000 auf 8.400 Dollar und es entstand ein Gap von rund 16 Prozent gegenüber dem Schlusskurs an der CME am 08.05. und dem Eröffnungskurs am 10.05. Dieses Gap wurde in den folgenden vier Tagen wieder geschlossen, als der Bitcoin wieder von 8.400 auf 10.000 Dollar stieg.[34] Danach tendierte der Preis zunächst wieder etwas schwächer.

Dabei ist zu beachten, dass das Handelsvolumen der Bitcoin-Futures an der CME zwar erheblich kleiner ist als das an den Kryptobörsen, vor allem bei Binance. Jedoch ist für **institutionelle Anleger** die CME die Referenzbörse, da sie aus rechtlichen Gründen nur an regulierten Börsen handeln können. Von daher sind die Preise an der CME für diese Anlegergruppe von herausragender Relevanz.

Ein solches Gap bedeutet, dass bei deutlich niedrigeren Eröffnungskursen der CME-Futures am Sonntagabend gegenüber den Schlusskursen vom Freitag häufig zu erwarten ist, dass die Lücke durch einen Anstieg schnell wieder geschlossen wird. Umgekehrt wäre dann ein Fallen der Kurse nach deutlich höheren Eröffnungskursen am Sonntag zu erwarten. Die bisherigen Daten lassen das Schließen des CME Gap in bearishen oder seitwärts laufenden Märkten wahrscheinlicher erscheinen ist als in bullishen Märkten. Außerdem wird ein positives Gap (Kurs zu Handelsbeginn deutlich höher als zu Handelsschluss) scheinbar leichter durch einen Kursrückgang geschlossen als ein negatives Gap durch einen anschließenden Kursanstieg. Allerdings funktionieren derartige Handelsmuster nur, wenn sich nicht die Mehrheit darauf einstellt. Durch einen derartigen **Consensus Effect** würde der Markt dann das Handelsmuster antizipieren und nicht die erwartete, sondern genau die gegenteilige Reaktion zeigen.

Eine regelmäßige Einflussgröße könnte der **Auslauftermin der Bitcoin-Futures** sein. Dieser ist an der CME am letzten Freitag des Kontraktmonats um 16:00 Uhr Londoner Zeit. Wenn das sowohl in Großbritannien als auch in den USA kein Geschäftstag ist, endet der Handel am vorherigen Tag, der in beiden Ländern Geschäftstag ist. Dabei könnten die *Verfallstermine im März, Juni, September und Dezember die größte Relevanz* haben, da dann auch die Quartalskontrakte zusammen mit dem entsprechenden Monatskontrakt auslaufen. Allerdings zeigt eine Analyse der Vergangenheit hier *keine besonderen Auffälligkeiten.*

Marktverfassung bei Preis, Umsatzvolumen und Open Interest

Preis	Umsatzvolumen	Open Interest	Interpretation
▲	▲	▲	Starker Markt Bullish Weiterer Preisanstieg erwartet
▲	▼	▼	Markt zeigt Schwäche Moderat bearish Weiterer Aufwärtstrend unwahrscheinlich
▼	▲	▲	Schwacher Markt Bearish Weiterer Preisrückgang erwartet
▼	▼	▼	Marktschwäche verringert sich Moderat bullish Abwärtstrend schwächt sich ab

Abb. 10.11 *Open Interest als Indikator*

Das **Open Interest beim Bitcoin an den Futures-Börsen** gilt als Indikator für das Sentiment und die Stärke von Preistrends. Ein steigendes Open Interest wird von Analysten als Bestätigung eines Trends gewertet, ein abnehmendes spricht für eine Abschwächung des laufenden Trends. Als Open Interest bezeichnet man die *Gesamtzahl* *der zu einem bestimmten Zeitpunkt noch offenen Terminkontrakte.* Offen sind die Terminkontrakte, bis sie durch ein Gegengeschäft oder durch eine physische Belieferung geschlossen sind. Das Open Interest steigt also immer dann, wenn mehr neue Kontrakte hinzukommen als geschlossen werden. Dagegen ist das Umsatzvolumen einfach die Zahl der in einer bestimmten Periode ge- und verkauften Futures-Kontrakte. Beim Open Interest werden alle Futures-Börsen betrachtet, nicht nur die regulierten amerikanischen an der CME und bei Bakkt. Die Anteile des nicht-regulierten Futures-Handel an den Kryptobörsen sind im Vergleich zur regulierten CME sehr dominant. Im Schnitt beträgt das Open Interest an der CME nur ein Zehntel von dem an den Kryptobörsen. Ein starker Anstieg des Open Interest an der CME ist aber ein guter Indikator für eine verstärkte Aktivität seitens der institutionellen Investoren.

Ein **Anstieg beim Open Interest** zeigt, dass mehr Geld in den Markt strömt und die Trader kurzfristig eine Zunahme der Volatilität erwarten. Ein steigendes Open Interest gilt als Bestätigung des aktuellen Trends. Dagegen gilt ein fallendes Open Interest als Zeichen, dass sich ein bestehender Trend abschwächt. *Steigende Preise bei steigendem Volumen zusammen mit einem steigenden Open Interest* gelten deshalb allgemein als Zeichen für einen **bullishen Markt**. *Fallende Preise bei steigendem Volumen zusammen mit einem steigenden Open Interest* deuten auf einen **bearishen Markt** hin.[35]

Eine deutliche Zunahme des Open Interest könnte zwar zunächst für eine Trendbestätigung sprechen. Allerdings könnte ein sehr starker Anstieg auch auf eine spekulative Endphase hindeuten. Wenn der Gesamtmarkt dabei eine übermäßige Hebelwirkung aufgebaut hat, wird er auch zunehmend anfällig für eine Korrektur. Diese könnte dann schnell und massiv ausfallen, weil bei einer Abwärtsbewegung zusätzliche Verkäufe wegen Zwangsliquidationen von Long-Positionen den Absturz kurzfristig stark verstärken (**Long-Squeeze**). Umgekehrt könnten am Ende einer Abwärtsbewegung große Short-Positionen einen Kurssprung begünstigen, wenn diese dann zwangsliquidiert werden (**Short-Squeeze**). In solchen Fällen kommt es zu kurzfristigen Verkaufs- und Kauflawinen, die sich im Chart bei den Spotpreisen dann als Spikes abbilden.

Ein weiterer Indikator für die Marktverfassung sind die **Funding Rates**. Darunter versteht man die periodischen Zahlungen an die Trader mit Long- oder Short-Positionen bei fortlaufenden Futures-Kontrakten (Perpetual Futures).[36] Diese Raten werden mehrmals täglich neu kalkuliert und müssen jeweils nach Ablauf der Funding Period gezahlt werden. Bei Binance beträgt die Funding Period acht Stunden, an anderen Börsen sind auch andere Intervalle üblich. Die Funding Rates bei verschiedenen Kryptobörsen können sich unterscheiden. In einem *bullishen Markt* liegt der Kontraktpreis über dem Mark Price als Referenzwert. Die Funding Rates sind dann positiv und tendenziell steigend. In diesen Phasen zahlen die Inhaber von Long-Positionen eine Gebühr an die Inhaber der Short-Positionen. Genau umgekehrt ist es in einem *bearishen Markt*, wenn auf die Short-Positionen eine Gebühr gezahlt werden muss. Bleiben bei einem stärkeren Bitcoin-Anstieg die Funding Rates wenig verändert im positiven Bereich, spricht das eher für einen soliden Preisanstieg. Denn dann erfolgen die Käufe primär auf dem Spotmarkt und nicht mit Hebel. Außerdem ist trotz des Preisanstiegs die Neigung der Trader dann noch gering, Short-Positionen einzugehen. Steigende Funding Rates sind dagegen ein Hinweis auf den steigenden Optimismus der Trader und könnten ein Warnzeichen sein.

Abb. 10.12 *Durchschnittliche Funding Rates aller Kryptobörsen und Preisverlauf beim Bitcoin in logarithmischer Darstellung (Quelle: CryptoQuant)*

Eine beachtenswerte Kennzahl ist das Verhältnis bei den Umsatzvolumina von Bitcoin am Spot- und Futures-Markt. Dieses **Bitcoin-Spot-to-Futures-Ratio (SFV)** gilt als Indikator dafür, wie gesund der Anstieg einer Kryptowährung ist. Ein hohes Volumen an den Spotmärkten im Vergleich zu den Futures-Märkten und damit ein Anstieg des SFV spricht für „echte" Käufe und damit tendenziell mehr für einen gesunden Anstieg. Weiterhin bildet sich dadurch ein zunehmender Einfluss der Retail-Investoren ab. Denn die Privatanleger agieren primär an den Spotmärkten, während Institutionelle häufig derivate Instrumente benutzen. Dies gilt insbesondere für die Futures an der regulierten Terminbörse CME, die bevorzugt von Institutionellen genutzt wird.

So hat sich seit Anfang 2020 das SFV im Mittel um 0,20 bewegt. Seit Juli 2022 stieg das SFV steil an, in der Spitze Anfang Januar 2023 bis auf etwa 0,55. Dies könnte auf eine Akkumulationsphase langfristiger Investoren hindeuten. Mit Beginn der starken Aufwärtsbewegung in den ersten Monaten 2023 ist das SFV wieder stark zurückgefallen und spricht für eine Zunahme kurzfristig orientierter spekulativer Engagements.

Dagegen war die Entwicklung bei Ether im gleichen Zeitraum gegenläufig und das SFV verringerte sich im gesamten Zeitraum immer mehr. Seit Juli 2022 ist der Wert von 0,31 bis auf ein Tief von 0,15 im Januar 2023 gefallen. Diese im Vergleich zum Bitcoin genau gegenläufige Entwicklung muss aber kein Widerspruch sein. Denn der Markt bei Ether gilt als stark von institutionellen Anlegern dominiert. Diese sehen Ethereum als Rohstoff und Werkbank, die als Basis der vielen darauf laufenden Anwendungen auch Erträge generiert. Da institutionelle Investoren stark über die Futures-Märkte agieren, könnte das eine Erklärung für das niedrige SFV sein (also den hohen Anteil des Futures- im Vergleich zum Spot-Volumen).

Abb. 10.13 *Bitcoin-Spot-to-Futures-Volumen (Quelle: CryptoQuant)*

10.12.2 Optionen

Der **Optionsmarkt** hatte bisher im Vergleich zu den Futures noch keinen so großen Einfluss.[37] Allerdings nimmt dessen Bedeutung immer mehr zu. Insbesondere durch den Kursrückgang im Jahr 2022 sicherten sich institutionelle Investoren und auch Miner verstärkt gegen die sehr große Volatilität von Bitcoin ab. Als führende Optionsbörse gilt Deribit. Es handelt sich um europäische Optionen, die nur am letzten Handelstag ausgeübt werden können, wobei die Ausübung durch Cash Settlement erfolgt. Die Preise werden in Bitcoin (BTC) oder Ether (ETH) notiert. Auch die CME hat mit Beginn des Jahres 2020 den Handel mit Bitcoin-Optionen begonnen. Die Optionen wirken weniger als kurzfristige Trendbeschleuniger wie die Futures. Denn bei Liquidationen am Optionsmarkt kommt es nicht wie bei den Futures zu Kettenreaktionen durch Zwangsliquidationen und entsprechende Auswirkungen am Spotmarkt.

Ein wichtiger Indikator ist das **Open Interest** als Gesamtzahl aller offenen Optionskontrakte. Ein großes Open Interest und eine hohe Konzentration auf einen bestimmten Verfallstermin kann zu kurzfristigen Preisschwankungen führen. In der Vergangenheit war zu beobachten, dass es nach einem solchen Verfallstermin kurzfristig zu einer Erleichterungsreaktion kommen kann. Geht das Open Interest zurück, erwarten die Trader eine rückläufige Volatilität.

Das **Put-Call-Ratio (PCR)** gibt das Verhältnis der noch offenen Verkaufs- zu den Kaufoptionen an. Ist dieses größer als 1, überwiegen die Put-Positionen. Die Stimmung wäre dann sehr bearish, da sich immer mehr Marktteilnehmer gegen fallende Kurse absichern. Bei einem Verhältnis von unter 1 setzt die Mehrheit der Anleger am Optionsmarkt dagegen auf steigende Kurse. Allerdings liegt der Normalbereich etwas unter 1, da grundsätzlich mehr Calls als Puts gekauft werden. Beim Bitcoin bewegt sich das PCR seit Anfang 2020 meist im Bereich zwischen 0,5 und 0,75. Für die Prognose sind die Tageswerte beim PCR weniger geeignet. Analysten betrachten vielmehr die Durchschnittswerte über 5, 10 oder 20 Tage und deren Richtungsverlauf. Extreme Werte beim PCR gelten als Kontraindikator. An den klassischen Märkten kann das PCR verzerrt werden, wenn auf die Underlyings viele Zertifikate oder Optionsscheine bezogen werden. Denn dann werden diese Produkte von den Emittenten über die Terminmärkte abgesichert, ohne dass eine Marktmeinung damit verbunden wäre.

Unter **Volatilitätsabweichung (Volatility Skew)** versteht man die *Abweichungen der impliziten Volatilitäten von Optionen für unterschiedliche Basispreise bei gleichen Laufzeiten*. Die *historische Volatilität* berücksichtigt nur vergangenheitsbezogene Daten und bildet deshalb die Schwankungen vergangener Renditen in einem bestimmten Zeitraum ab. Dagegen wird die *implizite Volatilität* aus der Black-Scholes-Formel zur Bewertung von Optionen abgeleitet. Sie drückt die zukünftig vom Markt erwarteten Schwankungen der Renditen während der Laufzeit der Option aus. Eine große implizite Volatilität deutet auf größere bevorstehende Preisschwankungen hin, nicht aber auf deren Richtung. In bestimmten Fällen können die impliziten Volatilitäten zwar für alle verschiedenen Basispreise etwa gleich sein (Straight Skew), wie es die Optionspreismodelle auch vorsehen. Regelmäßig wird dies aber anders sein. Der Skew ist beeinflusst vom Sentiment und dem Verhältnis von Angebot und Nachfrage für bestimmte Optionen im Markt. Dies führt dazu, dass Optionen mit unterschiedlichen Basispreisen entgegen der Theorie mit unterschiedlichen impliziten Volatilitäten bewertet werden. Dabei sind die impliziten Volatilitäten um den Basispreis herum (at the money) geringer als bei Out-of-the-money-Optionen. Je größer die Volatilitätsabweichung ist, desto volatiler ist der Markt.

10.13 Besonderheiten bei Altcoins

10.13.1 Der Altcoin-Dschungel

Die meisten Altcoins – die Anzahl liegt mittlerweile schon im sechsstelligen Bereich – machen keinen Sinn und haben keinen wirklichen Use Case, sind also sogenannte **Shitcoins**. Oft verdanken sie ihr Dasein nur einem mehr oder minder guten Marketing, mit dem Anleger zu einem Investment verleitet werden. Von daher braucht man kein Prophet zu sein, um ein großes Sterben dieser Altcoins in den nächsten Jahren vorherzusagen.

Woran erkennt man nun absterbende Altcoins? Unabhängig von der Fundamentalanalyse, also ob es etwa einen wirklichen Use Case bei dem betrachteten Altcoin gibt oder ob er eher ein Marketing-Gag ist, hilft ein Blick auf die Preis- und Umsatzentwicklung des Coins. Dabei ist weniger entscheidend, ob der Preis des Altcoins gegen null geht, entscheidender sind vielmehr die Umsätze. Wenn diese auch gen null tendieren, dann spricht das eine klare Sprache. Bei einer fehlenden Liquidität handelt es sich meist um einen Shitcoin. Selbst wenn der Coin noch bei einer bekannteren Börse notiert wird, ist die Wahrscheinlichkeit groß, dass diese den Coin über kurz oder lang delistet. Wird der Coin dagegen sowieso nur an einer unbekannten Börse notiert, dann wird die Liquidität schon länger minimal sein. Dabei sollte man sich auch nicht von vermeintlich hohen Umsätzen an Börsen täuschen lassen, die für Wash Trading bekannt sind.

Das Paradebeispiel für unsinnige Shitcoins sind die meisten Meme Coins. Insbesondere bei den sich im Jahr 2021 inflationär entwickelten Hundecoins kann man eigentlich nur darauf hinweisen, dass den Letzten die Hunde beißen – und das auch noch ziemlich kräftig.[38] Wer damit große Gewinne gemacht hat, wird das natürlich anders sehen. Trotzdem sind das letztlich nur Zockerpapiere, die von mehr oder minder eingeschworenen Communitys à la WallStreetBets hochgejubelt werden.

10.13.2 Preisnotierung der Altcoins

Grundsätzlich können Altcoins wie der Bitcoin auch **Währungspaare mit allen möglichen Fiatwährungen** bilden. Am häufigsten wird das Währungspaar zum *US-Dollar* sein. Statt zur Kurswährung US-Dollar gibt es oft auch Währungspaare zu *dollarbasierten Stablecoins* wie dem Tether (USDT). Neben den Fiatwährungen gibt es **Währungspaare mit anderen Kryptowährungen**. Häufig gibt es auch nur *Preisnotierungen zum Bitcoin oder zum Ether*. Hier liest man oft das Argument, dass es den Anlegern beim Handel mit diesen Coins nur darum geht, über kurz- und mittelfristige Gewinne nach dem Verkauf mehr Bitcoin zu haben als zuvor. Das dürfte aber eher nicht zutreffen. Denn für die Anleger – auch Krypto-Anleger – ist die **Heimatwährung die relevante Recheneinheit**, auch wenn fundamentalistische Bitcoinisten das vielleicht negieren werden. Den im Euroraum wohnenden Anleger wird am Ende des Tages nur sein Gewinn und sein Vermögen in Euro interessieren. Denn auch wenn die Probleme beim Euro aufgrund der Verschuldung einiger EU-Staaten und dem Inflationsschub im Jahr 2022 alles andere als gering sind: Von venezolanischen oder auch nur türkischen Verhältnissen sind die Menschen in der EU noch weit entfernt. Bei einer Spekulation mit einem Altcoin, der nur gegen Bitcoin gehandelt wird, geht es zunächst nur um die Aussichten des Altcoins. Man wird diesen kaufen, wenn man eine Outperformance zum Bitcoin erwartet. Bei einem Verkauf des Altcoins, der nur gegen Bitcoin gehandelt wird, würde man bei einer negativen Einschätzung von Bitcoin diesen dann sofort wieder gegen die Heimatwährung (Euro, Dollar) verkaufen.

An Preisnotierungen gegen den Bitcoin wird oft direkt die **Relative Stärke eines Coins** im Vergleich zum Gesamtmarkt abgelesen. Der Bitcoin ist zwar nicht der Krypto-Gesamtmarkt, aber als unstrittige Leitwährung und mit einem Anteil von 46 Prozent (Stand April 2023) an der Gesamtmarktkapitalisierung unstrittig die Referenz. Ruft man den Chart eines Coins gegen den Bitcoin auf, kann man sofort erkennen, wann dieser stärker oder schwächer als der Bitcoin performt. Dabei gibt es oft länger anhaltende Trends. So hat sich beispielsweise Ether gegen den Bitcoin von Anfang 2020 bis Mitte 2021 mehr als verfünffacht. Auch die Preisnotierungen eines Coins gegen den Ether können interessante Rückschlüsse geben. Denn der Ether kann auch als Leitwährung der Smart-Contract-Plattformen interpretiert werden. Deshalb kann es in bestimmten Phasen Sinn machen, die Performance dieser Plattformen gegen den Ether zu vergleichen.

Eine andere Frage ist, ob ein nicht gegen Fiatwährung, sondern nur gegen Bitcoin oder auch Ether gehandelter Altcoin von einer Art **Bitcoin-Wertillusion** betroffen sein könnte. Man kennt den Begriff der Geldwertillusion aus der Volkswirtschaftslehre. Darunter versteht man die Wahrnehmung von Nominaleinkommenssteigerungen als Realeinkommenssteigerungen. Dies könnte zu einem anderen Ausgabeverhalten führen als bei fehlender Geldwertillusion. Bei einer Bitcoin- oder auch Ether-Wertillusion könnte es bei starken Auf- und Abwärtsbewegungen von Bitcoin zu besonderen Preiseffekten kommen. Bleibt bei einer stärkeren Aufwärtsbewegung der Preis des Altcoins in seiner Notierung gegen den Bitcoin stabil, könnte er bei Anlegern als zurückgeblieben wahrgenommen werden, obwohl er in Euro oder Dollar gerechnet die gleiche Kurssteigerung wie der Bitcoin erfahren hat. Dies könnte dazu führen, dass der Coin verstärkt gekauft wird und letztlich dadurch überproportional steigt. Umgekehrt ist es bei einer stärkeren Abwärtsbewegung von Bitcoin. Wenn der Altcoin gegenüber dem Bitcoin weiter auf dem gleichen Preis notiert, könnte er vielfach als bisher wenig betroffen erscheinen und deshalb stärker verkauft werden. Dies würde dann zu überproportionalen Kursverlusten gerechnet in Fiatwährung führen. Es gibt bisher keine bekannte Untersuchung, ob es eine Bitcoin-Wertillusion gibt. Insbesondere bei größeren Aufwärtsbewegungen von Bitcoin hat sich in der Vergangenheit bei allen Altcoins – also auch den in Fiatwährungen notierten – eher das Gegenteil gezeigt und die Altcoins hinken deutlich hinterher. Unterbricht der Bitcoin dann seinen Kursanstieg und konsolidiert, ziehen die Altcoins oft nach und steigen überproportional.

Neben den Währungspaaren kann es auch einen Unterschied machen, ob ein Coin nur an einer dezentralisierten Kryptobörse (DEX) oder auch einer zentralisierten Kryptobörse (CEX) gehandelt wird. Denn die **Art des Handelsplatzes** kann einen Einfluss auf die Preisbildung von Coins haben. Beim Bitcoin und den großen Altcoins ist das nicht der Fall, diese werden alle bei den größten Kryptobörsen gehandelt. Ein kleinerer Coin könnte dagegen umso höher bewertet werden, je mehr CEXes diesen Coin handeln. Nicht von ungefähr gibt es deutliche Kursanstiege, wenn ein Coin neu an einer der führenden Krpytobörsen gelistet wird.[39] Grundsätzlich dürfte die Nachfrage nach einem Coin umso größer sein, je größer die Zahl der großen Börsen ist, an denen er gelistet ist. Von daher könnte ein Coin, der bisher nur an kleinen und wenig umsatzstarken CEXes gehandelt wird oder nur an einer größeren CEX, sein aktuelles Bewertungspotenzial noch nicht ausgeschöpft haben, da ein großer Teil der potenziellen Nachfrage nicht auf dieser oder diesen CEXes handelt. Auch der Unterschied zwischen CEXes und DEXes kann noch aus einem anderen Grund relevant sein. Beim plötzlichen Auftreten einer akuten Krise neigen die Anleger zum Verkauf der liquidesten Assets, um den Cashanteil in den Portfolios hochzufahren. Dies gilt auch für den Kryptobereich. Vielfach geht das über Trading Bots, die nach bestimmten Algorithmen Kauf- und Verkaufsaufträge selbstständig auslösen. Gerade bei einem Abverkauf in einem Crash kann das rasend schnell gehen. Diese Verkaufsprogramme werden aber ausschließlich auf CEXes ausgeführt. Deshalb können in einem Crash Coins, die nur auf DEXes gehandelt werden, teilweise zumindest in der unmittelbaren Reaktion weniger von massiven Kurseinbrüchen betroffen sein als die auf den CEXes gehandelten Coins. Da diese auf den DEXes gehandelten Coins aber oft nur sehr geringe Umsatzvolumina aufweisen, können im Nachgang dann selbst kleine Verkaufsorders zu letztlich großen Kursrückgängen führen.

10.13.3 Extreme Preisschwankungen bei Altcoins

Auch bei **großen Altcoins** gibt es regelmäßig große Preisschwankungen. Dies gilt insbesondere in sogenannten Altcoin Seasons. Darunter versteht man Marktphasen, in denen viele Altcoins den Bitcoin outperformen. Dann können auch hoch kapitalisierte Altcoins an einem Tag Kurssprünge von 20, 50 oder noch mehr Prozent machen. Meist gibt es für die Kurssteigerungen dann einen konkreten Anlass wie neue Kooperationen, der Start des Mainnets oder deutliche Systemverbesserungen durch ein Update des Protokolls. **Illiquide Altcoins** neigen zu ganz extremen Preisschwankungen, meist ohne irgendwelche News. Je kleiner ein Altcoin in Bezug auf seine Marktkapitalisierung und Liquidität ist, desto größer ist die Wahrscheinlichkeit von irrationalen und erratischen Preisbewegungen, die oft von Manipulateuren ausgelöst werden. Viele Anleger lassen sich blenden von fantastischen täglichen Kursgewinnen von mehreren Hundert oder sogar Tausend Prozent bei kleinen Altcoins. Oft werden die Kurse kurzfristig von Pump-and-Dump-Gruppen getrieben oder es löst einfach eine kleine Order einen enormen Kurssprung aus. Hier handelt es sich dann regelmäßig um **Shitcoins**. Die Preisbildung dieser Altcoins ist deswegen nicht mit seriösen Maßstäben zu messen und Anleger sollten sich von diesen Coins fernhalten. Allerdings ist festzustellen, dass die ganz extremen täglichen Kursveränderungen nicht mehr so häufig sind wie vor dem Jahr 2020, auch in dieser Hinsicht scheint der Markt erwachsener geworden zu sein. Trotzdem sollten Anleger sich auf die **großen Altcoins** konzentrieren, zum Beispiel die Top 20, Top 50 oder Top 100. Sehr spezialisierte Trader können vielleicht noch versuchen, auch Coins jenseits der Top 100 zu identifizieren, die eine nachhaltige und nachvollziehbare Aufwärtsentwicklung zeigen. Ein wirklicher Zugewinn aus der Analyse dieser Niederungen des Altcoin-Dschungels dürfte für Anleger aber nur schwer zu erzielen sein.

Diese exorbitanten Kursgewinne sind an jedem Tag zu beobachten. Dazu kann man bei Coinmarketcap die Coins nach den Kursgewinnen der letzten 24 Stunden sortieren. Dabei sind die Top-Gewinner fast ausschließlich Coins jenseits der Top 1.000. Ein Blick auf die Marktkapitalisierungen und/oder Börsenumsätze zeigt sofort, dass diese Kurssprünge überhaupt keine Aussagekraft und auch keine Relevanz haben. So war beispielhaft am 14.04.2023 von allen bei Coinmarketcap ausgewiesenen Coins der von Crust Exchange mit einem Tagesgewinn von sagenhaften über 2,8 Milliarden Prozent an Nummer 1. Der Umsatz betrug 4.625 Dollar, eine nachvollziehbare Marktkapitalisierung für den Coin gab es nicht. Auf Nummer 2 war Whive Protocol mit einem Tagesplus von rund 50 Millionen Prozent. Der Umsatz betrug drei Dollar, die Marktkapitalisierung rund 165.000 Dollar.

Man könnte meinen, dass derartige erratische Kurssprünge nur bei niedrig kapitalisierten Coins stattfinden. Das kann man aber so pauschal nicht sagen. Es kann auch **scheinbar hoch kapitalisierte Coins mit gleichzeitig geringer Liquidität** geben, bei denen die Marktkapitalisierung durchaus im zwei- oder dreistelligen Millionenbereich liegen kann. Auch bei diesen scheinbar großen Altcoins kann es zu extremen Schwankungen kommen, wenn trotz der hohen Marktkapitalisierung die täglichen Umsätze nur minimal sind. Dies könnte zum Beispiel daran liegen, dass der Großteil aller Coins sich in den Händen der Initiatoren befinden. Diese können den Kurs dann nach Belieben beeinflussen oder eine Mini-Order eines anderen Traders löst bei Inaktivität dieser Krypto-Wale eine heftige Kursbewegung aus. Derartige Coins sind ähnlich wie Shitcoins ein bevorzugtes Ziel von Pump-and-Dump-Aktionen, die den Kurs kurzfristig künstlich aufblasen. Vergleichbar ist das mit börsennotierten Aktien, die zu 90 oder noch mehr Prozent in den Händen eines Investors sind. Auch hier können trotz einer hohen Marktkapitalisierung Aktivitäten dieses Investors oder aber auch andere kleine Orders große Bewegungen auslösen.

10.13.4 Allzeithöchststände (All-Time-Highs) bei Altcoins

Auch wenn der Bitcoin aktuell (Stand Januar 2024) immer noch deutlich unter seinem All-Time-High (ATH) vom November 2021 notiert, ist die Diskrepanz bei vielen Altcoins oft ungleich größer. Beim Bitcoin ist die Wahrscheinlichkeit sehr groß, dass er neue Höchststände erreicht. Dagegen werden viele Altcoins ihre alten Höchststände nie mehr sehen. Natürlich ist ein Blick darauf trotzdem verlockend. Auf keinen Fall sollte ein **extremer Abstand zu alten Höchstständen** als Kaufargument gesehen werden. Das ist im Gegenteil meist ein schlechtes Zeichen. Denn besonders große Abstände der Altcoins von ihren ATHs sprechen eher dafür, dass nach einem – wodurch auch immer ausgelösten – Hype die Erwartungen nicht annähernd erfüllt werden konnten. So können einfach schlechte Entwicklungen bei dem dahinterstehenden Projekt, neue Konkurrenz mit besseren Alternativen, rechtliche Probleme und andere Gründe dahinterstecken.[40]

Am 14.04.2023 notierten Bitcoin und Ethereum 56 beziehungsweise 57 Prozent unter ihren ATHs. Die meisten der großen Coins wie XRP, Cardano, Dogecoin oder Solana lagen mit einem Minus von über 80 oder sogar 90 Prozent noch viel weiter davon entfernt. An diesem Tag lagen über 50 Prozent der Top-100-Coins 80 oder mehr Prozent unter ihren ATHs. Die riesigen Abstände hängen häufig mit einer völlig überzogenen Bewertung zu Beginn der Börsennotiz zusammen (Beispiel: Internet Computer).

Daneben sollte bei der Betrachtung des Abstands vom ATH auch berücksichtigt werden, ob dieses nach einem soliden Kursanstieg erreicht oder durch einen extremen **Spike an einem Tag** markiert wurde. Solche Eintagsfliegen können verschiedene Ursachen haben und finden sich insbesondere bei niedrig kapitalisierten Coins. So kann eine falsch eingegebene Order (Stichwort Fat Finger) zu einer vom Auftraggeber ungewollten Kursexplosion führen. Außerdem können extreme ATHs auch durch Pump-and-Dump-Aktionen entstanden sein. Solche Spikes haben deshalb eine andere Qualität als die durch einen längeren Kursanstieg entstandenen ATHs.

Bei **Fat-Finger-Orders** werden durch Tippfehler auf der Computertastatur falsche Werte eingestellt. Es kann sich hier um Zahlendreher handeln, Verwechslungen zwischen Ordervolumen, Stückzahl oder Wertpapierkennnummer oder es werden bei der Stückzahl aus Versehen eine oder mehrere Nullen zu viel angefügt. An regulierten

Börsen gibt es Mistrade-Regeln, bei denen unter bestimmten Bedingungen solche Trades rückgängig gemacht werden können. An den Kryptobörsen gibt es das nicht. Ebenso können Kursmanipulationen durch **Pump-and-Dump-Aktionen** im Gegensatz zum Aktienmarkt wegen fehlender Vorschriften nicht so leicht oder gar nicht geahndet werden. Insbesondere bei kleineren Coins wird man deswegen viel häufiger als bei Aktien extreme Spikes finden, die als ATH wenig aussagekräftig sind.

10.14 Preisbildung von Stablecoins

Stablecoins sind *digitale Abbildungen eines Basiswertes*, meist Fiatwährungen wie der Dollar oder Euro. Idealerweise sind für die ausgegebenen Stablecoins die gleichen Mengen der entsprechenden Fiatwährung hinterlegt. Deshalb sollte der **Preis des Stablecoins** idealtypisch exakt dem *Wert der Fiatwährung* entsprechen. Größere Abweichungen können vor allem bei Vertrauenskrisen in den Emittenten der Stablecoins entstehen, wie dies in der Vergangenheit manchmal beim Tether zu beobachten war. Dann kann der Kurs auch deutlich unter der Parität zur Fiatwährung notieren, denn der *Preis richtet sich wie bei allen Coins nach Angebot und Nachfrage*. Deshalb kann es in außergewöhnlichen Marktsituationen durchaus zu gewissen Verzerrungen kommen und die Preise von Stablecoins können ein gewisses Eigenleben im Vergleich zum Basiswert entwickeln, in bestimmten Marktsituationen kurzfristig auch über der Parität notieren.

So fiel der Preis des USDT im April und Mai 2019 sehr deutlich unter die Parität, im Tief bis unter 0,92 USD. Dies war Ausdruck der erheblichen Verunsicherung am Kryptomarkt wegen der Turbulenzen um Bitfinex und Tether, die den USDT emittiert. Am 25. April 2019 wurde in New York eine Klage gegen Bitfinex eingereicht. Am 26. April rauschte der USDT-Preis dann bis auf unter 0,92 Dollar.[41] Kurz vorher wurde auch bestätigt, dass nur etwa drei Viertel der USDT tatsächlich durch echte Dollar gedeckt waren. Diese allgemeine Verunsicherung führte auch dazu, dass die Preise der Kryptowährungen auf Bitfinex wochenlang fünf bis sechs Prozent über denen an anderen großen Kryptobörsen lagen. Die Situation bereinigte sich erst wieder, nachdem Bitfinex wenige Wochen danach über die Emission des eigenen LEO-Token eine Milliarde Dollar einnehmen konnte. Damit war dann die Diskussion um Liquiditätsprobleme und vielleicht sogar eine mögliche Insolvenz bei Bitfinex weitgehend beendet.

Beim Corona-Crash am 12. März gab es einen Ausschlag in die andere Richtung. Der fluchtartige Ausverkauf von Risiko-Assets wie Aktien an den traditionellen Finanzmärkten schwappte auch auf die Kryptomärkte über. Deshalb wurden im großen Stil Bitcoin und Co verkauft und das Geld in USDT geparkt. Die sprunghaft gestiegene Nachfrage nach USDT führte deshalb hier kurzfristig zu einem Preissprung bis auf 1,06 Dollar für einen USDT.

Neben diesen großen Ausreißern sieht man im USDT/USD-Chart, dass es ständig kleinere Schwankungen um die Parität gibt und auch längere Phasen, in denen der USDT etwas über oder unter der Dollarparität liegt. Die Abweichungen sind aber fast immer deutlich kleiner als ein Prozent.

Stablecoins sind **Pegged Payment Token.**[42] Sie sollten im Idealfall 1:1 mit der entsprechenden Fiatwährung gedeckt sein und deshalb auch kursmäßig mit ihrem Peg (Basiswert) übereinstimmen. In der Vergangenheit gab es in akuten Krisensituationen kurzfristig größere Abweichungen von diesem 1:1-Kursverlauf, wie die Beispiele oben zeigen. Dies hat insbesondere damit zu tun, dass Krypto-Anleger in Krisen ihr Geld aus dem Bitcoin und den Altcoins abziehen und temporär in Stablecoins lagern. Dadurch kann es zu einem sprunghaften Anstieg der Nachfrage nach den Stablecoins kommen und diese dann temporär über den Preisen der entsprechenden Fiatwährungen liegen. Zwar gibt es in Krisensituationen immer noch Ausschläge. Diese sind aber im Laufe der Zeit kleiner geworden, da der gesamte Kryptomarkt in den vergangenen Jahren erheblich gereift ist. Abweichungen der Stablecoins gegenüber ihrem Peg können auf dezentralisierten Börsen (DEXes) teilweise erheblich größer als auf zentralisierten Börsen sein.[43] Dies hat mit der geringeren Liquidität auf DEXes zu tun. Die Liquidität ist aber ein entscheidender Faktor, damit Stablecoins ihren 1:1-Peg zu der Fiatwährung halten.

Der Tether hat sich jetzt schon jahrelang etabliert. Mehr als die Hälfte der Bitcoin-Transaktionen werden in Tether abgewickelt. Gegenüber dem direkten Handel gegen US-Dollar macht der Tether-Anteil oft das 3- bis 4-Fache aus. Trotzdem kommt immer wieder Skepsis auf. So bezeichnet die US-Kryptobloggerin Amy Castor die meistgehandelte Kryptowährung der Welt – das Umsatzvolumen von Tether liegt regelmäßig über dem von Bitcoin – als 60-Milliarden-Dollar-Falschgeld. Die Fed-Gouverneurin Lael Brainard hat davor gewarnt, dass es bei einer Vertrauenskrise zu einem Bankrun-ähnlichen Verhalten kommen könnte. Trotzdem ist der USDT derzeit die bequemste Möglichkeit, Kryptowährungen zu handeln. Dies könnte sich eventuell ändern, wenn CBDCs eingeführt werden. Denn bei einem von der Zentralbank herausgegebenen digitalen Dollar wären die Transaktionen mit dem Tether eher überflüssig, wenn man von Staking Rewards absieht.

Ein Beispiel für einen gescheiterten Stablecoin ist NuBits. Dieser war an den US-Dollar gebunden und stürzte im Juni 2016 auf unter 0,30 Dollar ab. Der Absturz resultierte damals aus einem plötzlichen Bitcoin-Anstieg. Die Anleger wollten deswegen aus NuBits raus und Bitcoin kaufen. Den dadurch in größerem Ausmaß auf den Markt gekommenen NuBits stand keine entsprechende Nachfrage gegenüber und der Preis stürzte ab. Für einige Monate konnte er sich wieder erholen. Diese erstaunliche Tatsache trotz des Vertrauensverlustes war bedingt durch den deutlichen Preisrückgang beim Bitcoin in der zweiten Jahreshälfte 2016.[44] Im Oktober 2018 brach er aber erneut ein. Nach einer kurzen Erholung verschwand der Coin in der Bedeutungslosigkeit. Ein wesentlicher Fehler war, dass bei NuBits die Reserven in Bitcoin angelegt waren. Deshalb konnte der Wert bei einem Preisverfall von Bitcoin nicht mehr garantiert werden. Als das die Anleger bemerkten, kam es durch Panikverkäufe zu den Preiseinbrüchen. Trotzdem wird NuBits auf der Website noch immer als „World's Best Stable Digital Currency" geführt.

Das Scheitern von NuBits zeigt, dass die Nachfrage nach Stablecoins in Zeiten von stark rückläufigen Kryptokursen deutlich steigt. Von daher stellt sich die Frage, ob ein derartiges Scheitern auch bei anderen Stablecoins wie dem USDT passieren könnte. Bei NuBits war offensichtlich das Protokoll nicht auf Angebots- oder Nachfrageschocks ausgelegt und die Reserven nicht mit dem Basiswert, sondern mit Bitcoin hinterlegt. Abgesehen von algorithmisch abgesicherten Stablecoins ist es deshalb eigentlich ein No-Go, wenn ein Stablecoin mit anderen Assets als dem Basiswert hinterlegt ist. Bei Tether ist das offensichtlich nicht der Fall. Allerdings können aufkommende Diskussionen um eine nicht vollständige Deckung – wie in der Vergangenheit gesehen – auch hier immer wieder zu Instabilitäten führen.

Dezentrale Stablecoins sollen grundsätzlich das Emittentenrisiko eliminieren. Beim DAI von MakerDAO hat das viele Jahre funktioniert. Diskreditiert wurde das Prinzip dieser algorithmisch gesicherten Stablecoins durch den Zusammenbruch des Stablecoins UST von Terra im Mai 2022.[45] Es hat sich gezeigt, dass solche Coins einem *Systemrisiko* unterliegen. Ähnlich wie bei Schieflagen von Hedgefonds in der traditionellen Finanzwelt funktionieren diese Algorithmen in Ausnahmefällen nicht oder nur unzureichend.

Von Stablecoins wird meist im Zusammenhang mit Fiatwährungen gesprochen. Grundsätzlich kann sich die Anbindung aber auch auf andere Assets beziehen. Fiatwährungen am nächsten wären dann **goldbezogene Stablecoins**. Deren Preis wird sich dann 1:1 nach dem Goldpreis richten.

Dabei stellt sich die Frage, welche Vorteile diese Gold-Token gegenüber dem physischen Gold oder anderen Goldanlagen haben. Zum einen gibt es bei den goldbesicherten Token den Vorteil, dass diese im Gegensatz zu physischem Gold völlig unproblematisch transportiert werden können. Zum anderen sind sie auch nicht konfiszierbar, im Gegensatz zu bei Banken gelagertem Gold oder in Depots gehaltenen goldbesicherten Wertpapieren wie Xetra-Gold. Derartige Überlegungen, vor Kurzem noch eher hypothetisch, haben durch den Krieg in der Ukraine wieder an Gewicht gewonnen. Das kann Flüchtlinge betreffen, andererseits aber auch von Sanktionen betroffene Russen. Zu den wichtigsten goldbesicherten Token gehören PAX Gold und Tether Gold. Auch bei den Gold-Token gibt es Unterschiede im Hinblick auf die Deckung. Dabei sollten Anleger darauf achten, dass die Token tatsächlich von physischem Gold gedeckt sind und von regulierten Emittenten ausgegeben werden. So wird Paxos, eine Treuhandgesellschaft aus New York, als Emittent von PAX Gold von der New Yorker Finanzaufsicht reguliert. Dagegen steht man bei Tether Gold eher im Nebel, denn dieser Token wird von keiner Regulierungsbehörde überwacht und geprüft.

10.15 Summary

10.1 Die **Preise** von Kryptowährungen bilden sich wie an den traditionellen Finanzmärkten durch Angebot und Nachfrage. Bei außergewöhnlichen Marktlagen mit Angebots- oder Nachfrageschocks sind die Preise von dezentralen Kryptowährungen wie Bitcoin wegen der inelastischen Angebotsfunktion das einzige Korrektiv. Die Preise sind deshalb volatiler und kurzfristig schwieriger zu prognostizieren als bei traditionellen Assets.

Beim Bitcoin und vielen anderen Kryptowährungen können keine zentralen Instanzen wie an den Finanzmärkten die **maximal möglichen Gesamtmengen der Coins** erhöhen oder verringern. Auch mögliche Verringerungen beispielsweise beim Burning sind von vornherein festgelegt und nicht von zentralen Instanzen veränderbar. Es gibt bei vielen Coins keine zentral gesteuerten Akteure oder Manipulateure wie CEOs bei Unternehmen oder Zentralbankchefs. Diese sind zu unterscheiden von einflussreichen Marktteilnehmern, die aufgrund ihres großen Kryptobestandes oder der zur Verfügung stehenden Fiatmittel die Preise beeinflussen könnten.

Beim Bitcoin gibt es **keine Quartals- und Jahresergebnisse, keine Gewinnwarnungen oder gar eine Pleite** wie bei Unternehmen.

Die **hohen Volatilitäten** bei Kryptowährungen werden durch fehlende Circuit Breakers und die Terminmärkte mit teilweise sehr hohen Hebeln noch zusätzlich verstärkt.

10.2 Viele Altcoins werden neben Fiatwährungen auch gegen Bitcoin oder andere Kryptowährungen gehandelt. Meist sind die Spreads gegen Dollar am geringsten. Kleinere Altcoins werden manchmal auch nur gegen Bitcoin oder Ether gehandelt.

Die Kursnotierung von Altcoins gegen den Bitcoin zeigt deren Relative Stärke im Vergleich zum Bitcoin.

10.3 Für **Chartanalysen** sollte man – auch als in Euro rechnender Anleger – als Währungspaar die **Dollarnotierungen** betrachten, da diese weltweit die Referenz sind.

10.4 Viele Altcoins haben neben oder statt einer Notierung in einer oder mehreren Fiatwährungen auch **Notierungen gegenüber einer anderen Kryptowährung**, meist Bitcoin und Ether.

10.5 Beim Handel sollte man nach Möglichkeit die liquideste Börse bevorzugen. Dort sind die **Bid-Ask-Spreads** am kleinsten, die einen wesentlichen Teil der Kosten beim Coinhandel ausmachen. Anleger sollten deswegen bei der Auswahl der Kryptobörse nicht nur auf die direkten Transaktionskosten (Fees beim Kauf und Verkauf) achten. Hat eine Kryptobörse nur sehr geringe oder sogar gar keine Fees, dafür aber größere Spreads, können Transaktionen für den Anleger viel teurer werden als bei einer Börse mit höheren Fees und geringerem Spread. Coins mit einer geringeren Marktkapitalisierung werden generell größere Spreads haben als große Coins wie Bitcoin oder Ethereum. Geringere Spreads sprechen für eine größere **Liquidität** des Coins.

Sowohl bei den Preisen wie bei den Spreads gibt es **größere Unterschiede zwischen den Kryptobörsen**. Arbitrage zwischen Börsen mit höherem und solchen mit niedrigerem Preis für einen Coin ist aber schwierig umzusetzen. Kryptobörsen in bestimmten Ländern – wie Südkorea – können dauerhaft deutliche höhere Kryptopreise als andere Kryptobörsen haben.

In **außergewöhnlichen Marktphasen** können sich Spreads deutlich vergrößern.

10.6 Assets in einer Preisfindungsphase mit Bewertungsunsicherheiten aufgrund einer eher rudimentären Fundamentalanalyse weisen oft eine sehr hohe **Volatilität** aus.

Man unterscheidet die historische und die implizite Volatilität. Die **historische Volatilität** wird aus den Schwankungen der Vergangenheit berechnet. Dagegen wird die **implizite Volatilität** aus den Optionspreisen am Terminmarkt abgeleitet und spiegelt die von den Marktteilnehmern erwarteten zukünftigen Kursschwankungen wider.

Der fehlende Ausgleichsmechanismus aufgrund der strikten und absolut begrenzten Fixierung der Angebotsmenge beim Bitcoin verstärkt die Volatilität zusätzlich. Die fehlenden Circuit Breakers beim Kryptohandel sowie die sehr hohen Hebel an den Derivatemärkten führen ebenfalls zu einer Steigerung der Volatilität.

Eine große Volatilität eines Assets sagt nichts über seine Eignung als langfristiger Wertspeicher aus. Der Dollar mit seiner sehr geringen Volatilität hat langfristig erheblich an Wert verloren. Beim Bitcoin mit seiner sehr großen Volatilität ist genau das Gegenteil der Fall.

10.7 Zwischen den verschiedenen **Kryptobörsen** kann es erhebliche Preisunterschiede geben. Sind die Preise einer Kryptowährung an einer Kryptobörse deutlich höher, gilt das regelmäßig auch für die Preise der anderen an dieser Kryptobörse notierten Coins. Auch die Spreads können sich deutlich unterscheiden.

Kursspitzen (Spikes) für einen an mehreren Kryptobörsen gehandelten Coin gibt es oft nur an einer Börse. Diese resultieren aus einem ganz kurzfristigen Ungleichgewicht von Angebot und Nachfrage an dieser Börse.

Die Preise können auch **länderspezifisch** erheblich divergieren. Wenn es in einem Land strenge Währungsrestriktionen oder ein dysfunktionales Finanzsystem gibt, sind dort die Preise für Kryptowährungen dauerhaft deutlich höher.

10.8 Durch den **24/7-Handel** kann an den Kryptobörsen jederzeit gehandelt werden. Auf außergewöhnliche Ereignisse können Kryptomärkte – im Gegensatz zu den Aktienbörsen – durch den Rund-um-die-Uhr-Handel deshalb jederzeit reagieren.

Zu Beginn der normalen Börsenhandelszeiten in den drei Weltregionen Europa, Nordamerika und Asien kommt es häufiger zu plötzlichen Preisveränderungen. Manchmal kann eine Weltregion auch über Tage den Trend des Kryptomarktes vorgeben.

10.9 Es sind zwar **saisonale Effekte** zu beobachten, diese sind aber für Tradings eher schwer zu nutzen.

10.10 Der Bitcoin und die anderen Kryptowährungen werden auch bei sehr großen Kursbewegungen im Gegensatz zu Aktien nicht von **Circuit Breakers** gestoppt. Einzelne Kryptobörsen könnten freiwillige Handelsstopps in ihre Bedingungen aufnehmen. Ob Circuit Breakers eine große Volatilität wirklich vermindern, ist jedoch fraglich.

10.11 **Flash Crashs** gibt es an den Kryptomärkten viel häufiger als an den Aktienmärkten.

Flash Crashs **an einzelnen Kryptobörsen** sind sekunden- oder minutenlange extreme Einbrüche bei einem bestimmten Coin, nach denen der Preis sofort wieder auf das Ausgangsniveau zurückspringt. Diese resultieren aus Eingabefehlern von Tradern, Manipulationen oder auch Fehlern im Handelssystem der Börse.

Flash Crashs **am Gesamtmarkt** werden nicht sofort wieder korrigiert und können Anzeichen einer Trendumkehr sein. Meist ereignen sie sich nach Breaking News.

10.12 Der stark gehebelte Handel an den **Krypto-Terminmärkten** verstärkt kurzfristig die Instabilität der Preise. Insbesondere in Paniksituationen kann der Preisverfall durch (Zwangs-)Liquidierungen von Long-Positionen extrem verstärkt werden. Oft sind diese Effekte aber nur von kurzer Dauer.

Große Player könnten nach dem Aufbau von großen Terminpositionen durch Manipulationen an den Spotmärkten Gewinne erzielen.

Bei einem über das Wochenende entstandenen **Bitcoin Futures Gap** an der CME neigt der Bitcoin-Kurs dazu, diese Lücke wieder zu schließen. An der CME sind vor allem institutionelle Anleger aktiv.

Ein steigendes **Open Interest** an den Futures-Börsen bei steigenden Spotpreisen und steigendem Volumen spricht für eine bullishe Tendenz. Ein steigendes Open Interest bei fallenden Spotpreisen und steigendem Volumen gilt als bearishes Zeichen. Eine sehr deutliche Zunahme und ein absolut hoher Stand des Open Interest könnten für eine spekulative Endphase sprechen.

In bullishen Phasen sind die **Funding Rates der Perpetual Futures** positiv und tendenziell steigend. In bearishen Phasen ist das genau umgekehrt.

Das **Bitcoin-Spot-to-Futures-Ratio** gilt als Indikator dafür, wie gesund der Kursanstieg ist.

Überwiegen am Optionsmarkt beim **Put-Call-Ratio** die Verkaufsoptionen, spricht das für eine bearishe Stimmung. In der Vergangenheit war das aber häufig ein Kontraindikator.

Die **Volatilitätsabweichung (Volatility Skew)** ist beeinflusst vom Sentiment. Der Markt gilt als umso volatiler, je größer die Abweichung ist.

10.13 Die meisten **Altcoins** haben keinen Use Case. Die Preise dieser Shitcoins werden dann primär vom Marketing oder von Pusher Groups getrieben.

Je kleiner ein Altcoin in Bezug auf seine Marktkapitalisierung und Liquidität ist, desto größer ist die Wahrscheinlichkeit von irrationalen und erratischen Preisbewegungen. Auch scheinbar hoch kapitalisierte Altcoins können eine sehr geringe Liquidität haben und deswegen sehr anfällig für große Preisschwankungen sein.

Die Preisnotierungen von Altcoins gegen den Bitcoin zeigt deren Relative Stärke im Gesamtmarkt.

Nur gegen den Bitcoin notierte Altcoins könnten bei großen Bewegungen von Bitcoin von einer Art Bitcoin-Wertillusion betroffen sein.

Die Zahl und Art der Handelsplätze haben einen Einfluss auf die Bewertungen von Altcoins.

Extreme Abstände der aktuellen Preise von Altcoins zu ihren Allzeithöchstständen sind kein Kaufargument, sondern eher ein negativer Indikator.

10.14 Auch **Stablecoins** wie der USDT schwanken – meist geringfügig – um die Parität zum Basiswert. In Ausnahmesituationen gibt es auch größere Schwankungen, denn auch die Preise von Stablecoins werden durch Angebot und Nachfrage bestimmt und können deshalb ein gewisses Eigenleben zum Basiswert entwickeln.

Herkömmliche Stablecoins wie der Tether, bei denen die Coins durch die hinterlegte Fiatwährung gesichert sind, unterliegen einem Emittentenrisiko. Algorithmisch gesicherte Stablecoins unterliegen – wie sich im Terra-Fall gezeigt hat – einem Systemrisiko.

11 PREISTREIBER UND RISIKOFAKTOREN BEI KRYPTOWÄHRUNGEN

11.1 Nachfrage als der wesentliche Preistreiber beim Bitcoin

11.1.1 Strikt begrenztes Angebot trifft wachsende Nachfrage

Die folgenden Ausführungen beziehen sich im Wesentlichen auf den Marktführer und Marktindikator Bitcoin, der aufgrund seines strikt auf 21 Millionen Coins limitierten Angebots nicht inflationierbar ist. Sie können teilweise auch auf andere nicht inflationierbare Kryptowährungen übertragen werden. Herkömmliche Fiatwährungen werden durch Geldpolitik, Inflationsraten und Wirtschaftswachstum beeinflusst. Staatliche Instanzen versuchen je nach Wirtschaftslage, durch die Steuerung des Angebots die Geldmenge zu erhöhen oder zu verknappen und so bestimmte wirtschafts- und geldpolitische Ziele zu erreichen. Ein Regulativ durch ein stärkeres **Angebot** bei steigender Nachfrage oder eine Verknappung bei schwacher Nachfrage gibt es beim Bitcoin im Gegensatz zu anderen Assets nicht. Während es bei Aktien zu Kapitalerhöhungen kommen kann und bei traditionellen Währungen die Geldmengen erhöht werden können, gibt es solche Ausgleichsventile beim Bitcoin nicht.

Die Folge ist, dass der Bitcoin-Preis ausschließlich nachfragegetrieben ist. Bei anderen Assetklassen ist die Nachfrage **ein** wesentlicher Preistreiber, beim Bitcoin ist sie **der** Preistreiber. Es kann deshalb nicht besonders erstaunen, dass der Bitcoin immer wieder hyperventiliert. In der Medizin bezeichnet das Phänomen der Hyperventilation ein übermäßig schnelles und tiefes Atmen bei starker psychischer Erregung und Angst. Der Bitcoin „leidet" bei deutlichen Veränderungen der Nachfrage wegen seines strikt limitierten Angebots dann ebenfalls unter starker Erregung, die sich in einer **sehr großen Volatilität** ausdrückt. Er hat nur die Möglichkeit, mit starken Preisschwankungen auf Nachfrageschocks zu reagieren. Dabei geht es nicht um die kurzfristigen Tagesschwankungen, wie sie bei Flash Crashs oder plötzlichen Kurssprüngen auftreten. Vielmehr ist der kontinuierliche Anstieg der Nachfrage über die Jahre hinweg durch die ständig gestiegene Adoption von Bitcoin als nachhaltiger Preistreiber gemeint. So gab es besonders seit 2020 eine starke Zunahme von Bitcoin-Investments durch institutionelle Anleger. Der daraus resultierende Nachfrageschub trifft auf ein völlig unelastisches Angebot, denn der Bitcoin kann nicht inflationiert werden.[1] Die Angebotselastizität ist null oder nahe daran. Es ist aus aktueller Sicht auch in den nächsten Jahren zu erwarten, dass diese Nachfrage weiterwächst. Dann ist die **Konsequenz** insbesondere in Anbetracht der weltweiten Verschuldungsorgien klar: **stark steigende Bitcoin-Preise**.

11.1.2 Bitcoin-Dominanz

Kryptowährungen gelten als neue Assetklasse. Lange Zeit war der Bitcoin eigentlich das Synonym für diese Assetklasse. Dies wird allein schon durch die **Bitcoin-Dominanz** deutlich, die den *Anteil der Marktkapitalisierung von Bitcoin an der gesamten Kapitalisierung des Kryptomarktes* misst.[2] Denn der Anteil von Bitcoin an der gesamten Kapitalisierung des Kryptomarktes betrug bis Anfang 2017 über 90 Prozent. Mit dem ICO-Boom von 2017 fiel er dann trotz des großen Bitcoin-Kursanstiegs bis Anfang 2018 auf 35 Prozent. Dies war zum einen auf die Vielzahl an neuen Coins zurückzuführen, die den Anteil von Bitcoin am Gesamtmarkt verwässerten. Zum anderen resultierte dies auch aus dem überproportionalen Anstieg vieler größerer Altcoins.[3] Im sehr schwachen Kryptomarkt von 2018 zog die Dominanz wieder deutlich an. Nach einem Anstieg auf bis zu 70 Prozent im Jahr 2019 kam sie 2021 wieder zurück und bewegte sich von Mitte 2019 bis Anfang 2021 meist deutlich über 50 Prozent. Im 1. Quartal 2021 fiel sie bei der Fortsetzung der Bitcoin-Hausse dann aber wieder deutlich. In dieser Phase zeigten viele große Altcoins eine extreme Outperformance zum Bitcoin. Seither beträgt die Bitcoin-Dominanz immer etwas mehr als 40 Prozent.

Im Chart rechts ist der Verlauf des Bitcoin-Kurses wegen der großen absoluten Unterschiede in logarithmischer Darstellung. Die fallende Bitcoin-Dominanz im Jahr 2017 ging einher mit einem stark steigenden Bitcoin-Kurs. Dagegen ist die steigende Dominanz im Jahr 2018 mit einem fallenden Kurs verbunden. Dies resultierte aus den erheblich größeren Preiseinbrüchen bei den Altcoins im Vergleich zum Bitcoin. In der ersten Hälfte 2019 gab es eine stark Bitcoin-getriebene Hausse, bei der sowohl Preis wie Dominanz deutlich anstiegen. Im ersten Halbjahr 2021 gab es eine starke Altcoin-Hausse. Die Dominanz fiel um über 30 Prozent, obwohl der Bitcoin-Preis stieg. Seither schwankt die Bitcoin-Dominanz im Bereich zwischen 40 und 50 Prozent.

Abb. 11.1 Verlauf von Bitcoin-Dominanz (oben) und Bitcoin-Kurs (unten) seit 2017

Die Zahl der Altcoins ist im Laufe der Jahre exponentiell gestiegen. Wie oben gezeigt, schadet die **Konkurrenz der vielen neuen Coins** dem Bitcoin aber nicht wirklich. Zwar verteilen sich dadurch Investitionsgelder auf viel mehr verschiedene Altcoins, locken aber gleichzeitig immer mehr Anleger in den Kryptobereich. Von daher wäre die Fragestellung eher, ob sich die **Marktstellung von Bitcoin gegenüber anderen Unpegged Payment Token** wie Bitcoin Cash oder Litecoin abschwächen und negativ auf den Bitcoin-Preis auswirken könnte. Wie die Abbildung unten zeigt, ist genau das Gegenteil der Fall. Die Marktstellung von Bitcoin gegenüber den beiden wichtigsten Bitcoin-Klonen, die sogar mit besseren Eigenschaften in Bezug auf die Transaktionsgeschwindigkeit und Gebühren punkten können, hat sich im Lauf der vergangenen Jahre immer weiter und sehr deutlich verbessert. Die Preise sind gegenüber dem Bitcoin ganz erheblich gefallen. So beträgt der Preis von Bitcoin Cash gegen Bitcoin nur noch ein Fünfzigstel von Ende 2017 (Stand April 2023). Dieser Bedeutungsverlust alternativer Unpegged Payment Token gegen den Bitcoin wird beim Blick auf die Abbildung 11.2 deutlich. Damit wird der Bitcoin seine Marktführerschaft bei den Payment Token auch in Zukunft behalten. Denn der Bitcoin hat das mit Abstand sicherste Netzwerk aller Kryptowährungen mit dem längsten Track Record. Dieser Umstand hat den Bitcoin zum unumstrittenen digitalen Gold geadelt.

Abb. 11.2 *Performance von Bitcoin Cash und Litecoin gegen den Bitcoin (logarithmische Darstellung)*

Die weitaus überwiegende Zahl der Krypto-Anleger konzentriert sich deshalb auf den Bitcoin. Es ist nicht abzusehen, dass in den nächsten Jahren irgendeine andere Kryptowährung dem Bitcoin die unangefochtene **Marktführerschaft** streitig machen könnte. Die Funktion als Wertaufbewahrungsspeicher ist trotz seiner großen Preisschwankungen aufgrund seiner Limitierung unstrittig. Menschen aus allen Ländern haben über das Internet eine jederzeitige Zugriffsmöglichkeit und er hat sich deshalb weltweit als führende Kryptowährung durchgesetzt. Der Bitcoin hat ähnliche Eigenschaften wie physisches Bargeld und seine Adoption als Zahlungsmittel schreitet weiter voran. Zumal die internationale Übertragbarkeit völlig problemlos, schnell und billig ist. Die Funktion als Wertaufbewahrungsspeicher ist allerdings gegenüber der Zahlungsfunktion ungleich bedeutender. Beim Vergleich der Assetklassen spielt die geringe Korrelation zu den klassischen Finanzmärkten eine Rolle, obwohl temporär auch immer wieder eine stärkere Korrelation beobachtet werden kann. Bitcoin hat nun eine Historie von über 14 Jahren und steht damit noch am Anfang seiner Entwicklung. Setzt sich weiter der Konsens durch, dass der Bitcoin das weltweit führende digitale Wertaufbewahrungsmittel ist, wäre das Kurspotenzial trotz der riesigen bisherigen Kurssteigerungen immer noch enorm. Die immer stärkere Digitalisierung aller Lebensbereiche begünstigt die Bitcoin-Verwendung.

Auch wenn man eindeutige Zusammenhänge zwischen der Bitcoin-Dominanz und dem Verlauf des Bitcoin-Preises nicht ableiten kann, zeigt eine **Interpretation der Bitcoin-Dominanz** bestimmte Tendenzen auf. Ein Anstieg der Dominanz ist zunächst einmal ein Zeichen für einen Anstieg des risikoscheuen Verhaltens am Kryptomarkt. Die Anleger investieren dann relativ mehr in Bitcoin und meiden die riskanteren Altcoins. Interessant könnten häufiger beobachtete **Verlaufsmuster** in einem Bullenmarkt sein. Hier war schon mehrfach zu beobachten, dass der Bitcoin eine starke Performance hat und die Altcoins sich dabei nur vergleichsweise träge bewegen. Die Bitcoin-Dominanz nimmt dadurch deutlich zu. Verschnauft der Bitcoin dann nach einer starken Aufwärtsbewegung und läuft seitwärts, sind oft größere Gewinne bei den Altcoins zu beobachten. Denn dann suchen die Anleger neue Renditechancen und sehen diese bei den zurückgebliebenen Altcoins. Dadurch nimmt die Bitcoin-Dominanz dann sukzessive wieder ab. Dieser Prozess kann sich dann selbst bei einer anschließenden Bitcoin-Korrektur fortsetzen (vergleiche Abbildung 11.1).

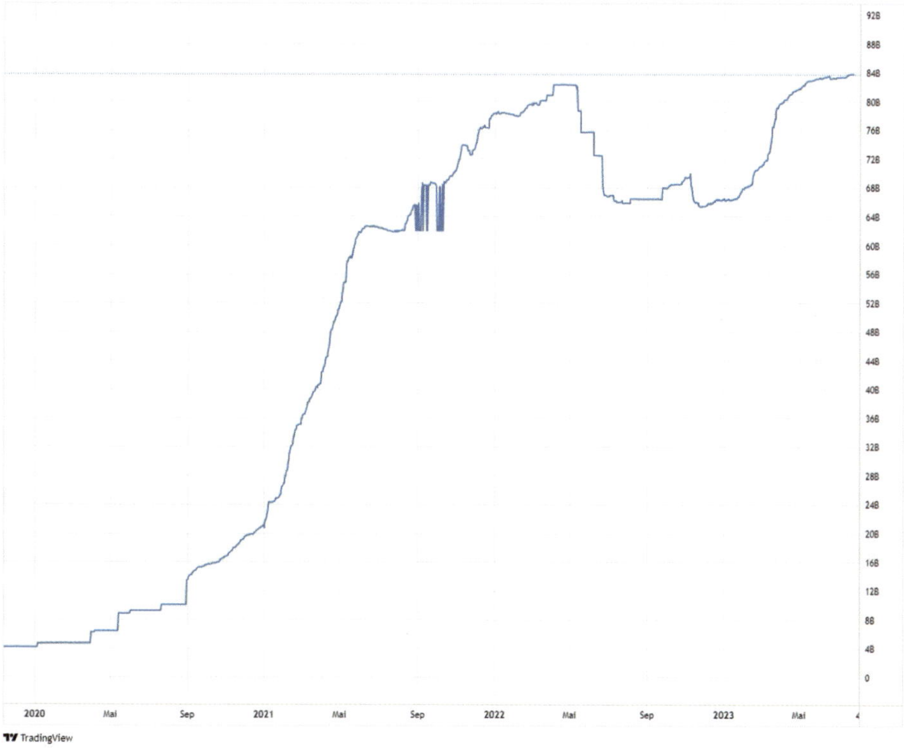

***Abb. 11.3** Anstieg der Marktkapitalisierung von USDT seit 2020 (in Milliarden Dollar)*

Allerdings ist die **Berechnung der Bitcoin-Dominanz** zuletzt immer fragwürdiger geworden. Denn in diese Berechnung fließen auch die *Stablecoins* ein. Diese haben insbesondere seit 2021 immer stärker an Gewicht gewonnen und verzerren das Bild der Bitcoin-Dominanz zunehmend. Will man die Veränderung der Bitcoin-Dominanz vernünftig bewerten, müssten also zumindest alle Stablecoins aus der Berechnung des Altcoin-Anteils ausgeschlossen werden. Die Entwicklung des Marktvolumens der Stablecoins und damit deren Dominanz am Kryptomarkt kann auch als Stimmungsindikator für den gesamten Kryptomarkt gesehen werden.[4] Denn eine zunehmende Dominanz der Stablecoins spricht dafür, dass die Krypto-Anleger eher an die Seitenlinie gehen und ihr Geld in Stablecoins und damit quasi in Fiatwährungen parken.

Die explosionsartige Entwicklung des Marktvolumens von Stablecoins wird hier am Beispiel von Tether (USDT) dargestellt. Die Marktdominanz des größten Stablecoins ist von unter einem Prozent im Jahr 2018 auf rund sieben Prozent gestiegen (Stand April 2023). Im April 2023 waren vier Stablecoins unter den Top 20, die zusammen eine Marktkapitalisierung von 21 Prozent von Bitcoin hatten. Der Einfluss auf die Bitcoin-Dominanz ist beträchtlich. Unter Einschluss der Stablecoins betrug sie im April 2023 knapp 47 Prozent. Rechnet man die Stablecoins heraus, beträgt sie über 52 Prozent.

11.1.3 Zugangsmöglichkeiten für Anleger zum Kryptomarkt

Die Nachfrage nach dem Bitcoin und anderen Kryptowährungen wird umso größer sein, je leichter der Zugang der Anleger zu deren Handelsplätzen ist. In der Vergangenheit schreckten selbst interessierte Anleger die im Vergleich zu heute schwierigeren Zugangsmöglichkeiten zum Kryptomarkt ab. Dies fing bei der Kontoeröffnung an. Diese war zwar mit ein paar Klicks gemacht. Um aber auf den Kryptobörsen vernünftig agieren zu können, mussten die Anleger sich verifizieren lassen. Dies war insbesondere im Hype rund um den Jahreswechsel 2017/18 oft nicht möglich oder dauerte viele Wochen. Ein weiteres Problem war, überhaupt Geld vom traditionellen Finanzsystem in die Kryptomärkte zu transferieren, um Kryptowährungen kaufen zu können (On-Ramp-Problematik). Denn Überweisungsmöglichkeiten gab es nur bei wenigen Kryptobörsen. Meist musste man über Umtauschbörsen gehen oder über Kreditkarten kaufen, was beides sehr teuer war. Heute sollte man sich bei Kryptobörsen zwar auch verifizieren, um ohne große Beschränkungen handeln zu können. Aber die Verifizierung funktioniert inzwischen problemlos in wenigen Minuten. Das Überweisen von Euro oder Dollar zu den Kryptobörsen ist allerdings manchmal immer noch nicht so einfach. So hatte im Jahr 2021 die weltweit größte Kryptobörse Binance plötzlich diese Möglichkeit temporär eingestellt, weil sie in verschiedenen Ländern Probleme mit Regulierungsbehörden hatte. Nichtsdestotrotz sind die On- und Off-Ramp-Möglichkeiten zu den Kryptobörsen im Vergleich zur Situation vor einigen Jahren erheblich einfacher geworden.

Mittlerweile gibt es für Anleger aber auch außerhalb der Kryptobörsen einfachere Möglichkeiten für Krypto-Investments. Zum einen gibt es Derivate wie Zertifikate oder ETPs, die die Kursentwicklung verschiedener Kryptowährungen nachbilden.[5] Dem Vorteil der leichten Handelbarkeit an den traditionellen Wertpapierbörsen stehen eventuell steuerliche Nachteile gegenüber, da hier die Steuerfreiheit von Gewinnen nach mehr als einem Jahr meist nicht gilt. Zum anderen gibt es aber auch sehr kundenfreundliche Kryptoplattformen. In Deutschland ist dies vor allem die Rundum-Sorglos-Lösung der Bison-App, über die man völlig problemlos neben Bitcoin einige der größten Altcoins handeln kann.[6] Hier handelt es sich um Direktinvestments in Kryptowährungen, die nicht steuerlich benachteiligt sind. Anleger haben bei diesen Lösungen ein korrespondierendes Bankkonto, das an das Krypto-Handelssystem angeschlossen ist, sodass hier jederzeit problemlos die angebotenen Kryptowährungen ge- und verkauft werden können.

Diese verbesserten Zugangsmöglichkeiten kanalisieren das in den vergangenen Jahren ständig gestiegene Interesse der Anleger und führten zu einem deutlichen Anstieg der Nachfrage. Beim vorletzten Bullrun bis Ende 2017 gab es neben großen Informationsdefiziten auch noch viel Skepsis insbesondere von traditionellen Anlegern, die vom folgenden Absturz im Jahr 2018 auch zunächst bestätigt wurde. Allerdings änderten viele private wie auch institutionelle Anleger im Laufe der letzten Jahre ihre Meinung. Denn die neben Null- oder sogar Minuszinsen schon lange bestehende negative Realverzinsung zeigt immer stärker die Gefahren im Zusammenhang mit der Verschuldungsproblematik und der Inflationsentwicklung. Deshalb sehen viel mehr Anleger als beim Bullrun 2017 die Notwendigkeit einer Beimischung von Bitcoin in ihr breit gestreutes Anlageportfolio. Diese Entwicklung dürfte sich trotz der Kursschwankungen fortsetzen. Durch den einfachen Zugang zu Kryptowährungen lassen sich entsprechende Anlagestrategien nun viel leichter umsetzen und die Nachfrage weitet sich dadurch auch auf Anleger aus, die im Umgang mit Kryptowährungen weniger versiert sind.

11.1.4 Demografische Entwicklung

Das zunehmende wirtschaftliche Gewicht der **Millennials**, die gegenüber digitalen Innovationen und einer digitalen Währung wie Bitcoin aufgeschlossen sind, wird ein weiterer Preistreiber sein. Die riesigen künftig vererbten Vermögen werden dann zu einem Teil in Kryptowährungen wandern, zuvorderst den Bitcoin. Laut einer Studie von Coldwell Banker aus dem Oktober 2019 werden in den nächsten Jahrzehnten 60 Billionen Dollar an die Millennials vererbt.[7] Der riesige Vermögenstransfer zu dieser Generation wird ein langfristiger Kurstreiber von Bitcoin bleiben, denn sie wird ganz anders als die vererbende ältere Generation Teile davon in Bitcoin und Co anlegen. In Umfragen zeigte sich, dass 90 Prozent der Millennials Bitcoin dem Gold vorziehen. Solange kein wirklicher Bitcoin-Konkurrent auf der Bildfläche erscheint, bleibt der

Bitcoin deshalb ein Top-Investment auf viele Jahre hinaus. Die Einzigartigkeit wird auch nicht durch digitale Zentralbankwährungen oder Stablecoins angetastet. Denn diese sind nur Abbildungen von existierenden traditionellen Währungen und damit deren Wert genau wie diese der Inflation ausgesetzt.

Das Vertrauen in den Aktienmarkt ist bei dieser jüngeren Anlegergruppe vergleichsweise gering.[8] Über 70 Prozent der befragten Millennials befürchten in der Studie von Alto einen Vermögensverlust durch einen Crash am Aktienmarkt und sehen Investments dort eher als Gambling an. Deshalb würde die Mehrheit eine Beimischung von alternativen Investments in ihrer Altersvorsorge begrüßen. Rund 40 Prozent der Millennials halten bereits Krypto-Anlagen; das sind mehr, als in herkömmliche Fonds investiert sind.

11.1.5 Zunehmender Einfluss institutioneller Investoren

Ein wichtiger Faktor war in den vergangenen Jahren der zunehmende Einfluss von institutionellen Investoren. In den Anfangsjahren von Bitcoin waren praktisch ausschließlich private Kleinanleger am Markt tätig. Diese dominierende Rolle haben die Privatanleger seit dem zyklischen Höchststand Ende 2017 sukzessive an die institutionellen Investoren verloren. So sollen auf der Kryptobörse Coinbase im Jahr 2021 die Privatanleger nur noch für ein Drittel des Handelsvolumens verantwortlich gewesen sein. Im ersten Quartal 2022 stieg der Anteil der Institutionellen bereits auf 76 Prozent des Volumens. Ein Großteil des institutionellen Kryptohandels resultiert dabei aus dem Handel untereinander.

Die Dominanz der Institutionellen hat sowohl **positive wie negative Auswirkungen auf die Preisentwicklung** bei Bitcoin. Der Bullrun 2020/21 wurde zu einem großen Teil auf den massiven Einstieg dieser Anlegergruppe zurückgeführt. Das kann man zwar infrage stellen, denn zeitlich wäre der Bullrun im Rahmen der vierjährigen Zyklik von Bitcoin nach den bisherigen Mustern ohnehin fällig gewesen. Trotzdem ist das neue und starke Engagement der Institutionellen in dieser Phase unstrittig. Ab Jahresende 2021 zeigte sich allerdings auch die Kehrseite der Medaille. Denn mit der Verschärfung der Krisensituationen wegen der stark gestiegenen Inflation, des Ukraine-Kriegs und der Corona-Lockdowns in China mit den folgenden Beeinträchtigungen von Lieferketten bauten institutionelle Anleger Risikopositionen ab. Die Kursverluste bei den Tech-Aktien korrelierten in dieser Phase deutlich stärker mit dem Bitcoin und anderen Kryptowährungen. Denn die Institutionellen fahren in solchen Phasen akuter Unsicherheit den Portfolioanteil von Risiko-Assets wie Aktien und eben auch Bitcoin deutlich zurück und reagieren so auf Veränderungen der Zinssätze und der Verfügbarkeit von Kapital. Dabei müsste der Bitcoin auf diese Veränderungen gemäß seinem Narrativ eigentlich genau gegenteilig reagieren. Denn eine steigende Inflation spricht wegen seiner Nicht-Inflationierbarkeit ebenso für ihn wie seine Funktion als Safe Haven bei akuten Krisen. Für die kurzfristigen Aktivitäten der Institutionellen ist das aber nicht ausschlaggebend. Vielmehr ist deren primäres Ziel in einer Krisensituation die Erhöhung der Liquidität.

Die Aktivitäten der Institutionellen **fokussieren sich vor allem auf Bitcoin und Ethereum**. Die beiden mit Abstand führenden Kryptowährungen decken mit der Wertaufbewahrungsfunktion bei Bitcoin und der Smart-Contracts-Plattform bei Ethereum die zwei wichtigsten Use Cases ab und sind als Marktführer in diesen Bereichen unangefochten. Deshalb können sich die Institutionellen mit diesen beiden Coins gut und einfach am Kryptomarkt positionieren.

Der zunehmende Einfluss der Institutionellen gilt auch als **verantwortlich für die verstärkt zu beobachtende Korrelation zwischen Aktien und Kryptowährungen**.[9] Allerdings war diese Zunahme bei der Korrelation bisher nur eine temporäre Erscheinung. Bei einer längerfristigen Betrachtung löst sich diese Korrelation eher auf oder verkehrt sich sogar ins Gegenteil.

Eine Korrelation zwischen den Aktien und dem Bitcoin gab es in den Kryptowintern 2014 und 2018 noch nicht. So rauschten zum Jahreswechsel 2017/18 die Kryptokurse rund 40 Prozent in die Tiefe, obwohl der Aktienmarkt sich positiv entwickelte. Auch im Jahr 2019 zeigte sich häufig eine negative Korrelation, insbesondere beim starken Bitcoin-Bullrun im zweiten Quartal. Zum Jahresende hin ergab sich ein ähnliches Bild, als steigende Aktienkurse mit einem sinkenden Bitcoin-Preis einhergingen. Einen wesentlichen Wendepunkt in diesem Bild gab es beim Coronacrash im März 2020, als alle Risiko-Assets gleichförmig einbrachen. Mit dem Bitcoin-Bullrun von Oktober 2020 bis April 2021 löste sich diese Abhängigkeit wieder weitgehend auf. Dagegen verstärkte sie sich erneut nach dem Bitcoin-Allzeithoch von November 2021. Es zeigte sich wie beim Corona-Crash, dass der Bitcoin auf große Krisen wie dem sprunghaften Anstieg der Inflation und dem Ausbruch des Ukraine-Kriegs im Einklang mit den Aktien reagiert. Dies wird auch auf die Dominanz der Institutionellen zurückgeführt.

11.1.6 Bitcoin als Safe Haven

„The United States can pay any debt it has because we can always print money to do that." Diese Aussage von Ex-Fed-Chef Alan Greenspan ist eigentlich der Ritterschlag für die Existenzberechtigung von Bitcoin und der ihm zugeschriebenen Funktion als Safe Haven. Dabei versteht man unter einem **Safe Haven** eine Geldanlage, die sich in Krisenzeiten *unkorreliert* (dann spricht man von einem schwachen sicheren Hafen) oder *negativ korreliert* (starker sicherer Hafen) zu anderen Werten im Portfoliomix wie Aktien, Anleihen oder Immobilien verhält. Anleger flüchten in solchen turbulenten Zeiten dann in solche als Safe Haven eingestufte Anlagen, um ihr Vermögen zu schützen. Beispiele für typische Vertreter dieser Kategorie waren in der Vergangenheit Gold, der US-Dollar, der Schweizer Franken oder erstklassige Staatsanleihen.

Im Zusammenhang mit dem Bitcoin war und ist dessen Funktion als Safe Haven schon in vielen Ländern mit starker oder gar galoppierender Inflation zu beobachten. Entsprechend groß ist dort die Bitcoin-Nachfrage. Es ist in solchen Ländern manchmal leichter, in den Bitcoin zu flüchten als in stabile Fiatwährungen wie den Dollar oder Euro. Diese Funktion von Bitcoin als sicherer Hafen bei der Suche nach Schutz vor zunehmender Inflation wird in Zukunft weiter zunehmen. In Ländern mit einer Hyperinflation wie Simbabwe oder Venezuela ist diese Schutzfunktion offensichtlich. Auch in Ländern mit einer sehr hohen Inflation wie in der Türkei mit einer Rate von rund 80 Prozent zur Jahresmitte 2022 ist die Fluchtmöglichkeit Bitcoin sehr attraktiv. Allerdings wäre für Anleger mit Furcht vor den sehr großen Kursschwankungen beim Bitcoin dann auch ein Kauf von Stablecoins wie dem Tether eine Alternative. In den westlichen Ländern mit bisher stabilen Währungen wird die Bedeutung von Bitcoin als langfristiger Wertaufbewahrungsspeicher in diesem Jahrzehnt wahrscheinlich noch erheblich zunehmen. Denn die ungelöste Verschuldungsproblematik und der Anstieg auf seit Jahrzehnten nicht gesehene Inflationsraten wird auch in diesen Ländern Anleger aus Angst um ihr Erspartes zumindest mit einem kleineren Teil ihres Vermögens in den Bitcoin treiben.

Grundsätzlich hat Gold ähnliche Eigenschaften zum Schutz vor Inflation. Gold ist aber schwerer zu handeln und zu lagern als der Bitcoin und außerdem viel leichter konfiszierbar. Bei internationalen Krisensituationen kann der Bitcoin kurzfristig bisher allerdings weniger punkten. Vielmehr wird er dann als Risiko-Asset wahrgenommen und von den Anlegern zusammen mit Aktien verkauft. Das hat sich beim Corona-Crash im März 2020 oder anderen internationalen Krisen gezeigt. Dann flüchten die Anleger zumindest kurzfristig eher in als sicher wahrgenommene Staatsanleihen oder als wertstabil eingestufte Fiatwährungen.

Langfristig gesehen erfüllt der Bitcoin weitgehend die Funktion als Safe Haven und Schutz gegen die Entwertung des Fiatgeldes durch Inflation. Das Bitcoin-Narrativ des Inflationsschutzes dürfte zu einem nicht unbeträchtlichen Teil zu den langfristigen Nachfrage- und damit Kurssteigerungen beigetragen haben. **Kurzfristig** hat sich der Bitcoin in akuten Krisensituationen, in denen es auch zu Aktiencrashs kommt, bisher nicht als Safe Haven erwiesen. Vielmehr wird er in diesen Situationen einfach ebenfalls als (Hoch-)Risiko-Asset wahrgenommen und korreliert sehr stark mit anderen Risikotiteln wie (Tech-)Aktien.

11.2 Halving-Effekte

Beim Bitcoin wird durch einen **Mining** genannten Prozess dem Netzwerk Rechenleistung zur Transaktionsverarbeitung, Verifizierung und Synchronisierung aller Nutzer zur Verfügung gestellt.[10] Dabei handelt es sich bei den Minern um Computer oder eine Gruppe von Computern, die von Personen oder Unternehmen betrieben werden mit dem ausschließlichen Zweck, diese Tätigkeiten für das Netzwerk auszuführen. Diese aufwendige Tätigkeit erfordert hohe einmalige Kosten wie Hardware und laufende Kosten wie Energie. Die Miner müssen deshalb für diese Tätigkeit entlohnt werden und bekommen den **Block Reward**. Dieser setzt sich zusammen aus den *Transaktionsgebühren* der in diesem Block zusammengefassten und ausgeführten Transaktionen sowie dem *Blockanteil*, der im Protokoll festgeschriebenen Vergütung für die geleistete Arbeit des Miners beim Finden des Blocks. Dieser Blockanteil wird dann mit neuen Coins gezahlt, wodurch sich die umlaufende Gesamtzahl der Coins (Circulating Supply) erhöht. Beim Bitcoin ist im Protokoll festgelegt, dass der Blockanteil alle 210.000 Blöcke halbiert wird. Dieser Schnitt wird **Halving (Halbierung)** genannt, denn die Stückzahl der als Blockanteil gezahlten neuen Coins für die Generierung eines neuen Blocks halbiert sich nach einem Halving-Datum. Da die durchschnittliche Zeitdauer für die Generierung eines Blocks beim Bitcoin zehn Minuten beträgt, kommt es ungefähr alle vier Jahre zu einem Bitcoin-Halving. Das dritte und bisher letzte Bitcoin-Halving fand am 11.05.2020 statt. Dabei wurde der Blockanteil von 12,5 auf 6,25 Bitcoin reduziert. Das vierte und nächste Halving findet im April 2024 statt mit einer Reduktion des Blockanteils von 6,25 auf 3,125 Bitcoin pro erzeugtem neuen Block. Bei jedem Halving verdoppelt sich das **Stock-to-Flow-Verhältnis (S2F Ratio)** und dadurch der Härtegrad von Bitcoin.[11]

In der Vergangenheit haben sich beim Bitcoin korrespondierend mit den Halving-Terminen bestimmte **Marktzyklen** gebildet. Die etwa alle vier Jahre stattfindenden Bitcoin-Halvings haben sich bisher regelmäßig als Kick-off eines darauffolgenden sehr großen Preisanstiegs nach den Halving-Terminen erwiesen und gelten deshalb als Preistreiber. Erklärt wird das mit dem durch das Halving halbierten Angebot an neuen Coins, denn der Bitcoin wird dadurch immer knapper. Dadurch entwickelt sich das gesamte am Markt umlaufende Angebot von Bitcoin (Circulating Supply) in Form einer degressiven Kurve, bis ungefähr im Jahr 2140 die maximal mögliche Zahl von 21 Millionen Bitcoin (Maximum Supply) erzeugt worden ist. Deshalb ist das Angebot beim Bitcoin deterministisch bestimmt und als Preisbildungsfaktor bekannt. Unbekannt ist allenfalls die Menge an Coins, bei denen die Eigentümer durch verlorene Schlüssel endgültig keinen Zugang zu ihren Coins mehr haben und diese deshalb nicht mehr besitzen. Vor den Halving-Terminen kann es durch verstärkte Diskussionen über die Auswirkungen zu Nachfrageschüben kommen. Umgekehrt könnte es auch den gegenteiligen Effekt geben, wenn sich Befürchtungen verstärken bezüglich einer Gefahr für die Netzwerksicherheit wegen des möglichen Ausfalls vieler unprofitabler Miner. Dann könnte es verstärkt zu Verkäufen kommen, wie unmittelbar vor den Halvings tatsächlich zu beobachten war.

Die Angebotsreduzierung mit dem halbierten Zufluss neu geminter Bitcoin schlug bisher nicht direkt zum Halving-Termin durch, sondern mit einer zeitlichen Verzögerung. Es brauchte scheinbar eine gewisse Zeit, bis das reduzierte Angebot am Markt zu spüren war. Auffallend ist, dass es jeweils ein bis eineinhalb Jahre nach den Halvings zu einer Blasenbildung gekommen ist und danach die Kurse stark korrigierten. Die Effekte der Angebotsreduzierung werden zwar mit jedem Halving kleiner.[12] Dies passt aber zur Entwicklung des Bitcoin, denn er ist in den vergangenen Jahren immer stärker aus seinem Schattendasein getreten, wodurch die Effekte des Halvings immer breiter diskutiert und deshalb besser eingeschätzt werden. Auch das nächste Halving 2024 wird seine Schatten lange vorauswerfen. Auch diesmal ist es wieder wie bei den bisherigen drei Halvings vorher zu einer großen Kurskorrektur gekommen, die sich über das ganze Jahr 2022 erstreckte. Die Wahrscheinlichkeit ist groß, dass es insbesondere nach dem vierten Halving erneut zu einer großen Aufwärtsbewegung beim Bitcoin kommt. Allerdings hat sich der Kurs auch vor den Halvings jeweils schon auf deutlich höhere Niveaus hinbewegt. Dies dürfte darauf zurückzuführen sein, dass die Anleger die durch die Halvings festgelegten künstlichen Verknappungen des Angebots antizipieren und diese dann einpreisen.

Die prozentualen Kursgewinne dürften nach dem vierten Halving erneut kleiner sein als bei den vorherigen. Abnehmende prozentuale Kursgewinne waren bisher bei jedem Halving zu beobachten, wie ein Blick auf Abbildung 11.4 zeigt. Der Zündstoff für eine erneute Hausse liegt bereits lange parat mit der deutlichen Zunahme der Inflation. Einige Experten erwarten einen Höhepunkt der Inflation zur Mitte des Jahrzehnts. Es könnte nach dem Halving aber auch eine andere Begründung für einen Auslöser der nächsten Hausse gefunden werden. Die Akteure am Kryptomarkt sind auf der Suche nach Begründungen eher noch einfallsreicher als die an den Aktienmärkten. Wichtig ist deshalb auch unter steuerlichen Aspekten eine langfristige Planung der Anlagestrategie. Gerade für deutsche Anleger ist die Steueroptimierung bei Krypto-Investments aufgrund der Steuerfreiheit nach einem Jahr entscheidend. Deshalb sollte im Rahmen der sehr starken zyklischen Anstiege dann eine steuerfreie Gewinnrealisierung umgesetzt werden, um im Abschwung dann sukzessive wieder neue Positionen aufzubauen.

Fraglich ist die zeitliche Festlegung der **Bitcoin-Zyklen**. Meist wird der Zyklus beginnend ab den *Halving-Terminen* genommen. Das hat den Vorteil, dass diese von vornherein bestimmbar sind, da die Termine mit einer Ungenauigkeit von wenigen Wochen recht genau prognostiziert werden können. Interessanter erscheint es jedoch, den *Zeit-*

raum von Zyklustief zu Zyklushoch zu bestimmen. Diese Phase bewegt sich dann um die Halving-Termine herum. Bei den letzten beiden Halvings lag das Zyklustief rund eineinhalb Jahre vor dem nächsten Halving-Termin, das Zyklushoch 17 bis 18 Monate nach dem Halving. Dies gilt bisher auch für das im Frühjahr 2024 anstehende vierte Halving, wenn das Tief vom November 2022 als Zyklustief bestehen bleibt. Die Zeit vom Zyklustief zum Zyklushoch kennzeichnet einen Bull Market. Allerdings gibt es nach dem Tief eine Seitwärtsbewegung, die als Akkumulationsphase bezeichnet wird. Noch feinere Unterteilungen, wie gelegentlich zu finden, sollen hier nicht gemacht werden.

Abb. 11.4 *Kursentwicklung und Bitcoin-Halvings*

Ausgehend vom Zyklustief haben die Kurse bereits in den folgenden eineinhalb Jahren bis zum Halving-Termin deutlich zugelegt. Einige Wochen vor dem Termin gab es kurzfristig größere Kursgewinne. Danach kam es zunächst zu einer Beruhigung und Abschwächung, bevor der Bitcoin-Kurs immer einen parabolischen Höhenflug startete. Beim **ersten großen Bullrun** rund um das 1. Bitcoin-Halving am 28.11.2012 haben sich die Preise beim Bitcoin von November 2011 bis Dezember 2013 *innerhalb von 25 Monaten vervierhundertfünfzigfacht (450x)*. Der **zweite Bullrun** lief rund um das 2. Halving am 09.07.2016 von Januar 2015 bis Dezember 2017, dabei hat sich der Preis *innerhalb von 35 Monaten mehr als verhundertfacht (100x)*. Der **dritte Bullrun** rund um das 3. Bitcoin-Halving am 11.05.2020 begann zwar schon im Dezember 2018. Es folgte eine einjährige Seitwärtsbewegung und Korrektur, die mit dem Corona-Crash im März 2020 endete. Insgesamt stieg der Preis vom Zyklustief bis zum Hoch im November 2021 *um mehr als das Einundzwanzigfache (21x) in 35 Monaten.* Ein richtig euphorischer Endspurt wie bei den beiden bisherigen großen Bullruns hat hier gefehlt. Ein Höhepunkt bei knapp 69.000 Dollar wurde im November 2021 markiert. Danach korrigierte der Preis um 77 Prozent bis November 2022. Nach Erreichen der Höchststände nach dem 1. und 2. Halving korrigierte der Bitcoin drastisch um rund 85 Prozent, blieb aber dennoch immer deutlich über dem Preis zum Zeitpunkt des Halvings. Am Tag des 3. Halvings am 11.05.2020 schwankte der Preis um 8.600 Dollar. Dieses Muster blieb also erhalten. Neu war dagegen, dass der Preis diesmal unter den Höchststand von knapp 20.000 Dollar des vorherigen Zyklus fiel.

Der Bitcoin ist der unangefochtene Marktführer unter den Kryptowährungen. Marktzyklen am Kryptomarkt orientieren sich deshalb an dessen Marktzyklus. Das gilt insbesondere in Bezug auf die durch die Bitcoin-Halvings bedingten Marktzyklen. Auch beim **Litecoin**, dem kleinen Bruder von Bitcoin, finden ungefähr alle vier Jahre Halvings statt. Marktzyklen wie beim Bitcoin sind beim Litecoin nach den Halvings so nicht zu beobachten. Der Bitcoin gibt den Marktzyklus am Kryptomarkt vor. Der Litecoin orientiert sich an den Bitcoin-Marktzyklen, nicht an den Litecoin-Halvings.

Nach dem 1. Litecoin-Halving am 25.08.2015 lief der Kurs zwei Jahre lang seitwärts. Dagegen zog der Bitcoin-Kurs nach dem 2. Halving am 09.07.2016 in den nächsten eineinhalb Jahren extrem nach oben. Bei Litecoin gab es erst ab April 2017 einen enormen Sprung, da aufgrund der Seitwärtsbewegung bei Litecoin ein großer Nachholbedarf gesehen wurde. Beim 2. Litecoin-Halving am 05.08.2019 kamen die Kurse sogar zunächst stark zurück und zogen erst mehr als ein Jahr später deutlich an. Dagegen kam es beim Bitcoin nach dem 3. Halving wiederum zu einer großen Aufwärtsbewegung. Von daher definiert der Bitcoin die Halving-Zyklen. Die Halvings beim Litecoin scheinen eher keinen eigenständigen Effekt zu haben. Vielmehr sind dessen Bewegungen unabhängig von seinen Halving-Terminen abhängig von den Kursbewegungen des Marktführers Bitcoin. Allerdings kann es bei Litecoin primär deutlich vor den Halvings zu außerordentlichen Aufwärtsbewegungen kommen. Beim letzten Litecoin-Halving im August 2019 hatte der Kurs zwar bereits ein halbes Jahr vorher mit einem sehr starken Preisanstieg reagiert, deutlich überproportional zum gleichzeitig laufenden Preisanstieg beim Bitcoin. Wie groß der Anteil des anstehenden Litecoin-Halvings dabei war, lässt sich aber nicht quantifizieren. Allerdings könnte sich das Kursverhalten von Litecoin nach den Halvings in Zukunft durch die hohen Preise beim Bitcoin auch ändern. Dann könnte für Anleger in Ländern mit sehr instabilen Währungen wie Argentinien, Libanon oder der Türkei ein Ausweichen auf die billigere Alternative Litecoin naheliegen. Nötig wäre es allerdings nicht, da der Bitcoin ja auch mit Kleinstbeträgen handelbar ist.

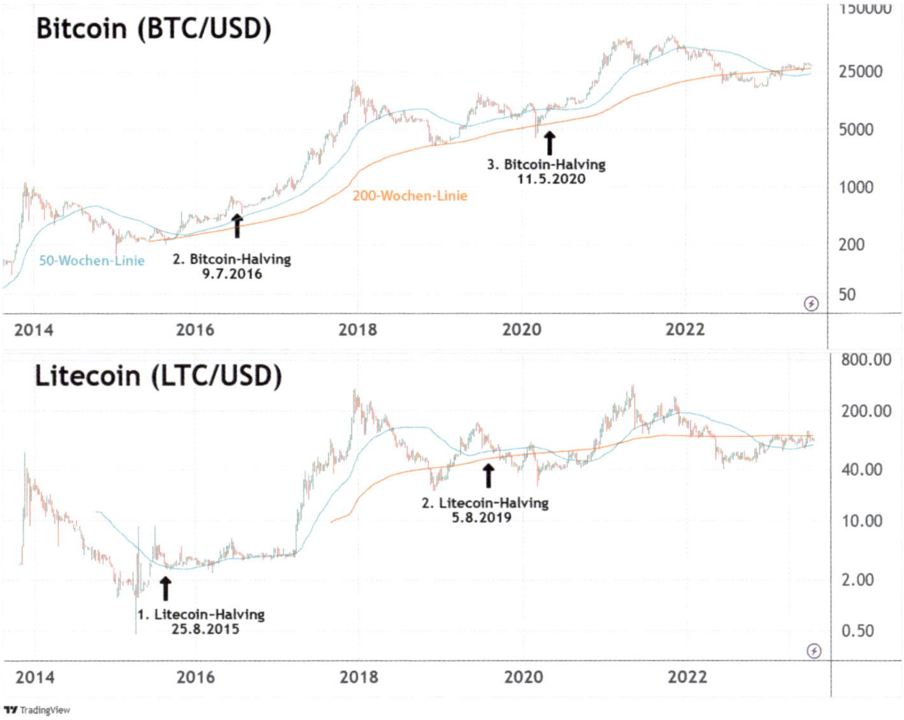

Abb. 11.5 *Vergleich des Kursverlaufs nach den Halvings von Bitcoin und Litecoin (logarithmische Darstellung)*

Da es alle vier Jahre zu einem neuen Halving kommt, bis ungefähr im Jahr 2140 der letzte Block geschürft worden ist, könnte man das Bitcoin-Halving eigentlich als ein **Non-Event** bezeichnen. In Abwandlung der Fußballerweisheit gilt immer: Nach dem Halving ist vor dem Halving. Es gibt dabei keine Überraschungen, alles ist genau im Bitcoin-Protokoll festgelegt. Dagegen kann es bei der Veröffentlichung von Quartals- oder Jahresergebnissen von börsennotierten Gesellschaften immer positive oder negative Überraschungen mit den entsprechenden Auswirkungen auf die Aktienkurse geben. Beim Bitcoin-Halving stehen dagegen die Änderungen schon lange vorher fest, nur der Termin kann sich geringfügig um wenige Tage ändern. Ein solches klar definiertes Ereignis dürfte in einem effizienten Markt eigentlich keine wirklichen Auswirkungen auf den Bitcoin-Preis haben, nur weil es jetzt gerade stattfindet. Denn dem Markt sind alle Fakten bekannt und er kann sich dementsprechend schon lange vorher darauf einstellen und die Auswirkungen in den Preisen antizipieren. Überzogene Erwartungen an besondere Preisentwicklungen rund um den Termin selbst sind also fehl am Platz. Dabei spielen eher psychologische Faktoren eine Rolle. Die Marktteilnehmer sind in einem Modus der verstärkten Aufgeregtheit, wenn sich der Halving-Termin nähert. Diese psychologische Komponente spiegelt sich dann in einer erhöhten Volatilität wider. Die langfristigen Auswirkungen der Halvings können dagegen enorm sein, insbesondere wenn ein vermindertes Angebot auf eine verstärkte Nachfrage trifft.

Beim Bitcoin gibt es immer nur ein **Quantitative Hardening** im Gegensatz zum Quantitative Easing der Zentralbanken. Die sich verstärkende Nachfrage nach dem strikt limitierten Gut Bitcoin ist dann auch der entscheidende Preistreiber. Diese dürfte angesichts der Unsicherheiten an den internationalen Finanzmärkten sogar noch stark zunehmen und dann auf ein Angebot treffen, das nicht erhöht werden kann. Besitzer von herkömmlichem Zentralbankgeld – also wir alle – können davon nur träumen. Helikoptergeld, das Zentralbanker ohne Gegenleistung über der Bevölkerung abregnen lassen, wird es beim Bitcoin nie geben.

Ein Halving kann es **nur bei schürfbaren Coins (Mineable Coins)** geben, die mit dem Konsensmechanismus Proof of Work arbeiten. Im Protokoll wird dann festgelegt, wie hoch die Entlohnung in Form des Blockanteils ist und in welchen regelmäßigen Abständen sie halbiert oder reduziert wird. Es gibt neben dem Bitcoin noch einige andere Coins mit regelmäßigen Halvings oder auch nur **Reducings**, wenn die Miner-Entlohnung sich nicht halbiert, sondern in einem anderen Verhältnis reduziert.[13] So verringert sich bei Ethereum Classic der Block Reward alle vier Jahre um 20 Prozent. Auch die Zeiträume können kürzer oder länger als vier Jahre sein. Bei DASH kommt es etwa alle 383 Tage zu einem Reducing um rund 7,14 Prozent.

Abschließend werden hier fünf populäre Meinungen zum Bitcoin-Halving und dessen mögliche Auswirkungen wiedergegeben:[14]

Szenario	These	Auswirkung auf Kurs	Wahrscheinlichkeit
#1	Das Halving führt zu einer Miner-Todesspirale.	katastrophal	null
#2	Das nach dem Halving steigende S2F Ratio führt zu einem Preisdruck nach oben.	sehr positiv	plausibel, es bleiben aber offene Fragen
#3	Trader, die vor dem Ereignis gekauft haben, verkaufen nach dem Ereignis (Buy the Rumor, Sell the News).	negativ	nicht unwahrscheinlich
#4	Das Halving führt zu Verkaufsdruck der Miner, der die Preise nach unten drückt.	negativ	nicht unwahrscheinlich, größere Auswirkung in Kombination mit #3
#5	Das Halving ist ein riesiges Non-Event.	minimal	wahrscheinlich

Tab. 11.1 Mögliche Szenarien nach Bitcoin-Halvings

#1: Hier wird befürchtet, dass eine große Reduktion der Mining-Entlohnung entweder durch die Halbierung des Blockanteils und/oder durch einen sehr großen Rückgang des Bitcoin-Preises dazu führt, dass das Mining unprofitabel wird und die Miner ihre Tätigkeit einstellen. Die damit einhergehende Reduzierung der Hash-Rate könnte dann zu einer enormen Verlängerung der durchschnittlichen Zeitdauer von zehn Minuten zur Generierung eines neuen Blocks führen. Diese könnte dann Stunden, Tage, Monate oder theoretisch sogar unendlich betragen. Damit würde sich die Nützlichkeit des Bitcoin-Netzwerks immer mehr verschlechtern und stark negativ auf die Preise drücken. Dies würde eine Spirale bei der Reduktion der Miner-Entlohnung und damit auch einen ständigen weiteren Preisverfall auslösen. Das Szenario ist nur denkbar, wenn die Miner ihre Geräte sofort abstellen würden und dadurch die Zeit bis zur nächsten Anpassung der Difficulty unendlich lang würde.[15] Ansonsten würde durch drastische Reduzierung der Difficulty das Finden der Blöcke deutlich erleichtert und so die Profitabilität des Minings wieder erhöht. In der Vergangenheit hat sich gezeigt, dass dieses Szenario völlig unrealistisch ist. Es gab bisher drei Halvings, durch die der Blockanteil von anfänglich 50 Bitcoin vor dem 1. Halving auf aktuell 6,25 Bitcoin nach dem 3. Halving reduziert wurde. Gleichzeitig gab es mehrere Kursrückgänge um die 85 Prozent. Von daher hat das Bitcoin-Protokoll den Crashtest bestanden.

#2: Wegen dem sich verknappenden Angebot bei gleichzeitig über die Jahre steigender Nachfrage sind die Halvings als Preistreiber plausibel. In der Vergangenheit hat sich immer die starke Korrelation des Bitcoin-Preises mit dem S2F-Modell gezeigt. Zuletzt wurde aber der Preis von 100.000 Dollar verfehlt, der gemäß dem S2F-Modell bis Ende 2021 zumindest einmal erreicht werden sollte.

#3: Buy the Rumor, Sell the News. Dies kann man häufig an Aktienmärkten beobachten bei Übernahmegerüchten oder Spekulationen um höhere Gewinnerwartungen. Hier handelt es sich um Ereignisse, deren Eintreten und Ausmaß vorher nicht bekannt sind. Beim Bitcoin trifft dies in Bezug auf den Halving-Termin und die durch das Halving bewirkten Veränderungen nicht zu. Sowohl der Termin, auch wenn es zu minimalen Abweichungen kommen kann, als auch die Änderungen, nämlich die Reduzierung des Blockanteils, sind genau bekannt. Trotzdem ist ein solches Muster nicht unwahrscheinlich.

Als ein Beispiel dafür wird manchmal der kräftige Kursrückgang nach dem 2. Litecoin-Halving im August 2019 angeführt, bei dem ein Großteil der Pre-Halving-Gewinne wieder abgegeben wurde. Allerdings hat der Bitcoin, mit dem der Litecoin stark korreliert, in dieser Zeit ebenfalls stärker korrigiert, sodass sich dessen Einfluss zumindest überlagert hat.

#4: Bei diesem Szenario wird vermutet, dass nach dem Halving die Miner unterhalb ihrer Break-even-Levels verkaufen müssen. Dadurch werden nicht alle laufenden Kosten gedeckt und sie sind gezwungen, weitere vorher angesammelte Bitcoin-Reserven verkaufen zu müssen. Dies würde zu zusätzlichem Verkaufsdruck führen. Dieser Effekt könnte besonders verstärkt werden, wenn unabhängig davon die Preise schon im Fallen sind und er damit in Kombination mit #3 auftritt. Andererseits gibt es nach dem Halving aber auch nur noch die Hälfte an neuen Coins im Vergleich zu vor dem Halving und damit weniger Verkaufsdruck.

#5: Da alle Fakten rund um das Bitcoin-Halving schon lange vorher bekannt sind, sollten diese auch lange vorher schon eingepreist sein. Das Halving als solches wäre dann eigentlich ein Non-Event. Allerdings kennt niemand die aktuelle Verfassung der Mining-Industrie und deren Break-even-Levels, sodass es hier unbekannte Auswirkungen durch das Halving geben kann.

11.3 Krypto-Wale und Großinvestoren

In der Regel spricht man von Bitcoin-Walen, aber es kann sie natürlich auch bei anderen Kryptowährungen geben. Diese sind häufig Frühinvestoren, die die Kryptowährungen zu niedrigen Preisen gekauft haben. So wird dem unbekannten Bitcoin-Erfinder Satoshi Nakamoto eine Stückzahl von bis zu einer Million zugeordnet, die in unberührten Adressen schlummert. Eine genaue Festlegung, ab welcher Größenordnung eine Adresse als Wal bezeichnet werden kann/soll, gibt es nicht. Definiert werden können **Wale** als *Adressen oder Wallets, die eine beträchtliche Menge der jeweiligen Kryptowährung halten und mit dieser großen Position Preisbewegungen auslösen können.* Deshalb können Transaktionen von Walen sowohl nach oben wie nach unten zu größeren Kursbewegungen führen. Manchmal werden Wale als Adressen definiert, die mindestens 1.000 Bitcoin halten. Bei einem Bitcoin-Preis von 40.000 Dollar entspricht dies einem Gegenwert von 40 Millionen Dollar. Unabhängig von Bitcoin können Wale als Adressen definiert werden, die einen bestimmten Prozentsatz des Circulating Supply und damit aller umlaufenden Coins besitzen. Ein Wal wird dann meist als *Adresse mit einem Anteil von einem Prozent am Circulating Supply* definiert. Dabei ist klar, dass ein Bitcoin-Wal mit einem Anteil von einem Prozent wegen der erheblich größeren Marktkapitalisierung natürlich einen viel größeren Wert gemessen in Dollar besitzt als beispielsweise ein Litecoin-Wal mit der gleichen prozentualen Beteiligung. Für Analysen wird auch *unterschieden in Wale mit geringer und großer Transaktionshäufigkeit.* Da Letztere häufig aktiv sind, ist die Wahrscheinlichkeit eines kurzfristigen Preiseinflusses deshalb größer. In diese Kategorie werden Adressen mit mehr als 300 Transaktionen eingeordnet.

Laut Frank Weert, Gründer des Twitter-Accounts „Whale Alert", gibt es mehrere Beispiele für starke Marktbewegungen durch die Aktivität von Walen. So hat ein Bitcoin-Wal vom 29.08. bis 06.09.2018 von einer einzigen Wallet Bitcoin im Wert von rund einer Milliarde Dollar verkauft. Dazu wurde die riesige Bitcoin-Menge von einer einzigen Wallet zu verschiedenen Kryptobörsen zum Verkauf transferiert. Zum Schluss fiel dabei der Bitcoin-Preis am 06.09. um fast 15 Prozent. Auch bei dem fast 20-prozentigen Kursrutsch vom 21. auf den 22.10.2019 und dem folgenden 60-prozentigen Kurssprung soll eine größere Zahl von Großtransaktionen beteiligt gewesen sein. Deswegen werden Bewegungen von einer Wallet mit einem großen Kryptobestand von Marktbeobachtern aufmerksam registriert.

Ein Wal kann dabei eine sehr vermögende Privatperson (High-Net-Worth Individual), eine Gesellschaft oder ein Fonds mit sehr großen Beständen in einer Kryptowährung sein. Auch die großen Kryptobörsen, die Bestände von Zigtausenden von Kunden halten, können dann als Wale klassifiziert werden. Selbst Staaten können – meist durch Konfiszierung von Kryptobeständen aus kriminellen Aktionen – kurzzeitig zu Krypto-Walen werden.[16] Jedenfalls werden sich signifikante Transaktionen von Walen, also größere Käufe oder Verkäufe, normalerweise entsprechend in Preisanstiegen oder -rückgängen widerspiegeln. Wie am Aktienmarkt auch, schwimmen neben den ganz großen Fischen auch noch ein paar kleinere umher, die ebenfalls einen mehr oder minder großen Einfluss auf die Preise haben können. Interessant ist auch, dass im Gegensatz zu den Aktienmärkten die Transaktionsinformationen aufgrund der öffentlichen Blockchain völlig transparent sind. Auch wenn man normalerweise nicht weiß, welche Person oder Institution genau hinter einer bestimmten Wallet steckt.

Definiert man Wale wie oben als Investoren mit einem Anteil von mindestens einem Prozent, so könnten als **Großinvestoren** Adressen mit einem Anteil zwischen 0,1 und 1 Prozent am Circulating Supply bezeichnet werden. Auch hier werden diese Adressen wie bei den Walen in solche mit geringer und großer Transaktionshäufigkeit unterschieden, wobei wieder 300 Transaktionen die Trennlinie sind.

Wale und Großinvestoren zusammengefasst zeigen die **Konzentration eines Krypto-Assets** und sind gleichzeitig auch ein Maß für dessen Dezentralisierung. Generell wird als positiv gesehen, wenn ein Krypto-Asset überwiegend von Retail-Adressen gehalten wird, denn dies zeigt eine ausgeprägte Dezentralisierung mit weitverbreiteter Adoption. Dagegen ist bei einer Konzentration des Kryptovermögens auf wenige Personen die Gefahr von Kursmanipulationen größer. Auch können solche großen Investoren oft auch bei der Governance Entscheidungen maßgeblich beeinflussen. Allerdings ist das letztlich auch bei Großaktionären von Aktiengesellschaften nicht anders.

Ein Blick auf die Adressen mit den größten Beständen vermittelt einen Eindruck, wie groß die Konzentration bei der jeweiligen Kryptowährung ist. So zeigt der Vergleich in Tabelle 11.2 von Bitcoin (als die am stärksten dezentralisierte Kryptowährung) mit den Bitcoin-Klonen Bitcoin Cash, Litecoin und Dogecoin große Unterschiede.[17] Dagegen ist der Dogecoin der zentralisierteste Coin und deshalb auch besonders manipulationsanfällig. Bei Dogecoin besitzen die größten zehn Adressen fast die Hälfte aller umlaufenden Coins, die Top-1.000-Adressen über 84 Prozent. Bei Bitcoin Cash und Litecoin ist der Anteil der 10 und 100 größten Adressen fast dreimal so hoch wie beim Bitcoin.

Coin	Bitcoin	Bitcoin Cash	Litecoin	Dogecoin
Anteil Top-10-Adressen	5,79 Prozent	16,86 Prozent	15,05 Prozent	47,07 Prozent
Anteil Top-100-Adressen	14,70 Prozent	36,39 Prozent	43,38 Prozent	67,02 Prozent
Anteil Top-1.000-Adressen	32,87 Prozent	55,50 Prozent	70,98 Prozent	83,38 Prozent

Tab. 11.2 *Wealth Distribution: Anteil von Top-Adressen am Circulating Supply (Stand Juli 2023, Quelle bitinfocharts.com)*

Analysten gehen davon aus, dass der Bitcoin von einem **Walsterben** eher profitieren würde. Denn mit einer besseren Verteilung auf mehr Akteure würden die starken Auswirkungen auf die Marktpreise tendenziell nachlassen. Bei vielen Bitcoin-Walen dürfte es sich vielfach noch um Personen handeln, die sich in den ersten Jahren in Bitcoin engagierten. Mit steigenden Preisen könnten immer mehr von diesen HODLern auch bereit sein, ganz oder teilweise zu verkaufen. Dies würde dann zu einem insgesamt reiferen und ausgewogeneren Markt führen.

Ein Beispiel für eine seit langer Zeit inaktive Wal-Adresse sind 80.000 BTC, die seit 2011 nicht bewegt wurden. Bei solchen extrem lange inaktiven Wallets kommen auch immer wieder Vermutungen auf, dass vielleicht der Private Key eines „early Bitcoin adopters“ verloren gegangen sein könnte.

Bei anderen Kryptowährungen als dem Bitcoin können sich große Positionen ergeben, wenn sie von Projekten als Finanzierungsinstrument genutzt werden. Dies war insbesondere bei Ethereum vor allem in der Vergangenheit der Fall. Bei ICOs wurde deren Währung Ether als Bezugswährung von neuen Coins genommen, wodurch den Projekten dann hohe Stückzahlen an Ether zugeflossen sind.

Bei ICOs wurden von den Projekten teilweise sehr große Mengen Ether (ETH) eingenommen. So wurden beim ICO von EOS im Jahr 2018 mehr als 4 Milliarden USD akquiriert. Die Marktkapitalisierung von ETH schwankte im Jahr 2018 zwischen 140 Milliarden Dollar zu Jahresbeginn und weniger als neun Milliarden Dollar im Dezember. Die ETH wurden sukzessive von EOS an die Kryptobörse Bitfinex transferiert. Von dort dürften stattgefundene Verkäufe stärker auf den Ether-Preis gedrückt haben.

Durch die sehr hochhebeligen Handelsmöglichkeiten an den Krypto-Derivatebörsen hat sich auch eine **neue Population von Krypto-Walen** gebildet. So könnten bei den angebotenen Instrumenten mit Hebeln bis zu 100 oder noch mehr auch kleinere Investoren Wal spielen. Denn ein Hebel von 100 bedeutet, dass mit einem Einsatz von einer Million Dollar dann Bitcoin mit einem Gegenwert von 100 Millionen Dollar bewegt werden könnten. Für große Player, die sich normalerweise an den Aktienmärkten bewegen, könnte der Bitcoin-Markt deshalb durchaus ein verlockendes Terrain sein. Denn während die Aktienmärkte streng reguliert sind und dort Manipulationen mit drastischen Strafen sanktioniert werden, sind die Regulierungen an den Kryptomärkten noch immer sehr locker. Es ist durchaus vorstellbar, dass ein paar smarte Akteure der traditionellen Finanzwelt ihr Wissen um die Mechanismen von Spot- und Futures-Märkten ausnutzen.

So könnten Akteure durch Analyse der aggregierten Orderbücher eines Coins bei den verschiedenen Kryptobörsen in etwa abschätzen, mit welchem Einsatz der Kurs eines bestimmten Coins auf welches Niveau laufen würde. Werden zum Beispiel hochhebelige Long-Positionen aufgebaut und dann der Coin massiv am Spotmarkt gekauft, kann das fallweise zu sehr großen Arbitragegewinnen führen. Mit den Hebelpositionen kann in solchen Fällen ein erheblich größerer Gewinn eingefahren werden als mit den Spotpositionen, die anschließend mit Verlust wieder verkauft werden. Entscheidend dafür ist die Liquidität des Coins an den Spotmärkten wie an den Derivatemärkten. Dabei dürften solche Aktionen auf der Long-Seite leichter umzusetzen sein als auf der Short-Seite.

Marktanalysten versuchen über das **Tracking von Wal-Transaktionen** Rückschlüsse auf deren mögliches Verhalten und dadurch Hinweise auf Marktbewegungen abzuleiten.[18] Auf der Blockchain können die großen Adressen leicht identifiziert werden. Die Whale Watcher werden dann zum Beispiel die Ein- und Ausgänge auf großen Bitcoin Wallets beobachten. Allerdings ist dabei zu bedenken, dass gerade durch die öffentliche Beobachtbarkeit Wale bestimmte Aktionen machen könnten, um dadurch bewusst Marktreaktionen auszulösen. Auch könnten die Beobachtungen der Whale Watcher ähnliche Effekte wie die Aktionen der Wale selbst haben. So hat Whale Alert eine sehr große Zahl von Followern. Diese können bei einer Walbewegung – die ja nicht unbedingt ein Kauf oder Verkauf sein muss, sondern oft zunächst einmal nur der Übertrag von einer zu einer oder mehreren anderen Wallets ist – durch gleichförmige Einschätzungen und Handlungen ebenfalls Preisbewegungen auslösen.

Es gibt grundsätzlich drei Transfermöglichkeiten von und zu den Wallets. Bei *Exchange-to-Wallet* werden Kryptos von Kryptobörsen auf eigene Cold Wallets abgezogen und auf diese Wallet transferiert. Dies erfolgt bei großen Beständen allein schon aus Sicherheitsgründen, da das längerfristige Halten von größeren Beträgen direkt auf den Kryptobörsen als zu unsicher gilt. Der Abzug von Coins von den Kryptobörsen gilt deshalb als Indiz für die Absicht, diese langfristig halten zu wollen. Das unmittelbar verfügbare Angebot wird knapper und die Preise werden eher steigen. Bei Stablecoins ist das anders. Werden diese auf Cold Wallets übertragen, spricht dies eher für eine

Abneigung, aktuell Investments in Kryptowährungen wie Bitcoin zu tätigen. Umgekehrt verhält es sich bei Transaktionen *Wallet-to-Exchange*. Werden Kryptocoins von den privaten Wallets auf die Börsen übertragen, spricht das für Verkaufsneigung. Werden Stablecoins auf die Börsen transferiert, spricht das eher für die Absicht des Kaufs von Kryptocoins. Werden Transaktionen *Wallet-to-Wallet* ausgeführt, könnte es sich um OTC-Transaktionen handeln. Dadurch werden die Preise weniger beeinflusst und die Privatsphäre besser beachtet.

Verschiedene Analyseseiten bieten Informationen zur Eigentümerkonzentration bei Kryptowährungen an. So bietet Intotheblock einen *Wal-Indikator* an, der die Konzentration bei einer Kryptowährung anzeigt. Eine hohe Konzentration wird als potenzielles Preisrisiko betrachtet. Sie zeigt eine geringe Dezentralisation und impliziert die Gefahr von Preismanipulationen zulasten von Adressen mit kleinen Anteilen. Ein großer prozentualer Anteil von Großinvestoren am Circulating Supply weist auf diese größere Gefahr durch eine oder mehrere Adressen hin. Über die Messung des *Large Holders Netflow*, das sind die Ein- und Ausgänge bei großen Adressen einer Kryptowährung, sollen Erkenntnisse über die Aktivitäten großer Investoren gewonnen werden. Signifikante Spikes des Large Holders Netflow gelten bei manchen Analysten als ein Hinweis auf eine bevorstehende Rally. Das Transaktionsvolumen von Adressen, die bereits über 1.000 Bitcoin halten, zeigt antizyklische Aktivitäten von großen Investoren und könnte auf eine spätere Trendwende hindeuten. Denn große Adressen neigen dazu, ihre Holdings nach starken Rallys zu vermindern und geduldig zu warten, um bei tieferen Niveaus wieder zu kaufen.

Die Analyseseite CryptoQuant will auf ein potenzielles Wal-Dumping mit dem Indikator *Exchange Whale Ratio* hinweisen. Dieses auf den Bitcoin angewendete Ratio wird aus dem Verhältnis der Top-10-Zuflüsse von Bitcoin an allen Kryptobörsen zu den gesamten Zuflüssen der letzten 24 Stunden von Bitcoin an die Börsen gebildet. In einem Bärenmarkt oder einem Fake-Bullenmarkt bleibt das Verhältnis normalerweise über 85 Prozent, in einem Bullenmarkt liegt es darunter. Die Formel für die Exchange Whale Ratio lautet:[19]

$$\text{Exchange Whale Ratio} = \frac{\textit{Sum of Top10 Exchange Inflow Transactions (BTC)}}{\textit{Total Exchange Inflows in BTC}}$$

11.4 Umlaufmenge von Stablecoins

Stablecoins sind meist eine Art Türöffner für den Handel von eigentlichen Kryptowährungen.[20] Der Umgang mit ihnen eröffnet auf den Kryptomärkten eine erheblich größere Flexibilität, als sie mit Fiatwährungen möglich ist. Von daher ist die **Entwicklung der Umlaufmenge von Stablecoins** ein *wichtiger Indikator für das Interesse am*

Kryptomarkt generell. Eine stark steigende Umlaufmenge bei den Stablecoins kann deshalb durchaus als eine Art Preistreiber gesehen werden. Denn sie ist ein Indikator für einen verstärkten Zustrom von Fiatgeld in die Kryptomärkte. Seit dem Jahr 2020 nahmen die Umlaufmengen von Stablecoins enorm zu. Während die fiatgesicherten Stablecoins seit Anfang 2022 bei 150 Milliarden Dollar stagnierten, hat die Menge an krypto- und algorithmisch-gesicherten Stablecoins seit Jahresanfang 2022 weiter zugenommen. Mit dem Terra-Debakel vom Mai 2022 hat sich dieses Konzept aber als sehr fragwürdig erwiesen. Durch die Schieflage und den Absturz seines Stablecoins UST kollabierte das gesamte Terra-Ökosystem.

Der dollarbasierte **Tether (USDT)** ist der größte Stablecoin. In der Vergangenheit gab es aufgrund der engen Verzahnung der großen Kryptobörse Bitfinex mit Tether immer wieder Vorwürfe der Marktmanipulation.[21] Trotzdem hat sich der USDT als der mit Abstand größte Stablecoin etabliert. Für die Preisbildung am Kryptomarkt und speziell bei Bitcoin spielte in der Vergangenheit für einige Analysten auch die **Entwicklung der Tether-Umlaufmenge** eine Rolle. Dabei wird eine deutliche Zunahme der Umlaufmenge an USDT als Zeichen einer bevorstehenden Aufwärtsentwicklung von Bitcoin interpretiert, eine Abnahme gilt dagegen eher als Indikator für rückläufige Bitcoin-Kurse. Denn eine deutliche Zunahme der Tether-Menge – wie auch der Umlaufmenge aller Stablecoins – spricht dafür, dass sich die Investoren für mögliche Zukäufe von Kryptowährungen wappnen und deswegen die Nachfrage nach Tether erhöhen. Dagegen spricht eine Abnahme dafür, dass kurzfristig mögliche Käufe eher zurückgestellt werden. Allerdings kann es auch in Zeiten von großen Verkäufen von Kryptowährungen gegen USDT im Zuge eines Marktabschwungs kurzfristig zu einer erheblichen Zunahme der erzeugten USDT kommen. Denn dann müssen die Kryptobörsen ihren Tether-Bestand auffüllen, um die Transaktionen bedienen zu können.

In der Vergangenheit wurde von Analysten schon mehrfach ein Zusammenhang zwischen der Erhöhung der Umlaufmenge von Tether und einem Anstieg des Bitcoin-Preises hergestellt. In Abbildung 11.6 unten ist die Entwicklung des Bitcoin-Preises und der Umlaufmenge an Tether dargestellt. Die Umlaufmenge an Tether wurde hier gleichgesetzt mit der Marktkapitalisierung von Tether in Dollar. Da der Tether-Preis immer geringfügig um einen Dollar schwankt, ist dies eine annehmbare Näherung. Dem finalen Einbruch des Bitcoin-Preises Ende 2018 ging ein drastischer Rückgang der Umlaufmenge von Tether wenige Wochen zuvor voraus. Man erkennt auch, dass die Bitcoin-Hausse von April bis Juni 2019 einherging mit einer erheblichen Zunahme der Umlaufmenge an Tether. Bei der anschließenden Seitwärtsbewegung der Umlaufmenge kam der Bitcoin-Preis dagegen deutlich zurück. Der Sprung in der Umlaufmenge Anfang 2020 war ebenfalls mit einer Hausse beim Bitcoin verbunden.

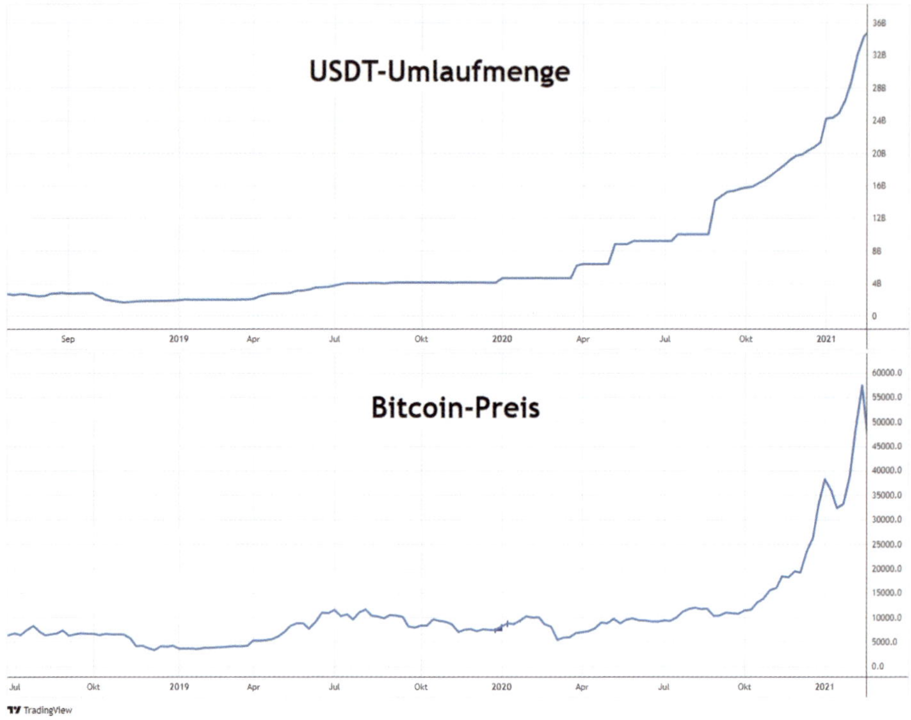

Abb. 11.6 *Tether-Umlaufmenge versus Bitcoin-Preis von Mitte 2018 bis Ende 2020*

Für noch weiter in der Vergangenheit liegende Zeiträume gibt es von Tradingview keine Daten. Hier kann man auf Daten von coinmarketcap.com zurückgreifen. Dabei zeigt sich, dass der drastische Kursverfall von Bitcoin im Januar und Februar 2018 einherging mit einer Erhöhung der umlaufenden Tether um rund 80 Prozent. In diesem Zeitraum war die stark steigende Menge an Tether also ein Kontraindikator und könnte auf die oben erwähnte Notwendigkeit der Kryptobörsen zurückzuführen sein, zur Begleichung der verkauften Kryptowährungen neue Tether zu drucken. Das ähnelt zwar zunächst entsprechenden Maßnahmen von Zentralbanken, wäre aber unbedenklich, wenn alle Tether tatsächlich mit den entsprechenden Dollarbeträgen hinterlegt sind.

Auch im Folgezeitraum seit Anfang 2020 funktionierte der Zusammenhang zwischen steigender Umlaufmenge von Tether und steigendem Bitcoin-Preis zunächst weitgehend, wie Abbildung 11.7 zeigt. Allerdings reagierte der Bitcoin-Preis ab Mai 2021 sowohl im negativen wie im positiven Fall bereits vor entsprechenden Veränderungen der Umlaufmenge von Tether. Seit dem Allzeithoch von Bitcoin im November 2021 ist dann eine gegenläufige Entwicklung zu beobachten. Ab Mai 2022 liefen die Entwicklungen dann tendenziell wieder gleichförmig.

Es ist fraglich, ob die Entwicklung der Umlaufmenge von Tether in Zukunft noch einmal einen so großen Einfluss wie in der Vergangenheit haben wird. Denn die Do-

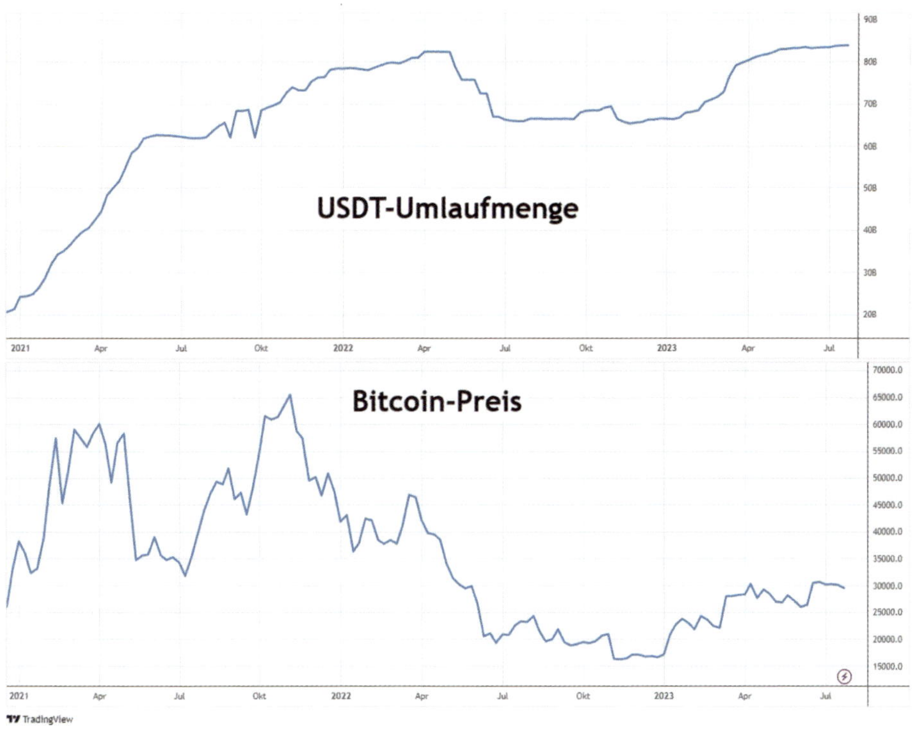

Abb. 11.7 *Tether-Umlaufmenge versus Bitcoin-Preis von 2021 bis Mitte 2023*

minanz von Tether bei den Stablecoins, die im Herbst 2018 noch bei fast 100 Prozent lag, hat insbesondere seit dem Sommer 2020 und verstärkt im Jahr 2021 erheblich abgenommen. Im April 2022 lag sie nur noch bei 45 Prozent. Deswegen wäre eigentlich eine Betrachtung der Entwicklung der aggregierten Umlaufmengen aller Stablecoins sinnvoll. Allerdings ist die Entwicklung von Tether als Näherung immer noch ein interessanter Indikator. Zumal das Gewicht von Tether aufgrund der Probleme bei anderen Stablecoins seit Mitte 2022 wieder deutlich zugenommen hat.

Das Analysehaus Glassnode liefert in diesem Zusammenhang mit der **Stablecoin Supply Ratio (SSR)** eine gute Kennzahl.[22] Diese setzt das Angebot an Bitcoin ins Verhältnis zum Angebot aller Stablecoins und errechnet sich aus den Marktkapitalisierungen:

SSR = Marktkapitalisierung BTC/Marktkapitalisierung aller Stablecoins

Ist das Verhältnis beim SSR klein, halten die Investoren vergleichsweise viel Stablecoins in der Rückhand. Damit ist viel potenzielle Kaufkraft am Markt vorhanden. Denn die Stablecoins werden von den Investoren zum großen Teil interimsmäßig gehalten, wenn die Stimmung am Markt zurückhaltend ist. Bei einem Stimmungsumschwung können diese dann kaufkraftverstärkend wirken.

11.5 Regulierungseinflüsse und Sanktionsmöglichkeiten

Vor einigen Jahren wurde die zunehmende **Regulierung von Kryptowährungen** eher negativ gesehen. Gab es von staatlicher Seite Gegenwind, war dies meist mit einem Kursrückgang verbunden. Mittlerweile sieht der Großteil der Anleger eine vernünftige Regulierung aber als positiv. Außerdem haben spektakuläre Zusammenbrüche wie beim Terra-Ökosystem im Mai 2022 und bei der ehemals zweitgrößten Kryptobörse FTX im November 2022 die Notwendigkeit einer Regulierung noch einmal drastisch verdeutlicht. Im Gegensatz zu früher, als bei der Community jegliche Art von Regulierung verpönt war, wird nun eine vernünftige Regulierung als positiv gesehen. So dürfte sich die Einführung der MiCA-Verordnung, die einheitliche Regelungen für den Umgang mit Kryptowährungen in der EU schaffen wird, positiv auswirken. Es gibt sogar Stimmen, die mit der Einführung von MiCA im Jahr 2024 positive Auswirkungen auf die Kryptopreise im europäischen Raum erwarten. Denn nach der Einführung haben auch die institutionellen Anleger wie Banken oder Versicherungen durch den Rechtsrahmen mehr Sicherheit, wenn sie am Kryptomarkt agieren wollen.

So können die meisten institutionellen Anleger gar nicht in unregulierte Finanzanlagen investieren. Nicht zuletzt die bessere Regulierung hat dieser Anlegergruppe insbesondere seit 2020 den Weg in den Kryptomarkt geebnet. Aber auch für Privatanleger vermitteln regulierte Handelsmöglichkeiten ein größeres Gefühl der Sicherheit. So herrscht aufgrund vieler Hacks in der Vergangenheit immer noch eine Scheu vor dem Handel an den internationalen Kryptobörsen. Dagegen werden einfache und regulierte Handelsmöglichkeiten wie über die Bison-App der Stuttgarter Börse in Deutschland oder über Bitcoin-Futures oder -ETFs in den USA dann auch verstärkt von traditionellen Anlegern angenommen. Dies hat positive Auswirkungen auf den Bitcoin-Preis. So erreichte der Bitcoin im Oktober 2021 am Tag nach der Zulassung des ersten Bitcoin-ETFs in den USA einen neuen Höchststand und kurze Zeit später sein bisheriges Allzeithoch. Regulierungsschritte wie in El Salvador mit der Einführung von Bitcoin als offizielles Zahlungsmittel am 07.09.2021 können sich ebenfalls als Preistreiber von Bitcoin erweisen.

Nach der entsprechenden Ankündigung von El Salvadors Präsident Bukele im Juni 2021 konnte sich der Preis von Bitcoin in den nächsten fünf Monaten verdoppeln. Allerdings war dies nur ein Faktor unter mehreren. Ein wesentlicher Faktor in dieser Zeit war auch, dass die Mining-Verbote in China keine negativen Auswirkungen hatten. Zuvor war es im Zusammenhang mit dem Rückzug der chinesischen Miner seit Mai zu einer Halbierung des Bitcoin-Kurses gekommen. Trotzdem trug in dieser Zeit auch die Einführung von Bitcoin als offizielles Zahlungsmittel in El Salvador zu der starken Stimmungsverbesserung bei. Zumal spekuliert wurde, dass auch andere Länder diesem Schritt folgen könnten.

Wünschenswert wäre eine **technologieneutrale Regulierung**. Vorbildhaft hat dies die Schweiz gezeigt, die sehr schnell eine Regulierung umsetzte und deshalb für rechtliche Klarheit sorgte. Dadurch haben sich auch viele Krypto-Unternehmen in der Schweiz angesiedelt. Der Ansatz bei der Regulierung dort war eine Gleichbehandlung der Assets. In diesem Sinne soll der Rechtsrahmen die Blockchain-Technologie nicht gegenüber anderen Technologien bevorzugen oder benachteiligen. Das Gleiche sollte dann auch für Krypto-Assets im Vergleich zu vergleichbaren Assets in der traditionellen Finanzwelt gelten.

Trotzdem wird der Bitcoin-Preis auch immer wieder negativ auf manche Regulierungsschritte reagieren. So nahm der Markt die Mining-Verbote in China im Jahr 2021 zunächst sehr negativ auf. Da ein Großteil des Bitcoin-Minings in China stattfand, gab es Befürchtungen in Bezug auf eine Beeinträchtigung der Sicherheit des Netzwerks. Neue Mining-Standorte übernahmen aber schnell und zerstreuten diese Befürchtungen. Letztlich wurde es sogar positiv gesehen, dass die vorherige starke Konzentration auf einen durchaus nicht unkritischen Mining-Standort dadurch aufgelöst wurde. Denn in der Vergangenheit hatte es gerade wegen dieser Konzentration in China Befürchtungen gegeben. Auch andere Ankündigungen von Restriktionen oder sogar Verboten hatten kurzfristig negative Auswirkungen auf den Bitcoin-Preis – so zum Beispiel die angekündigten Bitcoin-Verbote der türkischen Zentralbank im Frühjahr 2021. Generell hat sich aber erwiesen, dass eine negative Beeinflussung des Bitcoin-Preises wegen neuer Regulierungen bisher immer sehr kurzlebig war.

Auch in der EU erschrecken den Markt kurzfristig immer wieder einmal solche Diskussionen. Zuletzt war Anfang 2022 ein mögliches indirektes Bitcoin-Verbot in der EU ein solches Schreckgespenst. Demnach wäre es ab Anfang 2025 verboten gewesen, Dienstleistungen für nicht-ökologische Kryptowährungen zu erbringen. Das Verbot bezog sich zwar nicht explizit auf den Bitcoin, sondern auf alle Kryptowährungen, die den energieintensiven Konsensmechanismus Proof of Work benutzen. Aber natürlich wäre der Bitcoin wegen des Bitcoin-Minings davon zuvorderst betroffen gewesen. Ein solches Verbot hätte beträchtliche Auswirkungen gehabt. Denn dann hätten Kryptohandelsplätze in der EU Bitcoin und Co nicht mehr zum Handel anbieten dürfen. Letztlich wurde der Entwurf aber mit einer knappen Mehrheit vom Wirtschaftsausschuss abgelehnt. Trotzdem wäre es EU-Bürgern aber auch durch ein derartiges Gesetz nicht verboten gewesen, Bitcoin zu besitzen und diese an außereuropäischen Handelsplätzen zu handeln. Fallen erwartete oder tatsächliche Regelungen weniger strikt aus als befürchtet, kommt es oft zu positiven Marktreaktionen. So wurden im März 2022 bekannt gewordene Verordnungen von US-Präsident Biden vom Markt als sehr moderat eingestuft und führten zu einer deutlichen Aufwärtsbewegung.

Die internationale Regulierungslandschaft ist noch immer stark fragmentiert. Ein standardisierter Rahmen zur Bewertung und zum Vergleich der Regulierung von Kryptowerten einer Jurisdiktion ist deshalb hilfreich.[23] Derzeit reicht das Spektrum von keinerlei Regulierung über eine teilweise Regulierung und eine umfassende Integration in die traditionelle Finanzwirtschaft bis hin zu Verboten. Der härteste Regulierungseinfluss wären **Bitcoin-Verbote**. Staaten können zwar keinen direkten Einfluss auf die Blockchain-Protokolle nehmen. Vorstellbar wären aber Verbote, die das Ökosystem dieser Blockchains und die Tätigkeit von Krypto-Unternehmen in dem jeweiligen Land betreffen. So könnte der Betrieb von Krypto-Handelsplattformen in solchen Ländern verboten werden. Neben den Handelsangeboten könnte auch das Bitcoin-Mining illegalisiert werden. Daneben könnte die Interaktion von Banken aus diesen Ländern mit ausländischen Kryptobörsen verboten werden. Die Staaten würden dadurch versuchen, über eine Blockade der On- und Off-Ramps die Nutzung von Kryptowährungen zu erschweren. Denn letztlich wollen und müssen die Nutzer die Möglichkeit haben, ihre Heimatwährung an Krypto-Plattformen zu überweisen, um dort Kryptowährungen zu kaufen. Umgekehrt wollen sie auch jederzeit die Möglichkeit haben, Kryptowährungen in ihre Heimatwährung umzutauschen. Diese Ramps, die von staatlicher Seite blockiert werden könnten, sind die Verbindungsmöglichkeiten von Bankkonten oder Kreditkarten der Nutzer mit den Krypto-Handelsplattformen.[24] Die Anleger hätten dann keine Möglichkeit, von ihren heimischen Bankkonten Überweisungen an die Kryptobörsen zu tätigen oder Zahlungen zu empfangen.

Werden solche Bitcoin-Verbote für kleine und wirtschaftlich unbedeutende Länder erlassen, hätte das kaum Einfluss auf den Bitcoin-Preis. Anders wäre dies bei großen Ländern, wie im Zusammenhang mit China zu beobachten war. Zwar könnte das kurzfristig einen stärkeren negativen Einfluss auf den Bitcoin-Preis haben. Ein wirklich wirksames Verbot könnte aber nur über konzertierte Aktionen der meisten wichtigen Staaten umgesetzt werden. Selbst dann wäre es aber noch lange nicht durchgesetzt, dazu müsste das Internet abgeschaltet werden. Bei länderspezifischen Verboten müssten die Unternehmen greifbar sein, wie das bei dem von Facebook geplanten Stablecoin der Fall war. Hinter dem Bitcoin steht dagegen kein greifbares Unternehmen. Besitzverbote, wie sie immer wieder diskutiert werden, sind wegen der Dezentralität kaum durchzusetzen. Im Gegensatz zum Verbot des Besitzes von physischem Gold, das es im vorigen Jahrhundert auch schon in westlichen Ländern gab, ist der Bitcoin so kaum zu greifen. Er wäre deshalb nur zu fassen, wenn weltweit alle Miner stillgelegt würden und es verboten wäre, die Bitcoin-Software auf Computern auszuführen.

Vorstellbar sind solche Verbote in Ländern mit maroden Währungen wie Argentinien, Venezuela oder der Türkei. Es hat sich aber am Beispiel von El Salvador gezeigt, dass dort der Bitcoin eher als Alternative zur starken Dollarabhängigkeit gesehen und adoptiert wird. Anders kann das in Ländern mit einem strikten Währungsregime wie in China sein. Dort sind Verbote wegen neuer Möglichkeiten der Kapitalflucht denkbar, da der Bitcoin hier für die Angst der Regierung vor Kontrollverlust steht. Letztlich sind allein schon derartige Diskussionen um mögliche Komplettverbote in einem Land eigentlich meist nur ein Zeichen für die Schwächen des dortigen traditionellen Finanzsystems. Sie sind dadurch gerade ein Argument für die Existenzberechtigung von Bitcoin als Möglichkeit, fehlgeleiteten Entwicklungen in traditionellen Finanzmärkten zu entkommen. In den westlichen Ländern wird sich dagegen die Meinung durchsetzen, dass Verbote kontraproduktiv sind. Die Kosten wären zu hoch, außerdem könnten „freie“ Bürger in andere Länder ausweichen. Daneben hat man verstanden, dass die Kryptotechnologie grundsätzlich zu einem Innovationsschub und damit zu zukünftigen hohen Steuereinnahmen führen dürfte.

Grundsätzlich gibt es noch **weitere staatliche Sanktionsmöglichkeiten**. So hat der Ukraine-Krieg eine andere Eigenschaft von Assets wieder stärker in den Blickpunkt gerückt, die **Konfiszierbarkeit**.[25] Herkömmliche Assets wie Immobilien, Jachten, aber auch im Ausland gelagerte Währungsguthaben selbst von Zentralbanken sind häufig leicht zu blockieren oder sogar einzuziehen. Grundsätzlich gilt dies auch für Kryptowährungen, wenn deren Schlüssel zur Verfügungsberechtigung aus irgendwelchen Gründen bekannt sind. An diesem Beispiel zeigt sich erneut, wie wichtig die eigene und umsichtige Verwahrung von Kryptowährungen ist.[26] Die meist kaum mögliche Konfiszierbarkeit von Kryptowährungen ist deshalb gerade ein nicht unwesentlicher Pluspunkt gegenüber schwieriger zu transportierenden und lagerbaren Assets wie Gold. Durch Bitcoin können Vermögen gegen unrechtmäßige Konfiszierungen in autoritären Staaten gut geschützt werden. Von daher punktet der Bitcoin in Bezug auf die Konfiszierbarkeit und ist unter diesem Aspekt dem Gold überlegen. Es wäre auch nicht verwunderlich, wenn selbst Staaten zumindest einen kleinen Teil ihrer Währungsreserven in Bitcoin anlegen würden. In den westlichen Ländern wird dies in absehbarer Zeit nicht der Fall sein, weil dies der derzeit herrschenden Doktrin von Politik und Zentralbanken in Bezug auf Bitcoin widersprechen würde. In kleineren Ländern ist das aber nicht unwahrscheinlich. So hat El Salvador bereits Bitcoin für die Staatskasse gekauft.

Mögliche Regulierungen und Sanktionen von Kryptowährungen können deshalb einen unterschiedlichen **Bewertungseinfluss** haben. Eine vernünftige Regulierung führt zu mehr Rechtssicherheit und weniger Betrugsfällen und sollte sich deshalb sogar positiv auf die Preise auswirken. Eine überschießende Regulierung, die innovative Entwicklungen am Kryptomarkt hemmt und die Marktteilnehmer stark behindert, würde die Preise ceteris paribus dagegen drücken. Besonders negativ wäre der Einfluss bei staatlichen Besitzverboten, auch wenn diese nur schwer durchzusetzen wären. Die schwierige Konfiszierbarkeit von Kryptowährungen spricht in diesem Zusammenhang aber grundsätzlich für ein Bewertungsplus von Kryptowährungen gegenüber leicht zu beschlagnahmenden traditionellen Vermögenswerten wie Aktien, Immobilien oder Gold.

11.6 Besteuerungseinflüsse

Eine subtilere Form der staatlichen Regulierung könnte über die Steuerpolitik erfolgen. Wie die Regulierung von Kryptowährungen als Finanzanlagen wird die **Besteuerung von Kryptowährungen** durch staatliche Entscheidungen festgelegt. Durch eine übermäßige Besteuerung von Kryptotransaktionen könnte den Anlegern der Besitz von Kryptowährungen verleidet werden. Solange die Besteuerung Kryptowährungen gegenüber anderen Anlageformen nicht benachteiligt, dürfte aber dagegen wenig einzuwenden sein.

Während Bitcoin-Verbote von Staaten allein schon wegen der nicht gegebenen Durchsetzbarkeit eher eine leere Drohkulisse bleiben, ist das Steuerprivileg des Staates schon ernster zu nehmen. So könnte durch eine rigorose Besteuerung eine staatliche Sanktionierung von Kryptowährungen erreicht werden, da dadurch ihr Handel erheblich unattraktiver gemacht werden würde. Nicht angegebene Kryptogewinne sind als Steuerhinterziehung strafbar, auch wenn die Wahrscheinlichkeit der Entdeckung vielfach und auch fälschlich als eher gering eingeschätzt wird. Eine stärkere Besteuerung von Kryptowährungen würde sich zumindest kurzfristig negativ auf die Kryptopreise auswirken.

Bisher hinkt neben der Regulierung auch die Besteuerung der Entwicklung an den Kryptomärkten hinterher. Durch die Neuartigkeit ist es im Rahmen der bestehenden Steuergesetze für die Finanzbehörden schwierig, diese in bereits existierende Steuertatbestände einzuordnen. In Deutschland sind sie sonstige Einkünfte aus privaten Veräußerungsgeschäften von anderen Wirtschaftsgütern.[27] Nach einem Jahr Haltedauer sind sie steuerfrei zu realisieren und damit gegenüber fast allen anderen Vermögensanlagen steuerlich begünstigt. Dies könnte sich durchaus ändern, wie in Österreich zu sehen ist.

In Österreich gilt seit März 2022 ein neues Gesetz zur Besteuerung von Gewinnen aus Kryptowährungen. Diese werden nun wie andere Finanzanlagen unabhängig von deren Haltedauer mit 27,5 Prozent Kapitalertragsteuer belegt. Dabei sind auch Verluste mit Gewinnen anderer Anlagen wie Aktien verrechenbar. Vorher gab es bei Kryptowährungen wie in Deutschland eine Steuerfreiheit nach einer Anlagedauer von über einem Jahr, aber bei unterjährigen Verkäufen auch keine Verrechenbarkeit von Verlusten mit Gewinnen aus anderen Assetklassen. Während eine derartige Besteuerung noch als konsistent erscheint, ist das bei anderen Regelungen nicht mehr der Fall. So erhebt Indien seit April 2022 eine Steuer von 30 Prozent auf Kryptogewinne. Die Besteuerung orientiert sich dabei stark an Regelungen für Glücksspiele und Sportwetten. Außerdem wird eine Transaktionssteuer von einem Prozent auf jeden Trade erhoben.

Vereinzelt gab es auch Meinungen, die **steuerfreie Realisierungen** als möglichen Grund für größere Kursrückgänge sehen. Denn wenn nach einer Vervielfachung der Kurse diese nach Ablauf eines Jahres steuerfrei zu realisieren wären, dürfte die Verkaufsneigung zunehmen. Ob ein solcher Effekt Einfluss auf den Gesamtmarkt hat, wird aber wesentlich vom Einfluss der Länder mit solchen Regelungen zur Steuerfreiheit abhängen. Zumal die 1-Jahres-Regel nur in einigen Ländern wie Deutschland gilt.

Eine solche Situation könnte ab Mitte April 2021 eingetreten sein. Nachdem die Kurse beim Corona-Crash im März 2020 bis unter 5.000 Dollar abgestürzt waren, entwickelte sich im weiteren Jahresverlauf eine fulminante Hausse, die Mitte April 2021 zu einem Höchststand von knapp 65.000 Dollar führte. Da nun alle Käufe bis kurz nach dem Corona-Crash steuerfrei waren mit Kursgewinnen von bis zu 1.000 Prozent, wäre eine starke Zunahme der Verkaufsbereitschaft plausibel. Bis Mitte Mai 2021 halbierten sich dann die Kurse von Bitcoin. Allerdings dürfte der Steuereffekt – wenn überhaupt – nur geringen Einfluss gehabt haben. Im Mittelpunkt des Kursrückgangs standen Befürchtungen wegen der Mining-Verbote in China.

Relevanter und in der Vergangenheit am Markt stärker diskutiert ist der Einfluss von Zahlungsterminen für Steuern. Ein **Tax Day Effect** wird insbesondere im Zusammenhang mit dem Tax Day Mitte April in den USA von Analysten fallweise als Einflussfaktor auf die Kryptopreise gesehen. Spätestens bis zum 15. April müssen in den USA die individuellen Einkommensteuererklärungen eingereicht werden, wobei sich das Datum bis zum 18. April verschieben kann, wenn der 15. April auf oder vor das Wochenende fällt. Der Einfluss des Tax Day kann deswegen bedeutend sein, weil US-Bürger zu den wichtigsten Investoren am Kryptomarkt zählen und die steuerlichen Regelungen bei Gewinnrealisierungen vergleichsweise ungünstig sind. Kryptos werden in den USA nicht als Währung, sondern als Vermögensgegenstand betrachtet. Auch jeder Swap von einer Kryptowährung ist eine Realisierung. Kauft ein Anleger Bitcoin und tauscht diese später in Ether um, dann muss er einen Gewinn bei Bitcoin versteuern. Selbst wenn man einen Tesla oder andere Vermögensgegenstände mit Bitcoin bezahlt, wäre das eine Gewinnrealisierung. Der Einfluss des Tax Day dürfte umso bedeutender sein, je größer die Kurssteigerungen im Vorjahr waren. Der mögliche negative Effekt des Tax Day auf die Kryptopreise besteht darin, dass Anleger zur Begleichung ihrer größeren Steuerzahlungen dann Kryptobestände verkaufen müssen.

Ein Blick auf die vergangenen zehn Jahre scheint diese These zu bestätigen. Die Tiefpunkte der Kursrückgänge lagen immer um den 15. April herum. Kurz nach dem Tax Day kommt es häufig zu größeren kurzfristigen Kursanstiegen. Ab Mitte März oder Anfang April gab es bis auf zwei Ausnahmen immer teilweise sehr heftige Einbrüche. Diese waren am stärksten nach vorherigen Mega-Haussen wie 2013, 2014, 2020 und 2021. 2016 und 2017 gab es nur kurze Einbrüche um den 15. April herum. Es gab nur eine wirkliche Ausnahme, als es im Jahr 2019 einen sehr deutlichen Kursanstieg seit Anfang April gab. Das ist aber plausibel, da es im Jahr 2018 sehr große Kursverluste und deshalb kaum Steuerzahlungen gab. Im Jahr 2020 gab es ab Mitte

März ebenfalls einen sehr deutlichen Kursanstieg. Hier hat der vorherige Corona-Crash Mitte März mit der anschließenden Gegenbewegung alles überlagert. Dabei ist aber zu beachten, dass dies keine Ausnahme ist, weil wegen der Coronakrise der Tax Day auf den 15. Juli verschoben wurde. In den Wochen bis zu diesem Tag waren die Preise moderat rückläufig um rund zehn Prozent. Im Jahr 2021 wurde der Tax Day dann auf den 17. Mai verschoben. In den sieben Tagen um diesen Termin herum halbierte sich der Bitcoin-Preis. Im Jahr 2022 fiel der Tax Day dann wieder im regulären Modus auf den 18. April. Auch hier kam es vor dem Termin seit Ende März wieder zu einem deutlichen Kursrückgang. Auch einen Tag vor dem Tax Day 2023 am 18. April kam es zu einem Kursrückgang beim Bitcoin von über drei Prozent, obwohl im Vorjahr aufgrund der großen Kursverluste eigentlich kaum Gewinne zu erzielen waren. Unmittelbar nach dem Tax Day ging der Bitcoin aber rund zehn Prozent in die Knie.

11.7 Marktmanipulationen und Insiderhandel

11.7.1 Was sind Marktmanipulationen?

An den traditionellen Finanzmärkten ist der Handel streng reguliert und Marktmissbrauch mit empfindlichen Sanktionen bis hin zu hohen Freiheitsstrafen belegt. **Marktmissbrauch** gilt dabei als ein Oberbegriff für unrechtmäßige Handlungen an den Finanzmärkten wie *Insidergeschäfte* und gezielte *Marktmanipulationen*.[28] Die BaFin weist ausdrücklich darauf hin, dass die Anforderungen der Marktmissbrauchsverordnung nicht auf die Krypto-Assets anwendbar sind.[29] Da die *Strafbewehrung bei Krypto-Assets fehlt*, sind sie anfällig für Marktmanipulationen.

Marktmanipulationen kennt man von den Aktienmärkten. Sie können sowohl vom Unternehmen selbst initiiert werden (zum Beispiel wenn überhöhte Gewinne oder Umsätze veröffentlicht werden oder wenn veröffentlichungspflichtige Tatsachen verschwiegen werden) oder auch von interessierten Kreisen außerhalb des Unternehmens (zum Beispiel durch das bewusste Streuen von falschen Gerüchten oder unlautere Handelspraktiken). Diese falschen beziehungsweise unterlassenen Angaben müssen dazu geeignet sein, den Börsenpreis bestimmter Wertpapiere zu beeinflussen. Ähnliche Marktmanipulationen verschiedenster Art gibt es auch auf den Kryptomärkten.[30] Auch hier geht es im Wesentlichen darum, die Preise in eine bestimmte Richtung zu treiben.

Vorgänge wie bei dem FTX-Kollaps im November 2022 könnte es wegen der Regulierung durch die Marktmissbrauchsverordnung an den traditionellen Kapitalmärkten nicht geben. Binance-Chef Changpeng Zhao (CZ) hatte zunächst in einem Tweet bekannt gegeben, wegen Enthüllungen die gesamte Position der FTX-Token FTT liquidieren zu wollen. Dies führte zu einem Ausverkauf und Absturz von FTT und löste einen Bank Run der FTX-Nutzer aus, die ihre Assets von der Börse abziehen wollten. FTX musste die Auszahlungen schließlich stoppen. Zwei Tage später gab CZ bekannt, einen nicht bindenden Letter of Intent unterschrieben zu haben mit dem Ziel, FTX komplett zu übernehmen und den Liquiditätsengpass zu beheben. Bereits zu Beginn der Prüfung blies CZ die Übernahme wieder ab. Dies alles wurde über Tweets verlautbart und nicht über Ad-hoc-Mitteilungen. Bei einer Einführung der MiCA-Verordnung wäre das so nicht mehr möglich. Allerdings gibt es dann trotzdem noch das Problem, dass Akteure wie die Kryptobörsen in anderen Ländern ohne diese Regulatorik wie bisher weiter agieren könnten.

Marktmanipulationen erhöhen generell die Volatilität am Markt und führen dazu, dass dieser manchmal als chaotisch oder zumindest erratisch wahrgenommen wird. Marktmanipulationen treten umso häufiger auf, je geringer kapitalisiert das entsprechende Asset ist. Das ist an den Kryptomärkten nicht anders als am Aktienmarkt. Mit zunehmender Regulierung werden Zahl und Ausmaß von Marktmanipulationen eingedämmt. Verschwinden werden sie jedoch nicht. Um möglichst wenig davon betroffen zu sein, sollte man sich deshalb nicht auf eine Quelle verlassen, sondern es gilt auch hier: Do Your Own Research.

11.7.2 Pump and Dump

Pump-and-Dump-Aktionen können zwar auch von Einzelpersonen ausgehen, finden aber meist konzertiert über Pump and Dump Groups statt. Diese konzentrieren sich vor allem auf weniger bekannte und nicht so hoch kapitalisierte Token. Derartige auch als Cornering bezeichnete Aktionen kennt man von den Aktienmärkten, meist bei niedrig kapitalisierten Pennystocks. Der Ablauf von Pump-and-Dump-Aktionen läuft nach bestimmten Mustern ab. Das Ziel von Pump and Dump ist, bei Anlegern am Kryptomarkt FOMO auszulösen, also die Angst, etwas zu verpassen. In vielen Fällen lag der Token vorher in einer Art Dornröschenschlaf, bevor über gezielte Berichterstattungen Interesse bei spekulativen Investoren geweckt und der Kurs gepumpt (aufgeblasen) wird. Mit zunehmendem Interesse ziehen dann die Kurse an, der Token wird immer mehr diskutiert und die Initiatoren – die sich natürlich vorher diskret eingedeckt haben – befeuern dies durch gezielte (Falsch-)Informationen. Fake News wäre hier im Gegensatz zum Sprachgebrauch von Donald Trump tatsächlich einmal der richtige Begriff. In dieser Pump-Phase wird der Hype um den Token immer größer und der Kurs schießt – oft nur an einem Tag – nach oben. Dieser Pump-Phase folgt dann meist unmittelbar die Dump-Phase (Abladephase), bei der die Initiatoren ihre zuvor billig erworbenen Bestände auf den Markt werfen. Natürlich stürzt der Kurs dann rasant ab. Manchmal kaufen die Initiatoren dann einen Teil der Coins noch einmal zurück und wiederholen die Kurstreiberei. Derartige Kursmanipulationen sind an den regulierten traditionellen Märkten teilweise mit hohen Strafen belegt, an den unregulierten Kryptomärkten bleiben sie dagegen bisher weitgehend ohne Konsequenzen.

Es gibt viele **Kanäle**, über die derartige Pump-and-Dump-Aktionen befeuert werden. Dies kann über Social-Media-Plattformen wie Twitter, Telegram, Discord, Reddit oder auch Facebook laufen, aber auch über traditionelle Medien. Einflussreiche Pump and Dump Groups steigern manchmal die Spannung, wenn sie für ein bestimmtes Datum einen neuen Pump ankündigen. Die Community wartet dann in Höchstspannung auf die Verkündigung des Zielnamens und hetzt bei Verkündung in den Markt. Wer daran mit Sicherheit profitiert, sind die Initiatoren hinter den Gruppen. Denn diese konnten sich vor Bekanntgabe eines Namens in Ruhe eindecken. Einige besonders schnelle Mitglieder der Community können dann vielleicht auch noch ein paar Gewinne machen. Irgendwer muss natürlich die Zeche bezahlen, und das ist dann regelmäßig die Masse der Follower. Denn letztlich handelt es sich hier wieder um ein klassisches Pyramidensystem. Eine **Strafbarkeit** für solche Aktionen bei Kryptowährungen gibt es derzeit noch nicht. Im Rahmen der Anwendung der MiCAR-Verordnung, die 2024 in Kraft treten soll, könnte sich das in Zukunft ändern.

11.7.3 Wash Trades

Unter die Marktmanipulationen an den Kryptomärkten fallen auch die **„Wash Trades“**.[31] Darunter versteht man *das gleichzeitige Kaufen und Verkaufen eines Tokens durch einzelne Marktteilnehmer*. Derartige Umsätze durch scheinbare Kauf- und Verkaufsorders haben keinen Einfluss auf den Preisfindungsprozess, da sich die vermehrte Nachfrage und das Angebot gegenseitig aufheben. Allerdings können Wash Trades manchmal durch die erhöhten Volumina zusätzliche Käufer anlocken und dann zu einem Preisanstieg führen. Ausgeführt wird dieses Wash Trading meist über Bots. Die Orders werden dabei zwischen der höchsten Kauforder und der niedrigsten Verkaufsorder platziert. Oft generieren Kryptobörsen über Wash Trades künstliche Umsätze. Mit diesen wollen sie meist ihr Ranking unter den Kryptobörsen verbessern und Trader durch Vorgaukelung einer besonders großen Liquidität anlocken. Teilweise sollen über die dabei anfallenden Transaktionsgebühren auch verdeckt Gefälligkeiten beglichen werden. An Aktienmärkten ist diese Form der Marktmanipulation verboten. Außerdem können Kryptobörsen durch ihr höheres Liquiditäts-Ranking dann eventuell attraktive Listinggebühren von ICOs und Altcoins generieren, manchmal mehrere Millionen Dollar.

Die Umsätze aus Wash Trades sind also Fake-Volumina. Dennoch wurden sie immer in den Statistiken mitgeführt und verfälschten das Bild. Kritiker behaupteten, dass bis zu 95 Prozent der ausgewiesenen Umsätze bei bestimmten Kryptobörsen Fake oder Wash Trades sind.[32] Das bekannte Vergleichsportal **Coinmarketcap** hat deshalb eine Metrik eingeführt, die Wash Trades herausfiltern soll. Dabei werden mehrere Schlüsseleigenschaften der jeweiligen Orderbücher überprüft, zum Beispiel Abstand der Order zum Mittelpreis, Ordergröße und die relative Liquidität des Währungspaares.[33] Die extreme Verzerrung der Realität wie vor einigen Jahren hat sich mittlerweile aber deutlich verbessert.[34]

Kryptobörsen nutzen manchmal noch kreativere Systeme von Wash Trading. Beliebt sind hier Transaction Fee Programs.[35] Dabei zahlen die Nutzer für ihre Transaktionen zwar Gebühren, bekommen dafür aber in gleicher Höhe Token, die von der Börse selbst emittiert werden. Manchmal können diese Kompensationen sogar die gezahlten Gebühren übersteigen. Allerdings sind solche suspekten Börsen leicht zu entdecken, denn sie bewerben solche Rabattsysteme öffentlich. Jedenfalls sind dann die Umsatzvolumina von solchen Börsen besonders kritisch zu sehen.

11.7.4 Wash Trading bei NFTs

Auch bei NFTs wird von Wash Trading gesprochen.[36] Hier geht es wieder um einen Handel mit sich selbst und um die Vermittlung einer falschen Liquidität, aber zusätzlich auch um das Hochtreiben des Wertes. Deswegen sollte man besser von **Push Trading bei NFTs** sprechen.[37] Das ist bei einem einzigartigen Wert wie einem Nonfungible Token (NFT) viel einfacher. Denn während es einen bestimmten NFT nur einmalig gibt, sind Kryptowährungen aufgrund der sehr hohen Stückzahlen Massenware und oft sehr hoch kapitalisiert. Während bei Kryptowährungen deshalb eine Vielzahl von Marktteilnehmern die Preise bestimmt und so Manipulationsversuche erschwert, kann bei NFTs der einzigartige Token einfach von einer an eine andere Wallet zu einem höheren Preis verkauft werden. Es gibt nur ein NFT und deshalb nur einen Preis. Dieser kann ohne die „Störung“ von Verkäufern theoretisch beliebig hochgetrieben werden. Besitzt der Verkäufer ein NFT, könnte er es an eine andere Wallet verkaufen, die ihm ebenfalls gehört. Der potenzielle Verkäufer könnte auf diese Weise das Preisschild für den NFT beliebig nach oben setzen. Denn die Preise von NFTs sind wie die von Kunstwerken größtenteils sehr subjektiv bestimmt. Viele NFTs haben ja vielfach den – oft zweifelhaften – Anspruch, Kunstwerke zu sein. Dieses unlautere Verhalten des Hochtreibens der Preise ist umso einfacher, da ein Großteil der NFT-Handelsplätze von den Nutzern keine komplexen Registrierungsverfahren verlangt. Die meisten NFT-Handelsplattformen erlauben den Nutzern einfach, ihre Wallets mit der Plattform zu verbinden ohne die Notwendigkeit einer Identifikation. Es liegt auf der Hand, dass mit solchen Strategien auch Geldwäsche in erheblichem Ausmaß betrieben werden kann. War diese Form von Geldwäsche in der Vergangenheit bereits mit Kunstgegenständen möglich, so könnte das in Zukunft in Zusammenhang mit NFTs ungeahnte Ausmaße erreichen. Mit den relativ hohen Gasgebühren steht allerdings ein Hindernis einem ungebremsten Push Trading im Wege.

Viele derartige Manipulationsversuche enden für die Push Trader deshalb mit Verlusten, denn am Ende muss das NFT dann ja tatsächlich an einen unbedarften Käufer verkauft werden.

Bisher war das Volumen von Wash Trades im NFT-Bereich noch vergleichsweise gering. Chainalysis hat in einer Analyse für das Jahr 2021 Krypto-Assets im Wert von über 44 Milliarden Dollar nachverfolgt, die an NFT-bezogene Smart Contracts gesendet wurden.[38] Die hohe Steigerungsrate in diesem Bereich wird mit einem Blick auf das Volumen im Jahr 2020 mit nur 106 Millionen Dollar klar. Dabei wurden 262 Wash Trader im Jahr 2021 identifiziert. Davon waren aber nur 110 Wash Trader erfolgreich, die mit ihren Aktionen immerhin fast 8,9 Millionen Dollar Gewinn gemacht haben. Für 152 Wash Trader endeten ihre Aktionen dagegen mit einem Verlust von rund 417.000 Dollar.

Bei dem teuersten NFT-Verkauf wurde scheinbar der Cryptopunk #9998 für 532 Millionen Dollar verkauft. Den Besitzer hat er dabei nicht gewechselt. Anschließend wurde der NFT für eine Milliarde Dollar zum Verkauf gestellt. Wahrscheinlich handelt es sich hier um einen Spaß, um in der Community aufzufallen.

11.7.5 Spoofing

Beim Spoofing versuchen Manipulatoren, das Orderbuch einer Kryptowährung in ihrem Sinn zu verfälschen. Es werden dabei Fake Orders eingestellt, also im Orderbuch sichtbare Kauf- oder Verkaufsorders, die gar nicht ausgeführt werden sollen. Dadurch soll ein gar nicht wirklich vorhandener Kauf- oder Verkaufsdruck auf eine Kryptowährung vorgetäuscht werden. So könnte ein Spoofer eine Reihe von Kauforders einstellen, um ein großes Kaufinteresse auf diesem Preislevel vorzutäuschen. Wenn der Marktpreis sich diesem Level nähert, werden die Kauforders automatisch zurückgezogen. Dabei verwenden die Spoofer Algorithmen und Trading-Bots. Diese Taktiken werden oft von Großinvestoren benutzt. Diese bauen große Sell Walls auf, um einen Preis zu drücken, oder große Buy Walls, um einen Preis zu pushen. Besonders wirksam kann Spoofing sein, wenn die Kauf- und Verkaufsorders an wichtigen Unterstützungs- oder Widerstandsmarken gelegt werden. Grundsätzlich ist die Effektivität von Spoofing auch immer vom allgemeinen Marktumfeld und -trend abhängig.

Spoofing kann dabei in verschiedenen Märkten eingesetzt werden, in denen eine bestimmte Kryptowährung direkt oder als Derivat gehandelt wird. Derartige Orders können also die Spot-, Futures- und Optionsmärkte betreffen. So könnten große Orders auf den Derivatemärkten den Spotpreis beeinflussen und umgekehrt. Die Spoofer unterliegen aber einem Risiko, wenn es zu unerwarteten Marktbewegungen kommt. So könnte bei einer starken Rally eine Widerstandsmarke schnell gerissen oder bei einem Flash Crash auch größere Orders in Sekundenschnelle ausgeführt werden. In solchen Fällen kann es also passieren, dass die Spoof Orders ausgeführt werden, obwohl sie eigentlich bei einer Annäherung des Marktpreises automatisch zurückgezogen werden sollen. Spoofing ist an regulierten Märkten wie dem Aktienmarkt in vielen Ländern illegal. An den Kryptomärkten ist dies nur dann der Fall, wenn entsprechende Missbrauchsrichtlinien im Rahmen der Regulierung des Kryptomarktes eingeführt werden.

11.7.6 Shilling

Unter Shilling versteht man, wenn jemand für eine Kryptowährung implizit Werbung macht.[39] Das wird meist eine bekannte Persönlichkeit sein mit entsprechendem Status und Reputation (Influencer) oder auch jeder Interessierte, der ein Projekt promoten will. Insbesondere bekannte Personen werden Investoren anlocken und können so den Preis nach oben treiben. Grundsätzlich wäre diese Art von Promotion in Ordnung, wenn sie von den jeweiligen Personen oder auch Organisationen aus echter Überzeugung in die Aussichten des Projekts erfolgt. Das ist beim Shilling aber überwiegend nicht der Fall. Vielmehr geht es hier um den Versuch, den Preis einer Kryptowährung nach oben zu treiben. Shilling wird deshalb von Personen initiiert, die entweder direkt in der Kryptowährung engagiert sind oder die von den Initiatoren für ihre Werbemaßnahmen bezahlt werden. Shilling kann häufig die Vorstufe zu einem Rug Pull sein.[40] Auch Pump-and-Dump-Aktionen können von Shilling flankiert werden. Shilling muss aber nicht unbedingt auf vorsätzlichem Betrug beruhen. Vielmehr kann Shilling auch von im Projekt engagierten und davon überzeugten Personen einfach dazu benutzt werden, das Projekt bekannter zu machen und mehr Finanzmittel einzuwerben. In der Regel sind Projektgründer immer sehr überzeugt von ihrem Projekt und dessen Aussichten. Entscheidend ist, dass es immer interessierte und in der Kryptowährung bereits engagierte Personen sind, die Shilling initiieren.

Zur Beurteilung hilft hier eine weniger emotionale und nüchterne Betrachtung. Es gibt einige rote Flaggen, die auf Shilling hindeuten. So erscheint es seltsam, wenn eine im Kryptobereich bisher nicht in Erscheinung getretene sehr bekannte Persönlichkeit plötzlich von dem Projekt oder der Kryptowährung schwärmt und so ihre Fans und Follower veranlasst, dort zu investieren. Wenn Initiatoren ihr Projekt zu hoch in den Himmel heben und versuchen, einen Hype zu erzeugen, ist dies ebenfalls verdächtig. Insbesondere wenn diese mehr von den Gewinnchancen der Kryptowährung als von den fundamentalen Aussichten des Projekts sprechen. Außerdem sollte das Team seine Zeit primär in die Entwicklung des Projekts und nicht ins Marketing der Kryptowährung stecken. Oft stehen hinter solchen Projekten dann keine wirklichen Entwickler, sondern einfach professionelle Investoren oder besser Manipulatoren. Daneben gibt es noch die tatsächlich sehr von ihrem Projekt überzeugten Gründer oder Teammitglieder. Wird von diesen aber gerade die Welt neu erfunden, ist Skepsis angesagt.

11.7.7 Auslösen von Stop-Limits

Viele Marktteilnehmer orientieren sich im Handel an ähnlichen Bezugspunkten. Gerade bei Technischen Analysen werden bestimmte Widerstands- und Unterstützungs-Levels von vielen Marktteilnehmern gleich eingeschätzt und daraus ähnliche Schlüsse gezogen. Dann liegen bei einem bestimmten Unterstützungsniveau oder knapp darunter viele Stop-Loss-Orders. Wale oder Großinvestoren könnten dann geneigt sein, den Preis kurzfristig unter diese Unterstützungszonen zu treiben und so die dort liegenden vielen Stop-Limits auszulösen. Dies hätte kurzfristig einen starken weiteren Preisverfall zur Folge, zu dem sich diese Investoren dann wieder eindecken könnten. Diese Taktik wird teilweise auch als **Stop Hunting** bezeichnet. Nach dem kurzfristigen Preisverfall steigt der Kurs dann meist schnell wieder auf das Ausgangsniveau.

11.7.8 Insiderhandel

Insider-Trading und Marktmanipulation liegen oft nahe beieinander. Wie oben schon erwähnt, gehört Insider-Trading zum Marktmissbrauch, der bei Kryptowährungen noch keine Anwendung findet. Beim Insiderhandel nutzen Personen mit Kenntnis einer Insiderinformation dieses Wissen zum Kauf oder Verkauf der jeweils betroffenen Wertpapiere aus, um daraus einen wirtschaftlichen Vorteil zu erzielen. Dieses Verhalten von Insidern nennt man **Frontrunning**. Eine **Insiderinformation** ist jede nicht öffentlich bekannte Tatsache, die nach ihrer Bekanntgabe den Kurs erheblich beeinflussen kann. Solche Informationen können *bedeutende Entwicklungen bei Kryptoprojekten* sein. Entsprechende Informationen wären an den Aktienmärkten durch Ad-hoc-Mitteilungen veröffentlichungspflichtig und Personen, die davon Kenntnis haben, dürften ihre Informationen vor Veröffentlichung nicht für den Aktienhandel ausnutzen. An den Kryptomärkten ist ein derartiges Ausnutzen noch nicht reglementiert und mit Strafen sanktioniert. Ebenfalls eine Insiderinformation wäre die *Kenntnis von neuen Börsenlistings*, wie sie Mitarbeiter von Kryptobörsen haben können. So gab es in den vergangenen Jahren den Coinbase-Effekt. Nahm die führende amerikanische Kryptobörse einen neuen Coin in den Handel auf, gab es regelmäßig Kurssprünge bis in den dreistelligen Prozentbereich.

Hier gab es in der Vergangenheit aber bereits Anklagen wegen Insiderhandels. Das war auch schon vor einer Kryptoregulierung möglich, wenn die SEC die entsprechenden Coins als Wertpapiere eingestuft hat. Dies war der Fall bei einigen neu bei Coinbase gelisteten Coins. Ein Mitarbeiter von Coinbase, der von den bevorstehenden neuen Listings wusste, gab diese Insiderinformation an seinen Bruder und einen Freund weiter. Durch entsprechende Handelsaktivitäten rund um das Listing konnte das Trio erhebliche Gewinne einfahren.

An den Kryptomärkten gibt es für Insider eine Vielzahl von Möglichkeiten, ihr Wissen gewinnbringend auszunutzen. Ein Beispiel ist die erwähnte Aufnahme des Listings eines Coins an einer bekannten Kryptobörse. Hier nun noch einige weitere Beispiele für mögliches Insiderwissen, wobei dies keine Aussage darüber ist, ob dieses tatsächlich ausgenutzt wurde:

- Wichtige Meldungen von Kryptoprojekten, die erhebliche Auswirkungen auf die Kurse haben können. Alle Personen, die vor Veröffentlichung der Meldungen davon Kenntnis bekommen, können dies als Insider zu Käufen und Verkäufen ausnutzen.
- Die Einführung neuer Coins auf Kryptobörsen wie Coinbase, die teilweise zu erheblichen Kursanstiegen geführt hat.
- Die Aufnahme des Futures-Handels bei einigen Coins an der Kryptobörse Binance um den Jahreswechsel 2020, die immer von starken Kursanstiegen des betreffenden Coins begleitet wurde. So wurde Binance vor Aufnahme des Futures-Handels bei Ripples XRP im Januar 2020 des Insiderhandels beschuldigt, da der Preis vorher signifikant anstieg.[41]
- Die Aufnahme des Margin-Handels bei kleineren Coins. Auch hier war Binance im Fokus, als Ravencoin (RVN) von Binance zum Margin-Handel zugelassen wurde. Nach der Bekanntgabe stieg der Preis um 20 Prozent. Beobachter wollen vorher bereits verdächtige Handelsaktivitäten ausgemacht haben.[42]

Im Gegensatz zu echtem Insiderwissen kann es auch Fälle geben, bei denen Marktmanipulatoren vermeintliches Insiderwissen verbreiten. Dann werden angebliche Insiderinformationen verbreitet, die aber nicht der Realität entsprechen.

11.8 Influencer

Influencer gab es schon immer. Sie werden im Sprachgebrauch meist mit Personen gleichgesetzt, die aufgrund ihres großen Ansehens und ihrer großen Gefolgschaft erheblichen Einfluss auf ihre Follower ausüben. Wie der Name schon sagt, beeinflussen Influencer die Marktmeinung und können deshalb auch Marktpreise bewegen. Influencer können im Zusammenhang mit Kryptowährungen bekannte Größen aus der traditionellen Finanzwelt und der Kryptowelt sein. Darunter fallen auch Analysten, Journalisten sowie generell Menschen mit einer sehr großen Gefolgschaft in den sozialen Medien. Die Beeinflussung von Anlegern kann dabei über alle möglichen Kanäle erfolgen. Von traditionellen Medien wie Print-Medien und TV bis zu allen möglichen Formen von Social Media. Generell ist es nicht anders als zum Beispiel am Aktienmarkt. So haben dort angesehene Analysten oder solche, die in jüngerer Vergangenheit mit ihren Prognosen sehr treffsicher waren, mit ihren Analysen einen mehr oder minder großen Einfluss auf die Marktmeinung und damit auch auf die Marktpreise. Der Preiseinfluss durch Influencer hält meist länger an als die oft sehr kurzfristigen Kurssprünge bei Marktmanipulationen.

Nicht anders verhält es sich an den Kryptomärkten. Man kann nicht oft genug darauf hinweisen, dass der Kryptomarkt letztlich auch nur ein Markt wie jeder andere ist, auf dem Angebot und Nachfrage die Preise bestimmen. Und je nach Meinung des einflussreichen Analysten oder anderen Influencers kommt es zu einem erhöhten Angebot oder einer stärkeren Nachfrage einer breiten Masse von Anlegern mit den entsprechenden Auswirkungen auf die Preise. Oft haben die Influencer nicht einmal einen direkten Bezug zum Kryptomarkt. So können die Äußerungen von Politikern großen Einfluss auf die Kryptopreise haben. In der Vergangenheit konnten Kryptopreise einbrechen, wenn Politiker mögliche Verbote diskutierten. Umgekehrt wurden angedachte Förderungen der Kryptobranche mit Kurssteigerungen quittiert.

Im negativen Fall könnte man Influencer auch unter den vorherigen Abschnitt der Marktmanipulationen subsummieren. Denn häufig gibt es Interessenkollisionen, wenn die Influencer Coins halten, über die sie dann sehr positiv berichten. Vergleichsweise unbedenklich wäre es, wenn ein Analyst einen aus Überzeugung positiv besprochenen Coin auch selbst im Portfolio hat. Bedenklich wird es, wenn ein Analyst einen Coin wider besseres Wissen positiv darstellt. Gleiches gilt, wenn interessierte Kreise bekannte Influencer einspannen, um einen Coin nach oben zu pushen. Während solche Aktionen an Aktienmärkten teilweise streng sanktioniert werden, finden diese an den Kryptomärkten noch immer in einem teilweise rechtsfreien Raum statt.

Als bekanntester und teilweise auch unberechenbarster Influencer hat sich in jüngerer Vergangenheit Elon Musk profiliert. Der selbst ernannte Dogefather hat immer wieder den eigentlich als Spaßcoin konzipierten Dogecoin ans Laufen gebracht.[43] Durch seine 60 Millionen Follower auf Twitter kann Musk selbst beim Bitcoin eine Achterbahnfahrt auslösen. So reichte im Januar 2021 eine Änderung seiner Twitter-Biografie in #bitcoin, um den Bitcoin-Kurs in kürzester Zeit um 20 Prozent nach oben zu jagen. Im Februar wurde dann eine große Investition von Tesla im Wert von 1,5 Milliarden Dollar in Bitcoin bekannt. Kurze Zeit später akzeptierte Tesla den Bitcoin als Zahlungsmittel. Mitte Mai wurde das bereits wieder gestoppt, weil es Musk plötzlich einfiel, dass die Umweltbilanz von Bitcoin problematisch ist. Daraufhin kam es zu großen Kursverlusten von Bitcoin. Diese auch in der Folge sehr erratischen Äußerungen von Musk wurden wegen der damit verbundenen starken Kursschwankungen teilweise sehr kritisch gesehen. Zwar nahm selbst die amerikanische Aufsichtsbehörde SEC die Tweets zu Bitcoin und Dogecoin wegen der damit verbundenen Kurstreibereien unter die Lupe. Im Gegensatz zum Aktienmarkt und seinen Tweets über eine mögliche Rücknahme Teslas von der Börse blieben sie aber ohne Folgen.

11.9 Betrug

Es gibt verschiedene Formen von Kryptobetrug (Crypto Scams). Eine der bekanntesten Betrugsmaschen ist das **Ponzi Scheme**. Dieses Schneeballsystem kennt man auch von traditionellen Anlageformen.[44] Benannt wurde das System nach dem Italiener Charles Ponzi, der es im Jahr 1920 in den USA zu einem der größten damaligen Betrugsfälle nutzte. Dabei werden unrealistisch hohe Renditen bei gleichzeitig angeblich geringem Risiko versprochen. Die Idee dabei ist, dass neue Investoren die Renditen der alten Investoren bezahlen, falls diese eine Auszahlung wünschen. Dazu ist grundsätzlich zu sagen, dass jeder mit wirtschaftlichem Verstand wissen sollte, dass es utopisch hohe Renditen zwar gibt, wie der Bitcoin ja zeigt. Es gibt sie aber nur mit entsprechend großen Risiken. Beim Ponzi Scheme ist von den Initiatoren allerdings gar nicht geplant, große Renditen für die Anleger zu erzielen. Vielmehr wird nur darauf abgezielt, möglichst viel Kapital von den Anlegern zu akquirieren, um dieses dann in die Taschen der Initiatoren fließen zu lassen. Im Kryptobereich werden dann Coins wie Bitcoin oder Ethereum von den Kunden eingesammelt und versprochen, durch lukrative Anlagen damit riesige Gewinne zu erzielen. Anfänglich werden Gewinne auch noch an Anleger ausgezahlt. Diese werden aber gezahlt mit neuen Kundengeldern, die durch aggressives und marktschreierisches Marketing akquiriert werden. Durch zunächst ausgezahlte Renditen werden Anleger auch ständig bedrängt, ihre Einlagen zu erhöhen, da sie dadurch ja noch mehr verdienen können. Diese Schneeballsysteme funktionieren nur so lange, wie frisches Geld nachkommt. Bleibt dies aus, können die Renditen nicht mehr gezahlt werden und alle Anleger wollen aufgrund der Zweifel schnell ihr Geld zurück. Die Initiatoren haben sich dann damit aber schon aus dem Staub gemacht.

Der immer wieder einmal geäußerte Vorwurf, der Bitcoin sei auch nichts anderes als ein Ponzi Scheme, geht völlig ins Leere. Voraussetzung für ein Ponzi-Schema ist eine zentrale Instanz, die die Geldflüsse kontrolliert. Diese ist beim Bitcoin ebenso wenig gegeben wie das Versprechen oder gar die Garantie einer Rendite. Außerdem kann bei diesem dezentralen System jeder Beteiligte jederzeit sein Geld durch Verkauf wieder abziehen, ohne dies bei einer zentralen Instanz beantragen zu müssen. Schließlich stehen auch die Mahnungen vieler Bitcoin-Befürworter, nicht mehr Geld zu investieren, als man zu verlieren bereit ist, gegen genau konträre Aussagen von Initiatoren von Schneeballsystemen. Die Tatsache, dass der Bitcoin kein Ponzi Scheme ist, steht nicht im Widerspruch zur Tatsache, dass Betrüger den Bitcoin als Einzahlungsmittel für solche Betrugsmaschen benutzen. Sonst müsste man Euro oder Dollar auch als Ponzi Schemes bezeichnen, wenn Anleger von Anlagebetrügern dazu animiert werden, diese in entsprechende Schneeballsysteme einzahlen. Bei genauerer Betrachtung wäre eine solche Aussage sogar nicht ganz so falsch, im Gegensatz zum Bitcoin.

Allerdings gab und gibt es auch Kryptowährungen, die oder deren Vertrieb nach dem Ponzi Scheme funktionieren. Der bekannteste Fall ist OneCoin. Diese von Ruja Ignatova, genannt Kryptoqueen, gegründete Firma und Kryptowährung basierte auf Multi-Level-Marketing. Die Erträge dieses Schneeballsystems werden auf rund vier Milliarden Dollar geschätzt. Die Staatsanwaltschaft Bielefeld begann im September 2021 einen Prozess gegen drei Deutsche, die für OneCoin rund 320 Millionen Euro von 60.000 Anlegern verwaltet und transferiert haben sollen. Abgesehen von den Renditeversprechen, bei denen immer die Alarmglocken schrillen sollten, gab es noch andere Warnhinweise.[45] So war die Software nicht Open Source und basierte nicht auf einem öffentlich einsehbaren Ledger, weshalb die Transaktionen nicht nachvollziehbar waren.

Von offensichtlichen Betrugsfällen wie diesem abzugrenzen sind unrealistische Renditeversprechen von Initiatoren von Kryptoprojekten. So sind im zweiten Quartal 2022 Terra und Celsius mit ihren überzogenen Renditeversprechen krachend gescheitert. Teilweise erinnern diese an ähnliche Vorkommnisse in der traditionellen Finanzwelt. So konnte der bekannte Finanzbetrüger Bernie Madoff die Renditeversprechen an seine Kunden eine gewisse Zeit mit dem Geld neuer Kunden bedienen. Viele Projekte im DeFi-Bereich gaukeln den Kryptofans vor, quasi aus dem Nichts sensationelle Renditen erwirtschaften zu können. Grundsätzlich gilt aber auch hier, dass deutlich höhere Renditen nur mit deutlich höheren Risiken zu erwirtschaften sind. Von daher sind hochrentierende DeFi-Projekte eher mit Junk Bonds zu vergleichen.

Oft erfolgen diese **Krypto-Betrügereien unter Nutzung bekannter Namen**. So wurde mit Namen wie Dieter Bohlen, Günther Jauch und Boris Becker sowie mit bekannten Investoren wie Frank Thelen und Carsten Maschmeyer aus der TV-Sendung „Die Höhle der Löwen“ für Trading-Systeme geworben, die ohne Risiko riesige Gewinne abwerfen sollten. Eine weitere Betrugsmasche lief über Twitter, bei denen Twitter-Konten von bekannten Persönlichkeiten wie Elon Musk, Bill Gates oder Barack Obama gehackt wurden. Auf den offiziellen Twitter-Accounts wurde dann versprochen, dass jedem, der an eine bestimmte Adresse Bitcoin schickt, anschließend das Doppelte dieser Einzahlung zurückgeschickt wird. Das Erstaunliche an diesen Betrugsfällen ist, dass sie trotz ihrer Offensichtlichkeit zumindest kurzfristig funktionieren.

Bei **Exit Scams (Rug Pulls)** handelt es sich um in betrügerischer Absicht emittierte Token oder eingesammelte Nutzergelder, die häufig den boomenden DeFi-Bereich betreffen.[46] Auf DEXes können problemlos ohne Genehmigung Token gelistet werden. Der Geschäftszweck des Projekts oder die Renditenchancen der DeFi-Anlagen werden dabei meist in den schillerndsten Farben ausgemalt. Von den Initiatoren ist in solchen Fällen aber gar kein Geschäftsbetrieb beabsichtigt. Das Projekt verfolgt keine Zukunftspläne oder existiert überhaupt nicht. Vielmehr geht es dabei nur darum, die eingesammelten Gelder zu veruntreuen. Ist der Rug Pull mit einem Initial Coin Offering (ICO) verbunden, bekommen die Kunden für die eingesammelten Gelder wertlose Shitcoins.

Die dafür von den Kunden gezahlten wertvollen Kryptowährungen wie Ethereum werden dann in Liquidity Pools eingeschlossen. Sind genug Kundengelder eingeworben, ziehen die Initiatoren die Kryptowährungen aus dem Liquidity Pool und verkaufen sie. Die Kunden bleiben auf den dann wertlosen Shitcoins sitzen. Manchmal werden auch Verkaufssperren in den Code eingebaut, sodass nur die Initiatoren verkaufen können. Jedenfalls brechen die Initiatoren dann plötzlich den Kontakt ab. Manchmal ist dies auch verbunden mit der Vorspiegelung eines Hacks, durch den angeblich alle Kundengelder verloren gegangen sind. Der Begriff Rug Pull ist eine treffende Beschreibung der Vorgänge, denn den Anlegern wird einfach der Teppich unter den Füßen weggezogen und sie landen sehr unsanft auf dem Boden. Etwas eleganter und schwerer als Betrug zu fassen sind Vorgehensweisen, bei denen nach einem Abverkauf der Initiatoren diese die Coins zu sehr niedrigen Preisen wieder zurückkaufen. Oft wird dann erneut Stimmung gemacht und die Coins erneut zu deutlich höheren Preisen verkauft.

Für die **Erkennung von Rug Pulls** gibt es etliche Indikatoren. Für die Wahrscheinlichkeit eines Rug Pulls können neben anderen folgende Faktoren sprechen:[47] Projektbeschreibung im Whitepaper ungenau, anonymes Team, schlechtes Erscheinungsbild und erst kürzliche Registrierung der Website, gefälschte Social Proofs, aggressives Marketing, kein zugänglicher Open Source Code, kein durch Audits von externen Unternehmen geprüfter Code.

Betrugsfälle können lange nachhallen. So sorgte 2019 der Plus-Token-Scam für Aufregung, der bisher größte Betrugsfall mit Kryptowährungen bei einem vermuteten Schaden von vier Milliarden Dollar.[48] Angesprochen wurden mit dem Schneeballsystem Anleger in Asien, vor allem in China und Südkorea. Die Initiatoren versprachen außerordentliche Renditen von 9 bis 18 Prozent pro Monat, die Anleger konnten die Plus-Token gegen Bitcoin, Ethereum, EOS oder Litecoin erwerben. Dadurch wurden 200.000 Bitcoin, 800.000 Ethereum und 26 Millionen EOS eingenommen. Während die anderen Kryptobestände noch auf ihren Wallets sein sollen, wurden die Bitcoin verschoben und teilweise im außerbörslichen Handel verkauft und über Mixing-Plattformen ihre Herkunft verschleiert. Wegen der riesigen Bitcoin-Bestände aus dem Betrugsfall kam es immer wieder aufs Neue zu Spekulationen, ob mit einem Abverkauf der Bestände der Bitcoin-Markt gedumpt werden könnte. Zumal die Hintermänner des Betrugs in diesem Fall über die vorherige Eröffnung von Short-Positionen noch zusätzlich an diesem Dump verdienen könnten. Jedenfalls waren diese Bitcoin-Bestände aus dem Plus-Token-Scam ein ständiger Risikofaktor für den gesamten Markt. So gab es auch im Zusammenhang mit dem Corona-Crash Meinungen, die den Bitcoin-Einbruch mit Abverkäufen von Plus-Token in Zusammenhang brachten.

Insbesondere während des ICO-Booms 2017/2018 wurden viele Coins ohne sinnvolle Anwendungen oder sogar in betrügerischer Absicht auf den Markt geworfen, zumal es keine Regulierung wie am Aktienmarkt gab. Aufgrund des technischen Charakters und der damit einhergehenden Sprache waren viele Anleger überfordert mit der Beurteilung. Von daher sollte man zunächst den Coin nach unseriösen oder betrügerischen Anzeichen scannen:[49] Wie am Aktienmarkt gibt es auch am Kryptomarkt keinen „Free Lunch". Hohe Gewinnversprechen sind schon fast ein eindeutiges Indiz für ein Betrugsprojekt. Weitere Indizien sind unklare Details zur Funktionsweise des Systems (kein Whitepaper), keine oder nur minimale Informationen zum Gründungsteam und/oder der Gesellschaft, kein Lock-up für die Coins der Initiatoren und die Schwierigkeit, das Geld wieder abzuziehen. Ein Warnzeichen ist auch, wenn die Software nicht Open Source ist, was man über GitHub überprüfen kann. Eine Google-Suche mit dem Namen des Coins und Scams kann ebenfalls weiterhelfen. Oft läuft die Vermarktung nach einem Ponzi-Schema ab. Ein System, das sich sehr schnell totläuft und das gern in folgenden Bereichen angeboten wird:

- Cloud Mining Services: Hier werden Beteiligungen am Bitcoin-Mining angeboten, ohne dass man dafür selbst die Hardware erwerben muss.
- Bitcoin Investment Packages (BIPs): Das sind Beteiligungen an bestimmten Investmentprogrammen, die sehr hohe (tägliche, wöchentliche et cetera) Renditen versprechen.
- Multi-Level-Marketing-Systeme (MLM): Über dieses Netzwerkmarketing sind die Kunden dazu angehalten, weitere Kunden anzuwerben.

Die meisten Kryptoprojekte sind Open Source, also für jedermann zugänglich. Projekte ohne offengelegten Code sind deshalb weniger glaubwürdig. Oft hat die Nicht-Offenlegung den Grund, dass es gar keinen Code gibt. Die Codes kann man auf Github überprüfen. Wenn es dort keinen Link zum Code gibt, liegt der Verdacht eines zumindest unseriösen Projekts nahe. Es gibt dann für die Community keine Möglichkeit, das Protokoll einzusehen und Vorschläge für eine Verbesserung zu machen. Gerade die Beteiligung der Community ist aber bei seriösen Projekten ein großer Treiber, um den Nutzen und damit den Wert zu steigern.

Im Jahr 2021 erlebten die **Meme Coins** einen Boom. Während man davon ausgehen kann, dass der Ende 2013 emittierte Dogecoin als der Vater aller Meme Coins nicht in betrügerischer Absicht am Markt platziert wurde, dürfte das bei vielen Nachahmern anders sein. Nachdem Dogecoin Anfang 2021 ein Revival erlebte und mit Shibu Inu ein weiterer „Hundecoin" großen Erfolg hatte, gab es eine Inflation an Welpen. Dabei wurden einfach oft verschiedene in diesem Zusammenhang populäre Buzz-Wörter wie Doge, Shiba, Floki, Elon, Moon, Billionaire und so weiter bunt zusammengemischt und den Suchmaschinen zum Fraß vorgeworfen. Ein Beispiel für das Kapern fremder Erfolge ist AxieDoge. Der Gaming Coin Axie Infinity war einer der größten Highflyer im Jahr 2021. Auch der Dogecoin erzielte in diesem Jahr eine sagenhafte Performance. Was lag also näher, als die Buzz-Wörter Axie und Doge zu paaren und AxieDoge zu kreieren? Was davon zielgerichteter Betrug ist oder die Ausgeburt von Spaßvögeln im Crypto Space, bleibt hier dahingestellt.

Im Gegensatz zur landläufigen Meinung sind Transaktionen auf einer Blockchain unveränderbar und für jedermann einzusehen. Von daher ist der Bitcoin nicht anonym, sondern pseudonym. Denn die Transaktionen einer Bitcoin-Adresse sind auf ewig nachvollziehbar, die Bitcoin-Adresse aber zunächst nicht mit einer Identität verknüpft. Es ist aber leicht vorstellbar, dass die zur Bitcoin-Adresse gehörende Identität durch Recherchen (zum Beispiel wenn mit Bitcoin etwas bezahlt wird und der Empfänger deshalb den Absender kennt) oder auch durch Leaks (beispielsweise durch Hacks oder durch Verrat eines Mitarbeiters einer Kryptobörse) dann einer bestimmten Person zugeordnet werden kann. Ist das einmal geschehen, können auch alle anderen Transaktionen der Person zugeordnet werden. Beim **Krypto-Mixing** wird deshalb versucht, die Zahlungsströme doch weitgehend zu anonymisieren. Dabei wird eine Transaktion auf viele kleine Transaktionen verteilt. Die Gesamtzahl der zu versendenden Coins wird also in viele kleinere Stückzahlen aufgeteilt, die in zufälligen zeitlichen Abständen versendet werden. Dadurch ist die gesamte Transaktion kaum mehr nachvollziehbar, da Hunderte oder noch mehr Wallets beteiligt sind. Die an den Nutzer ausgezahlten Bitcoin haben dann keinerlei Verbindung mehr zu der Bitcoin-Adresse, von der sie eingezahlt wurden. Krypto-Mixing wird deshalb genutzt, um die Erlöse aus Kryptobetrug und anderen kriminellen Aktionen zu waschen.

Am Anfang von Betrugsfällen können **Kurse** zwar kurzfristig steigen. Allerdings sind die Initiatoren meist zu erheblich tieferen Einstandskursen engagiert. So werden diese bei betrügerischen ICOs so gut wie gar keinen Preis gezahlt haben. Der ICO-Preis wird demgegenüber dann einen riesigen Aufschlag haben, sodass die Initiatoren rasch verkaufen werden und die Kurse schnell deutlich unter den ICO-Preis fallen können. Meme Coins steigen nach Beginn einer Marketingkampagne meist schnell und massiv an. Auch hier beißen die Letzten die Hunde, bei den Hundecoins im wahrsten Sinne des Wortes. Dabei wird die Zahl dieser Letzten im Vergleich zu den Zockern, die schnell und am Anfang dabei waren und mit Gewinn verkaufen können, ungleich größer sein.

Ponzi Schemes und ähnliche Betrügereien werden dagegen zunächst wenig Einfluss auf die Preise haben, denn es wandern ja nur existierende Coins in die Hände der Betrüger. Allerdings kann es bei riesigen Betrugsfällen wie Plus-Token durchaus zu Belastungen bei den Preisen der betroffenen Kryptowährungen kommen. Denn die Betrüger werden die ihnen zugeflossenen Bitcoin oder andere Kryptowährungen schnell verkaufen. Ist der Betrug erst einmal bekannt, wären die entsprechenden Bitcoin-Adressen bekannt, können gesperrt oder auf Blacklists gesetzt werden und sind dann kaum über ein normales Bankkonto in Geld zu verwandeln. Von daher könnten große

Mengen betrügerisch erworbener Coins für einen Preisdruck sorgen. Eine potenzielle Kursbelastung kann auch länger andauern, wenn Behörden die Coins konfiszieren können und diese dann irgendwann zum Verkauf anstehen.

11.10 Hacks

Nicht alle Hacker sind gleich.[50] Zunächst einmal handelt es sich bei **Hackern** (abgeleitet von englisch „to hack“ = in etwas eindringen) allgemein um technisch versierte Personen, die durch ihre besonderen Hardware- oder Software-Kenntnisse Schwachstellen in Computersystemen finden und deshalb in diese eindringen können.

Dies ist zunächst wertfrei zu verstehen, wird im allgemeinen Sprachgebrauch aber meist für Personen verwendet, die dies zu kriminellen Zwecken verwenden. Diese Art von Hackern wird als *Black-Hat Hacker* bezeichnet. Sie brechen in Systeme von Firmen, Institutionen oder Privatpersonen ein, meist um einen finanziellen Nutzen zu erzielen. Dabei können zum Beispiel Daten gestohlen oder Computersysteme lahmgelegt werden, um diese anschließend gegen finanzielle Entschädigungen wieder freizugeben. In diesem Zusammenhang spielen Kryptowährungen oft eine unrühmliche Rolle, da als Lösegeld bei diesen Ransomware-Attacken häufig die Zahlung in Kryptowährungen gefordert wird. Insbesondere Privacy Coins wie Monero, deren Transaktionsverlauf schwierig nachzuvollziehen ist, werden dabei bevorzugt verwendet. Manchmal nutzen Black Hats aber den Hack einfach „nur“, um einem Unternehmen oder einer Institution aus Boshaftigkeit zu schaden.

Dagegen verfolgen *White-Hat Hacker* einen eher ethischen Hacker-Ansatz und werden deshalb auch *Ethical Hacker* genannt. Sie versuchen, die Schwachstellen im System zu finden, um diese anschließend beheben zu können. Oft werden sie von Organisationen und Unternehmen beauftragt, um Schwächen in ihren Systemen zu suchen und so die Gefahr eines Angriffs zu vermindern. Als *Grey-Hat Hacker* bezeichnet man eine Gruppe, die zwischen diesen beiden Extremen liegt. Sie agieren in einem gesetzlichen Graubereich und versuchen, die Schwachstellen in den Systemen zu finden und diese anschließend gegen finanzielle Entschädigungen nicht zu veröffentlichen oder sogar zu beheben.

Einen Sonderfall bilden *Hacktivisten*. Diese versuchen, mit ihren Aktivitäten bestimmte gewünschte Veränderungen im politischen, sozialen oder auch religiösen Bereich zu erreichen. Sie sind Cyberaktivisten, die mit dem Eindringen in fremde Computersysteme ideologische Ziele verfolgen.

Spricht man von **Hacks im Kryptobereich**, so handelt es sich fast immer um kriminelle Black-Hat Hacks.[51] Bei diesen geht es primär um den **Diebstahl von Kryptowährungen**.[52] In der Vergangenheit wurden dabei über verschiedene Wege Kryptowährungen direkt bei der Kryptobörse erbeutet. So wurden Sicherheitslücken von bestimmten Wallets ausgenutzt oder ungesicherte Daten von Nutzeraccounts erbeutet. Es gab auch Formen von Social Engineering, von denen auch Börsen mit sehr hohen Sicherheitsstandards betroffen sein können. Denn dabei werden nicht Computer, sondern Menschen „gehackt". Es handelt sich dabei nicht um einen Hack, sondern um das Erschleichen des Vertrauens von Mitarbeitern der Börse, um so in die Systeme eindringen zu können.

Der bekannteste und nachhaltigste Hack war der an der japanischen Kryptobörse Mt. Gox. Diese entwickelte sich nach dem Jahr 2010 zur weltweit größten Kryptobörse und wickelte in der Spitze bis zu 70 Prozent aller Bitcoin-Transaktionen ab. Das für die technische Abwicklung zuständige Backend kam dieser rasanten Entwicklung aber nicht hinterher. Dadurch war Mt. Gox ein ideales Ziel für Hacker. Beginnend Ende 2011 bis zum Konkurs von Mt. Gox im Februar 2014 wurden über 740.000 Bitcoin gestohlen. Die genauen Umstände konnten bis heute nicht geklärt werden. Immerhin konnten die Konkursverwalter 141.000 Bitcoin sicherstellen, die an die Gläubiger verteilt werden sollen. Die Auszahlung soll in Bitcoin stattfinden einschließlich der 2017 durch eine Hard Fork entstandenen Bitcoin Cash. Das hat den Effekt, dass die Gläubiger viel mehr an Wert bekommen werden, als ihnen damals verloren ging. Denn beim Zusammenbruch von Mt. Gox bewegte sich der Bitcoin-Preis um 600 Dollar und hat sich seither in der Spitze verhundertfacht.

Es gab im Jahr 2021 aber auch einen Hack, der eher als Grey-Hat Hack zu bezeichnen ist. Der Hack des Poly Network am 10. August 2021 war der bisher größte bestätigte Krypto-Diebstahl. Der Wert der verlorenen Assets betrug 610 Millionen Dollar. Das Poly Network ist ein Interoperabilitäts-Protokoll, mit dem Krypto-Assets zwischen verschiedenen Blockchains gesendet werden können, ohne sie über eine Börse zuerst umwandeln zu müssen. Dabei erstellt das Protokoll digitale und selbstverwaltende Schließfächer auf den beiden Blockchains. Nutzer können die Coins erst dann aus einem Schließfach abheben, wenn das Protokoll die Nachricht der Einzahlung vom anderen Schließfach erhält. Über eine Schwachstelle konnten die Hacker ein Schließfach zur Auszahlung bewegen, ohne dass es eine Genehmigung von der anderen Blockchain gab. Das Team von Poly Network konnte aber danach mit dem Hacker Kontakt aufnehmen und diesen zur Rückübertragung aller gestohlenen Vermögenswerte bewegen. Allerdings gab es verschiedentlich auch Zweifel, ob es sich wirklich um einen Hack gehandelt hat.

Neben Hacks von Kryptobörsen kann es auch solche durch Fehler im Programmcode geben. Dies kann durch Fehler bei der Programmierung von auf einer Blockchain wie Ethereum laufenden dApp vorkommen. Dann kann zwar nicht die Smart-Contract-Plattform gehackt werden, aber die darauf laufende dApp.

Der bekannteste derartige Fall ist der Hack von The DAO, einer auf Ethereum laufenden dApp. Diese dezentrale autonome Organisation wurde als dezentraler

Risikokapitalfonds für Ethereum programmiert. Nach einer Crowdfunding-Aktion akquirierte The DAO mit 11,5 Millionen Ether eine Menge, die 15 Prozent aller bis zu diesem Zeitpunkt erzeugten Ether entsprach. Kurz nach dem Börsengang des Tokens von The DAO gab es am 17.06.2016 den Hackerangriff, bei dem der Angreifer die Kontrolle über 3,6 Millionen Ether erlangte. Der Angriff erfolgte durch die Ausnutzung eines Fehlers in der Software von The DAO. Als Folge des DAO-Hacks spaltete sich die Ethereum-Blockchain in Ethereum und Ethereum Classic.[53]

Hacks können kurzfristig zu erheblichen Belastungen bei den Preisen der betroffenen Kryptowährungen führen. Zum einen kommen dann regelmäßig Zweifel auf an der Sicherheit der jeweiligen Kryptowährungen selbst. Werden Bitcoin von einer Börse oder einer privaten Wallet entwendet, handelt es sich aber nicht um einen Bitcoin-Hack, sondern um einen Börsen- oder Wallet-Hack. Dies ist ähnlich wie bei einem Banküberfall zu sehen, bei dem dann auch nicht die Sicherheit des Euro oder Dollar infrage gestellt wird. Zum anderen kann die Preisbelastung auch daraus resultieren, dass die Angreifer versuchen werden, schnell ihre erbeuteten Coins zu verkaufen. Dies kann je nach Größe des Hacks auf die Preise drücken.

11.11 Preistreibende Börsenankündigungen

11.11.1 Listings und Delistings von Coins

In der Vergangenheit konnten **neue Listings von Coins an einer bekannten Kryptobörse** kurzfristig erheblichen Einfluss auf die Kursentwicklung haben. Dies war besonders der Fall, wenn die Coins vorher nur an relativ unbekannten Kryptobörsen gehandelt wurden. Bei der wichtigen amerikanischen Kryptobörse Coinbase war die Aufnahme eines neuen Coins eine Art Ritterschlag, da bei dieser Börse zunächst nur sehr wenige Coins gehandelt wurden. Coinbase hat die Frequenz von neu gelisteten Coins aber immer stärker erhöht. Im Juli 2021 wurde auch explizit angekündigt, nun noch mehr Krypto-Assets schneller bei Coinbase listen zu lassen. Die vorher sehr rigiden Zulassungsbedingungen wurden deutlich gelockert. Von daher ist ein Coinbase-Listing nicht mehr der gleiche Ritterschlag wie in der Vergangenheit. Coinbase reagiert damit auf den wachsenden Einfluss der dezentralisierten Börsen. Im April 2022 hat Coinbase in ihrem Blog eine Liste von rund 50 Coins veröffentlicht, deren mögliches Listing im 2. Quartal 2022 untersucht wird. Mit diesen Veröffentlichungen will Coinbase in Zukunft erhöhte Transparenz schaffen und so Informations-Asymmetrien verringern.

Ein Beispiel für die **enormen Auswirkungen** ist das Coinbase-Listing von OMG, dem Coin von OmiseGO (mittlerweile umbenannt in OMG Network), im Mai 2020. Am 14.05.2020 wurde das Listing im Coinbase-Blog angekündigt. Kurz nach Ankündigung startete OMG an diesem Tag seinen Höhenflug mit einem Kurssprung von 0,75 auf 1,00 Dollar. Ab dem 18.05. wurden Überweisungen zu Coinbase Pro akzeptiert, der Handel begann am 19.05. zunächst gegen Dollar und Bitcoin um 9:00 Uhr Pacific Time. Exakt zu dieser Zeit machte OMG den nächsten Sprung von 1,00 auf 1,20 Dollar. Ab dem 20.05. begann auch der Handel gegen andere Währungen wie Euro und Britische Pfund. In den zwei Tagen danach explodierte der Preis weiter bis auf über 2,20 Dollar. Seit Ankündigung des neuen Listings auf Coinbase am 14.05. hatte der Preis sich also innerhalb von acht Tagen verdreifacht. Dabei war der Bitcoin in diesen acht Tagen sogar rund zehn Prozent schwächer. Ein Nebeneffekt war außer der Kursexplosion auf allen Börsen auch der Spike bei Coinbase. Hier sprang der Preis am 22.05. für wenige Sekunden auf über 4,50 Dollar.[54]

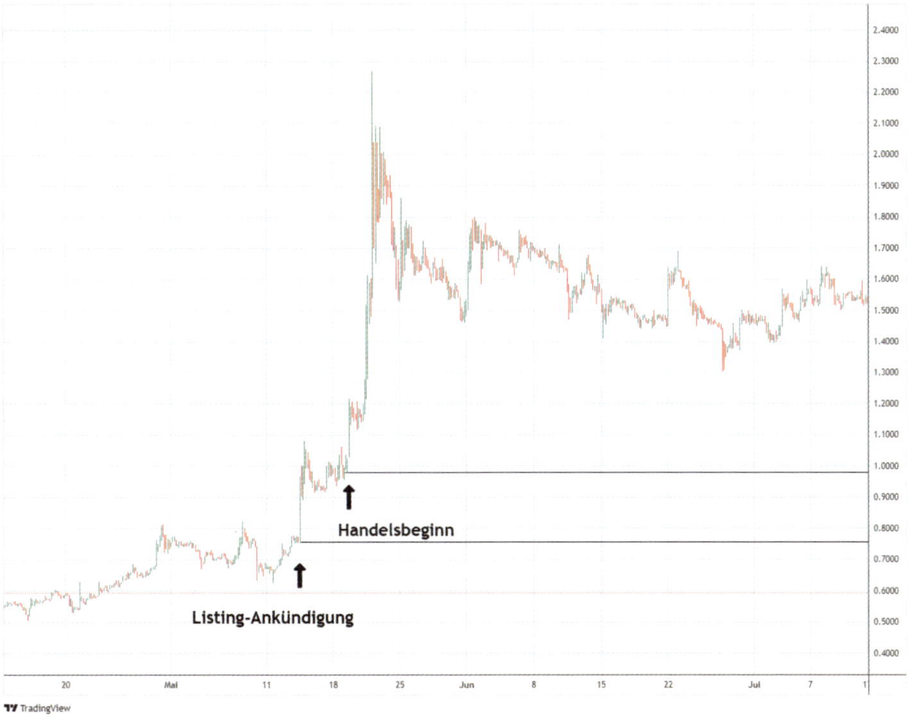

Abb. 11.8 *Kursexplosion von OMG nach Ankündigung und Handelsbeginn bei Coinbase*

Der **Coinbase-Effekt** hat sich bei vielen Listings gezeigt.[55] Er hat sich mit zunehmender Zahl an gelisteten Coins verringert, ganz verschwinden wird er kaum. Coinbase gilt weltweit als eine der populärsten Plattformen für Mainstream-Krypto-Investoren. Von daher ist nachzuvollziehen, dass die verstärkte Nachfrage nach dem neuen Listing zur Erwartung steigender Preise des Coins führt. Allerdings scheinen die *Bewegungen vielfach deutlich überzogen*. In den Tagen nach den Listings kommt es zu teilweise riesigen Kursanstiegen. Auf längere Sicht bröckeln diese zum Markt erzielten Überrenditen aber wieder ab. Von daher ist die kurzfristige Ausnutzung des Coinbase-Effekts nur etwas für Trader, die den Markt ständig verfolgen und schnell agieren. Neben den Ankündigungen eines tatsächlichen Listings können selbst die Coinbase-Mitteilungen von **Assets under Review** (also von Coins, bei denen die Aufnahme in den nächsten Wochen oder Monaten geprüft wird) schon zu außerordentlichen Preisanstiegen führen. Durch diese Mitteilungen versucht Coinbase, die Informationsasymmetrien und damit den Überraschungseffekt zu mindern. Die danach zu beobachtenden Bewegungen sind noch irrationaler, da bei vielen von diesen Coins oft auch lange nach solchen Mitteilungen noch kein Listing zustande kam. Die Coinbase-Effekte können je nach allgemeiner Marktverfassung stärker oder schwächer sein.

In der Vergangenheit war der Coinbase-Effekt der signifikanteste bei neuen Börsen-Listings. Aber auch an anderen Börsen sind derartige Effekte zu beobachten. Während neue Listings bei kleinen Börsen keine oder kaum Auswirkungen haben, können die kurzfristigen Auswirkungen bei großen Börsen wie Binance oder Kraken beträchtlich sein.

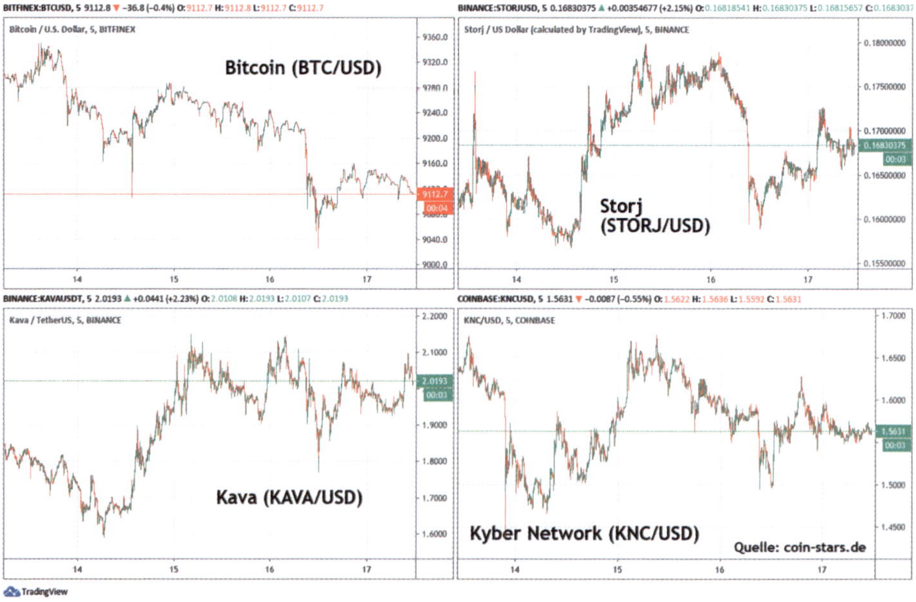

Abb. 11.9 *Kraken-Effekte nach Ankündigung neuer Listings im Juli 2020*

Zum Beispiel wurde am 14. Juli 2020 von Kraken der Handelsbeginn von vier neuen Coins für den nächsten Tag bekannt gemacht. Im Chart erkennt man, dass der Bitcoin an diesem Tag nahezu unverändert war. Dagegen stiegen die drei für den nächsten Tag zum Handel angekündigten KAVA, SORJ und KNC signifikant um 10 bis 20 Prozent.

Dieser Effekt ist selbst in schwachen Märkten zu beobachten. Am 11.03.2022 kündigte Binance um 6:17 Uhr an, dass Kadena (KDA) neu gelistet wird. Im Gegensatz zu den

Coinbase-Ankündigungen ist die Zeit bis zum Trading-Beginn hier sehr kurz, denn der Handel fand bereits gut fünf Stunden später ab 11:30 Uhr statt. Der Coin, der bei KuCoin schon länger notiert war, sprang dort von der Ankündigung bis zum Trading-Beginn um rund 35 Prozent nach oben. Nach Handelsbeginn korrigierte er dann und pendelte sich auf einem Niveau etwa zehn Prozent über dem Niveau bei Ankündigung ein.

Abb. 11.10 Effekte beim Kadena-Listing bei Binance am 11.03.2022

In einer Untersuchung vom März 2021 hat Messari die durchschnittlichen Abweichungen von neuen Listings bei sechs wichtigen Kryptobörsen dargestellt.[56] Dabei zeigte sich, dass der Effekt bei Coinbase mit weitem Abstand am größten ist. Auf den Plätzen dahinter folgten die untergegangene Börse FTX und Okex (deren Namen sich in OKX geändert hat).

Auch bei **Delistings** können die Preise erheblich in Bewegung geraten, dann natürlich in die andere Richtung. Hier wird der Einfluss ebenfalls umso größer sein, je bekannter die Kryptobörse ist. Wenn viele Coins zu Withdrawal-Adressen einer Kryptobörse verschoben werden, könnte dies ein Indiz für ein Delisting an dieser Börse sein. Delistings können auf Initiative des Projektteams erfolgen. In fast allen Fällen erfolgen Delistings aber, weil der Coin nicht mehr die Listing-Anforderungen der entsprechenden Kryptobörse erfüllt. Die Börsen entscheiden dabei nach Kriterien wie dem Commitment des Teams zum Projekt, der Kommunikationsbereitschaft des Teams, der Entwicklungstätigkeit beim Projekt, unethischem oder betrügerischem Verhalten oder mangelndem Kundeninteresse und damit geringeren Umsätzen des Coins an der Börse. Zu beachten ist, dass nach Delisting-Ankündigungen die Coins in der Regel nur noch wenige Tage an der Börse gehandelt werden. Auch Übertragungen (Withdrawals) an andere Wallets sind dann nur noch für einen begrenzten Zeitraum möglich, meist mehrere Monate. Von daher sollten Anleger Delistings an ihren Börsen aufmerksam beobachten.

So wurde am 04.04.2022 das Delisting von Hegic (HEGIC) bei Binance angekündigt mit dem letzten Handel am 11.04.2022. Der Kurs brach kurz nach der Veröffentlichung um 20 Prozent ein. Bis zum Delisting eine Woche später belief sich der Kursverlust dann insgesamt auf 65 Prozent. Übertragungen (Withdrawals) des Coins auf andere Wallets waren in diesem Beispiel noch drei Monate länger bis zum 12.07.2022 möglich.

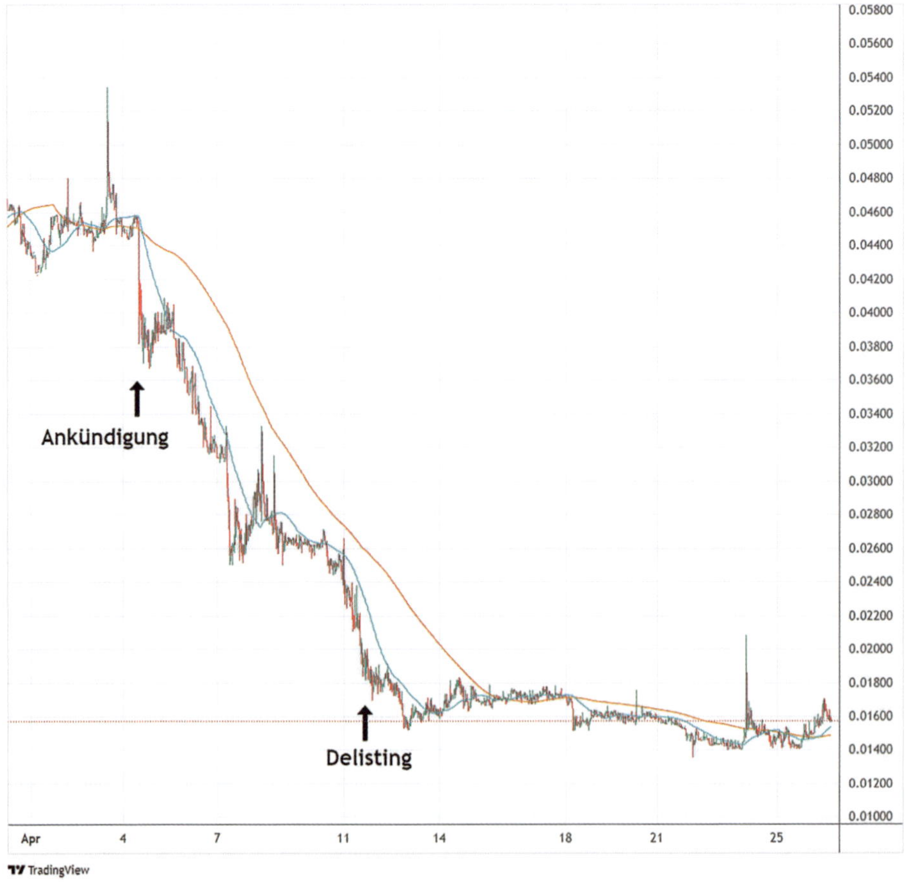

Abb. 11.11 Delisting-Effekt am Beispiel von Hegic im April 2022

11.11.2 Verbesserung von Handel und Nutzung

Erweitert eine Kryptobörse die Nutzungsmöglichkeiten bei einem Coin, kann das zu positiven Preiseffekten führen. Dies gilt insbesondere, wenn es sich um eine führende Kryptobörse handelt.

So hat Binance die beiden Meme Coins Pepe und Floki am 05.05.2023 neu in der Innovation Zone gelistet. Die Ankündigung führte an diesem Tag zu einem Kurssprung von 100 Prozent bei beiden Coins. Die Innovation Zone ist für neue Token vorgesehen, die wahrscheinlich eine höhere Volatilität haben als die im regulären Bereich von Binance gelisteten Token. Für den Zugang zu diesen riskanteren Token in der Innovation Zone müssen die Binance-Nutzer einmalig kurz zwei einfache Fragen zu ihrem Risikoverständnis beantworten, die letztlich aber nur eine Verantwortung von Binance ausschließen sollen.[57] Zumal Binance dabei sogar vorgibt, wie die Antwort ausfallen muss, um in der Innovation Zone handeln zu dürfen. Bei Pepe und Floki hat Binance dann vier Tage später bereits angekündigt, dass die beiden Coins auch als Sicherheit für das Cross Margin zugelassen werden. Im Gegensatz zum Isolated Margin werden beim Cross Margin alle hinterlegten Sicherheiten im ganzen Margin-Konto geteilt. Diese Zulassung von Pepe und Floki und damit deren verbesserte Nutzungsmöglichkeiten führten dann kurz nach Ankündigung dieser Maßnahme zu einem Kursanstieg von zehn Prozent bei beiden Coins.

Auch wenn eine Kryptobörse einen Coin von einem niederen Handelssegment in ein höherwertiges überführt, können sich positive Effekte ergeben. Denn dann erfährt das Kryptoprojekt mit seinem Coin gewissermaßen ein offizielles Gütesiegel. Die positiven Effekte nach einer solchen Ankündigung bewegen sich aber selbst bei einer führenden Kryptobörse wie Binance eher im einstelligen Prozentbereich.

Binance hat am 17.04.2023 angekündigt, die Coins von Shiba Inu, Frax Share, Trust Wallet Token und 1inch von der Innovation Zone in den regulären Handelsbereich zu verschieben. Dies wird gewissermaßen als Qualitätssiegel aufgefasst, da Binance dies nur macht, wenn die Einschätzung der Qualität und Werthaltigkeit der Projekte durch Binance gestiegen ist.

11.11.3 Aufnahme von Coins in den Futures-Handel

Neben neuen Listings eines Coins an der Börse hat sich in der Vergangenheit auch ein teilweise sehr großer Einfluss bei der **Neueinführung von Futures-Kontrakten an den Kryptobörsen** gezeigt. So hat um den Jahreswechsel 2019/20 die führende Börse Binance einige neue Perpetual Contracts auf Altcoins eingeführt. Bereits im September hatte Binance den Futures-Handel mit Bitcoin gegen Tether (BTC/USDT) gestartet. Danach folgten Futures-Kontrakte auf Ether, Bitcoin Cash, XRP, EOS, Litecoin und einige andere Coins. Insbesondere für kleinere Coins ist der Futures-Handel bei sehr großen Hebeln mit einer erheblichen Erhöhung der Volatilität verbunden. Bei Hebeln von 75 kann man bei Coins wie Chainlink oder Ethereum Classic mit vergleichsweise wenig Einsatz aufgrund der geringen Marktkapitalisierung um die eine Milliarde Dollar die Preise viel leichter als am Spotmarkt in Bewegung bringen. Die Gefahr ist groß, dass dieser Trend zu immer größeren Hebeln und insbesondere bei extremen Marktsituationen zu einer Instabilität an den Kryptomärkten führen kann.

Neben den kurzfristigen positiven Effekten bei der Einführung in den Futures-Handel ist zu bedenken, dass die Coins danach aber auch anfälliger gegen Kurskorrekturen werden können. Denn mit den Futures verbessern sich die hochhebeligen Short-Möglichkeiten, die in bestimmten Marktsituationen die Coins dann auch überproportional im Preis drücken. Die Effekte aus der Aufnahme von Coins in den Futures- oder auch Margin-Handel haben allerdings stark nachgelassen. Trotzdem ist für Krypto-Anleger die Beobachtung von Veränderungen bei den Handelsmöglichkeiten beachtenswert.

11.11.4 Allgemeine Verbesserungen der Börsenplattform

Börsen können durch Erweiterung ihres Angebots ihre Attraktivität steigern. Dies kann zur Folge haben, dass der jeweilige **Exchange Token** deutlich an Wert gewinnt. Die sechs größten und im Milliardenbereich kapitalisierten Exchange Token konnten deshalb ihren Wert in den zwei Jahren von 2020 bis 2022 alle mehr als verzehnfachen und den Bitcoin in diesem Zeitraum deutlich outperformen. Der größte dieser Coins war der Binance Coin. Dieser hat aber im Februar 2022 seinen Namen in BNB geändert. Der Name steht für Build and Build. Dies hat mit der Einführung der Binance Smart Chain (BSC) zu tun. Diese unterstützt die Binance Chain mit Smart Contracts und hat sich als Konkurrenz zu Ethereum positioniert, die Smart Contracts zu deutlich günstigeren Konditionen bereitstellt.

Diese börseneigenen nativen Kryptowährungen bieten Nutzern diverse Vorteile. So bekommen die Nutzer dadurch Rabatte auf die Trading-Gebühren, werden bei der Emission von neuen Token über IEOs bevorzugt bedient oder können mit den Token dezentrale Ableger der Kryptobörse nutzen. Bei Ankündigung von neuen Services oder erheblichen Erweiterungen kann es bei entsprechenden Ankündigungen der Kryptobörsen deshalb zu Kurssprüngen bei den jeweiligen Exchange Token kommen.

So hat die Kryptobörse OKX Anfang 2020 die Einführung einer eigenen Blockchain und einer dezentralen Börse angekündigt. Nach der Ankündigung stieg der eigene Token OKB um fast 40 Prozent und in der Spitze weiter bis über 100 Prozent.

11.12 Coin Burning und Buybacks

Beim **Verbrennen von Coins (Coin Burning)** kommt es zu einer *dauerhaften Entnahme von Coins aus dem aktuell umlaufenden Bestand (Circulating Supply).* Das führt zu einer Verknappung der gesamten am Markt umlaufenden Stückzahl. Dabei können die Coins am freien Markt zurückgekauft werden oder auch aus Altbeständen von Investoren oder Entwicklern stammen. Grundsätzlich ist das Konzept des Burnings nicht neu. Die Verknappung des Angebots eines Assets findet man beispielsweise bei einer Verringerung der Geldmenge durch die Zentralbanken oder bei Aktienrückkäufen durch Unternehmen. Auch hier steht eine Stabilisierung oder Erhöhung des Assetwerts durch Angebotsverknappung im Vordergrund. Ähnliche Absichten stecken hinter dem Coin Burning. Wie bei Aktien aber auch, muss die Angebotsverknappung keine Preissteigerung nach sich ziehen. Vielmehr kann sie je nach Sentiment der Anleger auch einen gegenteiligen Effekt erzeugen. So könnte sich eine Burn Rate, die die fundamentale Wachstumsrate übersteigt, negativ auf die Gesamtkapitalisierung auswirken.

Kryptowährungen als virtuelle Assets können nicht tatsächlich verbrannt werden. Sie werden vielmehr unwiderruflich unbrauchbar gemacht. Dazu werden beim Burning Coins an eine **Eater Address** (auch **Burner Address** genannt) geschickt, die öffentlich einsehbar und für die Netzwerkteilnehmer transparent ist. Die an eine solche Adresse ohne Private Keys geschickten Coins existieren dann zwar noch, sind aber für den Gebrauch unwiderruflich verloren.

Es kann **einmalige und periodische Burnings** geben. Bei zahlreichen Kryptoprojekten sind im Protokoll festgeschriebene periodische Burnings ein wesentlicher Bestandteil. Oft gibt es aber bereits beim ICO ein Burning, wenn nicht verkaufte Coins nach Abschluss der Platzierungsphase vernichtet werden.

Ein Beispiel für periodisch stattfindende Burnings ist **BNB**, der Coin der Kryptobörse Binance.[58] Hier werden in jedem Quartal BNB-Coins verbrannt. Das Coin Burning findet dabei zur Monatsmitte des auf ein Quartal folgenden Monats statt, und zwar so lange, bis 100 Millionen BNB und damit die Hälfte der ursprünglich im Umlauf befindlichen 200 Millionen Stück verbrannt sind. Dabei wird keine feste Stückzahl verbrannt. Vielmehr richtete sich die Zahl zunächst nach dem letzten Quartalsgewinn, von dem 20 Prozent in Form von BNB-Coins verbrannt wurden. Seit dem 18. Burning richtet sie sich nach der On-Chain-Aktivität von BNB und wird mit einer speziellen Formel berechnet. Dadurch soll sich die Zeitspanne der insgesamt zu verbrennenden 100 Millionen Coins deutlich von vorher 27 Jahren auf jetzt fünf bis acht Jahre vermindern. Der Wert der verbrannten BNB-Coins ist dabei hoch. So wurden beim 19. BNB-Burn am 19.04.2022 1.830.382 BNB-Coins im Wert von über 772 Millionen Dollar verbrannt.

Im November 2019 hat **Stellar (XLM)** etwas mehr als die Hälfte aller Token verbrannt. Dies wurde im Zusammenhang mit einer Neuausrichtung begründet, wonach zukünftig keine Token mehr per Airdrop verschenkt werden sollten. Nach einem Kurssprung um 25 Prozent an einem Tag sackte der Preis in der Folge aber wieder ab. In den folgenden eineinhalb Jahren konnte sich der Preis zwar verfünfzehnfachen. Allerdings gab es in dieser Zeit viele spektakuläre Kursanstiege von Altcoins, sodass der Burn-Effekt bei Stellar kaum ermittelt werden kann.

Wie bei anderen Blockchains müssen für Transaktionen auf der Blockchain von Ethereum Gebühren bezahlt werden, mit denen die eingesetzte Rechenleistung im Netzwerk abgegolten wird. Diese Gasgebühren werden in Ether bezahlt, wobei die Gaspreise der besseren Lesbarkeit wegen in Gwei angegeben werden. Dabei entspricht 1 Gwei einem Milliardstel Ether (1 Gwei = 1 Nano-Ether = 0,000000001 ETH). Die zweitgrößte Kryptowährung Ethereum hat im August 2021 das Gebührensystem für Transaktionen geändert. Neben einer möglichen Priority Fee als eine Art Miner-Trinkgeld für schnellere Ausführungen von Transaktionen ist die **Base Fee bei Ethereum** der Minimumpreis für eine Gaseinheit und ändert sich je nach Netzwerkaktivität. Dabei wird die Base Fee anschließend verbrannt. Je höher die Netzwerkaktivität ist, desto höher sind die Base Fees und desto mehr Ether werden anschließend verbrannt. Wenn die Menge der dadurch verbrannten Ether die Menge der neu produzierten (2 ETH pro Block) übersteigt, wird die Inflationsrate von Ether deflationär. Für eine dauerhafte Erstellung deflationärer Blocks müssten die Gaspreise bei Ethereum immer über 150 Gwei liegen.

Von August 2021 bis Anfang Mai 2022 wurden rund 2,3 Millionen Ether (ETH) im Wert von etwa sechs Milliarden Dollar verbrannt. Im Vergleich zum Bitcoin-Preis konnte aber kein signifikanter Preisanstieg festgestellt werden. Allerdings konnte Ether den Bitcoin von Einführung des Burn-Mechanismus im August 2021 bis zum Allzeithoch von Bitcoin und auch von Ether im November 2021 deutlich outperformen. Inwieweit dies auf Spekulationen um eine mögliche deflationäre Entwicklung von Ether im Zusammenhang mit dem Burning zurückzuführen ist, kann aber nicht bestimmt werden.

Coin Burning wird manchmal auch nach ICOs eingesetzt, deren ICO-Preis bewusst tief angesetzt wurde. Durch den optisch sehr niedrigen Preis lassen sich viele Anleger zu Investments animieren. Später verbrennen die Initiatoren dann einen großen Teil im Eigenbesitz befindlicher Token, um den Wert zu steigern. Solche Aktionen können zwar kurzfristig zu Preisanstiegen der Coins führen, eine nachhaltige Auswirkung ist aber nicht zu erwarten.

Noch subtiler ist ein Vorgehen wie bei Shiba Inu (SHIB), die von einer anonymen Gruppe als Dogecoin-Killer vermarktet wurden und danach die Herausgabe einer ganzen Welle unnützer Hundecoins auslösten. Besondere Aufmerksamkeit erregte Shiba Inu, weil es 50 Prozent des Bestands ungefragt an den Ethereum-Gründer Vitalik Buterin und damit eine Kultfigur der Kryptoszene übertragen hatte.[59] Shiba Inu läuft als ERC-20-Token auf der Ethereum-Blockchain. Die Macher von Shiba Inu forderten Buterin auf, die geschenkten SHIB zu zerstören. Buterin transferierte aber zehn Prozent der Token an die Coronahilfe für Indien. Kurze Zeit später schickte er fast den gesamten Rest an eine Eater Address und nahm die Token damit endgültig aus dem Markt. Die Aktion verband er mit der Bitte, künftig solche Art von Geschenken zu unterlassen.

Eine Besonderheit ist der Burn-Mechanismus bei UNUS SED LEO (LEO), dem Exchange Token der Kryptobörse Bitfinex. Bei diesem werden monatlich LEO-Token in einer Größenordnung von 27 Prozent der Bitfinex-Erträge verbrannt. Das Besondere ist dabei, dass insgesamt bis zu 100 Prozent und damit alle Token im Laufe der Zeit verbrannt werden können. Von daher hat der LEO-Token im Gegensatz zu fast allen anderen Kryptocoins keine unbegrenzte Lebensdauer.

Beim Konsensmechanismus **Proof of Burn (PoB)** gehen Miner ähnlich wie beim Proof of Work mit einem Einsatz in Vorleistung, um ein Anrecht auf die Generierung eines neuen Blocks zu haben. Nach dem Verbrennen von Coins erhalten Miner ein unbefristetes Recht zum Schürfen von Blöcken. Je nachdem, wie viele Coins verbrannt wurden, steigt die Wahrscheinlichkeit des Miners, für den nächsten Block ausgewählt zu werden. Im Vergleich zum Proof of Work gilt diese Konsensfindung in Bezug auf Energie und Hardware als sparsam. Dabei müssen die zur Verbrennung bestimmten Coins nicht unbedingt native Coins der Blockchain sein. Es können von der Blockchain auch andere Coins wie Bitcoin für den Burning-Prozess zugelassen werden.

Es gibt verschiedene **Gründe** für eine solche bewusste Reduzierung des Angebots:[60]

- Bei Kryptowährungen mit dem wenig Energie verbrauchenden Konsensmechanismus Proof of Burn ist Coin Burning ein wesentlicher Bestandteil. Für die Validierung von neuen Blöcken ist dann der Nachweis nötig, dass eine bestimmte Menge Coins verbrannt wurde.
- Coin Burning gilt als Schutz gegen Distributed Denial of Service Attacks (DDOS) und gegen Spam-Transaktionen.
- Die freiwillige Reduzierung des Angebots ist für Investoren ein Zeichen, dass Gründer und Entwickler ein langfristiges Commitment zum Projekt haben.
- Coin Burning führt zu einer Reduzierung der Inflationsrate oder sogar zu einer deflationären Entwicklung.
- Durch Coin Burning kann ein Projekt durch die zu erwartende Wertsteigerung der Coins implizit Gewinne an Investoren ausschütten. Bei einer Direktausschüttung wäre die Kryptowährung ein Investmentvehikel. Auf diese Weise kann die Subsummierung unter das Wertpapiergesetz umgangen werden. Die Investoren profitieren dann statt von einer Ausschüttung durch die Wertsteigerung des Coins.
- Die wirtschaftliche Idee hinter dem Coin Burning ist dabei jeweils die nachhaltige Wertsteigerung der Kryptowährung. Tendenziell wird der durch Angebot und Nachfrage be-

stimmte Preis ceteris paribus steigen, wenn sich das Angebot verringert. Bei vielen Kryptowährungen wie dem Bitcoin gibt es eine Maximalzahl an Coins, die sich durch verlorene Coins auf längere Sicht sogar verringert. Bei Kryptowährungen mit eingebautem Coin Burning ist diese Verringerung im Protokoll festgeschrieben.

Auch bei **Stablecoins** ist bei deren Rückgabe ein Burning vorgesehen, um die Anzahl der ausgegebenen Stablecoins idealerweise immer der hinterlegten Sicherung anzupassen. Eine schnell an Bedeutung gewonnene Anwendung ist das **Coin Burning im Zusammenhang mit der Emission von algorithmisch gesicherten Stablecoins**. Diese werden nicht wie der Tether durch zentral gesteuerte Hinterlegung von entsprechenden Dollarbeständen gesichert. Hier gab es in der Vergangenheit bekanntermaßen teilweise eine große Verunsicherung, inwieweit die ausgegebenen Stablecoins tatsächlich durch die entsprechenden Vermögenswerte gesichert sind. Bei den algorithmisch gesicherten Stablecoins handelt es sich dagegen grundsätzlich um im Idealfall völlig dezentral gesicherte Stablecoins. Dabei werden Coins des die Stablecoins herausgebenden Projekts bei Emission neuer Stablecoins verbrannt und bei Rückgabe von Stablecoins neu erzeugt. Die Idee der Stabilisierung stützt sich auf die Garantie, dass man immer mit den nativen Coins des Projekts im aktuellen Gegenwert von einem US-Dollar einen Stablecoin im gleichen Wert bekommt. Umgekehrt wird garantiert, dass man bei der Rückgabe von einem Stablecoin im Wert von einem US-Dollar die diesem Wert entsprechende Stückzahl von nativen Coins bekommt. Durch diesen Burn-and-Mint-Mechanismus soll es nach diesem Ansatz gelingen, den Wert des Stablecoins auch ohne Hinterlegung von Sicherheiten mit geringfügigen Abweichungen bei einem Dollar zu halten. Denn wenn der Stablecoin über oder unter der Dollarparität notieren würde, könnten Arbitrageure durch entsprechende Käufe und Verkäufe risikolose Gewinne einfahren. Durch diese Arbitrage-Aktionen würde der Stablecoin deshalb immer knapp um die Dollarparität schwanken. Allerdings hat das Desaster beim Stablecoin TerraUSD das Konzept völlig in Misskredit gebracht, als dieser im Mai 2022 abstürzte.

Der größte algorithmisch gesicherte Stablecoin war der TerraUSD (UST), der Anfang 2022 enorme Zuflüsse verzeichnete. Die algorithmische Absicherung sollte für einen stabilen Wert des Stablecoins im Vergleich zum US-Dollar sorgen, ohne dass Rücklagen in Dollar gehalten werden müssen. Bei der Ausgabe von neuen UST werden LUNA, die nativen Coins von Terra, im entsprechenden Dollar-Gegenwert verbrannt. Bei der Rückgabe von UST ist dies genau umgekehrt, dann gibt es im entsprechenden Gegenwert ein Mining von LUNA. Durch diese wirklich dezentrale Garantie der Stablecoins war Terra für DeFi-Anwendungen besonders attraktiv. Allerdings kam es im Mai 2022 zum GAU des Konzepts. Der Stablecoin UST, der eigentlich mit kleinen Abweichungen immer die Parität zum Dollar halten sollte, stürzte bis auf wenige Cent ab.

Die Marktkapitalisierung von UST (das zu sichernde Gut) war kurz vor dem GAU höher als die des nativen Coins LUNA, der zur Sicherung von UST diente. Diese mehr als ungenügende Sicherungsbasis hat eigentlich förmlich zu böswilligen Angriffen eingeladen, die dann auch erfolgten.

Neben Rückkäufen zum Zwecke des Burnings gibt es auch solche, die eher mit Aktienrückkäufen verglichen werden können. Solche Rückkäufe von Aktien erfolgen durch die Unternehmen mit eigenen Geldmitteln und können aus verschiedenen Gründen erfolgen. Oft stuft das Unternehmen den Aktienkurs verglichen mit der fundamentalen Situation des Unternehmens als deutlich zu niedrig ein und investiert deshalb überschüssige Liquidität in die eigenen Aktien. Die zurückgekauften Aktien können aber auch als Akquisitionswährung bei der Übernahme von anderen Unternehmen verwendet werden, wenn diese als Bestandteil der Kaufpreiszahlung verwendet werden. Ähnlich ist das bei **Rückkaufprogrammen von Coins (Buyback Programs)** durch das Projekt selbst. Die zurückgekauften Coins werden dann nicht verbrannt, sondern auf eigenen Konten als Treasury Coins verwahrt. Dabei können diese Coins mit einer Sperrfrist belegt werden, während der sie nicht verwendet werden können. Wie bei Aktienrückkäufen können diese Coins später eventuell als Kaufwährung bei der Beteiligung an anderen Kryptoprojekten verwendet werden. Sie können aber auch einfach auf der Überzeugung des Projektteams beruhen, dass die Coin-Bewertung den Wert des Projekts nicht widerspiegelt.

So hat Nexo im November 2021 ein Rückkaufprogramm im Volumen von 100 Millionen Dollar beschlossen. Die Token wurden auf dem freien Markt zurückgekauft und wurden für ein Jahr gesperrt. Danach standen sie für alle Arten der Verwendung offen wie Fusionen mit anderen Token oder Zinszahlungen an Kunden. Bereits im Dezember 2020 hatte Nexo ein erstes Rückkaufprogramm mit einem Volumen von zwölf Millionen Dollar gestartet. Auch beim ersten Buyback wurden die Token für ein Jahr gesperrt und waren bei einer öffentlichen ERC-20-Adresse jederzeit einsehbar. Nach der Ankündigung des ersten Buybacks am 03.12.2020 stieg der Token gegenüber dem Bitcoin von rund 1.600 Satoshi bis Mitte Mai in der Spitze auf 8.000 Satoshi und übertraf die Performance von Bitcoin somit um das Fünffache. Allerdings fiel dies in eine Periode, in der auch viele andere Altcoins eine außerordentliche Outperformance zeigten. Die Ankündigung des zweiten Buybacks am 15.11.2021 hatte zwar einen kleinen kurzfristigen Effekt. Trotz der Größe des Rückkaufprogramms kam es in den nächsten Monaten aber zu keiner signifikanten Outperformance zum Bitcoin. Damit lief Nexo ähnlich wie das Gros der anderen Altcoins.

11.13 Forks und Airdrops

Sowohl bei Forks wie bei Airdrops ist wichtig für den Erfolg, dass große Marktakteure diese unterstützen. So ist die Unterstützung durch führende Kryptobörsen ein wesentlicher Faktor. Bei Forks werden die Protokollregeln geändert, um zum Beispiel Bugs im Programmcode zu beheben, Updates hinzuzufügen oder neue Features zu implementieren. Generell können Forks, bei denen es sich um mehr oder minder wichtige Updates im Protokoll der Blockchain handelt, großen Einfluss auf die Bewertung haben. Dabei ist zu unterscheiden, ob nach einer **Hard Fork** bei der unstrittigen Variante nur die ursprüngliche Blockchain fortgeführt wird oder es bei der strittigen Variante danach zwei verschiedene Blockchains mit zwei verschiedenen Coins gibt. Findet *keine Abspaltung* statt, dann ist für den Einfluss auf die Coin-Bewertung die Einschätzung der Marktteilnehmer entscheidend, ob und in welchem Ausmaß das Protokoll-Update einen positiven Mehrwert für das Netzwerk liefert. Findet dagegen eine *Abspaltung* statt, existieren ab dem Zeitpunkt der Spaltung, die dann ab einem bestimmten Block umgesetzt wird, auch zwei verschiedene Coins. Jeder Investor, der in dem ursprünglichen und danach auch weiter existierenden Coin investiert ist, bekommt die entsprechende Zahl an neuen Coins. Solche Abspaltungen ähneln einem Spin-off bei Aktien. Dabei gliedert eine Aktiengesellschaft einen Teil des Unternehmens als eigenständiges Unternehmen aus. Die Aktionäre erhalten dann entsprechend ihrem Anteil Aktien des ausgegliederten Unternehmens oder zumindest das Recht, diese zu kaufen. Bei Blockchain-Abspaltungen erhalten die Inhaber der ursprünglichen Coins dann die entsprechende Menge an neuen Coins. Je nachdem, wo und wie Anleger ihre Coins halten, können zusätzliche Schritte für den Bezug der neuen Coins nötig sein.

Hard Forks werden von Anlegern oft als kostenloses Geld und damit als Wertsteigerung ihres ursprünglichen Coins eingestuft. Fraglich ist, ob sich die **Bewertung** tatsächlich in diese Richtung bewegt. Wenn der neue Coin an den Kryptobörsen gelistet wird und der alte dabei keinen Wertverlust erleidet oder die Summe der Preise beider Coins größer wäre als der Preis des alten Coins vorher, wäre das der Fall. Denn der Anleger hat dann den alten Coin und den gratis zugeteilten neuen Coin, den er verkaufen könnte. Theoretisch „richtiger" erscheint allerdings, wenn nach der Fork der *Wert beider Coins zusammen gleich dem Wert des alten Coins vor der Fork* wäre. Wenn der Markt eine *Wertsteigerung* durch die Fork erwarten würde, müsste sich diese konsequenterweise in einem Kursanstieg des alten Coins vor Umsetzung der Fork niederschlagen. Es sind auch Szenarien denkbar, in denen es durch eine Hard Fork zu einer *Wertminderung* kommen könnte. So könnten sich bei der Veränderung des Software-Protokolls vorher nicht existierende Bugs einschleichen. Außerdem kann ein öffentlich in den sozialen Medien ausgetragener Streit zwischen wichtigen Playern wie Mining-Pools oder Entwicklern zu negativer Stimmung und fallenden Preisen führen. Umgekehrt kann eine starke Unterstützung den Preis treiben.

Die **Preise der neu gelisteten Coins** können *manipulationsanfälliger* sein. Denn die Liquidität der neuen Coins wird regelmäßig deutlich geringer sein als bei den Coins der alten Blockchain. Dies könnte verstärkt der Fall sein, wenn es bei den geforkten Coins ein *Pre-Mining* durch die Entwickler gab. Dabei wird ein bestimmter Prozentsatz der geforkten Coins an die Entwicklerteams oder zur freien Finanzierung der neuen Blockchain verteilt. Dann könnte bei einem Listing an Kryptobörsen der neue Coin von den Entwicklern verkauft werden oder der Preis wegen der geringen Liquidität manipuliert werden.

Von den vielen Bitcoin-Forks ist **Bitcoin Cash (BCH)** am bekanntesten, die sich am 01.08.2017 von **Bitcoin (BTC)** abspaltete. Jeder Bitcoin-Anleger bekam dadurch pro Bitcoin einen Coin Bitcoin Cash. Nach vielen Jahren der Diskussion über eine Erhöhung des Blockgrößen-Limits von 1 MB bei Bitcoin wurde dieses bei Bitcoin Cash auf 8 MB erhöht. Dadurch waren bei Bitcoin Cash mehr Transaktionen pro Zeiteinheit möglich. Bis zur Abspaltung bei Block 478.558 waren beide Blockchains identisch. In den Wochen vor der Abspaltung kam es im Juli eher zu einer Seitwärtsbewegung, die einer gewissen Skepsis bezüglich der Auswirkungen der Hard Fork geschuldet gewesen sein könnte. Zum Zeitpunkt der Abspaltung stand der Bitcoin bei rund 2.700 Dollar im Wesentlichen unverändert zu den Vortagen. Bitcoin Cash wurde anfänglich mit Preisen um 500 Dollar gehandelt. Von daher kann man tatsächlich hier von Windfall Profits für die Bitcoin-Anleger sprechen. In der Folge zogen beide Preise in der historischen und hysterischen Hausse im 2. Halbjahr 2017 enorm nach oben. Von daher ist es schwierig, hier besondere Preiseffekte durch die Hard Fork zu bestimmen. Im langfristigen Verlauf hat sich gezeigt, dass die Bedeutung von Bitcoin Cash und im Gefolge dessen die Bewertung zum Bitcoin nach einem kurzen Höhenflug nur nach unten ging. Von 2018 bis 2023 verlor Bitcoin Cash gegenüber dem Bitcoin 98 Prozent an Wert.

Ein Beispiel für eine sehr negative Preisentwicklung der geforkten ursprünglichen Blockchain ist die Abspaltung von **Bitcoin SV (BSV)** von **Bitcoin Cash (BCH)**. Vor und nach der Hard Fork am 15.11.2018 stürzte der BCH-Kurs völlig ab und verlor gegen den Bitcoin rund 75 Prozent. Dagegen konnte BSV anfänglich durch den Support größerer Mining-Pools profitieren. BSV drohte in den Tagen vor der Fork mit einem Hash War aufgrund der überlegenen Hash-Rate und sogar mit einer Attacke auf BCH bis zu einer Kapitulation. Letztlich schädigte diese Abspaltung aufgrund der gegenseitigen Reibereien den Gesamtwert beider Coins. Bitcoin Cash rutschte im Ranking der Kryptowährungen vom damaligen 4. Platz auf den 18. Platz (Stand August 2023) ab. Bitcoin SV konnte trotz der aggressiven Strategie nie Bitcoin Cash übertrumpfen und bewegt sich auf Rang 57 (Stand August 2023). Ein Kollateralschaden des Hash

Wars war der **Absturz von Bitcoin (BTC)** im November 2018. Die Ursache des Bitcoin-Absturzes war die Unterstützung von Bitmain, die den größten Bitcoin-Mining-Pool betrieben, für Bitcoin Cash. Denn dadurch wurde eine Beeinträchtigung der Sicherheit des Bitcoin-Netzwerks wegen eines Shifts der Mining-Power von Bitcoin zu Bitcoin Cash befürchtet. Dabei stürzte der Bitcoin-Preis vom 14.11.2018, dem Tag vor der BSV-Fork, innerhalb eines Monats um 50 Prozent ab von 6.500 auf 3.200 Dollar. Dieser Preis Mitte Dezember markierte dann gleichzeitig den Tiefststand im Zyklus rund um das 3. Halving. Letztlich hat die BSV-Fork dem gesamten Kryptomarkt also einen Bärendienst erwiesen.

Völlig anders einzuordnen ist die Hard Fork bei **Ethereum (ETH)** am 20.07.2016 nach dem DAO-Hack vom 17.06.2016. Dabei ging es nicht um eine Änderung zur Verbesserung des Protokolls. Vielmehr sollten von Hackern der dezentralen autonomen Organisation The DAO entwendete Gelder an die Investoren zurückgezahlt werden. The DAO war eine komplexe dApp, mit der ein dezentraler Risikokapitalfonds auf Ethereum programmiert wurde. Nach dem Hackerangriff kollabierte der ETH-Kurs um 50 Prozent. Nach der Hard Fork konnte der Kurs zwar zunächst etwas zulegen, blieb aber danach noch länger belastet. Die Fork **Ethereum Classic (ETC)** ist eigentlich das „wahre" Ethereum, da ein Eingriff in die Unveränderlichkeit einer Blockchain abgelehnt wurde. Auch Ethereum Classic bewegte sich nach der Fork erst einmal monatelang nach unten.

Auch **Soft Forks** können auf die Bewertung des Coins Einfluss haben. Bei einer Soft Fork kommt es zu einer Verengung des Regelwerks, etwas vorher Erlaubtes wird verboten. Es muss aber nicht das ganze Netzwerk daran teilnehmen und es bleibt den Nutzern überlassen, ob sie ihre Software entsprechend updaten. Es wird nachher die gleiche Blockchain benutzt und es gibt keine neuen Coins. Von daher kann nur die Markteinschätzung, ob das Update durch die Soft Fork das Netzwerk wirklich verbessert oder – was natürlich nicht der Fall sein sollte – sogar verschlechtert, die Bewertung des Coins beeinflussen.

Bei **Airdrops** handelt es sich um eine *Gratisverteilung von neuen Token*, die oft als Marketinginstrument eingesetzt wird. Der Airdrop kann an die Halter eines bestimmten Coins gehen, aber auch an frühe Nutzer eines bestimmten Protokolls oder sonstige Interessierte. Kommen nur bestimmte Coin-Inhaber in den Genuss, wird dabei ein Snapshot einer Blockchain gemacht, um die Stückzahl eines Coins in den verschiedenen Wallets zu einem bestimmten Zeitpunkt festzuhalten. Den Inhabern wird dann durch festgelegte Verteilungsschlüssel eine bestimmte Stückzahl eines neuen Coins zugeordnet. Im Vorfeld kann es dabei zu Kurssteigerungen beim „Berechtigungs-Coin" kommen. Allerdings hat sich gezeigt, dass es unmittelbar nach den Snapshots oft zu erheblichen Kursrückgängen beim Berechtigungs-Coin kommt. Von daher scheint es bei Airdrops ähnlich wie bei der Börsenweisheit *„Buy the rumor, sell the fact"* zu laufen, auch wenn es sich bei der Bekanntgabe nicht um ein Gerücht handelt. Handelt es sich um einen lukrativen Airdrop, dann ist ein Kursanstieg bis zum Zeitpunkt des Snapshots rational. Ein anschließender Kurseinbruch signalisiert dann, dass ein Großteil der Käufe ausschließlich wegen der Teilnahme am Airdrop getätigt wurde. Von daher könnte ein Verkauf des Berechtigungs-Coins unmittelbar vor dem Snapshot eine sinnvolle Strategie sein.

Abb. 11.12 Kursentwicklung von NEO bei den ONT-Airdrops

So wurde **Ontology (ONT)** auf Basis eines Snapshots aller NEO-Wallets ausgegeben. Alle Besitzer von **NEO**, die durch einen Snapshot aller NEO-Adressen am 01. März 2018 ermittelt wurden, erhielten für einen NEO jeweils 0,2 ONT. Ausgegeben wurden dadurch 20 Millionen ONT bei einem Total Supply von 1 Milliarde ONT. Zu seiner Geburtsstunde am 01. März 2018 betrug der Wert eines ONT-Token 2,62 Dollar. Die Gutschrift der ersten Hälfte der ONT-Token erfolgte in den Wochen nach dem 01. März. Die zweite, gesperrte Hälfte wurde erst mit der Veröffentlichung des Ontology-Mainnets freigegeben. Im Chart oben ist der NEO-Kurs gegen den Bitcoin angegeben, um tendenziell die Kursentwicklung im Vergleich zum Gesamtmarkt abzubilden. Nach der Ankündigung des Snapshots kamen die Kurse zunächst zurück, zogen dann aber

in der Woche vor dem Snapshot um bis zu 30 Prozent im Vergleich zum Bitcoin an. Unmittelbar nach dem Snapshot kam es dann zu einem Kursrutsch bei NEO. Nach der Ankündigung des 2. Airdrops, bei dem die ursprünglichen NEO-Adressen wieder berechtigt waren, die ONT-Coins aber an ONT-Mainnet-Adressen geliefert wurden, kam es zu einem Kursanstieg bis zu 40 Prozent. Nach dem Airdrop ging es dann wieder steil nach unten. Beim 2. Airdrop hätte es bei NEO eigentlich zu gar keinem Effekt kommen dürfen, da die Verteilung auf Basis des Snapshots im März erfolgte.
Am 20.09.2021 kündigte das Boba Network einen Airdrop für die Halter von OMG an. Die Verteilung erfolgte auf Basis eines Snapshots am 12.11.2021. Der Chart unten bezieht sich wieder auf den Preis von OMG gegen BTC, um Markteffekte zumindest teilweise zu eliminieren. Die Ankündigung des Airdrops führte zunächst zu einem starken Anstieg bei OMG. In der Folge kam der Preis wieder zurück und schnellte unmittelbar vor dem Snapshot noch einmal hoch. Danach kam es zu einem riesigen Kursrückgang, der den Preis sogar deutlich unter das Niveau vor der Snapshot-Ankündigung drückte.

Abb. 11.13 *Kursentwicklung von OMG im Zusammenhang mit dem BOBA-Airdrop*

Während bei den Beispielen oben das reine Halten eines Coins als Berechtigung für einen Airdrop ausreicht, kann die Verteilung aus einem Airdrop auch an Early Users erfolgen. So wurden im August 2021 DYDX an Nutzer verteilt, die das Protokoll vor einem bestimmten Datum benutzt hatten. Ethereum Name Service verteilte ENS im November 2021 an Nutzer, die eine .eth-Domain registriert hatten. Die dezentrale Börse Uniswap hat im September 2020 Token an ihre Nutzer ausgegeben, die das Protokoll vor dem 01.09.2020 verwendet hatten.

Untersuchungen scheinen zu zeigen, dass ein schneller **Verkauf von Token aus einem Airdrop** deutlich lukrativer zu sein scheint, als diese länger zu halten.[61] Allerdings können solche Analysen auch von starken Bewegungen am gesamten Kryptomarkt überlagert werden.

11.14 Staking

Staking gibt es nur bei Coins mit dem Konsensmechanismus Proof of Stake. Durch Staking werden die jeweiligen Coins für eine bestimmte Zeit auf der Blockchain aufbewahrt und so für den Verkauf gesperrt. Die Zahl der gelockten Coins vermindert dadurch die Zahl der umlaufenden Coins (Circulating Supply), die sofort verkauft werden können. Dadurch verknappt sich die unmittelbar für den Handel verfügbare Stückzahl. Deshalb könnten **Coins mit einem hohen Staking-Anteil** im Vergleich zur umlaufenden Stückzahl grundsätzlich volatiler werden. Je größer der Anteil dieser dem Handel nicht zur Verfügung stehenden Coins im Vergleich zu allen umlaufenden Coins ist, desto enger wird der Markt, weil sich das handelbare Angebot verknappt. Durch die Angebotsverknappung liegt nahe, dass die Preise eher steigen als fallen. Dies könnte vor allem der Fall sein, wenn die Staking-Renditen als attraktiv vom Markt wahrgenommen werden und deshalb immer mehr Besitzer der Coins diese durch Staking aus dem unmittelbaren Handel nehmen. Umgekehrt könnte es zu Kursrückgängen kommen, wenn immer mehr Anleger ihre Coins wieder aus dem Staking nehmen. Durch das Unlocking sind die Coins dann wieder sofort handelbar und könnten in einer solchen Phase eher verkauft werden.

Untersuchungen zeigen allerdings, dass es keinen direkten Zusammenhang zwischen dem Staking-Anteil relativ zum Circulating Supply gibt. So zeigt sich in einer Analyse von Messari einerseits, dass alle Coins mit einem Staking-Anteil von unter 40 Prozent im 1. Quartal 2020 Kursrückgänge verzeichneten.[62] Andererseits gab es bei den beiden Coins mit dem höchsten Staking-Anteil sogar die höchsten Kursrückgänge.

Es gibt keine Garantie, dass die jeweils aktuell ausgewiesenen **Staking-Renditen (Staking Rewards)** auch in Zukunft erzielt werden können. Wichtig bei Staking-Renditen ist, dass sie *auf den Staking Coin bezogen* und keine Dollar- oder andere Fiat-

Renditen sind. Der Staker bekommt deshalb zusätzliche Coins als Belohnung ausgezahlt in Höhe der Staking-Renditen.[63] In einzelnen Fällen wie bei NEO, Ontology oder VeChain werden die *Staking Rewards in Betriebs-Coins* ausgezahlt.[64] Deshalb können sich die Gesamtrenditen gerechnet in Fiatwährung völlig anders darstellen, insbesondere wenn man auch noch Kursänderungen in die Betrachtung einbezieht. Daneben sollte auch die *Besteuerung der Staking-Erträge* berücksichtigt werden, die je nach Land sehr unterschiedlich sein kann. Die Staking-Renditen werden fallen, je mehr Teilnehmer am Staking der Blockchain teilnehmen. Außerdem ist bei extrem hohen Renditen im Vergleich zu den aktuellen Renditen der traditionellen Finanzmärkte besondere Vorsicht geboten. Denn das Versprechen von besonders großen Staking-Renditen könnte auch einfach ein Lockangebot sein, damit die Initiatoren Pump-and-Dump-Aktionen durch die verstärkte Coin-Nachfrage besser umsetzen können. Im Einzelfall dürfte es schwierig sein, solche Angebote als Fake-Staking-Projekte zu identifizieren. Grundsätzlich sind aber sehr hohe Staking-Renditen bezogen auf das Risiko ähnlich zu sehen wie sehr hohe Renditen bei Junkbonds. Außerdem heizen sehr hohe Renditen die *Inflation* an, weil viele neue Coins entstehen. Für eine positive Entwicklung des Preises des Staking Coins wird deshalb eine Staking-Rendite förderlich sein, die einen Staking-Anreiz für die Anleger bietet, ohne den Coin übermäßig zu inflationieren.

Das größte **Staking-Risiko** wird aber nicht die mögliche Veränderung der aktuell ausgewiesenen Staking-Rendite sein, sondern das Kursänderungsrisiko des Staking Coins. Dieses Risiko wird umso größer, je länger die Sperrfristen beim Staking sind. Die Zeitdauer der Bindung ist bei diesem *Locked Staking* je nach Protokoll unterschiedlich und kann auch sehr lang sein. Deswegen werden die Coins zum Staking oft an Staking-Pools übertragen. Bei manchen Blockchains kann der Anleger seine Coins auch direkt an einen Validator im Netzwerk delegieren. Dann muss die Staking-Rendite aber mit dem Validator geteilt werden. Beim *Flexible Staking* können die Coins jederzeit aus dem Staking genommen und so auf Kursänderungen reagiert werden. Diese Flexibilität hat dann ihren Preis in deutlich niedrigeren Renditen.

In Fiatwährung betrachtet können die Staking-Renditen schnell ihre Strahlkraft verlieren. Ein Coin A hat eine aktuell ausgewiesene jährliche Rendite von zehn Prozent, die sich für die Betrachtung auch nicht ändern soll. Der Einfachheit halber sei ein Anlagezeitraum von einem Jahr unterstellt. Die Rendite bezieht sich aber nicht auf eine Fiatwährung wie Euro, sondern auf A. Dann hat der Anleger nach einem Jahr für jeden Coin zusätzlich 0,1 Stück als Staking-Rendite bekommen und demnach 1,1 A. Zum Anlagebeginn soll der Kurs von A bei 100 Euro notieren. Fällt der Kurs von A in einem Jahr auf 90 Euro, also um zehn Prozent, dann entpuppt sich selbst dann die Rendite schon als leicht negativ. Denn der Anleger hat in diesem Fall ein Vermögen von 1,1 x 90 Euro = 99 Euro und damit einen Verlust von einem Prozent erlitten. Fällt der Coin um 50 Prozent, hat er ein Vermögen von 55 Euro und damit einen Verlust von 45 Prozent. Natürlich kann der Coin auch steigen, dann vergrößert sich der Kursgewinn durch die größere Stückzahl beim Coin. So führt ein Kursgewinn von 50 Prozent bei A zu einem Vermögen von 1,1 x 150 Euro = 165 Euro und damit zu einem Plus von 65 Prozent. Das Beispiel soll zeigen, dass ein Blick nur auf die avisierten Renditen nicht zielführend ist. Jeder Anleger sollte sich beim Staking nur dann über einen längeren Zeitraum binden, wenn er von dem Projekt und dem Coin wirklich überzeugt ist.

Staking-Ankündigungen waren in der Vergangenheit oftmals *Preistreiber* für den jeweiligen Coin. Häufig war das zu beobachten, wenn führende Kryptobörsen für ihre Nutzer die Teilnahme am Staking ankündigten. So war dies bei Tezos mehrmals zu beobachten. Seit Jahresbeginn 2021 war bei einigen Staking Coins wie Cardano oder Polkadot eine riesige Outperformance zum Bitcoin zu beobachten, bei der aber auch andere Gründe mitspielten.

11.15 Long- und Short-Squeezes

Bei einem **Long-Squeeze** werden Anleger, die Long-Positionen eines Assets besitzen, durch die Marktentwicklung gezwungen, diese wieder zu verkaufen. Dadurch fallen die Preise und immer mehr Anleger werden ebenfalls zum Verkauf gezwungen. Dies kann dann eine Kettenreaktion auslösen. Dabei kann es sich um normale Positionen an den Spotmärkten handeln. Wenn diese teilweise auf Kredit gekauft sind, ähneln sie Positionen an den Futures-Märkten mit den teilweise großen Hebeln. An den Futures-Märkten werden die Positionen bei einer unerwarteten starken Abwärtsbewegung aufgrund nicht mehr erfüllter Margenanforderungen von den Anlegern verkauft oder – wenn sie dies versäumen – von den Terminbörsen mit ihren automatisierten Handelssystemen einfach emotionslos zwangsliquidiert. Dagegen verkauft der Anleger an den normalen Spotmärkten in solchen Situationen einfach, weil ihm die Verluste zu groß werden. Die Gefahr eines Long-Squeezes ist umso größer, je höher die Zahl der Long-Positionen bei einem Schwächeanfall des Marktes ist. Aufgrund des Automatismus bei der Liquidation von Futures-Positionen kann es dann bei einem plötzlichen Kursrückgang zu einem dramatischen Kurseinbruch durch einen Long-Squeeze kommen, der oft als Flash Crash bezeichnet wird.[65]

Das Gegenstück zum Long-Squeeze ist der **Short-Squeeze**. Dabei werden die Shortseller gezwungen, bei einem plötzlichen Kursanstieg panikartig aus dem Markt auszusteigen. Grundsätzlich sind davon wie beim Long-Squeeze sowohl Spot- wie Futures-Positionen betroffen, wobei bei Letzteren wieder die Futures-Automatismen greifen. Die Wahrscheinlichkeit eines Short-Squeezes wächst, wenn der Anteil der Short-Positionen zunimmt und ein ungewöhnlich hohes Ausmaß erreicht. Zum Schließen von Short-Positionen müssen die Shortseller die leerverkauften Stücke zurückkaufen.

Durch diese sich selbst verstärkende Dynamik wird der plötzliche Preisanstieg dann noch erheblich beschleunigt. Die steigenden Preise wegen der erzwungenen Rückkäufe führen dann zu weiteren Preisanstiegen, die in der Folge immer mehr Shortseller zu Rückkäufen zwingen. Solche Kettenreaktionen können in kürzester Zeit erhebliche Preisschwankungen zur Folge haben.

Ein Beispiel für eine Kursexplosion durch einen Short-Squeeze ist die Kursexplosion bei Celsius im August 2022 mit einer Verdreifachung des Kurses in der Spitze. Dabei war Celsius einer der Leidtragenden beim Terra-Debakel und musste Wochen vorher Insolvenz anmelden. Die Short-Positionen beim CEL-Coin waren deshalb gestiegen, außerdem war das Angebot der Coins wegen der Sperrung durch den Insolvenzverwalter verengt. Nach einer *Reuters*-Meldung wegen einer möglichen Übernahme von Celsius durch Ripple wurden die Shortseller zu hastigen Eindeckungen gezwungen.

Ein Long-Squeeze kann ebenso wie ein Short-Squeeze durch plötzliche fundamentale Änderungen am Markt ausgelöst oder vielmehr verstärkt werden. Idealtypisch werden diese Squeezes aber **markttechnisch bedingt** sein, wenn in einem Hype oder einer Paniksituation der Markt stark überkauft oder überverkauft ist. Je geringer die Liquidität in einem Markt ist, desto wahrscheinlicher kann es zum Auftreten von solchen Squeezes kommen. Gibt es einige wenige Marktteilnehmer mit einem hohen Anteil an den gesamten umlaufenden Stücken, ist die Gefahr eines Squeezes ebenfalls tendenziell größer.[66]

Ein **Indikator für mögliche Squeezes** könnte die Entwicklung der *Funding Rates* sein.[67] Erreichen die Funding Rates hohe positive Werte – die Käufer mit ihren Long-Positionen zahlen dann den Verkäufern mit ihren Short-Positionen eine Gebühr – und zeigen damit eine sehr positive Marktstimmung an, wächst die Gefahr von Long-Squeezes. Umgekehrt kann bei hohen negativen Werten – die Shorties zahlen dann für die Eröffnung von Short-Positionen – und damit einer sehr negativen Stimmung ein Short-Squeeze in der Luft liegen. Steigt das Open Interest und die Funding Rates fallen, wächst die Wahrscheinlichkeit für einen möglichen Short-Squeeze.

In Abb. 10.12 ist der Kursverlauf von Bitcoin in logarithmischer Darstellung und die Entwicklung der Funding Rates im Zeitraum von September 2019 bis August 2022 abgebildet. Natürlich ist die negative Spitze im März 2020 beim Corona-Crash, der eine Art Black-Swan-Event darstellte, sehr außergewöhnlich. Trotzdem haben sich auch in den Wochen danach die negativen Funding Rates als Indikator für darauffolgende Kursanstiege erwiesen. Auf die positiven Spitzen der Funding Rates folgten meist kurze Einbrüche beim Bitcoin.

Ein möglicher Indikator für einen bevorstehenden **Long-Squeeze** könnte sein, wenn nach einem sehr starken Kursanstieg der Preis bei sehr großem Volumen zurückgeht. Dann werden viele der beim Höhenflug eingestiegenen kurzfristig orientierten Spekulanten noch schnell aussteigen wollen, auch wenn sie auf längere Sicht den Preis weiter steigen sehen. Ein bevorstehender **Short-Squeeze** könnte durch zwei Indikatoren angezeigt werden: Durch ein steigendes *Short Interest*, das ist die Zahl der Short-Positionen eines Coins als Prozentzahl der gesamten handelbaren Stücke des Coins (Circulating Supply), und ein steigendes *Short Interest Ratio,* das ist das Verhältnis aller Short-Positionen bezogen auf das durchschnittliche tägliche Handelsvolumen. Dieses Verhältnis wird auch als *Days to Cover* bezeichnet. So bedeutet ein Short Interest Ratio von 5, dass es bei den aktuellen durchschnittlichen Tagesumsätzen fünf Tage dauert, bis alle Short-Positionen gedeckt werden könnten. Deshalb wird bei einem deutlich über die Norm gestiegenen Short Interest grundsätzlich die Gefahr eines Short-Squeezes steigen. Trotzdem bedeuten hohe Leerverkäufe zunächst nur, dass der Markt bearish eingestellt ist. Es muss nicht zu einem Short-Squeeze kommen, wenn diese Einschätzung des Marktes richtig ist und zum Beispiel schlechte News veröffentlicht werden, die diese Einschätzung bestätigen. Auch ein sehr tiefer Bitcoin Fear & Greed Index zeigt zunächst nur die sehr negative Marktstimmung. Er könnte allerdings zusammen mit einem hohen Short Interest ein Alarmzeichen für eine Gegenreaktion sein.

Ein generelles Risiko bei Marktsituationen mit einem Long- oder Short-Squeeze ist die Aufrechterhaltung der Funktionalitäten der Kryptobörsen. In der Vergangenheit waren bei außergewöhnlichen Marktbewegungen manchmal **Handelsunterbrechungen** an den Kryptobörsen zu beobachten. Dabei können sich Kryptobörsen einfach hinter dem Alibiargument Wartungsarbeiten verstecken. Für den Trader können diese Handelsunterbrechungen, auch wenn diese häufig nur kurze Zeit bestehen, fatal sein. Denn er kann dann auf außergewöhnliche Marktumstände nicht reagieren oder seine Stop-Limits werden zunächst nicht und nach Wiederaufnahme des Handels zu völlig anderen Kursen ausgeführt. Solche Vorkommnisse waren in der Vergangenheit allerdings auch an den klassischen Finanzmärkten zu beobachten.

11.16 Korrelation zu anderen Assetklassen

11.16.1 Korrelation zwischen zwei Assets oder Assetklassen

Betrachtet man die **Korrelation der Preisentwicklung von zwei Assets oder auch zwei Assetklassen** (zum Beispiel dargestellt durch zwei Indizes der Assetklassen), so wird sich diese zwischen den beiden Extremwerten +1 und -1 bewegen:

+1: vollkommen positive Korrelation, die *Preisentwicklungen sind völlig identisch*

-1: vollkommen negative Korrelation, die *Preisentwicklungen sind genau gegenläufig*

0: keinerlei Korrelation, die *Preise schwanken völlig unabhängig voneinander*

Die Korrelation kann sich je nach betrachtetem Korrelationszeitraum stark unterscheiden. So können sich scheinbare kurzfristige Korrelationen von täglichen Schwankungen bei Betrachtungen von längeren Zeiträumen wieder aufheben oder sogar ins Gegenteil verkehren. Generell sollten für aussagekräftige Korrelationen längere Korrelationszeiträume betrachtet werden. So könnten wöchentliche, monatliche oder noch längere Zeiträume verglichen werden. Selbst wenn sich bei einer statischen Analyse eine moderate Korrelation ergibt, kann das bei einer Betrachtung im Zeitverlauf anders ausfallen. Deshalb werden **rollierende Korrelationen** betrachtet. Darunter versteht man die Korrelationen zwischen zwei Zeitreihen in einem rollierenden Zeitfenster. Außerdem spricht man bei Korrelationskoeffizienten zwischen 0,3 und 0,7 nur von einer moderaten Korrelation. Von einer großen positiven Korrelation sprechen Statistiker erst bei Koeffizienten über 0,7. Beim Corona-Crash im März 2020 nahmen die Anleger eine sehr große Korrelation von Bitcoin mit den Aktien wahr. Aber selbst in dieser Ausnahmesituation lagen die Spitzenwerte nur um 0,6.

Ein Indikator für eine abnehmende Korrelation zwischen zwei Assetklassen kann eine **Divergenz in der Entwicklung der Volatilität** in beiden Assetklassen sein. So kann eine tendenziell zunehmende Volatilität bei einem Aktienindex wie dem S&P 500 und eine deutliche Abnahme der Volatilität von Bitcoin und Ethereum auf eine stärkere Entkoppelung der Kursentwicklung dieser beiden Assetklassen hinweisen.

Von Mitte Juni bis Ende Oktober 2022 nahm die 30-Tage-Volatilität von Bitcoin und Ethereum drastisch um über 60 Prozent ab, während sie beim S&P 500 stetig zunahm. Die erhöhte Volatilität bei den Aktien war dabei bedingt durch die stark steigenden Zinssätze, den Höhenflug des Dollar und schwache Quartalszahlen der Unternehmen. Dies führte Anfang November 2022 zu einer stärkeren Entkoppelung der Kursentwicklung der Aktien von der an den Kryptomärkten.

11.16.2 Korrelation von Bitcoin mit dem Aktienmarkt

In den vergangenen Jahren hat sich gezeigt, dass die Korrelation des Bitcoin-Preises mit wichtigen Aktienindizes schwankt. So schwankte der Korrelationskoeffizient der Weekly Returns von Bitcoin im Vergleich mit dem globalen Aktienindex MSCI World von 2013 bis Anfang 2020 immer zwischen +0,3 und –0,3.[68] Der Bitcoin war also immer wieder zu einem geringen Grad sowohl positiv wie negativ zum Aktienmarkt korreliert.

In der langfristigen Betrachtung zeigt sich für diesen siebenjährigen Zeitraum aber, dass der Bitcoin eben gerade nicht mit den Aktien korreliert war. Eine solche **Entkoppelung (Decoupling)** der Kursentwicklung von Bitcoin im Vergleich mit den Aktienmärkten kann deshalb als der Normalzustand von Bitcoin betrachtet werden. Dagegen suggeriert die Berichterstattung in den Medien eher, dass die **Koppelung (Coupling)** überwiegt. Denn meist wird gefragt, ob und wann sich der Bitcoin vom Aktienmarkt entkoppeln kann.

Erst im Corona-Crash im März 2020 sprang der Korrelationskoeffizient darüber und erreichte Spitzenwerte um 0,6. Richtig ist aber, dass die Korrelation seither immer um 0,3 und nicht wie vorher um 0 geschwankt ist, also beständig höher ist als vor Corona. Es braucht deshalb außergewöhnliche Ereignisse, um beim Bitcoin statistisch relevante Korrelationsgrößen zu erreichen. Dies war in den Krisensituationen der vergangenen Jahre besonders gut zu beobachten. Auf längere Sicht bleibt der Bitcoin trotzdem eher unkorreliert zu den Aktien. Eine Beimischung verbessert deshalb ein Anlageportfolio. Je weniger korreliert der Bitcoin zu Aktien ist, desto größer sollte deshalb eigentlich sein Wert für die Investoren sein.

In Ausnahmesituationen bewegen sich eigentlich nicht korrelierte oder sogar eher negativ korrelierte Assetklassen plötzlich gleichförmig. Es entwickelt sich dann eine **temporäre Korrelation** über einen bestimmten Zeitraum. In Paniksituationen ist das am besten zu beobachten. In Krisenzeiten sinkt die Risikobereitschaft und es erhöht sich die Nachfrage nach weniger volatilen Anlagetiteln. Geraten die Akteure an den Kapitalmärkten in Panik, wird deshalb plötzlich alles verkauft, was mit einem Risiko-Etikett versehen ist. Dieses Phänomen wird als **Deleveraging** bezeichnet.[69] Durch Verkäufe von anderen Assets wird dann versucht, die großen Verluste aus dem Aktienbereich zumindest teilweise auszugleichen. Starke Hebel- und Kreditpositionen werden ebenfalls deutlich zurückgefahren. Diese schnellen Umschichtungen und Auflösungen von Positionen führen häufig zu einem Kursrutsch bis hin zu einem Crash. Beim Deleveraging gibt es meist einen bestimmten Auslöser (Deleveraging-Event), der die Kurse zum Rutschen und die Marktteilnehmer zum hektischen Abbau von Risikopositionen wie Tech-Aktien und/oder gehebelten Positionen bringt. Dieser Auslöser kann ein Ereignis sein, das plötzlich eintritt wie der Corona-Ausbruch. Dann könnte der Kursrutsch oder Crash zwar heftig, aber bald danach auch wieder bereinigt sein. Der Auslöser kann aber auch der Beginn eines Prozesses sein, der sich über einen längeren Zeitraum hinzieht. Ein Beispiel dafür ist die im Jahr 2022 heraufziehende Inflation mit der Notwendigkeit starker Zinsanhebungen. Dann könnte der Markteinbruch auch der Beginn einer lang anhaltenden Baisse sein.

Eine **temporäre Koppelung von Bitcoin- und Aktienmarkt** war immer wieder in akuten *Krisensituationen* zu beobachten. Am stärksten ist diese Korrelation zu *Tech-*

Aktien. Einige Analysten sprechen bereits von Krypto als der nächsten Generation von Tech-Aktien. Von daher ist die besonders starke Korrelation zu diesem Aktiensegment nicht verwunderlich. Insbesondere kleinere und mittlere Tech-Aktien und Start-ups dürften als Peergroup der Anlageklasse Kryptowährungen besonders nahestehen. Die dramatische weltweite Verschärfung der Coronakrise ab Februar 2020 führte zu einem Kursrutsch an den internationalen Aktienbörsen. Dabei verkauften Anleger alle möglichen *Risiko-Assets*. Da der Bitcoin ebenfalls als sehr riskant wahrgenommen wird, hatte auch er kurzfristig sehr stark darunter zu leiden. Dieser Effekt wurde durch die im Gegensatz zu früheren Jahren viel stärkere Beteiligung von traditionellen und institutionellen Anlegern am Kryptomarkt verstärkt. Deshalb war der zuvor nur gering mit den Aktienmärkten korrelierte Preis plötzlich sehr stark mit deren Preisbewegungen verbunden. Dieses Coupling verflachte dann langsam wieder, als sich die erste Panik legte. Auch zum Jahresbeginn 2022 zeigte sich durch krisenhafte Entwicklungen wie den Ukraine-Krieg oder die ausufernde Inflation eine starke Abhängigkeit insbesondere von den Tech-Aktien. So werden tendenziell Tech-Aktien mit steigenden Zinsen als weniger attraktiv angesehen. Der Bitcoin wird dann in der Wahrnehmung vieler Anleger in die gleiche Schublade gesteckt. Eigentlich sollte das gerade nicht der Fall und der Bitcoin Inflationsgewinner sein. Die starke Korrelation zu Tech-Aktien resultiert auch daraus, dass Anleger in Tech-Aktien oft auch in Kryptowährungen investieren und umgekehrt. Sie bewegen sich sozusagen in der gleichen Blase. Steigen die Zinsen oder gibt es gerade krisenhafte Entwicklungen, reagieren sie gleichförmig und verkaufen (Tech-)Aktien wie Kryptowährungen. Generell neigen Menschen in Krisensituationen zu gleichen oder ähnlichen Handlungsmustern und trennen sich tendenziell von spekulativen Investments. Dieser Effekt dürfte sich auch durch die zunehmende Verankerung von **derivativen Investmentmöglichkeiten in Kryptowährungen an den traditionellen Börsen** verstärken. So gibt es je nach Land mittlerweile viele Möglichkeiten, in Bitcoin und andere Kryptowährungen über entsprechende Produkte wie ETPs bis hin zu ETFs zu investieren. Darüber hinaus wird der Bitcoin auch durch die zunehmende Regulierung immer mehr zu einem klassischen Finanzprodukt.

Neben der Wahrnehmung als Risiko-Asset spielt aber auch die große **Liquidität** von Bitcoin eine Rolle. Denn die Reaktion der Anleger auf eine plötzliche Krise ist ein schneller Liquiditätsaufbau. Deswegen kann auch Gold – trotz seines Narrativs als Safe Haven – beim Ausbruch einer Krise wie bei der Lehman-Pleite 2008 und der Coronakrise im März 2020 kurzfristig stark negativ betroffen sein. Massive Verkäufe von Bitcoin liegen dann ebenfalls in der Logik eines solchen Anlegerverhaltens, zumal der Bitcoin im Gegensatz zu traditionellen Kapitalanlagen rund um die Uhr an jedem Tag gehandelt werden kann. Durch den *24/7-Handel* kann den Portfolios so jederzeit Liquidität zugeführt werden. Im Jahr 2020 war dies bei der plötzlichen Eskalation der Coronakrise zu beobachten. Plötzlich wurden in großem Stil die liquiden Risiko-Assets verkauft. Allen voran Aktien, aber selbst Assets, die als Krisenprofiteure gelten wie Gold. Geflüchtet wurde in Cash oder auch in Titel wie Bundesanleihen (mit negativen Renditen!). Ursache dieser temporären Korrelation waren liquiditätsgetriebene Verkäufe, die auch den Bitcoin erfassten. Ähnlich sind regulatorisch induzierte Verkäufe aufgrund von Compliance-Regeln beim Risk-Management von institutionellen Anlegern zu sehen.

Dieses Deleveraging erfasste beim Corona-Crash auch den Bitcoin kurzfristig mit voller Wucht. Nachdem der Bitcoin vorher über viele Jahre keine oder kaum eine Korrelation zu anderen Assetklassen hatte, änderte sich das im Februar 2020, als die schnelle Verschärfung der Coronakrise zu einem Aktiencrash führte. Im März 2020 war der Bitcoin dann vergleichsweise stark korreliert mit dem Auf und Ab der Aktienbörsen. Diese kurzfristige starke Korrelation ist aber bei einer langfristigen Betrachtung nur eine Episode.[70] Es steckt auch keine Logik dahinter, denn der Bitcoin profitiert durch diese Krise. Er ist eben kein Unternehmen mit Umsatz- und Gewinneinbrüchen und auch kein Staat, der sich immer mehr verschulden muss. Das dezentrale Netzwerk ist resistent gegen diese Krisen und bietet in chaotischen Zeiten eher das Versprechen, den von Regierungen und Zentralbanken manipulierten Assetmärkten zu entkommen. Deshalb wird eine derartige temporäre Korrelation über kurz oder lang auch wieder aufgelöst. Dabei steht der **Bitcoin im Spannungsfeld zwischen liquiditätsgetriebenen Verkäufen in der akuten Krisensituation und angstgetriebenen Käufen**, die ebenfalls durch die Krise induziert werden. Beim Ausbruch der Krise überwiegt der allgemeine Fluchtreflex, der sich in den liquiditätsgetriebenen Verkäufen äußert. Im Fall von Bitcoin und Gold sind sie in diesem Fall irrational. Einige Zeit nach Ausbruch der Krise gewinnen dann vernunftgetriebene Überlegungen die Oberhand. Auch wenn angstgetriebene Käufe nicht unbedingt vernünftig erscheinen, machen sie in diesem Zusammenhang Sinn. Denn die Angst vor einer Geldentwertung aufgrund der massiven Stützungsmaßnahmen ist rational begründet.

Man kann also einen Zusammenhang der Einbrüche von Aktien und Bitcoin in der Coronakrise feststellen. Aufgrund der gleichzeitigen Einbrüche und Schwankungen ist das keine Frage des Ob, sondern des Wie-viel. Denn es gibt beim Bitcoin **überlagernde Einflussfaktoren**. Der Bitcoin hat in den ersten sechs Wochen 2020 fast 50 Prozent zugelegt. Korrekturen nach solch starken Anstiegen sind normal, wären aber kaum so heftig verlaufen. Wie viel der Kurseinbrüche also auf eine normale Korrekturbewegung und wie viel auf den Crash an den Finanzmärkten zurückzuführen ist, wird sich nicht mit Sicherheit feststellen lassen, wenngleich der größte Teil auf den Corona-Crash zurückzuführen sein dürfte. Außerdem könnten auch Einflüsse durch das nahende dritte Bitcoin-Halving im Mai 2020 andere Effekte überlagert haben. Denn es gibt erstaunliche Ähnlichkeiten des Kursverlaufs vor dem dritten Halving und dem zweiten Halving im Juli 2016. Im Zusammenhang mit dem

Ukraine-Krieg wurde ebenfalls immer wieder auf die sehr hohe Korrelation hingewiesen. Auch hier war sie wie in der Coronakrise zwar deutlich höher, statistisch gesehen aber immer noch moderat. Allerdings ist die Korrelation je nach betrachtetem Aktiensegment unterschiedlich. Besonders hoch ist die Korrelation von Bitcoin gegenüber Tech-Aktien. Der Korrelationskoeffizient von Bitcoin wird deshalb in diesen Fällen gegenüber dem Nasdaq-Index größer sein als gegenüber dem S&P 500.

Eine zunehmende Abhängigkeit von den traditionellen Finanzmärkten ergibt sich aber auch aus der Entwicklung der vergangenen Jahre. Anfänglich beschränkte sich der Handel mit Bitcoin eher auf Freaks, Cypherpunks und Gegner des herkömmlichen Bankwesens. Durch die sagenhafte Performance von Bitcoin zog das Interesse aber immer weitere Kreise. Aufgrund der Kundennachfrage haben dann immer mehr Banken ihren Kunden einfachere Zugangsmöglichkeiten geboten. Damit werden nun aber auch Bitcoin und andere Kryptowährungen immer mehr fester Bestandteil der Finanzwelt, gegen die sie eigentlich ursprünglich angetreten sind. Die Mehrheit der Anleger, die oft Kryptowährungen gerade wegen der Nicht-Korrelation mit Aktien kauft, reagiert aber bei Schocks wie der Coronakrise oder dem Ukraine-Krieg dann gleichförmig. Diese Anleger verkaufen dann neben den Aktien auch Bitcoin. Dies führt dazu, dass durch die immer größere Beteiligung traditioneller Finanzanleger diese Nicht-Korrelation bei Schocks kurzfristig aufgehoben wird. Das Resultat ist ein **Bitcoin-Paradoxon**: Je mehr Anleger mit einem traditionell geprägten Anlagemuster den Bitcoin wegen des Narrativs seiner Unabhängigkeit von anderen Kapitalanlagen kaufen, desto abhängiger wird der Bitcoin von diesen – zumindest bei einer kurzfristigen Betrachtung.

11.16.3 Korrelation von Bitcoin und Gold

Der Bitcoin wird immer wieder auch als digitales Gold bezeichnet. Wegen der größeren Schwankungen von Bitcoin spricht man auch von einer High-Beta-Version von Gold. Von daher liegt nahe, dass Gold- und Bitcoin-Preis sehr stark korreliert sind. Es zeigt sich aber, dass es zwischen diesen beiden Assets bisher nur eine sehr geringe Korrelation gibt. In akuten Krisensituationen erhöht sich die Korrelation von Bitcoin zum Gold, ähnlich wie das bei Aktien festzustellen ist.

Selbst beim Gold war in der Vergangenheit in Paniksituationen eine temporäre Korrelation zum Aktienmarkt aufgrund liquiditätsgetriebener Verkäufe zu beobachten. Während der Coronakrise im März 2020 fiel der Goldpreis plötzlich zusammen mit den crashenden Aktienkursen. Dieses eigentlich unlogische Verhalten war auch am Anfang der Finanzkrise 2008 zu beobachten. Damals änderte sich das nach wenigen Wochen und der Goldpreis setzte zu einem grandiosen Höhenflug an. Bei der Coronakrise brach das Gold bei der ersten Panikwelle um über zehn Prozent ein. Der Wendepunkt kam mit der Ankündigung der amerikanischen Notenbank Fed Ende März 2020, unbegrenzte Mengen an hypothekenbesicherten Wertpapieren und Staatsanleihen zu kaufen. Damit wurde die Liquidität erhöht und die Kreditkosten gesenkt. Zum einen wurden dadurch Investoren davon abgehalten, ihre Goldbestände weiter zu verkaufen, um Bargeld zu generieren. Zum anderen war diese Ankündigung natürlich geradezu eine Einladung zum Goldkauf als Gegenmaßnahme zur drohenden Geldentwertung. Die liquiditätsgetriebenen Verkäufe wurden also durch die angstgetriebenen Käufe abgelöst. Der Goldpreis drehte unmittelbar nach der Fed-Ankündigung sehr stark nach oben.

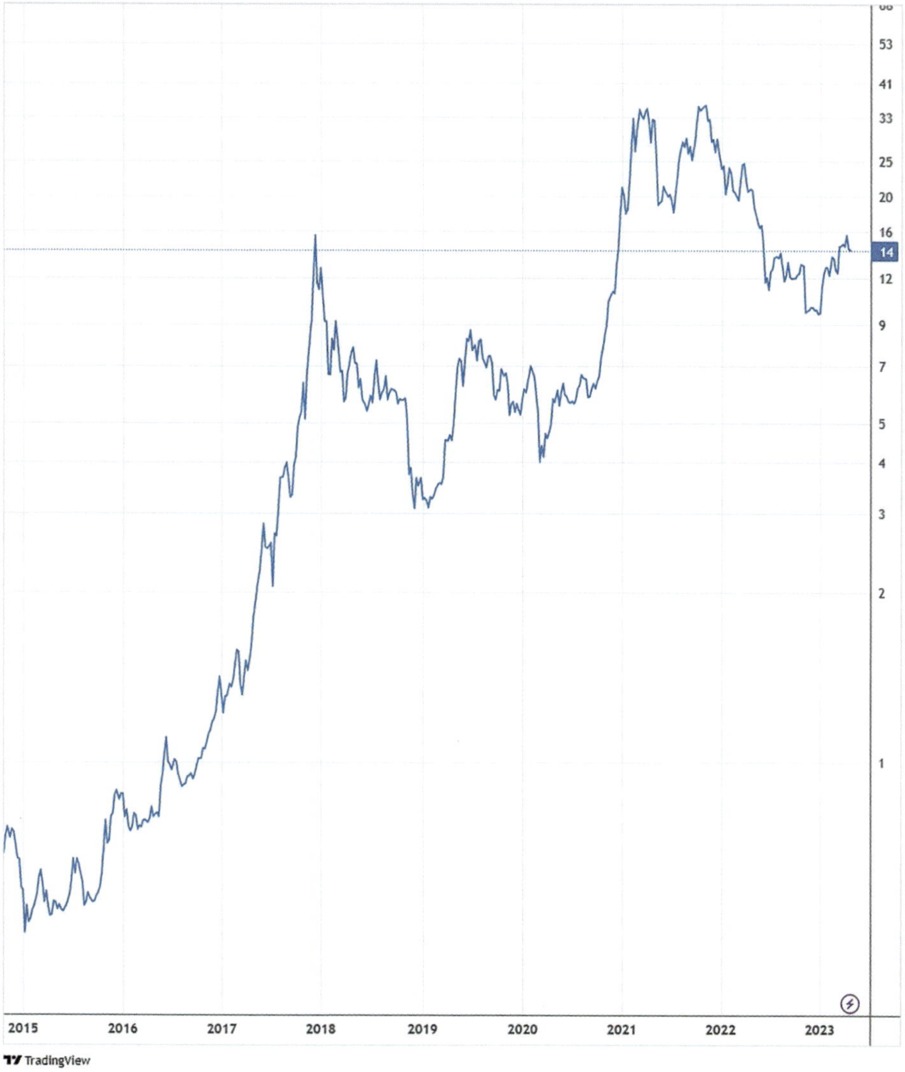

Abb. 11.14 *Preisentwicklung von Bitcoin in Goldunzen (logarithmische Darstellung)*

Seit 2013 schwankte die 6-monatige rollierende Korrelation von Bitcoin und Gold meist zwischen +0,2 und -0,2 und war damit sogar geringer als die zu Aktien. Im ersten Jahr der Coronakrise sprang die Korrelation von Bitcoin und Gold stark an und erreichte Werte um +0,5. Ab Ende 2020 sank sie dann mit einer gewissen Gewöhnung an die Krise wieder und kehrte wieder in ihren ursprünglichen Schwankungsbereich um 0 zurück, die temporäre Korrelation war also wieder aufgehoben.
Man kann den Kursverlauf von Bitcoin auch mit Unzen Gold als Kurswährung darstellen. Dieses **Bitcoin to Gold Ratio** zeigt dann, wie viele Unzen Gold jeweils zum Kauf eines Bitcoin nötig sind. Steigt der Preis, dann outperformt der Bitcoin das Gold. Umgekehrt zeigt der Bitcoin eine Underperformance zum Gold, wenn der Preis fällt.

In Abbildung 11.14 wird das Bitcoin to Gold Ratio zur besseren Visualisierung wegen des teilweise parabolischen Kursverlaufs von Bitcoin in logarithmischer Darstellung dargestellt. Zum Jahresbeginn 2020 waren nur rund vier Unzen zum Kauf eines Bitcoin nötig, im Herbst 2021 rund 36 Unzen. Zum einen sieht man die enorme langfristige Outperformance von Bitcoin zum Gold. Zum anderen gibt es aber auch immer wieder Phasen, in denen das Gold den Bitcoin kurzfristig outperformt. Dies war während des Corona-Crashs im März 2020 der Fall, als sich der Preis von Mitte Februar bis Mitte März von 6,6 auf 3,1 Unzen mehr als halbierte. Auch in der Ukraine-Krise ist der Bitcoin-Preis von 37 Unzen im November 2021 schon vor Ausbruch des Kriegs am 24.02.2022 auf 19 Unzen Ende Januar 2022 gefallen. Die Halbierung des Preises im 2. Quartal 2021 war auf die Mining-Verbote in China zurückzuführen. Insbesondere die Beispiele Corona und Ukraine zeigen, dass in ganz akuten Krisensituationen das Gold dem Bitcoin überlegen ist. Auch nach den zwischenzeitlichen Höchstkursen von Bitcoin nach den jeweiligen Halvings gab es lange Phasen der Underperformance von Bitcoin. Bis zu einem Durchbruch durch die vorherigen alten Höchstkurse dauerte es jeweils rund drei Jahre. Trotz dieser Schwankungen hat der Bitcoin in den vergangenen zehn Jahren aber natürlich einen riesigen langfristigen Aufwärtstrend gezeigt.

11.17 Korrelation von Altcoins zum Bitcoin

In den vergangenen Jahren sind viele Altcoins aus dem Niemandsland auf die vorderen Ränge der Kryptowährungen vorgestoßen. Umgekehrt verschwinden viele Coins von den vorderen Plätzen und erleiden einen entsprechenden Bedeutungsverlust. Man kann das mit Wachstumsaktien vergleichen, bei denen sich auch in relativ kurzer Zeit die Spreu vom Weizen trennt.

Als Beispiele für diese erheblichen Fluktuationen unter den Top-Coins sind in Tabelle 11.3 oben die bis Anfang 2022 neu in die Top 20 vorgestoßenen Coins aufgeführt. Unten sind dann die Altcoins gelistet, die bis Anfang 2022 aus den Top 20 herausgeflogen sind. So sprang Solana von Rang 112 auf Rang 5, Terra von Rang 62 auf 9. Terra stürzte dann nur wenige Monate später im Mai 2022 wieder völlig ab wegen des Zusammenbruchs des Terra-Ökosystems. Die Hälfte der Coins der Top 20 Anfang 2021 war bis Anfang 2022 auf die hinteren Ränge abgerutscht.

Coin	Rang Anfang 2021	Rang Anfang 2022
Aufsteiger		
Solana (SOL)	112	5
Terra (LUNA)	62	9
Avalanche (AVAX)	70	11
Shiba Inu (SHIB)	jenseits 1.000	13
Polygon (MATIC)	113	14
Algorand (ALGO)	49	19
Absteiger		
Litecoin (LTC)	4	20
Bitcoin Cash (BCH)	7	25
Chainlink (LINK)	10	21
Bitcoin SV (BSV)	13	62
Stellar (XLM)	14	28
EOS (EOS)	15	52
Monero (XMR)	16	43
Theta (THETA)	17	39
Tron (TRX)	18	27
NEM (XEM)	19	88
VeChain (VET)	20	33

Tab. 11.3 *Rangänderungen von Altcoins der Top 20 innerhalb eines Jahres*

Diese Beispiele zeigen, dass der gesamte Altcoin-Markt zwar mit Bitcoin korreliert ist. Eine Korrelation zu Einzelcoins gibt es zwar auch. Diese kann sich aber stark ändern oder sogar ins Negative drehen. Die Interpretation dieses Effekts fällt unterschiedlich aus. Manche Analysten interpretieren den Effekt als Resultat eines expansiven Bullenmarktes. Andere sehen einen grundlegenden Wandel, weil die teilweise völlig unterschiedlichen Use Cases von Altcoins im Vergleich zum Bitcoin stärker wahrgenommen werden und in die Bewertungen einfließen.

Während im Jahr 2020 viele der führenden Coins eine Korrelation von 0,9 oder höher zum Bitcoin hatten, fiel diese im Laufe des Jahres 2021 auf 0,3 oder tiefer. Auch in früheren Jahren gab es große Veränderungen bei der Korrelation. So fiel im Januar 2018 nach dem Bullrun 2017 der Korrelationskoeffizient zwischen Bitcoin und Ethereum von über 0,8 auf einen negativen Wert.
Von daher bringen Korrelationsvergleiche von Bitcoin mit einzelnen Altcoins wenig. Man könnte nun die Veränderungen von Bitcoin im Vergleich zu denen eines Krypto-Index nehmen, in dem die wichtigsten Altcoins enthalten sind. Dadurch könnte man feststellen, ob nun gerade Altcoin Season ist oder der Bitcoin stärker läuft.[71] Einfacher für eine schnelle Einschätzung ist aber die Betrachtung der **Bitcoin-Dominanz**.[72] Fällt die Bitcoin-Dominanz, dann zeigen die Altcoins eine Outperformance. Umgekehrt ist eine steigende Bitcoin-Dominanz der Ausdruck einer Outperformance von Bitcoin. Bleibt die Bitcoin-Dominanz gleich, dann weist der Bitcoin eine große Korrelation zu den Altcoins auf.[73] Die Bitcoin-Dominanz dürfte unter Schwankungen auf Sicht tendenziell weiter abnehmen, der Bitcoin wird aber der Leitstern des Kryptomarktes bleiben. Zwar werden die meisten Altcoins an Bedeutung verlieren, da die dahinterstehenden Geschäftsmodelle nicht funktionieren oder konkurrierende Modelle bessere Lösungen liefern. Andere mit einem starken Use Case werden dagegen erheblich an Bedeutung gewinnen, wenn ihre Lösungen in hohem Maße skalierbar sind und dann einen entsprechenden Mehrwert kreieren. Der Bitcoin kann zwar durch Off-Chain-Skalierungslösungen Transaktionen erheblich schneller durchführen. Die Fähigkeit zum absoluten Wachstum ist aber begrenzter als bei wichtigen Altcoins wie Ethereum. Das Wachstum von Bitcoin und dessen Preis verändert sich primär mit der zunehmenden Adoption von Bitcoin. Mit zunehmender Nutzerzahl weltweit wird wegen der dadurch eintretenden Sättigung das weitere Wachstum eher in einen degressiven Verlauf einschwenken. Dagegen sind bei bestimmten blockchainbasierten Killer-Applikationen stark progressive Verläufe möglich. Von daher wird man auch in Zukunft Blockchain-Projekte sehen, deren Coins sich im Vergleich zum Bitcoin vervielfachen. Trotzdem ist nirgends zu sehen, dass der Bitcoin in seinem zentralen Use Case, der sicheren Wertaufbewahrung über alle Ländergrenzen hinweg, eine Konkurrenz bekommen könnte. Selbst wenn Ethereum die Bitcoin-Dominanz brechen und über die Marktkapitalisierung von Bitcoin steigen würde (Flippening), bliebe Bitcoin das digitale Gold. Dessen Wert wird durch das Sicherheitsbedürfnis der Anleger definiert. Dagegen sind Coins, die sich auf Blockchains wie Ethereum beziehen, mit Tech-Aktien zu vergleichen. Deren Wert wird durch die dahinterstehenden Geschäftsmodelle und deren Skalierbarkeit bestimmt. Von daher werden solche Altcoins nicht korreliert mit dem Bitcoin sein und der Versuch einer Korrelationsbetrachtung wenig bringen. Das natürliche Interesse der Investoren, solche Coins zu identifizieren, könnte dann eher über Ansätze wie die Betrachtung von Trendbewegungen oder der Relativen Stärke befriedigt werden.

11.18 Marktphasen

Die von Charles Dow, der auch den ersten US-Aktienindex Dow Jones kreierte, entwickelte **Dow-Theorie** gilt als Begründung der Technischen Analyse. Die Kernaussage dieser Theorie besagt, dass alle Informationen im Chart stecken. Es gibt mit dem primären, sekundären und tertiären Trend drei Trendarten. Ein Aufwärtstrend wird von steigenden Hochs und steigenden Tiefs geprägt, ein Abwärtstrend von fallenden Hochs und fallenden Tiefs. Neben diesen Trends gibt es noch die kurzfristigen kleinen Kursausschläge, die eher als Zufall zu betrachten sind und als Marktrauschen bezeichnet werden. Wichtig ist vor allem der primäre Trend, der die langfristige Auf- und Abwärtsbewegung über mehrere Monate oder Jahre zeigt. Als wichtiger Indikator für das Erkennen langfristiger Trends gilt die 200-Tage-Linie. Für langfristig orientierte Investoren ist der primäre Trend unabhängig von kurzfristigeren Kursschwankungen entscheidend. Er lässt sich in drei Phasen unterteilen:

- Die **Akkumulationsphase** beendet eine längere Abwärtsbewegung. Der Chart dreht dann langsam von einer Abwärts- in eine Seitwärts- und anschließende Aufwärtsbewegung. In dieser Phase sind alle negativen Faktoren, die zu der vorherigen Abwärtsbewegung geführt haben, bekannt und eingepreist. Für gut informierte und charttechnisch versierte Investoren ist diese Phase zum Einstieg optimal.
- In der **Trendfolgephase** folgen auch aufgrund des positiven Newsflows immer mehr Anleger diesem Trend und steigen ein. Durch die zunehmenden Käufe dieser Trendfolger steigen die Kurse deutlich an. Für diese Phase der starken öffentlichen Beteiligung gilt der bekannte Börsenspruch: Die Hausse nährt die Hausse. Solange es zu immer höheren Höchstkursen und auch immer höheren Tiefstkursen kommt, bleibt der Trend intakt.
- Nach neuen Höchstständen folgt dann die **Distributionsphase**. Die erfahrenen Anleger gehen verstärkt zu Gewinnmitnahmen über. Die Kurse stocken dann und können – manchmal auch schnell – zurückkommen. Die Trendumkehr ist da, wenn die Hochs und Tiefs abfallend sind.

Beim Bitcoin konnten diese Phasen bisher gut im Rahmen der vierjährigen Zyklen rund um die Halvings beobachtet werden. Gerade beim teilweise sehr emotional getriebenen Kryptomarkt kann man auch einfach rationale und irrationale Marktphasen unterscheiden. In **rationalen Marktphasen** stehen die *Kursbewegungen in direktem Zusammenhang mit fundamentalen Änderungen*. So können Aktienkurse steigen, wenn Umsatz und Gewinn des Unternehmens ebenfalls zulegen. Der Kurs eines Unternehmens kann aber auch steigen, wenn makroökonomische Faktoren sich ändern und man dadurch in Zukunft Auswirkungen auf das Unternehmen erwartet. Ähnlich ist das bei Kryptowährungen. So wird deren zunehmende Adoption und deren Verwendbarkeit für bestimmte Anwendungsfälle meist zu steigenden Preisen führen. Außerdem könnten sie zum Beispiel auch steigen, wenn durch Gesetzesänderungen ein kryptofreundliches Umfeld geschaffen wird.

Irrationale Marktphasen zeichnen sich dagegen durch eine übertriebene Euphorie oder Panik aus. Fundamentale Überlegungen treten in den Hintergrund, vielmehr wird der *Markt emotional getrieben*. Meist gibt es eine Informationsflut mit einer starken Marktbeeinflussung durch Medienberichte und Influencer aller Art. Es herrscht eine extrem positive oder negative Grundstimmung. Diese verstärkt sich durch das Herdenverhalten der meisten Anleger. Gegen dieses haben clevere Anleger eine gewisse Immunität. Sie analysieren kalt das durch die Emotionen ausgelöste Fehlverhalten und das darauffolgende Mispricing. In Jubelmärkten gibt es ein *Overshooting* der Preise. Am Kryptomarkt suchen die Anleger dann ständig nach dem nächsten Highflyer (Stichwort FOMO). Umgekehrt kommt es in Panikmärkten zu einem *Undershooting*, immer mehr Anleger lassen sich zu Panikverkäufen hinreißen (Stichwort FUD). Woran kann man diese irrationalen Marktphasen erkennen? Abgesehen von der allgemeinen Hektik am Markt stehen oft neue Produkte, neue Märkte oder gravierende externe Veränderungen damit im Zusammenhang und können zu großer Unsicherheit über die Werthaltigkeit der betrachteten Assets führen.

Gerade an den Kryptomärkten sind solche Over- und Undershootings immer wieder zu beobachten. Diese haben manchmal nur eine extrem kurze Dauer. So gab es bei der Marktpanik im Zusammenhang mit der Coronakrise am 13.03.2020 innerhalb von vier Stunden einen Einbruch des Bitcoin von rund 6.000 Dollar bis unter 4.000 Dollar und anschließend sofort wieder einen Anstieg bis auf 6.000 Dollar.

Daran zeigt sich, dass es manchmal sinnvoll sein kann, **extreme Abstauberlimits** zu legen, um von übertriebenen Markteinbrüchen zu profitieren. Umgekehrt können auch **extreme Verkaufslimits** vor allem bei Altcoins Sinn machen, um kurzfristige Kursspitzen (Spikes) zu nutzen. Aber natürlich ist das konkrete Setzen solcher Limits schwierig. Wählt man es zu extrem, wird es nicht ausgeführt. Wählt man es weniger extrem, könnten die Kurse noch viel deutlicher darunter oder darüber gehen.

Der Kryptomarkt ist zu vergleichen mit Aktien an Emerging Markets oder neuen und noch nicht etablierten Wachstumsunternehmen, wie es zu den Anfängen des Internets der Fall war. Dann gibt es große Unsicherheiten über die Bewertung und die Werthaltigkeit solcher Aktien mit entsprechenden Kursschwankungen.[74]

Daneben haben sich noch **spezifische Phasen am Kryptomarkt** herausgebildet. Neben den Bitcoin-Zyklen rund um die alle vier Jahre stattfindenden Halvings[75] sind oft vier Phasen zu beobachten, die jeweils von einer Outperformance von bestimmten Coins oder Gruppen von Coins gekennzeichnet sind. Idealtypisch beginnt dies mit größeren Geldzuflüssen in den Bitcoin und entsprechenden Kursanstiegen und geht dann über Ethereum und andere hoch kapitalisierte Coins bis hin zur Masse der Altcoins weiter. In Phase 1 kann zunächst der *Bitcoin* sehr gut performen. Die Altcoins steigen zwar auch, bleiben in ihrer Performance aber – teilweise deutlich – gegenüber dem Bitcoin zurück. In Phase 2 übernimmt Ethereums Kryptowährung *Ether* eine Lokomotivfunktion und zeigt eine Outperformance zum Bitcoin. Diese erkennt man am einfachsten durch Betrachtung des Charts von Ether zu Bitcoin (ETH/BTC). Denn wenn der in Bitcoin ausgedrückte Preis von Ether steigt, dann outperformt Ether den Bitcoin. Schon diese Phase 2 ist ein starkes Indiz für eine möglicherweise bevorstehende Altcoin Season. Von Phase 2 ausgehend fließt Kapital nicht nur in die zweitgrößte Kryptowährung Ether, sondern verstärkt auch in andere Large Caps unter den Kryptowährungen. Diese *Large Caps* zeigen dann in Phase 3 starke bis parabolische Anstiege und performen den Bitcoin aus. Hier könnte man bereits von einer *Altcoin Season* sprechen. Die Marktteilnehmer suchen anschließend verstärkt nach noch nicht so gut gelaufenen Coins und kaufen zurückgebliebene kleinere Altcoins, die aufgrund ihrer Marktkapitalisierung als Mid, Small und Micro Caps bezeichnet werden können. Dabei wird zwar teilweise versucht, fundamental zu Unrecht zurückgebliebene Coins zu identifizieren. In dieser Phase werden aber vielfach auch Coins neu entdeckt, die aus guten Gründen „im Keller" sind. Diese Phase 4 ist zunehmend von Hektik und großen Kurssprüngen bei Altcoins geprägt. So werden Meme Coins durchs Kryptodorf getrieben und Pump and Dump hat Konjunktur. Es scheint dann, dass jeder Coin parabolisch nach oben geht, unabhängig von seinen fundamentalen Aussichten. Naturgemäß spricht diese Phase für ein – zumindest vorläufiges – Ende einer allgemeinen Aufwärtsbewegung am Kryptomarkt.

Abb. 11.15 *Bitcoin-Dominanz in den Jahren 2021, 2022 und 2023*

Hinweise auf eine **Altcoin Season** kann die Beobachtung der *Bitcoin-Dominanz* liefern.[76] Steigt die Bitcoin-Dominanz, ist jedenfalls keine Altcoin Season. Allerdings muss es dann auch nicht unbedingt eine Bitcoin Season sein, da die Bitcoin-Dominanz auch bei einem fallenden Bitcoin-Kurs steigen kann, wenn die Altcoins prozentual noch stärker abrutschen. Von einer Altcoin Season kann man sprechen, *wenn die Bitcoin-Dominanz bei steigendem Bitcoin-Preis fällt*. Fraglich ist, auf welchem Zeitraum ein solcher Schluss basieren soll. Möchte man durch entsprechende Umschichtungen agieren, sollte der Zeitraum nicht zu lang gewählt werden. Eine Woche oder ein Monat könnten hier vernünftig sein.

Ähnliche Ergebnisse liefert ein *Vergleich der gesamten Kryptomarkt-Kapitalisierung mit der Marktkapitalisierung ohne Bitcoin und Ether*.[77] Gehen die beiden Kapitalisierungen auseinander, zeigt das eine Relative Stärke oder Schwäche der Altcoins gegenüber den beiden führenden Kryptowährungen Bitcoin und Ether.

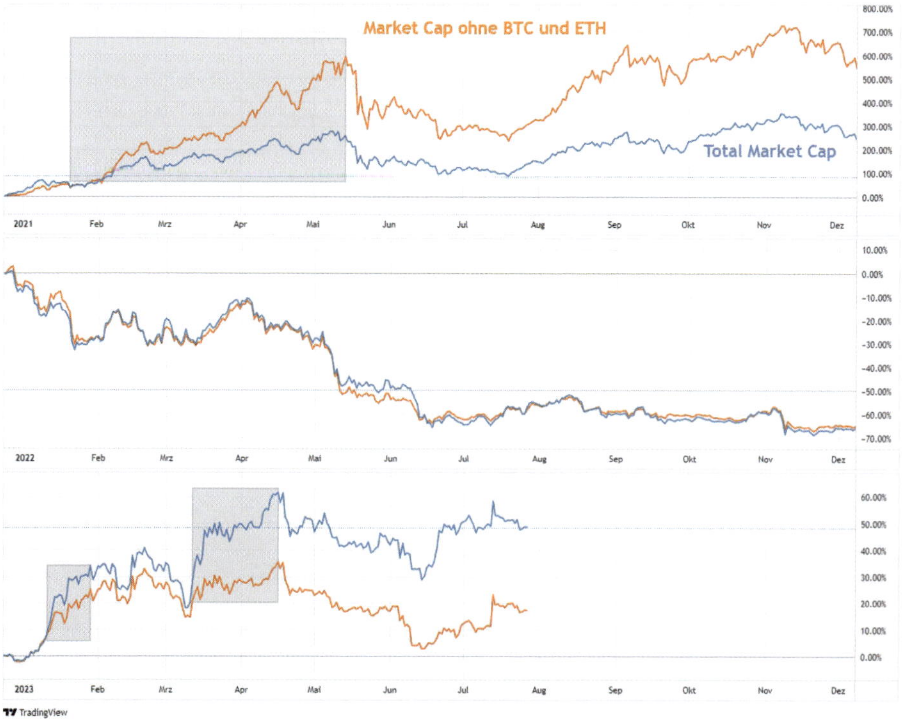

Abb. 11.16 *Total Crypto Market Cap vs. Market Cap ex BTC + ETH*

Im Jahr 2021 fiel von Jahresanfang bis Mitte Mai die Bitcoin-Dominanz deutlich (vgl. Abbildung 11.15). Der Bitcoin stieg seit Jahresbeginn gleichzeitig deutlich an und erreichte Mitte April sein zwischenzeitliches Allzeithoch. Die Marktkapitalisierung des Kryptomarktes ohne BTC und ETH stieg im gleichen Zeitraum prozentual also erheblich stärker als die Gesamtmarktkapitalisierung (vgl. Abbildung 11.16). In der zweiten

Jahreshälfte 2021 gab es nur eine kleine Outperformance, auch wenn der Chart in Abbildung 11.16 eine Relative Stärke der Altcoins zu zeigen scheint. Dies könnte man direkt im Chart sehen, wenn man diesen so verschiebt, dass der gemeinsame Start zum Tiefpunkt Mitte Juli wäre. Dann wäre der Chartverlauf wieder fast synchron. Man sieht auch an der Bitcoin-Dominanz in der zweiten Jahreshälfte, dass diese im Gegensatz zum 1. Halbjahr nur vergleichsweise gering schwankt. Ähnlich war das im gesamten Jahr 2022. Die Bitcoin-Dominanz schwankte nur gering und die Marktkapitalisierungen liefen synchron. Nur nach dem Terra-Crash im Mai 2022 gab es eine gewisse Underperformance der Altcoins, in der Summe verlief die Entwicklung mit und ohne BTC/ETH aber gleichförmig. Dagegen kam es bei der Aufwärtsbewegung zu Jahresbeginn 2023 bis Mitte April zweimal zu einer deutlichen Outperformance von Bitcoin und Ether.

Ein anderer Versuch eines Indikators für eine Altcoin Season ist der *Altcoin Season Index*.[78] Demnach kann von einer Altcoin Season gesprochen werden, wenn während der letzten 90 Tage mehr als 75 Prozent der Top-50-Coins besser als der Bitcoin gelaufen sind. Dabei werden Stablecoins wie Tether oder Asset-backed Token wie WBTC nicht berücksichtigt. Allerdings wird dabei auch eine Altcoin Season definiert, wenn alle Preise fallen, die Altcoins nur nicht so stark. Eine Überlegung, verstärkt in Altcoins zu investieren, macht aber normalerweise nur in einem steigenden Markt Sinn. Von daher soll hier eine Altcoin Season definiert werden als eine *Outperformance von Altcoins in einem steigenden Kryptomarkt*, also bei einem steigenden Bitcoin.

11.19 Black-Swan-Effekte

So hatten sich die Bitcoin-Fans das nicht vorgestellt: Wenige Wochen vor dem Bitcoin-Halving im Mai 2020 halbierte sich der Bitcoin-Kurs mal eben – innerhalb eines Tages. Zwar hatte der Bitcoin innerhalb der ersten sechs Wochen 2020 rund 50 Prozent zugelegt. Dabei wurden als Begründung für den Kursanstieg gerade zunehmende Ängste in Bezug auf das traditionelle Finanzsystem wie die Schuldenproblematik und die internationalen Krisen angeführt. Irrationalerweise kam der Bitcoin-Crash dann zusammen mit dem Aktieneinbruch aufgrund der Coronakrise. Denn eigentlich bekamen die Argumente, die beim Bitcoin-Anstieg angeführt wurden, durch diese Krise noch deutlich mehr Relevanz. Abzulesen war das an den enormen Hilfsprogrammen, die weltweit aufgelegt wurden und die Zweifel an der zukünftigen Geldwertstabilität schürten. Trotzdem wurde der Bitcoin mit nach unten gerissen, da in solchen akuten Paniksituationen generell über alle Assetklassen ein Deleveraging stattfindet.[79] Bei einer solchen Enthebelung der Märkte werden fremdkapitalfinanzierte Positionen abgebaut und generell der Anteil an Risiko-Assets in den Portfolios reduziert. An den Termin- und Derivatemärkten werden in großem Umfang Long-Positionen (zwangs-)liquidiert. Generell kann man auch sagen, dass bei solchen außerordentlichen Ereignissen mit einer allgemeinen Verunsicherung der Märkte einfach ein Cash-Run stattfindet, die Anleger fliehen in Liquidität. Am Beispiel des Corona-Crashs sieht man, dass auch der Bitcoin und der Kryptomarkt insgesamt von Black-Swan-Effekten betroffen sein können.

Fraglich ist, wann man von einem Black-Swan-Ereignis sprechen kann. Der Erfinder des Begriffs „Schwarzer Schwan" definiert dieses Ereignis über die drei Attribute „Seltenheit, massive Auswirkungen und Vorhersagbarkeit im Rückblick (allerdings nicht in der Vorausschau)".[80] Die **Definition** hier soll neben der *Seltenheit* und den *massiven Auswirkungen* noch das *plötzliche Auftreten* umfassen. Das trifft vollumfänglich bei 9/11 zu, den Terroranschlägen vom 11. September 2001. Dagegen ist das bei der Coronapandemie eher strittig. Denn Experten sprachen schon seit vielen Jahren von möglichen Pandemien, bei denen nicht fraglich ist, ob sie kommen, sondern nur wann. Von daher könnte man eher von einem Grauen als einem Schwarzen Schwan sprechen.[81] Außerdem tauchte der Schwarze Schwan namens Corona nicht urplötzlich aus dem Nichts auf wie 9/11. Vielmehr hat man ihn länger im Anflug gesehen, aber er schien viel zu weit weg. Dass er rabenschwarz war, hatten fast alle (Anlage-)Experten erst gesehen, als er schon im Vorgarten gelandet war. Im Folgenden werden für die Einstufung als Black-Swan-Ereignis die beiden ersten Merkmale – Seltenheit und massive Auswirkungen – als hinreichend angesehen. Die ausufernde Inflation im Jahr 2022 war dagegen kein Black-Swan-Ereignis. Sie kam nicht plötzlich, sondern zeichnete sich schon fast jahrelang ab und wurde nur von offizieller Seite durch Regierungen und Notenbanken negiert und durch manipulierte Kapitalmärkte kleingehalten. Der plötzlich ausgebrochene Ukraine-Krieg wurde eher als Anlass genommen, die Schuld wesentlich auf dieses Ereignis zu schieben.

Wichtig bei Black-Swan-Ereignissen sind vor allem ihre **Auswirkungen auf die jeweiligen Assets beziehungsweise Assetklassen**. So war bei der Coronakrise der Aktieneinbruch folgerichtig. Auch bei verschiedenen Kryptoprojekten, die ihre Werthaltigkeit aus der Anwendung in bestimmten gut laufenden Wirtschaftszweigen ableiten, könnte das logisch erklärbar sein. Denn wenn die Branche stark von der Krise betroffen ist, würde das zumindest mittelfristig auch daran andockende Kryptoprojekte negativ tangieren. Beim **Bitcoin** dagegen machte der *Corona-Einbruch überhaupt keinen Sinn*. Denn der Bitcoin versteht sich zunächst als Wertaufbewahrungsspeicher und Alternative zu den inflationsgefährdeten Fiatwährungen. Die weltweit aufgelegten riesigen Stützungsprogramme zur Bekämpfung der wirtschaftlichen Folgen der Coronakrise und die möglichen Folgen für die Geldwertstabilität hätten deshalb eher zu einem Höhenflug von Bitcoin führen müssen. Das Gegenteil war der Fall, ein Beispiel für – kurzfristig – irrationales Anlegerverhalten und das gleichförmige Verhalten in

Crash-Situationen, nämlich der Verkauf aller möglichen und vor allem liquiden Risiko-Assets. Wenn sich die Panik dann etwas gelegt hat, gewinnen wieder rationale Überlegungen an Bedeutung und die Preisverzerrungen werden ganz oder teilweise bereinigt.

Beispiele für **negative Black-Swan-Ereignisse** an den Kryptomärkten wären:

- Erfolgreiche 51-Prozent-Attacke beim Bitcoin
- Nicht entdeckter großer Fehler im Programmcode
- Plötzliche Insolvenz einer großen Kryptobörse (Lehman-Effekt)
- Staatliches Verbot von Kryptotransaktionen

Die Auswirkungen dieser Ereignisse müssten bei rationaler Betrachtung sehr unterschiedlich sein. Eine erfolgreiche 51-Prozent-Attacke oder ein großer Fehler im Programmcode würden an den Grundfesten des Krypto-Assets rühren. Dagegen dürfte die Insolvenz einer großen Kryptobörse zunächst nichts an der Bewertung der Coins ändern, selbst wenn die Anleger dadurch große Beträge an Coins verlieren würden. Diese Coins wären dann übrigens nur für die Anleger zugunsten der Insolvenzmasse verloren. Sie sind aber nicht verloren oder eingezogen, sondern kommen auf Sicht wieder auf den Markt. Dies hat man bei der Mt.Gox-Pleite gesehen, bei der die in der Insolvenzmasse gesicherten Bitcoin viele Jahre später an anspruchsberechtigte Anleger verteilt wurden. Der Zusammenbruch der großen Kryptobörse FTX im November 2022 war zwar ein Schock. Er hatte aber nichts mit Schwächen bei dezentralen Kryptowährungen zu tun, sondern beruhte gerade auf einem extrem schlecht gesteuerten zentralen System, das sich der Kontrolle entzog. Es gab also in der Vergangenheit bereits Pleiten, deshalb ist der Zusammenbruch einer Kryptobörse keine absolute Seltenheit. Eine plötzliche Pleite von Börsen wie Binance oder Coinbase würde allerdings dann doch riesige Schockwellen aussenden und hätte einen Black-Swan-Effekt.

Es könnte auch **positive Black-Swan-Ereignisse** geben. Mögliche Beispiele wären:

- Einstieg der chinesischen Zentralbank beim Bitcoin
- Aufnahme von Bitcoin in den Korb der Sonderziehungsrechte des internationalen Weltwährungsfonds IWF
- (Teilweiser) Ersatz der Goldreserven der Zentralbanken durch Bitcoin
- Bekanntgabe von BlackRock, mehrere Prozent des Anlagevolumens in Bitcoin anzulegen

Die Freischaltung des Kryptohandels für PayPal-Kunden wird hier nicht als Black-Swan-Effekt bezeichnet. Zwar war dies der Startschuss für die große Hausse seit

Oktober 2020, bei der sich der Preis des Bitcoin vervierfachte. Von daher hatte das Ereignis massive Auswirkungen. Es wurde aber schon länger erwartet und auch das Merkmal der Seltenheit fehlte. Denn viele neue Anwendungen weltweit – wie zum Beispiel die Bison-App in Deutschland seit Anfang 2019 – ermöglichten den traditionellen Anlegern den unkomplizierten Zugang zu Kryptowährungen ohne die Kontoeröffnung auf fremden Kryptobörsen oder die Verwaltung eigener Wallets. Die Bitcoin-Rakete stand für alle sichtbar da, PayPal hat dann nur noch die Zündschnur angezündet.

Als **größtes positives Black-Swan-Ereignis** in der Bitcoin-Geschichte könnte man sogar den Bitcoin selbst bezeichnen, der plötzlich auf der Bildfläche erschien. Es gab vorher nichts Vergleichbares und die Auswirkungen waren massiv. Allerdings nahm davon zunächst lange kaum jemand Notiz.

11.20 Weitere Risikofaktoren

Die **Dezentralität** gilt als großes Plus bei Kryptowährungen. Darauf aufgebaute dezentrale Finanzsysteme (DeFi) sollen vom Anspruch her ganz ohne Banken oder andere Finanzintermediäre auskommen und mittels smarter Verträge die Finanzflüsse automatisch kanalisieren. So muss für die Aufnahme eines Kredits keine Bank kontaktiert werden. Vielmehr interagiert der Nachfrager mit einem DeFi-Protokoll und damit mit einem Computercode, der Angebot und Nachfrage automatisch zusammenführt und die entsprechenden Transaktionen vollstreckt. Diese Transaktionen sind in der öffentlich einsehbaren Blockchain abgespeichert und unveränderbar. Allerdings gibt es auch in der Kryptowelt die verpönten Intermediäre. So sind die Kryptobörsen letztlich nichts anderes als die Banken der Kryptowelt und verdienen wie diese an Umsatzprovisionen. Auszahlungssperren wie bei Celsius sind ebenso zentral veranlasste Aktionen wie das Sperren von Bankkonten. Auch müssen die DeFi-Protokolle programmiert werden. Selbst idealistische Programmierer werden das nicht umsonst machen. Dabei kann zumindest teilweise eine restliche zentrale Kontrolle bei den Initiatoren des Kryptoprojekts verbleiben, zumal bei Fehlern im Programmcode und einem Hackerangriff ein zentraler Eingriff sinnvoll sein könnte. Die Dezentralität ist zwar einerseits ein Segen, kann aber auch ein Fluch werden. Jeder kann leicht Token kreieren und diese an DeFi-Börsen als Sicherheiten hinterlegen. Dadurch wird mehr Volumen in den Kryptomarkt gepumpt. Werden diese Sicherheiten immer windiger bis hin zu nutzlosen Hundecoins oder scheinbar tollen NFT-Bildchen, kommt es irgendwann zum Kollaps des Systems. Ähnlichkeiten mit dem Platzen der Immobilienblase und der darauffolgenden großen Finanzkrise kommen nicht von ungefähr. Auch damals wurden durch Finanzakrobatik mit undurchsichtigen und von den Initiatoren als innovativ titulierten Finanzprodukten Traumrenditen aus dem Nichts und ohne den Einsatz von Eigenkapital geschaffen. Das Gesetz der Schwerkraft kann aber durch viel heiße Luft ebenso wenig aufgehoben werden wie das ökonomische Grundprinzip, dass höhere Renditen nur mit entsprechend höheren Risiken erreicht werden können. Das ist in der dezentralen Welt nicht anders als in der zentralen.

Bei großen Problemen ist ein Abschalten des dezentralen Systems nicht so schnell und einfach möglich wie in der traditionellen Finanzwelt. Aber ähnlich wie dort gibt es auch in der dezentralen Finanzwelt große Interdependenzen. Deshalb können **systemische Risiken in der DeFi-Welt** durchaus bis hin zu einer Art Kernschmelze führen. Denn Kredite und Vermögenswerte werden quer über verschiedene Protokolle verschoben, noch dazu mit teilweise sehr unrealistischen Renditeversprechungen. Der *Terra-Zusammenbruch* im Mai 2022 hat gezeigt, dass es sich dabei nicht nur um theoretische Risiken handelt. Die dadurch ausgelösten folgenden Pleiten von DeFi-Dienstleistern wie Celsius oder Voyager und der Zusammenbruch des Krypto-Hedgefonds Three Arrows Capital (3AC) waren Kettenreaktionen, die in ihrem Ausmaß sogar noch überschaubar blieben. Ein **Lehman 2.0** ist deshalb auch am Kryptomarkt denkbar. Nur gibt es in der Kryptowelt dann eben keine dieser „bösen" zentralen Instanzen wie Zentralbanken oder Regierungen, die eingreifen. Im besten Fall unterstützen hier freiwillig andere solvente Krypto-Player.[82] Im schlechtesten Fall kommt es tatsächlich zur Kernschmelze. Davon wären dann auch der Bitcoin oder Ethereum betroffen. Bei Ethereum ist das noch naheliegend, denn die meisten DeFi-Anwendungen laufen auf der Plattform. Allerdings hätte der Wert der Plattform grundsätzlich trotzdem weiter Bestand. Denn Ethereum bietet nur die Plattform für die DeFi-Produkte, egal ob dahinter gute oder schlechte Geschäftsmodelle stehen. Selbst in den Crashs hat sich gezeigt, dass die technische Seite der Plattform immer problemlos funktioniert hat. Beim Bitcoin würde nur das Marktrisiko durchschlagen. Die führende Kryptowährung ist gleichzeitig die einzig wirklich dezentrale und sichere. Beim Bitcoin wird es deshalb kein Insolvenzverfahren geben. Allerdings wird auch Satoshi Nakamoto nicht eingreifen, wenn der Bitcoin-Kurs völlig verrücktspielt.

Die zunehmende **Verflechtung der Kryptowelt mit dem traditionellen Kapitalmarkt** hat sich in den vergangenen Jahren zwar als Kurstreiber erwiesen, könnte aber ebenfalls ein Problem werden. Zumal die Software-Bastler zwar scheinbar smarte Finanzprodukte bauen können, aber mit den Fallstricken der Finanzmärkte nicht so gut vertraut sind.[83] Umgekehrt haben die Finanzexperten wenig Ahnung von der Funktionsweise der teilweise komplexen Technologien. Insbesondere in Hypephasen wird dann schon einmal etwas mit der heißen Nadel gestrickt. Deshalb ist fraglich, ob die automatisierten DeFi-Produkte wirklich Probleme lösen oder auf längere Sicht neue Probleme schaffen. Bisher ist der DeFi-Markt aufgrund seiner noch geringen Größe nicht systemrelevant. Das kann sich in den nächsten Jahren ändern. Eine Lösung der Problematik wird eine vernünftige Regulierung sein, ohne dass sinnvolle Entwicklungen abgewürgt werden.

Daneben gibt es noch eine Vielzahl anderer Risikofaktoren, die aber teilweise auch andere Assets betreffen könnten.[84] So würden ein Blackout bei der Stromversorgung oder ein Internetausfall praktisch alle Lebens- und Wirtschaftsbereiche erfassen. Bei einem Strom- und Internetausfall könnten Nutzer temporär nicht mehr auf ihre Wallets zugreifen. Dagegen hätten Besitzer von physischem Gold dieses als mögliches Zahlungsmedium weiter parat. Bei diversen anderen Risiken ist der Bitcoin aber im Vorteil. So ist ein staatliches Bitcoin-Verbot im Gegensatz zum Gold viel schwieriger – wenn überhaupt – durchzusetzen und mit Strafe zu belegen.

11.21 Summary

11.1 Im Gegensatz zu herkömmlichen Fiatwährungen wie Dollar oder Euro ist das Angebot von Bitcoin absolut begrenzt und deshalb nicht inflationierbar. Aufgrund der fehlenden Angebotselastizität ist die **Nachfrage nicht ein, sondern der Preistreiber** beim Bitcoin. Daraus erklärt sich auch die sehr große Volatilität von Bitcoin bei Nachfrageschocks.

Die **Bitcoin-Dominanz** am Kryptomarkt bleibt ungebrochen. Die Marktstellung gegenüber konkurrierenden Unpegged Payment Token wie Bitcoin Cash oder Litecoin hat sich im Laufe der Jahre um ein Zigfaches verstärkt.

Eine aussagekräftigere Berechnung der Bitcoin-Dominanz müsste ohne den Einbezug der Stablecoins erfolgen.

Die ständige Verbesserung der **Zugangsmöglichkeiten von Anlegern in den Kryptomarkt** führt zu verstärkter Nachfrage.

Die **demografische Entwicklung** spricht für einen nachhaltigen Nachfrageanstieg über Jahre/Jahrzehnte.

Der **zunehmende Einfluss institutioneller Investoren** führt insbesondere in Krisensituationen zu einer kurzfristig stärkeren Korrelation zwischen Aktien und Kryptowährungen als in der Vergangenheit.

Der Bitcoin erweist sich langfristig als **Safe Haven** zum Schutz vor Inflation. Kurzfristig wird er bei Krisen als Risiko-Asset ähnlich wie Tech-Aktien wahrgenommen.

11.2 Bei den Bitcoin-Halvings kommt es ungefähr alle vier Jahre zu einer Halbierung der Miner-Belohnung für das Finden eines Blocks (Blockanteil). Rund um diese vierjährigen Halving-Termine haben sich beim Bitcoin in der Vergangenheit sehr starke

Marktzyklen mit riesigen Kursanstiegen vom Zyklustief zum Zyklushoch gebildet. Diese **Halving-Effekte** haben sich prozentual aber jedes Mal verringert.

Auch bei anderen Mineable Coins kommt es in regelmäßigen Abständen zu Reduzierungen der Block-Entlohnungen. Dabei kommt es aber nicht zu Preiseffekten, wie sie beim Bitcoin zu beobachten sind.

11.3 **Krypto-Wale und Großinvestoren** können größere Preisbewegungen auslösen.

Eine hohe Konzentration der Anteile einer Kryptowährung bei wenigen Investoren zeigt einen geringen Grad an Dezentralisierung. Eine ausgeprägte Dezentralisierung spricht für eine weitverbreitete Adoption.

Durch sehr hochhebelige Handelsinstrumente können auch kleinere Investoren Wal spielen.

Verschiedene Analyseseiten versuchen, aus dem Tracking von Wal-Transaktionen Rückschlüsse auf deren Verhalten zu ziehen.

11.4 Die Entwicklung der **Umlaufmenge von Stablecoins** ist ein wichtiger Indikator für das generelle Interesse am Kryptomarkt. Eine Zunahme zeigt einen verstärkten Zustrom von Fiatgeld in den Kryptomarkt. Sie kann sich aber auch kurzfristig durch große Verkäufe am Kryptomarkt bilden, insbesondere in Paniksituationen.

Der Tether (USDT) hat zuletzt seine dominante Stellung am Markt wieder verstärkt.

Das Verhältnis von Marktkapitalisierung von Bitcoin zur Marktkapitalisierung aller Stablecoins spiegelt die potenzielle Kaufkraft am Markt.

11.5 Eine vernünftige Regulierung von Kryptowerten schafft Vertrauen und ist deshalb auf Sicht positiv. Institutionelle Anleger können sich normalerweise nur in regulierten Märkten engagieren.

Wünschenswert wäre eine technologieneutrale Regulierung, bei der für Krypto-Assets die gleichen Regeln gelten wie für Assets in der traditionellen Finanzwelt.

Kryptoverbote werden immer wieder diskutiert. Diese würden insbesondere bei der Einstufung von Krypto-Assets als Wertpapiere greifen. Der Bitcoin wäre wegen seines dezentralen Ausgabemechanismus davon aber nicht betroffen. Hier hat sich ein Konsens gebildet, dass er kein Wertpapier ist.

11.6 **Besteuerungseinflüsse** könnten über eine Benachteiligung von Kryptowährungen diese Anlageform unattraktiver machen.

Der letzte Einreichungstermin der Steuererklärungen in den USA, der jeweils Mitte April ist, könnte einen Tax Day Effect auslösen. Insbesondere nach großen Gewinnen am Kryptomarkt im Vorjahr könnten Anleger gezwungen sein, zur Begleichung ihrer Steuerzahlungen Kryptobestände zu verkaufen.

11.7 **Marktmanipulationen und Insiderhandel** sind am Kryptomarkt noch wenig reguliert.

Bei Pump-and-Dump-Aktionen blasen die Initiatoren den Kurs über massive Marketingkampagnen und das Verstreuen von Fake News künstlich auf, um dann ihre eigenen Bestände bei ihren Followern abzuladen. Dabei werden manchmal auch falsche Insiderinformationen verbreitet.

Unter **Wash Trading** versteht man das gleichzeitige Kaufen und Verkaufen eines Marktteilnehmers. Derartige Umsätze haben keinen Einfluss auf den Preisfindungsprozess. Mit Wash Trades versuchen insbesondere unbekanntere Kryptobörsen, ein erheblich über den tatsächlichen Umsätzen liegendes Handelsvolumen vorzutäuschen.

Bei NFTs wird über Wash Trading versucht, den Kurswert entgegen der tatsächlichen Marktlage hochzutreiben.

Beim **Spoofing** stellen Marktteilnehmer Fake Orders ein, die gar nicht ausgeführt werden sollen. Dadurch soll ein in Wirklichkeit gar nicht vorhandener Kauf- oder Verkaufsdruck vorgetäuscht werden. Nähert sich der Preis den Fake Orders, werden sie automatisch zurückgezogen.

Beim **Shilling** macht meist eine bekannte Persönlichkeit für ein Projekt und dessen Coin Werbung. Diese Personen können die Projektgründer oder auch externe Personen sein. Shilling kann die Vorstufe zu einem Rug Pull oder zu Pump-and-Dump-Aktionen sein.

Großinvestoren können über das **Auslösen von Stop-Limits** versuchen, Kurse über oder unter markante Marken zu treiben, um kurzfristig eine bestimmte Kursdynamik auszulösen.

Insiderhandel kann es bei den Projekten nahestehenden Personen geben oder bei Kryptodienstleistern wie den Kryptobörsen.

11.8 Die über verschiedene Medien geäußerten Meinungen von bekannten **Influencern** können die Kurse stark beeinflussen. Dabei müssen die Influencer nicht unbedingt ein eigenes Interesse an einer bestimmten Kursentwicklung haben.

11.9 **Betrug** kommt in verschiedenen Formen vor.

Eine der bekanntesten Betrugsmaschen ist das **Ponzi Scheme**. Dabei werden mit marktschreierischem Marketing unrealistisch hohe Renditen versprochen. Bei diesen Schneeballsystemen werden anfänglich teilweise die Renditen aus ständig neu akquirierten Geldern ausgezahlt und locken dadurch noch weitere Anleger an.

Kryptobetrüger kapern oft fremde Namen bekannter Persönlichkeiten, mit denen dann ohne deren Wissen oder Zustimmung Werbung für betrügerische Modelle gemacht wird.

Bei **Exit Scams (Rug Pulls)** handelt es sich um von vornherein in betrügerischer Absicht emittierte Coins. Das Projekt verfolgt keine Zukunftspläne oder existiert überhaupt nicht. Oft ist ein Rug Pull mit einem ICO verbunden.

Krypto-Mixing ist kein Betrug, sondern dient zur Anonymisierung von Zahlungsströmen. Dieses grundsätzlich legitime Verfahren wird aber auch von Betrügern missbraucht, um unrechtmäßig erworbene Gelder zu waschen und abzuziehen.

11.10 Hacker greifen Schwachstellen in Computersystemen an. Das wird meist aus kriminellem Interesse zur persönlichen Bereicherung geschehen (Black-Hat Hacker). Es gibt aber auch White-Hat Hacker, die aus ethischen Motiven handeln und Schwachstellen in Systemen aufdecken und verbessern wollen.

Auch **Hacks** im Kryptobereich haben fast immer finanzielle Motive. Dabei werden meist Dienstleister wie Kryptobörsen gehackt und von dort schlecht gesicherte Kryptowährungen gestohlen.

Es kann auch Hacks durch Fehler im Programmcode geben. Betroffen sind davon insbesondere dApps, die auf einer Basis-Blockchain laufen.

Bei solchen Hacks können zwar Bitcoin entwendet werden. Der Bitcoin selbst konnte aber nie gehackt werden und gilt diesbezüglich als sicher.

11.11 Das **Listing** eines Coins bei einer großen Kryptobörse kann große positive Auswirkungen auf die kurzfristige Preisentwicklung haben. Am bekanntesten ist der Coinbase-Effekt bei einem neuen Listing auf der amerikanischen Kryptobörse. Kommt es bei einem Coin zu einem **Delisting** bei einer großen Kryptobörse, kann das zu einem starken Kursrückgang führen.

Auch die Aufnahme von Coins in den **Futures-Handel** kann den Preis kurzfristig treiben.

Bei Exchange Token von Kryptobörsen kann eine **Erweiterung der Börsendienstleistungen** deren Attraktivität und damit Preis steigern.

11.12 Das **Verbrennen von Coins (Coin Burning)** führt zu einer dauerhaften Verringerung des umlaufenden Bestands an Coins. Ceteris paribus führt eine Verknappung des Coin-Angebots eher zu steigenden Preisen. Coin Burning kann wegen der zu erwartenden Wertsteigerung der Coins auch zu einer impliziten Gewinnausschüttung an die Investoren genutzt werden.

Es gibt einmalig und periodisch stattfindende Burnings. Bei ICOs werden teilweise nicht platzierte Coins vernichtet. Teilweise werden auch die für Netzwerkgebühren gezahlten Coins anschließend wieder verbrannt.

Beim weniger Energie verbrauchenden Konsensmechanismus Proof of Burn gehen Miner in Vorleistung, wenn sie durch das Verbrennen von Coins das Recht auf das Schürfen neuer Blöcke erhalten.

Bei algorithmisch gesicherten Stablecoins werden meist native Coins des herausgebenden Projekts im Gegenwert der neu emittierten Stablecoins verbrannt. Bei Rückgabe der Stablecoins werden im Gegenzug dann wieder native Coins im gleichen Gegenwert erzeugt. Das Konzept wurde aber durch den Terra-Zusammenbruch diskreditiert.

Bei **Rückkaufprogrammen (Buybacks)** durch das Kryptoprojekt selbst werden die zurückgekauften Coins nicht vernichtet, sondern auf eigenen Konten als Treasury Coins verwahrt. Ähnlich wie bei Aktienrückkäufen können diese Coins dann als Kaufwährung bei der Beteiligung an anderen Kryptoprojekten verwendet werden.

11.13 Spaltet sich nach einer **Hard Fork** die Blockchain in zwei inkompatible Blockchains, bekommen alle Investoren des ursprünglichen Coins auch die entsprechende Anzahl an Coins der neuen Blockchain.

Theoretisch sollte die Summe der Werte der beiden Coins gleich dem Wert des alten Coins vor der Abspaltung sein. Je nach Stimmungslage und Gesamteinschätzung der Anleger können hier aber auch Windfall Profits entstehen wie bei Bitcoin Cash, der Hard Fork von Bitcoin. Umgekehrt können Kämpfe zwischen den dann existierenden zwei Projekten aber auch zu großen Verlusten beim Gesamtwert der beiden Coins führen, wie das im Zusammenhang mit der Hard Fork von Bitcoin Cash, Bitcoin SV, zu beobachten war.

Bei **Soft Forks** gibt es keine neuen Coins. Bewertungsänderungen resultieren hier aus der Einschätzung der Marktteilnehmer, ob es durch das Update wirklich zu einer Verbesserung des Netzwerks kommt.

Airdrops werden häufig an die Halter eines bestimmten Coins ausgegeben, die zu einem bestimmten Zeitpunkt per Snapshot bestimmt werden. Hier kann es im Vorfeld des Airdrops zu Kurssteigerungen beim „Berechtigungs-Coin" kommen. Meistens sind die als Marketinginstrument genutzten Airdrops aber wenig lukrativ.

11.14 Beim **Staking** werden Coins zeitweilig vom Verkauf gesperrt. Durch die gelockten Coins vermindert sich die Zahl der direkt handelbaren umlaufenden Coins. Durch die Verknappung des Angebots könnte der Preis des Coins steigen.

Hohe Staking-Renditen erhöhen zwar die Attraktivität eines Coins, führen aber auch zu einer übermäßigen Inflationierung. Staking-Renditen sind keine Fiat-Renditen, da sie in den jeweiligen Coins – manchmal auch in Betriebs-Coins – ausgezahlt werden.

Extrem hohe Renditen sind eher ein Warnzeichen für betrügerische Absichten wie Pump-and-Dump-Aktionen.

Das größte Staking-Risiko sind nicht mögliche Veränderungen der aktuell ausgewiesenen Staking-Renditen, sondern das Kursänderungsrisiko des Staking-Coins. Dieses Risiko wird umso größer, je länger die Sperrfristen beim Staking sind. Es gibt aber auch flexibles Staking, bei dem die Coins jederzeit aus dem Staking abgezogen und dann wieder gehandelt werden können.

Staking-Ankündigungen können kurzfristige Preistreiber bei einem Coin sein.

11.15 **Long- und Short-Squeezes** werden vor allem durch große Hebelpositionen an den Futures-Märkten ausgelöst. Hohe Short-Positionen führen dann bei einem plötzlichen Kursanstieg zu einer Welle von (Zwangs-)Auflösungen der Short-Positionen an den Terminmärkten. Diese Kettenreaktion kann dann den Kursanstieg noch zusätzlich sehr stark befeuern. Umgekehrt verstärkt ein Long-Squeeze durch die zwangsweise Auflösung von Long-Positionen dann einen Kurssturz.

Je geringer die Liquidität eines Marktes ist, desto größer ist die Wahrscheinlichkeit solcher Squeezes.

Neben einigen anderen Indikatoren könnten sehr hohe positive oder negative Werte bei den Funding Rates auf die steigende Wahrscheinlichkeit eines bevorstehenden Squeezes hindeuten.

Ein steigendes Short Interest und Short Interest Ratio signalisiert die erhöhte Wahrscheinlichkeit eines Short-Squeezes.

Ein zusätzliches Risiko bei extremen Marktsituationen können auch Handelsunterbrechungen an den Kryptobörsen sein.

11.16 Die **Korrelation der Preisentwicklung von zwei Assets** bewegt sich zwischen einer vollkommen positiven Korrelation mit einer völlig identischen Preisentwicklung und einer vollkommen negativen Korrelation mit einer genau gegenläufigen Preisentwicklung.

Bis 2020 gab es kaum **Korrelation zwischen dem Bitcoin und dem Aktienmarkt.** Die Entkoppelung (Decoupling) war der Normalzustand. Seit dem Corona-Crash im März 2020 sprang die Korrelation auf ein höheres Niveau. Von einer Koppelung (Coupling) zu sprechen, ist aber übertrieben. Seither herrscht eine moderate Korrelation.

In Ausnahmesituationen bei Krisen entwickelt sich eine **temporäre Korrelation.** Dies betrifft aber auch andere Anlageklassen. Dies hat mit dem Phänomen des Deleveraging zu tun, das an den Kapitalmärkten in Paniksituationen auftritt. Dann wird der Investitionsgrad in allen Assets, die als Risikopositionen eingestuft werden, deutlich zurückgefahren und die Anlagen in Safe-Haven-Assets umgeschichtet.

Die Korrelation von Bitcoin und Aktien wurde in den letzten Jahren durch den verstärkten Einstieg von traditionellen und institutionellen Anlegern in den Kryptomarkt verstärkt. Die stärkste Korrelation zeigt sich gegenüber Tech-Aktien.

Das **Bitcoin-Paradoxon** verstärkt sich durch die zunehmende Beteiligung traditioneller Anleger.

11.17 Der gesamte Kryptomarkt ist zum Bitcoin korreliert. Die Korrelation zu Einzelcoins ändert sich immer wieder oder kann sogar ins Negative drehen. **Korrelationsbetrachtungen von Altcoins** zum Bitcoin dürften deshalb weniger Sinn machen.

11.18 Beim sehr stark emotionsgetriebenen Kryptomarkt sind im Rahmen der bisher beobachteten vierjährigen Marktzyklen rational und irrational geprägte **Marktphasen** zu beobachten. Während der irrational geprägten Marktphasen kann es Sinn machen, wegen der großen Kursausschläge extreme Abstauberlimits oder extreme Verkaufslimits zu legen.

Aufwärtsbewegungen werden meist zunächst vom Bitcoin dominiert. Dann gewinnen zwar auch die Altcoins dazu, aber die Kurssteigerungen bleiben deutlich hinter denen von Bitcoin zurück und werden von einer steigenden Bitcoin-Dominanz geprägt. Danach zeigen häufig Ethereum und dann auch andere große Coins eine Outperformance. Zuletzt konzentriert sich das Geschehen dann auf kleinere Coins.

11.19 **Black-Swan-Effekte** können massive Preisauswirkungen haben. Der Corona-Ausbruch wird vielfach als Black Swan gesehen, kündigte sich aber schon vorher an. In der Panik nach einem Black-Swan-Ereignis dominiert an den Anlagemärkten und auch beim Bitcoin irrationales Anlegerverhalten.

Es sind auch positive Black-Swan-Effekte denkbar. Als größtes positives derartiges Ereignis in der Bitcoin-Geschichte könnte man den Bitcoin selbst bezeichnen.

11.20 Es sind noch **weitere Risikofaktoren** denkbar. Die Dezentralität ist zwar ein großes Plus von Kryptowährungen. Sie kann aber auch zu Missbrauch einladen, bei dem ein schneller zentraler Eingriff hilfreich wäre.

Durch die zunehmende Verflechtung der verschiedenen Protokolle und Anwendungen können systemische Risiken entstehen und zu einer Art Lehman 2.0 führen.

Auch die zunehmende Verflechtung der Kryptowelt mit dem traditionellen Kapitalmarkt könnte zu Problemen führen.

12 FUNDAMENTALANALYSE

12.1 Unterschiede zur Fundamentalanalyse von Aktien

Bei der **Fundamentalanalyse** von Assets geht es darum, unter Berücksichtigung aller relevanten Einflussfaktoren den inneren oder wirklichen Wert dieses Assets zu bestimmen. Beim Vergleich mit dem aktuellen Marktpreis kann dann die Aussage getroffen werden, ob ein Asset im Vergleich zu seinem fundamental abgeleiteten inneren Wert über- oder unterbewertet ist. Liegt der Marktpreis über dem inneren Wert, der mit der Fundamentalanalyse abgeleitet wird, gilt das Asset als überbewertet. Liegt der Marktpreis unter diesem Wert, gilt es als unterbewertet.

Die Fundamentalanalyse hat für die langfristige Beurteilung von Kryptowährungen ähnlich wie bei Aktien eine überragende Bedeutung. Bei langfristig angelegten Investments ist sie deshalb unerlässlich für fundierte Entscheidungen. Bei kurzfristigen Betrachtungen spielen für Trader eher die aktuelle Gesamtmarktverfassung, der Trend oder das Momentum des betrachteten Coins und ähnliche Faktoren eine entscheidende Rolle. In diesem Zusammenhang wird dann auch stark auf Chart- und Sentiment-Analysen zurückgegriffen, die in eigenen Kapiteln behandelt werden. Eine Fundamentalanalyse von Kryptowährungen und Krypto-Assets soll letztlich die gleichen Fragen beantworten wie im Aktienbereich: Ist der jeweilige Coin oder Token über- oder unterbewertet oder notiert er zu seinem fairen Preis? Bei der Bewertung von Aktien spielt die Fundamentalanalyse eine wesentliche Rolle. Anhand der vom Unternehmen veröffentlichten Zahlen und Prognosen der künftigen Geschäftsentwicklung sowie der vorhandenen Substanz wird der Wert eines Unternehmens abgeleitet. Bei Kryptowährungen gibt es solche Veröffentlichungen nicht. **Kryptowährungen sind keine**

Unternehmen. Von daher gibt es keine Bilanzen oder Gewinnwarnungen. Sie können zwar Erträge generieren, wenn für die Nutzung der Blockchain Gebühren von den Nutzern gezahlt werden, die unter bestimmten Bedingungen insbesondere beim Staking an die Staker der Kryptowährung gezahlt werden. Ansprüche auf Beteiligung an den Erlösen einer Plattform oder auf Anteile des dahinterstehenden Kryptoprojekts haben die Inhaber der dazugehörigen Coins aber nicht. Eine völlig dezentrale Kryptowährung wie der Bitcoin kann andererseits auch nicht wie ein Unternehmen pleitegehen. Kryptowährungen repräsentieren einen Wert innerhalb eines Netzwerkes, der von der Beteiligung (Nutzer, Miner, Entwickler) und Akzeptanz dieses Netzwerks abhängt. Außerdem handelt es sich bei Kryptowährungen noch um sehr junge Entwicklungen, deren Anwendungsfälle in der realen Welt sich bisher noch wenig durchgesetzt haben. Da diese neuen Technologien erst am Anfang ihres Adoptionszyklus stehen, ist das Zukunftspotenzial enorm.

Vernünftige Orientierungspunkte in der neuen Kryptowelt werden sukzessive entwickelt oder müssen noch gefunden werden. Es gibt keine Erfolgsbilanzen, wie sie Unternehmen in ihren jährlichen Jahresabschlüssen vorlegen. Eine Due-Diligence-Prüfung, wie man sie im Aktienbereich als umfassende Prüfung eines zum Verkauf stehenden Unternehmens durch den potenziellen Käufer kennt, ist deshalb auch für Kryptoprojekte und Coins bei einem seriösen Investmentansatz unbedingt notwendig. Allerdings: Eine **Fundamentalanalyse von Kryptowährungen** *muss eine andere Methodik verfolgen und sich auf andere Informationsquellen stützen.* Wichtige Quellen sind dabei:

- On-Chain-Daten und -Indikatoren
- Das Whitepaper und die Website des Projekts
- Der Slack-, Telegram- oder Discord-Kanal oder Blog (meist auf Medium.com) des Entwicklerteams: Hier finden sich die offiziellen News der Entwickler, die dort mit der Community interagieren. Dort kann man auch Fragen stellen
- Die Foren der Community auf Reddit, Bitcointalk, Steemit: Hier bekommt man einen guten Eindruck vom Sentiment des Coins. Da die Sprache dort oft sehr techniklastig ist, kann man Suchanfragen mit dem Zusatz „ELI5“ versehen (Explain it to me like I'm 5 years old)

Vor einem Versuch, den „richtigen“ Wert (Fair Value) zu ermitteln, geht es zunächst einmal darum, eine Kryptowährung als sinnvoll und nicht betrügerisch zu klassifizieren. Denn von den Tausenden von Kryptoprojekten dürfte die Mehrheit als betrügerische Projekte, Exit Scams oder Scherz-Coins einzustufen sein. Auch bei den Projekten mit einem seriösen Ansatz muss zunächst einmal eingeschätzt werden, ob dieser Sinn macht und ein Markt dafür vorhanden ist. Da die gesamte Assetklasse erst wenige Jahre alt ist, sind historische Vergleiche und Betrachtungen wenig zielführend.

Bei Tech-Unternehmen ist eine Bewertung umso schwieriger, je innovativer ihr Geschäftsmodell und je schwieriger deshalb eine Einschätzung ihres nachhaltigen Erfolgs ist. Kryptoprojekte sind mit solchen innovativen Tech-Aktien zu vergleichen. Nicht umsonst zeigten Kryptowerte in der Vergangenheit bereits mehrfach – zumindest temporär – eine sehr hohe Korrelation zu Tech-Aktien. Ein Makroansatz zur Bewertung von Kryptowährungen könnte deshalb auf den anvisierten **Zielmarkt** abstellen, der bereits von traditionellen Unternehmen oder auch Assets besetzt ist. Unterstellt man, dass die Kryptowährung diese Unternehmen oder Assets ganz oder teilweise aus dem anvisierten Markt verdrängen kann, so könnte die Größe dieses Zielmarkts Anhaltspunkte zur Bewertung des Kryptoprojektes und damit der Kryptowährung geben. So adressiert der Bitcoin mit seinem Use Case Inflationsschutz und Wertspeicherung den gleichen Zielmarkt wie Gold. Deshalb könnte die Marktkapitalisierung von Gold zumindest ein Indikator für eine obere Grenze bei der Bewertung von Bitcoin sein. Die zwei grundsätzlichen Fragen in diesem Zusammenhang sind dann: Wie groß ist der Zielmarkt? Wie wahrscheinlich ist es, dass ein Kryptoprojekt mit seiner Kryptowährung auf diesem Zielmarkt die traditionellen Player ersetzen kann?

Die Blockchains und die darauf laufenden Transaktionen liefern unablässig eine große Bandbreite von **On-Chain-Daten**. Diese Daten sind öffentlich und nachträglich nicht veränderbar. Sie liefern präzise und vertrauenswürdige Kennzahlen in Bezug auf die relevanten ökonomischen Aktivitäten in den Kryptonetzwerken. Bei der Fundamentalanalyse von Kryptowährungen geht es deshalb vielfach um das Identifizieren von **Metriken**, die meist auf solchen On-Chain-Daten beruhen. Unter Metriken werden in diesem Zusammenhang *quantifizierbare Maßzahlen zur Veranschaulichung bestimmter Sachverhalte* verstanden. Mit verschiedenen Metriken wird oft versucht, Rückschlüsse auf den Zustand und die Werthaltigkeit von Kryptowährungen und anderen Krypto-Assets und damit auf deren Kursentwicklung zu ziehen. Grundsätzlich gilt für alle diese Metriken, dass ihre Indikatorwirkung und die Bestätigung bestimmter Zusammenhänge zwar für die Vergangenheit festgestellt werden kann, aber natürlich nicht unbedingt in der Zukunft ebenso gilt. Man kann eine Vielzahl von Metriken erstellen, die hier aber in ihrer ganzen Breite nicht aufgeführt werden können.[1] Vielmehr wird hier ein Schwerpunkt auf die Metriken gelegt, auf die häufiger in Analysen oder der Berichterstattung Bezug genommen wird. Entscheidend für die Analyse von Kryptowährungen ist deshalb deren Relevanz als Indikator für mögliche künftige Entwicklungen. Von daher kann man sagen: Ein relevanter Indikator ist immer eine Metrik, aber umgekehrt ist eine Metrik nicht zwangsläufig ein relevanter Indikator. Die Analyse wichtiger Metriken führt zu neuen Möglichkeiten der Einschätzung des Marktsentiments und des Verhaltens der Akteure. Allerdings steckt die Verwendung von Metriken noch in den Kinderschuhen. Selbst die gebräuchlichsten On-Chain-Metriken erfahren noch keine große Beachtung. Einige wichtige Metriken werden in den Kap. 12.14 bis 12.16 vorgestellt und erläutert.

Abgesehen von diesen quantitativen Methoden der On-Chain-Analyse kann man auch eine Art **Due Diligence des Kryptoprojekts und seines Coins** durchführen und dabei die qualitativen Aspekte beleuchten. Eine Checkliste für eine derartige sorgfältige *Prüfung zur Beurteilung des Kryptoprojekts und des zugehörigen Coins* könnte folgendermaßen aussehen:

1. **Grundsätzliche Analyse**
   - Was ist der *Zweck des Kryptoprojekts*? Positiv ist ein klar definiertes Ziel, besonders wenn es revolutionär ist oder das erste seiner Art.
   - *Lösung eines wirklich vorhandenen Problems*? Das Ausmaß des Problems zu verstehen ist entscheidend für die Beurteilung, ob die Lösung durch das Kryptoprojekt aussichtsreich ist. Deshalb sollte es eine vernünftige Problembeschreibung geben. Manchmal gibt es auch Lösungen für in der Realität – noch – gar nicht vorhandene Probleme.
   - Bringt eine *dezentrale Problemlösung Vorteile* oder werden zentrale Lösungen dem Problem besser gerecht?
   - Ist für die Lösung des Problems überhaupt ein Coin notwendig und hat dieser Coin einen *Nutzen (Utility)*? Nur ein starker Nutzen wird dazu führen, dass der Coin auch als Investment gesehen wird.
   - Ist das *Whitepaper* durchsetzt mit Marketing-Kauderwelsch? Wenn viel Marketingsprech das Projekt hochhypen soll, lässt man besser die Finger davon.
   - Auf welcher *Blockchain* basiert die Kryptowährung?
   - *Unterstützung von prominenten Investoren*? Haben sich prominente Investoren beteiligt, hat das Projekt mehr Glaubwürdigkeit.

2. **Operationale Analyse**
   - Welchen *Konsensmechanismus* hat der Coin und gilt dieser als sicher? Die bekanntesten Konsensmechanismen sind Proof of Work und Proof of Stake.
   - Ist die *Governance des Coins zentralisiert oder dezentralisiert*? Meist haben Kryptowährungen dezentrale Strukturen. Daneben gibt es auch zentrale Strukturen, die durchaus Vorzüge haben können.
   - Wie sieht die *Entwicklungs-Roadmap* aus? Positiv ist hier eine klare Timeline für die Entwicklung des Projekts. Meist erstreckt sich eine Roadmap über einen Zeitraum von zwölf Monaten und enthält verschiedene Meilensteine. Ein Beurteilungskriterium kann auch sein, ob die Roadmap in der Vergangenheit eingehalten wurde und ob es dabei Zeitverzug gab.
   - Wie hoch waren die *Geldeinnahmen,* zum Beispiel bei einem ICO oder einer VC-Finanzierung und wie ist deren *Verwendung*?
   - Wie hoch ist der *aktuelle Cashbestand* aus diesen Einnahmen?

3. **Marktanalyse**
   - Ist das Kryptoprojekt das erste, das ein spezifisches Problem löst? Wenn ja, dann könnte sich der *First-Mover-Effekt* sehr positiv auswirken.
   - Wie groß sind die *Unterschiede des Projekts im Vergleich zu seinen größten Konkurrenten*? Gibt es schon Wettbewerber, die ein funktionierendes Produkt auf dem Markt haben? Ein Projekt mit neuen Technologien oder neuen Lösungen des Problems wird auf größere Akzeptanz stoßen.
   - Wächst die *Userzahl* der Plattform?
   - Ist der *Zielmarkt lukrativ*? Wichtig sind dabei die Größe und das künftige Wachstumspotenzial des adressierten Marktes unabhängig von den möglichen Blockchain-Anwendungen.
   - Gibt es *signifikante rechtliche Hürden*? Dies kann großen Einfluss auf die Ressourcen und Timeline des Projekts haben.

4. **Beurteilung des Entwicklerteams**
   - Wer sind die *Gründungsmitglieder* und wie ist deren Kompetenz? Von der Fachkompetenz der Gründer wird der Erfolg des Projekts wesentlich abhängen.
   - Wer sind die *Berater*? Bekannte Berater machen das Projekt glaubwürdiger.
   - Sind die Entwickler aktiv in der *Kommunikation* auf ihren offiziellen Kanälen und Foren?
   - Sind die Entwickler aktiv bei der Vermittlung der Entwicklungsfortschritte und halten sie an ihrer *Timeline* fest?

5. **Beurteilung des Coin Supply**
   - Wie ist die *Angebotsstruktur des Coins*? Wie viele Coins kann es maximal geben? Eine limitierte Stückzahl wird den Coin stärker als Store of Value machen.
   - Wie groß ist die *Marktkapitalisierung*?
   - Gibt es bei einem Coin-ICO einen *Hard Cap*? Bei einem Hard Cap wird die maximal mögliche Zahl der emittierten Coins bei einem ICO limitiert.
   - Wie groß ist die *Verteilung des Coins bei den Gründern* und gibt es eine *Lock-up Period*? Haben die Gründer einen großen Prozentsatz der Coins, ist das kein gutes Zeichen.
   - Wie ist in der Folge die *Verteilungsentwicklung der Coins*? Wird ein Coin hauptsächlich von wenigen großen Besitzern (Walen) dominiert, ist er manipulationsanfälliger.

6. **Warnzeichen**
   - Basiert der Vertrieb des Coins auf einem *MLM- oder Ponzi-Schema*? Bei MLM (Multi-Level-Marketing) werden Kunden angehalten, weitere Kunden anzuwerben. Dadurch wird ein Schneeballsystem kreiert.

- Gibt es *Betrugswarnungen* im Zusammenhang mit dem Coin? Hier reicht meist eine kurze Google-Suche.
- Ist das Whitepaper durchsetzt von Marketingsprech und Buzzwords?

12.2 Preis versus Wert von Krypto-Assets

Beim Blick auf die Kryptowährungen ist eines unstrittig: der aktuelle **Preis**. Dieser bildet sich ausschließlich durch *Angebot und Nachfrage* des Coins. Dieser Marktpreis wird normalerweise in Fiatwährungen wie Dollar oder Euro gemessen. Ähnlich wie bei einer Aktie kann der Preis sich aber mehr oder minder deutlich von seinem Wert unterscheiden. Gerade bei dem jungen und hochspekulativen Markt für Kryptowährungen wird der Preis oft weniger von fundamentalen Überlegungen getrieben als von Spekulation und Storys. Der Preis eines Assets und damit auch eines Krypto-Assets wird häufig durch die Berichterstattung in Medien und von großen Influencern wie Analysten oder Fondsmanagern nach oben und unten getrieben. Hier spielen irrationale und psychologische Faktoren eine Rolle. Am deutlichsten wird das in einem Hype wie zum Jahresende 2017 oder im Hausse-Markt 2020/21. Von den Aktienmärkten kennt man das unter dem Spruch „Die Hausse nährt die Hausse", immer mehr Anleger geben ihre reservierte Haltung auf und springen, aus Angst etwas zu verpassen, auf den rasenden Zug auf. An den Kryptomärkten hat sich dafür der Begriff **FOMO** eingebürgert (Fear Of Missing Out). Wenn die Märkte einbrechen, springt die Stimmung dann schnell auf **FUD** (Fear, Uncertainty, Doubt). Darunter wird das Angstmachen und das Verbreiten – manchmal auch falscher – negativer Informationen zu Kryptowährungen verstanden, die Anleger dann zum Verkauf ihrer Coins verleiten oder sie vom Kauf abhalten sollen.

Wenn ein Preis steigt bei Verbrauchsgütern wie Lebensmitteln oder Kraftstoffen, dann sinkt meist mit einer zeitlichen Verzögerung die Nachfrage. Bei den Preisen von Investitionsgütern wie Aktien, Gold oder auch dem Bitcoin steigt die Nachfrage dagegen über eine mehr oder weniger lange Phase mit den steigenden Preisen. Dies resultiert daraus, dass bei steigenden Preisen die Aufmerksamkeit für diese Güter und deren Attraktivität wächst und dann immer mehr Investoren und Spekulanten einsteigen. Durch die sich dadurch verstärkende Dynamik erhöht sich der Preis teilweise sehr stark, ohne dass es fundamentale Änderungen gegeben hätte. War der Preis der Vermögensgüter vorher vielleicht unter oder auf dem unter fundamentalen Gesichtspunkten „richtigen" Wert, so steigt er jetzt darüber. Solche Entwicklungen führen zu einer Blasenbildung oder zumindest zu einer Überbewertung. Bei Abwärtsbewegungen funktioniert dieser Mechanismus genau umgekehrt. Dieses Erklärungsmuster ist zwar einleuchtend. Die Schwierigkeit liegt aber in der Bestimmung des **fairen Wertes eines Vermögensgutes (Fair Value)**. Bei Aktien wird mit einer umfassenden Fundamentalanalyse versucht, diesen Wert zumindest ungefähr zu bestimmen. Bei Krypto-Assets hat man dagegen vergleichsweise wenig fundamentales Futter, zumindest wenn man in herkömmlichen Bewertungsansätzen denkt. Dies gilt übrigens auch als einer der Gründe für die deutliche größere Volatilität von Krypto-Assets im Vergleich zu Aktien.

Im Gegensatz zum Preis ist der **Wert** nicht genau bezifferbar und kann nur geschätzt werden. Grundsätzlich haben Anleger das gleiche Problem bei Aktien, Anleihen oder Währungen. Aktien oder Anleihen werden von Unternehmen ausgegeben. Diese Unternehmen verfolgen mehr oder minder aussichtsreiche Geschäftsmodelle, machen Gewinne oder Verluste, die sich in den Geschäftsabschlüssen niederschlagen, und geben Prognosen zur zukünftigen Geschäftsentwicklung. Analysten versuchen daraus dann durch unterschiedliche Methoden einen Wert des Unternehmens zu entwickeln. Auch den Wert von Währungen versucht man mit fundamentalen Methoden zu greifen, die zum Beispiel die Geldpolitik, Inflationsraten und das Wirtschaftswachstum des betreffenden Landes berücksichtigen.

Selbst bei diesen **traditionellen Finanzanlagen** kann man nur versuchen, sich dem Wert mit unterschiedlichen Modellen und unter der Annahme unterschiedlicher Prämissen zu nähern. Im Gegensatz zum sofort ersichtlichen Preis sind dazu die Recherche und Analyse vieler Daten und Fakten notwendig. Das Ergebnis kann dann auch kein genau ermittelter Wert sein. Vielmehr wird man je nach den gesetzten Prämissen und zukünftig angenommenen Entwicklungen eine ganze Bandbreite möglicher Werte ermitteln. Kann man den künftigen Entwicklungen Wahrscheinlichkeiten zuordnen, wird man einen wahrscheinlichen zukünftigen Wert des Assets berechnen können. Wenn man diesen dann auf den Betrachtungszeitpunkt abdiskontiert, sollte am Ende der aktuelle Wert herauskommen.

Bei **Kryptowährungen und anderen Krypto-Assets** ist diese Wertermittlung meist noch viel schwieriger. Die Bewertungslogik von Kryptowährungen erschließt sich nicht so einfach wie bei Aktien. Denn fundamentale Daten wie oben bei den Unternehmen erwähnt existieren nicht. Dagegen sind einige Einflussfaktoren ähnlich wie bei Währungen, zum Beispiel Inflationsraten. So dürfte beim Bitcoin einer der wichtigsten Einflussfaktoren – wenn nicht der wichtigste überhaupt – die Erwartungshaltung sein, ob und in welchem Ausmaß das herkömmliche Fiatgeld wie Euro oder Dollar auch in Zukunft seinen Wert als Tauschmittel behält. In Ländern wie der Türkei oder Argentinien ist der Glaube daran schon lange abhandengekommen. In den westlichen Ländern wachsen aber die Zweifel ebenfalls seit Ausbruch der Finanzkrise 2008 ständig und wurden mit dem Inflationsschub seit 2021 bestätigt. Heute gibt es kein Versprechen der Zentralbanken als Geldproduzenten mehr, das von ihnen produzierte Geld auf Verlangen in ein werthaltiges Gut wie zum Beispiel Gold umzutauschen. Das Geld hat also keinen intrinsischen Wert – ein Makel, den man gern dem Bitcoin unterstellt. Selbst ein Nobelpreisträger wie Jean Tirole hat schon 1985 Geld in diesem Zusammenhang als **Bubble** bezeichnet. Entscheidend für den Wert und die Werthaltigkeit von Fiat- wie Kryptowährungen dürfte deshalb der allgemeine **Konsens der Marktteilnehmer** sein, dass die jeweilige Währung werthaltig ist und bleibt. Dieser Konsens ist beim US-Dollar und Euro gegeben, muss in Zukunft aber nicht stabil bleiben. So ist die unglaubliche Aufblähung der Staatsverschuldung in den USA und anderswo keine vertrauensbildende Maßnahme. Beim Simbabwe-Dollar ist dieser Konsens schon lange völlig zerstört und auch nicht mehr reparabel. Bei Währungen wie dem Argentinischen Peso ist das Vertrauen seit Jahrzehnten beschädigt und er funktioniert letztlich nur als kurzfristiges Zahlungsmittel. Nicht anders ist es beim Bitcoin. Der Konsens der Marktteilnehmer in Bezug auf die Werterhaltung durch Bitcoin hat sich wegen seiner absoluten Nicht-Inflationierbarkeit und dem einfachen Zugang weltweit im Laufe der Jahre immer weiter gefestigt, trotz des Störfeuers von Regierungen und Zentralbanken. Die wesentliche Betrachtungsperspektive in Bezug auf den Wert von Bitcoin muss dabei langfristig sein. Der Blick auf die kurzfristig enormen Kursschwankungen führt dagegen in die Irre.

Neben den eigentlichen Kryptowährungen gibt es mittlerweile eine riesige Anzahl von Coins und Token, die zur Lösung von bestimmten Problemen dienen sollen.[2] Die Relevanz der zu lösenden Probleme in der realen Welt und die Art und Weise, wie diese durch Krypto-Assets gelöst werden sollen, liefern deshalb Ansätze zur Ermittlung des realen Wertes von Krypto-Assets. Dabei könnte man **Analogien zur Bewertung von jungen und innovativen Unternehmen** ziehen. Deren Bewertung setzt sich grundsätzlich aus zwei Bestandteilen zusammen: Nutzwert und Spekulationswert.[3] Der *Nutzwert* leitet sich aus den tatsächlich schon realisierten Anwendungen ab. Dagegen wird der *Spekulationswert* durch Analysen und Vermutungen bestimmt, welche Verbreitung bereits bestehende Anwendungen zukünftig erreichen und/oder welche neuen Anwendungen realisiert werden können. Da alle Krypto-Assets bisher nur eine kurze Historie haben, ist die Bedeutung des Spekulationswertes ähnlich wie bei jungen Tech-Unternehmen zunächst sehr groß. Dieser Spekulationswert wird bei Kryptos zu einem großen Teil von der Einschätzung des Entwicklerteams und dessen Reputation abhängen sowie von der überzeugenden Vision des Kryptoprojekts. Allerdings kann auch ein erfolgreiches Marketing den Spekulationswert hochtreiben. Gerade bei Kryptoprojekten ist die Gefahr groß, dass statt seriöser Zukunftsprognosen völlig übertriebene Erwartungen geschürt werden, um möglichst viele Coins möglichst teuer unters Volk zu bringen. Der Anteil des Spekulationswertes wird mit zunehmender Reife des Kryptoprojekts abnehmen und sich dann tendenziell seinem Nutzwert nähern. Allerdings können sich auch bei zunehmender Reife eines Kryptoprojekts durch neue Einsatzbereiche oder neue Markttrends zusätzliche neue Spekulationswerte ergeben.

Immer wieder wird darüber diskutiert, welcher Coin der nächste Bitcoin sein könnte. Solche Überlegungen findet man auch an den Aktienmärkten: Welche Aktie wird die nächste Amazon? Ähnlich wie Amazon ist in absehbarer Zukunft eine Ablösung von Bitcoin als unangefochtenem Leader nicht abzusehen. Dies gilt trotz der Nachteile wie zu langsam, nicht skalierbar, umweltschädlich und so weiter. Bitcoin hat den First-Mover-Vorteil als erste Kryptowährung. Er ist weltweit erste Wahl als dezentrales Geld oder digitales Gold. Nicht umsonst wird der Bitcoin als „Internet of Money" bezeichnet. Im Bitcoin-Netzwerk sind zunächst alle gleich, egal aus welchem Land man kommt. Jedenfalls sind Versuche, einen „besseren" Bitcoin zu schaffen, bisher gescheitert. Bitcoin ist schon zu weit fortgeschritten, genießt den Netzwerkeffekt und profitiert vom Prinzip „The winner takes it all". Denn sonst hätten bereits heute Altcoins mit besseren Funktionen als der Bitcoin diesen abgelöst. Der Wert von Bitcoin generiert sich auch aus dem Vertrauen, das ein problemloses Funktionieren der Bitcoin-Blockchain seit mittlerweile 15 Jahren geschaffen hat. Dieser Track Record ist uneinholbar.

Grundsätzlich kann man sagen, dass der **Einfluss von fundamentalen Daten auf die Preise an den Kryptomärkten** *derzeit keinesfalls so ausgeprägt ist wie an den traditionellen Anlagemärkten* wie dem Aktienmarkt. Es gibt prominente Stimmen, die insbesondere in der kurzfristigen Preisentwicklung von Kryptowährungen keinen Zusammenhang mit der dahinterstehenden Technologie und deren Nutzen sehen. In der langfristigen Entwicklung wird sich dagegen die bessere Technologie durchsetzen und sich deren Preis dann auch entsprechend abheben. Kurzfristig kann deshalb die Kluft zwischen Preis und Wert sehr groß sein. Auf längere Sicht sollte sich diese Differenz aber angleichen und der Preis dann um den mit seriösen Analysemethoden ermittelten Wert schwanken.

Die **absolute Bewertung**, wie oben dargestellt, versucht allein durch Betrachtung eines Unternehmens oder hier eines Kryptoprojekts einen Fair Value zu ermitteln. Auf deren Basis werden bestimmte Kennzahlen wie ein Kurs-Gewinn-Verhältnis ermittelt. Darüber hinaus wird das Analyseobjekt aber sinnvollerweise auch mit konkurrierenden Unternehmen oder Kryptoprojekten verglichen. Mit solchen **relativen Bewertungen** können deshalb Kryptoprojekte gegenübergestellt werden, die den gleichen Use Case bedienen, ähnlich wie beim Vergleich verschiedener Aktien der gleichen Branche. So könnte Ethereum, die führende Plattform für Smart Contracts, nach verschiedenen Kriterien mit ähnlichen Plattformen wie Solana, Cardano oder Avalanche verglichen werden. Dies macht Sinn, da für eine gewisse Zeit – ähnlich wie bei der Branchenrotation am Aktienmarkt – immer wieder Kryptoprojekte aus einem bestimmten Bereich wie Smart Contracts oder Artificial Intelligence im Fokus der Anleger sind. Dadurch wird dann versucht zu ermitteln, ob einzelne Coins aus einem bestimmten Bereich gegenüber anderen eine – deutliche – Über- oder Unterbewertung haben. Allerdings war in der Vergangenheit oft zu beobachten, dass nach einem starken Kursanstieg der Marktführer aus einem bestimmten Bereich dann einfach nach allem gesucht wird, was irgendwie auch darunter subsummiert werden kann. Aber nicht überall, wo künstliche Intelligenz draufgeschrieben wird, ist dann auch künstliche Intelligenz drin.

12.3 Tokenomics

Auf herkömmliche Geldsysteme können Regierungen und Zentralbanken Einfluss nehmen, insbesondere die Geldmenge beliebig erhöhen und so das Geld inflationieren. In Demokratien ist aufgrund der regelmäßigen Wahlen die Gefahr einer ungebremsten Inflationierung geringer als in Diktaturen. Bei Kryptowährungen und anderen Krypto-Assets wird die Geld- und Verteilungspolitik dagegen transparent durch die Tokenomics bestimmt.[4] Die **Tokenomics** – aus den beiden Wörtern Token und Economics abgeleitet – beschreiben die *Eigenschaften und Ausgestaltungsmerkmale eines Coins, die alle einen Einfluss auf dessen Bewertung haben können.* Derartige Token-Modelle wurden bereits im Jahr 1972 vom Harvard-Psychologen B. F. Skinner vorgeschlagen. Ein darauf aufgebautes Ökosystem wäre nicht manipulierbar, weil es alle Kosten und Vorteile internalisiert.

Die Tokenomics werden durch folgende wesentliche Komponenten bestimmt:

Art der Token: Die Unterscheidung der verschiedenen Token erfolgt nach dem wirtschaftlichen Zweck.[5]

- *Payment Token* wie Bitcoin zur Verwendung als universelle digitale Währung und zur Wertaufbewahrung.
- *Utility Token* wie Ethereum mit einer Nutzungsfunktion in einer vom Token-Emittenten definierten Umgebung (Ökosystem). Der Zahlungszweck bezieht sich nur auf Produkte und Leistungen in diesem Ökosystem.
- *Asset* oder *Investment Token* als digitale Vertreter jedes beliebigen Vermögensgegenstands wie Rohstoffe, Kunstwerke oder Immobilien. Wenn es sich bei den Assets um Wertpapiere handelt, spricht man von *Security Token*.

Use Case der Token: Der Use Case der Token resultiert in weiten Teilen aus deren Art. Je nach den mit den Token verbundenen Berechtigungen unterscheidet man verschiedene Kategorien wie Access Token, Settlement Token oder Governance Token. Meist sind mit dem Token aber nicht nur eine Berechtigung, sondern verschiedene verbunden.

Gesamt- und Umlaufzahl der Token: Wichtig für die Werthaltigkeit von Token ist die maximal mögliche Gesamtzahl an Token. Ist sie unbegrenzt, gilt der Token grundsätzlich als weniger wertstabil als bei einer absolut begrenzten Gesamtzahl. Bei der Diskussion um den Wert von Bitcoin spielt deshalb immer wieder der Hinweis auf die maximal mögliche Gesamtzahl von 21 Millionen Stück eine entscheidende Rolle. Die aktuell umlaufende Zahl an Token zeigt, wie viel Prozent der möglichen Gesamtzahl bereits im laufenden Handel sind.

Verteilungsmechanismus der Token: Der Verteilungsmechanismus hängt auch vom Konsensalgorithmus ab. Als dezentralste und fairste Verteilung gilt das Mining beim Proof of Work wie bei Bitcoin, durch das die noch ausstehenden Stücke algorithmisch verteilt werden. Das Gegenstück dazu ist das Pre-Mining wie bei Ripples XRP, bei dem alle Stücke vorab vom Projekt erzeugt und verteilt werden. Hier gibt es eine starke Zentralisierung bei den Gründern und Entwicklern und auch beim Projekt selbst, das zentral wie ein Unternehmen über die Verwendung der Gelder bestimmt. Daneben gibt es im Rahmen der Börsennotierungen der Coins ICOs und IEOs. Auch hier ist zu beachten, dass die Gründer und frühe Investoren vielfach zu teilweise erheblich tieferen Preisen investiert sind im Vergleich zu den Preisen, die Anleger dann bei einem ICO zahlen. Schließlich wird häufig auch eine vergleichsweise kleine Zahl an Token kostenlos per Airdrop an Anleger verteilt, wobei die Anleger nach verschiedenen Kriterien ausgewählt werden.[6] Wichtig ist eine Betrachtung der zukünftigen Verteilung noch nicht handelbarer Token. Hier gibt es meist spezielle Fristen, nach denen Gründer oder frühe Investoren ihre „gelockten" Token dann am Markt verkaufen können (**Lock-up Periods oder Vesting Periods**). Daneben kann die weitere Verteilung der Token auch vom Eintritt bestimmter Ereignisse abhängig gemacht werden, zum Beispiel dem Mainnet Launch. Neben der Verteilung zusätzlicher Token kann in den Tokenomics auch die Reduzierung vorhandener Token wie beim **Burning** festgelegt werden.

Diese in den Tokenomics festgelegten Ausgestaltungsmerkmale in Bezug auf Art, Use Case, Gesamtzahl und Verteilungsmechanismus der Token sind völlig transparent und sollten im Normalfall auch nicht von einer zentralen Instanz verändert werden können. Sie sind aber trotzdem nicht in Stein gemeißelt und können von der Mehrheit der Community angepasst werden.

So war bei Algorand ursprünglich vorgesehen, dass der gesamte Bestand von zehn Milliarden Coins, der komplett zum Start des Netzwerks gemint wurde, bis 2024 verteilt werden sollte. Durch Kritik aus der Community wurde die Verteilung der Coins angepasst. Sie wurde stärker auf die Teilnehmer am Netzwerk ausgerichtet, die ihren Einsatz für das langfristige Wachstum des Projekts durch längerfristiges Staking ihrer Anteile nachweisen konnten. Dadurch verschob sich auch der Zeitraum für die Platzierung aller Coins bis 2030.

Das Design der Tokenomics ist also essenziell für die Bewertung und kann den Wert von Coins stärken oder auch schwächen. Neben den nachfolgend dargestellten Methoden der quantitativen Analyse von On-Chain-Daten ist es gerade bei neuen Projekten sinnvoll, sich die beteiligten (Seed-)Investoren anzusehen. Eine gute **Investorenreputation** spricht zunächst einmal für das Projekt. Denn man kann davon ausgehen, dass bei einer Beteiligung von bekannten Namen aus dem VC- und Kryptobereich diese Investoren vor dem Einstieg eine vernünftige Due Diligence gemacht haben und nicht einem windigen Marketingsprech zum Opfer gefallen sind. Diese Seed-Investoren haben dann allerdings sehr niedrige Einstandspreise bei ihren Coins und könnten deshalb geneigt sein, nach einem Public Offering zumindest einen Teil am Markt zu verkaufen. Daher ist es natürlich interessant zu sehen, wann und zu welchen Preisen die frühen Investoren bei dem Projekt eingestiegen sind und wie viele Coins sie erhalten haben. Die Coins dieser frühen Investoren wie auch die aus den Beteiligungen der Gründer und Entwickler sollten deshalb eine vernünftige **Lock-up Period** haben, wie man sie auch von IPOs im Aktienbereich kennt.[7] Meist gibt es dabei einen genauen Fahrplan, wann diese Coins dann später vom Lock-up befreit werden und so in den Handel kommen können.

Ein Blick auf die Tokenomics sollte aber neben dem derzeitigen und zukünftigen Coin-Angebot auch die **Nachfragesituation** analysieren. Diese ist allerdings nicht so leicht zu fassen wie ein festgelegter Angebotsplan. Die Nachfrage wird stimuliert durch die Anreize, die der Coin bietet. Das betrifft Faktoren wie die Governance des Projekts, den Verwendungszweck der Coins oder unterschiedliche Ansätze der Beteiligung an den Erträgen des Protokolls.

12.4 Unterschiedliche Werthaltigkeit der Token-Kategorien

12.4.1 Dezentrale und hybride Kryptowährungen und -Assets

Dezentralität ist ein wesentliches Versprechen von Blockchain-Systemen. In zentralen Systemen werden die Kontrolle und die Entscheidungen an Einzelpersonen oder hierarchische Organisationen übertragen. Dagegen wird bei einer weitgehenden Dezentralisierung versucht, Kontrolle und Entscheidungsfindung möglichst demokratisch auf die einzelnen Mitglieder und Nutzer des Netzwerks zu übertragen. Die Netzwerke funktionieren aufgrund der im System implementierten Konsensmechanismen, ohne dass die Teilnehmer sich kennen und vertrauen oder Intermediäre wie Banken einschalten müssen. Die Protokolle dieser Netzwerke sind über möglichst viele Computer weltweit verteilt. Je weniger dezentral ein System ist, desto größer ist die Manipulationsanfälligkeit. Ceteris paribus sollten wirklich *dezentrale Netzwerke werthaltiger* sein als zentrale. Im Zusammenhang mit der Einstufung von Krypto-Assets durch Regulierungsbehörden (also die Frage, ob das Krypto-Asset und dessen Verteilungsmechanismus dezentral ist oder nicht) kann der Grad der Dezentralität eine entscheidende Rolle spielen.

Die Bedeutung der Dezentralität für die Bewertung zeigte sich deutlich im Zusammenhang mit den Diskussionen darüber, welche Coins und Token von der SEC als Wertpapiere eingestuft werden. Dabei spielten die Aussagen des ehemaligen SEC-

Direktors William Hinman aus dem Jahr 2018 eine Rolle. Aus den veröffentlichten Dokumenten ging hervor, dass er neben Bitcoin und Ether auch viele andere Krypto-Assets nicht als Wertpapiere gesehen hat. Als entscheidend wurde laut Hinman dabei der Grad der Dezentralisierung angesehen. Demnach wäre ein Coin umso weniger als Wertpapier einzustufen, je dezentraler er organisiert ist. Von einem dezentralen Verteilungsmechanismus kann man vor allem bei den PoW-Coins sprechen, bei denen die Verteilung der Coins über den Konsensalgorithmus Proof of Work (PoW) erfolgt. Der wichtigste PoW-Coin ist der Bitcoin, daneben vor allem die Bitcoin-Forks Bitcoin Cash, Bitcoin SV und Litecoin. Welchen Einfluss das Kriterium Dezentralität auf die Bewertung der Coins haben kann, zeigte sich im Juni 2023. Im Zuge der Klagen der SEC gegen die führenden Kryptobörsen Coinbase und Binance wegen des Handels illegal emittierter Wertpapiere wurden über 60 Coins genannt, die die SEC als Wertpapiere einstufte und die im Zuge dessen drastische Kursverluste erlitten. Keiner dieser inkriminierten Coins war ein PoW-Coin, vielmehr nutzten alle den Konsensalgorithmus Proof of Stake. Dagegen hat der Markt dann die Sonderstellung der dezentralen PoW-Coins erkannt. Der Bitcoin konnte dabei zuerst deutlich zulegen. In der folgenden Seitwärtsbewegung konzentrierte sich der Markt dann auf die zurückgebliebenen Bitcoin-Forks. So konnte sich Bitcoin Cash innerhalb weniger Tage im Kurs verdreifachen. Auch Litecoin und Bitcoin SV zogen stark an.

Allerdings gibt es keine absolut zentralen oder dezentralen Netzwerke. Der Grad der Zentralisierung bewegt sich vielmehr auf einem Kontinuum zwischen diesen beiden Extremen. Die Infrastruktur des Netzwerks bestimmt den Grad der Dezentralisierung und hat damit auch Einfluss auf den Wert des Netzwerks. Je mehr Nodes (Knotenpunkte) ein Netzwerk hat, desto verteilter und dezentraler ist es. Dabei ist nicht nur eine Betrachtung der *Anzahl* der **Nodes** von Bedeutung, sondern auch deren *Verteilung* auf bestimmte Länder. So wurde in der Vergangenheit die Konzentration der Mining-Aktivitäten beim Bitcoin in China kritisch gesehen. Generell gilt: Je mehr Nodes an das Netzwerk angeschlossen sind und je mehr diese weltweit verteilt sind, desto dezentraler und damit wertvoller ist das Netzwerk. Denn die Nodes sind essenziell für die Sicherheit des Netzwerks. Bei einem derartig dezentralen Netzwerk ist ein Angriff extrem schwierig und kostspielig und damit praktisch ausgeschlossen. So können einzelne Nodes bei einem Cyberangriff zwar lahmgelegt werden, nicht aber das komplette Netzwerk wie bei zentralen Systemen.

Der Bitcoin ist die eindeutig führende Kryptowährung und überzeugt gleichzeitig durch die weitestgehende Dezentralität. Die Dezentralisierung von Bitcoin ist von Faktoren abhängig wie der **Verteilung des Angebots** auf verschiedene Adressen und der Hash Power sowie deren geografischer Verteilung. Auch die **Zahl von Handelsplätzen** für eine Kryptowährung spielt eine Rolle. Denn wenn der Handel bei einem Handelsplatz konzentriert ist, gibt es ein systemisches Risiko im Fall der Insolvenz der

Börse. Die Entwicklung beim Bitcoin wird nicht durch ein **dahinterstehendes Projekt oder Unternehmen** gesteuert und kann deshalb nicht von zentralen Entscheidungsträgern beeinflusst werden. Dagegen handelt es sich bei den meisten Krypto-Assets um hybride Konstrukte, die von den Entscheidungen eines aktiven Projektteams beeinflusst werden. In diesem Zusammenhang konzentriert sich fast immer ein großer Teil der umlaufenden Coins bei den Gründern. Zwar wurde auch der Bitcoin von Satoshi Nakamoto entwickelt, egal wer auch immer dahinterstehen mag. Seither führt der Bitcoin aber aufgrund seines technischen Konstrukts, das allen bekannt ist, ein vorgegebenes Eigenleben. Daran ändert auch nichts, dass Entwicklerteams ständig an der Verbesserung der Nutzung von Bitcoin arbeiten.

Hybride Kryptowährungen haben Dezentralität dagegen häufig nur an die Fahne geheftet. Mit der Darstellung als dezentrale Kryptowährung versuchen Projekte und Promotoren vielfach, der Regulierung zu entgehen. Letztlich handelt es sich aber häufig um Finanzierungstransaktionen, die herkömmlichen Wertpapiertransaktionen gleichen. Selbst Ethereum wird von Kritikern als Unternehmen, Vitalik Buterin als CEO und die Kryptowährung Ether entsprechend als Wertpapier gesehen.

Ein Indiz für die Dezentralität und die Werthaltigkeit von Token ist ihr **Verteilungsmechanismus**. So zeigt ein Pre-Mining mit anschließender Verteilung von wesentlichen Anteilen an die Gründer und Entwickler ein starkes Maß an Zentralisierung. Die Ballung der Anteile kann jederzeit zu einem Verkaufsdruck führen, selbst wenn es Lock-up-Fristen gibt. Ein Paradebeispiel dafür ist die Emission von Ripples Kryptowährung XRP. Auch wenn solche Coins in das Treasury einer Stiftung wandern, die dadurch zur Finanzierung des Projekts dienen, kann das kritisch gesehen werden. Ebenso sind Beteiligungen von Venture Capital und vermögenden Privatpersonen zu sehr niedrigen Pre-ICO-Kursen ähnlich zu sehen wie vergleichbare Investitionen vor den Börsengängen von Unternehmen. Der Exit bei solchen Pre-IPO-Beteiligungen von VCs dürfte tendenziell gegenüber Pre-ICO-Beteiligungen aber schwieriger sein. Denn die Börsengänge sind an erheblich größere regulatorische Anforderungen geknüpft als Coin-Emissionen, die nach einem Pre-ICO ein Listing an Kryptobörsen erwirken. Außerdem gibt es an den Aktienmärkten Meldepflichten, wenn bestimmte Anteilsgrenzen über- oder unterschritten werden. Von daher dürfte die Flexibilität bei der Veräußerung von Pre-ICO-Beteiligungen tendenziell größer sein. Da nur ein Bruchteil der VC-Beteiligungen später erfolgreich sein wird, könnten VCs bei der Finanzierung von Kryptoprojekten leichter ihre Anteile verkaufen. Dies wäre selbst dann möglich, wenn die VCs bereits von dem Misserfolg des Projekts ausgehen. Jedenfalls sind solche zentralen Verteilungsprozesse der Coins sehr fragwürdig und unterlaufen die Kryptomaxime der Dezentralität. Dies trifft auch zu, wenn eine Stiftung die Ausrichtung des Projekts bestimmt. Dann entscheidet letztlich doch eine zentrale Instanz, an welchen Vorhaben die Entwickler arbeiten. Dagegen würde bei einer DAO die Community durch ihre demokratischen Entscheidungen die Richtung vorgeben. Allerdings würden natürlich auch bei einer DAO die Entscheidungen von den Inhabern großer Coin-Anteile maßgeblich bestimmt werden.

Beim Bitcoin als wirklich dezentraler Kryptowährung gab es solche Vorgänge nicht. Vielmehr konnte beim Bitcoin nach dem Start im Jahr 2009 jeder Mining betreiben. Es gab und gibt dort keine Restriktionen oder Bevorzugungen. Grundsätzlich haben alle die gleichen Rechte in diesem Ökosystem. Dagegen ist Ethereum zwar weit weniger zentralisiert als beispielsweise Solana. Trotzdem kamen beim ICO im Jahr 2014 immerhin 50 Prozent der heutigen Angebotsmenge an den Markt.

Als Maß für die Dezentralisierung gilt der **Nakamoto-Koeffizient**.[8] Dabei geht es um die minimale Zahl der Nodes, die für eine Störung des Netzwerks notwendig sind. Beim Bitcoin wäre das die Zahl der Mining-Pools, die für eine 51-Prozent-Attacke nötig wären. Je höher der Koeffizient ist, desto größer ist die Dezentralisierung. Dabei wird meist die Kontrolle über 51 Prozent des Netzwerks angenommen. Es sind aber auch andere Prozentsätze möglich. Es gibt aber etliche Schwierigkeiten bei der praktischen Berechnung des Koeffizienten. So gibt es keine einfache Formel zur Berechnung und die Daten sind manipulierbar.

12.4.2 Fungible und nicht-fungible Token (NFTs)

Fungible Token[9] sind grundsätzlich gleichwertig und austauschbar, es existiert ein *Marktpreis*. Allerdings kann sich dennoch für unterschiedliche und selbst für den gleichen Besitzer *im Einzelfall eine unterschiedliche individuelle Werthaltigkeit* ergeben. So kann ein Token, den ein deutscher Steuerpflichtiger vor mehr als einem Jahr gekauft hat und der deshalb steuerfrei ist, für diesen Anleger einen erheblich anderen Wert haben als ein anderer gleicher Token, den er erst vor wenigen Monaten gekauft hat. Bei einem Verkauf bleibt für den steuerfreien Token dann eventuell nach Steuern ein deutlich größerer Gewinn übrig als bei dem zu versteuernden. Auf den Marktpreis, zu dem der Token an den Kryptobörsen gehandelt wird, hat dies natürlich keinen Einfluss. Dort wird ein Token wie der andere behandelt und zum gleichen Preis notiert. Außerdem sind solche Einflüsse auch jeweils im aktuellen Marktpreis eingearbeitet wie andere Einflüsse auch.

Nicht-fungible Token (NFTs) können als digitale Vermögenswerte zwar auch veräußert werden. Sie existieren aber nur einmal, es gibt keine anderen mit einem NFT austauschbaren Token. Von daher existiert in der Regel *kein Marktpreis* wie bei den fungiblen Token. Allerdings gibt es Plattformen, auf denen NFTs gehandelt werden können. Aufbewahrt werden die NFTs in vom Nutzer generierten digitalen Wallets. Diese können wie bei fungiblen Token Cold Wallets wie Ledger oder Trezor oder Hot Wallets wie Metamask sein. Gehandelt werden NFTs auf spezialisierten Plattformen wie OpenSea oder Rarible.

NFTs können sich auf alle möglichen realen und virtuellen Güter beziehen und die Eigentumsreche an diesen einzigartigen und nicht austauschbaren Gütern manifestieren. Dies können physische Kunstwerke, Oldtimer et cetera sein oder digitale Dateien wie Bilder, Videos, Musikdateien oder virtuelle Spielfiguren bei Computerspielen. Die Eigentümerschaft wird dann über auf Blockchains unveränderbar gespeicherten NFTs gesichert. Allerdings muss diese Eigentümerschaft an dem NFT-Token nicht notwendigerweise mit dem rechtmäßigen Eigentum an dem verkörperten Gut einhergehen. Deshalb ist eine saubere Verknüpfung des NFTs mit dem tatsächlichen Eigentum an dem verkörperten Gut entscheidend. Sonst kann es zu allen möglichen Problemen wie einer Verletzung des Copyrights kommen.

Während reale Güter naturgemäß nicht direkt auf der Blockchain gespeichert werden können, ist das bei virtuellen Gütern möglich. Aber selbst bei digitalen Dateien wie einer JPEG- oder MP3-Datei findet meist eine **Off-Chain-Speicherung** der durch das NFT verkörperten tatsächlichen Güter statt. Eine Speicherung direkt auf der Blockchain wäre teuer und ineffizient. Vielmehr findet die Speicherung der virtuellen Güter dann auf externen Hosting-Diensten wie zentralisierten Servern (wie bei OpenSea), dezentralisierten Datenspeichern (wie bei Interplanetary File System oder Arweave) oder Cloudspeicher-Diensten (wie Amazon Web Services) statt. Hier kann es durchaus Risiken geben. Die Metadaten eines NFTs durch Speicherung auf der Blockchain sind unabänderlich gesichert, zumindest wenn die Blockchain wie Ethereum oder Solana sicher ist. Dagegen kann das off-chain-gespeicherte Gut durchaus bei einem Ausfall des Speicher-Dienstleisters nicht mehr abrufbar sein. Das Resultat wäre ein weiter durch das NFT belegtes Eigentumsrecht an einem Gut, das dann aber nicht mehr abrufbar wäre.

12.4.3 Gelockte und nicht-gelockte Token

Token ohne Handelsbeschränkungen (nicht-gelockte Token, Unlocked Token) sind ohne Beschränkungen jederzeit handelbar. Eine Einheit hat deshalb den gleichen Preis wie jede andere.

Dagegen sind **Token mit Handelsbeschränkungen (gelockte Token, Locked Token)** so lange nicht handelbar oder übertragbar, bis der Grund des Lock-ups aufgehoben ist. Es kann verschiedene Gründe für einen Lock-up geben. So können Token von Gründern oder frühen Investoren bei einem Börsengang für eine bestimmte Zeit zum Verkauf gesperrt werden. Bis auf die fehlende Handelbarkeit für die Zeitdauer der Handelsbeschränkungen, die technisch normalerweise durch Smart Contracts festgelegt werden, sind die gelockten mit den nicht-gelockten Token gleichgestellt. Die zeitlich befristete fehlende Handelbarkeit führt grundsätzlich dazu, dass die Token einen geringeren Wert haben als die entsprechenden nicht-gelockten Token. Aber selbst dieser Wert kann wegen der Nichthandelbarkeit nicht realisiert werden.

Der Einfluss beim Ablauf von Lock-up-Fristen auf die Preise der nicht handelsbeschränkten Token kann erheblich sein. Deshalb sollte der Verteilungsmechanismus der Token und dessen zeitlicher Ablauf absolut transparent sein. Die **Sperrfristen (Vesting Periods)** werden von vornherein von den Projektgründern festgelegt und können nicht geändert werden. Die Sperrfristen können von Monaten bis hin zu mehreren Jahren reichen. Dabei wird es meist mehrere Zeitpunkte geben, ab denen dann ein bestimmter Prozentsatz der bereits existierenden Token zum unbeschränkten Handel freigegeben wird. Diese werden durch die Freigabe zu Token ohne Handelsbeschränkungen, wodurch deren Preis dann identisch ist. Manchmal werden die Sperrfristen auch nicht für einen bestimmten Zeitraum festgelegt, sondern sind an das Erreichen bestimmter Meilensteine oder Mindesterträge gekoppelt.

Die gelockten Token werden bei Ablauf der Sperrfrist den berechtigten Beziehern zugewiesen. Diese können in unterschiedliche **Bezugsgruppen** eingeteilt werden. Dabei handelt es sich zunächst um die *Gründer* und das *Projektteam*, die entscheidend die Entwicklung des Projekts und damit auch die Wertentwicklung des damit verbundenen Tokens prägen. Eine wichtige Gruppe sind auch die *frühen Investoren* wie VC-Investoren oder Angel-Investoren. Diese sind im Vergleich zum späteren öffentlichen Verkauf der Token meist zu sehr günstigen Preisen eingestiegen. Bei einer Börsennotierung zu deutlich höheren Preisen könnten diese Investoren deshalb leicht geneigt sein, zumindest einen Teil ihrer Investition zu verkaufen. Weitere Anteile an dem gesamten Token-Angebot können für das *Projekt* selbst reserviert sein (wie bei Ripples XRP) und so dessen Fortentwicklung finanzieren. Diese Reservierungen werden von der Stiftung, einer Gesellschaft oder einer DAO kontrolliert, die über deren spätere Verteilung oder Verwendung bestimmt. Solche reservierten Token können auch für Zukäufe verwendet werden. Außerdem kann ein Teil der Token für die *Community* oder andere Beteiligte, die das Projekt unterstützen, zurückgelegt werden. So werden Anreize für eine aktive Community geschaffen oder über einen Airdrop versucht, die Community zu erweitern.

Es liegt auf der Hand, dass es durch das zusätzlich an den Markt kommende Material einen **Preisdruck** auf den Token geben kann. Ein solcher Preisdruck könnte sich in umsatzschwachen Zeiten mit wackeligen Kursen am Kryptomarkt dann umso stärker auswirken. Dies ist ähnlich zu sehen wie bei einem IPO von Aktien, wenn nach einer gewissen Zeit auch die Altaktionäre ihre Stücke verkaufen dürfen. Die Auswirkungen können tendenziell umso stärker sein, je größer das Verhältnis der gelockten Token zu den nicht-gelockten Token ist. Deshalb ist es für Investoren wichtig, sich die Tokenomics genau anzuschauen, in denen die Termine für die Freigabe festgehalten sind.

Allerdings ist selbst bei sehr windschiefen Verteilungen nicht gesagt, dass es bei großen Token-Unlocks zu starkem Druck auf die Preise kommt. Man spricht deshalb auch von Bullish Unlocks, wenn ein Token nach einem Unlock steigt. So gab es bei Solana beim Börsengang im Frühjahr 2020 Befürchtungen, dass durch einen riesigen

Unlock zum Jahresende 2020 der Preis stark unter Druck kommen könnte. Das Gegenteil war der Fall. Vielmehr startete der Preis seit Jahresanfang 2021 eine unglaubliche Rally und explodierte im Jahresverlauf um mehr als das Zweihundertfache.

Manchmal werden Sperrfristen auch verlängert, um einen möglichen Verkaufsdruck zu vermeiden. So hatte die dezentrale Börse dYdX im Januar 2023 den für Februar vorgesehenen Unlock auf den Dezember verschoben. Dabei stand eventuell die Absicht dahinter, den Unlock bis zur Veröffentlichung eines positiven Systemupgrades zu verschieben.

Eine Strategie von bezugsberechtigten Investoren könnte sein, in Erwartung eines möglichen Preisdrucks schon vor dem Freigabetermin zu verkaufen. Da ein direkter Verkauf der gelockten Token nicht möglich ist, wäre ein Ausweg der Kauf eines derivativen Put-Instruments. Ein Investor könnte eine **Short-Position** in dem Token vor dem Termin eröffnen und dadurch de facto den Coin schon vorher verkaufen. Allerdings ist dies nur möglich, wenn solche Put-Instrumente auf den Token auch tatsächlich am Markt verfügbar sind. Da dies nur bei sehr wenigen Token der Fall ist, ist ein impliziter vorheriger Verkauf durch Aufbau einer Short-Position in fast allen Fällen nicht möglich.

Eine plausible Annahme ist, dass Token mit Lock-up größere langfristige Gewinne erwarten lassen als solche ohne. Würden alle Token auf einmal zum Handel an den Kryptobörsen zugelassen, würde sich das Risiko eines großen Verkaufsdrucks erhöhen. Insbesondere für frühe Investoren, die zu sehr niedrigen Preisen eingestiegen sind, kann der Anreiz für Verkäufe dann hoch sein. Außerdem könnten Token ohne Lock-up darauf hindeuten, dass es sich eher um ein betrügerisches Projekt handelt, bei dem die Initiatoren nur schnell Kasse machen wollen.

12.4.4 Sanktionierte Token

Grundsätzlich haben alle fungiblen Token den gleichen Wert, wenn man von geringfügigen Unterschieden an unterschiedlichen Handelsplätzen absieht, wie man sie auch vom Aktienmarkt her kennt. Allerdings kann es länderspezifisch aufgrund von Restriktionen im internationalen Kapitalverkehr in diesen Staaten auch größere bis große Preisunterschiede zu den Preisen an den großen internationalen Kryptobörsen geben. Dies ist zum Beispiel in Ländern mit einer Hyperinflation der Fall, aber auch in Ländern wie Südkorea (Kimchi Premium).

Dagegen kann sich der Wert von sanktionierten Token völlig unterscheiden. Das sind zum Beispiel Token, die von Hackern erbeutet wurden und nun auf bestimmten Wallets liegen. Diese können zwar zunächst nicht konfisziert, aber für den Handel gesperrt werden. Dadurch kann der Wert der inkriminierten Token nicht realisiert werden. Ähnliches war im Zusammenhang mit den Russland-Sanktionen zu beobachten, als russische Konten bei Kryptobörsen gesperrt wurden.

12.4.5 Token mit unterschiedlichen Konsensalgorithmen

Die **Regulierung** und der Grad der Regulierung von Kryptowährungen können nicht nur zu heftigen Diskussionen in der Krypto-Community und der Politik führen, sondern sich auch kräftig in den Preisen niederschlagen. Insbesondere das drastische Einschreiten der SEC im Jahr 2023 führte das noch einmal eindrucksvoll vor Augen. Die SEC hatte über 60 Altcoins explizit als Wertpapiere klassifiziert und die Kryptobörsen Coinbase und Binance deshalb beschuldigt, nicht genehmigte Wertpapiere zu handeln. Außerdem gab es den mehrjährigen Rechtsstreit der SEC mit Ripple, ob der Coin XRP ebenfalls ein illegal emittiertes Wertpapier ist.

Ein entscheidendes Kriterium für die SEC war dabei der Grad der Zentralisierung. Bei einem klar dezentralen Verteilungsmechanismus schloss die SEC eine Wertpapiereigenschaft aus. Dabei spielte die Art des **Konsensalgorithmus** eine entscheidende Rolle. Die Coins mit dem Algorithmus Proof of Work (*PoW-Coins*), wie ihn der Bitcoin und dessen Abkömmlinge Litecoin und Bitcoin Cash benutzen, waren deshalb vor einer Einstufung als Wertpapier sicher. Insbesondere der Bitcoin wurde von dem SEC-Chef Gary Gensler ausdrücklich mehrfach als kein Wertpapier eingestuft. Dagegen nutzen fast alle der von der SEC inkriminierten Coins den Algorithmus Proof of Stake (*PoS-Coins*).

Wie unsicher das Terrain der Regulierung ist, zeigt sich aber gerade bei **Proof of Work**. Während der Algorithmus mit Blick auf die Dezentralisierung positiv ist, gilt das Gegenteil für seinen Energieverbrauch. Denn das für Proof of Work notwendige Mining gilt wegen seines sehr hohen Energieverbrauchs als sehr umweltschädlich. Auf die Plausibilität dieser Behauptung soll hier nicht weiter eingegangen werden. So könnte es zu Verboten oder diskriminierenden steuerlichen Belastungen für diese Gruppe von Coins kommen. Die linksgerichteten Parteien im EU-Parlament hatten bei der Diskussion der europäischen MiCA-Regeln die Coins dieser Gruppe wegen des übermäßigen Energieverbrauchs verbieten wollen, zumindest den Handel durch in der EU zugelassene Krypto-Handelsplattformen. Dieser Vorschlag wurde letztlich zwar verworfen. Auszuschließen ist aber nicht, dass solche Überlegungen wieder neu belebt werden. Dann könnten plötzlich Coins mit **Proof of Stake** wieder im Vorteil sein, da sie um bis zu 99 Prozent weniger Energie verbrauchen. Eine Umstellung lehnt die Bitcoin Community mehrheitlich ab, weil Proof of Work als der erheblich sicherere Konsensmechanismus gilt. PoS-Coins könnten auch begünstigt werden, wenn es verstärkt Netzwerkprobleme wegen der mangelnden Skalierbarkeit bei PoW-Blockchains gibt. Es gibt noch verschiedene weitere Vor- und Nachteile bei den beiden Konsensmechanismen, auf die hier aber nicht weiter eingegangen werden soll.

Der wesentliche Unterschied des PoW gegenüber dem PoS ist der große **Energieaufwand**. Dies wird in Anbetracht von Energieknappheit und -krise durchaus zu Recht kritisiert. Allerdings ist der PoW-Konsensmechanismus gerade das wesentliche Element, das den Bitcoin abhebt. Neue Coins können nur durch Einsatz von Energie erzeugt werden, nicht durch den Besitz von Coins wie beim PoS. Beim PoS werden den Inhabern von Coins immer neue Coins zugeteilt, wodurch deren Stake tendenziell immer größer wird. Der Bitcoin-Miner muss dagegen immer wieder Energie einsetzen, um neue Coins zu erhalten. Diese Tatsache wird auch nicht dadurch entwertet, dass nur noch große Mining-Farmen profitabel Bitcoin schürfen können. Stellt eine Mining-Farm den Betrieb ein, erhält sie keine neuen Coins mehr. Im Zuge der sprunghaft gestiegenen Energiepreise bei gleichzeitig niedrigen Bitcoin-Kursen sind sogar etliche große Mining-Unternehmen in Konkurs gegangen. Dagegen bekommt der große Staker ständig weitere neue Coins ohne aktives Zutun. Von daher ist in Bezug auf den Energieverbrauch die **Kardinalfrage**, welchen (Energie-)Aufwand ein wirklich dezentrales Geldsystem wie der Bitcoin rechtfertigt. Abgesehen davon, dass die zentralen nationalen Geldsysteme global betrachtet deutlich mehr Energie verbrauchen, sind auch viele Gebrauchsgüter große Energieschlucker und verbrauchen oft weit mehr Energie als der Bitcoin. Trotzdem wird bei solchen oft leicht verzichtbaren Gütern nicht die Forderung von Verboten erhoben, wie das beim Bitcoin wegen des großen Energieverbrauchs immer wieder der Fall ist. Diese Inkonsequenz hat nicht nur, aber auch damit zu tun, dass Regierungen und Zentralbanken generell ein unabhängiges und nicht manipulierbares Geldsystem außerhalb ihrer Reichweite ein Dorn im Auge ist.

12.5 Bewertung der Use Cases von Krypto-Assets

12.5.1 Was ist ein Use Case?

Unter einem Use Case versteht man den **Anwendungsfall eines Coins oder Token,** wobei es **auch mehrere gleichzeitig geben** kann. Vielfach ist das *Bedürfnis nach dieser Anwendung bereits jetzt vorhanden.* So ist das Bedürfnis nach dem Anwendungsfall des Bitcoin als digitales Gold und Wertaufbewahrungsspeicher offensichtlich weltweit bei Anlegern vorhanden. Zwar zweifeln viele Anleger aufgrund der enormen Wertschwankungen von Bitcoin noch, ob dieser dem Bedürfnis wirklich gerecht wird. In Ländern mit einem deutlichen Wertverfall der Heimatwährung wie in Venezuela oder auch der Türkei bedient der Bitcoin dieses Bedürfnis aber bereits. Sollte die nächste Finanzkrise heraufziehen, wird dies verstärkt auch in den westlichen Ländern zu beobachten sein. Es gibt aber auch mögliche *zukünftige Anwendungsfälle.* Die tatsächliche

Anwendung könnte also erst in der Zukunft relevant werden, selbst wenn die Lösung seitens des Kryptoprojekts bereits jetzt möglich wäre. Ein Wert von sehr futuristischen Anwendungsfällen dürfte schwerer zu realisieren sein als von bereits realistischen. Kryptokritiker sprechen bei solchen möglichen Krypto-Anwendungen ironisch von Lösungen auf der Suche nach einem Problem. Oft wird das dann salopp auf alle Krypto-Anwendungen übertragen. Das ist allerdings definitiv falsch, wie die vielen sinnvollen Anwendungen im Bereich Smart Contracts oder dApps zeigen.

Ohne einen vorhandenen Anwendungsfall, auch wenn er sich möglicherweise erst in der Zukunft realisieren lässt, würde eine Kryptowährung keinen Sinn machen. Vielmehr würde man dann – nomen est omen – von einem **Shitcoin** sprechen. Oft handelt es sich um *Copycats* (Nachahmer-Token, bei denen der Code kopiert wird), *Latecomers* (die Initiatoren wollen dann einfach ohne eigene Ideen auf einen gerade aktuellen Kryptotrend aufspringen) oder ein *Projekt mit zentraler Governance*, bei dem die Initiatoren – die auch die Verfügungsgewalt über die Token haben – wie ein CEO die Weichenstellungen vorgeben können. Die Erfolgsgeschichte und besonders die damit verbundene Preisexplosion beim Bitcoin hat natürlich Begehrlichkeiten geweckt. Der ICO-Boom von Altcoins insbesondere in den Jahren 2017 und 2018 wurde dadurch befeuert und erinnerte an den IPO-Boom von deutschen Aktien am Neuen Markt um die Jahrtausendwende. Da es wenig sinnvoll war, den Use Case von Bitcoin aufgrund seiner Marktstellung angreifen zu wollen, mussten die neuen Coins und Token eben mit ganz neuen und tollen Use Cases vermarktet werden. Die besten Vermarkter feierten dabei die größten – zweifelhaften – Erfolge. Dabei gibt es durchaus auch viele sinnvolle und technisch interessante Projekte. Wofür dann letztlich die zu den Projekten gehörige Kryptowährung steht, bleibt oft unklar. Vielmehr könnte man die meisten Projekte auch einfach auf einer Sidechain von Bitcoin laufen lassen. Das Problem für die Projekte wäre dabei natürlich, dass sich dadurch kein Geld für die Projektfinanzierung einsammeln lässt wie bei einem ICO. Dies geht bei Nutzung von ERC-20-Token auf Ethereum sehr schnell, während eine eigene Blockchain mit einer nativen Kryptowährung viel aufwendiger ist. Jedenfalls werden dabei die Coins in der Regel vorher erstellt (Premining), wobei ein mehr oder minder großer Anteil der verfügbaren Coins auch ins eigene Portfolio der Initiatoren des Projekts wandert. Deren Interesse, dann für die nötige Publicity zu sorgen, liegt auf der Hand. Von daher werden oft fantastische Versprechungen und Ziele ausgegeben. Aber es ist natürlich bei Weitem nicht alles so disruptiv, wie es angepriesen wird. Disruptiv ist oft nur das ICO als Mittel der Initiatoren, an das schnelle Geld zu kommen. Ähnlich wie Shitcoins haben **Meme Coins** keinen konkreten Anwendungsfall. Der bekannteste Meme Coin ist der Dogecoin. Es gibt aber noch viele andere wie Shiba Inu, Pepe oder andere niedliche Tierchen. Es ist erstaunlich, wie viel Geld die Initiatoren dabei aus der Tasche unbedarfter Anleger ziehen können. Bei dem Verbot des Handels von Meme Coins hat die thailändische Aufsichtsbehörde im

Juni 2021 diese definiert als solche, die kein klares Ziel und keine Substanz haben und deren Kurse durch Trends in sozialen Medien befeuert werden.

Bei **Konkurrenz von verschiedenen Coins um einen Anwendungsfall** müssen die Konkurrenten gegenseitig bewertet werden. Oft hat ein Projekt einen Vorteil als First Mover oder es hat eine herausragende Strategie zur Problemlösung. Auch könnte man die Roadmaps der konkurrierenden Projekte überprüfen. Hat ein Projekt in der Vergangenheit die Roadmap eingehalten, ein anderes dagegen eher nicht?

Zunächst stellt sich die Frage, ob es bei dem Projekt und der Kryptowährung überhaupt einen Use Case gibt. Dabei handelt es sich bei den No-Use-Case-Coins durchaus nicht nur um diejenigen, die erklärtermaßen keinen Use Case haben. Aber selbst **bei einem tatsächlich gegebenen Use Case** stellen sich einige Fragen:

1. **Braucht es zur Lösung des Problems überhaupt die Blockchain-Technologie?** Oder will man krampfhaft eine Blockchain-Lösung herbeibeschwören, um vom Hype zu profitieren?
2. Wenn die Frage mit Ja beantwortet werden kann: Wie funktioniert die tatsächliche **technologische Umsetzung**?
3. Wird auch diese Frage zufriedenstellend beantwortet, stellt sich die nach dem **Marktpotenzial**. Ist es eher ein sektiererisches Nischenproblem oder gibt es einen Massenmarkt?
4. Wird auch das Marktpotenzial positiv eingeschätzt, folgt der Blick auf die **Marktstellung des Projekts**. Hier stellen sich Fragen wie: Wie lange ist das Projekt bereits am Markt? Welches Wachstum hatte das Projekt in der Vergangenheit und wie ist es aktuell? Welche Alternativen/Konkurrenten gibt es bereits?
5. Sieht auch das positiv aus, stellt sich die Frage nach der **Notwendigkeit des Coins**. War er vor allem zur Finanzierung des Projekts erforderlich und profitiert in der Folge kaum von dessen Erfolg? Oder kommt es aufgrund der sinnvollen Verquickung des Coins mit dem Projekt bei Erfolg dann zu einer starken Adoption mit entsprechender Nachfrage und Preissteigerungen? Wenn die letzte Frage dann mit Ja beantwortet wird, sollte man einen Coin gefunden haben, der für ein längerfristiges Investment geeignet ist.

12.5.2 Veränderungen und Umsetzung von Use Cases

Veränderungen von Use Cases bei einem Coin können große Auswirkungen auf seinen Wert haben. So stieg im Jahr 2017 die Nachfrage nach Ether im Zuge des ICO-Booms enorm an. Ether hatten durch die ICOs einen neuen Use Case. Denn für den Kauf der neuen Coins war regelmäßig Ether als Kaufwährung nötig. Dies hatte zur Folge, dass sich der Kurs von Ether gegenüber dem Bitcoin in einem halben Jahr mehr als verfünfzehnfacht hatte. Auch im Jahr 2021 zeigte Ether wieder eine sehr deutliche Outperformance und konnte sich in dieser Zeit gegenüber dem Bitcoin verdreifachen. Der wesentliche Grund dafür war, dass Ether die mit weitem Abstand bevorzugte Plattform für Anwendungen im Bereich DeFi, NFTs und Stablecoins war. Durch die starke Zunahme der Bedeutung dieser Use Cases wurde die Nachfrage nach Ether wieder angeheizt. Der Erfolg der Ethereum-Plattform führte dazu, dass die Kosten für diese Anwendungen immer größer wurden.

Grundlage für die **Umsetzung von Use Cases** durch Blockchain-Lösungen und Krypto-Assets sind zunächst einmal die einzigartigen Möglichkeiten, die sich durch die fälschungssicheren und dezentral verteilten Datenstrukturen der **Blockchain-Technologie und anderer Distributed-Ledger-Technologien** ergeben. Für die Realisierung der Use Cases von Bitcoin – zunächst Zahlungsmittel, im späteren Verlauf primär Wertspeicher – genügt die Bitcoin-Blockchain.

Dagegen sind für fast alle anderen Anwendungsfälle Erweiterungen nötig, die sich aber alle der Sicherheit der Blockchain bedienen, auf der diese laufen. Diese dezentralen Anwendungen werden über **Smart Contracts** realisiert, die auf einer Blockchain aufgesetzt sind. Mit den Smart Contracts werden bestimmte Vereinbarungen festgelegt, die dann durch ein mit Computercode festgeschriebenes Regelwerk unveränderlich und bei Eintritt bestimmter Bedingungen umgesetzt werden. Diese kleinen Computerprogramme können wie gesagt nachträglich nicht mehr geändert werden, wenn sie auf der Blockchain gespeichert sind. Die Smart Contracts ersetzen dann für alle möglichen Geschäftsprozesse die sonst im realen Leben nötigen vertrauenswürdigen Drittparteien wie Banken. Wie bei jedem Computercode besteht die Gefahr von Programmierfehlern, die neue Schwachstellen schaffen. Kommt es dann zum Beispiel zu Hackerangriffen, liegt die Schwachstelle nicht bei der Blockchain, auf der die Anwendung läuft, sondern bei der Anwendung selbst.

Ein normaler Smart Contract ermöglicht keine Interaktion mit dem Endnutzer. Diese erfolgt über **dezentralisierte Anwendungen (dApps)**, die die Funktionalitäten der Smart Contracts nutzen. Die dApps sind auf der Blockchain gespeichert und laufen von dort. Auch die von den Nutzern generierten Daten werden auf der Blockchain gespeichert. Durch die kryptografische Verschlüsselung sind die Daten, die auf allen Computern des Netzwerks gespeichert sind, aber nur dem berechtigten Nutzer zugänglich. Grundsätzlich zeichnen sich die dApps durch eine Verbesserung der Nutzerfreundlichkeit im Vergleich zu Smart Contracts aus. Sie sind die Schnittstelle zum Nutzer.

Native Coins der Blockchain, auf der die Smart Contracts und dApps laufen, werden zum Bezahlen für die Dienstleistungen der Blockchain genutzt. Bei der führenden Smart-Contract-Plattform Ethereum heißt der Coin Ether, mit dem Transaktionen auf der Ethereum-Blockchain bezahlt werden. Technisch werden die Smart Contracts in der Ethereum Virtual Machine (EVM) ausgeführt. Jeder ausgelöste Befehl auf der EVM kostet Gebühren, die in Gas gemessen werden und mit dem nativen Coin Ether bezahlt werden müssen. Dabei liegt es in der Verantwortung des Nutzers, dass die entsprechende Menge an Gas zur Verfügung steht.

Dagegen werden für Zahlungen von den Usern der dApps und an diese meist nicht-native Token genutzt, die auf der Blockchain aufgesetzt sind. Für diese **App-Token** haben sich auf den jeweiligen Blockchains bestimmte Standards gebildet. Bei Ethereum sind das vor allem die ERC-20-Token für die Implementierung von *fungiblen Token* und die ERC-721-Token für die nicht-fungiblen Token (*NFTs*). Die dApps können alle möglichen Use Cases bedienen.

12.5.3 Systematisierung möglicher Use Cases

Mit der Entwicklung von Bitcoin entstand der erste Use Case im Kryptobereich. Es wurde eine Art digitales Bargeld geschaffen, das aufgrund seiner dezentralen Funktionsweise völlig ohne Vertrauenspersonen oder -institutionen wie Banken auskommt. Dieser ursprüngliche primäre Use Case hat sich im Laufe der Zeit immer mehr in Richtung Wertaufbewahrungsmittel verschoben. Danach kam es zur Entwicklung weiterer Use Cases. Mit Ethereum kamen ab 2015 Smart Contract Platforms als Anwendungsfall dazu. Auf Basis dieser Plattformen konnten weitere Use Cases aufgebaut werden. Mit Stablecoins können weltweite Überweisungen in wenigen Sekunden oder Minuten realisiert werden. DeFi bietet völlig neue Möglichkeiten bei Kreditvergaben, Versicherungen oder dezentralem Handel von Vermögenswerten. NFTs bilden eindeutig identifizierbare Assets ab, die auch eine Basis zur Umsetzung von Metaverses sind.

Die folgenden Auflistungen von Use Cases überschneiden sich teilweise und erheben keinesfalls einen Anspruch auf Vollständigkeit.[10]

Finanzdienstleistungen:

- **Grenzenloses Zahlungsmittel:** Der Bitcoin wurde als weltweit verwendbares Zahlungsmittel konzipiert, bei dem auch grenzüberschreitende Transaktionen ohne die Einschaltung eines vertrauenswürdigen Vermittlers wie einer Bank stattfinden können. Auch andere Kryptowährungen wie Bitcoin Cash oder Litecoin sind dazu gut geeignet. Während bei solchen echten Kryptowährungen die großen Preisschwankungen zu einer Beeinträchtigung der Zahlungsfunktion führen, sind Stablecoins als tokenisierte Fiatwährungen davon nicht betroffen, da deren Wert sich idealtypisch 1:1 an der zugrunde liegenden Fiatwährung orientieren sollte. Allerdings gibt es ein Emittentenrisiko und auch ein Funktionalitätsrisiko der Plattform, auf der der Stablecoin aufgesetzt ist. Der Bedarf an günstigen und schnellen Cross-Border-Überweisungslösungen ist sehr groß, da diese gerade in exotischere Länder sehr lange dauern und sehr teuer sind. Im Jahr

2022 betrug laut dem Beraterunternehmen EY das Volumen von Cross-Border-Transaktionen 150 Billionen Dollar.

- **Trade Finance**: Dabei geht es um die Handels-, speziell die Außenhandelsfinanzierung. Mit den Mitteln von Trade Finance soll insbesondere der internationale Handel erleichtert und die beteiligten Handelsparteien vor außenhandelsspezifischen Risiken geschützt werden, vor allem dem Zahlungsrisiko. Im Kryptobereich sollen intelligente Lösungen zu einer Verbesserung des grenzüberschreitenden Handels führen. So können über entsprechende Plattformen Peer-to-Peer-Transaktionen und -Verträge ohne die Einschaltung von Intermediären abgeschlossen werden. Gerade für kleinere und mittlere Unternehmen können durch Smart Contracts Finanzierungsprobleme gelöst werden.
- **Dezentrale Finanzanwendungen (DeFi)**: Im DeFi-Bereich werden zentrale Akteure wie Banken oder Börsen durch autonom laufende Software-Lösungen ersetzt. So können über Smart Contracts Kredite ohne Intermediäre wie Banken aufgenommen und vergeben werden.

Öffentlicher Sektor

- **Transparente öffentliche Ausgaben**: Zwei Drittel aller Länder gelten als hochgradig korrupt. Blockchain-Technologie kann Transparenz in Haushaltsbeschlüsse der Regierung und die Verwendung der budgetierten Mittel bringen.
- **Digital Voting**: Demokratische Entscheidungsprozesse leben von der Verlässlichkeit der Wahlergebnisse. Blockchain-Lösungen können den Wahlprozess dezentralisieren und so für sichere und transparente Wahlen sorgen.

Internet of Things (IoT)

- **Smarte Geräte**: Die Vernetzung von Gegenständen und Dienstleistungen des alltäglichen Gebrauchs ist eines der ganz großen Zukunftsthemen. Mit entsprechenden Technologien wird eine globale Infrastruktur geschaffen, bei der physische und virtuelle Objekte miteinander vernetzt sind und kommunizieren können. Die enormen Datenmengen, die dabei entstehen, können in der Blockchain unveränderlich gespeichert werden.
- **Monitoring**: Gegenstände können mittels Sensoren markiert und so ein transparentes Tracking-System aufgebaut werden. Dadurch kann jederzeit der Standort und der Zustand der Gegenstände überprüft werden. Diese Informationen können in der Blockchain gespeichert, geschützt und an andere übermittelt werden.

Schutz der persönlichen Identität

Auf der Blockchain können viele persönliche Urkunden unveränderlich festgeschrieben werden. Beispiele dafür sind Personalausweise oder Pässe, Heiratsurkunden oder Zeugnisse. Testamente können besser gegen Fälschungen gesichert werden.

B2B-Use-Cases

Über Smart Contracts können alle möglichen Anwendungsfälle rechtssicher bedient werden. Beim **Copyright Management** werden die rechtmäßigen Besitzer festgeschrieben und die Lizenzgebühren entsprechend weitergeleitet. Auf **Datenmarktplätzen** können Nutzer Daten kaufen und verkaufen.

Industriespezifische Use Cases

Über Smart Contracts können letztlich sehr viele Geschäftsabläufe genau definiert werden und bei Eintritt bestimmter Ereignisse automatisierte Prozesse ausgelöst werden. Im Bereich **Gaming** können mit Smart Contracts völlig neue Geschäftsmodelle realisiert werden wie Play-to-earn. Bei **Healthcare** werden sensible Daten nur bestimmten Berechtigten zugänglich gemacht. Im Bereich **Versicherungen** können bestimmte Ereignisse wie ein Ausfall eines Fluges automatisch mit Entschädigungszahlungen verknüpft werden. In der **Logistik** können Lieferketten sicher nachverfolgt und die aufwendige Dokumentation vereinfacht werden. Bei **Immobilien** können Eigentumsänderungen leichter realisiert oder Mietverhältnisse gemanagt werden.

12.5.4 Bewertungsansätze von Coins für unterschiedliche Use Cases

Vor dem Versuch einer Annäherung an eine vernünftige Bewertung eines Coins sollte die Frage nach der grundsätzlichen **Sinnhaftigkeit des Coins** stehen. Denn Kryptoprojekte können zwar durchaus einen oder mehrere gute Use Cases haben. Für deren Umsetzung braucht es aber nicht immer unbedingt einen Coin. Dann hat das Projekt einen Use Case, der Coin aber nicht. Damit hat der Coin dann auch keinen wirklichen Wert. Dabei ist zu bedenken, dass es wenig Gründe gibt, warum ein solcher Coin von einer Wertsteigerung bei einer erfolgreichen Entwicklung des Projekts profitieren sollte. Denn im Gegensatz zu einer Aktie gewährt der Coin keinen Anspruch auf eine Beteiligung am Unternehmensgewinn.

Beim **Bitcoin** ist das Projekt nicht ohne den Coin denkbar. Vielmehr begründet der Coin sogar umgekehrt das ganze Projekt. Bei **Ethereum** kann man das vielleicht in dieser Unbedingtheit schon nicht mehr sagen. Denn die Gebühren, die für den Betrieb des Weltcomputers nötig sind, könnten theoretisch auch in einer anderen externen (Krypto-)Währung gezahlt werden. Dies wäre allerdings sehr umständlich und würde das System verlangsamen. Von daher macht hier Ether auch unbedingt Sinn. Bei **Ripple** ist dessen Coin XRP für den Betrieb eines schnellen und mit geringen Gebühren belasteten internationalen Zahlungssystems eigentlich nicht notwendig. Vielmehr dient XRP dem Projekt zwar als willkommenes und hochkarätiges Finanzierungsmittel. Als

Brückenwährung wäre aber ein gegenüber einer Fiatwährung wie dem US-Dollar wertstabiler Coin eigentlich besser geeignet. Bei einer Unzahl von **Shitcoins** ist der primäre Use Case oft darin zu sehen, dass deren Verkauf den Initiatoren ein sorgenfreies Leben bescheren kann. Auch einige Zocker, Promotoren oder Influencer können davon profitieren. So haben sich mittlerweile viele Websites auf die Promotion von Meme Coins fokussiert, weil sie sich dadurch – auf welchem Wege auch immer – offenbar gut finanzieren können.

In Kapitel 5.1 wurden die Coins und Token nach dem wirtschaftlichen Zweck (Economic Purpose) geordnet. Demnach gibt es bei den Coins **drei große Gruppen von Anwendungsfällen (Use Cases)**:

- Payment Token
- Utility Token
- Investment Token

Damit ein Coin oder Token einen Wert hat, muss es einen Anreiz für die Nutzer geben, ihn zu kaufen. Nur ein solcher Anreiz kann überhaupt zu Käufen führen. Grundsätzlich werden deshalb alle solchen handelbaren Krypto-Assets eine **Utility** haben. Das Wort bezeichnet allgemein die Nützlichkeit, ein bestimmtes Bedürfnis oder auch mehrere zu befriedigen. Von daher sind eigentlich auch Payment und Investment Token Utilities. Payment Token wie Bitcoin befriedigen das Bedürfnis nach sicheren, schnellen, kostengünstigen und zensurresistenten Transaktionen ohne die Einschaltung von Banken als Intermediäre. Außerdem befriedigen sie in Ländern mit hoher Inflation das Bedürfnis, eine Fluchtmöglichkeit aus den inflationierten und manipulierten Fiatwährungen zu haben. Investment Token befriedigen das Bedürfnis nach einer möglichst großen Vielfalt an – alternativen – Investmentmöglichkeiten. Bei **Utility Token** handelt es sich um digitale Token, die einen konkreten Nutzen im Rahmen einer bestimmten Blockchain-Anwendung haben. Deshalb ist die Verwendung derartiger Token auf das jeweilige Blockchain-Projekt beschränkt, da sie speziell für dieses entwickelt wurden. Sie dienen in dem betreffenden Krypto-Ökosystem als Zahlungsmittel, während Payment Token Blockchain-übergreifend als Zahlungsmittel benutzt werden können. Der Zweck von Utility Token ist also primär nicht die Kapitalanlage, sondern der Nutzen bei Verwendung innerhalb des Ökosystems eines bestimmten Projekts. Faktisch werden Utility Token aber durchaus als Investitions- und Spekulationsobjekte von Krypto-Anlegern genutzt. Oft sind die Kursschwankungen bei diesen Token sogar deutlich höher als beim Bitcoin.

Es ist unmittelbar klar, dass durch die unterschiedlichen Use Cases auch völlig unterschiedliche Bewertungsansätze herangezogen werden müssen. Am einfachsten dürfte dies bei **Investment Token** sein. Diese beziehen sich auf konkrete Anlageobjekte oder sind nur digitalisierte Abbildungen von herkömmlichen Finanz- und Anlageinstrumenten. Von daher ist beispielsweise ein Equity Token mit den gleichen fundamentalen Analyseinstrumenten (wie Umsatz- und Ertragsprognosen) zu bewerten wie eine Aktie, wenn der Token letztlich die gleichen Rechte gewährt wie die Aktie. Ein künftig immer wichtiger werdender Anwendungsfall wird die Darstellung jedes beliebigen Vermögensgegenstands (Real World Assets) als digitale Variante (Asset Token). Der Wert von **Payment Token** kann ansatzweise nach ihren Funktionen bei Geldtransfers und Wertaufbewahrung ermittelt werden. Ansonsten generiert sich ihr Wert vor allem durch ihre – weltweite – Akzeptanz. Diese spiegelt sich in einer entsprechenden Nachfrage wider und führt so bei einem bestehenden Angebot – insbesondere, wenn es wie beim Bitcoin streng limitiert ist – zu den Preisen an den Märkten. Von daher sind Payment Token grundsätzlich stärker angebots- und nachfragegetrieben als **Utility Token**. Diese sind keine Kryptowährungen wie Bitcoin, auch wenn sie teilweise Merkmale von diesen aufweisen. Vielmehr geht es bei den entsprechenden Blockchain-Protokollen um die Verwirklichung von bestimmten Geschäftszwecken. So ist die Ethereum-Blockchain wie ein Rohstoff zu verstehen, den die Emittenten von App-Token (wie DeFi-Token) dazu verwenden, bestimmte Geschäftsmodelle dezentral und möglichst ohne Intermediäre umzusetzen. Von daher muss man bei Ether, der Kryptowährung von Ethereum, einen völlig anderen Bewertungsansatz verwenden als bei einer reinen Kryptowährung wie Bitcoin oder Litecoin.

12.6 Bewertung von Bitcoin

12.6.1 Bitcoin – A Class Of Its Own

Bitcoin gehört zwar zu den **Payment Token**, ist dort aber eine Klasse für sich. Deswegen werden grundsätzliche Bewertungsbetrachtungen von Bitcoin hier separat von anderen Payment Token behandelt. Dies wird auch seiner Bedeutung gerecht. Man erkennt das sofort an seiner Dominanz, die sich in rund 52 Prozent der Marktkapitalisierung des Kryptomarktes widerspiegelt (Stand November 2023). Keine Aktie weltweit kommt auch nur annähernd in solche Bereiche, zumal man hier den Anteil der Aktie am gesamten globalen Aktienmarkt betrachten müsste.

Die direkten **Konkurrenten** in seiner Klasse wie Litecoin oder Bitcoin Cash haben über die Jahre hinweg im Vergleich zum Bitcoin enorm an Wert verloren. Es ist nicht abzusehen, dass sich das in der Zukunft ändern wird. Eine neue Kryptowährung, die dem Bitcoin seine Stellung streitig machen könnte, ist ebenso wenig vorstellbar. Der Bitcoin hat einen uneinholbaren Track Record, da er seit 2009 störungsfrei funktioniert.

Dieses Vertrauen würde eine neue Kryptowährung nicht einholen können. Selbst wenn Ether bei der Marktkapitalisierung den Bitcoin überholen würde, bliebe das wegen des völlig anderen Use Cases so. Denn Ether und die anderen Krypto-Assets sind eher mit Tech-Aktien oder Fintech-Dienstleistungen vergleichbar. Dagegen hat der Bitcoin eine Stand-Alone-Stellung und ist für sich betrachtet eigentlich eine eigene Anlageklasse. Der Bitcoin bleibt deshalb sowohl unter den Payment Token als auch im Vergleich mit anderen Krypto-Assets, was er ist: A Class Of Its Own.

12.6.2 Der geänderte Use Case als Grundlage von Bewertungsansätzen

Der oder die Erfinder von Bitcoin veröffentlichten Ende 2008 unter dem Pseudonym Satoshi Nakamoto das Whitepaper von Bitcoin. In der Projektbeschreibung wird der Bitcoin konzipiert als dezentral organisiertes elektronisches Zahlungssystem und alternatives Geld. Dieser ursprüngliche Use Case von Bitcoin als neuartiges **Zahlungsmittel** existiert zwar weiterhin, ist in seiner Bedeutung aber immer mehr in den Hintergrund getreten. Durch die Nutzer und ihre Intentionen hat sich vielmehr im Laufe der Zeit ein neuer Use Case als Wertspeicher und digitales Gold und damit als **Anlageobjekt** herausgebildet, der schon lange eindeutig dominiert. Letztlich wurde mit dem Bitcoin sogar eine völlig neue Anlageklasse begründet, die Krypto-Assets.

Deshalb muss ein **Bewertungsansatz** von Bitcoin primär auf seinem hauptsächlichen Use Case als Wertaufbewahrungsmittel und inflationsgeschützte Währung im Kontext mit der ständigen Entwertung der herkömmlichen Währungen durch Inflation aufbauen. Die Tauschmittelfunktion, die ein konstitutives Merkmal von Geld ist, behält der Bitcoin natürlich trotzdem bei. Sie funktioniert schnell über alle Ländergrenzen hinweg und ist in dieser Hinsicht auch dem bekanntesten Wertspeicher Gold deutlich überlegen. Denn Gold ist umständlich zu lagern, zu transportieren und in kleinste Stückelungen zu teilen. Trotz des über die Jahre immer weiter steigenden Wertes von Bitcoin bleiben aber die kurzfristigen sehr großen Kursschwankungen ein Problem. Dieses Problem betrifft natürlich nicht nur den Bitcoin als Zahlungsmittel, sondern auch den Bitcoin als Wertspeicher. Es resultiert aus der fehlenden Erfahrung, wie dieses neue Asset oder überhaupt diese neue Assetklasse zu bewerten ist.

Während andere Krypto-Assets wie Ether aufgrund der mit den Plattformen generierten Cashflows zumindest teilweise mit traditionellen Bewertungsmethoden zu greifen sind, ist das beim Bitcoin nicht der Fall. Er generiert keine laufenden Cashflows und schöpft seinen Wert primär durch sein Angebot, ein Asset zu sein, das nicht inflationierbar und grundsätzlich für alle Menschen problemlos nutzbar ist. Dieser Wert ist, wie sich an den sehr hohen Inflationsraten in vielen Ländern und der zuletzt auch in den westlichen Ländern stark gestiegenen Inflation zeigt, sehr hoch einzuschätzen.

Dadurch hat er sich zu einem Anlage- und damit auch volatilen Spekulationsobjekt entwickelt. Damit sich der Wert entwickeln kann, braucht es aber einen allgemeinen **Konsens**, dass dies so ist. Dieser Konsens, dass der Bitcoin tatsächlich eine Fluchtmöglichkeit aus den weltweit inflationierten Währungen ist, hat sich im Laufe der Jahre immer stärker herausgebildet. Auch Menschen, die aufgrund der wilden Kursschwankungen den Bitcoin vorher nur als unberechenbares Spekulationsobjekt gesehen haben, wurden durch die auch in den westlichen Ländern plötzlich ausgebrochene Inflation diesbezüglich wachgerüttelt. Diese wird auch weiter Bestand haben. Denn die hoch verschuldeten Staaten werden die Schuldenberge nicht mehr auf normalem Wege abtragen können.

Von daher ist davon auszugehen, dass der weltweite Konsens von Bitcoin als Wertspeicher im Laufe der Jahre zwar deutlich gewachsen ist, aber noch erhebliches **Wachstumspotenzial** hat. Für dieses Potenzial sind mehrere Faktoren verantwortlich. So beliefen sich die Schätzungen der Zahl der Menschen, die Bitcoin benutzen, im Jahr 2023 auf über 400 Millionen. Von daher ist schon bei der Zahl der Nutzer noch enorme Luft nach oben. Außerdem werden die jetzigen Nutzer ihre Bestände auf Sicht eher sukzessive ausbauen. Denn die anfängliche Zurückhaltung wird mit der zunehmenden Erfahrung aufweichen. Wer anfänglich vielleicht ein Prozent seines Anlagevermögens, meist aber noch erheblich weniger in Bitcoin investiert hat, wird diesen Prozentsatz tendenziell aufstocken. Dazu trägt auch bei, dass der Zugang in die Kryptowelt im Gegensatz zu früheren Jahren auf vielen unterschiedlichen Wegen einfach möglich ist. Auch Menschen mit Technikscheu können zum Beispiel über ETFs sicher in den Markt investieren, ohne sich um die Aufbewahrung kümmern zu müssen oder einem Emittentenrisiko ausgesetzt zu sein.

Der Bitcoin ist sicher. Es gibt keine Gewinne und damit keine Gewinneinbrüche und der Bitcoin kann auch nicht pleitegehen. Es gibt keinen CEO oder Zentralbankchef, der die verfügbare Menge an Bitcoin inflationieren kann. Eine kardinale Bewertungsfrage wird deshalb sein, welche **Nachfrage** der Bitcoin noch generiert. Diese wird im Wesentlichen vom weiteren Verlauf der Adoption bestimmt. Diese dürfte sich wie bisher weiter fortsetzen. Denn auch bei der Adoption gibt es eine Art Netzwerkeffekt. Je mehr Menschen den Schritt zu einem Investment bei Bitcoin gewagt und je mehr positive Erfahrungen gemacht haben, desto mehr wird es Mund-zu-Mund-Propaganda für den Bitcoin geben. Beim zu erwartenden nächsten großen Bullrun von Bitcoin in den Jahren 2024/25 wird dann auch die mediale Orchestrierung den Rest dazu beitragen und den Bitcoin endgültig in den Mainstream tragen. Dabei wird es beim Bitcoin mehr noch als bei jeder Aktie zu dem Effekt „Die Hausse nährt die Hausse“ kommen. Denn Angebotsveränderungen wird es nicht geben. Einzig die Nachfrage bestimmt den Preis. Durch mehr Nachfrage steigt der Preis, dadurch steigt das Interesse und damit wiederum der Preis und so weiter.

Kritiker werden das als typisches Zeichen eines Schneeballsystems deuten. Das ist aber falsch. Vielmehr handelt es sich beim Bitcoin um ein völlig neuartiges Asset, das sich immer noch im Teenageralter und damit in der **Preisfindungsphase** befindet. Wie jedes neue Asset und mehr noch wie jede neue Assetklasse, die Bitcoin zweifellos begründet hat, muss der Bitcoin erst noch sein „richtiges“ Preisniveau finden. Das Wachstumspotenzial – wie oben beschrieben – ist aber noch riesig. Von daher kann das richtige Preisniveau, bei dem sich dann tendenziell ein Gleichgewicht zwischen Angebot und Nachfrage einstellt, nur deutlich höher liegen.

12.6.3 Bitcoin als Inflationsschutz

Es wird immer wieder bezweifelt, ob der Bitcoin wirklich ein **Inflationsschutz** ist. Bei den riesigen Kursschwankungen sind diese Zweifel nicht unberechtigt. Wer aus Angst vor Inflation plötzlich seine ganzen Ersparnisse zu Höchstpreisen in den Bitcoin getauscht hat, sieht sich zunächst einmal mit einem riesigen Vermögensverlust konfrontiert. Abgesehen davon, dass ein solches Anlageverhalten generell auch bei anderen Anlageklassen einem Vabanquespiel gleicht, lohnt ein Blick auf die immer als beste Anlage gepriesenen Aktien. Wer zum Höhepunkt der Tech-Blase um die Jahrtausendwende in den DAX investiert hat, verlor innerhalb eines Jahres drei Viertel seines eingesetzten Vermögens. Das sind 75 Prozent und damit nicht viel weniger als die bis zu 85 Prozent, die der Bitcoin in den bisherigen Zyklen von seinen jeweiligen Höchstständen aus gerechnet verloren hat. Trotzdem wurde damals nicht diskutiert, ob Aktien wirklich eine seriöse Geldanlage sind. Zur Erinnerung: Es dauerte mehr als 13 Jahre, bis der DAX das Anfang des Jahres 2000 erzielte Hoch wieder übersteigen konnte. Mit Recht wurde aber kritisiert, dass im Zuge des Aktienfiebers auch viele völlig überbewertete Internetbuden – manchmal sogar mit betrügerischen Absichten – an den Markt gekommen sind. So wie jetzt mit Recht darauf hingewiesen wird, dass die meisten Altcoins nur als Shitcoins ohne Verwendungszweck bezeichnet werden können. Bei der Vielzahl der existierenden Altcoins liegt der Prozentsatz an Shitcoins tatsächlich erschreckend weit über der 90-Prozent-Marke und damit natürlich ungleich höher als der Anteil von Schrottaktien am Aktienmarkt.

Eigentlich kann es aber wenig Zweifel am Bitcoin als funktionierendem Inflationsschutz geben. **Inflation** ist immer ein monetäres Problem. In einem Land mit einer konstanten Geldausstattung und damit einer Inflation von null würden steigende Preise einer Gruppe von Gütern wie Energie zwangsläufig durch sinkende Preise bei anderen Produkten ausgeglichen. Denn die Mehrausgaben in einem Bereich müssten durch Einsparungen in anderen ausgeglichen werden, bei denen dann ein Überangebot herrscht. Durch die geringere Nachfrage nach diesen anderen Gütern würden deren Preise so lange sinken, bis sich ein Gleichgewicht einstellt. Durch die lockere

Geldpolitik der Notenbanken läuft der Ausgleichsmechnismus aber über steigende Preise. Gäbe es diese üppige Geldversorgung nicht, könnten die Anbieter von Waren und Dienstleistungen diese Preiserhöhungen gar nicht durchsetzen

Beim Bitcoin gibt es zwar auch eine sehr geringe Inflation. Diese halbiert sich aber nach den **Halvings** alle vier Jahre, bis sie dann ungefähr im Jahr 2140 endgültig null erreichen wird, wenn alle Bitcoin geschürft sind. Nach dem nächsten Halving im April 2024 fällt die Inflationsrate auf 0,83 Prozent. Ein Warenkorb, der heute für einen Bitcoin gekauft werden kann, sollte deswegen auch in zehn Jahren für höchstens einen Bitcoin gekauft werden können. Wegen der zu erwartenden Wertentwicklung beim Bitcoin dürfte der Warenkorb aber in zehn Jahren sogar für deutlich weniger als einen Bitcoin zu erwerben sein. Kurzfristige Kursschwankungen sollen bei dieser Betrachtung außen vor bleiben. Dieser Warenkorb, der heute zum Beispiel 20.000 Euro oder Dollar wert wäre, wird in zehn Jahren mit Sicherheit nicht zu dem Nominalwert dieser Fiatwährungen wieder gekauft werden können. Vielleicht kostet er dann 40.000 Euro oder auch 80.000 Euro. Wäre das so, wäre übrigens eine Verdoppelung oder Vervierfachung der Aktienkurse dann zunächst einmal nichts anderes als ein Inflationsausgleich. Bei einem Blick über die Grenzen wird das noch greifbarer. Denn bei Inflationsraten wie in der Türkei, die im Jahr 2022 offiziell auf über 80 Prozent stieg, in Wirklichkeit wahrscheinlich weit über 100 Prozent lag, kostet der Warenkorb bereits nach mehr als einem Jahr das Doppelte. Allein aus diesem Grund muss sich der Preis von Bitcoin vervielfachen. Diese Erkenntnis dringt immer mehr ins Bewusstsein der Menschen. Weltweit, denn der Bitcoin ist für die Menschen in praktisch allen Ländern leichter und kostengünstiger erreichbar als der Umtausch ihrer Landeswährung in eine andere – vermeintlich – harte Währung oder die Investition in Gold. Bleibt der Konsens erhalten, dass der Bitcoin die führende und sicherste Kryptowährung zum Werterhalt ist, muss der Preis deshalb weiter stark steigen. Diese Preissteigerung von Bitcoin wird in den nächsten Jahren weiterhin erheblich sein, weil diese Wahrnehmung immer mehr zunimmt und bisher erst etwa ein Zwanzigstel der Weltbevölkerung den Bitcoin nutzt. Selbst die Nutzer aktuell haben nur minimale Teile ihrer Vermögensanlagen in Bitcoin investiert. Diese auch in den nächsten Jahren ständig steigende Nachfrage nach Bitcoin als Inflationsschutz wird den Preis aufgrund des absolut begrenzten Angebots von 21 Millionen Bitcoin weiter enorm in die Höhe treiben. Der **Bitcoin** ist und bleibt eine **Währung mit Wertwachstum**. Die Fiatwährungen wie **Dollar und Euro** sind und bleiben **Währungen mit Wertverfall**.

12.6.4 Langfristige Bewertungsansätze

Die Annäherung an eine langfristige Bewertung von Bitcoin beginnt sinnvollerweise mit der Identifizierung weltweiter Probleme. Demnach scheitern die zentralisierten

Geldsysteme und/oder schlechte Regierungssysteme mehr oder weniger daran, eine starke wirtschaftliche Absicherung zu bieten. Der Bitcoin liefert bei der Lösung solcher Probleme durch seine spezielle Ausgestaltung völlig neue Ansätze:[11]

- Vier Milliarden Menschen leben unter autoritären Regimen, die ihre Bevölkerung in ihrer finanziellen Handlungsfreiheit beschränken. Bitcoin bietet hier wegen seiner Zensurresistenz einen Ausweg, wenn der Nutzer mit seinem Private Key die alleinige Zugangs- und Verfügungsberechtigung über seine Bitcoin hat. Durch die Zensurresistenz ist auch keine Konfiszierung durch staatliche Stellen möglich. Flüchtlinge und Auswanderer können deshalb ihr Bitcoin-Vermögen ohne die Gefahr einer Beschlagnahme mitnehmen.
- Zwei Milliarden Menschen leiden unter einer zweistelligen Inflationsrate. Dagegen ist der Bitcoin absolut inflationsresistent. Die auf 21 Millionen Stück begrenzte Menge kann von keiner zentralen Instanz wie einer Regierung oder Zentralbank geändert und so inflationiert werden.
- Eine Milliarde Menschen kann überhaupt keine traditionellen Zahlungswege nutzen. Für die Nutzung und den Transfer von Bitcoin ist dagegen kein Bankkonto nötig, eine Internetverbindung reicht. Das offene Bitcoin-Netzwerk ist völlig transparent.
- Internationale Überweisungen kosten nur minimale Gebühren im Vergleich zu traditionellen Banküberweisungen. Dabei sind eine Milliarde Menschen auf solche internationalen Überweisungen angewiesen.
- Zwar sind für solche Überweisungen andere Kryptowährungen teilweise besser geeignet. Der Bitcoin hat sich aber aufgrund seiner Akzeptanz und seines fehlerfreien Betriebs eine eigentlich uneinholbare Position als weltweit führende digitale Kryptowährung erarbeitet. Der Bitcoin ist unter Kryptowährungen das, was der Dollar unter den Fiatwährungen ist.

Ein langfristiger Bewertungsansatz kann sich zunächst an dem **Zielmarkt** von Bitcoin orientieren. Zielmarkt ist hier das weltweite *Bedürfnis nach Inflationsschutz und Wertspeicherung*. Eher nachgelagert ist der ursprüngliche Use Case der schnellen und günstigen Wertübertragung über alle Grenzen und ohne Einschaltung von Intermediären wie Banken. Die Sicherheit beim Inflationsschutz und bei der Wertspeicherung spielt also eine entscheidende Rolle. In den mittlerweile rund 15 Jahren seines Bestehens hat die Bitcoin-Blockchain ihre absolute Verlässlichkeit bewiesen. Dieser Track Record ist von keiner anderen Kryptowährung aufzuholen. Zwar haben auch andere Kryptowährungen wie Litecoin oder Bitcoin Cash eine absolute Angebotsbegrenzung. Sie gelten aber als viel unsicherer und haben deshalb nicht die gleiche Akzeptanz. Deswegen sind sie keine wirkliche Konkurrenz.

Der wesentliche **Preistreiber** ist beim Bitcoin aufgrund seiner maximal möglichen Stückzahl von 21 Millionen ausschließlich die Nachfrage. Eine hohe und steigende

Nachfrage treibt deshalb den Preis. Andere Altcoins können zwar auch eine hohe Nachfrage haben. Werden sie aber primär als Brückenwährung genutzt, verpufft der Preiseffekt. Denn bei einer Brückenwährung, wie sie zum Beispiel für schnelle und kostengünstige internationale Überweisungen genutzt wird, wird der Coin mit Fiatwährung gekauft und beim Empfänger der Überweisung normalerweise sofort wieder in die dortige Fiatwährung umgetauscht. Das funktioniert dann wie bei der sprichwörtlichen heißen Kartoffel. Solche als Brückenwährungen genutzte Coins können deshalb kaum einen dauerhaften Mehrwert aufbauen.

So hat sich Ripple seinen XRP-Coin als Brückenwährung konzipiert. Insbesondere bei Überweisungen von und in Schwellenländer ist sie eine extrem kostengünstigere Alternative als traditionelle Überweisungen. Grundsätzlich könnte hier die Nachfrage auch den XRP-Preis stark treiben und hat das in der Vergangenheit auch häufiger getan. Denn auch bei XRP ist die Maximalmenge begrenzt auf 100 Milliarden Coins. Allerdings sind hier in der Zukunft eher Alternativen denkbar. So ist XRP momentan der einzige Coin im Ripple-Netzwerk. Allerdings wäre es auch denkbar, dass Banken eigene Coins kreieren und sie dann im Netzwerk nutzen.

Als traditionell wichtigstes Asset für Inflationsschutz und Wertspeicherung gilt das **Gold**. Hält man es für wahrscheinlich, dass der Bitcoin als digitales Gold das physische Gold als Wertspeicher ganz oder teilweise ersetzen kann, so ist die aktuelle Marktkapitalisierung von Gold zumindest ein Indikator für eine obere Grenze der Bewertung von Bitcoin. Die gesamte Kapitalisierung von Gold wird auf über zwölf Billionen Dollar geschätzt (Stand 2023). Übertragen auf den Bitcoin würde das einen Preis von über 570.000 Dollar bedeuten, selbst wenn man dies auf alle der maximal möglichen 21 Millionen Bitcoin beziehen würde. Auch andere Edelmetalle wie Platin oder Silber haben eine Funktion als Wertspeicher. Der Bitcoin könnte sich dann auch von diesem Teil des Marktes eine Scheibe abschneiden. Sieht man den Bitcoin auf Sicht als Ersatz für die traditionellen Währungen oder einen Teil davon, dann würde man sogar noch zu viel höheren möglichen Bewertungen von Bitcoin kommen. Allein die Kapitalisierung der vier größten Fiatwährungen US-Dollar, Euro, Yen und Yuan bewegt sich schon über 90 Billionen Dollar. Allerdings ist ein Ersatz dieser Währungen durch den Bitcoin illusorisch, sodass man hier nicht wie beim Gold den Wert hochrechnen sollte. Der Goldwert als Potenzialwert könnte aber zumindest eine gewisse Orientierung geben.

Bisher fehlen traditionelle Ansätze zur Ermittlung eines fairen Preises beim Bitcoin. Das ist auch nicht erstaunlich, da der Bitcoin eine neue Assetklasse begründet hat und aufgrund seiner sehr jungen Geschichte noch keine Tradition haben kann. Von daher könnte man auf den **Netzwerkeffekt als Bewertungsmethode** abstellen.[12] Denn mit zunehmender Popularität als Spekulations-, Wertaufbewahrungs- und Zahlungsmittel haben multiple Netzwerkeffekte exponentiell zugenommen. Die ständig steigende Zahl von Bitcoin-Nutzern, -Händlern, -Entwicklern und -Minern steigert die Nachfrage enorm und damit den Preis. „Wie lange dieser selbstverstärkende Effekt anhält, dürfte davon abhängen, ob immer mehr Menschen darauf vertrauen, dass alle darauf vertrauen, dass alle darauf vertrauen, …, dass Bitcoin sich als Wertanlage und Zahlungsmittel etabliert.“[13] Dieser Aussage von Jochen Möbert von Deutsche Bank Research von Anfang des Jahres 2018 ist wenig hinzuzufügen. Jahre später und mit der enorm an Dynamik gewonnenen **Adoption** durch institutionelle Anleger kann man mittlerweile konstatieren: Das **Vertrauen** ist da und wird auch dableiben. Daran werden selbst die – zugegebenermaßen sehr gewöhnungsbedürftigen – drastischen Kurseinbrüche nach den Bullenläufen des jeweiligen Zyklus nichts ändern. Das steigende Vertrauen spiegelt sich in der zunehmenden weltweiten Adoption und umgekehrt. Das Vertrauen in die führende Kryptowährung Bitcoin nimmt mit dem gerade in den vergangenen Jahren ständig erodierten Vertrauen in das Versprechen der Zentralbanken zu, die Preise und den Geldwert stabil zu halten. Unabhängig vom Einfluss der vielen Krisen schwindet das Vertrauen von immer mehr Menschen weltweit, dass die Zentralbanken dieses Versprechen erfüllen.

Der Bitcoin ist als digitales Asset nicht greifbar. Viele Menschen vertrauen schon aus haptischen Gründen eher physisch greifbaren Gütern wie Geldscheinen oder Gold als einem nur durch Computercode generierten und auf Computern gespeicherten Vermögenswert. Mit dem sinkenden Vertrauen selbst in die als stabil geltenden Fiatwährungen Dollar oder Euro steigt aber die weltweite **Akzeptanz** von Bitcoin als sicherem Wertaufbewahrungsmittel trotzdem. Diese Akzeptanz ist bei den Fiatwährungen rückläufig aufgrund der enorm gestiegenen Geldmengen und der Inflationserfahrung der Menschen. Da die Fiatwährungen nicht durch ein begrenzt verfügbares Asset wie Gold gedeckt sind, sondern ihren Wert aus der Akzeptanz ziehen, verlieren sie deshalb an Wert. Dagegen wird der Bitcoin sein Versprechen einer absoluten und unabänderlichen Inflationsresistenz erfüllen. Der Programmcode von Bitcoin läuft emotionslos, keine Zentralgewalt dieser Welt kann das ändern. Die Inflation steigt nicht, sondern sinkt. Genauer gesagt müsste man also von Disflation sprechen. Wenn die letzten Bitcoin voraussichtlich im Jahr 2140 geschürft sind, wird sie auf null fallen.

Bereits beim nächsten Bitcoin-Halving im Jahr 2024 wird der Bitcoin einen fast doppelt so hohen Härtegrad wie Gold haben und damit **das härteste Geld der Welt** sein. Setzt sich das Bewusstsein dafür weiter in den Köpfen der Menschen fest und wächst das Vertrauen, kann es aufgrund der limitierten Stückzahl nur eine langfristige und anhaltende Wertsteigerung von Bitcoin geben. Auch bei den Fiatwährungen resultiert deren Wert weniger aus der Wirtschaftskraft des Staates oder dessen Goldreserven, sondern aus dem Vertrauen. Denn die Akzeptanz der am Geldverkehr Beteiligten funktioniert nur so lange, wie der Wertgarantie der Notenbank vertraut wird.

In Venezuela und Co ist dieses Vertrauen schon lange verloren. In den westlichen Wirtschaftsnationen wurde es über die Jahre hinweg immer mehr angekratzt. Kommt es zum Konsens, dass die Euroscheine immer mehr an Wert verlieren, dann verlieren sie ihn auch. Da hilft dann auch nicht, dass die Euroscheine im Gegensatz zu den langweiligen Dollarscheinen immerhin schön bunt sind. Generell ist über die Jahre das Vertrauen in die Fiatwährungen gefallen. Bei Währungen wie dem Argentinischen Peso ist das schon seit Jahrzehnten so. Aber auch bei den vermeintlich harten Fiatwährungen wie Dollar oder Euro hat das plötzlich aufgetauchte Inflationsgespenst für immer größeres Misstrauen gesorgt. Das wird so bleiben und führt beim Bitcoin zu immer größerem Vertrauen. Der Preisanstieg beim Bitcoin wird deshalb weitergehen, seine Volatilität aber sinken.

Grundsätzlich kann der Bitcoin nicht von zentralen Instanzen beeinflusst werden. Bei der Verwendung ist das aber möglich. So wurde durch das zweite Sanktionsdurchsetzungsgesetz die Verwendung von Kryptowährungen zum Kauf von Immobilien verboten. Allerdings galt das ebenfalls für Bargeld. Für die Bewertung von Bitcoin sollten **Verwendungsbeschränkungen** wie diese keine Auswirkungen haben. Sonst müssten solche Beschränkungen zur Beschneidung von Geldwäsche oder das Einfrieren von russischen Vermögen nach Ausbruch des Ukraine-Kriegs auch negative Auswirkungen auf den Wert des Euro haben. Gleiches gilt, wenn auf bestimmten Wallets von Hackern entwendete Coins liegen, die dann aufgrund der Sanktionierung nicht an den internationalen Kryptobörsen verkauft werden können.

Fantastische Kursziele erregen Aufmerksamkeit, insbesondere wenn auf dem Preisschild eine Million steht. Ob diese Prognose bis zum Jahr 2030 eintritt, werden wir hoffentlich noch alle erleben. Unmöglich ist sie jedoch nicht. Ark Invest ist eine amerikanische Investmentgesellschaft, die 2014 von der auf Tech-Aktien spezialisierten Star-Investorin Cathie Wood gegründet wurde. Die Anlagestrategie fokussiert sich auf disruptive Technologien, darunter auch die Blockchain-Technologie und Kryptowährungen. Die Abbildung 12.1 ist eine Bitcoin-Prognose aus der umfangreichen Ark-Studie „Big Ideas 2023", die dem Bitcoin eine mögliche Bewertung von über einer Million Dollar bis zum Jahr 2030 attestiert. Das ist eine fantastische Zahl, die in der Vergangenheit immer wieder einmal meist ohne nähere Begründung herumgereicht wurde. Ark konkretisiert diese aber durch eine Bewertung der verschiedenen Use Cases von Bitcoin. Dabei hat der ursprüngliche Zweck von Bitcoin als weltweites Zahlungsnetzwerk ohne die Notwendigkeit der Einschaltung dritter Parteien wie Banken mit einem prozentualen Anteil von 5 (Bear Case) bis 25 Prozent (Bull Case) das zweitstärkste Gewicht in der Gesamtbewertung. Das höchste Gewicht hat der Use Case als digitales Gold mit einem Gewicht zwischen 20 und 50 Prozent. Die anderen Use Cases wie als De-facto-Währung in Emerging Markets mit häufig maroden Währungssystemen (wie El Salvador), die teilweise Umschichtung von Cashreserven der Unternehmen in Bitcoin (wie Tesla) oder der Schutz vor staatlicher Konfiszierung von Vermögen geht mit Gewichtungsfaktoren von zehn Prozent oder weniger einher. Jedenfalls ist das Resultat der Bewertungsüberlegungen von Ark Invest ganz nach dem Geschmack der Bitcoin-Fans. Denn die Analyse sieht im bearishen Fall für Bitcoin ein Kursziel bis 2030 von 258.500 Dollar, unter normalen Umständen von 682.800 Dollar und im bullishen Fall von fantastischen 1,48 Millionen Dollar. Bei diesen Kurszielen werden durchschnittliche jährliche Wachstumsraten von 40 Prozent im bearishen Fall, 60 Prozent bei der Basisannahme und 75 Prozent im bullishen Fall unterstellt.

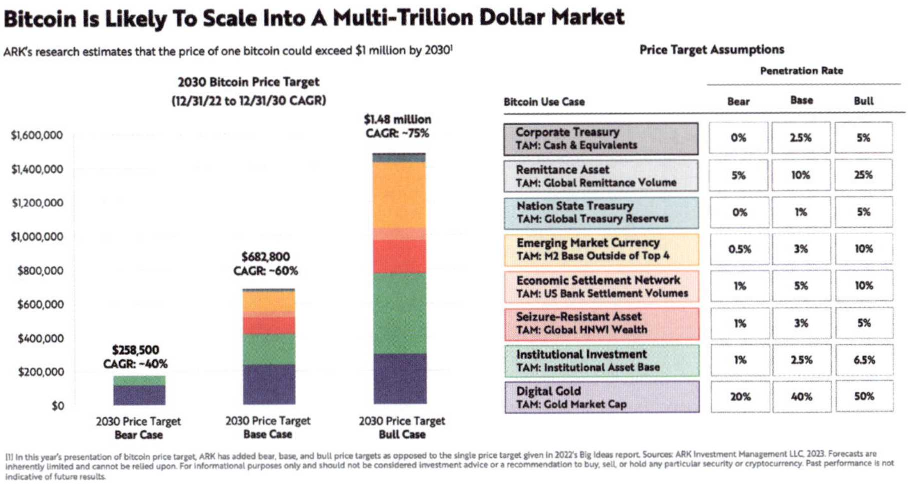

Abb. 12.1 *Bitcoin-Prognose von Ark Investment bis zum Jahr 2030 (Quelle: Ark Investment)*[14]

Das **entscheidende Element für die langfristige Kursentwicklung** wird die Entwicklung der Nachfrage sein. Dies klingt zwar zunächst wenig originell. Da das Angebot an Bitcoin durch die mathematisch exakte Festlegung aber völlig unelastisch ist, unterscheidet sich der Bitcoin von anderen Anlageformen wie Aktien, Anleihen, Rohstoffen oder auch Währungen. Immobilien sind zwar ebenfalls nicht beliebig vermehrbar, aber aufgrund ihrer Einzigartigkeit eher mit NFTs vergleichbar. Deshalb ist, wie bereits in Kapitel 11.1.1 dargelegt, die **Nachfrage** beim Bitcoin **nicht ein** wesentlicher Preistreiber, sondern **der** wesentliche Preistreiber. Die Beobachtung von Veränderungen beim Bitcoin-Sparen (HODLing) wird darum ein wesentliches Element zur Bestimmung der Bewertung sein. Je mehr Bitcoin in festen Händen zur langfristigen Anlage gebunden sind, desto knapper wird das frei verfügbare Angebot. Von daher ist interessant zu beobachten, wie viel Prozent an Bitcoin wie lange nicht bewegt wurden.

In den nächsten Jahren und Jahrzehnten kommt es zum größten Vermögenstransfer aller Zeiten durch Vererbung von der Babyboomer-Generation (1945–1964) an die folgenden Generationen X (1965–1979), Y (1980–1995) und Z (1996–2010). Es wird erwartet, dass dieser Vermögenstransfer einhergeht mit einer **Neuallokation bei den Vermögenswerten**. So haben die jüngeren Generationen ein viel unverkrampfteres Verhältnis zu digitalen Assets wie Kryptowährungen oder NFTs. Von daher ist anzunehmen, dass die Erben einen beträchtlichen Teil der Vermögen von Assets wie Aktien, Lebensversicherungen oder Gold in digitale Assets wie den Bitcoin transferieren. Das Gewicht der digital-affinen jüngeren Anleger wird also im Laufe der Zeit zwangsläufig immer mehr zunehmen und könnte so zu einem langfristigen Preistreiber beim Bitcoin werden.

12.6.5 Kurzfristige Bewertungsansätze

Der **Preis von Bitcoin** ist bekannt. Er bestimmt sich rund um die Uhr weltweit durch den Handel an den Kryptobörsen. Der tatsächlich bezahlte Preis von Bitcoin kann sich – wie man das bei anderen Assets ebenfalls kennt – durch allgemeine Marktstimmungen und Angebots- und Nachfrageschwankungen erheblich vom nach fundamentalen Aspekten errechneten **Wert von Bitcoin** unterscheiden.

Wie nähert man sich aber dem Wert von Bitcoin? In den vorhergehenden Kapiteln wurde dies bereits mehrfach thematisiert. Bereits die Bewertung von Aktien ist mit erheblichen Unsicherheiten in Bezug auf künftige Zahlungsströme belastet. Beim Bitcoin sind diese **Standardbewertungsansätze untauglich**.[15] Das gilt für *allgemeine Bewertungsansätze für verschiedene Assets*, wie sie für Aktien oder auch Immobilien verwendet werden. Denn der Bitcoin ist kein Unternehmen, er *generiert keine Zahlungsströme*, die abdiskontiert zur Bewertung verwendet werden könnten. Auch der zweite Standardbewertungsansatz für Kapitalanlagen, die *relative Bewertung*, greift beim Bitcoin – zumindest noch – nicht. So würde man bei herkömmlichen Anlageformen wie Aktien oder Immobilien von einer Überbewertung sprechen, wenn sie relativ zur eigenen Historie oder zu vergleichbaren Alternativen auffällig hoch bewertet sind. Bei Aktien wird in diesem Zusammenhang oft auf die Kurs-Gewinn-Verhältnisse (KGVs) geschaut. Beim Bitcoin gibt es nichts dergleichen, die relative Bewertung greift nicht.

Beim Bitcoin gehen auch *Standardbewertungsansätze für Währungen* ins Leere. Denn ein maßgeblicher Treiber von Währungskursen ist neben der Ausgabenpolitik der Regierung und dem Wachstum der Wirtschaft die Geldpolitik der jeweiligen Zentralbank, die über die Festlegung von Zinssätzen eine Währung mehr oder minder attraktiv machen kann. Bei der dezentralen Kryptowährung Bitcoin gibt es diese zentralen Instanzen nicht. Es gibt keine Notenbanksitzungen und keine von Regierungen veranlassten staatlichen Ausgabenprogramme. Alles ist hier festgelegt und für alle nachvollziehbar. Selbst Satoshi Nakamoto könnte das nicht ändern. Eine Investitionsentscheidung in den Bitcoin ist – wenn man die bei allen Anlageformen unsichere

Nachfrage außer Acht lässt – insofern eine Entscheidung unter Sicherheit, im Gegensatz zu Aktien, Immobilien, Währungen und so weiter. Auch eine *Analogie zu Rohstoffen* ist fragwürdig. Aufgrund des eingesetzten Material- und Stromaufwands beim Bitcoin-Mining könnte man diese Kosten denen bei der Gewinnung von Rohstoffen gleichsetzen. Deswegen könnten wie beim Gold auch beim digitalen Gold die Produktionskosten die Untergrenze des Wertes bestimmen. Dieser Ansatz würde dem Bitcoin noch am ehesten gerecht werden, ist aber umstritten.

Bei den **Einflussfaktoren für die kurzfristige Kursentwicklung** spielen oft ähnliche Faktoren wie an den traditionellen Märkten eine Rolle. Insbesondere in Krisensituationen reagiert der Bitcoin-Preis dann oft synchron mit den Aktien und zeigt in solchen Phasen eine große Korrelation mit diesen. Diese hat sich in den vergangenen Jahren auch durch den zunehmenden Einfluss institutioneller Investoren deutlich verstärkt und so zu einem **Bitcoin-Paradoxon** geführt.[16] Obwohl der Bitcoin auch und gerade wegen seiner Unabhängigkeit von anderen Kapitalanlagen gekauft wird, wird er kurzfristig immer abhängiger von diesen. Denn die Anleger reagieren gerade bei akuten Krisen gleichförmig und reduzieren dann ihre Risikoanlagen quer über die Anlageklassen. Davon betroffen sind dann primär die liquidesten Assets. Im Kryptobereich ist das der Bitcoin.

Die im Vergleich zu anderen Assetklassen sehr große **Volatilität** von Bitcoin prägt die Wahrnehmung vieler Anleger. Deshalb wird Bitcoin als Asset mit sehr großen Chancen, aber auch sehr großen Risiken wahrgenommen. Da immer mehr traditionelle Anleger ihre Verhaltensmuster bei der Vermögensanlage auch auf den Bitcoin übertragen, wird der Bitcoin deshalb mehr noch als Tech-Aktien als Risiko-Asset wahrgenommen. Dadurch nimmt die Korrelation von Bitcoin und (Tech-)Aktien insbesondere bei starken Abwärtsbewegungen meist stark zu, da die Anleger in solchen Fällen versuchen, den Anteil von Risiko-Assets in ihren Portfolios stark zu reduzieren. Obwohl der Bitcoin eigentlich logischerweise oft eine gegenläufige Bewegung machen müsste, wird er dann einfach in den Topf der Risiko-Assets geworfen und aufgrund seiner guten Liquidität ebenfalls abverkauft. In solchen Phasen ergeben sich oft exzellente Einstiegschancen beim Bitcoin. Solange der Bitcoin nur als Anlageobjekt und in diesem Zusammenhang verstärkt als Spekulationsobjekt wahrgenommen wird, bleibt die große Volatilität. Einen Rückgang der Volatilität wird es mit einer zunehmenden Akzeptanz als seriöses Mittel zur Wertaufbewahrung geben.

Die langfristigen prozentualen Kurszuwächse sind in den vergangenen **Bitcoin-Zyklen** immer geringer geworden, wie sich gut im Rainbow Chart zeigt.[17] Das Kursband nähert sich tendenziell asymptotisch einer imaginären Obergrenze. Dieser degressive *langfristige Verlauf* der Zuwächse kann sich aber durchaus ändern. Am plausibelsten wird das im Fall einer Hyperinflation. Bei einer solchen würde der Kurs von Bitcoin gegen diese inflationierte Währung parabolisch steigen. Im Normalfall einer nur mäßig inflationierten Währung dürfte der langfristige Verlauf der prozentualen Kurszuwächse aber im degressiven Bereich bleiben.

Auch die **kurzfristigen Kursschwankungen innerhalb der Zyklen** werden zwar tendenziell immer geringer, sind aber immer noch sehr hoch. Dies ist generell bei jungen Märkten, die sich langsam entwickeln, zu beobachten. Grundsätzlich wäre deshalb auch beim Bitcoin eine weitere Abnahme der kurzfristigen Kursschwankungen zu erwarten. Allerdings könnte durch das zunehmende HODLing von Bitcoin, also das Kaufen und sehr langfristige Liegenlassen der Bestände, die Volatilität sogar noch verstärkt werden. Dann wird zusätzlich zu dem ohnehin absolut begrenzten Angebot an Bitcoin die Zahl der zum Handel verfügbaren Stücke immer geringer und dadurch die Gefahr kurzfristiger starker Preisschwankungen größer. Für Überlegungen in Bezug auf den langfristigen Wert von Bitcoin sollten solche Effekte aber keine Rolle spielen.

12.6.6 Stock-to-Flow und daraus abgeleitete Modelle

12.6.6.1 Definition des Stock-to-Flow-Verhältnisses

Das **Stock-to-Flow-Verhältnis (S2F Ratio oder kurz S2F)** wird als *Kennzahl bei der Wertbestimmung von Rohstoffen* verwendet. Es ist definiert als das Verhältnis von aktuell verfügbarer und jährlich neu geförderter Menge. Dabei wird als *Stock (Bestand)* die aktuell verfügbare Menge eines bestimmten Assets bezeichnet. Dieser Bestand besteht aus allem, was in der Vergangenheit produziert wurde, abzüglich allen verbrauchten oder sonst wie endgültig verloren gegangenen Mengen. *Flow (Neuzugang)* ist dagegen die Menge, die jährlich zu diesem Stock neu hinzukommt, wie die jährlich neu geförderte Menge bei Gold oder anderen Rohstoffen. Das Stock-to-Flow-Verhältnis ist also ein *Indikator für die Knappheit eines Gutes.*

$$S2F = \frac{\text{Stock}}{\text{Flow}}$$

Je größer das S2F ist, desto seltener ist das Gut beziehungsweise desto größer ist dessen **Härtegrad**. Hat ein Rohstoff ein niedriges S2F und sein Preis steigt, wird das die Produzenten dazu veranlassen, größere Mengen des Rohstoffs zu fördern. Dadurch sinkt dann der Preis des Rohstoffs wieder. Allerdings sagt das errechnete S2F nichts darüber aus, ob der Flow jederzeit erhöht werden könnte. Das S2F bedeutet, wie viele Jahre es beim derzeitigen Flow dauert, bis die aktuell bereits vorhandene Menge des Rohstoffes neu gefördert wird. Bei Gold wird das S2F mit 62 angegeben. Das heißt, bei der derzeit jährlich geförderten Menge würde es 62 Jahre dauern, bis der aktuell vorhandene Gesamtbestand produziert wäre. Seit dem Jahr 1900 schwankt der Mittelwert des S2F um 66, wobei die Amplituden immer mehr abnehmen. Man geht beim Gold mit steigender

Knappheit davon aus, dass der Goldpreis steigt. Prämisse bei dieser Überlegung ist, dass die Nachfrage nach Gold mindestens gleich bleibt.

Entsprechend findet das Konzept Anwendung bei Kryptowährungen. Die Analogie zu den Rohstoffen wird allein schon durch den Ausdruck Bitcoin-Mining deutlich. Der Ansatz wurde im Buch „The Bitcoin Standard" eingeführt.[18] Demnach ist die durch das S2F ausgedrückte Schwierigkeit, neue Geldeinheiten zu produzieren, maßgeblich für die Einstufung als hartes Geld. Dagegen ist es bei einem weichen Geld leicht möglich, das Angebot ohne Probleme zu vergrößern und es dadurch zu verwässern. Geld kann als hartes Geld, das seinen Wert behält, nur dann erfolgreich sein, wenn es durch einen natürlichen oder künstlichen Mechanismus den Neuzugang dieses Geldes zum Markt beschränkt. Deshalb wird ein Geld, das durch natürliche, technologische oder politische Entwicklungen sein Angebot schnell erhöht, seinen Status als Tausch- und Wertaufbewahrungsmittel verlieren und durch ein anderes ersetzt werden. Ein typisches Beispiel für ein solches schwaches Geld sind stark von Inflation betroffene Fiatwährungen wie die Mark in Deutschland in den 1920er-Jahren oder in der jüngeren Geschichte der Simbabwe-Dollar, der Venezolanische Bolivar, der Argentinische Peso oder die Türkische Lira.

Beim Bitcoin beschreibt der **Stock** die bereits geschürften und damit am Markt verfügbaren Bitcoin, deren Zahl *aktuell über 19,545 Millionen Stück* beträgt (Stand November 2023). Im Gegensatz zu den Rohstoffen gibt es beim Bitcoin mit den maximal *21 Millionen Stück eine absolute Obergrenze für den Stock.* Aktuell sind also in den 15 Jahren des Bestehens von Bitcoin rund 93 Prozent der Maximalmenge erzeugt. Zwar wird der *tatsächliche Stock* noch deutlich geringer sein. Denn durch endgültigen Verlust des Private Keys und damit der Verfügungsgewalt über viele Coins (Lost Coins) gilt eine große Zahl an Bitcoin als endgültig verloren. So schätzen Analysten den Anteil der Lost Coins auf 20 Prozent der bisher erzeugten Stückzahl. Bei den folgenden Überlegungen wird aber angenommen, dass immer die gesamte erzeugte Menge auch tatsächlich verfügbar ist. Selbst beim Gold gibt es diese absolute Obergrenze beim Stock nicht. Viele andere Edelmetalle wie Palladium, das stark als Industriemetall genutzt wird, weisen ein relativ geringes S2F auf. Hier entspricht die Förderung eines Jahres teilweise dem Ausgangsbestand in diesem Jahr. Dies kann als Beispiel dafür gesehen werden, dass es für ein monetäres Gut vorteilhaft ist, wenn es möglichst zu nichts anderem als Geld genutzt wird. Diese ausschließliche Tausch- und Wertaufbewahrungsfunktion kann beim Bitcoin beobachtet werden, im Gegensatz zum Beispiel zu Ethereum, das unter den Kryptowährungen eher den Status eines Industriemetalls hat.

Bei Rohstoffen kann man die in Zukunft noch hinzukommende Menge nicht genau bestimmen, sondern nur abschätzen. Denn es können ja noch unentdeckte Lagerstätten existieren oder bereits gefundene Vorkommen können in ihrer Ergiebigkeit von den Schätzungen abweichen. Dagegen kennt man beim Bitcoin die zukünftige Entwicklung des **Flow** ganz genau. Sie ist mathematisch exakt im Protokoll festgelegt. Wie die Tabelle rechts zeigt, kommt bei einer Blockgenerierungszeit von durchschnittlich zehn Minuten bis zum nächsten Halving 2024 aktuell ein jährlicher Flow von 328.500 Bitcoin hinzu. Damit errechnete sich zum Zeitpunkt des 3. Halvings im Mai 2020 ein S2F von fast 56. Der Bitcoin hatte damit einen etwas geringeren Härtegrad als das Gold. Bereits beim nächsten Halving im Juli 2024 wird er einen fast doppelt so großen Härtegrad haben. Ab dem Jahr 2140 sind alle möglichen Bitcoin geschürft und es wird keine neu hinzukommenden Bitcoin mehr geben. Dadurch steigt das S2F auf unendlich. Ein derartiges S2F und damit eine derartige Härte hat vorher noch nie ein Gut oder ein Geld erreicht.

12.6.6.2 Auswirkungen der Bitcoin-Halvings

Das **Halving** beim Bitcoin ist kein fundamentales Ereignis mit unsicheren Ergebnissen wie bei den regelmäßigen Veröffentlichungen von Umsätzen oder Gewinnen von Unternehmen, sondern einfach eine vorprogrammierte Tatsache.[19] Allerdings gibt es unterschiedliche Meinungen darüber, wie sich ein Halving auswirkt. Bei den folgenden Betrachtungen wird nur auf den Bitcoin abgestellt. Denn die großen Marktzyklen am Kryptomarkt werden primär durch den Bitcoin vorgegeben. Dessen Marktzyklus wiederum wurde – zumindest bisher – wesentlich durch die alle vier Jahre stattfindenden Halvings bestimmt. Bisher gab es drei Bitcoin-Halvings (in den Jahren 2012, 2016 und 2020). Es wird insgesamt 34 Halvings geben, bis der letzte Block gemint ist, was ungefähr im Jahr 2140 erwartet wird.

Am 03.01.2009 wurde durch Satoshi Nakamoto der Genesis Block erzeugt. Bis zum 1. Halving am 28.11.2012 wurden dann 209.999 Blöcke generiert, wobei pro Block 50 Bitcoin neu erschaffen wurden. Dadurch ergab sich zum Zeitpunkt des Halvings eine Umlaufmenge (Circulating Supply) von 10.499.950 Bitcoin, die den **Stock** zu diesem Zeitpunkt darstellen. Durch das Halving wurde der Blockanteil (Block Reward) von 50 auf 25 Bitcoin halbiert. Den neuen Flow pro Jahr kann man aufgrund der Generierungszeit von zehn Minuten für einen Block errechnen. Pro Stunde werden deshalb sechs Blöcke generiert, pro Tag 144 und pro Jahr dann 52.560 Blöcke. Bei einem Blockanteil von 25 Bitcoin kommen dann 1.314.000 Bitcoin als jährlicher **Flow** dazu. Die Berechnung des **S2F** am Tag des 1. Halvings ergibt dann 7,99. Entsprechend leiten sich die Berechnungen zu den anderen Terminen in Tabelle 12.1 ab. Auch zwischen den Halvings erhöht sich das S2F ständig, allerdings nur in geringem Ausmaß. Denn zwischen den Halvings nimmt die Umlaufmenge ständig zu. So hat der Bitcoin derzeit (Stand November 2023) bei einem Bestand von rund 19,545 Millionen Stück ein S2F von 59,5 gegenüber 55,9 beim letzten Halving im Mai 2020. Richtige Sprünge im S2F gibt es aber immer nur unmittelbar beim Halving. Ungefähr im Jahr 2140 erreicht der

Bitcoin seine endgültige und maximale Umlaufmenge von 21.000.000 Stück. Dann steigt der Härtegrad mathematisch auf unendlich. Übrigens ist diese maximale Zahl nicht im Quellcode von Bitcoin festgelegt. Vielmehr ergibt sich diese als Resultat aus den alle 210.000 Blöcke festgelegten Halvings und den jeweiligen Blockanteilen. Dabei wird diese maximale Zahl aufgrund von Abrundungen bei den Halbierungen des Blockanteils sogar geringfügig kleiner ausfallen als die berühmten 21 Millionen Stück.

Halving-Datum	Block	Blockanteil	Stock (BTC)	Flow (BTC)	S2F
03.01.2009	0	50 BTC	0	2.628.000	0
28.11.2012	210.000	25 BTC	10.499.950	1.314.000	7,99
09.07.2016	420.000	12,5 BTC	15.749.925	657.000	23,97
11.05.2020	630.000	6,25 BTC	18.374.912,5	328.500	55,94
April 2024	840.000	3,125 BTC	19.687.406,25	164.250	119,86
2028	1.050.000	1,5625 BTC	20.343.653,125	82.125	247,72
.....	.....	.....	.....	.....	.....
2140	6.930.000	0 BTC	21.000.000	0	∞

***Tab. 12.1** Historische und künftige Entwicklung der Bitcoin-Halvings*

Für die Miner würde es bei gleichbleibenden Bitcoin-Preisen durch den Halving-Effekt in Zukunft immer weniger lukrativ, die Transaktionen zu bestätigen. Bei steigenden Bitcoin-Preisen kann dieser Effekt allerdings kompensiert oder sogar überkompensiert werden. Das Bitcoin-Halving führt zusammen mit der auf 21 Millionen begrenzten Höchstmenge an Bitcoin zur Vermeidung von Inflation. Diese Verknappung gewährleistet, dass der Bitcoin wertvoll bleibt. Bisher gilt Gold mit einem S2F von 62 als das härteste Geld der Welt, knapp gefolgt vom Bitcoin mit einem S2F von 59,5. Nach dem nächsten Halving löst der Bitcoin das Gold endgültig ab, das S2F wird dann mit fast 120 rund doppelt so groß sein wie beim Gold und Bitcoin damit zum unangefochten härtesten Geld der Welt. Mit jedem weiteren Halving wird sich dieser Effekt verstärken.

Trotzdem ist es schwierig, die Auswirkungen des Bitcoin-Halvings zu prognostizieren. Wenn die Mehrheit der Marktteilnehmer von einem Anstieg ausgeht, würden diese vor dem eigentlichen Ereignis kaufen und so den vermeintlichen Anstieg antizipieren. Dadurch könnte es zu einem Consensus Effect kommen, der die Kurserwartungen letztlich konterkariert. Deswegen dürfte es für Trader schwierig sein, die genauen Auswirkungen zum Halving-Zeitpunkt zu spielen. Bisher gab es drei Halvings, die jeweils Ausgangspunkt einer großen Aufwärtsbewegung waren. Mit zunehmender

Marktreife könnte sich dieser Effekt verringern. Zum einen würde der Consensus Effect größer werden. Zum anderen gibt es auch mehr Möglichkeiten, auf fallende Kurse zu spekulieren. Trotzdem dürfte der Halving-Effekt auch in Zukunft Bestand haben. Die Kurse könnten sich bis Ende des Jahrzehnts tendenziell weiter asymptotisch einem vergleichsweise stabilen Marktwert nähern. Wo dieser stabile Marktwert dann liegen wird, hängt primär von der künftigen Nachfrageentwicklung und damit von der Akzeptanz von Bitcoin ab. Wird in Zukunft ein überzeugenderes Geld entwickelt, könnte der Wert auch wieder fallen. Derzeit ist eine solche Entwicklung aber überhaupt nicht zu sehen.

12.6.6.3 Akzeptanz neben Stock-to-Flow-Verhältnis entscheidend

Allerdings führt die durch das S2F ausgedrückte Knappheit eines Gutes nicht zwangsläufig dazu, dass ein Gut als wertvoll gilt. So sind auch seltene Güter vorstellbar, die in der Einschätzung der Allgemeinheit keinen oder nur geringen Wert haben. Damit ein Gut wertvoll ist und nachgefragt wird, muss es von der überwiegenden Zahl der Menschen als solches eingestuft und akzeptiert werden. Diese **Akzeptanz** führt dann zu einem Austausch untereinander als monetäres Medium. Je größer die Akzeptanz ist, desto größer ist dann seine Liquidität. Hätte man eine Vielzahl von verschiedenen harten Geldformen, würden diese jeweils nur von einem kleinen Teil der Menschen benutzt und die Liquidität wäre dadurch stark eingeschränkt. Das S2F ist deshalb nur ein Teil der Erfolgsgeschichte von Bitcoin, da es auch andere harte oder sogar noch härtere Kryptocoins gibt. Der Bitcoin als erste Kryptowährung mit dem Anspruch, hartes und von staatlichen Einflüssen unabhängiges Geld zu sein, profitiert dabei aber auch von seinem Status als First Mover. Er hat die längste Historie aller Kryptowährungen, funktionierte immer verlässlich und bietet in den Augen der Marktteilnehmer die größte Sicherheit. Deshalb hat sich der Konsens gebildet, dass der Bitcoin der sicherste und unabhängigste Coin unter allen harten Kryptocoins ist. Eine derart große Akzeptanz haben konkurrierende Payment Token und Bitcoin-Klone wie Bitcoin Cash oder Litecoin nicht. Es ist derzeit deshalb nicht zu sehen, dass der Bitcoin durch bereits existierende oder noch neu entstehende Kryptowährungen in seiner dominanten Stellung abgelöst werden könnte.

12.6.6.4 Stock-to-Flow-Modell von Plan B

Das auf dem S2F Ratio beruhende **Stock-to-Flow-Modell** hat für die überzeugten Bitcoiner insbesondere seit der Veröffentlichung des pseudonymen Analysten Plan B große Wichtigkeit.[20] Die auf dem S2F basierenden Modelle gelten als Fundamentalmodelle, da sie sich an fundamentalen Daten wie hier der Knappheit orientieren. In dem Paper von Plan B wird gezeigt, dass der S2F-Ansatz besonders leicht beim Bitcoin anzuwenden ist. Hier ist das aktuell verfügbare Angebot sowie die jährlich neu hinzukommende Menge mathematisch exakt zu bestimmen. Dagegen ist man bei Rohstoffen wie Gold sowohl bei der aktuell verfügbaren Menge wie bei der jährlichen Neuproduktion auf Schätzungen angewiesen. Plan B sieht eine starke lineare Abhängigkeit zwischen dem S2F Ratio und dem Bitcoin-Preis. Da das Angebot von Bitcoin überhaupt nicht preissensitiv reagieren kann, treibt nach dem Modell das S2F Ratio den Preis. Plan B hat eine lineare Regression verwendet, die den Zusammenhang zwischen S2F und dem Marktwert von Bitcoin und das bisherige Kursverhalten am besten beschreibt. Er unterstellt dann einen Fortbestand dieses Verlaufs in der Zukunft und leitet daraus seine Preisprognosen ab. Demnach hätte der Bitcoin im Jahr 2021 zumindest einmal den Preis von 100.000 Dollar erreichen müssen. Für das Jahr 2025 werden dann sogar Kurse bis eine Million Dollar unterstellt.

In Deutschland sorgte eine Studie der Bayerischen Landesbank im September 2019 für Aufsehen.[21] Dabei wird zwar zur Vorsicht gegenüber den daraus abgeleiteten Prognosen geraten. Manuel Andersch, ein Analyst dieser als konservativ geltenden Bank, hielt einen Wert von 90.000 Dollar aufgrund des im Mai 2020 stattfindenden 3. Halvings mit Blick auf das Stock-to-Flow-Modell jedoch für möglich. Das klang beim damaligen Bitcoin-Preis von rund 8.000 Dollar sehr spektakulär und zog entsprechende Aufmerksamkeit auf sich.

Abb. 12.2 *Stock-to-Flow-Ratio und Bitcoin-Preis (Quelle: Glassnode)*

Das erste S2F-Modell von Plan B prognostizierte aufgrund der Knappheit von Bitcoin Kurse von 55.000 Dollar nach dem 3. Halving. Eine Erweiterung des Modells unter Nutzung von zusätzlichen älteren und neueren Daten sah den Bitcoin nach dem Halving einen Wert zwischen 60.000 und 90.000 Dollar erreichen. Mit dem erweiterten Stock-to-Flow Cross Asset Model (S2FX) kam Plan B sogar zu einer fantastischen Kursprognose von 288.000 Dollar bis zum Jahr 2024. In der Spitze wurden im November 2021 rund 69.000 Dollar erreicht. Von daher wurde das Modell zuletzt von der Realität widerlegt. Trotzdem bleibt das Stock-to-Flow-Verhältnis einer von mehreren Faktoren, der eine Annäherung an eine fundamentale Bewertung erlaubt. Denn der weltweite Use Case als digitales Gold und Fluchtmöglichkeit aus instabilen Währungen lebt natürlich von der Seltenheit und der Nicht-Inflationierbarkeit, die durch das S2F-Verhältnis abgebildet werden. Grundsätzlich sind solche Modelle wie das Stock-to-Flow-Modell auch weniger zur Bestimmung exakter Kursziele geeignet als zur Veranschaulichung eines tendenziellen Kursverlaufs.

12.6.6.5 Kritik am S2F-Modell

Das S2F-Modell wurde in den vergangenen Jahren immer wieder zur **Ableitung fantastischer Kursziele** herangezogen und bediente damit die Wunschvorstellungen vieler Bitcoiner. Grundsätzlich sollte man sich durch Modelle wie dieses nicht in einen Euphorierausch treiben lassen. Manche Analysten bezeichnen das Modell sogar als reines „Hopeium". Grundsätzlich kritisiert wird die dem Modell zugrunde liegende Annahme, dass die in der Vergangenheit beobachtete Preisentwicklung sich auch in Zukunft wiederholen wird. Historische Daten gelten nicht als Basis für eine Vorhersage. Die starke statistische Korrelation zwischen dem S2F und dem Bitcoin-Preis begründet keine Kausalität, sondern eben nur eine Korrelation.

Bei dem **rein angebotsbezogenen Modell** werden nur die Seltenheit eines Assets sowie seine künftige Inflationierung berücksichtigt. Da ist Bitcoin tatsächlich unschlagbar. Andere Faktoren werden aber ausgeblendet. Auch wenn ein Gut noch so selten ist, so ergibt sich sein nachvollziehbarer Wert doch aus seiner Adoption und damit aus der tatsächlichen Nachfrage. Bei dem Modell wird davon ausgegangen, dass die Nachfrage nach Bitcoin zumindest nicht fällt. Andere **wesentliche exogene Einflussfaktoren** wie die weltweite Geldmenge, die Umlaufgeschwindigkeit des Geldes oder die Allokationsquote der weltweiten Geldmenge in Assets, die als stabile Wertspeicher gelten, bleiben unberücksichtigt. Auch könnten externe Schocks wie Bitcoin-Verbote in wichtigen Ländern erheblichen Einfluss auf die Wertentwicklung haben. Neue technologische Entwicklungen – also ein „besserer" Bitcoin – könnten den Wert wieder reduzieren. So wäre eventuell ein „grüner" Bitcoin denkbar, der nicht den extremen Energieverbrauch von Bitcoin hat. Auf lange Sicht stellt sich die Frage nach der Funktionstüchtigkeit der Bitcoin-Blockchain, wenn die Miner-Entlohnungen immer weiter sinken.

Außerdem haben die **Derivatemärkte** im Gegensatz zu früheren Jahren immer stärkeren Einfluss. So können die Miner ihren Output hedgen und sich so gegen geringere Erträge wegen potenzieller Preisrückgänge beim Bitcoin absichern. Bevor der Bitcoin-Derivatemarkt zu einem liquiden Markt wurde, gab es nur eine Möglichkeit, die eigene Markteinschätzung umzusetzen: Käufe und Verkäufe am Spotmarkt. Von daher gab es einen Buy Bias, eine Verzerrung zugunsten von Käufen. Dies hat sich durch liquide Derivatemärkte geändert. Das Angebot und die Nachfrage nach Bitcoin sind nicht mehr auf die physischen Angebote an den Spotmärkten beschränkt.

Selbst die **Aussagekraft des S2F-Wertes beim Gold** ist kritisch zu sehen. Analysten weisen darauf hin, dass sich der S2F-Wert in den vergangenen 100 Jahren mit einem Wert um 60 kaum geändert hat. Dagegen ist in diesem Zeitraum die Marktkapitalisierung von 60 Milliarden auf 9 Billionen Dollar gestiegen. Der Bitcoin-Kurs würde nach dem Modell im Jahr 2045 unglaubliche 235 Milliarden Dollar betragen und später sogar ins Unendliche konvergieren, wenn der Flow auf null fällt. Das ist unrealistisch, wenn man nicht von einer Hyperinflation ausgeht.

Schließlich wird noch die **Markteffizienzhypothese**, die wesentlich von Ökonomen wie Friedrich Hayek und Eugene Fama entwickelt wurde, als Gegenargument gegen das S2F-Modell angeführt. Demnach werden in einem effizienten Markt mit hoher Liquidität und Zahl von Marktteilnehmern alle verfügbaren Informationen effizient verarbeitet und spiegeln sich in den aktuellen Assetpreisen wider. Gerade beim Bitcoin sind in Bezug auf die zukünftigen Halvings und deren Auswirkungen alle Informationen bekannt. Das ist bei Aktien mit den unsicheren Entwicklungen von Umsätzen und Gewinnen dagegen nicht der Fall. Folgt man dieser Argumentation, dürften die Halvings gerade keine Auswirkungen haben. Der Anstieg der Preise wäre dann ausschließlich auf die steigende Nachfrage zurückzuführen. Gegen diese These spricht wiederum, dass der Bitcoin-Markt noch sehr stark den Charakter eines Emerging Markets hat. In solchen Märkten handeln die Akteure irrationaler als in entwickelten Märkten, deshalb sind die Marktineffizienzen dort noch größer. Vielen Marktteilnehmern fehlt beim Bitcoin und anderen Kryptowährungen ein Verständnis der Fundamentalanalyse, die sich erst in jüngerer Vergangenheit langsam entwickelt hat und weiter in Entwicklung ist. Die Markteffizienzhypothese setzt aber ein Verständnis der auf den Preis einwirkenden Fundamentaldaten voraus. Außerdem könnte das Preisrisiko von Bitcoin aufgrund der sehr großen kurzfristigen Kursschwankungen überschätzt werden. Damit wäre letztlich dann doch ein großer Einfluss von einfach zu verstehenden S2F-Modellen auf den Marktpreis zu erklären. Mit zunehmender Marktreife und besserem fundamentalen Verständnis für die Mechanismen beim Bitcoin dürfte dieser Einfluss aber abnehmen. Zumal auch der Effekt der Angebotsreduzierung bei den alle vier Jahre stattfindenden Halvings im Vergleich zum großen Bestand der Umlaufmenge von Bitcoin immer kleiner wird.

12.6.7 Bitcoin-Konkurrenten

Für eine langfristige Einschätzung des Wertes von Bitcoin ist die Kardinalfrage, ob er seine führende Stellung am Kryptomarkt als digitaler Wertspeicher behält. Diese beruht bisher auf dem **Konsens**, dass der Bitcoin die sicherste und dezentralste Kryptowährung ist und für Menschen aller Länder gleichermaßen eine Fluchtmöglichkeit aus ihren mehr oder minder inflationierten Heimatwährungen bietet. Bleibt dieser Konsens erhalten, muss der Wert von Bitcoin weiter steigen. Für die Aufrechterhaltung dieses Konsenses braucht es auch keine implizite Mehrheitsentscheidung der Weltbevölkerung, ähnlich wie in einer Demokratie die Entscheidungen der Wähler für verschiedene Parteien erfolgen können. Dann kann es auch viele Splitterparteien geben, aber die Geschicke des Landes werden dann durch die Parteien bestimmt, die die meisten Stimmen auf sich vereinen. Ähnlich ist es beim Bitcoin. Im Gegensatz zu den meisten Parteien, die mal durch Stimmenmehrheit die Regierung bilden und dann auch wieder nicht, ist der Bitcoin so etwas wie die CSU unter den Kryptowährungen. Auch wenn die CSU im Vergleich zu früheren Jahren ihre absolute Mehrheit verloren hat, geht an ihr in Bayern scheinbar nichts vorbei. Der Bitcoin hat – wenn man sich die Bitcoin-Dominanz im Zeitverlauf anschaut – auch seine absolute Dominanz verloren. Nur die zweitgrößte Kryptowährung Ether kommt bei der Marktkapitalisierung in (noch entfernte) Reichweite. Stablecoins spielen bei der Betrachtung keine Rolle, sie sind – wenn sie denn funktionieren – „nur" digitales Fiat mit Emittentenrisiko. Auch der Vergleich von Ether mit Bitcoin bringt in Bezug auf die Marktführerschaft nichts. Selbst wenn Ether den Bitcoin bei der Marktkapitalisierung über holen würde, ändert das nichts an der Marktführerschaft von Bitcoin als digitales Wertaufbewahrungsmittel. Denn das ist Ether trotz seines zuletzt eher deflationären Charakters nur begrenzt. Deshalb ist das Kriterium Marktkapitalisierung in diesem Zusammenhang irreführend.

Die direkten **Bitcoin-Konkurrenten** sind *andere Payment Token mit dem grundsätzlich gleichen Verwendungszweck*. Auch sie versuchen den Glauben daran zu bedienen, dass sie ein besseres digitales Zahlungs-, Wertaufbewahrungs- oder Wertsteigerungsmittel sind als die Fiatwährungen oder auch der Bitcoin. Im Vergleich zum Bitcoin sieht man aber allein schon am Kriterium Marktkapitalisierung den Bedeutungsunterschied. Der älteste Konkurrent ist das seit 2011 existierende *Litecoin*. Diese Bitcoin-Kopie schaffte es bis zur Nummer 2 in der Rangliste nach Marktkapitalisierung der noch wenigen Kryptowährungen (vgl. Tab. 3.3). Noch auffälliger ist diese Entwicklung bei der Bitcoin-Fork aus dem Jahr 2017, *Bitcoin Cash*. Der Coin schaffte es in der Spitze Ende 2018 bis auf Platz 3 der größten Kryptowährungen und verlor danach sukzessive an Wert (vgl. Tab. 3.3). Heute steht er nur noch auf Rang 20 (Stand November 2023). Ähnliches gilt für weitere Abspaltungen wie Bitcoin SV (trotz des Beinamens Satoshi Vision). Weitere Namen wie Bitcoin Gold, Bitcoin Diamond, Bitcoin Private oder Super Bitcoin spielen kaum oder keine Rolle mehr. Bei den vielfältigen Abspaltungen dürfte oft nur der Versuch der Initiatoren dahinterstehen, vom Namen und Standing von Bitcoin zu profitieren. Von daher kann man feststellen: Die herkömmlichen Abspaltungen von Bitcoin, die durch Vorteile wie größere Transaktionsgeschwindigkeiten punkten wollen, sind keine Konkurrenz. Sie werden das auch nicht mehr, da sie trotz einiger technischer Vorteile das Vertrauen in die Sicherheit von Bitcoin nicht mehr erreichen können.

Eine mögliche Konkurrenz könnte noch von den *Privacy Coins* kommen. Der größte Vertreter Monero hielt sich ebenfalls jahrelang unter den Top 20 (vgl. Tab. 3.3). Der Coin erreichte ähnlich wie Litecoin in der Hausse 2020/21 gerade einmal seinen Höchstkurs von Ende 2017. Dies soll hier als Indiz für den relativen Bedeutungsverlust der unter starkem regulatorischen Gegenwind leidenden Privacy Coins genügen.

12.7 Bewertung anderer Payment Token

12.7.1 Die Bitcoin-Klone

Die hier **Bitcoin-Klone** genannten Coins umfassen die *Hard Forks von Bitcoin* (wie Bitcoin Cash), die *Hard Forks dieser Hard Forks* (wie Bitcoin SV) sowie *einfache Kopien der Bitcoin-Blockchain* (wie Litecoin).[22] Bei einer Hard Fork wird die ursprüngliche Blockchain in zwei neue gespalten, die deshalb den gleichen Ursprung haben (Genesis Block). Bei einer Kopie, die auch Software Fork genannt wird, wird der Genesis Block zum Zeitpunkt dieser Änderung erzeugt und hat deshalb seinen eigenen Anfang. Dadurch gibt es keine Überschneidungen zwischen der kopierten Blockchain und der neuen.

Litecoin ist eine einfache Kopie von Bitcoin, die bereits im Oktober 2011 an den Start ging. Damit ist Litecoin einer der ersten Altcoins auf dem Markt. Wegen der einfacheren und effizienteren Netzwerk-Architektur hat Litecoin gegenüber seinem Vorbild Bitcoin einige Vorteile wie eine deutlich schnellere Transaktionsgeschwindigkeit. Diese wird erreicht, weil im Durchschnitt alle 2,5 Minuten ein Block verarbeitet werden kann, während das Bitcoin-Netzwerk dafür zehn Minuten braucht. Wegen der viermal schnelleren Transaktionszeit ist die Maximalzahl der möglichen Coins (Maximum Supply) mit 84 Millionen Stück auch viermal so hoch wie beim Bitcoin. Diese scheinbare technische Überlegenheit geht aber zulasten der Sicherheit, wodurch Litecoin anfälliger für Angriffe auf die Blockchain ist. Für die Payment Token ist das Kriterium Sicherheit aber entscheidend. Allein aus diesem Grund wird es Litecoin nicht gelingen, sich in der Bewertung Bitcoin anzunähern. Auch bei der Entwicklertätigkeit ist der weniger dezentrale Coin deutlich im Nachteil.

Der Gründer Charlie Lee verkaufte im Dezember 2017 alle seine Coins und verließ das Projekt. Die Gründe dafür sind eher unklar. Allerdings kann man auch ganz einfach unterstellen, dass Lee den irrsinnigen Hype zum Jahresende 2017 als solchen gesehen und clever genutzt hat. Denn auch wenn die Kurse von Bitcoin vier Jahre später noch deutlich höher waren, erreichten die der meisten Altcoins die Höchstkurse von damals nicht einmal ansatzweise mehr. Vielmehr handelt es sich bei den Kurskapriolen fast aller Altcoins im Jahr 2017 um eine Art Irrational Exuberance (irrationalen Überschwang). Dieser Ausdruck wurde vom ehemaligen Fed-Chef Alan Greenspan im Zusammenhang mit der Aktien- und Dotcom-Blase Ende der 90er-Jahre verwendet und ging auf den Nobelpreisträger Robert J. Shiller zurück. Jedenfalls erreichte Litecoin im Rahmen der Hausse von 2020/21 gerade einmal seinen Höchststand vom Dezember 2017, während der Bitcoin sich demgegenüber mehr als verdreifachte.

Der Use Case von Litecoin ist letztlich derselbe wie für Bitcoin. Beide Kryptowährungen sind konzipiert als dezentrales Geld, das weltweit ohne die Notwendigkeit der Einschaltung von Intermediären wie Banken empfangen und versendet werden kann. Der Ansatz von Litecoin war, eine schnellere und kostengünstigere Alternative zu Bitcoin zu bieten. Im Laufe der Zeit hat sich der dominierende Use Case von Bitcoin aber verschoben. Die Zahlungsmittelfunktion ist mehr in den Hintergrund gedrängt worden und die Funktionen Wertaufbewahrung, Inflationsschutz und die darauf basierende Spekulation auf Wertsteigerungen sind die entscheidenden Triebfedern von Investitionen in Bitcoin. Dies gilt in abgeschwächtem Maße auch für Litecoin. Allerdings ist für den relativen Wert der beiden Kryptowährungen der **Sicherheitsaspekt** und die weltweite Akzeptanz entscheidend. Der Bitcoin gilt als die sicherste Kryptowährung. Dagegen gilt *Litecoin als weniger sicher*. Der verwendete Proof-of-Work-Konsensalgorithmus Scrypt ist weniger komplex als der SHA-256 von Bitcoin und erfordert eine geringere Hash-Rate. Wegen seines vereinfachten Algorithmus ist für das Mining von Litecoin weniger Rechenleistung erforderlich und dieses deswegen auch ohne spezielle Hardware möglich.

Diese geringere Sicherheit schlägt sich in der weltweiten **Akzeptanz** und damit in der Bewertung nieder. Sonst müsste der Preis von Litecoin wegen des gegenüber Bitcoin vierfach höheren Angebots einfach rund ein Viertel von Bitcoin betragen. Tatsächlich beträgt der Preis von Bitcoin aber das über 500-Fache von Litecoin (Stand November 2023). Der Bitcoin bleibt deshalb der digitale Wertspeicher Nr. 1 oder, wie oft zu hören, das *digitale Gold*. Litecoin wird dagegen manchmal als das *digitale Silber* bezeichnet. Tatsächlich ist auch das Preisverhalten ähnlich wie beim echten Gold und Silber. Gold hat langfristig gesehen Silber deutlich outperformt. Dagegen ist Silber volatiler. In bestimmten Zeitperioden konnte es deshalb immer wieder eine erheblich über dem Gold liegende Performance zeigen, im positiven wie im negativen Sinne. Ähnlich ist das bei Litecoin. Gut erkennen kann man das, wenn man den Chart von Litecoin mit dem Bitcoin als Kurswährung aufruft.

In Abb. 12.3 ist der Preisverlauf von Litecoin bei der Kryptobörse Bitfinex mit Bitcoin als Kurswährung in den vergangenen zehn Jahren dargestellt. Man erkennt den deutlichen langfristigen Preisverfall im Vergleich zum Bitcoin. Es zeichnet sich aber auch ein gewisser Floor ab, unter den Litecoin in den ganzen Jahren nicht gefallen ist. Auch die zwischenzeitlich immer wieder auftretenden sprunghaften Anstiege, häufig mit einer Vervielfachung gegen den Bitcoin innerhalb weniger Wochen, sind offensichtlich. Auffällig ist aber auch, dass die Ausschläge und damit die kurzfristige Volatilität gegen den Bitcoin im Laufe der Jahre immer mehr nachgelassen haben.

Abb. 12.3 Langfristige Kursentwicklung von Litecoin gegen Bitcoin

Bitcoin Cash entstand im August 2017 als Hard Fork von Bitcoin und ermöglicht aufgrund der achtfachen Blockgröße auch die achtfache Zahl an Transaktionen. Die Maximalzahl an Coins beträgt wie bei Bitcoin 21 Millionen. Bitcoin Cash sah den Höchstkurs von 2017 ebenfalls nie mehr. Selbst in der Hausse 2021 lag der Spitzenpreis nur bei rund 40 Prozent des Allzeithochs. Auch Bitcoin Cash gilt im Vergleich zum Bitcoin als weniger dezentral und leichter angreifbar. Deswegen gelten die oben bei Litecoin genannten Argumente für die erheblich geringere Bewertung gegenüber dem Bitcoin ebenso bei Bitcoin Cash. Dies spiegelt sich wie bei Litecoin entsprechend in Abbildung 11.2 für Bitcoin Cash im Preisverlauf gegen Bitcoin wider. Auch Bitcoin Cash hat gegen den Bitcoin langfristig immer mehr an Wert verloren. Betrug der Wert wenige Monate nach der Abspaltung bis über ein Fünftel von Bitcoin, ist Bitcoin heute (Stand November 2023) das 170-Fache wert. Kurzfristig kam es genau wie bei Litecoin ebenfalls immer wieder einmal zu kräftigen Gegenbewegungen. Auch bei

Bitcoin SV, wiederum eine Hard Fork von Bitcoin Cash, kann man ähnliche Muster beobachten. Auf andere Bitcoin-Forks soll hier nicht eingegangen werden.

Entscheidend für die erheblich höhere Bewertung von Bitcoin gegenüber den Bitcoin-Klonen ist und bleibt deshalb das deutlich größere Vertrauen auch wegen des uneinholbaren Track Records. Denn seit 2009 funktioniert der Bitcoin technisch einwandfrei und ist die dezentralste und sicherste Kryptowährung. Es hat sich weltweit der Konsens gebildet, dass der Bitcoin eindeutig die Kryptowährung Nr. 1 ist. Das wird auch so bleiben. Die Bitcoin-Klone können durchaus kurzfristig immer wieder einmal interessant werden. Sie eignen sich aus den genannten Gründen dann aber mehr zum Trading. Der Bitcoin bleibt dagegen das unangefochtene langfristige Basisinvestment am Kryptomarkt.

12.7.2 Besonderheiten bei Privacy Coins

Die Gefahr bei pseudonymen Kryptowährungen wie Bitcoin ist eine Beeinträchtigung der **Fungibilität**. Grundsätzlich sollte ein Bitcoin aufgrund der Austauschbarkeit immer genauso viel wert sein wie ein beliebiger anderer. Dies ist aber nicht immer gewährleistet. Denn Bitcoin-Guthaben von bestimmten Adressen könnten auf eine schwarze Liste gesetzt werden, weil sie zum Beispiel nach Meinung von Behörden für illegale Aktivitäten verwendet wurden. Dadurch würden die inkriminierten Bitcoin von dieser Adresse weniger wert sein oder könnten sogar komplett illiquide werden. Derartige staatliche oder sonstige Eingriffe könnten dann den Wert der anderen – unbelasteten – Einheiten beeinträchtigen und im Extremfall sogar zum Ende dieser Kryptowährung führen. Bei Privacy Coins wie Monero sind diese Eingriffe von außen in dieser Form nicht möglich. So macht die Verwendung von Stealth-Adressen und Ringsignaturen Transaktionen nicht nachvollziehbar und verschleiert die Wallet-Adressen.

Andererseits sind diese fehlenden Eingriffsmöglichkeiten Regierungen und Aufsichtsbehörden – berechtigt oder unberechtigt – ein Dorn im Auge. Deshalb sind **Generalverbote** durchaus denkbar, ohne dass das Netzwerk dabei abgeschaltet werden könnte. Von daher ist zwar die Durchsetzbarkeit eines Generalverbots nicht vollständig gegeben. So könnten vom Verbot betroffene Bürger über VPN-Adressen die Dienstleistungen weiterhin nutzen. Trotzdem können Kryptobörsen in dem jeweiligen Land von den Behörden gezwungen werden, diese Art von Coins aus dem Handel zu nehmen. Außerdem könnten die Bürger des Landes mit der Strafbarkeit des Besitzes bedroht werden. Beides könnte auf den Wert dieser Kryptowährungen beträchtlichen Einfluss haben.

So untersagte Südkorea ab März 2021 den dort ansässigen Kryptobörsen den Handel mit Privacy Coins. Auch die Kryptobörse Bittrex beendete Anfang 2021 den Handel mit Monero, Zcash und Dash. In der EU gibt es Bestrebungen, die Bereitstellung und Nutzung anonymer Wallets zu verbieten, was faktisch einem Verbot von Privacy Coins gleichkäme.

Privacy Coins wie Monero oder Dash können von der **Besteuerung** von Kryptowährungen profitieren. So führten Anfang Juni 2021 Überlegungen der australischen Finanzbehörden, Gewinne aus Kryptowährungen zu besteuern, am nächsten Tag zu Gewinnen von Privacy Coins von über 20 Prozent trotz einer schlechten Verfassung des Kryptomarktes. Denn die australische Behörde wies auch darauf hin, dass Transaktionen von Bankkonten zu Kryptobörsen und zurück nachvollzogen werden können. Dagegen sind Transaktionen mit Privacy Coins kaum nachvollziehbar. Über dezentralisierte Kryptobörsen (DEXes) gehandelte Privacy Coins können nicht bis zum Nutzer zurückverfolgt werden.

Für die **Bewertung von Privacy Coins** können sich deshalb teils gegenläufige Einflussfaktoren ergeben, die sich je nach aktueller Entwicklung auch häufiger in ihrer Auswirkung ändern können:

- Eine Einschränkung der Fungibilität bei Kryptowährungen wie Bitcoin führt tendenziell zu mehr Nachfrage und höheren Preisen bei Privacy Coins.
- Behördliche Generalverbote oder Einschränkungen der Zugangsmöglichkeiten vermindern den Wert von Privacy Coins.
- Je nach Besteuerung von Kryptowährungen in einem Land könnten Privacy Coins für Anleger mehr oder minder attraktiv erscheinen.

Zum relativen Vergleich werden Kursentwicklungen des größten Privacy Coins **Monero** zum Bitcoin betrachtet. Monero wurde im Jahr 2014 gestartet. Im Langfristchart erkennt man in den Boomjahren 2016/17 in der Spitze etwa eine Verfünfzehnfachung des Preises zum Bitcoin. Diese starke Outperformance von Monero in den Anfangsjahren kehrte sich seit 2018 um und der Bitcoin-Preis von Monero ist wieder auf das Niveau zum Monero-Start im Jahr 2014 zurückgefallen. Eine ähnliche Kursentwicklung zeigten auch andere Privacy Coins wie Dash. Immerhin haben die Coins aus dieser Gruppe – im Gegensatz zu den vorher betrachteten Bitcoin-Klonen – langfristig damit zumindest den gleichen Wertzuwachs erfahren wie der Bitcoin. Die Vorteile des Schutzes der Privatsphäre, die eine Höherbewertung rechtfertigen würden, wurden im Laufe der Zeit durch negative Effekte wie eine zunehmende Regulierung und den Ausschluss vom Handel durch Kryptobörsen in verschiedenen Ländern konterkariert. Im Zuge der zunehmenden Regulierung dürften diese negativen Effekte weiter dominieren.

Abb. 12.4 *Langfristige Kursentwicklung von Monero gegen Bitcoin*

12.7.3 XRP von Ripple

Ripple wurde 2012 unter dem Namen OpenCoin gegründet mit dem Ziel, ein alternatives Zahlungsnetzwerk zum Bitcoin zu schaffen. Damit sollte es zwei Parteien möglich sein, einen Geldtransfer in jeder beliebigen Währung sehr schnell – quasi in Echtzeit – und kostengünstig zu tätigen. Mit Ripple wird sowohl das Unternehmen (Ripple Labs) als auch das Netzwerk bezeichnet. Fälschlicherweise wird oft auch die Kryptowährung als Ripple bezeichnet. Korrekt heißt sie aber **XRP**. Das ist der Coin, der im Ripple-Ökosystem als Brückenwährung zur Abwicklung internationaler Zahlungen benutzt wird. Das verteilte Echtzeitprotokoll bezeichnet sich deshalb gern als „Internet of Value". In der Kryptoszene war der Coin häufig umstritten und wurde wegen seiner Funktionen für Banken und Finanzdienstleister und einer Vielzahl von Kooperationen mit Unternehmen aus diesem Bereich auch schon etwas despektierlich als „Bitcoin der Banken" bezeichnet. Im Vergleich zu diesem zeichnet er sich aber durch seine viel größere Skalierbarkeit und Schnelligkeit bei den Transaktionen aus. Mit der vorher als xRapid bezeichneten Software-Lösung On-Demand Liquidity (ODL) werden sekundenschnelle internationale Geldüberweisungen zu minimalen Gebühren möglich unter Verwendung der eigenen Kryptowährung XRP als Brückenwährung. Das hat disruptive Veränderungen im internationalen Zahlungsverkehr zur Folge. So werden

Unternehmen bei Auslandsgeschäften nicht mehr mit Vorfinanzierungskosten belastet. Denn Usus ist dort meistens, dass Produkte oder Dienstleistungen aus dem Ausland im Voraus bezahlt werden müssen. Das damit verbundene Prozedere ist umständlich. So müssen oft Konten im Land des Handelspartners in der jeweiligen Landeswährung unterhalten werden. Durch die Direktabwicklung über Ripples ODL-Kanal wird das überflüssig.

Das Ripple-Protokoll und XRP laufen auf einer XRP Ledger genannten öffentlichen Datenbank. Jedermann hat in diese Einsicht und dadurch sind alle Transaktionen transparent. Es gibt keine Miner wie bei Bitcoin. Vielmehr sichern ausgesuchte **Validatoren** das Netzwerk. Diese Validatoren bestätigen jede Transaktion und werden von Ripple Labs und seinen Partnern betrieben. Deshalb wird Ripple auch eine starke Zentralisierung vorgeworfen. Dieser Vorwurf betrifft auch die **Verteilung der Coins**. Denn es gab 2012 ein Pre-Mining aller 100 Milliarden Coins. Dabei wurden 80 Prozent aller Coins an das Unternehmen Ripple gegeben. Die anderen 20 Prozent gingen an die drei Hauptentwickler. Die Coins werden im Ripple Escrow, einem Treuhandkonto, aufbewahrt und nach einem vorgegebenen Plan freigegeben. Jeden Monat kann Ripple zur Entwicklung des Ökosystems eine Milliarde Coins aus dem Escrow entnehmen und veräußern. Aktuell sind noch rund 46 Prozent im Treasury von Ripple (Stand November 2023).

Der von Ripple ausgegebene Coin XRP ist nach dem Bitcoin der zweitgrößte Unpegged Payment Token.[23] Darunter versteht man Token, die nicht an eine Referenzgröße gebunden sind und deren Preis ausschließlich durch Angebot und Nachfrage nach dem Token selbst bestimmt wird. Auch bei XRP gibt es wie beim Bitcoin eine absolute Obergrenze mit einer maximalen Stückzahl von 100 Milliarden. Von daher läge die Vermutung nahe, dass XRP langfristig ebenfalls ähnlich wie der Bitcoin im **Wert** enorm steigen könnte. Im Gegensatz zu Bitcoin oder auch Ethereum war das in den vergangenen sechs Jahren aber nicht der Fall.

Grund dafür ist der grundsätzlich andere **Use Case** von XRP. Denn Ripple hat XRP als **Brückenwährung** konzipiert. Insbesondere bei *Überweisungen von und in Schwellenländer* ist sie eine extrem kostengünstigere Alternative als traditionelle Überweisungen. Grundsätzlich könnte wegen der begrenzten maximalen Menge bei starker Nachfrage auch hier der Preis deutlich steigen. Eine so extreme und nachhaltige Wertsteigerung wie beim Bitcoin wird es aber nicht geben. Denn XRP wird nicht wie der Bitcoin als Wertspeicher, sondern als reines Transaktionsvehikel wahrgenommen. Bei solchen Transaktionen tauscht der Sender die Fiat-Landeswährung in XRP um und transferiert diese sofort an den Empfänger. Solche Transaktionen laufen in Minutenschnelle ab und sind deshalb ein unschätzbarer Vorteil, wenn der Sender und/oder der Empfänger in einem Schwellenland mit dysfunktionalem Bankensystem sitzt. Von daher ist ein weiterer wichtiger Use Case von XRP eine *Intermediärsfunktion beim Währungsumtausch mit niedrigen Gebühren.* (So wird beim Umtausch von zwei Währungen oft der Dollar als Intermediärswährung genutzt oder die Spreads sind extrem groß, wodurch der Währungsumtausch sehr teuer ist. Selbst beim Austausch zwischen zwei Ländern mit funktionierenden Bankensystemen dauern Überweisungen regelmäßig sehr lange und sind mit hohen Gebühren verbunden.) Der Empfänger wird dann nach Empfang von XRP diese sofort in seine Landeswährung umtauschen. Letztlich funktioniert das wie bei der sprichwörtlichen heißen Kartoffel. Ein Coin, der vor allem als Brückenwährung genutzt wird, kann deshalb kaum einen dauerhaften Mehrwert aufbauen. Wenn XRP es schafft, zum Standard im internationalen Zahlungsverkehr zu werden, könnte sich das vielleicht ändern. Denn bei einem wirklichen Massengebrauch könnten die Coins dann doch knapper und damit wertvoller werden. Ripple sieht für die Zukunft weitere Anwendungsfälle für XRP, so als *Brückenwährung zwischen den CBDCs verschiedener Zentralbanken*. Denn für grenzüberschreitende Zahlungen sind CBDCs wegen der unabhängigen Entwicklung durch die Zentralbanken eher nicht geeignet. Auch könnte es als *Ersatz von SWIFT als Zahlungssystem für den Großhandel* dienen.

Außerdem sind in der Zukunft auch **Alternativen zu XRP** denkbar. XRP ist momentan zwar der einzige Coin im Ripple-Netzwerk. Allerdings wäre es auch möglich, dass Banken eigene Coins kreieren und sie dann im Netzwerk nutzen. Auf der anderen Seite soll auch der Use Case für XRP erweitert werden. Denn durch das ausgeprägte Netzwerk könnten andere Produkte wie NFTs den Kunden der Kooperationsbanken angeboten werden.

Abb. 12.5 *Langfristige Kursentwicklung von XRP gegen Bitcoin*

Daher ist eine fundierte **Bewertung von XRP** schwierig. Der zentrale Einfluss von Ripple selbst ist sehr groß. Das Projekt wurde und wird von den Investoren in den Coin finanziert. Durch diesen Coin partizipieren die Investoren aber keinesfalls direkt am wirtschaftlichen Erfolg des Unternehmens. Dies wäre anders, wenn Investoren bei einem schon lange geplanten IPO in die Ripple-Aktien investieren. Außerdem schwebt seit Dezember 2020 ein Rechtsstreit mit der amerikanischen Wertpapieraufsicht SEC über dem Unternehmen. Die SEC wirft Ripple vor, mit XRP unerlaubt ein Wertpapier in Verkehr gebracht zu haben. Ein positiver Aspekt ist das Burning von XRP. Denn die bei den Transaktionen gezahlten XRP werden durch Burning vernichtet, wodurch sich die Angebotsmenge langfristig vermindern könnte. Allerdings sind die Auswirkungen nur äußerst minimal. Bei der gegenwärtigen Burn Rate würde es ungefähr 70.000 Jahre dauern, bis alle XRP vernichtet wären. Im Chart sieht man, dass XRP ganz langfristig betrachtet den Wert gegen den Bitcoin gehalten oder sogar etwas verbessert hat. Die Zeit der wilden Ausschläge ist aber vorbei. Dies dürfte auf die Wahrnehmung von XRP als Brückenwährung zurückzuführen sein, die nur schwer einen wirklichen Mehrwert aufbauen kann.

12.7.4 Stablecoins

Stablecoins haben verschiedene **Use Cases**. Sie eignen sich hervorragend für *Zahlungen*. Im Gegensatz zu Kryptowährungen wie Bitcoin oder Ethereum unterliegen sie keinen heftigen Kursschwankungen, sondern bewegen sich im Idealfall 1:1 zu der entsprechenden Fiatwährung, meist US-Dollar. Deshalb können Stablecoins den Vorteil ausspielen, im Gegensatz zu internationalen SWIFT-Überweisungen schnell und mit minimalen Kosten über Länder- und Währungsgrenzen hinweg Überweisungen zu tätigen. Dauern diese bei SWIFT oft Tage, kann das mit Stablecoins meist in Minutenschnelle erfolgen. Dieser Vorteil ist umso größer, je ineffizienter das Bankensystem in einem Land und desto schwächer die dortige Währung ist. Außerdem ist man mit Stablecoins nicht an die Banköffnungszeiten gebunden, vielmehr können Transaktionen 24/7 ausgeführt werden. Der Einsatz als *Derivat für eine Fiatwährung* ist gerade für Menschen in Drittweltländern mit maroden Währungen nicht zu unterschätzen. Dort ist es dann oft leichter möglich, einen dollarbasierten Stablecoin zu kaufen, als die eigene Währung in US-Dollar zu tauschen. Zumal der Umtauschverlust aufgrund des großen Spreads bei solchen Währungen enorm sein kann. Von daher bieten Stablecoins eine sichere Wertaufbewahrung. Für *Krypto-Anleger* sind Stablecoins ein ideales Medium, um nach Verkäufen von Kryptowährungen das Geld sicher zu parken. Es steht dann jederzeit für mögliche neue Transaktionen am Kryptomarkt zur Verfügung. Auch sind sie einfache On- und Off-Ramp-Vehikel. So können sie leicht an andere Kryptobörsen überwiesen werden. Fiat-Überweisungen sind dagegen bei vielen Kryptobörsen nicht möglich.

Der **Preis von Stablecoins** sollte sich – um ihrem Namen und Anspruch gerecht zu werden – grundsätzlich 1:1 im Verhältnis zu dem abgebildeten Asset bewegen. Hat das Asset eine vergleichsweise geringe Liquidität, könnten die Unterschiede vielleicht auch etwas größer sein. Denn Assets mit geringerer Liquidität haben regelmäßig auch größere Spreads zwischen An- und Verkaufskursen. Auf keinen Fall dürfte ein entsprechender Stablecoin eine größere Liquidität als das abgebildete Asset haben, sonst kann es zu Schieflagen kommen. Die Ausführungen im Folgenden beziehen sich auf Stablecoins mit Bezug auf große Fiatwährungen, insbesondere dem US-Dollar. Die Devisenmärkte sind die liquidesten und effizientesten Kapitalmärkte. Von daher kann ein Stablecoin bezogen auf den Dollar keine größere Liquidität als der Dollar selbst haben. **Abweichungen von der angestrebten 1:1-Anbindung** sind aber möglich und tatsächlich zu beobachten. Neben den im täglichen Handel zu beobachtenden minimalen Abweichungen kann es auch größere geben. Längere *Unterparitäten* können primär durch die Konstruktion des Stablecoins und/oder eine eingeschränkte Vertrauenswürdigkeit des Emittenten bedingt sein. Auch *Überparitäten* werden immer wieder beobachtet.

Emittenten hatten in Zeiten von Null- oder sogar Negativzinsen eigentlich keine Anreize, Stablecoins zu emittieren. Denn für die eingenommenen Fiatwährungen hätten die Emittenten dann Strafzinsen zahlen müssen. Mit der Zinswende hat sich die Situation wieder völlig gewandelt. Denn ein Emittent wie Tether gibt für jeden eingenommenen Dollar einen Tether aus, der aber keine Zinserträge abwirft. Dagegen kann der Emittent für seine Fiateinlagen Zinsen von vier oder fünf Prozent vereinnahmen und so risikolose Erträge erwirtschaften.

Collateral Backed Stablecoins werden im Idealfall 1:1 durch das entsprechende Asset abgedeckt. Ein solcher den US-Dollar abbildender Stablecoin sollte deshalb immer durch einen hinterlegten und bis zur Rückgabe des Stablecoins „echten" Dollar gedeckt sein.[24] Die Hinterlegung bei einem zentralen Emittenten oder einer Bank sollte transparent und jederzeit nachprüfbar sein. Allerdings wäre auch in einem derartigen Idealfall die Sicherheit nicht vollständig gegeben. Denn im Insolvenzfall eines zentralen Emittenten wie Tether würden die Sicherheiten in die Insolvenzmasse fallen, weil sie nicht separiert sind und zu den Verbindlichkeiten des Unternehmens zählen. Dies könnte nur vermieden werden, wenn die Sicherungsbeträge außerhalb des Unternehmens als Sondervermögen wie bei einem ETF geführt werden könnten. Denn dann würde bei einer Insolvenz des Emittenten das Sondervermögen nicht in die Insolvenzmasse fallen und könnte an die Inhaber des Stablecoins zurückerstattet werden. Solange es keine derartigen klaren Regelungen gibt, hat deshalb ein durch Sicherheiten gedeckter Stablecoin immer ein Emittentenrisiko. Das ist ähnlich zu sehen wie bei allen möglichen Derivaten an den klassischen Finanzmärkten, die letztlich Schuldverschreibungen des Emittenten sind.

In der Vergangenheit waren selbst beim größten Stablecoin Tether (USDT) immer wieder größere Unterparitäten zu beobachten. Diese Notierungen deutlich unter einem Dollar traten meist nach Zweifeln an der tatsächlichen Deckung von USDT auf. Auch beim Corona-Crash gab es zunächst Unterparitäten, denen sich an verschiedenen Tagen danach große Überparitäten von zehn Prozent und mehr anschlossen.

Die **Bewertung der Collateral Backed Stablecoins** sollte den Wert des bezogenen Assets 1:1 abbilden und deshalb in Einheiten dieses Assets gemessen minimal um den Wert 1 schwanken. Ein USDT sollte deshalb bei einem US-Dollar notieren, ein von Circle emittierter Euro Coin (EUROC) bei einem Euro. Ob diese 1:1-Bindung wirklich immer aufrechterhalten werden kann, hängt von mehreren Faktoren ab. Ist der Stablecoin vollständig durch das abgebildete Asset gesichert oder nur teilweise? Bei vollständiger und transparenter Deckung sollte die *1:1-Bindung* gewährleistet sein, von kleinen Abweichungen im täglichen Handel abgesehen. Ist der Stablecoin durch andere Assets als die Bezugsgröße abgedeckt? Dann könnte je nach Risiko der anderen Assets eher eine *Unter-Pari-Notierung* möglich sein. Insbesondere wenn die Absicherung mit sehr volatilen Kryptowährungen erfolgt, liegt das auf der Hand. Eine andere Frage ist die *Einschätzung des Emittentenrisikos*. So hatte sich im Fall des führenden Stablecoins USDT gezeigt, dass bei steigendem Misstrauen, ob die Sicherung von Tether wirklich umfassend ist, der Preis auch deutlich unter die Dollarparität fallen kann. Bei Unter-Pari-Notierungen könnte der Kauf von Dollar-Stablecoins zwar naheliegen. Allerdings ist eine Rückkehr zur Parität keinesfalls sicher, wenn der Emittent tatsächlich in Schwierigkeiten gerät. Dagegen könnte bei signifikanten *Über-Pari-Notierungen* ein Verkauf des Stablecoins gegen die Fiatwährung angeraten sein. Denn selbst bei einem vollständig abgesicherten Stablecoin ohne Emittentenrisiko sollte der Preis des Stablecoins nicht größer als der des bezogenen Assets sein. Außerdem wäre ein Anstieg über pari denkbar, wenn der Stablecoin verstärkt als Fluchtwährung aus einem großen Land benutzt würde oder es Restriktionen beim Umtausch der Landeswährung in Kryptowährungen gibt.

So war gerade in asiatischen und lateinamerikanischen Ländern ein sehr hoher Anteil von Stablecoins wie Tether (USDT) am Umsatzvolumen des gesamten Kryptomarkts erkennbar. Dies hatte auch mit dem chinesischen Bann zu tun, die Landeswährung Yuan in Kryptowährungen umzutauschen. Zwar galt dies auch für USDT, jedoch waren OTC-Geschäfte mit USDT in China weitverbreitet. War dann die chinesische Fiatwährung in USDT umgetauscht, stand der Weg für Investments in Kryptowährungen dann auch für chinesische Investoren offen. Bei Gewinnrealisierungen von Kryptowährungen belassen solche Investoren dann den Stablecoin als Ersatz für die Fiatwährung im System, um jederzeit bei Bedarf wieder einsteigen zu können. Auffallend war in der Vergangenheit auch, dass viel mehr Kryptowährungen und auch Stablecoins von China auf ausländische Adressen transferiert wurden. Dies hing mit dem damals noch erlaubten und weltweit dominanten Bitcoin-Mining in China zusammen. Es war aber auch beim Corona-Crash zu beobachten, bei dem neben Aktien auch der Chinesische Yuan an Wert verlor. Hier könnte es über das Hilfsmittel USDT auch zu einer verstärkten und sprunghaften Kapitalflucht aus China gekommen sein. Der dadurch ausgelöste starke kurzfristige Nachfrageanstieg könnte mehrere Spikes von USDT auf Werte bis 1,10 Dollar und darüber zu dieser Zeit zumindest teilweise erklären.

Auch Unterparitäten waren beim USDT immer wieder zu beobachten. Diese Notierungen deutlich unter einem Dollar traten meist nach Zweifeln an der tatsächlichen Deckung von USDT auf. Im Jahre 2018 und zum Jahreswechsel 2020/21 konnten sich solche Unterparitäten teilweise wochenlang halten. Sie lagen dann meist im Bereich von 95 bis 98 Cent, einzelne Spikes liefen aber sogar bis 90 Cent. Auch beim Terra-Crash am 12.05.2022 verlor der USDT sehr stark aufgrund eines plötzlichen Misstrauens gegenüber allen Stablecoins.

Algorithmisch abgesicherte Stablecoins generieren die 1:1-Anbindung an das Asset durch das Vertrauen in den Algorithmus, der jederzeit diese Parität gewährleisten soll. Da keine Sicherheiten wie beim Tether hinterlegt sind, sollen automatisierte An- und Verkaufsalgorithmen für einen stabilen Kurs zum Dollar sorgen. Das System kauft Stablecoins, wenn der Preis unter pari steht. Umgekehrt werden Stablecoins verkauft, wenn der Preis über pari notiert. Bei außergewöhnlichen Marktsituationen liegt aber auf der Hand, dass es zumindest zu einem temporären Zusammenbruch kommen kann. Nicht nur temporär war der Zusammenbruch des vom Terra-Ökosystem herausgegebenen Stablecoins UST. Dieser funktionierte über einen Mint- und Burn-Mechanismus im Zusammenhang mit dem nativen Terra-Coin LUNA.

LUNA war seit Jahresbeginn 2021 bis Frühjahr 2022 einer der beliebtesten Altcoins überhaupt mit spektakulären Kurssteigerungen von mehreren Tausend Prozent. Im Zuge der immer beliebteren Stablecoins stieg auch das ausgegebene Volumen des Terra-Stablecoins UST sprunghaft an und übertraf im Frühjahr 2022 sogar die Marktkapitalisierung von LUNA. Allein die Tatsache, dass LUNA als Preisstabilisierungsvehikel für UST weniger wert war als der zu sichernde Wert, hätte aufhorchen lassen müssen. Terra wollte gleichzeitig großspurig Bitcoin für bis zu zehn Milliarden Dollar für eine zusätzliche Sicherung kaufen und hatte Anfang Mai bereits ein Drittel davon gekauft. Gleichzeitig fiel der Bitcoin-Preis in dieser Zeit sehr stark. Das ganze verschachtelte System wurde deshalb für Attacken extrem anfällig und mündete letztlich in kürzester Zeit in die Pleite.

Auch bei anderen algorithmisch gesicherten Stablecoins gab es schon sehr große Abweichungen von der Parität. So fiel der durch WAVES abgesicherte Stablecoin Neutrino (USDN) immer wieder durch partielle sehr große Disparitäten von bis zu unter

0,70 Dollar auf. Auch hier wiesen Analysten darauf hin, dass USDN bei einem heftigen Kurseinbruch des Sicherungscoins WAVES insolvent werden könnte. Zum Jahreswechsel 2022/23 ist Neutrino dann gecrasht.

Bei der **Bewertung von algorithmisch gesicherten Stablecoins** kommt es deshalb auf das Vertrauen in den Algorithmus an. Zwar bieten diese vollständig algorithmischen Stablecoins skalierbare Lösungen und sie sind die einzigen, bei denen die Bezeichnung dezentral wirklich zutrifft. Allerdings sollte das zu sichernde Gut – der Stablecoin – immer eine deutlich geringere Kapitalisierung als der zur Sicherung verwendete native Coin des Systems haben. Liegt der Preis unter pari, werden Coins verbrannt. Das Angebot verknappt sich dann und der Preis steigt. Liegt der Preis über pari, prägt das Protokoll neue Coins. Mit dem vergrößerten Angebot fällt dann der Wert des Stablecoins. Neben diesen *algorithmischen Stablecoins mit Rebase-Mechanismus* gibt es die *Seigniorage Stablecoins*. Bei diesen wird der Wert durch Mining und Burning eines nativen Coins gesichert. Das Beispiel von Terra hat gezeigt, dass solche Systeme durch gezielte Angriffe von außen zum Zusammensturz zu bringen sind. Bei vollständig durch den Vermögenswert gedeckten Stablecoins kann das nicht passieren. Grundsätzlich funktionieren diese Algorithmen aber. **Fraktional abgesicherte Stablecoins** sind teilweise durch Sicherheiten gedeckt und unterliegen einem Algorithmus. Da die Sicherheiten weniger als 100 Prozent des Werts der ausgegebenen Stablecoins decken, ist das Risiko grundsätzlich größer. Ein Beispiel für einen solchen Coin ist FRAX.

Auch wenn es bereits in den Vorjahren immer wieder Diskussionen um die Sicherheit und Werthaltigkeit von Stablecoins gab, kochten diese im Jahr 2022 aufgrund zunehmender **Instabilitäten der Stablecoins** bis hin zu Pleiten verstärkt hoch. Herausragendes Beispiel war der Totalabsturz des Terra-Ökosystems mit dem durch den LUNA-Coin besicherten Stablecoin TerraUSD (UST). Dadurch wurde das Konzept von algorithmisch gesicherten Stablecoins grundsätzlich infrage gestellt. Auch andere auf solchen Konzepten beruhende Stablecoins wie der auf Waves basierende Neutrino litten unter mehr oder minder großen Instabilitäten. Ein fehlerhaftes Drucken von Stablecoins wie beim Acala Dollar trägt ebenfalls nicht zur Vertrauensbildung bei. Bei diesem wurden über drei Milliarden Dollar fälschlich gedruckt und verteilt. Eine Lösung dieses Problems kann nur über eine vernünftige Regulierung von Stablecoins erfolgen. Bis dies umgesetzt ist, sollten Anleger Stablecoins nicht als ebenso sicheres Vehikel sehen wie einen entsprechenden Cashbestand in Fiatwährung. Allerdings sollte bei Verkäufen von Kryptowährungen das Geld dann trotzdem nicht in größerem Ausmaß bei den Kryptobörsen geparkt werden. Denn geht die Kryptobörse pleite, fallen auch die Fiatbestände der Anleger in die Insolvenzmasse. Von daher sollten sich Anleger alternative On- und Off-Ramp-Wege von und zu den Kryptobörsen suchen.[25]

Ein ganz anderer Analyseansatz ist eine Betrachtung der Veränderungen bei den **Marktkapitalisierungen der Stablecoins**. Steigt die Kapitalisierung der Stablecoins, spricht das tendenziell für einen Abbau der Bestände an Bitcoin und Altcoins der Investoren, die das Geld dann zunächst in Stablecoins parken. Besser noch als eine Betrachtung der reinen Marktkapitalisierungen ist ein Blick auf die Entwicklung der **Marktdominanz der Stablecoins**.[26] Dadurch werden überlagernde Effekte durch allgemeine Marktbewegungen teilweise herausgefiltert. Steigt die Dominanz, dann wird die Bereitschaft der Krypto-Anleger geringer, in Bitcoin oder Altcoins zu investieren. Der Einfachheit halber kann man sich auf die Marktdominanz des größten Stablecoins USDT (Tether) konzentrieren. Nimmt die USDT-Dominanz zu, gehen die Anleger eher aus den Kryptowährungen heraus und beobachten den Markt von der Seitenlinie. Nimmt die USDT-Dominanz dagegen wieder ab, spricht das für eine Rückkehr der Anleger an den Kryptomarkt, die verstärkt ihre USDT wieder in Kryptowährungen investieren.

Der **Stablecoin Exchange Netflow** kann als Indikator für die allgemeine Stimmung am Kryptomarkt interpretiert werden.[27] Dieser Indikator misst den Nettobetrag an Stablecoins, der auf die oder aus den zentralen Wallets der zentralen Kryptobörsen fließt. Er errechnet sich aus der Differenz zwischen Zu- und Abflüssen (Netflow = Inflow – Outflow). Liegt der Indikator über null, sind die Zuflüsse von Stablecoins an die zentralen Kryptobörsen größer als die Abflüsse. Das bedeutet, dass die Gesamtheit der Krypto-Anleger mehr neue Einzahlungen an Stablecoins an Kryptobörsen überweist, als sie durch Auszahlungen abzieht. Liegt er im negativen Bereich, sind die Abflüsse größer als die Zuflüsse. Dann verringern die Anleger ihre Stablecoin-Bestände an den Kryptobörsen. Da Überweisungen von und zu Kryptobörsen Gebühren kosten, werden diese Bewegungen nicht ohne Grund veranlasst. Ein Anstieg beim Inflow ist deshalb ein bullishes Zeichen und spricht dafür, dass die Krypto-Anleger aktuell wieder stärker in den Kryptomarkt einsteigen wollen oder sich zumindest darauf vorbereiten. Dagegen ist ein Anstieg des Outflows eher bearish zu sehen.

Etwas anders wäre der **Stablecoin Derivatives Markets Netflow** zu sehen. Gestiegene Zuflüsse an die Derivatebörsen wären zunächst einmal nur ein Zeichen dafür, dass die Volatilität kurzfristig steigen könnte. Denn erhöhte Zuflüsse sind ein Ausdruck erhöhter Investitionsbereitschaft in derivative Hebelinstrumente. Die Richtung der möglichen Marktbewegung bleibt dagegen unklar. Ein Indiz dafür könnte sich dann erst durch die Veränderungen des Verhältnisses der Long- und Short-Positionen ergeben.

12.8 Bewertung von Ethereum und seinem Coin Ether

12.8.1 Ethereum – A Class Of Its Own?

Lange Zeit hatte die Ethereum-Blockchain mit ihrem Coin Ether unter den Utility Token eine ähnliche Ausnahmestellung wie Bitcoin bei den Payment Token. Das Ziel von Ethereum ist es, so etwas wie das **Betriebssystem einer dezentralen digitalen Wirtschaft** zu werden. Im Gegensatz zu Bitcoin gibt es bei Ethereum potenziell eher Konkurrenten, die der Blockchain ihre führende Stellung streitig machen könnten. Denn mit der zunehmenden Popularität von Ethereum und der in der Folge enorm gestiegenen Zahl der auf der Blockchain laufenden Anwendungen wachsen auch die **Skalierungsprobleme** von Ethereum. Dies führt zu einer Verringerung der Transaktionsgeschwindigkeit und zu einer – teilweise erheblichen – Erhöhung der Transaktionskosten. Mit dem Ziel der Lösung dieser Skalierungsprobleme sind deshalb verstärkt neuere Blockchains angetreten, die dann gern salopp als **Ethereum-Killer** bezeichnet werden. Vor allem Solana konnte hier immer besser punkten.

Am Beispiel von **Solana** zeigt sich, dass Ether trotz der Skalierungsprobleme immer noch die Nummer 1 im Bereich der Protocol Token ist.[28] Zwar gab es auch bei Ethereum mit dem DAO-Hack in der Anfangszeit ein ernsthaftes Problem, das immerhin sogar zu einer Abspaltung durch eine Hard Fork führte. Trotzdem lief der Weltcomputer Ethereum seither technisch problemlos weiter. Anders bei Solana. Der größte Aufsteiger der vergangenen Jahre unter den Smart-Contract-Plattformen kann zwar mit über 50.000 Transaktionen pro Sekunde als Highspeed-Blockchain punkten. Zum Vergleich: Ethereum schafft pro Sekunde nur um die 15 Transaktionen, Bitcoin etwa sieben. Allerdings kam es in der Vergangenheit zu einer Reihe von Netzwerkausfällen. Kritiker sehen einen Grund für diese Anfälligkeit in Designfehlern der Blockchain. Von Solana-Seite wird wiederum darauf hingewiesen, dass im Gegensatz zu anderen Blockchains das System offline geht, wenn ein gravierender Fehler festgestellt wird. Andererseits widerspricht es dem Grundgedanken einer dezentralen und autonom laufenden Blockchain, wenn eine zentrale Instanz die Blockchain anhalten kann. Jedenfalls konnte Ethereum bisher seinen Status als **verlässlichste Smart-Contract-Plattform** verteidigen. Dies spiegelt sich auch im Vergleich bei den Marktkapitalisierungen. So hat Ether mit 245 Milliarden Dollar mehr als die zehnfache Kapitalisierung von Solana (Stand November 2023). Anders als beim Bitcoin gibt es aber ernsthafte Konkurrenz, die diesen Status zukünftig gefährden könnte. Bitcoin bleibt, was es ist: A Class Of Its Own. Bei Ether gilt das aktuell noch. Für die Zukunft bleibt aber das Fragezeichen dahinter. Trotzdem ist Ether neben Bitcoin das zweitwichtigste **Basisinvestment** für Krypto-Anleger.

12.8.2 Use Case von Ethereum als Betriebssystem

Ethereum ist ein **Betriebssystem für dezentralisierte Anwendungen (dApps) und Smart Contracts.** Es ermöglichte als erste programmierbare Blockchain externen Entwicklern, alle möglichen dezentralisierten Anwendungen (dApps) durch Verwendung von unveränderlichen Smart Contracts auf der Blockchain laufen zu lassen. Die Anwendungsmöglichkeiten sind riesig und die Nachfrage steckt noch in den Kinderschuhen. So können komplexe Finanztransaktionen ausgeführt oder digitale Assets ausgegeben werden. Mithilfe dieser Smart Contracts können viele Real World Assets abgebildet werden. Auch Dienstleistungen wie von Banken, Versicherungen, Auktionshäusern, Videoplattformen oder Cloud-Computing-Diensten können dadurch autonom und dezentral auf der Blockchain laufen.

In der traditionellen Wirtschaft zahlen die Unternehmen ihre Overhead-Kosten wie Mieten, Löhne oder Energie selbst. Dagegen zahlt das „Unternehmen" Ethereum keine Kosten. Vielmehr werden diese Kosten von den Nutzern der Plattform direkt bei jeder Interaktion durch die Transaktionsgebühren gezahlt, die an die Validatoren und damit die Betreiber des Netzwerkes fließen. Bis zum Merge im Jahr 2022 unterhielten die Miner das System. Die durch Computercode auf der Ethereum-Blockchain festgeschriebenen verschlüsselten Vereinbarungen zwischen den Nutzern werden als **Smart Contracts** bezeichnet. Als First Mover hat Ethereum im Bereich Smart Contracts einen Vertrauensvorsprung gegenüber anderen Plattformen in diesem Bereich, ähnlich wie Bitcoin gegenüber konkurrierenden Angeboten. Die großen Möglichkeiten und die Sicherheit der Blockchain haben deshalb die Unterstützung einer sehr großen Entwicklergemeinde gefunden. Trotzdem erscheint dieser Vorsprung nicht so unantastbar wie bei Bitcoin.

Ethereum kann mit großen zentralisierten Computernetzwerken wie Amazon Web Services (AWS) verglichen werden. AWS bietet bezahlte Clouddienste an, die Individuen, Unternehmen und öffentliche Institutionen nutzen, und damit eine Infrastruktur für Web2-Anwendungen. Das Web2 ermöglicht im Gegensatz zu seinem Vorläufer verstärkt die Generierung von Einnahmen und eine stärkere Interaktion der Nutzer mit den Plattformen. Dadurch konnten Plattformen wie Amazon, Google, Facebook, Twitter oder zuletzt TikTok schnell enorm wachsen. Andererseits wurden sie auch immer stärker zu Datenkraken, die persönliche Daten ihrer Nutzer abgreifen und monetarisieren. Außerdem kann der zentrale Anbieter Nutzer jederzeit sperren. Das kann selbst Nutzern mit Millionen Followern und größter Popularität blühen, wie der Fall Donald Trump auf Twitter zeigt.

Dagegen ist das **Web3** angetreten mit dem ambitionierten Versprechen, der immer größeren Macht der Datenkraken entgegenzutreten und das Internet zu dezentralisieren. Dadurch soll den Nutzern wieder die Verfügungsgewalt über ihre Daten zurückgegeben werden. Ethereum wird im Web3 eine wichtige Rolle spielen. Das Web3 soll es Nutzern ermöglichen, unabhängig von den derzeitigen zentralen Anbietern über dApps ihre Anwendungen und Informationen dezentral zu nutzen und zu speichern. Der Nutzer behält dann die Kontrolle über seine Onlinedaten. Dabei spielen die Smart Contracts eine entscheidende Rolle. Dadurch wird der Zugang zum Web3 „permissionless". Jeder, der mit Ether für den Service der Ethereum-Plattform zahlt, kann diese auch nutzen. Das ist einer der großen Unterschiede zu zentralen Systemen wie AWS. Daneben ist Ethereum Open Source. Entwickler weltweit können es in ihrem Sinne ändern und Anwendungen darauf aufbauen. Die dezentrale Verteilung auf Tausende von Computern und der Konsensmechanismus schaffen Vertrauen in das Netzwerk, ohne dass dieses von einer zentralen Instanz gewährleistet werden muss. Durch den Wegfall der zentralen Instanz wie bei Facebook oder Twitter kann es auch nicht zu Zensur durch staatliche Stellen oder Regeländerungen durch einen erratischen Vorstand kommen. Das kann zwar sowohl Vor- als auch Nachteile haben. Für Nutzer und Entwickler überwiegen aber die positiven Seiten. Das Spektrum der Anwendungsfälle unterscheidet sich dabei stark von dem bei zentralen Anbietern wie AWS. So werden die Möglichkeiten der Ethereum-Plattform vor allem für Investments, Staking, dezentralisierte Finanzen (DeFi), NFTs oder im Gaming-Bereich genutzt. Diese sehr unterschiedlichen Geschäftsfelder können Ethereum sehr widerstandsfähig gegen zyklische Marktschwankungen machen.

Angetrieben wird die Plattform durch Ethereums nativen Coin **Ether**, mit dem Nutzer für die Inanspruchnahme dieser Plattform zahlen müssen. Ether hat hier primär die Funktion eines Rohstoffes wie Öl. Er erhält den Betrieb der dezentralen Prozessplattform aufrecht. Man kann Ethereum auch als Werkbank betrachten, auf der digitale Anwendungen (dApps) gebaut werden können. Die Nutzungsgebühr dieser Werkbank wird dann in Ether bezahlt. Damit hat Ether grundsätzlich eine ganz andere Funktion als ein Payment Token wie Bitcoin. Ethereum ist ein dezentralisierter Weltcomputer, der sich seine Dienste direkt mit seiner eingebetteten dezentralisierten Kryptowährung Ether bezahlen lässt. Dagegen können die auf Ethereum aufgesetzten Anwendungen ihre eigenen Token nutzen.

12.8.3 Bewertungsansätze

Der Bewertungsansatz unterscheidet sich grundsätzlich im Vergleich zum Bitcoin.[29] Beim Bitcoin geht es vor allem um die monetäre Nachfrage über die weltweite Adoption in Anbetracht des fest limitierten Angebots. Dagegen geht es bei Ether primär um die Nutzernachfrage nach den auf der Plattform angebotenen innovativen dApps. Im Gegensatz zum Bitcoin ist Ether deshalb eher wie eine **Tech-Aktie** zu bewerten. Von daher sollte Ether künftig eine größere Korrelation zu Aktien und speziell zum Nasdaq-

Index aufweisen als Bitcoin. Denn vor allem für institutionelle Anleger ist Ethereum mit seinem Nutzen als Werkbank für Krypto-Anwendungen und seinen daraus resultierenden Renditemöglichkeiten sogar eher greifbar und bewertbar als der Bitcoin. Insbesondere große institutionelle Anleger dürften Ether deshalb verstärkt als Anlagealternative zu Tech-Aktien entdecken. Zumal die Rendite von Ether erheblich größer ist als die der Tech-Aktien und so für die ebenfalls größere Volatilität entschädigt.

Im Gegensatz zur fixen Obergrenze von 21 Millionen Bitcoin ist das Angebot von Ether grundsätzlich nicht nach oben beschränkt. Dagegen ist die derzeitige **Inflationsrate** von 0,5 Prozent deutlich niedriger als die von Bitcoin mit 1,7 Prozent (Stand November 2023). Allerdings wird die Inflationsrate beim Bitcoin mit dem nächsten Halving im April 2024 auf 0,8 Prozent fallen. Unter Berücksichtigung der Burn Rate bei Ether wird die Inflationsrate teilweise aber sogar negativ, das Angebot an Coins schrumpft dann also. Von daher ist der Vorwurf einer mangelnden Wertbeständigkeit von Ether aufgrund der fehlenden Obergrenze so nicht mehr haltbar. Ether könnte deshalb auch eine **Geldfunktion** haben, die über die Verwendung der Plattform hinausreicht. Im Gegensatz zum Bitcoin ist das zukünftige Angebot aber nicht eindeutig deterministisch bestimmt. Die Veränderung des Angebots wird nicht durch einen Fahrplan festgelegt, sondern durch die beiden Faktoren Neuausgabe von Coins und Verminderung durch das Burning. Beide Größen können erheblich schwanken.

Eine Blockchain wie Ethereum verkauft Blockspace. Sie kann deshalb wie ein Unternehmen bewertet werden, das als Produkt Platz auf seiner Blockchain verkauft. Die Transaktionen der Nutzer werden mit Transaktionsgebühren belastet, die Nutzer mit der nativen Kryptowährung Ether bezahlen. Durch diesen Strom an Transaktionsgebühren kann Ether als **Cash Flow Asset** gesehen werden. (Beim Bitcoin gibt es dagegen keine aus dem System heraus generierten Cashflows.) Die gesamten Netzwerkgebühren (Total Network Fees) fließen dabei nicht an das Netzwerk selbst, sondern an die Betreiber des Netzwerks. Bis zum Merge von Ethereum im September 2022 waren das die Miner, danach die Validatoren. Diese Betreiber halten das Netzwerk am Laufen und werden dadurch implizit mit dem Verkauf des Produkts Blockspace belohnt. Seit der London Hard Fork im August 2021 wird allerdings ein großer Teil der Transaktionsgebühren vom Protokoll einbehalten und verbrannt (Burn Rate), der restliche Teil fließt an die Validatoren. Diese profitieren aber implizit von dem Burning, da dieses ähnlich wie Aktienrückkäufe wirkt. Es nimmt Ether vom Markt und erhöht dadurch den Wert der verbleibenden Ether. Von diesem Effekt profitieren dann alle Besitzer von Ether, nicht nur die Validatoren.

Interpretiert man die verbrannten Coins als Einnahmen von Ethereum und zieht davon die Kosten ab, könnte man eine Art Gewinnmarge ermitteln. Mit den Umsatz- und Gewinnzahlen kann Ethereum mit führenden Tech-Aktien verglichen werden. Wird die Marktkapitalisierung von Ether ins Verhältnis gesetzt zum Gewinn aus den

Transaktionsgebühren, hat sich Ende 2022 ein KGV von 27 ergeben. Damit wird Ethereum höher als Meta (KGV 11), aber günstiger als Disney (57), Tesla (60) oder Amazon (87) bewertet. In jedem Zyklus ist die Nachfrage nach Blockspace exponentiell gewachsen und hat sich dann auf einem höheren Niveau als beim vorherigen Zyklus eingependelt. Mit den auf Ethereum aufgesetzten Layer-2-Lösungen könnte im nächsten Zyklus ein kaum eingeschränktes Wachstum in neue Höhen führen. Von daher erscheint das KGV von Ethereum im Vergleich zu großen Tech-Aktien moderat und lässt viel Luft nach oben.

Ether ist ein **digitales Asset mit Rendite**. Die Renditeerzielung ist ziemlich einzigartig im Kryptobereich. Denn sie wird nicht durch Inflationierung des Vermögenswertes erzielt. Denn ein solcher Ansatz kann zwar zur Akquise neuer Investoren eine Zeit lang sinnvoll sein, ist aber nicht nachhaltig. Vielmehr wird die Rendite aus drei Quellen finanziert: der programmgesteuerten und auf Basis der Zahl der Validatoren bestimmten Inflation (Base Fee), zusätzlichen Trinkgeldern (Priority Fees) zur schnelleren Transaktionsabwicklung und dem Maximal Extractable Value (MEV). Die Base Fee fließt aber nicht an die Validatoren, sondern wird verbrannt. Auf dieser Basis waren Renditen von bis zu über acht Prozent in Anbetracht der Niedrigzinsen attraktiv. Mit den gestiegenen Zinsen bekommt Ether aber wieder verstärkt Konkurrenz vom traditionellen Finanzmarkt. Sieht man Ether aber als Tech-Aktie mit Rendite, ist diese erheblich höher als die durchschnittliche Rendite der Tech-Aktien an der Nasdaq.

Schließlich kann man Ether noch eine Prämie als **monetärer Vermögenswert** zubilligen. Zwar ist die universelle monetäre Funktion von Ether weit weniger ausgeprägt als bei Bitcoin. So ist die Zahlungsmittelfunktion durch hohe Gebühren beeinträchtigt. Dennoch hat auch Ether viele Eigenschaften eines harten Geldes und konnte durch die Umstellungen der vergangenen Jahre in diesem Punkt mehr Glaubwürdigkeit gewinnen. Dies zeigt auch ein Vergleich von Ether mit Gold sowie physischem und digitalem Fiatgeld. Zwar liegt der tägliche Transaktionswert deutlich unter dem der führenden Zahlungsdienstleister Visa und Mastercard. Würde man aber die auf Ethereum laufenden Stablecoins miteinbeziehen, liegt Ethereum bereits gleichauf. Ether ist die Hauptwährung für NFT-Preise. Auch die Wertaufbewahrungsfunktion wird immer weiter gestärkt. So waren Ende 2022 21 Millionen Ether in DeFi Smart Contracts gebunden und weitere 15 Millionen in Staking-Verträgen. Gerade diese Bereitschaft der Ether-Inhaber, ihre Coins für einen längeren Zeitraum zu sperren, zeigt deren Vertrauen in die Solidität von Ether als Vermögenswert. Dies hat dazu geführt, dass die viel jüngere Kryptowährung Ether bereits ähnlich hohe Haltedauern aufweist wie der Bitcoin.

Von daher könnte man **Ether als hybriden Bond** auffassen.[30] Die aus den Gebühren für die Nutzung von Ethereum gespeisten Staking Rewards werden an alle Staker verteilt. Jeder Besitzer von Ether kann sein Kapital wie beim Kauf einer Unternehmensanleihe zur Verfügung stellen und bekommt für die entsprechende Zeitdauer dann eine

Vergütung, ähnlich wie die Verzinsung eines Bonds. Einzelne Analysten haben Ether deshalb schon als mögliche Konkurrenz zu US-T-Bills gesehen. Während bei Staats- und Unternehmensanleihen die jeweiligen Institutionen für die Rückzahlung und Verzinsung der Anleihen geradestehen, wird der „Ether Bond" durch die Nachfrage nach dem Platz auf der Ethereum-Blockchain gesichert. Solange diese Nachfrage existiert, wird es bestimmte Cashflows für die hinterlegten Ether geben, allerdings keinen festen Rückzahlungsbetrag gerechnet in Fiatwährung. Im Gegensatz zu Staats- oder Unternehmensanleihen kann Ethereum nicht beschließen, die laufenden Zahlungen auszusetzen.

12.8.4 Ethereum-Konkurrenten

Die Konkurrenz unter den Smart-Contract-Plattformen hat in den vergangenen Jahren erheblich zugenommen. So haben schnellere und günstigere Blockchains wie Solana an Marktanteilen gewonnen. Allerdings dominiert Ethereum das Segment immer noch mit einem Marktanteil von deutlich über 50 Prozent.

Eine **relative Bewertung** von Ethereum zur Konkurrenz ist schwierig. So kann man verschiedene Bewertungstechniken anwenden, die alle mit Vor- und Nachteilen behaftet sind.[31] Deswegen ist eine vergleichende Bewertung der konkurrierenden Smart-Contract-Plattformen schwierig. So können marktbasierte Metriken wie Marktkapitalisierung oder tägliches Handelsvolumen im Vergleich mit fundamentalen Daten wie Anzahl der Transaktionen oder durchschnittlicher Wert der Transaktionen beim Vergleich von zwei Coins sehr unterschiedlich sein. Auch technologische Fähigkeiten können in die Irre führen. So kann eine Blockchain eine sehr hohe Zahl von Transaktionen pro Sekunde versprechen, dabei aber immer wieder mit Instabilitäten auffallen. So sind bei Solana zwar 50.000 Transaktionen pro Sekunde möglich. Allerdings gab es bei der Blockchain in der Vergangenheit mehrmals Probleme und sie musste angehalten werden, was wiederum Fragen nach ihrer Dezentralität aufgeworfen hat. Dagegen ist Ethereum seit seiner Gründung noch nie ausgefallen. Ein Hinweis auf die Dynamik und den Erfolg der Blockchain könnte die Zahl der an den Protokollprojekten beteiligten Entwickler sein. Diese sind zwar ein Schlüsselfaktor für den Erfolg. Allerdings ist das Tracking – wie auf Github – anfällig für Manipulationen. Bei Ethereum, der mit Abstand führenden Smart-Contract-Plattform, sind nach wie vor sehr viel mehr Entwickler tätig als bei den anderen Blockchains.

Vergleiche auf Basis von Bewertungsansätzen wie in Kapitel 12.8.3 bringen wenig. Ein Beispiel: Betrachtet man Ethereum und andere Protocol Token als Cash Flow Assets,[32] könnte man ihre Rentabilität vergleichen. Ende 2022 lag diese bei Ethereum bei 75 Prozent, bei Binance Smart Chain bei 44 Prozent.[33] Alle anderen Blockchains wie Ethereum (PoW), Fantom, Avalanche, Polygon oder Solana hatten negative annualisierte Gewinnspannen zwischen 118 und 19.443 Prozent. Daraus resultiert aber zunächst einmal, dass Ethereum in einem viel späteren und ausgereifteren Stadium ist als die Konkurrenten und von seinem deutlichen Vorsprung als First Mover profitiert.

Ein **relativer Vergleich unter Anlageaspekten** kann aber je nach Marktphase sehr lukrativ sein. In einem bullishen Markt sind immer wieder ähnliche Verlaufsmuster erkennbar. So übernimmt erst der Bitcoin die Leaderfunktion und zeigt eine relative Outperformance. Diese bildet sich in einer steigenden Bitcoin-Dominanz ab. Dann übernimmt häufig Ether diese Position, nachdem der Coin zunächst zurückgeblieben war. Wie bei der Sektorrotation am Aktienmarkt werden dann die – tatsächlich oder scheinbar – zurückgebliebenen großen Coins „abgearbeitet". Dabei hat sich oft gezeigt, dass nach Ethereum dann die anderen großen Protocol Token mit Smart-Contract-Fähigkeit eine starke Performance zeigen.

Es gibt aber einen einfachen Weg, die aktuelle **Relative Stärke der Ethereum-Konkurrenten** zu tracken. Dies ist ähnlich wie bei den Bitcoin-Konkurrenten Litecoin und Bitcoin Cash, wenn man deren Preis gegen den Bitcoin laufen lässt. Hier ruft man den *Kurs der Ethereum-Konkurrenten jeweils mit Ether als Kurswährung* auf, also zum Beispiel Solana gegen Ether (SOL/ETH). Fällt der Kurs, underperformt der Coin im Vergleich zu Ether, auch wenn er vielleicht auf Dollar- oder Eurobasis zulegt. Steigt der Kurs, dann outperformt der Coin im Vergleich zu Ether.

Abb. 12.6 Vergleich der Preisnotierungen von Solana, Cardano, Avalanche und Polkadot gegen den Ether

Im Chart zeigt sich, dass die aufgeführten vier Smart-Contract-Coins gegen den Ether bis in den Sommer stark underperformt haben. Während Solana schon im Sommer den Turnaround gegenüber Ether schaffte, war das bei den anderen erst im Oktober und November der Fall. Dieses Muster war auch bei den meisten anderen Coins aus diesem Bereich zu sehen. Dabei kann Stärke und Zeitpunkt unterschiedlich sein. Es kann sich deshalb in solchen Phasen lohnen, nach bereits stark gelaufenen auf zurückgebliebene Coins zu setzen.

12.9 Bewertung von Utility Token

12.9.1 Allgemeine Bewertung von Utility Token

Die **Bewertung von Utility Token** wird *maßgeblich bestimmt durch die Nutzungsmöglichkeiten und die Zahl der Nutzer*. Ohne Nutzungsmöglichkeiten kann sich kein vernünftiger Wert ergeben. Derartige Token können allerdings bereits einen Wert haben, wenn sie Nutzungsmöglichkeiten für die Zukunft versprechen, die aktuell aber noch nicht umgesetzt werden können. Hinweise auf die Zahl der tatsächlichen Nutzer geben verschiedene Indikatoren wie die aktiven Adressen oder der Zuwachs an neuen Adressen. Außerdem spricht eine starke Entwicklertätigkeit beim Netzwerk für die Werthaltigkeit des Tokens. Der Nutzen aus der Verwendung solcher Token kann vielfältig sein. So ist Ether als zweitgrößtes Krypto-Asset für Nutzer des Ethereum-Netzwerks notwendig, um die Gebühren für dort ausgeführte Transaktionen zu zahlen. Jede Transaktion auf Ethereum ist nur gegen Zahlung einer solchen Gasgebühr in Form eines kleinen Ether-Betrags möglich. Bei erfolgreichen und führenden Plattformen wie Ethereum kann deshalb auch das Investment in den als Treibstoff zwingend zu nutzenden Coin ein sehr aussichtsreiches Investment sein. Utility Token können alle möglichen Rechte gewähren wie den exklusiven Zugang und die Nutzung einer Blockchain oder dezentralisierten Anwendung (dApp), sie können das Netzwerk schützen, zur Governance genutzt werden oder wie bei Exchange Token Handelsgebühren auf einer bestimmten Kryptobörse reduzieren.

Schließlich ist zu fragen, welche **Rolle der Token in dem Netzwerk** spielt und ob die Problemlösung auch ohne diesen Token umgesetzt werden könnte. Gibt es Nutzungsmöglichkeiten und ist zu der Problemlösung der Token sinnvoll, stellen sich weitere Fragen: Handelt es sich um ein echtes Problem, dessen Lösung Nutzen bringt? Und wenn ja, wie viele Interessenten gibt es für die Lösung dieses Problems? Ein weitverbreitetes Problem impliziert dann eine große Zahl von potenziellen Nutzern, die dann tendenziell zu einem größeren Wert des Tokens führt.

Generell wird bei Utility Token die Gefahr groß sein, dass sich die Projekte nicht durchsetzen und auf Sicht ein Nischendasein führen oder ganz verschwinden. Von daher kann es bei vielen dieser Coins sinnvoll sein, den **Investmentansatz** *primär nur kurz- bis mittelfristig auszurichten*. Dies ist ähnlich zu sehen wie Investments in Internet-Aktien zu Beginn des Internetzeitalters. Investments in Utility Token sollten *zunächst stärker diversifiziert* sein. Wenn sich im Laufe der Zeit bestimmte Projekte immer mehr durchsetzen, kann man *bei aufstrebenden Projekten deren Gewichtung erhöhen* und dafür sich als weniger interessant herausstellende Projekte wieder verkaufen. Grundsätzlich ist zu fragen, ob für den Token bereits ein Markt existiert, wie groß er aktuell ist und wie groß sein Potenzial ist. Selbst dann sollte man nicht vergessen, dass man mit Utility Token keine Unternehmensanteile wie bei Aktien erwirbt, sondern letztlich nur digitale Gutscheine für das jeweilige Krypto-Ökosystem. Eine Beobachtung und Einschätzung der aktuellen Trends, wie die Entwicklungen bei der künstlichen Intelligenz oder beim Internet of Things, ist unabdingbar, denn gerade in diesen Bereichen können tokenbasierte Lösungen sehr erfolgversprechend sein.

12.9.2 Bewertung von Protocol Token

Im **Web2** waren Investitionen in Anwendungen (Apps) deutlich lukrativer als solche in die Technologien für die Internet-Infrastruktur. Aktien von Telekomunternehmen waren deshalb weit weniger attraktiv als Massenanwendungen von Internet-Giganten wie Google, Amazon oder Facebook. Zwar könnten diese Anwendungen nicht existieren ohne Technologien wie SMTP, http oder TCP/IP. Trotzdem generierten sie im Vergleich zu den Anwendungen nur geringen Wert für die Investoren. Die Monetarisierung findet im Aktienbereich bei den Anwendungen (Apps) statt, die von zentral gesteuerten und auf Gewinnmaximierung orientierten Unternehmen entwickelt werden.

Bei einer dezentral gesteuerten **Blockchain** ist das anders. Diese Betriebssysteme für alle möglichen darauf laufenden Anwendungen (Apps) verlangen für das Zurverfügungstellen ihrer Infrastruktur Gebühren, die von den Anwendern in Form der für die jeweilige Blockchain nativen Token zu zahlen sind. Bei der mit Abstand führenden Infrastruktur-Blockchain Ethereum müssen die Nutzer für die Ausführung ihrer Transaktionen deshalb mit dem Ethereum-Token Ether bezahlen. Dabei werden diese Protocol Token umso wertvoller, je mehr Apps auf der Blockchain aufgesetzt werden. Dagegen wäre die Infrastruktur einer Blockchain, für die sich keine Entwickler interessieren und auf der deshalb keine Apps laufen, weitgehend nutz- und damit auch wertlos. Durch den Open-Source-Charakter der Blockchains können Entwickler weltweit Anwendungen und Produkte auf Basis des Protokolls entwickeln. Sind diese Anwendungen stark gefragt, erhöht sich auch der Wert des Betriebssystems und damit auch der Protocol Token.

Die Anwendungen auf einer Blockchain haben regelmäßig also einen viel geringeren Wert im Vergleich zur Blockchain selbst.[34] Die Realisierung dieses Werts des Betriebssystems erfolgt über die entsprechenden **Protocol Token** und bildet einen Anreiz für die Entwickler, im Interesse des Protokolls zu arbeiten.[35] Je mehr Nutzungsmöglichkeiten entstehen und je mehr das Netzwerk tatsächlich genutzt wird, desto wertvoller wird dann der Protocol Token, insbesondere wenn er eine begrenzte maximale Stückzahl aufweist. Diese *Protocol Token sind eigentlich Coins*, wie sie in Kap. 5.1 definiert wurden, denn sie laufen als native Utility Token auf der eigenen unabhängigen Blockchain. Zwar bieten diese keinen direkten Anteil am Unternehmenserfolg. Jedoch bedingt eine zunehmende Nutzung des Netzwerks auch eine zunehmende Nachfrage nach den Token und erhöht dadurch deren Wert. Diese Tokenomics sind der wesentliche Grund, warum bei der Blockchain Protokolle einen viel größeren Wert haben können als die Anwendungen. Beim Internet gab es dagegen kaum eine Monetarisierung von Protokollen wie dem TCP/IP-Protokoll.

Neben der Sicherheit ist die **Skalierbarkeit** der wichtigste Werttreiber von Protocol Token. Denn eine weitverbreitete Einführung und Adoption eines Protokolls durch Unternehmen und Privatpersonen hängt wesentlich von seiner Fähigkeit ab, möglichst viele Transaktionen in kürzester Zeit zu möglichst geringen Kosten umsetzen zu können. Nicht umsonst waren die riesigen Wertsteigerungen von potenziellen Ethereum-Killern wie Solana oder Fantom getrieben von ihrer viel größeren Skalierbarkeit im Vergleich zu Ethereum, dem Marktführer bei Smart Contracts. So führte im DeFi-Bereich die sprunghaft gestiegene Nachfrage zu ebensolchen Sprüngen bei den Transaktionsgebühren auf der Ethereum-Blockchain.

Ein guter Protocol Token zieht durch **Wertsteigerungen** die Aufmerksamkeit von Investoren, spekulativen Anlegern und Entwicklern auf sich. Dadurch bietet der Token ein Anreizsystem für Entwickler, neue Produkte und Services auf Basis des Protokolls zu entwickeln. Werden einige dieser neuen Anwendungen dann erfolgreich, erhöhen sie wiederum den Wert des Gesamtsystems und damit des Protocol Token. Dies zieht weitere Investoren und Entwickler an und führt zu einer weiteren Wertsteigerung und so weiter. Die am höchsten kapitalisierten Protocol Token mit Smart-Contract-Funktionalität sind Ether, BNB, Solana und Cardano (Stand November 2023).

Welche Infrastruktur-Protokolle sich durchsetzen werden, ist ein langfristiger Prozess. **Investments in Protocol Token** *sollten deshalb tendenziell langfristiger angelegt sein als solche in App-Token*. Bisher war Ethereum trotz aller Skalierungsprobleme das Maß aller Dinge. Nicht umsonst wird von Ethereum als dem Weltcomputer gesprochen. Es gibt einige konkurrierende Protokolle, die immer wieder als potenzielle Ethereum-Killer hochgejubelt werden. Bisher war es für diese schwer, gegen die Übermacht des Marktführers zu punkten. Der Bitcoin wird bei den Unpegged Payment Token die unangefochtene Nr. 1 bleiben. Ob Ethereum die führende Position in seinem Bereich dauerhaft verteidigen kann, ist fraglicher. Mit dem Übergang auf Ethereum 2.0 wurden einige Probleme entschärft. Bei den Skalierungsproblemen wird aber vor allem durch aufgesetzte Layer-2-Lösungen versucht, diese zu beheben. Trotzdem ist **Ether bei den Protocol Token das Basisinvestment**. Allerdings könnte es sinnvoll sein, 30 bis 50 Prozent des für Protocol Token vorgesehenen Investmentbetrages auf andere Protocol Token wie Cardano, Solana, Polkadot oder NEO zu verteilen. Die inflationäre Anzahl bei den potenziellen oder auch nur selbst ernannten Ethereum-Killern sollte aber kritisch betrachtet werden.

12.9.3 Bewertung von App-Token

Die Protocol Token laufen alle auf einer eigenen Blockchain und haben deshalb native Coins. Dagegen laufen die App-Token auf einer fremden Blockchain und haben meist keine eigenen Coins. Ein typisches Beispiel für die App-Token sind DeFi-Token. Auch diese gewähren wie die anderen Utility Token keine Eigentumsrechte an dem jeweiligen Projekt. Vielmehr werden sie als Nutzungsrechte oder Gutscheine für die dApp genutzt oder können Eigenschaften von Governance Token haben, mit denen über die künftige Entwicklung der dApp mitbestimmt werden kann. Sie können auch wie bei SushiSwap durch Staking eine Beteiligung an den Einnahmen der dApp bedeuten. Neben DeFi gibt es App-Token in allen möglichen Bereichen der Digital Asset Applications wie Information Technology, Metaverse oder Media Services.

Generell könnte man bei der **Bewertung von App-Token** die Frage stellen, ob deren Bewertung im Vergleich zur traditionellen Konkurrenz vertretbar ist. So ist ein wesentliches Geschäftsmodell von Theta das Angebot von dezentralisiertem Videostreaming. Obwohl das Projekt von einem Mitgründer von Youtube beraten wird, ist doch sehr fraglich, ob Theta wirklich Youtube oder Netflix Konkurrenz machen kann. Auch das von Filecoin betriebene Konzept des dezentralen Filesharings und -hostings ist in seiner wirtschaftlichen Relevanz schwierig einzuschätzen.

Investments in App-Token werden *tendenziell kurzfristiger angelegt* sein. Im Gegensatz zu den Protocol Token wird sich hier schneller herausstellen, ob die konkrete Blockchain-Anwendung Erfolg hat. Das Potenzial dieser dApps ist in der Regel aber geringer als das der Protokolle. Viele dieser Anwendungen sind auch noch zu jung, um ihren Erfolg und damit auch die Entwicklung der korrespondierenden App-Token vernünftig einschätzen zu können. Oft wird mit Kryptoprojekten auch versucht, auf einen gerade laufenden Trend aufzuspringen. Dann sind Token zum Beispiel plötzlich AI-related, obwohl nur mit viel Mühe ein Bezug zu künstlicher Intelligenz hergestellt werden kann.

12.9.4 Governance Token, Access Token und Settlement Token

In ihrer reinen Ausgestaltung gewähren **Governance Token** nur Mitbestimmungsrechte, um zum Beispiel bestimmte Parameter eines Protokolls zu ändern oder auf die weitere Entwicklung des Geschäftsmodells Einfluss zu nehmen. Die Inhaber dieser Token profitieren nicht von den Einnahmen des Protokolls. Wegen dieses fehlenden ökonomischen Wertes sind sie *schwer zu bewerten* und gelten oft sogar als nahezu wertlos. Typische Vertreter aus dieser Kategorie sind Uniswap oder Compound. Allerdings vermischen sich häufig Eigenschaften von Governance Token mit solchen von anderen Tokenarten wie Access Token oder Settlement Token.

Außerdem kann sich selbst bei einem reinen Governance Token im Laufe der Zeit der Use Case erweitern. So kann die Beteiligung an Änderungen im Protokoll dazu führen, dass die Token-Inhaber dann doch an den Einnahmen des Protokolls beteiligt werden. Bei Uniswap gab es beispielsweise eine Abstimmung für eine Veränderung der Gebührenstruktur, die dann die Inhaber des UNI-Token direkt an den Einnahmen beteiligt. Solche Cashflow-Token wurden bereits durch die Tokenomics von Coins wie Maker, Synthetix Network oder GMX realisiert. Diese gewähren neben den Governance-Rechten auch direkte Beteiligung an den Protokolleinnahmen. Dazu müssen meist die Token gestakt werden. So erhalten GMX-Staker 30 Prozent der Einnahmen der DeFi-Börse. Bei Maker erfolgt die Beteiligung an den Einnahmen, die durch über das Protokoll aufgenommene Kredite erzielt werden, dagegen ohne Zutun der Token-Inhaber. Denn die Einnahmen werden zum Rückkauf und Verbrennen von MKR-Token genutzt. Durch die abnehmende Gesamtmenge der Token wird unterstellt, dass sich dadurch deren Wert steigert.

Access Token erlauben den Zugriff auf bestimmte Services oder Produkte. **Settlement Token** dienen der Transaktionsabwicklung und können Vergünstigungen bei Transaktionen wie Gebührenermäßigungen gewähren. Typische Vertreter sind die **Exchange Token** der Kryptobörsen, die Elemente von beiden Kategorien haben. Exchange Token gibt es von den großen Kryptobörsen wie Binance, Bitfinex, OKX, KuCoin oder Huobi. Durch den Einsatz dieser Exchange Token gewährt die Plattform teilweise sehr große Rabatte beim Kryptohandel. Auch in hauseigenen Lending-Angeboten oder beim Derivatehandel können Vergünstigungen erzielt werden. Außerdem können Kunden einen exklusiven Zugang zu Emissionen neuer Coins bekommen, die auf einer Launchpad-Plattform der Kryptobörse im Rahmen von Initial Exchange Offerings neu angeboten werden. Allerdings können Kunden aus bestimmten Ländern aufgrund von regulatorischen Vorschriften von solchen Angeboten ausgenommen werden, auch wenn sie aufgrund des Besitzes der Exchange Token eigentlich zur Teilnahme berechtigt wären. In eingeschränktem Maße fungieren Exchange Token auch als Governance Token. So kann man sich beim Binance Coin BNB an Abstimmungen zu bevorstehenden Token-Listings beteiligen.

Bei Exchange Token könnte man grundsätzlich traditionelle **Bewertungsmethoden** für Börsen anwenden. So gibt es im Wesentlichen drei Faktoren, die den Wert einer Kryptobörse ausmachen: Handelsvolumen, durchschnittliche Gebühren und einen Trust Score. Dieser Trust Score orientiert sich an technischer Sicherheit der Plattform, Vertrauen in die korrekte Aufbewahrung der Assets der Kunden und in das regulatorisch konforme Handeln der Börse. Trotzdem ist der wesentliche Unterschied wieder, dass auch die Exchange Token natürlich keine Beteiligung am Vermögen und am Gewinn der Kryptobörse darstellen. Dagegen gewährt eine Coinbase-Aktie alle Aktionärsrechte.

12.9.5 Utility und Bewertung von Meme Coins

Als **Memes** werden lustige Internetbeiträge bezeichnet, die durchaus auch kreativ und gesellschaftskritisch sein können. Solche Internetphänomene können sich in Form von Bildern oder kurzen Videos sehr schnell im Netz verbreiten (viral gehen). Dieser Schneeballeffekt spielt den **Meme Coins** in die Karten. Mit Meme Coins versuchen deren Promotoren im Wesentlichen, von solchen Hypes im Internet zu profitieren. Darunter versteht man Coins, die wesentlich durch einen künstlich angefachten oder sich selbstläuferisch entwickelnden Hype in den sozialen Medien getrieben werden, ohne dass es dafür fundamentale Gründe gibt.[36] Allerdings werden von der Community dann oft auch pseudofundamentale Gründe aus dem Hut gezaubert, warum der Kursanstieg gerechtfertigt ist. Es bildet sich gewissermaßen eine sich selbst feiernde Community, wodurch der Kurs des Coins durch ständig neuen Zulauf enorm nach oben schießen kann. Wie nach jeder exzessiven Party kommt danach aber der Kater, der dann dauerhaft anhalten kann. Wer davon profitiert, sind zumindest die Initiatoren des Hypes. Denn dieser wird oft von Influencern mit einer großen Zahl von Followern angefeuert, die sich regelmäßig vorher zu niedrigen Kursen eingedeckt haben dürften. Der im Dezember 2013 gestartete **Dogecoin** gilt als der Vater aller Meme Coins.

Schlafende Hunde soll man nicht wecken. Querdenker Elon Musk sah das offenbar anders. Der Dogecoin verharrte nach seinem Start sechs Jahre im Winterschlaf, unterbrochen nur durch kurze Zuckungen. Nachdem Musk mehr oder minder subtil eine starke Promotion für Dogecoin startete, legte der Spaßcoin Anfang 2021 – auch befeuert durch den Crypto Bull Market – einen Raketenstart à la SpaceX hin. Damit die Marktschwankungen weitgehend herausgefiltert werden, ist unten der Chart gegenüber dem Bitcoin dargestellt. Im Chart kann man gut erkennen, dass selbst oder gerade bei den stärksten Raketen relativ schnell der Treibstoff ausgeht. Dann kommt wie bei einem Parabelflug der Kurs an die Abrisskante und stürzt steil ab. Erfahrene Piloten wie Musk können ihn zwischenzeitlich wieder mal abfangen, letztlich folgt er aber den Gesetzen der Schwerkraft. Diese Entwicklung würde nur durchbrochen, wenn es eine wirkliche Neuerfindung mit einem Use Case außer einer sich selbst beklatschenden Community gäbe. Ansätze wie die Verwendung als Zahlungsmittel zur Vermeidung von Spam-Tweets oder für die Gebührenzahlung zur Erlangung der blauen Häkchen bei einem Twitter-Account reichen nicht aus. In gewisser Weise ist das schade, denn der Start von Dogecoin war im Gegensatz zu den heutigen Meme Coins durchaus witzig. Anfang 2014 startete eine Crowdfunding-Aktion zur Unterstützung des jamaikanischen Bob-Teams, dass sich dadurch für die Olympischen Winterspiele qualifizieren konnte. Ohne diese finanzielle Unterstützung wäre eine Wiederholung des Cool Runnings bei Olympia 1988 nicht möglich gewesen. Das Crowdfunding wurde vor allem wegen einer von Liam Butler, Leiter der Dogecoin Foundation, gestarteten Kampagne ein Erfolg. In kürzester Zeit wurde Geld von der Dogecoin Community eingesammelt, wobei der Kurs durch die verstärkte Nachfrage zusätzlich noch stieg.

Abb. 12.7 *Kursverlauf von Dogecoin gegen BTC*

Der Dogecoin wurde von seinen Gründern als Parodie auf den Bitcoin gestartet. Nachdem der Dogecoin Anfang 2021 abhob, kamen schnell die Parodien auf die Parodie. Im Gegensatz zu den Initiatoren von Dogecoin stand bei den Initiatoren der unzähligen Hundecoins dann aber primär das schnelle Geld im Vordergrund. Diese versuchten, durch zwei oder drei Buzzwords im Namen des Coins die Aufmerksamkeit der

Community und die Fantasie von „Crypto's Next Top Doge" zu wecken. So hatte Elon Musk sich einen Hund der auf Dogecoin abgebildeten Rasse Shiba Inu zugelegt und ihn Floki genannt. Sofort gab es in vielfachen Variationen Token, die diese Namen nutzten und mit anderen Buzzwords kombinierten. Was ist der Use Case solcher Meme Coins? Im besten Fall bieten sie den Nutzern eine Art Spielcasino, im schlechtesten Fall werden die Nutzer als Lemminge von den Promotoren abgezockt. Erstaunlich ist, dass dabei dann auch „seriöse" Unternehmen wie Bayer Leverkusen oder die TSG Hoffenheim mitspielen, die offizielle Kryptopartner von Floki und Baby Doge waren. In solche Token wird einfach nur enorm viel heiße Luft durch aufwendige Marketingkampagnen geblasen, die diese Internetwitze nur möglichst lang am Leben erhalten und bestmöglich monetarisieren sollen.

Mehr als Kopfschütteln löst dabei die Pressemitteilung von Bayer Leverkusen vom 02.12.2021 aus.[37] Darin wird **Floki** unter anderem vorgestellt mit: „Um die Kryptowährung zu etablieren und jeden daran teilhaben zu lassen, entwickelt Floki ein Play-ToEarn NFT-Gaming-Metaverse, einen NFT- und Merchandise-Marktplatz und eine Krypto-Bildungsplattform." Hier wurden einfach alle gerade gängigen Buzz- und Reizwörter zusammengemischt. Wer aus dem staunenden und unbedarften (Bayer-Leverkusen-)Publikum den dubiosen Coin gekauft hat, dürfte wenig begeistert sein. Der Zeitpunkt dieser Kooperation spricht für sich und hat – wie andere derartige Auswüchse zu dieser Zeit – eigentlich ein glasklares Verkaufssignal gegeben. Denn kurz vorher im November hatte der Bitcoin und mit ihm viele andere Kryptowährungen seinen Höchststand erreicht. Allerdings fällt es in einem Hype immer wieder schwer, solche Zeichen richtig zu deuten.

Haben Meme Coins überhaupt eine Utility? Eigentlich müsste man für diese Coins eine eigene Kategorie einführen und könnte sie als **No-Use-Case Coins oder Nonsense Coins** bezeichnen. Für ihre Anhänger haben sie aber dennoch einen Use Case, und sei es nur den des Entertainments. Memes sind ein allgemeines Phänomen und nicht nur in der Kryptowelt verbreitet. Dort bekommen sie aber einen Wert zugewiesen, der zum großen Teil als absurd bezeichnet werden könnte. Paradebeispiel dafür ist der Dogecoin, dessen Erfolg eine ganze Herde von Nachkommen gezeugt hat.[38] Die Preise dieser Coins sind fast ausschließlich vom Marketing getrieben. Im besten Fall versuchen die Initiatoren mit den zugeflossenen Geldern dann tatsächliche Use Cases zu bedienen. Im schlechtesten Fall stecken sich die Initiatoren nach Rug-Pull-Manier die Gelder einfach in die Tasche und lassen die Meme-Fans im Regen stehen. Mitleid ist dabei aber fehl am Platz, vielmehr führen Totalverluste in diesem Bereich zu einer Korrektur dieser fehlgeleiteten Entwicklungen. Denn man hat bei diesen Kreationen oft den Eindruck: Dümmer geht's nimmer. Geht dann aber meist doch …

Nachdem sich der Hype um die Hundecoins etwas totgelaufen hat, musste bei den Meme Coins mal was Neues her. Im April 2023 kam dann zunächst relativ unbemerkt

Pepe der (Knall-)Frosch an den Markt. Anfang Mai schoss der Kurs dann in wenigen Tagen nach oben und kollabierte anschließend in wenigen Tagen wieder. Auf der Landingpage der Website (die immerhin als Domainendung .vip hat) wird er wie folgt beworben: „The most memeable memecoin in existence. The dogs have had their day, it's time for Pepe to take reign." Unten auf der Website werden die Initiatoren dann deutlich: „$PEPE is a meme coin with no intrinsic value or expectation of financial return. There is no formal team or roadmap. The coin is completely useless and for entertainment purposes only." Bei diesem erklärtermaßen völlig nutzlosen Coin geht es nur darum, möglichst viel Hype zu erzeugen. Die Initiatoren des Hypes können sich für ihr Entertainment gut die Taschen füllen. Frühe Anleger können mit solchen Coins tatsächlich irre Gewinne machen, wenn die Vermarktungsmaschinerie läuft. Wie jedes Schneeballsystem kann der Lauf aber abrupt an die Abrisskante kommen. Dies hat sich dann anschließend gezeigt. Nach einer Kursverfünffachung in zwei Tagen ist der Kurs innerhalb weniger Tage wieder auf das Ausgangsniveau kollabiert. Wer gern Vabanque im Spielcasino setzt, ist hier gut aufgehoben.

12.10 Bewertung von Asset Token (Investment-Token)

12.10.1 Tokenisierung

Bei der **Tokenisierung** „handelt es sich um die digitalisierte Abbildung eines (Vermögens-)Wertes inklusive der in diesem Wert enthaltenen Rechte und Pflichten sowie dessen hierdurch ermöglichte Übertragbarkeit."[39] Diese Werte können sich auf aktienähnliche oder mitgliedschaftliche Rechte oder auf schuldrechtliche Verträge oder sonstige Assets aller Art beziehen. Realisiert wird diese digitale Abbildung über eine Blockchain, auf der die Eigentumsrechte dann unveränderlich festgeschrieben sind. Wenn solche tokenisierten Assets an Kryptobörsen gehandelt werden, genießen sie deren Vorteile. So sind diese prinzipiell für Anleger aller Länder viel leichter zugänglich als zum Beispiel die Wertpapierbörse eines bestimmten Landes. Außerdem gewährleisten sie einen Rund-um-die-Uhr-Handel an allen Tagen des Jahres (365/7/24-Handel). Dabei werden auch die Transaktionsgebühren im Vergleich zu herkömmlichen Handelsmöglichkeiten deutlich reduziert. Die Transparenz und Fälschungssicherheit der Blockchain schafft außerdem Sicherheit und Vertrauen.

Durch die Tokenisierung werden **Real World Assets (RWA)** übertragbar und handelbar gemacht. Voraussetzung dafür ist, dass die im Token abgebildeten Werte bei der Übertragung in ihrem rechtlichen Gehalt und ihrem technischen Wesen unverändert bleiben. Der Token muss deshalb nach Art und Zahl der Stücke bestimmt werden können. Daher müssen solche Token standardisiert und gleichartig ausgestaltet sein. Dabei kann der zu tokenisierende Vermögenswert ein natürlich teilbares Gut sein wie ein Rohstoff in einer bestimmten Spezifikation. Es kann sich aber auch um ein grundsätzlich nicht teilbares Asset handeln, wie zum Beispiel eine bestimmte Immobilie oder ein bestimmtes Kunstwerk. Der Wert eines solchen nicht teilbaren Assets könnte dann auf viele Token aufgeteilt werden, sodass kleine Teile an dem Asset mit allen anteiligen Rechten und Pflichten daran erworben werden können (Fractional Ownership).[40] Der Vorteil der Tokenisierung von Real World Assets ist unter anderem, dass dadurch auch weniger kapitalkräftigen Anlegern der Zugang zu bestimmten alternativen Assetklassen ermöglicht wird. So ist der Erwerb eines großen gewerblichen Gebäudekomplexes oder eines Kunstwerks im Millionenbereich für die meisten Anleger unmöglich. Durch Tokenisierung können sie sich dann im Rahmen ihrer Möglichkeiten daran beteiligen und partizipieren. Auch Private-Equity-Beteiligungen werden dadurch für breitere Anlegerschichten möglich.

Tokenisierung von RWAs gibt es schon lange am Kryptomarkt. So sind Stablecoins tokenisierte Assets, meist US-Dollar. Allerdings haben diese nicht die gleichen Rechte wie das Fiatgeld, auf das sie sich beziehen. So sind Stablecoins kein gesetzliches Zahlungsmittel. Das größte Problem bei der Tokenisierung in den meisten Ländern sind immer noch die regulatorischen Unsicherheiten. Die Regulierung entwickelt sich zwar überall, aber die Regulatoren reagieren auf die neuen Anforderungen eher gemächlich. Oft werden – wie in den USA durch die SEC – eher Drohkulissen aufgebaut, die abschreckend auf diese neuen Entwicklungen wirken.

12.10.2 Bewertung

Grundsätzlich sollte die **Bewertung von Asset Token identisch mit der Bewertung des jeweiligen Assets** sein. Denn die Asset Token sollen das zugrunde liegende Asset 1:1 abbilden und den Besitz fälschungssicher auf der Blockchain dokumentieren, ähnlich wie der Grundbucheintrag bei einer Immobilie. Bei genauerer Betrachtung können sich aber unter verschiedenen Aspekten auch Unterschiede ergeben. Allerdings gibt es bis heute nur wenige Beispiele aus der Praxis.

So kann es **Kostenvorteile** für Asset Token im Vergleich zu an traditionellen Börsen gehandelten Wertpapieren geben. Das fängt schon bei den *Emissionskosten* an, die bei Token meist erheblich geringer als bei Aktien sein dürften. Schaffen Emittenten am Kryptomarkt eine wirklich dezentrale Emission, würden die happigen Gebühren von Konsortialbanken eingespart. Diese Ersparnis müsste aber im Zusammenhang mit der Platzierungskraft von Banken gesehen werden, auf die in diesem Fall verzichtet wird. Daneben würde auch die spätere Begleitung durch Researchberichte der

Banken zunächst einmal entfallen. Die Unternehmen könnten dann aber auch Analysehäuser mit dem Research beauftragen. Weitere Kostenvorteile könnten sich nach der Emission beim laufenden *Börsenhandel* ergeben. So gelten die Gebühren beim Kryptohandel teilweise als günstiger als beim Handel an traditionellen Börsen.

Der **Börsenhandel** am Kryptomarkt bringt Vorteile. Während die Aktien nur zu festen *Börsenzeiten* handelbar sind, ist der Kryptohandel rund um die Uhr möglich (365/7/24). Es gibt zwar auch jetzt schon 24-Stunden-Märkte, die aber oft nur für professionelle Anleger zugänglich sind. Das Settlement von Geschäften, das am Aktienmarkt meist zwei Tage dauert, ist am Kryptomarkt meist in Minutenschnelle möglich. Die Smart Contracts als Intermediär erledigen das automatisch, die Compliance ist quasi mit eingebaut. Das im Programmcode festgelegte selbstständige Settlement macht den Wust an Dokumentationen bei herkömmlichen Wertpapiergeschäften überflüssig. Bei traditionellen Geschäften ist auch zu beachten, dass die Stakeholder (Käufer, Verkäufer, Emittent) unterschiedlichen Jurisdiktionen unterworfen sein können. Diese Vereinfachung der Transaktionen könnte sich dann wieder in deutlich niedrigeren Transaktionsgebühren niederschlagen. Auch die *Zugänglichkeit* von Kryptobörsen insbesondere für Anleger in exotischeren Ländern ist meist viel einfacher als die von traditionellen Börsen. Sowohl positiv wie negativ könnte die *Liquidität* im Handel sein. Dies wird davon abhängen, inwieweit Aktienanleger Kryptobörsen als gleichwertige Alternativen zu Aktienbörsen akzeptieren. Diese *Akzeptanz* dürfte sich erst im Laufe der Zeit entwickeln.

Neben der Akzeptanz des neuartigen Börsenhandels wird sich auch generell erst das Vertrauen in die **Sicherheit von Equity Token** entwickeln müssen. So gibt es immer wieder Berichte von großen Hacks bei Kryptobörsen und Krypto-Finanzdienstleistern, bei denen Kundengelder in Form von Kryptowährungen oder anderen Krypto-Assets gestohlen werden. Dies kennt man im traditionellen Wertpapiergeschäft überhaupt nicht. Hier müssten entsprechende Sicherungsmechanismen geschaffen werden, um eine Gleichwertigkeit zu erreichen. Eine Gefahr einer Pleite wie bei Derivate-Emittenten besteht hier aber nicht. Bei Equity Token ist der Emittent das Unternehmen selbst, auf das sich die Aktienrechte beziehen. Dagegen ist bei einem Aktienderivat im traditionellen Finanzmarkt der Emittent eine Bank, womit der Anleger einem zusätzlichen Pleiterisiko ausgesetzt ist. Bei tokenisierten Aktien, die in der Vergangenheit von verschiedenen Kryptobörsen angeboten wurden, wäre das anders. Diese sind dann ebenso wie Aktienderivate vom Pleiterisiko bedroht. Deshalb sind tokenisierte Aktien von echten Equity Token zu unterscheiden.

Ein weiterer Unterschied könnte sich aus der **steuerlichen Behandlung** ergeben. So sind Kryptowährungen in Deutschland nach einem Jahr steuerfrei zu realisieren, Aktien unterliegen dagegen der Abgeltungsteuer. Grundsätzlich werden aber Asset Token genauso besteuert wie das zugrunde liegende Asset. Denn ein Equity Token ist eben keine Kryptowährung, sondern ein Security Token und deshalb genauso zu besteuern wie eine Aktie. Ähnliches sollte auch für andere Assets wie Rohstoffe oder Immobilien gelten. Strittig könnte es bei alternativen Assets werden. So kann ein deutscher Steuerpflichtiger ein Kunstwerk oder einen Oldtimer steuerfrei verkaufen, wenn seit dem Kaufzeitpunkt mehr als ein Jahr verstrichen ist. Ob das dann auch für Token gilt, die beispielsweise ein Tausendstel Anteil an einem solchen Asset repräsentieren (Fractional Ownership), muss sich in der Praxis noch zeigen.

12.10.3 Unterscheidung von Asset Token

Asset Token können nach ihrer **Wertpapiereigenschaft** unterschieden werden. Diese Eigenschaft wurde leider durch den Feldzug der SEC gegen Token, die aus ihrer Sicht unerlaubt emittierte Wertpapiere waren, immer wieder diskutiert und von den verschiedenen Interessengruppen unterschiedlich gesehen. Grundsätzlich sind natürlich Emissionen wie bei Ripples Token XRP zumindest sehr wertpapiernah. Die Token wurden – völlig im Gegensatz zur Emission beim Bitcoin – zur Unternehmensfinanzierung emittiert und an die Anleger verteilt. Unabhängig von dieser Diskussion sollen hier **Security Token** als Äquivalente zu Aktien (Equity Token) oder Anleihen (Debt Token) von Unternehmen oder Organisationen verstanden werden. Solche Security Token werden grundsätzlich den gleichen regulatorischen Anforderungen und steuerlichen Behandlungen unterliegen wie die herkömmlichen analogen Äquivalente. Deshalb sind die Voraussetzungen für Emission und Handel von Security Token und damit die Ausgestaltung entsprechender Smart Contracts sehr komplex. Dagegen werden andere Asset Token, die sich zum Beispiel auf Rohstoffe, Immobilien oder Kunstwerke beziehen, nicht als Security Token klassifiziert.

Daneben können die Asset Token nach der zugrunde liegenden **Assetklasse** unterschieden werden. Der Bitcoin und andere *Kryptowährungen* haben eine eigene neue Assetklasse definiert. Die meisten anderen Token beziehen sich auf herkömmliche Assetklassen. So sind die erwähnten Security Token *Anteile an oder Schuldtitel von Unternehmen/Organisationen.* Außerdem sind Asset Token auf Assetklassen wie Rohstoffe oder alternative Anlagen möglich.

Die Real Estate Token beziehen sich auf *Immobilien*, die wiederum eine der größten Assetklassen überhaupt sind. Gleichzeitig ist der Markt aber nicht für alle Menschen offen wegen der Hochpreisigkeit der einzelnen Objekte. Der Markt ist stark fragmentiert – unterschiedliche Daten werden von Drittparteien wie Banken, Anwälten, Notaren und Grundbuchämtern geführt – und zentralisiert. Der Markt leidet deshalb unter Betrug, unsicheren oder nicht zugänglichen Eigentumsdaten, hohen Kosten durch beteiligte Drittparteien und der langen Zeitdauer für die Transaktionsabwicklung.

Durch die Tokenisierung könnten viele dieser Probleme gelöst werden. Die Liquidität des Immobilienmarktes könnte sich durch Dezentralisierung und Fractional Ownership deutlich erhöhen. Real Estate Token können sowohl für bestehende Immobilien wie auch für Immobilienprojekte verkauft werden. Zwar ist Fractional Ownership hier nichts völlig Neues. So konnten bisher bereits Beteiligungen zum Beispiel über Fonds oder Immobilien-Aktien erworben werden. Jedoch könnten über die Tokenisierung die Prozesse effizienter gestaltet werden. Natürlich müssen in den Smart Contracts die länderspezifischen Bestimmungen berücksichtigt werden. Vor allem muss der gesamte rechtliche Prozess Blockchain-kompatibel gemacht werden. Schätzungen gehen von fünf bis zehn Jahren aus, bevor die Immobilien-Tokenisierung in größerem Umfang stattfinden wird. Auf längere Sicht ist vorstellbar, dass jeder Immobilienwert auf einer Blockchain dargestellt werden kann. Dabei sind auch Hintergrundinformationen wie zurückliegende Verkäufe, Instandhaltungsaufwendungen oder Besonderheiten der Immobilie oder des Grundstücks hinterlegbar.

In den Smart Contracts müssen mögliche Konfliktsituationen geregelt und Dinge festgelegt werden wie:

- Welchen Anteil hat ein Token an der Immobilie? Daraus errechnen sich die Erlösanteile beim Verkauf der Immobilie und an den Mieteinnahmen.
- Was passiert, wenn der Besitzer oder Mieter des Objekts mit den Mietzahlungen in Rückstand gerät?
- Hat der Token-Besitzer Stimmrechte? Es sind sowohl Regelungen mit als auch ohne Stimmrechte denkbar.
- Wer hat das Entscheidungsrecht über den Verkauf der Immobilie? Bei Token mit Stimmrechten könnte dies zum Beispiel durch einen Mehrheitsbeschluss erfolgen.
- Wie sind laufende und Renovierungskosten geregelt? Hier können nicht immer erst die Zustimmungen der vielen Token-Besitzer und deren Beteiligung an den Kosten abgewartet werden.
- Haben die Token-Besitzer Zugangsrechte zu der Immobilie? Denkbar wäre das zum Beispiel bei einer exklusiven Wellness-Anlage.
- Werden die Token an einer Börse gelistet und sind somit leicht verkäuflich oder wird ein P2P-Handel eingerichtet?

12.10.4 Bewertung von NFTs

Wirtschaftsgüter sind ceteris paribus umso wertvoller, je fungibler und je leichter sie damit handelbar sind. Fungible Token haben wegen der Bewertung zu Marktpreisen an Börsen eine viel größere Preistransparenz. Da es jeweils nur ein NFT gibt, kann sich kein Marktpreis bilden wie bei Kryptowährungen mit einer Vielzahl völlig identischer Token. Von daher ist die Liquidität sehr niedrig und man muss den Käufer individuell finden wie bei anderen Tauschbörsen auch. Dagegen hat man bei fungiblen Token wegen der ständig verfügbaren Marktpreise an Börsen jederzeit die Möglichkeit zu verkaufen. Deshalb eignen sich NFTs viel weniger als die fungiblen Token für Anlagezwecke. Auch dürfte die Gefahr von Preismanipulationen bei NFTs gegenüber fungiblen Token erheblich größer sein. Damit ist der **Wert von NFTs** zunächst einmal von der eingeschränkten Fungibilität, geringeren Preistransparenz und größeren Manipulationsanfälligkeit negativ tangiert. Die Einzelbewertung von NFTs ist oft ähnlich wie bei einem Kunstwerk sehr schwierig, weil sie stark von subjektiven Faktoren abhängt. Mit quantitativen Methoden wird man bei der Wertbestimmung weniger weiterkommen. Zur Bewertung von NFTs und des gesamten NFT-Marktes können verschiedene Metriken genutzt werden, die aber den Rahmen hier sprengen.[41]

Die Wertentwicklung von Investitionen in einzelne NFTs hängt von ihrer **Nutzbarkeit** ab. Use Cases für NFTs sind zum Beispiel der Schutz geistigen Eigentums und digitaler Identitäten, Sicherheiten für Kredite und Immobilien oder die Übertragung von Zugangsrechten wie Eintrittskarten. NFTs, die außerhalb ihres Ökosystems wie eines bestimmten Spiels nicht verwendet werden können (wie CryptoKitties), haben einen geringeren Wert als digitale Sammlerstücke, die nicht von einer bestimmten Spieleumgebung abhängig sind. Außerdem werden NFTs von starken und angesagten Marken (wie Bayern München) für Investitionszwecke interessanter sein als solche mit Bezug zu unbekannteren. Schließlich sind NFTs als Zwillinge von real existierenden Gegenständen (wie das aktuelle Fußballtrikot eines Top-Spielers, das dann im E-Sport verwendet werden kann) meist werthaltiger als reine Sammelbildchen. Für Investitionen in ein NFT-Portfolio bieten sich NFT-Fonds oder ähnliche Konstrukte wie der WHALE Token an. Die Wertentwicklung dieser Fonds hängt wie bei Aktienfonds dann vom Geschick der Verwalter ab. Wer Investitionen in das NFT-Thema als solches machen will, kann aber auf die Infrastrukturunternehmen oder die entsprechenden Blockchain-Protokolle setzen. Durch den Erwerb solcher Coins setzt man dann auf den Erfolg eines bestimmten Spiels (wie MANA bei Decentraland) oder eines ganzen Protokolls (wie RARI bei Rarible oder LYXe bei Lukso). Auch hier kommt es wie bei einem einzelnen NFT darauf an, ob sich das Spiel oder Protokoll durchsetzen wird. Generell dürften breit genutzte Plattformen mit einem gesunden Einnahmestrom die besten Aussichten im NFT-Sektor haben. Diese Plattformen schaffen und demokratisieren Communitys im Spiele-, Musik- oder Medienbereich.

Das größte NFT-Segment sind die **digitalen Sammlerstücke (Collectibles)**. Bekannt geworden ist dieser Bereich durch die CryptoKitties und CryptoPunks. Wert generieren diese Collectibles vor allem bei einer Limitierung der Gesamtzahl der unterschiedlichen Sammlerstücke und einem zum Beispiel durch prominente Beteiligung ausgelösten

Hype. So waren die 2017 entwickelten CryptoPunks auf 10.000 unterschiedliche Charaktere beschränkt. Mittlerweile gelten die CryptoPunks als mit die ersten NFTs auf der Ethereum-Blockchain schon als antike Collectibles und generieren so ähnlich wie antike Kunstwerke ihren Wert. Zwar kann sie jeder ansehen, aber nur einer über das NFT besitzen. Damit kann auch nur der NFT-Besitzer das Eigentumsrecht weiterverkaufen oder über Lizenzgebühren am Eigentum profitieren. Ab dem Jahr 2021 machte dann die ebenfalls auf 10.000 Stück begrenzte Serie des Bored Ape Yacht Club (BAYC) Furore, zumal eine Reihe weltbekannter Prominenter sich bei den gelangweilten Affen engagierte. Hier bestimmt dann die Attraktivität und Aktivität der unterstützenden Community in wesentlichen Teilen den Wert der Collectibles, weshalb sie oft auch als Community-NFT-Projekte bezeichnet werden.

Die Bewertung von NFTs wird wesentlich von der Anwendung abhängen. Eine der wichtigsten Anwendungen ist im Bereich **Gaming**. Diese NFTs sollen die bisherigen Einschränkungen der Gamer aufheben, ihre erworbenen Wearables, Spielfiguren oder Eigenschaften weiterverkaufen zu können. Sind diese in einem NFT verkörpert, können sie auf entsprechenden Marktplätzen weiterverkauft werden. Im Gaming-Bereich wird sich der Wert von NFTs von der Popularität des Spiels und den unterschiedlichen Stärken von Spielfiguren oder Eigenschaften ableiten. In-Game-Assets werden deshalb ein wesentlicher Anwendungsbereich von NFTs bleiben.

Zwar ist das Umsatzvolumen im Bereich **Kunst** hoch, die Zahl der aktiven Wallets und der einzelnen Verkäufe ist gegenüber dem Collectibles- und Gaming-Bereich aber deutlich geringer. Der Kunst-NFT-Markt hat wegen der teilweise sehr hohen Preise einen elitären Charakter. Letztlich richtet sich die Bewertung wie bei allen Kunstwerken nach Faktoren wie persönlichem Geschmack und Angesagtheit des Künstlers.

Für großes Aufsehen sorgte im Februar 2021 die Versteigerung des aus einer Collage von 5.000 kleinen Bildern bestehenden Werks „Everydays. The First 5000 Days" des amerikanischen Digitalkünstlers Beeple. Bei der Versteigerung durch das Auktionshaus Christie's wurde ein Rekordpreis von 42.329.453 Ether erzielt und damit ein Gegenwert von über 69 Millionen Dollar. Immerhin war das der bisher dritthöchste Auktionspreis für ein Werk eines lebenden Künstlers. Die JPEG-Datei wurde durch ein als NFT gesichertes Echtheitszertifikat verkauft.

Das **Metaverse** gilt als eines der ganz großen Zukunftsthemen. NFTs werden in einem solchen Ökosystem zum Beispiel für virtuellen Landbesitz genutzt. Wie im echten Leben gibt es auch bei Virtual-Reality-Plattformen wie Decentraland, The Sandbox oder Voxels einen Wettlauf um die attraktivsten Grundstücke.

Das Segment der **Utilities** umfasst eine große Vielfalt von Use Cases. Es wird stark getrieben von Aktivitäten des Ethereum Name Service. Die meisten attraktiven Domain-Namen sind bereits am Primärmarkt verkauft und werden nun eher auf dem Sekundärmarkt angeboten. Es gibt in dieser Gruppe aber auch viele NFTs, die nicht in größerem Umfang am Sekundärmarkt verkauft werden sollen. Solche NFTs können als Tickets, Identitätskarten, zur Nachverfolgung von Lieferungen, Historie eines Produkts oder zur Zertifizierung von Dokumenten wie Zeugnissen dienen.

Im Zusammenhang mit dem Gebrauch von NFTs in Metaversen könnten sich künftig **neue Bewertungskriterien** ergeben. Bei NFTs im Gaming-Bereich können sich unterschiedliche Werte aus den unterschiedlichen Stärken von Spielfiguren oder Eigenschaften ableiten. Oder ein Grundstück ist wie in der realen Welt durch Lage oder Ausstattung mehr wert. Oft wächst der Wert auch nur, weil Prominente sich bei einer Sammlung stark beteiligen. Dies war beim Bored Ape Yacht Club der Fall. Sobald die Plattform nicht mehr angesagt ist und die Prominenten weiterziehen, dürften dann die Preise aber ins Bodenlose fallen.

Unabhängig davon wäre eine kleine **Due Diligence** sinnvoll:

- Ist die Nicht-Duplizierbarkeit des NFTs gewährleistet? Wie ist sichergestellt, dass dies auch so bleibt?
- Ist der NFT auf einer dezentralen Blockchain gespeichert und kann der NFT auf eine eigene Wallet gezogen werden?
- Gibt es eine Verifizierung der Smart Contracts, mit denen der NFT erzeugt wurde?
- Haben die Initiatoren eines NFT-Projekts eine gute Reputation oder sind es Unbekannte?
- Woraus zieht der NFT überhaupt seinen Wert? So können NFTs, die in einem angesagten Spiel Vorteile bringen, stark im Wert steigen. Bei Collectibles werden „antike“ Sammlerstücke wie die CryptoPunks wahrscheinlich werthaltiger sein als die Unzahl von neuen NFT-Bildchen.

12.11 Marktstellung von Projekten und Kryptowährungen

So wie die **Marktstellung** eines Unternehmens in einem bestimmten Segment entscheidend für seine Bewertung sein kann, gilt dies auch für Kryptowährungen. Je mehr Nutzer einen Coin für einen bestimmten Use Case als führend einschätzen, desto wahrscheinlicher wird er es auch tatsächlich zum Marktführer schaffen. Denn die Entwickler werden sich auf die Projekte konzentrieren, die das größte Potenzial versprechen. Im Extremfall könnte der Coin eine Art Alleinstellungsmerkmal erreichen. Letztlich ist die Dynamik am Kryptomarkt nicht anders als in anderen Märkten. Ein Markt wird für Händler wie Konsumenten umso wertvoller, je mehr andere Händler und Konsumenten ihn besuchen. Durch die steigende Attraktivität zieht er wie ein Schwarzes Loch dann immer mehr Masse an. Gut zeigten das Entwicklungen im Social-Media-Bereich. Facebook wurde für den einzelnen Nutzer immer attraktiver, je mehr Nutzer sich bei diesem Netzwerk angemeldet haben. Andere Netzwerke verkümmerten dadurch und es kam zu einer Monopolbildung. Diese Netzwerkeffekte sind auch in anderen Bereichen wie bei den Suchmaschinen zu beobachten.

Von daher sollte die Marktstellung und damit auch die **Werthaltigkeit eines Coins** *umso größer* sein, *je dominanter er für die Lösung eines bestimmten Problems genutzt wird*. Monopolstellungen wird es im normalen Wirtschaftsleben nur so lange geben, wie der Gesetzgeber das duldet. Wird eine marktbeherrschende Stellung zum Nachteil der Verbraucher angenommen, kann es zu einer Zerschlagung des Monopolunternehmens kommen. Bei den dezentralen Kryptoprojekten und Kryptowährungen ist das zunächst nicht so leicht denkbar, zumal hier die Gefahr einer Benachteiligung der Verbraucher erheblich geringer sein dürfte. Beim Bitcoin kann es aufgrund seines fast schon idealtypischen dezentralen Charakters als Währung überhaupt keine Benachteiligung der Nutzer geben. Es gibt auch keine Gewinnerzielungsabsicht. Denn es steht kein Unternehmen oder Projekt hinter dem Bitcoin, das davon profitieren würde. Der Wert einer Kryptowährung oder eines Krypto-Assets leitet sich stark von der Marktstellung ab. Diese spiegelt letztlich das Vertrauen der weltweiten Community in das Kryptoprojekt und das korrespondierende Krypto-Asset wider. Nicht anders ist es bei den Fiatwährungen wie Euro oder Dollar. Die Community sind hier sowohl alle Wirtschaftssubjekte im Geltungsbereich dieser Währung wie auch alle außerhalb dieses Bereichs, die tatsächliche oder potenzielle Handelspartner auf Basis dieser Währung sind. Hätte die Community nicht Vertrauen in die Werthaltigkeit und Fungibilität der jeweiligen Währung, wäre diese auch nichts wert.

Deshalb ist **Bitcoin** die mit weitem Abstand führende Kryptowährung. Es ist die *digitale Weltleitwährung* so wie der US-Dollar die Weltleitwährung ist. Diesen Vorsprung durch den First-Mover-Effekt wird der Bitcoin in absehbarer Zeit nicht verlieren. Wie der Dollar bei den Fiatwährungen wird der Bitcoin weltweit als die führende Kryptowährung akzeptiert. Man kann sogar die Voraussage wagen, dass eher der Dollar seinen Status als alleinige Weltleitwährung verlieren wird (zum Beispiel durch das ständig steigende Gewicht des Chinesischen Yuan) als der Bitcoin bei den Kryptowährungen. Egal ob Menschen in Venezuela, der Türkei oder China aus ihren maroden und sich ständig abwertenden oder stark reglementierten Währungen fliehen wollen, ist und bleibt der Bitcoin die erste Wahl bei den Kryptowährungen. Trotz seiner extremen Schwankungen setzt sich sein Use Case als digitales Gold und Wertaufbewahrungsmittel länderübergreifend immer weiter durch. Zwar gibt es auch andere Coins wie die Bitcoin-Fork Litecoin, die den gleichen Use Case bedienen. Das digitale Silber kann aber nicht die überragende Marktdominanz von Bitcoin angreifen.

Das gilt auch für die andere Bitcoin-Fork Bitcoin Cash und wiederum deren Fork Bitcoin SV. Dies drückt sich allein schon dadurch aus, dass Bitcoin gegenüber diesen drei höchstkapitalisierten Alternativen jeweils die zigfache Marktkapitalisierung hat und der Abstand zwischen Bitcoin und seinen Klonen im Laufe der Jahre immer weiter gewachsen ist. Ähnliches gilt auch für **Ethereum** als führende Plattform für Smart Contracts und dApps. Auch wenn die vielen potenziellen oder selbst ernannten Ethereum-Killer die führende Stellung noch nicht ernsthaft ankratzen konnten, könnte es hier aber schon eher zu einer Gefährdung der Marktführerschaft kommen. Sollte ein Kryptoprojekt in einem bestimmten Bereich eine sehr starke Marktstellung erreichen, könnte es auch mit Monopolvorwürfen konfrontiert werden.

Neben der Beobachtung der Aktivitäten von Entwicklern und Nutzern kann es **Sonderfaktoren zur Beurteilung der Marktstellung** geben. So ist in manchen Ökosystemen auch ein Stablecoin eingebettet. Hier könnte die Veränderung der umlaufenden Menge des Stablecoins einen Hinweis auf die Stärke und Entwicklung des gesamten Ökosystems geben. So würde ein starkes Volumenwachstum bei einem solchen Stablecoin auf ein starkes Wachstum des gesamten Ökosystems hindeuten. Allerdings lieferte der spektakuläre Zusammenbruch des hochgelobten Projekts Terra das Paradebeispiel dafür, dass solche Indikatoren bei Betrügereien oder auch nur Unfähigkeit des Projektteams völlig in die Irre führen können. LUNA, der native Coin von Terra, war einer der besten Performer überhaupt im Jahr 2021/22 und stürmte in der Spitze bis auf Platz 8 der größten Kryptowährungen. Sein Stablecoin UST wuchs zu einem der größten Stablecoins und übertraf in der Spitze sogar die Marktkapitalisierung von LUNA, die den UST eigentlich algorithmisch sichern sollten. Dabei hätte allein schon stutzig machen müssen, dass die Sicherheit LUNA am Schluss teilweise weniger wert war als der zu sichernde UST.

12.12 Adoption von Kryptowährungen

12.12.1 Verläufe technologischer Adoptionen

Unter der **Adoption** versteht man allgemein die *Annahme von Innovationen durch verschiedene Individuen und Organisationen*, insbesondere die Annahme und den Kauf neuer Produkte.[42] Innovative technologische Produkte durchlaufen nach ihrer Einführung einen bestimmten Zyklus. Diese **Technologieakzeptanzkurve**, die auf die Diffusionstheorie des Kommunikationswissenschaftlers Everett Rogers zurückgeht, hat dabei einen S-förmigen Verlauf. Nach der Entwicklung geht die Adoption zunächst gemächlich voran und wenige Innovatoren (Innovators) nutzen sie. Danach beschleunigt sich die Entwicklung durch die Early Adopters, also die sehr Tech-affinen Anwender der neuesten technischen Entwicklungen oder deren Weiterentwicklungen. Darauf folgt eine als Early Majority bezeichnete Gruppe. Darunter versteht man eine pragmatisch eingestellte frühe Mehrheit von Nutzern, die Innovationen gegenüber sehr aufgeschlossen sind. Anschließend flacht die Kurve in der Phase der Anwendung durch die Late Majority, die konservative späte Mehrheit, die nur erwiesenermaßen funktionierende Produkte nutzen, bereits ab. In der Phase der Laggards ist sie dann flach und nähert sich asymptotisch der totalen Adoption der innovativen Technologie. Diese skeptischen Nachzügler nutzen grundsätzlich – teilweise auch aus Kostengründen – unabhängig von den technischen Entwicklungen ihre gewohnten Produkte zunächst weiter, oft bis diese nicht mehr angeboten werden. Das konnte man im vergangenen Jahrhundert bereits bei vielen technischen Innovationen wie dem Telefon, Auto, der Elektrizität, dem Radio, Fernseher und so weiter bis zu den jüngeren Innovationen wie dem Computer, Internet oder Mobiltelefon beobachten. Dabei wurde bei den jüngeren Innovationen die S-Kurve immer steiler. Sie wurden also von der Mehrheit der Bevölkerung immer schneller übernommen. Die Produkte haben meist einen begrenzten Lebenszyklus, bis sie wegen neuer Entwicklungen veraltet sind und langsam vom Markt verschwinden. Ein gutes Beispiel dafür sind Tonträger: von der Schallplatte über Tonbänder, Tonkassetten und CDs bis hin zu Streamingdiensten.

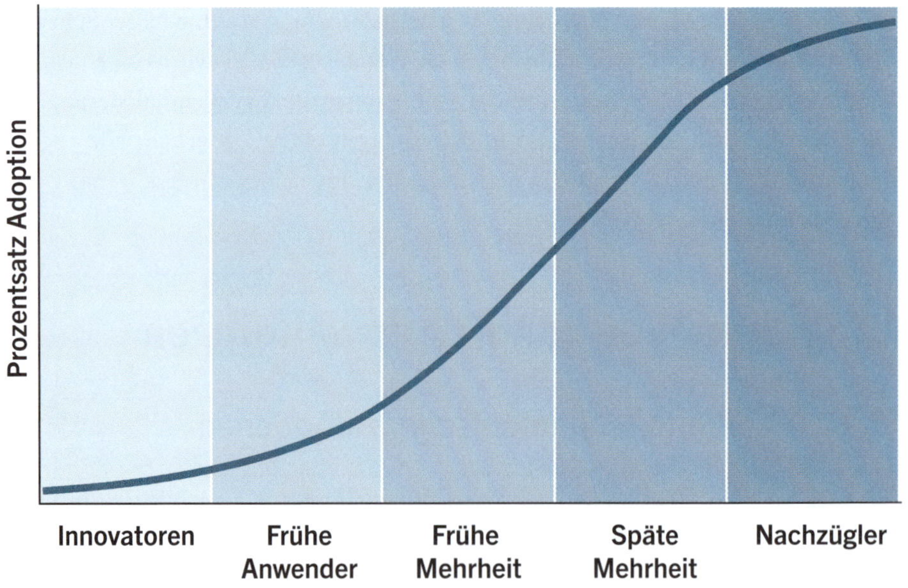

Abb. 12.8 *Adoptionskurve technologischer Innovationen*

Auch die **Adoption von Bitcoin** als innovatives Geld und Wertaufbewahrungsmittel hat einen ähnlichen Verlauf. Wie die jüngeren technologischen Innovationen erfolgt die Adoption der dezentralen Digitalwährung erheblich schneller als frühere Adoptionen beim Telefon, Auto oder bei Waschmaschinen. Die Frage ist, an welchem Punkt der S-Kurve der Bitcoin aktuell zu verorten ist. Im letzten Hype Cycle bis 2021 verorteten die meisten Beobachter den Bitcoin noch in der Phase der Early Adopters. Nun und insbesondere im nächsten Hype Cycle, der für die Jahre 2024 und 2025 erwartet wird, könnte er in die Phase der Early Majority übergehen. Dazu tragen auch die immer einfacheren Möglichkeiten beim Kauf von Bitcoin bei. Insbesondere die Einführung von Bitcoin-Spot-ETFs könnte hier noch einmal Schub geben. Die Take-off-Phase in der Adoptionsentwicklung wird zwischen der Phase 2 und 4 gesehen. Von daher stehen die großen Wachstumsraten erst noch bevor.[43] Interessant ist in diesem Zusammenhang auch, dass die Adoption von Krypto-Assets bisher schneller erfolgt ist als die anderer Innovationen wie bei Mobiltelefonen oder dem Internet. Für die gleiche Adoptionsrate wie bei diesen Entwicklungen brauchten Bitcoin und Ethereum also eine kürzere Zeitspanne. Dies deckt sich auch mit der allgemein zu beobachtenden Tendenz, dass neuere Technologien sich schneller etablieren und die Sättigungsphase erreichen.

Es wurden bereits eine Vielzahl von börsengehandelten Derivaten von verschiedenen Emittenten bis hin zu ETFs in einzelnen Ländern an den Markt gebracht, sodass sich auch weniger bewanderte Anleger engagieren konnten. Bereits Ende 2017 hielt der Bitcoin mit dem Handelsbeginn von Bitcoin-Futures an regulierten amerikanischen Terminbörsen Einzug in die traditionelle Finanzwelt. Diese Einführung erzeugte den letzten Schub und gleichzeitig auch den Höhepunkt des damaligen Hype Cycles. Mit der Hausse in den Jahren 2020 bis 2021 nahm die Adoption erneut stark zu. Der starke Kursrückgang im Jahr 2022 bremste dann wieder die beschleunigte Verbreitung. Diese Bremse könnte sich beim nächsten Hausse-Zyklus im Zusammenhang mit dem vierten Halving im April 2024 lockern und den Bitcoin endgültig im Mainstream verankern.

Im Mittel ist die Zeitspanne der Adoption von null auf zehn Prozent so lang wie der Anstieg von 10 auf 90 Prozent. Die Adoptionsrate von Bitcoin wird mit der des Internets verglichen. In den USA hat der Bitcoin rund zehn Jahre gebraucht, um von null auf eine Adoption von zehn Prozent zu steigen. Demnach könnte bis zum Jahr 2030 die Adoption auf 90 Prozent steigen. Hat eine Technologie eine Adoption von zehn Prozent erreicht, stellt sich meist nicht mehr die Frage, ob diese Adoption auf 90 Prozent steigt, sondern bis wann.

Es gibt für Bitcoin und andere Kryptowährungen verschiedene **Adoptionshindernisse**. Das signifikanteste Hindernis ist die sehr große Volatilität, die viele potenzielle Nutzer vor deren Gebrauch abschreckt. Daneben verunsichert die teilweise schwer fassbare Bewertung von Kryptowährungen und Krypto-Assets. Fundamentale Bewertungskriterien, die Aktienanlegern bei der Einschätzung helfen, fehlen bisher weitgehend für Kryptowährungen oder sind in der Entwicklung. Daneben werden als Hindernisse Unsicherheiten in Bezug auf die Verwahrung, mangelnde Regulierung und die Gefahr von Marktmanipulationen genannt. Daneben gibt es auch länderspezifische Hürden.

Denn Bitcoin benötigt Elektrizität und den Zugang zum Internet, über den Schätzungen zufolge mehr als 30 Prozent der Weltbevölkerung im Jahr 2023 immer noch nicht verfügten.

12.12.2 Verlauf der Investoren-Adoption

Unterschiedliche **Anlegergruppen** werden unterschiedlich schnell in neu entstehende Anlagemärkte investieren. Dabei kann auch die Reihenfolge, in der verschiedene Anlegergruppen in neue Anlagemöglichkeiten investieren, je nach Anlagemarkt unterschiedlich sein. So war es in den Anfangszeiten der Emerging Markets Privatanlegern kaum möglich, dort zu investieren, da sie über ihre Bankverbindungen keine Aktien an den kleinen ausländischen Börsen kaufen konnten. Daneben können zum Beispiel regulatorische Vorschriften bestimmte Anlegergruppen von Investments ausschließen. So konnten in der Vergangenheit die meisten institutionellen Investoren nicht in Kryptowährungen investieren, da für diese nur Investments in regulierte Finanzprodukte erlaubt sind. Deshalb haben bei Kryptowährungen und Krypto-Assets die privaten Anleger eine Pionierfunktion. Beim Bitcoin und mit zeitlicher Verzögerung bei anderen Krypto-Assets lief und läuft die Investoren-Adoption in folgender Reihenfolge ab:[44]

- Individuelle Investoren
- Kleine Hedgefonds und Family Offices
- Kleine Unternehmen und größere Hedgefonds
- Große Unternehmen und Investmentfonds
- Pensionskassen und Versicherungen
- Zentralbanken
- Staaten

Dabei gibt es natürlich auch innerhalb der Investorengruppen Unterschiede und die Stufen zwischen den Gruppen sind nicht immer trennscharf. So beschränkten sich anfänglich selbst beim Bitcoin die Engagements auf wenige Nerds und Technik-Freaks. Auch in den Medien wurde zunächst mit Unverständnis und später oft mit einem negativen Unterton berichtet. Institutionelle Anleger lehnten den Bitcoin als unberechenbares Spekulationsobjekt ab. BlackRock-CEO Larry Fink bezeichnete noch im Jahr 2018 den Bitcoin als Spekulationsobjekt und vor allem für kriminelle Aktivitäten wie Geldwäsche und Drogenhandel geeignet, für das es keine Nachfrage von Kunden gibt. In den Jahren danach fiel er ebenso um wie andere wichtige Player der Wall Street und sieht nun die Möglichkeit, dass der Bitcoin das ganze Finanzsystem revolutionieren könnte. In den USA haben schon vor Jahren vereinzelte Versicherungen oder universitätsnahe Stiftungen in den Bitcoin investiert. Jedenfalls wird mit der fortschreitenden

Regulierung das Tor weit aufgemacht. Pensionskassen und Versicherungen dürften dann einen kleinen Teil in Bitcoin anlegen. Bei Zentralbanken und Staaten wird es vorläufig aber nicht über kleinere Länder wie El Salvador hinausgehen. Allerdings halten auch westliche Staaten Bitcoin, die sie im Zusammenhang mit Straftaten konfisziert haben. So wurden die USA zu einem der größten Bitcoin-Holder und verkaufen immer wieder Teile des Bestands.

Mit der fortschreitenden Adoption durch die unterschiedlichen Anlegergruppen könnte es auch zu einem kontinuierlichen **Rückgang der Volatilität** kommen. Dieser Effekt resultiert aus der immer heterogeneren Struktur der Investoren. Je heterogener die Anlegergruppen sind, desto unterschiedlicher sind auch Meinungen und Strategien. Dies führt zu unterschiedlichen Handlungen, die sich am Markt in gegenläufigen Aktionen äußern können. Dadurch kommt es zu einer Verminderung von Volatilität und Instabilitäten aufgrund des gleichförmigen Handelns aller Marktteilnehmer.

12.12.3 Adoptionsmessung

Die Adoption von Bitcoin und anderen Kryptowährungen hat in den vergangenen Jahren erheblich zugenommen. Allerdings kann sie sich auf **verschiedene Adoptionsbereiche** verteilen und *für unterschiedliche Use Cases einer Kryptowährung unterschiedlich hoch* sein. Beim Bitcoin ist die Adoption als Investment dominant. Neben der Adoption als Anlageobjekt spielt die Adoption als dezentrales Zahlungsmittel eine große Rolle. So würde diese im Fall der Einführung einer Zahlungsoption mit Bitcoin durch Unternehmen wie Amazon oder Walmart erheblich steigen. Weitere Adoptionsbeispiele wären: Zahlung von Gehältern, Steuerzahlungen, Rechnungszahlungen optional in Kryptowährungen, aber auch Umgehung von Kapitalverkehrskontrollen wie in China.

Letztlich fokussiert sich die **Messung der Adoption** von Bitcoin und anderen Krypto-Assets aber darauf, wie viele Menschen überhaupt Krypto-Assets kaufen und in sie investieren. Inwiefern sie Kryptowährungen auch in anderer Weise im täglichen Gebrauch nutzen, ist dann zunächst einmal sekundär. Umgekehrt gibt es Geschäfte und Unternehmen, die ihren Kunden auch Bitcoin als Zahlungsalternative anbieten. Die meisten dieser Unternehmen werden aber über Kryptodienstleister Zahlungen ihrer Kunden in Kryptowährungen sofort und automatisch in ihre jeweilige Fiatwährung umtauschen, da nicht zu Unrecht ein erhebliches Risiko aufgrund der sehr hohen Volatilität besteht. Obwohl die Kryptowährung hier nur ein Zahlungskanal ist und im Unternehmen nicht weiter verbleibt, steigern solche Unternehmen trotzdem die Gesamtadoption. Denn dadurch gibt es für die Nutzer dieser Kryptowährungen Möglichkeiten, die vorher so nicht existierten.[45]

Die Adoptionsmessung stellt vielfach auf die Zahl verifizierter Nutzer bei zentralen Kryptobörsen ab. Aber viele Nutzer haben gar kein Konto bei diesen Kryptobörsen, sodass diese Zahl adjustiert werden muss. Eine sinnvolle Bezugsgröße zur Messung der Adoption könnte die Betrachtung der *Zahl der Adressen einer Kryptowährung* sein.[46] Die Adressen können mit einem Bankkonto oder einer E-Mail-Adresse verglichen werden, hinter denen jeweils ein bestimmter Nutzer steht. Allerdings kann ein Nutzer verschiedene Bankkonten haben oder verschiedene Nutzer sich ein Bankkonto teilen. Bei den Krypto-Adressen ist das ähnlich. So können hinter der Bitcoin-Adresse einer Kryptobörse sehr viele unterschiedliche Nutzer stehen. Der Versuch einer Annäherung an die tatsächliche Nutzerzahl ist die Beobachtung der *Monthly Active Users*. Dabei wird die Zahl von Unique Addresses ermittelt, die in einem Monat Transaktionen ausgeführt haben. Eine andere Möglichkeit ist die Betrachtung des Gesamtwachstums aller Adressen einer Kryptowährung.

Chainalysis hat einen **Global Crypto Adoption Index** entwickelt, der aus fünf Metriken abgeleitet wird.[47] Die gewonnenen Daten werden auf einer Skala von 0 bis 1 normalisiert. Je näher der Wert eines Landes bei 1 ist, desto größer ist seine Adoption von Kryptowährungen. Dabei wird nicht einfach das Transaktionsvolumen gemessen, da dies Länder mit einer bereits großen professionellen Krypto-Adoption bevorzugen würde. Vielmehr versucht Chainalysis mit seiner Methodik die Adoption durch normale Menschen zu ermitteln, die Kryptowährungen für Transaktionen oder das Sparen nutzen und nicht für Trading und Spekulation. Dazu werden die Werte jeweils mit der Kaufkraftparität pro Kopf in den jeweiligen Ländern gewichtet. Dadurch bekommen gleiche Transaktionswerte in Ländern mit einer geringeren Kaufkraftparität ein größeres Gewicht. Denn in diesen Ländern ist dann ein gleicher Wert bezogen auf den dortigen Wohlstand und Geldwert signifikanter.

12.12.4 Adoption des Use Cases

Kryptowährungen haben einen oder mehrere Anwendungsfälle (Use Cases). In diesem Zusammenhang stellen sich mehrere Fragen.

- Für welchen Use Case wurde das Kryptoprojekt konzipiert?
- Gibt es für diesen Use Case bereits andere Lösungen am Markt?
- Ist zur Umsetzung die native Kryptowährung notwendig und welche Rolle spielt sie dabei?
- Gibt es ein Bedürfnis für diese Anwendung? Wenn ja, wie groß ist das Marktpotenzial?
- Gibt es das Bedürfnis für die Anwendung bereits jetzt oder erst in der Zukunft?
- Hat sich im Laufe der Zeit der ursprüngliche hauptsächliche Use Case verändert?

Der Bitcoin wurde ursprünglich als völlig dezentrale digitale Zahlungsmöglichkeit konzipiert, ohne dass ein vertrauenswürdiger Dritter eingeschaltet werden muss. Dieser Anwendungsfall ist zwar immer noch weitverbreitet. So können Überweisungen in Länder mit exotischeren Währungen und entsprechend schlechten Wechselkursen mit Bitcoin Sinn machen. Deshalb ist die **Adoption von Bitcoin als Zahlungsmittel** in Afrika oder Lateinamerika schon weitverbreitet. Dies hat mit einem viel schlechteren Bankensystem in Afrika zu tun. Meist gibt es in abgelegeneren Gegenden gar keine Bankfilialen. Außerdem haben viele Menschen dort gar kein Bankkonto, aber ein Smartphone und deshalb mehr Erfahrung mit digitalen Bezahllösungen. Zumal die Bevölkerung in diesen Ländern deutlich jünger und entsprechend digitalaffiner als in Europa ist. Ein ganz wesentlicher Punkt sind auch Auslandsüberweisungen. Expats und Migranten überweisen viel Geld in ihre Heimatländer. Die traditionellen Übertragungswege über Banken oder Zahlungsdienste wie Western Union sind mit sehr hohen Gebühren verbunden. Überweisungen mit Bitcoin oder anderen Kryptowährungen sind dagegen ungleich kostengünstiger.

Im Laufe der Zeit hat sich der wesentliche Use Case von Bitcoin aber vom Zahlungsmittel hin zum Mittel der Wertaufbewahrung, Vermögensanlage und Spekulation verlagert. Die **Adoption von Bitcoin als Vermögensanlage** schreitet immer weiter voran. Auch in den erwähnten afrikanischen oder lateinamerikanischen Ländern ist dieser Use Case neben dem des Zahlungsmittels sehr verbreitet. Denn viele dieser Länder leiden unter einer hohen Inflation aufgrund des maroden Finanzsystems.

12.12.5 Private Adoption

Ein wesentliches Argument für die zunehmende Bedeutung und damit auch die Wertsteigerung ist die fortschreitende private Adoption der Kryptowährungen. Dies bedeutet **Übernahme und Gebrauch von Kryptowährungen im täglichen Leben**. Die Adoption kann sich dabei auf eine bestimmte Personengruppe (zum Beispiel junge Leute bis 30 Jahre, Senioren et cetera) beziehen, auf bestimmte Länder oder andere Bezugsgrößen. So ist die Adoption von Kryptowährungen in einigen Ländern, die zur Gruppe der Entwicklungsländer oder Emerging Markets gerechnet werden, besonders hoch. Dies resultiert aus den dortigen wirtschaftlichen Bedingungen mit einer schlechten Wirtschaft(spolitik) und ineffizienten und maroden Zahlungssystemen. Das fehlende Vertrauen in die eigene Währung und das Bankensystem im Land zwingt die Bewohner, Alternativen für eine sichere Wertaufbewahrung zu suchen. Kryptowährungen haben gegenüber anderen Formen wie Gold oder einer stabilen Fremdwährung viele Vorteile bei Übertragung und Aufbewahrung. Die nachfolgenden Überlegungen beschränken sich auf den Bitcoin, gelten aber sinngemäß auch für andere Kryptowährungen.

Eine wesentliche Beschleunigung der privaten Adoption erfolgte durch immer **leichtere Zugangsmöglichkeiten für die Anleger**, die eine Eröffnung von Konten bei Kryptobörsen in exotischen Ländern scheuten. So können über die Bison-App, deren Betreiber eine 100%-Tochter der Stuttgarter Börse ist, deutsche Anleger seit Januar 2019 völlig problemlos über ein angeschlossenes Bankkonto einige wenige Kryptowährungen kaufen. Seither sind andere Anbieter gefolgt. Auch der Kryptoservice von PayPal, der seit November 2020 den US-Kunden offensteht und wesentlich zur Bitcoin-Hausse 2020/21 beigetragen hat, wirkte als Adoptionstreiber. Grundsätzlich kann man sagen, je größer die private Adoption, desto größer auch die Nachfrage nach Bitcoin und desto höher tendenziell der Preis der limitierten Kryptowährung. Eine zukünftig steigende Adoption in wirtschaftlich starken Ländern wird deshalb einen stärkeren Einfluss auf den Bitcoin-Preis haben als vorher die größere Nachfrage in wirtschaftlich schwachen Ländern. Dort ist zwar der Prozentsatz der Bevölkerung, die schon mit Bitcoin in Berührung gekommen ist, vergleichsweise groß. Allerdings sind die dortigen Umsatzvolumina aufgrund der schwachen Wirtschaftskraft gering.

In einem Grayscale-Report im Mai 2022 wurde gemeldet, dass nun bei über 100.000 Händlern und Organisationen weltweit mit Bitcoin gezahlt werden kann. Grayscale hatte auch eine Kampagne (Drop Gold. Go Digital. Go Grayscale) gestartet, um auf den Umstand hinzuweisen, dass praktisch in keinem Geschäft mit Gold gezahlt werden kann, aber in einigen bereits mit Bitcoin. In dem Report werden Goldbefürworter aufgefordert, einen Laden zu benennen, in dem sie mit Gold bezahlen können.

Insbesondere die **Adoption bei der jüngeren Bevölkerung** ist sehr stark. Dies hat mit einem stärkeren Misstrauen gegenüber dem traditionellen Finanzsystem zu tun. Gerade in den vergangenen Jahren haben die Finanzkrise, die Auswirkungen der Coronapandemie und der Ukraine-Krieg mit dem Öffnen der Geldschleusen dazu geführt, dass die Furcht vor einer Geldentwertung immer mehr gestiegen ist. Als diese dann zunächst langsam anzog, wurde dies von Regierungen und Zentralbanken immer als temporäre Erscheinung verharmlost. Erst als die Inflation hochschnellte – auch, aber nicht nur wegen des Ukraine-Kriegs und der explodierenden Energiekosten –, konnten die Zentralbanken nicht mehr anders, als die Zinsen abrupt anzuheben. Von daher verblasst bei der jüngeren Bevölkerung die Erfahrung, dass die Wirtschafts- und Währungssysteme in den westlichen Ländern jahrzehntelang für eine vergleichsweise gute Stabilität gesorgt haben. Generell haben Jüngere eine viel größere Affinität zur Digitalisierung, wozu auch die hohe Beteiligung im Gaming-Bereich beitragen dürfte. Denn auch bei den Gamern halten Kryptowährungen und NFTs immer stärker Einzug.

12.12.6 Institutionelle Adoption

Nach jahrelanger Ignoranz oder Ablehnung kommen auch die institutionellen Investoren nicht mehr an den Kryptowährungen und insbesondere dem Bitcoin vorbei. Seit dem Jahr 2020 adoptiert nun auch die Wall Street verstärkt den Bitcoin. Dabei wird das Umdenken natürlich in wesentlichen Teilen auch von den Privatanlegern bis hin zu den Superreichen getrieben, die verstärkt in Bitcoin und Co investieren wollen. Das erheblich verstärkte institutionelle Engagement im Kryptobereich gilt als **wesentlicher Faktor des letzten Hype Cycles** der Jahre 2020/21. Dieses Umfallen der Wall Street und anderer Institutioneller zeigte sich 2020 an verschiedenen Beispielen:

- Der Erfolg der Kryptofonds von Grayscale: Anfang 2020 lag das Fondsvolumen erst bei zwei Milliarden Dollar. Ein Jahr später war es schon auf 27 Milliarden Dollar gewachsen. Diese Fonds, deren populärster der Grayscale Bitcoin Trust ist, werden primär von institutionellen Anlegern nachgefragt. So investierte mit dem Guggenheim Funds Trust ein bekannter Wall-Street-Player im großen Stil in den Grayscale Bitcoin Trust.
- Der weltweit größte Vermögensverwalter BlackRock hat seine Ablehnung ebenfalls abgelegt und sieht den Bitcoin nun als ernsthaften Ersatz für Gold. Anfang 2021 wurden in einigen BlackRock-Fonds die Anlagebedingungen so geändert, dass nun auch in die an der amerikanischen Terminbörse CME notierten Bitcoin-Futures investiert werden darf. Im Jahr 2023 beantragte BlackRock die Zulassung eines Bitcoin-Spot-ETFs und verstärkte diesbezüglich den Druck auf die SEC.
- Auch andere Wall-Street-Größen wie Fidelity haben Bitcoin-Spot-ETFs beantragt. Werden diese aufgelegt, verstärken sie die Nachfrage nach Bitcoin.
- Mit MassMutual hat bereits eine der größten amerikanischen Versicherungen in Bitcoin investiert.
- Erste börsennotierte Unternehmen haben 2020 begonnen, ihre Cashreserven nicht mehr nur in Dollar zu halten, sondern auch in Bitcoin. Besonders hervorgetan hat sich hier das an der Nasdaq notierte Software-Unternehmen Microstrategy. Dieses hatte sogar Wandelanleihen emittiert, um mit den geliehenen Beträgen noch zusätzlich Bitcoin zu kaufen – eine eher fragwürdige Entwicklung. Auch Tesla hat einen größeren Betrag in Bitcoin angelegt.
- Deutsche Großbanken wie Commerzbank und Deutsche Bank haben bei der BaFin Kryptoverwahrlizenzen beantragt.

12.12.7 Adoption in verschiedenen Ländern

Daten wie die Zahl der Adressen oder die Zahl der verifizierten Nutzer geben eine erste Orientierung zur Adoption. Die Zahl der verifizierten Nutzer lag Ende 2022 Schätzungen zufolge bei etwa 420 Millionen. Daneben gibt es aus verschiedenen Gründen nicht-verifizierte Nutzer. Bezieht man diese mit ein, könnte die Zahl der Nutzer um die 650 Millionen liegen. Die Gesamtzahl der Adressen hat dagegen weniger Aussagekraft.[48] Daneben könnten umfangreiche Umfragen ein besseres Bild ergeben. Eine sehr umfassende Studie von Statista über 56 Länder mit 2.000 bis 12.000 Befragten pro Land zeigte folgende Ergebnisse:[49] Die weltweit höchsten Adoptionsraten gab es in Nigeria, Thailand und der Türkei, die geringsten in Frankreich, China und Israel.[50] In

Europa haben die Schweiz, die Niederlande und Griechenland die höchsten Adoptionsraten, Frankreich, Großbritannien und Schweden die geringsten. Wendet man die von Statista ermittelten Adoptionsraten auf die jeweilige Bevölkerungszahl an, dann könnten bereits 1,1 Milliarden Menschen und damit rund 19 Prozent der Weltbevölkerung Krypto-Assets halten. Bei den Privatanlegern schwanken die globalen Adoptionsraten zwischen 5 und 24 Prozent, bei den institutionellen Anlegern zwischen 28 und 57 Prozent. Post-Covid und insbesondere im Jahr 2021 hat das Adoptionstempo signifikant zugenommen. Die Wachstumsrate bei der Adoption entwickelt sich in Zyklen und ist bei den zyklischen Hochs der Kryptopreise am höchsten.

Acht der zehn Länder mit den höchsten Adoptionsraten sind Entwicklungsländer. Dies hat auch etwas mit den demografischen Unterschieden im Vergleich zu den westlichen Ländern zu tun. Denn das Durchschnittsalter der Bevölkerung ist in den Entwicklungsländern signifikant geringer als in der westlichen Welt. Dieser hohe Anteil jüngerer und davon überwiegend männlicher Nutzer führt zu einer hohen Adoptionsrate in diesen Ländern, weil diese Bevölkerungsgruppe besonders aufgeschlossen gegenüber neueren Technologien ist. Außerdem leiden diese Länder häufig unter hohen Inflationsraten und einem maroden Währungssystem. Allerdings sagen die hohen prozentualen Adoptionsraten in einzelnen Ländern noch nichts über die relative Bedeutung dieser Länder für den ganzen Kryptomarkt aus. So hat China zwar eine niedrige Adoptionsrate von neun Prozent gemäß der Statista-Studie. Wegen der sehr großen Bevölkerungszahl halten trotzdem 127 Millionen Chinesen Krypto-Assets. Für Indien wurde diese Zahl auf 351 Millionen geschätzt.

Zuletzt waren über alle Länder hinweg die bedeutendsten Einflussfaktoren die Inflationsraten und das Geldmengenwachstum.[51] Von daher haben gerade – aber nicht nur – in den Entwicklungsländern Krypto-Assets erheblich an Bedeutung als Inflationshedge gewonnen. Dabei ist auch zu beachten, dass Stablecoins bei diesen Untersuchungen zu den Krypto-Assets gezählt werden. Stablecoins, die sich auf harte Fiatwährungen wie den Dollar oder Euro beziehen, gehören traditionell zu den Wertspeichern in Entwicklungsländern. So ist dort der Zugang zu Dollar-Stablecoins oft viel leichter als zum Dollar selbst.

So haben aufgrund der Handelskonflikte, des schwachen Finanzsystems und des starken Kursverfalls der Türkischen Lira immer mehr türkische Bürger Schutz gegen die Entwertung ihres Vermögens gesucht. Deswegen ist schon länger der Devisenhandel in der Türkei populär, um aus der inflationsgefährdeten eigenen Währung zu flüchten. Mit neuen Regulierungen hat der Staat den Devisenhandel schwieriger gemacht. Gleichzeitig hat der Staat eine erstaunlich nachsichtige Haltung gegenüber dem Kryptohandel gezeigt. Dies erklärt den hohen Akzeptanzgrad von Kryptowährungen in der Türkei.[52] In Brasilien hat das Handelsvolumen von Bitcoin bereits das von Gold übertroffen. Auch hier treiben hohe Inflationsraten und das korrupte Regierungssystem die Brasilianer in den Bitcoin. Die große Verbreitung in Kolumbien ist auf den ersten Blick bei einer für südamerikanische Verhältnisse geringen Inflationsrate von rund 3,5 Prozent erstaunlich. Hier kommen eine positive Haltung der Regierung gegenüber Kryptos, eine große Anzahl von Bürgern ohne Bankverbindung und die große Zahl von Flüchtlingen aus dem völlig heruntergewirtschafteten Venezuela zum Tragen. In Argentinien sprechen Inflationsraten von über 50 Prozent für sich.

12.13 On-Chain- und Off-Chain-Analysen

12.13.1 On-Chain-Indikatoren

On-Chain-Transaktionen sind alle Arten von Transaktionen, die direkt auf der Blockchain stattfinden und bereits von Minern oder anderen Validatoren authentifiziert wurden. Sie sind vom Status der Blockchain abhängig und gelten nur als gültig, wenn die Blockchain entsprechend so geändert wird, dass sich diese Transaktionen in deren öffentlichen Hauptbuchdatensätzen wiederfinden. Denn die Blockchain ist nichts anderes als das dezentral gespeicherte öffentliche Hauptbuch mit der Liste aller Transaktionen einer Kryptowährung. Eine Transaktion ist dabei eine Wertübertragung von Krypto-Coins oder -Token, die nach entsprechender Überprüfung gemäß dem Konsensmechanismus an das gesamte Netzwerk gesendet und in geeigneten Blöcken auf der Blockchain aufgezeichnet wird. Nach Verifikation der Transaktion wird diese dann irreversibel. Sie könnte nur noch geändert werden, wenn die Mehrheit der Hash Power zu einem Konsens bezüglich der Umkehrung der Transaktion kommt. Die Informationen sind öffentlich jederzeit und für jedermann zugänglich. Mit dem Bitcoin wurde deshalb neben anderen Innovationen die Transparenz von Finanzdaten auf ein ganz neues Niveau gehoben. Die Vorteile bei On-Chain-Transaktionen sind deren unveränderliche Abbildung und damit Irreversibilität. Es gibt aber auch Nachteile:

- Die Geschwindigkeit der Übertragung kann je nach Belastung des Netzwerkes variieren. Denn On-Chain-Transaktionen benötigen Zeit für das Einsammeln von Bestätigungen, damit sie nicht mehr rückgängig gemacht werden können.
- Die Kosten hängen mit der Skalierbarkeit und der Belastung des Netzwerks zusammen. Sie sind zwar meist sehr gering, können bei bestimmten Transaktionen aber auch zu groß sein.
- Durch die unveränderliche Abbildung der Transaktionen auf der Blockchain sind diese öffentlich jederzeit einsehbar. Zwar sind die Namen hinter den Transaktionen grundsätzlich nicht bekannt. Die Anonymität könnte aber durch umfangreiche Analysen

aufgehoben werden, weshalb man die Transaktionen nicht als anonym, sondern als pseudonym bezeichnen muss.

Bei **On-Chain-Analysen** werden also Daten direkt aus den Blockchain-Netzwerken analysiert. Diese Daten beschreiben den fundamentalen Ist-Zustand des Netzwerks und die Entwicklung dieses Zustands in der Vergangenheit. Über die Generierung von daraus gewonnenen **On-Chain-Indikatoren** können neuartige Analysen erstellt werden, die neben dem fundamentalen Zustand des Netzwerks auch das Verhalten von dessen Investoren beschreiben. Derartige Inside-Daten sind an traditionellen Kapitalmärkten zumindest in diesem Ausmaß nicht verfügbar und deshalb solche Analysen nicht möglich. Durch die Analysen wird versucht, Marktzyklen zu ermitteln und die Annäherung des Preises an die wahrscheinlichen Höchst- und Tiefststände abzuschätzen. Auf die Aufbereitung solcher Blockchain-Daten und deren Verarbeitung in Metriken haben sich einige Unternehmen spezialisiert. Darunter sind Glassnode, CryptoQuant, Intotheblock, Dune oder Santiment. Neben diesen oft kostenpflichtigen Tools können auch Blockchain Explorer (kurz Block Explorer) verwendet werden. Dabei handelt es sich um Programme, mit denen Blockchains nach bestimmten Daten durchsucht werden. Beispiele sind die Bitcoin Explorer Blockchain.com oder Blockexplorer .com oder für Ethereum Etherscan.io oder Etherchain.org.

Mit den entsprechenden On-Chain-Daten werden **Durchfluss-Indikatoren (Flow Indicators)** generiert, die die Transaktionen in dem Netzwerk auf einer Mikroebene beschreiben. Hier geht es zum Beispiel um die Eigentümer der Coins und deren Aktionen und damit um Fragen wie:

- Wie viele unterschiedliche Eigentümer hat ein Coin?
- Gibt es größere Konzentrationen von Beständen bei einzelnen Besitzern (Wale)?
- Sind die Eigentümer überwiegend kurz- oder eher langfristig engagiert (Hodler, Trader)?
- Zu welchen Zeitpunkten und damit zu welchen Preisen haben sich die Eigentümer engagiert (All-Time-Highers, All-Time-Lowers)?

Die **Analyse und Interpretation** der Daten in Bezug auf Eigentumsverteilung und Zeitpunkt des Eigentumerwerbs einschließlich des jeweiligen Anschaffungspreises können entscheidende Anhaltspunkte zur Beurteilung eines Coins sein. So ist der Preis eines Coins umso vertrauenswürdiger, je dezentraler seine Verteilung ist. Ballt sich dagegen ein starker Prozentsatz aller existierenden Coins bei einer oder wenigen Adressen (Wale), spricht das für eine große Manipulationsanfälligkeit dieses Coins. Daneben sind viele weitere Analysen möglich. So könnte die Verkaufsbereitschaft in Abhängigkeit von dem Anteil der Adressen, die in der Gewinnzone sind, zu- oder abnehmen.

12.13.2 Kontobasierte Blockchains und UTXO-Blockchains

Es gibt grundsätzlich zwei verschiedene Buchhaltungsmethoden bei Blockchains, um die Herkunft und den Besitz von Coins im Netzwerk zu bestimmen.[53] Zum einen **kontobasierte Ketten (Account-Based Chains)** wie bei Ethereum oder EOS, die wie Bankkonten funktionieren. Von dem Gesamtguthaben in einem bestimmten Coin können dann auch nur Teilbeträge ausgegeben werden. Auch bei den kontobasierten Ketten können aus On-Chain-Daten Metriken abgeleitet werden, zum Beispiel Gasgebühren. Da einige der Ketten wie Ethereum viele Assets unterstützen, enthalten sie auch viel mehr Quellen für die Untersuchung von On-Chain-Daten. Als Nachteile von kontobasierten Ketten gelten Mängel bei der Anonymität und eine größere Angreifbarkeit durch Replay-Angriffe.

Zum anderen gibt es **UTXO-Ketten (Unspent Transaction Output, nicht ausgegebene Transaktionsausgabe)** wie bei Bitcoin oder Litecoin. Sie verwalten keine Benutzerguthaben, sondern ausgegebene und nicht ausgegebene Coins (Outputs). Auf der Protokollebene von UTXO-Ketten gibt es keine Konten oder Wallets. Vielmehr werden die Coins als eine Liste von UTXOs gespeichert. Bei einem **UTXO** handelt es sich *um eine von einem Benutzer empfangene Transaktion, die dieser noch nicht ausgegeben hat und deshalb in Zukunft noch ausgeben kann.* Es sind also Coins, die aus einer bestimmten Transaktion stammen. Tätigt ein Nutzer eine Transaktion, die nur einen Teil seiner zur Verfügung stehenden Coins ausmacht, so wird der gesamte Bestand des Coins als Input auf der Blockchain verbucht. Zu diesem Input gibt es dann zwei Outputs in zwei verschiedene Wallets: Zum einen die an den Empfänger versendete Zahl von Coins und zum anderen die an den Versender als „Wechselgeld" zurückgebuchten Coins. Diese beiden Outputs begründen dann zwei neue UTXOs. Schwierig für die Analyse dieser Transaktionen ist die Unterscheidung, welches die eigentlich wirtschaftlich relevante Transaktion ist und welches die Rückbuchung des Wechselgeldes. Ein Vorteil von UTXO-Systemen ist eine größere Anonymität. Denn für jede Transaktion wird eine neue Adresse bereitgestellt.

Alle UTXOs zusammen bilden das UTXO-Set, also das Set aller unausgegebenen Outputs und damit die Gesamtheit aller umlaufenden Coins.[54] Das UTXO-Set ist die minimale Datenbasis, die ein Bitcoin-Node zur Prüfung der Echtheit eines Coins, der ihm geschickt wird, braucht. Bei einem Full Node befindet sich dieses UTXO-Set im Ordner Chainstate. Chainstate ist eine gute Beschreibung, denn das UTXO-Set beschreibt den aktuellen Zustand der Blockchain oder das Ergebnis sämtlicher Transaktionen vom Genesis Block bis heute. Dieser wichtigste Bitcoin-Datensatz definiert deshalb die Summe aller bestehenden Coins.

Den Gesamtbestand eines Nutzers in einem bestimmten Coin kann man auch als Kontostand bezeichnen, zum Beispiel zehn Bitcoin. Diese Menge kann aus beliebig vielen Bitcoin-Transaktionen und damit UTXOs stammen, die der Nutzer empfangen und noch nicht anderweitig verwendet hat. Werden von diesen Bitcoin vier an eine andere Adresse versendet, werden als Input die gesamten zehn Bitcoin aufgezeichnet. Sechs Bitcoin werden quasi als Wechselgeld dem Nutzer neu zugeschrieben und begründen damit einen neuen UTXO. Wenn sowohl die vier als auch die sechs Bitcoin an neue Adressen gehen, ist bei der Analyse nicht erkennbar, wer der Empfänger der vier Bitcoin ist und wer der Absender, der die sechs Bitcoin zurückerhält. Es gibt dann eine Inputadresse und zwei Outputadressen. Bei einer Analyse würde man dann außerdem davon ausgehen, dass es eine Transaktion über die gesamten zehn Bitcoin gab, obwohl wirtschaftlich nur vier übertragen wurden. Bei derartigen Transaktionen kann man nur Schätzungen mit Erfahrungswerten versuchen, um so eine Näherung für den tatsächlich übertragenen Wert zu bekommen. Derartige Schätzungen dürften beim Bitcoin näher an die Realität herankommen als bei anderen Kryptowährungen mit einer schlechteren Datenbasis. Ein anderer Ansatz ist, die Doppelzählung zu eliminieren, wenn der rückfließende Betrag bekannt ist, und einzubeziehen, wenn keine Erkenntnisse darüber vorliegen. Dadurch hätte man zumindest einen Transaktionswert, der garantiert größer oder höchstens gleich dem tatsächlich wirtschaftlich übertragenen Wert ist.

Man kann zu UTXOs auch eine Analogie zu Geldscheinen in einer Geldbörse ziehen. Betrachtet man einen Bargeldbesitz von 100 Euro, kann dieser aus einem 100-Euro-Schein, zwei 50-Euro-Scheinen, einem 50-Euro-, einem 20-Euro- und drei 10-Euro-Scheinen bestehen und so weiter. Diese Scheine können aus völlig unterschiedlichen Transaktionen des Nutzers stammen, wobei auch ein Teil der Scheine aus diesen Transaktionen schon ausgegeben sein kann. Diese unterschiedlichen Scheine wären in diesem Fall vergleichbar mit unterschiedlichen UTXOs. Kauft der Nutzer nun etwas für fünf Euro und zahlt mit dem 50-Euro-Schein, bekommt er 45 Euro Wechselgeld zurück. Diese 45 Euro wären dann wieder wie ein neuer UTXO.

Die Analyse von UTXOs eignet sich gut zur Gewinnung von Daten über die On-Chain-Aktivitäten. Dabei kann eine Vielzahl von UTXO-basierten Metriken abgeleitet werden. Diese können sich auf die Größe, das Alter oder den Status von UTXOs beziehen wie Top-Holder, Long-Term Holder und Short-Term Holder oder Realized Cap. Die UTXO-Metriken können in eher kontobasierte umgewandelt werden, um Schwächen wie Adressen gleicher Entitäten und Transaktionen zwischen Adressen der gleichen Entitäten zu verringern.[55] Außerdem können diese abgewandelten Metriken dann auch auf kontobasierte Blockchains wie Ethereum angewendet werden.

12.13.3 Bereinigtes Transaktionsvolumen (Adjusted On-Chain Volume)

Die Ermittlung des Transaktionsvolumens auf einer Blockchain ist weniger trivial, als es zunächst erscheint. Grundsätzlich handelt es sich beim On-Chain Volume um das täglich über die Blockchain übertragene Volumen, gemessen in US-Dollar. Die Rohdaten führen teilweise durch ein Grundrauschen zu Missinterpretationen, sodass Analysehäuser wie Coinmetrics über eine Reihe von Regeln und Heuristiken mit angepassten Volumenmetriken präzisere Aussagen zu treffen versuchen.[56] Die Schwierigkeiten bei der Ermittlung eines aussagekräftigen Transaktionsvolumens resultieren vor allem aus Transaktionen, die nicht zu den wirklichen Transaktionen gezählt werden sollten, und aus dem Blockchain-Design.

Der **Ausschluss von Transaktionen** bei der Bestimmung des Transaktionsvolumens kann nicht völlig objektiv erfolgen. Auch die ausgeschlossenen Transaktionen sind aus Sicht des Ausführenden durchaus sinnvoll, sonst hätte er sie ja kaum getätigt. Sie gelten aber trotzdem als nicht aussagekräftig, wenn man den wirklichen Aktivitätsgrad des Netzwerks einschätzen will. Solche Transaktionen sind *Verschiebungen der gleichen Entität* wie Transaktionen mit dem gleichen Sender und Empfänger oder die Konsolidierung der Bestände bei verschiedenen Adressen des gleichen Besitzers. Bei den *Adressen von Kryptobörsen* wird es häufiger größere Bewegungen geben. Die Verschiebung der Bestände erfolgt dabei, um größere Kundenabhebungen bedienen zu können oder umgekehrt Kundenbestände zur Aufbewahrung in sichere Cold Wallets zu verschieben. Anders verhält es sich bei den berüchtigten *Krypto-Mixern*. Diese Services wollen den Ursprung der Bestände von Kunden durch viele Verschiebungen verschleiern. *Spam-Transfers* können unterschiedlich motiviert sein bis hin zu böswilligen Versuchen, das Netzwerk zu verstopfen. Daneben können Transaktionen auch nur *Zwischengeschäfte* darstellen, zum Beispiel solche, die durch Smart Contracts ausgelöst werden.

Die zweite Herausforderung bei der Bestimmung eines aussagekräftigen Transaktionsvolumens ist das **Blockchain-Design**.[57] Es gibt vor allem zwei unterschiedliche Blockchain-Konzepte. Das eine Design ist *UTXO-basiert* und wird von Bitcoin und dessen Abkömmlingen Litecoin oder Bitcoin Cash genutzt. Hier kann jeder Coin eindeutig referenziert und nachverfolgt werden. UTXO ist die Abkürzung für Unspent Transaction Output. Wie bereits erwähnt ist das eine vom Benutzer empfangene, aber bisher noch nicht ausgegebene Transaktion. Wichtig dabei ist, dass bei einer Transaktion an einen anderen Empfänger, die geringer ist als der Gesamtbestand des Senders, der Gesamtbestand als Input auf der Blockchain aufgezeichnet wird. Dem stehen dann zwei Outputs und damit zwei neue UTXOs gegenüber. Zum einen der tatsächlich an den fremden Empfänger transferierte Betrag, zum anderen der zurück an den Sender überwiesene Restbetrag, quasi das Wechselgeld. Dabei kann das Wechselgeld an die zuvor bestehende Senderadresse zurückgehen. Es könnte dafür aber auch eine neue Adresse des Senders erstellt werden. Neben den UTXOs gibt es *kontenbasierte Ketten (Account-Based Chains)* wie bei Ethereum und vielen anderen Blockchains. Diese funktionieren wie Bankkonten, sodass von dem Gesamtguthaben auch immer Teilbeträge ausgegeben werden können. Dadurch können einzelne Coins nicht mehr eindeutig referenziert werden.

Das bereinigte On-Chain Volume wird je nach Blockchain-Design mit unterschiedlichen Heuristiken ermittelt. **UTXO-basierte Heuristiken** berücksichtigen das an die Senderadresse zurückfließende Wechselgeld nicht. Fließt das Wechselgeld allerdings an eine neue Adresse des Senders, ist die Identifizierung schwieriger. Das Aussondern bestimmter Transaktionen von Kryptobörsen oder Mixern ist aufwendig. Allerdings weisen Überweisungen, an denen Mixer oder Kryptobörsen beteiligt sind, im Vergleich zu den regulären Transaktionen eine viel höhere Geschwindigkeit (Velocity) auf und können deshalb mit entsprechenden Heuristiken ausgeschlossen werden. Außerdem werden runde Ziffern bei den Outputs identifiziert und dabei angenommen, dass eine ungerade Zahl dann das Wechselgeld darstellt.

Die **kontobezogenen Heuristiken** nutzen teilweise die eben beschriebenen Überlegungen oder passen diese an die Unterschiede bei kontenbezogenen Konzepten an. So werden Einzahlungen an Kryptobörsen von der Adresse des Empfängers schnell an eine andere Adresse der Börse weiterverschoben. Die Transaktion würde dann doppelt gezählt. Erfolgen solche Transaktionen schnell hintereinander, werden sie als Pass-Throughs eliminiert. Die Größenordnung der ausgeschlossenen Transaktionen ist bei UTXO-Blockchains größer als bei kontenbasierten Blockchains, da es bei Letzteren keine Effekte bezüglich des Wechselgeldes gibt.

12.13.4 Off-Chain-Indikatoren

Bei einer **Off-Chain-Transaktion** geht es um *Bewegungen des Kryptowertes außerhalb der Blockchain*. Diese Transaktionen hängen zwar mit einer Blockchain zusammen, finden aber nicht direkt auf ihr statt. Während bei On-Chain-Transaktionen alles auf der Blockchain festgehalten wird und sich diese dadurch verändert, stützen sich Off-Chain-Transaktionen auf andere Methoden, um die Transaktion zu validieren, aufzuzeichnen oder auch nur stattfinden zu lassen. Gegenüber On-Chain-Transaktionen haben sie einige Vorteile: Sie benötigen keine Zeit für die Bestätigungen, haben größere Anonymität und meist weniger Kosten. Durch die größere Anonymität kann die Visibilität von Off-Chain-Transaktionen teilweise geringer sein. In diesem Fall können Off-Chain-Analysen dann schwieriger sein als Analysen ihres On-Chain-Pendants.

Der größte Teil der Off-Chain-Transaktionen findet an den **Kryptobörsen** statt. Dabei wird eine Vielzahl von Marktdaten generiert wie Börsenumsätze und Preisverläufe. Auch die Daten von den **Derivatemärkten** fallen indirekt in diese Kategorie.

Hier werden dann Daten wie das Open Interest oder die Funding Rates generiert. Eine Off-Chain-Transaktion ist auch der **Tausch von Private Keys** zu einer existierenden Wallet. Dadurch kann der Zugang zu diesem Wert geschaffen werden, ohne dass der Wert auf der Blockchain übertragen wird. Im Gegensatz zu einer On-Chain-Transaktion kann eine derartige Übertragung sofort und ohne Kosten erfolgen. Außerdem ist sie anonym, da nur die beiden an der Transaktion beteiligten Parteien von dem Transfer Kenntnis haben und sie nicht auf der Blockchain abgebildet wird. Bei einer Off-Chain-Transaktion kann neben den beiden Transaktionspartnern auch noch ein Dritter als Garantiegeber einbezogen werden oder eine Partei kauft Gutscheine im Austausch gegen die Weitergabe des Codes für eine bestimmte Anzahl von Token.

Off-Chain-Transaktionssysteme sind auch die **Second-Layer-Lösungen**. Dabei handelt es sich um eine *zweite Schicht oder zweite Ebene über der Basis-Blockchain*. Second-Layer-Lösungen liegen auf der Basis-Blockchain und sollen dabei die Technologie und Benutzererfahrung verbessern. Sie optimieren und erweitern Funktionen und Eigenschaften einer Blockchain, ohne dass diese eine Soft oder Hard Fork durchführen muss. Die bekannteste Second-Layer-Lösung ist das **Lightning-Netzwerk** von Bitcoin. Das System arbeitet auf einer Peer-to-Peer-Ebene mit zwei richtungsgebundenen Zahlungskanälen. Nach Eröffnung eines solchen Zahlungskanals können die beiden beteiligten Parteien Coins über ihre Wallets hin und her übertragen. Die Einrichtung eines solchen Zahlungskanals und dessen Schließung sind jeweils mit einer On-Chain-Transaktion verbunden, es sind dann nur diese beiden Transaktionen auf der Blockchain sichtbar. Die beliebig häufigen Zahlungen innerhalb des Kanals sind aber off-chain, erfordern keine Bestätigung in der Blockchain und sind dort nicht sichtbar. Bei Eröffnung eines Zahlungskanals müssen die beiden Parteien eine Multi-Sig-Wallet eröffnen. Diese ist nur dann zugänglich, wenn die privaten Schlüssel beider Parteien zur Verfügung gestellt werden. Dadurch kann eine Partei nicht ohne Zustimmung der anderen die Wallet öffnen. Mit dem Lightning Network sollen Skalierungsprobleme behoben werden, mit denen viele Blockchains wie der Bitcoin zu kämpfen haben. Transaktionen sind ohne Zeitverzug und Kosten möglich, weshalb das System auch für Mikrozahlungen geeignet ist.

Eine weitere Technologie für Off-Chain-Transaktionen sind **Sidechains**.[58] Es handelt sich um *parallele Netzwerke zur Entlastung der eigentlichen Blockchain (Mainchain)*. Sie existieren autonom neben der Mainchain. Dabei werden die Token von der Mainchain in die Sidechain verschoben und dabei so gekennzeichnet, dass sie vorübergehend nicht mehr auf der Mainchain verarbeitet werden können. Dadurch wird ein Double Spending der Token verhindert. Die Sidechain ist dabei eine Blackbox, in der viele unabhängige Transaktionen stattfinden können, ohne dass dies auf der Mainchain ersichtlich ist. Vergleichbar ist das mit Banktransaktionen. Bei einer Banküberweisung ist der Transfer sichtbar und nachvollziehbar. Bei einer Bargeldabhebung und anschließenden Einkäufen damit wird das Bargeld an verschiedene Akteure weitergegeben, die wiederum das Bargeld anderweitig ausgeben und/oder dieses wieder bei ihrer Bank einzahlen. Die einzelnen Transaktionen mit dem Bargeld sind deshalb nicht oder nur schwierig nachzuvollziehen. Sidechains sind viel flexibler als die Mainchain, sie können sogar einen anderen Konsensmechanismus als die Mainchain verwenden.

12.13.5 Aussagekraft von On-Chain- und Off-Chain-Indikatoren

Aus den beobachteten On-Chain- und Off-Chain-Transaktionen werden Indikatoren abgeleitet, die als Grundlage für Prognosen verwendet werden. Sie sollen Hinweise auf eine bestimmte Entwicklung oder einen eingetretenen Zustand geben. So deuten steigende Umsatzzahlen (Indikator) auf einen Konjunkturaufschwung hin. Indikatoren sollen aussagekräftig, theoretisch plausibel und statistisch hinreichend untermauert sein. Gerade beim letzten Punkt kann es in der noch jungen Kryptowelt haken. Denn die Anzahl der Wiederholungen, bei denen der jeweilige Indikator aufgetreten ist, wird häufig noch vergleichsweise gering sein. Durch diese geringe Fallzahl ist die statistische Relevanz solcher Indikatoren noch sehr eingeschränkt. Statistisch gesehen wird dann eher von einem Zufall gesprochen. Wenn etwas in den vergangenen Jahren zwei- oder dreimal eingetreten ist, kann das zwar ein Indiz sein, dass es bei einem erneuten Eintreten wieder zu der gleichen Entwicklung kommt. Es braucht aber eine größere Anzahl von Wiederholungen, um dem Indikator dann wirklich eine hohe Aussagekraft zuzuschreiben.

Grundsätzlich soll man von den Indikatoren auch nicht erwarten, dass die dadurch unterstellte Entwicklung sofort nach dem Indikatorsignal auftritt. Vielmehr kommt diese oft erst mit einer gewissen zeitlichen Verzögerung. Bei einem durch einen Indikator angezeigten Kauf- oder Verkaufssignal wird es deshalb regelmäßig nicht sofort zu steigenden oder fallenden Kursen kommen. Allerdings können sehr populäre Indikatoren durch ein dadurch ausgelöstes gleichförmiges Handeln sehr vieler Anleger solche Bewegungen dann doch im Rahmen einer Self-Fulfilling Prophecy lostreten. Die Relevanz von On-Chain-Indikatoren kann sich auch je nach Marktphase ändern. Dies ist ähnlich zu sehen wie an den Aktienmärkten. Auch dort werden je nach aktueller Marktverfassung und -phase bestimmte Indikatoren mehr oder weniger stark von den Analysten und Anlegern beachtet.

Ähnlich wie bei den in Kapitel 13 behandelten technischen Indikatoren sollte man auch die Vielzahl von On-Chain-Indikatoren isoliert betrachtet nicht überbewerten. Auch deren Interpretation wird sich noch weiter entwickeln. Ähnlich wie man manchmal den Wald vor lauter Bäumen nicht sieht, könnte man auch die dem Bitcoin inhärente Stärke vor lauter Indikatoren nicht sehen. Allerdings gibt es schon einige interessante und aussagekräftige Indikatoren und in Zukunft werden weitere hinzukommen. Es würde hier den Rahmen sprengen, auf alle Indikatoren ausführlich einzugehen.

Vielmehr sollen nur einige der wichtigsten Indikatoren und deren Interpretation in den folgenden Kapiteln angesprochen werden. Zu den wichtigsten On-Chain-Metriken gehören die Veränderungen von aktiven und neuen Adressen, die realisierte Marktkapitalisierung (Realized Cap), das NVT-Verhältnis als eine Art KGV von Krypto-Assets und Veränderungen bei der Zahl der Langzeitinvestoren (HODLern).

12.14 Analyse der Eigentümer der Coins

12.14.1 Adressen von Kryptowährungen

Die Adressen von Kryptowährungen (vgl. dazu Kap. 4.11) sind entweder natürlichen Personen oder einer Gesellschaft oder Organisation zuzuordnen. Große Aufregung herrscht regelmäßig, wenn Stücke aus einer großen Wallet wegbewegt werden (Krypto-Wale). Meist macht dann die Vermutung die Runde, dass ein Wal einen größeren Betrag – mit entsprechenden Auswirkungen auf den Kurs – verkaufen könnte. Es gibt eine große Zahl unterschiedlicher Metriken. Bei Glassnode sind es derzeit (Stand August 2023) 38 verschiedene Metriken, weshalb hier nur auf einige der bekanntesten eingegangen werden soll.

Sinnvoller als die Betrachtung der täglichen Veränderung von Metriken wie täglich aktive Adressen oder neue Adressen ist die Betrachtung der **Veränderung von Durchschnittswerten** wie 7- oder 14-Tage-Durchschnitte. Dadurch wird der Trend von saisonalen Störgeräuschen (zum Beispiel unterschiedliche Aktivitäten an Wochentagen und Wochenenden oder zu den Haupthandelszeiten in verschiedenen Regionen der Welt) befreit und somit besser dargestellt.

Unter der **Gesamtzahl der unterschiedlichen Adressen (Unique Addresses, Total Addresses, Number of Addresses)** versteht man die Gesamtzahl aller Adressen, die jemals bei einer Transaktion in dem nativen Coin eines Netzwerkes erschienen sind. Durch die Kumulierung aller je erzeugten Adressen eines Coins handelt es sich um eine stetig steigende Kurve, da die Gesamtzahl aller jemals existierenden Adressen nie abnehmen kann. Diese beträgt beim Bitcoin (Stand Ende August 2023) etwas weniger als 1,2 Milliarden. Auf den meisten dieser Adressen befinden sich aber gar keine Bitcoin mehr. So wird empfohlen, Bitcoin-Adressen bei Transaktionen nur einmal zu nutzen. Nach einer Transaktion existieren diese Adressen zwar weiterhin, weisen aber keinen Bestand mehr auf. Außerdem haben viele Nutzer mehrere Bitcoin-Adressen auf ihren verschiedenen Hardware oder Software Wallets. Von daher hat diese Metrik wenig Aussagekraft.

Aus diesem Grund wird teilweise versucht, die Zahl der Unique Addresses durch Bereinigung um Adressen ohne Bestand etwas aussagekräftiger zu gestalten. So zählt Coinmetrics zu der Gesamtzahl nur solche Adressen, die mehr als 0,00000001 Prozent des Total Supply eines Krypto-Assets besitzen. Im Gegensatz zu den unbereinigten Unique Addresses steigt deren Zahl zwar auch langfristig kontinuierlich an, kann zwischendurch aber auch einmal geringfügig zurückgehen.

Die Zahl der **täglich aktiven Adressen (Daily Active Addresses)** gilt als einer der wichtigsten Indikatoren für die Netzwerkaktivität. Darunter versteht man die *Zahl der unterschiedlichen Adressen, die in einer bestimmten Kryptowährung an einem bestimmten Tag eine Transaktion als Sender oder Empfänger durchgeführt haben.* Dabei werden nur erfolgreiche Transaktionen von Adressen gezählt. Im Gegensatz zu den Unique Addresses kann die Zahl der Daily Active Addresses nach oben wie unten schwanken. Sie gilt als gutes Maß für die aktuelle Anzahl von Nutzern und die Netzwerkaktivität und damit die Werthaltigkeit des Netzwerkes.

Die Zahl der täglichen Nutzer stieg im Laufe der Jahre sukzessive nach oben. Bei den Höchstständen der bisherigen Zyklen, insbesondere Ende 2017, erreichten die täglichen Nutzer jeweils Höchststände. Einen scharfen Einbruch gab es nach dem Hype zum Jahreswechsel 2017/18. Ähnlich war das nach dem Höchststand im April 2021. Seither hat sich unter größeren Schwankungen ein Seitwärtstrend entwickelt, der sich weit gefasst um eine Million tägliche Nutzer bewegt (Stand August 2023).

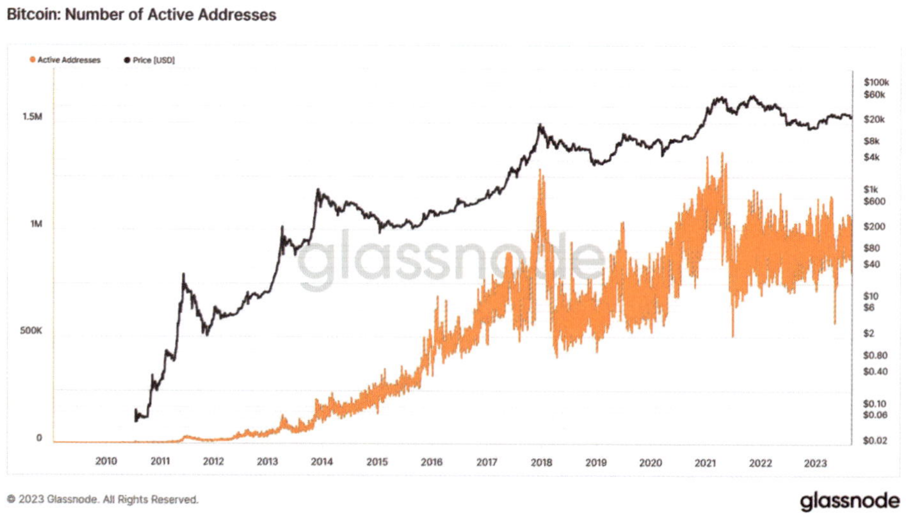

Abb. 12.9 *Täglich aktive Adressen bei Bitcoin (Quelle: Glassnode)*

Als **Kaufsignal** gilt bei einigen Beobachtern, wenn die *Zahl der täglich aktiven Adressen steigt, während gleichzeitig der Preis fällt.* Allerdings kann verstärktes HODLing, also das Kaufen und anschließende Halten eines Coins, auch dazu führen, dass die Zahl der aktiven Adressen sinkt. Trotzdem dürfte der Preis in diesem Fall eher positiv davon profitieren, denn das Angebot im täglichen Handel wird dadurch verknappt. Von daher ist der Trend der täglich aktiven Adressen nur ein Indikator, der im Zusammenhang mit anderen wie den Bitcoin-Einlagen an den Kryptobörsen zu sehen ist. Als Trendumkehrsignal gilt, wenn es einen Spike bei den täglich aktiven Adressen während eines Kursanstiegs gibt – dies zeigt einen deutlichen Anstieg des spekulativen Interesses –, aber die Zahl der täglichen Adressen kurz danach wieder deutlich fällt.

Bei den **Sender- (Sending Addresses) und Empfänger-Adressen (Receiving Addresses)** handelt es sich um die Zahl von unterschiedlichen Adressen, die an einem bestimmten Tag beim erfolgreichen Versenden (Sending Addresses) oder beim Empfangen (Receiving Addresses) eines Betrags aktiv beteiligt waren. Diese Zahlen korrespondieren zu den täglich aktiven Adressen und unterliegen deshalb auch Schwankungen nach oben wie unten.

Neue Adressen (New Addresses) sind solche Adressen, die zum ersten Mal bei einer Transaktion mit dem nativen Coin im Netzwerk aufgetaucht sind. Diese Zahlen schwanken ebenfalls nach oben und unten und ihr Chartverlauf gleicht dem der täglich aktiven Adressen. Ein starker Anstieg der Zahl der neuen Adressen spricht für ein starkes Wachstum des Netzwerks.

Interessant ist auch der **Konzentrationsgrad bei einzelnen Adressen**. Darunter versteht man den Anteil einzelner Adressen oder den Anteil der kumulierten Adressen mit einem bestimmten Bestand gemessen als prozentualer Anteil am aktuell frei handelbaren Gesamtbestand (Circulating Supply). Grundsätzlich gilt eine Kryptowährung als umso dezentraler, auf je mehr Adressen ihre Coins verteilt sind. Trotzdem gibt es – wie die Großaktionäre bei Aktien – einzelne Adressen, die eine sehr große Zahl an Coins auf sich vereinigen. Deswegen ändert sich auch der Charakter einer eigentlich als dezentral konzipierten Kryptowährung, wenn sich ein großer prozentualer Anteil in einer oder nur wenigen Händen befindet. Sie wird dann weniger dezentral. Das gilt auch für den Bitcoin. Wie Abbildung 12.10 zeigt, hat sich der Bestand der Adressen mit einem größeren Bestand zunächst aus Gründen des Starts des Bitcoin-Netzwerks im Jahr 2009 in den ersten vier Jahren stark erhöht. So erreichten im Jahr 2011 die Adressen mit einem Bestand von mindestens 1.000 Bitcoin einen Anteil am umlaufenden Gesamtbestand von über 48 Prozent. Seither nimmt der prozentuale Anteil über die Jahre hinweg tendenziell leicht ab. Im September 2023 bewegte er sich bei knapp 40 Prozent.

In diesem Zusammenhang bezeichnet man Adressen mit sehr großen Kryptobeständen als **Krypto-Wale**. Dabei können die Definitionen, ab welchem Bestand von einem Krypto- oder Bitcoin-Wal gesprochen wird, je nach Analysefirma unterschiedlich sein:

- IntoTheBlock definiert Wale als Adressen, auf denen mehr als ein Prozent des Circulating Supply (also der tatsächlich aktuell am Markt umlaufenden Stücke) konzentriert sind.
- Glassnode bezeichnet eine Adresse mit mindestens 1.000 Bitcoin als Bitcoin-Wal.

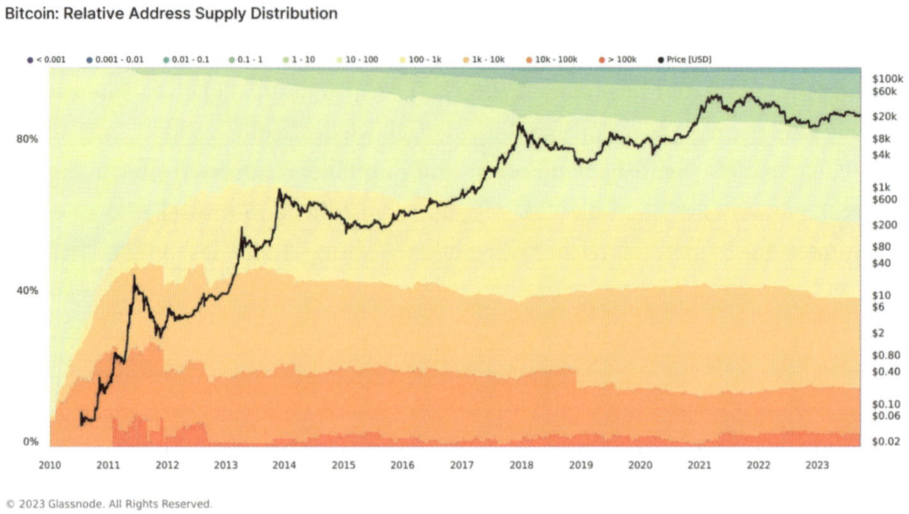

Abb. 12.10 *Verteilung von Bitcoin auf Adressen mit unterschiedlichen Bestandsgrößen (Quelle: Glassnode)*

Im Laufe der Zeit haben sich für die Kohorten von Adressen mit einer bestimmten Bestandsgröße verschiedene Bezeichnungen herausgebildet. Diese Differenzierungen werden nach der Rangordnung von Meeresgetier kategorisiert und entsprechend benannt. Bei den großen Adressen werden die von Minern und Kryptobörsen aus der Betrachtung ausgeschlossen. Bei den Walen wird in der Abbildung 12.11 unterschieden in Pottwale mit einem Bestand von über 5.000 Bitcoin und Wale mit einem Bestand von 1.000 bis 5.000 Bitcoin. Die Gruppe mit dem kleinsten Bestand (unter einem Bitcoin) wird als Shrimp bezeichnet. Im September 2023 betrug der Anteil der Shrimps am Circulating Supply 4,9 Prozent.

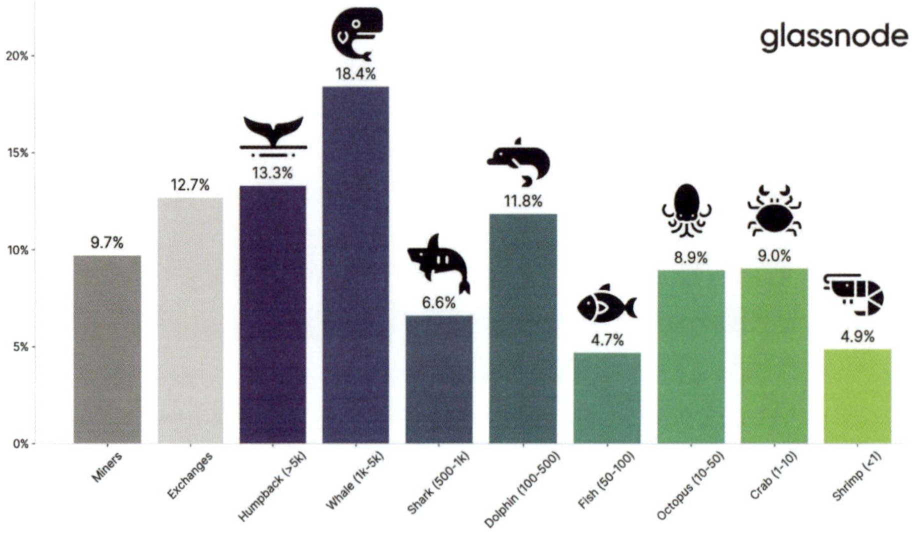

Abb. 12.11 *Wale und anderes Meeresgetier (Daten: Glassnode, Stand: 24.9.2023)*

12.14.2 Nach Entitäten korrigierte Metriken (Entity-Adjusted Metrics)

Interessanter als die Zahl der unterschiedlichen Adressen ist die Frage, wie viele unterschiedliche Entitäten den Bitcoin oder eine andere Kryptowährung besitzen. Unter einer **Entität** wird dabei *ein am Kryptomarkt handelndes unabhängiges Wirtschaftssubjekt* verstanden, das sowohl eine *natürliche Person* (Einzelperson) als auch eine *juristische Person* (eine durch Organe wie Geschäftsführer handelnde Personenvereinigung wie eine GmbH und AG oder auch eine Stiftung) sein kann.

Abbildung 12.12 zeigt die geschätzte Besitzverteilung beim Bitcoin zum Jahresende 2021. Der illiquide Teil wird dabei mit 20 Prozent geschätzt. Die noch zukünftig durch Mining neu zum Circulating Supply zufließenden Coins haben einen Anteil von zehn Prozent. Die Krypto-Einlagen, die sich auf die verschiedenen Kryptobörsen verteilen, betragen 11,7 Prozent. Der größte institutionelle Investor ist der Grayscale Bitcoin Trust mit 3,1 Prozent. Als größter staatlicher HODLer von Bitcoin wird noch immer Bulgarien mit einem Anteil von einem Prozent vermutet. Der Bestand geht auf eine Beschlagnahme von 213.519 Bitcoin eines kriminellen Netzwerks vor dem Bullrun von 2017 zurück. Allerdings ist unklar, ob Bulgarien tatsächlich (noch) im Besitz der Bitcoin war.

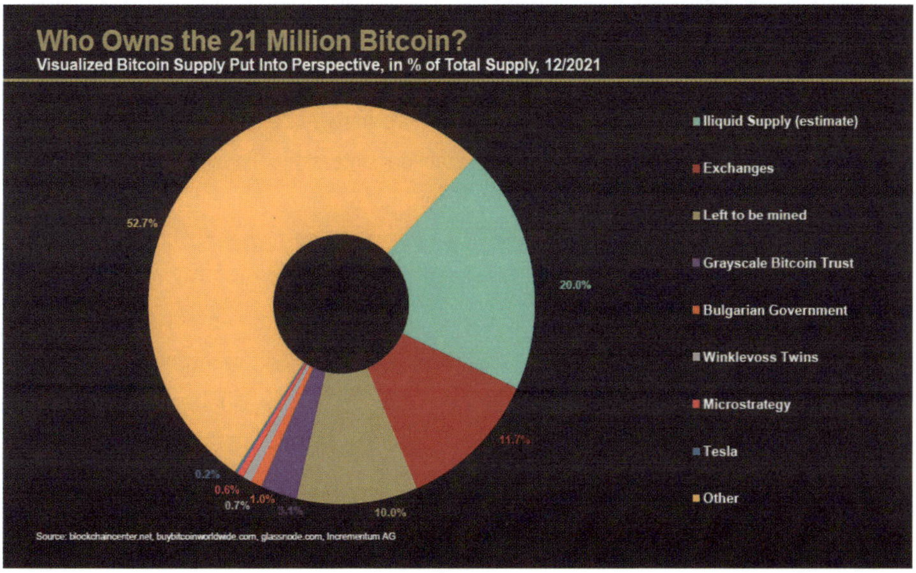

Abb. 12.12 *Bitcoin-Besitzer Ende 2021 (Quelle: Incrementum)*[109]

Die Zahl der Adressen kann nur eine Näherung an die Zahl der Nutzer einer Kryptowährung sein,[59] denn:

- Eine einzelne Entität kann viele unterschiedliche Adressen besitzen.
- Umgekehrt kann eine Adresse auch Anteile von mehreren bis hin zu sehr vielen unterschiedlichen Besitzern einer Kryptowährung halten. Dies ist zum Beispiel bei einer Multi-Sig-Wallet oder bei den Kryptobörsen der Fall, die die bei der Börse deponierten Bestände vieler Anleger in Sammeladressen halten.

Von daher versuchen Analysefirmen wie Glassnode über Algorithmen, heuristische Methoden und moderne Datenanalyse die unterschiedlichen Adressen zu Gruppen zusammenzufassen (Clustering Algorithms), um dadurch Aktivitäten zwischen denselben Entitäten herauszufiltern (wie dem Transfer eines Coins von einer Wallet auf eine andere Wallet derselben Person). Dadurch soll dann zum Beispiel für das Bitcoin-Netzwerk eine präzisere Schätzung der tatsächlichen Nutzerzahl möglich werden. Durch die **Zuordnung unterschiedlicher Adressen zu gleichen Entitäten** können dann *die in einer Kryptowährung aktiven Entitäten nach bestimmten Kriterien dargestellt* werden wie:

- *Anzahl der neuen Entitäten (Number of New Entities)*: Das sind die natürlichen oder juristischen Personen, die erstmals eine Transaktion in dem Kryptonetzwerk tätigen.
- *Nettowachstum der Entitäten (Entities Net Growth)*: Die Kennzahl bestimmt sich aus der Differenz der neuen und der verschwundenen Entitäten. Letztere sind Entitäten mit einem Bestand von null, deren Bestand zum vorherigen Zeitpunkt noch positiv war.
- *Anzahl der Wale (Number of Whales)*: Anzahl der unterschiedlichen Entitäten, die einen großen Anteil an einer Kryptowährung halten.
- *Anzahl der Sender-Entitäten (Number of Sending Entities)*: Anzahl der unterschiedlichen Entitäten, die in dem Zeitraum als Absender einer Kryptowährung aktiv waren.
- *Anzahl der Empfänger-Entitäten (Number of Receiving Entities)*: Anzahl der unterschiedlichen Entitäten, die in dem Zeitraum Empfänger einer Kryptowährung waren.

Außerdem können auch die **nach Entitäten korrigierten Transaktionen** analysiert werden:

- *Nach Entitäten korrigierte Transaktionszahl (Entity-Adjusted Transaction Count)*: Anzahl der Transaktionen, die von unterschiedlichen Entitäten ausgeführt wurden.
- *Nach Entitäten korrigiertes totales Transaktionsvolumen (Entity-Adjusted Volume Total)*: Total geschätzte Stückzahl eines Coins, der zwischen verschiedenen Entitäten bewegt wurde. Dabei handelt es sich um die totale Anzahl von transferierten Coins bereinigt um die Anzahl, die zwischen verschiedenen Adressen der gleichen Entität bewegt wurde.

- *Nach Entitäten korrigiertes mittleres Transaktionsvolumen (Entity-Adjusted Volume Mean)*: Mittlere geschätzte Stückzahl eines Coins, der zwischen verschiedenen Entitäten bewegt wurde.
- *Nach Entitäten korrigiertes Median-Transaktionsvolumen (Entity-Adjusted Volume Median)*: Das Median-Transaktionsvolumen, das zwischen verschiedenen Entitäten transferiert wurde.

Die weitere Analyse des Verhaltens der Entitäten soll dann Aufschluss darüber geben, ob zum Beispiel der Bitcoin gerade eher in einer Akkumulations- oder Distributionsphase ist. Dafür hat Glassnode den **Accumulation Trend Score** entwickelt.[60] Dieser bewegt sich zwischen 0 und 1 und berücksichtigt die relative Größe der Entitäten, die gerade On-Chain den Bitcoin akkumulieren oder abbauen. Es werden die relativen Veränderungen in den Beständen dieser Entitäten betrachtet, wobei die Aktivitäten der großen Entitäten (Big Players) einen größeren Einfluss auf den gesamten Score haben. Dabei werden Miner und die Kryptobörsen aus der Betrachtung ausgeschlossen. Ein Wert nahe 0 bedeutet dann keine Akkumulierung oder sogar Verkäufe. Ein Wert von nahe 1 zeigt dagegen, dass die Big Player oder ein großer Teil des Netzwerks die Coins akkumulieren.

12.14.3 Top-Holder

Wie am Aktienmarkt kann man auch am Kryptomarkt zwischen der Masse der kleinen und mittleren Anleger und einigen großen Investoren unterscheiden. Diese Großinvestoren werden meist als Krypto-Wale bezeichnet.[61] Die Grenze, ab der ein Investor in eine bestimmte Kryptowährung als Wal gilt, wird teilweise unterschiedlich festgelegt. Eine häufig gebrauchte Festlegung ist, dass ein Wal mindestens ein Prozent aller derzeit umlaufenden Coins (Circulating Supply) besitzt. Beim Bitcoin wären das Adressen mit etwa 190.000 oder mehr Coins. Das mag dann zwar etwas hoch gegriffen sein. Umgekehrt werden beim Bitcoin aber auch Adressen mit mindestens 1.000 Stück schon als Wale bezeichnet. Diese Begrenzung erscheint allerdings wiederum zu tief angesetzt, sollte aber zumindest für eine Aufnahme der Adresse in einer Art Rich List von Bitcoin reichen.[62] Grundsätzlich gilt, dass ein Coin als umso dezentraler und damit weniger manipulationsanfällig gilt, je geringer der Anteil großer Investoren ist.

Für das Tracking von Walen und Großinvestoren gibt es verschiedene Dienste wie Whale Alert oder Whalewatcher. So lassen Verschiebungen von Kryptobeständen großer Adressen zu den Kryptobörsen (Wallet-to-Exchange Transactions) regelmäßig Befürchtungen eines bevorstehenden Preiseinbruchs durch Abverkäufe aufkommen. Dagegen sind Wallet-to-Exchange Transactions von Stablecoins eher ein positives Zeichen und deuten auf bevorstehende Kryptokäufe von Großinvestoren hin. Auch Verlagerungen von Kryptobeständen von den Kryptobörsen zu externen Wallets (Exchange-to-Wallet Transactions) sind ein positives Zeichen und signalisieren die Absicht von langfristigen Investitionen. Diese Bestände stehen dann dem kurzfristig orientierten Handel nicht zur Verfügung und führen zu einer Angebotsverknappung. Dadurch kann sich bei steigender Kaufbereitschaft dann eine deutliche Verstärkung der Aufwärtsbewegung ergeben.

Bitcoin: Number of Addresses with Balance ≥ $1M

glassnode

Bitcoin: Supply Held by Addresses with Balance 10 - 100 [BTC]

glassnode

Abb. 12.13 *Bitcoin-Adressen mit einem Gegenwert von mindestens einer Million US-Dollar (oben) und mit einem Bestand zwischen 10 und 100 Bitcoin (unten), (Quelle: Glassnode)*

Der Blockchain-Datenlieferant Glassnode liefert für den Bitcoin verschiedene Unterteilungen nach der Größe der jeweiligen Adressen. Diese beziehen sich entweder auf die Stückzahl an Bitcoin, die eine Adresse hält, oder auf den Dollar-Gegenwert dieser Stückzahl. Das Verhalten der Top-Holder zeigt sich im oberen Chart der Abbildung 12.13. Dort ist der Verlauf von Adressen abgebildet, die zwischen 10 und 100 Bitcoin halten. Hier wurde im Dezember 2017 der Höchststand bereits zwei Wochen vor dem Allzeithoch erreicht. Die Hausse ab Ende 2020 ging hingegen einher mit einem deutlichen Abbau der Bestände der Top-Holder. In dieser Phase stieg dagegen die Zahl der Top-Holder auf Dollarbasis wegen der großen Kurssteigerungen deutlich an. Der obere Chart der Abbildung zeigt den Verlauf der Zahl der Adressen mit einem Bitcoin-Gegenwert von mindestens einer Million Dollar. Diese Kennzahl ist weniger aussagekräftig und hat ihre Spitzen jeweils mit den Höchstkursen beim Bitcoin erreicht. Der Einbruch nach den Höchstkursen hat nicht nur mit dem Abbau von Positionen durch die Top-Holder nach dem Ende der exzessiven Phasen zu tun. Vielmehr fällt zusätzlich die Zahl der Top-Holder gerechnet in US-Dollar allein schon durch den Wertverlust der Positionen nach größeren Kurseinbrüchen.

12.14.4 Lang- und Kurzzeitinvestoren (Long-Term Holder und Short-Term Holder)

Über die Veränderungen bei den Lang- und Kurzzeitinvestoren wird versucht, Aufschlüsse über den Zustand des aktuellen Marktzyklus zu gewinnen. Dazu muss zunächst festgelegt werden, ab welcher Haltedauer man von einem Lang- oder Kurzzeitinvestor sprechen will. Die Datenanalysten von Glassnode legen diese Grenze neben weiteren Betrachtungen fest anhand der Wahrscheinlichkeit, dass ein UTXO innerhalb der nächsten 14 Tage nach seiner Entstehung wieder ausgegeben wird. Diese Wahrscheinlichkeit wird als Funktion des Coin-Alters berechnet. Dabei ist die Wahrscheinlichkeit, dass ein neuer UTXO schnell wieder ausgegeben wird, in den ersten Tagen und Wochen sehr hoch. Letztlich legt aufgrund dieser Überlegungen Glassnode die Grenze bei 155 Tagen fest. UTXOs mit einem Alter von weniger als 155 Tagen sind nach dieser Definition in den Händen von kurzfristig orientierten Anlegern. Diese **Trader oder Short-Term Holder (STH)** neigen also dazu, Bestände schnell oder spätestens innerhalb von 155 Tagen wieder zu verkaufen. Sie reagieren stark auf kurzfristige volatile Bewegungen. Short-Term Holder werden automatisch zu **HODLern oder Long-Term Holdern (LTH)**, wenn sie ihre Bestände länger als 155 Tage nicht bewegt haben. Andere Analysehäuser setzen die Grenze anders und bezeichnen Langzeitinvestoren erst ab einer Haltedauer von mindestens einem Jahr als solche. Kurzzeitinvestoren sind dann solche mit einer Haltedauer zwischen einem Monat und einem Jahr, bei einer Haltedauer von weniger als einem

Monat spricht man von Tradern. Langfristanleger reagieren weniger sensibel auf Änderungen der kurzfristigen Volatilität.

Grundsätzlich zeigt eine **steigende Anzahl von Langzeitinvestoren und die Gesamtmenge der von ihnen gehaltenen Coins** ein steigendes Vertrauen in die künftige Entwicklung der Blockchain und damit auch in die Wertentwicklung des Coins. Außerdem hat eine zunehmende Kumulierung von Coins in den Händen der Langzeitinvestoren den Effekt, dass sich das kurzfristig für den Börsenhandel verfügbare Angebot verknappt und sich deshalb bei steigender Nachfrage ein Kursanstieg zusätzlich verstärken kann. So befanden sich im Juli 2023 73,5 Prozent des Bitcoin-Angebots in den Händen von Langzeitinvestoren.[63] Dieser Trend dürfte auch damit zusammenhängen, dass sich seit dem FTX-Crash im November 2022 viele Anleger zunehmend unwohl fühlten, ihre Bestände an den Kryptobörsen zu belassen. Unabhängig davon war ein hoher Anteil an Langzeitinvestoren in der Vergangenheit in der Akkumulationsphase um die Tiefpunkte im jeweiligen Zyklus zu beobachten.

Fällt dagegen das Gewicht der Langzeitinvestoren, nimmt der Einfluss der kurzfristig orientierten Anleger oder Trader zu. Das ist eher ein negatives Zeichen und spricht dann für eine nachlassende Überzeugung in die künftige Entwicklung des Krypto-Assets. In Abbildung 12.14 sieht man den Verlauf des Anteils der Long-Term Holder am Circulating Supply. Dabei fällt auf, dass während des ganzen Verlaufs der Bitcoin-Hausse 2017 der Anteil der Langzeitinvestoren fiel und kurz nach dem Bitcoin-Höchststand den Tiefpunkt erreichte. Ähnlich war das bei dem Bitcoin-Bullrun seit Herbst 2020. Auch hier erreichte der Anteil der Langzeitinvestoren fast zeitgleich mit dem ersten Allzeithoch im April 2021 seinen Tiefststand. Dagegen war beim eher atypischen zweiten Allzeithoch im November 2021 eine gleichgerichtete Bewegung zu sehen.

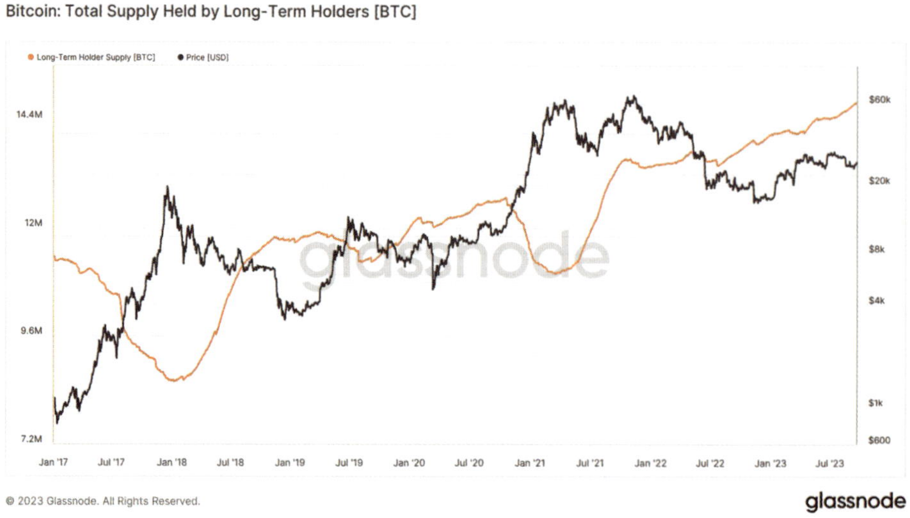

Abb. 12.14 Anteil der Langzeitinvestoren am Circulating Supply beim Bitcoin (Quelle: Glassnode)

12.14.5 Coin Days Destroyed (CDD) und daraus abgeleitete Metriken

Der Indikator **Coin Days Destroyed (CDD)** wurde im Jahr 2011 entwickelt und soll die erste On-Chain-Metrik überhaupt gewesen sein. Sie misst die Lebensdauer eines Coins, bevor diese durch eine Transaktion beendet wurde.[64] Für jeden Tag, den ein Coin nicht bewegt wird, akkumuliert er einen Coin Day. Kommt es zu einer Transaktion, werden die akkumulierten Coin Days wieder auf null zurückgesetzt, also zerstört. Durch eine solche Transaktion entstehen dann eine oder mehrere neue UTXOs, deren Lebensdauer dann neu anläuft. Die Werte der täglichen kumulierten CDDs berechnen sich durch Multiplikation der Stückzahl an Coins, die an diesem Tag bewegt wurden, mit der Zahl der Tage, seit sie vorher zuletzt bewegt wurden. Dadurch bekommen die bewegten Coins ein umso größeres Gewicht, je länger sie vorher nicht bewegt wurden.

Die Metrik erscheint deshalb als interessante Alternative zur bloßen Betrachtung der Umsatzvolumina. Der CDD-Wert gilt als Indikator für das **Verhalten der langfristigen Investoren aus der Gruppe der Top-Holder**. Ein stark steigender CDD-Wert spricht für verstärkte Verkäufe dieser Investorengruppe. Denn der CDD-Wert ist umso größer, je länger die vorherige Lebensdauer der Coins ist und je größer das Umsatzvolumen ist. Die Kombination einer großen Stückzahl an transferierten Coins und einer langen vorherigen Verweildauer eines Großteils dieser Coins führt deshalb zu einem besonders hohen CDD-Wert. Dieser deutet dann auf verstärkte Verkaufsaktivitäten von langfristig orientierten Großanlegern, die lange nicht bewegte Coins wieder dem Markt zuführen. Neben den unmittelbaren Effekten wie dem verstärkten Preisdruck durch die Verkäufe kann auch das allgemeine Marktsentiment beeinflusst werden. Denn diese Großanleger, oft auch als Smart Money bezeichnet, gelten als besonders gut informiert und ihre fundamentalen Einschätzungen deshalb als meinungsbildend. Der CDD-Wert tendiert in sehr bullishen Märkten stark nach oben, da diese Investoren häufig in solche Phasen hineinverkaufen. Gleichzeitig deutet ein hoher CDD-Wert dann aber ein gestiegenes Volatilitätsrisiko und eine mögliche Trendumkehr an.

Neben den Absolutwerten von CDD versuchen **CDD-Durchschnittswerte** zu zeigen, ob es einen steigenden oder fallenden Trend bei den Verkäufen von Langzeitinvestoren gibt. So verwendet Glassnode die Metrik 90D Coin Days Destroyed (CDD-90) als gleitenden Durchschnitt der CDD der letzten 90 Tage. Zu einer weiteren Glättung führt dann eine entitätsbezogene Bereinigung, die Verschiebungen in verschiedene Adressen der gleichen Entität herausfiltert. In der Abbildung 12.15 ist der Verlauf dieser *Entity-Adjusted 90D Coin Days Destroyed (eCDD-90)* zusammen mit dem Preisverlauf von Bitcoin seit Anfang 2017 dargestellt. Vor den großen Höchstständen des Bitcoin-Preises im Dezember 2017 und im April 2021 kam es dabei jeweils bereits rund zwei Monate vor dem Erreichen der Höchststände zu einem stark fallenden eCDD-90. Von daher hatte diese Metrik bei den beiden Ereignissen eine bessere Signalwirkung als die in Abbildung 12.14 dargestellte.

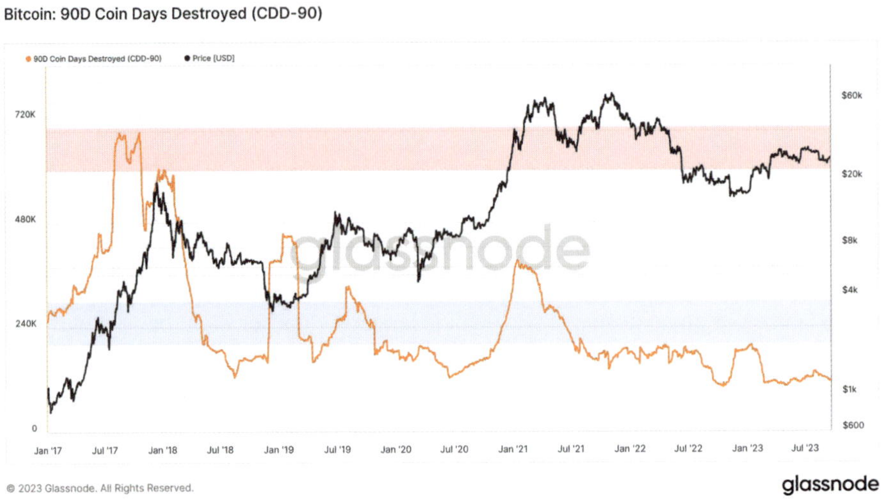

Abb. 12.15 *Bitcoin Entity-Adjusted 90D Coin Days Destroyed zusammen mit dem Preisverlauf von Bitcoin seit Anfang 2017 (Quelle: Glassnode)*

Bei der **Average Coin Dormancy** wird die *Zahl der CDD an einem bestimmten Tag durch das On-Chain-Volumen an diesem Tag geteilt.*[65] Die Metrik beschreibt deshalb die durchschnittliche Zahl der Tage, die ein an diesem Tag transferierter Coin vorher ruhend war. Eine hohe Dormancy bedeutet deshalb, dass die an diesem Tag transferierten Coins vorher im Schnitt länger gehalten wurden, mit anderen Worten, dass alte Coins wieder neu in den Umlauf kommen. Eine *hohe Dormancy* gilt deshalb als *bearishes Zeichen*, denn dann verkaufen die oft als Smart Money bezeichneten HODLer an die unbedarften Neulinge. Umgekehrt bedeutet eine *geringe Dormancy*, dass die bewegten Coins vorher nicht so lange gehalten wurden. Das ist allerdings nicht zwangsläufig ein bullishes Zeichen. Vielmehr sagt es nur, dass die HODLer an ihren Positionen festhalten, nicht aber, ob verstärkt Käufer in den Markt kommen.

Mit **Liveliness** soll ein verändertes Verhalten der HODLer erkennbar gemacht werden.[66] Berechnet wird die Kennzahl durch *die Summe aller bisherigen CDD dividiert durch die Summe aller jemals entstandenen Coin Days*. Die Metrik bewegt sich deshalb zwischen 0 und 1. Bei einer Blockchain, bei der es nach der Emission der Coins keine Transaktion mehr gegeben hätte, wäre die Liveliness dann 0. Dagegen wäre sie 1, wenn alle Coins innerhalb eines Blocks bewegt würden. Sie ist also ein Maß der Lebendigkeit einer Blockchain. Der Wert steigt, wenn die Langzeitinvestoren ihre Positionen liquidieren, und fällt, wenn sie akkumulieren.

12.14.6 HODL Waves

Auf der Blockchain sind alle UTXOs und auch deren Alter einsehbar. Mit der **UTXO Age Distribution** können *verschiedene Altersklassen unterschieden* werden.[67] Diese werden danach unterteilt, wie lange die Bitcoin ruhend waren, wann also der jeweilige Bitcoin oder ein Bruchteil davon das letzte Mal ausgegeben oder transferiert wurde. Das Alter dieser Bitcoin richtet sich deshalb nicht nach dem Zeitpunkt ihrer erstmaligen Entstehung durch Mining, sondern nach ihrer letzten Bewegung und damit der Entstehung eines neuen UTXOs. Die Bitcoin aller Altersklassen repräsentieren 100 Prozent aller umlaufenden Bitcoin.

Visualisiert werden können die Veränderungen der Anteile von kurzfristigen Investoren (je nach Definition der UTXOs mit einer Lebensdauer von maximal 155 Tagen oder unter einem Jahr) und der langfristigen Investoren (je nach Definition der UTXOs mit einer Lebensdauer von über 155 Tagen oder mindestens einem Jahr) im Chart der UTXO Age Distribution durch sogenannte **HODL Waves**. Eine HODL Wave beginnt sich aufzubauen, wenn eine große Zahl von Bitcoin auf dem Weg zu einem neuen Hoch bewegt wird. Dann nimmt der Anteil der kurzfristigen Investoren (UTXOs) kräftig zu, bevor die Welle danach überschwappt.

Die folgende Korrekturphase ist dann wieder gekennzeichnet von einer deutlichen Zunahme der längerfristigen Investoren (UTXOs). Dabei ist allerdings zu bedenken, dass aufgrund der noch sehr jungen Historie von Bitcoin der Anteil von langfristigen Investoren erst in den vergangenen Jahren überhaupt zum Tragen kommt. So tauchen UTXOs mit einer Lebensdauer von mehr als zehn Jahren erst ab Anfang 2019 im Chart der HODL Waves auf. Denn die ersten UTXOs konnten ja erst nach dem Start des Bitcoin-Netzwerks Anfang 2009 erzeugt werden. Daraus ist der zunehmende Einfluss des Bestands von mehr als zehnjährigen UTXOs zu erklären. Diese werden teilweise dem Bitcoin-Erfinder Satoshi Nakamoto zugeschrieben und gelten als verloren. Deshalb sind im Laufe der Zeit die Big Waves bei den UTXOs mit einer kurzen Lebensdauer bei den jeweiligen Höchstständen von Bitcoin immer kleiner geworden.

Bei den zwischenzeitlichen Höchstständen von Bitcoin in den Jahren 2011, 2014, 2017 und 2021 gab es einen starken Anstieg des Anteils der jüngeren Altersklassen, also der UTXOs mit einem Alter bis zu sechs Monaten. Nach dem Einbruch Ende 2018 etablierte sich ein HODL-Trend und der Anteil der länger nicht bewegten Bitcoin erhöhte sich deutlich, bevor sich 2021 eine erneute Welle aufbaute.

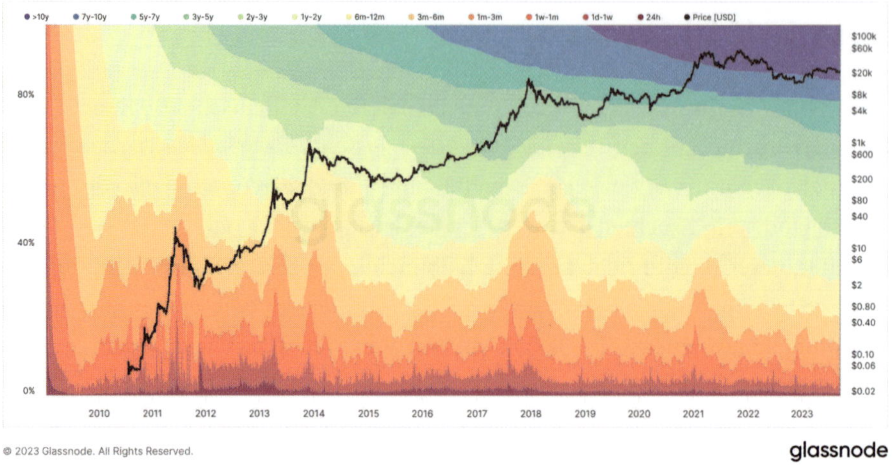

Abb. 12.16 *Bitcoin HODL Waves (Quelle: Glassnode)*

Plötzliche Bewegungen von sehr lange nicht angerührten Wallets sind zwar selten, es gibt sie aber immer wieder einmal. So wurde am 22.07.2023 der Bestand einer Wallet, in der im Jahr 2012 1.037 Bitcoin verbucht und seither nicht mehr angerührt wurden, auf eine andere Wallet transferiert. Die Bitcoin hatten 2012 bei einem Kurs von 4,92 Dollar einen Wert von 5.100 Dollar. Damit lag die Kurssteigerung bei über 600.000 Prozent, der Absolutwert stieg von 5.100 auf über 30 Millionen Dollar. Da die Adresse zunächst keiner Person zuzuordnen ist, gibt es zwangsläufig viele Spekulationen um die Gründe dieser langen Haltedauer. Diese reichen vom Vergessen des Bestands, was in Anbetracht der Größenordnung und der zunehmenden öffentlichen Wahrnehmung von Bitcoin eher unwahrscheinlich erscheint, bis hin zu dem Verbüßen einer Gefängnisstrafe des Walletbesitzers, der dadurch nicht tätig werden konnte.

Wie beim Surfen stellt sich die Frage, wann man sich richtig positioniert und wann man die Gelegenheit ergreift, die Welle möglichst optimal zu reiten. Der Anteil der Langzeitinvestoren hat über die Jahre immer stärker zugenommen. Die Wellentäler sind deshalb immer tiefer geworden. Grundsätzlich sind die HODL Waves nicht als kurzfristiger Indikator zu verstehen. Sie leisten keine Hilfe, nahe an der Küste die Klippen zu umschiffen. Ein starker Anstieg bei den Aktivitäten der Coins mit einer kurzen Lebensdauer ist nur ein Zeichen für eine stark spekulativ geprägte Phase, wie sie auch in den parallel stark steigenden Kursen zum Ausdruck kommt. Zwangsläufig reduziert sich in dieser Phase der Anteil der Langzeitinvestoren, da diese letztlich an die Kurzzeitinvestoren verkaufen. Diese tendenziellen Verkäufe der Langzeitinvestoren setzen schon lange vor Erreichen der Höchststände ein. Die HODL Waves dienen deshalb mehr zur Navigation auf hoher See, also der Positionsbestimmung innerhalb der langfristigen Zyklen. Denn die Veränderung des Verhaltens der Eigentümer der Coins, unterteilt in unterschiedliche Kohorten je nach Anlagezeitraum, lässt sich gut durch die HODL Waves visualisieren.

Bei Betrachtung der Abbildung erkennt man, dass bisher die kleineren Wellen, die durch Eigentümer der Coins mit einer geringeren Haltedauer zwischen einem Tag und einem Monat gebildet werden, vor den größeren Wellen gebrochen sind. Während in den Jahren bis 2014 der Abriss der Welle der Coins mit der Altersklasse von einer Woche bis einen Monat der beste Indikator für das Erreichen der Zyklushöchststände war, hat sich das in den Jahren danach verschoben. So hätte man 2017 beim abrupten Break dieser Welle im August im Anschluss den größten Teil des Bitcoin-Anstiegs verpasst. Bei der letzten Mega-Hausse zeigte dagegen die Welle, die durch die Veränderung der Anteile der Eigentümer der Coins mit einer ein- bis dreimonatigen Haltedauer gebildet wird, das beste Signal. Sie kippte kurz vor Erreichen des ersten Hochs bei 63.000 Dollar im April 2021. Das atypische Doppelhoch beim Bitcoin zeigt sich dann auch beim weiteren Verlauf der Wellen. Denn bis zum Allzeithoch im November 2021 konnten sich keine neuen Wellen bei den kurzfristigeren Altersklassen mehr aufbauen. Einzig die Big Wave der Coins mit einer drei- bis sechsmonatigen Anlagedauer erreichte ihren Wellenkamm erst mit Erreichen des All-Time-Highs von Bitcoin.

12.14.7 Coins im Gewinn und im Verlust und daraus abgeleitete Metriken

Eine weitere Unterscheidung bei der Analyse der Eigentümer der Coins bezieht sich darauf, ob die Coins auf Basis der aktuellen Marktpreise im Plus oder Minus sind. Zu diesem Zweck werden die **Adressen im Gewinn und Verlust (Addresses in Profit and in Loss)** betrachtet. Adressen werden als *„In the Money“ (Addresses in Profit)* bezeichnet, wenn die durchschnittlichen Einstandswerte auf Dollarbasis unter dem aktuellen Kurs liegen. Diese Investoren könnten also auf Basis des aktuellen Kurses Gewinne erzielen. Umgekehrt handelt es sich bei *Out-of-the-Money-Adressen (Addresses in Loss)* um solche, deren durchschnittliche Einstandspreise über dem aktuellen Kurs liegen, deren Bestand also noch im Verlust liegt. Naturgemäß liegen rund um die Allzeithöchststände fast alle Adressen im Gewinn und nur sehr wenige Adressen im Verlust.

Interessanter als die absoluten Zahlen ist der **Prozentsatz der Adressen im Gewinn**. Diese Prozentzahl zeigt die Profitabilität der Coins des Netzwerks. Vor den jeweiligen Allzeithöchstständen erreicht der Prozentsatz Werte von über 99 Prozent. Mit dieser Metrik wird versucht, die Hoch- und Tiefpunkte bei den zyklischen Preisbewegungen von Bitcoin zu identifizieren. Bewegt sich der prozentuale Anteil der Adressen im Gewinn tief innerhalb des grünen Bands, dessen Obergrenze bei 50 Prozent verläuft, spricht das für eine Preisbewegung von Bitcoin auf oder nahe einem zyklischen Tief. Diese Phasen eignen sich für den Aufbau von Positionen. Wie der Chart unten zeigt, werden diese Phasen sehr gut angezeigt. Auffallend ist, dass der Prozentsatz der Adressen im Gewinn bei jedem Zyklus weniger tief gefallen ist. Beim letzten Zyklustief im November 2022 hat er nur noch den oberen Rand des grünen Bereichs touchiert. Schwieriger ist das Erkennen einer Indikatorfunktion, wenn sich der Prozentsatz im roten Bereich bewegt, dessen untere Begrenzung bei 95 Prozent liegt. Hier hätte es in den Hausse-Phasen viele Fehlsignale gegeben.

Abb. 12.17 *Prozentualer Anteil der Bitcoin-Adressen im Gewinn seit 2015 (Quelle: Glassnode)*

Einen ähnlichen Verlauf zeigt die Metrik des **prozentualen Angebots im Gewinn**. Diese wird als Prozentzahl der frei handelbaren Coins ermittelt, deren Preis zum Zeitpunkt ihrer letzten Bewegung tiefer als der aktuelle Marktpreis ist.

Die Zahl der Adressen im Gewinn und Verlust sowie der Prozentsatz dieser Adressen im Gewinn sagt noch nichts darüber aus, wie hoch der Dollarwert dieser Gewinne und Verluste ist. Dieser **unrealisierte Gewinn (Unrealized Profit)** und **unrealisierte Verlust (Unrealized Loss)** wird ermittelt, indem bei jedem UTXO vom aktuellen Marktpreis der zuletzt realisierte Wert (der Marktpreis zum Zeitpunkt des Entstehens des UTXOs) abgezogen wird und für alle existierenden UTXOs summiert wird:[68]

$$\text{Unrealized Profit} = \sum_{\text{UTXOs}} \text{Stückzahl} \cdot \max(0, \textit{Marktpreis} - \textit{realisierter Preis})$$

$$\text{Unrealized Loss} = \sum_{\text{UTXOs}} \text{Stückzahl} \cdot \min(0, \textit{Marktpreis} - \textit{realisierter Preis})$$

Aussagekräftiger sind diese Metriken, wenn der *unrealisierte Gewinn und Verlust jeweils durch die Marktkapitalisierung geteilt* werden. Dann ergeben sich der **relative unrealisierte Gewinn (Relative Unrealized Profit, RUP)** und der **relative unrea-**

lisierte Verlust (Relative Unrealized Loss, RUL). Während der Anteil der relativen unrealisierten Gewinne nie über 100 Prozent steigen kann, ist das bei den relativen unrealisierten Verlusten durchaus möglich. Dies war zum Beispiel in den Jahren 2011 und 2015 der Fall. Ein Blick auf die Abbildung 12.18 zeigt, dass in der Vergangenheit RUPs von mehr als 0,75 gute Verkaufszeitpunkte waren. Phasen, in denen das RUL deutlich über das RUP stieg, waren dagegen gute Möglichkeiten zum Aufbau von Positionen.

Abb. 12.18 *Entwicklung von relativen unrealisierten Gewinnen und Verlusten (Quelle: Glassnode)*

Unter dem **Net Unrealized Profit/Loss (NUPL)** versteht man die *Differenz zwischen den relativen unrealisierten Gewinnen und unrealisierten Verlusten.*

$$\text{NUPL} = \text{Relative Unrealized Profit} - \text{Relative Unrealized Loss} = \frac{\text{Market Cap} - \text{Realized Cap}}{\text{Market Cap}}$$

Letztlich sagt die Kennzahl aus, welcher Gesamtgewinn oder Gesamtverlust bezogen auf die aktuelle Marktkapitalisierung entstehen würde, wenn alle UTXOs (also alle umlaufenden Münzen) heute verkauft würden. Diese Metrik kann zwischen +1 und Minuswerten auch unter -1 schwanken. Sind die NUPL-Werte kleiner als null, befindet sich der Gesamtmarkt im Verlust, bei Werten über null im Gewinn. Dadurch sollen Phasen bestimmt werden, die zwischen Kapitulation und Euphorie schwanken.[69] Ein NUPL von über 0,75 wird in Euphoriephasen erreicht, eines von unter null in Kapitulationsphasen. Auch hier zeigt sich wie bei anderen Metriken, dass die Ausschläge im Laufe der Jahre abnehmen.

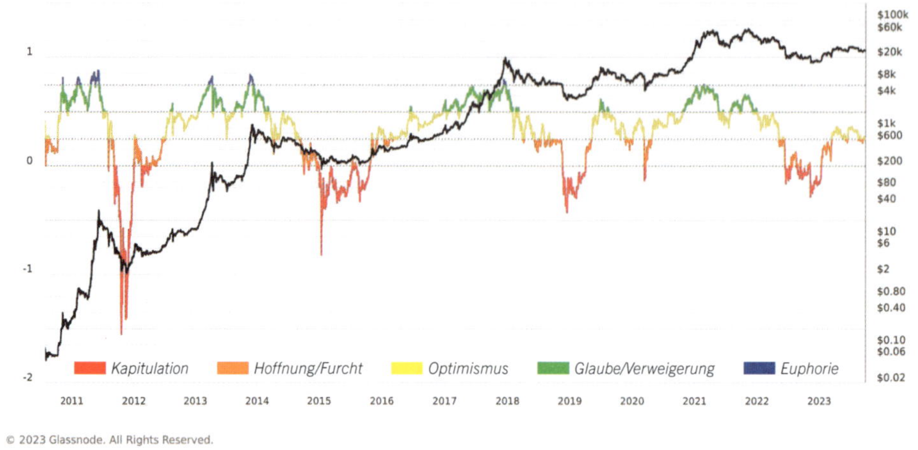

Abb. 12.19 *Net Unrealized Profit/Loss (NUPL) (Quelle: Glassnode)*

Das NUPL kann auch nur für bestimmte Anlegergruppen betrachtet werden. So bezieht sich das *Long-Term Holder NUPL* auf die relativen unrealisierten Gewinne und Verluste von Anlegern, die ihre Positionen mindestens 155 Tage gehalten haben. In der Vergangenheit markierten die roten Bereiche des NUPL der Langzeitinvestoren in den Bärenmärkten 2015, 2018/19 und 2022 sehr gute Einstiegszeitpunkte.

12.14.8 Krypto-Einlagen an den Kryptobörsen

Es gilt aufgrund der Sicherheit als beste Praxis, die Coins in einer eigenen Wallet und nicht an den Kryptobörsen zu halten. Denn die Kryptobörsen waren immer wieder von Hacks betroffen. Außerdem hat man noch ein Kontrahentenrisiko (Counterparty Risk), denn Kryptobörsen können auch pleitegehen. Diese erhöhte Sicherheit ist mit einer gewissen Einschränkung bei der kurzfristigen Handelbarkeit der Coins gekoppelt. Denn vor einem Verkauf müssen diese erst wieder an einer Kryptobörse eingezahlt werden. Von daher können **Veränderungen bei den kumulierten Ein- und Auszahlungen eines Coins auf den Kryptobörsen** Aufschlüsse über bevorstehende Preisbewegungen geben. Um dies zu analysieren, müssen allerdings zunächst einmal die Adressen der Kryptobörsen identifiziert werden. Analysehäuser wie Glassnode haben dazu verschiedene Methoden entwickelt.[70] Auf dieser Basis zeigt die Abbildung 12.20, dass der Bitcoin-Bestand auf den Adressen aller Kryptobörsen bis zum Jahr 2020 immer gestiegen ist.

Dies dürfte mit dem noch sehr jungen Markt zusammenhängen, der sich im Laufe der Jahre erst entwickeln musste. So beließen viele Krypto-Investoren ihre Coins einfach an den Börsen, weil ihnen die Eigenverwahrung auf Hardware Wallets zu umständlich erschien. Außerdem war der Zuwachs in den ersten Jahren durch neu geminte Bitcoin sehr groß. Von daher war die Metrik **Bitcoin-Einlagen an den**

Kryptobörsen (Bitcoin Balance on Exchanges) in den früheren Jahren wenig aussagekräftig. So war der Bullrun von Bitcoin im Jahr 2017 von ständig steigenden Einlagen an den Börsen begleitet. Diese stiegen auch im Bärenmarkt 2018 und im Jahr 2019 weiter deutlich an. Seit dem Corona-Crash im März 2020 korrelieren deutlich steigende Bitcoin-Preise oft mit deutlich fallenden Bitcoin-Einlagen an den Kryptobörsen. Von daher könnte diese Metrik in Zukunft an Aussagekraft gewinnen. Außerdem ist die Zahl der Einlagen seit 2020 erstmals über einen langen Zeitraum und dabei deutlich gefallen. Dies dürfte mit dem zunehmenden Unbehagen der meisten Anleger zu tun haben, ihre Coins nach Skandalen und Zusammenbrüchen wie bei FTX an den Kryptobörsen zu belassen.

Abb. 12.20 *Gesamter Bitcoin-Bestand auf den Adressen von Kryptobörsen (Quelle: Glassnode)*

Je weniger Stücke dem Börsenhandel zur Verfügung stehen, desto stärker können Nachfrageveränderungen auf den Preis durchschlagen. Die Anzahl der an den Kryptobörsen gehaltenen Bitcoin ist deshalb ein guter Indikator dafür, ob eine Aufwärtsbewegung zum Stillstand oder ob es sogar zu einer Korrektur kommt. Deshalb spricht ein erhöhter **Exchange Inflow**, also erhöhte Einzahlungen von Coins an den Börsen, für eine *zumindest latent steigende Verkaufsbereitschaft der Krypto-Anleger*. Meist wird hier der 7-Tage-Durchschnitt der Nettozuflüsse an den Kryptobörsen betrachtet. Wenn dieser über eine gewisse Zeit fällt, spricht das für Abhebungen der Investoren, die ihre Coins dann langfristig in einer sicheren Wallet verwahren wollen. Dadurch werden die kurzfristig zum Verkauf an den Börsen verfügbaren Stücke verknappt, wodurch die Preise wegen des verringerten Angebots tendenziell eher steigen dürften. Denn wie bei allen Märkten resultieren auch die Preisbewegungen an den Kryptomärkten aus dem Verhältnis Angebot zu Nachfrage. Ein steigender Exchange Inflow kann aber neben einer erhöhten Verkaufsbereitschaft, die als bearish zu bewerten ist, noch andere Gründe haben.[71] So können die Coins als Sicherheit an die Derivatemärkte fließen. Dies spricht für ein erhöhtes Volatilitätsrisiko, ohne deshalb einen Hinweis auf die Richtung der bevorstehenden Preisbewegung zu geben. Außerdem können die Coins auch zur Nutzung bestimmter Dienste einer Kryptobörse dorthin verschoben werden. So kann das bei Staking, Airdrops oder IEOs notwendig sein.

Unter dem **Exchange Outflow** versteht man die Zahl der Coins, die von den Kryptobörsen abgezogen werden. Ein Anstieg des Exchange Outflows ist grundsätzlich ein bullishes Zeichen. Denn die Anleger haben dann nicht vor, die Coins kurzfristig zu verkaufen, sondern sehen diese eher als langfristige Anlage. Auch hier kann es aber noch andere Gründe geben, wie der Abzug von Derivatebörsen.

Das **Exchange Netflow Volume** ist dann die Differenz zwischen dem Zufluss eines Coins auf allen Kryptobörsen und dem Abfluss.[72] Ist der Wert positiv, fließen mehr Coins auf die Kryptobörsen als abfließen. Überwiegende Zuflüsse von Coins deuten generell auf eine Verstärkung der Verkaufsbereitschaft, da die Anleger ihre Coins sonst nicht an die Börsen übertragen würden. Bei einer langfristigen Betrachtung sind kaum Zusammenhänge zwischen dem Exchange Netflow Volume und der Preisentwicklung von Bitcoin ersichtlich. Für kurzfristige Betrachtungen können Spitzen dagegen Hinweise auf Trends geben. So spricht eine Spitze bei einem negativen Exchange Netflow Volume eher für einen möglichen kurzfristigen Dreh nach oben. Umgekehrt spricht eine positive Spitze beim Exchange Netflow Volume für einen Abverkauf oder dessen mögliche Fortsetzung.

12.14.9 Miner

Den Kosten durch Einsatz von Energie, Hardware und anderen Ressourcen stehen die **Erträge der Miner** gegenüber. Die gesamte **Blockbelohnung (Block Reward)** für das Finden eines Blocks besteht aus zwei Teilen. Der Blockanteil ist der in der Blockchain festgeschriebene Betrag, der sich beim Bitcoin etwa alle vier Jahre halbiert. Der Blockanteil wird durch neu erzeugte Bitcoin beglichen. Zusätzlich dazu bekommt der erfolgreiche Miner auch alle Transaktionsgebühren des gefundenen Blocks. Diese Transaktionsgebühren werden von den Nutzern des Netzwerks mit bereits umlaufenden Coins gezahlt und können – im Gegensatz zum festen Betrag des Blockanteils – je nach Aktivitätsgrad des Netzwerks stark schwanken. In Bullenmärkten können diese auf das Zigfache der in normalen Zeiten zu beobachtenden Gebühren steigen. Von der Größenordnung überwiegen natürlich die Blockanteile gegenüber den Transaktionsgebühren sehr stark. So lag der tägliche Blockanteil im Januar 2023 meist zwischen 900 und 1.000 Bitcoin. Dagegen bewegten sich die täglich generierten Transaktionsgebühren zwischen 6 und 20 Bitcoin. Die Verschiebung der Relation im Zeitverlauf wird deutlich, wenn man die Zahlen für Januar 2015 betrachtet. In diesem Zeitraum betrug der tägliche Blockanteil um 3.600 Bitcoin, während die täglichen Transaktionsgebühren etwa zwischen 10 und 20 Bitcoin schwankten. Diese Entwicklung wird in Zukunft weiterlaufen, da sich mit jedem Halving der Blockanteil halbiert.

Große Miner verkaufen ihre Coins vielfach über OTC-Märkte, kleinere Miner dagegen über die Kryptobörsen. Im Jahr 2022 wurden über 330.000 neue Bitcoin gemint und damit der umlaufenden und frei handelbaren Stückzahl von Bitcoin hinzugefügt. Die Miner halten diese Coins oder verkaufen sie ganz oder teilweise. Da die Nettoveränderung etwa unverändert blieb, wurden diese 330.000 Stück im Jahr 2022 vom Markt absorbiert. Nimmt man als Durchschnittspreis 30.000 Dollar an, so hatte der Markt 2022 einen Nettozufluss von fast zehn Milliarden Dollar. Trotz des drastischen Kursrückgangs von Bitcoin im Jahr 2022 und des makroökonomischen Gegenwinds gab es also große Nettozuflüsse beim Bitcoin, die das ungebrochene Vertrauen der Investoren in den Kryptomarkt zeigen. Die Gruppe der Miner spielt bei der Analyse der Eigentümer der Coins eine große Rolle.

Die Mining-Industrie ist sehr wettbewerbsgetrieben. Längerfristig müssen die Miner Erträge über den Kosten erwirtschaften. Der Markt sucht deshalb immer nach einem Gleichgewicht. Liegen die Erträge deutlich über oder unter diesem Gleichgewicht, werden neue Miner in den Markt eintreten oder unprofitable Miner ausscheiden. Dadurch kommt es tendenziell immer zu einer Annäherung an das Gleichgewicht. Miner erzielen **Einnahmen** in Form von nativen Einheiten des jeweiligen *Krypto-Assets*. So werden Bitcoin-Miner für ihre Tätigkeit in Bitcoin entlohnt. Andererseits müssen sie ihre **Ausgaben** in *Fiatwährung* bezahlen. Das wird in der Regel die Währung des Landes sein, in dem sie ihren Standort haben. Deswegen sind die Miner meist gezwungen, den Großteil ihrer erhaltenen Coins zur Begleichung der Kosten zu verkaufen. Insbesondere die variablen Kosten, die wesentlich von den Stromkosten bestimmt werden, müssen ständig in Fiatwährung beglichen werden. Die *Stromkosten* für das Mining haben sich historisch gesehen als **Minimalkurs beim Bitcoin** erwiesen. Bei den Kosten müssen aber auch Abschreibungen, Nettofinanzierungskosten und sonstige Kosten berücksichtigt werden. Das Schürfen neuer Coins kann für unterschiedliche Miner mit sehr unterschiedlichen Kosten verbunden sein. Diese Kosten können stark vom Standort der Miner und vor allem den dortigen Stromkosten abhängen. Da die variablen Kosten vergleichsweise stabil sind, müssen Miner in Zeiten steigender Bitcoin-Preise weniger neu geschürfte Coins zur Begleichung ihrer Ausgaben verkaufen, in Zeiten fallender Preise dagegen mehr. Durch dieses Verhalten dürften die Verkäufe der Miner sowohl in Aufwärts- wie Abwärtsbewegungen einen prozyklischen Effekt haben. Eine höhere Rentabilität wegen gestiegener Preise der geminten Bitcoin wird deshalb das Nettoangebot von Bitcoin reduzieren und trägt dann zu einem zusätzlichen Preisauftrieb bei.

Größere Preisrückgänge können dagegen die Miner unter Druck setzen. Dies kann dazu führen, dass nicht nur die neu geminten Coins verkauft werden müssen, sondern darüber hinaus auch gehaltene Altbestände. Der Preisrückgang könnte sich dadurch weiter verstärken. In Phasen einer langen Seitwärtsbewegung oder gar eines Preisverfalls kann es beim Bitcoin dann zu einer **Miner-Kapitulation** kommen. Dabei werden Miner zur Kostendeckung verstärkt zum Verkauf ihrer Bitcoin-Bestände oder sogar zur Aufgabe ihrer Mining-Tätigkeit getrieben, wenn sie nicht mehr kostendeckend ist. Große Mining-Farmen mit langfristigen Verträgen mit ihren Stromversorgern und genügend Kapital werden davon weniger betroffen sein als kleinere Miner. Trotzdem kann eine solche Miner-Kapitulation durch zusätzliche Verkäufe einen Abwärtstrend verstärken. Eine kurzfristige Kapitulation der Miner war nach der langen Talfahrt zum Jahresende 2018 sowie im Rahmen des Corona-Crashs im März 2020 zu beobachten. Dagegen war trotz des deutlichen Kursrückgangs bis Anfang des Jahres 2022 keine Miner-Kapitulation in Sicht. Denn die Hash-Rate, also die durch die Miner zur Verfügung gestellte Rechenleistung, erreichte trotzdem neue Rekordwerte.

Eine Miner-Kapitulation ist ähnlich wie die Kapitulation von Anlegern in einer starken Abwärtsbewegung zu sehen. Gehen die Kurse nach einem Höhenflug erstmals zurück, bleiben viele Anleger zunächst euphorisch gestimmt. Wenn die Kurse weiter fallen, dreht die Stimmung zwar ins Negative. Viele Anleger sehen es nun aber als zu spät an, noch zu verkaufen, oder glauben, dass der Markt nun auf jeden Fall bald drehen wird. Eine Fortdauer des Kursverfalls führt dann irgendwann aufgrund von Panik zu einer Verkaufswelle. Bei dieser Marktkapitulation gibt dann der Großteil der Anleger auf und verkauft – oft auf oder nahe den Tiefstkursen. Auf dem Höhepunkt der Panikverkäufe werden dann oft Market-Orders beim Verkauf gelegt. An den Kryptomärkten können solche Kapitulationen schneller und stärker vorkommen als an den traditionellen Märkten. Durch den hohen Anteil von großen Mining-Unternehmen mit langfristigen Verträgen dürfte eine Kapitulation der Miner aber weniger häufig vorkommen als eine Kapitulation der „normalen“ Krypto-Anleger.

Die Entlohnungen der Miner aus dem Block Reward werden alle vier Jahre im Rahmen des **Halvings** halbiert. Miner, die vorher profitabel arbeiteten, könnten dann in Schwierigkeiten kommen. Ausgleichen können diese geringeren Erträge nur steigende Bitcoin-Preise und/oder geringere Kosten durch eine bessere Infrastruktur oder eine effizientere Ausrüstung. Steigende Preise wiederum können zumindest teilweise dadurch erklärt werden, dass nach einem Halving nur noch halb so viele neu erzeugte Coins zum Verkauf stehen. Denn die Miner müssen zur Deckung ihrer laufenden Kosten normalerweise fast alle neuen Coins verkaufen. Durch die Halbierung der Stückzahl der neuen Coins führt dies bei gleichbleibender oder sogar steigender Nachfrage zu einem Anstieg des Bitcoin-Preises. Dieser setzte in der Vergangenheit allerdings nicht unmittelbar nach den Halvings ein, sondern erst einige Monate später.

Kritiker der Theorie, dass es durch das verminderte Angebot an neuen Coins nach einem Halving zu Preissteigerungen kommt, weisen auf den kleinen Anteil an neuen Coins im Vergleich zum täglichen Umsatzvolumen hin. Die Zeit für die Generierung eines Blocks beträgt durchschnittlich zehn Minuten. Seit dem letzten Halving im Mai 2020 bekommen die Miner für diese Generierung 6,25 Bitcoin. Das sind 900 neue Bitcoin pro Tag und 328.500 pro Jahr. Betrachtet man das tägliche Umsatzvolumen von teilweise Hunderttausenden von Bitcoin im Vergleich zu den 900 neuen Coins, erscheint dies tatsächlich gering. Da ein Großteil des täglichen Umsatzvolumens allerdings kurzfristige Arbitrage- und Trading-Geschäfte sind, sollte man den Einfluss trotzdem nicht unterschätzen. Zumal ein Großteil des Handels sowohl auf den Börsen als auch On-Chain nicht mit einem Nettozufluss oder -abfluss von Fiatgeld einhergeht. Unter diesen Aspekten könnte der verminderte Verkaufsdruck durch die Miner nach den Halvings durchaus größere Bedeutung haben.

Bei der Bewertung von Bitcoin wird oft nach dem **intrinsischen Wert (Intrinsic Value)** gefragt. Dieser innere Wert wird als der wahre oder faire Wert eines Vermögensgegenstandes bezeichnet. Bei Optionen ist das relativ einfach. Dort bestimmt sich der innere Wert bei einer Kaufoption aus einer positiven Differenz von Marktpreis des Underlyings und Basispreis der Option oder null. Bei Aktien soll er mit Methoden der Fundamentalanalyse bestimmt werden. Beim Bitcoin wird ein intrinsischer Wert oft in Abrede gestellt. Sieht man den Bitcoin aber als Rohstoff (digitales Gold), dann kann dieser Wert durch die Produktionskosten (Hardware, Stromkosten) ermittelt werden. Da die Miner die Produktionskosten normalerweise in Fiatwährungen bezahlen müssen, sind sie naturgemäß Nettoverkäufer von Bitcoin. Entfernt sich der Marktpreis sehr stark von dem intrinsischen Wert, sollte es zumindest auf längere Sicht wieder eine Angleichung geben. Im Zusammenhang mit dem Mining wurden verschiedene Kennzahlen entwickelt, von denen einige unten exemplarisch aufgeführt werden.

In kürzeren Zeiträumen wird der Wert häufig maßgeblicher vom **extrinsischen Wert (Extrinsic Value)** bestimmt. Bei Optionen bestimmt sich dieser als Differenz von Marktpreis des Underlyings und intrinsischem Wert. Beim Bitcoin wird er durch das Verhältnis von Angebot und Nachfrage bestimmt. So gab es im Laufe des Jahres 2020 immer stärkere Effekte durch Knappheitspreise aufgrund der stark steigenden Nachfrage und des begrenzten und nach dem 3. Halving sogar fallenden neuen Angebots.

Bei der Kennzahl **Thermo Cap** (auch als **Aggregate Security Spend** bezeichnet) werden alle als Miner-Entlohnung gezahlten Coins mit dem Marktpreis zum Zeitpunkt des Minings multipliziert und summiert.[73] Die Idee dahinter ist, dass die Mining-Industrie knapp um den Break-even operiert. Die Miner haben Ausgaben, die sie in Fiatwährung bezahlen und die sie durch Verkäufe von Bitcoin decken. Deswegen werden die kumulativen Mining-Einnahmen als Schätzung für die Mining-Kosten durch Infrastruktur und Energie genommen. Die Thermo Cap soll eine Obergrenze angeben für das insgesamt in den Markt geflossene Kapital. Gemäß den Daten von Glassnode ergibt sich (Stand September 2023) eine Thermo Cap von 51 Milliarden Dollar als Schätzung, wie viel bisher insgesamt in die Bitcoin-Infrastruktur investiert wurde.

$$\text{Thermo Cap} = \Sigma \cdot (\text{Miner-Belohnung} \cdot \text{Marktpreis zum Zeitpunkt des Minings})$$

Das **Puell Multiple** setzt den Dollarwert der zuletzt neu geminten Bitcoin (Daily Coin Issuance) ins Verhältnis zu dem gleitenden Jahresdurchschnitt (MA365) des Werts der neu geminten Coins.[74] Da die den Minern zustehenden Transaktionsgebühren wegen der Halbierungen der Block Rewards alle vier Jahre immer weniger vernachlässigbar werden, wird das Multiple auch auf Basis der Mining Revenues (als Summe aus Block Rewards und Transaktionsgebühren) berechnet:

$$\text{Puell Multiple} = \frac{\text{Daily Coin Issuance in USD}}{\text{MA365 (Daily Coin Issuance in USD)}}$$

oder

$$\text{Puell Multiple} = \frac{\text{Daily Mining Revenue in USD}}{\text{MA365 (Mining Revenue in USD)}}$$

Je größer das Multiple, desto größer sind die jüngsten Miner-Entlohnungen im Vergleich zu ihrem Jahresdurchschnitt. Aus dem Indikator kann man die aktuelle Rentabilität der Mining-Unternehmen ableiten und auch ermitteln, ob der Markt eher überkauft oder überverkauft ist. Ein Multiple von 0,4 sagt beispielsweise aus, dass die Rentabilität der Miner aktuell nur 40 Prozent des Jahresdurchschnitts beträgt. Bei einem Multiple > 1 sind die aktuellen Entlohnungen höher als der Jahresdurchschnitt, vice versa bei einem Multiple < 1. Ein Puell Multiple unter 0,5 wird als Kaufzone interpretiert, über 4 als Verkaufszone. Bei der letzten Hausse im Jahr 2021 wurde die Verkaufszone aber nicht mehr erreicht.

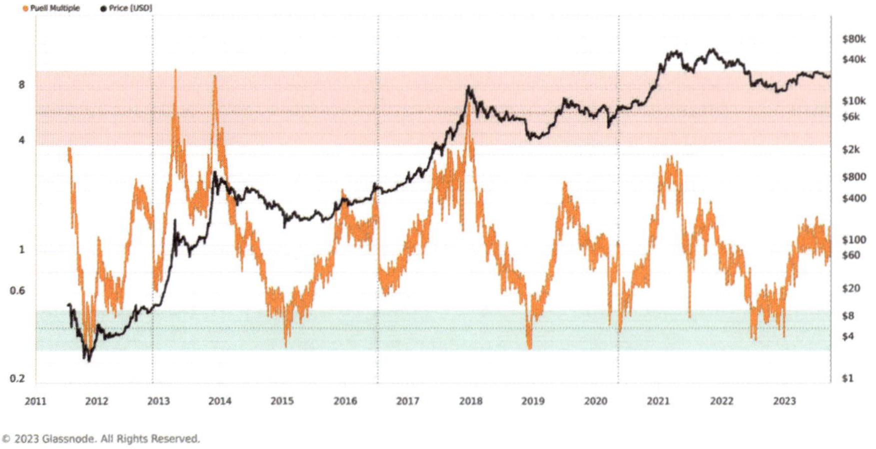

Abb.12.21 Bitcoin Puell Multiple (Quelle: Glassnode)

12.15 Analyse der Coins nach finanziellen Aspekten

12.15.1 Angebot und Inflationierung: Verteilungsmechanismus, Circulating, Total und Maximum Supply

Ein ganz wesentlicher wertbestimmender Faktor ist die Angebotsseite, also die aktuell verfügbare und die maximal verfügbare Anzahl an Coins. Dies wird aus den Diskussionen um die Werthaltigkeit von Bitcoin ersichtlich. Darin wird immer auf die begrenzte Stückzahl von 21 Millionen und damit seine Nicht-Inflationierbarkeit und Knappheit abgestellt. Außerdem ist in diesem Zusammenhang von Bedeutung, wie dieses Angebot bereitgestellt wird. Durch einen festen und unabänderlichen Algorithmus wie beim Bitcoin, bei dem nicht nur die aktuell umlaufende Stückzahl, sondern auch die weitere Verteilung im Zeitablauf genau festgelegt ist. Während es sich beim Bitcoin um einen fairen Verteilungsmechanismus handelt, kann man das bei anderen Methoden infrage stellen. So werden beim Pre-Mining alle Coins erzeugt und vor einem ICO dann an die Gründer, Entwickler, frühen Investoren oder anderen Stakeholder verteilt. Dies kann zwar legitim sein, aber auch leicht für Pump-and-Dumps missbraucht werden. Selbst bei seriösen Projekten wie Ripple wird es als kritisch gesehen. So sind hier immer noch rund 47 Prozent aller XRP-Coins in den Händen von Ripple Labs.

Die **Zahl der aktuell frei handelbaren Coins (Circulating Supply)**[75] ist die maximale Zahl der tatsächlich aktuell am Markt verfügbaren Stücke und wird durch die bereits durch Mining erzeugten oder anderweitig ausgegebenen und sofort handelbaren Coins bestimmt. Eine unbekannte Größe dabei ist die Zahl der unwiderruflich verloren gegangenen Coins.[76] Deshalb ist der Circulating Supply eine *Obergrenze*, in der Realität werden weniger Stücke im Umlauf sein. Der Circulating Supply kann im Laufe der Zeit steigen oder fallen.

- So steigt die Zahl der Coins bei Bitcoin durch Mining sukzessive an, bis die Maximalzahl erreicht ist.
- Fallen kann die Zahl durch Verbrennen von Coins (Coin Burn). Durch einen solchen irreversiblen Vorgang wird der Circulating Supply dauerhaft reduziert.[77]

Die **Gesamtzahl der bereits existierenden Coins (Total Supply)**[78] sind der Circulating Supply plus bereits existierende, aber noch nicht frei am Markt verfügbare Stücke. In der Regel werden die noch nicht handelbaren Stücke aber später an den Markt kommen und dann den Circulating Supply entsprechend erhöhen. Analog spricht man bei Aktien von den ausstehenden Aktien, also die von allen Anteilseignern gehaltenen Stücke unabhängig von ihrer Handelbarkeit. Im Gegensatz zum Total Supply bei den Coins werden bei den Aktien allerdings keine eigenen Aktien dazugezählt, da sie keine Stimm- oder Dividendenrechte haben. Solange die Coins also noch unter Lock-up sind, können sie die Marktpreise nicht beeinflussen und werden deshalb auch nicht zur Berechnung der aktuellen Marktkapitalisierung herangezogen. Analyseseiten wie Coinmarketcap versuchen, durch Rückfragen beim Projektteam den Total Supply zu ermitteln. Die meisten gut geführten Projekte können diese Informationen problemlos bereitstellen. Andere liefern zu wenig Informationen, um den Total Supply und selbst den Maximum Supply sicher zu ermitteln.

Es gibt mehrere Gründe, warum bereits existierende Stücke noch nicht am Markt frei handelbar sind:

- Stücke aus einem Private Sale, die nur bestimmten Investoren zugänglich waren und noch mit einer Sperrfrist für den Börsenhandel geblockt sind (Lock-up)
- Stücke in den Händen des Teams oder anderer wichtiger Teilnehmer des Ökosystems, die noch einem Lock-up unterliegen
- Stücke, die für die weitere Entwicklung im Treasury des Projekts zurückgehalten werden, so für Marketing- und Belohnungsaktionen durch Airdrops oder Bounties und für eine mögliche Nutzung als Akquisitionswährung für später geplante Übernahmen
- Gestakte Coins, wobei Faktoren wie Masternode-Verteilung, Eigentum und Sperrfristen berücksichtigt werden

Die **Maximalzahl der Coins (Maximum Supply)**[79] ist die maximal mögliche Zahl an geminten oder sonst wie erzeugten Coins während der gesamten Lebensdauer der Kryptowährung. Diese Zahl ist im Genesis Block gemäß dem Protokoll des Krypto-Assets festgelegt. Der Genesis Block ist der erste Block einer Blockchain. Da es vorher keinen Referenzblock gibt, wird dieser fest in die Software des Krypto-Assets programmiert. Diese Zahl beinhaltet also die aktuell bereits erzeugten Stücke, die in Zukunft noch erzeugbaren Stücke und auch die bereits verbrannten Stücke. Wenn der Maximum Supply erreicht ist, können keine zusätzlichen Stücke mehr gemint, gedruckt oder sonst wie erzeugt werden.

Bei Coins mit einer begrenzten Stückzahl gibt es keine Inflationierung. Vielmehr gibt es nur eine Zunahme der handelbaren Stücke, wenn die maximale Stückzahl noch nicht komplett im Circulating Supply ist. Deshalb gibt es beim Bitcoin nur eine Disinflation, denn die Zunahme der handelbaren Stücke sinkt nach jedem Halving um die Hälfte. Wenn alle Stücke voraussichtlich im Jahr 2140 gemint sind, gibt es nie mehr eine Zunahme der Stückzahl.

Daneben gibt es auch **Coins ohne Begrenzung des Coin-Angebots (Infinite Supply)**. Der bekannteste Coin mit Inifinite Supply ist die zweitgrößte Kryptowährung

Ether. Da der relative Zuwachs mit steigendem Total Supply immer mehr abnimmt, wird auch die Inflationsrate immer geringer. Allerdings gab es auch Überlegungen zur Einführung einer maximalen Grenze, da es wegen der fehlenden Begrenzung immer wieder Diskussionen um die Werthaltigkeit von Ether gab. Andere große Coins mit Infinite Supply sind zum Beispiel EOS, Tezos, Zcash, Cosmos oder Dogecoin.[80]

Im Jahr 2016 hatte Ethereum-Mitgründer Vitalik Buterin prognostiziert, dass die Gesamtmenge an Ether die Marke von 100 Millionen Stück in absehbarer Zukunft nicht überschreiten und dies mindestens bis zum nächsten Jahrhundert dauern wird. Dann hat es aber nicht über 80, sondern nur zwei Jahre gedauert, bis Ether diese Schwelle überschritten hatte. Deswegen hatte Buterin bereits 2018 vorgeschlagen, eine Begrenzung auf 120 Millionen Stück einzuführen, die doppelte Menge des Pre-Sales von Ether im Jahr 2014. Diese Stückzahl wäre nach jetzigem Stand schon nicht mehr umzusetzen. Die Diskussion um eine Ether-Begrenzung wird also weitergehen.

Auch die **Stablecoins** wie der Tether haben einen Infinite Supply. Dies hat aber auf die Werthaltigkeit der Stablecoins keinen Einfluss, da sich ihr Wert 1:1 nach der zugrunde liegenden Referenzgröße richtet (oder zumindest richten sollte!).

Daneben gibt es auch Coins, bei denen sich die Zahl der umlaufenden Stücke von der Maximalzahl wieder entfernt. Bei solchen **Coins mit sinkendem Circulating Supply** sinken dann im Zeitablauf sowohl der Total als auch der Circulating Supply, weil Coins nach bestimmten Kriterien regelmäßig verbrannt werden. So werden bei dem Exchange Token von Bitfinex, Unus Sed Leo (LEO), regelmäßig Stücke zurückgekauft, um eine Wertsteigerung des Coins zu erreichen. Dabei werden monatlich Coins zum Marktpreis zurückgekauft für einen Betrag, der mindestens 27 Prozent der konsolidierten Bruttoerlöse des Vormonats von iFinex, der Muttergesellschaft von Bitfinex, beträgt. Diese Rückkäufe sollen unbegrenzt fortgeführt werden, bis keine LEO-Token mehr im Umlauf sind. Daneben gibt es noch weitere Rückkaufgründe wie Rückerstattung aufgrund der Ansprüche von Bitfinex im Zusammenhang mit dem Betrugsfall Crypto Capital Corp.

12.15.2 Marktkapitalisierung

Eine wesentliche Standortbestimmung eines Krypto-Assets ist seine Marktkapitalisierung. Allerdings stellt sich hier sofort das Problem, auf welcher Basis die Berechnung der Kapitalisierung sinnvoll ist. Diese kann durchaus je nach Problemstellung unterschiedlich ansetzen. So kann als Basis die Zahl der aktuell frei handelbaren Coins genommen werden, wie das regelmäßig gemacht wird, oder auch die Zahl der maximal möglichen Coins, wenn es eine Obergrenze gibt. Dies betrifft dann auch Gesamtmarktbetrachtungen. So kann die Aussage, Bitcoin hat am Kryptomarkt eine Marktdominanz von x Prozent, stark differieren, je nachdem welche Basis man für die Marktkapitalisierungen von Bitcoin und von den anderen Krypto-Assets heranzieht.

Auf Basis des Circulating Supply wird die aktuelle **Marktkapitalisierung** eines Coins kalkuliert. Diese ergibt sich dann einfach durch Multiplikation aller aktuell frei handelbaren Coins (Circulating Supply) mit dem aktuellen Preis des Coins.[81] Teilweise wird statt Marktkapitalisierung der Ausdruck **Netzwerkwert (Network Value)** als sinnvoller erachtet.

Am Aktienmarkt werden Aktien je nach ihrer Marktkapitalisierung als Large Caps, Mid Caps, Small Caps oder Micro Caps bezeichnet. Die Grenzen sind nicht genau definiert. Als Large Caps oder Blue Chips werden meist Aktien mit einer Marktkapitalisierung von zwei Milliarden Euro oder mehr bezeichnet. Ähnlich kann man auch die vielen Coins und Tokens nach ihrer Marktkapitalisierung unterscheiden. Auch hier gibt es keine festgelegten Grenzen. So könnten Coins mit einer Marktkapitalisierung von mehr als 1 Milliarde Dollar als **Large Cap Coins** bezeichnet werden, mit einer Marktkapitalisierung zwischen 100 Millionen und 1 Milliarde Dollar als **Mid Cap Coins**, zwischen 10 und 100 Millionen Dollar als **Small Cap Coins** und unter 10 Millionen Dollar als **Micro Cap Coins**. Dies kann aber nur eine erste Einteilung sein, die durch eine genauere Betrachtung weiter differenziert werden muss.

Bei Coinmarketcap wird der Circulating Supply analog zum **Free Float** bei Aktien gesehen. Dies kann aber nur als Obergrenze gesehen werden. Die Zahl der tatsächlich handelbaren Coins wird regelmäßig tiefer liegen. Dabei geht es nicht um die bereits erzeugten Coins, die noch auf Sperrkonten liegen und erst später zum Handel zugelassen werden. Diese führen zu einer höheren Stückzahl als beim Circulating Supply und werden beim Total Supply berücksichtigt. Vielmehr müssten für einen wirklich aussagekräftigen Free Float auch die langfristig gehaltenen Stücke von strategischen Investoren abgezogen werden.

Vor allem müssten zur Bestimmung des Free Float die **verlorenen Coins (Lost Coins)** vom Circulating Supply abgezogen werden. Coins können aus verschiedenen Gründen verloren gehen, genauer gesagt der Zugang zu ihnen. Insbesondere in den Anfangsjahren, als der Bitcoin nur sehr wenig wert war, wurde der auf Medien wie einem USB-Stick, Computer oder auch nur einem Blatt Papier gespeicherte Zugang schnell einmal vergessen oder war nicht mehr auffindbar. Auch kann der Besitzer der Coins verstorben sein, ohne Vorkehrungen über den Zugang zu seinen Coins für die Erben getroffen zu haben. Werden Coins sehr lange nicht bewegt, könnte dies ein Indikator dafür sein, dass diese verloren sind, weil die Benutzer ihre Schlüssel verloren haben. Diese Coins werden zwar bis in alle Ewigkeit weiter auf dem Ledger ausgewiesen, jedoch haben die Besitzer wegen der fehlenden Private Keys keinen Zugang mehr zu ihren Coins. Ob das auch für Satoshi Nakamoto gilt, dem Erfinder von Bitcoin, ist ungewiss. Immerhin werden ihm 1.125.150 Bitcoin zugeschrieben, die er in den ersten beiden Jahren gemint hat und die seither nicht bewegt worden sind.[82] Allein diese Stückzahl beläuft sich auf über fünf Prozent des Circulating Supply.

Die Zahl der verlorenen Coins ist zwar nicht genau bestimmbar. Das Analysehaus Chainalysis hat in der Vergangenheit geschätzt, dass rund 20 Prozent aller Bitcoin unwiderruflich verloren sind. Die Lost Coins können aber eine beträchtliche Rolle bei der Preisentwicklung spielen, da sie die durch die strenge Limitierung gegebene Knappheit von Bitcoin weiter verstärken. Denn der Faktor Knappheit spielt eine bedeutende Rolle bei Betrachtungen der Werthaltigkeit wie im Stock-to-Flow-Modell.

Dagegen spielt der **Bitcoin Dust** keine Rolle. Bei diesem Bitcoin-Staub handelt es sich um so kleine Mengen an Coins, dass sie der Besitzer normalerweise nicht einmal bemerkt. Die kleinste Einheit von Bitcoin ist 1 Satoshi (0,0000000001 BTC). Meist wird schon bei ein paar Hundert Satoshis von Dust gesprochen. Andere definieren Dust als jede Transaktionsgröße, bei der die Gebühren höher sind als der Wert der Transaktion. Dabei ist zu beachten, dass die Transaktionsgebühren je nach Aktivität im Netzwerk stärker schwanken können. Oft sammelt sich Dust in den Konten der Benutzer an nach der Ausführung von größeren Aufträgen. Dust ist dann oft wegen der Gebühren, die den Transaktionswert überschreiten, nicht handelbar. Teilweise bieten Börsen hier einen Ausweg. So konnten Binance-Nutzer ihren Dust in den nativen Coin BNB umwandeln. In der Vergangenheit haben Betrüger auch über Dust Attacks versucht, die Anonymität von Krypto-Adressen zu entschlüsseln.

Berücksichtigt man diese Aspekte, könnte man einen **adjustierten Free Float** als besseren Indikator für die kurzfristig tatsächlich dem Handel zur Verfügung stehende Stückzahl an Coins bevorzugen. Dieser würde neben den als Lost Coins klassifizierten Stücken noch weitere Gruppen von Coins ausschließen. So könnten Adressen, deren Coins seit mehr als fünf Jahren nicht mehr bewegt wurden, oder solche, die durch langfristige Staking-Kontrakte blockiert sind, vom kurzfristig handelbaren Free Float ausgeschlossen werden. Ebenso gilt das für Stücke, die von der Stiftung des Kryptoprojekts, dem dahinterstehenden Unternehmen oder dem Gründerteam gehalten werden, selbst wenn diese nicht gelockt sind.

Auf Basis des Maximum Supply kann man die **vollständig verwässerte Bewertung (Fully Diluted Valuation, FDV)** berechnen, indem die Maximalzahl der Coins mit dem aktuellen Börsenkurs multipliziert wird. Ist die FDV im Vergleich zur aktuellen Marktkapitalisierung sehr hoch, dann kann aufgrund der großen Inflationierung in Zukunft verstärkter Verkaufsdruck erwartet werden.[83] In diesem Fall ist besonders wichtig, die Tokenomics genau darauf zu untersuchen, wann und wie die noch nicht umlaufenden Stücke an den freien Markt kommen. Sind beide Werte gleich oder nicht weit voneinander entfernt, ist von dieser Seite keine Belastung zu erwarten. So hat der Bitcoin ein FDV im Vergleich zur aktuellen Marktkapitalisierung von knapp 1,08 (Stand August 2023). Bis zum Jahr 2140 werden die Bitcoin-Miner die restlichen knapp acht Prozent der Coins zugeteilt bekommen und diese dann am freien Markt verfügbar sein. Die jährliche Inflationsrate ist deshalb äußerst gering und verringert sich bei jedem Halving weiter. Wenn die letzten Coins ungefähr im Jahr 2140 gemint sind, beträgt die Inflationsrate dann dauerhaft null Prozent.

Wenn ein Emittent mehrere Milliarden Token ausgibt und diese auf einer Exchange bei nur sehr geringen Umsätzen gehandelt werden, erhält man schnell eine sehr hohe Marktkapitalisierung. Werden solche unbekannten Coins mit Hinweis auf die große Marktkapitalisierung von Promotoren entsprechend vermarktet, zeigt das die **Grenzen der Bewertung auf Basis der Marktkapitalisierung**. Solche Coins werden dann meist auf kleineren oder dezentralen Kryptobörsen gehandelt. Von daher sollten Investoren auf die Plausibilität einer Marktkapitalisierung achten.

Im Zusammenhang mit Marktkapitalisierungen von Krypto-Assets wird oft von einem **Flippening** gesprochen. Ein solches liegt dann vor, wenn ein Coin einen anderen bei der Marktkapitalisierung aufgrund von Kursveränderungen überholt. Verbreitet sind Spekulationen, ob es bei den beiden größten Kryptowährungen Bitcoin und Ether zu einem Flippening kommen könnte. Dies wäre dann der Fall, wenn Ether eine höhere Marktkapitalisierung erreichen würde als der Bitcoin.

Es gibt verschiedene **Metriken auf Basis der Marktkapitalisierung**. So wird das NVT Ratio als Quotient aus Marktkapitalisierung und dem täglichen On-Chain-Transaktionsvolumen berechnet. Diese und andere Metriken werden aber in Kapitel 12.16 bei der Analyse des Blockchain-Netzwerks besprochen.

12.15.3 Realisierte Marktkapitalisierung (Realized Cap)

Mit der Kennzahl **realisierte Marktkapitalisierung** (**Realized Cap**, auch als **Realized Network Value** oder **RV** bezeichnet) sollen Effekte aufgrund von verlorenen Coins, Beständen von HODLern oder auch von – noch – nicht platzierten oder geminten Coins berücksichtigt werden.[84] Für einige Analysten ist diese Metrik eine der wichtigsten überhaupt. Dabei werden die existierenden Coins nicht mit dem aktuellen Marktpreis multipliziert. Vielmehr werden *alle UTXOs jeweils mit dem Marktpreis zum Zeitpunkt ihres Entstehens multipliziert und dann aggregiert*. Für kontobasierte Blockchains gelten diese Überlegungen entsprechend. Letztlich entspricht das dem real investierten Wert in alle Coins. Dieser Wert kann dann mit der Marktkapitalisierung auf Basis der aktuellen Marktpreise verglichen werden.

$$\text{Realized Cap (RV)} = \sum_{\text{UTXOs}} \text{Volumen} \cdot \text{Wert zum Zeitpunkt der Entstehung}$$

Im Gegensatz zu Aktien kann die Zugangs- und Verfügungsberechtigung der Coins durch Verlust der Private Keys oder durch Software-Fehler (Bugs) unwiderruflich verloren gehen. Auch bei Forks oder Airdrops ist zu beobachten, dass viele geschaffene Coins nie bewegt oder aktiviert wurden. Im Kryptobereich gibt es keine zentrale Verwahr- und Clearingstelle, die den Gesamtbestand überwacht. Deshalb ist die herkömmlich berechnete Marktkapitalisierung bei Coins weniger aussagekräftig als bei Aktien.

Die Schwäche des Konzepts der Marktkapitalisierung zeigt folgender Vergleich eines zentralisierten mit einem dezentralisierten Coin: Ein zentralisierter pre-geminter Coin hat eine Gesamtstückzahl von einer Milliarde Stück. Wenn jetzt nur ein Token zum Preis von einem Cent gekauft worden ist, würde sich eine Marktkapitalisierung von zehn Millionen Dollar errechnen. Würde ein weiterer Token für zehn Cent gekauft, springt die Marktkapitalisierung auf 100 Millionen Dollar. Beim Kauf eines weiteren Tokens für einen Dollar errechnet sich eine Marktkapitalisierung von einer Milliarde Dollar. Investiert worden sind bis dahin aber nur 1,11 Dollar. Das wäre dann auch der Wert für die Realized Cap. Die pre-geminten Coins, von denen aber nur drei Stück von den eine Milliarde existierenden Coins gekauft worden sind, hätten nach dem Kriterium der Marktkapitalisierung den gleichen Wert wie ein dezentraler Coin, der komplett bei einer Vielzahl von Holdern platziert wurde und der ebenfalls einen aktuellen Marktpreis von einen Dollar hat.

Mit der realisierten Marktkapitalisierung wird versucht, den Einfluss von wahrscheinlich verloren gegangenen Coins weitgehend zu eliminieren. So werden die in den Anfangsjahren von Bitcoin geminten und meist Satoshi Nakamoto zugeschriebenen Bitcoin-Bestände – man spricht von bis zu einer Million Bitcoin – mit den damaligen Preisen von nahezu null Dollar bewertet. Dies ist im Vergleich zu den heute um das Zigtausendfache gestiegenen Marktpreisen mikroskopisch gering, wodurch ihr Einfluss auf die Realized Cap ebenfalls nahe null ist. Bei der Realized Cap kann aber nicht unterschieden werden zwischen wirklich verloren gegangenen Coins und denen von hartgesottenen HODLern, die ihre Coins viele Jahre nicht anfassen.

Die Realized Cap steigt in Bullenmärkten stark an. Die langfristigen Investoren, die im Bärenmarkt Coins zu niedrigen Preisen gekauft haben, verteilen diese dann mit zunehmend höheren Preisen an neue Käufer. In Bärenmärkten geht die Realized Cap dagegen zurück oder bewegt sich auf einem bestimmten Niveau seitwärts. Die Coins werden dann vor allem von den kurzfristig orientierten Investoren verkauft bis hin zu einer Art von Kapitulation und erneut durch strategische Investoren akkumuliert.

In der Abbildung 12.22 sind die langfristigen Entwicklungen der Marktkapitalisierung und der Realized Cap von Bitcoin seit Anfang 2017 dargestellt. Zur Orientierung ist auch noch der Preisverlauf von Bitcoin eingefügt. Wegen der sehr großen absoluten Unterschiede des Preises ist dieser aber in der Skala ganz links in logarithmischer Skalierung. Dagegen sind die Kapitalisierungen auf einer linearen Skala abgebildet. Man erkennt, dass sich die Marktkapitalisierung von Bitcoin aufgrund seiner sehr großen Kurssteigerungen meist sehr deutlich über der Realized Cap bewegt. Bei den sehr großen Korrekturen von Bitcoin nach den jeweiligen Kursspitzen hat sich die Marktkapitalisierung naturgemäß wieder stark auf die Realized Cap zubewegt.

Von November 2018 bis Anfang April 2019 hat sich die Realized Cap deutlich über der Marktkapitalisierung bewegt. Der durchschnittliche Einstandspreis aller Bitcoin (UTXOs) lag in dieser Phase deshalb signifikant über dem aktuellen Marktpreis. Diese Phase ist nach der Kapitulation der Anleger und dem Tiefstpreis des Zyklus um die 3.200 Dollar gekennzeichnet durch eine Akkumulationsphase. Die Verkäufer haben dann weitgehend den Markt verlassen und die Preise finden einen Boden. Mit dem erneuten Durchbruch der Marktkapitalisierung durch die Realized Cap Anfang April 2019 kam es dann erstmals nach der großen Korrektur wieder zu einer sehr starken Aufwärtsbewegung, bei der sich der Preis von Bitcoin von 4.200 Dollar Anfang April 2019 in drei Monaten bis auf 13.000 Dollar mehr als verdreifachte.

Auch der kurze Taucher der Marktkapitalisierung unter die Realized Cap im Zusammenhang mit dem Corona-Crash im März 2020 markierte einen Tiefpunkt und war letztlich der Startpunkt der letzten großen Hausse. Der Bitcoin-Preis stieg danach von 4.800 Dollar bis auf über 64.000 Dollar im April 2021.

Im Juni 2022 fiel die Marktkapitalisierung erneut unter die Realized Cap und bewegte sich – von kürzeren Ausbrüchen nach oben abgesehen – meist deutlich darunter. Erst Mitte Januar 2023 konnte sie wieder nachhaltig über die Realized Cap steigen. In den folgenden drei Monaten legte der Bitcoin-Preis dann wieder um rund 50 Prozent zu.

Abb. 12.22 *Realized Cap, Market Cap und Preis von Bitcoin (Quelle: Glassnode)*

12.15.4 Metriken auf Basis der Realized Cap

Eine einfache von der Realized Cap abgeleitete Metrik ist der **Realized Price**. Dieser ergibt sich als Division der Realized Cap durch die Zahl der aktuell umlaufenden Coins (Circulating Supply).

$$\text{Realized Price} = \frac{\text{Realized Cap}}{\text{Circulating Supply}}$$

Die Realized Cap entspricht dem real investierten Wert in alle Coins, der dann mit der aktuellen Marktkapitalisierung verglichen werden kann. Durch die Division mit der Zahl aller derzeit handelbaren Coins ergibt sich der Realized Price dann als *Durchschnittspreis*, zu dem alle Coins am Markt gekauft wurden. Dieser Durchschnittspreis wird als eine Art Fair Value und deshalb als On-Chain Support oder Unterstützungspreis interpretiert. In Bullenmärkten steigt der Realized Price fast vertikal an und verläuft in den Korrekturphasen dann seitwärts. Fällt der aktuelle Kurs unter den Realized Price, gilt das oft als Beginn einer Kapitulation der Anleger. Eine Ausnahme war der Corona-Crash vom März 2020, als der Kurs nur einmal ganz kurz unter den Realized Price fiel. In der Vergangenheit waren Phasen, bei denen der Realized Price über den aktuellen Kursen verlief, gute Akkumulationsphasen für Bitcoin.

Abb. 12.23 *Verlauf von Realized Price und Kurs von Bitcoin (Quelle: Glassnode)*

Subtrahiert man die Realized Cap von der Marktkapitalisierung, ergibt sich der **gesamte unrealisierte Gewinn oder Verlust (Unrealized Profit/Loss)**.[85] Durch Division des Unrealized Profit/Loss durch die Marktkapitalisierung errechnet sich der gesamte relative Gewinn oder Verlust (**Net Unrealized Profit/Loss, NUPL**). Diese Metrik wird dann als eine Art Marktsentiment interpretiert.

Wenn Coins On-Chain bewegt werden, kann ihr Wert zu diesem Zeitpunkt mit dem Wert verglichen werden, der sich auf Basis des Marktpreises zum Zeitpunkt der vorherigen Bewegung ergibt. Dann kann der **realisierte Nettogewinn/-verlust (Net Realized Profit/Loss)** ermittelt werden.[86] Diese Kennzahl weist dann den Gewinn oder Verlust aus, der mit allen im betrachteten Zeitraum ausgegebenen Coins erzielt wurde.

Net Realized Profit/Loss = Realized Profit – Realized Loss

Mit dieser Metrik können Rückschlüsse auf Kapitalzuflüsse, Stärke der Nachfrage und Profitabilität des Netzwerks gezogen werden. In Bullenmärkten nehmen die Anleger mit steigenden Kursen Gewinne mit, wodurch der *Net Realized Profit/Loss positiv* ist und ansteigt. Wenn dann trotz der Gewinnrealisierungen der Kurs weiter steigt, spricht das für neue Kapitalzuflüsse in den Coin. Steigt der Net Realized Profit/Loss progressiv an, könnte zumindest ein lokaler Höchststand erreicht sein. Denn sobald die Nachfrage nachlässt, würden die anhaltenden Gewinnrealisierungen dann zu fallenden Kursen führen. Ist der *Net Realized Profit/Loss negativ*, werden überwiegend Verluste On-Chain realisiert. Tendiert der Preis weiter nach unten, deutet das auf Kapitalabflüsse hin. Bei sehr negativen Werten des Net Realized Profit/Loss kann man von einer Kapitulation der Anleger sprechen. In solchen Phasen erhöht sich die Wahrscheinlichkeit einer Trendumkehr nach oben. Ist der Wert des *Net Realized Profit/Loss neutral*, also nahe null, werden die Coins überwiegend nahe ihren Einstandspreisen ausgegeben. Hoch im Gewinn oder Verlust befindliche Coins werden dagegen nicht bewegt. In Korrekturen bei einem Bullenmarkt kann das auf eine wieder positivere Stimmung und einen Kursanstieg hindeuten, umgekehrt bei Korrekturen während eines Bärenmarktes.

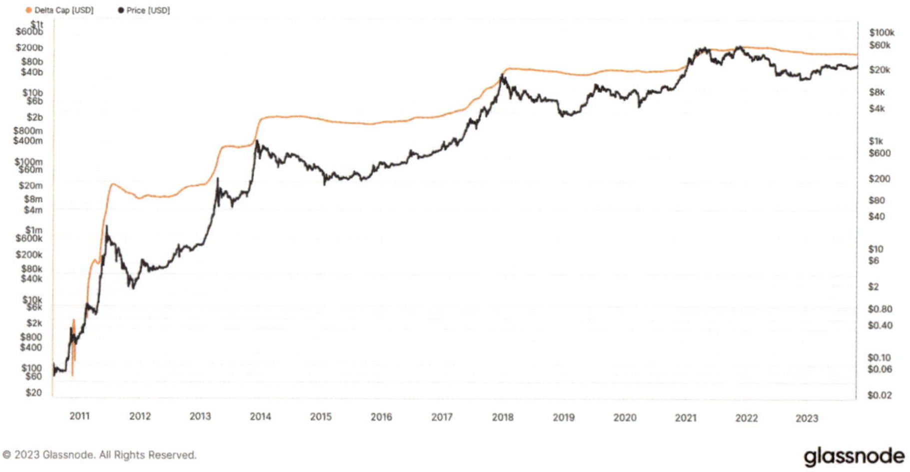

Abb. 12.24 *Verlauf der Delta Cap (30-Tage-Durchschnitt) beim Bitcoin (Quelle: Glassnode)*

Die **Delta Cap** ist definiert als Differenz zwischen der Realized Cap und der Average Cap.[87] Bei der Average Cap wird dabei anders als bei herkömmlichen gleitenden Durchschnitten nicht ein bestimmter Zeitabschnitt (wie zum Beispiel 200 Tage) zur Berechnung herangezogen. Vielmehr wird ein kumulativer einfacher gleitender Durchschnitt der täglichen Marktkapitalisierung für die gesamte Lebensdauer des Coins berechnet.

Diese Average Cap könnte man als den wahren Mittelwert der gesamten Entwicklungsgeschichte bezeichnen. Sie hat dadurch aber einen sehr nachlaufenden Charakter.

Dabei wird die Average Cap ermittelt als kumulierte Summe der täglichen Market Cap dividiert durch das Alter des Coins gemessen in Tagen. Die hybride – halb fundamental und halb technisch basierte – Preismetrik Delta Cap wird benutzt, um Tiefpunkte im Markt zu ermitteln.

Mit dem **MVRV Ratio (Market Value to Realized Value)** wird das *Verhältnis von Marktkapitalisierung eines Coins zu realisierter Kapitalisierung* betrachtet.

$$\text{MVRV} = \frac{\text{Market Cap}}{\text{Realized Cap}}$$

Das MVRV Ratio gilt als einer der verlässlichsten On-Chain-Indikatoren. Mit diesem Verhältnis soll herausgefunden werden, ob der aktuelle börsengehandelte Preis unter oder über dem fairen Preis liegt. Demnach soll ein Wert von 3,7 und darüber eine Überbewertung und ein Wert von 1 oder darunter eine Unterbewertung anzeigen.[88] Je höher der MVRV-Wert ist, desto größer ist der Wert der unrealisierten Gewinne und desto größer ist damit die Gefahr, dass in größerem Umfang Gewinne realisiert werden. Ein MVRV-Wert von unter 1 bedeutet, dass der Gesamtmarkt durchschnittlich im Verlust ist. Durch die im Laufe der Jahre abgenommene Volatilität beim Bitcoin wird der obere Schwellenwert aber nur noch knapp erreicht und gilt als weniger verlässlich. Für die praktische Anlagestrategie könnte aber insbesondere der untere Schwellenwert weiter nützlich sein. Dies resultiert aus der Beobachtung, dass die Motivation des Bitcoin-Sparens als Kurstreiber im Vergleich zur Motivation des Bitcoin-Spekulierens in den vergangenen Jahren deutlich aufgeholt hat. Ein MVRV von unter 1 und damit eine aktuelle Marktkapitalisierung unter der Realized Cap, also dem gesamten Investitionswert in Bitcoin auf Basis der Preise bei der letzten Bewegung der Coins, spricht dann fundamental für eine Unterbewertung. Tatsächlich zeigten in der Vergangenheit Werte von unter 1 das Ende eines Abwärtstrends beim Bitcoin und damit gute Einstiegszeiträume an.

Als Varianten gibt es das **Long-Term Holder MVRV (LTH-MVRV)** und das **Short-Term Holder MVRV (STH-MVRV)**. Diese unterscheiden sich danach, ob die zugrunde liegenden UTXOs eine Lebensdauer (vom Entstehen bis zum aktuellen Zeitpunkt) von mindestens (LTH-MVRV) oder weniger als (STH-MVRV) 155 Tagen haben.[89] Beim LTH-MVRV wird angenommen, dass es besser die langfristigen Umkehrpunkte zeigt als das MVRV. Dagegen soll das STH-MVRV kurzfristige Über- und Unterbewertungen zeigen.[90]

Abb. 12.25 *MVRV Ratio von Bitcoin (Quelle: Glassnode)*

Das **Spent Output Profit Ratio (SOPR)** zeigt die Gewinnquote von On-Chain bewegten Coins.[91] Dabei wird der *realisierte Wert einer Transaktion durch den Wert zum Zeitpunkt des Entstehens des UTXOs, also der Verkaufs- durch den Kaufpreis, dividiert.* Ein SOPR von über 1 bedeutet, dass die Mehrzahl der aktuellen Verkäufer mit Gewinn verkauft. Bei einem Wert von unter 1 verkauft die Mehrzahl mit Verlust. In einem Bear Market wird das SOPR nicht lange über 1 und in einem Bull Market nicht lange unter 1 bleiben.

Mit dem **adjusted SOPR (aSOPR)** soll der Tatsache Rechnung getragen werden, dass nicht alle UTXOs einen Kauf oder Verkauf darstellen. Dabei werden alle UTXOs mit einer Lebensdauer von weniger als einer Stunde herausgefiltert. Weitere Varianten sind das **Long-Term Holder SOPR (LTH-SOPR)** und das **Short-Term Holder SOPR (STH-SOPR)**.[92] Hier werden nur Transaktionen berücksichtigt, deren UTXOs mindestens 155 Tage alt (LTH) oder jünger (STH) als 155 Tage sind. Das LTH-SOPR zeigt sehr deutlich die Phasen der Kapitulation der HODLer bei einer deutlichen Abwärtsbewegung. Das STH-SOPR soll dagegen die kurzfristigen Tiefpunkte und damit die guten Einstiegspunkte zeigen.

12.15.5 Auslaufen von Lock-up-Fristen

Das Auslaufen von Lock-up-Fristen führt zu einer **Erhöhung des Circulating Supply** um die dann neu zum freien Handel zugelassenen Token.[93] Lock-up-Fristen kennt man von den Aktienmärkten. Mit diesen werden meist Alt-Investoren daran gehindert, nach einem Börsengang die Aktien schnell verkaufen zu können. Mit diesem Mittel möchte man zunächst den Markt sich entwickeln lassen und den Kurs nicht durch ein schnelles Überangebot belasten. Ähnlich ist dies bei Kryptowährungen zu sehen. So werden seriöse Kryptoprojekte nach einem ICO den Token-Verkauf von Investoren früherer Finanzierungsrunden, die oft zu erheblich tieferen Preisen eingestiegen sind, aus den gleichen Gründen wie bei einem Aktien-IPO für eine gewisse Zeit unterbinden wollen. Im Aktienbereich werden die Lock-up-Verpflichtungen durch Vereinbarungen und über Sperrdepots durchgesetzt. Bei Kryptowerten geschieht dies über Smart Contracts direkt auf der Blockchain. Das Lock-up erfolgt automatisch und kann nicht umgangen werden. Die Freigabe der gesperrten Token nach Fristablauf erfolgt dann ebenfalls automatisch.

Zwar können die gesperrten Token nicht direkt verkauft werden. Kompensationsgeschäfte, die einem Verkauf entsprechen, sind aber grundsätzlich dennoch vorstellbar. So wurden im Juli 2020 in einem vorbörslichen Verkauf Token der Kryptowährung The Graph (GRT) für einen Preis von 0,003 Dollar angeboten. Nach Notierungsaufnahme Mitte Dezember an den meisten großen Kryptobörsen um 0,30 Dollar bewegte sich der Kurs einige Wochen seitwärts, um dann bis Mitte Februar auf 2,80 Dollar zu explodieren. Damit hätte ein Investment von 1.000 Dollar innerhalb von rund acht Monaten beim Verkauf 100.000 Dollar gebracht. Eigentlich ist dies wegen der Lock-up-Frist nicht möglich. Da aber an einigen Börsen wie Binance auch Perpetual Futures auf GRT gehandelt werden, wäre über eine Short-Position dort dann doch ein indirekter Verkauf der gelockten Position möglich gewesen.

Die **Auswirkungen von Token Unlocks** können je nach *Ausmaß der Unlocks* und je nach Marktphasen unterschiedlich sein. Bei prozentual geringen Erhöhungen wird der Unlock wenig Einfluss auf die Preisentwicklung der Token haben. Handelt es sich aber – verglichen mit der Zahl der bisher frei handelbaren Token – um einen beträchtlichen prozentualen Anteil, könnte es sich auf die Preisentwicklung wegen des zusätzlich handelbaren Angebots negativ auswirken. Analysen zeigen, dass die Preise von kleinen Unlocks bereits mehr als 20 Tage vorher rückläufig tendieren und nach dem Termin wieder steigen.[94] Bei größeren Unlocks sind die Kursverluste vor dem Termin noch deutlich stärker. Nach dem Termin steigen sie meist wieder etwas an, um dann etwa zwei Wochen später weiter in den negativen Bereich zu fallen. Dieser negative Einfluss dürfte umso größer ausfallen, je geringer die Umsätze und damit die Liquidität am gesamten Kryptomarkt und speziell bei dem jeweiligen Token sind. Von daher ist es für die Analyse der Coins nach finanziellen Aspekten unabdingbar, sich die Tokenomics genauer anzusehen. Dort sind der Verteilungsmechanismus der Coins und die Lock-up-Fristen festgelegt.[95]

In einer negativen *Marktphase* wird sich ein größerer Token Unlock meist negativ auswirken. Ein größerer Kursrückgang wird dabei meist vor dem Token Unlock auftreten. In sehr bullishen Phasen wie in den ersten Monaten 2021 kann aber auch ein gegenteiliger Effekt eintreten.[96] Analysten haben dabei auch darauf hingewiesen, dass die Projektteams in bearishen Phasen positive Nachrichten eventuell zurückhalten könnten. Dreht dann das Sentiment am Markt, könnten diese positiven Entwicklungen insbesondere vor größeren Token Unlocks veröffentlicht werden, um Preise und Nachfrage vor dem Unlock-Termin zu stimulieren.

Auch beim Bitcoin gibt es implizit Lock-up-Fristen. Diese sind durch den Verteilungsmechanismus über das Mining bestimmt und deshalb genau nachzuvollziehen. Alle vier Jahre wird dabei durch die Bitcoin-Halvings die Stückzahl der freigegebenen Coins halbiert, bis um das Jahr 2140 herum alle Coins verteilt sind. Dieser gläserne Verteilungsmechanismus ist zusammen mit der absolut begrenzten Stückzahl der wesentliche Treiber der Nachfrage und damit des Wertes von Bitcoin.

12.15.6 Nutzungsgebühren (Fees)

Die Protokolle geben in der Regel neue Token aus, um Anreize für die Nutzung und das Wachstum ihrer Plattformen zu schaffen. Während diese **Token-Anreize** für die Protokolle kaum mit Kosten verbunden sind, können diese neuen Token für die bestehenden Token-Inhaber zu einer Wertminderung führen. Denn die neuen Token erhöhen das bestehende Token-Angebot am Markt und können so den Wert der Token verwässern und für zusätzlichen Verkaufsdruck sorgen. Diesem negativen Einfluss auf den Wert stehen die vom Protokoll generierten Einnahmen gegenüber.

Mit der ständig fortschreitenden Entwicklung der Krypto-Industrie und der On-Chain-Datenquellen für deren Analyse können die Kryptoprotokolle verstärkt mit Methoden bewertet werden, die denen von traditionellen Unternehmen ähneln.[97] So sind die auf dem Protokoll vereinnahmten **Gesamtgebühren (Fees)**, die in der jeweiligen nativen Kryptowährung gezahlt werden, ein Maßstab für den generierten wirtschaftlichen Wert. Bei Wachstumsaktien, die noch keine Gewinne erwirtschaften, wird gern ein Price-to-Sales Ratio (P/S) zur Einschätzung verwendet. Dabei wird die Marktkapitalisierung der Aktie durch die jährlichen Umsätze geteilt. Das Ratio ergibt dann einen Multiplikator, mit dem die Aktie im Vergleich zu ihren erzielten Umsätzen bewertet wird. Bei einer Anwendung der Metrik auf Kryptowährungen wird die voll verwässerte Marktkapitalisierung aller Coins durch die jährlich erzielten Gesamtgebühren geteilt, die von den Nutzern der Blockchain oder der darauf laufenden dApps gezahlt werden. Ein hohes Ratio bedeutet dann, dass das Netzwerk im Vergleich zu seiner Bewertung relativ geringe Einnahmen generiert.

Allerdings sind diese Gesamtgebühren nicht gleichbedeutend mit den Einnahmen des Protokolls. Diese **Protokolleinnahmen** in Relation gesetzt zu der Marktkapitalisierung wären dann aber in etwa vergleichbar mit einem Kurs-Gewinn-Verhältnis (P/E) bei Aktien. Viele Protokolle wandeln aber die erwirtschafteten Gesamtgebühren nicht oder nur zum Teil in Protokolleinnahmen um. So werden auf Marktplätzen wie Uniswap erhebliche Gebühren generiert, die letztlich aber komplett an die Liquiditätsanbieter der dezentralen Börse verteilt werden. Für das Treasury von Uniswap und die

Token-Inhaber bleibt dabei nichts übrig, die Protokolleinnahmen sind null. Hier gibt es Bestrebungen, einen Teil der Gesamtgebühren an die Token-Inhaber weiterzuleiten. Fraglich ist auch, wohin die Protokolleinnahmen dann tatsächlich fließen. So teilt die dezentrale Krypto-Derivatebörse GMX die erzielten Gebühren hälftig auf ihre Liquiditätsanbieter und die GMX-Staker auf. Dagegen fließen die Gebühren beim Konkurrenten dYdX komplett an eine zentrale Muttergesellschaft, die dYdX Trading Inc. Beim Bitcoin gehen zwar alle Gebühren an die Miner und nichts an das Protokoll oder die Besitzer der Bitcoin. Trotzdem ist der Bitcoin ein ausgezeichnetes Investment. Hier wird der Wert allein durch die ständig steigende Nutzung des Netzwerks bei gleichzeitig absolut begrenzter Bitcoin-Stückzahl generiert.

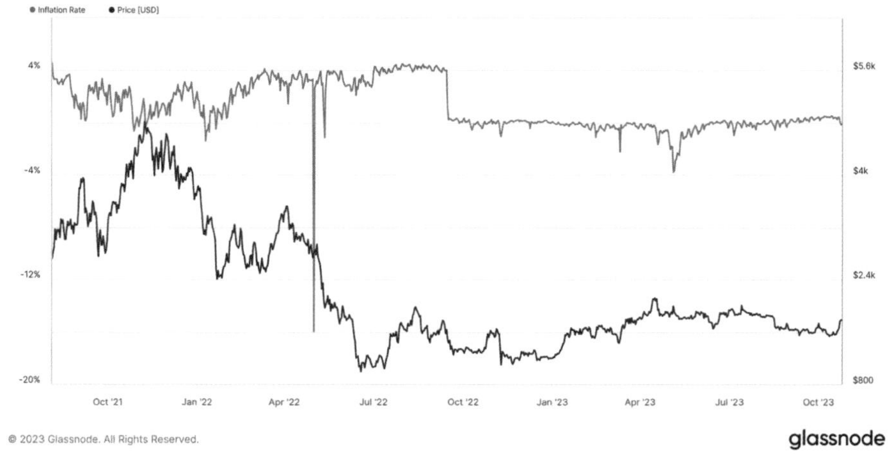

Abb. 12.26 *Inflationsrate von Ether seit August 2021 (Quelle: Glassnode)*

Das Protokoll kann auch so ausgestaltet sein, dass ein Teil der von den Nutzern in der jeweiligen nativen Kryptowährung gezahlten Gebühren verbrannt und damit dauerhaft aus dem verfügbaren Coin-Angebot genommen wird. Durch ein solches **Burning** wird die durch die neuen Token erhöhte Gesamtzahl an umlaufenden Coins wieder vermindert. Bei einer Verminderung der Stückzahl an Coins ist ähnlich wie bei Aktienrückkäufen tendenziell eine Wertsteigerung der Coins zu erwarten. Auch bei der zweitgrößten Kryptowährung Ether ist das seit der Einführung des Upgrades EIP-1559 im August 2021 der Fall. Seitdem wird ein Teil der für die Nutzung der Ethereum-Blockchain gezahlten Transaktionsgebühren wieder verbrannt und dadurch die Zahl der umlaufenden Coins wieder verringert. In den ersten zwei Jahren seit Einführung des Burn-Mechanismus wurden bereits über vier Millionen Ether verbrannt. Ein solcher Effekt verringert dann die Verwässerung des Wertes der bereits umlaufenden Token und kann sogar zu einem deflationären Effekt führen. Dies zeigt ein Blick auf die Inflationsrate von Ether seit August 2021. Anfänglich konnte der Ether nach dieser Umstellung den Bitcoin outperformen. Danach verlor Ether in der großen Korrektur von 2022 aber wieder an Wert und performte sogar deutlich schlechter als der Bitcoin. Trotzdem könnte sich dieser deflationäre Effekt langfristig umso positiver auf den Ether-Preis auswirken, je erfolgreicher das Ethereum-Netzwerk ist. Denn dann werden sehr viele Transaktionen auf der Blockchain ausgeführt und entsprechend mehr Coins verbrannt.

Sieht man die Token-Anreize als Kosten durch Verwässerung für die bisherigen Token-Inhaber, kann man diese Kosten in Relation zu den Protokolleinnahmen setzen und so eine Art Schätzung der **Rentabilität** für die Token-Inhaber erhalten. Es zeigt sich, dass viele Protokolle mit großen Token-Anreizen und damit einer großen Emission neuer Token gleichzeitig auch Spitzenplätze bei der Ertragsgenerierung einnehmen. Trotzdem gibt es wie bei Start-ups in der Frühphase der Protokolle negative Cashflows. Die Fantasie dabei ist dann, dass diese großen Anreize zu starken Netzwerkeffekten führen können, die die Plattform dann letztlich doch wirtschaftlich tragen können.

12.16 Analyse des Blockchain-Netzwerks

12.16.1 Bewertung von Netzwerken

Ein **zentrales Netzwerk** besteht aus einem zentralen Server als Knotenpunkt und vielen Clients. Bei einem erfolgreichen Angriff auf den zentralen Server fällt dann das gesamte Netzwerk aus. Ein **dezentrales Netzwerk** ist dagegen nicht auf einen Zentralrechner angewiesen. Denn dort gibt es viele verteilte Rechner als Knotenpunkte, bei denen alle Knoten denselben Informationsstand haben. Wird nun ein Rechner oder werden sogar viele Rechner angegriffen, haben die anderen Knoten immer noch den gleichen Informationsstand, der dadurch weiterhin in dem Netzwerk jederzeit abgerufen werden kann. Damit ist die Sicherheit des dezentralen Netzwerks nicht vom Funktionieren eines bestimmten Knotenpunktes abhängig. Bei derartigen Netzwerken ist eine Manipulation oder ein Ausfall der Daten deshalb nahezu ausgeschlossen. Auch die angegriffenen Computer würden sich bei einem Neustart wieder synchronisieren und so auf den aktuellen Informationsstand des dezentralen Netzwerks updaten. Durch die Dezentralisierung in einer Blockchain wie Bitcoin wird Kontrolle und Entscheidungsfindung auf alle Mitglieder des Netzwerks übertragen. Ein Vertrauen der Mitglieder untereinander ist nicht mehr nötig. Denn jedes Mitglied verfügt über eine Kopie der Daten. Eine Manipulation der Daten würde von der Mehrheit der Mitglieder des Netzwerks automatisch abgelehnt.

Für die Bewertung von Netzwerken – sowohl zentralen wie dezentralen – ist der **Netzwerkeffekt** entscheidend. Darunter versteht man in der Volkswirtschaftslehre die *Veränderung des Nutzens eines Produkts für den Konsumenten, wenn sich die Zahl anderer Nutzer desselben Produktes oder komplementärer Produkte ändert.* Solche Netzwerkeffekte kennt man beispielsweise von verschiedenen zentralen Internetplattformen in Bereichen wie Social Media und Entertainment. Beispiele dafür sind Facebook, Instagram, Dating-Plattformen oder Netflix. Je mehr Nutzer diese Plattformen nutzen, desto mehr Anreize bietet diese für alle Nutzer und desto größer ist ihr Wert. Steigt die Nutzerzahl, so erhöht sich der Wert des Netzwerks. Fällt die Nutzerzahl aufgrund besserer konkurrierender Angebote oder vielleicht auch, weil sich der Zeitgeist ändert, dann fällt der Wert des Netzwerks. Mit zunehmender Zahl der Nutzer steigt also der Wert des Netzwerks.

Ein On-Chain-Indikator für das **Wachstum des Netzwerks** ist die *Anzahl der neuen Adressen.* Steigen die täglich neu kreierten Adressen im Zeitverlauf, spricht dies für ein gesundes Wachstum des Netzwerks. Stagniert diese Zahl oder ist sogar rückläufig, ist dieses Wachstum – zumindest temporär – gebremst. Bleibt die Netzwerkaktivität in Form der *täglich aktiven Adressen* hoch, spricht das auch bei rückläufigen Preisen für eine gesunde Verfassung des Netzwerks. Auch die *Zahl der tatsächlich erfolgreichen Transaktionen auf dem Netzwerk (Transaction Count)* kann ein Maßstab für das Wachstum des Netzwerks sein. Ein weiterer Indikator dafür wäre das Ausmaß der *Beteiligung der Community an der Governance,* wie sie sich zum Beispiel bei On-Chain-Wahlentscheidungen widerspiegelt.

Grundsätzlich ist allerdings ab einem gewissen Punkt auch immer ein gegenläufiger Effekt denkbar. Eine durch ständigen Nutzerzulauf zum absoluten Mainstream gewordene Plattform würde dann von immer mehr – elitären? – Nutzern als geringerwertig eingestuft. Diese Einschätzung könnte dann als eine Art **negativer Netzwerkeffekt** auf immer mehr Nutzer übergreifen und zu einer Entwertung des Netzwerks führen. Bei Netzwerken wie Facebook ist das vorstellbar. Selbst bei Apple könnten ausbleibende Innovationen zu einer Art Nokia-Effekt und damit einer Minderung der Exklusivität und einem Rückgang der Wertschätzung führen. Bei dem führenden dezentralen Finanznetzwerk Bitcoin ist eine solche Entwicklung aktuell sehr unwahrscheinlich. Völlig auszuschließen ist sie aber nicht. Kommt eine „bessere" Bitcoin-Version, könnte die bisherige ins Abseits geraten. Allerdings dürfte eine solche Version allein schon wegen des uneinholbaren Track Records von Bitcoin eher auf der Bitcoin-Blockchain aufbauen, als dass es eine völlig neue Blockchain gibt. In diesem Fall würde sich die bessere Bitcoin-Version dann von der alten Bitcoin-Blockchain abspalten. An einer solchen Fork wären deshalb dann auch alle Bitcoin-Besitzer beteiligt. Die Wertminderung beim alten Bitcoin würde dann von der Wertsteigerung des neuen aufgefangen. Der Bitcoin wäre dann zwar ein Dinosaurier wie MySpace, das von Facebook abgelöst wurde. Im

Gegensatz zu den Aktionären von MySpace, die keine Bezugsrechte auf Facebook hatten, wären die Besitzer des alten Bitcoin aber dann auch direkt am neuen Bitcoin beteiligt.

Der **Bitcoin** hat als First Mover mit seinem historisch nicht mehr einholbaren Track Record als fehlerfrei funktionierendes Netzwerk die Führungsposition bei den Kryptowährungen im eigentlichen Sinn erobert. Gerade weil der entscheidende Use Case von Bitcoin die Wertspeicherung über alle Ländergrenzen hinweg ist, kommt diesem Sicherheitsaspekt die entscheidende Bedeutung zu. Deswegen konnten auch konkurrierende Kryptowährungen und Bitcoin-Kopien wie Litecoin oder Bitcoin Cash nicht an dieser Führungsposition rütteln und haben im Verlauf der Jahre relativ zum Bitcoin immer mehr an Bedeutung verloren. Der Denkfehler, dass Kopien mit teilweise besseren technologischen Eigenschaften den Bitcoin ablösen könnten, übersieht, dass es hier primär auf die überlegenen monetären und weniger auf die technologischen Eigenschaften ankommt.[98] Die dahinterstehende Technik einer Kryptowährung muss dieser in ihren monetären Eigenschaften nur Glaubwürdigkeit verleihen. Der Bitcoin gilt als das sicherste Blockchain-Netzwerk. Dieser weltweite Konsens gibt dem Bitcoin ein Alleinstellungsmerkmal. Die Technologie mag im Vergleich zu Cutting-Edge-Lösungen anderer Blockchains etwas langweilig wirken. Dafür ist sie ausgetestet und stabil und wird deshalb als sicher eingestuft. Ein Desaster wie bei Terra gibt es hier nicht. Der Netzwerkeffekt ist beim Bitcoin am größten, einfach weil der Bitcoin bereits das dominanteste Netzwerk ist. Dieser Netzwerkeffekt spiegelt sich in der überragenden Marktliquidität von Bitcoin, der großen Zahl der weltweiten Nutzer, der Vielzahl an Handelsplätzen weltweit und der großen Community von Entwicklern und Unterstützern.

Die Analyse eines Blockchain-Netzwerks erfolgt über **Netzwerkindikatoren (Network Indicators)**. Durch die entsprechenden On-Chain-Daten können auf einer Makroebene Aussagen über den Zustand des Netzwerks und das Verhalten der dort tätigen Akteure getroffen werden. So sind die Daily Active Addresses, die schon in Kapitel 12.14.1 behandelt wurden, wie bei Internetmarktplätzen oder im Bereich Social Media einer der wichtigsten Indikatoren für die Netzwerkaktivitäten und damit den Zustand und die Entwicklung des Netzwerks. Steigt die Zahl der aktiven Adressen, spricht das für eine gesunde Entwicklung des Netzwerks und der Nutzerbasis und signalisiert einen steigenden Netzwerkeffekt. Durch Netzwerkindikatoren erlangt man direkt von der Blockchain Informationen darüber, wie das Netzwerk eines Krypto-Assets sich verhält in Bezug auf Nutzerwachstum, Aktivitätsmuster bei Transaktionen, Kosten von Transaktionen, durchschnittliche Haltedauer von Token et cetera. Manche dieser Indikatoren wurden bereits in den vorherigen zwei Kapiteln erläutert.

12.16.2 Metcalfe's Law und seine Anwendung auf den Bitcoin

Für die Bewertung von Netzwerken wie Facebook wird häufig auf das **Metcalfe'sche Gesetz (Metcalfe's Law)** zurückgegriffen. Dabei wird unterstellt, dass der Nutzen eines Kommunikationssystems oder Netzwerks proportional zur Anzahl der möglichen Verbindungen zwischen den Teilnehmern wächst, während die Kosten nur proportional zur Teilnehmerzahl wachsen. Da die Zahl der möglichen Verbindungen exponentiell im Vergleich zur Teilnehmerzahl wächst, steigt der Netzwert deutlich stärker als die Zahl der Nutzer und übersteigt ab einer gewissen Größe die Kosten. Anschaulich wird das zum Beispiel bei einem Telefonnetzwerk. Je mehr Menschen dieses benutzen, um so exponentieller wertvoller ist dieses Netzwerk. Der Wert wird dann angesetzt als:

$$M = A \cdot n^2$$

Dabei ist n die Zahl der Nutzer. Bei einer großen Zahl von Nutzern ist die Anzahl möglicher Verbindungen zwischen allen Nutzern gleichzusetzen mit der Quadratzahl der Nutzer. Da es aber in einem großen Netzwerk unrealistisch ist, dass alle Nutzer miteinander kommunizieren, wird ein Proportionalitätsfaktor A eingeführt, der den abnehmenden Nutzen zusätzlicher Teilnehmer eines großen Netzwerks berücksichtigt. Dies wird durch eine erst progressiv und dann degressiv steigende Funktion am besten abgebildet, wie man sie von Wachstumskurven in der BWL kennt. Der Nutzen oder Marktwert M steigt demnach um das Quadrat der Zahl der Netzwerkteilnehmer, korrigiert durch eine s-förmig verlaufende Berichtigungsfunktion A. Dabei kann die Wachstumsfunktion A für verschiedenartige Netzwerke unterschiedlich sein.

Diese Grundüberlegungen werden auch auf die Bewertung des Netzwerks von Bitcoin und anderen Kryptos übertragen. Die Zahl der Bitcoin-Nutzer korrespondiert mit dem Vertrauen in Bitcoin als Zahlungsmittel und Asset. Die Werthaltigkeit von Fiatwährungen wie Euro oder Dollar beruht im Wesentlichen ebenfalls auf diesem Vertrauen. Die Zahl der Nutzer n könnten bei Facebook die monatlich aktiven Nutzer sein. Beim Bitcoin nimmt man für n die Daily Active Addresses (DAA). Diese Methode der Ermittlung eines fairen Wertes für den Bitcoin nennt man dann DAA Metcalfe's Law. Nimmt man statt DAA den täglichen Transaktionswert (Daily Transaction Value, TV), wird n nicht mehr quadriert. Die nach dem TV Metcalfe's Law ermittelten Werte haben die Entwicklung der Bitcoin-Preise viel besser vorhergesagt. Daneben kann das Network Value to Metcalfe Ratio (NVM) gebildet werden mit dem Ziel, Phasen der Über- oder Unterbewertung zu ermitteln. Alle diese Überlegungen dienen aber eher der Veranschaulichung der grundsätzlichen Verlaufstendenz von Bitcoin und weniger einer genaueren Preisprognose. Außerdem kann sich durch eine Verlagerung des Use Cases oder durch verändertes Nutzerverhalten die Anwendbarkeit von Metcalfe's Law ändern. So kann durch eine starke Zunahme von Off-Chain-Transaktionen – wie bei Transaktionen auf Börsen oder auf Sidechains – die Aussagekraft der Daily Active Addresses oder des Daily Transaction Value stark eingeschränkt sein.

12.16.3 Network Value, NVT Ratio und Velocity

Unter dem **Network Value** wird die *Marktkapitalisierung* des jeweiligen Coins verstanden. Das **NVT Ratio (Network Value to Transactions Ratio)** drückt aus, wie stark ein Netzwerk relativ zu seinem Marktwert genutzt wird und gilt als *vergleichbar mit dem Kurs-Gewinn-Verhältnis (KGV) bei Aktien.*[99] Berechnet wird es, indem der Netzwerkwert (= Marktkapitalisierung) durch das täglich über die Blockchain übertragene Transaktionsvolumen (On-Chain-Umsatzvolumen) gerechnet in US-Dollar geteilt wird. Zur Glättung der täglichen Werte betrachtet man häufig durchschnittliche Werte wie den 7-, 14- oder 30-Tage-Durchschnitt. Technisch gesehen ist das NVT Ratio die umgekehrte Geldumlaufgeschwindigkeit (Velocity).

$$\text{NVT Ratio} = \frac{\text{Market Cap (USD)}}{\text{Daily On-Chain Transaction Volume (USD)}}$$

$$= \frac{\text{Circulation Supply} \cdot \text{Preis (USD)}}{\text{Stückzahl} \cdot \text{Preis (of all daily spent Outputs) (USD)}}$$

Während bei Aktien der Preis durch den Gewinn pro Aktie geteilt wird zur Ermittlung des KGV, ist ein Netzwerk wie Bitcoin kein Gewinn erzielendes Unternehmen. Da Bitcoin ein Zahlungs- und Wertaufbewahrungsnetzwerk ist, kann man stattdessen den Geldfluss durch das Netzwerk und damit dessen Nützlichkeit als Äquivalent zum Gewinn nehmen. Es zeigt sich, dass das auf der Blockchain übertragene Volumen eng mit dem Network Value korreliert ist, weshalb das NVT als sehr wichtige Metrik gilt. Allerdings wurde im Kapitel zu den UTXOs schon darauf hingewiesen, dass der tatsächlich On-Chain übertragene Wert immer geringer sein wird als der auf der Blockchain festgehaltene. Denn bei einer Teilübertragung eines vorhandenen Coinbestandes an einen Empfänger wird immer der gesamte Betrag als Transaktion verbucht, obwohl der nicht für die Übertragung benötigte Teil wieder als eine Art Wechselgeld an den Absender zurückfließt. So kommt es zu Doppelzählungen, die den Wert aller Transaktionen aufblähen. Das NVT Ratio kann deshalb nur die Untergrenze des wahren Verhältnisses sein, weil der Divisor (das täglich auf der Blockchain übertragene Volumen) nur die Obergrenze des tatsächlich übertragenen Volumens ist. Diese Schwierigkeiten bei der Bestimmung des On-Chain-Transaktionsvolumens betreffen primär UTXO-basierte Coins wie Bitcoin. Bei kontenbasierten Coins wie Ether gibt es das Problem wegen des fehlenden Wechselgeldes nicht. Im Gegensatz zu den UTXO-basierten Coins gibt es bei den kontenbasierten Coins deshalb keine systemisch bedingte Überschätzung des Transaktionsvolumens. Bei Privacy Coins wie Monero ist es unmöglich, einen vernünftigen NVT-Wert zu ermitteln, denn sie verbergen in Teilen oder ganz den übertragenen On-Chain-Wert.

Das NVT Ratio verknüpft zwei wesentliche Bewertungsfaktoren: den Marktwert und die Nützlichkeit. Ähnlich wie beim KGV für Aktien könnte ein *hohes NVT Ratio oder ein ansteigender Trend* bei diesem auf eine Überbewertung oder sogar Blasenbildung hindeuten. Denn in diesem Fall ist die aktuelle Bewertung des Netzwerks im Vergleich zu dem täglich über das Netzwerk übertragenen Wert sehr hoch und spricht deshalb für eine fundamentale Überbewertung. Das Wachstum der Marktkapitalisierung übertrifft dann das Wachstum bei der Netzwerknutzung. Historisch gesehen fielen beim Bitcoin Phasen mit einem hohen NVT Ratio eher zusammen mit Markthochs und einer Überbewertung. Umgekehrt spricht ein *niedriges NVT Ratio oder ein Abwärtstrend* für eine Unterbewertung. Phasen mit einem niedrigen NVT Ratio haben sich beim Bitcoin bisher häufig als vorteilhafte Einstiegszeiträume erwiesen. Dagegen befindet sich der Markt bei einem *konstanten NVT Ratio oder einem Seitwärtstrend* in einem Gleichgewicht. Dies spricht dafür, dass der aktuelle Markttrend nachhaltig ist. Dies war beim Kursanstieg 2020/21 zu beobachten.

Ähnlich wie bei Wachstumsaktien mit einem hohen KGV könnte ein hoher NVT-Wert allerdings dennoch gerechtfertigt sein, wenn sich das *Netzwerk in einer starken Wachstumsphase* befindet. Dies kann insbesondere bei Altcoins zu beobachten sein. In der ersten Zeit nach dem Start einer Kryptowährung wird der NVT-Wert meist vergleichsweise hoch sein. Daneben sind starke Preisanstiege eines Coins meist mit einer Flut neuer Nutzer und damit auch einem kurzfristig deutlich steigenden Transaktionswert verbunden. Wenn der Hype insbesondere bei einem neuen Coin dann abgeklungen ist, wird sich zeigen, ob der dauerhaft durch das Netzwerk fließende Wert dann immer noch der höheren Bewertung entspricht (Konsolidierung) oder nicht (Crashgefahr). Bleibt das NVT Ratio nach dem Peak im vorherigen höheren Bereich, könnte das ein Indiz dafür sein, dass der Markt den höheren Preis dann als gerechtfertigt ansieht.

Zu berücksichtigen ist daneben auch, dass sich wegen der Skalierungsprobleme vieler Blockchains erhebliche Transaktionsvolumina auf *Sidechains* verlagert haben oder verlagern. Dann ist das On-Chain-Transaktionsvolumen auf der Blockchain vergleichsweise gering, obwohl das gesamte Umsatzvolumen unter Berücksichtigung der Sidechains deutlich höher ist. Dieses Problem betrifft dann aber eher ältere und etablierte Blockchains.

Das **NVT Signal (NVTS)** wird aus dem NVT Ratio abgeleitet. Dabei wird der 90-Tage-Durchschnitt der Marktkapitalisierung durch das tägliche Transaktionsvolumen dividiert. Manche Analysten sehen im NVT Signal einen besseren Signalgeber als im NVT Ratio, da sich das NVTS nicht als nachlaufender Indikator wie der NVT erwiesen hat.

Die **Anwendbarkeit des NVT-Konzepts beim Bitcoin** erweist sich aber aus verschiedenen Gründen als *schwierig*. Zum einen zeigt die Abbildung 12.27, dass der NVT in der Vergangenheit ein *nachlaufender Indikator* war. Zum anderen kann man die Anwendbarkeit des Konzepts beim Bitcoin grundsätzlich infrage stellen. Denn das NVT stellt auf die Umschlaghäufigkeit der Coins und damit auf die Funktion einer Kryptowährung als Tauschmittel ab (Medium of Exchange). Diese Funktion als Zahlungsmittel könnte künftig verstärkt von Sidechains bedient werden, auch wenn Bitcoin Lightning seit dem Start im Jahr 2018 immer noch bei Weitem nicht die Erwartungen erfüllt hat. Gravierender dürfte aber sein, dass das ursprünglich im Vordergrund stehende Konzept von Bitcoin als dezentrales und zensurresistentes Zahlungsmittel abgelöst wurde durch den Use Case nicht inflationierbares dezentrales *Wertaufbewahrungsmittel*. Dieses ist damit verbunden, dass es gerade wenig bewegt wird. Zu diesem Trend können auch einige wenige Supernutzer wie Grayscale, Microstrategy und künftig BlackRock und Co beitragen, die aber gerade zu einer deutlichen Wertsteigerung von Bitcoin führen können. In der Abbildung unten ist zu sehen, dass dieser HODLing-Effekt gerade nach dem FTX-Crash im November 2022 enorm auf das NVT durchgeschlagen und dieses in vorher nicht gekannte Höhen getrieben hat. Diese sehr hohen Werte können aber keinesfalls als Zeichen einer Überbewertung interpretiert werden. Vielmehr könnte bei der nächsten Mega-Hausse der NVT-Wert dann deutlich fallen, wenn das Smart Money verstärkt zur Realisierung von Gewinnen schreitet.

Abb. 12.27 *Entwicklung von NVT Ratio (30-Tage-Durchschnitt) und Preis von Bitcoin (Quelle: Glassnode)*

Die **Velocity** ist die *Umlaufgeschwindigkeit der Coins in einem Netzwerk*. Sie ist der Kehrwert des NVT Ratios, weswegen die oben beim NVT Ratio erwähnten grundsätzlichen Einschränkungen bei der Anwendbarkeit ebenso gelten:

$$\text{Velocity} = \frac{1}{\text{NVT Ratio}} = \frac{\text{Daily On-Chain Transaction Volume (USD)}}{\text{Market Cap (USD)}}$$

Die Velocity zeigt an, wie oft ein Coin durchschnittlich pro Tag die Wallets wechselt. Je höher diese Umlaufgeschwindigkeit ist, desto häufiger wird ein Coin innerhalb eines bestimmten Zeitrahmens für Transaktionen verwendet.

Die Velocity kann deshalb mit der Umlaufgeschwindigkeit von Fiatgeld (Velocity of Money) wie Euro oder Dollar verglichen werden. Diese misst, wie häufig eine Geldeinheit in einer bestimmten Zeiteinheit für Umsätze verwendet wird. Eine Steigerung der Geldumlaufgeschwindigkeit wirkt wie eine Erhöhung der Geldmenge, umgekehrt bei einer Verringerung des Umlaufs. Dadurch hat die Umlaufgeschwindigkeit auch einen Einfluss auf den Geldwert. Denn nach der Quantitätsgleichung führt eine Erhöhung der Geldmenge immer dann zu Preiserhöhungen und damit inflationären Entwicklungen, wenn die Gütermenge nicht erhöht werden kann. Deswegen hängt der Geldwert von der Geldmenge, der Umlaufgeschwindigkeit des Geldes und dem Handelsvolumen aller Güter ab.

Ein hoher Wert bei der Velocity kann aber auch mit Aktivitäten zu tun haben, die nicht auf normale und sinnvolle Transaktionen im Netzwerk zurückzuführen sind. So werden Kryptomixer benutzt, um die hinter bestimmten Transaktionen stehenden Adressen und Akteure zu verschleiern. Zwar gibt es auch gute Gründe, warum Kryptomixer benutzt werden. Wegen der Gefahr, illegale Aktivitäten zu verschleiern, versuchen die Aufsichtsbehörden verschiedener Länder aber, gegen diese vorzugehen. Beim Kryptomixing senden Nutzer ihre Coins an den Mixer, der sie dann mit denen von anderen Nutzern mischt und sie dann zurück an den die jeweiligen Wallets sendet. Dabei können die Transaktionsbeträge willkürlich gestückelt werden und letztlich kaum eine Verbindung mehr mit der ursprünglichen Transaktion der sendenden Adresse hergestellt werden. Das kann zu einem stark erhöhten On-Chain-Transaktionsvolumen führen, wodurch die Velocity sich stark erhöhen kann. Dies war zum Beispiel bei Ethereum im Jahr 2017/18 zu beobachten.[100]

Während die **On-Chain Velocity** von Bitcoin im Laufe der Jahre tendenziell immer weiter zurückging, ist bei der **Off-Chain Velocity** genau das Gegenteil der Fall. Die Off-Chain Velocity wird durch das Transaktionsvolumen an den Kryptobörsen bestimmt. Diese gegenläufigen Bewegungen von On-Chain und Off-Chain Velocities zeigen, dass das Wachstum bei den spekulativen Transaktionen an den Kryptobörsen viel schneller ist als bei den On-Chain-Transaktionen, die meist mit der eigentlichen Nutzung einer Blockchain zu tun haben wie der Nutzung bestimmter Dienstleistungen.

12.16.4 Transaktionsgeschwindigkeit und Skalierbarkeit

Unter der **Skalierbarkeit** einer Blockchain versteht man deren Fähigkeit, ihre Leistung an eine steigende Zahl von Nutzern und Transaktionen anzupassen. Sie ist hoch, wenn sie bei stark steigenden Nutzer- und Transaktionszahlen die Transaktionen trotzdem schnell und effizient verarbeiten kann. Die Skalierbarkeit ist im Zusammenspiel mit der Sicherheit und der Dezentralisierung Teil des Blockchain-Trilemmas. Diese drei Kernfaktoren stehen miteinander im Konflikt. Will man einen Faktor verbessern, geht das auf Kosten eines der beiden anderen Faktoren.

Die Skalierbarkeit wird bestimmt durch die **Transaktionsgeschwindigkeit** eines Netzwerks, also die Zahl der möglichen Transaktionen in einer bestimmten Zeiteinheit. Die Transaktionsgeschwindigkeit wird gemessen in *Transaktionen pro Sekunde (TPS)*. Das ist die Anzahl der Transaktionen, die das Netzwerk in einer Sekunde verarbeiten kann, also die Kapazität eines Netzwerks. Je schneller ein Netzwerk ist, desto besser kann es auf Überlastungen reagieren. Diese Schnelligkeit bei der Transaktionsverarbeitung ist auch ein Maß für die Nützlichkeit der Blockchain. Langsame Netzwerke können bestimmte Use Cases nur eingeschränkt oder gar nicht bedienen. Neben der Blockzeit und der Blockgröße hängt die Transaktionsgeschwindigkeit von der Auslastung des Netzwerks ab. Bei einer sehr starken Nutzung des Netzwerks oder bei komplexeren Transaktionen wird sie abnehmen.

Wichtig ist auch die **Bestätigungszeit (Confirmation Time)** einer Transaktion. Dies ist die Zeit, die zwischen der Übermittlung einer Transaktion auf der Blockchain und deren Bestätigung durch die Miner oder Validatoren vergeht. Erst nach dieser Bestätigung wird sie endgültig in dem bestätigten Block aufgezeichnet und ist dann abgeschlossen. Nutzer können die Bestätigungszeit durch Zahlungen von höheren Gebühren teilweise verkürzen. Die Blockzeit (Block Time) definiert, wie schnell Transaktionen in der Blockchain bestätigt werden. Sie ist abhängig von der durchschnittlichen Transaktionsgröße und der Blockgröße einer Blockchain.

Der Bitcoin hat eine vergleichsweise sehr geringe Transaktionsgeschwindigkeit von etwa sieben Transaktionen pro Sekunde. Die durchschnittliche Bestätigungszeit beträgt dabei zehn Minuten, da alle zehn Minuten ein neuer Block generiert wird. Da mindestens sechs Bestätigungen als sicher gelten, kann man von einer Bestätigung einer Transaktion nach einer Stunde ausgehen. Bei einer sehr großen Netzwerkauslastung kann es aber auch deutlich länger dauern. Dagegen hat Solana eine Blockzeit von nur 0,4 Sekunden und kann über 4.000 Transaktionen pro Sekunde verarbeiten. Die Transaktionsgeschwindigkeit von Bitcoin erscheint winzig im Vergleich zu den Transaktionsgeschwindigkeiten der großen Kreditkartenfirmen wie Visa oder Mastercard, die bis zu Zehntausende von Transaktionen pro Sekunde verarbeiten können.

Die Geschwindigkeit von Transaktionen ist besonders bei als digitales Zahlungsmittel verwendeten Kryptowährungen von großer Bedeutung. Auch bei den Blockchains, die als Grundlage für Smart Contracts dienen, sind die Skalierbarkeit und die Schnelligkeit entscheidend. Naheliegend ist deshalb die Frage nach der Nutzerzahl, die ein Netzwerk vertragen kann, bevor es zu langsam wird.

12.16.5 Hash-Rate, Difficulty, Hash Ribbons und Hash Price

Die **Hash-Rate** (auch **Hashing Power** genannt) kann sowohl für einen einzelnen Computer wie für das gesamte Netzwerk angegeben werden und misst die *verfügbare Rechenkapazität zu einem bestimmten Zeitpunkt gemessen in Hashes pro Sekunde (H/s).* Bezogen auf das gesamte Netzwerk ist die Hash-Rate ist ein sehr wichtiger On-Chain-Indikator und misst die gesamte weltweit genutzte Rechenleistung des Bitcoin-Netzwerks zu einem bestimmten Zeitpunkt. Die Hash-Rate wird manchmal sogar schon als neuer Rohstoff gesehen, der als Real World Asset handelbar gemacht werden kann.[101] Im Oktober 2023 lag die Hash-Rate zum Beispiel bei 480 EH/s (ExaHash pro Sekunde). Dies bedeutet, dass das Netzwerk 480 Trillionen Berechnungen pro Sekunde durchführen kann. Durch eine wachsende Zahl an Minern und die immer größeren Rechenkapazitäten von neuen Rechnern erhöht sich die Hash-Rate im Netzwerk. Je höher die Hash-Rate ist, desto mehr wird die Sicherheit des Netzwerks gestärkt. Je mehr Miner im Bitcoin-Netzwerk tätig und je mehr sie weltweit verteilt sind, desto schwieriger und teurer würde dann zum Beispiel eine 51%-Attacke auf das Netzwerk. Dagegen sind Netzwerke mit einer geringen Hash-Rate anfällig gegen solche Attacken.

Wenn sich kurzfristig viele neue Miner einem Netzwerk anschließen, würde die Hash-Rate ansteigen und es könnten theoretisch neue Blöcke schneller gemint werden. In der Regel sieht das Protokoll der Kryptowährungen aber bestimmte Zeiten vor, die für das Hashing eines neuen Blocks benötigt werden sollen. Beim Bitcoin sind das circa zehn Minuten. Um diese Zeitdauer konstant zu halten, muss in diesem Fall der **Schwierigkeitsgrad (Difficulty)** beim Erstellen eines neuen Blocks erhöht werden. Die Difficulty ist ein Bestandteil des Proof-of-Work-Konsensalgorithmus und gibt den Schwierigkeitsgrad beim Finden eines Hashes für den Block an. Sie wird jeweils nach 2.016 Blöcken neu angepasst. Da die durchschnittliche Zeitdauer für die Generierung eines Bitcoin-Blocks rund zehn Minuten beträgt, erfolgt die Anpassung der Difficulty deshalb ziemlich genau alle zwei Wochen. Wenn die Zahl der Miner sich erhöht, erhöht sich die Hash-Rate im Netzwerk und die Zeit für das Finden eines Block-Hash würde sich verkürzen. Das Bitcoin-Protokoll schafft es aber, die Zeitdauer bei zehn Minuten zu belassen, indem es bei zunehmender Rechenleistung im Netzwerk die Schwierigkeit für die Miner erhöht. Umgekehrt wird die Difficulty sinken, wenn die Hash-Rate von Bitcoin sinkt.

Veränderungen der Hash-Rate können auf verschiedenartige Faktoren zurückzuführen sein wie Veränderungen der Energiepreise oder auch die Besteuerung von Mining-Aktivitäten. Daneben gibt es saisonale oder politische Einflussfaktoren. So brach zum Beispiel Ende Oktober 2020 die Hash-Rate beim Bitcoin um mehr als 35 Prozent ein. Dieser erstaunliche Rückgang der kollektiven Rechenleistung hat aber nichts mit dem Zustand des Bitcoin-Netzwerks zu tun. Vielmehr wurde dieser auf das Ende der Regenzeit in der chinesischen Provinz Sichuan zurückgeführt. Denn während der Regenzeit ist dort die aus Wasserkraft gewonnene Energie sehr billig und damit das Bitcoin-Mining profitabel. Deshalb war für chinesische Miner die etwa fünf Monate dauernde Regenzeit die wichtigste Periode des Jahres. 2021 gab es dann ebenfalls von China ausgehend einen Einbruch der Hash-Rate um fast 50 Prozent. Dies hatte mit den Verboten des Bitcoin-Minings durch die chinesische Regierung zu tun. Auch Störungen in der Stromversorgung können zu abrupten Veränderungen der Hash-Rate führen. So führte ein heftiger Wintersturm in den USA im Dezember 2022 zu zerstörten Stromleitungen und größeren Stromausfällen. Daraufhin mussten viele Miner dort vorübergehend den Betrieb einstellen. Da nach den Verboten in China ein beträchtlicher Teil der Miner ihre Aktivitäten in die USA verlagert hatte, ging die Hash-Rate für einige Tage um bis zu 40 Prozent zurück. Diese Beispiele zeigen auch die Probleme bei einer Zentralisierung der Miner-Aktivitäten, die im Widerspruch zur propagierten völligen Dezentralisierung von Bitcoin steht. Tatsächlich wäre die Sicherheit für das Bitcoin-Netzwerk größer, wenn statt einigen sehr großen Mining-Unternehmen, die sich dann auch noch in bestimmten Ländern konzentrieren, sehr viele kleine und weltweit verteilte Miner den Betrieb des Netzwerks aufrechterhalten würden.

Gibt es einen **Zusammenhang zwischen der Entwicklung der Hash-Rate und des Bitcoin-Preises**? Vielfach werden bei einer steigenden Hash-Rate auch steigende Bitcoin-Preise erwartet. Denn eine steigende Hash-Rate wird verbunden mit einer größeren Sicherheit des Netzwerks, das deshalb dann wertvoller sein sollte. Auch geht eine steigende Hash-Rate einher mit steigenden Mining-Kosten, da sich dann die Difficulty erhöht und mehr Miner um die Block-Erstellung konkurrieren. Dadurch verringert sich die Wahrscheinlichkeit für jeden Miner, den Block erstellen zu können. Dieser Umstand könnte nur durch steigende Bitcoin-Preise ausgeglichen werden. Allerdings wird bei dieser Annahme unterstellt, dass die Preise steigen, weil sie steigen sollen. Eher wird es hier zu einem wirtschaftlichen Anpassungsprozess kommen, indem viele unprofitable Miner ihre Geräte abschalten und so für die verbliebenen Miner die erwarteten Erträge wieder steigen.

Nach dieser Logik würde in Bärenmärkten die Hash-Rate sinken. Denn bei stark sinkenden Bitcoin-Preisen wird das Mining bei gleichbleibenden oder sogar steigenden variablen Kosten wie den Energiepreisen immer weniger rentabel bis hin zu defizitär. Weniger effiziente Miner werden dann tendenziell ihren Betrieb einstellen. Das hat den Nebeneffekt, dass die Profitabilität der verbliebenen Miner steigt. Es verstärkt aber auch den negativen Trend, dass die Zentralisierung der Mining-Aktivitäten zunimmt, da die großen Mining-Unternehmen am effizientesten arbeiten. Unabhängig davon werden in Bullenmärkten aber große Investitionen in Mining-Equipment gemacht werden, weshalb der Anstieg der Hash-Rate zunächst unbeirrt weiterläuft. Zumal die großen Mining-Unternehmen langfristige Abnahmeverträge mit den Stromversorgern haben und es deswegen meist keinen Sinn macht, die Geräte so einfach abzustellen. Die Miner verkaufen dann zum Ausgleich ihrer Kosten teilweise mehr von ihren Bitcoin-Beständen. Dies drückt wiederum die Preise und bringt immer mehr Miner unter Druck, sie stellen dann ihren Betrieb ein oder werden sogar insolvent. Diese Phase wird dann Miner-Kapitulation genannt. In diesem Zusammenhang gibt es sogar Befürchtungen, dass die Miner-Kapitulation zu einer Art Todesspirale führen könnte. Wenn dann auch immer mehr große Mining-Unternehmen ausfallen, würde die Hash-Rate in Richtung null fallen. Eine solche Entwicklung würde die Sicherheit des gesamten Bitcoin-Netzwerks infrage stellen. Experten halten es aber für ausgeschlossen, dass es zu einer solchen Todesspirale kommt. Denn die wichtigen Miner planen und investieren sehr langfristig und bleiben ihrer Strategie treu. Außerdem wird durch den Ausfall vieler Miner und einer Reduzierung der Difficulty das Mining dann wieder für immer mehr Miner lukrativ.

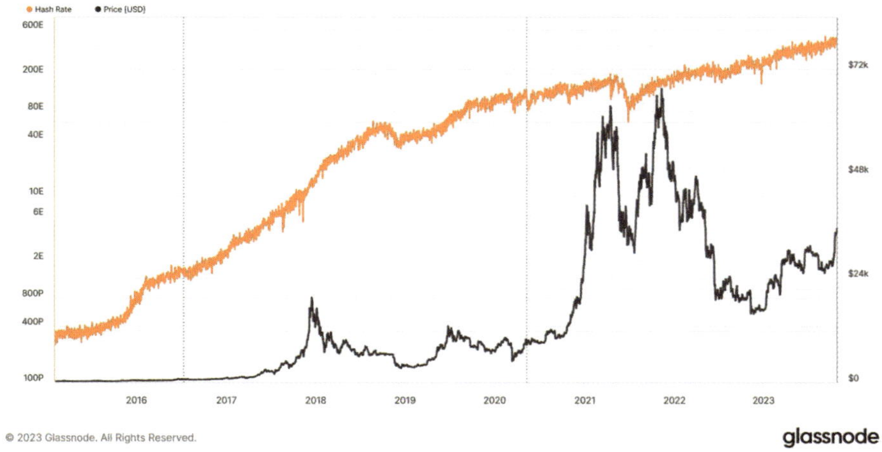

Abb. 12.28 Entwicklung der Hash-Rate und des Bitcoin-Preises (Quelle: Glassnode)

Die Hash-Rate gilt als träge und ändert sich nicht so schnell wie der volatile Bitcoin-Preis. So stieg die Hash-Rate trotz der Marktschwäche seit dem Allzeithoch im November 2021 weiter an und bewegte sich auch nach den massiven Einbrüchen im Jahr 2022 auf einem Rekordhoch. Auch im vorangegangenen Kryptowinter im Jahr 2018 stieg die Hash-Rate im Jahresverlauf unbeirrt weiter. Erst in den letzten zwei Monaten dieses Jahres kam sie dann deutlich zurück und markierte etwa zeitgleich mit dem

Bitcoin-Kurs ein Tief. Nach dieser Miner-Kapitulation kam es aber dann zu einem nachhaltigen Trendwechsel und einem starken Anstieg des Bitcoin-Preises. Generell ist der stetige Anstieg der Hash-Rate aber ein Ausdruck der sehr großen Sicherheit im Bitcoin-Netzwerk. Allerdings kann vom Verlauf der Hash-Rate nicht auf den Preisverlauf von Bitcoin geschlossen werden.

Beim **Hash-Ribbons-Indikator** wird der Verlauf der gleitenden 30- und 60-Tage-Durchschnittslinien der Hash-Rate betrachtet. In einem Bullenmarkt steigt der 30-Tage-Durchschnitt der Hash-Rate schneller als der 60-Tage-Durchschnitt. Dieser Effekt tritt ein, weil die Miner mehr in Mining-Hardware investieren. In einem Bärenmarkt werden dagegen nicht profitable Miner ihre Geräte abschalten. Dann kann bei der Hash-Rate der 30- unter den 60-Tage-Durchschnitt fallen. Durchkreuzt der kürzere 30-Tage-Durchschnitt den 60-Tage-Durchschnitt von oben nach unten, wird das als Anzeichen einer Miner-Kapitulation gesehen. Von einer solchen spricht man, wenn aufgrund des niedrigen Bitcoin-Preises und einer gleichzeitig hohen Difficulty das Mining für immer mehr Miner nicht mehr profitabel ist. Sie fahren dann zumindest temporär ihren Betrieb herunter oder geben ihn sogar in extremen Situationen ganz auf. Umgekehrt gilt es als Kaufsignal, wenn der 30- den 60-Tage-Durchschnitt von unten nach oben durchbricht. Dies gilt als Zeichen dafür, dass die schlimmste Phase der Miner-Kapitulation vorbei ist. Einige On-Chain-Analysten sehen die Hash Ribbons deshalb als hervorragenden Indikator, um das Ende eines Bären- und den Anfang eines Bullenmarktes zu prognostizieren. Er gilt aber als ungeeignet, um ein Ende eines Bullenmarktes vorherzusagen.

Eine weitere Metrik in diesem Zusammenhang ist der **Hash Price**, der den *durchschnittlichen Miner-Ertrag pro Tag bezogen auf die Rechenleistung von einem Terahash (USD/TH)* angibt. Statt Terahash wird die Rechenleistung manchmal auch bezogen auf Petahash oder Exahash. Der Hash Price wird durch Division vom täglichen durchschnittlichen Miner-Ertrag durch die aktuelle Hash-Rate gemessen in Terahash pro Sekunde errechnet.

$$\text{Hash Price} = \frac{\text{durchschnittlicher täglicher Miner-Ertrag}}{\text{Hash-Rate in TH}}$$

Der Ertrag besteht aus dem Block Reward, also dem Blockanteil, und den Transaktionsgebühren und wird in Bitcoin gezahlt. Der Miner-Ertrag wird dabei meist in US-Dollar oder seltener in Bitcoin (Satoshis) angegeben. Der Hash Price ist dann der durchschnittliche Wert gemessen in US-Dollar, den ein Miner pro Tag für einen Terahash eingesetzter Rechenleistung erhält. Beträgt der Hash Price zum Beispiel sieben Cent und ein Mining-Gerät liefert 100 T/s, dann beträgt der erwartete Mining-Ertrag pro Tag sieben Dollar. Der Hash Price ist deshalb eine wichtige Metrik für die Bewertung von Bitcoin-Mining-Aktien. Neben der Einflussgröße Block Reward sind die beiden entscheidenden

Einflussfaktoren auf den Hash Price dann der aktuelle Bitcoin-Preis in US-Dollar sowie die aktuelle Hash-Rate, die wiederum die Difficulty und damit den durchschnittlichen Aufwand zur Berechnung eines Block-Hashes bestimmt. Je höher die Hash-Rate und damit die Difficulty ist, desto mehr Aufwand wird benötigt, um einen Block zu berechnen. Steigt der Bitcoin-Preis nicht in gleichem Ausmaß oder fällt sogar, dann sinkt auch der Hash Price. Der Hash Price ist dadurch von *zwei gegenläufigen Korrelationen* beeinflusst. Denn der Hash Price ist positiv korreliert mit Änderungen des Bitcoin-Preises und negativ korreliert mit Änderungen bei der Hash-Rate und der Difficulty.

Deshalb war der Hash Price im Bärenmarkt 2022 zweifach negativ betroffen.[102] Zum einen vom sinkenden Bitcoin-Preis (bei einer positiven Korrelation führt ein sinkender Bitcoin-Preis zu einem sinkenden Hash Price) und zum anderen von einer steigenden Hash-Rate (bei einer negativen Korrelation führt eine steigende Hash-Rate zu einem sinkenden Hash Price). Lag der Hash Price im ersten Quartal 2021 noch bei 0,27 Dollar, so war er im ersten Quartal 2022 bereits auf 0,19 Dollar gesunken. In den nächsten drei Quartalen 2022 sank der Hash Price weiter auf 0,14 Dollar (wegen des Kollapses großer Kryptoprojekte und Hedgefonds), 0,09 Dollar (wegen der Zinsanhebungen der Fed) und dann bis auf 0,06 Dollar (nach dem FTX-Kollaps). Im Jahr 2023 bewegte er sich dann – abgesehen von der Spitze im Mai – auf dem niedrigen Niveau seitwärts.

Im Gegensatz zur Hash-Rate verläuft der Hash Price ähnlich wie der Bitcoin-Preis. Die Bitcoin-Spitzen decken sich seit 2017 mit den Spitzen beim Hash Price. Ein fallender Hash Price geht tendenziell einher mit einem Rückgang beim Bitcoin-Preis, ein steigender Hash Price mit steigenden Bitcoin-Kursen.

Abb. 12.29 *Verlauf von Hash Price (USD/TH) und Bitcoin-Preis (Quelle: Glassnode)*

12.16.6 Start des Mainnet (Mainnet Launch)

Unter dem **Mainnet** versteht man *das bereits in Betrieb befindliche und voll funktionsfähige Netzwerk einer Blockchain.* Die meisten Mainnets werden von einer eigenen Kryptowährung unterstützt, mit der Transaktionen unterstützt und Miner, Validatoren und Staker für ihren Aufwand zur Aufrechterhaltung und Sicherheit des Netzwerks entlohnt werden. Bevor das Mainnet in Betrieb geht, wird die Funktionsfähigkeit in einem **Testnet** auf Fehler im Code oder bei der Einbindung verschiedener Features überprüft.[103] Von daher ist das Testnet eine Art experimenteller Spielplatz für die Entwickler, bei dem das ganze System mit allen seinen Funktionen risikolos auf Herz und Nieren getestet wird. Sind sich die Entwickler sicher, dass die Fehler ausgemerzt sind, geht das nach der Behebung von Fehlern optimierte System als Mainnet in Betrieb. Die dann auf dem Mainnet stattfindenden Transaktionen finden dann wirklich statt, haben reale Auswirkungen und werden auf der Blockchain lückenlos und fälschungssicher dokumentiert. Während Transaktionen auf dem Mainnet mit den werthaltigen Token der Blockchain bezahlt werden müssen, benutzt man auf dem Testnet Token ohne monetären Wert. Während beim Mainnet eine Vielzahl von Nodes für die Sicherheit des Netzwerks und der dort übertragenen Werte sorgt, ist beim Testnet alles eine Nummer kleiner. Hinter den Token und den testweise ausgeführten Transaktionen stehen keine wirklichen Werte. Auf dem Testnet entwickelte Anwendungen (dApps) können aber später auf das Mainnet übertragen werden. Auch nach Inbetriebnahme des Mainnets können Entwicklern und White Hat Hackern über Bug Bounties Anreize geboten werden, um Fehler aufzuspüren und zu beheben.

Der Mainnet-Start kann auch mit einem **Mainnet Swap** verbunden sein. Dabei wechselt ein Kryptoprojekt auf eine andere Blockchain. In der Vergangenheit nutzten einige Projekte zunächst mit Ethereum die etablierteste Plattform, um schneller und ohne eine neu entwickelte eigene Blockchain an den Markt zu kommen. Zur Finanzierung der Entwicklungen wurden in diesem Zusammenhang dann ERC-20-Token, die auf der Ethereum-Plattform laufen, in einer Art Crowdfunding im Rahmen eines Initial Coin Offering oder anderer Emissionsformen ausgegeben. Wenn dann später die eigene Blockchain fertig entwickelt ist, migriert das Kryptoprojekt von Ethereum zur eigenen Blockchain. Außerdem werden die ausgegebenen und handelbaren ERC-20-Token dann in einem **Token Swap** in die nativen Coins der neuen Blockchain umgetauscht. Bekannte Beispiele für solche Mainnet und Token Swaps sind der Binance Coin BNB oder Theta Network. Einen Mainnet Swap kann es auch ohne den Start einer neuen Blockchain geben. So vollzog Storj im Jahr 2017 einen Mainnet Swap von Bitcoin zu Ethereum, weil mehr Skalierbarkeit benötigt wurde. Kryptobörsen erledigen den Token Swap für ihre Nutzer oft automatisch. Dagegen müssen die Nutzer, die ihre Coins in Eigenverwahrung halten, darauf achten, dass sie die Fristen nicht verpassen, denn die alten Token können regelmäßig nur in einer bestimmten Frist in die neuen umgetauscht werden. Nicht migrierte Token werden nach der Frist wertlos und können nicht mehr umgetauscht werden.

Für eine Blockchain und deren Kryptowährung ist jedenfalls der Start des Mainnets ein entscheidendes Ereignis, das naturgemäß auch größere Auswirkungen auf die Kursentwicklung haben wird. Schon die **Ankündigung** des Mainnet-Starts kann zu deutlichen Kursgewinnen führen. Oft gibt es in der Zeitspanne zwischen Ankündigung und Start des Mainnets die größten Kursgewinne. Nach dem **Start** kommt es dann häufig erst einmal zu Kurskorrekturen.[104] Es gibt mehrere Begründungen für diesen Effekt. So können durch die Kurssteigerungen vor dem Mainnet-Start insbesondere frühe Investoren, die zu niedrigen Preisen eingestiegen sind, teilweise große Gewinne realisieren. Auch Token, die vom Entwicklerteam gehalten werden, könnten dann je nach Lock-up-Vereinbarungen an den Markt kommen. Der Angebotsdruck könnte dann auf weitere Investoren übergreifen, die ebenfalls verkaufen und so eine Art Dominoeffekt auslösen können. Daneben kann es beim Start des Mainnets auch Enttäuschungen geben, wenn die Leistungsfähigkeit nicht den vorherigen Erwartungen entspricht. Ähnlich wie die Ankündigung des Mainnet-Starts kann auch die von **Mainnet-Updates** zu meist positiven Preisveränderungen führen. Ergeben sich **Verzögerungen** beim Mainnet-Start, haben diese ebenfalls Auswirkungen auf die Kursentwicklung. Naturgemäß werden diese negativ sein.

Ein Beispiel für Ankündigungs-, Start- und Verzögerungseffekte ist Theta. Ende Januar 2019 kündigte Theta den Mainnet Launch für den 15.03.2019 an. Verbunden war der Start mit einem Token Swap. Dabei wurden die bisher auf Ethereum laufenden ERC-20-Token in native Coins umgewandelt. Daraufhin hat sich der Preis von Theta in wenigen Wochen trotz einer allgemeinen Seitwärtsbewegung am Kryptomarkt in der Spitze bis zum 10. März vervierfacht. Danach war der Effekt „Buy the rumor, sell the fact" zu beobachten und der Preis halbierte sich bis Ende März. Auch bei den Updates des Theta-Mainnets gab es immer wieder größere Preiseffekte. So kündigte Theta am 11.03.2020 den Start des Theta Mainnet 2.0 für den 27.05.2020 an. Aufgrund der Verschärfung der Coronakrise waren die Kurse am Kryptomarkt gerade im Sinkflug, am Tag danach gab es den großen weltweiten Corona-Crash. Als sich die Aufregung dann Mitte April gelegt hatte, kam es zu einem parabolischen Kursanstieg bei Theta, der in der Spitze zu mehr als einer Verzehnfachung des Preises führte. Mit dem Start des Mainnets am 26.05.2020 gab es noch einen großen Spike. Dieser dürfte noch zusätzlich durch die Binance-Ankündigung am gleichen Tag angeheizt worden sein, dass ab dem nächsten Tag bei Binance Futures-Kontrakte auf Theta mit Hebeln bis zu 50 gehandelt würden. Danach halbierte sich der Kurs in wenigen Tagen. Auch später gab es bei Updates Effekte. So fiel Theta am 24.03.2021 innerhalb eines Tages um 25 Prozent, als der Start des Theta Mainnet 3.0 um zwei Monate verschoben wurde, weil zusätzlich noch ein NFT-Marktplatz in das Update eingebaut werden sollte. Zwar wurde ein Großteil der Verluste schnell wieder aufgeholt. Die folgenden Kursverluste hatten aber mehr mit der allgemeinen Marktschwäche im zweiten Quartal 2021 zu tun. Allerdings hatte dann auch der tatsächliche Start des Mainnets keine positiven Auswirkungen. Vielmehr fiel der Kurs unmittelbar danach weiter deutlich zurück.

Abb. 12.30 *Kursverzehnfachung vor Mainnet-Start von Theta im Jahr 2020*

12.17 Analyse der Entwicklertätigkeit

Kryptoprojekte sind nichts anderes als Start-ups. Die Aussichten eines Start-ups sind zunächst einmal in einer Erfolg versprechenden Idee und deren Umsetzbarkeit begründet. Dazu bedarf es aber auch eines fähigen Teams. Ein Blick auf die **Gründer und Entwickler** ist deshalb unabdingbar und aufschlussreich. Waren die Initiatoren bereits vorher bei Gründungen und Projekten erfolgreich oder können sie auf diesem Gebiet anderweitig Expertise aufweisen? Dies beschränkt sich natürlich nicht nur auf den Kryptomarkt mit seiner noch kurzen Historie. Recherchen zu den Teammitgliedern und ihrer beruflichen Vita können über Google oder soziale Netzwerke wie LinkedIn erfolgen. Allerdings gibt es auch Kryptoprojekte mit anonymen Teams oder Gründern. Das bekannteste Beispiel ist der Bitcoin mit seinem unbekannten Entwickler(team?) Satoshi Nakamoto.

Rege **Entwickleraktivitäten** sind jedenfalls ein Schlüsselfaktor. Sie zeigen, dass das Kryptoprojekt auf großes Interesse stößt und dann auch der zugehörige Coin ein attraktives Investment ist. Gute Entwickler sind weltweit sehr gefragt. Deshalb sind Entwicklerkapazitäten eine relativ teure Ressource. Wenn also viele Entwickler ihre Zeit und Fähigkeiten einem Projekt widmen, sind diese Fachleute davon überzeugt und glauben an den Erfolg des Projekts. Dies minimiert zumindest die Gefahr, dass das Projekt nur ein Betrug ist. Durch entsprechenden finanziellen Einsatz bestünde zwar die Möglichkeit, Entwickleraktivitäten nur vorzutäuschen (Fake Developer Activity). Aber durch eine Überprüfung auf Github würde dieser Fake schnell bekannt.

Bei der **Roadmap** eines Kryptoprojekts handelt es sich um den Fahrplan der zukünftigen Entwicklungen. Sie vermittelt in gewisser Weise die Vision des Kryptoprojekts.[105] Es werden in einem Strategieplan die Ziele und wesentlichen Schritte und Meilensteine auf dem Weg dahin definiert. Dabei sollten auch die zur Entwicklung notwendigen Ressourcen aufgezeigt werden. Die Roadmap ist gleichzeitig ein Kommunikationsinstrument, das sich an alle internen und externen Stakeholder des Kryptoprojekts richtet und in gewisser Weise bei Laune halten soll. Sie beschreibt das Ziel als solches (Was?), dessen Sinnhaftigkeit (Warum?), die Umsetzung zur Erreichung des Ziels (Wie?) und die Zeitpunkte oder Zeitabschnitte (Wann?), bis zu denen das Ziel erreicht werden soll. Die Ziele sollten realistisch formuliert und auch erreichbar sein. Ansonsten würden zu hohe Erwartungen in der Community geweckt und das Enttäuschungspotenzial wäre groß. Kommt es einmal zu einer Verzögerung beim Fahrplan, ist das zu verschmerzen. Schlecht für den Ruf des Kryptoprojekts wäre es, wenn das Erreichen des Ziels immer mehr infrage gestellt wird oder es ständige Verzögerungen beim Fahrplan gibt.

Der Blockchain- und Kryptomarkt ist ein Emerging Market und entwickelt sich sehr dynamisch. Deshalb sollte die Roadmap auch Flexibilität und Adaptionsfähigkeit beinhalten. So muss auf neue oder verbesserte Technologien, regulatorische Änderungen oder verändertes Nutzerverhalten reagiert werden können.

Github ist die Plattform, auf der die meisten Projekte ihren Code veröffentlichen. Es ist ein Webserver für Software-Projekte, auf der Entwickler ihre Verbesserungsvorschläge und ihren Code öffentlich einsehbar und überprüfbar einstellen. Dadurch kann die riesige Community der Software-Entwickler diese Verbesserungen und Codes dann auch als gut befinden oder weiterentwickeln. Ein *Repository* ist das Basiselement von Github. Dort werden der Code, die Dateien und der Revisionsverlauf von Entwicklungen gespeichert. Bei einem Repository können einzelne oder mehrere Projektmitarbeiter tätig sein und sie können öffentlich oder privat sein.

Ein Projekt erscheint umso interessanter, je größer die Entwicklertätigkeit dort ist. Dies kann auf Github bei den *Commits* nachverfolgt werden. Jede fertiggestellte Änderung am Code und damit jede Version bei der Entwicklung einer Software wird als

Commit in einem Git-Repositary abgelegt, sodass man in der Historie Schritt für Schritt wieder zurückgehen kann. Allerdings sagt eine Vielzahl an Commits zunächst nur etwas über die Quantität, nicht aber über die Qualität aus. Außerdem besteht das Problem, dass Projekte bei einer Fork des Quellcodes die bisherige Entwicklertätigkeit der ursprünglichen Blockchain quasi erben. Dadurch wird eine große Entwicklertätigkeit vorgespiegelt, die aber durch das Team der geforkten Blockchain gar nicht stattgefunden hat. Deswegen versuchen Analyseplattformen andere Wege zu gehen als die sture Messung von Commits. So misst Santiment Github-Events, die vom Projekt ausgehen.[106] Dazu gehört neben Commits beispielsweise das Erstellen neuer Themen und Kommentare zu den Aktivitäten. Wichtig ist, dass bei einem geforkten Quellcode die Ereignisse bis zur Fork nicht in das neue Projekt mit übernommen werden, damit kein falsches Bild einer Entwicklertätigkeit entstehen kann. Gibt es bei einem Projekt keine Entwicklertätigkeit, spricht man von einem Zombie-Projekt. Entsprechend uninteressant sind dann die dazugehörigen Coins, die dann bestenfalls ein Spielball der Spekulation sind.

12.18 Externe Einflussfaktoren

Auch die Kryptowelt und ihre virtuellen Krypto-Assets existieren keinesfalls völlig losgelöst von der realen Welt. Deshalb gibt es auch viele **externe Einflussfaktoren**, die für eine fundamentale Bewertung von Kryptoprojekten und deren Coins eine wichtige Rolle spielen können. Einige solcher Faktoren wie *Regulierung*, *Besteuerung* oder die *Abhängigkeit von anderen Assetklassen* wurden schon in Kapitel 11 behandelt. Eine Studie von Deutsche Digital Assets kommt zu dem Schluss, dass 83 Prozent der Bitcoin-Kursschwankungen durch Veränderungen von vier wesentlichen Makrofaktoren zu erklären sind.[107] Diese Faktoren sind das globale Wirtschaftswachstum, die Geldpolitik, die Kursentwicklung des US-Dollar und das Eurozonen-Risiko (Auseinanderbrechen der Europäischen Währungsunion). Dabei verändert sich die Stärke der Korrelation zu diesen Faktoren im Zeitverlauf, wie das auch immer wieder bei der Korrelation von Bitcoin und dem Aktienmarkt zu beobachten ist. So verhält sich der Bitcoin je nach Risikoneigung des Marktes manchmal mehr wie eine Tech-Aktie und manchmal mehr wie ein Safe-Haven-Asset wie Gold. Jedenfalls lässt der Einfluss solcher externen Faktoren auf die Preisentwicklung von Bitcoin darauf schließen, dass der Bitcoin mittlerweile fest in der Makroökonomie verankert ist. Im Folgenden werden einige *makroökonomische Faktoren* behandelt. Diese können je nach Marktphase die mikroökonomische Bewertung, die aus den bisher in Kapitel 12 behandelten Aspekten abgeleitet werden kann, und damit den Preis des Coins – zumindest temporär – erheblich beeinflussen.

Die Aufrechterhaltung der Blockchain-Netzwerke ist teilweise mit einem sehr großen Aufwand verbunden. Dies gilt allein schon für die Anschaffung von **Hardware**, wie sie insbesondere für das Bitcoin-Mining notwendig ist. Von daher können die Kosten und Verfügbarkeit der Hardware eine Rolle spielen. Noch entscheidender als solche Fixkosten können aber die variablen Kosten in Form der **Energiepreise** sein. So ist bekanntermaßen der Energieeinsatz beim Bitcoin-Mining sehr groß. Von daher spielt die Veränderung der Energiepreise eine große Rolle. Die Verfügbarkeit günstiger und möglichst nachhaltiger Energie hat Auswirkungen auf die Kosten und die Verteilung der Infrastruktur. So kann es in bestimmten Weltgegenden besonders lukrativ sein, Bitcoin-Mining zu betreiben. Andererseits ist es vom Grundsatz der Dezentralität von Bitcoin gar nicht erwünscht, dass sich das Bitcoin-Mining in einer bestimmten und vielleicht sogar als kritisch eingestuften Weltregion konzentriert. In der Vergangenheit gab es große Bedenken wegen der teilweise starken Konzentration in China, bevor diese durch die Mining-Verbote in China wieder aufgelöst wurden. Bei den Energiepreisen zeigt sich auch, dass unterschiedlich ausgestaltete Coins von externen Einflussfaktoren unterschiedlich betroffen sein können. So sind Coins mit dem sehr energieintensiven Konsensmechanismus Proof of Work wie Bitcoin viel stärker vom Anstieg der Strompreise betroffen als solche mit Proof of Stake wie Ether.

Abb. 12.31 Entwicklung des Bitcoin-Preises und des PMI-Index

Bei der **globalen Wirtschaftsentwicklung** wird der Einfachheit halber häufig die Entwicklung in den USA betrachtet. Der **PMI-Index** (Purchasing Managers Index) gilt dabei als einer der verlässlichsten und wichtigsten Frühindikatoren für die wirtschaftliche Entwicklung in den USA. Er basiert auf den Einschätzungen der Einkaufsmanager der Unternehmen in den USA. Langfristig hat sich gezeigt, dass ein deutlich steigender PMI mit einer sehr positiven Entwicklung beim Bitcoin einherging. In den Jahren 2016/17 gab es eine lange Aufwärtsbewegung von Bitcoin und PMI, ebenso nach dem Corona-Crash im März 2020 bis März 2021. Bei den historischen Höchstständen von Bitcoin Ende 2017 und im März 2021 gab es auch jeweils Hochs beim PMI-Index. Auch die rückläufigen Bewegungen verlaufen tendenziell in die gleiche Richtung, sind allerdings zeitlich versetzt.

In den vergangenen Jahren hatte die **Zinsentwicklung** einen erheblichen Einfluss auf den Bitcoin-Preis. Bei steigenden Renditen der Anleihen nimmt generell die Attraktivität von Risiko-Assets ab. Dies gilt für Aktien, hier besonders für Tech-Aktien mit geringer oder kleiner Dividendenrendite, und ebenso für den Bitcoin, der genauso wie Gold keine laufende Rendite abwirft. Umgekehrt verhält es sich bei fallenden Zinssätzen. Dann nimmt die Attraktivität der Festverzinslichen im Vergleich zu den Anlagen ohne laufende Rendite ab.

Veränderungen der *Nominalzinsen* haben dabei einen kurzfristigen Einfluss auf den Bitcoin-Preis. Senkt die amerikanische Notenbank Fed die Zinsen, wirkt sich das tendenziell positiv auf die kurzfristige Preisentwicklung von Bitcoin aus und umgekehrt. Dagegen wirken sich Veränderungen der *Realzinsen* längerfristig auf den Bitcoin-Preis aus. Bei den Realzinsen werden die Nominalzinsen auf sichere festverzinsliche Anlagen (Staatsanleihen) um die Kaufkraftentwicklung korrigiert. Letztlich können sie als Differenz zwischen Nominalzins und Inflationsrate ermittelt werden. Im Gegensatz zu früheren Jahren ist diese Realverzinsung schon viele Jahre in den negativen Bereich gerutscht. Fallen die Realzinsen auf niedrige Niveaus oder rutschen sogar in den negativen Bereich, verdienen die Anleger inflationsbereinigt mit solchen Anlagen nichts oder verlieren sogar real durch die Entwertung ihres nominal nach Zinsen höheren Geldbetrags. Außerdem verstärkt sich dann allgemein die generelle Sorge um die Werthaltigkeit des Geldes. In solchen Phasen suchen Anleger deshalb verstärkt nach alternativen Anlagemöglichkeiten. Diese haben aber alle ihre eigenen Tücken. So unterliegen Aktien Wertschwankungen je nach ihren Gewinnentwicklungen und -erwartungen bis hin zum Insolvenzrisiko. Immobilien sind nicht so schnell veräußerbar und ihr Wert kann von verschiedenen externen Faktoren bestimmt werden. Dagegen gibt es beim Bitcoin keine Gewinnwarnungen und kein Pleiterisiko. Außerdem ist er jederzeit (24/7) veräußerbar. Er bietet gegenüber dem Szenario der permanenten Entwertung der Fiatwährungen durch Inflation das Versprechen einer nicht durch Inflationierung angreifbaren Werthaltigkeit.

Interessant ist ein Blick auf die Entwicklung der Realverzinsung in den wichtigen westlichen Ländern. Dabei soll nur die Entwicklung in den USA betrachtet werden. Nach dem Höchststand von Bitcoin im Dezember 2017 zogen die Realzinsen auf

10-jährige Anleihen bis Ende 2018 deutlich an. In dieser Zeit korrigierte der Bitcoin von knapp 20.000 auf unter 3.500 Dollar. Nach dem Tiefpunkt Ende 2019 zog der Preis von Bitcoin mit Unterbrechungen an bis zum nächsten Höchststand von knapp 65.000 Dollar im April 2021. In dieser Zeit fielen die Realzinsen sehr deutlich und rutschten 2020 sogar in den negativen Bereich. Der Bereich der negativen Realverzinsung wurde erst im Oktober 2021 wieder verlassen. Kurz danach war dann der nächste historische Höchststand von Bitcoin bei knapp 69.000 Dollar. Danach gab es bei der Realverzinsung bis Ende 2022 einen sehr starken Anstieg gepaart mit einem heftigen Kryptowinter. Der deutliche Rückgang der Realverzinsung bis Juni 2023 wurde wiederum begleitet von einer Kursverdoppelung beim Bitcoin. Von daher macht es Sinn, für die langfristige Entwicklung von Bitcoin die Realverzinsung im Blick zu behalten. Veränderungen der Nominalverzinsungen, insbesondere Änderungen der Leitzinsen der Notenbanken, lösen dagegen eher kurzfristigere Kursbewegungen aus.

Abb. 12.32 *Entwicklung von Bitcoin, Realzinsen auf 10-jährige US-Anleihen und Geldmenge M2 in den USA*

Die Zinsen sind von der umlaufenden Geldmenge abhängig. Erhöht sich die Geldmenge, muss ceteris paribus der Zinssatz sinken, damit sich wieder ein Gleichgewicht einstellt. Wie die Preise anderer Assets ist auch der von Bitcoin abhängig von der weltweiten Liquidität. Diese ist abhängig von der verfügbaren **Geldmenge** der Nichtbanken wie private Haushalte, Unternehmen oder Staat. Die Guthaben der Banken werden wegen möglicher Doppelzählungen ausgeschlossen. Man unterscheidet die verschieden definierten Geldmengen M1, M2 und M3, die sich nach ihrem Liquiditätsgrad abgrenzen.

M steht dabei für Money. Für den Einfluss der weltweiten Liquidität auf den Bitcoin-Preis wird die *Geldmenge M2* betrachtet. Diese beinhaltet die Geldmenge M1, die das laufende Bargeld außerhalb des Bankensystems und täglich fällige Einlagen umfasst. Die Komponenten von M1 können direkt im Zahlungsverkehr verwendet werden. Für die Ermittlung von M2 kommen dann zu M1 noch die Termineinlagen mit einer vereinbarten Laufzeit von bis zu zwei Jahren und Spareinlagen mit einer vereinbarten Kündigungsfrist von maximal drei Monaten hinzu.

Von den Aktienmärkten ist bekannt, dass die Entwicklung der Kurse mit der Entwicklung der Geldmenge verbunden ist. Veränderungen der Geldmengen sind oft ein *Frühindikator* für den Aktienmarkt. Die Aktienkurse folgen dann den jeweiligen Veränderungen der Geldmengen. Deutlich wurde das inmitten der Coronakrise, als sich die Geldmengen sprunghaft aufblähten. Letztlich folgten dann die Aktienkurse trotz der Krise, die die Wirtschaft stark beeinträchtigt hatte. Je mehr Liquidität im Umlauf ist, desto mehr wird in Risikotitel wie Aktien investiert. Mit der Etablierung von Bitcoin in der Finanzwelt kann man dies auch für die führende Kryptowährung beobachten.

Im Zuge der zunehmenden Verschuldung kennt die Geldmenge schon seit Jahrzehnten eigentlich nur einen Weg: nach oben. Mit dem Ausbruch der Coronakrise im März 2020 hat sich die Zunahme erheblich beschleunigt. In dieser Zeit kam es auch zur letzten Mega-Hausse beim Bitcoin. Ab Anfang 2022 war dann ein sehr seltenes Phänomen zu beobachten. Die Geldmenge stagnierte zunächst und kam dann seit Mitte 2022 sogar deutlich zurück. Dem Rückgang der Geldmenge folgte dann mit zeitlicher Verzögerung der Einbruch beim Bitcoin-Preis.

Ein wichtiger externer Einflussfaktor auf die Kursentwicklung von Bitcoin war in der Vergangenheit der **US-Dollar-Index (DXY)**. Dieser vergleicht als Kennzahl den Wert des US-Dollar mit einem Währungskorb aus sechs Währungen. Die Währungen – Euro, Japanischer Yen, Britisches Pfund, Kanadischer Dollar, Schwedische Krone und Schweizer Franken – werden geometrisch gewichtet. Mit 57,6 Prozent Anteil hat der Euro das mit Abstand größte Gewicht im Index. Am Verlauf des Index lässt sich die *Stärke des US-Dollar im Vergleich zu den anderen Währungen* darstellen. Stärke und Schwäche des Dollar-Index hängen vor allem wieder von Veränderungen der Wirtschaftsentwicklung, Zinsen – insbesondere der Zinsdifferenz zwischen den USA und anderen Ländern – und Geldmenge in den USA ab. So wird der Dollar – jeweils im Vergleich mit anderen Ländern – durch ein starkes Wirtschaftswachstum, niedrigere Inflation und höhere Zinsen gestärkt. Daneben können auch geopolitische Faktoren eine Rolle spielen. Steigt der Index, wird der US-Dollar gegenüber den anderen Währungen aufgewertet. Ein fallender Index bedeutet eine Abwertung.

In der Vergangenheit war längerfristig tendenziell eine *Korrelation des US-Dollar-Index zum Bitcoin* zu beobachten. Stieg der Dollar-Index markant, dann verlief die Kursentwicklung von Bitcoin negativ. Umgekehrt waren bei deutlichen Rückgängen des Index teilweise markante Kursanstiege beim Bitcoin zu beobachten. So rutschte der DXY während der Bitcoin-Hausse 2017 in einem Jahr um rund 15 Prozent nach unten. Die darauffolgende Baisse war von einem starken Anstieg des DXY bis auf fast das vorherige Niveau begleitet. Die große letzte Hausse von 2020/21 war von einem erneuten ähnlichen Rutsch des DXY flankiert. Bei dem anschließenden starken Anstieg des DXY crashte der Bitcoin erneut. Seit Oktober 2022 fällt der DXY mit Unterbrechungen wieder. Kurze Zeit später schwenkte der Bitcoin erneut in einen starken Aufwärtstrend. Gibt es dafür eine logische Erklärung? Vielleicht diese: Die Kryptowelt sieht die Dollarnotierung von Bitcoin als Referenz und baut ihre Bitcoin-Analysen darauf auf.[108] Ein starker Dollar könnte deshalb Druck auf diese Preisnotierung ausüben. Außerdem spricht ein starker Dollar für eine gewisse Dollarknappheit relativ zu anderen führenden Währungen.

Abb. 12.33 Entwicklung von Bitcoin-Preis und Dollar-Index

12.19 Informationsquellen

Whitepaper gab es auch schon vor der Kryptowelt. In der Politik und Wirtschaft werden dabei Probleme beschrieben und Empfehlungen für mögliche Lösungen gegeben. In der Kryptowelt werden in einem Whitepaper ein bestimmter Markt und dessen Probleme sowie deren Lösung durch ein Kryptoprojekt beschrieben (Use Case). Dabei kann es sich um bereits existierende oder erst zukünftig erwartete Probleme handeln. Whitepaper von Kryptoprojekten werden im Wesentlichen den Grundaufbau und die technischen Spezifikationen des Kryptoprojekts sowie die Tokenomics beschreiben. Außerdem sollte das Team und eine Roadmap zur weiteren Entwicklung des Projekts vorgestellt werden. Schließlich werden rechtliche Hinweise und ein Haftungsausschluss enthalten sein. In der Regel finden sich die Whitepaper leicht auf der Website des jeweiligen Projekts. Auch über Übersichtsseiten von Krypto-Assets wie Coinmarketcap kann schnell auf die Whitepaper zugegriffen werden. Ein seriöses Kryptoprojekt wird von der Sprache her eine akademische Schreibweise bevorzugen und die Ausführungen mit Fakten untermauern. Wird dagegen viel Marketingsprech verwendet und werden großartige Versprechungen gemacht, ist Vorsicht geboten. So werden die Whitepaper von Layer-1-Blockchains weniger für Investoren als für Entwickler geschrieben. Deren Nüchternheit unterscheidet sich deshalb oft von denen der dApps, bei denen primär die Endnutzer oder auch die Investoren direkt angesprochen werden sollen.

Bei manchen Projekten gibt es auch gar kein Whitepaper. So ist Litecoin im Jahr 2011 mit einer Videopräsentation gestartet. Andere wie Cardano ergänzen ihr Whitepaper um die jeweiligen Entwicklungsfortschritte. Mit der Einführung der MiCAR-Regulierung in Europa werden Kryptoprojekte für ein öffentliches Angebot oder für eine Handelszulassung des Coins aber ein aussagekräftiges Whitepaper ähnlich einem Wertpapierprospekt erstellen müssen.

Das Bitcoin-Whitepaper, die Mutter aller Whitepaper, umfasst gerade mal neun Seiten. Die Überschrift gibt schon viele Hinweise: „Bitcoin: A Peer-to-Peer Electronic Cash System". Bit als Maßeinheit in der Informatik und Coin (Münze) beschreiben eine elektronische Münze. Bei Peer-to-Peer-Systemen können deren Teilnehmer direkt und ohne Vermittler miteinander interagieren. Bei einem Electronic Cash System handelt es sich einfach um ein elektronisches Geldsystem, das im Gegensatz zum allseits vertrauten Papiergeld ausschließlich digital funktioniert. Der Bitcoin hat also den Anspruch, ohne jeden Zwischenhändler Geld weltweit von einem Nutzer zum anderen versenden zu können. Im Whitepaper wird dann weiter beschrieben, wie Vertrauen in das System geschaffen wird. Dabei werden alle Transaktionen mit Zeitstempel in einer fortlaufenden Kette von hashbasierten Arbeitsnachweisen aneinandergereiht. Durch diesen Proof of Work genannten Konsensmechanismus werden die Informationen in der Blockchain unveränderbar festgehalten. Die Informationen der ständig wachsenden Blockchain bauen deshalb aufeinander auf. Ein böswilliger Angreifer könnte hier nur mit immensem Aufwand etwas ändern, der in keinem Verhältnis zu dem dadurch möglichen finanziellen Vorteil steht. Interessant in diesem Zusammenhang ist, dass Satoshi Nakamoto das Bitcoin-Netzwerk ursprünglich als Zahlungssystem und alternatives Geld initiiert hat. Von einer Nutzung als Wertspeicher oder gar digitales Gold war nicht die Rede. Diesen heute wesentlichen Use Case hat im Laufe der Zeit erst der Markt entdeckt. Der Bitcoin hat sich deshalb primär zu einem Anlageobjekt und sogar zu einer neuen Assetklasse entwickelt. Die ursprüngliche Konzeption als Zahlungsmittel ist dagegen immer mehr in den Hintergrund getreten.

Auch wenn die Whitepaper mit vielleicht 30 oder mehr Seiten viel weniger umfangreich als ein IPO-Prospekt von Aktien sind, werden sie im digitalen Zeitalter mit stark reduzierten Aufmerksamkeitsspannen für eine schnelle Information vielfach noch als zu lang empfunden. Deswegen gibt es häufig eine Kurzversion als **Litepaper**. Dieses soll weniger formal als eine Art Teaser für Investoren fungieren. Denn potenzielle Investoren werden von dem oft mit vielen technischen Details gespickten Whitepaper eher abgeschreckt und konsumieren lieber leicht verständliche Erklärungen, die den Schwerpunkt mehr auf das wirtschaftliche Potenzial legen.

Neben den grundlegenden Informationen im Whitepaper gibt es verschiedene **Kommunikationskanäle der Kryptoprojekte**. Jedes Projekt hat eine *Website*. Außerdem findet man häufig einen offiziellen *Blog* des Entwicklerteams. Dort kann man die Fortschritte des Projekts verfolgen und die Interaktion des Teams mit der Community. Teilweise ist es möglich, spezifische Fragen zu stellen. Daneben kann man sich über die offiziellen Beiträge des Projekts auf verschiedenen *Social-Media-Kanälen* wie X (vormals Twitter), Telegram oder Reddit auf dem Laufenden halten. Bei Reddit können registrierte Nutzer Inhalte einstellen wie Links, Bilder oder Textbeiträge. Andere Nutzer können diese Beiträge dann positiv oder negativ beurteilen, sodass auf diesem Medium eine erhebliche Interaktion stattfindet.

Weitere Informationsquellen sind unzählige **Websites, Newsletter und Social Media Groups**, die sich auf die Anlagen in Krypto-Assets spezialisiert haben. Hier bleibt es dem Anleger selbst überlassen, die Seriosität dieser Publikationen oder die Kompetenz der Verfasser zu beurteilen. So haben sich etliche dieser Anbieter darauf spezialisiert, neue Coins – häufig dubiose Meme Coins – zu promoten und deren Pre-Sales zu unterstützen. Das Motiv für derartige Aktivitäten wird überwiegend nicht uneigennützig sein.

Neben **Anbietern von On-Chain-Analysetools** wie Glassnode gibt es einige **Researchanbieter** wie Messari oder Blockworks. Diese bieten teilweise umfangreiche Analysen und Quartalsberichte für einzelne Coins – ähnlich wie die Researchhäuser von Banken für Aktien.

12.20 Summary

12.1 Kryptowährungen sind keine Unternehmen. Es gibt keine Bilanzen oder Gewinnwarnungen und sie können auch nicht pleitegehen. Sie können zwar auch laufende

Erlöse generieren. Ansprüche auf Beteiligung an den Erlösen einer Plattform oder an Anteilen des dahinterstehenden Kryptoprojekts haben die Inhaber der dazugehörigen Coins regelmäßig aber nicht.

Die **Fundamentalanalyse** von Kryptowährungen hat eine andere Methodik als die Aktienanalyse und stützt sich auf andere Informationsquellen wie On-Chain-Daten und -Indikatoren.

Am Anfang steht eine Untersuchung des adressierten Zielmarktes und dessen Potenzials. Danach wird eine Einzelanalyse durchgeführt mit einer Art Due Diligence des Kryptoprojekts und seines Coins.

12.2 Der aktuelle **Marktpreis** kann sich deutlich von dem nach fundamentalen Überlegungen ermittelten **Wert** unterscheiden.

FOMO, die Angst etwas zu verpassen, und **FUD**, wenn Angst und Unsicherheit den Markt dominieren, beschreiben allgemeine Marktstimmungen, die zu erheblichen Über- und Unterbewertungen führen können.

Der Preis von Krypto-Assets ist durch die Börsenkurse genau vorgegeben. Den **Fair Value** kann man dagegen durch Fundamentalanalyse nur abschätzen.

Die Stabilität des Wertes von Fiat- wie Kryptowährungen beruht auf dem **Konsens** der Marktteilnehmer, dass die jeweilige Währung werthaltig ist und auch bleibt. Es gibt keinen intrinsischen Wert durch Deckung der Währung mit einem werthaltigen Gut wie Gold.

Ähnlich wie bei jungen und innovativen Unternehmen setzt sich der Wert aus einem Nutzwert und einem Spekulationswert zusammen. Der **Nutzwert** leitet sich aus den tatsächlich schon realisierten Anwendungen ab. Dagegen wird der **Spekulationswert** durch Analysen und Vermutungen bestimmt, welche Verbreitung bereits bestehende Anwendungen zukünftig erreichen und/oder welche neuen Anwendungen realisiert werden können.

Der **Einfluss von fundamentalen Daten auf die Preise an den Kryptomärkten** ist derzeit noch keinesfalls so ausgeprägt wie an den traditionellen Anlagemärkten wie dem Aktienmarkt.

Neben der absoluten Bewertung eines Kryptoprojekts ist eine relative Bewertung sinnvoll, die konkurrierende Angebote vergleicht.

12.3 Die **Tokenomics** – aus den beiden Wörtern Token und Economics abgeleitet – beschreiben die Eigenschaften und Ausgestaltungsmerkmale eines Coins, die alle einen Einfluss auf dessen Bewertung haben können.

In den Tokenomics werden die Art der Token und deren Use Case sowie die Gesamtzahl der Token und deren Verteilungsmechanismus festgelegt.

Token der Gründer und frühen Investoren haben meist bestimmte **Lock-up-Fristen**, während denen die Token für den Verkauf gesperrt sind.

In den Tokenomics kann auch die Nachfragesituation analysiert werden.

12.4 Bei wirklich **dezentralen Kryptowährungen und Krypto-Assets** sind Kontrolle und Entscheidungen möglichst demokratisch auf die einzelnen Mitglieder und Nutzer des Netzwerks verteilt. Je weniger dezentral ein System ist, desto größer ist seine Manipulationsanfälligkeit. Dezentrale Kryptowährungen sind deshalb wertvoller. Je mehr Nodes (Knotenpunkte) ein Netzwerk hat, desto verteilter und dezentraler ist es. Dabei ist nicht nur eine Betrachtung der Anzahl der Nodes von Bedeutung, sondern auch deren Verteilung auf bestimmte Länder.

Große Anteile durch wesentliche Projektbeteiligte sprechen für ein hohes Maß an Zentralität.

Der Bitcoin gilt als dezentralste Kryptowährung.

Ein Indiz für die Dezentralität von Coins ist ihr **Verteilungsmechanismus**. Bei Pre-Mining und Verteilung eines Großteils der angebotenen Coins liegt eine starke Zentralisierung vor.

Der Grad der Dezentralisierung kann auch über die Einstufung eines Coins als Wertpapier entscheiden.

Fungible Token sind gleichwertig und austauschbar. Es existiert ein Marktpreis durch Angebot und Nachfrage aller Anleger nach diesem Token und dadurch eine jederzeitige Verkaufbarkeit.

Bei **nicht-fungiblen Token (NFTs)** existiert ein solcher Marktpreis nicht. Für deren Verkauf muss eine Gegenpartei gefunden werden. Preistransparenz und Manipulationsanfälligkeit sind deutlich größer.

Token sind wie andere Wirtschaftsgüter umso wertvoller, je fungibler und damit je leichter sie handelbar sind. Künftig können sich hier aber neue Bewertungskriterien ergeben.

Der Preis eines als NFT gesicherten Kunstwerks ist wie jedes Kunstwerk sehr stark von subjektiven Faktoren abhängig.

Nicht-gelockte Token haben keine Handelsbeschränkungen und sind jederzeit an den Kryptobörsen zu den aktuellen Kursen handelbar.

Gelockte Token sind so lange nicht handelbar und übertragbar, bis der Grund des Lock-ups aufgehoben ist. So können die Token von Gründern für eine bestimmte Zeit gesperrt werden. Auch beim Staking können Token Sperrfristen haben. Der Ablauf von Sperrfristen kann erheblichen **Einfluss auf die Börsenpreise** haben. Dies wird insbesondere der Fall sein, wenn eine im Vergleich zum bereits umlaufenden Angebot erhebliche Zahl von Token neu für den Handel freigegeben wird.

Es kann aus verschiedenen Gründen auch **sanktionierte Token** geben. Token können zwar nicht konfisziert werden. Behörden können aber versuchen, den Handel von Token zu unterbinden, die mit kriminellen Aktionen in Verbindung gebracht werden. Dadurch sind solche inkriminierten Token nicht oder nur sehr schwer veräußerbar.

Die unterschiedlichen **Konsensalgorithmen** bei Blockchains und deren Token haben im Vergleich sowohl Vor- als auch Nachteile. Die Auswirkungen auf die Bewertung können unterschiedlich sein. So kann ein hoher Energieverbrauch bei PoW-Coins negativ sein. Die dadurch erzeugte größere Sicherheit im Netzwerk wäre aber wiederum positiv.

Der Konsensalgorithmus kann auch über die **Einstufung eines Coins als Wertpapier** durch Aufsichtsbehörden entscheiden. Bei dezentral verteilten PoW-Coins wie Bitcoin besteht keine Gefahr der Klassifizierung als Wertpapier.

12.5 Ein **Use Case** ist ein Anwendungsfall für einen Coin oder Token, wobei es auch mehrere Use Cases gleichzeitig geben kann. Das Bedürfnis nach dieser Anwendung kann bereits jetzt vorhanden sein oder erst zukünftig entstehen. Ohne einen vorhandenen Anwendungsfall macht ein Krypto-Asset keinen Sinn. Bei tatsächlich vorhandenen Bedürfnissen stellt sich die Frage, ob bei der Lösung des Problems überhaupt eine Blockchain-Lösung und ein Coin nötig ist.

Veränderungen von Use Cases können große Auswirkungen auf den Wert eines Coins haben.

Use Cases finden sich in sehr vielen Bereichen der realen Welt. Die **Bewertungsansätze** können je nach Use Case des Coins sehr unterschiedlich sein.

12.6 Der **Bitcoin** ist im Vergleich zu seinen Konkurrenten im Bereich der Payment Token **A Class Of Its Own**.

Der Bitcoin ist mit traditionellen Bewertungsmethoden nicht zu greifen. Er generiert keine laufenden Cashflows.

Zwar existiert der **Use Case** als dezentrales und zensurresistentes Zahlungsmittel beim Bitcoin noch immer. Als dominierender Werttreiber wurde er aber abgelöst durch seinen Use Case als Anlageobjekt, Wertspeicher und digitales Gold.

Weltweit hat sich der **Konsens** herausgebildet, dass der Bitcoin ein innovativer Wertspeicher und damit eine einzigartige Fluchtmöglichkeit aus den inflationierten Fiatwährungen ist. Das Wachstumspotenzial in diesem Bereich ist noch beträchtlich

Da das **Angebot** mit 21 Millionen Bitcoin absolut begrenzt ist, bezieht sich die kardinale Bewertungsfrage bei Bitcoin auf die weitere Entwicklung der **Nachfrage**. Der Bitcoin ist kein Schneeballsystem. Er befindet sich wie jedes neue Asset noch in einer Preisfindungsphase, die von einer erhöhten kurzfristigen Volatilität begleitet ist.

Im Gegensatz zu allen anderen Währungen ist der **Inflationsschutz** bei Bitcoin absolut. Bis zum Jahr 2140 sinkt die Inflation auf null. Die jährliche Inflationsrate bei Bitcoin wird alle vier Jahre durch die **Halvings** mehr als halbiert. Nach dem Halving im April 2024 fällt sie auf 0,83 Prozent.

Der Bitcoin ist deshalb eine **Währung mit Wertwachstum**. Die Fiatwährungen wie **Dollar und Euro** sind und bleiben **Währungen mit Wertverfall**.

Zentralisierte Geldsysteme und/oder schlechte Regierungssysteme scheitern mehr oder weniger daran, eine starke wirtschaftliche Absicherung zu bieten. Außerdem beschränken schlechte Systeme ihre Bürger meist noch zusätzlich in ihrer finanziellen Freiheit. Mit dem erodierten Vertrauen vieler Bürger in ihre Währung nimmt das Vertrauen in den Bitcoin zu.

Ein **langfristiger Bewertungsansatz** kann sich zunächst an dem Zielmarkt von Bitcoin orientieren. Zielmarkt ist hier das weltweite Bedürfnis nach Inflationsschutz und Wertspeicherung. Als digitales Gold ersetzt der Bitcoin in diesem Zusammenhang das Gold als Wertspeicher. Von daher könnte die gesamte Kapitalisierung von Gold als Orientierung für den Wert aller 21 Millionen Bitcoin dienen. Dagegen eignet sich der Wert der wichtigsten Währungen nicht als Potenzialwert für den Bitcoin. Adoption, Akzeptanz und Vertrauen in die durch den Computercode garantierte Wertstabilität verankern den Bitcoin als härtestes Geld der Welt bei immer mehr Menschen. Der Netzwerkeffekt durch diese zunehmende Nutzung führt aufgrund des absolut begrenzten Gesamtangebots deshalb langfristig weiter zu stark steigenden Preisen. Der Bitcoin ist deshalb nicht nur ein Wertspeicher, sondern zumindest in den nächsten Jahren ein **Wertmultiplikator**.

Fantastische Kursziele erscheinen in diesem Kontext nicht mehr so unrealistisch. Die Beobachtung von **Veränderungen beim Bitcoin-Sparen** (HODLing) wird darum ein wesentliches Element zur Bestimmung der Bewertung sein. Je mehr Bitcoin in festen Händen zur langfristigen Anlage gebunden sind, desto knapper wird das frei verfügbare Angebot und desto höher wird der Knappheitspreis. Die jüngeren Generationen haben ein unverkrampfteres Verhältnis zu digitalen Assets. Der laufende **Vermögenstransfer** auf diese Generationen durch Vererbung wird deshalb die Nachfrage nach Bitcoin weiter und nachhaltig erhöhen.

Kurzfristige Bewertungsansätze orientieren sich an der allgemeinen Marktstimmung und den dadurch ausgelösten kurzfristigen Angebots- und Nachfrageschwankungen.

Die Standardbewertungsansätze für traditionelle Assets wie Aktien, Anleihen, Rohstoffe oder auch Währungen sind untauglich für die Bewertung von Bitcoin. In **Krisensituationen** zeigt der Bitcoin eine kurzfristig hohe Korrelation mit anderen Risiko-Assets wie Aktien. Durch den zunehmenden Einfluss traditioneller und institutioneller Anleger hat das zu einem **Bitcoin-Paradoxon** geführt. Obwohl der Bitcoin auch und gerade wegen seiner Unabhängigkeit von anderen Kapitalanlagen gekauft wird, wird er kurzfristig immer abhängiger von diesen.

Die im Vergleich zu anderen Assetklassen sehr große **Volatilität** von Bitcoin prägt die Wahrnehmung vieler Anleger. Mit der zunehmenden Akzeptanz als seriöses Mittel der Wertaufbewahrung wird diese in Zukunft weiter abnehmen. Dieses Muster zeigen auch die bisherigen **Bitcoin-Zyklen**. Sowohl die kurzfristigen Kursschwankungen innerhalb der vierjährigen Zyklen wurden immer geringer als auch der langfristige prozentuale Kurszuwachs vom Tief zum Hoch eines Zyklus.

Das **Stock-to-Flow-Verhältnis (S2F Ratio)** als Relation von aktuell verfügbarer und jährlich neu hinzukommender Menge (Stückzahl) definiert einen wertbestimmenden Härtegrad von Rohstoffen wie Gold und kann auch auf den Bitcoin übertragen werden. Nach diesem Kriterium wird Bitcoin nach dem Halving im April 2024 **das härteste Geld der Welt**. Die alle vier Jahre folgenden **Bitcoin-Halvings** verstärken diesen Effekt weiter.

Die durch das S2F Ratio ausgedrückte Knappheit eines Gutes führt nicht zwangsläufig dazu, dass ein Gut auch wertvoll ist. Vielmehr muss es von einer großen Zahl von Menschen als wertvoll eingestuft werden (**Akzeptanz**).

Das S2F-Modell wurde immer wieder zur Ableitung fantastischer Kursziele benutzt. Das rein angebotsbezogene Modell gibt aber keine Prognose der künftigen Nachfrage durch Adoption. Es berücksichtigt auch nicht externe Faktoren wie die Veränderung der weltweiten Geldmenge.

Die anderen Payment Token haben zwar grundsätzlich den gleichen Verwendungszweck, sind aber im Vergleich zum Bitcoin unbedeutend und **keine Konkurrenz**.

12.7 Die **Bitcoin-Klone** Litecoin und Bitcoin Cash gelten trotz eines ähnlichen Use Cases als weniger dezentral und unsicherer als der Bitcoin. Durch die weltweite Akzeptanz von Bitcoin als das eindeutig führende digitale Wertaufbewahrungsmittel und als digitales Gold wird der Bitcoin um das Zigfache höher bewertet als die Bitcoin-Klone. Das wird auch so bleiben.

Litecoin und Bitcoin Cash können aber für kürzere Perioden ein geeignetes Trading-Vehikel sein, wenn sie in der Bewertung gegen den Bitcoin an ihrem langfristig gebildeten unteren Floor gegen den Bitcoin stehen.

Privacy Coins sind von stärkerer Regulierung bis hin zu Verboten bedroht. Nach einer Phase der Outperformance in den Jahren 2016/17 haben Privacy Coins im Vergleich zum Bitcoin aber wieder erheblich an Wert verloren.

Auch bei **XRP** kam es nach einer Phase mit einer riesigen Outperformance im Jahr 2017 seither wieder zu einem starken Kursrückgang. XRP ist vom Use Case eine Brückenwährung und kein Wertspeicher wie Bitcoin.

Stablecoins sollten 1:1 wie die Fiatwährung notieren, auf die sie sich beziehen. Wie beim Terra-Crash gesehen, haben sie aber auch ein erhebliches Kursrisiko, wenn das dahinterstehende Kryptoprojekt scheitert.

Stablecoins eignen sich hervorragend für internationale Zahlungen, weil ein Kursrisiko wie beim Bitcoin entfällt. Sie können sich auch als Wertspeicher in Ländern mit schwacher Währung eignen. Außerdem sind sie ein Parkplatz für Krypto-Anleger, wenn diese zwischenzeitlich Kryptowährungen verkaufen.

Entscheidend für die Beurteilung von Stablecoins ist die Seriosität des Emittenten und die Sicherheit, dass der Stablecoin durch die entsprechende Menge der Fiatwährung gedeckt ist. So gab es in der Vergangenheit bei Tether immer wieder Zweifel in Bezug auf diese Deckung. Selbst bei einer vollständigen Deckung würden die als Sicherheit hinterlegten Beträge in Fiatwährung im Insolvenzfall des Emittenten aber in die Insolvenzmasse fallen. Von daher gibt es ähnlich wie bei Zertifikaten ein **Emittentenrisiko**.

Algorithmisch abgesicherte Stablecoins sind nach der Terra-Pleite in Verruf geraten. Steigt die **Marktdominanz von Stablecoins**, dann wird die Bereitschaft der Krypto-Anleger geringer, in Bitcoin oder Altcoins zu investieren. Sie warten dann auf einen günstigen Zeitpunkt zum Wiedereinstieg. Nimmt die Marktdominanz der Stablecoins dagegen wieder ab, spricht das für eine Rückkehr der Anleger an den Kryptomarkt, die verstärkt ihre Stablecoins wieder in Kryptowährungen investieren. Ein Anstieg des **Stablecoin Exchange Inflows** ist tendenziell ein positives Zeichen, ein Anstieg des Outflows ein negatives Zeichen.

12.8 **A Class Of Its Own** gilt auch für **Ethereum** im Bereich Smart Contracts. Skalierungsprobleme und schnellere Konkurrenz-Blockchains könnten diese Stellung aber in Zukunft schwächen. Trotzdem bleibt Ether nach Bitcoin das zweitwichtigste **Basisinvestment** für Krypto-Anleger.

Ethereum ist ein **Betriebssystem für dezentralisierte Anwendungen (dApps) und Smart Contracts**.

Smart Contracts sind durch Computercode auf der Ethereum-Blockchain festgeschriebene verschlüsselte Vereinbarungen zwischen den Nutzern.

Die Kosten des Betriebssystems werden nicht von dessen Betreibern, sondern von dessen Nutzern direkt getragen.

Ethereum strebt eine führende Rolle im **Web3** an.

Ethereums Coin **Ether** treibt die Plattform als Schmierstoff an.

Die **Bewertungsansätze** bei Ether unterscheiden sich grundsätzlich im Vergleich zum Bitcoin. Ether ist eher wie eine **Tech-Aktie** zu bewerten. Deshalb könnte Ether in Zukunft eine stärkere Korrelation zum Nasdaq-Index aufweisen.

Mit dem im August 2021 eingeführten Burn-Mechanismus sank die Inflationsrate und wurde teilweise sogar negativ. Ether wird dadurch wertstabiler.

Ether kann als **Cashflow-Asset** bewertet werden. Dagegen werden beim Bitcoin keine Cashflows generiert. Dadurch kann eine Art KGV ermittelt und Ether dadurch besser mit Tech-Aktien verglichen werden. Die Rendite bei Ether ist meist höher als bei Tech-Aktien. Zuletzt hat auch die Bedeutung von Ether als **monetärer Vermögenswert** wieder zugenommen.

Unter Anlageaspekten kann Ether als **hybrider Bond** aufgefasst werden.

Ein relativer Vergleich der **Ethereum-Konkurrenten** nach fundamentalen Kriterien ist schwierig.

Dagegen kann die **Relative Stärke** sofort im Chart abgelesen werden, wenn der Kursverlauf gegen den Ether betrachtet wird.

12.9 Die **Bewertung von Utility Token** wird maßgeblich beeinflusst von den aktuellen und zukünftigen Nutzungsmöglichkeiten und der Zahl der Nutzer. Dabei ist immer zu beachten, dass Utility Token nicht wie Aktien direkte Beteiligungsrechte am Unternehmen und seinem Erfolg sind.

Ein **Investmentansatz** in Utility Token sollte im Gegensatz zu Bitcoin und Ether zunächst eher kurzfristiger ausgerichtet und stärker diversifiziert sein. Setzen sich einzelne Projekte oder allgemeine Trends wie künstliche Intelligenz stärker durch, kann dann deren Gewichtung erhöht werden.

Im **Internet** bildeten die Protokolle wie TCP/IP zwar die Grundlage des Erfolgs. Den großen wirtschaftlichen Erfolg erzielten aber die darauf laufenden Anwendungen von Unternehmen wie Google, Facebook oder Amazon, deren **Aktien** zu den größten der Welt zählen.

Bei **Blockchains** ist es genau umgekehrt. Hier verlangen Protokolle wie Ethereum für ihre Infrastruktur Gebühren für die darauf laufenden Anwendungen. Dadurch können **Protocol Token** laufende Einnahmen generieren. Protocol Token haben deshalb regelmäßig eine viel höhere Bewertung als App-Token. Je mehr Apps auf der Blockchain aufgesetzt werden, desto wertvoller können dann die Protocol Token werden.

Erfolgreiche Apps können zur Wertsteigerung des Protokolls führen. Umgekehrt kann der gute Ruf eines Protokolls in Bezug auf Sicherheit und Zuverlässigkeit auch auf den Erfolg von Apps abstrahlen.

Neben der Sicherheit ist die **Skalierbarkeit** der wichtigste Werttreiber bei Protocol Token.

Die Etablierung von Infrastruktur-Protokollen ist ein langfristiger Prozess. Deshalb sollten **Investments in Protocol Token** grundsätzlich langfristiger ausgerichtet sein als in App-Token.

Investments in App-Token werden meist kurzfristiger angelegt sein. Das Potenzial der dezentralen Anwendungen (dApps) ist regelmäßig geringer als das der Plattformen, auf denen sie laufen.

Bei App-Token ist zu fragen, ob sich deren Anwendungen im Vergleich zur bereits bestehenden traditionellen Konkurrenz durchsetzen können.

Reine **Governance Token** haben eher geringen Wert. Meist werden sich bei einem spezifischen Token aber Elemente von Governance Token mit denen von **Access** und **Settlement Token** vermischen. Ein Beispiel dafür sind Exchange Token.

Bei **Meme Coins** werden die Kurse von Promotoren in sozialen Medien oder durch Marketingkampagnen der Initiatoren stark getrieben. Meme Coins haben keinen Use Case.

Ihren Wert kreieren sie aus der Stärke der sie unterstützenden Community. Die Kurse entwickeln sich meist ähnlich wie bei Pump-and-Dump-Aktionen.

12.10 **Tokenisierung** ist die digitalisierte Abbildung eines Vermögenswertes inklusive der mit diesem Wert verbundenen Rechte und Pflichten. Dies erfolgt durch unveränderliche Festschreibung auf einer Blockchain. Durch diese Tokenisierung werden alle möglichen Werte übertragbar und handelbar.

Viele vorher nicht handelbare oder teilbare **Real World Assets** können durch Tokenisierung handelbar gemacht werden.

Die **Bewertung von Asset Token** sollte identisch mit der Bewertung des jeweiligen Assets sein.

Es kann aber Unterschiede bei Kosten, Börsenhandel, Sicherheit und steuerlicher Behandlung geben.

Asset Token können aufgrund ihrer **Wertpapiereigenschaft** und der Zugehörigkeit zu einer bestimmten **Assetklasse** unterschieden werden.

Security Token werden den gleichen regulatorischen Anforderungen und steuerlichen Regelungen wie ihre Äquivalente Aktien und Anleihen unterliegen.

Auch **NFTs** können unter die Asset Token subsumiert werden.

NFTs haben wegen ihrer Einzigartigkeit nur eine geringe Liquidität und Preistransparenz. Der Käufer muss wie bei anderen Tauschbörsen erst gefunden werden. Die Gefahr von Preismanipulationen ist groß. Von solchen Faktoren kann der Wert negativ tangiert werden.

Die Einzelbewertung eines NFTs ist wie bei einem Kunstwerk stark subjektiv geprägt. Außerdem spielt die Nutzbarkeit eine entscheidende Rolle, zum Beispiel im Gaming-Bereich bei In-Game-Assets.

Digitale Sammlerstücke (Collectibles) sind das größte NFT-Segment. Wert generieren die Collectibles vor allem bei einer Limitierung, bei prominenter Beteiligung und einer aktiven Community.

12.11 Die **Marktstellung** eines Kryptoprojekts ist ein entscheidender wertbestimmender Faktor. Denn die Mehrzahl der Entwickler konzentriert sich auf das dominierende Projekt in einem bestimmten Bereich.

Marktbeherrschende Stellungen im Kryptobereich können länger Bestand als in der traditionellen Welt haben, da es keine Monopolbehörden gibt.

Trotz seiner marktbeherrschenden Stellung kann der **Bitcoin** wegen seines dezentralen und nicht gewinnorientierten Ansatzes als Währung – ähnlich wie der Dollar – nicht von einem Monopolvorwurf getroffen werden. Andere Krypto-Assets könnten in Zukunft aber im Einzelfall mit solchen Vorwürfen konfrontiert werden.

12.12 Der Verlauf der **Adoption von Bitcoin** ist ähnlich wie bei den bekannten Technologieakzeptanzkurven. Eine Take-off-Phase mit großen Wachstumsraten könnte sich im erwarteten Hausse-Zyklus rund um das vierte Bitcoin-Halving im April 2024 bilden. Bisher lief die Adoption von Krypto-Assets schneller als andere technologische Entwicklungen wie das Internet.

Unterschiedliche **Anlegergruppen** adoptieren den Bitcoin unterschiedlich schnell. Mit dem Einstieg der unterschiedlichen Anlegergruppen könnte es zu einem **Rückgang der Volatilität** kommen. Die Adoption kann für unterschiedliche **Use Cases** einer Kryptowährung unterschiedlich sein.

Eine **Messung der Adoption** zielt darauf, wie viele Menschen überhaupt Krypto-Assets kaufen und in sie investieren. Außerdem ist ein Indikator, wie viele Geschäfte und Unternehmen den Bitcoin als Zahlungsalternative akzeptieren. Annäherungen an den Verlauf der Adoption einer Kryptowährung können die Entwicklung der Monthly Active Users oder das Gesamtwachstum aller Adressen einer Kryptowährung sein. Umfangreiche länderspezifische Umfragen können ein genaueres Bild der Adoptionsentwicklung geben.

Die **institutionelle Adoption** war ein wesentlicher Faktor des Hype Cycles 2020/21. Dies könnte sich mit der Auflegung von ETFs im nächsten Hype Cycle verstärken.

12.13 On-Chain-Transaktionen sind alle Arten von Transaktionen, die direkt auf der Blockchain stattfinden und bereits von Minern oder Validatoren bestätigt worden sind. Mit **On-Chain-Analysen** werden diese Daten direkt aus den Blockchain-Netzwerken analysiert.

Kontobasierte Blockchains wie bei Ethereum funktionieren wie Bankkonten. Vom Gesamtguthaben können auch nur Teilbeträge ausgegeben werden.

UTXO-Blockchains wie Bitcoin verwalten keine Benutzerguthaben, sondern ausgegebene und nicht ausgegebene Coins. Bei einem UTXO handelt es sich um eine von einem Benutzer empfangene Transaktion, die dieser noch nicht ausgegeben hat und deshalb in Zukunft noch ausgeben kann. Tätigt ein Nutzer eine Transaktion, die nur einen Teil seiner zur Verfügung stehenden Coins ausmacht, so wird der gesamte Bestand des Coins als Input auf der Blockchain verbucht. Zu diesem Input gibt es dann zwei Outputs in zwei verschiedenen Wallets: Zum einen die an den Empfänger versendete Zahl von Coins und zum anderen die an den Versender als „Wechselgeld“ zurückgebuchten Coins. Diese beiden Outputs begründen dann zwei neue UTXOs. Schwierig für die Analyse dieser Transaktionen ist die Unterscheidung, welches die eigentlich wirtschaftlich relevante Transaktion ist und welches die Rückbuchung des Wechselgeldes.

Über die Ermittlung von bereinigten Transaktionsvolumina wird versucht, Doppelzählungen wie beim Wechselgeld von UTXO-Transaktionen zu vermeiden.

Off-Chain-Analysen beziehen sich auf Off-Chain-Transaktionen. Dabei geht es um Bewegungen des Kryptowertes außerhalb der Blockchain wie bei Transaktionen auf einer Kryptobörse. Off-Chain-Transaktionen benötigen keine Zeit für Bestätigungen und haben meist geringere Kosten.

Auch Transaktionen auf Second-Layer-Lösungen und Sidechains sind Off-Chain-Transaktionen.

Beim Eintreten sehr populärer Indikatoren – sowohl on- wie off-chain – kann es durch gleichförmige Handlungen der Marktteilnehmer zu einer **Self-Fulfilling Prophecy** kommen. Außerdem kann sich die Relevanz von Indikatoren je nach Marktphase ändern.

12.14 Die Zahl der täglich aktiven **Adressen** gilt als einer der wichtigsten Indikatoren für die Netzwerkaktivität. Als Kaufsignal gilt, wenn diese Zahl steigt, während gleichzeitig der Preis fällt. Ein verstärktes HODLing kann sich aber auch positiv auf den Preis auswirken, obwohl die Zahl der täglich aktiven Adressen dann fällt. Ein deutlicher Anstieg der neuen Adressen spricht für ein starkes Wachstum des Netzwerks.

Nach Entitäten korrigierte Metriken versuchen, sich an die wahre Zahl der unterschiedlichen Nutzer anzunähern und diese zu untersuchen.

Top-Holder sind wie am Aktienmarkt Investoren mit einem großen Anteil am Gesamtbestand und werden oft als **Wale** bezeichnet. Wale werden häufig als Adressen mit einem Anteil von einem Prozent am Gesamtbestand bezeichnet. Beim Bitcoin werden manchmal auch Investoren mit einem Bestand von 1.000 Bitcoin schon als Wale bezeichnet. Grundsätzlich gilt eine Kryptowährung als umso dezentraler und damit weniger manipulationsanfällig, je geringer der Anteil großer Investoren ist.

Verschiebungen von Coins weg von Waladressen lösen oft Befürchtungen eines Preiseinbruchs wegen eines möglichen Verkaufsdrucks aus. Verlagerungen großer Kryptobestände weg von Kryptobörsen gelten als positives Zeichen.

Eine steigende Zahl von **Langzeitinvestoren** zeigt ein steigendes Vertrauen in die Wertentwicklung des Coins. Das kurzfristig für den Börsenhandel verfügbare Material verknappt sich dadurch. In der Akkumulationsphase war in der Vergangenheit ein hoher Anteil an Langzeitinvestoren zu beobachten. Während der heißen Phasen der Bullruns ging deren Anteil dagegen deutlich zurück.

Die **Coin Days Destroyed (CDD)** gelten als Indikator für das Verhalten der langfristigen Investoren aus der Gruppe der Top-Holder. Meist werden CDD-Durchschnittswerte wie der 90-Tage-Durchschnitt verwendet. Ein stark steigender CDD-Wert spricht für verstärkte Verkäufe dieser Investorengruppe. Ein sehr hoher CDD-Wert deutet auf ein gestiegenes Volatilitätsrisiko und eine mögliche Trendumkehr hin.

Auch die Dormancy und die Liveliness beziehen sich auf das Verhalten der zeitlich unterschiedlich ausgerichteten Investorengruppen.

Das Alter der einzelnen Bitcoin richtet sich nicht nach dem Zeitpunkt ihrer erstmaligen Entstehung durch Mining, sondern nach ihrer letzten Bewegung und damit der Entstehung eines neuen UTXOs. Im Chart der UTXO Age Distribution, bei der verschiedene Altersklassen unterschieden werden, können die Veränderungen der Anteile von kurz- und langfristigen Investoren durch die **HODL Waves** dargestellt werden. Eine HODL Wave beginnt sich aufzubauen, wenn eine große Zahl von Bitcoin auf dem Weg zu einem neuen Hoch bewegt wird. Dann nimmt der Anteil der kurzfristigen Investoren (UTXOs) kräftig zu, bevor die Welle danach überschwappt.

Der **Prozentsatz der Adressen im Gewinn** zeigt die Profitabilität des Netzwerks für die Anleger.

Aussagekräftig sind der relative unrealisierte Gewinn (RUP) und Verlust (RUL). Die Differenz zwischen diesen beiden Größen ergibt den **Net Unrealized Profit/Loss (NUPL)**. Die Kennzahl sagt aus, welcher Gesamtgewinn oder Gesamtverlust bezogen auf die aktuelle Marktkapitalisierung entstehen würde, wenn alle UTXOs (also alle umlaufenden Coins) heute verkauft würden. Dadurch sollen Kapitulations- und Euphoriephasen identifiziert werden.

Veränderungen bei den kumulierten Ein- und Auszahlungen eines Coins auf den Kryptobörsen können Aufschlüsse über bevorstehende Preisbewegungen geben. In jüngerer Vergangenheit korrelierten deutlich fallende Bitcoin-Einlagen an den Kryptobörsen oft mit deutlich steigenden Bitcoin-Preisen. Allerdings haben nach Skandalen und Zusammenbrüchen wie bei FTX die Anleger ihre Coins aus Sicherheitsgründen zunehmend von den Kryptobörsen abgezogen. Je weniger Stücke an den Börsen zum sofortigen Handel zur Verfügung stehen, desto stärker können Nachfrageveränderungen kurzfristig auf den Preis durchschlagen.

Den Kosten der Bitcoin-**Miner** durch den Einsatz verschiedener Ressourcen (Energie/Hardware) stehen die Erträge durch die Blockbelohnungen gegenüber. Der Blockanteil als der größte Teil dieser Blockbelohnungen halbiert sich beim Bitcoin alle vier Jahre. Die Stromkosten für das Mining haben sich historisch gesehen als Minimalkurs beim Bitcoin erwiesen.

Käufe und Verkäufe der Miner haben sowohl in Aufwärts- wie in Abwärtsbewegungen des Bitcoin-Preises einen prozyklischen Effekt. Größere Preisrückgänge können die Miner stark unter Druck setzen und führen zu einer **Miner-Kapitulation**, bei der unprofitable Miner ihren Geschäftsbetrieb einstellen.

Betrachtet man den Bitcoin als Rohstoff („digitales Gold"), könnte der **intrinsische Wert von Bitcoin** durch die Produktionskosten (Kosten für Strom und Hardware) bestimmt werden. Der extrinsische Wert wäre dann ein Spekulationswert als Unterschied zwischen Marktpreis und intrinsischem Wert, der auch negativ sein könnte.

Bei der Kennzahl **Thermo Cap** werden alle als Miner-Entlohnung gezahlten Coins mit dem Marktpreis zum Zeitpunkt des Minings multipliziert und summiert. Sie gilt als Obergrenze für das insgesamt in den Markt geflossene Kapital.

Mit dem **Puell Multiple** kann man die aktuelle Rentabilität der Mining-Unternehmen ableiten. Das Multiple ist auch ein Indikator, ob der Markt eher überkauft oder überverkauft ist.

12.15 Auf Basis der **aktuell frei handelbaren Stücke (Circulating Supply)** wird die Marktkapitalisierung berechnet. Beim **Total Supply** werden aktuell noch gesperrte Coins dazugerechnet.

Die **maximal mögliche Zahl an Coins (Maximum Supply)** ist die absolute Obergrenze der Zahl aller Coins. Auf Basis des Maximum Supply kann man die verwässerte Marktkapitalisierung berechnen.

Viele Coins haben **keine Begrenzung des maximal möglichen Coin-Angebots (Infinite Supply)**. Daneben gibt es auch **Coins mit sinkendem Circulating Supply**.

Statt **Marktkapitalisierung** wird oft auch der Ausdruck **Netzwerkwert (Network Value)** verwendet. Dieser Wert ist eine Obergrenze, da die Zahl der tatsächlich verfügbaren Stücke meist wegen verlorener Coins tiefer liegen wird.

Ist die vollständig verwässerte Marktkapitalisierung im Vergleich zur aktuellen Marktkapitalisierung sehr hoch, könnte durch die starke zukünftige Inflationierung ein Verkaufsdruck entstehen.

Die Kennzahl Marktkapitalisierung ist manipulationsanfällig, wenn der Großteil aller Coins bei wenigen Investoren konzentriert ist.

Bei der **realisierten Marktkapitalisierung (Realized Cap)** werden alle UTXOs mit dem Marktpreis zum Zeitpunkt ihres Entstehens multipliziert und dann aggregiert. Die Realized Cap entspricht deshalb dem real investierten Wert in alle Coins. In Bullenmärkten steigt die Realized Cap stark an.

Der vom Realized Cap abgeleitete **Realized Price** entspricht dem Durchschnittspreis, zu dem alle Coins am Markt gekauft wurden. Dieser Durchschnittspreis wird als eine Art Fair Value und deshalb als On-Chain Support oder Unterstützungspreis interpretiert. In Bullenmärkten steigt der Realized Price fast vertikal an und verläuft in Korrekturphasen dann seitwärts. In der Vergangenheit waren Phasen, bei denen der Realized Price über den aktuellen Kursen verlief, gute Akkumulationsphasen für Bitcoin.

Vergleicht man den Verlauf des **Net Realized Profit/Loss** mit dem Kursverlauf, können eventuell Rückschlüsse auf neue Kapitalzuflüsse oder -abflüsse in den Coin gezogen werden.

Das **MVRV Ratio (Market Value to Realized Value)** gilt als einer der verlässlichsten On-Chain-Indikatoren. Mit dem Verhältnis soll ermittelt werden, ob der aktuelle börsengehandelte Preis unter oder über dem fairen Wert liegt. Der Indikator eignet sich vor allem für die Identifizierung guter Einstiegszeiträume.

Das **Spent Output Profit Ratio (SOPR)** zeigt die Gewinnquote von auf der Blockchain bewegten Coins.

Das **Auslaufen von Lock-up-Fristen** führt zu einer Erhöhung des Circulating Supply. Die Auswirkungen von Token Unlocks können je nach Ausmaß der Unlocks und je nach Marktphasen unterschiedlich sein.

Wird die voll verwässerte Marktkapitalisierung eines Coins durch die jährlich erzielten **Gesamtgebühren (Fees)** geteilt, ergibt sich eine Art Price-to-Sales Ratio. Ein hohes Ratio bedeutet, dass das Netzwerk im Vergleich zu seiner Bewertung relativ geringe Einnahmen generiert. Werden alle **Protokolleinnahmen**, also auch solche, die nicht ins Protokoll fließen, in Relation zur Marktkapitalisierung gesetzt, ergibt sich eine Art Kurs-Gewinn-Verhältnis. So gehen beim Bitcoin alle Gebühren an die Miner und nichts an das Protokoll oder die Besitzer von Bitcoin. Trotzdem ist der Bitcoin ein ausgezeichnetes Investment.

Wird ein Teil der in Form von Coins vereinnahmten Gebühren wieder verbrannt, kann sich der Circulating Supply wieder vermindern. Ein solches **Burning** kann dann zu einer Wertsteigerung des Coins führen. Der deflationäre Effekt könnte umso größer sein, je erfolgreicher ein Netzwerk ist und je mehr deshalb als Gebühren gezahlte Coins verbrannt werden.

12.16 Für die Bewertung von Netzwerken ist der **Netzwerkeffekt** entscheidend. Darunter versteht man die Veränderung des Nutzens eines Produkts für den Konsumenten, wenn sich die Zahl anderer Nutzer desselben Produktes oder komplementärer Produkte ändert. Dies kennt man von Social-Media-Plattformen wie Facebook, Instagram oder Dating-Plattformen.

Ein On-Chain-Indikator bei Krypto-Assets ist die Anzahl neuer Adressen. Steigen diese, spricht dies für ein gesundes Wachstum des Netzwerks. Weitere **Netzwerkindikatoren** in diesem Zusammenhang sind die täglich aktiven Adressen und die Zahl der erfolgreichen Transaktionen.

Metcalfe's Law für die Bewertung von Netzwerken kann in verschiedenen Varianten bei Krypto-Assets angewendet werden. Die Erkenntnisse daraus dienen aber weniger einer genaueren Preisprognose als der Veranschaulichung der grundsätzlichen Verlaufstendenz.

Das **NVT Ratio (Network Value to Transactions Ratio)** wird mit dem Kurs-Gewinn-Verhältnis bei Aktien verglichen. Es drückt aus, wie stark das Netzwerk relativ zu seinem Marktwert genutzt wird. Bei der Nutzung wird dabei auf das tägliche On-Chain-Transaktionsvolumen abgestellt. Beim NVT werden mit dem Marktwert und der Nützlichkeit zwei wesentliche Bewertungsfaktoren verknüpft. Ein hohes NVT Ratio spricht für eine Überbewertung, ein niedriges für eine Unterbewertung. Ähnlich wie bei Wachstumsaktien mit einem hohen KGV könnte ein hoher NVT-Wert bei einem Netzwerk in einer starken Wachstumsphase aber trotzdem gerechtfertigt sein. Die **Anwendbarkeit des NVT-Konzepts beim Bitcoin** ist aus verschiedenen Gründen weniger sinnvoll.

Die **Velocity** ist der Kehrwert des NVT Ratios und gibt die Umlaufgeschwindigkeit der Coins in einem Netzwerk an. Sie kann mit der Umlaufgeschwindigkeit von Fiatgeld wie Dollar oder Euro verglichen werden.

Die **Skalierbarkeit** eines Netzwerks wird bestimmt durch die mögliche **Transaktionsgeschwindigkeit**, also die Zahl der möglichen Transaktionen in einer bestimmten Zeiteinheit. Langsame Netzwerke können bestimmte Use Cases nur eingeschränkt oder gar nicht bedienen. Wichtig ist auch die **Bestätigungszeit** einer Transaktion, also die Zeit zwischen Übermittlung der Transaktion und Bestätigung durch die Miner oder Validatoren.

Die **Hash-Rate** kann sowohl für einen einzelnen Computer wie für das gesamte Netzwerk angegeben werden. Sie misst die verfügbare Rechenkapazität zu einem bestimmten Zeitpunkt in Hashes pro Sekunde. Je höher die Hash-Rate ist, desto sicherer ist das Netzwerk.

Der **Schwierigkeitsgrad (Difficulty)** beim Erstellen eines neuen Blocks wird bei sich ändernder Rechenleistung des gesamten Netzwerks in regelmäßigen Abständen so verändert, dass die durchschnittliche Zeitdauer für die Generierung eines Blocks weiterhin zehn Minuten beträgt.

Vom Verlauf der Hash-Rate kann nicht auf den Preisverlauf von Bitcoin geschlossen werden.

Der **Hash-Ribbons-Indikator** gilt bei einigen Analysten als hervorragender Indikator, um das Ende eines Bären- und den Anfang eines Bullenmarktes zu prognostizieren.

Der **Hash Price** gibt den durchschnittlichen Miner-Ertrag pro Tag bezogen auf die Rechenleistung von einem Terahash in US-Dollar an (USD/TH). Im Gegensatz zur Hash-Rate verläuft der Hash Price ähnlich wie der Bitcoin-Preis.

Der Start des **Mainnet** ist für Blockchains ein entscheidendes und für deren Kryptowährungen ein bullishes Ereignis. Der Mainnet-Start kann auch mit einem Mainnet Swap und einem Token Swap verbunden sein.

Die größten positiven Auswirkungen auf den Kurs des Coins zeigen sich bei der **Ankündigung** des Mainnet-Starts und in der Zeit zwischen Ankündigung und Mainnet-Start.

Nach dem **Start** des Mainnets kommt es häufig zu größeren Kurskorrekturen. Gründe können neben Gewinnrealisierungen früher Investoren oder von Gründern/Entwicklern auch enttäuschte Erwartungen in Bezug auf die technische Leistungsfähigkeit des Mainnets sein.

Bei **Coins mit geringen Marktkapitalisierungen** zeigen sich positive Kurseffekte zwischen Ankündigung und Start des Mainnets eher selten.

12.16 Wie bei Start-ups sind **Entwickler und Entwicklertätigkeit** für die Analyse von Kryptoprojekten wichtig.

Positive Zeichen setzen Entwickler, die bereits bei anderen Gründungen und Projekten erfolgreich waren, und anhaltend rege Entwickleraktivitäten.

Ebenfalls wichtig sind eine aussagekräftige **Roadmap** und eine weitgehende Einhaltung der gesetzten Ziele in der Vergangenheit.

12.17 **Externe Einflussfaktoren** spielen eine wichtige Rolle für die fundamentale Bewertung von Bitcoin.

Vor allem **makroökonomische Faktoren** wie die Entwicklung der Energiepreise, globalen Wirtschaft, Zinsen, Geldmenge und des US-Dollar können großen Einfluss auf den Bitcoin-Preis haben.

Tendenziell positiv wirken auf den Bitcoin-Preis eine starke wirtschaftliche Entwicklung, fallende Realzinsen, eine stark steigende Geldmenge und ein fallender US-Dollar-Index, wobei diese Faktoren interdependent sind.

Eine starke Wirtschaftsentwicklung, niedrige Realzinsen und ein fallender Dollar-Index bereiten den Boden für eine **nachhaltige Bitcoin-Rally**.

12.18 Jedes Projekt bietet verschiedene **Informationsquellen** wie das Whitepaper mit grundlegenden Informationen oder Updates über verschiedene Kommunikationskanäle.

Daneben gibt es verschiedene **externe Informationsanbieter**, deren Qualität sehr unterschiedlich sein kann.

13 CHARTANALYSE UND TECHNISCHE INDIKATOREN

13.1 Relevanz von Chartbildern und technischen Indikatoren

Mit den Werkzeugen der Fundamentalanalyse wie der Technischen Analyse wird versucht, die Richtung der zukünftigen Entwicklung des Preises eines Assets zu prognostizieren. Die **Fundamentalanalyse** untersucht dafür die fundamentalen *Ursachen von Marktbewegungen*. Bei der **Technischen Analyse** werden dagegen nur die *Auswirkungen von Marktbewegungen* analysiert. Verfechter der Chartanalyse sehen diese gegenüber der Fundamentalanalyse im Vorteil. Demnach wären alle fundamentalen Faktoren den Marktteilnehmern bekannt und deshalb bereits im aktuellen Kurs diskontiert. Marktbewegungen würden den noch nicht bekannten Fundamentals vorauslaufen. Außerdem ist die Technische Analyse auf alle möglichen Assets anwendbar: Aktien, Devisen, Rohstoffe oder auch Kryptowährungen. Dagegen gestaltet sich die Fundamentalanalyse verschiedener Assetklassen sehr unterschiedlich. Im Folgenden werden nur einige einfache, aber nützlich erscheinende und leicht anzuwendende Charttools und technische Indikatoren behandelt. Wer tiefer in die Chartanalyse einsteigen will, sei auf die sehr umfangreiche Literatur zur Chartanalyse verwiesen.[1] Grundsätzlich bleibt dazu anzumerken, dass die in den vielen Chartbüchern dargestellten Chartformationen meist idealtypisch sind und deshalb perfekt erscheinen. Es gibt aber auch genügend Beispiele, bei denen diese Formationen Fehlinformationen liefern. Außerdem sind Chartbilder stark subjektiv geprägt. Unterschiedliche Beobachter des gleichen Charts können deshalb unterschiedliche Chartformationen erkennen und in den Vordergrund stellen. Von daher können Chartformationen vielleicht Richtlinien geben, sollten aber nicht als Handlungsmaximen verstanden werden.

Die **Technische Analyse** bezieht sich auf die *reine Beobachtung von Kurs- und Umsatzbewegungen* des untersuchten Assets, hier also der Kryptowährungen.[2] Ein wesentlicher Bestandteil der Technischen Analyse ist die Untersuchung von Chartverläufen. Die Maximalisten der *Chartanalyse* unterstellen, dass in einem Chart bereits alle relevanten Informationen – egal ob fundamentale, psychologische, politische oder sonstige – enthalten sind und sich deshalb weitergehende Analysen erübrigen. Kursbewegungen resultieren aus Angebot und Nachfrage, wobei die Akteure am Markt bereits alle aktuell relevanten Einflussfaktoren berücksichtigt und in ihrem Anlageverhalten verarbeitet haben. Unterstellt wird dabei, dass sich bestimmte Verhaltensweisen der Marktteilnehmer wiederholen, die sich in typischen Chartbildern widerspiegeln. Neben der reinen Chartanalyse wurden viele *technische Indikatoren* zur Trend- und Zyklusanalyse entwickelt. Oft werden diese unterhalb des Charts abgebildet. Man unterteilt in die zwei großen Gruppen Trendfolge-Indikatoren und Oszillatoren. Es gibt eine Unmenge von Chartbildern und technischen Indikatoren, die den wahrscheinlichen zukünftigen Kursverlauf prognostizieren wollen. Analysten versuchen auch, sich mit neu kreierten Indikatoren zu profilieren.[3] Grundsätzlich gelten kurzfristige Preisbewegungen auf diesen Grundlagen als besser prognostizierbar als langfristige. Denn langfristige Bewegungen werden stark von zusätzlichen „Störfaktoren“ wie makroökonomischen Entwicklungen beeinflusst.

Oft entscheidender als die wissenschaftlich oder pseudowissenschaftlich belegte Relevanz des jeweiligen Prognosetools ist die Frage, ob sich viele Investoren und Trader – oder auch die berühmten Trading-Bots – danach richten. Denn wenn ein großer Teil der Marktteilnehmer darauf in gleichförmiger Weise reagiert, dann passiert natürlich genau das, was prognostiziert wurde. **Self-fulfilling Prophecy** wird das genannt, die sich selbst erfüllende Prophezeiung. Am Kryptomarkt ist das nicht anders als an den traditionellen Finanz- und Anlagemärkten.

In diesem Licht sind auch die nachfolgenden Chartbilder und technischen Indikatoren zu betrachten. Sie funktionieren vor allem, weil die Anleger daran glauben. So kommt es nach dem Durchbruch durch die 200-Tage-Linie tatsächlich häufig zu schnellen Kursveränderungen. Retracement-Levels und die meisten Widerstände und Supports sind entscheidende Preisschwellen, weil ein wesentlicher Teil der Anleger diese als solche klassifiziert. Der aus der Psychologie bekannte **Bestätigungsfehler (Confirmation Bias)** führt dann dazu, die Informationen so auszuwählen und zu interpretieren, dass sie die eigenen Erwartungen bestätigen.

Man kann mit einem **Backtesting** versuchen, diese kognitiven Verzerrungen in Bezug auf die technischen Indikatoren weitgehend auszuschließen. Dabei wird eine Handelsstrategie auf die Gültigkeit in der Vergangenheit überprüft. Die Unterstellung ist dabei: je größer der Erfolg der Strategie in der Vergangenheit, desto größer die Wahrscheinlichkeit, dass diese aktuell und in Zukunft weiter funktioniert. Backtesting von Chartformationen ist dagegen nur äußerst schwer umzusetzen. Denn selbst einfache Chartbilder sind zwar sofort erkennbar, aber nur sehr schwer zu programmieren. Für Algo-Trader sind diese deshalb old-fashioned, sie vertrauen ihren hochkomplexen Algorithmen. Allerdings ist bekannt, dass an der Börse nur eine Minderheit überproportional verdient. Ob das die zunehmende Zahl der Algo-Trader ist oder vielleicht eine Minderheit, die sich auf Chartanalyse konzentriert, auch diese Frage kann so nicht beantwortet werden. Jedenfalls gibt es eine Menge an Backtesting-Software, auf die hier aber nicht weiter eingegangen werden soll.

Es gibt altbekannte **Kritikpunkte an der Technischen Analyse** und ihrer Annahme, dass alle relevanten Informationen bereits im Preis verarbeitet sind. So kann es manchmal erhebliche *Informationsasymmetrien* geben. Dann haben unterschiedliche Anleger oder Anlegergruppen einen unterschiedlichen Informationsstand und damit eine unterschiedliche Basis bei der Informationsverarbeitung. Daneben ist häufig ein *irrationales Anlegerverhalten* zu beobachten, vor allem in Paniksituationen. Allerdings gelten diese Einwände auch für die Fundamentalanalyse. Außerdem wird die *Verwendung von Vergangenheitsdaten* kritisiert. Dabei geht es um die grundsätzliche Frage, ob vergangene Entwicklungen zur Prognose zukünftiger Entwicklungen herangezogen werden können. Grundsätzlich basieren aber praktisch alle Prognosen auf Daten und Erfahrungen der Vergangenheit. Das gilt für Prognosen des Wetters, von Fußballspielen oder von Kursentwicklungen bei Aktien. Bei Kryptowährungen könnte man allenfalls anführen, dass die Datenbasis aufgrund der jungen Historie dieser neuen Anlageklasse im Vergleich zu Aktien und anderen Anlageinstrumenten noch begrenzt ist. Dies dürfte für die ersten Jahre nach dem Start von Bitcoin im Jahr 2009 zutreffen. Mit zunehmender Marktreife verliert dieses Argument aber seine Berechtigung. Die in der Wissenschaft weit verbreitete *Random-Walk-Theorie* unterstellt dagegen eine völlig unberechenbare Art und Weise der Kursbewegungen an den Aktienmärkten. Demnach wäre die Kursentwicklung unabhängig von der historischen Entwicklung. Deshalb hätten dann auch die für die Technische Analyse benutzten Daten der Vergangenheit keine Relevanz für die Prognose zukünftiger Preisentwicklungen. Unterstellt wird dabei ein effizienter Markt, bei dem alle vorhandenen Informationen bereits im aktuellen Preis verarbeitet sind (Effizienzmarkthypothese). Berühmt ist die Unterstellung, dass aufgrund des Random Walks von Aktien ein Affe – oder auch andere Tiere – nach dem Zufallsprinzip ein Portfolio von Aktien auswählen könnte, das dann genauso gut performen würde wie ein von Profis zusammengestelltes Portfolio. Grundsätzlich gilt jedenfalls für die Prognosen auf Basis der Technischen Analyse ebenso wie für anderweitig basierte Prognosen das Bonmot: Prognosen sind schwierig, vor allem, wenn sie die Zukunft betreffen.

13.2 Chartarten

Es gibt verschiedene Darstellungsformen von Charts wie Linien-, Balken-, Point-and-Figure- oder Candlestick-Charts. Die Ausführungen hier beschränken sich auf **Candlestick-Charts**, dem Standardformat bei der Chartdarstellung. Diese erweisen sich wegen der Vielzahl der in einer Kerze enthaltenen Informationen – Eröffnungskurs, Höchstkurs, Tiefstkurs, Schlusskurs – im Gegensatz zu anderen Darstellungsformen als am effektivsten. Der Kerzenkörper wird durch den Eröffnungs- und Schlusskurs definiert. Die darüber hinausgehenden Höchst- und Tiefstkurse werden als Docht oder Lunte dargestellt. Diese Darstellungsform ist unabhängig davon, ob eine Kerze den Zeitraum einer Stunde, eines Tages, einer Woche et cetera abbildet. Die Kerze ist weiß oder grün, wenn der Schlusskurs höher als der Eröffnungskurs ist. Der Kurs ist dann in dem betrachteten Intervall gestiegen. Sie ist schwarz oder rot, wenn der Schlusskurs niedriger als der Eröffnungskurs ist, die Kurse im Intervall also gefallen sind.

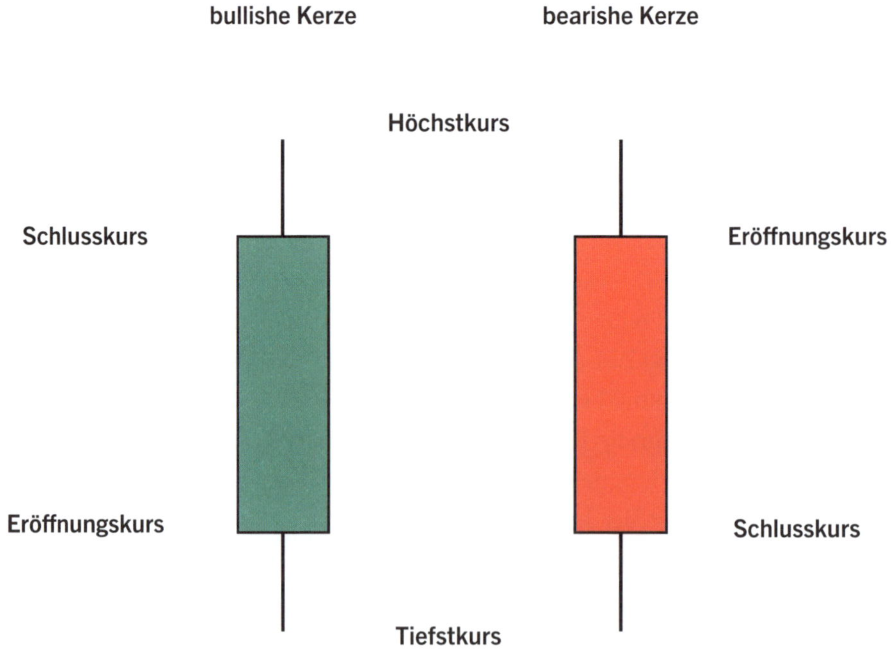

Abb. 13.1 *Bullishe und bearishe Kerze*

Charts werden auch nach ihrer Kursskalierung unterschieden. Bei der **arithmetischen Darstellung** wird die Y-Achse eingeteilt in gleich große Intervalle für gleiche Kurseinheiten. Der Kursabstand zwischen 10 und 20 ist dann der gleiche wie zwischen 100 und 110. Bei der **logarithmischen Darstellung** eines Charts ist die Y-Achse in gleich große Intervalle für gleich große prozentuale Veränderungen unterteilt. Der Abstand zwischen 10 und 20 entspricht einer prozentualen Veränderung von 100 Prozent, der zwischen 100 und 110 dagegen nur von zehn Prozent, also einem Zehntel davon. Deswegen ist auf einer logarithmischen Skala der Abstand auf der Y-Achse zwischen 10 und 20 der Gleiche wie zwischen 100 und 200. Insbesondere wenn sehr große Kursveränderungen über einen langen Zeitraum betrachtet werden, ist deshalb die logarithmische Darstellung von Vorteil. So hat eine arithmetische Darstellung der Kursentwicklung von Bitcoin seit Beginn der Kursnotiz bei Bitstamp Mitte 2011 für die Jahre bis 2017 kaum Aussagekraft, da aufgrund der riesigen Kurssteigerungen die Kursschwankungen der ersten Jahre kaum sichtbar sind. Dagegen werden diese bei einer logarithmischen Darstellung sofort ersichtlich.[4] Außerdem hat die logarithmische Darstellung grundsätzlich den Vorteil, dass die zunehmende oder abnehmende Steigung der Kurve auf eine Beschleunigung des Aufwärts- oder Abwärtstrends hinweist. Daneben können auch die Kurssteigerungen verschiedener Werte in logarithmischen Charts unabhängig von ihren absoluten Werten direkt verglichen werden.

Allerdings gibt es ein **Problem bei Kryptowährungen**. Aktien haben einen Heimatmarkt wie die USA oder Deutschland. Auf diesem finden die wesentlichen Umsätze statt – mit täglichen begrenzten Handelszeiten und damit einem eindeutigen Schlusskurs. Kryptowährungen werden dagegen 24/7 rund um die Uhr gehandelt. Man könnte dann zwar als Tagesschlusskurs 24 Uhr festlegen. Diese Uhrzeit ist aber je nach Zeitzone zu völlig unterschiedlichen Zeitpunkten. Letztlich werden die Schlusskurse bei Kryptowährungen in Chartprogrammen aufgrund der eingestellten Zeitzone bestimmt. Deshalb können sich die auf Basis der MEZ berechneten Schlusskurse – und natürlich auch die Eröffnungs- sowie die Tageshöchst- und -tiefstkurse – von den nach amerikanischen oder asiatischen Tageszeiten berechneten Schlusskursen erheblich unterscheiden und dementsprechend unterschiedliche Candles ausbilden. Ein Ausweg könnte die Festlegung auf den einflussreichsten Teilmarkt sein. Ähnlich wie man den US-Dollar als wesentliche Kurswährung zur Betrachtung von Kryptocharts nimmt, könnte man deshalb die amerikanischen Handelszeiten als die umsatzstärksten und deshalb relevantesten unterstellen und diese zur Analyse von Kryptocharts anwenden.

13.3 Trends, Trendlinien und Trendkanäle

Generell bezeichnet ein **Markttrend** die *Richtung des Preisverlaufs eines Assets*. Man unterscheidet eine Aufwärtsbewegung (Bull Market), Abwärtsbewegung (Bear Market) oder Seitwärtsbewegung (Sideways Market). Entscheidend ist dabei der Betrachtungszeitraum. So kann es im Tagesverlauf (Intraday) einen Auf- oder Abwärtstrend geben, im Wochenverlauf, Monatsverlauf et cetera. Bei langfristigen Aufwärtstrends gibt es natürlich auch eine oder mehrere Perioden mit Kursverlusten. *Je länger der Zeitraum eines identifizierten Markttrends ist, desto größer ist dessen Signifikanz.* Hat sich ein Trend etabliert, setzt er sich mit größerer Wahrscheinlichkeit fort, als dass er sich umkehrt. Dies ist ähnlich wie in der Physik Newtons Erstes Gesetz der Bewegung. Dieses besagt, dass die Richtung eines Gegenstands in Bewegung schwerer zu ändern, als fortzusetzen ist. Deshalb sollten Anleger den Trends folgen, bis es Anzeichen einer Trendumkehr gibt. Denn die *Wahrscheinlichkeit für die Fortsetzung eines bestehenden Trends ist grundsätzlich größer als die für eine Trendumkehr.*

Markttrends können nur im Nachhinein bestimmt werden. Ein einfaches Hilfsmittel zur Veranschaulichung von Markttrends sind **Trendlinien.** Dieser auf Basis der vorangegangenen Entwicklung ermittelte Markttrend wird dann oft als die wahrscheinlichste zukünftige Entwicklung angenommen. Oft bewegen sich die Preise eines Assets ober- (bei einem Aufwärtstrend) oder unterhalb (bei einem Abwärtstrend) einer Trendlinie. Wird diese Trendlinie dann durchbrochen, findet oft eine **Trendumkehr (Trend Reversal)** statt.

Eine **Aufwärtstrendlinie** wird definiert durch mindestens zwei Tiefpunkte bei einem steigenden Kursverlauf, wobei das zweite Tief höher als das erste liegen muss. Von einem Aufwärtstrend kann man aber erst dann sprechen, wenn nach dem zweiten Tief auch noch das vorangegangene Hoch überschritten wird. Der **Bruch einer Aufwärtstrendlinie** ist ein Trendwendesignal und damit charttechnisch ein *Verkaufssignal.*

Eine **Abwärtstrendlinie** wird gebildet durch die Verbindung von zwei Hochpunkten bei einem fallenden Kursverlauf, wobei das erste Hoch höher als das zweite liegen muss. Bestätigt wird der Abwärtstrend, wenn nach dem zweiten Hoch auch noch das vorangegangene Tief unterschritten wird. Der **Bruch einer Abwärtstrendlinie** ist als charttechnisches Trendwendesignal ein *Kaufsignal.*

Die **Trendstärke** wird durch den Steigungswinkel bei einer Aufwärtstrendlinie und den Neigungswinkel bei einer Abwärtstrendlinie bestimmt. Je flacher diese Linien verlaufen, desto schwächer ist der Trend. Sehr steile Trendlinien deuten eher auf eine Übertreibung hin, die längerfristig kaum durchzuhalten ist. Die **Trendsignifikanz** ist umso größer, je häufiger der Kurs die Trendlinie ansteuert und damit testet, ohne sie zu durchbrechen. Viele Berührungspunkte des Kurses mit der Trendlinie erhöhen also die Trendsignifikanz.

Trendkanäle werden definiert durch eine Aufwärts- oder Abwärtstrendlinie und einer Parallele dazu. Die Parallele wird bei einem Aufwärtstrendkanal durch einen Hochpunkt bestimmt. Die Aufwärtstrendlinie ist dann die Unterstützung und die oberhalb verlaufende Parallele der Widerstand im laufenden Aufwärtstrend. Je häufiger der Kurs an der oberen Linie abprallt und an der unteren Aufwärtstrendlinie wieder umkehrt, desto signifikanter ist der Aufwärtstrendkanal. Ein Ausbruch über die obere Widerstandslinie gilt als Zeichen für einen sich verstärkenden Aufwärtstrend. Umgekehrt gelten diese Aussagen für einen Abwärtstrendkanal.

Eine wesentliche Rolle bei der Beurteilung von Trends spielt die **Entwicklung des Umsatzvolumens**. Bei jeder Trendbewegung gibt es immer wieder Konsolidierungs- oder Korrekturphasen. Ein Aufwärtstrend wird durch zwischenzeitliche Kursrückgänge unterbrochen, ein Abwärtstrend durch Kursanstiege. Dabei soll bei einem gesunden Trend die Volumenentwicklung diesem folgen. Bei einem Aufwärtstrend steigt das Volumen dann mit steigenden Kursen und geht bei Konsolidierungen und Kursrückgängen zurück. Bei einem Abwärtstrend steigt das Volumen bei fallenden Kursen und geht bei zwischenzeitlichen Kursanstiegen zurück.

13.4 Trendwende- und Trendbestätigungsformationen

Generell sind **Trendwendeformationen** klassische Umkehrformationen in der Chartanalyse, mit der eine Trendwende identifiziert werden soll. Der oben beschriebene *Bruch von Trendlinien* ist eine solche Trendwendeformation. Hier sollen nur kurz die bekanntesten dieser Formationen vorgestellt werden. Die *Schulter-Kopf-Schulter-Formation* signalisiert das Ende einer Aufwärtsbewegung. Nach einem neuen Hoch (linke Schulter) kommt es zu einer Korrektur. Nach der Korrektur wird dieses Hoch überwunden und es kommt zu einem neuen Höchststand, dem späteren Kopf. Darauf folgt eine weitere Korrektur. Das dritte Hoch danach (die rechte Schulter) erreicht nicht mehr den Höchststand. Dies signalisiert eine nachlassende Dynamik der Aufwärtsbewegung. Das Umsatzvolumen steigt bei der Aufwärtsbewegung zur linken Schulter noch an. Schon beim Anstieg auf den Höchststand kann es abnehmen, bei der rechten Schulter dann noch einmal. Ein Verkaufssignal wird generiert, wenn der Kurs dann die Nackenlinie durchbricht. Diese Nackenlinie ist die Verbindungslinie der beiden Tiefs aus den vorherigen Korrekturen. Das minimale Kursziel nach unten ist der vertikale Abstand zwischen der Nackenlinie und dem Kopf. *Die umgekehrte oder inverse Schulter-Kopf-Schulter-Formation* kündigt eine Trendwende von einer Abwärts- zu einer Aufwärtsbewegung an. Hier wird als minimales Kursziel nach oben ebenfalls der Unterschied zwischen dem Tiefpunkt und der Nackenlinie angenommen.

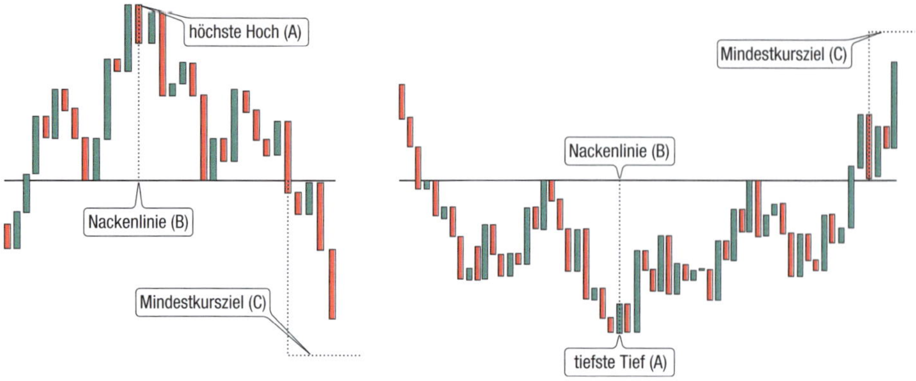

***Abb. 13.2** Schulter-Kopf-Schulter- und inverse Schulter-Kopf-Schulter-Formation (Quelle: Bitcoinbude)*

Doppelhoch (M-Formation) und -tief (W-Formation) gelten als weitere effektive Chartformationen. Allerdings sind die Chartbilder erst spät als Umkehrformationen zu identifizieren, weswegen die Chartmuster als eher unzuverlässig gelten. Bei einem Doppelhoch kommt es nach dem ersten Hoch zu einem weiteren Hoch auf dem ungefähren Niveau des vorherigen Verlaufshochs. Gleiches gilt umgekehrt bei einem Doppeltief, bei dem das vorherige Tief nicht signifikant unterschritten wird. Bei einem Bruch der jeweiligen Bestätigungslinie, die auf der Höhe des Tiefs (Hochs) zwischen den beiden Hochs (Tiefs) liegt, kommt es dann zu einer Trendwende. Beim Ausbruch sollte das Volumen idealtypisch ansteigen. Bei einer echten Wende im Primärtrend sollte der Unterschied zwischen den beiden Hochs oder Tiefs mehrere Wochen bis Monate betragen. Als Kursziel wird der Unterschied zwischen dem höchsten Hoch oder Tief und der Bestätigungslinie angenommen.

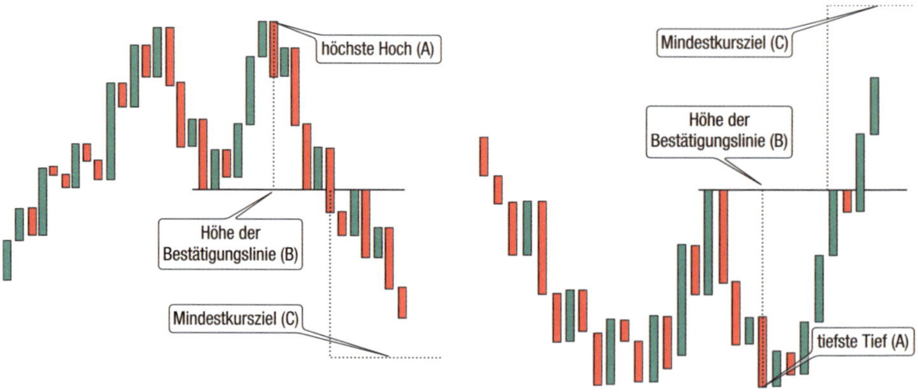

***Abb. 13.3** Doppelhoch und -tief (Quelle: Bitcoinbude)*

Dreifachhoch und Dreifachtief gelten teilweise als Varianten einer Schulter-Kopf-Schulter-Formation. Die Extrempunkte liegen dann aber etwa auf dem gleichen Kursniveau.

Schafft es der Markt dreimal nicht, über den Widerstand oder unter die Unterstützung zu kommen, spricht das für eine Trendwende. Diese gilt dann bei einem Durchbruch durch die Nackenlinie als bestätigt. Bei einer *V-Formation* handelt es sich um eine schwer prognostizierbare plötzliche Trendwende. Diese kommt in beide Richtungen in überhitzten oder stark ausverkauften Märkten nach langen Aufwärts- oder Abwärtstrends vor. Bei einer *Untertassenformation* kommt es nach langen Aufwärts- und Abwärtstrends zu einem langsamen Trendwechsel, wobei die Kontur des Charts wie eine Tasse aussieht. Solche Formationen entstehen über sehr lange Zeiträume.

Trendbestätigungsformationen sind gekennzeichnet durch Konsolidierungen und Korrekturen, die vorherige Kursverläufe in begrenztem Ausmaß korrigieren. Denn ein stabiler Trend muss die vorherigen Kursanstiege oder Kursverluste immer wieder einmal verdauen, bevor der Trend fortgesetzt wird. Je schwächer diese Korrekturen ausfallen, desto mehr gilt die Formation als trendbestätigend. Starke Korrekturen können demgegenüber als Warnsignal aufgefasst werden, dass der bisherige Trend zu Ende gehen könnte. Trendfortsetzungsformationen finden grundsätzlich in einem kürzeren Zeitraum statt als Trendwendeformationen. Die Umsatzentwicklung spielt dabei wieder eine große Rolle. Während der Trendfortsetzungsformation sollte das Volumen rückläufig sein. Beim Ausbruch aus der Formation und der anschließenden Fortsetzung des Trends sollte es dann wieder ansteigen. Die Volatilität sollte während der Formation geringer sein. Eine starke Volatilität würde dann eher für eine Umkehrformation sprechen. Generell ist der Bruch von Trendfortsetzungsformationen als Trendwendeformation zu interpretieren. Als Trendfortsetzungsformationen gelten Flaggen mit dem Sonderfall eines waagrechten Rechtecks, Wimpel, Keile und Dreiecke.

Abb. 13.4 *Flaggen, Wimpel, Keile und Dreiecke (Quelle: Bitcoinbude)*

13.5 Unterstützungs- und Widerstandsniveaus

Bei Unterstützungen und Widerständen handelt es sich um waagrechte Linien, die mehrere Tiefpunkte oder Hochpunkte verbinden. Das grundsätzliche Konzept ist dabei einer der wesentlichen Bestandteile der Chartanalyse. Eine **Unterstützung (Support)** befindet sich immer unterhalb des aktuellen Kurses und verbindet die vorher ausgebildeten Tiefpunkte durch eine waagrechte Linie. Die Linie wird dann als Kursniveau interpretiert, bei dem die Käufer gegenüber den Verkäufern wieder die Oberhand gewinnen. Diese Linie gilt deshalb als Unterstützung, bei der ein fallender Kurs wieder nach oben drehen kann. Umgekehrt wird ein **Widerstand (Resistance)** nach oben durch eine waagrechte Linie angezeigt, die verschiedene vorher ausgebildete Hochs verbindet. Ein Widerstand befindet sich immer oberhalb des aktuellen Kursniveaus und zeigt einen Bereich an, der bisher durch eine Dominanz der Verkäufer gegenüber den Käufern gekennzeichnet war. Deshalb wird dort erwartet, dass der vorher steigende Kurs an diesem Widerstand abprallt und der Kursverlauf wieder nach unten geht. Neben diesen **durch den vorherigen Kursverlauf ausgebildeten Linien** gibt es auch Kurswerte, die **psychologisch wichtige Marken** markieren. So sind runde Kursmarken wie 10.000 oder 20.000 Dollar beim Bitcoin als solche Marken zu sehen. Erfahrene Trader sehen solche Levels allerdings eher kritisch.

Die **Relevanz von Unterstützungen und Widerständen** richtet sich vor allem nach zwei Kriterien. Der betrachtete Zeitraum spielt eine wesentliche Rolle. Je länger eine Unterstützung oder ein Widerstand hält, desto bedeutsamer ist diese Zone. Außerdem sind diese Zonen umso relevanter, je höher das in diesem Bereich beobachtete Handelsvolumen ist.

Bei einem **Durchbruch durch diese Linien** ändert sich die Interpretation. Dann kommen die Marktteilnehmer zu der Meinung, dass sie sich falsch positioniert haben. Bei einem Bruch der Unterstützung setzen verstärkte Verkäufe ein, die den Kurs noch rascher fallen lassen. Umgekehrt ist das bei einem Durchbruch durch einen wichtigen Widerstand. Die Dynamik wird tendenziell dann umso größer sein, je länger sich die Unterstützung oder der Widerstand vorher gehalten haben und je öfter diese Linien vorher getestet wurden. Wann ein Einstieg beim Bruch der Widerstandslinie oder Ausstieg beim Bruch der Unterstützungslinie erfolgt, hängt vom Risikoprofil des Traders ab. So könnten die Limits direkt auf den jeweiligen Linien gelegt oder gewartet werden, ob der Preis tatsächlich auf der anderen Seite dieses Levels schließt. Andere warten darauf, ob nach einem Bruch der Linie diese dann erneut – aber diesmal von der anderen Seite – getestet wird. Die vorherige Unterstützungslinie wird dann zur Widerstandslinie und umgekehrt. Abwärtsbewegungen sind häufig dynamischer. Deshalb können bei einem Durchbruch durch die Unterstützung nach unten die Kurse oft schneller fallen, als bei einem Durchbruch durch den Widerstand nach oben die Kurse steigen.

13.6 Technische Indikatoren

Während die Analyse von Charts und das Zeichnen von Chartbildern eher subjektiv geprägt ist, basieren die technischen Indikatoren auf der Mathematik und sind damit genauer definiert. Sie sind deshalb leicht errechenbar und die gängigen Chartprogramme bieten eine Unmenge davon an. Unabhängig von der mathematischen Exaktheit ist die Interpretation und die Ableitung von Handlungssignalen trotzdem in Teilen subjektiv geprägt. Dies gilt auch für die Standardeinstellungen, die der Berechnung zugrunde liegen. So könnten die Perioden der verglichenen gleitenden Durchschnitte auch anders als in der Standardeinstellung gewählt werden. Im Wesentlichen gibt es zwei große Gruppen von technischen Indikatoren: Trendfolge-Indikatoren und Oszillatoren. Während Trendfolge-Indikatoren prozyklische Signale geben, funktionieren Oszillatoren eher als antizyklische Signalgeber. Allerdings ist die Abgrenzung zwischen Trendfolge-Indikatoren und Oszillatoren nicht immer eindeutig. Oft beinhaltet ein Indikator Eigenschaften aus beiden Gruppen.

Trendfolge-Indikatoren (auch Trendfolger genannt) geben prozyklische Signale und sind die bevorzugten Analyseinstrumente in Trendmärkten. Vor ihrer Verwendung muss deshalb festgestellt werden, ob überhaupt ein Trendmarkt vorliegt. Denn bei trendlosen Seitwärtsbewegungen sind diese Indikatoren eher unbrauchbar. Gekennzeichnet sind die Trendfolger durch eine obere und/oder untere Begrenzung. Die Indikatoren aus dieser Gruppe geben verzögerte Signale, denn sie laufen dem Trend hinterher. Dem daraus resultierenden Nachteil – die Trendfolger geben erst verspätet Kauf- und Verkaufssignale – steht der Vorteil gegenüber, dass zu frühe Signale eher vermieden werden, wenn der ursprüngliche Trend noch intakt ist.

Oszillatoren werden dagegen vor allem in Seitwärtsmärkten eingesetzt und sind der Trendanalyse untergeordnet. Allerdings werden sie in Trendmärkten als antizyklische Frühwarnsignale eingesetzt, die auf eine abnehmende Trenddynamik hinweisen. Die Oszillatoren schwanken (oszillieren) um eine Mittellinie innerhalb eines Oszillatorbands. In diesem Oszillatorband gibt es obere und untere Extremzonen. Läuft der Oszillator in die obere Extremzone, wird der Markt als überhitzt eingestuft und ein Verkaufssignal gegeben. Läuft er in die untere Extremzone, gilt der Markt als überverkauft und damit als Kauf.

13.7 Trendfolge-Indikatoren

13.7.1 Eigenschaften

Die meisten technischen Indikatoren sind Trendfolge-Indikatoren. Diese generieren Signale, wenn der Kurs bereits einen Aufwärts- oder Abwärtstrend eingeschlagen hat.

Deshalb liefern sie die entsprechenden Handlungssignale erst mit Verspätung. Die Trendfolge-Indikatoren folgen dem Trend dann, bis er seine Richtung wechselt. Trendfolger sind **gute Prognoseinstrumente in Trendmärkten**. Dagegen kommt es in trendlosen Märkten häufig zu Fehlsignalen. Von daher ist bei der Interpretation der Trendfolger vorab die Klärung der Frage entscheidend, in welcher Trendphase sich ein Markt aktuell befindet oder ob es derzeit gar keinen Trendmarkt gibt. Hat man einen Trendmarkt identifiziert und einen geeigneten Trendfolge-Indikator ausgewählt, folgt man dem Trend, bis der Indikator ein Trendwendesignal liefert.

Trotz der verspäteten Signalgebung machen die Trendfolger Sinn. Denn diese Indikatoren sollen verhindern, dass zu früh ge- oder verkauft wird. So neigen nach größeren Kursrückgängen viele Anleger dazu, verfrüht zu kaufen, obwohl der Abwärtstrend noch intakt ist. Umgekehrt ist es bei größeren Kursanstiegen. Hier gibt es eine verstärkte Neigung zur Realisierung von Kursgewinnen, obwohl der Aufwärtstrend noch intakt ist und später viel größere Kursgewinne erzielt worden wären. Gerade die langfristigen Trends sind aber die wirklich lukrativen. Beim Bitcoin gilt das sogar noch mehr als bei Aktien. Deshalb ist hier die Analyse von Trendfolge-Indikatoren ein wichtiges Analyseinstrument.

13.7.2 Gleitende Durchschnitte (Moving Averages)

13.7.2.1 Unterschiedliche Berechnung von gleitenden Durchschnitten

Beim **einfachen gleitenden Durchschnitt (Simple Moving Average, SMA)** gehen die Werte einer bestimmten Periode gleichgewichtet in die Berechnung des Durchschnitts ein. Der bekannteste SMA ist der 200-Tage-Durchschnitt, der sich als arithmetisches Mittel aus den Kursen der vergangenen 200 Tage errechnet. Es werden einfach die 200 Schlusskurse addiert und anschließend durch 200 geteilt. Die Einfachheit dieser Variante ändert nichts an der Qualität und dem Nutzen, weshalb sie weiterhin häufig verwendet wird. Zur Identifizierung von Trends werden die folgenden gleitenden Durchschnitte verwendet:

- 200-Tage-Durchschnitt: Liegt der Preis des Assets über der 200-Tage-Linie und steigt diese an, ist der langfristige Aufwärtstrend intakt. Ein Bruch gilt als Verkaufssignal auch für längerfristig orientierte Investoren. Fällt die 200-Tage-Linie und liegt der Kurs darunter, liegt ein intakter Abwärtstrend vor.
- 50-Tage-Durchschnitt: Liegt der Preis über der 50-Tage-Linie, spricht man von einem intakten mittelfristigen Aufwärtstrend. Bei einem Bruch sind in den nächsten Wochen eher Kursrückgänge zu erwarten.
- 20-Tage-Durchschnitt: Die 20-Tage-Linie zeigt den kurzfristigen Trend. Allerdings liegt dieser Indikator naturgemäß so nahe an den Marktpreisen, dass er durch kurzfristige Tagesschwankungen schnell gerissen wird.

Statt dem einfachen gleitenden Durchschnitt wird häufig der **exponentiell gleitende Durchschnittswert (Exponential Moving Average, EMA)** herangezogen. Im Gegensatz zum einfachen Durchschnitt gehen dann die jüngeren Kursdaten mit einem stärkeren Gewicht in die Berechnung des EMA ein. Der 200-Tage-EMA wird wie der entsprechende SMA häufig zur Identifizierung von Langzeittrends herangezogen. Berechnet wird der EMA mit dem aktuellen Kurs (C_t), dem EMA der Vorperiode (EMA_{t-1}) und dem Smoothing Factor (SF), der grundsätzlich einen Wert zwischen 0 und 1 annehmen kann:

$$EMA_t = C_t \cdot SF + (1 - SF) \cdot EMA_{t-1}$$

Die Formel für den Smoothing Factor lautet:

SF = 2/(n+1), wobei n die betrachtete Periodenlänge ist.

Je größer der Smoothing Factor (SF) ist, desto größer ist also der Anteil des aktuellen Kurses. Bei einem 20-Tage-Durchschnitt errechnen sich 0,095, der letzte Kurs C_t geht dann mit 9,5 Prozent in die Berechnung ein. Beim einfachen gleitenden Durchschnitt SMA würde er dagegen nur mit einem Zwanzigstel einfließen, also fünf Prozent. Beim 200-Tage-Durchschnitt wäre der Faktor dann 0,00995. Der letzte Kurs würde dann mit knapp einem Prozent einfließen. Beim SMA 200 wären es dagegen nur 0,5 Prozent. Aufgrund der stärkeren Gewichtung der jüngeren Kurse verläuft der EMA meistens näher am aktuellen Kurs als der SMA und löst damit früher ein Durchbruchssignal aus.

Neben diesen beiden Durchschnitten findet auch der **volumengewichtete gleitende Durchschnitt (Volume Weighted Average Price, VWAP)** Beachtung. Dieser wird ähnlich wie der SMA berechnet. Für die einzelnen Zeiträume wird der gesamte Wert der Umsätze einer Trading-Periode ermittelt, der anschließend durch das gesamte Handelsvolumen geteilt wird.

$$\text{VWAP} = \Sigma\,(\text{Volumen} \cdot \text{Preis}) : \Sigma\,\text{Volumen}$$

Dadurch werden Kurse mit einem höheren Handelsvolumen auch höher gewichtet. Der VWAP wird gern bei *Intraday-Analysen* verwendet. Dabei wird der VWAP mit dem aktuellen Preis verglichen. Liegt er über dem VWAP, befindet sich das betrachtete Asset im Aufwärtstrend. Umgekehrt verhält es sich, wenn der aktuelle Kurs unter dem VWAP liegt.

Der Durchbruch des Kurses durch die gleitenden Durchschnittslinien generiert **Handelssignale**. Schneidet der Kurs die Linie von unten nach oben, wird ein *Kaufsignal* generiert. Fällt der Kurs dagegen von oben unter die Linie, gibt es ein *Verkaufssignal*. Mit sinkender Periodenlänge des Durchschnitts gibt es zwar frühere Signale, die Zahl der Fehlsignale steigt aber auch. Die Signalwirkung ist stärker, wenn nach Durchkreuzen der Durchschnittslinie auch diese selbst in Richtung des neuen Trends dreht. Die Anwendbarkeit dieser Signale richtet sich wie bei allen Trendfolgern danach, ob sich der Markt in einer Trend- oder einer Seitwärtsphase befindet. Sie sind gut geeignet für Trendmärkte. In Seitwärtsphasen kann man von den gleitenden Durchschnitten dagegen keine brauchbaren Signale erwarten.

13.7.2.2 50- und 200-Tage-Linie

Im Folgenden bleiben die Betrachtungen auf die einfachen Durchschnittslinien beschränkt. Der betrachtete **Zeitraum** ist übrigens *kalendarisch unterschiedlich, je nachdem ob man Aktien- oder Kryptobörsen betrachtet.* Denn an traditionellen Börsen mit nur fünf Handelstagen und zusätzlichen Unterbrechungen an Feiertagen berücksichtigt die 200-Tage-Linie Kurse, die bis zu mindestens 40 Wochen (280 Kalendertage) zurückreichen. Bei der 50-Tage-Linie reichen die berücksichtigten Kurse an traditionellen Börsen mindestens zehn Wochen zurück. Wegen des 24/7-Handels an den Kryptobörsen fließen bei Bitcoin und Co dagegen nur die Kurse der vergangenen 50 oder 200 Kalendertage und damit der vergangenen 7,14 oder 28,57 Wochen ein. Die tatsächlichen Zeiträume sind also erheblich kürzer als bei der Betrachtung der Durchschnittslinien an den traditionellen Börsen.

Die **50-Tage-Linie** ist ein viel beachteter Indikator für den mittelfristigen Trend bei Aktien. Trotz des kürzeren Betrachtungszeitraums ist das im Kryptobereich ähnlich. Einem Durchbruch nach oben oder unten folgen meist entsprechende kurzfristige Kursanstiege oder -verluste. Die **200-Tage-Linie** ist der wahrscheinlich am meisten beachtete Durchschnitt. Durch die große Bekanntheit und Beachtung wirkt die 200-Tage-Linie oft wie eine sich selbst erfüllende Prophezeiung. Der Durchbruch durch die 200-Tage-Linie gilt als starker Indikator für den zukünftigen längerfristigen Trend des Kurses. Bei einem Durchbruch des Kurses durch die 200-Tage-Linie von unten nach oben handelt es sich um ein sehr bullishes Signal. Die Relevanz ist besonders groß, wenn auch das Umsatzvolumen in den Wochen vorher kontinuierlich ansteigt. Der Durchbruch nach oben gilt als *starkes Kaufsignal.* An den Aktienmärkten kennt man das schon lange.[5] Aber auch an den Kryptomärkten hat sich diese Konstellation als sehr treffsicher erwiesen. Ein Blick auf die Charts einiger großer Kryptowährungen im Jahr 2019 bestätigt das. Ein Durchbruch des Kurses durch die 200-Tage-Linie von oben nach unten deutet dagegen auf fallende Kurse hin und ist deshalb ein *Verkaufssignal.* Auch diese Konstellation war 2019 bei den meisten großen Kryptowährungen zu beobachten.

13.7.2.3 Historische Beispiele am Kryptomarkt

Untersucht wird zunächst der Kursverlauf von **Bitcoin gegenüber dem US-Dollar** seit 2012. Herangezogen werden die Kurse der Kryptobörse Bitstamp, da hier die längste

Kurshistorie vorliegt. Als Arbeitshypothese wird die Annahme unterstellt, dass sich der Bitcoin-Markt im Laufe der Zeit von einem Markt eher für Freaks hin zu einem professionalisierten Anlagemarkt entwickelt hat. Ist das so, müsste man auch zunehmend Muster und Indikatoren beobachten können, wie man sie von den traditionellen Märkten wie dem Aktienmarkt kennt. Wenn immer mehr private und professionelle Anleger nun am Kryptomarkt als neuer Assetklasse mit seinen Investment- und Trading-Möglichkeiten agieren, werden sie auch weitgehend ihr von den traditionellen Finanzmärkten bekanntes Analyseinstrumentarium adaptieren. Bei der Fundamentalanalyse funktioniert das nicht so einfach. Dagegen ist die Chartanalyse dafür sehr gut geeignet.

Bei den zwei folgenden Charts im Zusammenhang mit den 200-Tage-Linien handelt es sich jeweils um logarithmische Darstellungen, bei denen gleiche prozentuale Veränderungen gleiche Abstände haben. Deshalb korrespondieren scheinbar kleine Kursveränderungen im Chart wegen der sehr unterschiedlichen Kursniveaus mit großen absoluten Schwankungen.

Abb. 13.5 Entwicklung der 200-Tage-Linie beim Bitcoin von 2012 bis 2018 (logarithmische Darstellung)

2012: Kein Durchbruch durch die 200-Tage-Linie. Aufgrund des noch jungen Börsenhandels fängt die 200-Tage-Linie erst im 2. Quartal 2012 an.

2013: Kein signifikanter Durchbruch. Nach der extremen Hausse im Frühjahr 2013 wurde dann im Juli und Oktober kurz die 200-Tage-Linie nach unten durchbrochen. Dabei handelte es sich letztlich um Tageseinbrüche, die dann sofort wieder korrigiert wurden. Diese wären dann jeweils ein Fehlsignal gewesen, denn der Anstieg der Kurse setzte sich unmittelbar danach – sogar sehr deutlich – fort.

2014: Auch im Februar 2014 wurde der Durchbruch bei einem Tageseinbruch sofort wieder korrigiert. Der nachhaltige Durchbruch im März führte dann aber zu

Kursverlusten von 37 Prozent in zwei Wochen. Von Juni bis Juli 2014 erweist sich die 200-Tage-Linie als Widerstand nach oben mit zwei kurzen und nicht signifikanten Durchbrüchen nach oben. Nach dem nachhaltigen Durchbruch nach unten im August folgen bis zum Jahresbeginn 2015 sehr hohe Kursverluste von 70 Prozent.

2015: Durchbruch nach oben im Juni, danach kurzfristige Kursgewinne von 20 Prozent. Durchbruch nach unten im August, danach kurzfristige Kursverluste von 20 Prozent. Durchbruch nach oben im Oktober, danach sehr starke kurzfristige Kursgewinne von bis zu 100 Prozent.

2016 und 2017: Die 200-Tage-Linie erweist sich als Unterstützung im Laufe der großen Hausse-Bewegung. Nur einmal gab es im August 2016 einen nicht signifikanten Tageseinbruch darunter.

Abb. 13.6 Entwicklung der 200-Tage-Linie beim Bitcoin von 2018 bis 2023 (logarithmische Darstellung)

2018: Im Februar Durchbruch nach unten, danach kurzfristige Kursverluste von über 20 Prozent. Allerdings hatte der Bitcoin vor dem Erreichen der 200-Tage-Linie Anfang Februar 2018 seit seinem Allzeithoch im Dezember 2017 bereits einen riesigen Kursverlust von 60 Prozent erlitten. Nach dem Schwenk nach oben wieder Kursgewinne von über 40 Prozent gerechnet vom erneuten Überschreiten der 200-Tage-Linie. Im März 2018 kommt dann der endgültige Durchbruch nach unten. Danach fungiert die 200-Tage-Linie als Widerstand nach oben.

2019 und 2020: Durchbruch nach oben im April 2019. Startsignal der Hausse mit einer Verdreifachung der Preise. Ab September 2019 bis zum Corona-Crash im März 2020 mehrere Durchbrüche. Mit dem Durchbruch Ende April 2020 begann dann der große Bullrun im Rahmen des Zyklus nach dem 3. Bitcoin-Halving mit der Verachtfachung der Preise innerhalb eines Jahres.

2021: Nach dem ersten Allzeithoch im April 2021 bei rund 65.00 Dollar mehrere Durchbrüche.

2022: Nach dem finalen Durchbruch nach unten zu Jahresbeginn kommt es nach einer anschließenden Seitwärtsbewegung bis April mit der 200-Tage-Linie als Widerstand nach oben zu deutlichen Kursverlusten bis zu 67 Prozent

2023: Nach dem Durchbruch durch die 200-Tage-Linie im Januar 2023 kommt es in drei Monaten zu Kursgewinnen von 50 Prozent.

Die leicht verfügbare 200-Tage-Linie hat sich wie am Aktienmarkt auch beim Bitcoin als gutes Hilfsmittel zur Prognose des weiteren Kursverlaufs erwiesen. Das gilt vor allem bei langfristigen Aufwärtsbewegungen. Aber auch für kurzfristige Kursbewegungen danach haben die Schnittpunkte der Preise mit der Linie Indikatorfunktion.

Bei den Notierungen der **Altcoins mit dem US-Dollar als Kurswährung** gibt es keine so lange Historie wie beim Bitcoin, der 2009 startete. Der erste Altcoin war Namecoin, der im April 2011 angekündigt wurde. Im Oktober 2011 wurde dann Litecoin veröffentlicht. Insbesondere im ICO-Boom ab 2017 sprang die Zahl der Altcoins explosionsartig an. Grundsätzlich sind die Reaktionsmuster beim Über- und Unterschreiten der 200-Tage-Linie aber ähnlich wie oben im Zusammenhang mit dem Bitcoin dargestellt.

Bei Aufwärtsbewegungen am Kryptomarkt haben verschiedene Coins in der Vergangenheit nicht nahezu zeitgleich, sondern oft über einen Zeitraum von mehreren Wochen ihre 200-Tage-Linien überschritten. Insbesondere wenn es sich um eine stabile Aufwärtsbewegung – angeführt vom Bitcoin – handelt, hat sich eine einfache **Handelsstrategie** als lukrativ erwiesen. Viele Coins machen nach Überschreiten der Linie schnelle Kurssprünge, während andere noch im Bereich zwischen der 50- und 200-Tage-Linie verharren. Diese Nachzügler werden dann zunehmend vom Markt als zurückgeblieben identifiziert und gespielt. Von daher kann es durchaus sinnvoll sein, nicht bis zum Überschreiten der 200-Tage-Linie mit einem Einstieg zu warten, sondern bereits vorher zu investieren. Das Trading in solchen Laggards kann sogar dann noch Sinn machen, wenn der Bitcoin und der gesamte Kryptomarkt eher in eine Konsolidierung der vorherigen Kursgewinne eingeschwenkt sind und sich seitwärts bewegen. Denn gerade dann sucht der immer noch euphorisierte Markt FOMO-mäßig nach „Crypto's Next Top Winner". Der Einstieg in solche Coins ist aber grundsätzlich primär als kurzfristiges Trading zu sehen und nur bei einer unverändert positiven Grundstimmung sinnvoll.

Betrachtet man die **Kurscharts von Altcoins als Basiswährung mit dem Bitcoin als Kurswährung**, können sich diese gegenüber den Charts der Altcoins mit dem Dollar als Kurswährung sehr unterschiedlich gestalten. So könnte der Bitcoin gegenüber dem Dollar gerade sehr schwach sein, während der Altcoin gegenüber dem Bitcoin sehr fest ist. Dann könnte der Kurs des Altcoins gerechnet in Dollar zwar ebenfalls schwach sein – allerdings nicht so schwach wie der Bitcoin – und der Kurs des Altcoins gerechnet in Bitcoin könnte trotzdem sehr stark sein. Letztlich sind das ähnliche Effekte wie bei der Betrachtung der Euronotierung einer US-Aktie. Dort überlagert sich dann die Performance der Aktie in ihrer heimischen Dollarwährung mit der Performance des Dollar zum Euro. Charttechniker betrachten deshalb für ihre Analysen die Aktie mit ihrer Notiz am Heimatmarkt in der Heimatwährung.

Die Altcoins und auch der Bitcoin haben demgegenüber keinen Heimatmarkt. Sie werden dezentral über alle Ländergrenzen hinweg gehandelt. Trotzdem hat sich der US-Dollar hier ebenfalls als Leitwährung etabliert. Die meisten Umsätze finden gegen US-Dollar statt und die Anleger weltweit schauen primär auf die Dollarnotiz. Deswegen greifen die Chartanalytiker auch auf die Charts mit dem US-Dollar als Kurswährung zurück. Das gilt nicht nur für den Bitcoin, sondern auch für die Altcoins. Die Betrachtung der Notiz eines Altcoins gegenüber dem Bitcoin zeigt aber dessen *Relative Stärke* zum Marktführer. Diese Relative Stärke kann man leicht abrufen über die Analysetools wie Coinmarketcap oder Coingecko, wenn man als Kurswährung statt Dollar auf Bitcoin umstellt.

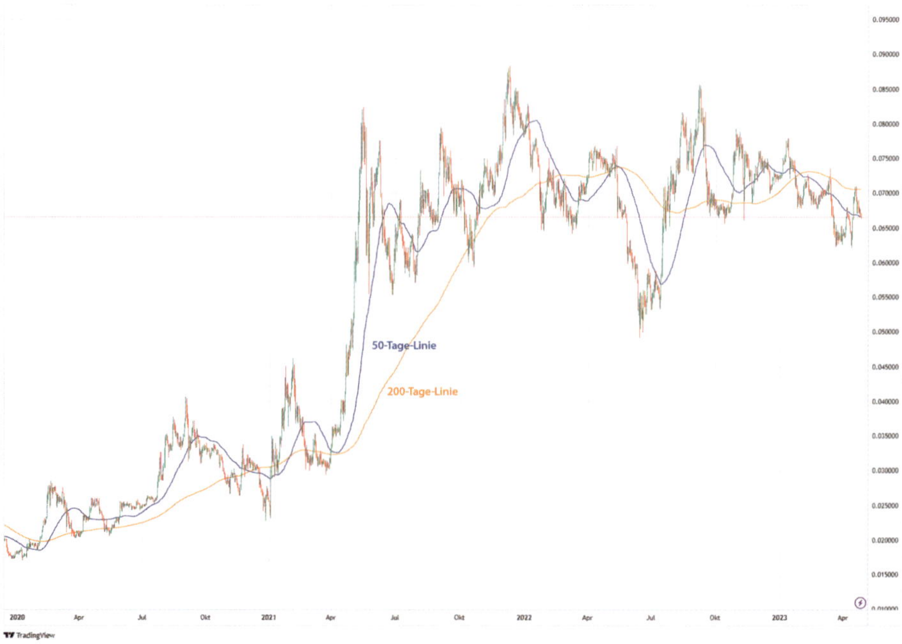

***Abb. 13.7** Performance von Ether zum Bitcoin*

Im ETH/BTC-Chart zeigt sich zum Beispiel eine große Relative Stärke von Ether als zweitgrößter Kryptowährung gegen den Bitcoin seit 2020. In den Jahren zuvor hatte der Ether nach seinem Höhenflug im Jahr 2017 sehr stark gegen den Bitcoin verloren und sich mehr als gesechstelt.

13.7.2.4 50- und 200-Wochen-Linie

Von den Durchschnittslinien bildet die 200-Wochen-Linie die **langfristig stabilste Unterstützung beim Bitcoin**. Diese startet aufgrund der kurzen Kurshistorie von Bitcoin erst im Jahr 2015. Seither hat sie sich eigentlich immer als harte Unterstützung beim Bitcoin erwiesen. Die 200-Wochen-Linie ist der langfristige Richtungsindikator beim Bitcoin. Bisher stieg sie immer an und wurde nur beim Corona-Crash kurz und knapp nach unten durchbrochen. An den Aktienmärkten wurde sie im gleichen Zeitraum seit 2015 dagegen mehrfach markant nach unten durchbrochen. Damit zeigt der Bitcoin langfristig bisher einen stabileren Aufwärtstrend als die Aktienmärkte. Dies steht im Widerspruch zur mittel- und kurzfristigen Wahrnehmung, die den Bitcoin als extrem volatiles Asset erscheinen lässt. Ähnlich wie bei der Korrelation zu den Aktien wird aber auch hier eine langfristige Betrachtungsweise dem Bitcoin als Wertaufbewahrungsmittel und Inflationsgewinner viel eher gerecht.

Die längste Kurshistorie von Bitcoin findet sich seit Beginn der Börsennotierung Mitte 2011 auf der Börse Bitstamp. Die **200-Wochen-Linie** bildet sich deshalb erst rund vier Jahre später ab Mitte 2015. In diesem Jahr rutschte der Kurs einmal kurz darunter. Danach hat sie sich mehrfach als harte Unterstützung erwiesen. Auch bei der großen Baisse im Jahr 2018 war die 200-Wochen-Linie der Wendepunkt. Beim Corona-Crash 2020 wurde die Linie zwar kurz nach unten durchbrochen. Letztlich war sie aber auch hier die wesentliche Unterstützung. Bei der gesamten Aufwärtsbewegung von Bitcoin wurde die 200-Wochen-Linie also nie signifikant nach unten durchbrochen. Bei anderen „alten" Kryptowährungen wie Litecoin oder Ripples XRP wurde die 200-Wochen-Linie dagegen mehrfach durchbrochen. Beim Crash im 2. Quartal 2022 wurde die 200-Wochen-Linie allerdings auch beim Bitcoin dann nachhaltig nach unten durchbrochen.

Bei einem Blick auf die **50-Wochen-Linie** zeigt sich immer ein deutlicher Kursanstieg, wenn der Bitcoin-Kurs diese signifikant übersteigt. Die einzige Ausnahme ist auch hier der Corona-Crash im März 2020. Wenn der Bitcoin signifikant unter die 50-Wochen-Linie gefallen ist, kam es anschließend immer zu erheblichen Kursverlusten.

Interessant ist auch die Entwicklung der **Jahrestiefststände** beim Bitcoin. Diese lagen mit Ausnahme von 2015 und 2022 immer über den Tiefstständen des Vorjahres. Nach den immer drastischen Kurskorrekturen im Gefolge der jeweiligen Allzeithöchststände in einem Zyklus werden regelmäßig die Stimmen der Kritiker laut, die beim

Bitcoin aufgrund der sehr volatilen Kursbewegungen eine Blase sehen. Die fast immer höheren Jahrestiefststände im Vergleich zum Vorjahr sprechen hier eindeutig dagegen. Denn bei wirklichen Blasen erholt sich der Kurs über Jahre oder Jahrzehnte überhaupt nicht mehr.

Abb. 13.8 *Wochenlinien und Jahrestiefststände beim Bitcoin (logarithmische Darstellung)*

13.7.3 Golden Cross und Death Cross

13.7.3.1 Golden Cross

Sowohl beim Golden Cross wie auch beim Death Cross handelt es sich um Chartbilder, die an anderen Märkten wie dem Aktienmarkt schon lange beachtet werden. Beim Golden Cross handelt es sich um einen **Durchbruch der 50-Tage-Linie von unten durch die 200-Tage-Linie**. Teilweise werden auch andere Durchschnitte genommen wie die 20- und 50-Tage-Linie. Bevor es zum Golden Cross kommt, durchbrechen die Kurse zunächst die 50-Tage-Linie und dann die 200-Tage-Linie von unten nach oben. Insbesondere der Durchbruch durch die 200-Tage-Linie gilt bereits als sehr bullishes Zeichen. Am Aktienmarkt ist häufig ein sprunghafter Anstieg des Aktienkurses unmittelbar danach zu beobachten. Auch am Kryptomarkt zeigt sich dieses Muster. Wird dann anschließend noch ein Golden Cross gebildet, gilt das als weiteres sehr bullishes Zeichen.

Generell könnte man beliebige Zeitabschnitte für Tage-Linien nehmen, die sich dann alle mehr oder minder häufig schneiden. So werden manchmal auch die 20- und 50-Tage-Linie genommen. Durch Backtesting würde dann deren Aussagekraft überprüft. Das wäre aber – wie viele andere technischen Indikatoren – dann nur etwas für Spezialisten. Das Golden Cross, bei dem die 50-Tage-Linie die 200-Tage-Linie von unten nach oben durchbricht, ist die am meisten beachtete Definition und hat deshalb die größte Relevanz.

In anderen Märkten wie dem Aktienmarkt gilt ein Golden Cross meist als sehr starker bullisher Indikator. Auch am Kryptomarkt erwies es sich bisher als guter Wegweiser. Allerdings sollte man auch den gesamten vorherigen Verlauf genauer betrachten. So macht es einen Unterschied, ob ein Golden Cross mit zwei flachen Durchschnittskurven gebildet wird oder ob es vor Bildung des Golden Cross bei der 50-Tage-Linie zu einem wirklichen Bottom gekommen ist und diese nach einem Dreh nach oben die 200-Tage-Linie im scharfen Winkel schneidet.

13.7.3.2 Death Cross

Das Death Cross ist das Gegenstück zum Golden Cross. Es handelt sich um einen **Durchbruch der 50-Tage-Linie von oben durch die 200-Tage-Linie**. Wie der Name schon suggeriert, gilt diese Konstellation normalerweise als starker Indikator für weiter fallende Kurse. Es ist natürlich zunächst auch nur eine Darstellung der aktuellen Situation und besagt im Großen und Ganzen, dass die kurzfristige Kursentwicklung noch schlechter als die langfristige ist. Auch hier gibt es markante und weniger signifikante Ausbildungen bei einem Death Cross.

Fraglich ist, ob das Death Cross eine ähnliche Relevanz wie das Golden Cross hat. Wie beim Golden Cross sollte man auch hier den vorherigen Kursverlauf genauer betrachten. Flache Annäherungen der Durchschnitte haben wenig Aussagekraft. Dagegen drehen bei einer wirklichen Trendumkehr nach unten auch die 50- und dann auch die 200-Tage-Linie in Richtung Süden. Dann kommt es zu einem scharfen Schnitt der 50- durch die 200-Tage-Linie mit einer hohen Wahrscheinlichkeit, dass sich der Abwärtstrend weiter fortsetzt.

13.7.3.3 Historische Beispiele beim Bitcoin

Untersucht wird der **Bitcoin** in seinem Verlauf seit 2012. Dazu werden wieder die Kurse der Kryptobörse Bitstamp herangezogen mit den entsprechenden Charts der Abbildungen 13.5 und 13.6. Als Arbeitshypothese sei hier wieder wie bei der 200-Tage-Linie die Annahme unterstellt, dass sich der Bitcoin-Markt als Anlagemarkt im Laufe der Zeit professionalisiert und damit zunehmend auch Muster und Indikatoren übernimmt, die aus traditionellen Anlagemärkten wie dem Aktienmarkt bekannt sind.

2012 und 2013: Kein Golden oder Death Cross.

2014: Death Cross im April, allerdings bei einer weiter deutlich ansteigenden 200-Tage-Linie. Kurzfristiges Fehlsignal, die Kurse sind danach in wenigen Tagen um über 50 Prozent gestiegen. Golden Cross im Juli, aber bei einer fallenden 200-Tage-Linie und einem geringen Anstieg darüber nicht überzeugend. Fehlsignal. Wenig signifikantes Death Cross im September, aber bei einer mittlerweile fallenden 200-Tage-Linie, danach bis Jahresende sehr deutliche Kursverluste. Letztlich hat sich damit das erste Death Cross im April doch als richtiger Indikator für einen langfristig fallenden Preis erwiesen. Allerdings waren die prozentualen Verluste bis zum Death Cross deutlich größer als danach.

2015: Golden Cross im Juli. Fehlsignal, nach geringfügigen kurzfristigen Kursgewinnen dann deutliche Kursverluste. Wenig signifikantes Death Cross im September. Völliges Fehlsignal, nach geringfügigen Kursverlusten danach Verdoppelung der Preise. Wenig markantes Golden Cross im Oktober. Danach starker Kursanstieg in wenigen Tagen. Letztlich könnte man das erste Golden Cross im Juli dann doch als Indikator für eine langfristige Trendumkehr sehen.

2016 und 2017: Kein Golden oder Death Cross.

2018: Death Cross im April. Fehlsignal, danach Kursanstieg in wenigen Wochen um 50 Prozent. Nach langer Seitwärtsbewegung fielen die Kurse dann bis Jahresende aber doch um 50 Prozent. Die sehr große Volatilität im Bärenmarkt 2018 bescherte aber bis zum Death Cross schon riesige Verluste. Trotzdem gab es bis zum Jahresende weiter anhaltende sehr große Kursverluste.

2019: Golden Cross im April. Nach kleinem kurzfristigen Kursrückgang danach Hausse mit Kursgewinnen von 150 Prozent. Death Cross im Oktober, zeitgleich unmittelbar Kurssprung um über 40 Prozent. Danach aber sukzessiver Kursrückgang.

2020: Golden Cross im Februar unmittelbar vor Verschärfung der Coronasituation. Das Death Cross nach dem Corona-Crash im März war ein klassischer Kontraindikator. Der Bitcoin-Preis setzte zur großen Hausse 2020/21 an und bildete im Mai bereits wieder ein Golden Cross. Letztlich wäre das erste Golden Cross das entscheidende Signal gewesen. Der Kursanstieg wurde durch den Corona-Crash aber unterbrochen und verschoben.

2021: Death Cross im Juni. Zwar geringe kurzfristige Kursrückgänge, ab Juli dann aber Kursverdoppelung auf neues Allzeithoch mit vorherigem Golden Cross im September.

2022: Death Cross im Januar, danach im Jahresverlauf sehr große Verluste.

2023: Golden Cross im Februar.

Wie oben gezeigt, gab es mittlerweile bereits einige Cross-Ereignisse.[6] Bei der Betrachtung der Kursentwicklung nach den Ereignissen gibt es sehr große Unterschiede. Es zeigt sich die **unterschiedliche Relevanz der Crosses je nach dem vorherigen Verlauf**:

- Je gleichförmiger der vorherige Trend, desto eher bestätigt sich nach Eintritt des Ereignisses die danach zu erwartende Entwicklung. Beim Golden Cross also weiter steigende Kurse, beim Death Cross fallende Kurse.
- Flache Annäherungen der beiden Kurven haben wenig Aussagekraft.
- Disruptive News wie beim Corona-Crash können kurzfristig zu völlig entgegengesetzten Entwicklungen führen.
- Das Death Cross erwies sich kurzfristig oft als Kontraindikator.

13.7.4 MACD-Indikator

Der **Moving Average Convergence Divergence (MACD)** ist einer der bekanntesten Indikatoren. Er wird hier bei den Trendfolge-Indikatoren aufgeführt, obwohl er eigentlich ein *Zwitter* ist. Einerseits ist er Trendfolger, denn er wird aus gleitenden Durchschnitten abgeleitet. Andererseits hat er auch Oszillator-Eigenschaften, da er um seine Nulllinie schwingt und dabei Divergenzen zum Kursverlauf aufweisen kann. Der MACD misst die Richtung und die Stärke eines Trends, kann aber auch Hinweise auf einen Trendwechsel geben.

Er besteht aus drei Elementen: zwei gleitenden exponentiellen Durchschnitten (der MACD-Linie und der Signallinie) und einem Histogramm. Der **MACD-Wert** ergibt sich aus der Differenz von zwei exponentiellen Durchschnitten. Dabei wird der Wert des EMA 26 (also der exponentielle Durchschnitt der letzten 26 Tage) vom Wert des EMA 12 (exponentieller Durchschnitt der letzten 12 Tage) abgezogen:

MACD = EMA 12 - EMA 26

Für die **Signallinie** wird der *EMA 9 der MACD-Linie* (exponentieller Durchschnitt der letzten 9 Tage) genommen. Die Lage des MACD zur **Nulllinie**, um die der MACD schwankt, zeigt die Trendrichtung an. Liegt der MACD über der Nulllinie, liegt ein Aufwärtstrend vor. Steigt der MACD weiter, dann gilt das als zunehmendes Momentum im Aufwärtstrend. Fällt er im positiven Bereich, signalisiert das eine abnehmende Dynamik des Aufwärtstrends. Liegt der MACD unter der Nulllinie, handelt es sich um einen Abwärtstrend. Ein fallender MACD ist dann ein Zeichen für ein zunehmendes Momentum im Abwärtstrend, während ein steigender MACD dann wieder auf eine nachlassende Dynamik des Trends hinweist. Je weiter der MACD von dieser Mittellinie entfernt ist, desto stärker ist der Auf- oder Abwärtstrend. Das **Histogramm** schwankt um den Wert 0 und zeigt, wie hoch der MACD-Wert ober- oder unterhalb der Signallinie liegt. Bei einem Histogramm im positiven Bereich steht die MACD-Linie über, im negativen Bereich unter der Signallinie.

Da die verwendeten gleitenden Durchschnitte kurzfristig sind, haben die daraus abgeleiteten Signale auch eher kurzfristigen Charakter. Dies könnte man noch variieren, wenn man statt der Tageskurse die Wochenkurse benutzt. Daraus abgeleitete Signale hätten dann einen langfristigen Charakter. Wenn ein kürzerer EMA einen längerfristigen überschreitet, spricht das für einen stabilen Aufwärtstrend und ein Bullish Crossing. Umgekehrt gilt das bei einer Unterschreitung, die deshalb Bearish Crossing genannt wird. Die MACD-Linie quantifiziert dies. Bewegt sie sich unter null, liegt der EMA 26 über dem EMA 12, was für einen länger anhaltenden Abwärtstrend spricht. Liegt sie im positiven Bereich, weil der EMA 12 über dem EMA 26 verläuft, spricht das für einen Aufwärtstrend. Von daher kann ein Überschreiten der Nulllinie durch den MACD als bullishes Signal, ein Unterschreiten als bearishes Signal gewertet werden. Die Signallinie kommt dann noch als Maß für Trendschwankungen hinzu. Liegt sie unter der MACD-Linie, bedeutet das eine positive Entwicklung in jüngster Zeit. Liegt die Signallinie über der MACD-Linie, bedeutet das eine zuletzt schlechte Kursentwicklung. Im Histogramm wird dann der Abstand beider Linien dargestellt. Ein negatives Histogramm bedeutet eine Signallinie über der MACD-Linie, umgekehrt bei einem positiven Histogramm.

Kreuzen sich Signal- und MACD-Linie, spricht man von einer Trendumkehr und **Bullish oder Bearish Reversals**. Bei **Bullish und Bearish Divergences** widersprechen sich die Entwicklung des aktuellen Kurses und des MACD. So könnte der Kurs leicht ansteigen, während der MACD fällt.

Aus dem MACD-Indikator werden folgende **Anwendungsregeln** abgeleitet: Ein *Kaufsignal* ergibt sich, wenn die MACD-Linie als Indikator die Signallinie überschreitet. Umgekehrt ergibt sich ein *Verkaufssignal*, wenn die MACD-Linie die Signallinie unterschreitet. Der Gesamttrend der MACD-Linie als Indikator soll dabei dem Kurstrend entsprechen. Ergeben sich hier Divergenzen, deutet das auf eine Schwäche im vorhandenen Trend und auf einen möglichen Trendwechsel hin. Als zuverlässige und lukrative Handelssignale für einen antizyklischen Kauf oder Verkauf gelten ein Auftreten einer Divergenz und der Schnitt der MACD-Linie mit der Signallinie.

13.7.5 Bollinger-Bänder

Bollinger-Bänder sind eine Weiterentwicklung der **Prozentbänder**. Die Basis bildet dabei ein gleitender Durchschnitt als *Mittellinie*. Die Bänder entstehen dann bei den Prozentbändern durch Parallelverschiebung um einen bestimmten Prozentsatz nach oben und unten. Dabei folgen alle Linien zwangsläufig dem Kursverlauf. Die *obere Begrenzungslinie* gilt als Widerstandsmarke, die *untere Begrenzungslinie* als Unterstützung. Dabei wird unterstellt, dass die Kurse bis zu bestimmten maximalen Abständen um ihren Mittelwert schwanken.

Bei den **Bollinger-Bändern** werden die obere und untere Begrenzungslinie nicht durch einen festen Prozentsatz, sondern durch die Standardabweichung definiert. Die Standardabweichung ist ein statistisches Maß für die Streubreite eines Wertes um dessen Mittelwert. Sie ist die durchschnittliche Entfernung aller festgestellten Ausprägungen eines Wertes vom Durchschnitt. Die Standardabweichung misst die Volatilität eines Wertes. Bei einer großen Standardabweichung schwankt der Kurs stark um seinen Mittelwert, bei einer kleinen nur gering. Die Bollinger-Bänder ändern sich deshalb in ihrer Breite mit der Volatilität. Bei größeren Kursschwankungen und damit größerer Standardabweichung vergrößert sich die Breite. Nimmt die Volatilität dagegen ab, verengen sich die Bänder.

Bei der **Standardeinstellung der Bollinger-Bänder** wird der *gleitende Durchschnitt der letzten 20 Tage* als zentrale Linie und für den Abstand der oberen und unteren Bandbegrenzungen *zwei Standardabweichungen* genutzt, das heißt, über und unter dieser zentralen Linie werden zwei Linien aufgrund der Größe der aktuellen Standardabweichung generiert.

Als **Anwendungsregeln** wird der Markt beim Erreichen des oberen Bands als überkauft und beim Erreichen des unteren Bands als überverkauft eingestuft. Trader verkaufen dann am oberen Band eher und kaufen bei Erreichen des unteren Bands. In trendstarken Phasen können sich die Kurse aber auch über längere Zeit an den oberen oder unteren Begrenzungen bewegen. Wird dann allerdings die Mittellinie gebrochen, gilt das als Zeichen eines bevorstehenden Trendwechsels. Dagegen gilt ein Abprallen des Preises von der Mittellinie als starke Bestätigung des bisherigen Trends. Bei einer starken Verengung der Bänder und damit einer Verringerung der Volatilität ist eine heftige Kursbewegung zu erwarten. Eine Aussage über die Richtung des Ausbruchs kann aber nicht getroffen werden. Ziehen sich die Bänder bei steigender Volatilität stark auseinander, wird das oft als Warnsignal für eine Trendwende oder eine Konsolidierung interpretiert.

13.8 Oszillatoren

13.8.1 Eigenschaften

Trendfolge-Indikatoren sind geeignete Analyseinstrumente in Trendphasen. Ungeeignet sind diese in trendlosen Phasen, die meist als Seitwärtsbewegungen bezeichnet werden. In solchen Marktphasen eignen sich Oszillatoren zur Analyse, die wiederum in Trendphasen häufig Fehlsignale generieren. Allerdings werden sie auch in solchen Phasen als Frühwarnsignale genutzt, die auf eine abnehmende Trenddynamik hinweisen. Eine zu- oder abnehmende Trenddynamik wird auch als zu- oder abnehmendes

Momentum bezeichnet. Momentum-Indikatoren sind neben Oszillatoren wie dem RSI aber auch Trendfolge-Indikatoren wie der MACD-Indikator. Warnsignale zeigen sich in Divergenzen zwischen dem Kursverlauf im Chart und dem Oszillatorverlauf. Grundsätzlich ist die **Analyse der Oszillatoren der Trendanalyse untergeordnet**. Bei widersprüchlichen Signalen zwischen Trendfolge-Indikatoren und Oszillatoren gilt deshalb die Regel: The Trend is Your Friend. Ein Trading erfolgt deshalb in Trendphasen nur in Trendrichtung.

Optik und Interpretation der Oszillatoren ist ähnlich. Der Oszillator schwankt innerhalb eines Oszillatorbands, das meist eine Skalierung zwischen 0 und 100 aufweist. Dieses wird durch eine Mittellinie in eine obere und untere Hälfte geteilt. Je stärker die Preisbewegung ist, desto mehr entfernt er sich von der Mittellinie. Notiert der Preis in der Nähe der Mittellinie, gibt es nur geringe Bewegungen am Markt. Je nach Oszillator werden bestimmte obere und untere Extremzonen definiert. Bei einem Erreichen der oberen Extremzone gilt der Markt als überhitzt und reif für Gewinnmitnahmen. Ein Verlauf des Oszillators in der unteren Extremzone weist dagegen auf einen überverkauften Markt und damit eine gute Einstiegsgelegenheit hin. Eine Kreuzung der Mittel- oder Nulllinie wird als Handelssignal in Trendrichtung interpretiert. Während Trendfolge-Indikatoren prozyklische Signale geben, funktionieren Oszillatoren eher als antizyklische Signalgeber.

13.8.2 Relative-Stärke-Indikator (RSI)

Der Klassiker unter den Momentum-Oszillatoren ist der **Relative-Stärke-Indikator (Relative Strength Indicator, RSI)**, der die Schwächen des klassischen Momentum-Indikators beheben will. Er gehört zu den am weitesten verbreiteten technischen Indikatoren und misst die Relative Stärke eines Assets gegenüber seiner Preishistorie. Dieser *Trendstärke-Indikator* vergleicht durchschnittliche Kursanstiege mit durchschnittlichen Kursverlusten. Es wird die Stärke der Kursverluste in einer bestimmten Periode mit der Stärke der Kursgewinne in der gleichen Periode verglichen. Die **Formel** für die Berechnung lautet:

$$RSI = 100 - 100/(1 + RS)$$

Dabei ist die Relative Stärke RS der Quotient aus dem Durchschnitt der Schlusskurse von n Tagen mit steigenden Kursen und dem Durchschnitt der Schlusskurse von n Tagen mit fallenden Kursen. Der RSI berücksichtigt nur die Schlusskurse, die Hochs und Tiefs der jeweiligen Periode sind irrelevant.[7] Als Standardeinstellung für n werden 14 Tage verwendet, bei Wochencharts 14 Wochen. Die Relative Stärke ergibt sich dann durch Division des durchschnittlichen Kursgewinns durch den durchschnittlichen

Kursverlust. Die Werte des RSI schwanken formelbedingt zwischen 0 und 100. Als Extremzonen gelten Werte über 70 (überkaufter Markt) und unter 30 (überverkaufter Markt). Ist der durchschnittliche Gewinn gleich dem durchschnittlichen Verlust und damit der RS = 1, errechnet sich ein RSI von 50. Dieser Wert gilt als neutraler Bereich.

Der RSI ist zu unterscheiden vom **allgemein verwendeten Begriff der Relativen Stärke (RS)**, der beim Vergleich von zwei verschiedenen Assets verwendet wird, im Gegensatz zum Momentumkonzept des RSI. Von daher ist der Name etwas unglücklich gewählt. So wird von einer Relativen Stärke von Ethereum gegenüber dem Bitcoin gesprochen, wenn Ethereum stärker als der Bitcoin performt. Diese Relative Stärke kann man sofort erkennen, wenn man den Chart von Ethereum als Basiswährung mit dem Bitcoin als Kurswährung vergleicht.[8] Sie hat aber nichts mit dem RSI zu tun. Die RS als Vergleich von zwei verschiedenen Werten (zwei verschiedene Coins oder ein Coin verglichen mit einem Index) wird mit der Formel berechnet:

RS = (Kurs/Kurs Vergleichstitel) / (Kurs vor n Perioden/Kurs Vergleichstitel vor n Perioden)

Bei einer Relativen Stärke von mehr als 1, ist die relative Performance größer als die des Vergleichstitels. Dagegen performt der Titel bei Werten unter 1 schlechter als der Vergleichstitel.

Die **Anwendungsregeln** beim RSI stellen primär auf die Extremzonen ab. Bei Werten von über 70 (überkaufter Bereich) könnte ein Wendepunkt nach unten bevorstehen, weshalb tendenziell verkauft wird. Insbesondere gilt es als Bestätigung der Trendumkehr, wenn der Wert anschließend aus der oberen Extremzone nach unten läuft. Bei Werten unter 30 (überverkaufter Bereich) könnte es einen baldigen Dreh nach oben geben, weshalb dieser Bereich als Kaufzone gilt. Auch hier gilt ein Anstieg des RSI aus der überverkauften Zone heraus als Bestätigung der Trendumkehr. Allerdings hat sich gezeigt, dass in sehr trendstarken Märkten der Indikator sich auch länger in diesen Extremzonen bewegen kann. Bei einer Divergenz – Kurs und Indikator bewegen sich in gegensätzliche Richtungen – ist die Wahrscheinlichkeit einer Trendwende besonders groß.

13.8.3 Accumulation/Distribution (A/D)

Accumulation/Distribution (A/D) ist ein Momentum-Indikator, der die Veränderungen von Kurs und Umsatz zusammenführt. Der Indikator unterstellt, dass eine Kursbewegung umso bedeutsamer ist, je stärker sie von Veränderungen des zugehörigen Umsatzes begleitet ist. Damit wird der Geldfluss in und aus dem Wert durch den gewichteten Umsatz dargestellt. Wenn der Schlusskurs über dem mittleren Kurs (High – Low) liegt, kommt es zu einer Addition des Volumenanteils zum vorherigen Wert. Liegt er darunter, kommt es zu einer Subtraktion. Solange der Schlusskurs also über dem mittleren Wert liegt, steigt der A/D-Indikator, weil das steigende Volumen mit höheren Kursen verbunden ist. Er zeigt damit einen Geldfluss in den Wert (Akkumulation) und deshalb einen gesunden Aufwärtstrend an. Je weiter der Schlusskurs über dem mittleren Kurs liegt, desto größer ist die Gewichtung des Volumens und desto stärker steigt der A/D. Umgekehrt ist die Interpretation, wenn der Schlusskurs unter dem mittleren Wert liegt. Der größere Teil des Volumens ist dann mit fallenden Kursen verbunden, es wird Geld aus dem Wert abgezogen (Distribution).

Die **Formel** zur Berechnung des A/D lautet:

$$A/D = \text{vorheriger } A/D + [(\text{Close} - \text{Low}) - (\text{High} - \text{Close})] / (\text{High} - \text{Low}) \cdot \text{Volumen}$$

Dabei wird der Bruch vor dem Volumen als Money Flow Multiplier bezeichnet. Steht der Schlusskurs näher am Höchstkurs, ist der Money Flow Multiplier positiv. Im Maximalfall erreicht er den Wert +1, wenn der Schlusskurs und der Höchstkurs der Periode gleich sind. Umgekehrt kann der Wert minimal bis auf -1 fallen, wenn der Schlusskurs und der Tiefstkurs identisch sind. Der Money Flow Multiplier ist ein Oszillator, der sich zwischen -1 und +1 bewegen kann. Durch die Addition mit dem vorherigen A/D wird beim A/D eine Art gleitender Mittelwert erzeugt. Auch der A/D selbst oszilliert um die Nulllinie, ist aber absolut nach oben und unten nicht begrenzt. Es kann dabei auch zu Anomalien kommen. Würde ein Wert bei großem Umsatzvolumen um 30 Prozent im Vergleich zum Vortag fallen, aber trotzdem nahe dem Tageshoch schließen, würde der A/D steigen. Eine derartige Divergenz wäre aber nicht als Indiz für eine mögliche Trendwende brauchbar.

Als **Anwendungsregel** zeigt ein ansteigender A/D, dass der Wert akkumuliert wird. Ein bestehender Aufwärtstrend wird dann bestätigt. Interessanter sind aber Divergenzen beim Verlauf von Indikator und Kurs. Steigt der Kurs, während der A/D fällt, dann könnte das ein Signal für ein mögliches Ende des Aufwärtstrends sein. Umgekehrt gilt bei einem fallenden Kurs bei einem steigenden A/D, dass der Abwärtstrend beendet werden könnte.

13.9 Divergenzen

Die Hochs und Tiefs der Indikatoren stimmen meist mit jenen des Kurses im Chart überein. Bei solchen **Konvergenzen** haben der Indikator und der Kurs einen ähnlichen Verlauf. Eine Konvergenz spricht deshalb für eine Fortsetzung der bisherigen Kursbewegung. **Divergenzen** treten auf, wenn der *Verlauf des Kurses und des Indikators in unterschiedliche Richtungen* gehen. Meist handelt es sich bei den betrachteten Indikatoren um Oszillatoren wie den Relative-Stärke-Indikator (RSI). Aber auch bei

Trendfolgern wie dem MACD, der allerdings auch Oszillatoreigenschaften hat, treten Divergenzen auf. Eine Divergenz signalisiert eine Schwäche im laufenden Kurstrend. Sie zeigt an, dass der neue Extrempunkt im Chart mit einer geringeren Dynamik als der vorhergehende Extrempunkt erreicht wird, das Momentum also nachgelassen hat. Divergenzen gelten vielfach als eines der verlässlichsten Signale der Technischen Analyse. Eine klassische Divergenz gilt als **Indikator für einen kurz- oder mittelfristigen Trendwechsel**. Allerdings sind auch die Divergenzanalysen nicht ohne Risiko. Denn zunächst einmal stellt sich der Trader, wenn er die Divergenzen durch Käufe oder Verkäufe nutzen will, gegen den aktuell noch vorherrschenden Trend. Grundsätzlich gilt – unabhängig von den Indikatoren – die Trendfortsetzung aber immer als wahrscheinlicher als eine Trendumkehr.

Bei einer **bearishen Divergenz** markiert der Kurs höhere Hochs bei gleichzeitig niedrigeren Hochs des Indikators. Eine solche Konstellation kündigt einen Wechsel von einem Aufwärts- zu einem Abwärtstrend an. Bei einer **bullishen Divergenz** markiert der Kurs dagegen tiefere Tiefs bei gleichzeitig höheren Tiefs des Indikators. Diese Konstellation deutet auf einen Wechsel von einem Abwärts- zu einem Aufwärtstrend. Diese klassischen Divergenzen zeigen also an, dass das Momentum der bisherigen Bewegung nachgelassen hat und deshalb ein Hoch oder ein Tief der noch laufenden Kursbewegung bevorstehen könnte, bevor es dann zur Umkehr kommt.

13.10 Umsatzanalysen

Für die Bestätigung von Chartmustern spielt auch die dabei zu beobachtende **Entwicklung des Umsatzvolumens** eine wesentliche Rolle. Bei manchen Indikatoren fließt das Volumen direkt ein. So gibt es bei Trendbewegungen im Trend immer wieder Konsolidierungs- und Korrekturphasen. Dabei gilt es als idealtypisch, dass die Umsätze in diesen Korrekturphasen zurückgehen und bei Fortsetzung des Trends wieder ansteigen. Vorsicht ist geboten, wenn das Volumen bei Trendfortsetzung abnimmt.

Die **Umsätze an den Kryptobörsen** sind bei einem bestimmten Coin zunächst noch kein allein aussagekräftiges Kriterium für die Qualität des dahinterstehenden Projekts. So können auch *Shitcoins* durch Rühren der Werbetrommel durch interessierte Kreise hohe Umsätze ausweisen. Dies wird aber meist auf einen kleineren Zeitraum beschränkt sein mit erratischen Spitzen. Hat ein Coin dagegen bereits über einen langen Zeitraum hohe Umsätze, spricht das zumindest für ein nachhaltiges großes Marktinteresse. Interessant ist in diesem Zusammenhang auch ein Blick auf die *Kryptobörsen* mit den höchsten Umsätzen in diesem Coin. Handelt es sich um große und seriöse Kryptobörsen oder um solche, die eher für Wash Trades bekannt sind? In letzterem Fall liegt dann der Verdacht nahe, dass es sich bei dem weit überwiegenden Teil der

Trades um Scheinumsätze handelt, die keine Aussagekraft haben. Andererseits kann ein Coin auch gerade deshalb lukrativ sein, weil er noch nicht an einer der großen Börsen gehandelt wird. Denn häufig gibt es dann Spekulationen, dass er bald an einer oder mehreren der großen Kryptobörsen mit dann entsprechend deutlich höheren Umsätzen gehandelt wird. Derartige Spekulationen können dann mit enormen Kurssteigerungen einhergehen.[9]

13.11 Besonderheiten bei Kryptowährungen

13.11.1 Spikes – extreme Kursspitzen

Spikes stellen sich im Chart wie Speerspitzen dar und können sowohl *nach oben wie nach unten* auftreten. Bei dieser Kursformation hat sich im Vergleich zum vorherigen und folgenden Tag ein deutliches Hoch oder Tief ausgebildet, wobei der Schlusskurs des Spikes sich am anderen Ende der bisherigen Bewegung befindet.[10] *Je größer ein Spike ist, desto größer ist seine Bedeutung.* Meist übertrifft die Spike-Kerze die vorhergehenden Kerzen deutlich. Derartige Spikes werden meist von einem *überdurchschnittlich hohen Umsatzvolumen* begleitet. Sie gelten als *verlässliche Trendumkehrformation*, obwohl sie im Nachhinein meist nur als Übertreibung klassifiziert werden. Spikes bilden sich meist am Ende von FOMO- oder FUD-Phasen aus. Beide Effekte werden durch die Informationsflut und zunehmende Aufgeregtheit im Internet und in den sozialen Medien stark befeuert. Spikes treten meist plötzlich ohne Vorwarnung auf und gelten in bullishen und bearishen Phasen jeweils als Höhepunkte einer Kauf- oder Verkaufshysterie.

Im Gegensatz zu den Flash Crashs werden die **Spitzen nach einer längerfristigen Abwärtsbewegung** nicht nur in sehr kurzen Zeiträumen bis hin zu Sekunden oder Minuten ausgebildet. Vielmehr kommt es meist in einer Art *Verkaufspanik* zu einem sich selbst verstärkenden Sell-out, dem im Tagesverlauf oder auch am nächsten Tag eine deutliche Gegenbewegung folgt. Der Schlusskurs notiert am Tag des Spikes deutlich höher als der im Tagestief erreichte Kurs. Dem folgt am nächsten Tag dann eine deutliche Kurserholung. Meist steht ein derartiger Sell-out *am Ende einer FUD-Phase.* Das Akronym bezeichnet eine Phase der Unsicherheit, bei der Ängste und Unsicherheiten in Bezug auf Kryptowährungen durch negative Berichterstattungen und Meinungen in Medien und von einflussreichen Influencern geschürt werden. Am Ende einer solchen FUD-Phase genügt dann *oft ein kleiner Auslöser, um Panikverkäufe* zermürbter Anleger in Gang zu setzen. In diesem Zusammenhang spricht man dann von einer Marktbereinigung. Am Aktienmarkt wird dieses Phänomen damit beschrieben, dass die Aktien nun von schwachen in starke Hände übergegangen sind, denn jedem Verkäufer steht auch ein Käufer gegenüber. An den Kryptomärkten ist das nicht anders. Nach dieser finalen Marktbereinigung kann deshalb der Markt im Tagesverlauf oder am nächsten Tag stark drehen. Nicht selten ist das dann der *Start einer generellen Trendwende.*

Umgekehrt kommt es bei **Spitzen nach einer längerfristigen Aufwärtsbewegung** am Schluss zu einer *Kaufpanik.* Diese verstärkt sich sukzessive und kumuliert dann an einem Tag. Diese Kaufpanik markiert das *Ende einer FOMO-Phase.* Mit FOMO bezeichnet die Kryptoszene die Angst, etwas zu verpassen (Fear Of Missing Out). In dieser Phase wird die Gier der Anleger nach schnellen und großen Kursgewinnen angesprochen. Aufgrund ständiger Preissteigerungen und den entsprechenden Berichten darüber werden oft unerfahrene Anleger in einen Markt gelockt, den sie gar nicht wirklich kennen oder verstehen. Dadurch steigen die Kurse immer steiler an. Erfahrene Trader wissen natürlich, dass das nicht ewig so weitergehen kann. Wie bei einem Schneeballsystem kann sich der Anstieg in dieser Phase plötzlich ins Gegenteil verkehren, wenn der Nachschub, also frisches Geld, ausbleibt. Dies kann dann an einem Tag zu einem großen Spike nach oben führen, der sich im weiteren Tagesverlauf oder am nächsten Tag ins Gegenteil verkehrt und einen starken Kursrückgang zur Folge hat. Gerade die zuletzt eingestiegenen Anleger werden dann schnell nervös und werfen ihre Positionen auf den Markt. Auch hier läutet der Spike meist eine generelle Trendwende ein. Das *Paradebeispiel* dafür am Kryptomarkt ist *der sagenhafte Anstieg des Bitcoin und auch der Altcoins im vierten Quartal 2017.*

Ein anderes Beispiel ist die Aufwärtsbewegung von Bitcoin im Jahr 2019 (vergleiche Abbildung 13.9). In der Sommer-Hausse 2019 gab es einen idealtypischen Verlauf. Zunächst stieg der Kurs im Februar über die 50-Tage-Linie, Anfang April über die 200-Tage-Linie und Ende April bildete sich ein Golden Cross. Bis Ende Juni hatte sich der Bitcoin-Kurs in vier Monaten dann mehr als verdreifacht. Im ersten Quartal 2019 gab es nur wenige Medien, die von einer großen Trendumkehr ausgingen. Mit der Aufwärtsbewegung ab April schwenkten dann immer mehr Medien und große Influencer am Kryptomarkt in eine positive Sichtweise ein und setzten die Kursziele ständig höher. Nach dem Überspringen der psychologisch wichtigen Marke von 10.000 US-Dollar flog der Preis dann in fünf Tagen bis auf fast 14.000 US-Dollar. Am 26.06.2019 wurde im Artikel „Kommt die Kaufpanik bei Bitcoin?“[11] die Kaufpanik wie folgt definiert: „Es ist nun schon fast Konsens, dass der Bitcoin kurzfristig weiter steigt und auch die alten Höchststände von knapp 20.000 USD brechen wird. Das spricht eigentlich etwas gegen eine kurzfristige weitere Aufwärtsbewegung. In einer Marktphase wie derzeit dürfte das aber anders sein. Vielmehr könnte es zu einer Hysterie kommen, wenn plötzlich alle an einen Bruch des alten Höchststandes glauben. Von einer Kaufpanik würden wir sprechen, wenn der Bitcoin plötzlich an einem Tag bis zu 20 Prozent steigt. Dann könnte es auch langsam Zeit werden, unter Trading-Aspekten mal einen Teil zu verkaufen.“ Am gleichen Tag wurde dann am Abend nach einem erneuten starken

Kursanstieg tatsächlich ein Tagesplus von über 20 Prozent erreicht. Die Kriterien der Kaufpanik waren also erreicht. Das war übrigens auch abzulesen an den Umsatzvolumina beim Bitcoin, die von 24 Milliarden am 25.06. auf 45 Milliarden US-Dollar am 26.06. sprangen, das mit Abstand höchste Umsatzvolumen in der bisherigen Geschichte des Bitcoin. Bereits am nächsten Tag, dem 27.06., gab es dann tatsächlich eine sehr drastische Korrektur um 20 Prozent.[12]

Neben diesem längerfristigen Spike gab es nach der Sommer-Hausse noch einige Spikes mit kurzfristigem Charakter. Diese sind dann in der Regel nicht ganz so signifikant wie ein großer Spike am Ende einer langfristigen Auf- oder Abwärtsbewegung. Kurzfristige Spikes sind eher für Trader interessant. Dagegen sollten Spikes am Ende einer langfristigen Bewegung durchaus auch von Investoren mit einem strategischen Ansatz beachtet werden. Für diese könnten bei eklatanten Übertreibungen wie Ende 2017 oder im Sommer 2019 dann zumindest Positionsreduzierungen sinnvoll sein.

Abb. 13.9 *Bitcoin-Spikes bei der Sommer-Hausse 2019*

Kurzfristige Spikes können neben den emotional getriebenen Auslösern FOMO und FUD aber noch andere Gründe haben. So könnte eine versehentlich durch Tippfehler eingegebene riesige Order (Stichwort **Fat Finger**) einen Spike verursachen. Ein Spike könnte aber auch durch eine bewusste **Kursmanipulation** entstehen. Diese könnte durch eine Kombination aus Spot- und Termingeschäften für den Trader Sinn machen. Termingeschäfte wurden in den vergangenen Jahren für immer mehr Coins mit immer größeren Hebeln möglich. Sieht ein Trader ein sehr dünnes Orderbuch am

Spotmarkt und kann sich gleichzeitig mit sehr hochhebeligen Instrumenten am Terminmarkt eindecken, könnte der Trader versuchen, durch Manipulationen am Spotmarkt mit seinen hochhebeligen Instrumenten am Terminmarkt viel größere Gewinne zu erzielen als die Verluste, die durch die Manipulation am Spotmarkt entstehen. Bei den Flash Crashs wurde bereits auf diese Möglichkeit hingewiesen. Sie ist hier aber schwieriger umzusetzen, da der Spotmarkt nach unten getrieben werden soll und der Trader deshalb im Besitz einer Spotposition sein müsste. Einfacher ist das, wenn der Kurs nach oben getrieben wird. Dies könnte ein Trader auch dann versuchen, wenn er noch gar keine Position in dem Coin hat. Der Kauf einer hochhebeligen Long-Position geht dann einher mit einem „Abräumen" der Briefkurse im Orderbuch und einem schnellen Kursanstieg. Zwangseindeckungen durch Margin Calls bei Short-Positionen anderer Marktteilnehmer würden diesen Effekt dann noch anheizen.

13.11.2 Future Gaps

Kurslücken (Gaps) entstehen, wenn der Marktpreis bei Handelsbeginn – deutlich – höher oder tiefer ist als der vorherige letzte Kurs. In einem bestimmten Kursbereich hat dann also kein Handel stattgefunden. In der Regel werden solche Gaps durch besonders gute oder schlechte Nachrichten hervorgerufen, die zwischen Handelsende und -beginn an einem Markt bekannt wurden. Dies kommt bei den weltweiten Aktienmärkten häufiger vor, die nur begrenzte Handelszeiten haben. Kommt es außerhalb der Handelszeiten zu Breaking News, massieren sich viele Orders in eine bestimmte Richtung zum Handelsbeginn und lassen den Kurs direkt auf einem anderen Niveau eröffnen. Dies kann durch Stop-Loss-Orders und Zwangsliquidierungen von Futures-Positionen noch verstärkt werden. Im Candlestick-Chart erkennt man ein Gap sofort an dem leeren Raum zwischen den Kerzen zweier Trading-Tage. Gaps gelten als Vakuum in einem Chart und diese Lücke muss nach überwiegender Meinung wieder gefüllt werden.

Wegen des 365/24/7-Handels gibt es bei Kryptowährungen keinen Handelsbeginn und kein Handelsende wie bei Aktien, denn sie werden ohne Unterbrechung rund um die Uhr gehandelt. Deshalb kann es **grundsätzlich keine Gaps bei Kryptowährungen** geben.[13] Selbst bei Breaking News kann es zwar zu ganz kurzfristigen enormen Kursschwankungen kommen. Kurzfristige Handelsunterbrechungen (Circuit Breakers) wegen einer großen prozentualen Kursänderung wie an den Aktienmärkten gibt es bei Kryptowährungen aber nicht. Allerdings gab es in solchen Fällen an einzelnen Kryptobörsen in der Vergangenheit trotzdem Handelsunterbrechungen. Diese werden dann regelmäßig mit – oft vorgeschobenen – technischen Schwierigkeiten begründet und können für die Kunden durchaus unangenehme Auswirkungen haben. Eine tagelange Handelsunterbrechung wie nach den 9/11-Anschlägen im Jahr 2001 – die

US-Börsen eröffneten erst sechs Tage nach den Anschlägen am 17.09.2001 wieder – ist beim Handel von Kryptowährungen aber nicht vorgesehen.

Abb. 13.10 *Future Gaps an der CME zum Jahreswechsel 2020/21*

Bekannt sind aber die **Future Gaps beim Bitcoin**. Diese entstehen durch zwei völlig unterschiedliche Handelssegmente beim Bitcoin. Zum einen den Handel an den Kryptobörsen, der 24/7 stattfindet. Zum anderen den Handel der *Bitcoin-Futures an der Chicago Mercantile Exchange (CME)*, der wie die anderen dort gehandelten Futures nur bestimmte Handelszeiten hat. Der Handel der Bitcoin-Futures findet nur zwischen Sonntag und Freitag von jeweils 18:00 bis 17:00 Uhr Central Time statt. Deshalb endet der Handel am Freitag um 17:00 Uhr CEZ (23:00 Uhr MEZ) und startet wieder am Sonntag um 18:00 Uhr CEZ (Montag 0:00 Uhr MEZ), wobei wegen Sommer- und Winterzeiten die MEZ-Zeiten variieren können. Damit liegen zwei volle Tage zwischen Ende und Start des Handels der Bitcoin-Futures an der CME. Während dieser Zeit läuft der Spothandel an den Kryptobörsen (und auch der Futures-Handel dort) aber weiter, sodass die Kurse zum Handelsbeginn an der CME von den zuletzt dort gehandelten deutlich abweichen können. Zwar ist die Handelsaktivität an den Kryptobörsen am Wochenende meist deutlich geringer. Trotzdem haben immer wieder einmal größere Kursschwankungen am Wochenende stattgefunden. Auch liegt das Handelsvolumen bei den Futures an den Kryptobörsen deutlich höher als das CME-Volumen. Trotzdem haben die Aktivitäten an der CME eine Indikatorfunktion, da dort vor allem institutionelle Anleger handeln.

Solche *Future Gaps werden vor allem in Seitwärtsbewegungen wieder geschlossen*. Bei trendstarken Auf- und Abwärtsbewegungen ist das eher nicht der Fall. Die Schließung solcher Gaps kann kurzfristig nach einem oder mehreren Tagen erfolgen. Schließungen nach Wochen oder Monaten werden nicht mehr den Future Gaps zugerechnet.

Ein typisches Future Gap zeigt Abbildung 13.10. Zum Jahresbeginn 2021 gab es einen Kurssprung von rund 14 Prozent zwischen Schluss- und Anfangskursen an der CME. Das Gap wurde bereits am ersten CME-Handelstag wieder geschlossen. Danach lief der im Oktober 2020 begonnene parabolische Bullrun weiter. Dagegen kam es beim vorherigen Gap, das mit etwa zwölf Prozent in einer ähnlichen Größenordnung lag, nicht zu einer Schließung.

13.11.3 Bitcoin Rainbow Chart

Der **Bitcoin Rainbow Chart** wird bereits seit 2014 diskutiert. Es ist der Versuch einer *Visualisierung der exponentiellen Kursanstiege von Bitcoin,* um eine Vorstellung davon zu bekommen, in welcher Bandbreite sich der Kurs künftig bewegen könnte. Die Skalierung der Kurse erfolgt wegen der großen absoluten Unterschiede auf logarithmischer Basis. Das Band folgt einer logarithmischen Regression.[14] Der Rainbow Chart ist zwar nicht zur Zukunftsprognose geeignet, sondern eher ein Meme. Letztlich kann er aber anschaulich die Vergangenheit abbilden und auch eine Vorstellung der zukünftigen Entwicklung rund um die Bitcoin-Halvings geben. Der Rainbow Chart visualisiert, dass beim Bitcoin das Wachstumstempo bisher in jedem Zyklus nachgelassen hat. Die Zuwächse wurden zwar absolut größer, relativ aber kleiner.

Mit den unterschiedlichen **Farben** sollen *Zonen mit einem unterschiedlichen Sentiment* ausgewiesen werden. Wie bei allen derartigen Modellen, soll der Preis nicht die oberen und unteren Grenzen verletzen. Zum Jahreswechsel 2013/14 war dies bereits einmal der Fall. Dies könnte man noch einer gewissen Erratik in dem sehr jungen Markt zuschreiben. Die kühleren Farben sollen die zunehmend gedrückte und eisige Marktstimmung veranschaulichen, während die wärmeren Farben auf eine zunehmende Überhitzung hinweisen. Kaufzeitpunkt ist nach dieser Modellierung, wenn sich die Kurse in den blauen Bereichen bewegen. Verkaufszeitpunkt sind Phasen, wenn sich der Bitcoin in den roten oder orangen Bereichen bewegt. Der Rainbow Chart erhebt keinen Prognoseanspruch. Bitcoiner gehen natürlich nicht davon aus, dass er sich im weiteren Verlauf wie ein normaler Regenbogen wieder in Richtung Boden bewegt.

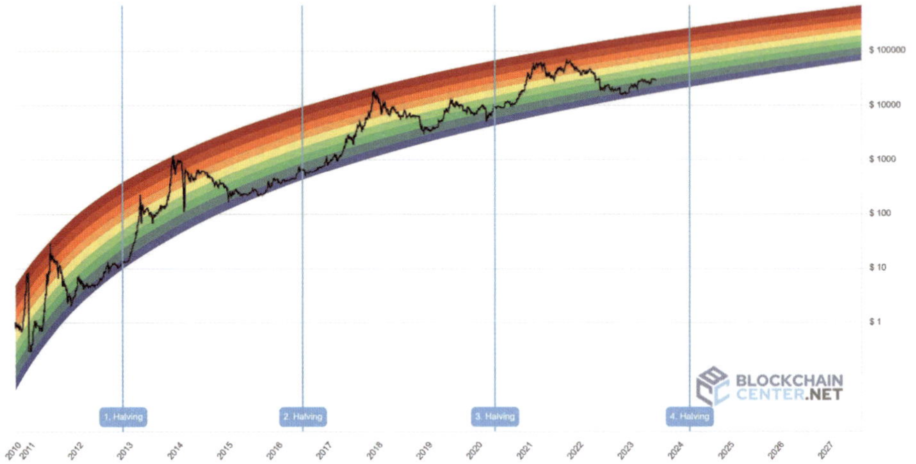

Abb. 13.11 *Bitcoin Rainbow Chart (Quelle: Blockchaincenter.net)*

Die Betrachtung des Rainbow Charts zeigt, dass es in der Aufwärtsbewegung von Bitcoin große Kursschwankungen um den langfristig degressiv steigenden Mittelwert der prozentualen Kursanstiege gegeben hat. Der gelbe Bereich beim Rainbow Chart ist dabei die Zone um den Mittelwert, die tiefroten und tiefblauen Zonen zeigen die Extremwerte an. Derartige Schwankungen um einen statistischen Mittelwert können in vielen anderen Bereichen und auch in der Natur beobachtet werden. Von daher erscheint es natürlich, wenn Ausreißer zu Extrempunkten durch die Rückkehr zu den Mittelwerten wieder korrigiert werden. Allerdings könnte man beim Bitcoin den Einwand bringen, dass aufgrund seiner vergleichsweise jungen Historie derartige Aussagen auf schwachen statistischen Beinen stehen.

13.12 Summary

Grundsätzlich sollte man sich bei der Technischen Analyse nicht auf ein Chartbild oder einen Indikator verlassen. In bestimmten Marktphasen funktionieren Indikatoren oft erstaunlich gut. Ändert sich die Marktphase, können ganz andere Indikatoren in den Vordergrund treten.

13.1 Die **Technische Analyse** bezieht sich auf die reinen Kurs- und Umsatzbewegungen eines Assets. Sie analysiert die Auswirkungen von Marktbewegungen. Im

Gegensatz zur Fundamentalanalyse, die sich auf die fundamentalen Ursachen von Marktbewegungen konzentriert, ist sie leicht auf verschiedene Anlageklassen anwendbar.

Richtet sich ein wesentlicher Teil der Anleger nach den Prognosetools, kann es zu einer **Self-fullfilling Prophecy** kommen. Der Markt bewegt sich dann aufgrund des starken Einflusses des Prognoseinstruments auf das Verhalten der Anleger tatsächlich in die prognostizierte Richtung.

13.2 Der am meisten verwendete Charttyp sind **Candlestick-Charts**.

Neben den **arithmetischen** gibt es auch **logarithmische Charts**. Diese eignen sich vor allem für sehr volatile Assets – wie den Bitcoin – bei einer Langzeitbetrachtung.

Ein **Problem bei Kryptowährungen** ist die Festlegung des Schlusskurses wegen des 24/7-Handels und der unterschiedlichen Zeitzonen.

13.3 **Markttrends** werden mit Hilfsmitteln wie Trendlinien oder Trendkanälen visualisiert. Die Trendsignifikanz ist umso größer, je häufiger der Kurs die Trendlinie oder die Begrenzungen eines Trendkanals angesteuert hat.

Werden Trendlinien durchbrochen, spricht man von einer **Trendumkehr (Trend Reversal)**.

Bei einem gesunden Trend soll die **Volumenentwicklung** diesem folgen. Bei zwischenzeitlichen Korrekturen im Trend geht das Volumen zurück und steigt bei Fortsetzung des Trends wieder an.

13.4 Als **Trendwendeformationen** gelten Kopf-Schulter-Formationen, Doppelhoch und -tief sowie verschiedene andere Formationen.

Als **Trendfortsetzungsformationen** gelten Flaggen, Wimpel, Keile und Dreiecke.

13.5 **Unterstützungs- und Widerstandsniveaus** sind waagrechte Linien, die mehrere Tief- oder Hochpunkte verbinden. Stößt der Kurs an diese Linien, wird eine Korrektur der vorherigen Bewegung erwartet. Unterstützungen und Widerstände sind umso relevanter, je länger sie Bestand haben und je häufiger sie getestet wurden.

Bei einem Durchbruch des Kurses durch die Linien wird eine vorherige Unterstützung nun zum Widerstand, ein vorheriger Widerstand zu einer Unterstützung.

13.6 Es gibt zwei große **Gruppen von technischen Indikatoren**: Trendfolge-Indikatoren und Oszillatoren. **Trendfolger** sind als prozyklische Signalgeber die bevorzugten Analyseinstrumente in Trendmärkten. **Oszillatoren** werden als antizyklische Signalgeber primär in Seitwärtsmärkten eingesetzt und sind der Trendanalyse untergeordnet.

13.7 Die **gleitenden Durchschnitte** gelten als dynamische Unterstützungen und Widerstände. Für mittel- und längerfristige Analysen werden vor allem die 50- und 200-Tage-Linie betrachtet.

An den Kryptomärkten ist der kalendarische Zeitraum bei solchen Betrachtungen kürzer, da es im Gegensatz zum fünftägigen Handel an den Aktienmärkten hier einen 24/7-Handel gibt.

Der Durchbruch des Kurses durch die **200-Tage-Linie** gilt als starkes Signal. Ein Durchbruch des Kurses nach oben ist ein Kaufsignal, nach unten ein Verkaufssignal.

Beim Bitcoin hat sich die 200-Tage-Linie vor allem bei langfristigen Aufwärtsbewegungen als Indikator bewährt.

Altcoins machen häufig nach Überschreiten der 200-Tage-Linie schnelle Kurssprünge. Bei Aufwärtsbewegungen am Gesamtmarkt überschreiten Altcoins zu unterschiedlichen Zeitpunkten diese Linie. Eine **Handelsstrategie bei Altcoins** kann deshalb sein, in Nachzügler zu investieren, die dann noch zwischen der 50- und 200-Tage-Linie notieren.

Die Charts von **Altcoins mit Bitcoin als Kurswährung** zeigen direkt die Relative Stärke oder Schwäche zum Marktführer. Die 200-Tage-Linien haben hier aber weniger Relevanz als bei den Dollarnotierungen.

Die **200-Wochen-Linie** ist die langfristig stabilste Unterstützung beim Bitcoin. Vor dem nachhaltigen Unterschreiten der Linie im Jahr 2022 wurde sie nur beim Corona-Crash kurz durchbrochen.

Mit Ausnahme von zwei Jahren waren die **Jahrestiefststände** beim Bitcoin immer höher als im Vorjahr.

Bei flachen Annäherungen haben **Golden und Death Cross** wenig Aussagekraft. Das Golden Cross funktionierte als Indikator bisher besser als das Death Cross. Das Death Cross erwies sich mehrmals – zumindest kurzfristig – als klassischer Kontraindikator.

Der **MACD** misst die Richtung und Stärke eines Trends, kann aber auch Hinweise auf einen Trendwechsel geben. Als zuverlässiges antizyklisches Handelssignal gilt das Auftreten einer Divergenz bei der Entwicklung des Kurses und des Indikators bei gleichzeitigem Schnitt der MACD-Linie mit der Signallinie.

Die oberen und unteren Grenzen von **Bollinger-Bändern** sind variabel und werden durch die Volatilität bestimmt. Bei großer Volatilität sind sie breiter, bei geringer Volatilität werden sie schmaler. Die obere Begrenzungslinie gilt als Widerstand, die untere als Unterstützung. Ein Abprallen von der Mittellinie gilt als Trendbestätigung, ein Bruch als bevorstehender Trendwechsel. Eine starke Verengung der Bänder lässt auf eine baldige heftige Kursbewegung schließen.

13.8 Der **Relative-Stärke-Indikator RSI** misst die Relative Stärke eines Kurses gegenüber seiner historischen Entwicklung. Er ist zu unterscheiden von der Relativen Stärke beim Vergleich von zwei verschiedenen Assets. Der RSI wird als antizyklischer Signalgeber genutzt, wenn der Indikator in die obere (überkaufter Bereich) und untere (überverkaufter Bereich) Extremzone läuft.

Der **Accumulation/Distribution (A/D)** ist ein Momentum-Indikator, der Kursänderungen umso stärker gewichtet, je größer das Volumen ist.

13.9 **Divergenzen** gelten als Indikatoren für einen kurz- oder mittelfristigen Trendwechsel. Bei einer Divergenz gehen der Verlauf des Kurses und des Indikators in unterschiedliche Richtungen.

13.10 Bei der Betrachtung von Chartmustern spielen **Umsatzanalysen** eine wesentliche Rolle. Für erratische und durch Stakeholder angetriebene Kursanstiege bei Shitcoins sind Umsatzanalysen weniger relevant. Gleiches gilt für hohe Umsätzen auf Kryptobörsen, die für Wash Trading bekannt sind.

13.11 **Spikes** als extreme Kursspitzen können nach längeren Aufwärts- oder Abwärtsbewegungen eine Trendwende anzeigen und sind deshalb auch für langfristig orientierte Investoren beachtenswert. Im Gegensatz zu Ereignissen wie Flash Crashs und Fat Fingers werden Spikes nicht nur in Minuten ausgebildet, sondern bilden sich über ein bis zwei Tage.

Grundsätzlich kann es wegen des 365/24/7-Handels an den Kryptobörsen keine **Gaps** bei den Kryptokursen geben. Bei den Futures-Preisen an der traditionellen Terminbörse CME gibt es aber – im Gegensatz zu den Futures-Preisen der Kryptobörsen – eine zweitägige Handelsunterbrechung. Durch die große Bedeutung der CME-Preise für die institutionellen Anleger kann deshalb ein **Bitcoin Future Gap** – der Eröffnungspreis an der CME am Sonntag weicht signifikant vom Schlusspreis am Freitag ab – bedeutsam sein und wird vor allem bei Seitwärtsbewegungen häufig wieder geschlossen.

Der **Bitcoin Rainbow Chart** ist eine nette Visualisierung des exponentiellen Anstiegs von Bitcoin und hat keinen Prognoseanspruch. Es zeigt sich aufgrund der logarithmischen Skalierung, dass die prozentualen Kursanstiege nach den Halvings im Zeitverlauf abgenommen haben.

14 SENTIMENT-ANALYSE

14.1 Fundamentale Daten versus Sentiment

Unter dem **Sentiment** wird die allgemeine *Stimmung der Teilnehmer an den Finanzmärkten* verstanden. Das Sentiment kann dabei in unterschiedlichen Anlageklassen wie Aktien, Anleihen, Gold oder Kryptowährungen völlig verschieden sein. Grundsätzlich sollten sich Anleger zwar nicht zu früh gegen die Marktstimmung stellen. Bei übergroßem Optimismus oder Pessimismus ist es für Anleger aber sinnvoll, sukzessive gegen die allgemeine Marktstimmung zu handeln. Solche antizyklischen Investoren (**Contrarians**) handeln dann entgegen der breiten Masse. Bei dieser Strategie wird unterstellt, dass die Mehrheit der Anleger sich in Übertreibungsphasen nicht mehr rational verhält und wie Herdentiere einfach der breiten Masse hinterherläuft. Oft kommt es dann zu Spitzen, denen ein abrupter Dreh in die andere Richtung folgt.[1] So kann bei lang anhaltendem Pessimismus und einer Talfahrt der Preise davon ausgegangen werden, dass die meisten Akteure, die verkaufen wollten, auch tatsächlich schon verkauft haben. Die Chancen für einen – manchmal schnellen und heftigen – Trendwechsel sind dann groß. Aber auch für Anleger, die sich in solchen Situationen gegen den Markt stellen, ist es dann schwer, das am Markt vorherrschende Sentiment auszublenden. Für solche Contrarians gibt es aber verschiedene Sentiment-Indikatoren.

Ein Vergleich der Kryptowährungen zum Aktienmarkt und anderen traditionellen Kapitalmärkten zeigt grundsätzliche Unterschiede bei der Stärke der Preistreiber. In beiden Assetklassen spielen fundamentale Überlegungen eine dominierende Rolle für langfristige Prognosen. Sentiment-Analysen zur Bestimmung der aktuellen Marktstimmung zielen dagegen auf die Prognose der kurzfristigen Kursentwicklung. Derartige Analysen gehen über Chartanalysen hinaus und bedienen sich der Erkenntnisse aus der Behavioral Finance. Bei Aktien spielen die **fundamentalen Daten** eine wesentlich stärkere Rolle als bei Kryptowährungen. Zu den wichtigsten Faktoren für die Kursentwicklung von Aktien gehören neben den erzielten Gewinnen vor allem die prognostizierten zukünftigen Gewinne. Der Bitcoin ist dagegen kein Unternehmen, das Gewinne erzielt und so seinen Wert steigert. Dagegen ist die Bewertung verschiedener anderer Kryptoprojekte wie Ethereum eher mit einer Unternehmensbewertung vergleichbar. Allerdings ist die Bewertung von Coins und Token zu unterscheiden von der Bewertung des Kryptoprojekts selbst. Denn Coins partizipieren oft nicht direkt an Erträgen und Gewinnen wie Aktien. Trotzdem werden sie vom Erfolg des Projekts getrieben. So kann man Ethereum als Werkbank für alle möglichen darauf laufenden Krypto-Anwendungen verstehen. Die über Gebühren für die Nutzung der Blockchain vereinnahmten Renditen können dann durch die Staking-Renditen weitergegeben werden und so insgesamt den Wert der Coins steigern. Die *Fundamentalanalyse hat zwar (noch) nicht die große Bedeutung* wie am Aktienmarkt. Allerdings haben Ansätze einer fundamentalen Bewertung, wie sie in Kapitel 12 behandelt werden, immer mehr an Gewicht gewonnen. Dagegen hat das **Sentiment** einen deutlich größeren Einfluss. Die Schwankungen der Nachfrage beim Bitcoin und am Kryptomarkt dürften zumindest derzeit noch *stärker sentimentgetrieben sein als am Aktienmarkt.*

Himmelhoch jauchzend, zu Tode betrübt. Solche Gefühlsschwankungen, wie in dem Spruch aus einem Drama von Goethe ausgedrückt, können zwar auch an den Aktienmärkten beobachtet werden. An den Kryptomärkten passieren **extreme Stimmungswechsel** – zumindest gefühlt – aber häufiger. Diese enormen Stimmungsschwankungen, die an bipolare Störungen erinnern, könnten auch damit zu tun haben, dass die Akteure am Kryptomarkt deutlich jünger und damit von Digitalisierung und Internet geprägt sind. Diese Prägung führt tendenziell dazu, dass die *Aufmerksamkeitsspanne immer geringer* geworden ist. Das ist die Folge einer Überflutung des Internets mit ständig neuen Meldungen und dem *Wettbewerb der vielen Influencer*, sich durch möglichst spektakuläre (Pseudo-)Sensationen oder bewusste *Fake News* Gehör zu verschaffen und in der Rangliste der Influencer aufzusteigen. Dieser *Newsflow ist schwer zu verarbeiten* und die individuelle Speicherfähigkeit naturgemäß begrenzt. Von daher werden Analysen, die überzeugend waren, schnell auch wieder vergessen, wenn die Prognose kurzfristig keine Auswirkungen auf die Kurse hat. Tritt das in der Analyse Prognostizierte Monate später doch noch ein, erinnert man sich dann vielleicht wieder daran. Grundsätzlich führt die Ungeduld in den hektischen Märkten aber dazu, dass das Gelesene oder Gehörte schnell wieder vergessen wird. Deswegen sollten Anleger regelmäßig überprüfen, warum ihre Grundüberzeugungen plötzlich über den Haufen geworfen sein sollen. Wenn sich wirklich etwas Grundlegendes geändert hat, macht eine Kehrtwende Sinn. Das wäre der Fall, wenn im Bitcoin-Code ein gravierender Fehler entdeckt würde. Diese Wahrscheinlichkeit ist aber praktisch null, nachdem alle Coding-Spezialisten dieser Welt seit 2009 die Möglichkeit hatten, Fehler in dem offenen Programmcode zu finden. Keinen Sinn macht es aber beispielsweise, an der Sicherheit von Bitcoin zu zweifeln, nur weil irgendein Influencer das gesagt hat. Das gilt auch, wenn es sich um eine bekannte Persönlichkeit handelt, sich diese Aussagen dann zwangsläufig explosionsartig verbreiten und das Sentiment des Marktes kurzfristig verändern können.

Ein markantes Beispiel für die extremen und schnellen Stimmungswechsel beim Bitcoin und am Kryptomarkt sind die Jahre 2017 und 2018. Im Jahresverlauf 2017 schnellte der Kurs von Bitcoin von 800 Dollar bis auf knapp 20.000 Dollar in der Spitze. Insbesondere in der zweiten Jahreshälfte 2017 beschleunigte sich die Aufwärtsbewegung. Ähnlich wie zur Jahrtausendwende am Neuen Markt, als die Anleger Jagd auf neu emittierte vermeintliche Wachstumsaktien machten, waren die meist sehr jungen Trader ständig auf der Suche nach „Crypto's Next Top Coin". Fundamentale Daten wurden weitestgehend ausgeblendet. So konnte sich ein Coin wie Ripples XRP im Dezember 2017 in drei Wochen mehr als verzehnfachen oder Iota in wenigen Wochen verzwanzigfachen. FOMO pur. Gegenüber den damaligen All-Time-Highs liegen die Kurse von XRP 86 Prozent und von Iota sogar 96 Prozent tiefer (Stand April 2023). Dagegen notiert der Bitcoin 50 Prozent über seinen damaligen Höchstständen. Dieses Beispiel zeigt die extreme FOMO-Anfälligkeit von Altcoins. Das ganze Jahr 2018 war dann durch FUD geprägt, die Kurse vieler Altcoins verloren 90 Prozent und mehr. Ähnlich war die Stimmungslage nach dem Corona-Crash im März 2020. Die Kurse explodierten dann bis zum April 2021 und stürzten anschließend nach einem weiteren Hoch im November 2021 ab. Insbesondere angesagte Coins wie Axie Infinity, Solana oder Terra, die im Jahr 2021 um unglaubliche Zehntausende von Prozent explodierten, stürzten ins Bodenlose. Terra mit seinem LUNA-Token erlitt einen Totalkollaps. Auch beim Blick auf diese Entwicklung lässt der Neue Markt zur Jahrtausendwende wieder heftig grüßen.

14.2 Zielrichtung und Basis von Sentiment-Analysen

Es gibt verschiedene Indikatoren und Indizes, um mit der **Sentiment-Analyse** die Gefühlslage der Marktteilnehmer zu beschreiben. Die Zielrichtung ist also die *Erfassung der Marktstimmung*. Das durch solche Analysen ermittelte Sentiment ist nicht geeignet für die Einschätzung von langfristigen Entwicklungen. Vielmehr haben diese Marktstimmungen Auswirkungen auf den kurz- oder vielleicht noch mittelfristigen Trend am jeweiligen Markt. Die für Sentiment-Analysen verwendeten Daten lassen sich in zwei Kategorien einteilen. **Harte Sentiment-Daten** beruhen auf tatsächlich von Anlegern umgesetzten Handelsentscheidungen. So errechnet sich das Put-Call-Ratio aus dem Verhältnis der von den Teilnehmern am Optionsmarkt tatsächlich gekauften Put-Optionen zu den tatsächlich gekauften Call-Optionen eines bestimmten Wertes oder Index. Es gibt auch noch einige andere harte Sentiment-Daten, die aus tatsächlich am Markt durchgeführten Transaktionen abgeleitet werden. Steigen die Preise von Safe-Haven-Assets (zum Beispiel Gold, erstklassige Staatsanleihen oder Währungen wie der US-Dollar oder der Schweizer Franken), spricht das für ein sehr negatives Sentiment gegenüber Risikoanlagen. Außerdem könnte man an der durchschnittlichen Cashquote von aktiv gemangten Investmentfonds die positive oder negative Markteinschätzung der professionellen Fondsmanager erkennen. Ist die Cashquote hoch, erwarten die Manager eher eine negative Entwicklung. Insidertransaktionen wird es auch am Kryptomarkt geben. Da es keine Meldepflichten wie am Aktienmarkt gibt, sind aber dazu keine Informationen verfügbar. Eine zunehmende Regulierung könnte aber auch dazu führen, dass in Zukunft einmal solche Daten vorhanden sein könnten. Ein Kryptomarkt-spezifischer Faktor wäre die Anzahl neu emittierter Coins und der Erfolg der Platzierungen bei ICOs oder IEOs.

Weiche Sentiment-Daten können zwar ebenfalls auf aktivem Handeln von Personen beruhen, allerdings nicht auf tatsächlich getätigten Transaktionen. So müssen bei Umfragen die Anleger aktiv Antworten geben. Auch Suchanfragen und Beiträge in den Social Media kann es nur durch aktives Handeln von Personen geben. Allerdings werden diese Daten immer mehr durch die zunehmende Bot-Durchseuchung verfälscht. Dieses Problem wird durch den Einsatz von künstlicher Intelligenz zukünftig noch deutlich zunehmen. Unabhängig davon ist die Betroffenheit der Personen bei tatsächlichen Käufen und Verkäufen größer als bei einer bloßen Meinungsäußerung. Von daher haben die harten Sentiment-Daten eine größere Relevanz bei der Einschätzung der Marktstimmung.

Läuft das Sentiment in eine bestimmte extreme Richtung, wird eine Contrarian-Position immer sinnvoller. Ist zum Beispiel die Stimmung superbullish und werden immer astronomischere Kursziele herumgereicht, könnte die Zeit reif für Verkäufe oder Absicherungen sein. Mit Sentiment-Analysen wird versucht, durch verschiedene Indikatoren solche Übertreibungsphasen zu identifizieren. Die Basis solcher **Sentiment-Indikatoren** kann sehr unterschiedlich sein:

- Indikatoren können direkt aus *Marktdaten von den Terminmärkten* gewonnen werden. Diese beziehen sich auf das Open Interest, die Funding Rates oder das Put-Call-Ratio.
- *Technische Indikatoren* wie der Relative-Stärke-Indikator (RSI) können ebenfalls als Sentiment-Indikatoren interpretiert werden. So zeigt der RSI einen überkauften Markt aufgrund einer euphorischen Stimmung und einen überverkauften Markt aufgrund einer starken negativen Stimmung an. Diese Indikatoren wurden bereits in Kapitel 13 kurz angesprochen.
- *Suchnachfragen* zeigen das aktive Interesse der Nutzer an bestimmten Themen oder Coins.

- Die Vielzahl der Beiträge in den *Social Media* wird von auf Big Data spezialisierten Analysefirmen ausgewertet.
- Auch aufsehenerregende Schlagzeilen in den Mainstream-Medien weisen auf einen Höhepunkt des vorherrschenden Sentiments hin und können als Kontraindikator aufgefasst werden.

Bestimmte Ausprägungen von Sentiment-Indikatoren werden als **Kontraindikatoren** interpretiert und entsprechend von Contrarians genutzt. Auf die Investorenlegende Warren Buffett geht der Spruch zurück: „Sei ängstlich, wenn andere gierig sind. Sei gierig, wenn andere ängstlich sind.“ Erreicht die optimistische Stimmung ein Extremniveau, haben die meisten Marktteilnehmer ihre bullishe Einstellung bereits mit Käufen realisiert. Dann fehlen zunehmend die Käufer, die den Markt weiter antreiben können. Ähnlich ist das bei Panikstimmungen, wenn die weit überwiegende Zahl der Anleger bereits verkauft hat. Dann wird der Markt einen Boden finden und ist für schnelle Rebounds gut. Deshalb eignen sich die Sentiment-Indikatoren gut als Kontraindikatoren, wenn ihre Werte in Extrembereiche laufen. Bei den meisten Sentiment-Indikatoren hat sich erwiesen, dass sie Bodenbildungen zuverlässiger anzeigen als Topbildungen. Grundsätzlich sollten Sentiment-Indikatoren aber nicht die alleinige Entscheidungsgrundlage sein. So könnten diese mit Fundamentaldaten verglichen werden. Widersprechen diese dem Sentiment, erscheint eine gegenteilige Positionierung am aussichtsreichsten. Allerdings können sentimentgetriebene Bewegungen kurzfristig die Fundamentaldaten in den Hintergrund treten lassen.

14.3 Indikatoren an den Terminmärkten

Es gibt verschiedene Indikatoren an den Terminmärkten, die als Sentiment-Indikatoren verwendet werden.[2] An den Futures-Märkten ist ein solcher Indikator das **Open Interest**. Darunter versteht man die Gesamtzahl aller zu einem bestimmten Zeitpunkt noch offenen Terminkontrakte, die noch nicht durch ein Gegengeschäft geschlossen wurden. Ein steigendes Open Interest gilt als Bestätigung des aktuellen Trends, wobei ein sehr stark steigendes Open Interest eher als Übertreibung in der Endphase eines Trends gilt. Ein abnehmendes Open Interest gilt als Abschwächung des laufenden Trends.

In diesem Zusammenhang muss auch die Entwicklung der **Funding Rates** bei den Terminpositionen betrachtet werden. Das sind die periodischen Zahlungen, die Trader von Long- oder Short-Positionen bei Perpetual Futures zahlen müssen. Sie werden mehrmals täglich neu kalkuliert. In einem bullishen Markt liegt der Kontraktpreis über dem Referenzpreis. Die Funding Rates sind dann positiv und tendenziell steigend. Die

Inhaber von Long-Positionen zahlen in diesem Fall regelmäßig eine Gebühr an die Inhaber von Short-Positionen. Genau umgekehrt verhält es sich in einem bearishen Markt. Dann müssen die Shorties in regelmäßigen Abständen eine Gebühr an die Gegenpartei zahlen, damit sie ihre Position aufrechterhalten können. Die Funding Rates fallen also in Bärenmärkten und können dann in den negativen Bereich drehen.

Ein Anstieg der Long-Positionen führt zu einem Anstieg der Funding Rates bei den Perpetual Futures. Solange der Preis steigt, ist das unproblematisch. Wenn der Preis aber plötzlich fällt und die Besitzer für ihre Long-Positionen immer noch extrem hohe Funding Rates zahlen, müssen diese ihre Positionen adjustieren. Das Schließen der Long-Positionen führt über einen Verkaufsdruck dann zu noch mehr Auflösungen und noch stärkeren Verkaufsdruck. Kurzfristige Preisbewegungen an den Kryptomärkten werden häufig von den Margin-Plattformen wie BitMEX oder Bitfinex ausgelöst.

Das **Put-Call-Ratio** am Optionsmarkt gibt das Verhältnis der noch offenen Verkaufsoptionen zu den noch offenen Kaufoptionen an. Je größer diese Verhältniszahl ist, desto größer ist die bearishe Stimmung am Markt. Dagegen zeugt ein sehr niedriges Put-Call-Ratio von einem Übermaß an Euphorie. Wegen der starken Schwankungen versucht man, das Put-Call-Ratio durch Durchschnittslinien zu glätten, indem man gleitende Durchschnitte von fünf oder zehn Tagen nimmt.

Ein großer Anteil an kreditfinanzierten Positionen und Long-Positionen an den Terminmärkten, ein kleines Put-Call-Ratio und hohe und steigende Funding Rates deuten auf eine übermäßige bullishe Stimmung und sprechen als Kontraindikator eher für Verkäufe. Umgekehrt sprechen ein großes Put-Call-Ratio, ein steigender Anteil an Short-Positionen und negative Funding Rates für eine sehr bearishe Stimmung und dann als Kontraindikator für Käufe. Der Bitcoin-Markt ist ein Markt mit einem hohen Verschuldungsgrad. Zwar werden jeden Tag Volumina von zig Milliarden Dollar umgesetzt. Bei einem Großteil des Volumens handelt es sich aber um teilweise sehr hoch gehebelte Positionen im Futures- und Margin-Handel bei den zentralen Kryptobörsen wie Bitfinex oder Binance. Eine starke Zunahme der kreditfinanzierten Käufe und eine Spitze in der Zahl der Long-Positionen sind deshalb ein Alarmzeichen, wenn ein Preisanstieg mit rückläufigem Volumen erfolgt. Es wird von einem Fake-out gesprochen, wenn danach eine große Abwärtsbewegung folgt.

14.4 Google Trends

Verstärkte Suchnachfragen zu bestimmten Begriffen sind zunächst nur ein Beleg dafür, dass das Interesse an einem Thema gerade zunimmt. Solche Recherchen können sich auf ein übergeordnetes Themenfeld wie den gesamten Kryptomarkt beziehen oder auch spezifischer sein, wenn die Anfragen auf einen bestimmten Coin eingegrenzt werden. Dieser Anstieg der Suchnachfragen sagt aber zunächst nichts darüber aus, ob und wie sich das Sentiment gegenüber dem Objekt der Anfrage verändert hat. In der Regel steigt das Interesse stark an, wenn es neue sehr positive oder sehr negative Nachrichten oder Gerüchte zu dem Objekt gibt.

Die größte Suchmaschine ist Google. Deshalb konzentrieren sich die Suchnachfragen meist dort. Mit **Google Trends** stellt Google einen kostenlosen Onlinedienst zur Verfügung, der das Suchverhalten seiner Nutzer analysiert. Die Beliebtheit des eingegebenen Begriffs wird auf einer Punkteskala zwischen 0 und 100 bewertet. Der zeitliche Verlauf der Beliebtheit kann dann für verschiedene Perioden (wie letzte Stunde, letzter Tag oder Monat oder letztes Jahr) eingestellt oder auch für bestimmte Länder analysiert werden. Dabei wird das maximale Suchvolumen in der eingestellten Beobachtungsperiode auf 100 gesetzt, das minimale Suchvolumen in der Periode auf 0. Deshalb haben die bei Google Trends ausgewiesenen Zahlenwerte keine absolute quantitative Bedeutung, sondern sind relative Werte.

Hat ein Suchbegriff zum Beispiel innerhalb der eingestellten Periode „Letzte 90 Tage“ an einem bestimmten Tag den Spitzenwert von einer Million erreicht, so weist dieser Tag in Google Trends den Wert 100 aus. Wurden an einem anderen Tag dann 700.000 Suchanfragen abgesetzt, ergibt sich für diesen Tag ein Wert von 70. Bei einem Vergleich können zwei verschiedene Suchbegriffe den Wert 70 haben, obwohl die absolute Zahl der Suchnachfragen völlig differieren kann, zum Beispiel 150 und 700.000.

Der Verlauf von Suchnachfragen nach Bitcoin hat insbesondere in Aufwärtsphasen eine hohe Korrelation mit den steigenden Kursen. Allerdings dürfte die Relevanz für die Einschätzung des Marktsentiments vor einigen Jahren noch erheblich größer gewesen sein. Mit der seither deutlich zugenommenen Marktreife sind die Suchnachfragen für die Prognose der künftigen Kursentwicklung eher nicht zu verwenden.

14.5 Social Trends

Im Internet und speziell in den Social Media sammeln sich in kürzester Zeit eine Unmenge an Beiträgen zu allen möglichen Themen. Ein wichtiges Themenfeld sind Finanzanlagen und damit in den vergangenen Jahren auch verstärkt Kryptowährungen. Die Beiträge der Nutzer in den Social Media werden von Datenanalyse-Unternehmen verarbeitet, die auf die Analyse von Big Data spezialisiert sind. Diese riesigen Datenmengen werden nicht nur quantitativ verarbeitet. Vielmehr werden die in den Beiträgen verwendeten qualitativen Aussagen zu einem Stimmungsbild und zu Stimmungstrends komprimiert. Durch diese beiden komplementären Datensätze kann quasi in Echtzeit die aktuelle Stimmung und die jüngste Entwicklung der Stimmung allgemein für einen bestimmten Markt wie den Kryptomarkt oder spezieller auch für einzelne Coins verfolgt werden. Für die Kunden solcher Analyseplattformen werden die Analysen dieser **Social Trends** dann meist in Tools durch übersichtliche Darstellungen visuell vereinfacht dargestellt.

Zur Analyse werden Beiträge auf großen **Plattformen** wie Twitter, Telegram, Facebook, Instagram oder Youtube herangezogen. Es können aber auch solche von kleineren Plattformen wie Blogs oder Foren berücksichtigt werden. Verfeinerte Methoden könnten dann noch den Einfluss der Autoren auf diesen Plattformen berücksichtigen, gemessen anhand der *Follower*. So wäre der Einfluss eines Tweets auf einem Twitter-Account mit zehn Followern völlig anders zu bewerten als bei einem Account mit einer Million Followern. Die Auswahl des Untersuchungsgegenstands erfolgt über bestimmte *Keywords* wie Krypto oder Bitcoin. Hier kann man allein schon an der Veränderung der Quantität von solchen Keywords in einer bestimmten Zeiteinheit ein gesteigertes oder rückläufiges Interesse an dem Gegenstand erkennen. Die Zu- und Abnahme dieses Grundrauschens (*Buzz*) bei einem bestimmten Begriff sagt zunächst nur etwas über die Lautstärke und noch nichts über die *Tonalität* aus. Diese wird durch semantische Analysen über eine Vielzahl von weiteren qualitativen Schlüsselwörtern bestimmt. Als Ergebnis soll dann der durchschnittliche Sound der Beiträge herausgefiltert werden, also ob beispielsweise der Bitcoin derzeit überwiegend mit positiv oder negativ besetzten Begriffen diskutiert wird. So sind Schlüsselwörter wie gut, zuverlässig, innovativ, seriös oder Inflationsschutz positiv besetzt und sprechen im Zusammenhang mit Diskussionen über den Bitcoin für ein überwiegend positives Sentiment. Dagegen würde sich ein negatives Sentiment in dem überwiegenden Gebrauch von negativ besetzten Schlüsselwörtern wie schlecht, unzuverlässig, unseriös oder Betrug manifestieren.

Ein Großteil der Beiträge bei Twitter gilt als manipuliert oder von Bots verfasst. Von daher müssten diese falschen Accounts vor einer Auswertung herausgefiltert werden. Indikatoren für Fake-Accounts könnten beispielsweise das Alter und die Zahl der Follower des Accounts sein. Dieses Problem gibt es bei einem anderen Ansatz nicht. Dabei wird die Gesamtheit der Social Media eingegrenzt auf die **Coin Community Channels**, also die eigenen Kommunikationskanäle des Projekts. Die Kommunikation kann dabei wieder auf verschiedenen Medien wie Twitter, Telegram, Reddit oder Medium laufen.[3]

Bei Social Trends gibt es wie bei Google Trends grundsätzlich das **Henne-Ei-Problem.** Gab es zuerst einen signifikanten Anstieg bei den Beiträgen mit positiver Tonalität, dem dann ein Kursanstieg gefolgt ist? Dann wäre der Social Trend ein guter Prognoseindikator. Oder tritt das aufgeregte Geschnatter erst nach oder während eines Kursanstiegs auf? Dann wäre der Social Trend nur eine Art Trendfolge-Indikator. Die Abogebühren für wirklich professionelle Analyseplattformen sind sehr teuer. Da die

Auswertungen praktisch in Echtzeit erfolgen, können sie für professionelle Anleger aber frühzeitig Hinweise auf marktbewegende Sentiment-Änderungen geben.

14.6 Der Schlagzeilen-Indikator

Neben den sozialen Netzwerken ist die Stimmungslage auch in den herkömmlichen Medien erkennbar. Werden der Bitcoin und andere Kryptothemen verstärkt in Zeitungen und Magazinen behandelt, spricht das zunächst einmal für ein steigendes Interesse an diesem Bereich. Erscheinen diese Themen auf den Titelseiten von Wirtschaftspublikationen, dann wird wahrscheinlich gerade eine ausgeprägte Trendphase laufen. Dabei kann der Trend stark nach oben oder auch nach unten gehen. Findet das Thema neben Fachzeitschriften dann auch noch verstärkt Beachtung in Tageszeitungen (*Bild-Zeitung*-Effekt) und TV-Nachrichtensendungen, liegt die Vermutung nahe, dass der Markt in einer Übertreibungsphase ist. Auch in Amerika gibt es eine Art *Bild*-Indikator, den ***NYT*-Indikator**. Manche Beobachter haben schon geunkt, eine der bekanntesten Zeitungen der Welt sei der verlässlichste Indikator für den Bitcoin-Preis. Nämlich dann, wenn man genau auf das Gegenteil setzt, was die Schlagzeile suggeriert.

Am 13.01.2018 gab es in der *New York Times* die Überschrift „Everyone Is Getting Hilariously Rich and You're Not“ (Jedermann wird unglaublich reich und du nicht).[4] Darunter abgebildet: zwei Jung-Dynamische in – ziemlich hässlichen – Bitcoin- und Ethereum-Pullovern. Das war eigentlich ein untrügliches Zeichen dafür, dass die Party nun aber wirklich erst einmal vorbei war. Die Preise der beiden führenden Kryptowährungen fielen in den drei Wochen danach auch mal eben um 60 Prozent. Bis zum Jahresende hatte Ethereum sogar einen Crash um 95 Prozent hingelegt, der Bitcoin verlor „nur“ 77 Prozent. Damit aber nicht genug. Ein Jahr später am 02.04.2019 die Schlagzeile „Amid Bitcoin Uncertainty, ‚the Smart Money Knows That Crypto Is Not Ready‘“. Darunter ein ehemaliger Mitarbeiter von Goldman Sachs vor einer Tafel mit einem Formelgewirr. Im Artikel wird auf das geringe institutionelle Interesse hingewiesen und darauf, dass 95 Prozent der Handelsumsätze Fake-Trades sind. Das war zwar damals tendenziell richtig. Was passierte aber nach dem 02.04.2019? Der Bitcoin hob ab und konnte sich in den folgenden drei Monaten mehr als verdreifachen. Nach dem FTX-Crash im November 2022 lautete die Headline der *NYT* am 17.11.2022 „Is This the End Game for Crypto?“. Natürlich war es das nicht. Auch die *Bild-Zeitung* verbreitete am 29.11.2022 mit der Schlagzeile „Der tiefe Sturz der einstigen Krypto-Millionäre – Ist das Aus für Bitcoin & Co endgültig?“ Bitcoin-Untergangsstimmung: Die Kursentwicklung nach dem vermeintlich endgültigen Aus für Bitcoin: 100 Prozent in fünf Monaten.

14.7 News-Filter

In Hausse-Phasen dominieren positive News. Diese werden von den Konsumenten der News primär beachtet, vereinzelte negative Meinungen dagegen intuitiv eher herausgefiltert. Die Mehrzahl der Anleger unterliegt dann einer **Confirmation Bias** und sucht und beachtet intuitiv nur die Informationen, die ihre feste Meinung bestätigen. In Baisse-Phasen ist das nicht anders. Die Kommentatoren und Analysten passen sich in ihrer Berichterstattung solchen Phasen an. Dabei erregen dann vor allem die Artikel und Analysen verstärkte Aufmerksamkeit, die mit möglichst spektakulären Prognosen oder Kurszielen aufwarten. Moderate Erwartungen gelten in Hausse-Phasen als langweilig und werden kaum beachtet. Da ein wesentliches Ziel aller Medien ist, möglichst viel Aufmerksamkeit zu erreichen, werden sie deshalb den Schwerpunkt auf spektakuläre Veröffentlichungen setzen. Umgekehrt verhält es sich in Phasen einer scharfen Korrektur. Dann überbieten sich die Marktbeobachter in immer tieferen Kurszielen und die Konsumenten der Medien konzentrieren sich auf den negativen Newsflow, der dann zwangsläufig dominiert. Kurz gesagt wird in Hausse-Phasen alles durch die rosarote Brille gesehen, in Baisse-Phasen durch eine tiefschwarze. Dadurch bildet sich ein News-Filter sowohl bei den Meinungsmachern wie auch bei den -konsumenten, der einen bestehenden Trend weiter verstärken kann.

Steht der Bitcoin bei 40.000 Dollar und der Analyst sieht ein Kursziel von 45.000 Dollar, so lockt das dann salopp gesagt keinen Hund hinter dem Ofen hervor. Schreibt er dagegen von einem Kursziel von 120.000 Dollar, ist ihm Aufmerksamkeit und Zitation in den relevanten Medien gewiss. Von daher wird man immer wieder den gleichen Effekt beobachten. In Hausse-Phasen werden die Kursziele unentwegt höhergeschraubt, in Baisse-Phasen unentwegt tiefer. Solche Übertreibungsphasen sind auch dadurch gekennzeichnet, dass sehr breite Teile der Bevölkerung davon erfasst werden. Auf dem Weg zu einer Party, auf der Bitcoin plötzlich ein großes Gesprächsthema ist, wird man dann typischerweise auch noch vom Taxifahrer gefragt, wie hoch oder tief der Bitcoin denn steigen/fallen kann.

Neben den Schlagzeilen in den Mainstream-Medien können auch fachspezifische Publikationen einen Stimmungseindruck liefern. Vom Aktienmarkt kennt man den Ansatz, über die positive oder negative Markteinschätzung der professionellen Schreiber von Newslettern die Marktstimmung zu ermitteln. So misst in den USA schon seit Jahrzehnten die Researchfirma Investors Intelligence die Börsenstimmung anhand der positiven oder negativen Einstellung der Börsendienste und Anlageberater. Für den Aktienmarkt kennt man auch regelmäßige professionelle Investorenbefragungen, wie sie in den USA die American Association of Individual Investors oder in Deutschland Sentix machen. Für den Kryptomarkt gibt es ähnliche Auswertungen und Umfragen noch nicht.

14.8 Der x-Faktor

In bullishen Phasen wächst die Risikobereitschaft. Sowohl weniger informierte wie auch versierte Anleger suchen nach Möglichkeiten, die guten Returns in einer solchen Phase noch zu steigern. Dies kann zum einen über Derivate mit Hebel erfolgen. So kann ein Indikator für eine möglicherweise bevorstehende Korrektur sein, wenn wenig versierte Anleger immer häufiger Marktkenner fragen, welche Formen von **Hebelmöglichkeiten** es gibt. Denn mit der Aufwärtsbewegung wächst oft die Gier dieser Anlegergruppe – aber nicht nur dieser. Denn naturgemäß ärgern sich viele Anleger bei einer Aufwärtsbewegung, dass sie nicht noch mehr Geld eingesetzt oder Hebelinstrumente benutzt haben. Jedenfalls könnte eine Häufung solcher Überlegungen ein Anzeichen für eine bevorstehende Korrektur sein.

Bei spekulativ orientierten Marktkennern kann man die Endphase einer starken Hausse oft an ihren internen Gesprächen erkennen. Das ist nicht nur am Kryptomarkt so, sondern war auch häufig bei spekulativen Aktien wie am Neuen Markt zur Jahrtausendwende oder bei Explorer-Aktien zu beobachten. Dann geht es in den Gesprächen von tatsächlichen oder sogenannten Marktkennern primär um den **x-Faktor** einer Kryptowährung. Damit ist gemeint, um das Wievielfache ein Coin in Zukunft steigen könnte. Oft bilden sich dann sogenannte Inner Circles, bei denen einer oder mehrere Experten als Meinungsführer fungieren. Eine Verdoppelung (also 2x) gilt dann in diesen „Kennerkreisen" als eher langweilig. Es sollte schon eine Verfünffachung (5x) oder besser noch eine Verzehnfachung (10x) sein. Ist eine solche Grundeinstellung verstärkt zu beobachten, sollte man dringend über Verkäufe nachdenken. Denn diese anmaßenden Annahmen sprechen für völlig überzogene Erwartungen und eine bevorstehende scharfe Korrektur. Man findet derartige Grundeinstellungen aber nicht nur in Hausse-Phasen.

Ein Beispiel ist die Headline eines Artikels im Juli 2022 während der Erholungsrally im Bärenmarkt 2022: „Wird Lucky Block 10x nach den CEX Listings? Neuer steuerfreier ERC-20 Token könnte pumpen"[5]. Hier könnte eher gezielte und bezahlte Promotion dahinterstecken, zumal Lucky Block auf bestimmten Webseiten durch ständiges Hochjubeln und weniger durch eine überzeugende Geschäftsentwicklung aufgefallen ist. Die Entwicklung danach war folgerichtig: Statt 10x stand bis Jahresanfang 2023 ein Minus von 95 Prozent zu Buche. Es bleibt zu hoffen, dass Anleger dieses Minus nicht in die Steuerfreiheit laufen ließen. Bei einem Minus von 95 Prozent braucht es übrigens dann 20x, um überhaupt wieder auf den Einstandspreis zu kommen.

14.9 Stablecoin-Dominanz

Ein weniger beachteter, aber aussagekräftiger Stimmungsindikator am Kryptomarkt ist die Stablecoin-Dominanz. Darunter versteht man analog zur Bitcoin-Dominanz den Anteil der Stablecoins an der gesamten Marktkapitalisierung des Kryptomarktes.[6] Wenn man vom Zustrom oder Abzug von Geld in/aus dem Kryptomarkt aus/in die traditionellen Märkte und die Fiatwelt absieht, gibt die Veränderung der Stablecoin-Dominanz wertvolle Hinweise auf die Marktstimmung am Kryptomarkt. Denn eine **Erhöhung der Stablecoin-Dominanz** bedeutet ceteris paribus, dass gerade mehr Anleger Kryptopositionen liquidieren. Sie bleiben dann zwar über die Stablecoins in der Kryptowelt, parken aber ihr Geld in den digitalen Abbildungen der Fiatwährungen. Sie wenden sich damit nicht vom Kryptomarkt ab, sonst würden sie die Gelder von Kryptobörsen und Wallets in die traditionelle Finanzwelt abziehen. Vielmehr gehen sie dann verstärkt an die Seitenlinie und warten auf tiefere Kurse, um dann schnell wieder einsteigen zu können. Umgekehrt spricht dann eine **Abnahme der Stablecoin-Dominanz** für verstärkte Neu-Investitionen in Kryptowährungen.

Die Entwicklung der Stablecoin-Dominanz lässt sich näherungsweise schnell anhand der Dominanz-Charts der beiden größten Stablecoins USDT und USDC ablesen. Diese können bei Tradingview unter den Symbolen USDT.D und USDC.D abgerufen werden.

Letztlich kann die Veränderung der Stablecoin-Dominanz wie ein **Risk Aversion Indicator (RAI)** verstanden werden. Mit einem RAI sollen Änderungen in der Risikotoleranz von Investoren identifiziert werden. Gehen Investoren verstärkt in riskantere Anlageformen, spricht man von einem Risk-On Market. Die Anleger erhöhen dann beispielsweise den Anteil der Aktien in ihren Portfolios. Bei einem Risk-Off Market reduzieren Anleger ihre riskanteren Investments und schichten in Anleihen, Cash oder Gold um. Ähnlich kann man das bei den Stablecoins sehen. Verkaufen Krypto-Anleger verstärkt ihre Coins und parken diese in den an die Fiatwährungen gebundenen Stablecoins, sind die Erwartungen bezüglich der Kursentwicklungen von Bitcoin und Co negativ. Die Stablecoin-Dominanz steigt dann. Umgekehrt ist es bei einer fallenden Stablecoin-Dominanz, die Anleger steigen dann wieder bei den Kryptowährungen ein.

So hat sich nach dem Terra-Kollaps im Mai 2022 die Dominanz des größten Stablecoins USDT innerhalb eines Monats von 4,6 Prozent auf über neun Prozent verdoppelt. Im gleichen Zeitraum hat sich die Dominanz des zweitgrößten Stablecoins USDC von drei Prozent auf bis zu sieben Prozent ebenfalls mehr als verdoppelt.[7] Auch nach dem FTX-Crash im November 2022 gab es einen sprunghaften Anstieg der Stablecoin-Dominanz.

Abb. 14.1 *Veränderung der Dominanz von USDT und USDC im Jahr 2022*

14.10 Sentiment-Kennzahlen

Die verschiedenen Ansätze zur Bestimmung des aktuellen Sentiments und dessen Entwicklung in der Vergangenheit sind meist nicht so leicht zu quantifizieren. Von daher gibt es verschiedene Ansätze, das aktuelle Sentiment bei einem bestimmten Markt wie dem Bitcoin mit einer einzigen Kennzahl auszudrücken. Der bekannteste Indikator ist hier der **Bitcoin Fear & Greed Index**.[8] Der Index bewegt sich auf einer Skala zwischen 0 (extreme Angst) und 100 (extreme Gier). Extreme Angst liegt bei Werten zwischen 0 und 24 vor, extreme Gier zwischen 75 und 100. Niedrige Werte deuten auf ein Überangebot hin, das eher zu einer Unterbewertung führt. Typisch für den Tiefpunkt ist dann ein Ausverkauf bei hohen Umsätzen, dem oft eine zumindest kurzfristige Trendwende folgt. Bei hohen Werten ist das Gegenteil der Fall. Die gesteigerte Gier führt zu

Übertreibungen nach oben, denen dann häufig eine Korrektur folgt. Deshalb wird der Fear & Greed Index als Kontraindikator verwendet.

***Abb. 14.2** Fear & Greed Index*

Ursprünglich flossen in die Ableitung der Kennzahl auch Daten von Altcoins. Seit Juli 2021 werden für den Index nur noch bitcoinbezogene Informationen verwendet wegen der sehr großen Korrelation von Bitcoin mit dem gesamten Kryptomarkt. Für die Generierung des Indexwertes werden fünf verschiedene Informationsquellen benutzt und gewichtet:[9]

- Volatilität: Der aktuelle Bitcoin-Preis wird mit den Durchschnittswerten der vergangenen 30 und 90 Tage verglichen. Damit wird die Unsicherheit am Markt gemessen. Ein ungewöhnlicher Anstieg der Volatilität gilt dann als Zeichen erhöhter Angst.
- Marktmomentum/Volumen: Neben der Volatilität ist dies der wichtigste Faktor. Auch hier werden das aktuelle Handelsvolumen und das Marktmomentum von Bitcoin mit den Durchschnittswerten der letzten 30 und 90 Tage verglichen. Konstante Käufe bei hohem Volumen deuten auf eine übertrieben gierige Marktstimmung hin.
- Soziale Medien: Hier wird die auf Bitcoin bezogene Anzahl der Twitter-Hashtags und die Interaktionsrate betrachtet. Eine sehr hohe Anzahl von Interaktionen nach Tweets spricht mehr für Marktgier als Angst.
- Bitcoin-Dominanz: Dabei handelt es sich um den Anteil der Kapitalisierung von Bitcoin im Vergleich zum Gesamtmarkt. Ein Anstieg der Bitcoin-Dominanz gilt als Zeichen erhöhter Angst, da der Bitcoin gegenüber den Altcoins als sicherer gilt.
- Google Trends: Die Analyse von bitcoinbezogenen Suchanfragen deutet auf die Marktstimmung. Bestimmte Keywords sind im Zusammenhang mit dem Bitcoin positiv oder

negativ besetzt. So weisen vermehrte Suchanfragen nach „Bitcoin Betrug" auf mehr Angst hin.

Der **Bitcoin Misery Index (BMI)** von Fundstrat ist ebenfalls ein Versuch, das Sentiment am Markt auf eine Kennzahl zu komprimieren.[10] Die Werte schwanken wieder zwischen 0 und 100. Je niedriger der Wert, desto schlechter ist das Sentiment. Der BMI wird berechnet aus dem Prozentsatz der Tage, an denen Bitcoin höher geht, und der Volatilität bei Aufwärtsbewegungen minus der Volatilität bei Abwärtsbewegungen. Bei beiden Faktoren gilt, je höher der Wert, desto besser das Sentiment. Der dann durch eine Formel ermittelte BMI gilt wieder als Kontraindikator. Ganz tiefe Werte gelten als Kaufsignal, ganz hohe Werte als Verkaufssignal.

Auch die Bison-App der Stuttgarter Börse hat mit dem **Bison-Sentiment** einen Stimmungsindikator. Dafür werden nach Angaben von Bison täglich um die 250.000 Tweets aus der Krypto-Community verarbeitet. Der auf einer künstlichen Intelligenz basierende Bison-Algorithmus untersucht täglich zwei Millionen Tweets auf ihre Kryptorelevanz. Nach dem Herausfiltern von Spam und Ähnlichem bleiben etwa 250.000 Tweets übrig, die für die Ermittlung des Sentiments genutzt werden. Im Schaubild werden alle bei Bison gehandelten Kryptowährungen mit ihrem Icon positioniert. Je weiter sie vertikal nach oben platziert sind, desto größer ist der Buzz beim entsprechenden Coin, also die Stärke der Kommunikation. Je weiter rechts das Icon platziert ist, desto besser ist die Stimmung bei dem Coin und desto positiver ist der Grundtenor aller Tweets. Je weiter links das Icon ist, desto schlechter ist die Stimmung. Auch das Bison-Sentiment kann eher als Kontraindikator interpretiert werden.

14.11 Summary

14.1 Das **Sentiment** bezieht sich auf die allgemeine Stimmung der Teilnehmer an den Finanzmärkten. Antizyklische Investoren (Contrarians) handeln gegen das Sentiment der breiten Masse.
Der Bitcoin und der gesamte Kryptomarkt sind stärker als der Aktienmarkt vom Sentiment getrieben. Fundamentale Daten haben noch nicht die gleiche Bedeutung wie am Aktienmarkt.
Es gibt häufig extreme Stimmungswechsel zwischen FUD und FOMO.

14.2 **Harte Sentiment-Daten** beruhen auf tatsächlichen Handelsentscheidungen der Anleger. Beispiele sind das Put-Call-Ratio oder die Funding Rates.

Weiche Sentiment-Daten können auch auf aktiven Handlungen der Anleger beruhen, ohne dass aber Transaktionen getätigt werden. Beispiele sind Suchnachfragen bei Google, Beiträge in Social Media oder Antworten bei Umfragen.

Die daraus generierten Sentiment-Indikatoren gelten häufig als **Kontraindikatoren**.

14.3 Verschiedene **Indikatoren an den Terminmärkten** wie das Open Interest, die Funding Rates oder das Put-Call-Ratio können als Sentiment-Indikatoren interpretiert werden.

14.4 Die Bedeutung von **Suchnachfragen bei Google** für die Einschätzung des Sentiments hat wegen der zunehmenden Marktreife bei Bitcoin eher nachgelassen.

14.5 Auswertungen von **Social Trends** in Echtzeit können Signale für kurzfristige Handelsentscheidungen geben.

14.6 Der **Schlagzeilen-Indikator** zeigt häufig die Stimmung der Mainstream-Medien und könnte ein guter Kontraindikator sein.

14.7 Anleger neigen dazu, ihren **News-Filter** nach der eigenen Meinung auszurichten und unterliegen dann einem Confirmation Bias.

14.8 Der **x-Faktor** ist in der Endphase einer Hausse verbreitet. Marktexperten – und solche, die es werden wollen – unterhalten sich dann verstärkt darüber, um das Wievielfache ein Coin steigen kann.

14.9 Die Veränderung der **Stablecoin-Dominanz** ist ein Indikator für die Veränderung der aktuellen Risikobereitschaft der Investoren.

14.10 **Sentiment-Kennzahlen** wie der Bitcoin Fear & Greed Index wollen das Kontinuum zwischen extremer Angst und extremer Gier der Anleger abbilden. Sie werden eher als Kontraindikator verwendet.

15 INVESTITIONEN IN KRYPTOWÄHRUNGEN

15.1 Grundüberlegungen

Investments und Trading gelten als zwei unterschiedliche Ansätze im Zusammenhang mit dem Börsenhandel von allen möglichen Assets wie Aktien, Rohstoffen oder auch Kryptowährungen. Dabei wird häufig zwischen rein spekulativen und wirklich soliden Investitionen unterschieden. Das ist aber nur graduell möglich, vielmehr handelt es sich um ein Kontinuum. Eine nicht spekulative Investition gibt es eigentlich nicht.[1] Zumindest wenn man eine **Investition** als den Einsatz finanzieller Mittel zur Erzielung einer Rendite versteht. Auch die Investition finanzieller Mittel in einen Kiosk ist letztlich spekulativ und beinhaltet die Erwartung, dass der Kiosk gut läuft und sich deshalb rentiert. Investitionen ohne Gewinnerzielungsabsicht sind eher Finanzierungen, die von anderen Motiven wie der Förderung von sozialen Projekten geleitet sind. Gewinnorientierte Investitionen sind immer mehr oder minder spekulativ, da die zukünftigen Bedingungen im sich ständig verändernden Wirtschaftsumfeld nicht genau vorhergesagt werden können. Deshalb kann es sogar passieren, dass sich ursprünglich als sichere Investitionen klassifizierte Anlagemöglichkeiten durch sich verändernde Rahmenbedingungen plötzlich als unsicher erweisen. Gerade in Anbetracht der schnellen Entwicklungen in der dynamischen Kryptowelt sollte deshalb immer genau auf Änderungen der Rahmenbedingungen geachtet werden. Diese können viele Bereiche betreffen wie Regulierung, Adoption und tatsächlicher Nutzen.

Unabhängig davon ist das wesentliche **Unterscheidungsmerkmal von Investment und Trading** die Anlagedauer. Investments haben einen langfristigen Ansatz bis hin zur Altersvorsorge. Das Paradebeispiel für investmentorientierte Anleger im Kryptobereich sind die eingefleischten Bitcoin-HODLer, die unabhängig von den

Stürmen am Kryptomarkt ihre Bestände halten. Trading bezieht sich demgegenüber auf kürzere Anlagezeiträume von Monaten, Wochen, Tagen bis hin zu Intraday-Trading. Auch der Schwerpunkt der herangezogenen Informationen ist unterschiedlich. Bei Investments wird mehr auf fundamentale Überlegungen abgestellt, bei Trades auf technische Marktindikatoren oder beim News-Trading auf den Newsflow. Aus steuerlicher Sicht konnte die Grenze zwischen Trading und Investment früher bei einem Jahr gezogen werden. Denn bis zum Jahr 2008 wurde beim Verkauf von Wertpapieren, die weniger als ein Jahr gehalten wurden, die sogenannte Spekulationssteuer fällig, die sich nach dem persönlichen Einkommensteuersatz des Anlegers richtete. Diese Regelung ist analog zur aktuellen Regelung beim Verkauf von Kryptowährungen mit der Steuerfreiheit nach mehr als einem Jahr Haltedauer.

Der Bitcoin und allgemein die Kryptowährungen haben sich in den vergangenen Jahren als neue Anlageklasse etabliert. Es hat sich bei immer mehr Anlegern die Meinung durchgesetzt, dass es sinnvoll ist, zumindest einen kleinen Teil des Portfoliomixes in diese neue Assetklasse zu investieren. **Diversifikation**, also die Streuung von Vermögen auf unterschiedliche Anlageklassen und innerhalb dieser auf verschieden Anlageobjekte, gehört zu den Grundfesten einer seriösen Anlagepolitik. Bei dieser Streuung sollten verschiedene Faktoren wie Risikoneigung oder auch Alter des Anlegers berücksichtigt werden. Dies fängt an bei der **Allokation des Vermögens**. Wie viel Prozent des vorhandenen Vermögens wird in die jeweiligen Anlageklassen wie Aktien, Anleihen, Immobilien, Gold oder eben Kryptowährungen investiert?[2] Hier hat sich in Bezug auf Kryptowährungen die Meinung gebildet, dass je nach Risikoneigung, Vermögen und Einkommen *etwa ein bis zehn Prozent des Vermögens in Kryptowährungen* investiert werden sollten. Nur bei sehr risikofreudigen Anlegern wird der Anteil die zehn Prozent übersteigen. Allerdings sollte diese Prozentzahl in Bezug auf den Investitionszeitpunkt unterschiedlich betrachtet werden. Beträgt zum Beispiel der Anteil einer Investition in Bitcoin zum Zeitpunkt des Kaufs fünf Prozent des Vermögens und steigt dann aufgrund einer Verzehnfachung des Kurses von Bitcoin ceteris paribus auf 50 Prozent, ist dies anders zu sehen als eine Anfangsinvestition von 50 Prozent des Gesamtvermögens in Bitcoin. Zwar sollte man natürlich bei so starken Kurssteigerungen dann auch – steuerfreie – Gewinne mitnehmen. Trotzdem wären dann Prozentzahlen von 20 oder 30 Prozent Bitcoin-Anteil am Gesamtvermögen weniger bedenklich. Zumal diese Bitcoin-Bestände dann durch die Gewinnrealisierungen quasi mit einem Einstandspreis von null im Portfolio stehen.

Hat man sich für einen Gesamtbetrag in Krypto-Anlagen entschieden, stellt sich die Frage nach der Aufteilung innerhalb dieser Assetklasse. Letztlich ist das die gleiche Entscheidung, wie sie bei Aktienanlagen getroffen werden muss. Es gibt hier aber einen gravierenden **Unterschied bei der Allokation innerhalb der**

Assetklasse: Denn der Bitcoin hat eine Dominanz am Kryptomarkt, wie man sie von Aktien an Aktienmärkten nicht kennt. Seine Kapitalisierung beträgt (Stand Januar 2024) rund 53 Prozent der Kapitalisierung des gesamten Kryptomarktes, Anfang 2021 lag sie noch bei über 70 Prozent.[3] Von daher ist der Bitcoin viel dominanter als irgendeine Aktie in einem Index und die unangefochtene Leitwährung des Kryptomarktes. In jedem Kryptoportfolio sollte der **Bitcoin** deshalb das absolute **Basisinvestment** sein. **Ether**, die zweitgrößte Kryptowährung, macht (Stand Januar 2024) rund 19 Prozent der gesamten Marktkapitalisierung aus. Von daher ist Ether **ebenfalls Basisinvestment**, auch wenn Bitcoin-Maximalisten das anders sehen mögen. Sinnvoll wäre hier, Bitcoin und Ether bei dem Basisinvestment im Verhältnis ihrer Kapitalisierung zu gewichten. Mit diesen beiden Coins kann man also bereits 72 Prozent und damit zwei Drittel des Gesamtmarktes abdecken. Trotzdem ist man dabei nicht schlecht diversifiziert, denn beide Coins haben völlig unterschiedliche Use Cases. *Für die meisten Anleger*, die sich nicht so weit in die Kryptomaterie vertiefen wollen, *ist ein Anlagemix aus diesen beiden Coins schon ausreichend.* Aber auch für spezialisiertere Investoren sollten Bitcoin und Ether immer zur Grundausstattung eines Kryptodepots gehören. Sie sind das Basisinvestment bei Kryptowährungen.

Je nach Risikoneigung könnten daneben dann 20 oder 30 Prozent des für Krypto-Anlagen vorgesehenen Kapitals in **anderen Altcoins** angelegt werden. Das macht aber eher für aktive Investoren Sinn, die sich laufend über die Kryptomärkte informieren. Dabei hat sich gezeigt, dass bei den Altcoins schneller als bei Aktien neue Favoriten erscheinen und alte Favoriten verschwinden. Von daher dürfen Anleger sich bei Altcoins noch weniger in bestimmte Werte verlieben als bei Aktien.

Auch an den Kryptomärkten machen Anleger ähnliche **Fehler** wie an den Aktienmärkten.

- Nicht alle Eier in einen Korb: Dieser Grundsatz besagt, dass man in einem Markt breit diversifizieren und sich nicht auf wenige Einzeltitel beschränken soll. Dies gilt in Anbetracht der obigen Überlegungen allerdings primär für den 20- oder 30-prozentigen Anteil an Altcoins. Dagegen sollte der Anteil von Bitcoin und Ether in einem austarierten Kryptoportfolio 70 bis 80 Prozent betragen.
- Übergewichtung des Heimatmarktes: Meist gewichten Anleger in einem Aktienportfolio den Anteil der inländischen Aktien viel zu hoch, weil sie meinen, diese besser zu kennen. Bei den Kryptos wird dieser Effekt weniger ausgeprägt sein. Allerdings ist zu beobachten, dass beispielsweise chinesische Coins wie NEO oder Conflux doch eher von Asiaten gekauft werden.

- Heiße Tipps: Diese gibt es grundsätzlich für alle Märkte. An den Kryptomärkten sind aber die „Pump & Dump"-Gruppen besonders berüchtigt. Diese Gruppen können derzeit noch wegen mangelnder Regulierung in den Bereichen Marktmanipulation oder Insider relativ unbehelligt agieren. Heißen Tipps sollte man nicht hinterherrennen, zumindest in einem gewissen Rahmen sollte DYOR (Do Your Own Research) betrieben werden. Es gibt immer in gewissen Zeiträumen Gurus, die dann irgendwann gnadenlos entzaubert werden.
- Hektisches Trading: An den Aktienmärkten wie auch an den Kryptomärkten laufen täglich Unmengen an mehr oder meist minder relevanten News ein. Man sollte nicht versuchen, ständig darauf zu reagieren. Das macht oft nur Sinn, wenn wirklich ein Gamechanger gemeldet wird.
- Selbstüberschätzung und selektive Wahrnehmung: Der weitverbreitete Fehler führt zu der Annahme, man sei besser als die meisten anderen Anleger, selbst als die Profianalysten. Das ist natürlich nicht der Fall. Außerdem erinnert man sich lieber an Erfolge als an Niederlagen. So blenden Anleger Gegenargumente zu ihrer Meinung oft aus (Confirmation Bias).
- Verlustaversion und Einstandskurs: Kein Anleger realisiert gern Verluste. Von daher verdrängen Anleger vor allem noch nicht realisierte Verluste, denn der Kurs könnte sich ja wieder erholen. Bei Positionen im Minus warten viele Anleger darauf, zumindest ihren Einstandspreis wiederzubekommen. Derartige Vorgehensweisen führen dazu, dass im Depot die schlechten Werte sukzessive ein Übergewicht bekommen (Depotleichen). Zumal oft auch noch zum Verlustausgleich die gut gelaufenen Werte verkauft werden.
- Unterschätzung der Kosten: Hin und her macht Taschen leer. Bei ständigen Trading-Aktivitäten fallen die Transaktionskosten immer mehr ins Gewicht, auch wenn diese isoliert betrachtet gering zu sein scheinen. Dabei müssen nicht nur die Börsengebühren beachtet werden, sondern auch die Höhe der Spreads. Beim Bitcoin sind die Spreads bei einer der großen Börsen äußerst klein. Dagegen kann es bei kleineren Altcoins sehr große Spreads geben, die ein Engagement zunächst einmal sehr teuer machen können.

Nicht völlig falsch wäre zunächst eine kurze **Selbstanalyse**. Ist der Anleger eher ein Stoiker, also ein ruhiger und gelassener Typ, der unerschütterlich und frei von emotionalen Schwankungen ist? Dann wird man mit einer Investmentstrategie auf der richtigen Seite sein. Oder ist man ein Choleriker, also ein leicht erregbarer und zu Wutanfällen neigender Mensch, der dennoch aber sehr willensstark ist? Dann dürfte es schwer sein, eine HODL-Strategie durchzuziehen. Eine Trading-Strategie mit schnellen Entscheidungen und abrupten Kehrtwendungen würde zwar besser zu diesem Charaktertypus passen. Allerdings ist die Gefahr von ständigen Fehlentscheidungen aufgrund der starken emotionalen Schwankungen dann groß. Dies dürfte auch ein Grund dafür sein, warum die meisten Trader und insbesondere über 90 Prozent der

Day-Trader Geld verlieren. Melancholiker, die bei Verlusten in tiefen Trübsinn verfallen, sollten besser die Finger davon lassen.

Als wesentliche Grundüberlegung sollte man einen **Maximalbetrag** festlegen, den man in Kryptowährungen anlegen will und auch kann. Dies gilt sowohl für Investment- wie auch für Trading-Strategien. Selbst wenn man für Kryptowährungen riesige Chancen sieht – oder gerade deswegen – darf man die enormen Risiken nicht außer Acht lassen. Denn auch wenn die Blockchain und die Kryptowährungen ihrem Anspruch nach sehr disruptiv daherkommen, setzen sie trotzdem ein **ökonomisches Grundgesetz** nicht außer Kraft: *Große Chancen sind immer mit großen Risiken verbunden.* Die Kryptofans haben das teilweise negiert und auch die hohen Renditen im DeFi-Bereich als risikolos eingestuft. Man fühlte sich sogar den traditionellen Anlegern überlegen und bemitleidete sie wegen ihrer – zugegebenermaßen – lange mickrigen Renditen im festverzinslichen Bereich. Nach den Zusammenbrüchen von Terra und der Kryptobörse FTX im Jahr 2022 wurde das Risiko aber schlagartig wieder bewusst. Kryptowährungen sind eine hochspekulative Anlageform, vergleichbar mit sehr spekulativen Aktien. Deswegen sollte auch bei Kryptowährungen nur Geld eingesetzt werden, dessen Totalverlust man notfalls auch verschmerzen kann. Das bedeutet, dass man bei rückläufigen Kursen nicht immer weiter nachkaufen und verbilligen sollte und so zusätzliches und vorher nicht eingeplantes Vermögen einsetzt. Im positiven Fall bei steigenden Kursen sollte man sich dazu ebenfalls nicht verleiten lassen. Denn dann verleitet der Gedanke, dass man bei höherem Einsatz ja eigentlich noch viel mehr hätte verdienen können, eventuell zu übermäßigem Einsatz.[4] Beides geht jedenfalls meist sehr schlecht aus. Das heißt: Bei diesem einmal festgelegten Betrag muss es dann auch bleiben, egal ob die Krypto-Investments positiv oder negativ laufen.

Nach welchen Kriterien erfolgt nun die **Festlegung des Maximalbetrags**? Zum einen bemisst er sich an der *Größe des aktuell verfügbaren Vermögens und des Einkommens.* Zum anderen sollte der prozentuale Anteil der Krypto-Assets am verfügbaren Gesamtvermögen sich nach der *persönlichen Risikoneigung* richten. Im Zuge der allgemein empfohlenen *Portfoliodiversifikation in verschiedene Anlagenklassen* wie Aktien, Anleihen, Immobilien et cetera gilt heute ein Krypto-Anteil von ein (sehr geringe Risikoneigung) bis zehn Prozent (sehr große Risikofreudigkeit) je nach Risikoneigung als opportun.[5] Bei einer sehr geringen Risikoneigung sollte man außerdem nicht in verschiedene Coins investieren. Sinnvoll wäre dann einfach nur der Kauf des unangefochtenen Marktführers Bitcoin und eines kleineren Anteils Ether oder vielleicht eines Krypto-Indexfonds oder -Zertifikats (falls vorhanden).

Bezüglich eines sinnvollen Maximalbetrags von Krypto-Investments im Verhältnis zum verfügbaren Vermögen ist ein Blick auf ein im April 2022 eingeführtes Anlageangebot zur Altersvorsorge von Fidelity in den USA interessant. Ein sogenannter 401(k)-Anlageplan ist ein von den Arbeitgebern mitfinanziertes Modell zur privaten

Altersvorsorge. Im Rahmen dessen können bei dem Fidelity-Modell bis zu 20 Prozent der Ersparnisse für die private Altersvorsorge in Bitcoin investiert werden. Das US-Arbeitsministerium zeigte sich von diesem Angebot nicht begeistert und bezeichnete es wegen der großen Kursschwankungen von Bitcoin als ungeeignet zur Altersvorsorge. Unabhängig davon ist erstaunlich, dass der Maximalbetrag von Fidelity mit 20 Prozent hier doch sehr hoch angesetzt wurde.

15.2 Langfristige Investments in Kryptowährungen

„Kaufen, wenn die Kanonen donnern, verkaufen, wenn die Violinen spielen." Diese von Baron Rothschild in Bezug auf den Aktienmarkt geäußerte Investmentweisheit hat nichts von ihrer Aktualität verloren und gilt generell auch für Investments in den Kryptomarkt. Sind alle gierig und die Preise kochen über, ist es Zeit zu verkaufen. Hingegen sollte man in Paniksituationen kaufen, wenn alle nur noch verkaufen wollen und die Preise in die Tiefe stürzen. Dieses antizyklische Investieren wird als **Contrarian-Strategie** bezeichnet und ist ein Handeln gegen die Meinung der breiten Masse. Die größte Schwierigkeit dabei ist natürlich, die großen Wendepunkte zu erkennen. „Buy low, sell high" ist eine einfache Handlungsmaxime, der man sich aber nur tendenziell annähern kann. Trotzdem sind Investments generell stark vom Denken in Marktzyklen geprägt.

Investments unterscheiden sich von Trades vor allem durch den Anlagehorizont. Bei Investments handelt es sich um **langfristige Anlageentscheidungen**. Der Anlagehorizont beträgt jedenfalls mehr als ein Jahr, meist mehrere Jahre oder gar Jahrzehnte. Während kurzfristige Börsenengagements eher Glücksspielcharakter haben, gibt es bei langfristigen fast schon eine Gewinngarantie. Denn die Geschichte zeigt, dass mit der Dauer des Anlagehorizonts auch die Wahrscheinlichkeit der Gewinnerzielung steigt.

Das gilt für den Aktienmarkt. Für den **Kryptowährungsmarkt** kann man diese Aussage so nicht treffen. Denn es handelt sich um eine *völlig neue Assetklasse,* von der es natürlich dann auch *noch keine längeren historischen Erfahrungswerte* gibt. Man kann sogar infrage stellen, ob diese Assetklasse neben traditionellen Assetklassen wie Aktien, Anleihen, Immobilien, Gold et cetera dauerhaft Bestand haben wird. Die Antwort hier vorweg: Ja, sie wird.

Als Synonym für langfristiges Investieren wird im Kryptobereich der Ausdruck **HODLn** gebraucht. Letztlich ist dieser Ausdruck eine Verballhornung des im Investmentbereich verbreiteten Hold, wenn eine Anlageposition gehalten werden soll. HODLer sind also Krypto-Anleger, die ihre Coins mit Blick auf die guten langfristigen Perspektiven kaufen und sich auch nicht von den kurzfristigen und oft extremen Kursschwankungen davon abbringen lassen. Da dann eine Position sehr lange gehalten wird, sind die Transaktionskosten im Vergleich zu einem Trader mit großer Umschlaghäufigkeit weniger wichtig. Von größter Relevanz ist für einen HODLer dagegen die sichere Verwahrung der Coins. Der **Zeitaufwand** ist im Gegensatz zum Trader *vergleichsweise gering*. Denn der langfristige Investor muss sich nur einmal in das Thema einarbeiten. Wenn er dann eine dezidierte Meinung hat und eine Anlageentscheidung trifft, wird er diese in der Regel nur bei wirklich fundamentalen Änderungen revidieren. Von kurzfristigen Kursschwankungen wird er sich nicht beeinflussen lassen. Deswegen muss er auch nicht ständig den Newsflow verfolgen, um kurzfristig auf Preisänderungen zu spekulieren. Der Krypto-Investor hält also stoisch an seiner einmal getroffenen Entscheidung fest.[6] Damit einher geht ein **vermindertes Risiko**. Denn ähnlich wie vor Jahrzehnten beim Internet gibt es bei Kryptowährungen zwar ein Riesenpotenzial. Aufgrund der Neuartigkeit und der damit einhergehenden Schwierigkeiten bei der Bewertung ist es jedoch kein Wunder, dass die Preise der Kryptocoins stark schwankend sind. Deswegen ist auch die Gefahr groß, mit kurzfristigen Trades ständig danebenzuliegen. Dagegen verspricht eine langfristig angelegte Anlagestrategie enorme Gewinne. Dazu kommt aufgrund der **Steuerfreiheit** beim Verkauf der Coins nach mehr als einem Jahr noch ein einmaliges Steuerprivileg. Selbst wenn die kurzfristigen Trades erfolgreich sein sollten, würde die fällige Versteuerung mit dem persönlichen Einkommensteuersatz die Überrendite in fast allen Fällen gegenüber einer langfristigen Strategie in eine Unterrendite nach Steuern verwandeln.

Bei langfristigen Investments kann eine **Cost-Averaging-Strategie** sinnvoll sein. Den Tiefstkurs zufällig zu erwischen, ist äußerst selten. Um aber auch nicht zufällig mit dem gesamten dafür vorgesehenen Kapital beim Höchstkurs einzusteigen, empfiehlt sich diese Strategie. Dabei teilt der Anleger die gesamte Stückzahl eines Investments in *gleich große Stückzahlen* auf und investiert in regelmäßigen Abständen. Die einzelnen Stückzahlen richten sich dann nach der Zahl der Kauftermine, die täglich, wöchentlich oder monatlich sein können. Der Anleger kauft also in regelmäßigen Abständen eine gleichbleibende Stückzahl von einem Wertpapier oder in diesem Fall einer Kryptowährung, von dessen oder deren langfristigen Erfolg er überzeugt ist. Dagegen wird bei einem **Sparplan** an den festen Terminen ein bestimmter *gleichbleibender Betrag* investiert. In diesem Fall werden bei hohen Preisen automatisch weniger Anteile an dem Asset gekauft als bei niedrigen Preisen.

Kryptobörsen und andere Kryptoplattformen bieten teilweise entsprechende Pläne an. So bietet die weltweit größte Kryptobörse Binance über Auto-Invest die Möglichkeit, regelmäßig Kryptowährungen für einen bestimmten Betrag zu bestimmten Terminen und in bestimmten Zeitabständen, wie stündlich, täglich, wöchentlich oder monatlich, zu kaufen. Auch deutsche Plattformen wie Bison bieten entsprechende Sparpläne an.

Bei beiden Varianten kommt es zu einem **Durchschnittskosteneffekt**, der das schwierige Market Timing ausschalten soll. Folgt nach den ersten Käufen zum Beispiel ein Crash, dann sind die Auswirkungen bei Weitem nicht so schlimm im Vergleich zu einer Sofortinvestition des gesamten Kapitals. Allerdings vermindert sich der Effekt mit zunehmender Laufzeit, denn der prozentuale Anteil der einzelnen Raten am Gesamtvermögen wird dann immer kleiner.

Oft haben die Anleger gar keine Möglichkeit, einen großen Einmalbetrag anzulegen, weil sie gar nicht über eine große Summe verfügen. Allerdings haben sie die Möglichkeit, jeden Monat eine kleinere Summe für Anlagezwecke beiseitezulegen und zu investieren. Eine solche Strategie findet sich bei ETF-Sparplänen. Dafür müssen sich diese Anleger aber von der Illusion befreien, dass sie Tiefpunkte zum Einstieg ausfindig machen können. Das kann zwar näherungsweise einmal gelingen. Über einen langen Zeitraum hinweg betrachtet wird das aber nicht der Fall sein.

Es gibt Studien, die Sparpläne auf Sicht von Jahrzehnten sogar überlegen gegenüber einem Einstieg zu Tiefstkursen sehen. So hat der Finanzdienstleister VZ Vermögenszentrum zwei Anleger verglichen, die ab dem Jahr 1981 in den S&P 500 investierten. Der eine kaufte jeden Monat für 200 Euro den Index, der andere wartete ab und investierte das angesparte Geld jeweils zu den Tiefstständen. Diese wurden im 40-jährigen Untersuchungszeitraum 1987, 1990, 2002, 2009 und 2020 markiert. Der Anleger mit dem Sparplan verfügte nach 40 Jahren über ein Vermögen von 881.000 Euro, der zu Tiefstständen eingestiegene Anleger dagegen nur über 806.000 Euro. Der Grund liegt im jahrelangen Verpassen von Kursgewinnen und Dividenden, das auch durch das – äußerst unwahrscheinliche – Einsteigen zu den zwischenzeitlichen Tiefstkursen nicht ausgeglichen werden kann. Fraglich ist, ob man diese Überlegungen und Analysen auch auf den Kryptomarkt übertragen kann. Die Schwankungen beim Bitcoin sind ungleich größer. Insbesondere erscheint hier ein zumindest teilweiser Verkauf in den extremen Übertreibungsphasen sinnvoll. Zwar sind diese ebenso wie die Tiefpunkte erst im Nachhinein als solche zu klassifizieren. Trotzdem dürfte eine zumindest ansatzweise auf „Buy and Sell“ ausgerichtete Strategie einer lupenreinen HODLing-Strategie deutlich überlegen sein. Zumal es auf Bitcoin und Co keine Dividenden gibt. Erträge durch Staking, Lending et cetera können nicht mit Dividendenerträgen verglichen werden, da sie meist mit zusätzlichen Risiken jenseits des eigentlichen Anlagerisikos in einer Kryptowährung verbunden sind.

Rückblickend hat sich beim Bitcoin gezeigt, dass **eine langfristige Investmentstrategie unter Berücksichtigung des Marktzyklus durch das vierjährige Bitcoin-Halving sinnvoll** ist. Bisher gab es bei diesen Zyklen etwa 14 bis 18 Monate vor dem nächsten Halving einen Tiefstkurs, der ganz erheblich unter dem vorherigen Hoch lag. Der zeitliche Abstand vom Höchst- zum Tiefststand lag dabei zwischen 12 und 13 Monate.[7] Zum Halving-Termin selbst lagen die Preise dann zwar schon wieder deutlich über diesen Tiefstkursen, aber auch immer noch deutlich unter den vorherigen Höchstkursen. Abgesehen vom 1. Halving kam es nach dem jeweiligen Halving-Termin zunächst zu einer kleinen Abschwächung, bevor die eigentliche Megarally startete. Der folgende Höchstkurs im jeweiligen Zyklus wurde 12 Monate nach dem 1. Halving, 17 Monate nach dem 2. Halving und 18 Monate nach dem 3. Halving erreicht. Das Interessante bei diesem Bitcoin-Zyklus ist, dass er ihn quasi völlig unbeeinflusst von Unternehmensergebnissen oder Gewinnwarnungen wie bei Aktien vollzieht. Denn derartige „Störfaktoren" gibt es beim Bitcoin nicht. Von daher sind diese Megazyklen scheinbar viel leichter zu prognostizieren als die großen Aktienzyklen. Einflussfaktoren sind hier eher Diskussionen über die tatsächliche Sinnhaftigkeit, die Sicherheit oder externe Faktoren wie das Ausmaß von Regulierungsmaßnahmen. Entscheidend für die Werthaltigkeit und die Wertsteigerung beim Bitcoin ist der Fortbestand des weltweiten Konsenses, dass Bitcoin **die** Alternative zum traditionellen Finanzsystem und dessen Risiken ist. Ob und wie lange noch dieser vierjährige Marktzyklus auch in Zukunft Bestand haben wird, ist natürlich sehr ungewiss. Man sollte hier vielleicht den Standard-Risikohinweis in Fondsprospekten im Hinterkopf behalten: „Die Performance der Vergangenheit ist keine Garantie für die zukünftige Entwicklung." Zumal sich viele Marktteilnehmer verstärkt auf diesen Zyklus einstellen könnten. Dann könnte es zu einem **Consensus Effect** kommen. Dabei antizipieren die Marktteilnehmer diese Muster, wodurch sich der Effekt abschwächen, zeitlich verlagern oder im Extremfall sogar ins Gegenteil verkehren könnte.

Der Kryptowinter 1.0 vor dem zweiten Halving dauerte rund 13 Monate von November 2013 bis Januar 2015. Fundamental wurde er begründet mit dem Zusammenbruch des Darknet-Marktplatzes Silk Road sowie einer deutlichen wirtschaftlichen Abkühlung. Der Kryptowinter 2.0 vor dem dritten Halving dauerte zwölf Monate von Dezember 2017 bis Dezember 2018. Hier wird als Grund meist eine allgemeine Ernüchterung nach der Euphorie im Jahr 2017 genannt. Es gab Befürchtungen bezüglich einer strengeren Regulierung und die Einsicht, dass die Blockchain-Lösungen für industrielle Anwendungen noch zu kompliziert waren. Die euphorische Phase vor dem Kryptowinter 3.0, der mit dem Allzeithoch vom November 2021 begann, wurde mit dem Einstieg der institutionellen Anleger begründet. Für die Privatanleger wurde das Onboarding im Kryptomarkt immer mehr vereinfacht. Außerdem trieb die verstärkte Nachfrage durch neue Bereiche wie DeFi, NFTs oder Anwendungen im Gaming-Bereich die Preise. Für den Kryptowinter 3.0 wurden dann verschiedene Krisen wie der Ukraine-Krieg und eine explodierende Inflation als Ursache gesehen. Mit der zunehmenden Beteiligung traditioneller Anleger am Kryptomarkt stieg die Bitcoin-Korrelation zu den Aktien. Zusätzlich gab es große kryptomarktinterne Probleme, vor allem den Zusammenbruch des Terra-Ökosystems und der Kryptobörse FTX. Aktuell ist beim Kryptowinter 3.0 die Frage, ob die eisigste Phase schon vorbei ist. Zeitlich würde jedenfalls das im November 2022 markierte Tief zu den Abläufen der vorherigen beiden

Kryptowinter passen. Für eine mögliche erneute Mega-Hausse rund um das vierte Bitcoin-Halving, das im Frühjahr 2024 stattfindet, würde sich wieder ein neues Narrativ finden. Dies könnte beispielsweise der verstärkte Einstieg chinesischer Anleger sein, wenn die Öffnung eines regulierten Kryptohandels in Hongkong ab Juni 2023 erfolgreich ist. Eine andere Möglichkeit wäre, wenn Zentralbanken kleinerer Länder den Bitcoin als Reservewährung neben Gold einbeziehen würden.

Als **Investmentstrategie** hat sich in der Vergangenheit bewährt, in den starken Abwärtsbewegungen nach Erreichen der zyklischen Hochs sukzessive einzusteigen. Ein Einstieg zu Tiefstkursen wird nicht gelingen, zu frühzeitige Einstiege sollten aber auch vermieden werden. Denn während am Aktienmarkt nach einer Korrektur von 20 Prozent ein guter Startzeitpunkt sein könnte, sollte aufgrund der viel größeren Volatilität von Bitcoin auf größere Abschläge von vielleicht 40 Prozent oder noch mehr gewartet werden. Auch beim letzten Tiefpunkt vom November 2022 lag das Zyklustief wie bei den vorherigen Zyklen um die 75 Prozent unter den vorherigen Höchstkursen. Für die in der Abwärtsbewegung sukzessive aufgebauten Investments kann dann eine HODL-Strategie verfolgt werden. Ebenso wie beim Einstieg könnte dann bei den starken Anstiegen nach den Bitcoin-Halvings sukzessive nach oben verkauft werden, zumal die Investments dann steuerfrei zu realisieren wären. Diese Strategie könnte auch mit einer reinen HODL-Strategie verknüpft werden. In diesem Fall würde eine bestimmte Bitcoin-Position als Basisinvestment auch unabhängig von den zyklischen Bewegungen immer gehalten werden. Mit einem Teil des für Bitcoin vorgesehenen Gesamtinvestments würde neben dem Basisinvestment die sukzessive Ein- und Ausstiegsstrategie umgesetzt.

„Die Renten sind sicher." Da mag Norbert Blüm recht gehabt haben. Die versprochenen Nominalbeträge werden wohl zur Auszahlung kommen. Was diese dann real wert sind, steht auf einem anderen Blatt. Eine durchaus berechtigte Frage ist deshalb, inwieweit der Bitcoin einen vernünftigen Beitrag zur Altersvorsorge leisten kann. Allein auf die Verheißungen von Bitcoin kann eine **Altersvorsorge** zwar nicht aufgebaut sein. Einen überschaubaren Betrag von vielleicht zehn Prozent der für die Altersvorsorge vorgesehenen Beträge in Bitcoin anzulegen, könnte aber ein Weg sein, um der ständigen Inflationierung der Nominalwerte ein Gegengewicht entgegenzusetzen. Auch wenn die nominalen Inflationsraten wieder zurückgehen sollten, werden die Realzinsen auf absehbare Zeit wohl negativ bleiben.

15.3 Trading von Kryptowährungen

15.3.1 Grundsätzliches

Trading unterscheidet sich im allgemeinen Sprachgebrauch von **Investment** grundsätzlich durch die viel kürzer ausgerichtete Anlagedauer und den Aktivitätsgrad. Beim Trading wird versucht, auf kurzfristige Entwicklungen zu reagieren und durch Ausnutzen der Volatilität des Marktes überproportionale Renditen zu erzielen. Gerade bei den Kryptowährungen könnte aufgrund der oft extremen Volatilität diesem Konzept eine besondere Bedeutung zukommen. Verbunden damit ist ein tägliches Studium der Kursentwicklungen, der News et cetera. Auf diesen gesamten Newsflow (der Abfolge von relevanten Nachrichten) versucht der Trader zu reagieren, indem er Positionen kauft oder verkauft und so ständig ein Rebalancing seiner Gesamtposition (eine Neugewichtung der Geldanlagen) vornimmt.

Es ist bekannt, dass die überwiegende Zahl der Trader (insbesondere der Day-Trader) Verluste macht. Nicht umsonst ist einer der bekanntesten Sprüche in diesem Kontext „Hin und her macht Taschen leer". Grundsätzlich ist Handeln zunächst einmal schlecht, denn normalerweise hat man nach einem Trade in der gleichen Sekunde zunächst einmal Geld verloren. Dies resultiert aus gezahlten Gebühren beim Börsenbetreiber und aus dem Spread zwischen Geld- und Briefkursen. Denn wenn man sofort wieder verkaufen würde, würde man im Gegensatz zum bezahlten höheren Briefkurs beim Kauf dann den tieferen Geldkurs beim Verkauf bekommen. Dieser sofortige Verlust, auch wenn er natürlich nicht realisiert wird, macht je nach Börsenbetreiber und der Liquidität des Titels einen mehr oder minder kleinen prozentualen Betrag aus.

Handeln macht deshalb nur Sinn, wenn die Handelsstrategie ein sogenanntes **Alpha** produziert. Das wäre der Fall, wenn die Handelsstrategie nach Kosten besser als der Markt (gemessen an einer Benchmark) liegt. Allerdings: Ist die Handelsstrategie besser als der Markt, bedeutet das noch keinen positiven Ertrag. Wenn der Markt im Minus liegt und die Handelsstrategie nur weniger Minus produziert, hat man zwar ein Alpha. Allerdings wäre dann das Halten einer Cashposition trotzdem besser gewesen. Das **Beta** gibt an, wie stark ein Portfolio in der Vergangenheit einem Referenzwert oder -index gefolgt ist. Bei einem Beta von 1 sind die Preisschwankungen des Portfolios identisch mit dem Referenzwert. Bei einem Beta von 2 schwankt das Portfolio um das Doppelte des Referenzwertes, hat also ein deutlich höheres Risiko, aber auch deutlich höhere Chancen. Die **Sharpe Ratio** misst den Ertrag im Verhältnis zum Risiko. Dabei wird die Mehrrendite eines Portfolios gegenüber der Rendite einer risikolosen Anlage wie einer Bundesanleihe ins Verhältnis gesetzt zum Ausmaß vergangener Preisschwankungen des Portfolios. Je höher dann die Sharpe Ratio ist, desto besser ist das Verhältnis von

Risiko und Ertrag. Dabei gilt von zwei Portfolios mit gleichen Erträgen dasjenige als besser, das weniger schwankungsanfällig war.

15.3.2 Persönliche Überlegungen zum Kryptotrading

Vor allen weiteren Überlegungen sollte sich jeder Interessierte fragen, ob er für blockchainbasierte Anwendungen und Kryptowährungen große Chancen für die Zukunft sieht oder nicht. Wird diese Frage bejaht, sollte man sich Gedanken über Anlagehorizont und -stil machen. Will man langfristige Investments machen oder eher kurzfristige Trades? Oder eine Kombination aus beiden? Schließlich muss die Frage nach den maximal eingesetzten Mitteln beantwortet werden. Wie bei langfristigen Investments sollte auch beim Trading eine einmal festgeschriebene Summe nicht nachträglich noch vergrößert werden – es sei denn im Falle einer Riesenerbschaft, eines Lottogewinns oder dergleichen. Denn im Verlustfall noch weiter Geld nachzuschieben, nur weil die Kurse jetzt so tief stehen, ist am Kryptomarkt genauso falsch wie am Aktienmarkt. Auch Geld nachzuschieben, weil alles so gut läuft, ist falsch. Emotionales Handeln wird man zwar nicht ganz ausschalten können, es sollte aber auf ein Minimum reduziert werden. Die Preise am Kryptomarkt schwanken oft in kürzester Zeit extrem stark. Von daher kann es bei den Anlegern schnell zu einer sehr ungesunden Achterbahn der Gefühle kommen. Sich hier nicht anstecken zu lassen und ständig die Preise und Charts zu beobachten, ist schwer und nur mit einer gewissen Disziplin zu erreichen. Zumal es hier ja – im Gegensatz zu den Aktienbörsen – einen 24/7-Handel gibt.

Ob man sich nur auf den Bitcoin konzentriert oder viele Altcoins in die Betrachtung mit einbezieht, ist auch eine Frage der persönlichen Zeitressourcen. Denn man sollte schon ein Minimum an eigenem Research machen und sich dann auch fortlaufend informieren. Do Your Own Research (DYOR) ist aber insbesondere für voll im Berufsleben stehende Anleger leichter gesagt als getan. Das fängt schon damit an, wenn man sich als Grundlage das jeweilige Whitepaper zu Gemüte führen will. Wenn man 100 oder mehr Altcoins verfolgen will, gestaltet sich das natürlich zunehmend schwierig. Deshalb wird man eher auf vorhandenes Research zurückgreifen. Auch das Verfolgen des oft hektischen Newsflows am Kryptomarkt ist zeitaufwendig. Von daher macht es Sinn, die Zahl der genutzten Informationsquellen auf einige wenige zu reduzieren, die sich als vertrauenswürdig erwiesen haben. Ob eine Quelle seriös ist und fundiert berichtet, wird sich aber erst nach einer gewissen Zeit herausstellen. Um überhaupt Kryptowährungen zu handeln, muss man Zugang zu einer oder mehreren Kryptobörsen oder -handelsplattformen haben. Kriterien, die dabei zu beachten sind, wurden bereits in Kapitel 7.2 behandelt.

Einige der folgenden **Trading-Regeln** sind allgemeiner Natur, einige kryptospezifisch:

- Disziplin bei der Befolgung der Regeln ist entscheidend. Emotionen sind ein schlechter Ratgeber. Die meisten dieser Regeln sind nichts Neues, man kennt sie von traditionellen Märkten wie dem Aktienmarkt.
- Beim Kauf gibt es oft eine Vorstellung möglicher Kursziele. Diese könnte man durch entsprechende Verkaufslimits festlegen. Der maximal akzeptierte Verlust kann durch ein entsprechendes Stop-Loss-Limit an der jeweiligen Kryptobörse festgelegt werden. Als Ordertyp bietet sich hier eine One-cancels-the-other-Order an.[8]
- Der Bitcoin ist die Mutter aller Kryptowährungen und gewissermaßen ein Leitindex wie der DAX für den deutschen Aktienmarkt. Das Auf und Ab beim Bitcoin läuft synchron mit dem Sentiment am gesamten Kryptomarkt.
- Das Anlegen eines Newsfeeds ist sinnvoll. Durch die Begrenzung werden relevante News sowohl bezüglich des gesamten Kryptomarktes als auch spezieller Coins, die der Anleger besitzt oder für die er sich interessiert, in dem Newsfeed zusammengestellt. Dies kann zum Beispiel über Tools wie Feedly realisiert werden.
- Buy the rumour, sell the fact. Eine Regel, die man auch vom Aktienmarkt kennt. Wird ein Gerücht durch eine Nachricht bestätigt, ist es an der Zeit, zumindest einen Teil der Bestände zu verkaufen. Wenn Nachrichten dann sogar in den Mainstream-Medien auftauchen, ist erhöhte Aufmerksamkeit gefordert. Als Hilfsmittel könnte man dann enge Stopplimits setzen.
- Nicht in einen Coin verlieben: Diese Regel kennt man ebenfalls vom Aktienmarkt. Macht man positive Erfahrungen mit einem Coin – sprich Gewinne – ist man diesem auch in der Zukunft eher gewogen. Dies kann gefährlich sein, wenn sich im Laufe der Zeit vielleicht Grundlegendes geändert hat. Gerade am Kryptomarkt ändern sich die Favoriten oft sehr schnell.
- Möglichst wenig unter Druck einer aufgeheizten Stimmung handeln: FOMO und FUD sind schlechte Ratgeber.
- Vernünftiges Risikomanagement: Nicht alles sofort investieren, nicht alles auf eine Karte setzen (Diversifikation, also verschiedene Coins kaufen), Stop-Loss-Limits legen.

15.3.3 Trading-Strategien

Grundsätzlich gibt es beim Trading von Kryptowährungen im Vergleich zu Aktien kaum Unterschiede. Die zur Verfügung stehenden Handelssysteme sind gut entwickelt und sind denen, die Onlinebanken im Aktienhandel anbieten, meist sogar überlegen. Ein großer Unterschied ist die viel größere Volatilität von Kryptowährungen. Die annualisierte Volatilität liegt dort oft bei über oder nahe 100 Prozent, während sie bei Tech-Aktien meist um 20 Prozent schwankt.

Wirklich gute Trader müssen flexibel sein und dürfen nicht auf einer Meinung beharren. Außerdem gehen Trader im Gegensatz zu Investoren nicht nur **Long-Positionen** ein. Vielmehr setzen sie häufig auch auf fallende Kurse durch den Aufbau von **Short-Positionen**. Dabei sind die zusätzlichen Risiken wegen der jeweiligen Rahmenbedingungen zu beachten. So kann der Trader aufgrund der Margin-Anforderungen bei den eingegangenen Short-Positionen wegen zu wenig hinterlegter Margin schnell zwangsliquidiert werden. Das ist besonders ärgerlich, wenn die erwartete Abwärtsbewegung danach doch noch eintritt. Bei Long-Positionen ist der Einsatz – wenn man von gehebelten Positionen absieht – maximal auf den Kapitaleinsatz begrenzt, denn der Preis kann maximal auf null fallen. Bei Short-Positionen ist der Verlust dagegen theoretisch unbegrenzt. Der Kurs kann beliebig steigen, eine maximale Obergrenze gibt es nicht. Dies kann insbesondere bei einem Short-Squeeze zu einem enormen Druck auf die Shortseller führen.

Short-Verkäufe an den Futures-Märkten sind alltäglich. In Deutschland werden Leerverkäufe vielfach durch Short-Zertifikate umgesetzt. An den Kryptomärkten gibt es ein umfangreiches Instrumentarium von Futures und Optionen sowie direkten Margin-Verkäufen. Allerdings können Long-Investoren den gesamten Zeithorizont abdecken und sowohl aus kurz-, mittel- wie langfristig motivierten Gründen Positionen aufbauen. Dagegen handelt es sich bei Short-Strategien eher um kurz- bis mittelfristig angelegte Positionen. Von daher sind entsprechende Handlungen weniger als Investitionen, sondern als Trading zu bezeichnen.

Bullen- und Bärenmärkte haben eine unterschiedliche Dynamik und Zeitdauer. Bullenmärkte entwickeln sich langsamer und erstrecken sich über viel größere Zeiträume. Langfristig betrachtet gehen am Aktienmarkt die Kurse nur nach oben. So lag der S&P 500 zu den Jahresanfängen 1950 unter 50, 1980 um 108 und 2010 um 1.100. Beim Bitcoin gibt es dagegen erst eine sehr kurze Historie seit 2009, wobei die Kursbewegungen erst seit 2011 mit der zunehmenden Effizienz durch den Handel über Kryptobörsen sinnvoll zu betrachten sind. Auch beim Bitcoin gehen langfristig betrachtet die Kurse nur nach oben. Die Bärenmärkte, dort gern als Kryptowinter bezeichnet, waren bisher immer kürzer als die anschließenden Bullenmärkte. Bärenmärkte haben aber im Gegensatz zu Bullenmärkten oft eine viel größere Dynamik und sind deshalb meist heftiger. An den *Aktienmärkten* dauerten Bärenmärkte zwischen einem und vier Jahren, während Bullenmärkte auch weit über ein Jahrzehnt laufen können. Auch beim *Bitcoin* waren die Bärenmärkte bisher kürzer als die Bullenmärkte, die Unterschiede sind aber wegen des durch die Halvings bedingten 4-Jahres-Zyklus nicht so signifikant (vergleiche Abbildung 11.4). Die Abwärtsbewegungen dauerten jeweils rund zwölf Monate. Die Aufwärtsbewegungen schwankten um 30 Monate, wenn man die vorherigen Konsolidierungsphasen nicht berücksichtigt.

Kurzfristige Trades basieren häufig auf einer **Momentum-Strategie**. Dabei wird versucht, Marktrallys zu nutzen und in schwachen Phasen die Engagements zurückzufahren und auf Cash zu wechseln. Es hat sich häufig gezeigt, dass sich Kursbewegungen beim Ausbruch aus einer Seitwärtsbewegung deutlich beschleunigen können. Das gilt sowohl bei Ausbrüchen nach oben wie nach unten. Solche Ausbrüche aus Seitwärtstrends stellen oft lukrative Gelegenheiten für entsprechende Long- oder Short-Positionen dar. In den Seitwärtsbewegungen selbst sollten Investments dagegen weitgehend minimiert werden.

In kurz- und mittelfristigen Aufwärts- und Abwärtstrends lässt man die Positionen dagegen laufen. Es bleibt das grundsätzliche Problem, Anfang und Ende solcher Phasen zu erkennen. Man könnte hier versuchen, durch Trailing-Stop-Limits die Phasen möglichst lange auszureizen, bis bei einer signifikanten Trendumkehr ein solches Stop-Limit ausgelöst wird. Das gilt sowohl für ein Trailing-Stop-Buy-Limit in einer schwachen Phase wie für ein Trailing-Stop-Sell-Limit in einer Aufwärtsbewegung. Hier ist die Kardinalfrage, welchen Abstand man für den Trailing-Stop festlegen soll. Denn bei der enormen Volatilität der Kryptowährungen kann es durch kurzfristige Richtungsänderungen schnell passieren, dass der Stopp ausgelöst wird, obwohl danach der eigentliche Trend weiterläuft. Das wäre in der Vergangenheit beim Bitcoin selbst bei einem Trailing-Stop-Limit, das 20 Prozent in Bezug auf den letzten Tief- oder Hochpunkt beträgt, sehr häufig passiert. Denn grundsätzlich haben Markttrends während eines längeren Zeitintervalls eine viel größere Signifikanz als solche während eines kürzeren. Ein Paradebeispiel ist die Entwicklung von Bitcoin. In der langfristigen Betrachtung ist er seit seiner Entstehung mit Preisen von wenigen Cent im Jahr 2009 in einer Super-Hausse-Phase.

Eine weitere Verfeinerung kann in der **Gewichtung von Altcoins** liegen, deren Anteil in bestimmten Phasen im Vergleich zum Bitcoin hochgefahren wird. Diese Strategie kennt man schon lange von den Aktienmärkten. Auch dort werden in Hausse-Phasen von Tradern die Anteile an Mid und Small Caps zwischenzeitlich hochgefahren, da diese dann eine Outperformance zu den Blue Chips liefern. Am Kryptomarkt zeigt sich eine Outperformance der Altcoins (Altcoin Season) am einfachsten, wenn man die Entwicklung der Bitcoin-Dominanz betrachtet.[9] Steigt diese, performt der Bitcoin besser als der Durchschnitt der Altcoins. Entsprechend sollte die Gewichtung der Altcoins dann eher klein gehalten werden. Fällt die Bitcoin-Dominanz, ist die Performance der Altcoins durchschnittlich besser als beim Bitcoin. Dann kann die Gewichtung der Altcoins im Portfolio größer sein. Dabei kommt es auch auf die **Auswahl der Altcoins** an. Dafür bietet sich dann ein Trendstärke-Indikator wie der Relative-Stärke-Indikator (RSI) an. Dabei geht es dann darum, Werte zu identifizieren, deren Kurse sich in einer Beschleunigungsphase befinden.

15.3.4 Sektorrotation und Trendthemen

Die **Sektorrotation**, auch **Branchenrotation** genannt, ist eine schon lange am Aktienmarkt zu beobachtende Erscheinung. Man versteht darunter die abwechselnde Bevorzugung von Aktien bestimmter Branchen bei den Anlegern in einem Bullenmarkt. Wenn Aktien aus einem oder mehreren Sektoren schon stark gelaufen sind, werden dann andere noch nicht gelaufene Sektoren von den Anlegern als zurückgeblieben und deswegen für Neuengagements als lukrativ eingestuft. Manchmal sind es auch externe Faktoren, die Umschichtungen zwischen Sektoren anschieben. So können politische Entscheidungen Einfluss auf bestimmte Sektoren haben, wie das im Energiebereich zu beobachten war. Oder eine Veränderung des Zinsniveaus kann sich auf die Bewertung von Aktien je nach ihrer Zinssensitivität auswirken. Solche Auswirkungen sind auch im Kryptobereich zu beobachten. Zinssenkungen wirken sich tendenziell positiv auf Assets ohne laufende Renditen aus wie Gold oder Bitcoin. Zinserhöhungen führen dagegen zu Verlagerungen von riskanteren Anlagetiteln wie (Tech-)Aktien oder Kryptowährungen hin in den festverzinslichen Bereich.

Im Kryptobereich ist die Sektoreinteilung teilweise sehr diffus. Coinmarketcap weist über 200 verschiedene Sektoren aus (Stand August 2023).[10] Dort werden traditionelle Sektoren wie Logistik oder Medien ausgewiesen, aber auch zu bestimmten Ökosystemen gehörende Coins oder Kategorien gebildet wie Layer-1, DAO oder Stablecoins. Cryptorank beschränkt sich dagegen auf zehn Sektoren wie Kryptowährungen, Blockchain-Infrastruktur, DeFi-Coins oder Meme Coins. Eine sinnvolle Unterteilung in Sektoren könnte auch dazu dienen, über Indizes diese Sektoren abzubilden und durch entsprechende Instrumente investierbar zu machen. Angesagte Sektoren können den Bitcoin und den Marktdurchschnitt über eine gewisse Zeit erheblich outperformen. So waren zu Jahresbeginn 2023 Coins aus dem Bereich Artificial Intelligence die absoluten Outperformer und erzielten in kürzester Zeit riesige Kursgewinne.

Neben den Sektoren können auch **Trendthemen** eine Rolle spielen. So führte die Einführung eines regulierten Kryptohandels in Hongkong ab Mitte 2023 schon im Vorfeld teilweise zu einer Outperformance von Coins, die bei chinesischen und asiatischen Anlegern beliebt sind und deren Projekte in Asien ihre Wurzeln in China haben. Im April 2021 zeigten Ether, Litecoin und Bitcoin Cash eine Vervielfachung gegen den Bitcoin. Grund dafür war, dass der Zahlungsdienstleister PayPal für US-Kunden die Bezahlmöglichkeit mit vier Kryptowährungen freischaltete. Neben Bitcoin waren das Ether, Litecoin und Bitcoin Cash. Wegen der erheblich geringeren Marktkapitalisierung bei Ether und vor allem bei den beiden Bitcoin-Klonen hatte das auf diese Coins erheblich größere Auswirkungen als auf Bitcoin.

15.4 Mix aus Investments und Trades

Grundlage ist wieder ein fixer Maximalbetrag, der in Abhängigkeit zum persönlichen Gesamtvermögen und der persönlichen Risikoneigung festgelegt wird. Erfolg versprechend könnte dann folgende Strategie sein, wenn man langfristig eine positive Entwicklung einer oder mehrerer Kryptowährungen erwartet: Der fixe Maximalbetrag könnte zum Beispiel hälftig geteilt werden. Mit der einen Hälfte erfolgt ein **Basisinvestment** in dem entsprechenden Coin, das unabhängig von kurzfristigen Entwicklungen durchgehalten wird (HODL-Position). Mit der anderen Hälfte könnten **flexible Positionen** in dem gleichen Coin gekauft werden. Das sollten zwar in der Regel auch keine Day-Trading-Positionen sein. Jedoch kann hier durchaus versucht werden, auf kurzfristigere Entwicklungen zu reagieren. Denn die Preise der Coins schwanken oft innerhalb weniger Tage oder Wochen sehr stark. So könnten Gewinne nach einem Overshooting mitgenommen werden, Verluste durch Stop-Loss-Limits begrenzt und Coins nach einem Undershooting zurückgekauft werden. Mit den flexiblen Positionen wird nicht auf die ganz großen Bewegungen spekuliert, sondern auf „kleinere" Bewegungen von 10, 20 oder 30 Prozent im Verlauf von kurzfristigen Trends. Gewinne werden hier schnell mitgenommen. Außerdem könnte man mit dem flexiblen Teil auch andere Coins spielen, die neu vom Markt favorisiert werden. Von daher ist bei dieser Strategie natürlich auch ein viel größerer Aufwand zu betreiben als bei der reinen Investmentstrategie. Denn das Spielen von kurzfristigen Trends erfordert, das Ohr am Markt zu haben und sich kontinuierlich zu informieren. Ein Gespür für das **Market Timing** ist dabei Voraussetzung. Der Wunsch nach höherer Rendite ist natürlich der Vater des Gedankens dieser Strategie. Wie man aus Erfahrung weiß, gehen Wünsche und insbesondere dieser Wunsch häufig (meistens?) nicht in Erfüllung.

Während bei dem gerade beschriebenen Mix die kurzfristige Gewinnmaximierung im Vordergrund steht, können kurzfristigere Trades auch **steuerlich begründet** sein. Dabei gibt es wieder das Basisinvestment, das langfristig gehalten wird, um jenseits der Jahresfrist steuerfreie Gewinne zu erzielen. Wenn der Anleger aufgrund eines Overshootings aber das Gefühl hat, dass die Kurse vorläufig eine Spitze erreicht haben, könnte es sinnvoll sein, das Basisinvestment zwar unberührt zu lassen, aber temporär eine Gegenposition einzugehen. Dies könnte über eine Short-Position, Short-Zertifikate oder Short-CFDs erfolgen.[11] Ein typischer Zeitpunkt für eine derartige Aktion wäre das Overshooting Ende 2017 gewesen.

15.5 Auswahl des Krypto-Anlageinstruments und Umsetzung

Wie am Aktienmarkt und an anderen Kapitalmärkten geht es auch bei Kryptowährungen beim Kauf und Verkauf um die Wahl des geeigneten Anlageinstruments. Es geht also um die **Umsetzung des Kaufs**, nachdem man einen zum Investieren oder Traden geeigneten Coin ausgesucht hat:

- Kauft man den Coin *direkt oder nur ein Derivat*, also zum Beispiel ein Zertifikat oder CFD? In der Regel sollte man ein Direktinvestment bevorzugen. Denn man kann davon ausgehen, dass bei Derivaten natürlich auch der Emittent zumindest ein wenig verdienen will, das Investment in Derivate also etwas teurer ist. Außerdem können die steuerlichen Auswirkungen je nach Anlageinstrument sehr unterschiedlich sein.
- Kauft man den Coin *1:1 oder gehebelt*? Das hängt von der Risikoneigung ab. Je größer der Hebel, desto größer die Gewinnchancen und Verlustrisiken. Eigentlich sind Kryptowährungen schon spekulativ genug, sodass der normale Anleger sie nicht auch noch hebeln sollte.
- An welchem *Handelsplatz* kauft man den Coin? Normalerweise sollte man den Handelsplatz aussuchen, an dem regelmäßig der meiste Umsatz abgewickelt wird. Dies kann man schnell und komfortabel über die Seite coinmarketcap.com überprüfen. Im Suchfeld den Coin eingeben, dann findet man unter Markets die Börsen nach den Umsätzen geordnet.
- *Sofortkauf oder Limitkauf*? Je nach Einschätzung wird man einen Coin sofort zum aktuellen Preis kaufen wollen oder man legt ein Kauflimit, das unter den aktuellen Preisen liegt. Man kann über ein Stop-Buy-Limit auch ein Kauflimit legen, das über den aktuellen Preisen liegt. Dies ist dann sinnvoll, wenn das Überschreiten eines bestimmten Kursniveaus als Kaufsignal gilt (zum Beispiel das Überschreiten der 200-Tage-Linie).
- Wie hoch soll die *Gewichtung des Coins im eigenen Kryptodepot* sein? Der Anteil eines kleineren Coins könnte zum Beispiel zehn Prozent des Wertes des gesamten eigenen Kryptodepots betragen, während der Anteil von Bitcoin 30 oder 40 Prozent beträgt. Auch dies ist wieder eine Frage der Risikofreude. Generell kann man sagen, dass die großen Kryptowährungen weniger – aber immer noch mehr als genug – stark schwanken als die kleineren. Das ist nicht anders als am Aktienmarkt, an dem die großen Blue Chips weniger schwanken als kleinere und spekulativere Spezialwerte. Jedenfalls sollte ein vernünftiges Kryptodepot nur einen kleineren Anteil hochspekulativer Krypto-Exoten enthalten.

Bei der **Umsetzung des Verkaufs** sind weniger Punkte zu beachten als beim Kauf:

- Soll die *gesamte Position oder nur ein Teil davon* verkauft werden? Das ist eine persönliche Entscheidung. Bei einem Teilverkauf kann man – muss man natürlich nicht – sich immer ärgern. Denn steigt der Wert danach weiter, hätte man besser nichts verkauft. Fällt er hinterher, hätte man am besten alles verkauft. Trotzdem sollte man das nicht unter dem Tenor „Egal wie man's macht, ist es falsch" sehen. Keiner kann die Zukunft vorhersagen. Deshalb ist es nicht halbherzig, sondern strategisch durchaus sinnvoll, bei einer gut gelaufenen Position einen Teil der Gewinne mitzunehmen. Auch wenn es abgeschmackt klingt: An Gewinnmitnahmen ist noch keiner gestorben.
- *Sofortverkauf oder limitierter Verkauf?* Oft wird man einfach sofort einen Teil oder ganz verkaufen wollen. Bei einem limitierten Verkauf setzt man dagegen ein Verkaufslimit über dem aktuellen Preis. Daneben ist zur Gewinnsicherung oder Verlustbegrenzung der Einsatz von Stop-Limits anzuraten. Bei dynamischen Stop-Limits wird das Stop-Limit in steigenden Märkten immer weiter nach oben gezogen.

15.6 Portfoliodiversifikation: All you need is ... Bitcoin?

All you need is ... Bitcoin? Insbesondere Bitcoin-Maximalisten werden das so sehen. Andererseits widerspricht eine solche Herangehensweise den Grundsätzen einer Portfoliodiversifikation. Eine solche Diversifikation ist für langfristige Anlageentscheidungen wichtig und verbessert das Chance-Risiko-Verhältnis. Allerdings ist das am Kryptomarkt durch die sehr große Dominanz von Bitcoin etwas anders zu sehen.[12] Aus Anlegersicht zunächst wichtig ist eine vernünftige Portfoliodiversifikation über alle Anlageklassen hinweg, also Aktien, Anleihen, Immobilien, Gold, Kryptowährungen und eventuell andere Assets.

Im Zusammenhang mit den Kryptowährungen stellt sich dann die Frage nach der Diversifikation innerhalb dieser Assetklasse: nur Bitcoin kaufen, nur Altcoins oder einen Mix aus beiden? So listet Coingecko 12.500 Altcoins (Stand Januar 2024). Zwar geben fast alle irgendeinen besonderen Use Case vor, die wenigsten aber haben einen. Viele Experten sehen deshalb nur ein bis zwei Prozent dieser Token als potenziell für Anlagezwecke geeignet. Außerdem sind diese umso manipulationsanfälliger, je geringer ihre Marktkapitalisierung ist. Wie bei Aktien von jungen Unternehmen wird immer wieder der eine oder andere interessante Token dazukommen, dafür kann man andere von der Watchlist streichen. Der Bitcoin ist mit einer Marktdominanz von rund 53 Prozent (Stand Januar 2024) der eindeutige Marktführer. Mit einer Marktkapitalisierung von

830 Milliarden Dollar ist der Abstand zu Platz 2 und 3 enorm: Ether hat eine Kapitalisierung von 270 Milliarden Dollar, BNB von 45 Milliarden und Ripples XRP von 27 Milliarden Dollar. In der Vergangenheit gab es immer wieder spektakuläre Kursexplosionen einzelner Altcoins, aber natürlich auch ebensolche Einbrüche. Es gibt auch Analysten, die das zunehmende Angebot an derivativen Instrumenten auf den Bitcoin als eine mögliche Ursache für die Altcoin-Schwäche im Jahr 2019 sehen. Denn sprach man 2017 und noch Anfang 2018 den Altcoins einen Hebel gegenüber dem Bitcoin zu, so kann man diesen Effekt ja einfach direkt mit Hebelprodukten auf den Bitcoin erzielen und erspart sich so die Mühen einer Altcoin-Analyse. Allerdings: Altcoins mit wirklich innovativen oder massentauglichen Use Cases sind allemal eine Analyse wert und können eine Amazon- oder Google-ähnliche Outperformance gegenüber dem Bitcoin erzielen.

Meist hat sich gezeigt, dass der Bitcoin allein den Trend des Gesamtmarktes vorgibt. Von daher könnte man hier – entgegen den Grundsätzen der Portfoliodiversifikation – durchaus eine **Anlagestrategie** verfolgen, **die nur auf den Bitcoin setzt**. In deren Rahmen geht es dann nur um grundsätzliche Dinge wie Gewichtung des Bitcoin im Gesamtportfolio und handelsstrategische Überlegungen wie: Soll nach dem Cost-Averaging-Prinzip investiert, eine sture HODL-Strategie verfolgt, bei Übertreibungen nach oben wie unten (teilweise) verkauft und gekauft oder eine steuerliche Optimierung angestrebt werden? Ansätze zur Beantwortung dieser Fragen sind in den entsprechenden Kapiteln dieses Buches zu finden.

Sinnvoll scheint nicht ein stures Festhalten an einer einmal erfolgreichen Strategie, sondern eine flexible Anpassung an die jeweilige Marktsituation. Es gab immer wieder längere **Phasen der Outperformance von Bitcoin gegenüber den Altcoins**. Dies spiegelt sich dann in einer steigenden Bitcoin-Dominanz wider. In solchen Phasen ist es sinnvoll, sich nur auf den Bitcoin zu konzentrieren. Andererseits gibt es auch **Phasen der Outperformance der Altcoins**. In einer solchen Altcoin Season können die Altcoins den Bitcoin dann mit ihren Kursgewinnen teilweise weit hinter sich lassen. Dies spiegelt sich dann in einer stark fallenden Bitcoin-Dominanz wider. Zuletzt war das bei der Altcoin-Hausse im ersten Halbjahr 2021 zu beobachten (vergleiche Abbildung 11.1).

Dabei trifft man auf das bekannte Problem: „Prognosen sind schwierig, vor allem wenn sie die Zukunft betreffen." Ex post kann man natürlich eine Out- oder Underperformance der Altcoins schön erkennen. Ex ante kann man nur versuchen, dies mit **Analysemethoden** zu erahnen. So kann man sich Charts zum Beispiel bei Tradingview aufrufen, die die Performance aller möglichen Altcoins gegenüber dem Bitcoin zeigen. Bei einer Betrachtung des Charts von Ether mit dem Bitcoin als Kurswährung ist dann sofort zu erkennen, wann Ether in der Vergangenheit gegen den Bitcoin out- oder underperformt hat. Will man sich schnell einen Überblick verschaffen, welche Coins gerade in welchem Zeitraum gegen den Bitcoin besser oder schlechter performen, kann man auf Seiten wie Coinmarketcap oder Cryptorank die Kurswährung umstellen von Dollar auf Bitcoin. Dann wird die Performance aller Coins gegen den Bitcoin in bestimmten Zeiträumen aufgelistet. Glaubt man, eine Outperformance-Phase der Altcoins eruiert zu haben, kann man vielleicht noch bestimmte, gerade besonders angesagte Gruppen von Coins herausfiltern. So waren zu Jahresbeginn 2023 die KI-Coins die absoluten Highflyer und stiegen innerhalb weniger Wochen um Hunderte oder sogar Tausend Prozent.

Vom Aktienmarkt kennt man das Phänomen, dass in einem steigenden Markt mit einer sehr bullishen Stimmung die kleineren und riskanteren Aktien teilweise deutlich besser performen als die Blue Chips. Umgekehrt verlieren die großen Aktien in einer Abschwungphase dann aber auch deutlich weniger. Ein ähnliches Verlaufsmuster ist bei den Kryptowährungen zu beobachten. Bitcoin ist der Leitstern und bestimmt im Wesentlichen das Marktsentiment. Von daher sollte bei einer Aufwärtsbewegung von Bitcoin die Gewichtung der Altcoins in einem Kryptoportfolio deutlich größer sein als in einer Abwärtsbewegung. In einer solchen Phase lohnt sich auch die Mühe, **Coin-Picking** von besonders interessanten Coins zu betreiben. Ähnlich wie beim Stock-Picking am Aktienmarkt sollte man aber bei nachhaltigen Abwärtsbewegungen die Finger davon lassen.

15.7 Quantitative Analyse von Portfolios

Höhere Renditen sind immer mit einem größeren Risiko verbunden. Deswegen führt ein reiner Vergleich von Renditen in die Irre. So sieht die tolle Rendite einer hochspekulativen Anlage isoliert betrachtet fantastisch aus, hätte aber im negativen Fall auch extrem hohe Verluste bescheren können. Dies gilt natürlich auch im Kryptowährungsbereich. Gerade kleine und unbekanntere Coins unterliegen kurzfristig oft enormen Schwankungen. Zur besseren Vergleichbarkeit versucht man deswegen schon lange, Renditen unter Berücksichtigung des eingegangenen Risikos zu vergleichen. Mit solchen Rendite-Risiko-Kennzahlen werden **risikoadjustierte Überrenditen** ermittelt. Die **Überrendite** ergibt sich aus der über eine sichere Geldmarktanlage hinausgehenden Rendite. Bringt eine sichere Geldmarktanlage zum Beispiel ein Prozent und beträgt die Rendite der betrachteten Geldanlage fünf Prozent, so ergibt sich eine Überrendite von vier Prozent.

Die **Sharpe Ratio** misst die Überrendite einer Geldanlage im Zusammenhang mit ihrem Risiko. Dabei berücksichtigt die Sharpe Ratio auch das Risiko dieser Geldanlage, also deren Volatilität. Im Zähler steht dann die Überrendite, im Nenner die Standardabweichung als Maß für das Risiko. Je höher der Quotient und damit die Sharpe Ratio ist, desto besser war die Wertentwicklung der untersuchten Geldanlage unter Berücksichtigung des eingegangenen Risikos. Bei einem Wert zwischen 0 und 1 entspricht die

Überschussrendite nicht dem eingegangenen Risiko. Ist die Sharpe Ratio sogar negativ, konnte die Geldanlage noch nicht einmal die risikolose Geldmarktverzinsung erreichen. Da die Sharpe Ratio aus historischen Werten ermittelt wird, kann sie keine Prognose über die künftige Entwicklung geben. Vielmehr klassifiziert sie nur vergangene Wertentwicklungen unter Berücksichtigung der in dieser Zeit beobachteten Wertschwankungen. Grundsätzlich kann man sagen: Je höher die Sharpe Ratio, desto besser ist das Rendite-Risiko-Verhältnis eines Investments. Ist die Sharpe Ratio einer Geldanlage höher als die einer anderen, so bringt diese entweder mehr Rendite bei gleichem Risiko, die gleiche Rendite bei weniger Risiko oder sogar mehr Rendite bei weniger Risiko. Eine Kennzahl wie die Sharpe Ratio basiert immer auf historischen Daten – mit allen damit verbundenen Nachteilen. Sie ist außerdem nur so gut wie die einfließenden Daten. Die Volatilität gemessen an der Standardabweichung ist wie die Rendite annualisiert und nur eine durchschnittliche Abweichung. Außerdem gibt es bestimmte Inkonsistenzen.

Am sinnvollsten erscheint die Betrachtung der Sharpe Ratio für ganze Portfolios. So könnte man ein traditionelles Portfolio ohne Bitcoin mit einem Portfolio vergleichen, bei dem ein kleiner Teil der traditionellen Anlagen durch Bitcoin ersetzt wird. Bei verschiedenen Untersuchungen hat sich gezeigt, dass der Bitcoin durch die geringe langfristige Korrelation mit anderen Anlageklassen die Sharpe Ratio eines Portfolios verbessern kann.[13] Allerdings darf man dabei nicht vergessen, dass man letztlich Zeiträume beim Bitcoin betrachtet, die trotz der großen kurzfristigen Kursschwankungen von einer enormen langfristigen Aufwärtsbewegung gekennzeichnet waren. Vertraut die Mehrheit der Anleger weiter darauf, dass das Knappheitsversprechen von Bitcoin ein Fluchtvehikel aus allen möglichen inflationsgefährdeten Anlagen ist, kann die positive Portfoliorelevanz sogar noch größer werden.

15.8 Summary

15.1 Diversifikation gehört zu den Grundfesten einer sinnvollen Allokation des Vermögens.
Experten raten zu einer geringfügigen Beimischung von Bitcoin und abgeschwächt von anderen Kryptowährungen in ein modernes Portfolio. Je nach Risikofreude könnte sich ein Anteil zwischen einem (Risikoscheu) und zehn Prozent (Risikofreudigkeit) bewegen.
Bitcoin und Ethereum sind das **Basisinvestment** jedes Kryptoportfolios. Investoren, die sich intensiver mit der Materie befassen, können mit einem kleinen Teil des Maximalbetrags auch Coin-Picking bei Altcoins betreiben.
Ein einmal aufgrund der persönlichen Verhältnisse festgelegter Maximalbetrag für Krypto-Investments sollte nicht verändert werden.

15.2 **Langfristige Investments** sind beim Bitcoin wegen der bisher beobachteten ausgeprägten Zyklen rund um das alle vier Jahre stattfindende Bitcoin-Halving sinnvoll.

Im Rahmen dieser Zyklen kann auch eine steueroptimale Anlagestrategie umgesetzt werden.

Ein Einstieg mit einer Averaging-Strategie wie einem Sparplan ist sinnvoller als ein einmaliger Einstieg.

15.3 Das **Trading** von Kryptowährungen ist wegen der sehr großen kurzfristigen Kursschwankungen zwar attraktiv, aus dem gleichen Grund aber nicht für jedermann geeignet.

15.4 Ein **Mix** aus Investments und Trades kann auch unter steuerlichen Aspekten attraktiv sein.

15.5 Auch bei der **Auswahl des Krypto-Anlageinstruments und der Umsetzung** spielen steuerliche Überlegungen eine große Rolle.

15.6 Aufgrund der sehr großen Bitcoin-Dominanz spielt die **Portfoliodiversifikation** bei Krypto-Assets keine so große Rolle wie bei anderen Anlageklassen.

Coin-Picking von Altcoins sollte primär in Altcoin Seasons betrieben werden.

15.7 **Quantitative Analysen** von ganzen Portfolios zeigen eine Verbesserung des Rendite-Risiko-Verhältnisses bei einer Beimischung von Bitcoin zu einem traditionellen Portfolio. Bleibt der Konsens der Anleger von Bitcoin als internationalem Wertspeicher bestehen, wird dies auch in Zukunft so sein.

16 BESTEUERUNG UND STEUEROPTIMIERUNG

16.1 Länderspezifische Besteuerung von Kryptogeschäften

Bekannterweise kann die Besteuerung von gleichen Tatbeständen in verschiedenen Ländern sehr unterschiedlich sein. Bei der Besteuerung von Geschäften mit Kryptowährungen ist das nicht anders. Im Folgenden wird in diesem Kapitel schwerpunktmäßig auf die **Besteuerung von Privatanlegern** abgestellt.

Die Besteuerung ist in **Deutschland** *abhängig von den Instrumenten, die der Anleger für Krypto-Investments benutzt.* So sind Direktinvestments in Kryptowährungen wie Bitcoin nach einer Haltedauer von einem Jahr steuerfrei zu realisieren. Verkäufe nach weniger als einem Jahr sind dagegen mit dem Einkommensteuersatz des Anlegers zu versteuern, wenn der Gesamtgewinn aus diesen Geschäften den Freibetrag von 600 Euro übersteigt. Für zu unterschiedlichen Zeitpunkten angeschaffte Bestände in einer Wallet gilt das FIFO-Prinzip, die zuerst gekauften Bestände gelten also als zuerst verkauft. Investiert der Anleger dagegen über börsengehandelte Derivate wie Futures, Zertifikate, ETPs oder Optionsscheine, dann unterliegen diese – unabhängig von der Haltedauer – der Abgeltungsteuer von 25 Prozent. Bei Termingeschäften auf Kryptowährungen wie Futures, Optionen oder CFDs wird zwar ebenfalls Abgeltungsteuer fällig. Diese wird aber in einem separaten Steuertopf geführt, bei dem die Verrechnungsmöglichkeiten stark eingeschränkt sind.

Auch in **Österreich** war der Verkauf von Kryptowährungen *nach mehr als einem Jahr steuerfrei.* Unterjährig erzielte Gewinne waren mit dem persönlichen Einkommensteuersatz zu versteuern, wenn der Gesamtbetrag der Gewinne den Freibetrag von 440 Euro überstieg. Handelte es sich um keine Direktinvestments, sondern solche über

Derivate, unterliegen die Gewinne der Kapitalertragsteuer von 27,5 Prozent. Seit dem 01.03.2022 werden nun auch die Gewinne aus Direktinvestments unabhängig von der Haltedauer der Kapitalertragsteuer von 27,5 Prozent unterworfen. Bei der Einführung betraf das sogar alle ab dem 28.02.2021 gekauften Kryptowährungen, was durchaus umstritten war. Positiv für Krypto-Anleger ist bei der *Neuregelung*, dass beim Tausch von Kryptos (also zum Beispiel bei einem Verkauf von Ethereum gegen Bitcoin) noch keine Steuerpflicht eintritt, sondern erst beim Verkauf gegen Fiatwährung. Selbst beim Verkauf einer Kryptowährung gegen Stablecoins, die nicht gesetzlich anerkannt sind, tritt deshalb noch keine Steuerpflicht ein.

In der **Schweiz** und in **Liechtenstein** unterliegt der Wert der Kryptobestände einer Vermögensteuer, die es in Deutschland derzeit nicht gibt.[1] Dagegen sind die *Veräußerungsgewinne von Kryptogeschäften völlig steuerfrei* wie die Veräußerungsgewinne von anderen Kapitalanlagen. Diese Steuerfreiheit ist unabhängig von der Haltedauer und auch unabhängig von der Art des Investments (Direktanlage, Derivate, Termingeschäfte).

In **Luxemburg** unterliegen private Handelsgewinne aus Kryptowährungen der Kapitalertragsteuer, wenn der Gesamtbetrag 500 Euro übersteigt.[2] Wenn sie länger als sechs Monate gehalten werden, sind sie steuerfrei. Der Kaufpreis wird nach der Methode des gewichteten Durchschnittspreises ermittelt.

Portugal gilt als eines der kryptofreundlichsten Länder Europas. Portugal ist in Bezug auf die Einkommensteuer zwar Hochsteuerland. Die Gewinne aus dem Verkauf von Kryptowährungen wie Bitcoin sind aber unabhängig von der Haltedauer steuerfrei.

Einzelne Länder wie **Frankreich** unterstellen dagegen einen steuerpflichtigen Vorgang erst, wenn Kryptowährungen wieder gegen Fiatwährungen wie Euro oder Dollar verkauft werden. Dagegen wird der Krypto-zu-Krypto-Handel (also beispielsweise der Verkauf von Bitcoin gegen Litecoin) nicht versteuert.

Einige asiatische Länder zeichnen sich ebenfalls durch eine kryptofreundliche Besteuerung von Privatanlegern aus. **Singapur** gilt als eine der Krypto-Hochburgen weltweit. In Singapur gibt es generell keine Kapitalertragsteuer und somit auch keine Besteuerung von Gewinnen aus dem Kryptohandel. In **Malaysia** werden Kryptowährungen nicht als Vermögenswerte oder gesetzliche Zahlungsmittel betrachtet, sie können steuerfrei gehandelt werden.

Die Ausführungen in den folgenden Kapiteln beziehen sich ausschließlich auf die Besteuerung von Kryptogeschäften durch Privatanleger in Deutschland. Dabei wird für alle Coins und Token einheitlich der Begriff **Token** verwendet, da das Bundesfinanzministerium das in seinem Schreiben vom 10.05.2022 ebenso hält.[3] Dabei sind Token ein Oberbegriff für digitale Einheiten, denen bestimmte Ansprüche oder Rechte zugeordnet sind und deren Funktionen variieren. Diese digital dargestellten Werteinheiten sind virtuelle Währungen, „die von keiner Zentralbank oder öffentlichen

Stelle emittiert oder garantiert werden und damit nicht den gesetzlichen Status einer Währung oder von Geld besitzen, aber von natürlichen oder juristischen Personen als Tauschmittel akzeptiert werden und auf elektronischem Wege übertragen, gespeichert und gehandelt werden können".[4]

16.2 Steuerliche Behandlung von Direktanlagen in Kryptowährungen

16.2.1 Anschaffung

Vor einer Veräußerung von Wirtschaftsgütern muss es zunächst einmal eine Anschaffung geben.[5] Die Einstufung von Kryptowährungen als Wirtschaftsgut ist unstrittig. Denn die dem eigenen öffentlichen Schlüssel zugewiesenen vermögenswerten Vorteile können einem anderen öffentlichen Schlüssel zugewiesen werden.[6] Dieser vermögenswerte Vorteil kann durch den Marktpreis bestimmt werden, wie er an Börsen oder Handelsplattformen ermittelt wird. Auch bei Kryptowährungen erfolgt die Anschaffung meist durch **Kauf**. Dieser Kauf kann über eine Kryptobörse, durch ein direktes Geschäft mit einem Dritten oder aber auch durch Teilnahme an einem ICO erfolgen. Als Erwerbszeitpunkt gilt dabei der Zeitpunkt des Abschlusses des schuldrechtlichen Verpflichtungsgeschäfts, auch wenn das Erfüllungsgeschäft erst später erfolgen sollte. Für die steuerliche Behandlung ist der Erwerbspreis in Euro maßgeblich. Dies gilt auch, wenn die Kryptowährung gegen eine andere Kryptowährung oder eine Fremdwährung gekauft wird. Wird bei einem derartigen **Swap (Tausch)** beispielsweise Ethereum gegen Bitcoin gekauft, so wird als *Anschaffungswert der Eurowert der dafür gezahlten Bitcoin* an diesem Tag angesetzt. Das Gleiche gilt bei einem Kauf gegen eine Fremdwährung. Wird Ethereum gegen US-Dollar gekauft, so gilt als Anschaffungswert der in Euro zum Tageskurs umgerechnete Dollarbetrag.

Einen Sonderfall bilden **Token Swaps**, bei denen ein Token durch technische Veränderungen in einen anderen Token umgewandelt wird. So kann ein Token zunächst bei Begebung auf einer vorhandenen Blockchain wie Ethereum begeben werden und später auf eine eigene Blockchain umziehen.[7] Token Swaps können auch im Zusammenhang mit technischen Neuerungen und dem Umzug von einer vorläufigen Blockchain (*Testnet*) auf die endgültige (*Mainnet*) erfolgen. Aus steuerlicher Sicht liegt hier keine Veräußerung vor, wenn der neue Token mit dem alten wirtschaftlich identisch ist. Es gilt dann als Anschaffungszeitpunkt der Erwerb des ursprünglichen Token, auch wenn dieser eventuell einen ganz anderen Namen hatte.

Bei einem **ICO** erwirbt der steuerpflichtige Anleger die Token im Rahmen der Kapitalaufnahme einer Gesellschaft oder eines Projekts gegen Zahlung von Fiat- oder Kryptowährungen. Der Anschaffungszeitpunkt ist der Abschluss des schuldrechtlichen Verpflichtungsgeschäfts, also der rechtswirksame Kaufvertrag. Die tatsächliche Lieferung der Token ist dagegen nicht relevant. Ein Termingeschäft liegt auch bei einer deutlich späteren Lieferung der Token nicht vor, weil der Erwerb auf die tatsächliche Lieferung der Token ausgerichtet ist. Entsprechendes gilt für **Finanzierungsrunden vor einem ersten öffentlichen Angebot**, an denen sich ein Anleger beteiligt und dafür Token zugeteilt bekommt.

Eine Anschaffung kann auch durch **Margin Trading** erfolgen.[8] Dabei erfolgt der Kauf über eine Kryptobörse zumindest zum Teil nicht mit Eigenmitteln, sondern auf Kredit. Dieser Margin Loan ist vergleichbar mit einem Wertpapierkredit. Als Sicherheitsleistung muss zu Beginn die Initial Margin in Krypto- oder Fiatwährung hinterlegt werden. Durch die teilweise Fremdfinanzierung der Position agiert der Anleger mit mehr Geld, als ihm eigentlich zur Verfügung steht. Dadurch ergibt sich im Vergleich zum eingesetzten Eigenkapital ein *Leverage (Hebel)*, der sich durch das Verhältnis von eingesetztem Kapital (Eigenkapital plus Kredit) zum Eigenkapital ergibt. Durch diese Handelsvariante erhöhen sich die Chancen und Risiken einer Margin-Position im Vergleich zu einer ungehebelten Spot-Position um genau diesen Hebel. Für die Besteuerung ist entscheidend, dass ein *entgeltlicher Erwerb und damit eine Anschaffung der über den Margin-Kauf erworbenen Token* stattfindet.

Beträgt der Leverage zum Beispiel 5, dann erhöht sich der Gewinn (Verlust) aus der Margin-Position im Vergleich zur einfachen Spot-Position um den Faktor 5. Steigt (fällt) die einfache Spot-Position um zehn Prozent, dann steigt der Gewinn (Verlust) der Margin-Position auf 50 Prozent.

Bei **Short Sales (Leerverkäufen)** handelt es sich um Veräußerungen vor dem eigentlichen Erwerb. Bei einem gedeckten Leerverkauf wird die Kryptowährung zunächst entliehen, um sie danach zu veräußern. Der Leerverkäufer muss dann vor Ablauf der Leihdauer die Kryptos zurückkaufen, um sie wieder an den Verleiher zurückzugeben. Der Leerverkäufer setzt dabei auf einen Kursrückgang und spekuliert auf einen billigeren Rückkauf. Dabei kann der Leerverkauf durch einen Margin Sale gehebelt werden. Auch bei Leerverkäufen handelt es sich um steuerpflichtige private Veräußerungsgeschäfte nach § 23 Abs. 1 Nr. 3 EStG. Dabei ist Voraussetzung, dass es tatsächlich zu einer physischen Übertragung (Lieferung) des Wirtschaftsguts kommt.[9] Bei Termingeschäften mit einem Barausgleich des Differenzbetrags liegt dagegen kein privates Veräußerungsgeschäft vor.

Ein Anschaffungsvorgang liegt auch im Zusammenhang der Vergütungen für Leistungen beim **Lending**, **Mining**, **Forging** und **Staking** vor. Auch der kostenlose Zufluss von Token im Rahmen von **Airdrops** gilt als Anschaffung, wenn der Begünstigte irgendeine Leistung erbracht hat, durch die er zum Bezug der Token berechtigt wird. Nur wenn er überhaupt keine eigene Leistung für die Zuteilung erbracht hat, liegt keine Anschaffung, sondern eher eine Schenkung vor. Bei einer **Hard Fork** wird unterstellt, dass die Anschaffung zum Zeitpunkt des Erwerbs des ursprünglichen Token erfolgt ist.

16.2.2 Private Veräußerungsgeschäfte

Vor allen Überlegungen steht zunächst einmal die Frage, wer überhaupt grundsätzlich in Deutschland steuerpflichtig ist. Das ist nach § 1 EStG jeder, der in Deutschland angemeldet ist und seinen gewöhnlichen Aufenthalt in Deutschland hat. Den gewöhnlichen Aufenthalt hat jemand dort, wo er nicht nur vorübergehend verweilt. Darunter wird ein zusammenhängender Aufenthalt von mehr als sechs Monaten Dauer verstanden, wobei kurzfristige Unterbrechungen unberücksichtigt bleiben.

Kauft man Bitcoin oder andere Kryptowährungen an einer Kryptobörse, so werden diese vom Bundesfinanzministerium als sogenannte Recheneinheit deklariert. Es erfolgt also eine Gleichbehandlung mit anderen Devisen oder auch Gold. Dies eröffnet dem Anleger die seltene Möglichkeit der Erzielung steuerfreier Gewinne.

Die folgenden Betrachtungen beziehen sich auf private Anleger, die nicht die Kriterien der Gewerblichkeit erfüllen.[10] Für **Privatanleger** sind *sämtliche Einkünfte aus Kryptowährungen nach § 22 Nr. 2 EStG Einkünfte aus privaten Veräußerungsgeschäften im Sinne des § 23 Abs. 1 Satz 1 Nr. 2 EStG.* Diese **privaten Veräußerungsgeschäfte von anderen Wirtschaftsgütern (und damit auch Kryptowährungen)** werden in § 23 Abs. 1 Nr. 2 Satz 1 EStG genauer *definiert als solche, bei denen der Zeitraum zwischen Anschaffung und Veräußerung nicht mehr als ein Jahr beträgt.* Diese Vorschrift beschert deutschen Krypto-Anlegern deshalb ein einmaliges Privileg. Denn wer diese anderen Wirtschaftsgüter, hier also die Kryptowährungen, mehr als ein Jahr nach Kauf wiederverkauft, hat damit kein privates Veräußerungsgeschäft getätigt und damit auch keinen steuerpflichtigen Vorgang ausgelöst. **Nach mehr als einem Jahr verkaufte Kryptowährungen sind steuerfrei.**

Daraus ergibt sich ein ganz entscheidender Unterschied zwischen Geschäften mit Wertpapieren und Kryptowährungen. Bei Wertpapieren wurde die Spekulationsfrist, nach der die Papiere steuerfrei veräußert werden konnten, im Zuge der Einführung der Abgeltungsteuer 2009 abgeschafft. Dagegen gibt es für Kryptogeschäfte den im Steuerrecht sehr seltenen Fall, dass Gewinne steuerfrei vereinnahmt werden können.

Erfolgt der **Verkauf von Kryptowährungen nach weniger als einem Jahr**, ist der *Gewinn steuerpflichtig.* Ein entstandener *Verlust kann von anderen Kryptogewinnen im gleichen Jahr abgezogen* werden. Sind im gleichen Jahr weniger Gewinne realisiert worden als der Verlustbetrag ausmacht, kann dieser als *Verlustrücktrag* auch ein Jahr zurückgetragen werden, falls im Vorjahr Kryptogewinne entstanden sind.[11] Dadurch könnte eine Steuerrückerstattung auf bereits gezahlte Kryptogewinne des Vorjahres generiert werden. Können auch nach einem Rücktrag nicht alle Kryptoverluste aufgebraucht werden, kann der übrige Verlustbetrag als *Verlustvortrag* in die Folgejahre vorgetragen und dann von zukünftig entstehenden Kryptogewinnen – oder auch anderen Gewinnen aus privaten Veräußerungsgeschäften – abgezogen werden.

Steuerlich unbedenklich ist der **Transfer einer Kryptowährung**, zum Beispiel von einer Kryptobörse zu einer anderen oder auf eine private Wallet. Hier findet kein Verkauf statt, sondern nur ein Wechsel der Verwahrstätte.

Dagegen kann der **Kauf von Wirtschaftsgütern wie Waren oder Dienstleistungen gegen Kryptowährungen** eine *Steuerpflicht* auslösen. Denn hier wird wie beim Kryptoverkauf gegen eine andere Kryptowährung die ursprünglich angeschaffte Kryptowährung auf eine dritte Partei übertragen. Bei einem Kauf direkt gegen Kryptowährung wird unterstellt, dass diese zum Kaufzeitpunkt in die Referenzwährung Euro umgetauscht und anschließend davon das Wirtschaftsgut gekauft wird. Es muss in diesem Fall der Anschaffungspreis der Kryptowährung vom Preis zum Zeitpunkt des Kaufs der Ware oder Dienstleistung abgezogen und im Gewinnfall versteuert werden. Umgekehrt wäre bei einem Kauf von Gütern mit Kryptowährung zu einem Zeitpunkt, zu dem diese in der Verlustzone ist, ein verrechenbarer Verlust aus einem privaten Veräußerungsgeschäft entstanden. *Unter diesem Aspekt ist eigentlich davon abzuraten, Waren oder Dienstleistungen mit Kryptowährungen zu kaufen.* Denn dies würde sehr schnell zu einem extrem aufwendigen und nervigen Steuer-Tohuwabohu führen.

Ein Beispiel soll das entstehende Tohuwabohu verdeutlichen. Ein Anleger hat Anfang 2019 einen Bitcoin für 3.000 Euro gekauft. Im Mai 2019 erwirbt er für 0,02 BTC Waren. Zu diesem Zeitpunkt steht der Bitcoin bei 5.000 Euro. Zusätzlich zum Kaufpreis muss der Anleger dann (5.000 – 3.000) EUR/BTC x 0,02 BTC = 40 EUR als Veräußerungsgewinn beim Finanzamt angeben. Im Juni 2019 kauft der Anleger erneut Waren im Gegenwert von 0,3 BTC, der Bitcoin steht zu diesem Zeitpunkt bei 10.000 Euro. Dann müsste der Anleger (10.000 – 3.000) EUR/BTC x 0,3 BTC = 2.100 EUR als Gewinn aus privaten Veräußerungsgeschäften angeben. Man sieht schon an diesem Beispiel mit runden Zahlen die Problematik. Ganz schlimm wird es, wenn man viele Kleingeschäfte tätigt wie einen Kauf für 0,000348 BTC bei einem Bitcoin-Preis von 7.834,9846222 EUR. Diese Steuerproblematik könnte einer Alltagsadoption des Bitcoin noch erheblich im Wege stehen. Steuerlich unproblematisch, weil irrelevant, wären natürlich Käufe aus alten HODL-Beständen, deren Haltefrist von über einem Jahr bis zur Steuerfreiheit schon längst abgelaufen ist.

Bei **Short-Verkäufen von Kryptowährungen über Kryptobörsen** sind Gewinne und Verluste *immer steuerrelevant*. Hier heißt es in § 23 Abs. 1 Nr. 3 kurz und knapp: Private Veräußerungsgeschäfte sind „Veräußerungsgeschäfte, bei denen die Veräußerung der Wirtschaftsgüter früher erfolgt als der Erwerb". Das Schließen einer Short-Position nach mehr als einem Jahr ist also ebenso relevant wie das Schließen nach einem Monat. Gewinne und Verluste sind bei einem gedeckten Leerverkauf von Kryptowährungen also mit denen vom normalen Spothandel verrechenbar. Beim **Margin Trading auf Kryptobörsen** kann der Kapitaleinsatz durch Peer-to-Peer-Darlehen[12] von anderen Nutzern gehebelt werden, sodass man überproportional an steigenden und fallenden Kursen partizipiert. Für diese Geschäfte gelten *ebenfalls die Besteuerungsgrundsätze nach § 23 EStG*. Wird dagegen in einen **Futures-Kontrakt** investiert, stellt das ein eigenes Finanzprodukt dar, für das die Vorschriften des § 20 EStG gelten und das deshalb mit der *Abgeltungsteuer von 25 Prozent plus Solidaritätszuschlag* belegt ist.

Einen Sonderfall bildet ein **Verlust der Verfügungsgewalt über Kryptowährungen**. Dieser kann zum Beispiel aus dem Verlust des Private Key resultieren oder aus einem Diebstahl der Token nach einem Hack. Hier kommt es nicht zu einer Veräußerung der erworbenen Kryptowährungen. Deshalb ist der dabei entstehende *Totalverlust mangels Veräußerung selbst innerhalb der einjährigen Haltefrist nicht steuerwirksam*. Kamen die Token nach einem Hack einer Kryptobörse abhanden und diese entschädigt die Kunden, müssten die jeweiligen Umstände und ihre Folgen genauer geprüft werden.

Mit Kryptowährungen ist eine neue Kategorie von privaten Veräußerungsgeschäften im Sinne des § 23 EStG entstanden. Schon lange werden **Geschäfte mit anderen Vermögensgegenständen**, die innerhalb eines Jahres ge- und dann wieder verkauft werden, im Rahmen des § 23 EStG versteuert. Darunter fällt beispielsweise der *Verkauf von Oldtimern, Kunstgegenständen, Fremdwährungen oder Gold*. Auch Immobilien werden von diesem Paragrafen erfasst, allerdings beträgt da die Steuerfrist sogar zehn Jahre. **Alle Gewinne und Verluste aus privaten Veräußerungsgeschäften innerhalb eines Kalenderjahres können deshalb miteinander verrechnet werden.** Gewinne und Verluste aus der Veräußerung von Kryptowährungen innerhalb eines Jahres nach deren Kauf können deshalb mit entsprechenden Gewinnen und Verlusten aus der unterjährigen Veräußerung anderer Vermögensgegenstände verrechnet werden.

16.2.3 Fallstrick zusätzliche Einkünfte bei Kryptowährungen entfällt

Ein möglicher Fallstrick hat sich zunächst aus § 23 Abs. 1 Nr. 2 Satz 4 ergeben: „Bei Wirtschaftsgütern im Sinne von Satz 1, aus deren Nutzung als Einkunftsquelle zumindest in einem Kalenderjahr Einkünfte erzielt werden, erhöht sich der Zeitraum auf zehn Jahre." Das wäre dann eine sehr lange Spekulationsfrist, wie man sie von Immobilien kennt. Bedingung dafür ist, dass „zumindest in einem Kalenderjahr Einkünfte erzielt werden". Deswegen bestand die Gefahr, dass sich auch bei Kryptowährungen die Spekulationsfrist auf zehn Jahre verlängert, wenn mit diesen zusätzliche

Einnahmen wie beim Staking oder Lending erzielt wurden. Einige Steuerexperten gingen davon aus, dass das Finanzamt in solchen Fällen diese verlängerte Spekulationsfrist ansetzt. Sie rieten deshalb davon ab, derartige zusätzliche Einkünfte zu erzielen.

Mit dem Schreiben vom Bundesministerium der Finanzen vom 10.05.2022 wurde diese steuerliche Unsicherheit aber geklärt.[13] Demnach gibt es keine Verlängerung der Veräußerungsfrist nach § 23 Abs. 1 Satz 1 Nr. 2 Satz 4 EStG. Dabei ist es dann egal, welche Art von zusätzlichen Einkünften – wie Staking oder Lending – erzielt wurden. Von daher kann es hier keine Missverständnisse geben, da eine Verlängerung in jedem Fall ausgeschlossen wird. Die zusätzlichen Einkünfte sind allerdings separat zu versteuern.[14]

16.2.4 Fristberechnung und Verbrauchsfolgeverfahren

Die **Haltefrist** *beginnt mit dem Kaufdatum*. Kauft ein Anleger einen Bitcoin am 01.02., dann läuft diese mit dem 01.02. des Folgejahres ab. Der Anleger könnte dann den Bitcoin ab dem 02.02. des Folgejahres steuerfrei verkaufen, allerdings dann auch bei einem möglichen Verlust diesen nicht mehr mit steuerpflichtigen Gewinnen aus Kryptos ausgleichen.

Kommt es vor Ablauf der Haltefrist von einem Jahr zu einem **Tausch in eine andere Fiat- oder Kryptowährung**, dann liegt ein *steuerpflichtiger Vorgang* vor. Hat man also zum Beispiel ursprünglich einen Bitcoin gegen Euro gekauft und dann nach vier Monaten den Bitcoin gegen Dollar verkauft, ist der in Euro umgerechnete Gewinn zu versteuern. Bei einem Verlustgeschäft wäre der entstandene Verlust gegen steuerpflichtige Kryptogewinne verrechenbar. Bei einem zwischenzeitlichen Umtausch in eine andere Kryptowährung gilt dies auch. Kauft ein Anleger zum Beispiel einen Bitcoin gegen Euro, tauscht ihn zwei Monate später gegen Litecoin ein, die dann weitere drei Monate später wieder gegen Bitcoin getauscht werden, und wird ein Bitcoin daraus über ein Jahr nach dem ersten Kauf mit Gewinn verkauft, so ist dieser natürlich auch nicht steuerfrei. Vielmehr wird bei jedem Währungstausch der Kurs der getauschten Währung in Euro gerechnet zum Zeitpunkt des Tausches mit dem Anschaffungspreis in Euro gerechnet verglichen und der Gewinn oder Verlust festgestellt. Auch der Anschaffungspreis von zum Beispiel Litecoin muss in Euro umgerechnet werden, wenn er nicht direkt mit Euro, sondern mit Bitcoin gekauft wurde.

Dagegen ist ein *Tausch in eine andere Kryptowährung nicht steuerpflichtig, wenn dieser nach mehr als einem Jahr erfolgt*. Allerdings beginnt dann vom Tauschzeitpunkt natürlich wieder eine neue Haltefrist für die eingetauschte Kryptowährung. Für deren steuerfreie Realisierung wäre dann erneut der Ablauf eines Jahres nötig.

Auch wichtig im Zusammenhang mit der Fristberechnung ist das **FIFO-Prinzip (First in, first out)**. Dieses Verbrauchsfolgeverfahren wurde früher auch bei der Ermittlung von steuerpflichtigen und nicht steuerpflichtigen Aktiengeschäften angewendet. Seit Einführung der Abgeltungsteuer hat es dort aber keine Relevanz mehr. Will man Gewinne oder Verluste im Zusammenhang mit Kryptowährungen in Bezug auf die Steuerlast optimieren, ist das FIFO-Prinzip dagegen ganz entscheidend. Dabei gilt das *FIFO-Prinzip nur für die einzelne Wallet*. Hat man die gleiche Kryptowährung in verschiedenen Wallets, folgt aus dem Prinzip der Objektbesteuerung bei privaten Veräußerungsgeschäften, dass die FIFO-Methode nur für die jeweilige Wallet Anwendung findet. In der jeweiligen Wallet gilt aber, dass die zeitliche Reihenfolge bei den gekauften Kryptowährungen auch für die Veräußerung gilt. Werden also zum Beispiel zum Zeitpunkt 1, 2 und 3 verschiedene Positionen in Bitcoin gekauft und in einer Wallet aufbewahrt, so gilt für die Veräußerung: Zunächst wird die in Zeitpunkt 1 gekaufte Position als verkauft gewertet, dann die in Zeitpunkt 2 und zuletzt die in Zeitpunkt 3.

Ein konkretes Beispiel:

Kauf 1 Bitcoin am 19.11.2018 zu 5.000 €
Kauf 2 Bitcoin am 10.01.2019 zu 3.200 €
Kauf 1 Bitcoin am 30.03.2019 zu 3.700 €
Kauf 1 Bitcoin am 08.07.2019 zu 11.000 €
Verkauf 2 Bitcoin am 07.12.2019 zu 6.700 €

Von den am 07.12.2018 verkauften zwei Bitcoin wird ein Bitcoin gegen die erstgekaufte Position gegengerechnet. Da diese vor mehr als einem Jahr gekauft wurde, ist sie steuerfrei. Der restliche Bitcoin wird gegen einen der am 10.01.2019 gekauften zwei Bitcoin verrechnet. Da die Jahresfrist noch nicht abgelaufen ist, greift hier die Versteuerung. Der zu versteuernde Gewinn errechnet sich als 1 BTC x (6.700-3.200) EUR/BTC = 3.500 EUR. Insgesamt wäre dieser Verkauf unter Steueraspekten wenig sinnvoll. Wenn nur ein Bitcoin verkauft würde, wäre dieser steuerfrei. Bei einem Verkauf des anderen Bitcoin zu 6.700 EUR vor Ablauf der Jahresfrist am 11.01.2020 wäre bei einem angenommenen persönlichen Steuersatz von 40 Prozent (dann wäre die Steuerschuld im obigen Beispiel 0,4 x 3.500 EUR = 1.400 €) der Gewinn nach Steuern 3.500 EUR – 1.400 EUR = 2.100 EUR. Der Bitcoin müsste von Dezember 2019 bis Januar 2020 von 6.700 EUR auf unter 5.300 EUR fallen, damit ein schlechteres Nachsteuerergebnis herauskommt. Abgesehen davon wäre es in diesem Fall sinnvoll gewesen, die Bitcoin-Käufe von vornherein auf verschiedenen Konten zu tätigen oder auf verschiedene Wallets zu verteilen.[15]

Neben dem FIFO-Prinzip gibt es grundsätzlich zwei weitere Verbrauchsfolgeverfahren. Beim **LIFO-Prinzip** (Last in, first out) gelten die zuletzt gekauften Positionen als zuerst verkauft. Nach überwiegender Meinung ist dieses – für die Steuerpflichtigen eher günstige – Prinzip bei Kryptowährungen nicht anwendbar.

Beim **Durchschnittsverfahren** wird für gleiche Kryptos ein durchschnittlicher Erwerbs- und Veräußerungspreis gemäß § 240 Abs. 4 HGB festgelegt. Das Verfahren hat für den Steuerpflichtigen Vorteile, weil dadurch der zuerst angeschaffte Teil im Bestand bleibt, wenn mit einem Teil des Gesamtbestandes gehandelt wird. Dadurch ist die einjährige Spekulationsfrist leichter zu erreichen. Allerdings hat auch diese Methode erhebliche Nachteile gegenüber Zwei- oder Mehrkontenmodellen.

Die FIFO-Methode ist im Privatvermögen für vertretbare Wertpapiere und Fremdwährungen gesetzlich vorgeschrieben.[16] Dagegen gibt es diese gesetzliche Verbrauchsfolgefiktion für andere Wirtschaftsgüter nicht. Solange Kryptowährungen nicht als vertretbare Wertpapiere oder Fremdwährungen qualifiziert sind, gibt es deshalb kein gesetzlich vorgeschriebenes Verbrauchsfolgeverfahren. Von daher könnte ein Verbrauchsfolgeverfahren grundsätzlich frei gewählt werden. Unabhängig davon, ob die Finanzbehörden eine andere Methode als FIFO anerkennen, müsste der Steuerpflichtige das gewählte Verfahren dann aber konsequent für alle Transaktionen ansetzen. Auf einem Konto eine Methode und auf einem anderen eine andere anzuwenden, wäre wohl kaum zu vermitteln. Das Gleiche gilt bei der Verwendung von verschiedenen Methoden bei verschiedenen Coins.

Beim **Erwerb der Kryptowährungen durch Erbschaft** gilt das *Datum, an dem der Erblasser diese erworben hat, als maßgeblicher Anschaffungszeitpunkt* auch für die Erben und nicht der Zeitpunkt der Vererbung. Gleiches gilt für den Fall einer **Schenkung**.

16.2.5 Gewinnermittlung, Referenzwährung, Steuersatz und Freigrenze

§ 23 Abs. 3 Satz 1 EStG bestimmt den Gewinn oder Verlust: „Gewinn oder Verlust aus Veräußerungsgeschäften nach Absatz 1 ist der Unterschied zwischen Veräußerungspreis einerseits und den Anschaffungs- oder Herstellungskosten und den Werbungskosten andererseits.“ Der **Anschaffungspreis** ist dabei der reine Kaufpreis ohne Transaktionsgebühren. Die **Transaktionsgebühren** werden von den Kryptobörsen bei Kauf und Verkauf der Kryptopositionen erhoben und sind vom Verkaufserlös der Positionen abzuziehen. Die Transaktionsgebühren gehören zu den **Werbungskosten** und können eindeutig bestimmten Transaktionen zugeordnet werden. Schwieriger ist das bei sonstigen Werbungskosten. Denn das sind Aufwendungen, die im Zusammenhang mit dem gesamten Kryptohandel der steuerpflichtigen Person stehen und damit nicht eindeutig einzelnen Transaktionen zugeordnet werden können. Die **Berechnung der zu versteuernden Beträge**, also der innerhalb eines Jahres erfolgten Transaktionen, ergibt sich wie folgt:

Verkaufspreis *minus* Anschaffungskosten *minus* Transaktionskosten bei An- und Verkauf *minus* anteilige sonstige Werbungskosten = **steuerpflichtiger Gewinn/Verlust.**

Die **sonstigen Werbungskosten** müssen in einem direkten wirtschaftlichen Zusammenhang mit den Gewinnen/Verlusten aus dem Kryptohandel stehen. Zum Beispiel fallen darunter Transaktionskosten, die nicht direkt beim Akt des An- und Verkaufs der Kryptowährung auf einer Kryptobörse entstehen. Dies werden im wesentlichen Übertragungskosten sein. So ist die Übertragung einer Kryptowährung von einer Kryptobörse zu einer anderen oder auf eine eigene Hardware Wallet mit Übertragungsgebühren belegt, die je nach beteiligter Blockchain und aktuellem Traffic in der Blockchain unterschiedlich hoch ausfallen können. Außerdem könnten in diese Kostenkategorie das Abonnement von kostenpflichtigen Informations- oder Analysediensten sowie die kostenpflichtige Nutzung von Krypto-Steuertools fallen. Bei nach mehr als einem Jahr steuerfrei realisierten Positionen spielen sonstige Werbungskosten wie auch die anderen Kosten steuerlich dagegen keine Rolle. Zum Zeitpunkt des Entstehens der sonstigen Werbungskosten ist aber meist noch nicht klar, ob diese einmal steuerrelevant werden. Dies entscheidet sich erst durch einen unterjährigen Verkauf oder durch Ablauf der Jahresfrist. Von daher können diese Kosten beim Entstehen zunächst nur erfasst werden und müssen bei einem tatsächlich stattgefundenen steuerpflichtigen Verkauf dann anteilig zugeordnet werden. Ob aus Vereinfachungsgründen eine Pauschalierung sämtlicher sonstigen Werbungskosten im Verhältnis von realisierten steuerfreien und steuerpflichtigen Gewinnen und Verlusten von der Finanzverwaltung anerkannt wird, ist unklar.

§ 23 Abs. 3 Satz 6 bestimmt die **Steuerfreigrenze** mit weniger als 600 Euro im Kalenderjahr. Das heißt aber nicht, dass bei einem Gewinn von 1.000 Euro nur 400 Euro zu versteuern wären wie bei einem Steuerfreibetrag. Sobald 600 Euro oder mehr Gewinn erzielt wurde, ist der Gesamtbetrag zu versteuern. Bei 1.000 Euro Gewinn sind also 1.000 Euro zu versteuern. Zu beachten ist auch: Die Freigrenze bezieht sich auf **sämtliche** privaten Veräußerungsgeschäfte, nicht nur auf Kryptogeschäfte. Wenn man beispielsweise ein Kunstwerk innerhalb eines Jahres kauft und mit Gewinn wieder verkauft, dann wäre dieser Gewinn in Bezug auf den Steuerfreibetrag zu dem aus Kryptogeschäften hinzuzurechnen. Außerdem sind sämtliche Gewinne und Verluste aus privaten Veräußerungsgeschäften gegenseitig verrechenbar. Deshalb schmälern zum Beispiel Gewinne aus dem unterjährigen Verkauf von Kunst oder Oldtimern die Verluste aus Kryptowährungen und umgekehrt.

Weiterhin kann sich ein höherer Freibetrag ergeben, wenn der **Grundfreibetrag** nicht erreicht wird. Dieser beträgt 9.984 Euro für das Jahr 2022. Wer ein geringeres Gesamteinkommen hat, zahlt keine Einkommensteuer.

Bei einem Verkauf von Kryptowährungen innerhalb eines Jahres kommt es zu einer Versteuerung der Gewinne. Dabei ist zu beachten, dass hier eben nicht die vergleichsweise günstige Abgeltungsteuer zum Tragen kommt, *sondern der persönliche Einkommensteuersatz.* Dieser individuelle Steuersatz wird bestimmt durch alle Einkünfte aus

Arbeit, Vermietung, Zinseinnahmen und so weiter. Der **Steuersatz auf Kryptowährungsgewinne** kann deshalb deutlich mehr betragen als die 26,375 Prozent bei Wertpapieren (25 Prozent Abgeltungsteuer plus 5,5 Prozent Solidaritätszuschlag). Spitzenverdiener müssen dann bis zu 45 Prozent Steuern auf die Gewinne bezahlen (42 Prozent plus drei Prozent Reichensteuer). Dazu kommen dann noch Solidaritätszuschlag und eventuell Kirchensteuer. Bei Geringverdienern kann der Steuersatz aber auch unter den 26,375 Prozent liegen.

Bei der Versteuerung beziehen sich alle Transaktionen auf die **Referenzwährung** im jeweiligen Land. In Deutschland ist die für das Finanzamt entscheidende Referenzwährung natürlich der **Euro**. Das bedeutet, dass *sämtliche Transaktionen immer mit dem Eurowert am Tag der Transaktion bewertet* werden müssen. Kauft oder verkauft man Bitcoin gegen Euro, wird der Eurowert direkt ausgewiesen. Problematisch wird es schon, wenn man Bitcoin gegen Dollar kauft und verkauft oder auf Dollarbasis kauft und gegen Euro verkauft. Denn der Dollar schwankt ja auch gegenüber dem Euro. Deshalb muss hier für jede Transaktion der Eurowert auf Basis des an diesem Tag gültigen Kurses des Dollar gegen den Euro berechnet werden. Analoges gilt auch für Krypto-Währungspaare. Kauft man Litecoin gegen Bitcoin und verkauft später die Litecoin gegen Ethereum, dann errechnet sich der Kaufkurs aus dem Bitcoin-Preis in Euro an diesem Tag, der Verkaufspreis aus dem Ethereum-Preis in Euro am Verkaufstag. Deshalb muss immer sichergestellt sein, dass der Eurokurs gegen alle relevanten Währungen bekannt ist.

16.2.6 Verlustvorträge und -rückträge

Wie in Kapitel 16.2.2 bereits erwähnt, können Gesamtverluste in einem Kalenderjahr rück- und vorgetragen werden. Gesamtverluste entstehen, wenn in einem Kalenderjahr die Gesamtheit der steuerrelevanten Verluste aus unterjährigen Verkäufen die der steuerpflichtigen Gewinne übersteigt. Im Gegensatz zu Gesamtverlusten aus Kapitalvermögen können diese Verluste dann auch ein Jahr zurückgetragen werden, wenn im Vorjahr Gewinne zu versteuern waren. In diesem Fall käme es dann zu einer entsprechenden Steuerrückerstattung. Bleiben auch danach noch Verluste übrig, können diese unbegrenzt auf die Folgejahre übertragen werden und dann mit – hoffentlich – entstehenden Gewinnen verrechnet werden.

Beim Verlustrücktrag ist bei großen Summen aber noch eine Besonderheit zu beachten aufgrund des § 10d EStG, der den Verlustabzug regelt. Demnach können negative Einkünfte bis zu einem Betrag von 1.000.000 Euro (bei Ehegatten 2.000.000 Euro) vom Gesamtbetrag der Einkünfte des unmittelbar vorangegangenen Jahres abgezogen werden (**Verlustrücktrag**). Bleiben dann immer noch Verluste übrig, können diese in die Folgejahre vorgetragen werden (**Verlustvortrag**). Übrig gebliebene Verluste können unbegrenzt in die Zukunft übertragen werden.

16.2.7 Fallstrick Steuerschulden wegen Rückübertragbarkeitsgrenze

Die großen Schwankungen an den Kryptomärkten können durchaus dazu führen, dass man trotz vorheriger großer Gewinne plötzlich in eine steuerliche Schieflage gerät, die in der persönlichen Insolvenz endet. Dies kann insbesondere passieren, wenn Anleger nach traumhaften Erfolgen im Jahr 1 über die Stränge schlagen und im Jahr 2 zum Beispiel durch Margin-Käufe mit Hebel agieren. Aber selbst ohne Hebelkäufe sind solche Fälle nicht nur theoretisch möglich, wenn man die erlösten Gewinne aus dem Jahr 1 im Jahr 2 in Kryptowährungen investiert, die dann 70, 80 oder 90 Prozent oder sogar noch mehr fallen. Dann können sich die – noch nicht versteuerten – Traumgewinne aus dem Jahr 1 im folgenden Jahr 2 völlig in Luft auflösen. Die Steuerschuld aus dem Jahr 1 aber bleibt. Dann entpuppt sich die in Kapitel 16.2.6 beschriebene Regelung zum Steuerrücktrag als **Fallstrick wegen der Rückübertragbarkeitsgrenze von Veräußerungsverlusten** (eine Million bei Alleinstehenden und zwei Millionen bei zusammen veranlagten Ehegatten) und damit als erbarmungslose Steuerkeule. Da vielfach Steuererklärungen bis zum Jahresende oder noch länger aufgeschoben werden, kann die Steuerschuld aus den im Jahr 1 erzielten Gewinnen dann eventuell sogar das Gesamtvermögen übersteigen. Unter diesem Aspekt sollte jeder Anleger mit sehr großen Gewinnen für sich eine Steuerrückstellung bilden, um nicht in eine schlimme Steuerfalle zu laufen. Denn alle Gewinne zu verlieren ist schon bitter genug. Dann auch noch eine nicht begleichbare Steuerschuld offen zu haben ist fatal.

Ein (nicht unbedingt nur hypothetisches) Beispiel: Ein Anleger macht im Jahr 2017 aus 50.000 Euro einen Gesamtgewinn von 4.050.000 Euro. Da alle Positionen unterjährig verkauft wurden, hat er also einen zu versteuernden Veräußerungsgewinn von vier Millionen Euro erzielt. Bei einem Steuersatz von 45 Prozent ergibt das eine Steuerschuld von 1,8 Millionen Euro. Sehr viel, aber immerhin hat der Anleger ja auch nach Steuern noch einen Supergewinn erzielt. 2018 wird der Anleger noch mutiger und tätigt zusätzlich zu den normalen Kryptogeschäften auch noch Margin-Geschäfte mit Hebel. Dadurch verliert er vier Millionen Euro, sein Vermögen reduziert sich wieder auf den Ausgangsbetrag von 50.000 Euro. Er realisiert die Verluste, weil er diese auf das Vorjahr zurücktragen und mit den Gewinnen verrechnen will. Nach § 10 Abs. 1 kann er (als Alleinstehender) aber nur eine Million Euro Verlust zurücktragen. Der zu versteuernde Gewinn reduziert sich dadurch von vier auf drei Millionen Euro. Dies ergibt dann immer noch eine Steuerschuld von 1,35 Mio. Euro. Diese kann er jedoch nicht begleichen, wenn er kein sonstiges Vermögen besitzt, denn er hat nur noch 50.000 Euro. Mit anderen Worten: Er ist pleite. Die Steuerschuld mit „normaler“ Arbeit abzutragen erscheint da illusorisch.

Derartige Fälle plötzlich und unerwarteter Steuerschulden können sich auch im Fall einer **Erbschaft** ergeben. Hier könnte der Fall eintreten, dass Erben unbedarft eine Erbschaft antreten und sich hinterher mit einer riesigen Steuerschuld konfrontiert sehen. Dies soll hier aber nicht weiter vertieft werden.

16.2.8 Sonderfall: Verrechnung mit Altverlusten aus Wertpapiergeschäften bis Ende 2008

Altverluste, die vor Einführung der Abgeltungsteuer im Jahr 2009 angefallen sind, konnten noch mit Gewinnen aus Wertpapiergeschäften von 2009 bis Ende 2013 verrechnet werden. Danach wurden sie aber nicht wertlos. Vielmehr gibt es die **Möglichkeit der Verrechnung von Altverlusten mit Gewinnen aus privaten Veräußerungsgeschäften.**[17] Damals dachte man nur an Gewinne aus dem Verkauf von Kunstwerken, Oldtimern und Ähnliches. Mit den Kryptowährungen kam eine völlig neue Art von privaten Veräußerungsgeschäften dazu. Zu versteuernde Gewinne aus diesen Geschäften sind deshalb noch immer mit Altverlusten aus Wertpapiergeschäften vor 2009 verrechenbar.

16.2.9 Fallstrick Anonymität der Kryptowährungen

Die Blockchain vergisst nie. Das gilt auch für die Nachverfolgbarkeit steuerlich relevanter Transaktionen. Natürlich sollte man seine steuerpflichtigen Einnahmen beim Finanzamt angeben und versteuern. Viele Anleger und Trader in Kryptowährungen glauben, dass durch die scheinbare Anonymität das Finanzamt sowieso keine Kenntnis der Vorgänge bekommen wird. Das kann aber auf Sicht ähnlich ausgehen wie in der Vergangenheit im Zusammenhang mit der Anonymität der Schweizer Konten. Denn die Transaktionen der einzelnen Wallets sind öffentlich und quasi bis in alle Ewigkeit nachzuvollziehen. Zwar kann man zunächst den Wallets keine Namen zuordnen. Allerdings: Kommt es zu Leaks, könnte sich das schnell ändern. Kann man dann eine Wallet mit einem Namen in Verbindung bringen, sind im Nachhinein alle getätigten Transaktionen nachzuvollziehen. Auch bei den Kryptobörsen gibt es Mitarbeiter, die an Daten der Nutzer kommen und diese – aus welchen Gründen auch immer – an die Behörden weitergeben könnten. Die berüchtigten CDs mit den Kunden Schweizer Banken lassen dann heftig grüßen. Zwar kann über Krypto-Wallets wie Metamask weitgehend anonym auf dezentralen Börsen gehandelt werden, trotzdem gibt es auch hier Fallen, die zu einer Identifizierung des Anlegers führen können. Immerhin würde es dann zu einer Anklage wegen Steuerhinterziehung kommen. Diese wird mit Geldstrafen oder mit Freiheitsstrafen bis zu fünf Jahren bestraft, in besonders schweren Fällen sogar bis zu zehn Jahren. Ab einer Million Euro kann es keine Freiheitsstrafe auf Bewährung mehr geben. Dieser Betrag kann bei den großen Kryptogewinnen der Vergangenheit schnell erreicht sein. Die Verjährungsfrist beträgt fünf Jahre, bei schweren Fällen zehn Jahre. Dabei beginnt die Frist nach Beendigung der Tat, also Abgabe der Steuererklärung beziehungsweise Zustellung des Steuerbescheids. Der Verlass auf die scheinbare Anonymität bei Kryptowährungen kann sich deshalb als gravierender Trugschluss erweisen.

Außerdem haben Krypto-Anleger im Zusammenhang mit der Versteuerung auch eigentlich keinen Grund zur Klage. Denn die Möglichkeit, Kryptogewinne nach mehr als einem Jahr steuerfrei realisieren zu können, ist ein ausgesprochen seltenes Steuerprivileg. Darüber hinaus wird in Kapitel 16.8 auch kurz auf Möglichkeiten eingegangen, die gesamte Versteuerung von Kryptowährungen durch einige einfache Strategien zu optimieren.

16.2.10 Deklarierung der Gewinne und Verluste und Dokumentation steuerfreier Gewinne

In der Steuererklärung werden die Gewinne in Anlage SO deklariert, wo auch Gewinne mit Devisenkassageschäften oder Gold angegeben werden. Beigefügt werden sollten auch entsprechende Belege, damit das Finanzamt die Ordnungsmäßigkeit überprüfen kann. Jeder Steuerbürger hat schließlich eine Bringschuld gegenüber dem Finanzamt.

Steuerfreie Gewinne müssen bei Kryptos – wie früher bei Aktien – dem Finanzamt zwar nicht gemeldet werden, zumal ja kein steuerpflichtiger Vorgang vorliegt. Es kann aber trotzdem opportun sein, diese steuerfreien Gewinne zumindest dokumentiert in der Schublade zu haben. Insbesondere große steuerfreie Gewinne könnten bei späterer Verwendung der Gelder, beispielsweise bei einem Hauskauf, beim Finanzamt die berechtigte Frage aufkommen lassen, woher die wundersame Geldvermehrung kommt. Beim Bitcoin und anderen Kryptowährungen dürfte es ja doch einige Fälle geben, bei denen aus 1.000 Euro eine Million Euro oder aus 10.000 Euro dann zehn Millionen Euro wurden. Grundsätzlich wäre zwar das Finanzamt in der Beweispflicht, wenn es hier eine Steuerhinterziehung vermuten würde. Es liegt aber auf der Hand, dass man sich durch eine vernünftige Dokumentation eine Menge Ärger ersparen kann.

Will man auf Nummer sicher gehen, gibt man sämtliche Transaktionserlöse dem Finanzamt an und kennzeichnet die steuerfreien Transaktionen. Denn es kann durchaus passieren, dass das Finanzamt eine andere Rechtsauslegung hat als der Anleger selbst. Wenn der Anleger alles angibt, kann nie der Vorwurf der Steuerhinterziehung im Raum stehen.

16.2.11 Zeitpunkt der Steuererklärung und Liquidität

Hat man in Jahr 1 sehr hohe Gewinne erzielt und in Jahr 2 zeichnen sich hohe Verluste ab, sollte man die Steuererklärung für Jahr 1 möglichst lange hinauszögern (zum Beispiel bis Jahresende Jahr 2) und die Steuererklärung für Jahr 2 möglichst bald erstellen (zum Beispiel direkt zu Jahresbeginn von Jahr 3). Dadurch kann man zeitgleich oder zeitnah die fälligen Steuerzahlungen für Jahr 1 mit der Rückerstattung für Jahr 2 verrechnen und behält so eine größere Liquidität. Aufgrund der Fallstricke, die sich aufgrund von Steuerschulden ergeben können, sollte man dann unbedingt **Rückstellungen für die ausstehende Steuerschuld** bilden. Bei großen Verlusten in einem Jahr und bereits versteuerten Gewinnen im vorherigen Jahr sollte man die Steuererklärung dagegen so früh wie möglich abgeben, um frühzeitig in den Genuss einer Steuerrückerstattung zu kommen.

16.2.12 Tools für die Steuererklärung

Wer nur eine Handvoll Trades im Jahr macht, braucht nicht unbedingt ein Steuertool zur Vorbereitung der Steuererklärung. Kommen allerdings mehr Trades zusammen, kann eine Zusammenstellung sehr schnell nervig werden. Denn jeder Umtausch einer Währung in eine andere, also auch der Kauf von Ethereum gegen Bitcoin, stellt innerhalb eines Jahres eine steuerpflichtige Transaktion dar. Es muss auch jede Transaktion zu den Eurowerten an dem betreffenden Tag bewertet werden. Mit den automatisierten Steuertools kann man sich die Arbeit erheblich erleichtern und sogar die Steuern optimieren. Allerdings haben sich bisher eigentlich bei allen vorhandenen Steuertools wie Blockpit, Cryptotax, Cointracking oder Accointing Schwächen gezeigt. Hat man nur ein Konto bei einer Kryptobörse, dürfte es kaum Probleme geben. Werden aber mehrere Konten bei verschiedenen zentralisierten Kryptobörsen und daneben noch bei dezentralisierten Kryptobörsen unterhalten, könnte sich die Zusammenstellung der steuerrelevanten Daten als sehr schwierig erweisen. So kann bereits der Import der Daten von bestimmten Börsen ein Problem sein.

16.3 Einkünfte durch Lending

Beim **Lending** handelt es sich um ein Darlehen in Form von Kryptowährungen. Entleiher sind oft Margin Trader, die dadurch mit einem Hebel im Vergleich zu ihrem eingesetzten Kapital handeln können. Das Nutzungsentgelt, das der Entleiher an den Verleiher zahlt, wird meist in Kryptowährung gezahlt. Die lange Zeit unklare Versteuerung dieser Erträge hat das Bundesfinanzministerium in seinem

Schreiben geklärt.[18] Demnach sind *Einkünfte aus Lending gemäß § 22 Nr. 3 EStG zu versteuern*. Denn die Erzielung von Einkünften durch die Nutzungsüberlassung auf Zeit erfolgt aufgrund einer Leistung des Steuerpflichtigen. Dabei gilt eine *Freigrenze von 256 Euro* pro Jahr. Liegen die Einkünfte darunter, sind sie nicht einkommensteuerpflichtig.

Erhält der Verleiher als Leihgebühren keine Fiatwährung, sondern *Kryptowährungen als Entgelt für die Nutzungsüberlassung*, dann gelten diese Token zum Zeitpunkt des Erhalts als angeschafft. Der Wert der erhaltenen Einheiten dieser Token ist deshalb dann mit dem Marktpreis zum Zeitpunkt des Erhalts zu bewerten. Auch die Bestimmung dieses Marktpreises hat das Bundesfinanzministerium genau festgelegt.[19] Sind Börsenkurse verfügbar, dann sind diese anzusetzen. Dabei werden Kurse an den Kryptobörsen nicht als Börsenkurse klassifiziert. Denn bei fehlenden Börsenkursen können laut Finanzministerium dann Kurse von Handelsplattformen wie Kraken oder Coinbase oder – falls diese auch nicht verfügbar sind – von Portalen wie Coinmarketcap angesetzt werden.

Bei einer *Veräußerung der durch das Lending erhaltenen zusätzlichen Token* gelten wieder die Vorschriften über private Veräußerungsgeschäfte. Werden diese nach mehr als einem Jahr nach Erhalt verkauft, ist der Veräußerungserlös steuerfrei. Werden sie unterjährig verkauft, ist ein Veräußerungsgewinn mit dem persönlichen Einkommensteuersatz zu versteuern. Ein Verlust kann dann wieder mit Gewinnen aus anderen privaten Veräußerungsgeschäften verrechnet oder für die Folgejahre vorgetragen werden. Bei der Berechnung des Veräußerungsgewinns der neuen Token, die der Verleiher vom Entleiher bekommen hat, ist zu beachten, dass der Anschaffungspreis nicht null ist, obwohl der Verleiher nichts dafür gezahlt hat. Vielmehr ist der Anschaffungspreis wieder der Marktwert zum Zeitpunkt des Erhalts der neuen Token. Denn die eigentlichen Gewinne aus dem Lending (Marktpreis der durch Lending erhaltenen Token zum Zeitpunkt des Erhalts) wurde ja bereits nach § 22 Nr. 3 EStG versteuert.

16.4 Einkünfte durch Mining und Forging

In der Vergangenheit war umstritten, ob es sich beim Mining und Forging überhaupt um eine Anschaffung handelt. Das Finanzministerium hat aber klargestellt, dass Mining und Forging Anschaffungsvorgänge sind. „Anschaffung ist der entgeltliche Erwerb eines bestehenden oder bereits vorhandenen Wirtschaftsguts von Dritten; Herstellen ist dagegen das Schaffen oder Schaffenlassen eines noch nicht existierenden Wirtschaftsguts … Die für die Blockerstellung an Blockerstellende ausgeschütteten Einheiten einer virtuellen Währung werden zwar im Zuge der Blockerstellung erstmalig in Verkehr gebracht, sämtliche Einheiten der virtuellen Währung sind aber bereits mit der Schaffung des Genesisblocks einer Blockchain angelegt. Damit ist die Blockerstellung vom Fall des Emittenten beim ICO abzugrenzen, der über die Ausgestaltung der zu verteilenden Token bestimmt und sie daher auch herstellt. Die Gesamtheit der Personen, die Rechte an der Blockchain haben, gewährt die freigegebenen Einheiten im Tausch für die Dienstleistung der Blockerstellenden. Auch die Transaktionsgebühren werden im Tausch für die Dienstleistung der Blockerstellenden geleistet. In beiden Fällen handelt es sich somit um einen entgeltlichen Erwerb von Dritten.“[20]

Das Finanzministerium lehnt den generalisierten Begriff von Staking ab und unterscheidet in **Forging** und **Staking.**[21] Demnach sind die Forger oder Validatoren die tatsächlichen Blockersteller. Diese haben ursprünglich nur ihre eigenen Token als Stake (Anteil) zur Verfügung gestellt. Seit Längerem können aber auch andere Token-Besitzer diesen Validatoren zusätzliche Token zur Verfügung stellen. Meist geschieht dies über Staking Pools, ähnlich wie das bei Mining Pools der Fall ist. Bei diesen Staking Pools erhöht sich durch den größeren Stake, also die größere Zahl der hinterlegten Token, die Wahrscheinlichkeit, als Forger für den nächsten Block ausgewählt zu werden. Die Forger als Poolbetreiber erhalten anschließend alle Einnahmen und verteilen diese dann nach bestimmten Schlüsseln an die Staker, die ihre Coins zur Verfügung gestellt haben.

Einkünfte durch Mining und Forging entstehen durch Vergütungen im Zusammenhang mit der Blockerstellung mittels Proof of Work (Mining) und Proof of Stake (Forging). Zu den Einnahmen aus Mining und Forging gehören sowohl der Block Reward beziehungsweise Staking Reward als auch die erhaltenen Transaktionsgebühren, die von denen entrichtet werden, die die Transaktionen veranlasst haben. Werden diese Einnahmen aus Mining und Forging im nicht-gewerblichen, also privaten Bereich erzielt, sind sie *nach § 22 Nr. 3 EStG als sonstige Einkünfte aus Leistungen zu versteuern.* Liegen die gesamten Einkünfte unter der *Freigrenze von 256 Euro* im Kalenderjahr, sind sie von der Steuer befreit. Die Einkünfte bemessen sich wie beim Lending nach dem Marktwert zum Zeitpunkt des Zugangs der für das Mining oder Forging erhaltenen Token. Das Gleiche gilt für die Versteuerung bei der Veräußerung der neu zugeflossenen Token.

16.5 Einkünfte durch Staking

Beim Staking im Verständnis des Bundesfinanzministeriums handelt es sich um die Bereitstellung einer Anzahl von Token (Stake), ohne aber selbst an der Blockerstellung beteiligt zu sein. Vielmehr überlassen die Staker ihre Anteile den Forgern und werden von diesen dafür an den erzielten Erträgen beteiligt. Die an die Staker daraus verteilten Beträge werden als aus der privaten Vermögensverwaltung erzielte *Einnahmen nach*

§ 22 Nr. 3 EStG versteuert. Bei der Berechnung des Marktwertes der an die Staker verteilten Token sowie bei den steuerlichen Folgen einer späteren Veräußerung gilt wieder das Gleiche wie bei Lending sowie Mining und Forging.

16.6 Hard Forks

Bei einer Hard Fork wird durch Modifizieren des Quellcodes die ursprüngliche Blockchain in zwei Blockchains aufgespalten, die ursprüngliche und die modifizierte Blockchain. Dadurch entsteht auch ein neuer Token für die modifizierte Blockchain. Jeder Inhaber der Token der ursprünglichen Blockchain bekommt dann die entsprechende Menge der neuen Token zugeteilt. Dieser geschenkte neue Token wird dem Berechtigten dann ohne aktives Tun zugeteilt. Dies gilt auch, wenn der Berechtigte den alten Token auf eine Plattform verschiebt, die den neuen aus der Hard Fork entstehenden Token unterstützt. Deswegen wird der Zufluss von Token aus einer Hard Fork nicht als Einkünfte aus § 22 Nr. 3 EStG besteuert.[22]

Bei einer Veräußerung des neuen Token gelten wieder die Vorschriften zur *Versteuerung von Gewinnen aus privaten Veräußerungsgeschäften nach § 22 Nr. 2 in Verbindung mit § 23 Abs. 1 Satz 1 Nr. 2 EStG*. Wichtig ist dabei der Anschaffungszeitpunkt für die neuen Token. Dieser wird mit dem Anschaffungszeitpunkt der ursprünglichen Token gleichgesetzt, durch die der Begünstigte überhaupt nur in den Genuss einer Zuteilung der neuen Token gekommen ist. Wurde der ursprüngliche Token also bereits mehr als ein Jahr gehalten, kann der neue Token nach Zuteilung auch sofort steuerfrei verkauft werden.

16.7 Airdrops

Der kostenlose Zufluss von **Airdrops** führt meist zu Einkünften aus einer Leistung im Sinne des § 22 Nr. 3 EStG.[23] Bei Airdrops handelt es sich um Gratisverteilungen von Token durch ein Unternehmen aus Marketinggründen oder als Belohnung für die Unterstützung eines Projekts. Meist müssen die Begünstigten dabei Vorleistungen erbringen oder haben sie bereits erbracht. Solche Vorleistungen können die Unterstützung des Projekts in sozialen Medien sein oder wenn die Begünstigten eigene Daten auf eine Plattform hochladen. Gleiches gilt, wenn die Begünstigten bereits lange vor dem Airdrop die Plattform unterstützt haben.

Werden die Token aus einem Airdrop dagegen ohne einen wirtschaftlichen Zusammenhang mit einer Leistung verteilt, könnte eine Schenkung in Betracht kommen. Ein solcher Fall könnte vorliegen, wenn die Inhaber eines Token durch einen Airdrop

Token eines anderen Projekts zugeteilt bekommen. Es liegt dann eine automatische Verteilung der Token vor, ohne dass die Begünstigten dafür eine aktive Handlung machen müssen. Dies war zum Beispiel bei der Verteilung der Flare Token an die Halter von Ripples XRP der Fall.

16.8 Besteuerung von Krypto-Derivaten

16.8.1 Besteuerung von Krypto-Zertifikaten und -Optionsscheinen

Handelt man Derivate auf Kryptowährungen wie Zertifikate, ETPs oder ETFs, befindet man sich steuerrechtlich im Bereich der Besteuerung von Wertpapieren. Hier greift dann § 20 Abs. 2 EStG. Es gelten die gleichen Regeln wie zum Beispiel bei der Besteuerung von Aktien-, Index- oder auch Gold-Zertifikaten. Dort fällt dann die Abgeltungsteuer von 25 Prozent plus Solidaritätszuschlag von 5,5 Prozent (in der Summe also 26,375 Prozent) und eventuell noch Kirchensteuer und Reichensteuer an. Gewinne bei Direktinvestments in Kryptowährungen werden dagegen mit dem persönlichen Einkommensteuersatz besteuert, wenn sie innerhalb eines Jahres seit Anschaffung wiederverkauft werden. Von daher sind für **kurzfristige Tradings** *Zertifikate oder Optionsscheine auf eine Kryptowährung steuerlich lukrativer, wenn der persönliche Einkommensteuersatz des Anlegers über 26,375 Prozent beträgt.* Allerdings gibt es bisher nur auf vergleichsweise wenige Kryptowährungen entsprechende Derivate.

Im Verlustfall können **Verluste aus Zertifikaten oder Optionsscheinen auf Kryptowährungen** *mit Gewinnen aus allen anderen Kapitalanlagen außer Termingeschäften verrechnet* werden. Es gab bisher zwei Verlustverrechnungstöpfe:

- den „Aktienverlustverrechnungstopf“, in dem ein möglicher Verlustsaldo aus Aktiengeschäften dokumentiert wird. Dort können Verluste aus dem Aktienhandel nur gegen entsprechende Gewinne verrechnet werden. Bleibt hier am Jahresende ein Gewinn übrig, kann dieser aber auch mit Verlusten aus dem „Allgemeinen Verlustverrechnungstopf“ verrechnet werden.
- den „Allgemeinen Verlustverrechnungstopf“, in dem der Verlustsaldo aus dem Handel mit anderen Assetklassen (wie Zertifikate oder Optionsscheine) sowie auch Erträge aus Zinsen, Dividenden, Fonds und ETFs festgehalten werden. Verluste können hier mit Gewinnen aus den genannten Ertragsquellen verrechnet werden und zusätzlich noch mit zum Jahresende übrig bleibenden Aktiengewinnen.

Ein zum Jahresende übrig gebliebener Verlustsaldo im Aktientopf kann also nicht mit Gewinnen aus dem Allgemeinen Verlustverrechnungstopf verrechnet werden. Umgekehrt geht das dagegen schon. Deswegen können Aktiengewinne zum Jahresende um die Verluste aus Derivaten wie Zertifikate oder Optionsscheine gemindert werden.

Beim Handel von Krypto-Derivaten gibt es **keine Möglichkeit eines Verlustrücktrags um ein Jahr**, wie es bei Direktinvestments in Kryptowährungen möglich ist. Vielmehr können solche Verluste nur in den Folgejahren verrechnet werden.

Sonderfall: Börsengehandelte Krypto-Derivate mit physischem Ausgleich

Das Bundesfinanzministerium prüft eine Gleichstellung von physisch hinterlegten Krypto-ETPs zu entsprechenden steuerbefreiten Goldprodukten wie das börsengehandelte Xetra-Gold ETC. Xetra-Gold verbrieft den Anspruch auf jederzeitige Auslieferung der entsprechenden Goldbarren und ist deswegen steuerlich dem Kauf von physischem Gold gleichgestellt. Damit ist Xetra-Gold abgeltungsteuerfrei und kann ebenso wie physisches Gold nach einer Haltedauer von mehr als einem Jahr steuerfrei verkauft werden. Für Krypto-ETPs, bei denen das Basisinstrument wie der Bitcoin in eine eigene Wallet ausgeliefert werden kann, sollen analog die gleichen Regeln gelten. Von daher wären börsengehandelte **physisch hinterlegte Krypto-ETPs mit Lieferanspruch der Kryptowährungen** analog zum Xetra-Gold *nach einer Haltedauer von mehr als einem Jahr steuerfrei.*

Ein **unterjähriger Verkauf** wäre demgemäß ein *privates Veräußerungsgeschäft nach § 23 EStG.* Gewinne und Verluste wären dann wieder mit solchen aus Direktgeschäften mit Kryptowährungen zu verrechnen, nicht aber mit anderen Wertpapiergeschäften wie Aktien oder Zertifikaten.

16.8.2 Besteuerung von Krypto-Termingeschäften

Als **Termingeschäfte** bezeichnet man typischerweise den *Handel mit Futures und Optionen an Terminbörsen, daneben aber auch den beliebten Handel mit CFDs (Contracts for Difference) sowie in Deutschland nicht handelbare Produkte wie Forwards oder Swaps.* In Bezug auf die steuerliche Behandlung von Termingeschäften muss unterschieden werden in solche mit und ohne Lieferanspruch des Basiswertes. Dies könnte dann einen Unterschied machen, wenn der Basiswert nach einem Jahr steuerfrei verkauft werden könnte. Das wäre bei Gold oder bei Kryptowährungen wie dem Bitcoin der Fall. Keinen Unterschied macht es, wenn der Basiswert ohnehin mit der Abgeltungsteuer belegt ist wie bei Aktien.

Termingeschäfte ohne einen Lieferanspruch der Kryptowährungen werden nach § 20 Abs. 2 Satz 1 Nr. 3 EStG als Einkünfte aus Kapitalvermögen mit *Abgeltungsteuer* besteuert.[24] Dies wäre beispielsweise bei den an der CME gehandelten Bitcoin-Futures oder den von Bitcoin-Börsen angebotenen Futures-Kontrakten wie den Perpetual

Futures der Fall. Hier ist die Lieferung des Basiswerts regelmäßig ausgeschlossen. Werden solche Termingeschäfte über eine in Deutschland ansässige Depotbank oder einen Onlinebroker abgewickelt, wird die fällige Abgeltungsteuer von diesem automatisch abgezogen und einbehalten. Im Verlustfall wird sie mit vorherigen Gewinnen verrechnet oder – wenn keine Gewinne vorhanden sind – vorgetragen. Handelt man über einen ausländischen Broker oder über eine Kryptobörse, kommt es nicht zum automatischen Abzug der Abgeltungsteuer. Vielmehr muss der Anleger die Gewinne und Verluste aus diesen Transaktionen dann im Rahmen seiner persönlichen Einkommensteuererklärung verarbeiten.

Termingeschäfte mit einem Lieferanspruch der Kryptowährungen fallen laut BFH-Rechtsprechung nicht unter den § 20 Abs. 2 Satz 1 Nr. 3 EStG. Sie werden dann steuerlich wie Direktgeschäfte oder physisch hinterlegte Krypto-Derivate als private Veräußerungsgeschäfte behandelt. Gewinne wären dann *nach einem Jahr steuerfrei*. Hat das Termingeschäft eine kürzere Laufzeit, könnte man den Krypto-Basiswert dann tatsächlich beziehen und diesen nach mehr als einem Jahr steuerfrei verkaufen. Verkauft man bei solchen Termingeschäften unterjährig, sind die Gewinne dagegen wieder nicht mit Abgeltungsteuer, sondern mit dem persönlichen *Einkommensteuersatz* belastet. Verluste können in diesem Fall mit Gewinnen aus Direktgeschäften verrechnet werden. Solche Termingeschäfte mit einem Lieferanspruch sind zum Beispiel die Bitcoin-Futures auf der amerikanischen Plattform Bakkt.

Bei **Verlusten aus CFDs und Termingeschäften wie Futures** wurden mit dem neuen Jahressteuergesetz von 2021 die *Verlustverrechnungsmöglichkeiten erheblich eingeschränkt*. Diese dürfen nur noch mit Gewinnen aus diesen Termingeschäften und Erträgen aus Stillhaltergeschäften verrechnet werden. Dafür wird ein *eigener Verlustverrechnungstopf „Termingeschäfte“* eingeführt. Vorher konnten die Verluste mit Gewinnen aus den jeweils anderen Steuertöpfen verrechnet werden. Eine weitere Einschränkung für die Termingeschäfte wie CFDs und Futures besteht darin, dass selbst im Verlustverrechnungstopf Termingeschäfte nur noch *Verluste bis zu einer Höhe von maximal 20.000 Euro im aktuellen Kalenderjahr mit Gewinnen verrechnet* werden dürfen. Übrig bleibende Verluste können dann zwar in die Folgejahre übertragen werden, dort aber ebenfalls nur bis jeweils 20.000 Euro mit Gewinnen verrechnet werden. Daraus ergibt sich eine **erhebliche Benachteiligung von CFDs und Futures gegenüber anderen Hebelinstrumenten wie Zertifikaten und Optionsscheinen**, was natürlich auch für die entsprechenden Instrumente auf Kryptowährungen gilt. Dadurch entsteht eine Art Mindestbesteuerung, die in Extremfällen zu einem erheblichen steuerlichen Risiko führt.

So könnte ein Anleger in einem Kalenderjahr mit Termingeschäften einen Gewinn von 200.000 Euro erzielt haben, gleichzeitig aber mit anderen Termingeschäften einen Verlust von 300.000 Euro. Unter dem Strich hätte der Anleger also nichts gewonnen, sondern sogar 100.000 Euro verloren. Trotzdem müsste er dann den Gewinn von

200.000 Euro minus den 20.000 Euro als Höchstbetrag bei der Verlustverrechnung, also 180.000 Euro Gewinn versteuern. Damit müsste er aufgrund der Kapitalertragsteuer (Abgeltungsteuer) von 25 Prozent dann 45.000 Euro Steuern zahlen.

Diese große steuerliche Benachteiligung macht Termingeschäfte im privaten Bereich sehr unattraktiv. Ein Ausweg könnte hier die Gründung einer sog. **Trading GmbH** sein. Da eine GmbH immer gewerbliche Einkünfte erzielt, greift die eingeschränkte Verlustverrechnung nach § 20 Abs. 6 Satz 5 EStG dann nicht. Gewinne und Verluste aus Termingeschäften können deshalb vollumfänglich verrechnet werden. Darüber hinaus können diese Verluste auch mit anderen Einkünften der GmbH verrechnet werden. Voraussetzung dafür ist, dass die Trading GmbH als Finanzunternehmen aufgesetzt ist. Allerdings muss gewährleistet sein, dass das Unternehmen dann nicht unter die Aufsicht der BaFin fällt. Deshalb sollte eine Art Unbedenklichkeitsbescheinigung bei der Behörde eingeholt werden, ebenso wie eine verbindliche Auskunft des Finanzamts, dass bei der Trading GmbH keine Verlustbeschränkung greift.

Auch die **Margin-Geschäfte** werden steuerlich unterschieden – ob eine Lieferung der Kryptowährung stattfindet oder nicht. Kommt es zu keiner Lieferung der Kryptowährung, sondern nur zu einem Differenzausgleich, fällt ein Verkauf unter die Kapitaleinkünfte. Dagegen liegt bei einer Lieferung ein privates Veräußerungsgeschäft wie beim Spot-Handel vor.

16.9 Fallstrick Steuerschulden wegen unterschiedlicher Besteuerung der Anlageinstrumente

Wie in Kapitel 16.2 und 16.8 erläutert, sind Direktkäufe von Kryptowährungen steuerlich völlig anders zu behandeln als Käufe von Krypto-Derivaten. Gewinne und Verluste betreffen dabei meist zwei unterschiedliche Einkunftsarten und können deswegen nicht gegenseitig verrechnet werden. Daraus können sich zwar auch interessante Anlagestrategien für den Anleger ergeben, auf die in Kapitel 16.11.3 eingegangen wird. Hier soll aber auf ein Problem aufgrund der fehlenden Verrechenbarkeit hingewiesen werden. Dieser Fallstrick könnte durchaus in einer durch Steuerzahlungen ausgelösten Pleiten münden, wie das folgende Beispiel zeigt.

Der Anleger macht durch kurzfristige Krypto-Tradings traumhafte Gewinne mit Kryptowährungen im Jahr 1 mit einer daraus resultierenden entsprechend hohen Steuerschuld. Denn die unterjährig verkauften Kryptos werden mit dem persönlichen Einkommensteuersatz besteuert, der bis zu 42 Prozent und für besonders gut Verdienende sogar inklusive Reichensteuer 45 Prozent betragen kann.

Im Jahr 2 setzt er für die Spekulationen mit Kryptowährungen nur hochhebelige CFDs und Futures-Kontrakte ohne Lieferanspruch der Kryptowährungen ein und verliert alle Gewinne wieder. Die Gewinne in Jahr 1 sind private *Veräußerungsgeschäfte nach § 23 EStG*. Die Verluste in Jahr 2 sind aber *Einkünfte aus Kapitalvermögen nach § 20 Abs. 2 Satz 1 Nr. 3*, die mit der Abgeltungsteuer von 25 Prozent besteuert werden. Auf die Verluste ist natürlich keine Abgeltungsteuer zu zahlen. Entscheidend ist hier aber, dass die *Verluste aus Kapitalvermögen nicht verrechenbar mit den Gewinnen der privaten Veräußerungsgeschäfte* im Jahr 1 sind. Dadurch bleibt der Anleger auf der hohen Steuerzahlung für das Jahr 1 sitzen und kann diese eventuell nicht mehr bezahlen, wenn der gesamte ursprüngliche Einsatz und der Gewinn aus dem Jahr 1 im Jahr 2 verspekuliert wurden.

Bei dem Beispiel in Kapitel 16.2.7 ist der Fallstrick die Rücktragbarkeitsgrenze von einer Million Euro, wir bewegen uns also im Bereich der sehr großen Zahlen. In dem Beispiel hier heißt der **Fallstrick verschiedene Einkunftsarten**. Dies kann auch Anleger mit deutlich geringeren Beträgen treffen und für diese ähnliche Konsequenzen haben. Bildet der Anleger für die in Jahr 1 erzielten Gewinne keine Rückstellung für die darauf anfallenden, aber noch nicht gezahlten Steuern, kann das im Extremfall erhebliche Konsequenzen haben.

16.10 Möglichkeiten zur Steueroptimierung

16.10.1 Verlustrealisierungen zum Jahresende

Langfristig gehaltene Positionen mit dem Ziel, diese nach mehr als einem Jahr steuerfrei zu realisieren, werden normalerweise einfach gehalten. Allerdings können auch solche Positionen ins Minus laufen. Insbesondere wenn sie sehr deutlich im Minus sind und die Haltefrist von einem Jahr noch nicht vorbei ist, sollte man diese für eine *steuerlich verwertbare Verlustrealisierung* verkaufen, selbst wenn man die Position weiter halten will. Dies erscheint selbst dann sinnvoll, wenn in diesem Jahr keine Gewinne zum Ausgleich vorhanden sind und die Verluste nur vorgetragen werden können. Denn wenn man weiter warten würde und die Haltefrist von einem Jahr verstrichen ist, wären sie gar nicht mehr verwertbar. Ist der Anleger von der Position weiter überzeugt und möchte diese weiter halten, kann er diese anschließend wieder zurückkaufen. Er hat die Position dann zu einem viel tieferen Einstandskurs im Portfolio und damit die Möglichkeit, einen noch größeren steuerfreien Gewinn zu erzielen.

Ein Anleger kauft im Dezember 2017 für insgesamt 100.000 Euro Bitcoin. Er bekommt dafür beim Preis von 15.500 Euro etwas mehr als 6,45 Stück. Er ist sich zwar bewusst, dass die Preise bereits enorm gestiegen sind, sieht aber langfristig weiter sehr großes Potenzial. Im Dezember 2018 sind die Bitcoin-Preise im Tief bis unter 2.800 Euro gefallen. Kurz vor Ablauf der Jahresfrist verkauft er die Position bei 3.000 Euro. Er realisiert damit den Verlust von 80,65 Prozent und generiert dadurch einen Verlust aus privaten Veräußerungsgeschäften von 80.650 Euro. Einige Tage später kauft er die Stücke zum gleichen Preis wieder zurück. Er hat nun die gleiche Menge Bitcoin für insgesamt 19.350 Euro zurückgekauft. Danach hält er die Position und verkauft diese über zwei Jahre später im November 2021 zum Preis von 57.000 Euro. Der Gesamterlös beträgt dann rund 367.742 Euro. Der Gewinn von 267.742 Euro wurde also steuerfrei realisiert.

Hätte der überzeugte Bitcoinist einfach stur seine HODL-Strategie durchgehalten und verkauft, wäre das Endergebnis isoliert betrachtet zwar identisch. Allerdings ist der Wert des Verlustvortrags nicht berücksichtigt. Denn hat der Anleger in dieser Zeit andere zu versteuernde Gewinne aus Kryptogeschäften erzielt, könnte er den realisierten Verlust von 80.650 Euro davon abziehen. Bei einem Steuersatz von 45 Prozent hätte er sich dadurch eine Steuerzahlung von 36.292 Euro erspart gegenüber der reinen HODL-Strategie.

Bei langfristig gehaltenen Positionen sind solche Verlustrealisierungen nicht nur zum Jahresende sinnvoll. Vielmehr muss man auch den Ablauf der steuerlichen Haltefrist von einem Jahr im Auge behalten, sodass eine derartige Aktion auch schon viel früher im Jahresverlauf sinnvoll sein kann. **Kurzfristige Trading-Positionen** werden dagegen fast immer zum Jahresende realisiert. Derartige Verlustrealisierungen machen Sinn, wenn man im gleichen Kalenderjahr bereits entsprechende Gewinne erzielt hat. Sie können auch Sinn machen, wenn im Vorjahr solche Gewinne erzielt wurden. Denn im Gegensatz zu Aktienverlusten können Verluste aus privaten Veräußerungsgeschäften auch ein Jahr zurückgetragen werden. Dann würde man auf die bereits gezahlte Steuer für Kryptogewinne des Vorjahres eine **Steuerrückerstattung** bekommen. Nur wenn weder im Vorjahr noch im laufenden Jahr Kryptogewinne erzielt wurden, könnte man den Verlust auch erst im neuen Jahr realisieren.

Ein Problem bei diesen Verlustrealisierungen ist das **Kursrisiko beim Rückkauf**. Zwar ist damit auch eine Kurschance verbunden. Sehr ärgerlich wäre es aber, wenn verkauft wird, es vor dem Rückkauf zu einem Kurssprung kommt und dieser deshalb nur zu erheblich höheren Preisen möglich ist. Bei den hochvolatilen Kryptowährungen ist die Wahrscheinlichkeit dafür nicht gering einzuschätzen. Sofort zurückkaufen sollte man nicht. Denn es könnte vom Finanzamt als Gestaltungsmissbrauch gesehen werden, wenn nach dem Verkauf sofort und vielleicht sogar zu geringfügig höheren Preisen zurückgekauft wird.

Deswegen sollte man hier pragmatisch vorgehen. So könnte man unmittelbar nach dem Kauf sofort einen Rückkauf zu einem etwas tieferen Limit einstellen. Außerdem könnte man den Verkauf der Gesamtposition in verschiedene Teilverkäufe aufteilen, die dann jeweils vor dem nächsten Verkauf zunächst wieder zurückgekauft werden.

Wegen des FIFO-Prinzips erreicht man den gewünschten Effekt, selbst wenn sich alle Transaktionen nur auf einem Konto abspielen. Denn die zuerst gekaufte Position gilt steuerlich immer als die zuerst verkaufte. Deshalb könnte man immer Teile der Gesamtposition verkaufen, diesen Teil dann wieder zurückkaufen und bei den nächsten Teilverkäufen dann genauso verfahren. Einfacher gestaltet sich das aber, wenn man über mehrere Konten verfügt, über die die entsprechende Kryptowährung gehandelt werden kann. Trotzdem kann es natürlich passieren, dass man die gesamte Position zu höheren Preisen zurückkauft, als man sie verkauft hat. Dennoch erscheint auch in diesem Fall die steuerliche Realisierung von sehr hohen Verlusten als sinnvoll.

16.10.2 Zwei- und Mehrkontenmodelle

Bei genauerer Betrachtung wird offensichtlich, dass die Eröffnung gleich **mehrerer Konten bei einer oder mehrerer Kryptobörsen** zu einer größeren Flexibilität führen kann. Das ist zwar lästig und erschwert auch die Erstellung der jährlichen Steuerreports, kann aber aufgrund der Vorteile der Mühe wert sein. So hat man mit Konten bei verschiedenen Kryptobörsen eventuell die Möglichkeit, auch einmal einen Coin zu handeln, der nicht an der anderen Börse notiert ist. Daneben könnte man auch bei einer Kryptobörse ein Konto mit mehreren Unterkonten (Sub-Accounts) führen. So kann man bei *Bitfinex* und auch anderen Kryptobörsen ein *Master Account mit mehreren Unterkonten* führen.[25] Dies bietet für die Umsetzung von Steuerstrategien erhebliche Erleichterungen. Man muss nicht neue Konten bei anderen Börsen eröffnen und den Verifikationsprozess erneut durchlaufen. Außerdem haben Vieltrader keine Gebührennachteile. Die Trading-Gebühren sind ja oft abhängig vom Gesamtvolumen, das der Trader im Monat bewegt. Berechnungsgrundlage ist der kumulierte Umsatz des Masterkontos und aller Unterkonten. Allerdings gibt es auch *Kryptobörsen mit sehr hohen Hürden für die Eröffnung von Unterkonten*. So können bei Binance nur Kunden mit dem Status VIP 1 oder höher Unterkonten eröffnen.[26]

Durch die **Nutzung mehrerer Konten beziehungsweise Unterkonten** kann man *bei einem Konto die längerfristigen Investments* konzentrieren, die man steuerfrei realisieren möchte. Dagegen kann man über ein anderes Konto die kurzfristig angelegten Tradings umsetzen. Allerdings kann sich das für verschiedene Coins auch vermischen. Außerdem können auf einem separierten Konto auch Coins gehalten werden, mit denen *zinsähnliche Erträge* erwirtschaftet werden.

So könnte Konto 1 grundsätzlich für langfristig angelegte Engagements vorgesehen sein, die möglichst nach über einem Jahr steuerfrei realisiert werden sollen, Konto 2 für kurzfristige. Gibt es beim Kauf von Coin 1 für Konto 1 aber sehr große Kursverluste, könnte es sinnvoll sein, diese zur Verrechnung mit Gewinnen zu realisieren. Da ein Verkauf und unmittelbar darauffolgender Rückkauf bei genauer Prüfung vom Finanzamt als Gestaltungsmissbrauch eingestuft werden könnte (vergleiche unten Kapitel 16.10.1), könnte der Anleger nach dem Verkauf auf Konto 1 den Coin A später auf Konto 2 zurückkaufen. Will er vermeiden, dass er ihn durch Kurssteigerungen teurer zurückkaufen muss, kann er je nach Einschätzung verschiedene Strategien fahren. Ist er auf dem derzeitigen Niveau sehr überzeugt von Coin A, kauft er auf Konto 2 noch einmal die gleiche Menge dazu. Er hat dann natürlich die doppelte Menge und damit das doppelte Risiko. Er sollte dann möglichst einen oder mehrere Tage später auf Konto 1 die Position verkaufen und so den Verlust steuerlich realisieren. Er könnte, um das Risiko durch die doppelte Position nicht zu groß werden zu lassen, auch immer nur einen Teilbetrag auf Konto 2 zukaufen und den entsprechenden Teilbetrag dann auf Konto 1 verkaufen. Für die Umsetzung dieser Strategie gibt es je nach Risikoneigung und Einstufung des Coins also einige verschiedene Strategien. Letztlich laufen sie alle darauf hinaus, dass man einen sehr hohen Verlust innerhalb der Steuerfrist von einem Jahr realisiert und mit Gewinnen verrechnet oder auch nur die Verluste vorträgt, um dann die auf dem viel tieferen Niveau zurückgekaufte identische Position des Coins über die Steuerfrist zu halten und steuerfrei zu realisieren.

Sehr wichtig ist auch zu beachten, dass bei einem Kauf einer Kryptowährung A mit einer zweiten B bereits ein Verkauf ebendieser Kryptowährung B vorliegt. Jeder entsprechende Vorgang muss umgerechnet werden in Euro, sodass de facto ein Verkauf der Kryptowährung B zum Zeitpunkt des Kaufs der Kryptowährung A angenommen wird. Von daher könnte man eine Verlustposition auch zum Beispiel gegen Bitcoin verkaufen und hätte diese dann steuerlich realisiert. Gleichzeitig könnte man dann auf einem zweiten Konto sofort die gegen Bitcoin verkaufte Kryptowährung wieder kaufen, um diese dann langfristig zu halten und steuerfrei zu realisieren.

Allerdings sollte man sich vor solchen **Verlustrealisierungen** genau überlegen, ob diese Sinn machen. Hier gilt es, sowohl die *Höhe des Kursverlustes* wie *den seit dem Kauf verstrichenen Zeitraum* zu beachten. Bei der riesigen Volatilität von Kryptowährungen macht es sicher keinen Sinn, bei einer gekauften Position nach einem Monat einen Verlust von zehn Prozent zu realisieren. Ab welchem Kursverlust man diesen realisiert, kann man nicht verallgemeinern. Wenn aber beispielsweise durch einen Crash am Kryptomarkt einen Monat nach dem Kauf ein Kursverlust von 50 Prozent oder mehr entstanden ist, liegt eine Verlustrealisierung nahe. Andererseits kann es durchaus Sinn machen, einen Kursverlust von 20 Prozent gegen Ende der Haltefrist von einem Jahr doch noch zu realisieren. Dies ist insbesondere der Fall, wenn man für das Jahr bereits hohe zu versteuernde Kryptogewinne erzielt hat.

Neben verschiedenen Konten bei Kryptobörsen kann man langfristig angelegte Positionen auch von den Kryptobörsen auf eine **eigene Hardware Wallet** ziehen. Dann sind die Positionen wieder sauber getrennt und man kann auf der gleichen Kryptobörse mit dem gleichen Konto auch Tradings in der gleichen Kryptowährung machen. Ein derartiges Vorgehen ist unabhängig von steuerlichen Überlegungen ohnehin sinnvoll. Denn langfristige HODL-Positionen sollten wegen eines grundsätzlich immer vorhandenen latenten Insolvenzrisikos von Kryptobörsen nicht auf deren Konten verbleiben.

16.10.3 Hedge durch Kauf von Short-Positionen

Die Gewinne an den Kryptomärkten können insbesondere bei Altcoins schnell extrem groß werden. Steigt ein Coin innerhalb weniger Monate um 1.000 oder noch mehr Prozent, möchten Anleger vielfach zumindest einen Teil des Gewinns realisieren. Dabei müssten diese unterjährigen Gewinne dann mit dem persönlichen Einkommensteuersatz in der Regel hoch versteuert werden. Von daher kann es für Anleger in solchen Situationen Sinn machen, einen **Verkauf über den Kauf entsprechender Short-Positionen** umzusetzen und sich so über die Steuerfrist „zu retten".

Ein Beispiel soll das verdeutlichen. Ein Anleger kauft am 4. Januar 2021 eine Position in Solana zum Preis von zwei Dollar pro Coin. Anfang November 2021 erreicht der Preis des Coins über 250 Dollar. Der Anleger möchte nun zumindest einen Teil der Gewinne von sagenhaften 12.300 Prozent realisieren. Der Gewinn pro Coin beträgt hier 248 Dollar und müsste versteuert werden. Unterstellt man den Spitzensteuersatz von 45 Prozent, würde die Steuerbelastung 111,60 Dollar pro Coin betragen. Der Anleger hat nun zwei Möglichkeiten:

- Er behält die Position. Ab dem 5. Januar 2022 könnte er die Position wegen Ablauf der Jahresfrist steuerfrei verkaufen. Solana müsste deshalb von November bis Anfang Januar von 250 Dollar auf unter 138,40 Dollar (250 – 111,60 = 138,40 Dollar) fallen, damit er nach Steuern ein schlechteres Ergebnis erzielt als beim Verkauf bei 250 Dollar und Versteuerung des Gewinns. Wie sich beim Kursrückgang auf unter 150 Dollar bis Mitte Dezember gezeigt hat, könnte das aber durchaus passieren.
- Der Anleger könnte aber die Position auch behalten und für den Teil der Position, die er wegen der hohen Kurse eigentlich jetzt verkaufen will, eine Gegenposition eröffnen. Derartige Gegenpositionen sind für kleine Coins meist nicht verfügbar. Bei Solana könnte er aber entweder einen **Short Sale (Leerverkauf)** oder einen **Futures-Verkauf** vornehmen. Damit hätte er dann den Gewinn auf dem aktuellen Niveau von 250 Dollar gesichert.

Die Folgewirkungen können je nach Kursentwicklung unterschiedlich sein:

- Solana steigt auf 350 Dollar im Januar. Der Anleger kann nun einen steuerfreien Gewinn von 348 Dollar realisieren. Bei einem Short Sale ergibt sich ein Verlust von 100 Dollar. Dieser Verlust kann eventuell mit Gewinnen aus unterjährigen Verkäufen von anderen

Kryptos verrechnet werden (vergleiche Kapitel 16.2.1). Kann er den Verlustvortrag im gleichen Jahr nicht aufbrauchen, kann er ihn auf das Vorjahr zurücktragen und/oder auf die folgenden Jahre vortragen. Auch bei einem Verkauf von Solana-Futures ergibt sich darauf ein Verlust von 100 Dollar. Dieser wäre aber ein Verlust aus Termingeschäften, der mit der Abgeltungsteuer von 25 Prozent belegt wäre. Diesen Verlust kann er – begrenzt auf umgerechnet 20.000 Euro im Kalenderjahr – mit anderen Gewinnen aus Termingeschäften verrechnen. Der restliche Verlust würde dann vorgetragen.

- Solana fällt auf 50 Dollar im Januar. Es kann aus der ursprünglichen Position ein steuerfreier Gewinn von 48 Dollar realisiert werden. Sowohl aus dem Margin Short Sale wie aus dem Futures-Verkauf würde in diesem Fall jeweils ein Gewinn von 100 Dollar resultieren. Beim Leerverkauf würde der Gewinn wie die anderen unterjährigen Kryptogeschäfte mit dem persönlichen Einkommensteuersatz versteuert. Beim Futures-Verkauf würde ein Gewinn aus Termingeschäften realisiert, der mit 25 Prozent Abgeltungsteuer belastet wäre.

Man könnte – wie das Beispiel zeigt – nun unterschiedliche Szenarien durchspielen. Hier wird der Anleger auch immer seine individuelle steuerliche Situation betrachten müssen, um die Vorteilhaftigkeit zu beurteilen. Das betrifft zum einen den persönlichen Einkommensteuersatz des Anlegers. Zum anderen sind die benutzten Absicherungsinstrumente in ihrer steuerlichen Auswirkung zu beachten. Die Gewinne und Verluste können unterschiedliche Einkunftsarten betreffen, wie im Beispiel oben gezeigt. Während der Margin-Verkauf die gleiche Einkunftsart betreffen kann (private Veräußerungsgeschäfte), liegen bei einem **Short über Futures, Optionen oder auch CFDs** Termingeschäfte vor, die unabhängig von der Haltedauer mit der *Abgeltungsteuer* belastet werden. Gibt es **Short-Zertifikate** auf den entsprechenden Kryptowert, fallen diese unter die Besteuerung von Wertpapieren und die Gewinne wären ebenfalls mit *Abgeltungsteuer* belegt. Der Vorteil bei Wertpapieren wäre aber, dass hier die *Verlustverrechnungsmöglichkeiten viel besser* als bei Termingeschäften wären.

Grundsätzlich sollte der Anleger bei solchen Strategien nicht nur seine Situation bei den Krypto-Anlagen betrachten, sondern seine gesamte Kapitalanlagesituation im betreffenden Jahr und deren steuerliche Auswirkungen. Denn wie in Kapitel 16.8 gezeigt, können sich Krypto-Anlagen über Derivate steuerlich durch Verrechnungsmöglichkeiten mit Aktien und Derivaten auf traditionelle Kapitalanlagen auswirken. Von daher können sich hier – insbesondere gegen Jahresende – durchaus sehr unterschiedliche sinnvolle Handlungsalternativen ergeben.

16.10.4 Gestaltungsmissbrauch

Willkürlich verursachte Veräußerungsverluste können von der Finanzverwaltung als Gestaltungsmissbrauch eingestuft werden. Eine solche Einstufung könnte erfolgen, wenn der Anleger kurz vor Ablauf der Jahresfrist einen Coin mit Verlust verkauft, um ihn unmittelbar danach wieder zurückzukaufen. Dann könnte das Finanzamt unterstellen, dass der Verkauf nicht ernsthaft gewollt war. Die realisierten Verluste könnten dann nicht mit Gewinnen verrechnet werden. Ein Gestaltungsmissbrauch liegt nicht vor, wenn damit Steuern gespart werden sollen. Er würde aber vorliegen, wenn die gewählte Gestaltung sonst keinen wirtschaftlichen Grund hat. Insbesondere wäre es bedenklich, wenn der Anleger unmittelbar nach Verkauf den Coin zu einem vielleicht sogar höheren Preis wieder zurückkaufen würde. Deshalb sollte man steuerliche Verlustrealisierungen rechtzeitig und vielleicht in Etappen tätigen.

16.11 Sonderprobleme

Im Zusammenhang mit Kryptowährungen können sich noch weitere Probleme ergeben, die in bestimmten Lebenssituationen auftreten können und oftmals nicht offensichtlich sind. Exemplarisch dafür kann der **Scheidungsfall** gesehen werden. Leben Ehepartner im gesetzlichen Güterstand der Zugewinngemeinschaft, kommt es zum Zugewinnausgleich. Dabei wird geprüft, wie viel beide Partner im Verlauf der Ehe an Vermögen hinzugewonnen haben. Derjenige Partner mit dem höheren Zugewinn muss dann die Hälfte davon an den anderen Partner zahlen. Berechnungsgrundlage der Vermögen ist der Tag der Eheschließung als Anfangsvermögen im Vergleich mit dem Tag der Zustellung des Scheidungsantrags als Endvermögen.[27] Das kann in Anbetracht der großen Schwankungen beim Bitcoin fatale Folgen haben. So könnte der Bitcoin am Zustellungstag sehr hoch im Kurs gestanden haben, bis zum Ende des Scheidungsprozesses aber stark gefallen sein. Der reichere Partner müsste dem anderen dann trotzdem den hohen Wert am Zustellungstag des Scheidungsantrags ausgleichen. In einer solchen Situation könnte es deshalb sinnvoll sein, den Bitcoin und andere hochvolatile Werte sicherheitshalber zu verkaufen. Allerdings gibt es bei Krypto-Anlagen, anders als bei Guthaben und Depotbeständen bei Banken, meist keine so einfachen Möglichkeiten der Überprüfung. Kommt ein Verschweigen von Kryptoguthaben allerdings später doch heraus, liegt ein strafbarer Prozessbetrug vor.

Ähnliche Probleme kann es im **Erbfall** geben. Auch Krypto-Assets wie Bitcoin gehören zum gesamten Vermögen. Zunächst muss natürlich der Erblasser zu Lebzeiten dafür sorgen, dass die Erben Kenntnis und Zugang zu den Kryptovermögen erlangen. So können die Private Keys, die für den Zugang notwendig sind, auf einer Hardware oder einer Online Wallet gespeichert sein. Die von den Erben eventuell zu zahlende Erbschaftsteuer orientiert sich dann an dem Wert zum Todeszeitpunkt des Erblassers. Das gilt auch für den Wert, der bei Ansprüchen aufgrund von Pflichtanteilen ausgezahlt werden muss. Bei **Schenkungen** wird zur Berechnung der Schenkungsteuer ebenfalls der Wert am Tag der Schenkung angesetzt. Allerdings gibt es hier sehr hohe Freibeträge. Bei Ehepartnern sind das 500.000 Euro, bei Kindern 400.000 Euro.

16.12 Strittige Steuerfragen

Bei der Besteuerung von Erträgen aus Kryptowährungen gibt es in einigen Punkten strittige Meinungen, die letztlich höchstrichterlich entschieden werden müssen. So werden nirgendwo in den Steuergesetzen Kryptowährungen erwähnt. Werden von einem Steuerpflichtigen Gewinne aus Kryptogeschäften beim Finanzamt angezeigt, müssten diese vom Finanzamt genau auf die Steuerbarkeit überprüft werden. Dies erfolgt in aller Regel aber überhaupt nicht. Außerdem könnte es ein strukturelles Vollzugsdefizit geben. Dies wäre dann gegeben, wenn der Staat keine Regularien hat, um für eine gesetzeskonforme Besteuerung zu sorgen. Dann wäre nur der Ehrliche, der seine Kryptogewinne angibt, der Dumme, da die anderen wegen des sehr geringen Entdeckungsrisikos unbesteuert davonkämen. Aus diesem Grund könnte die Besteuerung von Kryptogewinnen verfassungswidrig sein.

Etwas Ähnliches gab es bereits bei der Spekulationsteuer auf Aktiengewinne. Das Bundesverfassungsgericht hatte in einem Urteil die Verfassungswidrigkeit der Steuer auf Spekulationsgewinne aus Aktiengeschäften für die Jahre 1997 und 1998 festgestellt. Anlass des Urteils war die Klage eines Steuerexperten wegen der fehlenden Kontrollen der Spekulationsteuer. Wegen dieses strukturellen Vollzugsdefizits konnte eine einheitliche Besteuerung nicht gewährleistet werden. Durch diesen Verstoß gegen den Grundsatz der Gleichbehandlung wurde die Besteuerung für die beiden Jahre als verfassungswidrig erklärt. Die gezahlten Spekulationsteuern konnten aber nur die Anleger zurückfordern, die Einspruch gegen ihre damalige Steuererklärung erhoben hatten. Da die entsprechende Entscheidung des Bundesverfassungsgerichts erst 2004 erfolgte und deshalb viele Steuerbescheide bereits endgültig waren, kamen nur wenige Anleger in den Genuss von Rückerstattungen. Von daher kann es durchaus mehr als eine Überlegung wert sein, bei großen unterjährigen Gewinnen aus Kryptogeschäften Einspruch gegen die entsprechenden Steuerbescheide einzulegen.

Auch bezüglich von CFDs und Termingeschäften ist – unabhängig vom Kryptobezug – die steuerliche Beurteilung strittig. Es kann deshalb sinnvoll sein, in diesen Punkten Einspruch gegen entsprechende Steuerbescheide einzulegen, damit die Steuerbescheide in Bezug auf diese Punkte nicht endgültig werden.

Mit seinem Urteil vom 14.02.2023 hat der Bundesfinanzhof (BFH) der Diskussion um die grundsätzliche Steuerbarkeit von Kryptowährungen ein Ende gesetzt.[28] Demnach ist der Begriff des Wirtschaftsgutes in § 23 Abs. 1 Satz 1 Nr. 2 EStG weit genug gefasst. Unabhängig von einer rechtlichen Diskussion sieht der BFH Currency Token als digitale Vermögenswerte an. Denn sie haben zweifelsfrei einen Wert, da sie sonst keiner handeln würde. Demzufolge sind sie ein Wirtschaftsgut. Auch den Einwand eines strukturellen Vollzugsdefizits beschied der BFH abschlägig. Nach Meinung des BFH gibt es hier keine Kontrolllücke und die Finanzbehörden beschäftigen sich intensiv damit.

16.13 Tipps

Bei einem Ausfall von Kryptobörsen kann es vorkommen, dass die zur Steuererklärung benötigten Unterlagen nicht mehr zugänglich sind. Von daher ist es sinnvoll, in regelmäßigen Abständen alle relevanten Daten der Transaktionen herunterzuladen und zu sichern.

Außerdem kann es sinnvoll sein, regelmäßige Screenshots der Vermögensbestände auf allen benutzten Kryptobörsen zu machen. Dies dient dem besseren Überblick.

Ein regelmäßiges Controlling der Positionen hilft insbesondere zum Jahresende, nämlich durch rechtzeitigen Verkauf von Positionen, die sich noch innerhalb der Steuerfrist von einem Jahr befinden, die Steuerlast des betreffenden Jahres zu senken. Selbst wenn kein Gewinnüberhang mehr vorhanden ist, können Verlustrealisierungen trotzdem sinnvoll sein. Denn diese können dann in den Folgejahren gegen entsprechende Trading-Gewinne gegengerechnet werden.

Daneben ist es in Jahren mit sehr großen zu versteuernden Gewinnen sinnvoll, entsprechende Rücklagen für die Begleichung der Steuerzahlungen anzulegen. Diese Rücklagen sollten auch weder auf Kryptokonten noch in Stablecoins gehalten werden. Vielmehr sollten diese aus Sicherheitsgründen in Fiatgeld, also vor allem Euro, auf normalen Bankkonten gehalten werden.

16.14 Summary

16.1 In unterschiedlichen Ländern können gleiche Tatbestände sehr unterschiedlich besteuert werden. So gibt es Länder wie die Schweiz, in denen die Veräußerungsgewinne von Kryptowährungen völlig steuerfrei sind. Einige Länder wie Deutschland besteuern Veräußerungserlöse hingegen abhängig von ihrer Haltedauer unterschiedlich.

16.2 Kryptowährungen sind als werthaltige Wirtschaftsgüter einzustufen.

Vor deren Veräußerung muss es zu einer **Anschaffung** gekommen sein. Diese kann durch Kauf, Token Swaps oder Einnahmen aus Mining, Forging, Staking, Lending sowie durch eine Hard Fork oder einen Airdrop erfolgen.

Auch bei Margin-Käufen handelt es sich um Anschaffungen, wenn die auf Kredit erworbenen Token tatsächlich erworben worden sind.

Bei Short Sales (Leerverkäufen) handelt es sich nach § 23 Abs. 1 Nr. 3 EStG immer um private Veräußerungsgeschäfte. Voraussetzung dafür ist, dass es tatsächlich zu einer physischen Übertragung der Token kommt. Bei Termingeschäften mit Barausgleich liegt dagegen kein privates Veräußerungsgeschäft vor.

Für **Privatanleger** sind sämtliche Einkünfte aus Kryptowährungen nach § 22 Nr. 2 EStG Einkünfte aus privaten Veräußerungsgeschäften im Sinne des § 23 Abs. 1 Satz 1 Nr. 2 EStG.

Private Veräußerungsgeschäfte liegen nur vor, wenn der Zeitraum zwischen Anschaffung und Veräußerung nicht mehr als ein Jahr beträgt. Bei einer Anlagedauer von mehr als einem Jahr ist der Verkauf von Kryptowährungen daher **steuerneutral**. Gewinne sind dann zwar steuerfrei, allerdings können auch Verluste nicht mehr von Gewinnen abgesetzt werden.

Bei Verkäufen von Kryptowährungen nach weniger als einem Jahr sind die Gewinne **steuerpflichtig** und mit dem persönlichen Einkommensteuersatz zu versteuern.

Verluste können im gleichen Kalenderjahr mit Gewinnen verrechnet werden.

Der Kauf von Wirtschaftsgütern gegen Kryptowährungen wird wie ein Verkauf der Kryptowährung behandelt und kann deshalb eine Steuerpflicht auslösen.

Beim **Verlust der Verfügungsgewalt** über Kryptowährungen kann der dabei entstehende Totalverlust mangels Veräußerung nicht steuerwirksam realisiert werden.

Gewinne und Verluste aus Kryptowährungen können mit Gewinnen und Verlusten aus anderen privaten Veräußerungsgeschäften wie Oldtimern, Kunstgegenständen oder Gold verrechnet werden.

Bei zusätzlichen Einkünften aus Kryptowährungen wie beim Lending oder Staking gibt es **keine Verlängerung der Spekulationsfrist** auf zehn Jahre.

Beim Verbrauchsfolgeverfahren wird steuerlich das **FIFO-Prinzip** (First in, first out) angewendet. Zuerst gekaufte Positionen gelten als zuerst verkauft. Das FIFO-Prinzip gilt nur für die einzelne Wallet. Wird die gleiche Kryptowährung in verschiedenen Wallets aufbewahrt, gilt das FIFO-Prinzip nur in der jeweiligen Wallet.

Bei **Erbschaft und Schenkung** gilt als maßgeblicher Anschaffungszeitpunkt das Erwerbsdatum der Token durch den Erblasser oder Schenkenden.

Bei der **Gewinnermittlung** können die Transaktionskosten abgezogen werden. Die Referenzwerte bei jeder Transaktion sind die Marktpreise umgerechnet in Euro an diesem Tag. Der **Steuersatz** bemisst sich nach dem persönlichen Einkommensteuersatz.

Verluste aus Kryptowährungen können im Gegensatz zu Verlusten aus Kapitalvermögen ein Jahr zurückgetragen werden (**Verlustrücktrag**). Übrige Verluste können auf die Folgejahre vorgetragen werden (**Verlustvortrag**).

Bei sehr großen Beträgen kann es einen **Fallstrick wegen der Rückübertragbarkeitsgrenze von Veräußerungsverlusten** geben.

Ein **Sonderfall** ergibt sich mit der **Verrechnung von Altverlusten aus Wertpapiergeschäften vor 2009**, als die Abgeltungsteuer eingeführt wurde. Diese Altverluste können zwar nicht mehr mit Wertpapiergewinnen, aber mit Gewinnen aus privaten Veräußerungsgeschäften wie Kryptowährungen verrechnet werden.

Als **Fallstrick** kann sich auch das Vertrauen in die **scheinbare Anonymität** der Kryptowährungen erweisen.

Eine saubere **Dokumentation und Deklarierung** der Gewinne und Verluste bei Kryptowährungen ist insbesondere bei vielen Transaktionen wichtig.

Bei großen steuerpflichtigen Gewinnen in einem Jahr sollte man **Rückstellungen** für die ausstehende Steuerschuld bilden. Der **Zeitpunkt der Steuererklärung** kann sich auf die Liquidität auswirken.

Tools für die Steuererklärung können hilfreich sein.

16.3 Beim **Lending** erhalten die Verleiher von Token vom Entleiher zusätzliche Token als Nutzungsentgelt. Diese Einnahmen sind nach § 22 Nr. 3 EStG zu versteuern. Die Erträge werden dabei auf Basis des aktuellen Marktpreises zum Zeitpunkt des Zuflusses der Token kalkuliert.

Für die steuerlichen Auswirkungen bei einer Veräußerung der neu zugeflossenen Token gelten wieder die Vorschriften über private Veräußerungsgeschäfte.

16.4 Das Finanzministerium unterscheidet zwischen **Forging** und **Staking**. Die Forger oder Validierer sind die tatsächlichen Blockersteller. Die Staker stellen nur zusätzliche Token zur Verfügung.

Einnahmen aus **Mining und Forging** sind im nicht-gewerblichen Bereich als sonstige Einkünfte aus Leistungen nach § 22 Nr. 3 EStG zu versteuern.

Für die Berechnung des Marktwertes der neu zugeflossenen Token sowie bei deren späterer Veräußerung gelten wieder die gleichen Vorschriften wie beim Lending.

16.5 Auch die Einkünfte aus **Staking** werden nach § 22 Nr. 3 EStG versteuert. Bei den Berechnungen und Folgen bei einer späteren Veräußerung der neu zugeflossenen Coins gelten wieder die gleichen Vorschriften wie beim Lending.

16.6 **Hard Forks** werden dagegen nicht als Einkünfte nach § 22 Nr. 2 EStG besteuert. Vielmehr gelten hier die Vorschriften zur Versteuerung von Gewinnen aus privaten Veräußerungsgeschäften nach § 22 Nr. 2 in Verbindung mit § 23 Abs. 1 Satz 1 Nr. 2 EStG. Als Anschaffungszeitpunkt der neuen Token gilt dabei der Anschaffungszeitpunkt der ursprünglichen Token.

16.7 Dagegen werden **Airdrops** meist als Einkünfte aus einer Leistung im Sinne des § 22 Nr. 3 EStG besteuert. Werden sie ohne jegliches aktive Zutun des Begünstigten zugeteilt, kann es sich dabei aber auch um eine Schenkung handeln.

16.8 Bei börsengehandelten **Krypto-Derivaten** wie Zertifikaten, ETPs, ETFs oder Optionsscheinen befindet man sich steuerrechtlich im Bereich der Besteuerung von Wertpapieren nach § 20 Abs. 2 EStG. Gewinne werden mit Abgeltungsteuer von 25 Prozent plus Solidaritätszuschlag von 5,5 Prozent belegt. Verluste aus Zertifikaten, ETPs und Optionsscheinen können mit Gewinnen aus allen anderen Kapitalanlagen außer Termingeschäften verrechnet werden. Die Möglichkeit eines Verlustrücktrags gibt es hier jedoch nicht. Ein Vortrag von Verlusten auf die Folgejahre ist aber möglich.

Börsengehandelte **Krypto-Derivate mit physischem Ausgleich**, bei denen zumindest optional die Lieferung der Kryptowährung vorgesehen ist, dürften dem direkten physischen Krypto-Kauf gleichgestellt sein. Dann würden die gleichen Regeln wie beim Direktkauf gelten. Der Verkauf eines solchen Derivats nach mehr als einem Jahr wäre also steuerfrei möglich. Ein unterjähriger Verkauf wäre als privates Veräußerungsgeschäft nach § 23 EStG zu versteuern.

Krypto-Termingeschäfte werden danach unterschieden, ob es eine physische Belieferung oder nur einen Differenzausgleich gibt. Beim Differenzausgleich liegen Einkünfte aus Kapitalvermögen vor und es ist Abgeltungsteuer fällig. Die Verlustverrechnung bei solchen Termingeschäften ist äußerst eingeschränkt worden. Bei einer physischen Belieferung greifen wieder die Regeln eines privaten Veräußerungsgeschäfts. Ähnliches gilt für Margin-Geschäfte.

16.9 Aus dem gleichzeitigen Handel von Kryptowährungen und von Krypto-Derivaten kann ein **Fallstrick wegen der verschiedenen Einkunftsarten** entstehen. Gewinne und Verluste aus privaten Veräußerungsgeschäften sind nicht gegen solche aus Kapitalvermögen verrechenbar.

16.10 Zwischenzeitliche **Verlustrealisierungen** sollten aus steuerlichen Gründen auch dann erfolgen, wenn man die Position weiter halten will.

Insbesondere zum Jahresende können Verlustrealisierungen zum Ausgleich von Gewinnen sinnvoll sein. Teilweise können hier auch noch Steuererstattungen für Gewinne aus dem Vorjahr generiert werden.

Wegen des Kursrisikos beim Rückkauf kann man Verlustrealisierungen schrittweise durchführen.

Zwei- und Mehrkontenmodelle erhöhen die Flexibilität, nicht nur steuerlich. Sub-Accounts bei einer Kryptobörse erleichtern die steuerliche Trennung.

Bei sehr starken Kursanstiegen vor Ablauf der Steuerfrist von einem Jahr könnte man die Kursgewinne durch einen Kauf von Short-Positionen absichern. Dabei können wieder unterschiedliche Einkunftsarten betroffen sein.

16.11 In bestimmten Lebenssituationen können **Sonderprobleme** entstehen. Beispiele sind Scheidungsfall, Erbfall oder Schenkungen.

16.12 Lange Zeit **strittige Steuerfragen** sind durch Urteile und Richtlinien mittlerweile weitgehend geklärt.

16.13 Anleger sollten sich um regelmäßige **Sicherung** relevanter Unterlagen von den Kryptobörsen, ständiges Controlling und **Rückstellungen** für Steuerzahlungen bei großen Gewinnen kümmern.

ENDNOTEN

1. Einleitung

1. Vgl. Zuboff, Shoshana (2018): Das Zeitalter des Überwachungskapitalismus
2. Weger, Gerd (1985): Optionsscheine als Anlagealternative

2. Bitcoin

1. Vgl. Nakamoto, Satoshi (2008): Bitcoin: A Peer-to-Peer Electronic Cash System
2. Vgl. für einen Überblick über die Bitcoin-Todesanzeigen seit 2010 und deren Begründung: 99bitcoins: Bitcoin Obituaries
3. Vgl. zum Folgenden: Ammous, Saifedean (2019): Der Bitcoin-Standard, S. 231 ff.
4. In einem Peer-to-Peer-Netz sind alle Teilnehmer (Computer) gleichberechtigt bei der Inanspruchnahme und Zurverfügungstellung von Diensten. Die beteiligten Kommunikationspartner werden Peers genannt. Vgl. auch Kap. 4.4
5. Vgl. Klee, Christopher (2020-4-21): Warum wird es ausgerechnet 21 Millionen Bitcoin (BTC) geben? und Scheider, David (2022-4-4): Deshalb ist Bitcoins Angebotsmenge limitiert
6. Woo, Willy (2017-10-15)
7. Dabei ist gerade an den traditionellen Finanzmärkten selbst seit dem Tiefpunkt der Finanzkrise 2009 eine Alles-Blase zu beobachten: Aktien, Anleihen, Immobilien, Rohstoffe, alternative Anlagen wie Kunstwerke. Die explodierenden Preise sind im Wesentlichen ein Produkt der Geldmengenblase. Die Explosion beim Bitcoin-Preis seit dem Start im Jahr 2009 ist in diesem Kontext weniger verwunderlich.
8. Zum Halving vgl. Kap. 11.2
9. Wenn man bei Taxifahrten oder auf Partys verstärkt nach einer Meinung zum Bitcoin oder gar zu spezielleren Altcoins gefragt wird, sollten langsam die Alarmglocken läuten – zumindest, was die kurzfristige Entwicklung betrifft.
10. Die Überschrift des Whitepapers, das Satoshi Nakamoto im Oktober 2008 veröffentlichte, trug deshalb den Titel: „Bitcoin: A Peer-to-Peer Electronic Cash System“. Es soll ein Zahlungssystem unter Gleichberechtigten (Peers) sein.
11. Vgl. Ashmore, Dan / Powell, Farran (2022-11-1): Bitcoin Price History 2009 to 2022
12. Vgl. dazu Weger, Gerd (2020-9-28): Bitcoin ist das Amazon der Kryptowährungen
13. Vgl. dazu auch Weger, Gerd (2021-1-18): Bitcoin eine kleine Nummer. Noch!
14. Vgl. dazu Kap. 11.1.4
15. Vgl. Weger, Gerd (2020-4-6): Steigt der Bitcoin auf 1 Million Dollar?
16. Vgl. Weger, Gerd (2020-11-23): Bitcoins perfekter Sturm geht weiter
17. Vgl. dazu Kempa, Bernd / Reisen, Helmut / Herr, Hansjörg / Menkhoff, Lukas / Thießen, Friedrich / Jehmlich, Tommy (2018): Der US-Dollar als Leitwährung – alternativlos?

18. Im Jahr 2018 hatte der ehemalige Google-CEO Eric Schmidt einen Split des Internets in ein China- und ein West-Internet bis zum Jahr 2028 prognostiziert.
19. Abgesehen davon hat China auch verschiedene Dienste westlicher Tech-Giganten im Bereich Social Media nicht zugelassen, ohne dass es deren Erfolg geschadet hätte. Der Grund ist nicht anders als beim Bitcoin-Verbot, nämlich die allgegenwärtige Angst von Chinas Regierung vor Kontrollverlust.
20. Vgl. Ammous, Saifedean (2019): Der Bitcoin-Standard, S. 241
21. Eine Entität ist ein in der Datenmodellierung eindeutig zu bestimmendes Objekt, über das Informationen gesammelt und verarbeitet werden sollen. Im hier vorliegenden Zusammenhang handelt es sich um unabhängige Wirtschaftssubjekte, die sowohl natürliche (Einzelpersonen) als auch juristische Personen (wie eine AG oder GmbH) sein können.
22. Vgl. Ammous (2019), S. 243
23. Als Fiatwährungen werden nationale Währungen bezeichnet, die nicht an den Preis eines Rohstoffes wie Gold oder Silber gebunden sind. Der Wert basiert vor allem auf dem Vertrauen zum Herausgeber der Währung und den politischen Verantwortlichen (Zentralbank und Regierung des jeweiligen Landes).
24. Vgl. dazu Kap. 2.4 und 2.5
25. Vgl. Hagelüken, Alexander (2021): Bitcoin steigt über 30 000 Dollar, in: *SZ*, 04.01.2021, S. 15

3. Kryptowährungen

1. Die Unterteilung geht zurück auf die grundsätzliche Unterteilung von Greer, Robert (1997): What's an Asset Class, Anyway? und auf den Artikel von Burniske, Chris/White, Adam (2017): Bitcoin: Ringing the Bell For A New Asset Class sowie die Erweiterung von Rafael Delfin von Brave New Coin.
2. Zur Bitcoin-Dominanz im Zeitverlauf vgl. Kap. 11.1.2
3. Zur Unterscheidung von Basis- und Kurswährung vgl. Kap. 10.2
4. Seit Oktober 2016 besteht ein SZR aus der Summe von 0,58252 US-Dollar, 0,38671 Euro, 0,085946 Pfund Sterling, 11,900 Yen und 1,0174 Yuan.
5. Vgl. Kap. 5.1

4. Grundlagen

1. BaFin (2019): Marktbefragung zu Derivaten mit Krypto-Assets als Basiswert
2. Vgl. Horch, Phillip (2018-10-2): Was zu Ledger – Teil 1: Distributed-Ledger-Technologie vs. Blockchain
3. Vgl. Cex.io University (2022-7-5): Are There Different Types of Blockchains?
4. Als Entität wird dabei ein am Kryptomarkt handelndes unabhängiges Wirtschaftssubjekt (natürliche oder juristische Person) verstanden.
5. Vgl. Omlor, Sebastian / Link, Mathias (Hrsg.) (2021): Kryptowährungen und Token, S. 53
6. Zu den unterschiedlichen Nodes vgl. z. B. Binance Academy: What Are Nodes?
7. Vgl. dazu BTC Echo Academy: 51-Prozent-Attacke
8. Vgl. dazu BSDEX Academy: Was ist ein 51-Prozent-Angriff bei Kryptowährungen?
9. Vgl. dazu Burniske, Chris / Tatar, Jack (2018): Crypto-Assets, S. 187–191
10. Einen sehr guten Überblick über die verschiedenen Konsensmodelle findet sich bei Adam, Katarina (2022): Blockchain-Technologie für Unternehmensprozesse, S. 27–51.
11. Vgl. Kap. 4.13
12. So wurde von einer Art Linksfraktion Anfang 2022 im Rahmen der MiCA-Richtlinie der Versuch unternommen, Kryptowährungen mit dem PoW-Mechanismus faktisch in der EU zu verbieten.
13. Vgl. Binance Academy: What Are Smart Contracts?
14. Vgl. Burniske/Tatar (2018), S. 51
15. Vgl. Voshmgir, Shermin (2020): Token Economy, S. 112 f.
16. Eine Übersicht findet sich zum Beispiel bei Staking Rewards.

17. Zu den Vor- und Nachteilen von Custodial vs. Non-Custodial Staking vgl. Moreau, James Ryan (2020-10-1): Non-Custodial Staking – What's The Difference?
18. Auf den einzelnen Kryptobörsen kann man einen Überblick über die aktuellen Staking-Angebote erhalten. Vgl. etwa die Staking-Angebote bei Kraken: Staking Coins
19. Zu Forks vgl. *BTC-Echo Academy*: Was ist eine Fork?
20. Zum DAO-Hack vgl. Burniske/Tatar (2018), S. 58 ff.
21. Vgl. Centralcharts.com: Airdrops bei Kryptowährungen: Wie funktioniert das?
22. Einen Überblick über aktuelle Airdrops bietet zum Beispiel Airdrops.io.
23. Zu Adressen von Bitcoin und anderen Kryptowährungen vgl. Bergmann, Christoph (2022): Das Bitcoin-Kompendium, S. 62–80
24. Vgl. dazu Kap. 8.4.1
25. Vgl. etwa *BTC-Echo Academy*: Was ist Bitcoin Mining?
26. Vgl. *Crypto Research Report* (April 2019), S. 45–60

5. Taxonomie von Krypto-Assets

1. BaFin (2019): Marktbefragung zu Derivaten mit Krypto-Assets als Basiswert, S. 13
2. Europäische Kommission (2020): Vorschlag des Europäischen Parlaments und des Rates über Märkte für Kryptowerte, S. 40
3. Vgl. Sandner, Phillip / Grigorjan, Eduard / Schaub, Benjamin (2022): Kryptoregeln, S. 6
4. Vgl. Omlor/Link (Hrsg.), S. 101 ff.
5. Bei coinmarketcap.com kann man filtern nach All Cryptocurrencies, Coins und Token.
6. Weitere Beispiele für Blockchains zur Generierung von Token sind Cardano, Solana, Polkadot, NEO, Waves, Stellar, Lisk oder Stratis.
7. Zur grundsätzlichen Vorgehensweise bei einer solchen Klassifizierung vgl. Lausen, Jens (2019): Regulating Initial Coin Offerings? A Taxonomy of Crypto-Assets
8. BaFin (2019): Zweites Hinweisschreiben zu Prospekt- und Erlaubnispflichten im Zusammenhang mit der Ausgabe sogenannter Krypto-Token, S. 5–6
9. Die Ausführungen in diesem Kapitel beruhen auf Ketz, Constantin/Sandner, Philipp (2019): Market standards for the global token economy
10. Kraken hat aber im April 2021 den Bitcoin-Ticker auch auf BTC geändert. Außerdem änderte Kraken Dogecoin von XDG auf den überall sonst gebräuchlichen Ticker DOGE.
11. Vgl. dazu ITSA (2021): International Token Classification (ITC)
12. Vgl. MSCI (2022): Datonomy Methodology. Dort werden auch die unten aufgeführten Klassen, Sektoren und Subsektoren näher beschrieben.
13. Zur Wertstabilität von Stablecoins vgl. Merten, Lennard (2023): Was sind Stablecoins? – Definition, Erklärung und Übersicht. Eine kurze Übersicht bietet *BTC-Echo Academy*: Was ist ein Stablecoin?
14. Clements, Ryan (2021), Built To Fail: The Inherent Fragility Of Algorithmic Stablecoins, stuft den algorithmischen Ansatz aus verschiedenen Gründen als sehr instabil ein.
15. Vgl. Tether.io: Transparency
16. Vgl. Horch, Phillip (2019-11-4): Bitcoin-Kurs-Manipulation: Einzelner Wal soll Allzeithoch ausgelöst haben,
17. Vgl. Snowden, Edward (2021-10-9): Your Money AND Your Life – Central Banks Digital Currencies will ransom our future
18. Vgl. Omor/Link (2021), S. 620 und 628
19. ITSA (2020/10/15): International Token Classification, Framework Documentation, S. 17
20. Vgl. *Kryptokompass* (10/2019): Sind Utility-Token-Projekte zum Scheitern verurteilt?
21. Vgl. Burniske/Tatar (2018), S. 29 ff.
22. Vgl. dazu Bitcoin Suisse (2020-11.30): Was ist MakerDAO?

23. Zum Kapitel Asset Token vgl. Voshmgir (2019), S. 215–227
24. BaFin (2019/0003): Zweites Hinweisschreiben zu Prospekt- und Erlaubnispflichten im Zusammenhang mit der Ausgabe sogenannter Krypto-Token
25. Vgl. Kramer, Marius: Paxos und die Gold-Revolution
26. Zum Konzept vgl. Tokensets: Overview
27. Vgl. dazu Coinmarketcap: Supply (Circulating, Total, Max)
28. Laut Analysen von Chainalysis sind rund 20 Prozent aller bisher geminten 19,2 Millionen Bitcoin verloren. Als verloren gelten Bitcoin, die mehr als fünf Jahre nicht bewegt wurden. Zu verloren gegangenen Bitcoin vgl. Nibley, Brian (2022-9-13): Tracking Down Lost Bitcoins and Other Cryptos
29. So gibt es beim 2013 emittierten Dogecoin jährlich 5,256 Millionen neue Münzen, er hat also einen inflationären Charakter. Allerdings nimmt im Zeitablauf die Inflation durch die Zunahme des Circulating Supply bei gleichbleibendem zusätzlichem Angebot ständig ab.
30. Interessant ist ein Blick auf Coinmarketcap: Historical mit der Entwicklung der Marktkapitalisierungen seit 2013. Im Kap. 3.2 zeigt die Tabelle 3.2 die Entwicklung und Fluktuation bei den Top-20-Kryptowährungen seit 2014.
31. So kann sich in Deutschland durch bedingte Kapitalerhöhungen über Wandel- und Optionsanleihen bei Ausübung der Bezugsrechte das Aktienkapital um bis zu 50 Prozent erhöhen und dadurch den Aktienkurs potenziell verwässern.
32. Smith, Noah (2019-7-8): That Giant Asteroid of Gold Won't Make Us Richer
33. Bei Coinmarketcap: Global Cryptocurrency Charts finden sich Charts zum zeitlichen Verlauf der Gesamtmarktkapitalisierung und zur Dominanz der größten Coins.
34. Dies kann man etwa bei Coinmarketcap schnell herausfinden: Coin aufrufen und dort bei „Market Pairs" auf „Adjusted Volume" gehen. Auf das Problem „Wash Trading" sei verwiesen (vgl. Kap. 11.7.3).
35. Vgl. Coinmarketcap: Top Cryptocurrency Spot Exchanges
36. Eine Übersicht über die aktuell weltweit erreichbaren Bitcoin-Knoten findet sich bei Bitnodes und für Ethereum bei Ethernodes.
37. Ceteris paribus heißt „unter sonst gleichen Umständen". Mit dieser Klausel wird die Analyse eines Zusammenhangs beschrieben unter der Annahme, dass sich nur die betrachtete Variable ändert und gleichzeitig alle anderen ökonomisch relevanten Variablen gleich bleiben. Dann werden nur die Auswirkungen der Änderung dieser Variablen auf das Gesamtsystem betrachtet.
38. Vgl. dazu https://www.blockchaincenter.net/nft/
39. Beispiel für eine Fremdverwahrung ist der Binance NFT Marketplace.
40. Vgl. Kap. 9 Sicherheit und Verwahrung von Kryptowährungen
41. Ein Handelsplatz für Nifties ist Nifty Gateway, der den Winklevoss-Zwillingen gehört. Ein Marktplatz für NFT-Kunst ist Rarible. Weitere Marktplätze sind Enjin oder OpenSea.
42. Eine Übersicht über den prozentualen Anteil von gesperrten Token findet sich bei TokenUnlock.

6. Emission und Börsennotierung von Coins und Token

1. Vgl. dazu Bergmann, Christoph (2019-9-13): Die Sache mit dem Instamining bei Dash …
2. Vgl. ITSA (2021): International Token Classification (ITC), Appendix 1
3. Vgl. dazu Voshmgir (2020), S. 238 ff.
4. Coinmarketcap: Token Generation Event (TGE)
5. Vgl. BaFin (2019/0003)
6. Vgl. Auffenberg, Lutz (2020-1-27): STO mit Wertpapier-Informationsblatt – Chance für KMUs?
7. Einen Überblick über die Performance von IEOs auf verschiedenen Plattformen bietet Cryptorank: Analysis of profitability on IEO platforms.
8. Das erste IGO wurde von Binance im Oktober 2021 für NFTs das Play-to-Earn-Metaverse DeRace durchgeführt, bei dem es um Pferderennen geht.

9. Zu dieser Platzierungsform vgl. Kap. 4.10.3
10. BaFin (2019/0003)
11. Vgl. Coinmarketcap: Top Cryptocurrency Exchanges
12. Vgl. dazu Kap. 11.12.2

7. Handelsplätze und Handelsinstrumente für Kryptowährungen

1. Zu den Wallets vgl. Kap. 9
2. Vgl. Blockchainwelt.de: CEX vs. DEX – hier liegen die Unterschiede
3. Vgl. p2p Binance
4. Zu On- und Off-Ramp vgl. Kap. 7.2.3
5. Das Margin-Level errechnet sich als Gesamtwert des Vermögens auf dem Margin-Konto dividiert durch die Summe des Gesamtbetrags der Kredite und des Gesamtbetrags der aufgelaufenen Zinsen.
6. Zu diesen Instrumenten vgl. Kap. 7.5.
7. Vgl. dazu Masterthecrypto.com: Are Cryptocurrency Exchanges Really Manipulating?
8. Der bekannteste Fall ist die Kryptobörse QuadrigaCX, deren Gründer Gerald Cotten als Einziger den Zugang zu den Schlüsseln der auf seiner Kryptobörse verwahrten Krypto-Assets seiner Kunden hatte. Letztlich handelte es sich um einen groß angelegten Betrug. Angeblich war Cotten auf einer Reise durch Indien verstorben. Vgl. Beuth, Patrick (2019-6-25): Würden Sie diesem Mann Ihre Bitcoin anvertrauen?
9. Vgl. Bitfinex: Understanding Bitfinex Over the Counter (OTC)
10. Vgl. Zhang, Silvia (2022-11-29): Was bedeutet Proof of Reserve?
11. Vgl. Pereira, Ana Paula (2022-12-12): Binance: Proof of Reserves enthält Warnsignale
12. Zur Liquidität vgl. Kap. 12.9.5
13. Einen guten Überblick bietet CoinTracker: 2022 Crypto-Exchange Fee Comparison oder Coinmarketfees
14. Vgl. dazu Kap. 8.5.1
15. So gibt es Kryptobörsen wie Gate.io oder MEXC, die weit über 1.000 verschiedene Coins im Angebot haben. Von den großen Börsen hat KuCoin mit über 800 Coins das größte Angebot (Stand März 2023). Die weltgrößte Kryptobörse gemessen an den Umsätzen, Binance, hatte zu diesem Zeitpunkt 387 Coins im Handel.
16. So war bei Bitfinex im Hype 2017/18 eine Mindesteinzahlung von 10.000 Dollar nötig.
17. Dies war so beim Airdrop der Spark Token von Flare Networks, die den Inhabern von Ripples Kryptowährung XRP im Dezember 2020 zugeteilt wurden.
18. Zu den aktuellen bei BISON handelbaren Coins vgl. Bison: Krypto-Kurswerte
19. Vgl. *Finanzmarktwelt* (2019-9-24): Börse Stuttgart startet Handelsplatz für Kryptowährungen – Axel Springer und Solarisbank an Bord
20. Vgl. Bundesministerium der Finanzen (2022-5-10): Einzelfragen zur ertragsteuerlichen Behandlung von virtuellen Währungen und von sonstigen Token, Randnummer 31
21. Vgl. die Studie von coindex (2021): Kostentransparenz: Du zahlst mehr, als Du denkst
22. Vgl. dazu Bitcoin Suisse (2021-7-26): Was sind dezentrale Börsen (DEX)?
23. Einen Überblick über die DEXes findet man bei Coinmarketcap: Top Cryptocurrency Decentralized Exchanges
24. Vgl. Dune.com: CEX vs. DEX
25. Vgl. zum Folgenden O'Neal, Stephen: Can Crypto Exchanges Ever Be Truly Decentralized?
26. Vgl. dazu Cornell University (2019-4-10): Flash Boys 2.0: Frontrunning, Transaction Reordering, and Consensus Instability in Decentralized Exchanges, 2019. Vgl. auch Lange, Guido (2019-4-17): Frontrunning – Warum dezentrale Börsen (DEX) kein guter Ort zum Handeln sind
27. BaFin (2019/0002), S. 2
28. Angekündigt wurde der Bitcoin-Futures-Handel von der CME am 31.10.2017. Am 04.12.2017 gab die CBOE den Start des Bitcoin-Futures-Handels bekannt.

29. Zu den Futures- und Options-Produkten der CME vgl. CME Group: Cryptocurrency futures and options
30. Genaueres dazu bei CME Group: „Analysis of CME CF Bitcoin Reference Rate“
31. Der Bitcoin-Futures-Kalender findet sich unter CME Group: Bitcoin Futures-Calendar.
32. Zu den Produktspezifikationen vgl. ICE: Products – Futures & Options
33. Bei Coinmarketcap: Top Cryptocurrency Derivates Exchanges findet sich ein Überblick über die Krypto-Derivate-Börsen.
34. Zu Funding Rates vgl. Binance: Introduction to Binance Futures Funding Rates
35. Vgl. CME Group: Options on Bitcoin Futures – Contract Specs zu den Konditionen der Optionskontrakte
36. Vgl. Deribit: Options
37. 2017 wurden durch die BaFin CFD-Konten mit Nachschusspflicht für Trader mit Wohnsitz in Deutschland verboten. 2018 führte die Europäische Regulierungsbehörde ESMA dann eine Begrenzung des Hebels ein. Wurden vorher Hebel von 200:1 angeboten, wurden diese seither auf 30:1 für die Hauptwährungspaare und 20:1 für Indizes wie den DAX begrenzt. Professionelle Kunden können aber weiter mit höheren Hebeln handeln.
38. So findet sich auf der Startseite von Plus500 oben der Hinweis (Stand März 2023): „CFD sind komplexe Instrumente und gehen wegen der Hebelwirkung mit dem hohen Risiko einher, schnell Geld zu verlieren. 86 Prozent der Kleinanlegerkonten verlieren Geld beim CFD-Handel mit diesem Anbieter. Sie sollten überlegen, ob sie verstehen, wie CFD funktionieren, und ob Sie es sich leisten können, das hohe Risiko einzugehen, Ihr Geld zu verlieren.“
39. Zur steuerlichen Behandlung vgl. Kap. 16.5
40. Für eine Übersicht vgl. Vontobel
41. Vgl. Kap. 16.5.1
42. Eine Übersicht findet sich bei CoinShares: Digital Asset Exchange Traded Products
43. Vgl. 21shares
44. Vgl. Wisdom Tree
45. Vgl. ETC Group: Kryptowährungen an der Deutschen Börse
46. Vgl. VanEck
47. Vgl. Deutsche Digital Assets
48. Vgl. Invictus
49. Vgl. Indexcoop: Defi Pulse Index

8. Handel mit Kryptowährungen

1. Allerdings kann es sehr selten auch bei Market-Orders nur zu einer Teilausführung kommen, vgl. Kap. 8.4.3.
2. Zu den Spikes vgl. Kap. 10.12
3. Zu Slippage vgl. Kap. 8.4
4. Coinbase verlangt allerdings zusätzlich zu den schon hohen Gebühren von 1,49 Prozent des Transaktionswertes noch zusätzlich einen Spread von 0,5 Prozent. Dagegen beträgt der Spread etwa von Bitcoin bei Binance regelmäßig deutlich weniger als ein Tausendstel, obwohl die Trading Fees mit 0,1 Prozent ebenfalls sehr niedrig sind.
5. Vgl. Kap. 10.10
6. Zumal man bei einigen Blockchains ohnehin die Dezentralität infrage stellen kann. So wurde die Terra-Blockchain angehalten, Solana ist von sich aus stehen geblieben. Auch die Hard Fork bei Ethereum nach dem DAO-Hack im Jahr 2016 war bereits ein Sündenfall. Dies zeigt die Sonderrolle von Bitcoin als dem dezentralsten unter den großen Coins. Hier kann die Blockchain nicht einfach extern angehalten werden.

9. Verwahrung von Kryptowährungen

1. Vgl. dazu Voshmgir (2020), S. 75 ff.
2. Zu Adressen, Public und Private Keys vgl. Kap. 4.12
3. Diese beiden Begriffe wurden schon in Kap. 7.2.1 behandelt.

10. Preisbildung von Kryptowährungen

1. Zum Unterschied von Preis und Wert vgl. auch Kap. 12.2
2. Zum Burning vgl. Kap. 11.12
3. Vgl. dazu Kap. 10.9
4. Vgl. dazu Kap. 10.3
5. Dabei kann es zu einer Art Wertillusion kommen, vgl. dazu Kap. 10.13.2
6. Vgl. dazu Kap. 8.1
7. Vgl. Bitcoin Suisse (2020-3-17): A Flight to Safety
8. Bei Coinmarketcap wird dieser Indikator als Volume/Market cap (24h) angezeigt.
9. Solche Daten liefert zum Beispiel Kaiko: Aggregated Market Depth
10. Zur Slippage vgl. Kap. 8.4
11. Zu den Spikes vgl. Kap. 13.11.1
12. Vgl. dazu Kap. 2.6
13. Vgl. Weger, Gerd (2019-5-6): Vorsicht, Falle!?
14. Vgl. dazu Kap. 10.11
15. Vgl. Brandau, Corinna (2019-7-3): Simbabwe: Bitcoin wird über 75.000 Dollar gehandelt
16. Vgl. Penke, Michel (2017-11-3): In diesem Land ist ein Bitcoin 13.000 Dollar wert
17. Vgl. dazu Investopedia: Kimchi Premium
18. Vgl. Grunewald, Jannis (2020-3-16): Wegen Corona-Pandemie: Bitcoin wird in China derzeit mit 15 Prozent Aufschlag getradet
19. Vgl. Weger, Gerd (2020-12-16): Bitcoin schießt durch die 20.000-Marke
20. Vgl. dazu Sandner, Philipp (2022-2-11): A Fundamental Analysis of Crypto Markets in Early 2022: China Soon To Stop Selling Bitcoin?
21. Vgl. dazu To, Ainsley (2021-9-21): Crypto's Circadian Rhythm
22. Allerdings kann es auch bei regulären Wartungen unverhofft lange dauern. So war für den 10. Januar 2018 von Kraken eine Wartungszeit von zwei bis drei Stunden angekündigt. Die Börse war dann aber drei Tage offline.
23. Schiereck, Dirk / Welkoborsky, Christopher (2015): Der Halloween-Effekt am deutschen Aktienmarkt. Gemäß dieser Untersuchung ist der Effekt am deutschen Aktienmarkt unabhängig von der Marktkapitalisierung der Aktien und deren Sektorzugehörigkeit für die letzten 25 Jahre zu beobachten, selbst während der Finanzkrise.
24. Wewer, Ben (2020): Der beste Wochentag für ein Bitcoin-Investment. Der untersuchte Zeitraum lief bis Sommer 2020. Neuere Daten fehlen.
25. Aktienfonds werden gern mit einer überdurchschnittlich guten Performance in der Vergangenheit beworben. Nicht von ungefähr steht dann meist ein Warnhinweis ähnlich wie dieser dabei: „Die Wertentwicklung der Vergangenheit lässt keine verlässlichen Rückschlüsse auf die zukünftige Entwicklung zu."
26. Vgl. dazu Bespoke (2021-9-8): Bitcoin Seasonality. Der Berechnung lagen die Daten von 2011 bis 2020 zugrunde.
27. Vgl. Cryptoticker (2019-4-17): Cryptocurrency Waves Flash Crash to 10 Satoshi on Binance
28. Vgl. Suberg, William: BitMEX in der Kritik – „Flash Crash" von XRP führt zu heftigen Verlusten

29. Vgl. Micky: Exchanges under Fire after suspicious ETH crash and today's BTC spike
30. Zu den Spikes vgl. Kap. 13
31. Die aktuellen Gewichtungen finden sich unter BitMEX: Composite Index Breakdown
32. Vgl. Weger, Gerd (2020-2-24): Bitcoin: Kommt der Sprung über 10.000?
33. Zu den Auswirkungen der Liquidationsspirale und der Liquidation Engine bei BitMEX beim Corona-Crash vgl. Coinmetrics (2020-3-23): The BitMEX Liquidation Spiral. Zum Versicherungsfonds von BitMEX vgl. BitMEX (2020-3-23): BitMEX Insurance Fund: Your Questions Answered
34. Vgl. Weger, Gerd (2020-5-14): Bitcoin vor Sprung über 10.000 Dollar
35. Den Trend von Open Interest, Volumen und Preis kann man auf verschiedenen Seiten wie Coinglass oder Cryptoquant verfolgen.
36. Vgl. Kap. 7.5.2.2
37. Bei Coinglass: Options gibt es einen Überblick über den Optionsmarkt mit der Entwicklung des Open Interest und des Put-Call-Ratios.
38. Vgl. Weger, Gerd (2021-10-29): Dogecoin, Shiba Inu, Floki & Co – Hundecoins für die Zocker
39. Vgl. dazu Kap. 11.1.1
40. So ist bei XRP von Ripple lange Zeit der Rechtsstreit mit der amerikanischen Börsenaufsicht SEC wegen des Vorwurfs der unerlaubten Wertpapieremission ein Grund für die schlechte Kursentwicklung gewesen.
41. Vgl. Weger, Gerd (2019-5-6): Vorsicht, Falle!?
42. Vgl. Kap. 5.3.2.1
43. Vgl. Kaiko Research: Monthly Market Report, February 2022, S. 7
44. Vgl. Reserve Research Team (2018-7-12): The End of a Stablecoin – The Case of NuBits
45. Vgl. dazu Kap. 5.4.1.3

11. Preistreiber und Risikofaktoren bei Kryptowährungen

1. Eine Studie von Cane Island Digital Research vom 16.04.2020 (There Will Never Be More Than 14 Million Bitcoins) geht sogar davon aus, dass das verfügbare Angebot wegen des jährlichen Zugangsverlustes eher abnimmt. Demnach würden auch in Zukunft nur maximal 14 Millionen der insgesamt produzierbaren 21 Millionen Bitcoin dem Markt zur Verfügung stehen.
2. Die Marktkapitalisierung von Bitcoin wie auch von allen anderen Coins des Kryptomarktes wird dabei durch die umlaufende Stückzahl (Circulating Supply) und den aktuellen Marktpreis der Coins bestimmt.
3. So stieg Ripples XRP zum Jahreswechsel 2017/18 innerhalb weniger Wochen um das Fünfzehnfache, Bitcoin Cash um mehr als das Zehnfache.
4. Bei Tradingview kann man die Dominanz von Tether schnell durch Eingabe von USDT.D als Chart verfolgen. Den zeitlichen Verlauf des Marktvolumens der verschiedenen Stablecoins findet man bei Coingecko: Stablecoins by Market Capitalization
5. Vgl. dazu Kap. 7.5
6. Vgl. dazu Kap. 7.3
7. Coldwell Banker (2019): Millennial Millionaires
8. Vgl. Alto (2022): How Millennials See Their Financial Future
9. Zur Korrelation zwischen Aktien und Bitcoin vgl. Kap. 11.16.2
10. Vgl. Kap. 4.13
11. Vgl. dazu Kap. 12.16
12. Vgl. Weger, Gerd (2021-1-18): Bitcoin eine kleine Nummer. Noch!
13. Eine Übersicht von Coins mit Halvings/Reducings findet sich bei Halving Dates: Cryptocurrency Halvings oder AltcoinsBox: Crypto Halving Dates – Calendar
14. Vgl. Bendiksen, Christopher (2020-5-5): 5 Popular BTC Halving Theories

15. Zur Difficulty vgl. Kap. 12.10.8
16. So kam die US-Justiz in den Besitz von fast 70.000 Bitcoin im Zusammenhang mit der Beschlagnahme von Silk Road, dem illegalen Marktplatz im Darknet. Die chinesischen Behörden beschlagnahmten wiederum Kryptowährungen im Wert von 4,2 Milliarden Dollar aus dem Betrug um Plus-Token.
17. Vgl. Bitinfocharts: Cryptocurrency Statistics (Stand: April 2023). Die 100 Adressen mit den größten Bitcoin-Beständen und den Veränderungen der letzten sieben Tage finden sich bei Coincarp: Bitcoin Richlist
18. Die bekannteste Seite der Whale Watcher ist Whale Alert.
19. Vgl. Cryptoquant: Exchange Whale Ratio
20. Zu den Stablecoins vgl. Kap. 5.4.1.3 und 5.4.1.4
21. Vgl. Kap. 5.4.1.4
22. Vgl. Glassnode: SSR (Stablecoin Supply Ratio)
23. Vgl. Sandner, Phillip / Grigorjan, Eduard / Schaub, Benjamin (2022): Kryptoregeln
24. Diesen Weg hat im Mai 2022 kein Geringerer als US-Wirtschaftsnobelpreisträger Joseph Stiglitz vorgeschlagen. Ein Kryptoverbot, das er befürwortet, könnte dabei an den Umtauschpunkten von Kryptogeld in reguläres Geld ansetzen.
25. Dabei soll es hier keine Rolle spielen, ob eine Konfiszierung von Kryptowerten durch staatliche Stellen zur Durchsetzung von berechtigten Rechtsinteressen dient oder willkürlich ohne Rechtsgrundlage wie in autoritären Staaten erfolgt.
26. Viele Ukrainer haben als Folge des Krieges ihre Vermögenswerte verloren. Manchmal waren Krypto-Assets das einzige Vermögen, das die Flüchtlinge mitnehmen konnten.
27. Vgl. Kap. 16.2.2
28. Vgl. Europäische Union (2014): Verordnung (EU) Nr. 596/2014 des Europäischen Parlaments und des Rates vom 16. April 2014 über Marktmissbrauch (Marktmissbrauchsverordnung)
29. BaFin (2019/0002)
30. Vgl. Binance Blog (2021-10-19): What is Market Manipulation in Cryptocurrency?
31. Vgl. Omlor/Link (Hrsg.) (2021), S. 34
32. Vgl. Bitwise Asset Management (2019): Presentation to the U.S. Securities and Exchange Commission, S. 23. Eine neuere Studie kommt zu dem Ergebnis, dass mehr als 70 Prozent des Handelsvolumens unregulierter Börsen Wash Trades sind, vgl. National Bureau Of Economic Research (Hrsg.) (2022): Crypto Wash Trading
33. Zur Methodologie vgl. Coinmarketcap: Liquidity Score (Market Pair, Exchange)
34. Auf Coinmarketcap: Exchange Ranking finden sich die aktuellen Rankings.
35. Vgl. Kraken Blog (2020-10-22): The Market Series – Part 6: How to Spot Bad Markets
36. Vgl. dazu Chainalysis (2022): The 2022 Crypto Crime Report, S. 29 ff.
37. Auch bei Pump-and-Dump-Aktionen können die Initiatoren im Vorfeld der Promotion an ihre Follower durch Käufe und Verkäufe untereinander die Preise schon einmal hochtreiben.
38. Vgl. Chainalysis (2022): The 2022 Crypto Crime Report, February 2022, S. 29–36
39. Vgl. Seyidov, Valentin (2021-8-10): Was ist Crypto Shilling?
40. Vgl. Kap. 11.9
41. Vgl. Phillips, Daniel (2020-1-6): XRP Insider Trading Seen After Binance Adds Futures
42. Vgl. Lucian, Anton (2019-12-3): Ravencoin Pump Price Action Suggests Insider Trading
43. Vgl. Ante, Lennart (Blockchain Research Lab) (2022): How Elon Musk's Twitter activity moves cryptocurrency markets
44. Selbst Staatsanleihen funktionierten in der Vergangenheit teilweise nach dem Ponzi-Schema. Vgl. dazu Burniske/Tatar (2018). S. 153 f.
45. In dem umfangreichen Artikel von Redman, Jamie: Buyer Beware! The Definitve OneCoin Ponzi Exposé wurde bereits im Juli 2016 auf die vielen Warnzeichen hingewiesen und OneCoin als definitives Ponzi Scheme bezeichnet.
46. Zur Entwicklung von Rug Pulls im Jahr 2021 vgl. Chainalysis (2022), S. 78 ff.
47. Vgl. Wurfel, Sarah (2022-3-18): Wie erkennt man einen Rug Pull? Was ist Rug Pull in Krypto und wie kann es verhindert werden?

48. Vgl. Eberle, Patrick (2020-2-11): Der Plus Token-Scam – Warum der Bitcoin Kurs immer noch darunter leidet
49. Vgl. Masterthecrypto: Identifying Crypto Scams: The Comprehensive Guide
50. Vgl. Miller, Markus (2022): Kryptonomics, S. 311 f.
51. Zu einigen der bekanntesten Hacks vgl. Kartsev, Andrey (2022): Die größten Krypto-Hacks der Geschichte: Haben die Börsen etwas aus ihren Fehlern gelernt?
52. Vgl. Omlor/Link (2021), S. 877 ff. zur Frage, inwieweit der Tatbestand des Diebstahls nach den Bedingungen des StGB vorliegt.
53. Zum DAO-Hack vgl. Coinmarketcap (2022): Ethereum vs. Ethereum Classic und Burniske/Tatar (2018), S. 58–62
54. Vgl. Suberg, William (2020-5-23): 'Coinbase Listings' Return: 200 Prozent OmiseGo Pump and Dump Raises Eyebrows. Mit den Insidervermutungen dürfte Cointelegraph aber falschliegen. Denn die Notierungsaufnahme wurde bereits sieben Tage vorher auf dem Coinbase-Blog angekündigt.
55. Vgl. dazu Coinmetrics (2020-6-23): Digital Alchemy: Do Coinbase Listings Turn Altcoins Into Gold?
56. Vgl. Talamas, Roberto (2021-3-31): Analyzing the Crypto Exchange Pump Phenomenon, Messari Research
57. Vgl. Binance Blog (2020-9-21): Binance Innovation Zone & Listing Updates
58. Vgl. BNBBurn.info
59. Vgl. dazu Lange, Guido: Shiba Inu: SHIB Geschenk an Buterin wäre jetzt 30 Milliarden Dollar wert
60. Vgl. Seregin, Kirill (2022-8-9): Was ist ein Coin Burn und wie funktioniert Coin Burning?
61. Vgl. Fernau, Owen: Messari Data Shows Flipping Airdrops is Twice as Profitable as Holding. Allerdings ging im Untersuchungszeitraum auch der gesamte Kryptomarkt sehr stark zurück.
62. Vgl. Withiam, Wilson (2020-4-1): Does the percentage of total tokens staked have an impact on price?
63. Betragen die Staking Rewards zum Beispiel zehn Prozent, bekommt der Staker anteilig für den Zeitraum des Stakings zehn Prozent auf seine gestakten Coins ausgezahlt. Hat er zehn Coins und stakt diese ein halbes Jahr, so wächst sein Bestand dadurch auf 10,5 Coins.
64. Vgl. dazu Kap. 4.9
65. Vgl. Kap. 10.11
66. Dies war beim bekanntesten Short-Squeeze am deutschen Aktienmarkt im Jahr 2008 der Fall. Neben dem Anteil von 20 Prozent an den Stammaktien durch das Land Niedersachsen hatte Porsche seinen Anteil so aufgestockt, dass letztlich nur noch rund sechs Prozent der Stammaktien handelbar waren. Aufgrund der Lehman-Pleite kurz zuvor waren viele Anleger negativ eingestellt und es gab große Short-Positionen im Markt. Mit Bekanntgabe der Aufstockung durch Porsche explodierte der Kurs trotz schwachem Gesamtmarkt um mehr als das Vierfache und machte VW kurz zum teuersten Unternehmen der Welt.
67. Zu den Funding Rates vgl. Kap. 10.12
68. Vgl. dazu Sandner, Philipp / Bruckner, Maximilan (2022-6-15): Why it is wrong to say "Bitcoin prices correlate with global equities" and two other fundamental reasons for a strong Bitcoin
69. Zum Deleveraging vgl. Weger, Gerd (2020-3-17): There is no Safe Haven!? It's Bitcoin, Stupid!
70. Vgl. Sandner, Philipp / Bruckner, Maximilian (20226-15), die eine grundsätzliche Korrelation von Bitcoin und Aktien verneinen und höchstens von einer temporären Korrelation sprechen.
71. Zu den entsprechenden Marktphasen vgl. Kap. 11.18
72. Zur Bitcoin-Dominanz vgl. Kap. 11.1.2
73. Zum Verlauf der Bitcoin-Dominanz vgl. Abb. 11.1
74. Ein Paradebeispiel dafür waren Internet-Aktien Ende der 90er-Jahre. Auch der Absturz vieler vermeintlicher Wachstumsaktien am Neuen Markt ist bei deutschen Anlegern noch in Erinnerung.
75. Vgl. Kap. 11.2 und 12.16
76. Vgl. dazu Kap. 11.1.2
77. Den direkten Vergleich kann man bei Tradingview sofort durch Überlagerung der beiden Abfragen TOTAL und TOTAL3 generieren.
78. Vgl. Blockchaincenter: Altcoin Season Index
79. Vgl. Weger, Gerd (2020-3-24): Bitcoin kommt gestärkt aus der Krise

80. Taleb, Nassim Nicholas (2010): Der Schwarze Schwan, S. 2
81. Zu weißen und schwarzen Schwänen vgl. Weger, Gerd (2020-3-2): Bitcoin auch Coronavirus-infiziert?
82. So versuchte der Gründer der führenden Kryptobörse FTX, Sam Bankman-Fried, die in Schieflage geratenen Krypto-Unternehmen Voyager und BlockFi mit großen Kreditlinien zu unterstützen. Kurze Zeit darauf ging FTX selbst in einem haarsträubenden Zusammenbruch unter.
83. Vgl. Bovermann, Philipp (2022-5-7): Wehe, wenn die Kryptoblase platzt, *Süddeutsche Zeitung*, S. 24
84. Auf diverse Risikofaktoren wurde bereits in Kap. 2.9 eingegangen.

12. Fundamentalanalyse

1. So wirbt Glassnode mit der umfassendsten Metrik-Bibliothek mit Hunderten von verschiedenen Metriken. Für die Analyse ist es entscheidend, sich auf die wesentlichsten Metriken zu konzentrieren. Die Relevanz von Metriken kann sich im Zeitverlauf auch ändern.
2. Zur Unterscheidung der verschiedenen Begriffe wie Kryptowährungen, Krypto-Assets, Coins und Token vgl. Kap. 5.1
3. Vgl. Burniske/Tatar (2018), S. 116 ff.
4. Zu Tokenomics vgl. Binance Research (2022): Tokenomics Deep Dive
5. Vgl. dazu Kap. 5.4
6. Zu den Airdrops vgl. Kap. 11.13
7. Vgl. Kap. 12.4.3
8. Vgl. Bybit Learn (2022-7-18): Nakamoto Coefficient: An Accurate Indicator for Blockchain Decentralization?
9. Zu fungiblen und nicht-fungiblen Token vgl. Kap. 5.5.5
10. Vgl. dazu Dilmegani, Cem (2023-1-3): Top 17 Blockchain Applications & Use Cases in 2023
11. Vgl. zum Folgenden Ark Invest (2023): Big Ideas 2023, S. 51
12. Vgl. Kapitel 12.15.1 und 12.15.2
13. Möbert, Jochen (2018-1-29): Bitcoin – Meinungen, Mythen und Missverständnisse. S. 7
14. Ark Investment (31.1.2023), Big Ideas 2023, S. 65
15. Vgl. zum Folgenden Möbert, Jochen (2018-1-29)
16. Vgl. Kap. 11.16.2
17. Vgl. dazu Kapitel 13.11.3
18. Vgl. Ammous (2018), S. 6 ff.
19. Vgl. Kap. 11.2
20. Vgl. Plan B (2019-3-22): Modelling Bitcoin Value with Scarcity
21. Andersch, Manuel (2019-9): Megatrend Digitalisierung – Läuft Bitcoin Gold den Rang ab?, BayernLB Research
22. Vgl. dazu Kap. 4.10.2 und 4.10.3
23. Vgl. Kap. 5.4.1.1
24. Dagegen wären bei einer Abdeckung durch andere Assets wie Dollaranleihen oder sogar Fremdwährungsanleihen weitere Emittenten- und Kursrisiken zu berücksichtigen.
25. Eine gute, schnelle und kostenneutrale Alternative waren in der Vergangenheit beispielsweise Überweisungen von der Kryptobörse Kraken zur Fidor Bank. Die Bank wurde aber zwischenzeitlich liquidiert.
26. Diese kann einfach bei Tradingview abgefragt werden mit dem Tickersymbol und .D. So wird die Entwicklung der Marktdominanz von Tether mit USDT.D in einem Chart gezeigt.
27. Vgl. Cryptoquant: All Stablecoins: Exchange Netflow (Total) – All Exchanges
28. Zur Unterscheidung von Protocol und App-Token vgl. Kapitel 5.4.2.2
29. Vgl. zum Folgenden Arjoon, Marc (2022-11-30): The Investment Case for Ethereum, CoinShares Research
30. Vgl. Dunleavy, Tom (2022-4-26): The De-Coupling Thesis, Messari Research
31. Vgl. dazu Sigel, Matthew (2021-8-16): Ethereum-Konkurrenten

32. Vgl. Kapitel 12.8.3
33. Vgl. Arjoon, Marc (2022-11-30)
34. Allerdings wäre auch eine Killer-App denkbar, die aufgrund ihrer Beliebtheit einen größeren Wert erlangt als die Blockchain, auf der diese App läuft.
35. Zur Definition von Protocol Token vgl. Kapitel 5.4.2.2
36. Auch im Aktienmarkt gibt es Meme-Aktien, deren Kurse durch Aktivitäten in den sozialen Medien stark getrieben werden. Ein Beispiel dafür war der Hype um die Aktien von GameStop Anfang 2021, die durch die Reddit-Gruppe Wallstreetbets hochgejubelt wurden.
37. Bayer Leverkusen (2021-12-2): Floki wird neuer Ärmelpartner
38. Vgl. Weger, Gerd (2021-10-29): Dogecoin, Shiba Inu, Floki & Co – Hundecoins für die Zocker
39. BaFin (2019-4-15): Tokenisierung
40. Vgl. dazu Kapitel 5.4.3
41. Vgl. dazu: L'Atelier/BNP-Paribas: Non-Fungible Tokens Yearly Report 2020, S. 24–32 und S. 43–63.
42. Oftmals wird statt Adoption auch der Begriff Adaption verwendet. Dies ist aber begrifflich falsch. Eine nette Klarstellung dazu liefert die kleine Deutschlektion von Kramer, Marius (2023-1-25): Krypto Adaption vs. Krypto Adoption: Willkommen in der Deutschstunde! in Cryptomonday. So spricht man im Englischen auch nicht von mass adaption, sondern von mass adoption. Das englische Verb adopt wird mit übernehmen, einführen übersetzt. Das Verb adapt dagegen mit anpassen, überarbeiten. Von Krypto-Adaption spricht man deshalb, wenn eine vorhandene Kryptolösung für neue Bedürfnisse verändert wird.
43. Vgl. Deutsche Digital Assets Research (2023-4): Cryptoasset Adoption & Volatility: Where do we stand, where do we go?, S. 18.
44. Vgl. dazu Leinweber, Martin / Willig, Jörg (2022): Asset-Allokation mit Kryptoassets, S. 92.
45. So verringert sich für Traveller das Risiko durch mitgeführtes Bargeld oder Kreditkarten, wenn mit Bitcoin an vielen Orten und in vielen Geschäften gezahlt werden könnte.
46. Zu den Adressen vgl. Kapitel 12.14.1
47. Vgl. zum Folgenden Chainalysis (2023-10): The 2023 Geography of Cryptocurrency Report, S. 3–4.
48. Zu den Gründen vgl. Kapitel 12.14.1
49. Zum Folgenden vgl. Deutsche Digital Assets Research (2023-4)
50. Ein sehr umfassender Überblick über die meisten Länder mit einer teilweise etwas anderen Reihenfolge findet sich bei Chainalysis (2023-10): The 2023 Geography of Cryptocurrency Report
51. Allerdings haben trotz der höchsten Adoptionsraten Nigeria und Thailand keine signifikant höheren Zahlen bei Inflation und Geldmengenwachstum.
52. So werden immer häufiger türkische Immobilien gegen Bitcoin ins Ausland verkauft, vgl. Bergmann, Christoph (2020-12-2): Türkischer Verband von Immobilienhändlern fordert, dass die Türkei eine Bitcoin-Bank eröffnet.
53. Vgl. dazu Glassnode Academy: UTXO vs. Account-Based Chains
54. Vgl. Bergmann, Christoph (2018-8-7): Bitcoin, ganz einfach: Was ist das UTXO – und warum ist es so wichtig?, und Bergmann, Christoph (2022): Das Bitcoin-Kompendium, S. 81–87.
55. Vgl. dazu Glassnode Insights (2020-4-3): Introducing Account-Based On-Chain Metrics for Bitcoin und Ethereum
56. Vgl. zum Folgenden Coinmetrics (2022-3-22): On-Chain Volume – A Deep Dive Into Coin Metrics' Transfer Value Heuristics
57. Vgl. dazu Glassnode Academy: UTXO vs. Account-Based Chains
58. Vgl. https://www.btc-echo.de/academy/bibliothek/sidechain/
59. Vgl. dazu Glassnode Academy: Entity-Adjusted Metrics
60. Vgl. Glassnode Academy: Accumulation Trend Score
61. Vgl. dazu Kap. 11.3
62. Zur Wealth Distribution beim Bitcoin vgl. Bitinfocharts: Bitcoin (BTC) price stats and information
63. Vgl. Dziadkowiec, Jakub (2023-7-15): 73,5 % aller Bitcoin vergriffen – wie Langzeit-Investoren das Angebot verknappen

64. Vgl. Glassnode Academy: CDD (Coin Days Destroyed). Es gibt noch eine Reihe von Metriken, die von den Coin Days Destroyed abgeleitet sind wie zum Beispiel Supply-Adjusted CDD, Binary CDD oder Entity-Adjusted CDD. Mit diesen verfeinerten Metriken wird jeweils versucht, bestimmte Einflüsse zu minimieren oder auf bestimmte Gruppen von Eigentümern zu fokussieren.
65. Zur Bitcoin Dormancy vgl. Puell, David / Smith, Reginald (2019-6-21): Bitcoin Dormancy.
66. Vgl. Glassnode Academy: Liveliness
67. Vgl. Bansai, Dhruv (2018-4-17): Bitcoin Data Science (Pt. 1): HODL Waves
68. Vgl. Schultze-Kraft, Rafael (2019-11-13): Dissecting Bitcoin's Unrealised On-Chain Profit/Loss
69. Diese Metrik kann auch durch die Differenz von Marktkapitalisierung und realisierter Kapitalisierung dividiert durch die Marktkapitalisierung errechnet werden.
70. Vgl. dazu Schultze-Kraft, Rafael (2021-4-22): Bitcoin On-Chain Exchange Metrics: The Good, The Bad The Ugly
71. Vgl. dazu Cryptoquant: Exchange In/Outflow & Netflow
72. Glassnode Studio: Bitcoin: Net Transfer Volume from/to Exchanges (BTC) – All Exchanges
73. Vgl. Glassnode Studio: Bitcoin: Aggregate Security Spend (Thermocap)
74. Vgl. Glassnode Studio: Bitcoin: Puell Multiple
75. Vgl. Coinmarketcap: Supply (Circulating, Total, Max) und Binance Adacemy: Ciruculating Supply
76. Laut einer Analyse von Chainalysis von 2020 sind rund 20 Prozent aller bisher geminten 18,6 Millionen Bitcoin verloren. Als verloren gelten Bitcoin, die mehr als fünf Jahre nicht bewegt wurden. Vgl. Chainalysis (2020-6-18): 60% of Bitcoin is Held Long Term as Digital Gold. What About the Rest? Im Juli 2023 lag der Prozentsatz der fünf Jahre nicht mehr bewegten Bitcoin bei 29 Prozent. Geht man davon aus, dass ein Großteil davon verloren ist, könnten 20 Prozent wieder eine gute Näherung der tatsächlich verlorenen Coins sein.
77. So wird beim Binance-Coin BNB jedes Quartal eine festgelegte Zahl an BNB verbrannt, bis insgesamt 100.000.000 der ursprünglich ausgegebenen 200.000.000 BNB vernichtet sind. Die Zahl der bei einem Quartalsevent zu verbrennenden Coins bestimmt sich dabei nach dem Preis von BNB und der Zahl der Blöcke, die auf der BNB Smart Chain im letzten Quartal generiert wurden.
78. Vgl. Binance Academy: Total Supply
79. Vgl. Binance Academy: Maximum Supply
80. So gibt es beim 2013 emittierten Dogecoin jährlich fünf Milliarden neue Münzen, er hat also einen inflationären Charakter. Allerdings nimmt im Zeitablauf die Inflation durch die Zunahme des Circulating Supply bei gleichbleibendem zusätzlichem Angebot ständig ab. Die jährlichen Inflationsraten, die aktuell umlaufenden und die maximale Zahl an Coins bei den verschiedenen Krypto-Assets kann man vergleichen in der Übersicht von Kryptovergleich: Inflation von Kryptowährungen im Vergleich.
81. Interessant ist ein Blick auf Coinmarketcap: Snapshot der historischen Daten von Kryptowährungen mit der Entwicklung der Marktkapitalisierungen seit 2013.
82. Vgl. dazu Whale Alert (2020-7-20): The Satoshi Fortune
83. Große Diskrepanzen zwischen der aktuellen Market Cap und der Fully Diluted Market Cap werden zum Beispiel bei Coingecko: Cryptocurrency Prices by Market Cap durch die Einstellung „Show Fully Diluted Valuation" sofort ersichtlich.
84. Vgl. Coinmetrics (2018-12-14): Introducing Realized Capitalization
85. Vgl. zum Folgenden Kapitel 12.14.7
86. Vgl. dazu Glassnode Academy: Net Realized Profit/Loss
87. Zu den unterschiedlichen Kapitalisierungsdefinitionen vgl. Cryptoquant: Capitalization models
88. Vgl. Puell, David (2018-10-2): Bitcoin Market-Value-to-Realized-Value (MVRV) Ratio und Glassnode Academy: MVRV Ratio sowie Glassnode Insights (2023-2-22): Mastering the MVRV Ratio
89. Diese zeitlichen Differenzierungen werden vom Analysehaus Glassnode angesetzt. Andere Analysehäuser unterscheiden anderweitig zwischen lang- und kurzfristigen Investoren. So betrachtet Santiment beim MVRV Long/Short Difference langfristige Anleger als solche, bei denen die Coins innerhalb der vergangenen 365 Tage mindestens einmal bewegt wurden. Kurzfristig orientierte Anleger sind dann solche, bei denen die Coins in den vergangenen 60 Tagen mindestens einmal bewegt wurden. Vgl. dazu Santiment Insights: BTC's MVRV Long/Short Difference waves a bullish flag.
90. Vgl. Glassnode Insights (2020-3-3): Breaking up On-Chain Metrics for Short and Long Term Investors

91. Vgl. Glassnode Studio: Bitcoin: Spent Output Profit Ratio (SOPR) und Shirakashi, Renato (2019-4-25): Introducing SOPR: spent outputs to predict bitcoin lows and tops
92. Vgl. dazu: Glassnode Academy: LTH-SOPR und STH-SOPR
93. Zu gelockten Token vgl. Kapitel 12.4.3
94. Vgl. dazu Godbole, Omkar (2023-7-21): Large Crypto Token Unlocks Drive Prices Lower Within Two Weeks, Research Suggests
95. Ein Überblick über die Freigabe von gelockten Token findet sich bei TokenUnlock oder Cryptorank: Token Unlocks & Vesting.
96. Einige Beispiele finden sich bei Godbole, Omkar (2023-1-23): Crypto Gaming Token AXS Surges 40% Ahead of $64M Token Unlock
97. Vgl. Devens, Chase (2022-10-7): Analysing Leading Protocol Fundamentals
98. Vgl. dazu Boyapati, Vijay (2017): The Bullish Case for Bitcoin, S. 67 f.
99. Zum NVT vgl. Glassnode Academy: NVT Ratio
100. Vgl. dazu Santiment Academy: Velocity
101. Lumerin Protocol (2023-11-2): Bitcoin Mining Hashrate: Discovering the Ultimate Real-World Asset
102. Vgl. dazu Galaxy Research (2023-1-25): Surviving the Perfect Storm. 2022 End of Year Mining Report, S. 8
103. Zu den Unterschieden zwischen Mainnet und Testnet vgl. Blockchain Council (2023-11-5): Mainnet Vs. Testnet – What Are The Differences?
104. Dieser Effekt zeigt sich häufig, wie verschiedene Untersuchungen zeigen. Vgl. dazu zum Beispiel Brandalise, Julian (2022-11-5): Was ist ein Mainnet in Krypto? Analysen wie bei TokenGazer (2019-3-7): In-Depth Analysis of Mainnet Launch's Impact on Token Price zeigen auch, dass Preisanstiege vor Mainnet-Launches bei niedrig kapitalisierten Coins eher nicht zu beobachten sind.
105. Zur Roadmap vgl. Coinmarketcap: Roadmap
106. Vgl. dazu Santiment Academy: Development Activity Metrics und Mihov, Valentin (2018-4-17): Tracking GitHub activity of crypto projects – introducing a better approach
107. Vgl. Deutsche Digital Assets Research (2022-10): Can macro factors explain the price of Bitcoin? Der Untersuchungszeitraum war von Januar 2015 bis Oktober 2022.
108. Vgl. Kapitel 10.3
109. Vgl. Stöferle, Ronald-Peter / Valek, Mark J.: Bitcoin Chartbook 2022 – Is This Halving Cycle Over?, S. 10.

13. Chartanalyse und technische Indikatoren

1. Eine übersichtliche Einführung in die Technische Analyse findet sich bei Horntrich, Markus (2017): Crashkurs Charttechnik. Das Standardwerk der Technischen Analyse ist von Murphy, John J. (2006): Technische Analyse der Finanzmärkte.
2. Ein Überblick über die Technische Analyse für die verschiedenen Coins findet sich bei Tradingview. Zum Beispiel für den Bitcoin „BTCUSD technische Analyse".
3. Das führt dann zu Aufmerksamkeit erweckenden Überschriften wie „Bitcoin Bullrun incoming? – Willy Woo zeigt geheimen Indikator" (vgl. Kramer, Marius [2023-1-25]), denen dann wenig Substanz folgt. So bleibt letztendlich der Indikator dann geheim und entzieht sich der Überprüfung.
4. Vgl. zum Beispiel Abb. 2.1
5. So zeigen langfristige Analysen, dass bei einem ausschließlichen Investment nur in den Phasen, in denen der S&P 500 sich über der 200-Tage-Linie bewegt, die Performance ein Mehrfaches gegenüber einer reinen Buy-and-Hold-Strategie beträgt. Dabei hätte sich durch das zwischenzeitliche Fernhalten vom Markt sogar das Portfoliorisiko noch reduziert.
6. Ein idealtypischer Verlauf findet sich in der Sommer-Hausse 2019. Zunächst steigt der Kurs im Februar über die 50-Tage-Linie, Anfang April über die 200-Tage-Linie und Ende April bildet sich ein Golden Cross. Bis Ende Juni hatte sich der Bitcoin-Kurs in vier Monaten dann mehr als verdreifacht. Vgl. https://de.coinstars.de/2019/06/26/kommt-die-kaufpanik-bei-bitcoin/
7. Hier ergibt sich wieder das Problem, dass es Schlusskurse wie beim Aktienmarkt bei Kryptowährungen eigentlich nicht gibt. Vgl. dazu Kap. 13.2.

8. Vgl. dazu Kap. 10.2
9. Dieses Phänomen wurde bereits in Kap. 11.11 behandelt.
10. Anders als bei Aktien ist hier wieder die Frage, wann man den Schlusskurs terminiert, vgl. dazu Kap. 13.2. Spikes können sich, wie in Abb. 13.9 zu sehen, aus MEZ-Sicht deshalb auch über zwei Tage erstrecken.
11. Vgl. Weger, Gerd (2019-6.26): Kommt die Kaufpanik bei Bitcoin?
12. Vgl. Weger, Gerd (2019-6-27): Korrektur nach gestriger Kaufpanik
13. Bei einem temporären Ausfall des Handels an einer bestimmten Kryptobörse ist das dort natürlich möglich, nicht aber bezogen auf den gesamten Kryptomarkt. Denn dazu müsste der Handel an allen Kryptobörsen gleichzeitig ausfallen.
14. Diese logarithmische Regression wurde 2014 vom Bitcointalk-User trololo eingeführt. Der aktuelle Rainbow Chart findet sich bei Blockchaincenter: Bitcoin Rainbow Chart.

14. Sentiment-Analyse

1. Vgl. Kap. 13.11.1
2. Vgl. zu den folgenden Indikatoren ausführlicher Kap. 10.12
3. So hat die Analysefirma Santiment einen Indikator namens Community Messages Count. Dieser misst die Zahl der Beiträge in den Chatkanälen des Projekts, beschränkt sich aber derzeit nur auf die Telegram-Plattform.
4. Vgl. Bowles, Nellie (2018-1-13): Everyone Is Getting Hilariously Rich and You're Not
5. Vgl. Maier, Nicole (2022-7-30): Wird Lucky Block 10x nach den CEX Listings? Neuer steuerfreier ERC-20 Token könnte pumpen
6. Vgl. Kap. 11.1.2
7. Den Verlauf der Dominanz der einzelnen Stablecoins kann man bei Tradingview unter USDT.D oder USDC.D als Chart darstellen.
8. Vgl. Alternative.me: Crypto Fear & Greed Index
9. Vgl. Binance Academy: What Is the Crypto Fear and Greed Index?
10. Vgl. Fsinsight: Bitcoin Misery Index BMI

15. Investitionen in Kryptowährungen

1. Das hat schon der bekannte österreichische Ökonom Ludwig von Mises dargelegt. Vgl. dazu Mises, Ludwig von (1940): Theorie des Handelns und Wirtschaftens.
2. Zur Asset-Allokation vgl. Leinweber, Martin / Willig, Jörg (2022): Asset-Allokation mit Kryptoassets, S. 179 ff.
3. Der Anteil der Marktkapitalisierung von Bitcoin im Verhältnis zum gesamten Kryptomarkt (Bitcoin-Dominanz) wird dabei sinnvollerweise ohne die Stablecoins gerechnet, vgl. Kap. 11.1.3. Ein Überblick über die gesamte Kapitalisierung der Stablecoins und deren Komponenten findet sich bei Coingecko: Stablecoins by Market Capitalization.
4. Ein derartiges Verhalten war zur Jahrtausendwende vor dem Platzen der Tech-Blase zu beobachten. In Deutschland investierten viele unerfahrene Anleger in hochspekulative Aktien am Neuen Markt. Zum Schluss wurden dann vielfach Gelder aus sicheren Anlageformen in den hochspekulativen Bereich verschoben. Als die Blase dann ab Frühjahr 2000 platzte, verloren viele dieser Aktien fast ihren ganzen Wert.
5. Bereits in einer Untersuchung von 2018 kommt der Yale-Professor Aleh Tsyvinski zum Schluss, dass ein Anteil von ein bis sechs Prozent an Kryptowährungen in ein gut diversifiziertes Portfolio gehört. Vgl. Liu, Yukun / Tsyvinski, Aleh (2018): Risk and Returns of Cryptocurrency, July 25, 2018.
6. Es soll sogar Anleger geben, die ihren Private Key nicht jederzeit zugänglich lagern, zum Beispiel in einem Bankschließfach. Durch die nicht sofortige Verfügbarkeit wird die Schwelle größer, bei einem Crash dann doch emotional mit einem Verkauf der Positionen zu reagieren und so die ursprüngliche langfristige Anlageentscheidung über den Haufen zu werfen.
7. Vgl. Abb. 11.4
8. Vgl. Kap. 8.2.5

9. Vgl. dazu Kap. 11.1.2
10. Vgl. Coinmarketcap: Cryptocurrency Sectors und Cryptorank: All Categories
11. Vgl. dazu Kap. 16.10.3
12. Vgl. Kap. 15.1
13. Vgl. z. B. Darin, Roger (2022-4-15): Bitcoin und digitale Assets im Portfolio-Kontext

16. Besteuerung und Steueroptimierung

1. Vgl. Cryptoresearch (2021-6-3): Tax Implications of Digital Assets in Switzerland and Liechtenstein
2. Vgl. Omlor/Link (2021), S. 1.013
3. Vgl. Bundesministerium der Finanzen (2022-5-10), Randnummer 2
4. Vgl. Bundesministerium der Finanzen (2022-5-10), Randnummer 1
5. Zu den unterschiedlichen Formen der Anschaffung vgl. Omlor/Link (2021), S. 644–653
6. Vgl. Bundesministerium der Finanzen (2022-5-10), Randnummer 31
7. Dies war zum Beispiel bei Tron der Fall. Der ursprüngliche ERC-20-Token migrierte im Juni 2018 dann auf die eigene Blockchain.
8. Zum Margin Trading vgl. Kap. 7.1.3.2
9. Vgl. Omlor/Link (2021), S. 655
10. Vgl. zur Gewerblichkeit Seregin, Kirill / Döhnert-Breyer, Florian (2019): Bitcoin und Krypto richtig versteuern, 2019, S. 6 f.
11. Im Gegensatz zu Verlusten bei Einkünften aus Kapitalvermögen, die nur vorgetragen werden können.
12. Bei einem Peer-to-Peer-Darlehen handelt es sich um eine Art Crowdlending. Der Kredit wird also zwischen zwei Privatpersonen ohne vermittelnde Bank abgewickelt. Kreditgeber und -nehmer finden sich über eine Plattform, in diesem Fall über die Plattform der Kryptobörse.
13. Vgl. Bundesministerium der Finanzen (2022-5-10): Einzelfragen zur ertragsteuerlichen Behandlung von virtuellen Währungen und von sonstigen Token, Randnummer 63
14. Vgl. Kap. 16.4
15. Vgl. Kap. 16.11.2
16. Vgl. zum Folgenden Omlor/Link (2021), S. 658 f.
17. Vgl. Schreiber, Michael (2021-6-15): Aktienverluste verrechnen: Wie Anleger Verluste steuerlich geltend machen können
18. Vgl. Bundesministerium der Finanzen (2022-5-10), Randnummer 65
19. Vgl. Bundesministerium der Finanzen (2022-5-10), Randnummer 43
20. Vgl. Bundesministerium der Finanzen (2022-5-10), Randnummer 33
21. Vgl. Bundesministerium der Finanzen (2022-5-10), Randnummer 13
22. Vgl. Bundesministerium der Finanzen (2022-5-10), Randnummer 68
23. Vgl. Bundesministerium der Finanzen (2022-5-10), Randnummer 70 - 74
24. Vgl. Omlor/Link (2021), S. 666 f.
25. Vgl. Bitfinex: Bitfinex master and sub-accounts
26. Bereits für das Level VIP 1 gibt es hohe Anforderungen. Dafür muss ein Kunde mindestens ein Trading-Volumen von einer Million Dollar in den zurückliegenden 30 Tagen gehandelt und außerdem mindestens 25 Binance Coin auf dem Konto liegen haben. Vgl. dazu Binance: Binance VIP Program Upgrade (2021-12-21)
27. Vgl. Solmecke, Christian (2022): Was passiert mit meinen Bitcoin im Scheidungsfall, *BTC Echo* 04/2022, S. 40
28. Vgl. Bundesfinanzhof (2023-2-14): Steuerbarkeit von Gewinnen aus der Veräußerung von verschiedenen Kryptowährungen (Bitcoin, Ether, Monero), Urteil vom 14. Februar 2023, IX R 3/22

LITERATURVERZEICHNIS

Bücher

Adam, Katarina (2022): Blockchain-Technologie für Unternehmensprozesse

Ammous, Saifedean (2019): Der Bitcoin-Standard

Bergmann, Christoph (2022): Das Bitcoin-Kompendium

Burniske, Chris / Tatar, Jack (2018): Crypto-Assets

Edstrom, Andy (2019): Why Buy Bitcoin

Horntrich, Markus (2017): Crashkurs Charttechnik

Leinweber, Martin / Willig, Jörg (2022): Asset-Allokation mit Kryptoassets

Miller, Markus (2022): Kryptonomics

Mises, Ludwig von (1940): Theorie des Handelns und Wirtschaftens

Murphy, John J. (2006): Technische Analyse der Finanzmärkte

Omlor, Sebastian / Link, Mathias (Hrsg.) (2021): Kryptowährungen und Token

Taleb, Nassim Nicholas (2010): Der Schwarze Schwan

Voshmgir, Shermin (2020): Token Economy (Second Edition)

Weger, Gerd (1985): Optionsscheine als Anlagealternative

Zuboff, Shoshana (2018): Das Zeitalter des Überwachungskapitalismus

Papers, Zeitungs- und Zeitschriftenartikel

Alexander, Carol / Imeraj, Arben (2020): BVIN: The Bitcoin Volatility Index, University of Sussex Business School, 21 December 2020

Alto (2022): How Millennials See Their Financial Future, June 2022, https://www.altoira.com/research/

Andersch, Manuel (2019-9): Megatrend Digitalisierung – Läuft Bitcoin Gold den Rang ab?, BayernLB Research

Ark Invest (20231-23): Big Ideas 2023, https://ark-invest.com/big-ideas-2023/

BaFin (2019/0002): Marktbefragung zu Derivaten mit Krypto-Assets als Basiswert, Nov. 2019 (https://www.bafin.de/SharedDocs/Downloads/DE/Konsultation/2019/dl_kon_11_19_Marktbefragung_zu_Derivaten_mit_Kryptoassets_als_Basiswert.pdf?__blob=publicationFile&v=2)

BaFin (2019/0003): Zweites Hinweisschreiben zu Prospekt- und Erlaubnispflichten im Zusammenhang mit der Ausgabe sogenannter Krypto-Token, (https://www.bafin.de/SharedDocs/Downloads/DE/Merkblatt/WA/dl_wa_merkblatt_ICOs.pdf?__blob=publicationFile&v=1)

Bitwise Asset Management (2019-3-19): Presentation to the U.S. Securities and Exchange Commission, https://www.sec.gov/comments/sr-nysearca-2019-01/srnysearca201901-5164833-183434.pdf

Bovermann, Philipp (2022-5-7): Wehe, wenn die Kryptoblase platzt, *Süddeutsche Zeitung*, S. 24.

Bundesfinanzhof (2023-2-14): Steuerbarkeit von Gewinnen aus der Veräußerung von verschiedenen Kryptowährungen (Bitcoin, Ether, Monero), Urteil vom 14. Februar 2023, IX R 3/22, https://www.bundesfinanzhof.de/de/entscheidung/entscheidungen-online/detail/STRE202310057/

Bundesministerium der Finanzen (2022-5-10): Einzelfragen zur ertragssteuerlichen Behandlung von virtuellen Währungen und von sonstigen Token, https://www.bundesfinanzministerium.de/Content/DE/Downloads/BMF_Schreiben/Steuer-arten/Einkommensteuer/2022-05-09-einzelfragen-zur-ertragsteuerrechtlichen-behandlung-von-virtuellen-waehrungen-und-von-sonstigen-token.html

Burniske, Chris / White, Adam (2017): Bitcoin: Ringing the Bell For A New Asset Class, https://research.ark-invest.com/hubfs/1_Download_Files_ARK-Invest/White_Papers/Bitcoin-Ringing-The-Bell-For-A-New-Asset-Class.pdf

Chainalysis (2020-6-18): 60% of Bitcoin is Held Long Term as Digital Gold. What About th Rest?, https://www.chainalysis.com/blog/bitcoin-market-data-exchanges-trading/

Chainalysis (2022): The 2022 Crypto Crime Report, February 2022

Chainalysis (2023-10): The 2023 Geography of Cryptocurrency Report, https://go.chainalysis.com/geography-of-cryptocurrency-2023.html

Clements, Ryan (2021): Built To Fail: The Inherent Fragility Of Algorithmic Stablecoins, https://papers.ssrn.com/sol3/papers.cfm?abstract_id=3952045

Coinmetrics (2018-12-14): Introducing Realized Capitalization, https://coinmetrics.io/realized-capitalization/

Coldwell Banker (2019): Millennial Millionaires, October 2019, https://blog.coldwellbankerluxury.com/a-look-at-wealth-millennial-millionaires/

Cryptoresearchreport (April 2019): Cryptocurrency Mining in Theory and Practice

Deutsche Digital Assets Research (2022-10): Can macro factors explain the price of Bitcoin?, https://deutschedigitalassets.com/insights/news/cryptoassets-and-the-macroeconomy-can-macro-factors-explain-the-price-of-bitcoin/

Deutsche Digital Assets Research (2023-4): Cryptoasset Adoption & Volatility: Where do we stand, where do we go?, https://deutschedigitalassets.com/insights/news/cryptoasset-adoption-and-volatility/

Europäische Kommission (2020): Vorschlag des Europäischen Parlaments und des Rates on Markets in Crypto-assets, https://eur-lex.europa.eu/legal-content/DE/TXT/HTML/?uri=CEEX:52020PC0593&from=EN

Greer, Robert (1997): What's an Asset Class, Anyway?, https://www.econbiz.de/Record/what-is-an-asset-class-anyway-greer-robert/10007308551

Hagelüken, Alexander (2021): Bitcoin steigt über 30 000 Dollar, in: *SZ*, 4.1.2021, S. 15.

ITSA (2021): International Token Classification (ITC), Framework Documentation, Version 1.0

Kempa, Bernd / Reisen, Helmut / Herr, Hansjörg / Menkhoff, Lukas / Thießen, Friedrich / Jehmlich, Tommy (2018): Der US-Dollar als Leitwährung – alternativlos?, in *Wirtschaftsdienst*, Heft 10, 2018, S. 691–710.

Kryptokompass (10/2019): Sind Utility-Token-Projekte zum Scheitern verurteilt?

L'Atelier/BNP-Paribas: Non-Fungible Tokens Yearly Report 2020

Lausen, Jens (2019): Regulating Initial Coin Offerings? A Taxonomy of Crypto-Assets

Lennart Ante (Blockchain Research Lab) (2022): How Elon Musk's Twitter activity moves cryptocurrency markets

Liu, Yukun / Tsyvinski, Aleh (2018): Risk and Returns of Cryptocurrency, July 25, 2018, https://www.nber.org/system/files/working_papers/w24877/w24877.pdf

Möbert, Jochen (2018-1-29): Bitcoin – Meinungen, Mythen und Missverständnisse, https://www.dbresearch.de/PROD/RPS_DE-PROD/PROD0000000000460631/Bitcoin%3A_Meinungen%2C_Mythen_und_Missverst%C3%A4ndnisse.pdf

MSCI (2022): Datonomy Methodology

National Bureau Of Economic Research (Hrsg.) (2022): Crypto Wash Trading

Nakamoto, Satoshi (2008): Bitcoin: A Peer-to-Peer Electronic Cash System

Sandner, Philipp / Grigorjan, Eduard / Schaub, Benjamin (2022): Kryptoregeln

Schiereck, Dirk / Welkoborsky, Christopher: Der Halloween-Effekt am deutschen Aktienmarkt, in: *Wirtschaftswissenschaftliches Studium*, 2015, Heft 10, S. 548–556.

Seregin, Kirill / Döhnert-Breyer, Florian (2019): Bitcoin und Krypto richtig versteuern

Solmecke, Christian (2022): Was passiert mit meinen Bitcoin im Scheidungsfall, BTC Echo 04/2022, S. 40.

Stöferle, Ronald-Peter / Valek, Mark J. : Bitcoin Chartbook 2022 – Is This Halving Cycle Over?, https://www.incrementum.li/downloads/

Stöferle, Ronald-Peter / Valek, Mark J. (2023): Bitcoin-Kompass Q2 2023, https://www.incrementum.li/downloads/

Internetartikel

Arjoon, Marc (2022-11-30): The Investment Case for Ethereum, CoinShares Research, https://coinshares.com/de/research/ethereum-investment-case

Ashmore, Dan / Powell, Farran (2022-11-1): Bitcoin Price History 2009 to 2022 https://www.forbes.com/advisor/in/investing/cryptocurrency/bitcoin-price-history-chart/#:~:text=Bitcoin%20hit%20INR%2032%2C93%2C890,56%2C81%2C883%20in%20November%202021

Auffenberg, Lutz (2020-1-27): STO mit Wertpapier-Informationsblatt – Chance für KMUs?, https://fin-law.de/2020/01/27/sto-mit-wertpapier-informationsblatt-chance-fuer-kmus/

BaFin (2019-4-15): Tokenisierung, https://www.bafin.de/SharedDocs/Veroeffentlichungen/DE/Fachartikel/2019/fa_bj_1904_Tokenisierung.html

Bansai, Dhruv (2018-4-17): Bitcoin Data Science (Pt. 1): HODL Waves, https://unchained.com/blog/hodl-waves-1/

Bayer Leverkusen (2021-12-2): Floki wird neuer Ärmelpartner, https://www.bayer04.de/de-de/news/business/floki-wird-neuer-aermelpartner

Bendiksen, Christopher (2020-5-5): 5 Popular BTC Halving Theories, https://coinshares.com/research/5-popular-btc-halving-theories

Bergmann, Christoph (2016-6-30): Die Abwicklung der DAO, https://bitcoinblog.de/2016/06/30/die-abwicklung-der-dao/

Bergmann, Christoph (2018-8-7): Bitcoin, ganz einfach: Was ist das UTXO- und warum ist es so wichtig?, https://bitcoinblog.de/2018/08/07/bitcoin-ganz-einfach-was-ist-das-utxo-und-warum-ist-es-so-wichtig/

Bergmann, Christoph (2019-9-13): Die Sache mit dem Instamining bei Dash …, https://bitcoinblog.de/2019/09/13/die-sache-mit-dem-instamining-bei-dash/

Bergmann, Christoph (2020-12-2): Türkischer Verband von Immobilienhändlern fordert, dass die Türkei eine Bitcoin-Bank eröffnet, https://bitcoinblog.de/2020/12/02/turkischer-verband-von-immobilienhandlern-fordert-dass-die-turkei-eine-bitcoin-bank-eroffnet/

Bergmann, Christoph (2023-7-24): Volatilität von Bitcoin sackt auf neuen Tiefpunkt herab, https://bitcoinblog.de/2023/07/24/volatilitaet-von-bitcoin-sackt-auf-neuen-tiefpunkt-herab/

Bespoke (2021-9-8): Bitcoin Seasonality, https://www.bespokepremium.com/think-big-blog/bitcoin-seasonality-following-a-difference-path/

Beuth, Patrick (2019-6-25): Würden Sie diesem Mann Ihre Bitcoin anvertrauen?, https://www.spiegel.de/netzwelt/web/quadrigacx-untersuchung-foerdert-betrug-und-absurdes-zutage-a-1274207.html

Binance Blog
(2021-10-19): What is Market Manipulation in Cryptocurrency?, https://www.binance.com/en/blog/fiat/what-is-market-manipulation-in-cryptocurrency-421499824684902912
(2020-9-21): Binance Innovation Zone & Listing Updates, https://www.binance.com/en/blog/all/binance-innovation-zone-listing-updates-421499824684901014

Binance Research (2022): Tokenomics Deep Dive

Bitcoin Suisse (2020-3-17): A Flight to Safety, https://www.bitcoinsuisse.com/research/decrypt/season-2020/a-flight-to-safety

Bitcoin Suisse (2020-11-30): Was ist MakerDAO?, https://www.bitcoinsuisse.com/de/news/was-ist-makerdao

Bitcoin Suisse (2021-7-26): Was sind dezentrale Börsen (DEX)? https://www.bitcoinsuisse.com/de/fundamentals/was-sind-dezentrale-boersen-dexs

BitMEX: BitMEX Insurance Fund (2020-3-23): Your Questions Answered, https://blog.bitmex.com/bitmex-insurance-fund-your-questions-answered/

Blockchain Council (2023-11-5): Mainnet Vs. Testnet – What Are The Differences?, https://www.blockchain-council.org/blockchain/mainnet-vs-testnet/

Bowles, Nellie (2018-1-13): Everyone Is Getting Hilariously Rich and You're Not, https://www.nytimes.com/2018/01/13/style/bitcoin-millionaires.html

Brandalise, Julian (2022-11-5): Was ist ein Mainnet in Krypto?, https://de.beincrypto.com/lernen/was-ist-ein-mainnet-in-krypto/

Brandau, Corinna (2019-7-3): Simbabwe: Bitcoin wird über 75 000 Dollar gehandelt, https://www.coinwelt.de/2019/07/simbabwe-bitcoin-wird-fuer-75-000-dollar-gehandelt/

Bruckner, Maximilian / Ketz, Constantin / Viehof, Christian / Sandner, Philipp (2021-4-28): The International Token Classification by ITSA: A Guidance Tool for the Global Token Markets, https://itsa-global.medium.com/the-international-token-classification-by-itsa-a-guidance-tool-for-the-global-token-markets-43d43e51473

BTCM Research (2020-9-21): History of World Reserve Currencies, https://btcm.co/reserve-currencies-1/

Bybit Learn (2022-7-18): Nakamoto Coefficient: An Accurate Indicator for Blockchain Decentralization?

Cane Island Digital Research (2020-4-16): There Will Never Be More Than 14 Million Bitcoins, https://www.cane-island.digital/s/research-note-417.pdf

Cane Island Digital Research (2023-2-5): Bitcoin Whale Watching, https://www.cane-island.digital/s/research-note-252023.pdf

Chainalysis (2020-6-18): 60% of Bitcoin is Held Long Term as Digital Gold. What About the Rest?, https://blog.chainalysis.com/reports/bitcoin-market-data-exchanges-trading/

Coindex (2021): Kostentransparenz: Du zahlst mehr als Du denkst, https://hallo.coindex.de/krypto-anbieter-kosten-vergleich

Coinmarketcap (2022): Ethereum vs. Ethereum Classic, https://coinmarketcap.com/alexandria/de/article/ethereum-vs-ethereum-classic

Coinmetrics (2022-3-22): On-Chain Volume – A Deep Dive Into Coin Metrics' Transfer Value Heuristics

Coinmetrics (2020-3-23): The BitMEX Liquidation Spiral, https://coinmetrics.substack.com/p/coin-metrics-state-of-the-network-bf8

Coinmetrics (2020-6-23): Digital Alchemy: Do Coinbase Listings Turn Altcoins Into Gold?, https://coinmetrics.io/digital-alchemy-do-coinbase-listings-turn-altcoins-into-gold/#

Cornell University (2019-4-10): Flash Boys 2.0: Frontrunning, Transaction Reordering, and Consensus Instability in Decentralized Exchanges, 2019, https://arxiv.org/abs/1904.05234

Cryptocharlie (2021): History of Money, https://www.cryptocharlie.eu/en/history-of-money/

Cryptoquant: Exchange In/Outflow & Netflow, https://dataguide.cryptoquant.com/exchange-flows-indicators/exchange-in-outflow-and-netflow

Cryptoresearch (2021-6-3): Tax Implications of Digital Assets in Switzerland and Liechtenstein, https://cryptoresearch.report/crypto-research/tax-implications-of-digital-assets-in-switzerland-and-liechtenstein/

Cryptoticker (2019-4-17): Cryptocurrency Waves Flash Crash to 10 Satoshi on Binance, https://cryptoticker.io/en/cyptocurrency-waves-binance/

Darin, Roger (2022-4-15): Bitcoin und digitale Assets im Portfolio-Kontext, in *Crypto Valley Journal*, https://cvj.ch/invest/bitcoin-und-digitale-assets-im-portfolio-kontext/#:~:text=Die%20Beimischung%20von%20Bitcoin%20steigert,Diversifikation%20eines%20klassischen%20Portfolios%20dar.

Dziadkowiec, Jakub (2023-7-15): 73,5% aller Bitcoin vergriffen – wie Langzeit-Investoren das Angebot verknappen, https://de.beincrypto.com/735-aller-bitcoin-in-haenden-von-langzeit-investoren/

Deutsche Bundesbank: Funktionen und Formen des Geldes, https://www.geld-und-geldpolitik.de/funktionen-und-formen-des-geldes-kapitel-1.html#:~:text=Geld%20ist%20in%20erster%20Linie,von%20der%20Geldfunktion%20als%20Zahlungsmittel.

Devens, Chase (2022-10-7): Analysing Leading Protocol Fundamentals, https://messari.io/report/analyzing-leading-protocol-fundamentals?__s=i8h6q3qdtkikc4pxto8b&utm_campaign=This%20Week%27s%20Breakdown%20Ahead%20of%20Next%20Week%27s%20BreakDAOwn&utm_medium=email&utm_source=drip

Dilmegani, Cem (2023-1-3): Top 17 Blockchain Applications & Use Cases in 2023

Dunleavy, Tom (2022-4-26): The De-Coupling Thesis, Messari Research, https://messari.io/report/the-de-coupling-thesis

Eberle, Patrick (2020-2-11): Der Plus Token-Scam – Warum der Bitcoin Kurs immer noch darunter leidet, https://coin-update.de/der-plus-token-scam/

Fernau, Owen: Messari Data Shows Flipping Airdrops is Twice as Profitable as Holding, https://thedefiant.io/messari-airdrops-112-profit-selling

Finanzmarktwelt (2019-9-24): Börse Stuttgart startet Handelsplatz für Kryptowährungen – Axel Springer und solarisBank an Bord, https://finanzmarktwelt.de/boerse-stuttgart-startet-handelsplatz-fuer-kryptowaehrungen-axel-springer-und-solarisbank-mit-an-bord-141538/

Galaxy Research (2023-1-25): Surviving the Perfect Storm. 2022 End of Year Mining Report, https://www.galaxy.com/insights/research/2022-end-of-year-mining-report/

Glassnode Insights:
(2020-3-3): Breaking up On-Chain Metrics for Short and Long Term Investors, https://insights.glassnode.com/sth-lth-sopr-mvrv/
(2020-4-3): Introducing Account-Based On-Chain Metrics for Bitcoin und Ethereum, https://insights.glassnode.com/account-based-metrics/
(2023-2-22): Mastering the MVRV Ratio, https://insights.glassnode.com/mastering-the-mvrv-ratio/

Godbole, Omkar (2023-1-23): Crypto Gaming Token AXS Surges 40% Ahead of $64M Token Unlock, https://www.coindesk.com/markets/2023/01/23/crypto-gaming-token-axs-surges-40-ahead-of-64-million-token-unlock/

Godbole, Omkar (2023-7-21): Large Crypto Token Unlocks Drive Prices Lower Within Two Weeks, Research Suggests, https://www.coindesk.com/markets/2023/07/21/large-crypto-token-unlocks-drive-prices-lower-within-two-weeks-new-research-suggests/

Grunewald, Jannis (2020-3-16): Wegen Corona-Pandemie: Bitcoin wird in China derzeit mit 15% Aufschlag getradet, https://coin-update.de/wegen-corona-pandemie-bitcoin-wird-in-china-mit-15-aufschlag-getradet/

Guan, Eng (2022-4-21): Bitcoin – Can It Be The Next Gold?, https://www.allquant.co/post/bitcoin-can-it-be-the-next-gold

Horch, Phillip (2018-10-2): Was zu Ledger – Teil 1: Distributed-Ledger-Technologie vs. Blockchain, https://www.btc-echo.de/news/was-zur-ledger-teil-1-distributed-ledger-technologie-vs-blockchain-37233/

Horch, Phillip (2019-11-4): Bitcoin-Kurs-Manipulation: Einzelner Wal soll Allzeithoch ausgelöst haben, https://www.btc-echo.de/bitcoin-kurs-manipulation-einzelner-wal-soll-allzeithoch-ausgeloest-haben/

Kartsev, Andrey (2022): Die größten Krypto-Hacks der Geschichte: Haben die Börsen etwas aus ihren Fehlern gelernt?, https://coinmarketcap.com/alexandria/de/article/largest-crypto-heists-in-history-have-exchanges-learned-anything-from-their-mistakes

Ketz, Constantin / Sandner, Philipp (2019): Market standards for the global token economy https://medium.com/@itsa_global/market-standards-for-the-global-token-economy-7d9f3d0cde37

Klee, Christopher (2020-4-21): Warum wird es ausgerechnet 21 Millionen Bitcoin (BTC) geben? https://www.btc-echo.de/news/warum-wird-es-ausgerechnet-21-millionen-bitcoin-btc-geben-89863/

Kraken Blog (2020-10-22): The Market Series – Part 6: How to Spot Bad Markets, https://blog.kraken.com/post/6599/the-market-serties-part-6-how-to-spot-bad-markets/

Kramer, Marius (2023-1-25): Paxos und die Gold-Revolution (https://cryptomonday.de/paxos-und-die-gold-revolution-paxos-gold-paxg/

Kramer, Marius (2023-1-25): Krypto Adaption vs. Krypto Adoption: Willkommen in der Deutschstunde!, https://cryptomonday.de/news/2019/09/12/krypto-adaption-vs-krypto-adoption-willkommen-in-der-deutschstunde/

Kramer, Marius (2023-1-25): Bitcoin Bullrun incoming? – Willy Woo zeigt geheimen Indikator, https://cryptomonday.de/news/2019/12/09/bitcoin-bullrun-incoming-willy-woo-zeigt-geheimen-indikator/

Lange, Guido (2019-4-17): Frontrunning – Warum dezentrale Börsen (DEX) kein guter Ort zum Handeln sind, https://block-builders.de/frontrunning-warum-dezentrale-boersen-dex-kein-guter-ort-zum-handeln-sind/

Lange, Guido (2021-10-29): Shiba Inu: SHIB Geschenk an Buterin wäre jetzt 30 Milliarden Dollar wert, https://block-builders.de/shiba-inu-shib-geschenk-an-buterin-waere-jetzt-30-milliarden-us-dollar-wert/

Lucian, Anton (2019-12-3): Ravencoin Pump Price Action Suggests Insider Trading, https://beincrypto.com/ravencoin-pump-price-action-suggests-insider-trading/

Lumerin Protocol (2023-11-2): Bitcoin Mining Hashrate: Discovering the Ultimate Real-World Asset, https://medium.com/lumerin-blog/bitcoin-mining-hashrate-discovering-the-ultimate-real-world-asset-0c569f3ff73d

Maier, Nicole (2022-7-30): Wird Lucky Block 10x nach den CEX Listings? Neuer steuerfreier ERC-20 Token könnte pumpen, https://coincierge.de/2022/wird-lucky-block-10x-nach-den-cex-listings-neuer-steuerfreier-ecr-20-token-koennte-pumpen/

Masterthecrypto: Identifying Crypto Scams: The Comprehensive Guide, https://masterthecrypto.com/identifying-scam-coins/

Merten, Lennard (2023): Was sind Stablecoins? – Definition, Erklärung und Übersicht, https://blockchainwelt.de/stablecoins-sind-preisstabile-kryptowaehrungen-moeglich/

Messari (2021-5-26): Messari Proprietary Methods, https://messari.io/report/messari-proprietary-methods

Micky: Exchanges under Fire after suspicious ETH crash and today's BTC spike, https://micky.com.au/manipulation-bitmex-under-fire-after-suspicious-ethereum-crash-and-bitcoin-spike/

Mihov, Valentin (2018-4-17): Tracking GitHub activity of crypto projects – introducing a better approach, https://medium.com/santiment/tracking-github-activity-of-crypto-projects-introducing-a-better-approach-9fb1af3f1c32

Moreau, James Ryan (2020-10-1): Non-Custodial Staking – What's The Difference? https://medium.com/luniehq/non-custodial-staking-whats-the-difference-ba9d438280a8

Nibley, Brian (2022-9-13): Tracking Down Lost Bitcoins and Other Cryptos, https://www.sofi.com/learn/content/how-to-find-lost-bitcoin/

O'Neal, Stephen: Can Crypto Exchanges Ever Be Truly Decentralized?, https://cointelegraph.com/news/can-crypto-exchanges-ever-be-truly-decentralized

Penke, Michel (2017-11-3): In diesem Land ist ein Bitcoin 13.000 Dollar wert, https://www.businessinsider.de/gruenderszene/allgemein/dollar-bitcoin-simbabwe-golix/

Pereira, Ana Paula (2022-12-12): Binance: Proof of Reserves enthält Warnsignale, https://de.cointelegraph.com/news/binance-s-proof-of-reserves-raises-red-flags-report

Phillips, Daniel (2020-1-6): XRP Insider Trading Seen After Binance Adds Futures, https://beincrypto.com/binance-xrp-futures-exchange-market-early/

Plan B (2019-3-22): Modelling Bitcoin Value with Scarcity, https://medium.com/@100trillionUSD/modeling-bitcoins-value-with-scarcity-91fa0fc03e25

Puell, David (2018-10-2): Bitcoin Market-Value-to-Realized-Value (MVRV) Ratio, https://medium.com/@kenoshaking/bitcoin-market-value-to-realized-value-mvrv-ratio-3ebc914dbaee

Puell, David / Smith, Reginald (2019-6-21): Bitcoin Dormancy, https://medium.com/@kenoshaking/bitcoin-average-dormancy-28f88ea4c2ce

Redman, Jamie: Buyer Beware! The Definitve OneCoin Ponzi Exposé, https://news.bitcoin.com/beware-definitive-onecoin-ponzi/

Reserve Research Team (2018-7-12): The End of a Stablecoin – The Case of NuBits, https://medium.com/reserve-currency/the-end-of-a-stablecoin-the-case-of-nubits-dd1f0fb427a9

Sandner, Philipp (2022-2-11): A Fundamental Analysis of Crypto Markets in Early 2022: China Soon To Stop Selling Bitcoin?, https://philippsandner.medium.com/a-fundamental-analysis-of-crypto-markets-in-early-2022-china-soon-to-stop-selling-bitcoin-ac336e78982b

Sandner, Philipp / Bruckner, Maximilian (2022-6-15): Why it is wrong to say "Bitcoin prices correlate with global equities" and two other fundamental reasons for a strong Bitcoin, https://cfc-stmoritz.com/blog/why-it-is-wrong-to-say-bitcoin-prices-correlate-with-global-equities-and-two-other-fundamental-reasons-for-a-strong-bitcoin

Scheider, David (2022-4-4): Deshalb ist Bitcoins Angebotsmenge limitiert, https://www.btc-echo.de/news/21-millionen-btc-bitcoin-limitiert-warum-119573/

Schreiber, Michael (2021-6-15): Aktienverluste verrechnen: Wie Anleger Verluste steuerlich geltend machen können, https://www.biallo.de/recht-steuern/news/wie-anleger-verluste-steuerlich-geltend-machen-koennen/

Schultze-Kraft, Rafael (2019-11-13): Dissecting Bitcoin's Unrealised On-Chain Profit/Loss, https://medium.com/glassnode-insights/dissecting-bitcoins-unrealised-on-chain-profit-loss-73e735020c8d

Schultze-Kraft, Rafael (2021-4-22): Bitcoin On-Chain Exchange Metrics: The Good, The Bad The Ugly, https://insights.glassnode.com/exchange-metrics/

Seregin, Kirill (2022-8-9): Was ist ein Coin Burn und wie funktioniert Coin Burning?, https://blockchainwelt.de/coin-burn/

Seyidov, Valentin (2021-8-10): Was ist Crypto Shilling?, https://www.ledger.com/de/academy/series-de/reading-room/was-ist-crypto-shilling#:~:text=Was%20genau%20ist%20Shilling%3F,beteiligt%2C%20betreibt%20er%20Shilling%20daf%C3%BCr.

Shirakashi, Renato (2019-4-25): Introducing SOPR: spent outputs to predict bitcoin lows and tops, https://medium.com/unconfiscatable/introducing-sopr-spent-outputs-to-predict-bitcoin-lows-and-tops-ceb4536b3b9

Smith, Noah (2019-7-8): That Giant Asteroid of Gold Won't Make Us Richer, https://www.bloomberg.com/opinion/articles/2019-07-08/asteroid-16-psyche-and-all-that-gold-won-t-make-earth-richer

Snowden, Edward (2021-10-9): Your Money AND Your Life – Central Banks Digital Currencies will ransom our future, vgl. https://edwardsnowden.substack.com/p/cbdcs?utm_source=%2Fsearch%2Fcbdc&utm_medium=reader2

Suberg, William (2020-2-15): BitMEX in der Kritik – „Flash Crash" von XRP führt zu heftigen Verlusten, https://de.cointelegraph.com/news/xrp-price-hits-7-month-high-as-bitmex-users-reel-from-60-flash-crash

Suberg, William (2020-5-23): 'Coinbase Listings' Return: 200% OmiseGo Pump and Dump Raises Eyebrows, https://cointelegraph.com/news/coinbase-listings-return-200-omisego-pump-and-dump-raises-eyebrows

Talamas, Roberto (2021-3-31): Analyzing the Crypto Exchange Pump Phenomenon, Messari Research

To, Ainsley (2021-9-21): Crypto's Circadian Rhythm, https://messari.io/report/crypto-s-circadian-rhythm

TokenGazer (2019-3-7): In-Depth Analysis of Mainnet Launch's Impact on Token Price, https://medium.com/@tokengazer/tokengazer-crypto-review-in-depth-analysis-of-mainnet-launchs-impact-on-token-price-462735c3d3e

Weger, Gerd (2019-5-6): Vorsicht, Falle!?, https://de.coin-stars.de/2019/05/06/vorsicht-falle-bestaende-im-tradingdepot-werden-komplett-verkauft/

Weger, Gerd (2019-6.26): Kommt die Kaufpanik bei Bitcoin?, https://de.coin-stars.de/2019/06/26/kommt-die-kaufpanik-bei-bitcoin/

Weger, Gerd (2019-6-27): Korrektur nach gestriger Kaufpanik, https://de.coin-stars.de/2019/07/03/korrektur-nach-gestriger-kaufpanik/

Weger, Gerd (2020-2-24): Bitcoin: Kommt der Sprung über 10.000?, https://de.coin-stars.de/2020/02/24/bitcoin-kommt-der-sprung-ueber-10-000/

Weger, Gerd (2020-3-2): Bitcoin auch Coronavirus-infiziert?, https://de.coin-stars.de/2020/03/02/bitcoin-auch-coronavirus-infiziert/

Weger, Gerd (2020-3-17): There is no Safe Haven!? It's Bitcoin, Stupid!, https://de.coin-stars.de/2020/03/17/there-is-no-safe-haven-its-bitcoin-stupid/

Weger, Gerd (2020-3-24): Bitcoin kommt gestärkt aus der Krise, https://de.coin-stars.de/2020/03/24/bitcoin-kommt-gestaerkt-aus-der-krise/

Weger, Gerd (2020-4-6): Steigt der Bitcoin auf 1 Million Dollar? https://de.coin-stars.de/2020/04/06/steigt-der-bitcoin-auf-1-million-dollar/

Weger, Gerd (2020-5-14): Bitcoin vor Sprung über 10.000 Dollar, https://de.coin-stars.de/2020/05/14/bitcoin-vor-sprung-ueber-10-000-dollar/

Weger, Gerd (2020-9-28): Bitcoin ist das Amazon der Kryptowährungen https://de.coin-stars.de/2020/09/27/bitcoin-ist-das-amazon-der-kryptowaehrungen/

Weger, Gerd (2020-11-23): Bitcoins perfekter Sturm geht weiter https://de.coin-stars.de/2020/11/23/bitcoins-perfekter-sturm-geht-weiter/

Weger, Gerd (2020-12-16): Bitcoin schießt durch die 20.000-Marke, https://de.coin-stars.de/2020/12/17/bitcoin-schiesst-durch-die-20-000-marke/

Weger, Gerd (2021-1-18): Bitcoin eine kleine Nummer. Noch! https://de.coin-stars.de/2021/01/18/bitcoin-eine-kleine-nummer-noch/

Weger, Gerd (2021-10-29): Dogecoin, Shiba Inu, Floki & Co – Hundecoins für die Zocker, https://www.boerse-online.de/nachrichten/aktien/dogecoin-shiba-inu-floki-co-hundecoins-fuer-die-zocker-20307033.html

Wewer, Ben (2020): Der beste Wochentag für ein Bitcoin Investment, https://coin-update.de/wann-bitcoin-kaufen/

Whale Alert (2020-7-20): The Satoshi Fortune, https://whale-alert.medium.com/the-satoshi-fortune-e49cf73f9a9b

Withiam, Wilson (2020-4-1): Does the percentage of total tokens staked have an impact on price?, https://messari.io/report/does-the-percentage-of-total-tokens-staked-have-an-impact-on-price

Woo, Willy (2017-10-15): https://twitter.com/woonomic/status/919418215406505984

Wurfel, Sarah (2022-3-18): Wie erkennt man einen Rug Pull? Was ist Rug Pull in Krypto und wie kann es verhindert werden?, https://captainaltcoin.com/de/rug-pull-krypto/

Zhang, Silvia (2022-11-29): Was bedeutet Proof-of-Reserve?, https://phemex.com/de/academy/was-bedeutet-proof-of-reserve-und-warum-es-so-wichtig-ist-dass-ihre-krypto-borse-diese-funktion-besitzt#:~:text=Was%20versteht%20man%20unter%20Proof,die%20er%20vorgibt%20zu%20besitzen

Internetseiten

21shares, https://21shares.com/de

99 Bitcoins:
Bitcoin Obituaries, https://99bitcoins.com/bitcoin-obituaries/
Bitcoin Volatility Index (BVI)

Airdrops.io: https://airdrops.io/

AltcoinsBox: Crypto Halving Dates – Calendar, https://altcoinsbox.com/crypto-halving-dates-calendar/

Alternative.me: Crypto Fear & Greed Index, https://alternative.me/crypto/fear-and-greed-index/

Binance:
Introduction to Binance Futures Funding Rates, https://www.binance.com/en/support/faq/introduction-to-binance-futures-funding-rates-360033525031
Binance NFT, https://www.binance.com/en/nft/market
p2p Binance: https://p2p.binance.com/en
Binance VIP Program Upgrade (2021-12-21), https://www.binance.com/en/support/announcement/binance-vip-program-upgrade-2021-12-21-88ee9834fef947de96e01b77e888414e

Binance Academy:
What Are Smart Contracts?, https://academy.binance.com/de/articles/what-are-smart-contracts
What Are Nodes?, https://academy.binance.com/de/articles/what-are-nodes
What Is the Crypto Fear and Greed Index?, https://academy.binance.com/en/articles/what-is-the-crypto-fear-and-greed-index
Circulating Supply, https://academy.binance.com/en/glossary/circulating-supply
Total Supply, https://academy.binance.com/en/glossary/total-supply
Maximum Supply, https://academy.binance.com/en/glossary/maximum-supply

BISON:
Krypto-Kurswerte, https://bisonapp.com/krypto/kurswerte/

Bitcoinbude: https://bitcoin-bude.de/

Bitcoins Suisse: Was ist MakerDAO? (30.11.2020) https://www.bitcoinsuisse.com/de/fundamentals/was-ist-makerdao

Bitfinex:
Understanding Bitfinex Over the Counter (OTC), https://support.bitfinex.com/hc/en-us/articles/360017155394-Understanding-Bitfinex-Over-the-Counter-OTC-
Bitfinex: Bitfinex master and sub-accounts, https://support.bitfinex.com/hc/en-us/articles/360018270793

Bitinfocharts:
Bitcoin Block Time historical chart, https://bitinfocharts.com/comparison/bitcoin-confirmationtime.html#3y
Cryptocurrency Statistics, https://bitinfocharts.com/
Bitcoin (BTC) price stats and information, https://bitinfocharts.com/bitcoin/

BitMEX:
Composite Index Breakdown, https://www.bitmex.com/app/index/.BXBT

Bitnodes: https://bitnodes.io/

Blockchain.com: https://www.blockchain.com/de/

Blockchaincenter.net:
Non-fungible Token (NFTs), https://www.blockchaincenter.net/nft/
Altcoin Season Index, https://www.blockchaincenter.net/altcoin-season-index/
Bitcoin Rainbow Chart, https://www.blockchaincenter.net/en/bitcoin-rainbow-chart/

Blockchainwelt.de:
CEX vs DEX – hier liegen die Unterschiede, https://blockchainwelt.de/cex-vs-dex-hier-liegen-die-unterschiede/

BNBBurn.info

BSDEX Academy:
Was ist ein 51%-Angriff bei Kryptowährungen?, https://academy.bsdex.de/was-ist-ein-51-angriff-bei-kryptowaehrungen

BTC-Echo Academy:
51-%-Attacke, https://www.btc-echo.de/academy/bibliothek/51-attacke/
Was ist eine Fork?, https://www.btc-echo.de/academy/bibliothek/was-ist-eine-fork/

Was ist Bitcoion Mining?, https://www.btc-echo.de/academy/bibliothek/was-ist-bitcoin-mining/

Was ist ein Stablecoin?, https://www.btc-echo.de/academy/bibliothek/was-ist-ein-stable-coin/

https://www.btc-echo.de/academy/bibliothek/was-ist-bitcoin-mining/ , https://academy.binance.com/de/articles/what-are-smart-contracts, https://www.btc-echo.de/academy/bibliothek/was-ist-ein-stable-coin/

Centralcharts.com: AirDrop bei Kryptowährungen: Wie funktioniert das?, https://www.centralcharts.com/de/gm/1-lernen/1-kryptowahrung/42-trading/710-airdrop-bei-kryptowahrungen#:~:text=AirDrop%20nennt%20man%20die%20Gratisverteilung,%C3%BCber%20einen%20%E2%80%9EAir-Drop%E2%80%9C%20angeboten

Cex.io University (2022-7-5): Are There Different Types of Blockchains?, https://university.cex.io/are-there-different-types-of-blockchains/

CME Group:
Cryptocurrency futures and options, https://www.cmegroup.com/markets/cryptocurrencies.html
Analysis of CME CF Bitcoin Reference Rate, https://www.cmegroup.com/education/articles-and-reports/analysis-of-cme-cf-bitcoin-reference-rate.html
Bitcoin Futures-Calendar, https://www.cmegroup.com/markets/cryptocurrencies/bitcoin/bitcoin.calendar.html
Options on Bitcoin Futures – Contract Specs, https://www.cmegroup.com/markets/cryptocurrencies/bitcoin/bitcoin.contractSpecs.options.html

Coincarp: Bitcoin Richlist, https://www.coincarp.com/currencies/bitcoin/richlist/

Coingecko:
Coingecko: Cryptocurrency Prices by Market Cap, https://www.coingecko.com/
Stablecoins by Market Capitalization, https://www.coingecko.com/en/categories/stablecoins

Coinglass:
Futures Volume by Exchange, https://www.coinglass.com/pro/futures/ExVolume
Options, https://www.coinglass.com/options

CoinMarketCap:
Cryptocurrency Sectors, https://coinmarketcap.com/cryptocurrency-category/
Exchange Ranking, https://support.coinmarketcap.com/hc/en-us/articles/360052030111-Exchange-Ranking
Global Cryptocurrency Charts, https://coinmarketcap.com/charts/
Cryptocurrency Historical Data Snapshot, https://coinmarketcap.com/de/historical/
Liquidity Score (Market Pair, Exchange), https://support.coinmarketcap.com/hc/en-us/articles/360043836931-Liquidity-Score-Market-Pair-Exchange-
Roadmap, https://coinmarketcap.com/academy/glossary/roadmap
Supply (Circulating, Total, Max), https://support.coinmarketcap.com/hc/en-us/articles/360043396252-Supply-Circulating-Total-Max-
Token Generation Event (TGE), https://coinmarketcap.com/alexandria/glossary/token-generation-event
Top Cryptocurrency Decentralized Exchanges, https://coinmarketcap.com/rankings/exchanges/dex/
Top Cryptocurrency Derivatives Exchanges, https://coinmarketcap.com/rankings/exchanges/derivatives/
Top Cryptocurrency Spot Exchanges, https://coinmarketcap.com/rankings/exchanges/

Coinmarketfees: https://coinmarketfees.com/exchanges

CoinShares: Digital Asset Exchange Traded Products, https://coinshares.com/etps/?filter=CS+Physical

CoinTracker: 2022 Crypto-Exchange Fee Comparison, https://www.cointracker.io/blog/2019-crypto-exchange-fee-comparison

Cryptoquant.com:
All Stablecoins: Exchange Netflow (Total) – All Exchanges https://cryptoquant.com/asset/stablecoin/chart/exchange-flows/exchange-netflow-total?exchange=all_exchange&window=DAY&sma=0&ema=0&priceScale=log&metricScale=linear&chartStyle=column
Bitcoin: Funding Rates – All Exchanges, https://cryptoquant.com/asset/btc/chart/derivatives/funding-rates?exchange=all_exchange&window=DAY&sma=0&ema=0&priceScale=log&metricScale=linear&chartStyle=column
Capitalization models, https://userguide.cryptoquant.com/cryptoquant-metrics/market/capitalization-models
Exchange Whale Ratio, https://dataguide.cryptoquant.com/market-data-indicators/exchange-whale-ratio

Cryptorank.io:
All Categories, https://cryptorank.io/categories
Analysis of profitability on IEO platforms, https://cryptorank.io/ieo-platforms-roi?currency=USD
Currency Token Watchlist, https://cryptorank.io/categories/currency
Token Unlocks & Vesting, https://cryptorank.io/token-unlock

Deribit: Options, https://www.deribit.com/kb/options

Deutsche Digital Assets: https://deutschedigitalassets.com/

ETC Group: Kryptowährungen an der Deutschen Börse, https://etc-group.com/de/

Ethernodes: https://www.ethernodes.org/

Europäische Union (2014): Verordnung (EU) Nr. 596/2014 des Europäischen Parlaments und des Rates vom 16. April 2014 über Marktmissbrauch (Marktmissbrauchsverordnung), https://eur-lex.europa.eu/legal-content/DE/TXT/?uri=celex%3A32014R0596
Fsinsight: Bitcoin Misery Index BMI, https://fsinsight.com/bitcoin-misery-index-bmi/

Glassnode: www.glassnode.com
SSR (Stablecoin Supply Ratio): https://academy.glassnode.com/indicators/stablecoin/ssr-stablecoin-supply-ratio

Glassnode Academy:
Accumulation Trend Score, https://academy.glassnode.com/indicators/accumulation-trend-score
CDD (Coin Days Destroyed), https://academy.glassnode.com/indicators/coin-days-destroyed/cdd-coin-days-destroyed
Entity-Adjusted Metrics, https://academy.glassnode.com/concepts/entity-adjusted-metrics
Liveliness, https://academy.glassnode.com/indicators/liveliness/liveliness
LTH-SOPR, https://academy.glassnode.com/indicators/sopr/lth-sopr
Net Realized Profit/Loss, https://academy.glassnode.com/indicators/realized-profit-loss/net-realized-profit-loss
MVRV Ratio, https://academy.glassnode.com/market/mvrv/mvrv-ratio
NVT Ratio, https://academy.glassnode.com/indicators/nvt/nvt-ratio
STH-SOPR, https://academy.glassnode.com/indicators/sopr/sth-sopr
UTXO vs. Account-Based Chains, https://academy.glassnode.com/concepts/utxo

Glassnode Studio:
Bitcoin: Aggregate Security Spend (Thermocap), https://studio.glassnode.com/metrics?a=BTC&category=&m=mining.Thermocap
Bitcoin: Net Transfer Volume from/to Exchanges (BTC) – All Exchanges, https://studio.glassnode.com/metrics?a=BTC&category=Exchanges&m=transactions.TransfersVolumeExchangesNet
Bitcoin: Puell Multiple, https://studio.glassnode.com/metrics?a=BTC&category=&m=indicators.PuellMultiple&s=1293836400&u=1695592799&zoom=
Bitcoin: Spent Output Profit Ratio (SOPR), https://studio.glassnode.com/metrics?a=BTC&m=indicators.Sopr

Halving Dates: Cryptocurrency Halvings, https://halvingdates.com/

ICE: Products – Futures & Options, https://www.theice.com/products/Futures-Options/Digital-Assets/Bitcoin

In Gold We Trust: https://ingoldwetrust.report/marktkapitalisierung-von-gold-und-bitcoin/

Indexcoop: Defi Pulse Index, https://indexcoop.com/defi-pulse-index-dpi

Investopedia: Kimchi Premium, https://www.investopedia.com/terms/k/kimchi premium.asp

Invictus: https://invictuscapital.com/en/

Kaiko:
Kaiko: Aggregated Market Depth, https://www.kaiko.com/pages/cryptocurrency-data-types#depth
Kaiko Research: Monthly Market Report, February 2022

Kraken:
Staking Coins, https://www.kraken.com/features/staking-coins

Kryptovergleich: Inflation von Kryptowährungen im Vergleich, https://www.kryptovergleich.de/wissen/inflation-von-kryptowaehrungen

Masterthecrypto.com: Are Cryptocurrency Exchanges Really Manipulating?, https://masterthecrypto.com/margin-trading-derivatives-crypto-exchanges-manipulating/

Nifty Gateway: https://www.niftygateway.com/

Rarible: https://rarible.com/

Santiment Academy:
Velocity, https://academy.santiment.net/metrics/velocity/#definition
Development Activity Metrics, https://academy.santiment.net/metrics/development-activity#metrics

Santiment Insights: BTC's MVRV Long/Short Difference waves a bullish flag, https://insights.santiment.net/read/btc's-mvrv-long%2Fshort-difference-waves-a-bullish-flag-5620

Staking Rewards: https://www.stakingrewards.com/

T3 Index: Indexes BitVol, https://t3index.com/indexes/bit-vol/

Tether.io: Transparency, https://wallet.tether.to/transparency

The Block:
Markets Spot: https://www.theblock.co/data/crypto-markets/spot
BTC Spot to Futures Volume (30DMA): https://www.theblock.co/data/crypto-markets/spot/btc-spot-to-futures-volume
Stablecoins: https://www.theblock.co/data/decentralized-finance/stablecoins

TokenSets: Overview, https://docs.tokensets.com/

TokenUnlocks: https://token.unlocks.app/

Tradingview
BTCUSD technische Analyse, https://de.tradingview.com/symbols/BTCUSD/technicals/

VanEck: https://www.vaneck.com/de/de/

Vontobel: https://zertifikate.vontobel.com/DE/produkte-finden?DerivativeSearch=bitcoin

Whale Alert, https://whale-alert.io/

Wisdom Tree, https://www.wisdomtree.eu/de-de

YCharts: Grayscale Bitcoin Trust (GBTC), https://ycharts.com/

Hinweis: Zu diesem Buch existiert die ergänzende Internetseite www.bitcoin-und-krypto.de. Die Website kann auch direkt mit dem nebenstehenden QR-Code aufgerufen werden. Auf der Website finden sich unter anderem alle Abbildungen sowie alle Links der Quellen, die dadurch unkompliziert direkt aufgerufen werden können. Außerdem können aktive Leser hier auch Hinweise zum Buch und Anregungen für Erweiterungen bei einer späteren Neuauflage geben. Allerdings können Fragen nur in seltenen Ausnahmefällen beantwortet werden.

ÜBER DEN AUTOR

Foto: privat

Gerd Weger

ist seit Jahrzehnten erfolgreich an der Börse aktiv. Diverse Bücher zu Optionsscheinen oder Wachstumsaktien stammen aus seiner Feder, er hat für zahllose Magazine und Newsletter geschrieben, war Kolumnist der *€uro am Sonntag* sowie Betreiber des legendären Millionendepots. Seit einigen Jahren beschäftigt er sich ausschließlich mit Kryptowährungen.